《元史论丛》特辑

庆祝蔡美彪教授九十华诞

元史论文集

Yuan History Studies:
Festschrift for Professor Cai Meibiao's 90th Birthday

李治安 主编

中国社会科学出版社

图书在版编目（CIP）数据

庆祝蔡美彪教授九十华诞元史论文集/李治安主编.
—北京：中国社会科学出版社，2019.5
ISBN 978-7-5203-4353-4

Ⅰ.①庆… Ⅱ.①李… Ⅲ.①中国历史-元代-文集
Ⅳ.①K247.07-53

中国版本图书馆CIP数据核字（2019）第078909号

出 版 人	赵剑英
责任编辑	宋燕鹏
责任校对	冯英爽
责任印制	李寡寡

出　　版	中国社会科学出版社
社　　址	北京鼓楼西大街甲158号
邮　　编	100720
网　　址	http://www.csspw.cn
发 行 部	010-84083685
门 市 部	010-84029450
经　　销	新华书店及其他书店
印刷装订	北京市十月印刷有限公司
版　　次	2019年5月第1版
印　　次	2019年5月第1次印刷
开　　本	710×1000　1/16
印　　张	48.75
字　　数	800千字
定　　价	298.00元

凡购买中国社会科学出版社图书，如有质量问题请与本社营销中心联系调换
电话：010-84083683
版权所有　侵权必究

蔡美彪先生近照（2015年）

1980年，蔡美彪（前排左五）于南京参加中国元史研究会成立大会

蔡美彪于中国社科院近代史所（2006年摄）

2012年，蔡美彪、陈得芝、周清澍于南开大学参加"元代国家与社会"国际研讨会

2017年蔡美彪先生祝寿会大合影

目 录

庆祝蔡美彪先生九十华诞元史学术研讨会开幕词
　　——庆祝蔡先生九十华诞 ·················· 朱光磊（1）
祝贺蔡先生九十华诞及新书出版 ············ 杜荣坤　白翠琴（3）

历史学家蔡美彪的学术贡献与治学特点
　　——庆祝蔡先生九十华诞 ·················· 韩志远（4）
蔡美彪先生的学术与学风 ···························· 修晓波（14）

突破"武折"与"德怀"的两难
　　——汉对匈奴政策的形成 ···················· 姚大力（22）
丝路景教与汪古渊流
　　——从呼和浩特白塔回鹘文题记 Text Q 谈起 ········ 白玉冬（32）
蒙古人当中的唐兀后裔 ············ 王风雷　［蒙］S. 巴图呼雅格（52）
蒙元纳怜驿黄兀儿月良站方位再探 ···················· 陈广恩（65）
元文宗的蒙古名 ············ ［匈］李盖提撰　曹金成汉译、补注（77）
元代大都留守司考述 ································ 贾建增（81）
元代福建行省置废变迁再考 ·························· 温海清（113）
元浙东道"沿海万户府"考
　　——兼及"宿州万户府"与"蕲县万户府" ········ 刘　晓（150）
元代川陕甘军队的征行与奥鲁探微 ···················· 李治安（195）
梁遗元进士且仕元之新证据 ·························· 王科社（221）

元初京兆汉官在川渝之役中的作用举隅
　　——以碑刻资料为中心 ………………………… 安　敏（232）
致君泽民可用律
　　元代的儒吏论与吏学观 …………………………… 洪丽珠（241）
元代庆元的士人社会与科举………………………［日］樱井智美（260）
儒学传家，诗文立身
　　从唐氏三先生看元明士人对社会变革的应对 …… 申万里（283）
关于孔元措的生卒年及其卒后的爵位之争 ………… 赵文坦（314）
元至治年间虞集若干事迹考 ………………………… 翟　禹（322）
金元交替华北地方家族及其在元代的发展
　　——以河南巩县张氏家族为例 ………………… 于　磊（332）
赵孟頫与浙西航海家族的交游
　　——以昆山顾氏、朱氏及长兴费氏为例 ……… 陈　波（348）
元大都宋桢家族仕宦考论 …………………………… 高　宇（357）
从"大喜乐"和"演揲儿"中拯救历史 …………… 沈卫荣（369）
金代旧道教人物初考
　　——从入居中都天长观的三位终南道士开始 … 赵建勇（386）
元代护持文书所见宗教排序初探 …………………… 陈　希（405）
元代常熟李王信仰拾遗 ……………………………… 翁沈君（421）
该向全真道智慧学什么 ……………………………… 程　越（431）
元朝前期地方经营政策的转变
　　——以河海联运的兴废为中心 ………………… 张　良（440）
元代疫灾述论 ………………………………………… 张国旺（459）
元代的沙尘天气及其社会影响 ……………………… 武　波（481）
安南陈太宗对南宋和蒙元的双重外交政策探析 …… 叶少飞（497）
党争、谣言及倭寇
　　元明易代与高丽政局变化背后的几点原因 …… 舒　健（511）
《元朝秘史》版本新信息简介……………………… 乌　兰（521）

从《黄金史纲》的传说看忽必烈与阿里不哥的汗位
　　之争 …………………………………… 宝音德力根　傲日格勒（533）
《蒙古袭来绘词》史料价值及其运用 ………………… 乌云高娃（543）
《世界征服者史》附录《报达事件始末》译注 ………… 王一丹（553）
《大汗贵由致教皇英诺森四世书》波斯语本录文 ……… 魏曙光（572）
《黑鞑事略》所载耶律楚材造历三说平议 ……………… 汤陆杰（577）
元代墓志文集本与石刻本对读举例 ……………………… 杨晓春（587）
《朗公开堂疏》与忽必烈蒙古文手迹 …………………… 党宝海（607）
元代"万州诸军奥鲁之印"再探 ………………………… 薛　磊（620）
元代全真掌教的汉文、八思巴文印章 …………………… 马晓林（625）
《元史·刘元振传》与新见《刘元振墓志》
　　比事 ………………………………………… 李举纲　樊　波（634）
元代《田大成墓志》考略 ………………………………… 杨　洁（647）
《大元故光禄大夫大司徒领太常礼仪院事田公（忠良）墓志铭》
　　考释 …………………………………………………… 李雨濛（671）
宋刊元印本《增修互注礼部韵略》纸背户籍文书全书整理小结及
　　所见宋元乡村基层组织和江南户类户计问题探析 …… 王晓欣（687）
宋代遗民地券纪年方式的元代书写
　　——以百石斋藏元代地券为中心的考察 …………… 陈瑞青（713）
元代徽州地契的解读——以地价为中心 ………………… 李春圆（724）
张居正的蒙古观及其实践 ………………………………… 田　澍（741）
研讨家训文化　培固精神根基
　　——评《中国历代家训丛书》 ……………………… 李　昕（757）

蔡美彪先生访谈录 ………………………………… 蔡美彪　乌　兰（761）
蔡美彪先生著作目录（1948—2018） …………………………………（766）

庆祝蔡美彪先生九十华诞元史学术研讨会开幕词
——庆祝蔡先生九十华诞

朱光磊

尊敬的各位来宾、女士们、先生们：

今天我们齐聚南开，举办"庆祝蔡美彪先生九十华诞元史学术研讨会"，以研讨会的学术活动，庆祝南开大学杰出校友、著名历史学家蔡美彪先生九十华诞。此次研讨会，是元史研究的一次盛会，我代表蔡美彪先生的母校向各位来宾、学者表示热烈欢迎。

蔡美彪先生，是中国社会科学院荣誉学部委员、近代史研究所研究员、中国元史研究会名誉会长。蔡美彪先生，1928年生于天津，少年时就读于木斋中学，1946年考入南开大学历史系。在读期间，蔡美彪先生曾荣获全校文科唯一的一等奖学金。他曾用文言文撰写《辽史文学王鼎传正误》，利用石刻碑文，印证了王国维"阻卜即鞑靼"的观点。文章发表于香港的学术杂志《学原》，在海外赢得了巨大的学术声誉。读者甚至以为蔡美彪是一位王国维那样的老先生，想不到他只是一名大学生。

蔡先生从南开毕业之后，考入北大攻读研究生，随后到中国科学院语言研究所工作，后来转入近代史研究所。从1953年开始，蔡先生协助范文澜编写《中国通史》，范老去世后，蔡先生继续主持第五卷到第十二卷的编纂，完成了新中国第一部中国通史著作。该书在所有通史类著作中印数最多，影响最大。

蒙元史及八思巴字研究是蔡美彪的专长，蔡先生在此领域学术贡献巨大。他强调，研究八思巴字，仅凭对现代蒙语的熟悉是远远不够的，还需要关于元代的金石历史知识。即使具备了上述条件，为证得一字，有时也要付出很大心血。他和罗常培合著了《八思巴字与元代汉语》；又独力撰写《八思巴字碑刻文物集释》、《辽金元史考索》、《辽金元史十五讲》和《中华史纲》等上乘论著。1955 年出版的《元代白话碑集录》，是蔡先生早年代表作之一，在国内外影响很大，时隔 60 多年，在 2017 年九十高龄修订再版，必将传为美谈。

蔡美彪先生长期担任中国元史研究会会长、中国蒙古史学会理事长等职务，组织和领导学者同人"以文会友"，为我国蒙元史研究的繁荣发展付出了心血和精力。

蔡美彪先生与夫人胡文彦女士，是南开大学历史系 1946 级同班同学，在南开相识相恋，度过了难忘的青春年华。当时的女生宿舍楼，就是现在南开校园里的"芝琴楼"，蔡先生至今提起，仍然惦念。蔡先生夫妇一直心系母校，关心和支持母校的教学和历史学科建设。胡文彦女士去世后，2015 年，蔡美彪先生将自己和妻子一生的稿费和积蓄捐赠出来，设立"南开大学胡文彦助学金"，用于奖掖和资助经济困难的南开女大学生。

自蔡美彪先生就读南开至今，已经 70 多年了。如今，在蔡先生九十华诞之际，母校召开元史研讨会，既是报答蔡先生对母校的情谊，也期望将蔡先生毕生从事的元史研究向前推进。

祝愿本次学术研讨会圆满成功！

（致辞者为南开大学副校长、教授）

祝贺蔡先生九十华诞及新书出版

杜荣坤　白翠琴

今年是蔡美彪先生九十华诞，又恰逢他编著的《元代白话碑集》在初版六十二载之后，修订本由中国社会科学出版社出版，并举行新版发布座谈会。双喜临门，可喜可贺！

蔡先生是我国著名的史学家，学术造诣高深，成果丰厚。他是继范文澜先生之后，主持《中国通史》编纂工作的。范老对历史研究，提出必须具备的四个条件（或问题），即学习理论（主要指马克思主义唯物辩证史观）、掌握资料、文字表达、言行一致。我们觉得蔡先生不仅较好地解决了这些问题，而且加以发扬光大，实属难得。他数十年如一日坚持坐班，六十余载笔耕不辍的精神，都是我们学习的榜样。其"五不境界"（有学者给总结为：不当主编、不给别人写序、不上主席台、不多招研究生、不慕名逐利），在当今的学术氛围中更为可贵，不愧为学界的楷模。

作为南开大学的历史系毕业生、蔡先生的师妹白翠琴应与杜荣坤一起返回母校，亲赴大会表示祝贺。无奈我们最近皆患重感冒发烧，久咳不已，不便成行，甚为遗憾。特以此函，以表庆贺。诚祝蔡先生健康长寿，学术之树常青。

（致信者杜荣坤为中国社会科学院荣誉学部委员、民族学与人类学研究所原所长；白翠琴为中国社会科学院民族学与人类学研究所研究员）

历史学家蔡美彪的学术贡献与治学特点
——庆祝蔡先生九十华诞

韩志远

在蔡美彪先生九十华诞之际，中国元史研究会和南开大学在天津南开大学举办"庆祝蔡美彪先生九十华诞及元史学术研讨会"，我应邀来参加这次会议，并十分荣幸能在会议上向各位师友汇报自己的心得体会。然而，蔡美彪先生的学问博大精深，以我的能力很难窥见其精髓，因此，谈点浅见，供大家参考。

我与蔡美彪先生相识，至今已有四十余年。1975年我大学毕业后，来到近代史所中国通史编写组（后改为中国通史研究室）工作。近代史所在北京王府井大街东厂胡同，主持全组工作的是蔡美彪先生。几十年来，我作为他的部下和助手，在他领导下工作学习，并参与了他主持的多项工作，例如，《中国通史》《中国历史大辞典·辽夏金元史》《范文澜全集》《中国通史简本》等。旁听了他为北京大学历史系研究生讲授辽金元史课程，以及为本所研究生开设的音韵学等课程，还追随他参加蒙古史学会、元史研究会等学术团体主办的多次会议和《元史论丛》的编辑等工作。可以说，我是受他教诲最多的一个，也是近距离接触他较多的一个人。现将蔡先生的学术贡献与治学特点归纳为几个方面。

一 学术经历与学术贡献

蔡美彪先生祖籍浙江杭州，1928年3月生于天津。1949年毕业于南开大学历史系。当年考取北京大学研究生部，在导师邵循正先生指导下研究史学。毕业后，进入罗常培领导的文科研究所做助教。中国科学院成立后，1952年随罗先生转到语言研究所。1953年调入近代史所，协助范文澜先生编写《中国通史简编》及进行学术研究工作。此后，一直未离开过近代史所。至今已逾九十岁高龄的蔡先生，每天仍勤奋治学，笔耕不辍。他先后出版了《元代白话碑集录》（科学出版社，1955年；中国社会科学出版社修订版，2017年）、《八思巴字与元代汉语》（与罗常培合著，科学出版社，1959年；中国社会科学出版社增订本，2004年）、《中国历史大辞典·辽夏金元史》（主编，上海辞书出版社，1986年）、《中国地震历史资料汇编》七册（主编，科学出版社，1987年）、《中国通史》十二卷本（主编，人民出版社，1994—2007年）、《范文澜全集》（主编，2002年）、《八思巴字碑刻文物集释》（中国社会科学出版社，2011年）、《辽金元史十五讲》（中华书局，2011年）、《中华史纲》（社会科学文献出版社，2012年）、《辽金元史考索》（中华书局，2012年）、《学林旧事》（中华书局，2012年）、《中国通史简本》（主编，人民出版社，2013年）、《成吉思汗小传》（中华书局，2015年）等，发表学术论文和学术评论等百余篇。

蔡先生的学术贡献是多方面的，概括起来主要有以下几点。

一是通过《中国通史》《中华史纲》《中国通史简本》等形式，探索中国历史发展脉络，传播系统而正确的历史知识，使严肃的学术著作从象牙塔走向民间。一部《中国通史》发行几十年，多次再版，荣获国家图书奖，并与《史记》《汉书》等书被指定为国家常备图书。近年所著的《中华史纲》，也同样深受广大读者喜爱，几经再版，荣获中国社会科学院学术创新工程奖。蔡先生对中国史学的发展与普及工作做出了巨大贡献。

二是打通辽、金、元断代壁垒进行融会贯通研究，对揭示契丹、女真、蒙古等民族发展规律意义重大。他的《辽金元史考索》《辽金元史十五讲》等著作，探究中华民族多元一体的融合过程，从而带来民族史研究的新视野。

三是出版了一系列有关八思巴字蒙文碑刻文献和文物论著，从而将这一领域的研究推向高峰。尤其采用语言学、历史学、社会学、文学等相结合的方法，对古代蒙古民族进行综合研究，开创了蒙古学研究的新篇章。

四是担任中国蒙古史学会理事长、中国元史研究会会长、国际蒙古史学会执行委员等，为中国蒙古史学和元史学的发展做出了重大贡献。

五是主编《中国地震历史资料汇编》，为中国历史上地震研究提供了较完备的基础资料。

二 始终坚守学术阵地

蔡先生从 1948 年发表《辽史文学王鼎传正误》起，至今已有七十年，仍不改初衷，继续从事研究工作，执着地坚守在学术阵地。

蔡先生曾在 20 世纪 80 年代初的《历史教学》杂志上发表过一篇《回忆范老论学》文章时说："花花世界中的种种引诱，也可使人发生这样或那样的思想，动摇治学的本志。即使在学术工作中，受到外界的赞许容易使人自满；遭到不当的批评容易使人灰心；遇到困难也可使人避难趋易，转移方向。因此，浅尝辄止，一曝十寒，往往成为通病。曹丕在《典论论文》中论到文学之难，说'贫贱则慑于饥寒，富贵则流于逸乐'。困境能使人颓废，顺境也可使人荒疏。所以处困境或顺境，都需要有坚强的毅力，才能坚持自己的学业，坚定不移。"他曾多次讲到范老从 1940 年在延安开始编写《中国通史简编》，为此，范老的一只眼几近失明。尤其是中华人民共和国成立之后的二十年间，范老排除各种干扰，精力几乎全部灌注在这部书的编写上。蔡先生正是以范老为榜样，不管遇到任何困难或名利诱惑，始终不渝坚守在学术阵地上。

我到所里后的几十年间，亲身经历了编写《中国通史》的艰辛。这期间有社会大环境因素的干扰，也有当权者狭隘的办所方针的影响，一度使《中国通史》编写到了举步维艰的地步。蔡先生曾萌生带着通史研究室人员转到历史所继续编写《中国通史》的想法。蔡先生正是不畏艰险，在克服种种困难之后，最终完成了《中国通史》的编写。我认为，苏轼一首《定风波》词作很符合蔡先生的思想境界，词云："莫听穿林打叶声，何妨吟啸且徐行。竹杖芒鞋轻胜马，谁怕？一蓑烟雨任平生。料峭春风吹酒醒，微冷，山头斜照却相迎。回首向来萧瑟处，归去，也无风雨也无晴。"

三 通与专结合的典范

鲁迅先生曾说过："博学家多浅，专门家多悖。"说明博与专都有一定的局限性。因此，作为史学研究者需要两者兼顾，不仅学识渊博，而且治学注重精专，即在广博的视野下，研究问题力求具体深入。

蔡先生曾多次跟我们谈到关于通才和专精的关系。他强调研究历史要有大局观，要能够融会贯通，认为断代史研究有其局限性。他常说，范老在世时，就要求他们注重通与专结合，并指出历史是前后连贯的一条长线，又是相互联系的一个大面，把历史知识缩成一点，可能成为专家，但不能成为通才。必须通与专相结合，不可偏废其一。在学术研究中，蔡先生一直注重的是通与专的结合。他具有渊博的学识，其研究领域时间跨度上溯汉唐，下至明清，所涉及的知识层面亦相当广博，涵盖了历史学、地理学、政治学、民族学、民俗学、古代文学、古文字学等诸方面。如此渊博的学识，在当今学术界亦属凤毛麟角。他的论著，无论宏观与微观都把握得相当好。他通古博今，不仅具有通才，能够独立完成《中华史纲》的编写。而且，还在专精方面独树一帜，他是国内外学术界公认的辽金元史方面权威，其大作《辽金元史考索》集中反映了他这方面的成就。他对于女真文研究、八思巴字研究、元曲的研究独领风骚。他不仅撰有《汉代亭性质及其行政系统》，还写有《明代蒙古与大元国号》以及《大清国建号前的国号、族名与纪年》等论文。他曾在《民族语文》上发表《对科右中旗阿拉伯字母文字读释的意见》，还写有《馒头包子之由来与异同》等文章。他还在《考古》《文物》等杂志发表多篇有关文物方面的论文。他曾担任《中国大百科全书·中国历史》卷编委。学术研究领域之广博，这在学术界是不多见的。

再举一个蔡先生指导研究生的例子：清史专家刘小萌是蔡先生指导的第一个博士研究生，当年他考入蔡先生门下之后，蔡先生不仅传授史学知识及治学方法，并亲授音韵学，为其今后的学术发展开拓了广阔的视野。刘小萌最初自选的博士学位论文题目为有关清代八旗研究，因为其硕士学位论文也是满族八旗方面的研究，这样可以驾轻就熟。但是，蔡先生高屋建瓴帮他选定《满族从部落到国家的形成》。由于这是清史学界一直未开垦的处女地，解决了早期满族演变问题，等于起到执清史牛耳之功效。论文完成后，受到清史学界广泛赞誉，已先后三次再版，从而奠定了刘小萌在清史学术领域的地位。观一斑以见全豹，蔡先生的学识素养不同凡响。

四 历史观和治史的方法

蔡先生是深受郭沫若、范文澜影响的一代马克思主义史学家。他在多个场合谈到马克思主义对指导历史研究的作用。他认为，史学工作者，要应用马克思主义的立场、观点、方法，发扬实事求是的严肃、严谨的学风，从实际出发，不断开拓进取，经过辛勤的劳动，一定会取得高质量的学术成果。他强调，学习运用马克思主义，不能机械、僵化、教条。他说："马克思主义不能成为僵固的教条，而需要不断地汲取社会科学以及自然科学的新成果，以求得生动活泼的发展。但是，如果认为马克思主义已经过时，需要引进某种新理论新方法来代替，那就是严重的误解了。"他在一篇文章中，从两个方面论述了马克思主义对历史研究的重要性。"第一，马克思主义不仅给予我们以科学的历史观和方法论，而且它本身又是一个完整的科学的思想体系。直到现在，在世界任何国家都还没有出现过足以代替马克思主义的更完整更科学的体系。在某些具体的学术领域中，应用某种具体的科学方法，当然也可以获得科学成果，但它并不能代替马克思主义的世界观和方法论，也不能因而抹杀马克思主义与非马克思主义的原则区别。第二，马克思主义历史学需要借鉴或吸收本学科以至相关学科的某些研究方法。但具体的研究方法取决于不同的研究对象，而不能像工厂设备那样简单移植。研究中国史与研究美国史、欧洲史的方法不尽相同。研究中国的先秦史与研究近代史，乃至宋史与研究元史，也需要不同的具体方法和手段。政治史、经济史、文化史、民族史等专史的领域，也各自有其不同的具体要求。严肃的科学工作者，为确保某一课题的最佳的研究方法和表述方法，往往需要经过反复探索，而不是简单的抄袭或模仿。事实证明，某种使用于一切领域并足以代替马克思主义的所谓新方法，是并不存在的。"（《〈历史研究〉三十五周年致辞》）这正反映了蔡先生的历史观和遵循的治史方法。

他多次说过，学术史的发展表明，任何堪称新创的科学成就，都只能是多年潜心研究的结晶，而不能是趋时哗众的空谈。我不止一次听到蔡先生引用马克思的名言："在科学上没有平坦的大道，只有不畏劳苦沿着陡峭山路攀登的人，才有希望达到光辉的顶点。"

他常用"天圆地方"来形容做学问的要领。"地方"就是要坐得住,"天圆"就是要善于思考。他还说,"做学问,写文章,如同厨师烹饪做菜,食材和作料都一样,但做出来水平高低却大不相同"。"厨师不能只会做一道菜,而要会做多种菜。搞研究和写作,也要尽可能全面,著书、写论文、编辞书、书评、文章要都应该在行。""做学问高明之处,不在于发现新材料,而是在于从大家常见的史料中发现问题。"他的很多关于历史观和治史方法的精辟见解,对于我们的学术研究工作很有帮助。

五 践行实与冷精神

"实与冷",是蔡先生对范老治学精神的精辟总结。而且,蔡先生正是以此为座右铭,身体力行使之发扬光大。

实,即实际,也包括平实、老老实实。范老一再倡导研究历史要从实际出发,而不能从概念出发。历史现象错综复杂,许多事情缺乏完整记录,有些虽有丰富的资料,但由于资料来源不同,以及记述者的偏见,往往并不能反映历史事实真相。这就需要老老实实地进行艰苦而切实的调查研究工作,反复阅读,周密思考,才能去伪存真,接近历史实际。

冷,即冷板凳的简称。范老倡导本所学人做学问要有"二冷"精神。他经常勉励研究所的同志们下"二冷"的决心。一冷是坐冷板凳,就是要大家坐下来认真读书搞研究,埋头苦干,坚持不懈。二冷是吃冷猪肉(古者道德高尚的人,死后可入孔庙配享祭祀),就是告诫大家不要急于求成,要做长期的努力,最终你的成绩会被社会承认。

蔡先生正是践行实与冷精神的楷模。从我到所里工作开始,就见到蔡先生每天清晨已经坐在办公室读书和写作,几十年如一日。20世纪80年代以前,近代史所的办公条件还很简陋,通史组二三十人集中在一间平房大办公室里办公。我的办公桌就在蔡先生对面,每天看到蔡先生埋头苦干,中午趴在办公桌上稍事休息,下午接着读书写作。直到现在,已九十高龄,似乎仍不知老之已至,继续一如既往每天坚持读书工作。我们看到,蔡先生最近一二年间,所写作出版的个人著作有多种。以往他大部分精力用于完成范老编写《中国通史》的遗愿,而极少花费在个人课题研究上面。这种甘于奉献的精神也是很值得我们学习的。荀子说过:"不积跬步无以至千里。"蔡先生就是这样一步一步地走向学术事业的巅峰。

六 追求史与文兼善

鲁迅曾说:《史记》是"史家之绝唱,无韵之离骚"。对司马迁的史学功力与文学修养两方面都给予极高的评价。因此,史学著作应力求做到史实与文字表述完美的统一。然而,当今不少史学工作者,缺乏文学素养,不重视文字的表述。尽管其著作在史料和观点上多有新创,但由于晦涩难读,而削弱降低了本身的价值。黎澍先生曾专门写文章批评两个著名史学家,一个是"所使用的文字也粗疏到极点",一个是"不善于用明确的语言来表现明确的思想,也就是故作高深"。记得一次听《近代史研究》主编徐秀丽说,《近代史研究》杂志刊登一篇当今很活跃的一位名家写的论文。蔡先生阅后,找到她提意见说:"这篇文章,概念不清,逻辑不通,思维混乱。"我随后找来一阅,通篇晦涩难读,大量利用国外新概念,甚至一句话有三百多字。蔡先生还曾对本所一位参评研究员职称的学者送审的一部代表作,当面提出了批评。此人申报副研究员时,蔡先生写过推荐意见。当这位学者说:"那我这五年就白干了?"蔡先生不客气地说:"你就是白干了!"他曾担任中国社会科学院高级职称评委,一次对某个学者填写的学术职称申请表提出批评时说:"研究员还写白字。"还有一次,他领导的一个学会的秘书长发送学术会议邀请函,被他重新改写后,再寄了回去,要求重新邮寄。蔡先生对文字表述十分重视,这与他的学术经历不无关系。

蔡先生早年先后与范老和罗常培共事,范、罗二人都是语言大师。范老早年对《文心雕龙》研究造诣颇深,有几部研究专著出版,他善于化古代汉语为现代汉语,以语句精练、深入浅出为学界所称道。罗常培先生语文能力超群,在语言学界属于泰斗级人物。蔡先生常对我讲起跟罗常培先生共事的情景,说罗先生对人要求极其严格,动不动就骂人。因此大家背后称罗先生为"罗长官"。记得有一句名言:"与智者同行,你会不同凡响;与高人为伍,你能登上巅峰。"蔡先生正是深受他们的影响,非常重视史实的剪裁和文字的表述。可以说,他驾驭文字的能力,出神入化,点石成金,真可谓"运用之妙,存乎一心"。这与他本身具备古文字学、音韵学的深厚造诣,又能诗能文、文史兼通是分不开的。因此,阅读蔡先生的著作,你会感到轻松愉快,没有故作高深、拖泥带水之感。这也正是《中国通史》《中华史纲》,能做到深入浅出、雅俗共赏,为广大读者喜爱的重要原因之一。听蔡先生说过,目前出版的学术著作大多是仅完成了百分之八十,主要缺少进一步的推敲研磨,或是存在文学修养上的差距。

七 研究蒙古学的特点

蔡美彪先生是我国较早从事蒙古学研究的学者,1948年即发表了《元秘史中所见古代蒙古之婚俗》论文。20世纪50年代初,同罗常培先生编撰《八思巴与元代汉语》,遂开始了系统地搜集和研究有关八思巴字蒙、汉文献等方面的工作。这一时期,他接连发表《北京大学文科研究所所藏八思巴碑拓序目》《从蒙古文字的起源说到新蒙文的推行》《汉语里的蒙古语》《内蒙呼伦贝尔地带各兄弟民族语言文字概况》《元杂剧中的若干译语》等论著,对蒙古学发展做出了杰出的贡献。此后的七十年间,他一直继续耕耘在蒙古学园地。因此,可以说,他是在蒙古学领域灌注心力较多和取得斐然的成绩的学者。

蔡先生对于蒙古学研究有独到之处。他研究蒙古学不是单一的某个方面,而是采用一种横通的方法,即采用蒙古语言学、蒙古历史学、蒙古文学、蒙古社会学、蒙古民族学等融会贯通的方法,进行综合研究。例如,对马可·波罗的研究,以往学者大多认为,他是一个旅行家。而蔡先生通过对马可·波罗《寰宇记》中讲述各地情况,以及书中使用的波斯语、蒙古语词汇等方面记载,对马可·波罗在中国十七年间的语言与观念、地位与身份以及《寰宇记》所显示的特点,进行全方位考察。不仅指出他应当是一个斡脱商人,而且他在中国的活动轨迹与其身份有关。于是有关马·可波罗研究中出现的许多问题便迎刃而解。论文《试论马可波罗在中国》发表后,受到南开大学著名教授杨志玖、澳大利亚蒙古史学家罗依果(Igor de Rachewiltz)、南京大学教授陈得芝等国内外专家学者一致赞赏。美国的一些大学历史系将蔡先生的有关马可·波罗研究论文作为教材,供学生学习参考。再如,有关关汉卿研究。关汉卿是我国历史上的伟大戏剧家,他在戏剧方面为后人留下许多珍贵的遗产。但是,由于存世的关汉卿生平事迹的资料欠缺,以至于长期以来,人们对关汉卿生卒时代和人生经历等,知之不多,一直成为难解之谜。蔡先生通过关汉卿创作的戏剧中的蒙古语等词汇,以历史语言学的视角进行深入细致的分析研究,从而揭示了关汉卿生于金末,由金入元的结论。并指出他不是人们认为的"金末太医院尹",或"元太医院尹"。根据元代典籍及户籍制度的史实,而得出关汉卿是元代太医院管领的医户的结论。对于关汉卿的经历也考证出"元世祖至元后期,关汉卿也曾在杭州一带从事戏剧活动"。这篇《关汉卿生平考略》的论文,反映出蔡先生治蒙古学善于利用语言学、文学、历史学等进行综合性研究。因此,他取得的成果更令人信服。他的八思巴字研究也同样有其特点。他不是简单地辨识文字,而是把八思巴字作为蒙古历史学的研究工具,反过来又通过历史学诠释八思巴字文献反映的内容。举一个例子,一次蔡先生让我看一篇当今所谓八思巴字权威写的论文,是从一通墓志铭考证一个元代蒙古家族的文章。蔡先生说,将墓志铭写成墓志碑,说明不懂碑刻学问。而通过释文来说明八个姓氏同葬一墓,反映出不懂元代丧葬制度。因此,治蒙古学需要有多种语言尤其是古代蒙古语训练和蒙古历史学的功力。蔡先生考释八思巴字,是在深入发掘历史学资料的基础上进行的,从而将八思巴字蒙古文献学研究推向高峰。有关蔡先生对八思巴字文献研究的特点及贡献,可参看陈得芝先生的《八思巴字文献研究的学术贡献——庆祝蔡美彪教授八十华诞》(《蒙元史与中华多元文化论集》,上海古籍出版社 2013 年版)这里不再赘述。基于蔡美彪先生对蒙古学做出开拓性的贡献,2013 年荣获第二届中国蒙古学奖。

  总之,蔡先生学术贡献和治学特点是多方面的,远不是一篇小文所能涵括。需要进一步说明的是:蔡先生之所以能在学术上取得巨大成就,这与其坚持学术自由和学术操守有因果关系。他没有做过官,不是不能,不是没有机会,而是不为也。他是一个不唯上,不唯书,只为实的学者。他常说,学术研究不能跟风。他曾谈到科研与宣传的关系,说:"科研是探索未知,而宣传是宣传已知。"他对当前以量化为学术评价标准的做法,很不以为然。他说,曹雪芹写一部《红楼梦》就够了。如果写一百部,天天做梦,就不得了了。曹禺写一部《雷雨》,就代表了他的水平。如果老打雷下雨,就会发大水了。他明确反对学术著作所谓的规范化,认为是一种新的"八股"。

蔡先生为《中国大百科全书·中国历史》卷立传的历史学家。20世纪90年代初《中国大百科全书》第一版面世,至今二十多年间,有传的史学家中,在世的已寥寥无几。蔡先生是以学问立身,并始终坚持学术操守的学者。他带给我们后辈学人的启示是:做学问一定要"咬定青山不放松",有锲而不舍的精神,才有希望达到光辉的顶点。

(作者为中国社会科学院研究员)

蔡美彪先生的学术与学风

修晓波

今年我的授业恩师蔡美彪先生诞辰九十年。中国社会科学出版社举行蔡美彪先生《元代白话碑集录》（修订版）新闻发布座谈会，南开大学、中国元史研究会举办庆祝蔡美彪先生九十华诞元史学术研讨会，都是很有意义的活动。我自1991年考入中国社会科学院研究生院，跟随蔡先生攻读中国古代史专业的博士研究生，毕业后留在中国社科院近代史研究所中国通史室，在蔡先生身边工作。虽然一年后即调入中央机关，但仍然与蔡先生保持着密切联系，也参与了一些他主持的学术活动。这里将我感受较深的往事和我对蔡先生治学的理解写下来，以表达我对先生的敬意。

据我所知，蔡先生早在南开大学历史系学习时，即致力于辽金元史的研究，1947年以来陆续写文章发表。1949年考取北京大学研究生，1950年兼任助教，在北大文科研究所金石拓片室工作。当时艺风堂、柳风堂及北大旧藏拓本近三万张，未经整理编号，都堆放在先生工作室的书架上，可以随时检阅。但识辨元碑是一件很苦的差事，需要把拓片铺在地上，跪地伏视，或者悬挂在书架上抄录。蔡先生从中检出白话碑文拓本，与已知金石书刊录的碑拓汇编注释，编为《元代白话碑集录》一书，1955年由科学出版社出版。2017年又加修订再版。修订版没有增加碑文，但增补了拓本图影，增加了题解，最重要的是重写了碑文的注释。修订版较初版的内容扩充了好几倍。蔡先生说他平生出的第一本书是《元代白话碑集录》（初版，1955年），最后一本书也是《元代白话碑集录》（修订版，2017年）。修订版《集录》是他的收山之作，修订版和初版之间的间隔已是六十余年。

蔡先生的另一显著成果是对八思巴字文献的研究。元世祖时，吐蕃僧人八思巴奉命依据藏文字母改制成拼写蒙古语和汉语的拼音字母，元代称为"蒙古国字"或"蒙古字"。1930年，苏联学者龙果夫（A. Dragunov）依据所见蒙古字碑文进行古汉语研究，称其为"八思巴字"，为当代学者所沿用。语言学家罗常培先生曾得到陈寅恪先生惠赠的英国收藏抄本《蒙古字韵》的照片。这是一部前所未见的八思巴字与汉字对照的字书。蔡先生又在北大文研所陆续发现了一批八思巴字碑拓，在北大图书馆发现了馆藏元至元刊本蒙古字《百家姓》。罗先生和蔡先生对这些新发现的资料作了整理和考订，编为《八思巴字与元代汉语》，1959年出版。2004年，蔡先生把罗先生校勘《蒙古字韵》的遗稿和他所编的八思巴字汇补入本书，作为增订本再版。

关于八思巴字拼写蒙古语的研究，1941年苏联学者包培（N. Poppe）的名著《方体字》奠立了基础。包培在书中阐明了八思巴字音写蒙古语的构制体系，使八思巴蒙古字成为可以识读的文字。但包培当时所据文献只有四篇碑拓，资料有限。蔡先生长期从事八思巴字的研究，最重要的成果即2011年出版的《八思巴字碑刻文物集释》。书中收集了24篇碑拓和若干文物，资料大为丰富。所做的工作仍是对碑铭的注释，但侧重在汉译词汇的考索和历史文献的求证。即考释不再限于语言的辨析，而涉及历史学、文献学，扩大了研究范围，深入挖掘了八思巴蒙古字多学科的价值，成为这些学科可资利用的史料。20世纪以来，苏联、法国、波兰、匈牙利、日本等国都有学者关注八思巴字文献的研究，蔡先生把这方面的研究推上了一个新台阶，引起国内外同行学者的高度关注和好评。现正准备修订再版。

蔡先生常说，学术研究不能投机取巧。不能尽选择容易写作、容易发表的课题。要面对学术界未解决的问题，攻难关、做难题。蔡先生的文集《辽金元史考索》中收入了多篇解难攻关之作。试举数例如下。

辽史问题多材料少是公认的难题。蔡先生关于辽史的一组文章，从《契丹的部落组织和国家的产生》到《辽代后族与辽季后妃三案》，独辟蹊径，从契丹氏族部落的形成与演变的探讨，对辽朝从建国到亡国的历程作了深入的剖析，使一些疑难得以通解。

辽金史料中的"阻卜"或"阻䪁"历来不得其解。王国维提出阻卜即鞑靼之说，曾引起学界的争议。蔡先生在辽代哀册和金代碑文中发现鞑靼的记事，与史料互证，撰为《辽金石刻中之鞑靼》一文，为阻卜即鞑靼提供了确证。此文在1947年成稿，20世纪50年代初先后在香港出版的《学原》杂志和北大《国学季刊》发表，得到国内外学者的赞许。

辽金元史的乣和乣军也是长期争议费解的难题。蔡先生对三朝有关记事作了纵向的考察，又对汉语、蒙古语、波斯语称谓作了横向的比对，经过缜密的考证，撰为长文，确认乣应读如札，是对边疆部民的泛称。进而对乣军的形成和演变及其在历史上的作用作了系统的论述。文中提出成吉思汗的封号"札忽惕忽鲁"即是乣军首领。

成吉思的释义，长期没有确解。较为流行的有"强盛伟大""强者""海洋""勇猛刚强"等。蔡先生从汉人的谥法制度、尊号与谥号、蒙语与汉语等多个视角进行综合研究，得出的结论是，"圣武"应与"成吉思"名号同义，"成吉思汗"原意即"雄武之王"。

元世祖时的阿合马被杀案，涉嫌汉人众多。汉文记载不详，但明确记录被处置的主犯是张易、王著。波斯拉施特《史集》记此案的主谋是"gau fin-jan"，汉译"高平章"。历来中外研究者和译者都因此名不见史籍而感到困惑，做过各种推测。蔡先生研究的结果，波斯文 g 是 j 的误写，将"赵平章"误作"高平章"。而原文作"赵平章"又是将经历近似的赵璧和张易误混为一人，实为张易的误传，从而解答了多年存在的疑难。

马可波罗在中国的身份，也是多年存在的疑难。有人曾怀疑他是元朝的小官，不能成立。一般称他为"旅行家"，但在中国旅行十七年之久，无法通解。蔡先生依据元朝的制度和社会状况，以及对《马可·波罗游记》内容的周密分析，认为马可波罗是在中国和邻国经营商业贸易的斡脱商人，积累了大量财富，因而回国时成为"百万富翁"。此文用中英文发表，得到中外专家的推许。

以上所举，只是受到学术界重视的一些事例。此外，如对脱列哥纳事迹、关汉卿生平的考索等，也都是发前人所未发，不需一一列举。蔡先生曾说，学术文章与宣传文字不同，要求探索未知，破解疑难。他在研究中即遵循了这一点。

我随蔡先生学习期间，记忆较深的是他对史料的掌握和对问题的洞察力。我曾写过一篇《关于木华黎家族世系的几个问题》，其中讨论的一个问题是，木华黎后裔塔思与霸都鲁的关系是兄弟还是父子。《元史》卷一一九《木华黎等传》，称安童（霸都鲁之子）为木华黎三世孙，塔思与霸都鲁是兄弟，元人文献有《东平王世家》可证。但《元史》卷一二六《安童传》，称安童为"木华黎四世孙"，由于安童世系排序变化，霸都鲁也递减一世，塔思与霸都鲁则成了父子关系了。这个世系排列又见元明善的《丞相东平忠宪王碑》。《元史》在此问题上前后抵牾，并由此涉及木华黎家族其他人的世系排列，导致紊乱。我文章的结论是塔思与霸都鲁为兄弟关系，即《东平王世家》的记载可靠；元明善在过录《世家》时可能出现了误载。文章送给蔡先生讨教，他指出元明善过录《世家》有误是文章的重点部分，应着力说明。接着对我说，写证据不足、带有推理性的文章，要充分掌握已有的材料，运用自如。推理时逻辑性要强。不要只讲有利的一面，不利的方面也要讲，要试予解答，这样容易让人信服。几天以后，即1992年3月5日，先生又给我写了张便笺，说："黄溍有《宝忠堂记》一文，即为朵儿直班而作，文中有'然自鲁王父子，下逮东平之三世，易名节惠，悉冠以忠'等语，见黄文献集卷七，金华黄先生文集卷十四，可供参考。"我在修改文章时补入了这则史料，并按先生的意见加强了重点部分的论述。这篇文章后来发表在《蒙古史研究》第四辑上。

蔡先生用力最多、费时最长的工作是参与和主编《中国通史》。1953年，蔡先生从中国科学院语言研究所转到近代史研究所工作，主要任务是协助范文澜编写多卷本的《中国通史》。范老1967年去世，生前完成三编四册。蔡先生担负起这项艰巨工作，续写唐代以后各册。范老编的前四册，线索比较单一，按专题的方式，政治、经济、战争、文化分别叙述，不是绝对地照时间排列。但从第五册开始，同一时期涉及的朝代较多，宋、辽、金、夏同时并存。根据这个特点，蔡先生改为以时期为限、分别以记叙的写法，将政治、经济等合在一起。这样易于贯通，清晰了然。续编的六册并不拘泥于前四册的写法，六册之间的写法也不完全雷同。第十册清代经济就单独立了一章。按照原计划，共写十册，第十册写到清嘉庆朝为止。后来觉得应将清朝的历史写完。许多学者和读者也建言补上清道光至宣统晚清史。蔡先生又增加了编写第十一、第十二册的计划，记叙清王朝由衰落到灭亡的过程。按照通史前十册的体例，要写成不同于通行近代史的晚清史，蔡先生的做法是侧重于清王朝本身的叙述，这样就与以侵略与反侵略为主线的通行近代史著作区分开来，也从体例上与前十册保持了一致。

作为第十一、第十二册的主编，蔡先生并不是把别人提供的初稿拿来即用，而是深思熟虑，重新进行构思，亲自定稿。记得有一次我去他家中，蔡先生与我谈起了他的设想。他说《中国通史》第十一、第十二册的逻辑关系是：中日战争——变法，列强入侵——再变法，直至民主革命。同时他又说了几点意见。（一）书中只用"洋务"和"洋务派"的提法，不用"洋务运动"。"洋务运动"一词是20世纪50年代编写近代史资料丛刊时提出的，后被大家沿用。实际上"运动"一词不妥。近代史涉外事宜很多，可统称为洋务，但不能专门划出一个洋务运动。（二）对战争的提法，过去的书中均用"鸦片战争""甲午战争""中法战争"等，标准不统一，分别是因战争起因而得名，因干支纪年和因交战国而得名。蔡先生在书中作了处理，使用了"英国入侵""中日战争""中法战争"。戊戌变法也改称"清廷变法"。在一部书中统一了称谓。（三）书中称孙文不称为孙中山。称孙中山是习惯上的称呼。孙中山姓孙名文，字德明，号逸仙。因他从事革命活动，曾化名"中山樵"，国民党人尊称他为中山先生。历史书应用他的本名孙文。（四）书中没有使用"帝国主义侵略"这个词。帝国主义说的是一个体系、一个制度，后面不宜用"侵略"这个动词。书中统一使用"外国入侵"或"列强入侵"。这些在一般情况下不被人们注意的细节，蔡先生都体察到了，并进行了细微的辨析，体现出一位学者坚持严谨治学、独立思考的精神。

《中国通史》十二册合装本2009年由人民出版社出版后，受到社会各界广泛好评，多次再版。主编这样的史学巨著，作者有着自己的经历和体会。其中蔡先生说的三点我记忆最深。第一是三五知己一起搞。据传20世纪60年代，有人问毛泽东，写书是一个人写好，还是大家合作写好。毛泽东回答：一般的书，一个人写好；大型的书，可以找上三五个知己一起搞。《中国通史》正是走的这条路子，没有搞大兵团作战。第二是不赶时髦。历史研究不能跟着一些流行的提法转，人云亦云。要从实际出发，实事求是。第三是坐冷板凳。蔡先生一生没有做官理过政，没有带兵打过仗，也没有经商下过海，唯一做的事就是读书写书，平日行动路途就是办公室的门和自家门。做学问要耐得住寂寞。根据我的观察，蔡先生主持

《中国通史》的工作还有这么几个特色。一是亲自动手。他做主编不是挂个名，除统筹全书的体例外，还亲自写作，又对别人的初稿斟酌修改。我曾见过先生改过的手稿，在稿纸空白的地方几乎都写满了字，密密麻麻的。这不是一篇文章或一册书，而是从第六册至第十二册的鸿篇巨制。二是在文字上细加推敲。先生为人非常谦虚，说："范老的文字有特点，他化古代汉语为现代汉语，文笔流畅，驱遣自如，我们努力学习，力求接近，但还是相差甚远。"但据我所知，翻阅过《中国通史》的读者都认为文字好是该书的一大特色。近代史所中华民国史研究室编纂的《中华民国史》第七卷（1928—1932）的前言这样写道："学术著作也同样可以写得生动、活泼，关键在作者是否有此追求。有两个实例，大概可以佐证。一个远在天边，那是法国自然科学家法布尔写的十卷本科学巨著《昆虫记》"，"另一个近在眼前，那就是本所范文澜、蔡美彪先生撰写的《中国通史》，甚简洁、隽永、行云流水般的清新文风，是今日众多历史著作无法比拟的"。三是亲自承担有关事务工作。如稿酬的分发，作者购书等事。记得 1994 年 1 月 17 日，我回长春探望父母，先生托我给东北师范大学的李洵教授带去一封信。摘录如下：

  通史第八册承吾兄鼎力玉成，感不可言。出版拖延。至今春始拿到样书，现奉上一册，请予查阅。发行书尚未印行，出版社告知，作者除赠书外，可按书价七折优惠，向出版社直接购书。吾兄如需购买，望先告知购书数字，当为办理。稿酬现尚未由出版社结算，购书费用可在致酬时扣除，不必寄款。如有其他需办理之事，统希面示修君可也。

讲蔡先生主编《中国通史》，还得提及其他两部书，即《中国通史简本》和《中华史纲》。2006 年 3 月的一个下午，蔡先生把我叫到他家中，说他打算编一本《中国通史》十二册的缩写本。原书的基本结构和基本观点都不变动。缩写本分为六章，让我也参加进来，缩写第四章宋辽金元时期的宋元部分。他提了几点要求。（一）《中国通史》十二册全书近四百万字，缩写成五十万字。宋元部分五万字左右，先不要考虑字数，写起来再说。（二）以政治史的基本事件为主，这方面的内容不要随意删减。（三）社会经济以及战争的过程要大大简化。（四）专用名词要做简要的解释，一般性的内容可以不要。比如理学的内容尽量简化，理学家的著述不必全部列举；文学部分讲清源流即可。（五）本书的定位是通俗本，材料取舍要得当。文字首先是准确，其次才是简化。蔡先生还对通俗本的书下了一个我认为是很经典的定义：外行人看得懂，内行人不觉得是外行人说的话。让我缩写时先不想字数的事，是怕我有了框框后，束缚住手脚。蔡先生著述论文，脑子里没有框框，思维是开放式的。这是他一贯的风格。蔡先生仍任本书的主编，修改定稿。参加缩写的共五位同志。我觉得这是先生对我的信任，不敢怠慢，工作之余挤出时间抓紧干。交上的稿子受到先生的好评。这本书定名为《中国通史简本》，2013年由人民出版社出版。目前又有朝鲜文版译著发行。

《中华史纲》是另外一部史学著作。背景是2009年遵照江泽民同志关于出版中国简史的倡议，时任中国社会科学院院长陈奎元把这项工作委托给了蔡先生。那一年蔡先生已年逾八旬，接受任务后当成大事，放下自己手头的其他工作专注于此。两年多后完成这部近三十万字的《中华史纲》。这本书的体例与《中国通史》不同，按照史纲的写法，对历史素材有所取舍，不是对每个朝代都讲政治、经济和文化。用蔡先生的话说，主要讲政治，其他都是补充。"叙事酌取要旨，文字务求简约。"依据史纲的体裁，不引原文，不注出处，不用阿拉伯字（公元纪年除外），不列参考书目。《中华史纲》不是简编的《中国通史》，与《中国通史简本》也不是一样的书，这是一部按照蔡先生自己思路新编的学术性通俗著作。2012年由社会科学文献出版社出版，几年来多次再版重印。

一个国家、一个民族要有自己国家和民族代表性的通史著作。蔡先生从1953开始参与中国通史的写作，从照片看那时候他是二十几岁英姿焕发的青年，到2013年《中国通史简本》出版，弹指间过去了六十年，他已是耄耋老人。有时候我望着先生满头白发和他颤巍巍的身影，感慨万千。在我的眼里，先生的名字是和《中国通史》这部书联系在一起的。当年范老寄托了对年轻一代史学工作者的期望和心愿，蔡先生竟竭尽六十年的心血躬身实践。当《中国通史》最后付印出版时，先生说："面对十二册全帙的《中国通史》，总算实现了范老'完成比不完成要好些'的遗愿。"一句嘱托，毕生的付出。先生说这番话时，又有多少人能体察到他内心的甘苦与酸甜。

蔡先生曾经对我说，做学问一定要独立思考，无私奉献。独立思考是方法，无私奉献是精神和行为。先生在史学领域六十余年的辛勤耕耘，诠释了无私奉献的真实内涵。

2017 年 11 月

（作者为中央纪委驻全国政协机关纪检组副组长）

突破"武折"与"德怀"的两难
——汉对匈奴政策的形成

姚大力

匈奴应是公元前 4—前 3 世纪形成的蒙古高原上出现最早的游牧人群。

作为用现代历史学的理念及方法研究匈奴史的开山之作,王国维的《鬼方昆夷玁狁考》继承了中国民族史书写中一种源远流长的叙事范式。他将活动于蒙古高原的胡或匈奴的历史,向上一直追溯到晚商,认为这个人群历经千余年始终保持着 Hun 的名称。他说,对这一点不惟"自音韵学上证之有余",而且以其地理分布言之,亦"全相符合也"。后世之胡与匈奴,仍"与数百年前之獯鬻、玁狁先后相应。其为同种,当司马氏作《匈奴传》时,盖已知之矣"①。

王国维高屋建瓴的如炬目光,表现在他一眼就看穿了如下事实:汉地社会对于分布在"华夏边缘"之外诸人群的认识过程,大体可分为两个阶段或层次。诸夏先接触到的是较靠近自己的蛮夷戎狄;而后才在戎狄以外,与胡人(即匈奴)相遭遇,接着又先后在胡的东、西两个方向上遇到了过去同样未曾直面过的新人群,于是分别以东胡和西胡名之。

但另一方面,他又说:所谓鬼方、昆夷、獯鬻、玁狁、胡或匈奴者,乃其本名(即自称);而所谓戎、狄者,则汉语人群所加之名(即他称);是则胡与匈奴俱在戎、狄之中。"故战国时,中国戎狄既尽,强国辟土,与边裔接。乃复以本名呼之。"这一来,就把原本已被他自己区分清楚的华夏周边内外两层不同人群,又重新混为一谈了。

不止如此,自晚商开始追述匈奴"本名"之连续性的证据链,在西周

---

① 王国维:《鬼方昆夷玁狁考》,《观堂集林》卷 13,"史林五"。

末其实也已经出现一个致命的断裂。如果说在鬼方到獯鬻的名称中还可以说都含有 Hun 的音节，那么此说在面对玁狁、猃狁或类似的族称时就会碰到解释上的严重困难。因为后一组族称中的前一个汉字（玁、猃、獫）在上古音中都以 -m 收声。于是王国维只好用两个汉字"合音"为一字的假设来解决这个难题，即分别采用前一字声母和后一字韵母合为一音（ham-yun = hun，kam-yun = kun）。但这个假设本身能否成立，即十分令人怀疑；更不用说那一组专名里的第一个汉字在上古多属于复声母，大略读作 hram 或 kram，故即使接受"合音"之说，也难以使之与 Hun 的族称相吻合。

所谓"合音"，实际上就是反切注音法。一般认为此法的存在不得早于汉代。而"合音"说之成立，必以上古已有反切为其前提。

在《音学五书》里，顾炎武确实提出过"反语不始于汉末矣"的见解。① 但从以下三点看，他并没有证成自己的结论。

首先，他的举证中包含了大量以两字疾读而合为一音的字例，如"不可为叵、何不为盍"之类。但两字疾读乃是合二字为一字，而反切则是拆一字之音而为二。虽然看起来都算"二声合为一字者"，两者却是根本不同的事情。这再明显不过地表现在"何不为盍"这个例证中。盍的读音为 $\gamma\text{\textsci}p$，而何不两字相切当读为 $\gamma ieut$，两个读音的入声收声一为 -p，一则为 -t，可谓全然不同，故知"何不"绝非"盍"字之反切。由此可见，举合二为一之例纵多，亦无助于证明当日已存在拆一字为二声、再将它们两相拼合的做法。

其次，在上述两字疾读的例证中，又有许多是合两字之音来表征上古复声母字之读音的，此亦无涉于后来才有的"反语"。如所《诗经·墙有茨》里的"茨"读若"蒺藜"。这是因为"茨"字的上古音本为 zli②，与"蒺藜"两字疾读时的语音颇相近（zli > zit-li）。把此例理解为是在用"蒺藜"两字反切"茨"的中古音，也就是以"蒺"（zit）之声母（z-）与"藜"（li）之韵母（-i）相拼，合为"茨"的中古读音（zi），乃是犯了时代倒置的错误。《诗经》有"八月断壶"，壶（上古音 glaa）即葫芦；又

---

① 顾炎武：《反切之始》，《音学五书》"音论卷"下。
② 此用郑张尚芳拟音，见郑张尚方《上古音系》，上海教育出版社 2003 版，第 295 页。

"笔"读作不律。此皆与茨即蒺藜同理①。

再次,有些例证解释未尽妥当。如以侧理(即陟釐,水中苔)为纸字之切音,以鞠穷为芎䓖(即川芎)一语里芎的切音等。

除了上述困难,体现在王国维此一研究里的中国民族史叙事范式,还具有两项显著特征。它把对于族名的追溯,当作描述一个被称为"民族"的固有人群共同体的最基本路径。这一范式同时还习惯于从"华夏边缘"去寻找中国以外世界的各不同人群的起源。

蒙古高原上的游牧人群,可以出于高原周边的四面八方,包括诸夏北方或西北的农牧混合带、西伯利亚南缘的森林和森林草原、中亚绿洲边缘,以及大兴安岭两侧的山地。拉铁摩尔在肯定匈奴中应当含有从华夏周围地带流入蒙古高原的汉藏语系诸人群成分的同时,又敏锐地指出:"如果草原社会的形成是基于一部分'旧社会'边境的残余人群,而这些人群又与汉人同源,那么,为什么草原的主要语言属乌拉尔—阿尔泰语系,而与原始汉语完全无关呢?"② 他因此认为匈奴人口的主体并不来源于汉地周边。

值得注意的是,根据诺芙格罗德娃的研究,晚期青铜及早期铁器时代蒙古高原上的考古文化可以划分为三个大类型。③ 这与新近从分子人类学研究所获得的认识是互相支持的。在那里,从东向西分布的是出于同源的满—蒙语系统各人群,由西向东分布的乃是突厥语诸人群,而自北向南分布的则是古西伯利亚语诸人群。无论匈奴的统治部落属于上述三者中的哪一部分,构成为一个军事—政治共同体的匈奴人,总是以这三大人群为其人口的主要构成部分的。

---

① 看来上古复声母的分化,是汉语中出现非外来之双音节语词的重要原因之一。角落("落"字原应作"角")/旮旯之源于复声母的"角"字,骷髅之源于复声母的"髏"字,亦皆同理也。"巷"字的演变体现的是另一种情况。在上古复声母分化过程中(上古音 grong > 中古音 gjong、long),原字"巷"被用来记录 gjong 的读音,而它的另一个读音 long 则借用了原来读 nong 的"弄"字来记录。于是"弄"又有了一个须读作 long 的后起义,意谓里间小道。

② [美]拉铁摩尔:《中国的亚洲内陆边疆》,唐晓峰译,江苏人民出版社 2005 年版,290 页。

③ Элеонора Афанасьевна Новгородова, Древняя Монголия: Некоторые проблемы хронологии и этнокультурной истории, Москва, Наука, 1989, Стр. 256.

蒙古高原上的游牧人群，并非自古以来就自然而然地在那里以游牧为其基本生计方式。所以从某个时期开始从事草原游牧业的各人群从何起源，以及蒙古草原上的游牧生计方式本身如何起源，这是两个互有关联、但不能混为一谈的问题。

游牧经济的产生是十分晚近的事情。而在成熟的游牧经济方式出现之前，蒙古高原周边各地的那些从事流动畜牧的群落，根本没有能力深入大草原，从而形成一个跨越大漠东西南北的人们共同体。这样一个强大的人群联合体之出现于蒙古高原，正是在公元前4世纪。中国北方边界地带最早存在成熟的游牧文化就在此时。

那么这种游牧文化是基于蒙古高原上土生土长的生计经营形式而发展出来的吗？

狄考斯玛以为，"中国北部地区游牧文化的形成，很可能与远离中原的一个更广阔的地区有着密切的联系，而发生在中华文化圈内的政治和文化进程对其的影响只是边缘性的"①。这个远离中原的"更广阔的地区"，位于南西伯利亚和哈萨克草原—阿尔泰地区。那里被俄国考古学家认定为斯基泰人的起源地②，而斯基泰人恰恰是迄今所知欧亚草原带上最早的游牧文化创造者。他们的墓葬集中地分布于黑海以北的南俄草原上。建立在那里的最早游牧王国，其时代大致是在公元前8—前3世纪。

从现有证据推知，欧亚草原带上成熟的游牧文化，最先出现在黑海北部的斯基泰社会。如果将斯基泰人的迁徙运动与它最先所拥有的游牧文化的传播运动加以区别对待，那么我们就应当承认，游牧文化就是在那里形成，再由讲东伊朗语的斯基泰人从黑海北部向东传播的。蒙古高原南北的丰美草原，就处在这个方向的最东端。据此则匈奴人的游牧生产方式，乃渊源于东传的斯基泰游牧文化。从蒙古国匈奴王墓葬中发掘的希腊风格的银盘③，从东传到大漠南北草原上的匈奴文物中鸟头、鸟翅、猛兽身体的

---

① ［美］狄宇宙：《古代中国及其强邻：东亚历史上游牧力量的兴起》，贺岩、高书文译，中国社会科学出版社2010年版，第83页。

② James C. Y. Watt, Introduction, in Emma C. Bunker, *Nomadic Art of the Eastern Eurasian Steppes: The Eugene V. and Other New York Collections*, The Metropolitan Museum of Art, New York & New Haven: Yale University Press, 2002, p. 4.

③ Treasures of the Xiongnu, National Museum of Mongolia, Ulaanbaatar, Mongolia, 2011, p. 128, figure 162.

狮身怪鹫"格里芬"形象，可以确信斯基泰文化之进入蒙古草原是一毋庸争辩的事实。两地游牧经济发展之间有二三百年之久的时间差。它应可成为匈奴的游牧生计方式乃系由西传入的一种证据。

由战国入秦汉，这两种差异极大的巨型文明，在几乎完全缺乏互相了解的情况下，发生日渐严重的碰撞。双方从轮番占夺河套以南及以东方向的游牧人地域，走向全面对峙的局面。匈奴视其南方的汉地农业社会无异乎可索取恣意的储柜。汉朝当蓄势尚不足之时，曾被迫承认"长城以北，引弓之国，受命单于；长城以南，冠带之室，朕亦制之"。① 但一旦国力强大，终必改弦易辙。当朝者欲一举解决北部边境安全问题的激进诉求，典型地反映在下述观念中："天下之大义当混为一。……犯强汉者虽远必诛。"②

今天的读者很容易以自己的后见之明，将"天下之大义当混为一"解读为构建与维系一个"万方来朝"的朝贡体系。但在汉武帝决心北伐匈奴之时，其国策中其实还不存在这样的朝贡体系。

直到那时为止，汉朝业已通过"诸侯王不得复治国"、封内"员职皆不得自置"等规制，将治理天下郡县的权利收归中央。③ 国家对于被括入版图的非汉文明覆盖地域，主要是淮水与汉水流域乃至秦岭以南的广大地面，仍一体采用郡县制的管制体系，由从中央政府直接派出的官员莅职理政。

对被击溃后降附的匈奴余部，武帝承秦旧制，在边五郡故塞内外设置"属国"安顿之。此一制度后来推行到由于不同原因而投奔汉土的诸部（如鲜卑、羌、"旄中夷"等）之离散群落。属国多置都尉，由朝廷派员临治。至东汉时规模较大的属国得"稍有分县（即其下亦领县），治民比郡"④。这就是说，属国实际上也构成为郡县体制的一个组成部分。

另一种情况，则是对尚未括入汉朝疆域的毗邻政权如南粤国，"以方

---

① 《史记》卷110《匈奴传》。
② 《汉书》卷70《陈汤传》。
③ 语见：《汉书》卷70上《百官公卿表》；《通典》卷31《职官·十三》。
④ 《后汉书》卷118《百官志》。

寸之印、丈二之组，填抚方外"，列入"藩臣"①。虽然"服岭（即含大庾山等在内的五岭）以南，王自治之"，且"贡酎之奉，不输大内，一卒之用，不给上事"，但南越在名义上仍是汉的附属国，"其使天子称王，朝命如诸侯"②。正因为其地位与汉朝国内的诸侯王相当，故若其内属，则"比内诸侯，三岁壹朝，除边关"③。

所以在当日形势下，所谓"当混为一"实有三义。或将收服的人口土地直接纳入郡县制；或分置属国于边境地带，由所在边郡辖制；或则使"外国皆臣属于汉"④，也就是若要建立与汉的关系，就须先变作汉室的"外臣"。因此南粤王一旦"更号为帝、自帝其国"，吕后便"大怒，削去南粤之籍。使使不通"⑤。

可是匈奴显然不愿意就范于这样一个以"当混为一"为旨归的非均衡的汉朝对外关系框架。匈奴被汉重创后"好辞请和亲"，而当汉欲"使为外臣，朝请于边"时，单于即大怒，留汉使不遣归。此由单于回复汉朝要求他遣子为质之语而益可知："非故约，故约汉当遣翁主，给缯絮、食物有品以和亲。"⑥ 这里所谓"故约"，即汉初以长城为界互以对等之国相待的约定。加之单于作为一个"帝国式部落联盟"的最高统治者，对外虽以君主身份行事，对内却没有绝对制约各游牧部落的权力⑦，无力阻止临边匈奴部落不时扰袭汉境，这就更使武帝觉得对之"可以武折而不可以德怀"⑧。司马迁说，武帝初，"明和亲约束，厚遇关市饶给之。匈奴自单于以下皆亲汉，往来长城下"⑨。此种局面之被破坏，实始于汉军试图伏击匈奴于马邑。"自是之后，匈奴绝和亲，攻当路塞。往往入盗于汉边，不可胜数。"⑩ 由是导致武帝连续三次发起主动征伐匈奴的大规模军事行动。

---

① 《汉书》卷64上《严助传》。
② 《汉书》卷95《南粤传》；《汉书》卷64上《严助传》。
③ 《史记》卷113《南越尉佗传》。
④ 《汉书》卷96下《西域传》。
⑤ 《汉书》卷95《南粤传》。
⑥ 《汉书》卷94上《匈奴传》。
⑦ "帝国式部落联盟"（imperial confederacy），见Thomas J. Barfield, The Xiongnu Imperial Confederacy: Organization and Foreign Policy, *The Journal of Asian Studies* 41—1 (1981)。
⑧ 语见《盐铁论》卷8《结和》。
⑨ 《史记》卷110《匈奴传》。
⑩ 《资治通鉴》卷18，"汉纪10"，武帝元光二年（前133）。

但是正如一厢情愿的"德怀"政策难以奏效,"武折"之计也很难收取全功。出于传统农耕社会的军队远征朔漠有一个天然时限,即受到因无法在草原越冬的限制而止于百余日。这就使他们根本不可能采用"卷甲轻举,深入长驱"的追击方式,彻底击溃拥有更充裕的时间和经验与汉军相周旋的游牧部队。这种情形与居鲁士当年在南俄草原上的战绩十分相像。步步紧逼寻求速战速决的波斯帝国军队,最终造就的只是斯基泰人"不可战胜"的声名①。汉武征讨匈奴获得了辉煌的胜利,但汉朝北部的边患问题并没有解决。沿长城全线防御的人力与经济投入,使汉政府深感力不堪负。公元前 81 年,汉昭帝御前的盐铁会议,正是在这样的形势下召开的。

把盐铁之议中争论双方的立场归结为"对匈奴是妥协求和还是坚持抵抗",乃是过于简单了。在视二者为非此即彼、绝对互不相容者的心里,其实已先验地将"妥协求和"断为不足取法。贤良文学力言"加德施惠,北夷必内向款塞",诚如王先谦所说,"斯迂阔不达事情之论也"②。但是儒家阵营有三点看法是非常值得重视的。

首先,匈奴难以强力制:"内无室宇之守,外无田畴之积。随美草甘水而驱牧。……风合而云解,就之则亡,击之则散,未可一世而举也。"故"汉数千里争利,则人马罢;虏以全制其敝,势必危殆"③。

其次,既不能击而溃之,乃被迫沿长城全线布防。此举"苦师劳众,以略无用之地,立郡沙石之间。民不能自守,发屯乘城,损辇而赡之。愚窃见其亡,不睹其成"。贤良文学们公然把武帝对匈奴的政策与亡秦相比:"秦南禽劲越,北却强胡。竭中国以役四夷。人罢极而主不恤,国内溃而上不知。是以一夫倡而天下和,兵破陈涉,地夺诸侯。……周谨小而得大,秦欲大而亡小。语曰:前车覆,后车戒。殷鉴不远,在夏后之世矣。"④ 这与司马迁对那个时代的描述正可以互相发明:"蒙恬将兵攻胡,辟地千里,以河为境。固沮泽咸卤,不生五谷。然后发天下丁男以守河,

---

① Christopher I. Beckwith, *Empires of the Silk Road: A History of Central Eurasia from the Bronze Age to the Present*, Princeton and Oxford, Princeton University Press, 2009, pp. 68 - 69.
② 王先谦:《〈盐铁论〉后序》,《虚受堂文集》卷 5。
③ 《盐铁论》卷 7《备胡》;《汉书》卷 52《韩安国传》。
④ 《盐铁论》卷 8《结和》。

暴兵露师十有余年,死者不可胜数。终不能逾河而北。……又使天下飞刍輓粟。起于黄腄、琅琊负海之郡,转输河北。率三十钟而致一石。男子疾里耕,不足以粮饷;女子纺织,不足以帷幕。百姓靡敝。孤老寡弱,不能相养。道死者相望。"①贤良文学因此指责桑弘羊曰:"是君之策不能弱匈奴,而反衰中国也!"②儒家不以富国强兵、而以民生为治国第一要义的立场,在这些话里被展示无遗。

再次,"武折"之策行不通,旧式的"德怀"又不见容于匈奴,儒家因此提出一种"两主好合,内外交通,天下安宁,世世无患"的新方针③。这就是回到汉初划长城为两国界,通过嫁公主出塞以及边关互市,"以岁时汉所余、彼所鲜,数问遗",来推动两国间的和平关系。此说标榜以"无战以渐臣"待匈奴④,值得细加分析。所谓"无战",即放弃单纯依恃攻防兼顾的军事对峙策略。所谓"渐臣",既有仍旧孜孜于置匈奴于臣属地位的旧念,但同时也有极可贵的新意于其中。那就是把臣服匈奴设定为一种遥远的愿景,不再在现实政治中把汉匈外交关系强行纳入君臣关系的观念与制度框架,而欲以相比较而言更为对等与温和的双边关系处理之。

二十年后,盐铁会议所萌发的对匈政策转向的念头,由于匈奴那一方政局的变化而逐步获得意外的实施机会。

公元前60年末,汉以匈奴在军事打击下稍失寇边实力,罢塞外诸城以休百姓。单于虚闾权渠闻之喜,"称弟,遣使请求和亲。海内欣然,夷狄莫不闻。未终奉约,不幸为贼所杀"⑤。之后不久匈奴东、西部分裂,西部又出现四单于混战。东部匈奴所立单于呼韩邪被西部匈奴击败,前51年,呼韩邪单于决意对汉求和,"引众南近塞"⑥,并于翌年款降五原塞。宣帝问匈奴单于朝见天子所宜用礼仪,最后采纳萧望之的建议:"单于非正朔所加(在汉朝颁历授时之地域范围以外),故称敌国(对等之国)。宜待以不臣之礼,位在诸侯王上。外夷稽首称藩,中国让而不臣。此则羁縻之谊、

---

① 《史记》卷112《主父偃传》。
② 《盐铁论》卷8《伐攻》。
③ 《盐铁论》卷8《结和》。
④ 《史记》卷97《刘敬传》。此语《汉书》卷43《娄敬传》作"毋战以渐臣"。
⑤ 《汉书》卷78《萧望之传》。
⑥ 《汉书》卷94下《匈奴传》。

谦亨之福也。"① 汉因而"宠以殊礼，位在诸侯王上，赞谒称臣而不名"②。呼韩邪尚汉公主王昭君，演成汉匈联姻的一段著名佳话。

进入东汉之后，呼韩邪之孙在匈奴国的权力斗争中失败南走，以南部匈奴自立为南单于，袭用其祖父名号，亦称呼韩邪。公元1世纪40年代末，南单于求款降于五原塞，与汉朝复修宣帝旧约，"愿永为藩蔽，扞御北虏"③。50年，南匈奴入居汉北边诸郡，助汉守边。

西汉对付匈奴的两难选择，由于一种草原与汉地间互动关系之新模式的生成，而被突破了。从那时起直到16世纪中叶重新成为北亚游牧人群的中心活动舞台，内蒙古草原长期是由蒙古高原权力斗争中失败一方构成的边缘势力集团偏踞之地。他们以中原王朝为后援，面向西北，"扞御北虏"。这片区域由此遂成为中原农耕国家得以避免与漠北游牧人群直接对峙的一个缓冲区。而中原与蒙古草原上的主流势力之间，也依然可能沿用西汉与呼韩邪单于国家之曾为"敌国"的模式，也就是"羁縻"体系中最为宽松的一种互动模式，建立对双方都有益的外交关系。

汉武帝屡次主动出击，对匈奴力量折损极大，但他付出的代价也异常沉重。他夺得的河套以南草地，曾在华夏与游牧人群的长期反复的争夺中数易其主；在古人看来它原属"匈奴故地"④。从匈奴手里抢来的河西走廊，对汉朝来说更是一片新拓殖的疆土。因为匈奴对汉的侵扰而必欲陷之于绝境，必欲穷寇亟追、扫穴焚庭，将他们困死在漠北而后快，非但事实上无以得逞，而且未必符合仁义之师的准则。回顾这段历史，对汉在与完全不为其所了解的匈奴人的早期遭遇中所施展的一系列"试错"行动，即使其中不免存在某些过当之处，我们也没有理由提出苛责。但是，对古人不予苛责，绝不意味着我们因此就可以在追忆当年之事时理直气壮地赞颂过度的对外战争，用洋溢着强烈的暴力美学风格的情绪与言辞去从事相关讨论。自己要活，也要让别人能活下去。孔子反对以德报怨，但也从不提

---

① 《汉书》卷78《萧望之传》
② 《汉书》卷94下《匈奴传》。
③ 《后汉书》卷89《南匈奴传》。
④ 语见王益之《西汉年纪》卷1，"高祖二年"。

倡以怨报怨①。他主张以直报怨，即对于不义的惩治，不应出于由自己受到的伤害所引发的仇怨或报复心情，而是应当出自与自身利害相脱离的秉持公正与良知的道德立场。

孔子的这一主张在实际生活中不易被贯彻始终。但如果作为一种取法乎上的襟怀，它竟变成了人们加以嘲笑甚或诅咒的对象，那么我们可能就很需要对自己的思想和精神状态作一番诊疗了。

（作者为复旦大学中国历史地理研究所教授）

---

① "或曰：以德报怨，何如？子曰：何以报德？以直报怨，以德报德。"《论语》卷11，"宪问"。

丝路景教与汪古渊流
——从呼和浩特白塔回鹘文题记 Text Q 谈起[*]

白玉冬

  金元之世，以阴山南北为中心，活跃着一个名族大姓——汪古部，又称白鞑靼。考古学、历史学、宗教学等领域研究表明，汪古人操突厥语，笃信景教，即基督教聂斯托利派。辽末耶律大石西行，获白鞑靼首领床古儿接济。在金代，汪古部为女真统治者驻守阴山北麓的界壕。13 世纪初蒙古崛起，汪古部首领阿剌兀思剔吉忽里审时度势，投身蒙古。本文结合笔者对呼和浩特市东郊万部华严经塔（通称白塔）回鹘文题记所做的调查研究成果，厘清汪古部五大代表性集团的源流，进而对景教在汪古部内的流传问题略抒拙见，并求教于方家。

一 呼和浩特白塔回鹘文题记 Text Q 释读

  建于辽代的呼和浩特白塔，位于辽金元三代丰州城址，七层八面。塔内至今仍保留有包括汉文、叙利亚文、回鹘文、蒙古文、八思巴文等在内的一批金元明等代游人题记。关于这些题记，李逸友、曹永年二位就汉文

---

[*] 本文是日本学术振兴会外籍研究员奖励金项目"丝路视野下的高昌回鹘史研究：以人员的移动与文化的传播为核心"（A25033050）的阶段性研究成果。调查日期为 2014 年 4 月 27 日、2015 年 4 月 5—6 日、8 月 19 日、12 月 5—6 日。白塔文管所杜建中所长对笔者调查给予大力关照，特此致谢。

部分进行了介绍与研究①。牛汝极则对 2 条叙利亚文突厥语题记进行了解读②。P. G. Borbone 除对牛汝极研究进行补充外③，还通过对 9 条叙利亚文题记的释读，对汪古部的景教信仰和见于题记的人物名 Särgis "习里吉思" 进行了探讨④。茨默（P. Zieme）则解读了与 Särgis 相关的另一条叙利亚文突厥语题记⑤。笔者与松井太就回鹘文题记进行了释读⑥。另外，松井太在考察蒙元时期景教徒编织的网络时，转引了部分上述回鹘文题记⑦。

下面，笔者依据与松井太的合作研究成果，给出题记 Text Q 的图版（图一）、转写（Transcription）、中译文及简单词注，再作讨论⑧。转写中，"·"为原文中的停顿符号，"〔 〕"文字为见到残余笔画文字或推测复原文字，下方加 1 点文字表示需要改读文字。译文中，"（ ）"内为补充说明，"〔 〕"相当于见到残余笔画文字或推定复原文字，"*"相当于未能判读或释清的破损文字。另，第 5－6 行为叙利亚文，其中的"〔…〕"表示未能释读的欠损文字。

题记 Text Q 位于第 7 层藏经阁廊道内壁西南面，西南楼梯右上方，为中段左起第 3 题记。草书体，书写工整，近半楷书体，文字漫漶。共 6 行，

---

① 李逸友：《呼和浩特市万部华严经塔的金元明各代题记》，《文物》1977 年第 5 期；李逸友：《呼和浩特市万部华严经塔的金代碑铭》，《考古》1979 年第 4 期；曹永年：《从白塔题记看明初丰州地区的行政建置——呼和浩特市万部华严经塔明代题记探讨之三》，《内蒙古师大学报》（哲学社会科学版）1992 年第 3 期；曹永年：《呼和浩特万部华严经塔明代题记探讨》，《内蒙古大学学报》（哲学社会科学版）1981 年增刊。

② 牛汝极："Nestorian Inscriptions from China (13th—14th Centuries)"，《文化的绿洲——丝路语言与西域文明》，新疆人民出版社 2006 年版，第 321—323 页。

③ P. G. Borbone, "Syroturcica 2: The Priest särgis in the White Pagoda", *Monumenta Serica*, Vol. 56, 2008, pp. 487—503.

④ P. G. Borbone, "More on the Priest Särgis in the White Pagoda: The Syro-Turkic Inscriptions of the White Pagoda, Hohhot", in Li Tang & D. W. Winkler (eds.), *From the Oxus River to the Chinese Shores: Studies on East Syriac Christianity in China and Central Asia*, Berlin: LitVerlag, 2013, pp. 51 – 65.

⑤ P. Zieme, *AltuigurischeTexte der Kirche des OstensausZentralasien: Old Uigur Texts of the Church of the East from Central Asia*, Gorgias Eastern Christian Studies, Vol. 41, 2015, pp. 175 – 176.

⑥ 白玉冬、〔日〕松井太：《フフホト白塔のウイグル語題記銘文》，《内陸アジア言語の研究》第 31 辑，2016 年，第 29—77 页。

⑦ 〔日〕松井太著，白玉冬译：《蒙元时代回鹘佛教徒和景教徒的网络》，载徐忠文、荣新江主编《马可·波罗 扬州丝绸之路》，北京大学出版社 2016 年版，第 283—293 页。

⑧ 白玉冬、〔日〕松井太：《フフホト白塔のウイグル語題記銘文》，第 42—44 页。有关该题记的详细词注，另请参见上述笔者与松井太的研究成果。

第5—6行为叙利亚文，其下部可见似为"申"的汉字，但与本铭文无关。

转写：

1. küsgü yïl toquzunč ay yiti ot［uz］ qa
2. ［bi］z pilipoẓ · yoṣimut · qïraqïz? y-a-čï b［ačaγ?］
3. ［mon］gol-ṭay? munčaγu bu soburyan-nï körgäli
4. ［kälü?］täginip bitiyü tägintimiz čin ol
5. ［…］yn w［…］lš［…］'bdk pyl(ypws)
6.   P［..］V?

现代语译：

[1]鼠年九月二十七日。[2—4]［我们］菲利浦思（Pilipoẓ）、药失谋（yoṣimut）、吉剌吉思（Qïraqïz?）、雅赤（y-a-čï）、［八察］（Bačaγ?）、［蒙］古台（Mongol-ṭay?），这些人来看此塔谨书。是真的。[5]（叙利亚文）****您的仆人菲利浦思（?）[6]*****

词注：

2. pilipoẓ：打头的 P 重复书写，疑为笔误或强调。基督教徒常用人名，现代英语作 Philip "菲利普"。粟特文作 pylypws，出现于吐鲁番出土粟特文基督教文献第 5 号教规文书第 56 叶背面第 7 行①，E29 丹尼尔传说文书第 7 叶背面②。景教墓碑中，多以"马其顿城菲利普汗王之子亚历山大纪年"的形式出现③。

---

① N. Sims-Williams, *The Christian Sogdian Manuscript C 2* (Berliner Turfantexte, 12), 1985, p. 105.

② N. Sims-Williams, *Biblical and other Christian Sogdian Texts from the Turfan Collection* (Berliner Turfantexte, 32), 2014, pp. 92 - 93, 105.

③ 主要参见牛汝极《十字莲花——中国元代叙利亚文景教碑铭文献研究》，上海古籍出版社 2008 年版，第 129 页第 5 行、第 135 页第 5 行、140 页第 4 行、第 148—149 页第 4 行；S. N. C. Lieu, L. Eccles, M. Franzmann, I. Gardner&K. Parry (eds.), *Medieval Christian and Manichaean Remains from Quanzhou (Zayton)*, *Corpus Fontium Manichaeorum Series Archaeologica et Iconographica*, Turnhout: Brepols, 2012, p. 162, *l*. 6, p. 164, *l*. 1, p. 168, *l*. 2, p. 196, *l*. 5, p. 205, *l*. 4, p. 211, *l*. 6.

2. yošimut：基督教徒人名。据塞尔特卡亚（O. F. Sertkaya）介绍①，来自伊朗语 ywşmbd"每周第一日（即礼拜日）"，基督教徒书信文书中，U5293 作 YWSWMWD > yošumud，U5963 作 YWSWMWT > yošumuṭ。yošimut 应为 yošumud/yošumuṭ 的变体。元代汉文史料记作"要束谋""药束谋"等。② 马晓林在张佳佳研究的基础上，依据济宁出土元代按檀不花家族碑刻材料，指出赤峰松州城遗址出土的叙利亚文、回鹘文双语瓷质景教碑主人为中亚阿力麻里出身的岳难（Yoxnan）。③ 岳难家族后移居济宁，其第 4 代有名为岳出谋（Yočumud）者，此岳出谋即源自 Yošumud。④ 此处，不能完全排除 yošṣimut 存在上述岳出谋之可能。

2. qïraqïz：可能是基督教徒名 Qïryaquẓ（< Sogd. qwryqws < Syr. qûryâqûs）的变体。⑤

上引 Text Q 题记以景教教会用文字叙利亚文结尾，作者一行中包括基督教徒。虽有部分人名尚难以断定，但上述基督教徒人名的释读确切无误。其中，第 5 行叙利亚文叙利亚语的解读，承蒙东京大学高桥英海教授赐教。高桥教授还指出，虽然 'bdk（'abdāk）"您（神）的奴仆"之前的文字不清楚，但依据 […] yn w […] 可复原出（'m）yn w (ḥyl)"阿门！并且给予我力量"，故该句意思或可推定为"阿门！并且给予您（神）的奴仆菲利浦思……力量"。近似的表达方式还见于榆林窟第 16 窟前室甬道南壁的叙利亚文突厥语题记中。据松井太解读，该题记共 7 行，是瓜州人伯彦铁木尔（buyan temür）、nātnī 'ēl、约翰（yōṣannān）三人来到榆林窟敬拜时所书。其中，第 6 行末尾至第 7 行为 amin abamuya tegi amin "阿

---

① O. F. Sertkaya, "Zu den Name Türkischer Christen in VerlorengegAngenen altuigurischen Urkunden", in T. Pang, Simone-Christiane Raschmann & G. Winkelhane (eds.), *Unknown Treasures of the Altaic World in Libraries, Archives and Museums*：53rd Annual Meeting of the Permanent International Altaistic Conference, Institute of Oriental Manuscripts, Berlin：Klaus Schwarz, 2013, pp. 385, 388 – 389.

② P. Zieme, *Altuigurische Texte der Kirche des Ostens aus Zentralasien*, pp. 188 – 189.

③ 张佳佳：《元济宁路景教世家考论——以按檀不花家族碑刻材料为中心》，《历史研究》2010 年第 5 期；马晓林：《元代景教人名学初探——以迁居济宁的阿力麻里景教家族为中心》，《北京大学学报》（哲学社会科学版）2016 年第 1 期。

④ 马晓林：《元代景教人名学初探——以迁居济宁的阿力麻里景教家族为中心》，《北京大学学报》（哲学社会科学版）2016 年第 1 期。

⑤ ［日］松井太著、白玉冬译：《蒙元时代回鹘佛教徒和景教徒的网络》，第 289 页。

门!愿到永远!阿门!"①。就能够复原出基督教徒祈祷用语 'myn"阿门!",且参拜者中出现常见于基督教徒之名的 pilipoẓ、yošimut 而言,上述 Text Q 题记具有基督教背景。可以肯定,Text Q 题记现有信息,足以让我们了解到书写上述铭文的人物确实在使用回鹘文。

白塔回鹘文题记,多以蒙元时期常见的草书体回鹘文写成。其书写者,包括来自今新疆哈密、昌吉、托克逊等地的畏兀人②。而上引题记以 Z 代写 S(pilipoẓ),喻示该题记应属于晚期(大体与蒙元时期接近)。据松井太考证,蒙元时期,包括畏兀人在内的突厥人景教徒编织的网络,自东部天山地区直至甘肃、内蒙古,甚至泉州。③ 另,如前介绍,赤峰松州城遗址出土的叙利亚文、回鹘文双语景教碑主人为中亚阿力麻里出身的岳难,其后代移居济宁。如是,上述 Text Q 题记作者,存在来自原西州回鹘之地或上述其他地区之可能。不过,白塔所在丰州天德城一带是汪古部的核心之地。据马可·波罗(Marco Polo)记载,汪古部所在的天德省存在大量景教徒④。而且,汪古部核心城市敖伦苏木古城,以及四子王旗王墓梁陵园等地曾出土大量元代叙利亚文突厥语墓碑铭文等⑤。其中,牛汝极甄别出敖伦苏木古城出土的阿兀剌编帖木剌思墓碑使用文字除汉文、叙利

---

① [日]松井太、[日]荒川慎太郎编:《敦煌石窟多言語資料集成》,東京外国語大学アジア·アフリカ言語文化研究所,2017 年,第 100—101 页。

② 如 Text E 与 Text J 为哈密人所写,Text K 与 Text L 出自托克逊人之手,Text T 为彰八里人所留。详见白玉冬、[日]松井太《フフホト白塔のウイグル語題記銘文》,第 37、39、40、45 页。

③ [日]松井太:《蒙元时代回鹘佛教徒和景教徒的网络》,第 287—290 页。

④ 主要参见冯承钧译《马可·波罗行纪》,上海书店出版社 1999 年版,第 164—165 页;A. C. Moule 和 P. Pelliot, *Marco Polo: The Description of the World*, New York: Ams Press, 1976, Vol. 1, pp. 181 - 183.

⑤ 主要参见[日]佐伯好郎《内蒙百靈廟付近に於ける景教徒の墓石》,[日]佐伯好郎《支那基督教の研究》第 2 卷,东京:春秋社,1943 年,第 414—473 页;[日]江上波夫《オロン·スム遺跡調查日記》,東京:山川出版社,2005 年;盖山林《阴山汪古》,内蒙古人民出版社 1991 年版,第 191—199、270—288 页;牛汝极《十字莲花——中国元代叙利亚文景教碑铭文献研究》,第 21、67—102 页;Halbertsma, Tjalling H. F, "Nestorian Grave Sites and Grave Material from Inner Mongolia", "Characteristics of Nestorian Grave Material from Inner Mongolia", in *Early Christian Remains of Inner Mongolia: Discovery, Reconstructionand Appropriation*, Leiden; Boston: Brill, 2008, pp. 159 - 213, pp. 219 - 345; Li Tang, "NestorianRelics in Inner Mongolia", in *East Syriac Christianity in Mongol-Yuan China*, Wiesbaden: Otto Harrassowitz Verlag, 2011, pp. 76 - 80. 对唐莉论著的书评,见马晓林《评〈蒙元时代中国的东方叙利亚基督教〉》,《国际汉学研究通讯》2014 年第 9 期,第 466—477 页。

亚文外，还有回鹘文。① 据 13 世纪叙利亚学者把·赫卜烈思（Bar Hebraeus）著《马·雅巴拉哈三世与拉班·扫马传》，② 元代自大都前往巴格达拜会景教大主教的景教师扫马（Savma）和马古斯（Marqus）中，马古斯出自汪古部辖下东胜。把·赫卜烈思认为马古斯是"回鹘人"。二人在西行途中，在天德城内外的景教寺院得到景教徒的热烈欢迎，并得到爱不花、君不花二位汪古部王子的挽留与接济。另，据 P. G. Borbone 介绍，梵蒂冈图书馆藏有以叙利亚文突厥语写成的、汪古部高唐王阔里吉思之妹萨拉公主于 1298 年为基督教东方教会所写的福音书。③ 这也就是说，笃信景教的汪古人不仅使用景教教会用的叙利亚文字，而且还使用回鹘文字。鉴于汪古人的上述文化特点，笔者以为，以草书体回鹘文写成，同时出现基督教人名，且以景教教会文字叙利亚文结尾的上述 Text Q 题记，出自丰州天德城一带的景教徒汪古人之手的可能性最大。

综上，Text Q 题记现有的信息，尚不足以断定其作者一行之所属。不过，结合白塔保留的众多叙利亚文突厥语题记，可以说丰州城内的白塔，不仅是佛教徒，而且还是景教徒的崇尚之地。总之，该题记准确无误地告诉我们——作为景教徒，作者一行通回鹘文。结合敖伦苏木古城阿兀剌编帖木剌思墓碑与赤峰松州城出土的叙利亚文、回鹘文双语景教碑以及泉州等地出土的景教徒墓碑等④，我们可以确信，蒙元时期活动在中国境内的

---

① 牛汝极：《十字莲花——中国元代叙利亚文景教碑铭文献研究》，第 67—72 页，"Nestorian Inscription sfrom China（13th—14th Centueies）", pp. 311 - 316. 盖山林、唐莉、魏坚与张晓玮认为该墓碑使用文字除汉文、叙利亚文外，第三种文字为蒙文。见盖山林《元代汪古部地区的景教遗迹与景教在东西文化交流中的作用》，《中国蒙古史学会论文选集》，内蒙古人民出版社 1981 年版，第 86 页；Li Tang, "Nestorian Relics in Inner Mongolia", p. 77；魏坚、张晓玮：《阴山汪古与景教遗存的考古学观察》，《边疆考古研究》第 14 辑，2013 年，第 193—194 页。笔者确认牛汝极给出的图版，当以牛先生之观点为正。

② 主要参见佐伯好郎《元主忽必烈が欧洲に派遣したる景教僧の旅行誌》，东京：春秋社，1943 年，第 216—219 页；罗香林《唐元二代之景教》，香港：中国学社，1966 年，第 232—233 页；P. G. Borbone, "Some Aspects of Turco-Mongol Christianity in the Light of Literary and Epigraphic Syriac Sources", *Journal of Assyrain Academic Studies*, Vol. 19, No. 2, 2005, pp. 12 - 14。

③ P. G. Borbone, "I Vangeli per la Principessa Sara, Un Manoscrit to Siriaco Crisografato, GliÖngutCristani e Il Principe Giorgio", *Egitto e Vicino Oriente*, Vol. 26, 2003, pp. 63 - 82; "Some Aspects of Turco-Mongol Christia-nity in the Light of Literary and Epigraphic Syriac Sources", p. 18.

④ 泉州地区的景教墓碑等，主要参见 S. N. C. Lieu, L. Eccles, M. Franzmann, I. Gardner & K. Parry（eds.）, *Medieval Christian and Manichaean Remains from Quanzhou（Zayton）*；牛汝极《福建泉州景教碑铭的发现及其研究》，《海交史研究》2007 年第 2 期。

景教徒在使用叙利亚文字的同时，确实在使用回鹘文字。

诚然，五代宋元时期回鹘文字通行于中亚、西北多地。即便是景教徒，仅依据使用回鹘文字，仍无法判断其族属。但前面介绍的关于汪古部的信息足以表明，金元时期构成景教社会重要一员的汪古人，同时属于回鹘文字文化圈。① 而地处丝路要冲的包括原西州回鹘（高昌回鹘）之地在内的西域地区，不仅是回鹘文字文化最繁盛之地，更是景教向东发展的一大基地。看来，在探讨汪古部景教渊流时，有必要把目光投向西域。

二　汪古部五大代表性集团渊流

关于汪古族源，以往有王国维、白鸟库吉的鞑靼—蒙古说，箭内亘、樱井益雄的突厥说，小野川秀美的羌族说，等等。② 系统研究汪古历史的周清澍的结论是：汪古同克烈、乃蛮是族属接近的突厥语族集团，是由残留在阴山一带的漠北回鹘汗国余部、沙陀人、金初释放的回鹘俘虏及其他民族成分组成，但以回鹘可汗统治下的操突厥语部落遗裔占主要地位。③ 盖山林最初通过对汪古领地与新疆等地的景教铭文遗迹的对比，推定汪古部主要是辽金以来来自新疆的回鹘人，④ 惜未提供确凿证据及相关考证。后来，他对史料记录的汪古四大部落来源逐一进行了分析，强调阴山南北的汪古人有可能"系出沙陀"，同时认为原住于阴山南的突厥和沙陀与唐末由漠北而来的回鹘人，共同组成了汪古部。⑤ 唐莉（Li Tang）、M. Paolillo，以及魏坚与张晓玮的研究亦注意到了上述周先生提出的汪古与回鹘之间的关系，其中 M. Paolillo 还推定沙陀突厥中的景教徒粟特人与汪

---

① 不否认部分回鹘人或汪古人还具备汉语、契丹语、女真语、蒙古语等其他语言文字的能力。如白塔 Text N 回鹘文题记在正文 taqïryu yïl törtünč ay nïng biš y [a] ngïqa tongaạrs [la] n bitidim "我同娥阿萨兰写于鸡儿年四月五日"后，写有汉字"戏笔"。见白玉冬、[日] 松井太《フフホト白塔のウイグル語題記銘文》，第9页。

② 相关归纳与介绍，主要参见周清澍《汪古的族源——汪古部事辑之二》，《文史》第10辑，1980年，第101、116页注释2—5；盖山林《阴山汪古》，第3—5页；魏坚、张晓玮《阴山汪古与景教遗存的考古学观察》，第193—194页。兹不赘述。

③ 周清澍：《汪古的族源——汪古部事辑之二》，第108—116页。

④ 盖山林：《元代汪古部地区的景教遗迹与景教在东西文化交流中的作用》，第87—89页。

⑤ 盖山林：《阴山汪古》，第4—20页。

古人之间存在渊源关系。①

诚如前文介绍，笃信景教的汪古人在使用回鹘文字与叙利亚文字。虽然不敢肯定使用回鹘文字者定为回鹘人，但汪古部的主体为突厥语族景教徒则是无疑的。是故，关于汪古渊源的上述学界主流观点，笔者大体表示赞同。然相关细节仍有探讨余地。此处，笔者按金元时期史料记录的汪古部五大代表性集团，分类稍加讨论。

1. 黑水汪古：即以阴山南北的天德军丰州城、敖伦苏木古城为主要活动中心的汪古本部。其代表家族是阿剌兀思剔吉忽里家族，也即汪古部统治家族。② 元成宗大德九年（1305）阎复作《驸马高唐忠献王碑》言："谨按家传，系出沙陀雁门节度之后。始祖卜国，汪古部人，世为部长。"③ 高唐忠献王即阔里吉思，是阿剌兀思剔吉忽里曾孙，"沙陀雁门节度"是指沙陀突厥首领李克用。上文所言"家传"，是否包括文字资料，不得而知。在探讨汪古部与沙陀突厥间关系时，建于至正十五年（1355）的山西代县《柏林寺晋王影堂碑》，可给予我们更多启发。该碑文谈到汪古首领奉李克用为远祖，并对晋王陵与晋王影堂加以维护。在介绍完李克用父子功绩，及李克用葬于该地后言："皇元启祚朔庭，太祖皇帝天兵南征，王□□阿剌忽思剔吉忽里主□□□□□，敬阅谱牒，知王□□□祖，遂□□祭祀，□□□功德主焉。"④《元史·阿剌兀思剔吉忽里传》言"既平乃蛮，从下中原，复为向导，南出界垣"。对比上引二文，不难发现，前者"敬阅谱牒"当是阿剌兀思"从下中原，复为向导"之结果。其敬阅的

---

① Li Tang, "The Turkic-Speaking Ongut Area", in *East Syriac Christianity in Mongol-Yuan China*, pp. 98 – 105; M. Paolillo, "White Tatars: The Problem of the Origin of the Öngüt Conversion to Jingjiao and the Uighur Conhection," in *From the Oxus River to the Chinese Shores: Studies on East Syriac Christianity in China and Central Asia*, pp. 240 – 249; 魏坚、张晓玮：《阴山汪古与景教遗存的考古学观察》，第194—196页。

② 关于汪古部政治中心变迁之研究，参见石坚军、张晓非《元初汪古部政治中心变迁考》，《中国历史地理论丛》2014年第3期。

③ 《元人文集珍本丛刊》第2卷，新文丰出版公司1985年版，第546—547页。又见《元史》卷118《阿剌兀思剔吉忽里传》，中华书局1974年版，第2923页。

④ （光绪）《代州志》卷6，第19页。感谢北京大学历史系曹金成博士专为查找核对。又（清）胡聘之：《山右石刻丛编》卷39，山西人民出版社1988年版，第5—6页内容大同小异。录文又见周清澍《汪古的族源——汪古部事辑之二》，第101—102页。引文中，□表示能够确定个数的缺损文字。

谱谍，只能是记录李克用家族世系的材料，应包括在中原流传的关于李克用出自沙陀突厥的相关资料。看来，在"从下中原"之前，阿剌兀思并不了解沙陀与汪古之关系，其手上并没有关李克用后人流入阴山并发展壮大的相关记录。《元史·阿剌兀思剔吉忽里传》明记其从征南下、归镇本部后，"为其部众昔之异议者所杀，长子不颜昔班并死之"。可见，在"从下中原"前后，阿剌兀思在汪古部内的统治难言安稳。鉴于此点，属于孤证的"系出沙陀雁门节度之后"亦存在是"从下中原""敬阅谱谍"之后的阿剌兀思为提高其在汪古部中的统治优势而夸大其词的可能性。或许，诚如 M. Paolillo 所推测，笃信景教的汪古人与沙陀突厥中的景教徒粟特人之间存在某种渊源。

显然，周先生意识到上述"系出沙陀雁门节度之后"存在疑点，故对"始祖卜国"格外关注，并将其视作回鹘祖源传说中的卜古可汗，进而将汪古与南迁回鹘后裔联系在一起。不过，以西州回鹘祖源传说最具代表性的卜古可汗传说，很难肯定在漠北回鹘汗国时期既已经开始流传。① 笔者并非断然否定汪古人与南迁回鹘部落之间的潜在关系。笔者的看法是，以西州回鹘为主要流传地的卜古可汗传说渗透到汪古部内，其背景是西州回鹘与在汪古部内占据统治地位的阿剌兀思剔吉忽里家族之间有着密切关系。

2. 东胜汪古：元东胜州故城位于今呼和浩特南托克托县。如前所述，朝圣巴格达的景教僧马古斯为东胜人，同时他还被记录做"回鹘人"。马古斯西行时，曾受汪古部首领君不花和爱不花接见。看来，东胜汪古与黑水汪古保持有密切联系，至少有部分东胜汪古人肯定属于突厥语族。

3. 耶律氏汪古：20 世纪 20 年代末，西北科学考察团曾对四子王旗王墓梁陵园景教古墓群进行调查，并在此地发现元代耶律公神道碑。此碑现存内蒙古博物院，碑文共 28 行，字迹漫漶，幸有盖先生整理。现转录第 6 至 11 行如下。② 录文中，[ ] 与 □ 分别表示个数不能确定与能够确定的缺损文字。

⁶耶律 [ ] 之祖□尉公讳保，[ ] 西域帖里薛人 [ ]，当辽圣宗

---

① 白玉冬：《契丹祖源传说的产生及其与回鹘之关系考辨》，*Journal of Sino-Western Communications*, Vol. 5, 2013, pp. 28 – 30。

② 盖山林：《元"耶律公神道之碑"考》，《内蒙古社会科学》1981 年第 1 期。

朝，授官不拜［ ］加太尉开府仪同三司，改姓曳剌氏［ ］。[7]□壳□居则以［ ］耶律氏附［ ］[8]□既得彼国之［ ］中［ ］可遂盛［ ］进封［ ］正隆间生孙子春子成［ ］[9]国朝阿□□延□咸［ ］中［ ］尽拔之，遂以［ ］，太[10]祖诏复耶律氏，［ ］公主闻其贤［ ］遣使召至位下，授以官，辞不就，□。[11]年七十二无病而卒，生平［ ］月二十三日之［ ］人当［ ］公讳子成［ ］。

从上文可知，墓主为耶律子成，其祖先为西域帖里薛人，即迭屑，亦即基督教徒。① 在辽圣宗朝（982—1031）到契丹，并被赐契丹国姓曳剌（耶律）。王墓梁陵园景教古墓所见叙利亚文又多见于中亚七河流域与阿力麻里。② 耶律子成祖先故里，自然让我们联想起中亚的七河流域与阿力麻里。

4. 马氏汪古：金元之际，净州（静州，遗址在今内蒙古四子王旗乌兰花镇）天山县，出身马庆祥家族，信奉景教，经伯希和（P. Pelliot）、陈垣等详考，③ 已成学界定论。金末至大蒙古国时期的元好问撰《恒州剌史马君神道碑》载："君讳庆祥，字瑞宁，姓马氏，以小字习里吉思行。出于花门贵种，宣政之季，与种人居临洮之狄道，盖已莫知所从来矣。金兵略地陕右，尽室迁辽东……又迁净州之天山。"④ 上文中，"出于花门贵种"的花门视作回鹘，不悖于理。⑤ 元人黄溍《马氏世谱》云："马氏之先，出西域聂思脱里贵族。始来中国者和录罙思……辽主道宗咸雍（1065—1074）间，奉大珠九以进。道宗欲官之，辞不就，但请临洮之地以畜牧。

---

① 迭屑指基督教徒，主要参见［法］伯希和著《唐元时代中亚及东亚之基督教徒》，载冯承钧编译《西域南海史地考证译丛一编》，商务印书馆1962年版，第62页；Li Tang, "The Term 'Diexie' (Persian: Tarsā; 迭屑)", in *East Syriac Christianity in Mongol-Yuan China*, pp. 52–53。
② 关于中亚地区景教墓碑的介绍，主要参见牛汝极《中亚七河地区突厥语部族的景教信仰》，《中国社会科学》2012年第7期；［俄］科夫措夫《阿力麻里出土的叙利亚基督教徒墓碑文考释》，陈开科译，《西域文史》第2辑，2007年，第245—254页；牛汝极《新疆阿力麻里古城发现的叙利亚文景教碑铭研究》，《西域研究》2007年第1期，第74—80页，牛汝极《十字莲花——中国元代叙利亚文景教碑铭文献研究》，第57—66页；刘迎胜《蒙元时代中亚的聂思脱里教分布》，《元史及北方民族史研究集刊》1983年第7期，第67页。
③ ［法］伯希和：《唐元时代中亚及东亚之基督教徒》，冯承钧译，第55—56页；陈垣：《元西域人华化考》，上海古籍出版社2000年版，第18—23页。
④ 《遗山先生文集》第27卷，《四部丛刊初编缩本》，台湾商务印书馆1965年版，第272—273页。相关描述亦见于《金史》卷124《马庆祥传》，中华书局1975年版，第2695页。
⑤ 殷小平：《元代也里可温考述》，兰州大学出版社2012年版，第162页。

许之。遂家临洮之狄道,和录罙思生帖木尔越歌,以军功累官马步军指挥使。为政廉平而有威望,人不敢斥其名,惟称之曰马元帅,因以为氏。帖木尔越歌生伯索麻也里束,年十四而辽亡,失父母所在,为金兵所掠,迁之辽东,久乃放还,居静州之天山"云云。①

据上引黄溍文,可知马氏祖先为西域景教贵族出身。结合元好问所言"出于花门贵种"之花门可理解作回鹘,则马氏祖先视作西州回鹘属下景教贵族最合文义。陈垣先生以为"曰'出于花门贵种'是误以聂斯脱利为回鹘",或是未注意到西州回鹘辖下景教徒的存在。而关于其马姓,盖先生主张来自帖木尔越歌官职马步军指挥使,窃以为应来自叙利亚语 Mar "主教"。② 结合元好问与黄溍之文,可知马氏祖先是在 11 世纪中后期移居到临洮一带,宋徽宗政和(1111—1118)、宣和(1119—1125)年间,与同部落人住临洮,后被金人迁往辽东,最后放归在四子王旗一带。

临洮自古为西北名邑,陇右重镇,北连兰州,西通西宁(时称青唐城),进而经丝路南线河南路西入今新疆,或北上入河西走廊。可推定为出自西域景教贵族的马氏先人与同部落人入居临洮,应与西州回鹘等西域地区居民利用河南路前往内地有关。

5. 巩昌汪古:金设巩州(治所在今甘肃陇西县),其辖境内亦有汪古人。《元史》卷一五五《汪世显传》载:"巩昌盐川人,系出汪古族。仕金,屡立战功,官至镇运军节度使,巩昌便宜总帅。金平……始率众降。"③ 盐川,即今甘肃漳县盐川镇。元姚燧为汪世显子汪忠臣所撰《便宜副总帅汪公神道碑》云:"公王姓,由大父彦忠世汪骨族,故汪姓。"④ 至元初王鹗为汪世显次子汪德臣所撰《汪忠烈公神道碑》言:"汪本姬姓,宋末金初,世掌盐川之一隅汪古族,因氏焉",末尾铭文又云"西州著姓,因官氏汪"。⑤ 此处,姚燧与王鹗虽云汪姓之本姓为王姓或姬姓,但二者均

---

① 黄溍:《金华黄先生文集(元刻本)》卷 43《世谱》,台湾商务印书馆 1965 年版,第 1—2 页。
② [日]佐伯好郎:《支那基督教の研究》第 2 卷,第 150 页;殷小平:《元代也里可温考述》,第 182—185 页。
③ 《元史》,中华书局 1976 年版,第 3649 页。
④ 《元文类》下册,第 62 卷,商务印书馆 1958 版,第 898 页。
⑤ (民国)《陇右金石录(十卷附校补一卷)》卷 5,甘肃省文献征集委员会,1943 年,第 601、603 页。

把汪姓视作汪古之汪,不谋而合。虽然汪彦忠上世情况不详①,但至少其本人在金初即为巩昌汪古部族之首领,即巩昌一带当存在汪古人,此点无疑。而巩昌与众所周知的阴山地区的汪古部之间,五代宋辽时期间隔有党项与吐蕃残部。若西夏时期曾被移民另当别论,否则,巩昌汪古人出自阴山地区的可能性似乎不大。

对比发现,巩昌汪古人所在地与前面介绍的马氏汪古原居地临洮同属洮河流域,二者紧邻。汪世显父汪彦忠系宋末金初之人,与马庆祥祖父帖木尔越歌系同时代人。而帖木尔越歌"以军功累官马步军指挥使"。或许,正是帖木尔越歌在金初的战乱中战败、家族被遣散之后,汪彦忠才崭露头角,一跃而成金代巩昌汪古部族之首领。至于其家族"西州著姓"的"西州"虽存在代指陇西的可能,但也不能完全排除代指唐代以来的西州,即西州回鹘之西州的可能。如是,即便汪世显家族原本不是汪古人,但其属下的汪古人,与其视作出自党项与吐蕃残部以北的阴山一带的汪古部,毋宁视作与马氏汪古先人同出自西域,似乎更合情理。

以上,笔者对黑水汪古、东胜汪古、耶律氏汪古、马氏汪古与巩昌汪古的来源进行了分析。其中,黑水汪古,虽然其"系出沙陀雁门节度之后"的"家传"存在夸大之嫌,但其家族流传的始祖卜国即是以西州回鹘祖源传说为最具代表性的卜古可汗传说之卜古。而东胜汪古看起来属黑水汪古统辖。耶律氏汪古与马氏汪古的族源,如史料所述,来自西域。至于巩昌地区的汪古人,相比阴山地区的汪古本部而言,与其近邻临洮马氏汪古部落同出自西域的可能性更大。

总之,笔者对汪古五大代表性集团渊流的分析,或多或少都反映他们与包括今新疆在内的西域地区有着联系。这与第一节得出的结论——探讨汪古人景教渊流时有必要把目光转向西方,殊途同归。那么,金元之前,汪古先人有无从西域迁入内地的可能?

---

① 有学者认为汪氏非汪古族。相关介绍及批判见汪楷《元朝巩昌汪氏的族属探秘》,《内蒙古社会科学》2000年第5期,第47—52页;汪受宽、汪小红《可信与不可信——对漳县〈汪氏族谱〉的剖析》,《天水师范学院学报》2008年第6期,第42—48页;汪受宽《巩昌汪氏的族属及其与徽州汪氏的通谱》,《民族研究》2006年第2期,第72—77页。

三　宋辽之际西域景教的向东发展

西域（此处指以今新疆、中亚为主的狭义上的西域）地处丝路要冲。与历史上的佛教、摩尼教、祆教等相同，景教在唐、元时期前后二度传入中原之前，也是在西域首先扎根发芽。关于包括景教在内的基督教向东方的传播，伯希和早年进行了系统介绍[①]。明甘那（A. Mingana）依据东方教会相关叙利亚文材料，最早给出了基督教在内亚突厥人中传播的大致情景[②]。Erica C. D. Hunter，以及 Maria Adelaide 和 Lala Comneno 则进行了补充[③]。而且，据伊朗学百科辞典以及刘迎胜等学者的研究，我们已经充分了解到了蒙元及其之前景教在中亚与新疆、河西地区、宁夏以及中国北方草原地区的流传及其分布情况[④]。即关于景教在中国北方草原地区的传播，我们已经知其然。在此基础上，透过表面现象，尽可能达到知其所以然，这是当前景教传播问题研究的关键所在。就此点而言，笔者以为，汪古部的景教信仰是一极佳的例子。

作为宋辽之际西域新疆的主体民族，回鹘西迁后，其王室初期仍信奉漠北以来的国教摩尼教。不过，在与新疆当地的佛教、祆教等的同生共处之中，10 世纪以后，回鹘王室逐渐改信佛教。西州回鹘景教，正是在上述多元宗教的旋涡之中得以生存发展。

关于西州回鹘的景教教团及其宗教礼仪与东西方景教徒之间的联系，

[①] ［法］伯希和：《唐元时代中亚和东亚之基督教徒》，冯承钧译：《西域南海史地考证译丛一编》，第 49—70 页（原载 T'oung Pao, Vol. 28, 1914, pp. 623 – 644.）。

[②] A. Mingana, "The Early Spread of Christianity in Central Asia and the Far East: A New Document", reprinted from *The Bulletin of the John Rylands Library*, Vol. 9, No. 2, 1925, pp. 297 – 371. 中译文见牛汝极、王红梅、王菲合译《基督教在中亚和远东的早期传播》，收入牛汝极著《十字莲花——中国元代叙利亚文景教碑铭文献研究》，第 163—211 页。

[③] Erica C. D. Hunter, "The Church of the East in Central Asia", *Bulletin of the John Rylands University*, pp. 138 – 140; Maria Adelaide, Lala Comneno, "Nestorianism in Central Asia during the First Millennium: Archaeological Evidence", *Journal of the Assyrian Academic Society*, 2011, pp. 20 – 53.

[④] "Christianity iii. In Central Asia And Chinese Turkestan", *Encyclopæ diaIranica*, pp. 531 – 534. 刘迎胜：《蒙元时代中亚的聂思脱里教分布》，第 66—73 页；盖山林：《元代汪古部地区的景教遗迹与景教在东西文化交流中的作用》，第 689—698 页；陈玮：《公元 7—14 世纪景教在宁夏区域发展史研究》，《敦煌研究》2014 年第 1 期；李荣辉、袁刚：《9—14 世纪北方草原地区基督教初探》，《宗教学研究》2016 年第 3 期。

以及敦煌吐鲁番出土基督教文献等，陈怀宇做了详细考察，① 荣新江则就相关文献进行了补述。② 而西姆斯—威廉姆斯（N. Sims-Williams）在对敦煌吐鲁番出土相关基督教文献进行考察后指出，当时可能存在使用粟特语与突厥（回鹘）语双语的基督教（景教）教团，当时的粟特人基督教徒正处于突厥化之中。③ 总之，不论粟特人也好，突厥回鹘人也罢，当时西域的景教徒，在政治上大多隶属西州回鹘王国。在探讨汪古部景教源流时，我们应该考虑到出自西域景教核心地区的西州回鹘景教徒的向东发展。

五代宋辽时期，中国政权分立，但丝路贸易依然延续着之前的辉煌。这一时期，往返于西北地区与契丹或中原之间的商人、般次，往往与其所隶属的政治集团的使次并行。④《宋会要辑稿》载太平兴国元年（976）五月，西州龟兹遣使易难，与婆罗门、波斯外道来贺。⑤ 宋太平兴国九年（984）五月，"西州回鹘与波斯外道来贡"⑥。上文的"波斯外道"，实为隶属西州回鹘的景教徒。⑦ 敦煌出土回鹘语文书 P. 2988 + P. 2909 号，是 10 世纪曹氏归义军时期出使敦煌的西州回鹘使臣书写的发愿文。其第 7—8 行言 tängri tavγač qan tängri u(y)γur qan yarlïγïnga "奉神圣的桃花石汗与神圣的回鹘汗之圣旨"，之后列举使节姓名。其中，与 Yaramiš Ïnanč 都督、

---

① 陈怀宇：《高昌回鹘景教研究》，载氏著《景风梵声——中古宗教之诸相》，宗教文化出版社 2012 年版，第 58—103 页；初刊《敦煌吐鲁番研究》第 4 卷，1999 年。

② 荣新江：《9、10 世纪西域北道的粟特人》，载氏著《中古中国与粟特文明》，生活·读书·新知三联书店 2014 年版，第 139—142 页；初刊吐鲁番学研究院编《第三届吐鲁番学暨欧亚游牧民族的起源与迁徙国际学术研讨会论文集》，上海古籍出版社 2010 年版。

③ [英] 西姆斯·威廉姆斯著：《从敦煌吐鲁番出土写本看操粟特语和突厥语的基督教徒》，陈怀宇译，《敦煌学辑刊》1997 年第 2 期；王菲译：《敦煌吐鲁番文献所记突厥和粟特基督徒》，载牛汝极著《十字莲花：中国元代叙利亚文景教碑铭文献研究》，第 212—220 页。

④ 张广达：《唐末五代宋初西北地区的般次和使次》，载张广达著《西域史地丛稿初编》，上海古籍出版社 1995 年版，第 335—340 页；初刊《季羡林教授八十华诞纪念论文集》下，江西人民出版社 1991 年版。

⑤ 《宋会要辑稿》蕃夷 4《龟兹》，中华书局 1957 年版，第 7720 页；郭声波点校：《宋会要辑稿·蕃夷道释》，四川大学出版社 2010 年版，第 131 页。部分学者认为龟兹回鹘有别于西州回鹘。如钱伯泉《龟兹回鹘国始末》，《新疆社会科学》1987 年第 2 期。然引文之前，《宋会要辑稿》言"或称西州回鹘，或称西州龟兹，又称龟兹回鹘，其实一也"，这是时人的理解。关于龟兹回鹘隶属西州回鹘的考证，主要参见田卫疆《北宋时期西州回鹘相关史实考述》，《西域研究》2003 年第 1 期。

⑥ 《宋史》卷 4《太宗纪四》，中华书局 1985 年版，第 72 页。

⑦ 陈怀宇：《高昌回鹘景教研究》，第 89 页；王媛媛：《五代宋初西州回鹘"波斯外道"辨释》，《中国史研究》2014 年第 2 期。

Mauka 地略、Uluγ 将军、Mayaq 啜等并列，出现 Yoxnan 特勤、Yoxnan Maxu 啜、Yoxnan Birga、Yoxnan Manyaq 啜等人名。① 这里的 Yoxnan 即约翰，来自叙利亚语 Yoḥanān，是景教徒常用姓名。② 景教徒出现在西州回鹘对外使团，不足为奇。因为在西州回鹘境内，景教生存于受王室尊崇的摩尼教或佛教的阴影之下。不论从景教的弘扬，抑或从景教徒在王国内地位的提高而言，充当信使出使他国，均是一个良好的润滑剂。

这一时期，活跃于内亚广袤地域的粟特系商人还从事非官方贸易，其足迹遍及漠北与契丹。③ 作为记录丝路商人鲜活贸易画面的资料，敦煌出土文献中包括一批回鹘文与粟特文的书信、账本、笔记等。关于这批文献，森安孝夫与吉田丰二位最早向学界进行了介绍。④ 翌年，哈密屯（J. Hamilton）著《敦煌出土九至十世纪回鹘语文书》及其与西姆斯—威廉姆斯合著的《敦煌出土九至十世纪突厥粟特语文书》正式出版。⑤ 前者共收录回鹘文书信、账单等 36 篇，后者共收录包括两篇基督教徒手稿（P. 28 文书与 P. 3134 背面文书）在内的粟特文书信等 8 篇。现介绍转引部分文书。

前者《敦煌出土九至十世纪回鹘语文书》所收第 20 号文书，即伯希和藏第 15 号回鹘文书，是 10 世纪回鹘商人从外地寄往沙州，或从沙州寄往外地的信函手稿。⑥ 该封信是希力克（Silig）以希力克、葛啜（Qar Čor）、瓦兹（Vazïr）三人名义写给其嫂子阿勒屯（Ältun）的。此前，希力克、葛啜，可能还包括其死去的哥哥一起到达于都斤这个（Ötkän，即

---

① J. Hamilton, *Manuscrits Ouïgours du IXe-Xe siècle de Touen-Houang, Textes Établis, Traduits*, Paris: Peeters, 1986, pp. 109 – 110.

② O. F. Sertkaya, "Zu den Namen türkischer Christen in verlorengegangenenaltuigurischenUrkunden", pp. 385, 392 – 392; P. Zieme, Altuigurische Texte der Kirche des OstensausZentralasien, p. 187.

③ ［日］森安孝夫：《シルクロードのウイグル商人——ソグド商人とオルトク商人の間——》，载樺山紘一等编《中央ユーラシアの統合》（岩波講座世界歴史 11），东京：岩波書店，1997 年版，第 110—111 页；荣新江：《9、10 世纪西城北道的粟特人》，第 132—135 页。

④ ［日］森安孝夫：《ウイグル語文献》，载山口瑞鳳編《講座敦煌 6》（敦煌胡語文献），东京：大东出版，1985 年，第 1—98 页；吉田豊：《ソグド語文献》，载山口瑞鳳編《講座敦煌 6》（敦煌胡語文献），第 187—204 页。

⑤ J. Hamilton, *Manuscrits Ouïgours du IXe-Xe siècle de Touen-Houang*; N. Sims-Williams &J. Hamilton, *Doc-uments Turco-Sogdiens du IXe-Xesiècle de Touen-Houang*, London: School of Oriental and African studies, 1990.

⑥ 相关释读参见 J. Hamilton, *Manuscrits Ouïgours du IXe-Xe siècle de Touen-Houang*, pp. 109 – 110. 牛汝极、杨富学《敦煌出土早期回鹘语世俗文献译释》，《敦煌研究》1994 年第 4 期。笔者对上述释读，大体表示赞同。个别细微差异，容另文详述，兹不赘述。

Ötükän）地方。之后，瓦兹也赶到于都斤与他们会合。接下来，希力克、葛啜要前往沙州西南的仲云（Čungul，即 Čüngül），之后从仲云赶往甘州（Ǩamčïu）。就该封信出自敦煌而言，最大的可能是希力克一行从于都斤前往仲云时途经沙州，并在沙州写下了这封信。而于都斤（Ötükän > Ötkän）是指漠北杭爱山一带。前辈学者早已指出，于都斤山在 10 世纪时期应在九姓鞑靼居地范围内。①

另，哈密顿编号为 23 的回鹘文书，是 Bäg Yegän "匐易言" 与 Bay Totoq "巴依都督" 写给他岳父 Soγdu Bäg "粟特匐" 及其家人的。其中提到 baban čor elitmiš tavar üčün baban čor qïtayqa barïr ärmiš "巴班啜由于带来的财物，巴班啜去了契丹"。这说明，巴班啜前往契丹是为了销售其带来的财物。

后者《敦煌出土九至十世纪突厥粟特语文书》所收 P.28 粟特语文书，是从外地送达敦煌或从敦煌送往外地的书信之一部分。其第 1—10 行大意如下：②

<blockquote>
¹…并且进入了这个王国。至于衣物（?）【 】² 因某种原因【 】-cykw，我获得了五份债务（即负债了）。［由于?］此五份债务，³我被痛苦折磨（?）。这个王国的人们，［进入了（?）］诅咒的浅滩（?）里。⁴不知信仰与神！我对突尊将军负债了（?）。［中略］⁷⁻⁸现在突尊将军去外面（即外国）了。因此，他的所作所为，你以自身明了（即你是其证人）。我把我的五份债务，均等地送出去了。⁹我因如下理由，没能送出那个物品。雄骆驼在鞑靼（在鞑靼国）跑掉，并［离开了?］商队。¹⁰一边说，一边在祈祷，希望它（即雄骆驼）能够出现在 nym' ynck'n 的王国！……
</blockquote>

---

① ［日］前田直典：《十世纪时代的九族达靼——蒙古人的蒙古地方的成立——》，载氏著《元朝史の研究》，东京：东京大学出版会，1973 年，第 239 页；初刊《东洋学报》第 32 卷第 1 号，1948；陈得芝：《十三世纪以前的克烈王国》，载氏著《蒙元史研究丛稿》，人民出版社 2005 年版，第 215—218 页；初刊《元史论丛》1986 年第 3 期。

② N. Sims-Williams & J. Hamilton, *Documents Turco-Sogdiens du IXe-Xe Siècle de Touen-Houang*, p. 41. 以下本稿所引粟特语文书的译文中，…表示无法认读的残存文字，【 】为文书残损部分，（ ）与［ ］内文字分别为原著者的补充说明与推测复原。

据"不知信仰与神！"［δynβγy L'-r(β)yny］这一表达方式，可知上引P.28文书作者是基督教聂斯脱里派（即景教）教徒。关于他在文书第9行中提到的雄骆驼逃掉一事，原著法译文作"向鞑靼"。笔者专此讨教吉田丰教授。据其介绍，按粟特语原文之意，应译作"在鞑靼"更为正确。换言之，该书信的作者去过鞑靼之地。关于文中提到的鞑靼，《敦煌出土九至十世纪突厥粟特语文书》著者在其词注中指出，① 指的是沿甘肃省北部沙漠地区的、被鞑靼人控制之地，并引用敦煌出土于阗语 P.2741 文书，介绍甘州、肃州之间曾存在鞑靼人。不过，考虑到前面介绍的伯希和藏第15号回鹘文书记录10世纪时期回鹘商人前往漠北鞑靼之地于都斤，且很难认为10世纪时期曾存在"河西鞑靼国"，② 笔者以为，上引 P.28 粟特语文书记录的回鹘商人去过的鞑靼视作漠北的鞑靼部落于理不悖。

而 P.3134 背面粟特语文书是有关粟特语称为 ra γzi，突厥语称为 qars，汉语称为褐子的毛织品账本。③ 据其第7行"在神的名义下"（r βγ'yn'mδ'βrw），文书作者被认为是景教徒。④ 文书中作者所接触的交易对象，除带有突厥语名称的人物之外，还包括汉人以及来自鞑靼的押牙、焉耆的粟特人和于阗都督等。其中，来自鞑靼的押牙在第22行以回鹘文回鹘语记做 tatardïn kälmiš am γada säkiz qars alt［ïm］"从来自鞑靼的押牙处，［我］获得了8个（红色？）毛织品"。张广达先生指出，唐末至宋初西北地区的般次贸易，其重要的从事者一般为官员或使节。⑤ 上述鞑靼押牙极可能是代表鞑靼国从事公务贸易的使节。重要的是，我们在这里能够确认到，粟特系景教徒商人确实在与当时的草原游牧民之代表鞑靼人进行着交易。

综上所述，笔者介绍的文书，虽然只是敦煌出土粟特文与回鹘文贸易

---

① N. Sims-Williams, J. Hamilton, *Documents Turco-Sogdiens du IXee-Xe Siècle de Touen-Houang*, p.45.

② 相关论述，参见白玉冬《于阗文 P.2741 文书所见鞑靼驻地 Buhäthum 考》，《西域文史》第2辑，2007年，第235—238页；白玉冬《十至十一世纪漠北游牧政权的出现——叶尼塞碑铭记录的九姓鞑靼王国》，《民族研究》2013年第1期。

③ N. Sims-Williams & J. Hamilton, *Documents Turco-Sogdiens du IXe-Xe Siècle de Touen-Houang*, pp.23–25.

④ Ibid. p.23.

⑤ 张广达：《唐末五代宋初西北地区的般次和使次》，第335—340页。

相关文书的一小部分，但这并不妨碍我们通过这些文书了解到，10 世纪时期包括景教徒粟特系回鹘人在内的回鹘商人，与鞑靼和契丹保持着联系。《辽史》记录不带有所属地的单独的回鹘频繁入贡。这些回鹘，应视作从事官私朝贡贸易的丝路贸易回鹘商人。① 把·赫卜烈思著《教会编年史》(*Gregorii Barhebraei Chronicon Ecclesiasticum*)，记录漠北的克烈国王在 11 世纪初带领部众改信景教。② 笔者的看法是——对克烈部改信基督教而言，如上述粟特文 P. 28 文书与 P. 3134 背面文书所反映，西州回鹘出身的景教徒回鹘商人所起的作用更大。反观阴山地区的汪古部，诚然有部分出自之前已在当地留存的突厥和回鹘残众，但其中的耶律汪古，无疑是辽代来自西域的景教徒后裔。至于汪古本部阿剌兀思剔吉忽里家族以及东胜汪古，据前面介绍的相关出身背景之分析，他们或多或少与包括今新疆在内的西州回鹘有关。而上引敦煌出土粟特文、回鹘文文书表明——以西州回鹘出身者为代表的、活跃在内亚丝路贸易舞台的粟特系回鹘商人确实在包括鞑靼之地、契丹等在内的广袤地区从事着丝路贸易。而且，阴山一带的汪古人行回鹘文，同时通叙利亚文。参此而言，上述前往东方的粟特系回鹘商人最终落脚在阴山一带，不无可能。

不过，关于西州回鹘景教势力的向东发展，还没有资料证明这一行动是在王国统治阶层的推动下完成的——如同安史之乱后摩尼教在中国内地的扩张。虽然如此，就元代畏兀人中存在不少景教徒而言，景教在西州回鹘境内并未受到限制，相反，还获得过某些支持。看来，西州回鹘景教教团的活动，与西州回鹘部众的向东发展，难言不无关系。

关于西州回鹘（史料又称为龟兹回鹘）使团利用河南道，即柴达木盆地东经青唐（今西宁）、秦州（今天水）通使中原，甚至入居的史料，主要见于《续资治通鉴长编》卷八十真宗大中祥符六年（1013）六月条，卷一二六仁宗康定元年（1040）三月条，卷一二七仁宗康定元年（1040）四月丁亥条，卷一二八仁宗康定元年（1040）八月癸卯条，卷一三一仁宗庆历元年（1041）四月壬午条、甲申条，卷一三五仁宗庆历二年（1042）二

---

① ［日］代田贵文：《カラハン朝の東方発展》，《中央大学大学院研究年報》第 5 辑，1976 年，第 257 页，第 268—269 页尾注 6。

② 有关改宗，主要参见 D. M. Dunlop, "The Karaits of Eastern Asia", *BSOAS*, Vol. 11, No. 2, 1944, pp. 277-278；罗香林：《唐元二代之景教》，第 156—157 页。

月庚辰条，以及《宋会要辑稿》蕃夷四《龟兹》。西州回鹘的上述活动，与宋朝、吐蕃唃厮啰政权、西夏三者间错综复杂的相互关系密切相关。同时，亦与沙州回鹘集团的出现干系极大。关于该问题的讨论有偏离本文主旨之嫌，笔者只能割爱，此处仅给出笔者的看法。洪皓《松漠纪闻》云："回鹘自唐末浸微，本朝盛时，有入居秦川为熟户者。女真破陕，悉徙之燕山。"① 这是对以西州回鹘为主的西域移民主要利用河南道迁入宋朝内地的高度概括。当然，上述迁移应与宋朝针对西北各部族所采取的招诱等政治军事政策密切相关。就前面介绍的马氏汪古是在 11 世纪时期移入临洮而言，自包括西州回鹘在内的西域抵达河湟地区甚至内地的这些回鹘移民中，当包括马氏汪古、巩昌汪古等部分景教人物。而马氏汪古先祖在辽道宗朝进贡辽朝，应当与当时契丹向河湟地区的势力渗透有关。② 至于其被女真迁往辽东，亦与洪皓所述相符。

综上，10—11 世纪，包括景教徒在内的西州回鹘辖下粟特系回鹘商人，积极参与到丝路官私贸易中，其足迹遍及河西、漠北、契丹、陇西、宋朝内地等。景教在汪古部中的流传，与西州回鹘辖下景教徒商人的活动和景教教团势力的向东发展，应有密切关系。笔者以为，就渊源而言，汪古部中虽包括部分突厥人与回鹘人之后裔，但其统治阶层视作出自西域的景教贵族，似乎更合情理。

余 论

关于汪古之名，有意见认为出自蒙古人对金界壕的称呼 Ongou，或蒙古语神之意的 Ongon "翁衮"。③ 不过，距离黑水汪古相当遥远的陇右的巩昌汪古，亦被称为汪古。显然，巩昌汪古之汪古，难以用上述蒙古语 Ongou 或 Ongon 来解释。而且，马可波罗记录天德州的人们自称 Ung，叙利亚

---

① 洪皓：《松漠纪闻》卷 1，文渊阁《四库全书》本，第 407 册，第 696—697 页。
② 相关讨论参见［日］长泽和俊《辽代吐蕃遣使考》，载氏著《シルクロード史研究》，东京：国书刊行会，1979 年，第 340—346 页。
③ 相关介绍，见盖山林《阴山汪古》，第 1—2 页；魏坚、张晓玮《阴山汪古与景教遗存的考古学观察》，第 193—194 页。

语文献记录汪古人为 'wyngy' = Öngāyē，其中的-āyē 为复数词缀。①

笔者认为，汪古统治阶层可视作留居在东方的、出自包括西州回鹘在内的西域景教贵族。而且，如周清澍先生所考证，汪古部中当包括时属东部突厥语族的沙陀突厥与回鹘之后裔。尤其是相对西州回鹘等西面的突厥语族集团而言，阴山地区与陇右同属于东方。笔者推测，汪古名称或源自回鹘语 öng "东方、前方"，巩昌汪古 "因官氏汪" 的 "汪"，或出自此 öng。如此，则笼罩在巩昌汪古与黑水汪古之间的地理空间上的龃龉，也便迎刃而解。

关于五代宋辽金时期丝路沿线内亚不同地域间的宗教文字文化的交流本相，因史料欠缺，难言得到了充分研究。本文旨在抛砖引玉，谨望学界同人不吝赐教，推陈出新。

(作者为兰州大学教授)

---

① P. G. Borbone, "I Vangeli per la Principessa Sara. Un ManoscrittoSiriacoCrisografato, GliÖngutCristani e Il Principe Giorgio", p. 75; "Some Aspects of Turco-Mongol Christianity in the Light of Literary and Epigraphic Syriac Sources", p. 18; [法] 伯希和：《唐元时代中亚和东亚之基督教徒》，第62—63页。

蒙古人当中的唐兀后裔

王风雷　　［蒙］S. 巴图呼雅格

1227年蒙古灭了西夏后，唐兀或唐兀惕这一民族共同体的下落及其去向又如何呢？这是一个很值得进行研究探讨的问题，这不仅属于元史研究的范畴，同时也属于蒙古史和西夏学以及文化学研究的领域，因而具有深远的历史意义和现实意义。

关于唐兀后裔的去向问题，史金波先生依据史料进行的系列化跟踪考察，厘清了很多细节问题，也为本课题的进一步探究，提供了一个有效的思路和方法。然而，史先生只关注了问题的一个方面，而忽略了另一个方面，结果为笔者的研究留出了一个很大的空间。事实证明，史金波先生用汉文史料，特别是用碑刻资料和族谱研究唐兀人的去向，都没有什么疑问，也是千真万确的。先生所揭示的只是一个余阙家族的个案，从某种意义上讲，他们都是些汉化的唐兀人的典型，难以代表全体或整个民族共同体。居庸关过街塔上的西夏文以及河北保定地区发现的西夏文碑，以及近几年在不同地区新发现的墓碑等原始资料，是证明元代唐兀人在汉地活动的一个有力证据。但是上述地区究竟有过多少唐兀人，其准确数字都说不清楚。

总的来讲，西夏灭亡以后，一部分唐兀人跟着蒙古大军从军了，而且跟蒙古人走得很近，甚至是被蒙古人所同化。这里最典型的一例就是察罕，有关他的传记资料在《元史》和《史集》里，记载的比较详细。当时年幼的察罕①，以其独特的习礼风格赢得了元太祖成吉思汗的赏识，步入

---

① （明）宋濂等：《元史》卷120《察罕》，中华书局1976年版，第2955—2957页。

了蒙古高层进而受到了良好的教育。透过史书上的记载我们可以发现，环境的影响使得察罕，从一个唐兀人逐步变成了一个典型的蒙古人。其实，这个过程并不复杂，完全都是顺应了自然。同蒙古人的交往，最终接受了蒙古文化实现了一个质的飞跃。可是随着时间的推移，察罕的后裔进入中原以后，情况又发生了新的变化，他们因远离了蒙古语言环境而被淹没在了汉文化的汪洋大海当中，完完全全接受了异族文化。这是一个比较奇特的现象，也说明了他们身上所具有的文化基因的变异过程。

在当时唐兀人的命运走势为：一是那些接受儒学教育的人士包括高智耀①在内，在客观上有意无意向汉文化靠拢，时间长了不由自主失去了本民族的个性，走上民族融合的道路成了汉民族的一员。二是如同史金波先生所说的那样，一部分唐兀人同羌人走得比较近，其原因很可能是国亡的悲剧促使他们隐姓埋名于羌族当中，失去了自己的种族标志；不过这一说法还需要进行田野考查或民族志调查，拿出一个确凿的数据加以证明。三是充军，其中怯薛和唐兀卫军是比较出名的，而且前者直接入宿因而在语言上用的基本上都是蒙古语，后来成为蒙古族一员的可能性也最大；为此，前苏联学者Е. И. 克奇诺夫认为，"一部分唐兀惕人，让蒙古人给同化了"②。四是留在西夏本土的唐兀人，这部分人的户口数量大，很难进行准确的统计。有意思的是，在蒙古人姓氏当中有相当一批唐兀氏姓。对此，仁钦道尔吉先生③的论文有一定的开创意义。遗憾的是，这篇文章非常短，只有两页零3行，未能展开深入研究。内蒙古师范大学的奥都高德·博·苏达那木道尔吉④先生进行了深入研究；他进一步指出，1664年隶属于扎萨克图汗部落的唐兀惕喀尔喀人降清，他们越过大漠来到今天的内蒙古库伦旗、奈曼旗、蒙古贞（辽宁阜新）交接地，至此政府划分为喀尔喀左翼旗对他们进行了安置，该旗于伪满时期被撤销；此外他还认为，

---

① （明）宋濂等：《元史》卷125《高智耀》，中华书局1976年版，第3072—3073页。
② ［苏］Е. И. 克奇诺夫《唐兀惕和蒙古的文化联系》（高焕之译自《蒙古文学关系史》，莫斯科科学出版社1981年），载于内蒙古自治区社会科学院情报研究所《蒙古学资料与情报》，1984年第3期。
③ 仁钦道尔吉：《蒙古族唐兀氏人群中有西夏移民》，见李范文主编《西夏研究》第3辑，中国社会科学出版社2006年版，第316—318页。
④ 奥都高德·博·苏达那木道尔吉：《蒙古族姓氏研究》（蒙古文），辽宁民族出版社2007年版，第784、786页。

蒙古人当中的唐兀氏分为：为：⟨蒙古文⟩（qar-a eljigen tangɣud 直译为黑驴唐兀）、⟨蒙古文⟩（ulaɣan tangɣud 直译为红色唐兀）、⟨蒙古文⟩（qalaču tangɣud 译为百姓或黎民唐兀）、⟨蒙古文⟩（sir-a ɣool-yin tangɣud 黄色河流—黄河唐兀）、⟨蒙古文⟩（büriyečin tangɣud 号手或号匠唐兀）、⟨蒙古文⟩（degedü tangɣud 译为上唐兀）、⟨蒙古文⟩（dooradu tangɣud 译为下唐兀）、⟨蒙古文⟩（baɣarang tangɣud 译为跑肚拉稀唐兀）、⟨蒙古文⟩（tasiɣurčin tangɣud 执鞭唐兀）、⟨蒙古文⟩（tangɣud qal q-a 唐兀喀尔喀）、⟨蒙古文⟩（tangɣučud 唐兀的复数形式）、⟨蒙古文⟩（tangɣučud 亦为唐兀的复数形式）。奥都高德·博·苏达那木道尔吉先生的研究很有意思，他不仅研究了蒙古人当中的唐兀姓氏，而且还列出了其具体的人名和他现有的工作单位，显得非常具体都能够有案可查，这对以后的跟踪研究提供了线索。研究蒙古姓氏的专家明安特·沙·东希格①先生也认为，生活在伏尔加河畔的卡尔梅克蒙古人当中，也有唐兀姓，只是在读音上发生了一些细微的变化；另外，在蒙古国库苏古尔省的巴音居力合苏木、东方省的白音查干和马塔尔苏木、苏和巴特省的额尔敦查干苏木、后杭爱省的杭爱苏木、扎布汗省的布拉乃苏木、肯特省的嘎拉希拉和巴图诺尔布、巴图希热图等苏木都有唐兀姓氏；在阿尔泰乌梁海人当中也有哈萨克唐兀姓氏的人；在内蒙古锡林郭勒盟西乌旗阿特浑苏木，察哈尔左翼明安旗的镶黄群牧（牧牛人）、镶黄旗、镶白旗，昭乌达盟的巴林、阿鲁科尔沁、翁牛特旗，伊克昭盟的鄂托克旗、伊金霍洛旗都有唐兀人。

  以上三位先生的研究，指出了一个长期被人们忽略了的学术盲点，同时也给破解唐兀人的去向指点了迷津。记得前两年在内蒙古蒙古语卫视"文化时尚"栏目里，转播了鄂托克前旗或鄂托克旗的一部分唐兀氏蒙古人进行的祭祀唐兀敖包的实况，其场面十分隆重。笔者收看了这一专题片后，受益匪浅联想到了很多问题，而且有一种豁然开朗的感觉，找到了唐兀人的真实踪迹。这套节目给笔者的印象是，他们祭祀的敖包在形式上与

---

  ① 明安特·沙·东希格：《蒙古姓氏大全》（蒙古文），辽宁民族出版社 2009 年版，第 768 页。

蒙古人没有太大的差异，只不过在名称上冠以"唐兀"二字而已。笔者也是从那个时候开始，对唐兀氏蒙古人产生了一个浓厚的兴趣，试图研究他们的来龙去脉，遗憾的是，只停留在了资料层面上，还未来得及进行田野调查。不过这没关系，那只是一个早晚的事，将来一定会付诸实践的。

奥都高德·博·苏达那木道尔吉①先生还认为，鄂尔多斯境内的唐兀氏蒙古人们每年正月初一日举行祭祀长生天的烛腊（酥油灯）仪式；其点燃蜡烛的数量为一零八加上家族人员的岁数，然后再加上五畜的数量。以此来祈求上苍，在新的一年里全方位保佑他们，普洒甘露，增福增寿，五谷丰登，人畜两旺。

笔者以为，鄂尔多斯境内的唐兀蒙古人应该是当年的西夏后裔，也是留守故土的遗民，这一点是毫无疑问的。因为今日之鄂尔多斯的地界毗邻当年的西夏，甚至是隶属于西夏的统辖的范围，所以其属民世世代代居住在这片热土上，都属于正常现象。再后来鄂尔多斯人入驻这一地区，使得唐兀人别无选择，只能是以属民的身份随从其主子向蒙古文化靠拢，并在主观上认同自己是蒙古人，而非西夏的党项人。应该说。这一点与其党项或唐兀首领们的政治应变能力，似乎有点延续的意味。贞观初（627—649），党项或唐兀的先祖拓跋赤辞为了求生存求发展，接受了李唐王朝的赐姓李②；北宋淳化二年（991）七月，李继迁奉表请降，以为银州（今陕西横山、米脂、佳县以北地③）观察史，赐国姓（赵），改名保吉④。表现为大丈夫能屈能伸不拘小节，更不计较眼前的得失，考虑了长远的利益。这些作法对其族人产生了深渊的影响，特别是元灭西夏后，唐兀人彻底放弃了对故国的眷恋，并积极寻找新的出路投入了蒙古民族的怀抱。史家们对这一现象的描述耐人寻味，为人们交代了一个真实的问题。他们指出："由于成吉思汗及其宗族的兴隆，由于他们是蒙古人，于是各有某种名字和专称的（各种）突厥部落，如札剌亦儿、塔塔儿、斡亦剌惕、汪古

---

① 奥都高德·博·苏达那木道尔吉：《蒙古族姓氏研究》（蒙古文），辽宁民族出版社2007年版，第785—786页。
② （元）脱脱等撰：《宋史》卷485《外国一·夏国传》，中华书局1977年版，第13982页。
③ 史为乐主编：《中国历史地名大辞典》，中国社会科学出版社2005年版，第2367页。
④ （元）脱脱等撰：《宋史》卷5《太宗二》，中华书局1977年版，第88页。

惕、客列亦惕、乃蛮、唐兀惕，为了自我吹嘘起见，都自称为蒙古人，尽管在古代他们并不承认这个名字"①。大人物的影响以及社会政治的压力，使得这些部落民众逐步形成了自己对蒙古身份的认同，进而成为蒙古大家庭中的一员。史实证明，唐兀人融入蒙古民族以后，在他们身上很难找出其原有的语言文化个性，成了地地道道的蒙古人。

往事越千年，在鄂尔多斯地区的唐兀氏蒙古人当中，至今还流传着一些传说故事，他们说自己是"唐代人"，用蒙古语书写就是 tanggud，意思就是源自于唐代的人。这是 2017 年五月一位熟知鄂托克本土文化的老者——敖特根毕力格先生讲述的一段经典故事，这里面隐含了好多人文故事，也恰恰说明了唐代党项人的处境和发展的脉络。

为了研究唐兀氏蒙古人，笔者还认识了一位锡林郭勒西乌旗的唐兀氏，名为舒格拉的牧民，他的祖籍是锡林郭勒正蓝旗，蒙古语说得非常好，语音纯正，而且是标准音，这与其家乡的语言环境有着密切的关系。我们之间在手机上相加了微信后，曾经多次通话、聊天，其话题基本上都是围绕其姓氏展开的。美中不足的是，他对其家族姓氏的来历并不太了解，没能够提供笔者所需的信息。与畜牧业生产相联系，目前这位先生利用业余时间经营着一个名为达崖尔（ dayaγar）的奶食品店，而且在微信圈里经常推销自己制作的奶食品，取得了较好的经济效益。另外他也非常关注蒙古文化，特别是在蒙古名词术语翻译方面，经常发表一些独特的见解，在业内赢得了较高的声誉。

与南进的唐兀氏相比，那些融入蒙古民族当中的唐兀人的文字记录比较少，即便有也只是散见于《蒙古秘史》、《蒙古源流》②、《大黄史》③ 当中，做了一些简要记载。这就为我们的研究，展示了一些只言片语的信

---

① ［波斯］拉施特主编：《史集》第一卷、第一分册，余大钧、周建奇译，商务印书馆1992年，第166页。

② ᠁ 《᠁》, ᠁ 2013 ᠁，395 ᠁；参见萨囊彻臣著、道润梯步译校《新译校注〈蒙古源流〉》，内蒙古人民出版社1980年版，第344页、第346页载，拜桑忽尔的属民中有唐古特人，其属地大致在延绥、宁夏、鄂尔多斯。

③ ᠁ 、 ᠁ 《᠁》, ᠁ 1983 ᠁, 149, 176—178, 185, 188 ᠁，然而这里提到的唐兀大多属于成吉思汗时期的事情。

息，也为我们挖掘探寻新的资料指明了线索。就目前而言，在蒙古人当中还未找到唐兀氏家族的族谱。假如有了这方面的信息，就能够弥补正史之不足，会给人们带来全新的感觉。遗憾的是，这只是我们的一个主观臆测，与现实还有很大的距离。

无独有偶，最近蒙古国方面的人口统计资料，为我们提供了唐兀人分布的准确信息，也进一步证明了明安特·沙·东希格先生的论断。如今在蒙古国总人口当中，共有唐兀氏2195人，其具体分布情况是：乌兰巴托市共有922人；戈壁阿尔泰省有381人；后杭爱省206人；肯特省138人；鄂尔浑省额尔登特92人；中央省89人；色楞格省84人；达尔汗乌拉省80人；扎布汗省61人；东方省50人；库苏古尔省30人；苏赫巴托尔省18人；南戈壁省12人；东戈壁省9人；科布多省6人；布尔干省6人；中戈壁省4人；戈壁苏木贝尔省3人；前杭爱省2人；乌布苏省1人；巴彦洪戈尔省1人①。这些统计数据，看起来十分枯燥乏味，但它对本课题的研究，无疑是撑起了一个门面，有效地弥补了我们学术上的短板，对唐兀人的研究开辟了一个新的领地。

如今在蒙古人当中出现了这么多的唐兀氏，这与史书上的记载基本吻合。成吉思汗灭了西夏以后，他把大部分唐兀百姓分给了也遂可敦②；另据一些蒙古文史料的记载，孛斡儿出、木合黎也分得了一部分唐兀百姓③。从那一时刻起，唐兀人开始走上了亡国的道路，成了蒙古人的属民。到了至元十八年（1281年），蒙古统治者针对三千人的河西军（蒙古语称之为合申④ ᠬᠠᠰᠢᠨ qasin）设立了唐兀卫，其主要职责就是统一指挥唐兀卫亲军⑤。除此之外，在《马可波罗游记》⑥当中，也有唐古忒省，并记录了唐兀人的生产生活及其习俗。总之，以上所述是夏亡后唐兀人的总体归

---

① Монгол улсын үндэсний статистикийн хороо, www.nso.mn 下载时间为2017年12月14日。
② 巴雅尔标音本：《蒙古秘史》（上中下三册），内蒙古人民出版社1981年版，第1361页。
③ 乌力吉图校勘、注释，巴.巴根校订：《大黄史》（蒙古文），民族出版社1983年版，第178页。
④ 巴雅尔标音本：《蒙古秘史》（上中下三册），内蒙古人民出版社1981年版，第1229页。
⑤ （明）宋濂等：《元史》卷199《兵二》，中华书局1976年版，第2527页。
⑥ 陈开俊等合译：《马可波罗游记》，福建科学技术出版社1982年版，第49—51页。

宿。这里需要说明的一点是，有些人物属于特例很难代表全体，因此只见树木不见森林是错误的。

就目前的情况而言，要想真正了解唐兀人的社会历史及其文化生活，没有别的办法只能进行田野调查，而且没有其它捷径可走。至少在目前实施起来，还有一定的困难。不着急，慢慢来，需要一步一个脚印做下去。

如果条件允许的话，对中原地区或江南地区的唐兀人和中外蒙古人当中的唐兀氏进行比较研究，看看他们究竟有哪些区别。当然如果可能的话，通过分子考古技术进行技术检测，将会发现什么样的问题。就是一般意义上的比较，也是一个很不错的研究课题。因隶属于不同的民族共同体，且又经历了千年的风风雨雨，其中既有共性的因素，也有个性的因素，展示出来肯定会有意义。

通过研究蒙古民族当中的唐兀人，我们还有必要提出一个很具体的问题，那就是在当时条件下，西夏唐兀人与蒙古人究竟有多大的差异？特别是在语言上，有什么近因性？为什么西夏灭国以后，唐兀人的语言没有留下踪迹而全部消失？在这一点上，我们一方面要认真研读西夏文，然后寻求她与蒙古语之间的关系，但另一方面也不要过分地迷信于已经死亡了的西夏文字。"尽信书则不如无书"①，通过反思去解读其中隐含的密码。

波斯史学家拉施特在他的《史集》第一卷第一分册中，把唐兀惕归到了"各为君长的突厥部落"②，而且其中所列的诸多部落，后来都成了蒙古民族的一员。蒙古兴起之前，也曾经是突厥的一个无名小卒，后来名气大了以后百川汇海，吸纳并包容了诸多部落。他们之间在语言上会有一定的差异，但这种差异相当于一个语言系统中的一个方言，就像是个粤语、闽南话、上海话，时间长了都能够交流。但他们之间最大的麻烦就是他们所创制的文字，忽扰了很多人，让人感到头痛进而会产生一种生畏的心理。

据史料记载，在党项人当中划分好多部落，其中有细封氏、费听氏、往利氏、颇超氏、野辞氏、房当氏、米擒氏、拓拔氏，而拓拔氏最为强

---

① 朱熹注：《孟子》，上海古籍出版社1991年版，第110页"尽心下"。
② ［波斯］拉施特主编，余大钧、周建奇译《史集》第一卷第一分册，商务印书馆1992年版，见目录页2。

族①，后来称帝的也是这一部落的后裔——鲜卑人。这就是说，唐兀人说来说去还是拓跋鲜卑人，聚集了各部落形成了一个新的民族共同体闯荡了天下。其根子还是来自于东胡，与蒙古族的渊源基本相近，而且差别不大。现在或者在过去，很多人在研究历史遗留问题的时候，不是从历史发展的整体脉络和线索出发，而是把它切割成了很多个碎片，弄成了支离破碎互不关联，带来了很多麻烦，也影响了整体认知。北方游牧民族的最大一个特点就是以部落为中心，互相排挤、打压，甚至是残杀，尤其在文字的创制上达到了以极致，频繁地更换，为研究者人为地设立了好多路障。

唐兀人在语言文化上与蒙古相近的原因，主要表现在一下几个方面：

首先，唐兀人在姓名上，与蒙古人比较接近。其中最典型就是西夏末代君主李睍②的名字，这在汉文史料里毋容置疑。然而，在蒙古文史料里，就不是那么回事儿了，是一个截然相反的名字——亦鲁忽不儿合（ila qu bur qan），后来蒙古人给他赐名为失都儿忽（siduryu），当时同蒙古军交战的西夏将领的名字叫阿沙敢不（aša yombu）③。还有西夏王妃的名字叫做古尔伯勒津郭斡哈屯（gürbljẹ yow-a qatun），她溺死于黄河，后来蒙古人把河水改为哈屯郭勒④。目前能够在蒙古文史料中查到的西夏人的名字极其有限，能够为我们提供佐证的就这么几个人。不过滴水能见太阳，它所折射出来的东西，也足够我们进行深入思考。明安达耳（mingyandar）⑤、亦怜真班（Erinčinbal）⑥、前面提到的察罕（čayan）、达里麻（darm-a）⑦、桑哥八剌（sengbal）⑧

---

① （后晋）刘昫等：《旧唐书》卷198《西戎·党项》，中华书局2002年版，第5290页。
② （元）脱脱等：《宋史》卷486《外国二·夏国下》，中华书局1977年版，第14028页。
③ 巴雅尔标音本：《蒙古秘史》（上中下三册），内蒙古人民出版社1981年版，第1355页，第1345页。
④ 朱风、贾敬颜译：《汉译蒙古黄金史纲》，内蒙古人民出版社1985年版，第28—29页；见乔吉校注《黄金史》（蒙古文），内蒙古人民出版社1983年版，第493—494页。
⑤ 《元统元年进士题名录》，载于《北京图书馆古籍珍本丛刊》（21）"史部·传记类"，（北京）书目文献出版社1998年版。
⑥ （明）宋濂等：《元史》卷145《亦怜真班》，中华书局1976年版，第3445—3447页。
⑦ （明）宋濂等：《元史》卷120《立智理威》，中华书局1976年版，第2959—2960页。
⑧ （明）宋濂等：《元史》卷145《亦怜真班》，中华书局1976年版，第3445—3447页。

等都是在汉文史料中出现的唐兀氏人名,有的很容易复原成蒙古语,而有的还比较困难,还需要进一步研究。

其次,唐兀人的地名基本上都属于蒙古语,这一点在蒙文史料当中都有详细的记载。例如阿尔不合(arbu q-a)①、阿剌筛(alaša 即贺兰山)②、兀剌孩巴剌合速(ura qai balγasu、 iryai 二者在语音上稍有变化)、朵儿篾该巴剌合速(dürimekei balγasu 即灵州)③、搠斡儿合惕" čoγur qad""④。不仅如此,笔者在汉文史料里也发现了西夏或河西地区的唐兀地名:"暗伯,唐兀人。祖僧吉陀,迎太祖于不伦答儿哈纳之地"⑤、成吉思汗的病逝地为萨里川哈老徒⑥。如果把不伦答儿哈纳复原成蒙古语的话,应该是 (bürendar qan-a⑦,在当时僧吉陀还能够跑到那么遥远的地方去迎接太祖吗?他是不是就在家门口接驾,需要进一步斟酌。紧接着需要讨论的一个问题是,除了哈屯郭勒和不伦答儿哈纳,以上所述的其他蒙古地名,最早是什么时候出现的?是成吉思汗征西夏时出现的,还是之前就已经有了?笔者以为,这也许不是蒙古人的专利。如果这一假设成立的话,那么上述地名源自于西夏唐兀人。他们在生产生活实践中用自己独特的方式,对当地的山川、河流、城堡、驿站赋予了专门的名称,蒙古人来后不做任何改动并进行了发扬光大。总之,两者在地名上的近因性比较高,说明在语言文化上比较接近。

第三,唐兀人在语言文化上与蒙古的近因性,还表现在他们同蒙古人能够直接对话,用不着进行翻译。其直接证据是:当年太祖在野外碰见察罕后,双方所进行的交流没有任何障碍,通过简单的交谈大汗深入了解了这位英俊少年的内心世界和未来发展的潜力;蒙古使臣同阿沙敢不的会

---

① 巴雅尔标音本:《蒙古秘史》(上中下三册),内蒙古人民出版社1981年版,第1335页。
② 同上书,第1343、1345、1347、1348页。
③ 同上书,第1352—1353、1358页。
④ 同上书,第1336、1346页。
⑤ (明)宋濂等:《元史》卷133《暗伯》,中华书局1976年版,第3237页。
⑥ (明)宋濂等:《元史》卷1《太祖》,中华书局1976年版,第25页。
⑦ 白石典之 SHIRAISHI Noriyuki Route of Jin army in the Batele of the River Ulz(日文) Inner Asian Studies, No. 31, March 2016(Offprint)pp. 27—48,该文把不伦答儿哈纳定位在蒙古境内契丹(辽)界壕边。

面，是直接对话没借助任何翻译——怯里马赤（kelemurči）而领会了各自的意图最终交战于贺兰山；西夏末主亦鲁忽不儿合与成吉思汗的对白，也没有第三方的翻译，而是直接交流①；在语言方面，暗伯表现得尤为出色，"太祖嘉其效顺，命为秃鲁哈必阇赤，兼怯里马赤"②，这说明他不仅精通蒙古语，而且还精通其他语种，这是他从事此项工作的一个基本资质；至正六年（1346年），亦怜真班知经筵事，为此他付出了很多心血，史载其"经筵进讲必详必慎，故每读译文必被嘉纳"③。由此可见，在整个蒙元时期，抛开西夏文字后唐兀人的语言发展的脉络也比较清晰明了了。更有意思的是，前苏联学者 Е. И. 克奇诺夫还认为④，古代蒙古人的格言与唐兀惕格言非常接近，而且他也例举了很多实例进行对比研究，为人们提供了广阔的遐想空间。

第四，在宗教方面，唐兀人与蒙古也有一定的近因性。这两个民族的原始宗教都属于萨满教，对长生天的崇拜没有实质性的差异。他们"三年一聚，杀牛羊以祭天"⑤，以此来表达自己心灵的寄托。后来他们皈依佛教，萨满教得到了不同程度的弱化。西夏对佛寺佛塔的建造以及对佛经的翻译，都达到了一个很高的层次。相比之下，成吉思汗时期的蒙古人，更为崇拜长生天，为此少年帖木真对长生天的虔诚祈祷，为蒙古民众做出了表率。后来到了忽必烈时期以及在整个元代，在帝师八思巴的影响下，佛教确立了自己正统地位成了国教。这在一定程度上为那些西夏移民，提供了一个精神上的家园。就是八思巴后的历任帝师或国师，都按着佛教的仪轨有力地实现了弘法，安抚了信佛的各色人种，其中包括了西夏移民——唐兀人。总之，蒙古人在当时特别是在文化方面，对唐兀人产生了巨大的吸引力，最终使他们形成了一个乐不思蜀的感觉，忘却了自己原有的身份。

---

① 乌力吉图校勘、注释，巴. 巴根校订：《大黄史》（蒙古文），民族出版社1983年版，第178页。
② （明）宋濂等：《元史》卷133《暗伯》，中华书局1976年版，第3237页。
③ （明）宋濂等：《元史》卷145《亦怜真班》，中华书局1976年版，第3446页。
④ ［苏］Е. И. 克奇诺夫《唐兀惕和蒙古的文化联系》（高焕之译自《蒙古文学关系史》，莫斯科科学出版社1981年），载于内蒙古自治区社会科学院情报研究所《蒙古学资料与情报》，1984年第3期。
⑤ （后晋）刘昫等：《旧唐书》卷198《西戎·党项》，中华书局1975年版，第5291页。

第五，党项或唐兀人的收继婚，与蒙古人的婚俗高度一致，很容易相互接纳不存在任何矛盾冲突。"妻其庶母、伯庶母、兄嫂、子弟妇"①，与蒙古同。当年，党项或唐兀人在没有文字的情况下，通行着一种"候草木以记岁"时②的简易法则，后来蒙古人也遵循这一法则，"草青则为一年，新月初生则为一月，人问庚甲若干，则倒指而数几青草"③。两者间的相承性，应该上溯到东胡或更为遥远的鲜卑时期。他们的尚武精神与蒙古没有多大差别，都是崇尚英雄的民族。相同、相近的文化加速了二者间的融合速度，而且根本就看不出形合而神不合的问题。

当年蒙古大汗们为什么要启用西夏乐？其原因很简单，西夏乐与蒙古文化有很多一致或相近的成分，搬过来也不会影响蒙古的主流音乐。另外，唐兀归顺蒙古后，其感觉就是一个多年的游子找到了回家的路，语言文化的相近使他们很快就融入了这一民族共同体，并以一个新成员的身份出现在了世人面前。这就是今日蒙古民族当中的唐兀人，在近千年的蒙古史册里基本上成了一个无名英雄，为蒙古传统文化发展做出了巨大的努力，赢得了人们的尊敬。

在清代的汉文史料里，特别是在蒙古人的传记资料当中一般都会标注该人物的蒙古姓氏，这一点为我们了解蒙古人当中唐兀氏提供了一线希望。为此笔者粗略地翻阅了《八旗通志》，遗憾的是，没能找到唐兀氏蒙古人的传记资料。也许是功夫下得还不到位吧，没能广泛涉猎各类文本资料，这多少有点大海捞针的感觉。不过相信有朝一日或许能够有所发现，找到一些蛛丝马迹。这只是一个时间的问题，奇迹会出现的。正当"山重水复疑无路"④的时候，内蒙古大学宝音德力根教授⑤在"庆祝乔吉研究员七十五华诞学术研讨会暨内蒙古史学会2017年秋季会议"上的演讲，

---

① （宋）欧阳修、宋祁：《新唐书》卷221上《西域·党项》，中华书局1975年版，第6214页。

② 同上。

③ （宋）彭大雅撰、徐霆疏证、王国维笺证：《黑鞑事略》，见《内蒙古史志资料选编》（第三期），第30页，内蒙古地方志编纂委员会总编室编印，1985年。

④ 朱东润选注：《陆游选集》"游山西村"，上海古籍出版社1979年版，第4页。

⑤ 宝音德力根：《清朝与格鲁派早期交往中的几位高僧事迹》，发表于2017年12月26日呼和浩特春雪四季酒店十二楼行政会议室。

为笔者提供了一个很重要的学术信息。按着他所提供的线索发现，在满文资料里确实有一位名曰唐古泰阿哥①的蒙古人，其时间为天聪九年（1635年）九月初七日。另据蒙古国学者台吉德——阿尤代的敖其尔②先生的研究，十五世纪唐兀人隶属于喀尔喀万户，到了十六世纪的时候作为喀尔喀阿鲁七个鄂托克（ᠠᠷᠤ ᠶᠢᠨ ᠳᠣᠯᠤᠭᠠᠨ ᠣᠲᠣᠭ aru-yin doluγan otuγ）的一员，成了格列山只（也写为格埒森扎 ᠭᠡᠷᠡᠰᠡᠨ ᠵᠡ geresen je）六子达勒登昆都仑（也写为德勒登 dalden köndülen）及其后裔的属民，当时他们在杭爱山游牧；1662年达勒登的后人宾图（ᠪᠢᠩᠲᠦ bingtü）带领其部众迁徙到内蒙古，康熙皇帝把这部分人安置于卓索图盟土默特左旗。由此可见，在明清时期的蒙古人当中的唐兀氏，在历史舞台上也扮演过重要角色。毫无疑问随着时间的推移，他们的名字将会逐步显现于世人面前。

还有一个问题是，到了清代唐兀的概念有所泛化，人们把西藏也称之为唐古特，其中清政府在京城创办的唐古特学就是一个很好的例证。其结果是蒙古人也开始把西藏喇嘛称之为唐古特喇嘛，这种称呼始于清代与当时的政治有着密切的关系。不过，蒙古人在历史上对西藏和唐兀区分得特别清楚，从未混淆这两个概念。前者为吐蕃在蒙古秘史里，记载的最清楚 ᠲᠥᠪᠡᠳ（tübed）旁译为西番③。到了元代专设总制院和宣政院管辖释教及吐蕃事务，清政府为何用唐古特这一名称不得而知。总之，蒙古人对唐兀、吐蕃、唐古特等概念的运用上，还是还是很清楚的，基本没有混淆三者的关系。

我们下一步的任务，就是要组织力量探查走访，然后去整理唐兀氏蒙

---

① 中国第一历史档案馆编《清初内国史院满文档案译编》（上册），光明日报出版社1989年版，第192页（电子版第10页）。

② HYYДЛИЙН СОЁЛ ИРГЭНШЛИЙГ СУДЛАХ ОЛОН УЛСЫН ХYР ЭЭЛЭН ТАЙЖИУД АЮУДАЙН ОЧИР МОНГОЛЧУУДЫН ГАРАЛ НЭРШИЛ УЛААНБААТАР 2012, P181；该文的间接依据为戈拉登著、策纳森巴拉珠尔整理《宝贝念珠》，乌兰巴托1960年版，46—47，61—62，77—78；遗憾的是笔者未能找到这部专著，手头上只有戈拉登著、阿尔达扎布注释《宝贝念珠》（蒙古文），（呼和浩特）内蒙古人民出版社1999年版，第232页，第288页，第295—296页；时过境迁，情况又发生了变化，2018年3月2日—14日，前往蒙古国乌兰巴托、科布多进行了学术考察，并从私人手里有幸买到了戈拉登著、策纳森巴拉珠尔整理《宝贝念珠》，乌兰巴托1960年版。

③ 巴雅尔标音本：《蒙古秘史》（上中下三册），内蒙古人民出版社1981年版，第1323页。

古人的口述史和人文故事,尤其要对那些英雄、模范人物,还有其家庭成员进行跟踪调查,总结出带有规律性的东西昭示后人。

(作者王凤雷为内蒙古师范大学教育科学学院教授;
S. 巴图呼雅格为蒙古国国立教育大学教育学系教授)

蒙元纳怜驿黄兀儿月良站方位再探*

陈广恩

黄兀儿月良站是蒙元时期纳怜驿道西段的站赤。长期以来，学界关于该站赤的地理方位一直存在争论，至今尚未找到一致的答案。2014年，笔者发表了《北庭元帅府与亦集乃路关系初探——兼谈黄兀儿月良站的地理位置》一文，论文第二部分对黄兀儿月良站的地理方位做了讨论，认为其大致地理范围，应该是在拉布楚喀以西通往北庭或者火州的驿道上[①]。在此之前，比较流行的观点是杉山正明先生的新疆艾比湖一带说。杉山先生认为黄兀儿月良和《西域同文志》中"雅尔路"（Yar）的"烘郭尔鄂笼"（Qongqur-ölüng）应该是同一个地方，其意思和耶律铸《双溪醉隐集》中提到的"黄草泊"一致，位置在中华民国五年（1916）绘编的《百万分之一中国舆图》中的"乌鲁布拉克台"图中所见"霍努儿乌连河"。[②]《中国历史地图集》第七册《元明时期·察合台汗国图》将黄草泊标在艾比湖，也就是说黄兀儿月良在艾比湖一带。默书民先生在其国家社科基金项目"元代交通史"研究成果中，采纳了杉山正明的这一观点。[③] 周清澍先生认为黄兀儿月良等纳怜驿九站"是从西夏西去的站"，"东胜至哈温及晃忽儿月良等站在东胜州和宁夏路境内"，黄兀儿月良的位置应该在宁夏路越过

---

* 本文属于2016年度国家社科基金重点项目"新发现日藏《事林广记》校勘整理与研究"（16AZS004）阶段性成果。

① 李治安主编：《元史论丛》第14辑，天津古籍出版社2014年版，第468页。

② ［日］杉山正明：「モンゴル帝国と大元ウルス」，京都大学学术出版会，2004年，第307页。

③ 承蒙作者惠赐其尚未出版之课题研究成果，特此致谢。

贺兰山通往亦集乃的驿道上。①胡小鹏先生则认为"应去答失八剌哈逊（今哈密石城子）不远"②。党宝海先生认为，"晃忽儿月良站已在甘肃行省之外，附近有蒙古诸王设置的塔失八里站（哈密东北石城子）、揽出去站（哈密西）"③。此后，特木勒先生根据清代《朔漠方略》的记载，在周清澍先生研究的基础上，考证出黄兀儿月良位于今天阿拉善左旗北部的洪格日鄂楞。④2014年，石坚军先生撰文指出，"晃火儿月连最有可能位于合迷里东北之黄芦淀（位于今新疆伊吾西）一带"⑤。2015年，在纪念杨志玖先生一百周年诞辰学术研讨会上，胡小鹏又提出黄兀儿月良位于今天新疆吐鲁番盆地的鲁克沁一带的观点。⑥其后石坚军修正了自己的看法，认为黄兀儿月良的词义来自八儿思阔，即明代的兀连脑儿，意为"（黄）草湖"，其位置在哈密北部巴里坤湖东部一带。⑦以上观点中，胡小鹏、党宝海、石坚军与笔者的意见比较接近，认为黄兀儿月良的大致范围在今新疆哈密一带，而杉山正明、周清澍、特木勒考证出的地理方位，与以上观点东西相距均比较遥远。那么，黄兀儿月良到底应该在哪里呢？笔者以为，各种观点中石坚军的黄芦淀之说最为可信。

一

黄兀儿月良，史料中又写作晃忽儿月良、黄兀儿于量、黄忽儿玉良、晃火儿月（目）连等，各名称应该都是蒙古语地名 Qongyor ölöng 的汉语音写。宋元时期的类书《事林广记》所收《至元译语》"鞍马门"，释"黄

---

① 周清澍：《蒙元时期的中西陆路交通》，载元史研究会编《元史论丛》第4辑，中华书局1992年版，第29页；周清澍：《元蒙史札》，内蒙古大学出版社2001年版，第264、269页。
② 胡小鹏：《元代西北历史与民族研究》，甘肃文化出版社1999年版，第238页。
③ 党宝海：《蒙元驿站交通研究》，昆仑出版社2006年版，第296页。
④ 特木勒：《蒙元纳怜站道上的黄兀儿月良》，《中国史研究》2015年第2期。
⑤ 石坚军：《甘肃纳邻驿小考》，"元代多元文化与社会生活学术研讨会"会议论文，呼和浩特，2014年7月。
⑥ 胡小鹏：《黄兀儿月良站方位再考》，《纪念杨志玖先生诞辰一百周年隋唐宋元时期的中国与世界国际学术研讨会会议论文集》，南开大学，2015年10月，第212页。
⑦ 石坚军：《元代纳邻驿黄兀儿月良新考》，"从西北史地之学到西北历史地理国际学术研讨会"会议论文，陕西师范大学，2016年8月。石坚军就黄兀儿月良站位置问题与笔者进行过讨论，并惠赐其会议论文、博士后出站报告，以及他去巴里坤实地考察的行记，对笔者多有帮助，特此致谢。

兀儿"为"黄马"。①《蒙汉词典》解释 qongγor / qongγur ~ qong'or/qong'ur（词典转写为 xongγor）一词是指马的毛色，意为"淡黄毛的"，ölöng 一词意为"莎草"或"〔长得高而密的〕杂草丛"。② 则黄兀儿月良应该就是黄草、黄草地之意。《西域同文志》解释说："烘郭尔，黄色也。土色黄，多柔草，故名。"③ 黄色应该指草而非土而言。杉山正明认为黄兀儿月良就是汉语黄草泊之意，应该是可信的。而黄芦淀与黄草泊意义正相近，可与黄兀儿月良的名称相对应。对此，乌兰先生在解答笔者的请教中指出，黄芦淀有可能是蒙古语地名的汉语意译。"黄"对应 qongqor ~ qongghor，"芦"与 ölöng 词义一致，芦草之意，则黄芦淀的得名，可能也来自蒙古语地名 Qongγor ölöng。这与杉山先生所言黄草泊正是同一个意思。Qongγor ölöng（黄兀儿月良、烘郭尔鄂笼等）这个蒙古语地名在今天新疆、内外蒙等地比较常见，考虑到地名使用的延续性，元代以 Qongγor ölöng 命名的地名，亦当不是个例，艾比湖一带有黄草泊，哈密附近有黄芦淀，当正是这种情况的体现。

石坚军认为黄芦淀得名于兀连脑儿（即八儿思阔），意为"（黄）草湖"。但八儿思阔应该是突厥语，即 Barskøl 的对音，④ 明清时期又译为巴儿思渴、把思阔、把儿思阔、巴尔库勒、巴里坤等。突厥语 bars 是"虎"之义，⑤ køl 是"湖泊""池塘""海"之义，⑥ 则八儿思阔应为"虎湖"，⑦可见不是草湖之义。再者，黄芦淀、八儿思阔均是元代地名，我们尚不能肯定二者同指一地（《中国历史地图集》之《哈密力 北庭 哈剌火州》一图即标为两个不同的地方），所以黄芦淀理应不是八儿思阔，则黄兀儿月

---

① （宋）陈元靓编：《事林广记》庚集卷10《至元译语》，［日］长泽规矩也编：《和刻本类书集成》第1辑，东京：汲古书院，1976年影印本，第365页。
② 内蒙古大学蒙古学研究院蒙古语文研究所编：《蒙汉词典》（增订本），内蒙古大学出版社1999年版，第645、283页。
③ （清）傅恒等撰，额尔木图搜集整理：《钦定西域同文志》卷1，内蒙古人民出版社2015年版，第12页。
④ 邓锐龄：《〈中国历史地图集〉南宋、元时期西北边疆图幅地理考释》，中国藏学出版社2016年版，第205页。
⑤ 麻赫默德·喀什噶里：《突厥语大词典》（汉译本）（第1卷），校仲彝等译，民族出版社2002年版，第364页。
⑥ 麻赫默德·喀什噶里：《突厥语大词典》（汉译本）（第3卷），校仲彝等译，第131、132页。
⑦ 邓锐龄：《〈中国历史地图集〉南宋、元时期西北边疆图幅地理考释》，第205页。

良也不能对应八儿思阔。

据《中国历史地图集》之《哈密力 北庭 哈剌火州》,黄芦淀位于塔失八里西北。邓锐龄先生认为黄芦淀就是今新疆伊吾县阔拉西旁之吐尔库里。① 吐尔库里,即托勒库勒,又被译为图尔库勒,是一处湖泊。白玉冬先生指出,吐尔库里、托勒库勒、图尔库勒,应该均是突厥语(包括回鹘语在内)tül köl 之意。tül 是梦,köl 是湖。因此该湖又被称为幻彩湖。《西域图志》又称该湖为盐池海,因为图尔库勒北数里有地名图斯库勒。"图斯,回语谓盐也,则唐所谓盐池海,应即今图尔库勒也。"② 这一说法被今天的一些工具书采纳,如《西域历史文化大词典》解释图尔库勒海为"新疆伊吾县境内之土尔库里湖。古盐池海即此"③。《中国河湖大典》解释托勒库勒又名吐尔库里、吐尔干湖、伊吾盐池。"位于天山东段喀尔力克山西北部与莫钦乌拉山东南余脉之间的山间洼地中,东南距伊吾县盐池乡 2 千米。"④ "每到春、秋、夏三季,湖周草原上牧草郁郁葱葱,草高 60—70 厘米。"⑤ 由此看来,土尔库里就是唐代的盐池海,清代又被译为图尔库勒等名称。湖的周围地势低平,牧草丛生,元人可能因此将这一地区称为黄芦淀,这或许是元人对唐代盐池海的又一称谓。

二

黄兀儿月良就是黄芦淀,这与《经世大典》《元史》《金华集》等元代文献的记载均可互相印证。正如特木勒先生所言,《经世大典》所载"西夏之西,近川"是确定黄兀儿月良站方位的关键史料。他说"所谓'西夏之西'之'西夏'未必指整个西夏疆域,而是指'西夏中兴路',后改名'宁夏府路'。'西夏之西'指'西夏中兴路'之西"⑥。特木勒认

---

① 邓锐龄:《〈中国历史地图集〉南宋、元时期西北边疆图幅地理考释》,第 204 页。
② 钟兴麒、王豪、韩慧校注:《西域图志校注》,新疆人民出版社 2002 年版,第 359 页。
③ 贺灵主编:《西域历史文化大词典》,新疆人民出版社 2012 年版,第 1149 页。
④ 《中国河湖大典》编纂委员会编著,敬正书主编:《中国河湖大典·西北诸河卷》,中国水利水电出版社 2014 年版,第 183 页。
⑤ 《中国河湖大典》编纂委员会编著,敬正书主编:《中国河湖大典·西北诸河卷》,第 184 页。
⑥ 特木勒:《蒙元纳怜站道上的黄兀儿月良》。

为"西夏"指"西夏中兴路"而不是整个西夏，笔者以为这一观点可能还有推敲的余地。"西夏"是指整个西夏疆域，还是指西夏中兴路，要联系其后的"近川"来考察。"近川"的"川"到底在哪里，才是确定黄兀儿月良方位的关键所在。搞清楚"川"的方位，句中的"西夏"何指也就清楚了。

那么这里的"川"何指呢？窃以为此处所言"川"，并不是特木勒所说黄兀儿月良所临近的"噶尔拜瀚海"，即横亘在蒙古国南部及中蒙之间的大漠戈壁，① 而是李治安先生考证出的"哈密力东西的石川戈壁"，这里是元帝国和察合台汗国"战争或和平时期双方军队进退和使者、商旅往来的必经通道"，是元朝向西进攻察合台汗国时所"入"所"过"的第二处戈壁石川。所以"近川"之"川"，"即蒙元哈密力附近及以西一带"的戈壁石川。② 具体理由有二。

其一，《经世大典·站赤》载，至元三年（1266）（《永乐大典》所引《经世大典》误作"中统三年"）十月二十三日中书省的奏章中提到，"近以西夏之西，近川黄兀儿于量站、塔失八里站、揽出去站，此三处阙铺马"③。《经世大典》三站并提，可见"近川"者不仅仅是黄兀儿月良，而且塔失八里和揽出去两个站赤也"近川"，而后两个站赤正位于哈密力东西的石川戈壁。对此李治安先生已有论证："此处的'川'，应当指谓戈壁石川。因明言其位置在'西夏之西'，故亦即蒙元哈密力附近及以西一带"，"哈密力东西的石川沙漠，应该具体指谓哈密力附近的塔失八里站、揽出去站一带"④。塔失八里和揽出去两个站赤的位置已经很明确了，不可能在宁夏府路之西贺兰山后的"噶尔拜瀚海"中。既然黄兀儿月良、塔失八里、揽出去三个站赤均"近川"，则不可能一川二指，既指哈密力东西石川戈壁（即李治安先生《元中叶西北"过川"及"过川军"新探》一文所言第二处戈壁石川），又指临近阿拉善左旗北部的"噶尔拜瀚海"（即李治安先生所言第一处戈壁石川）。确定了"川"的位置，那么"西夏之

---

① 这个"川"，亦即李治安先生《元中叶西北"过川"及"过川军"新探》一文指出的元朝"西北军旅和使臣等所'入'所'过'的第一处戈壁石川"，见《历史研究》2013年第2期。
② 李治安：《元中叶西北"过川"及"过川军"新探》。
③ 《经世大典·站赤》，（明）谢缙等编：《永乐大典》卷19417《站·站赤二》，中华书局1986年影印本，第8册，第7196页。
④ 李治安：《元中叶西北"过川"及"过川军"新探》。

西"自然也好理解了。西夏应该就是指整个西夏疆域而言,并非指西夏中兴路。

其二,《元史·世祖本纪》的相关记载,反映出黄兀儿月良站应该距离北庭(别失八里)不是很远,这也符合其靠近"哈密力东西的石川戈壁"的"近川"之大致方位。《元史》载至元二十六年(1289),朝廷频频补给黄兀儿月良站。七月,"黄兀儿月良等驿乏食,以钞赈之"①。十二月,"给钞赈黄兀儿月良站人户"②。尤为重要的史料是,至元二十八年(1291)五月,元朝"发兵塞晃火儿月连地河渠,修城堡,令蒙古戍兵屯田川中以御寇"③。元廷针对黄兀儿月良的上述做法,背景是当时海都、都哇对畏兀儿地区的威胁已十分严重,其军队经过光顾火州,北庭也处在海都、都哇军队的直接威胁之下。④ 至元二十六年元朝补给黄兀儿月良,这显然是充实该驿站的做法。至元二十八年,元朝又通过堵塞河渠、修筑城堡、屯田川中等一系列措施,在黄兀儿月良地区加强对海都、都哇的防御。就在元兵堵塞黄兀儿月良地河渠,修筑城堡做好战备的次年,即至元二十九年(1292),北庭一带又发生了战斗:"时别失八剌哈孙盗起,诏以兵讨之,战于别失八里秃儿古阁,有功,贼军再合四千人于忽兰兀孙,明安设方略与战,大败之。"⑤ "盗"和"贼军"的身份并不清楚,但进攻忽兰兀孙的军队数量有四千人,可见规模不小,这显然与海都和都哇的步步进逼有关。如此来看,黄兀儿月良应该在距离北庭不是太远的地方。如果说黄兀儿月良是洪格日鄂楞,"近川"的"川"指的是临近阿拉善左旗北部的戈壁沙漠,那么至元二十八年元朝在黄兀儿月良大张旗鼓地"御寇",其对象又指的是谁呢?似乎当时甘肃境内并未发生严重的诸王叛乱,海都、都哇的势力也不可能抵达兀剌海路。所以修城堡、屯田等战备措施,应该就是指防御海都、都哇而言。"近川"之"川",即指元朝和察合台汗国交接的哈密力东西的石川戈壁一带,这里临近元朝和察合台汗国的边界,元朝于此"御寇"才讲得通。

---

① 《元史》卷15《世祖纪十二》,中华书局1976年点校本,第324页。
② 同上书,第328页。
③ 《元史》卷16《世祖纪十三》,中华书局1976年点校本,第347页。
④ 刘迎胜:《察合台汗国史研究》,上海古籍出版社2006年版,第283—285页。
⑤ 《元史》卷135《明安传》,第3281—3282页。

此外，黄芦淀的地理位置，也符合至元二十八年元朝"发兵塞晃火儿月连地河渠，修城堡，令蒙古戍兵屯田川中以御寇"一句所描述的地貌特征。托勒库勒湖水为发源于"莫钦乌拉山东坡的玉尔滚河、乌尊布拉克河和发源于喀尔力克山北坡的吐尔干河、喀勒恰、希勒维力克、伊兰勒克、代热合力、琼彦托、磨石沟和柳树沟等小河的尾间湖"①，则其地有不少河渠。《元和郡县图志》载："盐池海……州东北四涧水并南流，至州南七八里合流为一水。侧近皆有良田。"②《中国河湖大典》指出"盐池乡……农业耕地1200公顷"③。可见唐代盐池海附近就有良田，至今依然，则元代黄芦淀周围河渠浇灌处亦应有耕地，蒙古戍军正可屯田于此以御寇。《金华集》载通政院使亦辇真"奉诏巡视驿传"，他"不惮险远，历答失八剌哈孙，抵晃火儿目连之地"④。亦辇真显然是从内地向西域巡视，而黄兀儿月良在塔失八里之西北（或北方），这正符合亦辇真巡视的方向。

《元史·明安传》提到至元二十九年别失八里盗起，元军与之战于秃儿古阁之地。邓锐龄先生认为秃儿古阁为吐葫芦之音转，即今伊吾县，⑤这与《中国历史地图集》之《哈密力 北庭 哈剌火州》所标秃儿古阁的地理位置正相吻合。如果此说成立，则至元二十九年秃儿古阁之战，与至元二十八年元朝在黄兀儿月良之地加强战备正可互相印证，战前元军在黄兀儿月良的备战显然是有明显的针对性，这有助于说明黄兀儿月良正在伊吾境内。

此外，耶律铸《处月》一诗，有"陈兵阔里黄芦淀，转战斜车白草山禺"之句，⑥说明黄芦淀曾是元军的集结地。诗后注云："我军败敌右部于处月。阔里，岭名，临处月黄芦淀。斜车，山名，在阔里南，大漠又去斜车西南数百里。"处月，即沙陀。《新唐书·沙陀传》云："处月居金娑山

---

① 《中国河湖大典》编纂委员会编著，敬正书主编：《中国河湖大典·西北诸河卷》，第183页。
② （唐）李吉甫撰，贺次君点校：《元和郡县图志》卷40《陇右道下·伊州·伊吾县》，中华书局1983年版，第1029—1030页。
③ 《中国河湖大典》编纂委员会编著，敬正书主编：《中国河湖大典·西北诸河卷》，第184页。
④ （元）黄溍：《辽阳等处行中书省左丞亦辇真公神道碑铭》，《黄溍全集》，王颋点校，天津古籍出版社2008年版，下册，第649页。
⑤ 邓锐龄：《〈中国历史地图集〉南宋、元时期西北边疆图幅地理考释》，第203页。
⑥ （元）耶律铸：《双溪醉隐集》卷2《处月》，文渊阁《四库全书》本。

之阳，蒲类之东，有大碛，名沙陀，故号沙陀突厥。"① 蒲类指蒲类海，即今巴里坤湖。清末地理学家丁谦认为，处月的居住地在巴里坤湖以东、金娑山（尼赤金山）以南的沙漠戈壁地带。② 艾冲先生考证指出，沙陀突厥居地应在今巴里坤县和伊吾县之境，③ 而黄芦淀即位于巴里坤湖和伊吾之间，这正符合耶律铸"处月黄芦淀"之描述。邓锐龄先生指出，伊吾县西北有地名"阔拉"，"阔拉"为"阔里"一声之转。阔里岭即今伊吾县西北阔拉旁以黑山为主峰之山，斜车山即伊吾县西南喀尔力克山。④ 结合《哈密力 北庭 哈剌火州》图中标注的位置以及《中国河湖大典》的解释，阔里岭应该就是莫钦乌拉山，大黑山是其主峰，黄芦淀处于阔里岭（莫钦乌拉山）和斜车山（喀尔力克山）两山之间的洼地中。其地有水草良田，地势平坦，又据两山间咽喉之处，地理位置比较重要，正适合立站。元朝在此设立纳怜驿站赤，并且在军情紧急的情况下集结兵马，也与纳怜驿"专备军情急务"的性质相吻合。"大漠又去斜车西南数百里"，说明黄芦淀西南数百里之处是沙碛，即李治安先生所言"哈密力附近及以西一带"的石川，也正是《经世大典》所谓"近川"之"川"。

三

特木勒认为"黄兀儿月良应该是位于甘肃行省境内"。他引《经世大典·站赤》延祐元年（1314）十二月三日中书省奏文，并结合延祐三年（1316）四月的材料，指出"命'甘肃省委官，亲诣二十三站'，至少表明'黄兀儿月良'应位于甘肃行省境内"⑤。大概因为是甘肃行省派遣官员"亲诣"站赤，所以特木勒说纳怜驿23站都应该在甘肃行省辖区，因故黄兀儿月良不应在甘肃行省境外，这或许是他将黄兀儿月良判定在洪格日鄂楞的一个理由。

---

① （宋）欧阳修、宋祁：《新唐书》卷218《沙陀传》，中华书局1975年点校本，第6153页。
② （清）丁谦：《〈新唐书·沙陀传〉地理考证》，《蓬莱轩地理学丛书》，北京图书馆出版社2008年影印本，第2册，第290页。
③ 艾冲：《论唐代后期沙陀突厥东迁的四个问题》，《民族研究》2004年第1期。
④ 邓锐龄：《〈中国历史地图集〉南宋、元时期西北边疆图幅地理考释》，第204页。
⑤ 特木勒：《蒙元纳怜站道上的黄兀儿月良》。

中书省的奏文是这样说的："通政院言纳怜一道二十三站人户阙食，请接济事。臣等议得：'当站之人，各与三月口粮。近仓者给以米粟，去仓远者量价给钞。'上曰：'可。'都省遣使与甘肃省委官，亲诣二十三站，取勘户数。"① 可见是中书省派遣使臣，甘肃行省派遣官员，前往23站"取勘户数"。甘肃行省委官，并不能说明其所"亲诣"的23站就一定都在甘肃行省辖区。《经世大典·站赤》延祐三年四月通政院奏文中提到，"纳怜二十三站消乏，除晃忽儿月良九站已济乌粟外，哈温至东胜一十四站未有与"，说明东胜站也在纳怜23站之内。东胜在元代属于大同路，②隶属中书省，不属于甘肃行省，可见东胜站在甘肃行省之外。所谓"晃忽儿月良九站"，自然也应该包括塔失八里和揽出去两个站赤。塔失八里和揽出去两个站赤在西域哈密一带，也不属于甘肃行省，所以党宝海说"晃忽儿月良站已在甘肃行省之外，附近有蒙古诸王设置的塔失八里站、揽出去站"。这说明黄兀儿月良、塔失八里和揽出去三个站赤也都不在甘肃行省范围之内。因此，纳怜驿23站，并非都在甘肃行省境内，其东西两头的站赤，均超出了甘肃行省省界。《经世大典》明确提到甘肃行省补给23站，其背后均有中书省的指令，所以似不宜仅凭甘肃行省委官补给黄兀儿月良，就确定该站一定在甘肃行省境内。

甘肃行省担负位于其辖区之西相关站赤的补给任务，这类例子在《经世大典》中还有不少记载。如《站赤》载延祐元年六月二十三日，中书省向朝廷上奏，指出之前为"西边过川两界"增补的马、驼，因"风雪劳苦"而多有倒毙，"今甘肃行省来请补置，臣谓彼方川石之地，马、驼之毙可知，若不补置，必损军力，宜令行省随所阙者补之"③。七月十八日，中书省又奏："前者以西边川地，军人当站消乏，奏准令甘肃行省买马、驼应副支遣，仍追复蒙古站户当役。今本省回咨，钦遵上命，追究元当站瓮吉剌准行哈等户，仍令复役。及于曲尤、沙州、瓜州上户内佥补一百户，以充察巴站役。既而诸王纳忽里执把圣旨，云属本位下种田户，有司不得侵犯，于所佥站户内指择位下户计者取去，咨请照详。臣等谓元降圣旨，止以百姓数目属之，岂可不令当站！合依元佥民户，仍复其役。"同

---

① 《永乐大典》卷19421《站·站赤六》，第8册，第7232页。
② 《元史》卷58《地理志》，第1375—1376页。
③ 《永乐大典》卷19421《站·站赤六》，第8册，第7232页。

月，中书省再次上奏："迩者议将元金站户发遣答失城当站，数内有四枝灭吉怜民……又灭吉怜民有散居各处者，宜从彼省与南忽里差人收聚，悉令当站。"① 中书省奏文中提到的"西边过川两界""西边川地"之"川"，应该就是上文提到的"近川"之"川"。② 其地倒毙的当站马、驼，由甘肃行省向朝廷请求补置，消乏的当站军人，也由甘肃行省买马、驼应副支遣。奏文中提到的"纳忽里"和"南忽里"是同一个人，即察合台后王豳王出伯之子，他的领地在"沙州、瓜州和曲尤一带"。③ 灭吉怜部是其位下分民，他们有承担站赤的义务，而他们当站的地点就在塔失城，④ 即塔失八里。两段材料中的"行省""彼省"，均指甘肃行省而言。又，延祐元年闰三月六日，中书省奏疏中提到，有使臣从伊利汗国嗣君哈儿班答处进贡豹子，道经塔失八里，承担运送的马、驼"过川其间，毙者太半"，中书省臣商议，建议"令行省官验其倒毙之数，给价和买补置"，仁宗从之。⑤ 此处的"行省"，也应该指甘肃行省。由此可见，"西边川地"一带的站赤，甘肃行省拥有很大的管辖权，其当站的人员、马驼、物资等，甘肃行省往往受朝廷之命承担勘验等管理和补给任务，而位于"西边川地"的塔失八里等站赤，大都不在甘肃行省境内。出现这种现象，是甘肃行省临近元朝与察合台汗国接壤的西部前线的地理位置使然。

四

此外需要说明的是，关于《金华集》中的"晃火儿目连"，特木勒认为如果不能确定是"晃火儿月连"之讹误，那么"晃火儿目连"更可能是qongyor-müren，而不是qongyor-olong。蒙古高原名为"晃火儿月连"的河流，库伦之南就有一条"红郭尔河"。所以《金华集》中的"晃火儿月连"是否与黄兀儿月良有关联，尚需审慎扬弃。⑥ 笔者以为位于库伦之南

---

① 《永乐大典》卷 19421《站·站赤六》，第 8 册，第 7232 页。
② 李治安：《元中叶西北"过川"及"过川军"新探》。
③ 胡小鹏：《元代西北历史与民族研究》，第 40 页。
④ 李治安：《元中叶西北"过川"及"过川军"新探》；特木勒：《元明时期 Mekrin 部史事考》，《民族研究》2015 年第 1 期。
⑤ 《永乐大典》卷 19421《站·站赤六》，第 8 册，第 7231 页。
⑥ 特木勒：《蒙元纳怜站道上的黄兀儿月良》。

的"红郭尔河",与位于哈密东北的石城子,从地理方位上看相距甚远,不符合黄溍"历答失八剌哈孙,抵晃火儿目连之地"的记载。而蒙元时期,在答失八剌哈孙附近则未见有名为"晃火儿目连"的河流。上引周清澍先生文,将黄溍集中"晃火儿目连"写作"晃火儿月连",可见周先生认为二者是同一个地方。从黄溍的记载来看,亦辇真奉诏巡视的是驿传,这与他通政院使的身份正相吻合,答失八剌哈孙是驿站,晃火儿目连之地也应指驿站无疑,《经世大典》中黄兀儿于量、塔失八里两站并提,因此《金华集》中的"晃火儿目连",应该就是"晃火儿月连",目、月形近致误,古籍中这类例子不胜枚举。

另,胡小鹏认为,如果黄兀儿月良位于阿拉善左旗的"空郭尔俄垄",则《元史》所载察合台后王拜答寒告饥部曲徙居黄兀儿月良之地,就超出了察合台诸王的势力范围,因为那里当时属于阔端系诸王的势力范围,这不符合蒙古人的习惯。① 此说也可作为黄兀儿月良不是阿拉善左旗北部的洪格日鄂楞的一个理由。

综上所述,黄兀儿月良应该就在黄芦淀,即今天新疆伊吾西幻彩湖一带。塔失八里和揽出去两个站赤的方位目前比较明确。塔失八里在今哈密东北约70里处石城子(石坚军认为在哈密东南200里左右沁城乡小堡村之石城),揽出去今天哈密西拉布楚喀,三站去哈密均不是太远,且均临近哈密东西的石川戈壁。从黄兀儿月良向西北,经过八儿思阔,可通往北庭。而从黄兀儿月良北上,可抵达漠北,由此南下,经过哈密力、揽出去,则可通往火州。黄兀儿月良是元朝漠北驻军南下协防哈密力、火州,以及从甘肃行省西北行通往北庭的一个交通据点,故而此地对于元军防守和控制哈密力、火州以及北庭意义重要。与清代自新疆奇台县到呼和浩特最快捷的商旅驼路在新疆地区的东行路线(从古城出发,向东经旱沟、岚岚湖、四十里井、大石头、巴里坤、石门子、上马涯、越大戈壁、穿星星峡)② 相比,元代自别失八里(北庭)出发,向东经过八儿思阔、黄兀儿月良、塔失八里,与甘肃行省相接,两条路线基本一致。

---

① 胡小鹏:《黄兀儿月良站方位再考》,《纪年杨志玖先生诞辰一百周年隋唐宋元时期的中国与世界国际学术研讨会会议论文集》,第212页。
② 李治安:《元中叶西北"过川"及"过川军"新探》。

致谢：本文在修改过程中，曾请教过中国社会科学院乌兰先生、辽宁师范大学白玉冬先生，承蒙两位先生热心赐教，谨此致谢！同时，在南开大学召开的"庆祝蔡美彪先生九十华诞元史学术研讨会"上，笔者报告本文之后，讨论中李治安、特木勒、石坚军诸位先生亦提出了宝贵意见，在此一并致谢！至于文中存在的问题，则由笔者负责。

（作者为暨南大学中国文化史籍研究所教授）

元文宗的蒙古名*

[匈] 李盖提撰　曹金成汉译、补注

武宗的儿子、明宗的兄弟文宗，作为元朝末期诸位皇帝中的一位，于1328年到1332年在位。这一统治在1329年因明宗的即位而中断，后者于同一年的八月遭到杀害。

文宗的蒙古文庙号是Jiyaγatu qaγan或Jayaγatu，甚至Jayatu qa'an，蒙古、中原和西藏的所有史家，在这一点上是一致的。这绝对是一个蒙古语名词，在语义学和语音学角度都没有异议。

他的蒙古文名字则与此不同。《元史》卷32写作"图帖睦尔"，乾隆时负责辽金元史专有名词校改的馆臣，则在《钦定元史语解》卷1中改译成"图卜特穆尔"，音写为Tub Temür。后一名字广为流行，欧洲大多数的历史学家皆采用了这一名称。实际上，其来源只能追溯到著名的《钦定元史语解》，而后者在语言解释上的价值，只会让人更加质疑。在这一情况下，目前有些学者信从的Tub Temür、Tob Temür，是非常值得商榷的。这一形式完全不为藏族史家所熟知，我们在乾隆馆臣改译行为之前的蒙古文文献中也没有发现。

在查阅一些蒙古文和藏文的历史文献时，我们看到了其他更恰当的版本。

萨囊彻辰完全不知道这个名字。① 《蒙古秘史》也被排除在这一时代之

---

* 按，本文原为法文，名为"Les noms mongols de Wen-tsong des Yuan"，载 *T'oung Pao*, Vol. 27, No. 1 (1930), pp. 57–61。汉译文得到张晓慧师妹通篇审阅，并提出了宝贵意见，在此致以诚挚的谢意。

① 在北京的京师图书馆（la Metropolitan Library），我见过萨囊彻辰（Sanang Sečen）书的一部满文译本。田清波说这位鄂尔多斯史家是以萨冈彻辰（Saγang Sečen）一名为世所知。对此，同样可参看P. van Oost, "Notes sur le T'oemet", *Variétés sinologiques* n°53 (1922), p. 7。

外。贡布耶夫（Galsang Gomboev）刊布的《黄金史》（Altan tobči），以及编订在波兹德涅耶夫（Pozdněev）《古典名著选》（Chrestomathie）内的另一部《黄金史》残卷，目前我都看不到。Yuwan ulus-un teüke，更准确地书名为 Yeke yuwan ulus-un manduγsan törü-yin köke sudur，共 12 卷，由 Mongγol bičig-ün qoriy-a（译者按，即出版社名，直译为"蒙古文书局"）在北京刊行，只延伸到关于蒙古史最古老的时代以及成吉思汗时期。

另外一部历史著作 Boγda Činggis qaγan-u čedig，也经 Mongγol bičig-ün qoriy-a 发行，实际上包括两部不同的文献。在第一部的结尾我们读到以下内容：Mongγol-un qad-un yabudal-i barǰu qad-un ündüsün qoriyangγui altan tobči neretü sudur tegüsbe（译者按，此句蒙古文汉译为："根据蒙古诸汗行迹，命名《诸汗源流黄金史纲》之书终了。"）。当前，我无法判定它是否与已知的两部《黄金史》中的一部有关。此外，我们的《黄金史纲》作者在回顾直到 17 世纪的所有蒙古史时，大量征引了汉文史料。饶有兴趣的是，在第 30 页及以下各页，明朝皇帝的名录并不完整，而结束于 1621 年至 1627 年在位的天启皇帝。因此，最初的文稿可追溯到这几年前后。但此后又经修订时，并非没有掺杂一些错误和伪造的文字。不过，在第 26 页我们首次读到 Jayaγatu qaγan 及其后的 Tüb temür。在我看来，后一名字似乎是出于正字法（元音腭化）的一个后来的推测。① Boγda Činggis qaγan-u čedig 从第 63 页开始的没有清晰标题的另一篇章中，有下面一句：Činggis qaγan-eče inaγsida mongγol γučin tabun üy-e qaγan saγuba。这是在完全致力于成吉思汗传奇历史的循环。

现在，我还没有蒙古文的其他证据。

藏文文献中的证据似乎更为重要。在 Hor čhos byuṅ 一书中我们读到：De'i rjes po-yan-th(w)o rgyal po'i sras čun ba thug the-mur mchan čan jī-ya-ga-th(w)o rgyal po（t. I，p. 24）。Huth 在其译本（t. II，p. 36）中音写为 Thog the-mur 而不是 Thug the-mur。

受惠于 M. Laufer 的详细阐释（Ueber ein Geschichtswerk der Bonpo, T'oung Pao, 1911, pp. 34 - 35），我们可以得知苯教的史书 Rgyal rabs bon

---

① 这与 Mongγol bičig-ün qoriy-a 出版的包括元朝帝后肖像的画册中的 Tub temur 一名，具有相同的类别。此作品的可靠性虽极富争议，但仍为珍品爱好者提供了英文标题。在 l'Asia Major 的最新一卷，我们对此照肖像长廊进行了重新编制。

gyi 'byuṅ gnas，曾两次提到懿璘质班（Rin čhen dpal）之父名曰 Thog thi-mur。但文宗的父亲是武宗，在此，我们很难想到 Thog thi-mur 指代的是蒙古名为 Toγan Temür 的顺帝；他其实是明宗的儿子。原因应向 *Rgyal rabs bon gyi 'byuṅ gnas* 的系谱中探寻，不巧，它似乎并不是非常可靠。

在年代上完全是最近的另一部历史文献 *Čhen po hor gyi yul du dam pa'i čhos ǰi ltar dar ba'i chul gsal bar brǰod pa padma dkar po'i phreṅ pa žes bya ba*，由潘克拉托夫（M. Pankratov）加以译注，其中，同样保留着 Thug thi-mur 这一名字：*Bō-yan-thu'i sras čuṅ ba rgyal po bču bži pa čē-ya-thu 'am thug thi-mur*（p. 45b）。

《北斗七星经》在 1328 年被翻译成回鹘文和蒙古文，于 1337 年被译成藏文。回鹘文和蒙古文的翻译，在文宗统治时或即位前不久就在筹备，根据尾跋可知，这一工作确实受到了文宗的鼓励。① 藏文本（M. Laufer 刊布了三册，其中两册完全相同，第三册仅仅包含几处图片顺序的差异）简短地称为 The-mur。M. Laufer 将其与在其他地方漏译的名为 Tob temur 的文宗等同起来。不过，虽然《北斗七星经》不见于 Csoma、Schmidt-Canstadt 和 B. Nanjiō 的目录，② 但它应该来自《甘珠尔》。因此，M. Beckh 的目录显示在柏林的藏文版《甘珠尔》中，伯希和的目录，则从他的角度指明应在法国国家图书馆（la Bibliothèque Nationale）的藏文本《甘珠尔》的一份红色字体印刷版中。这一版本似乎与北京雍和宫的 108 卷的皇家印本藏文《甘珠尔》也是相同的，根据它的索引，其分类则与这三部已知目录完全不同。在后两部《甘珠尔》中，我发现我们的经文在尾跋中有 M. Laufer 所看到的：*The-mur rgyal bu yun du che riṅ žiṅ*。在其前面，有 Thog 这一非常明确的写形。我们看到，这个藏文本《甘珠尔》的尾跋要比 M. Laufer 参阅

---

① M. Laufer 发表了藏文经文的尾跋及其译注（"Zur buddhistischen Literatur der Uiguren"，*T'oung Pao*，1907，pp. 391–409），错误地认为藏文本是在 1336 年翻译的。伯希和已对此加以修正，见 M. Pelliot，"Notes à propos d'un catalogue du kanjur"，*Journ. As.*，1914，7–8 月，p. 146. M. Laufer 针对回鹘文本和蒙古文本的翻译时间，给出了 1330 年，也不正确，这并未照顾到尾跋的两处细节。即使按照藏历计算的错误体系，寅年也不能超过 1330 年，此外，天历（藏文尾跋为 then-li）元年对应的一定是 1328 年。

② Sylvain Lévi，"L'original chinois du sūtra tibétain sur la la Grande Ourse"，*T'oung Pao*，1908，pp. 453–454.

的三个文本保持的更好，① 这个藏文本《甘珠尔》在写形上也为 Thog the-mur。

藏文音写的 Thog the-mur 所代表的蒙古名 Tuγ temür，似乎是其原始的形式。

译者补注：清代雍正年间罗密所撰蒙古文典籍《蒙古博尔济吉忒氏族谱》卷上，亦出现了文宗的蒙古名，记作 To Temür/Tu Temür。② 这是图帖睦儿在蒙古文文献中的另一种写法，但已是乾隆以后的事了。在李盖提所举的藏文材料中，只有《北斗七星经》的藏文译本完成于元代，将图帖睦儿音写为 Thog The-mur。其实，元代还有另外一部藏文史籍亦可对此加以佐证。搽里巴万户公哥朵儿只所撰《红史》，成书于至正二十三年（1363），在"蒙古简述"一章中，留下了元文宗蒙古文名字的藏文写法：Thog-thi-mur③。可见，李盖提的论据并非孤证。考虑到元代藏文译写蒙古文名字时，一般会如实记写出入声字（-b/-d/-g）。如成吉思汗先祖伯升豁儿多黑申，蒙古文作 Baišingqordoqšin，元代对应的藏文为 Ba'i-shing-khor-dog-shing；再如武宗海山蒙古文称号为曲律皇帝，即 Külüg，藏文作 Gu-lug④。因此，李盖提这篇文章的结论是值得信从的。

（译注者为中国社会科学院历史研究所博士后）

---

① 例如，我们两次读到了 Urug Boga。
② 罗密：《蒙古博尔济吉忒氏族谱》，内蒙古大学出版社 2014 年版，第 115—116 页，35r、36r、36v。
③ 公哥朵儿只：《红史》（藏文本），东噶·洛桑赤列校勘，民族出版社 1981 年版，第 31 页。
④ 同上书，第 29、30 页。

元代大都留守司考述

贾建增

留守制度是中国古代王朝的重要制度之一，它起源于周代，历代都城均有留守之设。留守自唐代起，逐渐制度化，有了固定的建置与执掌。宋代留守制度更为完备，北宋时四京均设留守，南宋临安亦有留守之设。其执掌，"宫钥及京城守卫、修葺、弹压之事，畿内钱谷、兵民之政皆属焉"。宋代留守还有完善的官员任命、迁转与考课制度。辽金二朝为游牧民族建立的王朝，亦建立了留守制度，并融入了自身民族的特点。辽代推行军政合一制度，其五京各设留守，掌管各京军政大权。留守官员的选任上多契丹国人，具有鲜明的民族性，但汉人亦可跻身其中。金代有一都五京之制，五京均设留守，其官员选任民族色彩甚重，留守官员中女真人占绝对优势，其中皇族和外戚占很大比重。①

蒙古旧制中也有类似于留守的习惯：大汗围猎或出征时，必以子弟重臣留守老营。铁木真初被尊为乞颜部汗，令多夛扯儿必"家内人口行管摄"②。攻灭泰赤乌部后，铁木真外出巡视，下令将者勒蔑、博尔忽等九员大将分为三班，其中"速勒都思人锁儿罕失剌，别速惕人者别，斡亦剌惕人合剌乞罗阔三人为一班……留守在宫中"③。虎儿年（1206），铁木真称成吉思汗于斡难河畔，创立大蒙古国诸制度。他规定在大汗出猎时，怯薛

---

① 参见丁海滨、刘文静《中国古代陪都留守制度初探》，《武汉科技大学学报》（社会科学版）2016年第4期；陆冰《唐代留守研究》，上海师范大学2013年硕士学位论文；孙婧婍《宋代留守制度研究》，河南大学2016年硕士学位论文；王旭东《辽代五京留守研究》，吉林大学2014年博士学位论文；程妮娜《金代京都制度探析》，《社会科学辑刊》2000年第3期。
② 《元朝秘史》卷3，四部丛刊三编本。
③ 《蒙古黄金史》第7章《成吉思汗与泰赤兀惕人的一次战斗》，第98页。

宿卫必须"共围猎，车前留一半者"①。窝阔台汗时期，再次强调怯薛宿卫于"咱行放鹰的、围猎的时，一半自得行，宫室行斟酌着、放着"②。意即大汗出猎之时，以一半宿卫留守老营。大蒙古国时代留守之实例，如兔儿年（1219），成吉思汗西征，"命弟斡赤斤居守"③；太宗四年（1232）窝阔台南征，"委付带弓箭的斡勒答合儿留守老营"④；宪宗元年（1251）六月，蒙哥大封诸王勋戚于漠北，"以晃兀儿留守和林宫阙、帑藏，阿蓝答儿副之"⑤；宪宗六年（1256）蒙哥决意南征，令幼弟"阿里不哥统率留下的蒙古军队和斡耳朵，把兀鲁思交给了他"⑥。大蒙古国时代留守的任命，均是所谓的"好人"，"老营内委付下好人"⑦。"好人"的标准，即亲近与忠诚。"好人"中既包括黄金家族成员，如成吉思汗幼弟铁木哥斡赤斤，蒙哥汗幼弟阿里不哥等。又有怯薛宿卫，如成吉思汗"四狗"之一哲别，窝阔台箭筒士斡勒答合儿，蒙哥汗必阇赤阿蓝答儿，等等。⑧

忽必烈即位后，推行汉法改革，中统初年设置了上都留守司，至元十九年（1282）又设置了大都留守司。关于元代留守司，陈高华、史卫民先生所著《元代大都上都研究》对两都留守司均有涉及，其中对大都留守司的考察非常简略。作者在下编中重点考察了上都留守司，分析了上都留守司的下属机构、分析了上都留守司的官员构成⑨。孟繁清先生《元上都留守颜伯祥任职时间考》根据新发现的地方志资料，考证上都留守颜伯祥的任职时间最晚在至元五年（1268）⑩。刘文静的硕士学位论文《以陪都留守司为核心的中国古代陪都官制演变初探》，系统梳理了从先秦到明清陪都留守制度的发展演变，对元代留守司制度略有论述。⑪ 上述论著多关注

---

① 《元朝秘史》卷9，四部丛刊三编本。
② 《元朝秘史》续集卷2，四部丛刊三编本。
③ 《元朝秘史》续集卷1，四部丛刊三编本。
④ 《元朝秘史》续集卷2，四部丛刊三编本。
⑤ 《元史》卷3《宪宗纪》，中华书局1976年版，第45页。
⑥ [波斯]拉施特：《史集》第2卷《成吉思汗的儿子拖雷汗之子蒙哥合罕纪》，商务印书馆2014年版，第273页。
⑦ 《元朝秘史》续集卷2，四部丛刊三编本。
⑧ [波斯]拉施特：《史集》第2卷《成吉思汗的儿子拖雷汗之子蒙哥合罕纪》，第247页。
⑨ 陈高华、史卫民：《元代大都上都研究》，中国人民大学出版社2010年版。
⑩ 孟繁清：《元上都留守颜伯祥任职时间考》，《中国史研究》2007年第3期。
⑪ 刘文静：《以陪都留守司为核心的中国古代陪都官制演变初探》，辽宁大学2016年硕士学位论文。

上都留守司，对大都留守司的关注不足，本文将在前人研究成果的基础上，广泛搜集史料，系统考察元代大都留守司的建置沿革、机构设置、职权发挥、官员选拔与迁转等情况，并在此基础上探讨该制度的特征与影响。

一 大都留守司的建置沿革与机构设置

（一）大都留守司的建置沿革

大都留守司仿照汉制而设，相对于上都留守司，大都留守司的设置较晚，迟至至元十九年才正式设立，但其前身可以追溯到世祖即位之初所设宫廷服务与工程营建诸机构。

忽必烈既立足汉地，推行汉法改革，决意建都燕京，大规模的工程营建随之展开。中统二年（1261）十月，"修燕京旧城"，① 随后又"建太庙"②。至元二年正月，"敕徙镇海、百八里、谦谦州诸色匠户于中都，给银万五千两为行费。又徙奴怀、术木带儿炮手人匠八百名赴中都，造船运粮"③。至元四年，忽必烈下令"城大都"④。与之相适应，大批机构陆续设立。这包括以下几个。第一，工程造作主管机构，如修内司，下辖大木局、小木局、铜局、竹作局等机构，"掌修建宫殿及大都造作等事"，中统二年（1261）置；⑤ 又如宫殿府，中统二年十二月立，"秩正四品，专职营缮"⑥。此外还有祇应司、器物局等机构。第二，宫廷管理机构，如仪鸾局，"掌宫门管钥、供帐灯烛"⑦，至元十一年立。第三，物资供应机构，如覆实司，"分拣应有造作生活好歹，体覆丝料尽实使用不使用、更官司和买的呵，估计价钞"⑧。第四，工匠管理机构，如大都路管领诸色人匠提举司，"掌大都诸色工匠理断昏田词讼等事"，中统四年初立。此外，真

---

① 《元史》卷5《世祖纪二》，第88页。
② 同上书，第91页。
③ 《元史》卷6《世祖纪三》，第105页。
④ 同上书，第113页。
⑤ 《元史》卷90《百官六》，第2278页。
⑥ 《元史》卷3《世祖纪一》，第76页。
⑦ 《元史》卷8《世祖纪五》，第153页。
⑧ 陈高华等点校：《元典章》卷58《工部一·造作一·段匹·讲究织造段匹》，中华书局、天津古籍出版社2010年版，第1956—1957页。

定、东平、保定、宣德等地也设有管匠官。① 这些机构在大都城建成后得以保留，并以重臣加以提调。如至元十八年，董文忠为金书枢密院事，"车驾行幸，召文忠毋扈从，留居大都，凡宫苑、城门、直舍、徼道、环卫、营屯、禁兵、太府、少府、军器、尚乘诸监，皆领焉。兵马司旧隶中书，并付文忠"②。至元十九年，元廷正式设立大都留守司，上述机构统一划归大都留守司统辖，以右丞相瓮吉剌带为留守。③

大都留守司设立后，进行了相关的机构调整。首先"以留守司兼行工部"，④ 接着又以大都留守司兼少府监。⑤ 按行工部为工部的派出机构，主管工程造作事务。至元初年营建大都，行工部发挥了重要作用。如世祖"命光禄大夫安肃张公柔，工部尚书段天祐暨也黑迭儿同行工部，修筑宫城。乃具畚锸，乃树桢干，伐石运瓮，缩版覆篑，兆人子来，厥基阜崇，厥址矩方，其直引绳，其坚凝金，又大称旨"⑥。少府监于中统年间，承金制而设，初只管工匠，后并宫殿府，遂兼掌营造之事。这就使营建造作事务统归大都留守司管理。其次，至元十九年，"敕以大都巡军隶留守司"⑦。按巡军，即巡捕盗贼的军士。⑧ 至元二十年又设置大都城门尉，"掌门禁启闭管钥之事"⑨，这样大都留守司获得了部分维持大都城治安的权力。经过一番调整，大都留守司的职权初步确定下来。

按汉制本有设置留守司于国都的先例，但把它作为常设机构元代还是首创。⑩ 如此有违常制引起了一些朝臣的反对，如至元二十年，崔彧上书，指出"大都非如上都止备巡幸，不应立留守司，此皆阿合马以此位置私党。今宜易置总管府"⑪。忽必烈采纳了这一建议，于次年四月"专置大都

---

① 《元史》卷90《百官六》，第2283页。
② 《元史》卷148《董文忠传》，第3501页。
③ 《元史》卷12《世祖九》，第241页。
④ 同上书，第241页。
⑤ 《元史》卷13《世祖纪十》，第265页。
⑥ 欧阳玄：《圭斋文集》卷9《元赠效忠宣力功臣太傅开府仪同三司上柱国追封赵国公谥忠靖马合马沙碑》，文渊阁《四库全书》，第1210册，台湾商务印书馆1986年版，第104页。
⑦ 《元史》卷12《世祖纪九》，第241页。
⑧ 参见王翠柏《元代弓手制度初探》，《中国史研究》2017年第1期。
⑨ 《元史》卷90《百官六》，第2280页。
⑩ 参见陈高华、史为民《元代大都上都研究》第四章《大都的政治生活》，第66页。
⑪ 《元史》卷173《崔彧传》，第4038页。

路总管府，秩从三品，置都达鲁花赤、都总管等官"①。大都路总管府，"凡本府官吏，唯达鲁花赤一员及总管、推官专治路政，其余皆分任供需之事，故又号曰供需府焉"②。大都路总管府下设有大都路兵马指挥使司，"掌京城盗贼奸伪鞫捕之事"。原先并入大都留守司的大都巡军，此后转归大都路兵马指挥使司管理。大德八年，刑部向中书省奏报大都兵马司擅差巡军之事，指出"大都兵马司专为捕盗……今官都诸衙门，不干盗贼，呼唤首领官吏着落根勾一切人数，必须差使巡军头目，动则妨占旬月"③。可见最迟到大德八年，大都巡军已转归大都兵马司管理。这样，大都留守司的职权范围再次发生变化，其统领巡军捕盗的权力被剥夺，仅保留宫禁管理、工程造作等职权。关于大都留守司作为常设机构而存在的原因，陈高华先生将其归结为元朝历代统治者对官制的重叠和混乱不大在意。④ 但这一现象应还与两都巡幸制度有关。"国朝每岁四月，驾赴上都避暑为故事，至重九，还大都"⑤，省院台大臣亦须扈从，这样皇帝重臣每年至少有五个月不在大都。元朝因而把大都留守司作为常设机构，主持大都宫禁管理诸事务。《析津志》记载，"自驾起后，都中止不过商贾势力，买卖而已。惟留守司官主禁苑中贵怯薛者职。其典故，所谓闭门留守，开门宣徽"⑥。元人张昱诗云："千门万户严扃钥，留守司官莫自闲。仰候西风驼被等，郊迎大驾向南还"⑦，形象地说明了留守司在皇帝避暑上都之时负责大都宫禁管理的情况。

大都路总管府设立后，大都留守司继续存在，其建置也日趋完备。首先，新设立一些机构，如上林署，至元二十四年立，"掌宫苑栽植花卉，供进蔬菜，种植苜蓿以饲驼马，备煤炭以给营缮"；至元二十六年，又创立武卫亲军都指挥使司，"掌修治城隍及京师内外工役之事"⑧，并以大都

---

① 《元史》卷90《百官六》，第2300页。
② 同上书，第2301页。
③ 《通制条格》卷7《军防·巡军》，方龄贵校注，中华书局2001年版，第315页。
④ 参见陈高华、史卫民《元代大都上都研究》第4章《大都的政治生活》，第66页。
⑤ 孔齐：《至正直记》卷1《上都避暑》，上海古籍出版社1987年版，第1页。
⑥ 北京图书馆善本组辑：《析津志辑佚》"岁纪"条，北京古籍出版社1983年版，第218页。
⑦ 张昱：《可闲老人集》卷2《辇下曲》，文渊阁《四库全书》，第1222册，台湾商务印书馆1986年版，第541页。
⑧ 《元史》卷96《兵而·宿卫》，第2526页。

留守兼任都指挥使以方便调动；大德五年（1301），整合大都路总管府与大都留守司相关官署，"置供需府，凡和雇和买营缮织造工役供亿物色，必令覆实司估其直，而供需府供给之"①，以满足宫廷日益扩大的物资需求。其次，重置了若干废罢的机构。如至元三十一年，复立主管和雇和买与物资供应的覆实司；②皇庆元年（1312）八月，复"置少府监，隶大都留守司"。最后，裁减冗员，如至元二十三年十月，"中书省具宣徽、大司农、大都、上都留守司存减员数以闻"。这些变化均是元廷面对大都宫禁日益庞杂的事务，适时进行的调整，有助于大都留守司更好地行使职权。

元朝末年，大都留守司有了新的变化。首先，留守司职权的扩展，出现了留守司官奉使宣抚、外出带兵平叛的情况。如至正五年（1345）十月，"遣官分道奉使宣抚，布宣德意，询民疾苦……大都留守答尔麻失里、河南行省参知政事王守诚巡四川省"③；至正十二年，"以大都留守兀忽失为江浙行省添设右丞，讨饶、信贼"④。其次，出现了以宰执提调留守司的现象，如至正十五年正月，"以中书平章政事搠思监提调留守司"，二月，又"以达识帖睦迩为中书平章政事，提调留守司"⑤。最后，出现了宦官留守司，"至正十五年，诏浚大内河道，以宦官同知留守垄先帖木儿董其役"⑥。这些情况，显然与元末盗贼四起，政局动荡有关。

（二）大都留守司的机构设置

元代大都留守司，秩正二品，其建置，有"留守五员，正二品；同知二员，正三品；副留守二员，正四品；判官二员，正五品；经历一员，从六品；都事二员，从七品；管勾承发架阁库一员，正八品；照磨兼复料官一员，部役官兼壕寨一员，令史十八人，宣使十七人，典史五人，知印二人，蒙古必阇赤三人，回回令史一人，通事一人"⑦。

大都留守司以下，还有不少属司，按其职能分类，列为表1：

---

① 《元史》卷90《百官六》，第2284页。
② 《元史》卷15《成宗纪一》，第389页。
③ 《元史》卷41《顺帝纪四》，第873页。
④ 《元史》卷42《顺帝纪五》，第897页。
⑤ 《元史》卷44《顺帝纪七》，第921页。
⑥ 同上书，第929页。
⑦ 《元史》卷90《百官志六》，第2277页。

表 1　大都留守司的附属机构

机构名称及分类		设立时间	品秩	执掌
营缮造作	修内司	中统二年	从五品	修建宫殿及大都造作等事
	祇应司		从五品	内府诸王邸第异巧工作,修禳应办寺观营缮,领工匠七百户
	器物局	中统四年	从五品	内府宫殿、京师门户、寺观公廨营缮,及御用各位下鞍辔、忽哥轿子、账房车辆、金宝器物,凡精巧之艺,杂作匠户,无不隶焉
	犀象牙局	中统四年	从六品	掌两都宫殿营缮犀象龙床卓器系腰等事
	大都四窑厂	至元十三年	从六品	营造素白琉璃砖瓦
城门守卫	大都城门尉	至元二十一年	正六品	掌门禁启闭管钥之事,以四怯薛八剌哈赤为之。二十四年,复以六卫亲军参掌,凡十有一门
物资供给	广谊司	至顺二年	正三品	总和雇和买、营缮织造工役、供亿物色之务
	凡山采木提举司	至元十四年	从五品	掌采伐车辆等杂作木植,及造只孙系腰刀把诸物
	上都采山提领所	至元九年	从八品	以采伐材木,炼石为灰,征发夫匠一百六十三户,遂置官统之
	甸皮局	至元七年	正七品	岁办熟造红甸羊皮二千有奇
	上林署	至元二十四年	从七品	掌宫苑栽植花卉,供进蔬果,种苜蓿以饲驼马,备煤炭以给营缮
	养种园	至元二十四年		掌西山淘煤,羊山烧造白木炭,以供修建之用
	花园	至元二十四年		掌花卉果木
	苜蓿园			掌种苜蓿,以饲养马驼膳羊
	木场	至元四年		掌受给营造宫殿材木

续表

机构名称及分类		设立时间	品秩	执掌
管理工匠	凡山宛平等处管夫匠所	至元十五年		
	大都路管理诸色人匠提举司	中统四年	从五品	掌大都诸色匠户理断昏田词讼等事
	真定路、东平路管匠官	中统四年	从七品	
	保定路、宣德府管匠官	中统四年	从七品	
	大名路管匠官	中统四年	从七品	
	晋宁、冀宁、大同、河间四路管匠官	中统四年	从七品	
仓库	器备库	至元二十七年	从五品	掌殿阁金银宝器二千余事
	收支库	至元四年	从九品	掌受给营缮
	诸色库	至大四年	从八品	掌修内材木，及江南征索异样木植，并应办官寺斋事
	太庙收支诸物库	至治二年	从八品	以营治太庙始置
	南寺、北寺收支诸物二库	至治元年	从七品	以建万安山寺始置

资料来源：《元史》卷九十《百官六》，第 2277—2284 页。

大都留守司的官署，在大都"宫城西南角楼之南"①，其属司位置可考者有仪鸾局，在大都皇城西华门之南，有"正屋三间，东西屋三间，前开一门"②。另外，仪鸾局在丽正门外郊祀祭坛还设有分司。按《元史·祭祀一》记载，元代郊祀之坛壝，"在丽正门外，凡三百八十亩有奇……外设二壝。内壝去坛二十五步，外壝去内壝五十步"，其中外壝之东南设有别

---

① 陶宗仪：《南村辍耕录》卷 1《万岁山》，中华书局 2014 年版，第 15 页。
② 陶宗仪：《南村辍耕录》卷 21《宫阙制度》，第 250 页。

院,其两翼设有各职司,翼端各有垣,有"仪鸾局三间……在外垣内之西北隅,皆西向"①。大都留守司之修内司所领木局,在大都皇城大明宫附近。至元十七年,忽必烈"赐(铁哥)第于大明宫之左,留守段圭言:逼木局,不便。帝曰:俾居近禁闼,以便召使。木局稍隘,又何害焉"②。小木局,在大都宫城东侧,华严寺以南,枢密院附近。③ 此外,大都留守司所属花园,有一块可能在宫城北部厚载门内。"厚载门,乃禁中之苑囿也。内有水碾,引水自玄武池,灌溉种花木。自有熟地八顷。"④ 苜蓿园,有一部分曾在大头陀胜因寺所在地。"大头陀教胜因寺,圆通玄悟大禅师溥光所造也……至元辛巳,赐大禅师之号,为头陀教宗师。会诏假都城苜蓿苑,以广民居。请于有司,得地八亩。萧爽靖深,规建精蓝,为岁时祝圣颂祷之所。"⑤ 大都四窑场,"管领匠夫三百余户,营造素白琉璃砖瓦",其中的南窑场,在大都南城宣曜门外,昆吾公庙以北。⑥ 大都留守司的其他属司的官署位置,由于史料缺乏,难以确定。

总之,大都留守司秩正二品,位高权重,其属司设置经历了一个逐渐完善的过程。世祖朝初年为营建大都所设立的诸机构,奠定了后来大都留守司的基础。大都留守司正式设立后,经过一系列调整,其属司设置日益完善,职权范围亦逐渐固定下来。

二 大都留守司的职权

元代大都留守司的职权,按《元史·百官六》的记载,主要包括"守卫宫阙都城,调度本路供亿诸务,兼理营缮内府诸邸、都宫原庙、尚方车服、殿庑供帐、内苑花木,及行幸汤沐宴游之所,门禁关钥启闭之事"⑦。总结起来,包括了工程造作、宫禁管理、物资供应等方面,下面分别论述。

---

① 《元史》卷72《祭祀一》,第1793页。
② 《元史》卷125《铁哥传》,第3074页。
③ 北京图书馆善本组辑:《析津志辑佚》"寺观"条,第76页。
④ 北京图书馆善本组辑:《析津志辑佚》"城池街市"条,第2页。
⑤ 北京图书馆善本组辑:《析津志辑佚》"寺观"条,第74页。
⑥ 北京图书馆善本组辑:《析津志辑佚》"祠庙仪祭"条,第57页。
⑦ 《元史》卷90《百官六》,第2277页。

第一，主管工程造作。大都留守司主管工程造作的事例很多，可以分为以下几类。首先，营建修缮大都宫室。如"世祖既定都于燕，作都城宫阙。公（高觿）与留守野速不花、段祯董其役"①。至治二年（1322），王伯胜为大都留守，"奉诏监修文武楼，创咸宁殿，建太庙"②。至正壬午（1342），"大都留守星公吉甫以故事率其属启广寒殿，视或罅敝而填葺之"③。其次是修建庙宇，如至元甲申（1284），朝廷重建大都天庆寺，忽必烈"谕留守段祯、詹事张九思，即所居庀徒蒇事，起三大士主殿，下至门闾、庖湢，宾客之所，略皆完美，始于乙酉之春，成于丙戌秋仲"④。最后是营建重臣府邸，如至顺二年（1331）二月，文宗令"建燕帖木儿居第于兴圣宫之南，诏撒迪及留守司官董其役"⑤。此外还包括疏浚河道，如至元三十一年，"以大都留守段贞、平章政事范文虎监浚通惠河，给二品银印"⑥。除负责大都的工程造作之外，留守司官员还偶尔被派往地方主持工程建设。如文宗登基之初，在集庆兴建大龙翔集庆寺，命留守岳住前往集庆"测圭考景，筑基而营焉"⑦。

大都留守司在工程造作方面有较强的自主性，包括以下几个方面。首先，留守司集议确定营建方案。如英宗年间，修缮太庙，"有诏留守司造五辂，留守司召众工谋之"，但是当时"老于事者，或至年七八十，皆无不更历，独以为辂为古礼器，诚不知其法"，最终经过商议，"命（曾）巽初专董其事，按图指授，动中绳墨，工人咸悦"⑧。其次，留守司官员还可

---

① 虞集：《道园学古录》卷17《高鲁公神道碑》，文渊阁《四库全书》，第1207册，台湾商务印书馆1986年版，第250页。

② 《元史》卷169《王伯胜传》，第3981页。

③ 许有壬：《至正集》卷10《至正壬午六月望大都留守星公吉甫以故事率其属启广寒殿视或罅敝而填葺之有壬待罪政府法当与观适中使至自滦京赐留守正尊因肆筵太液池上既醉留守谓不可不诗乃赋长句以记一时之盛而终以规讽庶几风人之义焉》，文渊阁《四库全书》，第1211册，台湾商务印书馆1986年版，第75页。

④ 王恽：《秋涧集》卷57《大元国大都创建天庆寺碑》，文渊阁《四库全书》，第1200册，台湾商务印书馆1986年版，第747页。

⑤ 《元史》卷35《文宗四》，第777页。

⑥ 《元史》卷18《成宗纪一》，第387页。

⑦ 释大䜣：《蒲室集》卷7《送岳柱留守还朝序》，文渊阁《四库全书》，第1204册，台湾商务印书馆1986年版，第569页。

⑧ 虞集：《道园学古录》卷19《曾巽初墓志铭》，文渊阁《四库全书》，第1207册，台湾商务印书馆1986年版，第276页。

以打破旧例，自行设计方案。如顺帝令大都留守答里麻修七星堂，"先是，修缮必用赤绿金银为装饰，答里麻独务朴素，令画工图山林景物，左右年少皆不然"，顺帝自上都归来，"入观之，乃大喜，以手抚壁曰：有心哉，留守也"，并且赏赐了金银锦衣。① 最后，大都留守司官员谏止一些不合理的工程。如王伯胜，至大三年（1310）为大都留守，"大都土城，岁必衣苇以御雨，日久土益坚，劳费益甚，伯胜奏罢之"②；又如至正十五年，顺帝下诏整修大内河道，以宦官同知留守埜先帖木儿董其役。埜先帖木儿拒命，劝谏"自十一年以来，天下多事，不宜兴作"③。在这里我们可以看到大都留守司在工程造作上的重要作用，它可以根据实际需要自行集议提出合行事项，制订可行方案，并可以对工程的施行与否发表自己的意见。

第二，主持宫禁管理事务。大都留守主管大都宫禁之事，"俺内苑里的勾当，入怯薛的怯薛官人并怯薛丹、札撒孙、各爱马的头目每、留守司官人每、八剌哈赤每等，是他每合管的勾当有"④。如仁宗即位之初，以伯帖木儿为大都留守，"有旨：掌环卫官及禁廷庶政，凡有所敷奏者，必先关白于王（伯帖木儿），然后以闻"⑤。管理宫禁之实例，如大都琼华岛上有一木吊桥，"长四百七十尺，阔如东桥。中间阙之，立柱，架梁于二舟，以当其空。至车驾行幸上都，留守官则移舟断桥以禁往来"⑥。又如"国朝有禁：御沟不许洗手饮马，留守司差人巡视，犯者有罪"⑦。此外，在至元十九年权臣阿合马遇刺事件中，留守司达鲁花赤博敦"持梃前，击立马者堕地"，为平息此乱发挥了重要作用。⑧

除负责宫禁管理外，大都留守司下还有大都城门尉，掌"门禁启闭管钥之事"，把守大都城的各个城门。其职权包括纠察可疑人员，如至正十年，"丽正门楼斗拱内，有人伏其中，不知何自而至，远近聚观之。门尉

---

① 《元史》卷144《答里麻传》，第3431页。
② 《元史》卷169《王伯胜传》，第3981页。
③ 《元史》卷44《顺帝纪七》，第929页。
④ 《至正条格·断例》卷1《卫禁·严肃宫禁》，李玠奭等校注，韩国学中央研究院，2007年，第167页。
⑤ 黄溍：《金华黄先生文集》卷43《太傅文安忠宪王家传》，王颋点校，天津古籍出版社2008年版，第425页。
⑥ 陶宗仪：《南村辍耕录》卷21《宫阙制度》，第256页。
⑦ 杨瑀：《山居新语》卷3，中华书局2006年版，第221页。
⑧ 《元史》卷205《阿合马传》，第4558页。

以白留守,达于都堂,上闻,有旨令取赴法司鞠问"①;启闭大都城门,"诸大都、上都诸城门,夜有急务须出入者,遣官以夜行象牙圆符及织成圣旨启门,门尉办验明白,乃许启"②。门尉巡禁不严,会受到处罚。如《至正条格》所载至大二年的一个案例,光禄寺酒匠玄药师奴,纠集三十余人,手执棍棒,挟仇拷打平民李亦怜真等人。"其守把丽正门尉军人,不即盘问,约当捉拿",于是这些军人以及包括大使、百户、弹压在内的军官,都受到了处罚。③

第三,物资供应。据《元史·百官六》记载,宫廷物资供应之事由大都留守司下的广谊司负责。按广谊司,秩正三品,"总和雇和买、营缮织造工役、供亿物色之务"④。所谓和雇和买,从字面意思看,即政府以公平合理的价格采购物资,并雇用民夫运输。和买的范围包括马匹、建筑材料、丝织品等大宗物资,此外还有宫廷所需的铸佛所用的铜,印刷所需的纸张、木板,制造衣甲所需的物料等。⑤

但实际上,元代广谊司主管和雇和买的时间很短。广谊司的前身是设立于元初的覆实司,"国初,以安庆为覆实司官,配金符"⑥。其职能为"分拣应有造作生活好歹,体覆丝料尽实使用不使用、更官司和买的呵,估计价钞"⑦。覆实司于至元十四年改为覆实司办验官,兼提举市令司,从五品,至元二十五年为尚书省所废罢,"交工部官人每提调着来"。至元三十一年十一月,成宗复立覆实司,⑧"秩如旧,置提举、同提举、副提举、提控案牍、司吏、称子等"⑨。大德五年,又分大都路总管府官署,任供需事。置供需府,凡和雇和买营缮织造工役供亿物色,必令覆实司估其值,

---

① 《元史》卷51《五行二·木不曲直》,第1105页。
② 《元史》卷102《刑法一·卫禁》,第2610页。
③ 《至正条格·断例》卷1《卫禁·门尉不严》,第172页。
④ 《元史》卷90《百官六》,第2284页。
⑤ 参见陈高华、史卫民《中国经济通史·元代经济卷》第19章《和雇、和买与和籴》,经济日报出版社2000年版,第719—750页。
⑥ 《大元官制杂记》,《史料四编:大元马政记、大元仓库记、大元官制杂记、大元海运记》合刊本,台北广文书局1972年版,第69页。
⑦ 陈高华等点校:《元典章》卷58《工部一·造作一·段匹·讲究织造段匹》,第1956—1957页。
⑧ 《元史》卷18《成宗纪一》,第389页。
⑨ 《大元官制杂记》,《史料四编:大元马政记、大元仓库记、大元官制杂记、大元海运记》合刊本,第69页。

而供需府供给之。至顺二年（1331）九月，罢供需府及提举覆实司，立广谊司以总其务，秩正三品，令中书右丞撒迪领之。十月，"命大都路定时估，每月朔望送广宜司，以酬物价"①。元统二年（1334）三月，罢广谊司，复立覆实司。②《元史·百官志》直接来源于至顺二年成书的《经世大典》，因而未及记载元统二年重立覆实司之事。所以，广谊司主持和雇和买的时间仅限于至顺二年九月到元统二年三月的这约两年半的时间。在元朝，大都留守司下主管和雇和买与物资供应的机构主要还是覆实司。

西台侍御史谢让之子谢好古，安阳人赵曼龄，均曾任覆实司提举之职。③ 覆实司之职能，包括主持和买，"和买之际，元委官与覆实司对物，眼同估价收买"。和买诸职司必须开写和买文状，"上半月不过初五日，下半月不过二十日，申部判送覆实司，限五日体度"④。此外还包括监督各局院造作，元统三年，监察御史上奏在京造作诸局院，"循习旧弊，往往冒料，多废官钱。覆实司官吏不行用心体读，致使钱粮虚耗"。刑部议定，"覆实司官吏体度不实，笞三十七下，俱各标注"⑤。对于覆实司在物资供应上的作用，我们可在《秘书监志》所载至大四年覆实司吏员王伯隆交割到秘书监的铺陈什物中窥见一斑：

铺陈：

厚座子二十二个。

绒锦长条［子］十一个。

绒锦短条子一个。

旧梅红长条子一个。

什物：

书案六个，案衣全。脚踏五个

印桌子一个，印衣全

桌子两个，旧毡帘一个。

---

① 《元史》卷35《文宗纪四》，第792页。
② 《元史》卷38《顺帝纪一》，第820页。
③ 《元史》卷176《谢让传》，第4111页；虞集：《道园学古录》卷19《赵曼龄墓志铭》，第280页。
④ 《至正条格·断例》卷3《职制·和雇和买违法》，第199页。
⑤ 《至正条格·断例》卷10《厩库·冒料工物》，第280页。

旧鹅项凳子二个。

铁火盆一个，火架全。

淞边红竹帘一个。

破屏风三付，苇帘一个。

独食桌子八个，锅一口。

红酒局子一个。

大红盘子二面。

红小粉盘子十一个。

大锅一口，脚踏子一个。

铁火盆一个，架子全。

书卷桌子一个。

厚座子二个，红条二个。

红条子二个①。

我们可以看到，覆实司交割到秘书监的物资中，既有书案、脚踏、书卷桌子等办公用品，也有铁锅、火盆、盘子等生活用品，可见其供给物资之丰。覆实司元初即已设置，后屡经改立，其官品也提升到正三品，为大都留守司下品级最高的属司。这足以看到覆实司在物资供应上所起的重要作用及元朝政府对它的重视。

第四，除上述三个主要职权外，留守司官员还时有临时差遣的职务。这包括以下几种情况。其一，奉命出使地方，体察灾伤。例如，大德七年太原、平阳大地震，时任大都留守、领少府监事的郑制宜，"承命往视……乃躬入里巷，伤残羸馁，悉疏录以给"②。其二，奉使宣抚，体察民情。如至正五年，顺帝"命奉使宣抚巡行天下"，于是上都留守阿牙赤与陕西行省左丞王绅一起巡甘肃永昌道。大都留守答尔麻失里与河南行省参知政事王守诚一起巡四川省。③ 除留守司正官外，留守司吏员也参与了这

---

① 王士点、商企翁编次：《秘书监志》卷3《什物》，高荣盛点校，上海古籍出版社1992年版，第60—62页。

② 袁桷：《清容居士文集》卷32《资德大夫大都留守领少府监事兼武卫亲军都指挥使知大都屯田事赠推忠赞治功臣银青光禄大夫平章政事泽国公谥忠宣郑公行状》，文渊阁《四库全书》，第1203册，台湾商务印书馆，1986年版，第434页。

③ 《元史》卷41《顺帝纪四》，第873页。

次奉使宣抚的活动,如月忽难,本为留守司都事,跟随大都路达鲁花赤拔实、江浙参政秦从德巡行江南湖广道,为首领官。① 其三,出使外国,如至正十五年,顺帝以宦官留守垫先帖木儿抗命,"命往使高丽"②。

第五,元朝末年,政局动荡,盗贼四起,留守司官员也被派往地方领兵平叛。如至正十二年闰三月,顺帝下令"以大都留守兀忽失为江浙行省添设右丞,讨饶、信贼"③。同年五月,顺帝命"留守帖木哥与诸王朵儿只守口北龙庆州"④。

第六,大都留守司还负责一些具体事务。如刻板印书,天历三年(1330),《饮膳正要》书成,"圣心溥博,又将推以及人",于是"命留守臣金界奴,庀工刻梓,摹印以遍赐臣下"⑤。制作精巧器物,如大德四年,成宗命选工匠装裱秘书监所藏字画,事成后令"教留守司官人每上等不油底江南好木头做匣子者,别个底做漆匣子收拾者"⑥。节庆布置,如大德十一年十二月,武宗"命留守司以来岁正月十五日起灯山于大明殿后、延春阁前"⑦。主持国师葬礼,如大德七年国师胆巴去世,成宗令"大都留守率承应伎乐,迎舍利归葬仁王寺之庆安塔焉"⑧。

总之,大都留守司为中央正二品官司,位高权重,其下又有建置完善的属司。与之相联系,大都留守司的职权相当广泛,涉及工程造作、宫禁管理与物资供应等各个方面。

三 大都留守司的官员选拔与迁转

以上是元代大都留守司的建置沿革与职权,下面来分析大都留守司的官员选拔与迁转。

---

① 《元史》卷92《百官八》,第2343页。
② 《元史》卷44《顺帝纪七》,第929页。
③ 《元史》卷42《顺帝纪五》,第897页。
④ 《元史》卷42《顺帝纪五》,第899页。
⑤ 虞集:《道园学古录》卷22《饮膳正要序》,第322页。
⑥ 王士点、商企翁编次:《秘书监志》卷6《秘书库》,高荣盛点校,浙江古籍出版社1992年版,第107页。
⑦ 《元史》卷22《武宗纪一》,第492页。
⑧ 释念常:《佛祖历代通载》卷22《成宗·胆巴金刚上师》,《北京图书馆古籍珍本丛刊》第77册,书目文献出版社1988年版,第439页。

(一) 大都留守司的官员选任

为了分析大都留守司在官员选拔上的特点，现将史籍所见大都留守司官员的任职情况列为表 2：

表 2　大都留守司的官员选任情况统计

姓名	族群	出身	任职	兼职	史料来源
瓮吉剌带			留守		《元史》卷十二《世祖纪九》，第 241 页
阔阔台			大都留守		《元史》卷三十二《文宗纪一》，第 708 页；《元史》卷三十四《文宗三》，第 770 页
答尔麻失里	色目		大都留守		《元史》卷四十一《顺帝纪四》，第 873 页
柏颜			以平章政事提调留守司		《元史》卷四十二《顺帝纪五》，第 887 页
帖木哥	蒙古		以留守带兵守边		《元史》卷四十二《顺帝纪五》第 899 页
也先帖木儿	蒙古		宦官留守		《元史》卷四十三《顺帝纪六》第 913 页
也速迭儿	蒙古		留守同知		《元史》卷四十三《顺帝纪六》第 913 页
达识帖睦迩	蒙古		中书平章政事提调留守司		《元史》卷四十四《顺帝纪七》第 921 页
埜先帖木儿			宦官留守同知		《元史》卷四十四《顺帝纪七》第 929 页

续表

姓名	族群	出身	任职	兼职	史料来源
伯帖木儿	色目	宿卫	大都留守	武卫亲军都指挥使，领少府监，兼大都屯田事	黄溍《金华黄先生文集》卷四三《太傅文安忠宪王家传》
铁木儿塔识	蒙古	宿卫	大都留守		《元史》卷一百四十《帖木儿塔识传》，第3372页
答里麻	色目	宿卫	大都留守		《元史》卷一百四十四《答里麻传》，第3431页
郑制宜	汉人	宿卫	大都留守	武卫亲军都指挥使，领少府监，知大都屯田	袁桷《清容居士文集》卷三十二《资德大夫、大都留守……泽国公谥忠宣郑公行状》，景印四库全书，第1203册，第434页
王思廉	汉人	荐举	同知大都留守	兼少府监事	《元史》卷一百六十《王思廉传》，第3765页
赵弼	汉人	宿卫	大都留守	兼少府监事	萧㪺《勤斋集》卷二《元故荣禄大夫平章政事议陕西等处行中书省事赵公墓志铭》，景印四库全书，第1206册，第397页
赵献可	汉人	赵弼之子	大都留守		萧㪺《勤斋集》卷二《元故荣禄大夫平章政事议陕西等处行中书省事赵公墓志铭》，景印四库全书，第1206册，第397页
高觿	汉人	宿卫	同知大都留守司事	兼少府监	虞集《道园学古录》卷十七《高庄禧公神道碑》，景印四库全书，第1207册，第250页
王伯胜	汉人	宿卫	大都留守	兼少府监	《元史》卷一百六十九《王伯胜传》，第3981页

续表

姓名	族群	出身	任职	兼职	史料来源
赵世延	色目	大将之后	守大都留守		《元史》卷一百八十《赵世延传》，第4163页
搠思监	蒙古	宿卫	提调大都留守司	兼管屯田	《元史》卷二百五《搠思监传》第4585页
段贞（祯）	汉人		大都留守	武卫亲军都指挥使，兼管大都屯田，兼少府监	苏天爵编《国朝文类》卷一二，王构《留守段贞赠谥制》
怯来	色目	宿卫	大都留守		黄溍《黄金华文集》卷二四《宣徽使太保定国忠亮公神道第二碑》
亚安			大都留守	领少府监、行工部事，武卫亲军都指挥使，兼大都屯田事	袁桷《清容居士文集》卷三十《张府君墓田记》，景印四库全书，第1203册，第409页
星吉	色目	宿卫	大都留守		宋濂《文宪集》卷十八《元赠开府仪同三司上柱国录军国重事江西等处行中书省丞相、追封咸宁王谥忠肃星吉公神道碑铭》，景印四库全书，第1224册，第113页
岳住	色目		大都留守		释大䜣《蒲室集》卷七《送岳柱留守还朝序》，景印四库全书，第1204册，第569页
忻都	色目		大都留守		王士点，商企翁《秘书监志》卷六

续表

姓名	族群	出身	任职	兼职	史料来源
王仲方	汉人		大都副留守		许有壬《至正集》卷三十四《送王仲方总管赴兵部序》，景印四库全书，第1211册，第246页
张金界奴	汉人	宿卫	大都留守		虞集《道园学古录》卷十七《徽政使张忠宪公神道碑》，景印四库全书，第1207册，第239页
晃兀儿不华	蒙古		大都留守		元明善《清河集》卷五《丞相怀安忠武王碑》
傅公	汉人		同知留守		朱德润《存复斋集》卷五《送傅文博之京师序》
牛诜	汉人	吏	封训大夫、大都留守司事		宋褧《燕石集》卷十四《奉元路总管致仕牛公神道碑》，景印四库全书，第1212册，第498页
月忽难			留守司都事		《元史》卷九十二《百官八》第2343页
赫德尔	色目		留守司都事		杨瑀《山居新语》卷四
李思明	汉人	吏	大都留守司都事		苏天爵《滋溪文稿》卷十六《高邑李氏先德碑铭》，第252页
慕完	汉人	吏	大都留守司都事		许有壬《至正集》卷五十九《故中奉大夫侍御史幕公墓志铭》，景印四库全书，第1211册，第421页

续表

姓名	族群	出身	任职	兼职	史料来源
邓洙	汉人	吏	大都留守司令史		许有壬《至正集》卷六十一《故浙西道宣慰司都事赠嘉义大夫礼部尚书上轻车都尉南阳郡侯邓公神道碑铭》，景印四库全书，第1211册，第433页
崔架之	汉人		留守司少府监知事，改留守司都事		刘岳申《申斋集》卷九《湘阴知州崔架之墓志铭》，景印四库全书，第1204册，第296页
曹时泰	汉人	吏	留守司经历		杨维桢《东维子集》卷三《曹氏世谱后序》，景印四库全书，第1221册，第397页
韩若愚	汉人	吏	留守司都事，升经历		《元史》卷一百七十六《韩若愚传》，第4111页，
赵曼龄	汉人	吏	留守司照磨		虞集《道园学古录》卷十九《赵曼龄墓志铭》，景印四库全书，第1207册，第280页

资料来源：文渊阁《四库全书》所收元人文集；宋濂《元史》。

分析这个表格，我们可以发现以下几方面。

第一，元制，大都留守司正官，有留守五员，同知二员，副留守二员。表格所列大都留守司正官共三十人，其中不详其族群者六人。其余二十四人中，有蒙古人七人，色目人七人，汉人十人，未见任何南人任职的记载。可以看到，大都留守司正官的任命民族色彩甚为强烈，这与大都留守司的崇高地位和元朝的族群任官政策有关。大都留守司为正二品官司，掌管大都宫禁管理、工程造作、宫廷御用供应等事，职权广泛，地位崇高。而"留守为职最要焉，自非器具而虑周，望孚而干固，明习国家典要，深为上所信向者不足以胜其任也"①。元代大都留守的选拔，沿袭了大

---

① 虞集：《道园学古录》卷18《贺丞相墓志铭》，第255页。

蒙古国时代"老营内委付下好人"的惯例,① 多取蒙古人、色目人或者深受信任的大根脚汉人。按蒙古统治者将帝国居民划分为四大族群:蒙古、色目、汉人、南人,四大族群的出仕机会相去甚远。据萧启庆先生的研究,元朝最高阶层的官职几为数十"大根脚"家族所占据,其中有蒙古、色目人,亦有汉人……南人之中并无真正"大根脚"家族,完全摒弃于最高统治阶层之外。② 元廷对南人极为猜忌,甚多歧视,多方面加以关防。叶子奇称"元朝自混一以来,大抵皆内北国而外中国,内北人而外南人。以致深闭固拒、曲为防护"③,甚至达到了"台省要官皆北人为之,汉人南人万中无一二"的程度。④ 此论虽有夸张,但至少对于大都留守司,是有一定道理的。

第二,大都留守司首领官,有判官二员,经历一员,都事二员,此外还有管勾承发架阁库、照磨、令史等。表中所见十名留守司首领官,除一人(月忽难)族群不详,赫德尔为色目人,其余八人均是汉人,亦不见南人身影。这与多方面因素有关。一方面大都留守司事务庞杂,"辇下浩穰丛剧,数号难理"⑤,非熟习吏术者不能办理;另一方面,与元代科举不发达亦有关系。元代科举开设既晚,录取名额又非常有限。一般汉人既不能以科举入仕途,便转而习吏,以求谋得一官半职。于是熟习吏术之汉人得以跻身大都留守司就可以理解了。此外,如上文所述,南人在元朝备受歧视,仕途甚艰,故难以任职于大都留守司。汉人任职大都留守司首领官实例,如陕西人牛诜,"资简重通敏,有干局,幼业吏",历任陕西行省掾吏、华阴县尹等职,仁宗朝迁奉训大夫、大都留守司都事。⑥

第三,从大都留守司官员的出身来看,多出身显赫。首先是出身于蒙古色目累世簪缨之家,如伯帖木儿,出身西域哈儿鲁氏,高祖塔不台率众

---

① 《元朝秘史》续集卷2,四部丛刊三编本。
② 萧启庆:《元朝的统一与统合:以汉地、江南为中心》,见《内北国而外中国:蒙元史研究》,中华书局2010年版,第17—38页。
③ 叶子奇:《草木子》卷3上《克谨篇》,中华书局1959年版,第55页。
④ 同上书,第49页。
⑤ 萧㪺:《勤斋集》卷2《元故荣禄大夫平章政事议陕西等处行中书省事赵公墓志铭》,文渊阁《四库全书》,第1206册,台湾商务印书馆1986年版,第397页。
⑥ 宋褧:《燕石集》卷14《奉元路总管致仕牛公神道碑铭》,文渊阁《四库全书》,第1212册,台湾商务印书馆1986年版,第498页。

归附太祖，祖父质里华台"备宿卫于太祖第二斡耳朵忽兰皇后位下"。其父曲枢，"为徽仁裕圣皇后宫臣，以谨厚称"。伯帖木儿侍奉仁宗出居怀州，其后"武宗之入正大统，王之功居多"。伯帖木儿历仕武宗、仁宗、英宗、泰定四朝，五次被任命为大都留守，圣眷优渥。① 其次为怯薛宿卫出身，如赵弼，"给事内行，未尝有过，上爱之"，至元二十年，为同知大都留守司本路都总管大兴府事。② 又如高觿，幼颖悟，"兼习国语及西域语"，后"事世祖皇帝潜邸，以慎密受知"。中统三年，忽必烈为燕王选择王府官僚，"以公掌文史监治中酝，兼领官府门卫之禁"。至元二十二年被任命为同知大都留守，兼少府监。③

但是，值得注意的是，其他出身者亦可跻身大都留守司。其一，有起身于荐举者一人，真定人王思廉。其"幼师元好问"，"乡人之善者称之"，至元十年获董文忠举荐，授符宝局掌书。至元二十三年为同知大都留守兼少府监事。④ 其二，科举出身者，赫德尔，"进士出身，承事郎，至顺二年十月之任（奉化州同知）"⑤，至正年间曾出任留守司都事⑥。这些事例，至少反映大都留守司有新鲜血液的注入，但其作用似不明显。

第四，大都留守司正官，多有兼职为武卫亲军都指挥使，领少府监，并大都屯田事者。下面分别加以论述。

首先，大都留守兼任武卫亲军都指挥使与大都城的营建与修缮有关。按元初大都城建成后，需要经常进行修缮，"于时宫城建二十余年矣，缮修之事，岁月相继"⑦。如大都城墙以夯土建成，元廷"于文明门外五里，立苇场，收苇以蓑城。每岁收百万，以苇排编，自上砌下，恐致摧塌"⑧。这其中有些工程颇为浩大，常需调集侍卫亲军来完成，如至元二十一年，

---

① 黄溍：《金华黄先生文集》卷43《太傅文安忠宪王家传》，第425页。
② 萧㪺：《勤斋集》卷2《元故荣禄大夫平章政事议陕西等处行中书省事赵公墓志铭》，第397页。
③ 虞集：《道园学古录》卷17《高鲁公公神道碑》，第250页。
④ 《元史》卷160《王思廉传》，第3765页。
⑤ 《至正四明续志》卷2《职官》，台北大化书局1987年版，第5850页。
⑥ 杨瑀：《山居新语》卷4，第232页。
⑦ 苏天爵：《滋溪文稿》卷22《荣禄大夫枢密副使吴公行传》，陈高华、孟繁清点校，中华书局1997年版，第368页。
⑧ 北京图书馆善本组辑：《析津志辑佚》"城池街市"条，第1页。

就"以侍卫亲军万人修大都城"①，同年七月，又"命枢密院差军修大都城"②。而侍卫亲军属枢密院管辖，且世祖曾下令"侍卫亲军，非朕命不得发充夫役"③，留守司调遣不便。为解决这个问题，至元二十五年，尚书省奏请以"以汉军一万人，如上都所立虎贲司，营屯田，修城隍"④。次年，立武卫亲军都指挥使司，"以侍卫军六千、屯田军三千、江南镇守军一千，合兵一万隶焉"⑤，"掌修治城隍及京师内外工役之事"⑥。最初设官五员，元贞大德间，"累增都指挥使四员。其属十有五"⑦。"以留守司段祯兼指挥使，凡有兴作，必文移枢府而后行。"⑧除段贞外，伯帖木儿、郑制宜、亚安等人均曾兼职武卫亲军都指挥使。这样，就协调了大都留守司与枢密院的关系，使之在工程造作时较为方便地调集军队，更好地发挥职能。

其次，大都留守兼管大都屯田与其兼职武卫亲军都指挥使有关。按元代屯田颇盛，"海内既一，于是内而各卫，外面行省，皆立屯田"⑨。其中枢密院所属武卫屯田，始立于至元十八年，"发迤南军人三千名，于涿州、霸州、保定、定兴等处置立屯田，分设广备、万益等六屯，别立农政院以领之"。至元二十六年，"以屯军属武卫亲军都指挥使司，兼领屯田事"⑩。大都留守既兼武卫亲军都指挥使，统领武卫亲军大都屯田亦在情理之中。

最后，大都留守兼少府监与少府监的职权有关。按少府监未见立于何时，但在元初即已存在，如中统三年十一月，"汰少府监工匠，存其良者千二百户"⑪。元初少府监，应是承金制而设，金代少府监"掌邦国百工营造之事"⑫，但此时少府监的职权主要是管理诸工匠。如至元初年营建大

---

① 《元史》卷13《世祖纪十》，第267页。
② 同上书，第268页。
③ 《元史》卷99《兵二·宿卫》，第2531页。
④ 同上书，第2526页。
⑤ 《元史》卷15《世祖纪十二》，第319页。
⑥ 《元史》卷96《兵二·宿卫》，第2526页。
⑦ 《元史》卷86《百官二》，第2161页。
⑧ 苏天爵：《滋溪文稿》卷22《荣禄大夫枢密副使吴公行传》，第368页。
⑨ 《元史》卷100《兵三·屯田》，第2558页。
⑩ 《元史》卷100《兵三·屯田·枢密院所辖·武卫屯田》，第2560页。
⑪ 《元史》卷3《世祖纪一》，第88页。
⑫ 《金史》卷58《百官三》，中华书局1975年版，第1273页。

都，分工颇为明确，"太史练日，圭臬斯陈，少府命匠，冬卿抡材，取赀地官，赋力车骑，教护属功，其丽不亿"①。即少府监派遣诸色工匠，"冬卿"即工部，负责建材，"地官"即户部，提供财赋支持。至元十三年颁布的《运司合行事理》将一般工匠划归都转运司管领，特殊技能工匠依旧归少府监。"都堂议得：各路工匠内，除军器监成造军器，少府监金玉人匠总管府，监收护国仁王寺总管府、异样总管府等管人匠，依旧充元管官司管领催办，其余常课造作人匠，仰都转运司催办，管领词讼。其余一切横造，令总管府管领。"② 中统二年十二月，为营建大都，"初立宫殿府，秩正四品，专职营缮"③，至元八年十二月，宫殿府并入少府监，④ 这使得少府监获得部分工程造作的权力。至元十九年大都留守司设立后，由于二者职权相近，遂以留守司兼少府监。⑤ 成宗朝少府监被废罢，皇庆元年八月，重置少府监，隶大都留守司，⑥ 延祐七年四月又再次废罢，⑦ 此后未见复立之事。因此，少府监主要存在于世祖、仁宗二朝，主管营缮造作之事，其职能与留守司相近，因而以大都留守兼少府监事以方便管理。

（二）大都留守司官员的迁转情况

为了分析大都留守司官员的仕宦迁转情况，现将前揭表 2 中仕宦信息相对完整的官员抽取出来，列为表 3：

表 3　大都留守司官员的迁转情况统计

姓名	前任官	留守司任官	后任官	终仕官	终仕品级
瓮吉剌带	右丞相	大都留守			
阔阔台		大都留守	中书平章政事		

---

① 欧阳玄：《圭斋文集》卷 9《元赠效忠宣力功臣太傅开府仪同三司上柱国追封赵国公谥忠靖马合马沙碑》，第 104 页。
② 陈高华等：《元典章》卷 22《户部八·课程·运司合行事理》，第 797 页。
③ 《元史》卷 3《世祖纪一》，第 76 页。
④ 《元史》卷 7《世祖纪四》，第 139 页。
⑤ 《元史》卷 15《世祖十二》，第 265 页。
⑥ 《元史》卷 24《仁宗纪一》，第 553 页。
⑦ 《元史》卷 27《英宗纪一》，第 601 页。

续表

姓名	前任官	留守司任官	后任官	终仕官	终仕品级
达识帖睦迩	淮南行省平章政事	大都留守	江浙行省左丞相	江浙行省左丞相	从一品
段贞		大都留守	中书平章政事		
伯帖木儿①	太子家令	大都留守	侍御史	大都留守	正二品
	翰林学士丞旨、知制诰兼修国史	大都留守	陕西行省平章政事		
	陕西行省平章政事	大都留守	学士丞旨		
	学士丞旨	大都留守	退隐云山之北		
铁木儿塔识	奎章阁侍书学士	大都留守	知枢密院事	中书左丞相	正一品
星吉	太府监卿	大都留守	宣徽院使	江西行省平章政事	从一品
答里麻	山东廉访使	大都留守	河南右丞	西台中丞，商议中书平章政事。	正二品
郑制宜	侍御史	大都留守		大都留守	正二品
王思廉	典瑞监太监	同知大都留守	枢密判官	翰林学士丞旨	正二品
赵弼	金书枢密院事	大都留守	荆湖北道宣慰使	平章政事、商议陕西行中书省事。	从一品

① 伯帖木儿历仕武宗、仁宗、英宗、泰定四朝，五次被任命为大都留守，现将每一次的任大都留守前后的迁转情况列入表格中。泰定朝"召王复为留守，王以疾辞"，故不列入表格。

续表

姓名	前任官	留守司任官	后任官	终仕官	终仕品级
高觿	工部侍郎、同知五府都总管	同知大都留守司事	河南等路宣慰使	河南等路宣慰使	从二品
王伯胜	右丞	大都留守	辽阳行省平章	大都留守	正二品
赵世延	御史中丞	大都留守	四川平章	中书平章政事	从一品
搠思监	知枢密院事	提调大都留守司	御史大夫	中书右丞相	正一品
怯来	利用监太卿	大都留守	同知宣徽院事	同知宣徽院事	正二品

通过这个表格，我们可以发现：

首先，大都留守司官员的几个主要来源。第一，以中枢三大官府迁转而来。如瓮吉剌带，至元十九年，"以右丞相降为留守，仍佥枢密院事"①；又如搠思监，由知枢密院事拜中书平章政事，提调大都留守司事。② 以上十五人中，前任官为中枢三大官署者就有七人。元朝末年，更是出现了直接以宰执提调大都留守司的情况。如至正十一年，"命搠思监提调大都留守司"③。第二，由中央其他职司迁转而来，如王思廉，本为典瑞监太监，至元二十三年为同知大都留守。④ 此外，还有由廉访司、利用监、工部等官司迁转而来者。

其次，大都留守司官员的几个主要流向。第一，迁转为中枢三大官府官员。其中进身中书宰执者，如元贞二年，大都留守司达鲁花赤段贞为中书平章政事。⑤ 延祐三年，"以大都留守伯铁木儿为中书平章政

---

① 《元史》卷12《世祖纪九》，第241页。
② 《元史》卷205《搠思监传》，第4585页。
③ 《元史》卷42《顺帝纪五》，第890页。
④ 《元史》卷106《王思廉传》，第3766页。
⑤ 《元史》卷19《成宗纪二》，第402页。

事"①；迁为枢密院官者，如铁木儿塔识，由大都留守为同知枢密院事；②迁为御史台官者，如搠思监，由提调大都留守司迁御史大夫。③ 第二，迁转为行省官员，如答里麻，顺帝朝为大都留守，至正六年迁河南行省右丞。④ 又如王伯胜，武宗朝为大都留守，仁宗即位，迁转为辽阳等处行中书省平章政事。⑤ 此外，还有迁转到宣徽院、宣慰司等官司者。

最后，从这些官员的终仕情况来看，全部位居上品，⑥ 其中位居中书丞相者五人（铁木儿塔识、答里麻、赵鹗、赵世延、搠思监）；为行省丞相者三人（星吉、达识帖睦迩、高觽）；以大都留守去世或致仕者三人（郑制宜、伯帖木儿、王伯胜）；其他还有为廉访司、宣徽院官者。大都留守司官员在任时颇得圣眷，深受重用。如伯帖木儿，仁宗朝两次被任命为大都留守，"有旨：掌环卫官及禁廷庶政，凡有所敷奏者，必先关白于王，然后以闻"⑦。皇庆元年，获赐珍稀"白兔鹘一，翎翮皓洁，白雪同皎洁"，赵孟頫专门为此事写作《赤兔鹘赋》。⑧ 某次正旦会朝，仁宗又"尽以内外所献之物赐王（伯帖木儿）"⑨。大都留守司官死后亦得显封，其中死后封王者三人（铁木儿塔识、伯帖木儿、星吉）。铁木儿塔识获封冀宁王，谥文忠；⑩ 伯帖木儿获封文安王，谥忠宪；⑪ 星吉获封咸宁王，谥忠肃。⑫ 获封国公者有三人（王伯胜、赵世延、郑制宜），其中王伯胜，死后

---

① 《元史》卷25《仁宗纪二》，第573页。
② 《元史》卷140《铁木儿塔识传》，第3372页。
③ 《元史》卷205《搠思监传》，第4586页。
④ 《元史》卷144《答里麻传》，第3433页。
⑤ 《元史》卷169《王伯胜传》，第3982页。
⑥ 所谓"上品"，据萧启庆先生的分法，是指正一品到从三品的官职而言。下文中出现的"中品"，指正四品至正七品。参见萧启庆《元代几个汉军世家的仕宦和婚姻》，《内北国而外中国：蒙元史研究》，第276—345页。
⑦ 黄溍：《金华黄先生文集》卷43《太傅文安忠宪王家传》，第425页。
⑧ 赵孟頫：《松雪斋集》卷1《赤兔鹘赋》，黄天美点校，西泠印社出版社2010年版，第7页。
⑨ 黄溍：《金华黄先生文集》卷43《太傅文安忠宪王家传》，第425页。
⑩ 《元史》卷140《铁木儿塔识传》，第3372页。
⑪ 黄溍：《金华黄先生文集》卷43《太傅文安忠宪王家传》，第425页。
⑫ 宋濂：《文宪集》卷18《元赠开府仪同三司上柱国录军国重事江西等处行中书省丞相、追封咸宁王谥忠肃星吉公神道碑铭》，文渊阁《四库全书》，第1224册，台湾商务印书馆1986年版，第113页。

追封蓟国公，谥忠敏；① 赵世延，追封鲁国公，谥文忠；② 郑制宜，死后特赠泽国公，谥忠宣。③

总之，大都留守司正官多来自中书宰执与枢密院等重要官署，元末甚至直接以宰执提调；大都留守司官员亦多流向中枢三大官司，亦出任其他中央官司及行省官员。他们的终仕品级亦相当高，圣眷优渥，死后获封王爵或国公爵位者亦颇为常见。这些都充分显示了元代大都留守地位之尊崇。

（三）大都留守司首领官的迁转情况

为了研究大都留守司首领官的迁转情况，现抽取表2中大都留守司首领官的仕宦信息列为表4：

表4 大都留守司吏员的迁转情况统计

姓名	前任官	留守司任职	由留守司迁转	终仕	终仕官品
牛诜	户部主事	封训大夫、大都留守司事	甘肃行省郎中	奉元路总管	正三品
月忽难		留守司都事			
赫德尔		留守司都事		江浙参政	从二品
李思明	工部主事	大都留守司都事	山北宪司经历	江浙参政	从二品
幕完	中书右司掾	大都留守司都事	户部主事	南台侍御史	正三品
邓洙		大都留守司令史			
崔架之	抚州路提空案牍	留守司都事	瑞州路经历	湘阴州知州	正五品

---

① 《元史》卷169《王伯胜传》，第3981页。
② 《元史》卷180《赵世延传》，第4163页。
③ 袁桷：《清容居士文集》卷32《资德大夫大都留守领少府监事兼武卫亲军都指挥使知大都屯田事赠推忠赞治功臣银青光禄大夫平章政事泽国公谥忠宣郑公行状》，第434页。

续表

姓名	前任官	留守司任职	由留守司迁转	终仕	终仕官品
曹时泰		留守司经历			
韩若愚	通惠河道所都事	留守司都事，升经历	知蓟州	淮西江北道廉访使	正三品
赵曼龄	翰林国史院管勾	留守司照磨常礼仪院事	京畿运粮提举	同佥太常礼仪院	正四品

由于史料所限，目前掌握的大都留守司首领官仅有以上十名，但分析这个表格，我们仍然可以看出其迁转的一些特点。第一，大都留守司首领官的来源，多由中央各官署吏员迁转而来，如来源于六部、中书右司、翰林院等。其例，如赵曼龄，由翰林国史院管勾迁留守司照磨。① 第二，其迁转方向，既有中央衙署首领官，也有行省或路一级的首领官。按元制，大都留守司吏员迁转之法，至元二十三年规定，"大都留守司兼少府监令史，如系省部发去相应人员，同省部令史出身，九十月考满，从七品，自行踏逐者降等"②。其实例，如幕完，由大都留守司都事，迁从七品户部主事；③ 又如李思明，由大都留守司都事迁从七品山北宪司经历。④ 第三，其终仕品级，大都留守司首领官的终仕官品均相当高。目前掌握的大都留守司首领官有十人，有三人（月忽难、邓洙、曹时泰）迁转情况不明。剩下七人中，位居上品者五人，中品者两人。其中赫德尔与李思明二人更是仕至江浙参政，官居从二品。按元代一般吏员出身，迁转甚难，"取勘历任日月，动则二三十年"，"辛苦年深，不得入流品"⑤。大都留守司官员却可以升迁至中上品，可见大都留守司首领官迁转情况相当好。其原因，应该与大都留守司为中央官署，直接为宫廷服务，接近权力中枢，比较容易获得皇帝及其他高官贵戚的赏识，亦与可以广泛积累人脉关系有关。

总之，大都留守司在官员选拔上具有较强的锁闭性，多以蒙古人、色

---

① 虞集：《道园学古录》卷19《赵曼龄墓志铭》，第280页。
② 《元史》卷84《选举四》，第2100页。
③ 许有壬：《至正集》卷59《故中奉大夫侍御史幕公墓志铭》，第421页。
④ 苏天爵：《滋溪文稿》卷16《高邑李氏先德碑铭》，第252页。
⑤ 胡祗遹：《紫山大全集》卷23《杂著》之《民间疾苦状》《试典史策问》，魏崇武、周思成点校，吉林文史出版社2008年版，第493页，第502页。

目人为正官，大根脚的汉人亦得与其选，未见南人得以任职的记载。大都留守司的官员迁转颇优，多有进身宰执获封国公者，首领官亦多官至上品。通过研究大都留守司官员选拔与迁转，我们可以看到元代蒙古统治下的政治生态。

余　论

元代大都留守司是元代非常有特色的机构，其建置始于元初为营建大都所设诸机构，至元十九年正式设立。有元一代，大都留守司始终作为常设机构而存在，建置也逐渐完整。大都留守司有工程造作、宫禁管理与物资供应等多方面的职权。大都留守司为中央正二品官司，位高权重，直接服务于宫廷，其任官的锁闭性较强，只有蒙古人、色目人以及大根脚汉人才能与其选，未见任何南人得以任职的记载。大都留守司官员的迁转情况颇优，其正官多有跻身宰执位居国公之位者，其首领官迁转情况也比一般首领官好很多。大都留守司既继承了汉制留守制度的若干原则，也继承了蒙古旧俗的若干习惯，集中体现了元代蒙古统治政策蒙汉二元体制的特点，这表现在以下两个方面。

第一，元代大都留守司继承了汉制留守司的一般原则。首先，留守大臣的选拔，汉制，"天子巡守、亲征，则命亲王或大臣总留守事"①。元代大都留守亦以重臣担当，"非器具而虑周，望孚而干固，明习国家典要，深为上所信向者不足以胜其任也"②。其次，在留守司职权上，汉制，留守主管宫禁事务，"宫钥及京城守卫、修葺、弹压之事，畿内钱谷、兵民之政皆属焉"③。大都留守司的职权非常广泛，包括了工程造作、宫禁管理、物资供应等，涉及宫廷服务的各个方面。

元代大都留守司也对传统留守司制度进行了改造。首先，大都留守司军权明显缩小。唐宋留守均有较强的军事职权，辽代各京留守为当地最高军事长官，金代诸京留守司各设留守一员，"带本府尹兼本路兵马都总

---

① 《宋史》卷167《职官七·留守》，中华书局1977年版，第3959—3960页。
② 虞集：《道园学古录》卷18《贺丞相墓志铭》，第255页。
③ 《宋史》卷167《职官七》，第3959—3960页。

管"①。元代大都留守虽往往兼武卫亲军都指挥使,但"凡有兴作,必文移枢府而后行"②,权力受到很大限制;大都留守兀忽失亦曾带兵讨江浙之叛,但时间已到元末,乃是元末丧乱的权宜之举。此外,大都巡军至元十九年归留守司,此后转归大都路兵马指挥使司管理。大都城门尉只管启闭城门,纠察可疑人员。其次,大都留守司无权过问大都路司法民政事务。大都路总管府下设有左、右警巡二院,"领民事及供需"。大都路总管府下还设有司狱司,"掌囚系狱具之事"③。蒙古统治者如此改造的原因,在于大都留守司设置于国都,直接服务内廷,地位崇高,权力过分集中会有反噬之虞。因而削夺留守军事、行政、司法等权力,只保留其宫廷服务诸权限加以关防。这反映了元朝蒙古统治者对汉制的继承与改造,使得留守司制度打上了蒙古统治的烙印。

第二,大都留守司继承了蒙古旧俗中关于留守的若干习惯,这包括以下两个方面。

首先,元代大都留守司官员的任命继承了大蒙古国时代"老营内委付下好人"的惯例。所谓"好人"即亲随之人,因而大都留守司正官多以蒙古、色目人担任,深受信任的大根脚的汉人也可以出任,南人被排除在外,大都留守司任官的锁闭性较为强烈,民族色彩甚重。值得注意的是,入元后留守不再有黄金家族成员的身影,这可能是鉴于蒙哥汗去世后,留守阿里不哥称兵漠北这一事件,防止亲王借留守之机拥兵自重的防范措施。

其次,继承了蒙古旧俗中以怯薛担任留守的惯例。前四汗时代,怯薛宿卫于大汗"放鹰的、围猎的时,一半自得行,宫室行斟酎着、放着"④,窝阔台南征,以箭筒士斡勒答合儿担任留守。入元后,怯薛宿卫担任留守的情况颇为常见,如郑制宜,成宗朝为大都留守,"幼熟内府,营缮工巧供给祠祭之属,能通达缓急,终岁事集,无旷败。凡大宴席,刀匕樽罍,必命公董领,以重其事"⑤。大都留守司内的一些官职,也专以怯薛担任。

---

① 《金史》卷57《百官三》,第1305页。
② 苏天爵:《滋溪文稿》卷22《荣禄大夫枢密副使吴公行传》,第368页。
③ 《元史》卷90《百官六》,第2301页。
④ 《元朝秘史》续集卷2,四部丛刊三编本。
⑤ 袁桷:《清容居士文集》卷32《资德大夫大都留守领少府监事兼武卫亲军都指挥使知大都屯田事赠推忠赞治功臣银青光禄大夫平章政事泽国公谥忠宣郑公行状》,第434页。

如大都城门尉,"掌门禁启闭管钥之事,以四怯薛八剌哈赤为之"。按八剌哈赤,源于《元朝秘史》之八剌合速,旁译"城""城子"。又有八剌合臣,旁译"管城的"。① 可见所谓八剌合赤应该就是专门管理城市的怯薛职事。② 又如仪鸾局,"掌殿庭灯烛张设之事,及殿阁浴室门户锁钥,苑中龙舟,圈槛珍禽异兽,给用内府诸宫太庙等处祭祀庭燎,缝制帘帷,洒扫掖庭,领烛剌赤、乐人、禁蛇人等二百三十余户。轮值怯薛大使四员,正五品"③。由于大量怯薛担任留守司官员,怯薛的职事延伸到了留守司内,使得大都留守司的私属性大为增强,变成了一个专门为宫廷为皇室服务的机构。

总之,源自汉制的留守制度,在元朝融入了若干蒙古旧制,发展成为一种别具特色的制度,反映了蒙古统治中国的一些特点,也对明清时代的留守制度产生了一些影响。

(作者为武汉大学博士研究生)

---

① 《元朝秘史》续集卷2,四部丛刊三编本。
② 参见王晓欣《释元代的"合必赤"》,《南开学报》1984年第3期。
③ 《元史》卷90《百官六》,第2282页。

元代福建行省置废变迁再考*

温海清

有元一代，福建行省屡置屡罢，"或置于福州，或置于泉州，或并入江西，或并入江浙，废置不一"①。不唯如此，因其省治变动不居，甚而几度出现两省并峙的局面。这在元代诸行省的置废变迁史上显得十分突出。亦因此缘由，它曾引起不少学者的探研兴致。如关于元代福建行省的建置沿革问题，谭其骧先生于数十年前业已做过精审之考订；日本学者大岛立子新近又围绕元王朝征服福建地区以及与之相伴而生的福建地区行省机构的设立及其统废过程、背景等方面进行详细的考察，揭示出元朝大德初年以前福建地区的"行省"所具有的军事机构性格特征之面相。②

前辈学者对于元代福建行省置废沿革及其性质特征的研究虽已颇为深入，但仍留有不少疑窦与问题需进一步加以廓清。如至元十四年是否为福建行省的始设年份？至正年间福建地区设立分省的具体情状究竟若何？福

---

* 本文原载《历史地理》第26辑（上海人民出版社2012年版，第144页至162页），因当时限于篇幅，部分内容（本文第二、第三节）未能刊发。补充之后，收于余欣主编《存思集》（上海古籍出版社2013年版）。因该集不太为元史学界所知，故不揣谫陋，将此文提交至本论集，并特此恭祝蔡美彪先生大寿。

① 黄仲昭：《（弘历）八闽通志》卷27，福建人民出版社1990年版，第581页。

② 谭其骧：《元福建行省建置沿革考》，原载《禹贡半月刊》第1卷第1期，1934年9月。此文后又收入氏著《长水集》，人民出版社1987年版。[日]大岛立子：《元朝福建地方の行省》，载《愛大史学》（日本史・アジア史・地理学）（11，2002）。除上述两篇专题讨论元代福建行省之沿革及其废立问题的文章外，另尚有数篇文章在探讨宋元时代福建地区时亦涉及此话题：如[日]成田節男《宋元时代の泉州発達と廣東の衰微》（载《歴史學研究》6—7.1936）、[日]桑田六郎《元初の南海経略について》（载氏著《南海東西交通史論考》，汲古書院1993年版）、向正樹《元朝初期の南海貿易と行省——マングタイの市舶行政関与とその背景》（载《待兼山論叢（史学篇）》43.2009）、吴幼雄《元代泉州八次设省与蒲寿庚任泉州行省平章政事考》（载《福建论坛》1988年第2期）等。

建行省的设立及其与江西、江浙两行省的数度分合，其背后又透露出元王朝怎样的政治考量？本文拟在前人已有讨论的基础上，针对上述问题再做进一步探讨，以期透过元代福建行省的置废变迁过程，深入体察元代行省成立的特定政治过程及其生成的内在机理。①

一　福建行省始置年份问题再探讨

《元史·地理志》、《三山续志》（《八闽通志》引）以及《读史方舆纪要》等记载，均认为至元十五年为福建行省始设之年。②谭其骧先生则认为至元十四年九月福建行省已设置，并指出："是则十四年朝命设福建行省，盖未几即撤，行省规模，实际未尝布置就绪；十五年福建全土底定，始再命立省。史家以十四年之命未见事实，故径以十五年为行省始置之年也。"③谭先生主要依据的是出自《元史》的下述四条史料：《元史·世祖六》载："［至元十四年］九月'甲辰，福建行省以宋二王在其疆境，调都督忙兀带，招讨高兴领兵讨之"；《元史·焦德裕传》载："［至元］十四年，拜福建行省参知政事"；《元史·李庭传》载："至元十四年，拜福建行中书省参知政事。改福建道宣慰使"；《元史·忽剌出传》载："［至元］十四年，升资善大夫福建行省左丞，迁江淮行省，除右丞。"④

那么，至元十四年是否就是福建行省的始置年份呢？为此，我们需对谭先生所举证的上述四条史料逐一进行辨析。

1. 谭文征引《元史·世祖六》所载："［至元十四年］九月甲辰，福建行省以宋二王在其疆境，调都督忙兀带，招讨高兴领兵讨之。"此处出

---

①　对于元代行省制度及其成立过程史的探研，讨论已极为丰富。其中较为突出者有如日本学者青木富太郎（《元初行省考》，载《史学雑誌》51—4・5.1940）、前田直典（《元朝行省の成立過程》，载《史学雑誌》56—6.1945）、中国学者丁昆健（《元代行省制度之形成及其职权》，台湾私立中国文化学院史学研究所博士学位论文，1977年）、李治安（《行省制度研究》，南开大学出版社2000年版）等。

②　《八闽通志》卷1引《三山续志》；《元史》卷62《地理五》"泉州路""福州路"条，中华书局1976年版；顾祖禹：《读史方舆纪要》卷95《福建一》，中华书局2005年版。

③　引自谭其骧《元福建行省建置沿革考》，第146—147页。

④　参见《元史》卷9、卷153、卷162、卷133，第192、3618、3797、3230页。

现的所谓"福建行省"一说，其实存有问题。桑田六郎就曾指出此处是将"江西行省"误作"福建行省"；大岛立子也同意桑田六郎的见解，并引《世祖六》所载至元十四年七月份事，其时设江西行中书省，塔出为江西行省右丞，而闽广大都督兵马招讨使蒲寿庚则出任江西行省参知政事，大岛认为此记载说明当时已将福建地方置于以塔出为首的江西行省的管辖之下。① 对于谭文所征引的该条史料以及桑田六郎、大岛立子对此则材料所作的解析，笔者以为仍有进一步厘清的必要。

其一，所谓"都督忙兀带"（《元史》亦作"忙兀台""蒙古带"等），据《世祖六》与《元史·忙兀台传》记载，忙兀台于至元十二年十二月已为"都督"，行"两浙大都督府事"；至元十三年六月，两浙大都督府被请罢；"十四年，改闽广大都督，行都元帅府事。时宋二王逃遁入海，忙兀台奉旨率诸军，与江西右丞塔出会兵收之，次漳州，谕降宋守将何清"。《本纪》记载所谓福建行省"调"令忙兀带出征，而《忙兀台传》则称其"奉旨"出征，两则记载主体有异。笔者以为，能调动都督忙兀台出兵兴讨的不可能是"福建行省"，而应当是原由伯颜所管领、后由"右丞阿剌罕、左丞董文炳"等主持领导的"行中书省"机构，而此行省断非"福建行中书省"。② 据《元史·董文炳传》载，文炳于至元十四年一月北上赴阙，四月抵上都，后留大都任职"中书省"；而《元史·阿剌罕传》则载：

---

① 参阅［日］大岛立子《元朝福建地方の行省》；［日］桑田六郎《元初の南海経略について》，载《南海東西交通史論考》，第142页。需指出的是，大岛立子在同意桑田六郎指出这条材料错误的同时，认为至元十五年为福建行省最早出现的时间。不过，针对谭文所举证的焦德裕、李庭、忽剌出传记中所显示的至元十四年已出现福建行省的三条史料，大岛立子则存而未论。

② 《元史》卷129《李恒传》云："有旨令与右丞阿里罕、左丞董文炳合兵追益王。"刘岳申《文丞相传》云："时（至元十三年十月——笔者），唆都与左丞阿剌罕、参政董某既入闽。"参阅刘岳申《申斋集》卷13，文渊阁《四库全书》。另据黄溍《正奉大夫江浙等处行中书省参知政事王公墓志铭》载："考讳积翁，用忠文公奏补官，累迁知南剑州，加兵部尚书，除宝章阁学士、福建制置使，知州如故。于是，宋主已奉表纳土，而福建犹未下，乃夜抵福州，以八郡图籍上于行省，至元十三年十一月也。行省承制易以新官。既入觐世祖皇帝于上京，乃降金虎符，授中奉大夫、刑部尚书、福建道宣慰使兼提刑按察使，寻真除兵部尚书，拜正奉大夫、参知政事行中书省事。"此材料透露的信息是，至元十三年十一月，王积翁到达福州并向"行省"上八郡图籍。这里所谓的"行省"显然不是"福建行省"，如果是，那么福建行省之设当非要提早至至元十三年？这是不合情理的。事实上，至元十三年，伯颜挟帝室北上，留在前方继续经略闽、广地区的是阿剌罕和董文炳，此处所指的"行中书省"应就是由他们所主持的"行中书省机构"，该机构才具有"承制"宣命的权力。可见，它显然不是"福建行省"。参阅黄溍《金华黄先生文集》卷31，景印文渊阁《四库全书》。

"十四年，入觐，进资善大夫、行中书省左丞，俄迁右丞，仍宣慰江东"，是知阿剌罕于至元十四年初亦赴阙觐见，不过很快又任南方"行中书省"之职，继续经略南方。① 史料记载显示，阿剌罕与董文炳北上赴阙后，"行中书省"仍在江南继续运转，负责闽浙地区事务，"［至元十四年三月］行中书省承制，以闽浙温、处、台、福、泉、汀、漳、剑、建宁、邵武、兴化等郡降官，各治其郡"②。此处一再提及的"行中书省"，被前田直典视为"军前行中书省"，元人直呼伯颜"行省军中"，③ 它是中书省的派出机构，跟荆湖行省、淮西行省或后来的江淮行省等皆不同。忙兀台平定漳、泉等地后，"十五年，师还福州，拜参知政事，诏与唆都等行省于福，镇抚濒海八郡"。此次兴兵取漳、泉，是由江西行省右丞塔出及其麾下将唆都，与隶属行中书省的闽广大都督忙兀台及其麾下将高兴，共同出兵兴讨完成。④ 他们领受的应当是最高指挥层即中央朝廷的敕命，而非出于地方"行省"。

其二，《世祖六》至元十四年九月条记载："壬子，福建路宣慰使、行征南都元帅唆都，遣招讨使百家奴、丁广取建宁之崇安等县及南剑州。"据《经世大典序录·征伐·平宋》记载："［至元十三年］九月，江西兵与东省阿剌罕、董文炳会征昰，招讨也的迷失，会东省兵于福州。右副元

---

① 许有壬：《敕赐推诚宣力定远佐运功臣太师开府仪同三司上柱国曹南忠宣王神道碑铭并序》云："［至元十三年］十二月，以行中书省参知政事，行江东道宣慰使。十四年，入觐，进资善大夫、行中书省左丞，仍宣慰使。十六年，进资德大夫、行中书省右丞，使如故。"而《世祖六》则载，阿剌罕于至元十四年六月已经"以行省参政、行江东道宣慰使阿剌罕为中书左丞、行江东道宣慰使"。以上记载显示，阿剌罕作为"行中书省"的官员，继续行经略江南。需指出的是，虞集《曹南王勋德碑》则径将阿剌罕"行中书省"之职衔记作"中书省"，其实不甚恰当。参阅许有壬《至正集》卷45，文渊阁《四库全书》；虞集《雍虞先生道园类稿》卷39，元人文集珍本丛刊本，新文丰出版股份有限公司1985年版。
② 《元史》卷9《世祖六》，第189—190页。
③ 阎复：《江浙行中书省新署记》云："又酌近代之典，立行中书省分镇方国荒服，诸郡隶焉，盖古方伯连帅之任也。王师渡江，诏命巴延丞相行省军中。江南既平，遂置数道行中书省，抚绥镇遏之。"程钜夫《论行省》则云："伯颜丞相等带省中相衔，出平江南。"参阅周南瑞《天下同文集》卷7，文渊阁《四库全书》；程钜夫《程雪楼文集》卷10《元代珍本文集汇刊》，"国立中央"图书馆编印，1970年。
④ 《元史》卷129《唆都传》载："十四年，升福建道宣慰使，行征南元帅府事，听参政塔出节制。塔出令唆都取道泉州，泛海会于广州之富场。"另据《元史》卷127《伯颜传》载："［至元十三年三月］伯颜议以阿剌罕、董文炳留治行省事，以经略闽、粤；忙古歹以都督镇浙西；唆都以宣抚使镇浙东"，虽然唆都受塔出节制，但并无材料表明忙兀台亦受塔出节制。前田直典亦认为，唆都属江西行省系，而忙兀台则属于江淮行省系，详可参阅前田直典前揭文。

帅吕师夔、左副元帅张荣实，将兵赴梅岭，与昰兵遇，败之。昰遁海外礵洲。十四年九月五日，福建宣慰使唆都，言南剑州安抚司达鲁花赤马良佐，遣人于福、泉等处，密探得残宋建都广州，改咸熙元年。"① 此则材料表明，至元十四年九月五日，唆都已为福建宣慰使，也就是说几乎同时，福建地区有福建宣慰司与福建行省之设，殊甚乖戾。关于宣慰司与行省之设的问题，下文将予详辨。另需特别指出的是，《经世大典序录》中所谓的"东省"，应当可以明确地指出就是由阿剌罕、董文炳等所领导的行中书省，而非福建行省。②

其三，至元十四年九月之前，南宋二王昰、昺早已入广东，《本纪》此处记载其仍在福建地区内，亦不确切。③

统合以上三点，笔者以为此则材料问题甚多，不可遽信；并且，至元十四年出现的所谓"福建行省"，实另有所指。桑田六郎认为此处"福建行省"乃"江西行省"之讹误，笔者认为亦须再予讨论。④

---

① 苏天爵：《元文类》卷41，商务印书馆1937年版，第558页。
② 关于"东省"名称，唐宋时代多指门下省，应是异与地方机构的中央官署。据宋人程大昌撰《政事堂》云："政事堂在东省，属门下。自中宗后徙堂于中书省，则堂在右省也。按《裴炎传》故事，宰相于门下省议事，谓之政事堂，故长孙无忌为司空、房玄龄为仆射、魏征为太子太师，皆知门下省事。至中宗时，裴炎以中书令执政事笔，故徙政事堂于中书省。杜甫为左拾遗，作《紫宸殿退朝》诗云：'宫中每出归东省，会送夔龙集凤池。'凤池者，中书也。左省官方自宫中退朝而出则归东省者，以本省言也。已又送夔龙集于凤池者，殆东省官集政事堂，白六押事耶，杜之为左拾遗也。在中宗后、肃宗时，则政事堂已在中书矣。故出东省而集于西省者，就政事堂见宰相也，为其官于东省，而越至西省，故大昌录于此，阙疑也。"另据王恽《中堂事记中》载："十九日庚戌，百僚人见，少顷出。会东省奉旨召九路总管颁示新典，若有所陈，即具以闻。"中堂即政事堂，"东省"应是按唐宋故事而指称设于燕京的"行中书省"。再据赵景良《丞相信国公文公天祥》载："[至元十四年]十二月，东省元帅张弘范舟师至，移屯海丰，是时止备水道，不虞陆路也。"此处的"东省"，亦指"行中书省"，它并不受江西行省所节制。参阅程大昌《雍录》，文渊阁《四库全书》；王恽《秋涧先生大全文集》卷81，四部丛刊初编本；赵景良《忠义集》卷4，文渊阁《四库全书》。
③ 关于南宋二王入广东的时间问题，王颋《南宋二王流落广东史事考辨》一文已有揭示。参阅氏著《西域南海史地探索》，中国人民大学出版社2010年版，第113至115页。
④ 笔者认为，此行省很可能是"行中书省"，而非"江西行省"。元军攻占临安后，继续向南征服，起主导作用的主要是"荆湖行省"和"江淮行省"，而"江淮行省"这一机构跟原由伯颜所领导的"行中书省"关系极为密切，前文所述阿剌罕于至元十四年继续出任"行中书省左丞"并"宣慰江东"，即可窥知"行中书省"与江淮行省之间关系的密切，而"福建行省"与"行中书省"的关系则并不明显。再者，后来福建行省的官员多具有江淮行省之履历，而较少有江西行省的背景。这一原由伯颜所领导的"行中书省"机构消失的具体时间，史载不详，有待深究。前田直典认为，该行中书省机构迟至伯颜、阿术北归的至元十三年九月，即已宣告解体，此说并不确切。

2. 谭文引《元史》卷一五三《焦德裕传》载："十四年，拜福建行省参知政事。"谭先生所引为《焦德裕传》之节文，兹将其全文具引于下："［至元］十四年，改淮东宣慰使。淮西贼保司空山，檄淮东四郡守为应，元帅帖哥逻得其檄，即械郡守许定国等四人，使承反状，将籍其家。德裕言：'四人者，皆新降将，天子既宠绥之，有地有民，盈所望矣，方誓报效，安有他觊。奈何以疑似杀四守，宁知非反间耶。'尽复其官。拜福建行省参知政事。"

此则记载有一值得注意的现象，焦德裕于至元十四年为淮东宣慰，在平定淮西之贼后，是否于同年随即又改拜为福建行省参知政事呢？此记载其实并不十分明确，恐史臣剪裁取舍而致漏略。

据《焦公等鼓山题名》载："至正壬午八月寒露，易阳参政焦公、镇阳郎中元汉卿、宣慰王元应、本路宣慰黄头、总管岳侯、运同刘润父、东平信云甫来游，正书刻石门。按，焦公名德祐，字宽父，雄州人，任行省参知政□，见郝志。"① 此材料出于《闽中金石录》，录文中所谓"至正壬午"，清人冯登府认为此即指"至正二年"，实误。据《元史·焦德裕传》，焦氏于至元二十五年已卒，岂会在至正年间出现？因此，该金石之录文当作"至元壬午"，即应为"至元十九年"。也就是说，焦氏拜福建行省参知政事的年代应该是在至元十九年，而非《本纪》所载的至元十四年。另据《焦德裕赠恒国忠肃公制》所载焦氏功绩云："方分省政之参，俄有邦光之珍。于戏，永辞。"② 所记的最后一任职务就是为福建参政，而此"制"当作于至元二十五年或稍后。据后文考证可知，福建地区的行省建置在至元十四年至十九年间就数度变易，焦德裕不可能在五年时间内一直担任福建行省参知政事一职。因此，《元史·焦德裕传》所记焦氏于至元十四年已"拜福建行省参知政事"一事，实有

---

① 冯登府：《闽中金石志》卷13，文渊阁《四库全书》。
② 姚燧：《牧庵集》卷2，四部丛刊初编本。另需指出的是，姚燧撰有《有元故中奉大夫福建等处行中书省参知政事焦公神道碑铭并序》，遗憾的是此碑经风雨剥蚀，大半已模糊不清，而不巧的是焦氏在福建地区的行实又恰在模糊处，至为遗憾。该《神道碑》部分已收录于查洪德编辑点校之《姚燧集》（人民文学出版社2011年版，第603—606页）。

省略遗漏。①

3. 谭文引《元史》卷一六二《李庭传》云："十四年，入朝，世祖劳之，赐以益都居第、单河官庄、钞万五千贯及弓矢诸物，拜福建行中书省参知政事。改福建道宣慰使。召赴阙，备宿卫。"同《焦德裕传》一样，这则记载亦有年代指向不甚明确的问题。

按《李庭传》文意，首先，至元十四年李庭拜福建行省参知政事，复又改为福建宣慰使。当时更可能的情况是，李庭为福建宣慰使，而带有相衔而已，但这并不意味着当时已设立福建行省。关于宣慰使带相衔事，容下文详论。其次，至元十四年一年之内，李庭先入朝觐见世祖，尔后被任命为福建行省官员赴福建，紧接着在同年又被征召回京以备宿卫。今复按《李庭传》，该传记载其至元十三年之行实最为详备，至元十四年事较略，至元十五年、十六年之行实则未有著录，而这后两年又是关涉福建行省之设立的关键年，《李庭传》的系年恐有讹误。

据《李庭传》载，至元十三年，"庭至哈剌和林、晃兀儿之地，越岭北，与撒里蛮诸军大战，败之。移军河西，击走叛臣霍虎，追至大碛而还。诸王昔里吉、脱脱木儿反，庭袭击，生获之，启皇子只必帖木儿赐之死。复引兵会诸王纳里忽，渡塔迷儿河，击走其余党兀斤木台、要术忽儿等，河西悉平"。关于诸王昔里吉、脱脱木儿此次反叛时间问题，《元史》卷九《世祖六》载："［至元十四年七月］癸卯，诸王昔里吉劫北平王于阿力麻里之地，械系右丞相安童，诱胁诸王以叛，使通好于海都。海都弗纳，东道诸王亦弗从，遂率西道诸王至和林城北。诏右丞相伯颜帅军往御之。诸王忽鲁带率其属来归，与右丞相伯颜等军合。"《元史·伯颜传》云："［至元］十四年，诸王昔里吉劫北平王，拘安童，胁宗王以叛，命伯颜率师讨之，与其众遇于斡鲁欢河，夹水而阵，相持终日，俟其懈，麾军为两队，掩其不备，破之，昔里吉走亡。"《元史·刘正传》亦载："［至元］十四年，分省上都，会诸王昔里吉叛。"由上述记载可知，李庭追随伯颜北上平叛，其事当发生在至元十四年，而断非《李庭传》所记载的至元十三年。由此可窥知《李庭传》存有系年错误之一斑。《李庭传》所载

---

① 丁昆健指出，焦德裕自至元十六年为江西参政，迄二十五年卒于任上，前后凡十年。其史料来源未予揭示，《焦德裕传》亦并未有此记载。详见丁昆健《元代行省制度之形成及其职权》，第156页。

其至元十三年之事,当发生于至元十四年,也就是说年李庭此年尚在北方平叛。①

据以上分析判断,笔者以为,李庭拜福建行省参知政事之事,不是至元十四年,更可能发生在至元十五年或十六年间。

4. 谭文引《元史》卷一三三《忽剌出传》载:"十四年,升资善大夫福建行省左丞,迁江淮行省,除右丞。"此系节文,若补充完整,其全文如此:"[至元]十四年,进镇国上将军、淮东宣慰使。奉旨屯守上都,改嘉议大夫、行台御史中丞。升资善大夫、福建行省左丞。迁江淮行省,除右丞。拜荣禄大夫、江浙行省平章政事,以疾卒。"从文意可知,至元十四年一年之内,忽剌出似曾先后出任诸多职务。这几乎是不可能的。那实际情形又究竟如何?所幸《元史》卷一二三《直脱儿传》所附《忽剌出传》有完整之记载:"[至元]十四年,进镇国上将军、淮东宣慰使。已而屯守上都。十五年授嘉议大夫、行御史台中丞。十九年,进资善大夫、福建行省左丞。"该记载十分清楚地显示,忽剌出任福建行省左丞的时间是

---

① 《新元史》卷112《昔里吉传》、《蒙兀儿史记》卷74《昔里吉传》,均谓此事发生于至元十四年。另据《元史》卷203《方技传》载:"[至元]十四年八月,车驾驻隆兴北,忠良奏曰:'昔里吉之叛,以安童之食不彼及也。今宿卫之士,日食一瓜,岂能充饥,窃有怨言矣。'帝怒,笞主膳二人,俾均其食。"不过,之前昔里吉还曾反叛,至元十二年"八月,以海都为边患,遣皇子北平王那木罕、丞相安童征之,忠良奏曰:'不吉,将有叛者。'帝不悦。十二月,诸王昔里吉劫皇子、丞相以入海都,帝召忠良曰:'朕几信谗言罪汝,今如汝言,汝祀神致祷,虽黄金朕所不吝。'忠良对曰:'无事于神,皇子未年当还。'后果然"。上述种种汉文史料之记载表明,此次昔里吉反叛年代有十二、十三、十四年三种说法。针对这一问题,白寿彝主编《中国通史》第8卷指出:"汉文史料对脱脱木儿、昔里吉等人叛乱的时间有至元十二年(1275)、十三年、十四年等诸种不同记载。据耶律铸《后凯歌词》自序,以十三年为是。"今复按耶律铸《双溪醉隐集》卷2《后凯歌词九首》自序,其文云:"至元丙子冬,西北藩王弄边。明年春,诏大将征之。"是可确知叛乱发生于至元十三年。然则还需特别留意该诗序文后一句,云:"明年,诏大将征之。"也就是说,元廷出兵平定昔里吉叛乱的时间应发生于至元十四年,而非《李庭传》所记载的至元十三年。此点当无疑义。参阅柯劭忞《新元史》,上海古籍出版社、上海书店出版社1989年版;白寿彝总主编、陈得芝主编:《中国通史》第8卷《中古时代·元时期(下册)》第3章《昔里吉、乃颜、海都》注释条,上海人民出版社1997年版,第53页;耶律铸《双溪醉隐集》卷2,文渊阁《四库全书》。

至元十九年，而非至元十四年。① 可见，忽刺出本传所记的一大堆职衔，其实只是节文，其脱漏问题表露无遗。《元史》因修撰过于匆忙，问题甚多；而对于这种"列传或一人而两传"的现象，钱大昕早已提出过十分严厉的批评。②

不惟如上所述，设若再仔细检讨至元十三年、十四年福建地区的机构设置，我们还可发现另一方面的问题。《世祖六》记载显示，至元十四年九月甲辰已有"福建行省"之设，不过紧接该记载之后，又出现另一建置，"[至元十四年九月] 壬子，福建路宣慰使、行征南都元帅唆都，遣招讨使百家奴、丁广取建宁之崇安等县及南剑州"③；《李庭传》亦显示其于至元十四年拜福建行省参政后，随即改"福建道宣慰使"。可见，与"福建行省"同时出现的还有"福建宣慰司"。而福建宣慰司的设置，则更要早到至元十三年，"十三年，授 [张荣实] 同知江西道宣慰使司事，未旬日，升镇国上将军、福建道宣慰使"④。

至元十三年已有福建宣慰司之设，十四年又出现行省与宣慰司两种机构，⑤ 它们究竟是不同的两个机构，还只是同一机构的不同称谓？在如此短促的两年间出现这种复杂变化，该如何解释呢？据《世祖六》载，至元十三年六月，"设诸路宣慰司，以行省官为之，并带相衔，其立行省者，不立宣慰司"。由此看来，之所以至元十三年、十四年会同时出现宣慰司

---

① 植松正《江南行省宰相表》将忽刺出任福建左丞置于至元十四年，此亦不当；同时，植松正又误将直脱儿置于至元十九年出任福建左丞，则更不确。概植松正径将《直脱儿传》附传中忽刺出之行实，视为直脱儿之行实。参见氏著《元代江南政治社會史》，東京：汲古書院，1997年，第190、192页。另，据黄溍《金华黄先生文集》卷25《湖广等处行中书省平章政事赠推恩效力定远功臣光禄大夫大司徒柱国追封齐国公谥武宣刘公神道碑》载："二十年春正月，建省于扬州，方练士卒，以俟大举。冬十月，建宁新附人黄华反，众至十万。乃辍公，俾与诸将往讨平之。福建行省左丞忽刺出引兵来会于梧桐川，欲尽剿其余党"云云，是知至元二十年，忽刺出仍在福建左丞任上。

② 钱大昕：《十驾斋养新录》卷9"元史"条。参阅陈文和主编《嘉定钱大昕全集》第7册《十驾斋养新录附余录》，江苏古籍出版社1997年版，第232页。

③ 亦可参见《元史》卷129《唆都传》："十四年，升福建道宣慰使，行征南元帅府事，听参政塔出节制。"

④《元史》卷166《张荣实传》，第3905页。

⑤ 需指出的是，据《元史》卷94《食货二·市舶》载："于是至元十四年，立市舶司一于泉州，令忙古𫝆领之。立市舶司三于庆元、上海、澉浦，令福建安抚使杨发督之。每岁招集舶商，于蕃邦博易珠翠香货等物。"此处出现所谓"安抚使"，因其在元代已不显，更非地方一级行政机构，本文不予讨论。

与行省两种机构，其实只是同一个机构的不同称谓而已。并且，因宣慰司官员由行省官员出任，并可带"相衔"，即带行中书省宰执之衔，所以当时的"宣慰司"亦被等同视作"行省"，只是它并非我们所讨论的真正意义上的行省。《李庭传》载其"拜福建行省参知政事"，后改"福建道宣慰使"，其实更大的可能只是"宣慰使"，并同时领有"相衔"而已。前文所述唆都的问题，亦当作如是观。

需进一步指出的是，揆诸元代载籍以及后世方志，我们发现，元代福建行省与福建宣慰司只有一处衙署，而并无彼此分立之衙署。① 这从一侧面反映出，福建行省与宣慰司两机构乃交相而设，并不存在两者同时并存的局面。

至此，我们已对谭先生所举证之四条材料逐一进行了辨析：第1条材料中指称的所谓"福建行省"，其实应当是原由伯颜所领导的"行中书省"；同时，并未有任何材料表明此"行中书省"后来自然而然地发展为"福建行省"。第2条材料则基本可坐实存在年代错置问题。第3条材料亦存在年代不明之嫌，将至元十四年之事，误植到至元十三年，由此使其记载不可信；退一步而言，即便所记十四年事实准确无误，其所系职衔也应只是领有"相衔"而已，并无法直接证明当时福建行省已然设立。第4条材料则证明完全错误。综合上述诸种情形，笔者以为，所谓至元十四年已设"福建行省"之说，并不甚确切。

至元十四年无论设立的是"宣慰司"还是"行省"，它都显示出福建地区地位的重要。王恽有谓："[至元]十三年，江左平，福建内附，蛮夷悍轻，易怨以变，蛇豕娄娄，血人于牙，何所靳顾？非大行台镇之，不足以制内而抚外也，故郎署官重其人，方裕宗皇帝参听朝政，乃选公充福建

---

① 据《八闽通志》卷40《公署·文职公署》载："福建等处承宣布政使司……宋兴，钱氏纳土，悉废撤焉。独明威一殿仅存，守臣避不敢居，以为设厅，凡敕设宴集，乃在于此。而即其西建大厅，以为视事之所……宋末，端宗即位于此，以设厅为垂拱殿。元或为行省，或为宣慰司，更置不常。至元十九年，火。二十年，右丞蒙古歹建省厅于设厅旧址，置左右司，创诚心堂，立仪门，列东西吏舍军庀。国朝洪武初，为福建等处承宣布政使司正堂。……经历司，在宣政堂之左。照磨所，在宣政堂之右。理问所，在仪门外西旁，元至元二十年右丞蒙古歹建。厅之东有吏目厅。司狱司，在理问所内西南，又西为监房。广积库，在布政司西廊后西南隅。"参阅《八闽通志》，第842页。另据贡师泰撰《福州行省检校官厅壁记》云："至正十六年春三月，诏复福建等处行中书省，即故宣慰司为治。"明确指出行省衙署所在，即为宣慰司之故址。参阅贡师泰《玩斋集》卷7，文渊阁《四库全书》。

行省左右司郎中。"① 它表明在附元之初，福建就被视作一个较大、也相对独立的行政区划单元而存在。

二　至元十五年至二十三年福建行省之置废过程

《元史》卷十《世祖七》载，至元十五年，"三月乙酉，诏蒙古带、唆都、蒲寿庚行中书省事于福州，镇抚濒海诸郡"；《元史》卷一三一《忙兀台传》称："十五年，师还福州，拜参知政事，诏与唆都等行省于福，镇抚濒海八郡。十月，召赴阙，升左丞"；《元史》卷一六三《乌古孙泽传》载，至元十五年，"夏五月，诏立行中书省于福建，以唆都行参知政事，泽行省都事，从朝京师"；《元史》卷一六二《高兴传》则云："十五年夏，诏忙古台立行省于福建，兴立行都元帅府于建宁，以镇之。"是知，至元十五年初，元廷正式诏令设立福建行省。

《元史》卷十《世祖七》载，至元十五年六月，"甲戌，诏汰江南冗官。江南元设淮东、湖南、隆兴、福建四省，以隆兴并入福建。其宣慰司十一道，除额设员数外，余并罢去。仍削去各官旧带相衔"②。七月，"丙申，以右丞塔出、〔左丞〕吕师夔、参知政事贾居贞行中书省事于赣州，福建、江西、广东皆隶焉。丁酉，赐江西军与张世杰力战者三十人，各银五十两。以江西参知政事李恒为都元帅，将蒙古、汉军征广……以参知政事李恒为蒙古、汉军都元帅，忙古带为福建路宣慰使，张荣实、张鼎并为湖北道宣慰使，也的迷失为招讨使"。由此可见，至元十五年六月、七月间，江西行省并入福建行省，此时江西行省省治又移至赣州。③ 这是福建地区与江西行省的第一次合并。

《元史》卷十《世祖七》载，至元十五年八月，"〔辛巳〕诏行中书省

---

① 王恽：《秋涧先生大全集》卷55《大元故中顺大夫徽州路总管兼管内劝农事王公神道碑铭并序》。
② 《元史》卷91《百官七》载："江西等处行中书省，至元十四年置。十五年，并入福建行省。"所指即为此事。
③ 至元十五年七月，福建地区设有宣慰司，黄溍《金华黄先生文集》卷8《故参知政事行中书省事国信使赠荣禄大夫平章政事上柱国追封闽国公谥忠愍王公祠堂碑》载："至元十五年秋七月，闽国王公以福建道宣抚使觐于上京，世祖皇帝与语大悦。……授公中奉大夫、刑部尚书、福建道宣慰使兼提刑按察使。"

唆都、蒲寿庚等曰：'诸蕃国列居东南岛屿者，皆有慕义之心，可因蕃舶诸人宣布朕意。诚能来朝，朕将宠礼之。其往来互市，各从所欲。'诏谕军前及行省以下官吏，抚治百姓，务农乐业，军民官毋得占据民产，抑良为奴。以中书左丞董文炳佥书枢密院事，参知政事唆都、蒲寿庚并为中书左丞"。该记载表明，蒙元朝廷有意在泉州设行省，以便招谕南海诸国。关于此点，《元史·唆都传》则表达得十分明确："［至元十五年］进参知政事，行省福州。征入见，帝以江南既定，将有事于海外，升左丞，行省泉州，招谕南夷诸国。"由此看来，唆都升左丞而行省于泉州的时间是在至元十五年八月间。另据《元史·地理五》"泉州路"条载，"十五年，改宣慰司为行中书省，升泉州路总管府"。可见，泉州设省应始于至元十五年。不过，谭先生认为福建行省初治于福州，"惟同年即有诏移省泉州耳"，并征引《新元史·行省宰相年表》之记载，将此事置于十六年，且进一步指出，"盖朝命发于十五年，泉州开省则在十六年也"。谭先生之说不无道理。另据《元典章》载："至元十五年十二月初六日，福建行省准枢密院咨"①，是知，至元十五年十二月，"福建行省"仍然存在，此则材料更可直接证明谭先生观点。

由上述史料记载可知，至元十五年福建地区机构设置的总体情况是：夏五月前，已有福建行省之设，省治在福州；六月，设治于隆兴的江西行省，并入设省治于福州的福建行省；七月，设治于福州的福建行省，又被并入移治于赣州的江西行省；逮至八月之后，因"有事于海外"以招谕南海诸国，又以泉州为治所，设泉州行省。唯泉州行省具体开设之年，则应要迟至至元十六年。

《元史·世祖七》载，十六年春正月，"敕移赣州行省还隆兴"。二月"以征日本，敕扬州、湖南、赣州、泉州四省造战船六百艘"。由此可知，至元十六年福建地区存有的是"泉州行省"，而此时"福建行省"则已被取代。②

---

① 《元典章》卷34《兵部一·军役·正军·军官再当军役》，参阅陈高华等点校《元典章》，中华书局、天津古籍出版社2011年版。

② 据《元史·忙兀台传》载："［至元］十六年七月，沙县盗起，诏忙兀台复行省事，讨平之。"此次盗起，是因唆都扰民所致，忙兀台讨平后，"有旨，忙兀台仍镇闽。十八年，转右丞"。至元十六年忙兀台所领应非"福建行省"。据《世祖八》载，至元十七年正月，方"置行中书省于福州"，四月"诏以忙古带仍行省福州"。

《元史》卷一一《世祖八》载，至元十七年春正月，"甲子，敕泉州行省，所辖州郡山寨未即归附者率兵拔之，已拔复叛者屠之。以总管张瑄、千户罗璧收宋二王有功，升瑄沿海招讨使，虎符；璧管军总管，金符"。逮至至元十七年正月戊辰之后，《世祖八》复载，"置行中书省于福州"；四月，"诏以忙古带仍行省福州"。由此获知，至元十七年正月至四月间，首度出现泉州、福建两省并立之局面。逮至四月丙申日之后，又"以隆兴、泉州、福建置三省不便，命廷臣集议以闻"。五月，"福建行省移泉州"。谭先生认为，"此言移者，盖并也"。

《元史·世祖八》又载，至元十七年秋七月，"徙泉州行省于隆兴"①。此则材料表明，泉州行省并入江西行省，福建地区仅只设福建宣慰司。刘敏中曾云："[至元] 十七年，赐金虎符，授镇国上将军、福建道宣慰使兼镇守万户。是岁十月十九日，以疾薨于建德。"②

《元史》卷六二《地理五》"福州路""泉州路"条载："十八年，迁泉州行省于本州。十九年，复还泉州。""十八年，迁行省于福州路。十九年，复还泉州。"顾祖禹《历代州域形势》云："十八年，迁治福州。自是徙治不一。"③ 这些记载似乎表明，至元十八年，福建地区并未出现两省并立，仅是省治迁徙无常而已。《地理志》等的记载是否可采信呢？笔者以为不然。据《世祖八》载，至元十八年二月，"福建省左丞蒲寿庚言：'诏造海船二百艘，今成者五十，民实艰苦。'诏止之"。十月，"壬子，用和礼霍孙言，于扬州、隆兴、鄂州、泉州四省，置蒙古提举学校官各二员"；《元史·忙兀台传》则云："十八年，转 [福建] 右丞。"由此可证，至元十八年，福建、泉州两行省当又现再度并峙之局面。谭其骧先生就曾留意到，至元十七年并立之后，二十年三月前，又有两省再度并立的状况，其所指应当就是指至元十八年两省并峙之情形。

至元十九年，福建、泉州两省并立局面复又生变。《元史》卷一二

---

① 据《元史·塔出传》载："[至元] 十七年，入觐，赐劳有加，复命行省于江西，寻以疾卒于京师。"大岛立子认为，正是由于塔出之死，促成此次两省合并，忙兀台则率所领导的福建行省将治所移至隆兴。参阅大岛立子前揭文，注释第27。

② 刘敏中：《中庵先生刘文简公文集》卷6《敕赠镇国上将军福建道宣慰使兼镇守建德万户赠荣禄大夫平章柱国温国公谥恭惠珊竹公神道碑铭》，《北京图书馆古籍珍本丛刊》第92册，书目文献出版社1998年版。

③ 顾祖禹：《读史方舆纪要》卷8。

《世祖九》载，至元十九年五月，"戊辰，并江西、福建行省。去江南冗滥官"；九月，"福建宣慰司获倭国谍者，有旨留之"。该记载显示，福建行省被省并后，另立福建宣慰司，而不再设福建行省。不过，"泉州行省"仍然存留，并且基本是作为整个福建地区的代表性机构而存在，① 以下史料记载即为明证：《元史·世祖九》载，至元十九年九月，"壬申，敕平泺、高丽、耽罗及扬州、隆兴、泉州共造大小船三千艘"，泉州行省与扬州、隆兴两行省并列。《永乐大典·站赤一》载："至元十九年四月，诏给各处行省铺马圣旨，扬州行省、鄂州行省、泉州行省、隆兴行省、占城行省、安西行省、四川行省、西夏行省、甘州行省，每省五道……十月，增给各省铺马圣旨，西川、京兆、泉州十道"；《永乐大典·站赤二》载："［至元十九年五月］九日，中书参政阿里等奏准各处行省给降铺马圣旨五道，如本省有使在朝，就令齐去；无者，遣使送致之，异时斟酌增给。扬州行省、鄂州行省、泉州行省、隆兴行省、占城行省、安西行省、四川行省、西夏行省、甘州行省，每省五道内五匹……［九月］二十四日，中书右丞相火鲁火孙等奏，前者西川及甘州、中兴、京兆、泉州五处行省，各降铺马圣旨五道。今来俱言数少，臣等定议西川、京兆、泉州三处烦剧，

---

① 吴幼雄认为，"并江西、福建行省"意味着泉州成为江西、福建的省府，此观点误。从后文所引《永乐大典》等记载可知，至元十九年，隆兴行省与泉州行省往往并列而立，显示该两行省并峙。详可参阅《元代泉州八次设省与蒲寿庚任泉州行省平章政事考》。而关于此次福建、江西两省合并事，从王积翁当时拜江西行省参知政事一事中亦可窥知，据黄溍《金华黄先生文集》卷8《故参知政事行中书省事国信使赠荣禄大夫平章政事上柱国追封闽国公谥忠愍王公祠堂碑》载："至元十五年秋七月，闽国王公以福建道宣抚使觐于上京，世祖皇帝与语大悦……将使预闻国政。公恳辞，乃降金虎符，授公中奉大夫、刑部尚书、福建道宣慰使兼提刑按察使……公既还治闽中，具宣德意。十六年夏五月，举家入朝。明年正旦，上眷礼有加，擢户部尚书……十九年春二月，拜正奉大夫参知政事、行中书省事，将之官江西。"需特别指出的是，据《元史》卷184《王都中传》载，王积翁于"至元十三年，宋主纳土，乃以全闽八郡图籍来，入觐世祖于上京，降金虎符，授中奉大夫、刑部尚书、福建道宣慰使，兼提刑按察使，寻除参知政事，行省江西"。《金华黄先生文集》卷31《正奉大夫江浙等处行中书省参知政事王公墓志铭》则云："［积翁］乃夜抵福州，以八郡图籍上于行省，至元十三年十一月也。行省承制易以新官。既入觐世祖皇帝于上京，乃降金虎符，授中奉大夫、刑部尚书、福建道宣慰使兼提刑按察使。寻真除兵部尚书，拜正奉大夫参知政事，行中书省事。将之官江西，俄□为国信史……"从这两则材料看，似乎表明王积翁在至元十三年降蒙后不久，即出任江西行省官员。其实这并不确切。

各增给十道，甘州、中兴各增五道。"①

《元史·世祖九》载，至元二十年三月，"罢福建市舶总管府，存提举司。并泉州行省入福建行省。免福建归附后未征苗税。……［壬午］罢福建道宣慰司，复立行中书省于漳州，以中书右丞张惠为平章政事，御史中丞也先帖木儿为中书左丞，并行中书省事"。此记载提供的信息十分明晰：至元二十年三月，立福建行省，并泉州行省；同时罢福建宣慰司，将省治移至漳州。至于其治所又于何时复从漳州迁回福州，史不详载。《元史·地理五》"泉州路"条云："十九年，复还泉州。二十年，仍迁福州路"，该记载显示，省治应于当年回迁福州。自至元二十年三月泉州行省被省并后，"福建行省"则为该地区代表性机构，如《元典章·军官承袭例》称："至元二十年七月二十一日，福建行省准枢密院咨"云云，②《永乐大典·站赤三》载："［至元二十年］十二月五日，右丞相火鲁火孙等奏，扬州、荆湖、四川、福建行省及四川转运司分司、湖南宣慰司，各言元降铺马圣旨不敷，请增给事……"③

《元史》卷一三《世祖十》载，至元二十一年，"二月辛巳，以福建宣慰使管如德为泉州行省参知政事，征缅"。关于管如德任福建宣慰使事，据《新元史》卷一七七《管如德传》载："至元二十年，管如德赴阙入奏，授福建宣慰使。"④ 此处出现所谓"福建宣慰使"，并不足以判断当时福建地区就只是设立"宣慰司"，而不设"行省"。事实上，至元二十一年，福建地区的建置一直是"行省"而非"宣慰"。所谓"宣慰使"，只代表其所授予的职衔，而并不能说明其建置亦随之建立，这从当时原始的

---

① 《永乐大典》卷19416、卷19417，中华书局1998年版，第7190页上、7203页。需要特别指出的是，据《元典章》卷2《圣政一·圣政·振朝纲》载："至元十九年七月，福建行省准中书省咨：御史台呈：今月十五日，本台官奏过……"此材料表明，直至至元十九年七月，"福建行省"建置依然存在。大岛立子认为至元十九年十月，泉州行省与福建行省合并，不过其未提供具体史料来源。笔者以为，以上述史料判断，五月有司诏并江西、福建行省；殆至九月，福建行省始不见诸载籍，很可能九月份福建与泉州两省已真正合并。参阅大岛立子前揭文，注释第18。
② 《元典章》卷8《吏部二·官制二·承袭·军官承袭例》。
③ 《永乐大典》卷19418，第7205页上。
④ 《元史》卷165《管如德传》云："二十年，丞相阿塔海命驰驿奏出征事，入见，世祖问曰：'江南之民，得无有二心乎？'如德对曰：'往岁旱涝相仍，民不聊生，今累岁丰稔，民沐圣恩多矣，敢有贰志！使果有贰志，臣曷敢饰辞以欺陛下乎！'帝善其言，且喻之曰：'阿塔海有未及者，卿善辅导之，有当奏闻者，卿勿惮劳，宜驰捷足之马，来告于朕。'"《新元史》当据此而判定其时管如德授福建宣慰使。

政府公文记录即可知悉：《永乐大典·站赤一》载，"［至元二十一年二月增给各处铺马札子］福建行省所辖路分七处，每处二道"；《永乐大典·站赤三》云："［至元二十一年二月］福建行省所辖路分，每处给降起马一匹。"①《元典章·不刷雕青百姓充军》则载："至元二十一年八月，福建行省准枢密院咨该：准中书省札付"②，等等。

《元史》卷一三《世祖十》载，至元二十一年九月，"中书省言：'福建行省军饷绝少，必于扬州转输，事多迟误。若并两省为一，分命省臣治泉州为便。'诏以中书右丞、行省事忙兀台为江淮等处行中书省平章政事，其行省左丞忽刺出、蒲寿庚，参政管如德分省泉州"。此材料透露出两个重要信息：一是福建地区首次被并入江淮行省（后调整演化为江浙行省），此后忙兀台长期担任江淮行省要职；二是泉州经历此次分省之后，不再作为省治，直至大德元年。但需指出的是，此次福建行省并入江淮行省后，随即又复置，据《世祖十》载，至元二十一年十一月，"癸卯，福建行省遣使人八合鲁思招降南巫里、别里剌、理伦、大力等四国，各遣其相奉表以方物来贡"。至于泉州行省，估计很快亦因福建行省的复置而被废。

《元史》卷一三《世祖十》载，至元二十二年春正月，"卢世荣请罢福建行中书省，立宣慰司，隶江西行中书省"。谭其骧先生引《元史·兵志四》之记载，"二十三年四月，福建、东京两行省各给圆牌二面"，认为至元二十三年，福建行省又复置。③另据程钜夫《林国武宣公神道碑》载："［至元］二十三年，入朝，进骁骑卫上将军、江浙等处行中书省左丞兼管本万户军。未几，行省迁扬州，置宣慰司浙西……未行而院革，会福建置行省，复奏公为左丞。"④笔者以为，至元二十一年福建行省的省并，应当跟卢世荣的上台有一定的关系；而二十二年十一月卢世荣的倒台，亦是福建行省再度复置的由头。

自至元二十三年福建行省复置后，直至至元二十八年，福建行省建置未见变动。基于对以上资料的比勘分析，我们可以发现：至元十五年至至

————————

① 《永乐大典》卷19416、卷19418，第7190页下、7205页上。
② 《元典章》卷34《兵部一·军役·新附军·不刷雕青百姓充军》。
③ 此亦可参阅《永乐大典》卷19416《站赤一》："至元二十三年四月福建、东京两行省各给圆牌二面。"第7190页下。另，《元史》卷91《百官七》"江西等处行中书省"条载："［至元］二十二年，以福建行省并入江西。二十三年，又以福建省并入江浙。"此记载疑误。
④ 程钜夫：《程雪楼文集》卷6。

元二十三年，福建行省与泉州行省，或同时并立，或存此而废彼，或被省并入江西行省、江淮行省，其变化十分频繁。不过需特别指出的是，所谓"福建行省"，是指省治在福州者言；而所谓"泉州行省"，应是特指设治于泉州者言。当它们同时并立，体现出的则是泉州行省的暂时"分省"，其管辖范围所及当有所限；当存此而废彼时，则表明其所辖为整个福建地区。对于此两种现象，史家留意不多，甚或出现误读。此外，在福建地区置有行省的同时，偶又会出现"福建宣慰使司"这一机构，如前文所述至元十九年出现的情景：泉州置泉州行省，而福州则设"福建宣慰司"。"福建宣慰司"与当时并立的泉州行省之间关系究竟如何，则有待进一步考察。

在此还需指出的是，对于至元十五年至至元二十三年间几乎年年更易，甚至一年内有数次改易的现象，我们该如何去加以分析解读呢，也就是说这种过度频密的改易究竟在多大程度上可以贯彻到实际的地方行政运作系统当中去并起到切实的效果呢？因囿于史料，目前难以遽答。不过，就《元典章》《永乐大典·站赤》等所留存的具有原始公文记录性质的这类史料文献来看，福建地区出现的这种过度频繁的建置更改，得到了真实地呈现，也在切实地发挥作用。

三 至元二十八年至大德年间福建行省的置废问题

至元二十三年福建行省复置后，直至至元二十八年，未见改易。①

至元二十八年二月，"改福建行省为宣慰司，隶江西行省。诏：'行御

---

① 据胡祗遹《效忠堂记》载："至元二十五年，[李振文]福建宣慰秩满，得代还乡里。"该记载显示至元二十五年，福建地区的建置是"宣慰司"，这可不可靠呢？今检核元代诸种载籍，至元二十五年，福建地区设立的是"行省"而非"宣慰司"：《元史》卷15《世祖一二》载，至元二十五年七月，"同知江西行枢密院事月的迷失上言：'近以盗起广东，分江西、江淮、福建三省兵万人令臣将之讨贼……'诏许之。"[十月]庚申，从桑哥请，以省、院、台官十二人理算江淮、江西、福建、四川、甘肃、安西六省钱谷，给兵使以为卫。"[十一月]甲午，北兵犯边。诏福建省管内并听行尚书省节制。"另据《永乐大典》卷19416载："[至元二十五年]十一月，福建行省元给铺马圣旨二十四道，增给札子六道。"见《永乐大典》第7190页下。《效忠堂记》载李振文曾为"同知福建路宣慰司事"，唯其具体升任此职年月不详，估计在至元二十三年前已任此职，逮至至元二十五年从福建卸职，其时福建地区建置已变，而李氏职务当亦相应发生改变，唯胡氏有所不察故也。参阅胡祗遹《紫山大全集》卷11，文渊阁《四库全书》。

史台勿听行省节度。'"① 这是自至元二十三年福建行省复置之后，再度被废。至元二十八年为何出现此一变化？据《世祖十三》载，至元二十八年正月，"尚书省臣桑哥等以罪罢"。十二月，"壬申，立河南江北行中书省，治汴梁"；同月，"江北州郡割隶河南江北行中书省。改江淮行省为江浙等处行中书省，治杭州"。福建行省此次再度被废，或正与此相关。

《元史·高兴传》载："至元二十八年罢福建行省，以参知政事行福建宣慰使；二十九年，复立福建行省，拜右丞。"② 是知，至元二十九年福建行省旋又复置。那么其复置的具体月份又在何时呢？据《永乐大典·站赤四》载："至元二十九年正月七日，中书省奏，福建宣慰司官高兴言：'本道每年递运泉州贡赋，及外国来使赴上，皆仰民力纲运，重劳苦之。今沿途逃亡之屋甚多，良可哀悯。窃详远迩职贡，驿传为先，请于建宁路建阳县、崇安县，各立马站一所，迤逦至铅山州车盘站，至汭口下船，直至大都。每处用夫二百五十人，所以放罢亡宋运铜钱及铺兵充站夫。又于福州怀安县水口、南剑，各置水站，以达建宁。似望官民便益。'奉旨若曰：亦黑迷失、沙不丁曾至其地，可再问之。都省钦依，询于亦黑迷失、沙不丁，皆以为便。差官于江浙、福建行省，从宜设置。"③ 《元史》卷一七《世祖十四》则载，至元二十九年正月"庚子，江西行省左丞高兴言：'江西、福建汀、漳诸处连年盗起，百姓入山以避，乞降旨招谕复业……丙午，河南、福建行中书省臣请诏用汉语，有旨以蒙古语谕河南，汉语谕福

---

① 《元史》卷16《世祖十三》，第344页。
② 丁昆健认为，《高兴传》所载至元二十九年复立福建行省的记载是错误的，并举《元史》卷16《世祖十三》"至元二十八年九月壬子"条记载，指出至元二十八年九月就已复置福建行省。今复按原文，《世祖十三》载："[壬子]命海船副万户杨祥、合迷、张文虎并为都元帅，将兵征瑠求。置左右两万户府，官属皆从祥选辟。既又用福建吴志斗言'祥不可信，宜先招谕之'，乃以祥为宣抚使，佩虎符，阮监兵部员外郎，志斗礼部员外郎，并银符，赍诏往瑠求。明年，杨祥、阮监果不能达瑠求而还，志斗死于行，时人疑为祥所杀，诏福建行省按问，会赦，不治。"此处所谓"明年"，应是指至元二十九年无疑，《元史》卷210《瑠求传》对此有确切记载。丁氏判断有误。差可补充的是，《世祖十三》内的此条记载似不应作为正文而出现于《本纪》中，当别加小字作注为是。借此亦可窥知，《元史》因修撰过速，剪裁痕迹，触目可见。参阅丁昆健《元代行省制度之形成及其职权》，第121页之注释135。
③ 《永乐大典》卷19419，第7214页上。此外，《永乐大典》卷19423亦记载："信州等立站赤：至元二十九年正月十七日，中书省准江淮行省咨，据骠骑卫上将军、行尚书省参知政事、行福建道宣慰司呈：近于至元二十八年三月内，钦授宣命，充前职，前去福建开司之任。"参阅《永乐大典》，第7258页。

建"。二月，"以泉府太卿亦黑迷失、邓州旧军万户史弼、福建行省右丞高兴并为福建行中书省平章政事，将兵征爪哇，用海船大小五百艘、军士二万人"。

由上所述可知，至元二十九年正月，福建行省已然复置，这次复置显然是为征伐爪哇。① 据《元史·世祖十四》载："以泉府太卿亦黑迷失、邓州旧军万户史弼、福建行省右丞高兴并为福建行中书省平章政事，将兵征爪哇。"自至元二十九年设立福建行省后，数年未改易。不过，征爪哇并不顺利，《世祖十四》载，至元三十年八月，"敕福建行省放爪哇出征军归其家"；十二月，"庚子，[福建] 平章政事亦黑迷失、史弼、高兴等无功而还，各杖而耻之，仍没其家赀三之一"。

《元史》卷十九《成宗二》载，大德元年二月，"己未，改福建省为福建平海等处行中书省，徙治泉州。平章政事高兴言泉州与瑠求相近，或招或取，易得其情，故徙之"②；同年三月，"诏各省合并镇守军，福建所置者合为五十三所，江浙所置者合为二百二十七所"；十一月，"福建行省遣人觇瑠求国，俘其傍近百人以归"。是知此段时期内，福建行省之设，多因外出征伐之故。所谓"平海等处行中书省"，"平海"应指"平定海外"之意。另据《成宗二》载，大德二年二月，"立军民宣慰司都元帅府于福建"，此"军民宣慰司都元帅府"具体情况不详。

据《元史》卷二十《成宗三》载，大德三年二月，"罢四川、福建等处行中书省，陕西行御史台，江东、荆南、淮西三道宣慰司。置四川、福建宣慰司都元帅府及陕西汉中道肃政廉访司"。五月，"庚子，复征东行中

---

① 至元二十九年，福建行省的官员有孟左丞、史弼、魏天祐等人，详可参阅《永乐大典》卷19424《站赤九》"禁走骤铺马"条、《世祖十四》至元二十九年八月的记载。此外，此次设福建行省征爪哇，元廷对征爪哇人员在考课制度上亦有规定，《元史》卷84《选举四》载："二十九年，部呈：'大司徒令史，若各部选发者，三考出为正，自用者降。崇福司与都护府、泉府司品秩相同，所设人吏，由省部发者，考满出为正七品，自用者降一等。福建省征爪哇所设人吏，出征回还，俱同考满。'"

② 另据《元史》卷210《瑠求》载："成宗元贞三年（即大德元年），福建省平章政事高兴言，今立省泉州，距瑠求为近，可伺其消息，或宜招宜伐，不必它调兵力，兴请就近试之。九月，高兴遣省都镇抚张浩、福州新军万户张进赴瑠求国，禽生口一百三十余人。"

书省，以福建平海省平章政事阔里吉思为平章政事"①。福建行省于至元二十九年复置后，至此复罢，并入江浙行省，直至至正十六年才再度出现行省建置。福建行省于大德三年的罢废，反映出进入成宗时期以后，元王朝对外政策的改易更张。

值得注意的是，近年来有学者留意到福建地区摩崖石刻的记载，认为大德三年福建行省罢废之后，大德年间仍有"福建行省"的建置，其具体情况究竟如何呢？

据清乾隆年间所撰《莆田县志》载，当地有一石刻铭文云："'左丞雨右丞雨'石，在郡城乌石山东南，一刻'左丞雨'，旁细字云：'至正癸卯，夏秋不雨，禾渐枯，分省郑昁率都镇抚吴维贤、从事官宋应福，于七月三日设坛请祷，越三日大雨，士民俞志甫等勒石以记。'一刻'右丞雨'，旁细字云：'大德庚子，春耕乏雨，行省右丞札剌立丁持节过莆，议捐俸修庙学，大雨随至。莆人咸喜曰：此右丞公雨也。文学掾庄邦元请于郡官，镌此兹岩石以志。'"② 另据元人庄弥邵撰《泉州罗城外壕记》载："泉本海隅偏藩，世祖皇帝混一区宇，梯航万国，此其都会。始为东南巨镇，或建省，或立宣慰司，所以重其镇也。一城要地，莫盛于南关，四海舶商，诸番琛贡，皆于是乎集。……皇帝龙飞之六载，省并江浙，立宣慰司，行省右丞札剌立丁公领使司帅府，视事以来，曾未逾时，政通人和，百废俱兴。"③ 前则史料中的"大德庚子"，即大德四年（1300），该碑刻显示此年札剌立丁仍任泉州行省右丞，尚未"领宣慰司帅府"；后一则材料"皇帝龙飞之六载"则显示，大德六年泉州亦仍设置有"行省"。④

上述史料中，札剌立丁均被视为"行省右丞"，似表明当时泉州仍有行省建置。然而，自大德三年至大德七年，关于福建地区的行省建置问

---

① 据《通制条格》卷2《户令·官豪影占》载："大德三年六月初九日，中书省奏'阔里吉思题说福建合行事内一件'"云云。此材料显示，至六月，阔里吉思仍在福建。不过，此时的阔里吉思已非福建行省平章，据《元史》卷134《阔里吉思传》载："大德二年，改福建行省平章。未几，以福建隶江浙，改福建道宣慰使、都元帅。升征东省平章政事。"参见方龄贵《通制条格校注》，中华书局2001年版，第81页。

② 廖必琦修、宋若霖纂：《（乾隆）莆田县志》卷2《舆地》，光绪五年补刊本，民国十五年重印本。

③ 怀荫布修、黄任纂：《（乾隆）泉州府志》卷11《城池》，光绪八年补刻本。

④ 此处亦可参阅吴幼雄《元代泉州八次设省与蒲寿庚任泉州行省平章政事考》。

题，《元史》已不见记载，其他诸种元代载籍亦未透露任何相关消息。元人朱文霆云："元大德三年，福建都元帅札剌立丁重建明伦堂。至治改元，总管廉忱始甃台塑两庑从祀像，筑杏坛于棂星门之南，康里巙（巙）为记。……至正九年，郡判卢僧孺桥之。十年，监郡偰玉立重建明伦堂，并修议道堂，为斋舍四十间及先贤等祠。"① 此处札剌立丁所系衔为"宣慰司都元帅"，而非"行省"相衔。

为何地方石刻史料或方志中会出现上述所谓的行省"相衔"？这就不得不回到前文所涉及的宣慰使带相衔的问题上来。至元十三年，元廷规定："设诸路宣慰司，以行省官为之，并带相衔，其立行省者，不立宣慰司。"② 不过由于此时江南设官太滥，尤其是因为这一规定容易造成宰相员额设置的冗滥，③ 故而屡次下令削去宣慰使所带相衔：至元十五年六月，"其宣慰司十一道，除额设员数外，余并罢去。仍削去各官旧带相衔"；至元十九年五月，复申前令，"罢宣慰使所带相衔"④。笔者以为，地方石刻材料透露出的，其实就是宣慰使带"相衔"的问题。为何迟至大德年间仍会有此种现象发生，其具体缘由无从得知。元代有所谓"宣慰司望轻"之说，很多重要地区并未设行省；然而，宣慰使系有"相衔"的现象却在在可见：如大德七年五月，"立和林宣慰司都元帅府，以忽剌出遥授中书省左丞，为宣慰使都元帅"；大德十一年五月，"遥授中书左丞钦察、福建道宣慰使也先帖木儿，并为中书参知政事"，"［秋七月］甲申，遣赡思丁使西域，遥授福建道宣慰使"⑤。此外，据元明善所撰《河南行省左丞相高公神道碑》载，高兴于"廿八年，罢福建省，进阶骠骑，参政行福建道宣慰使。拯荒残，理冤滞，安反侧，抚良愿，闽人大和"⑥。此处所谓"参政行福建道宣慰使"，与地方石刻中将"宣慰使"视作"行省"，实乃异曲同工。不过，它并不意味着当时设立的就是"行省"。

---

① 《八闽通志》卷44《学校·泉州府》。
② 《元史》卷9《世祖六》，第183页。
③ 《元史》卷132《昂吉儿传》载："江左初平，官制草创，权臣阿合马纳贿鬻爵，江南官僚冗滥为甚……由行省官荐，超授宣慰使者甚众，民不堪命。昂吉儿入朝，具为帝言之，且枚举不循资历而骤升者数人。"
④ 《元史》卷10《世祖七》、卷12《世祖九》，第201、243页。
⑤ 《元史》卷21《成宗四》、卷22《武宗一》，第452、480、484页。
⑥ 苏天爵：《元文类》卷65《河南行省左丞相高公神道碑》。

此外，据《泉州罗城外壕记》显示，大德六年泉州设有行省，其说亦属不确。据《元典章·下番使臣山羊分例》载："大德六年二月，福建道宣慰司承奉江浙行省札付，据杭州路申……"；《元典章·各路周岁纸札》亦载："大德六年十一月，福建宣慰司：近为福州、汀州路申，乞放支周岁合用纸札价钱公事，呈奉到江浙行省札付：近据本道呈各路公用纸札，移准中书省咨：'福建道宣慰司呈：汀州路申：江浙路分每年俱各放支公用纸札价钱，福建各路自来不曾放支，止是各该人吏自备。今本道并入江浙行省管领，理合与浙东道宣慰司并各路一体放支。'"① 这是当时最为原始的公文记录，它清楚地显示大德六年福建地区所设置的是"福建宣慰司"，而非"行省"。

自大德三年至至正十六年，福建地区未再置行省。据福州乌石山元人题名之摩崖石刻文《焦德裕题名》记载："岁玄默敦牂，中秋后之二日，闽省参政易阳焦公宽甫，自清源归觐，道福唐。又三日，宣慰秀岩石祥甫，载酒会于乌石之道山亭。申隐信云甫、省郎镇阳毛汉卿、提举东古古纯甫、寓客南洲卡仲元、住山释绍玉与焉。"有学者认为此处所谓"岁玄默敦牂"，系至正壬午，即至正二年（1342），该学者进而据此推定，至正二年已复置行省。② 然则，据《元史·焦德裕传》载，焦氏字宽父（石刻谓"宽甫"），至元二十五年已卒，至正二年焉能仍任"参政"？是知其不确。今复核清人所编纂《乌石山志》，③ 其记载仅云"岁玄默敦牂"，即"岁壬午"，该记载并未明确指称是"至元"或"至正"，该学者径将其系于"至正"年间，显然是受到前文所揭《闽中金石录》的辑录者清人冯登府所作《焦公等鼓山题名》之录文误导，而致年号错置。

四　至正年间福建行省的分省问题

《元史》卷四四《顺帝七》载："[至正]十六年春正月壬午，改福建

---

① 《元典章》卷16《户部二·分例·使臣·下番使臣山羊分例》；卷21《户部七·钱粮·支·各路周岁纸札》。

② 参阅吴幼雄《元代泉州八次设省与蒲寿庚任泉州行省平章政事考》。

③ 郭柏苍纂、福州市地方志编纂委员会整理：《乌石山志》卷6，海风出版社2001年版，第114页。

宣慰使司都元帅府为福建行中书省。"贡师泰《福州行省检校官厅壁记》记云："至正十六年春三月，诏复福建等处行中书省，即故宣慰司为治。"①另据《元史》卷九二《百官八》载："[至正]十六年五月，置福建等处行中书省于福州，铸印设官，一如各处行省之制。以江浙行中书省平章左答纳失里、南台中丞阿鲁温沙为福建行中书省平章政事，福建闽海道廉访使庄嘉为右丞，福建元帅吴铎为左丞，司农丞讷都赤、益都路总管卓思诚为参政。以九月至福州，罢帅府，开省署。"由以上诸多记载可获知，福建行省于大德三年罢废以来，直至至正十六年，方克复置，直至元亡。

至正年间，福建行省建置变迁的一个比较大的特征，就是出现数次分省的现象。关于元末年分省之制，谭先生亦曾留意并做过讨论。不过，仍有部分问题值得进一步详细考察。

据《元史》卷九二《百官八》载："[至正]十八年，福建行省右丞朵歹分省建宁，参政讷都赤分省泉州。"这是元末分省的典型事例。建宁分省应与当地发生叛乱有关，至于其何时省废，有待详考。

不过，关于此次"泉州分省"的问题，则很明显应当与至正十七年三月发生的义兵万户赛甫丁、阿迷里丁叛据泉州有关。② 此次泉州分省之罢，据泉州清源山《修弥陀岩记》载，至正二十一年（1361）修寺，"会平章三旦八、御史帖木尔不花、宪使孙三宝、金事释迦奴，捐财首创，化合众缘，易殿以石"。吴幼雄认为，该则记载表明至正二十一年，三旦八已任泉州行省平章政事，此前三旦八曾被阿里迷丁所执。③ 至正二十二年五月，泉州赛甫丁被福建行省燕只不花击败，泉州分省被罢。④ 吴氏关于泉州行省罢废年代之说，尚待进一步讨论。

考索元代载籍，我们发现，至正年间李士瞻在福建的行实，可为解决

---

① 贡师泰：《玩斋集》卷7，文渊阁《四库全书》。另据《元史》卷92《百官八》载："[至正]十六年五月，置福建等处行中书省于福州，铸印设官，一如各处行省之制。以江浙行中书省平章左答纳失里、南台中丞阿鲁温沙为福建行中书省平章政事，福建闽海道廉访使庄嘉为右丞，福建元帅吴铎为左丞，司农丞讷都赤、益都路总管卓思诚为参政。"

② 《元史》卷45《顺帝八》，第936页。《泉州府志》卷3《建置沿革表》明确指出，至正十八年之所以设泉州分省，系"以十七年元赛甫丁、阿迷里可叛据泉故"。怀荫布修、黄任纂：《（乾隆）泉州府志》，光绪八年补刻本。

③ 陈荣仁：《闽中金石略》卷12，转引自吴幼雄前揭文。

④ 《元史》卷46《顺帝九》载，至正二十二年五月，"乙巳朔，泉州赛甫丁据福州路，福建行省平章政事燕只不花击败之，余众航海还据泉州。福建行省参知政事陈有定复汀州路"。

泉州分省之罢废时间问题提供有益的观察视角。至正二十一年，李士瞻以户部尚书出督闽中盐赋，当年十一月抵达福州。① 据《至正近记》载，至正二十二年，"四月，福州平章燕只不花会诸军围赛甫丁"。数月后，"既而尚书李士瞻诱赛甫丁、扶信登海舟，参政魏留家奴蹙杀亦思巴奚兵数百人。燕只不花克复省治，余阿里以江西行省左丞在兴化，遏赛甫丁、扶信奔败之兵，开分省，立官府，余民稍有生意"②。关于至正二十二年围赛甫丁事，李士瞻《上中书左丞相》所述甚详："正图开洋，不意变生仓卒，内外闭塞，城中鼎沸，哭声轰天，死者八九。余自荷以使者之职，叨司耳目之寄，安忍坐视，以贻朝廷之忧。乃仗圣天子威灵，开诚心，仗大义，谕以利害福祸之原，庶几异类恶丑，帖耳俛听，未尝敢以无礼相加。遣人驰书军中，往来开示，至七月十六日，士瞻方率耆宿士民出城，亲见大军议之，解其事。议定，又复入城，以安百姓。甫至八月十五日，方尽诱丑登船，随时军众四合，一扫而空。其首恶余党，逃至泉南，寻复剿绝无遗。"③ 据此记载，可知至正二十二年八月，长期叛据泉州的赛甫丁等势力方告彻底结束。李氏亦因此而"诏拜资善大夫、本省左丞，寻入为中书参议"④。

据《经济文集》记载，李士瞻到福州后，曾先后三次致书"泉州左丞相"，内中有云："区区到此两月有余，既不蒙遣一价来问，差去之人久无一言回报，不知何所阻也。"⑤ 可证此信当写于至正二十二年初，其中所谓

---

① 李士瞻撰《王仲弘卷》云："至正二十一年秋七月，余承乏地官尚书，叨奉明命，以航万里海，督闽中盐赋以输朝廷。来自其年七月，至则十一月十日也。始至，则即督省府，戒合属，大选官曹，分局隶事，明示赏罚，严立考课。"另据同氏撰《与燕平章书》载："区区不才，谬膺器使，受命之后，日夜怀惕。幸得遇平章故人，相与共事，私心政自不能不喜耳。但海洋中风汛所误，以十一月十四日方达福州，中间艰阻，不可名言"云云。可见当年十一月，李士瞻到达福州后随即展开活动。"燕平章"即为福建平章燕只不花。参阅李士瞻《经济文集》卷4、卷1，文渊阁《四库全书》。
② 参阅《八闽通志》卷87《拾遗·兴化府》载吴源所撰《至正近记》，第1036—1037页。
③ 李士瞻：《经济文集》卷3。李继本撰《代严君辞中书参议文》亦述及其事："出使闽中，誓竭心膂，以效细勤，以图上报。既而至闽之后，边鄙弄兵，炽如炎火，寄息城中，凡三阅月，始克解围。偶尔成功，幸其不死，圣恩汪濊，遂获生还。"参阅李继本《一山文集》卷7，文渊阁《四库全书》。
④ 陈祖仁撰《元翰林学士承旨楚国李公行状》，载《经济文集》卷末。另据《经济文集》卷4《题〈王彦方小传〉后》载，至正二十二年，"十一月，辱承乏本省左丞，俾专董前事"。
⑤ 李士瞻：《经济文集》卷1《与泉州左丞相书》。

"泉州左丞相"之称，可知其时"泉州分省"尚存。《经济文集》所载李氏写给"泉州左丞相"的三通书信，主要目的在于敦促和晓谕泉州分省官员尽早缴纳并起运盐货赴京，所谓："纵然尽力攒运，比及春暮，运得几何？阁下果有真实报国之心，必须乘时，多方以为，犹虑不及。其见运之盐，便尽数到来，一半作官，一半脚价，其脚价之盐，又须就此变易，已是衬贴大课，而又于还官之外，中间所得一半而已。以此校之，必作画饼，则阁下平日报效之心，有名无实，诚为文具，是岂臣子所为哉！""若左丞实有报国之心，莫若照依分省元报五万之数，先时一半，尽官存留，一半慢慢准还脚价。如此，庶几公私两便，不误风汛，足显报效出自本心，不为文具。""凡此数节，悉望阁下裁度，早遂报效之愿，是所望也。"① 尤值得留意的是，在第二和第三封信中，李士瞻更是直接指出："烦赛参政差官起运官盐一万引""烦赛参政委人管押，前去彼处起运一万引"，云云。从该信判断，所谓"赛参政"，当为赛甫丁无疑，"左丞相"则尚不可得知。

综上所述我们可以推知，赛甫丁、阿里迷等据泉州叛后，一度被元廷招安，并在泉州设立分省，分省长官则一度由赛甫丁等人担任。表面上，赛甫丁等人听命朝廷，实则并不受控制，甚至对元廷还心存反叛，并且还时常威胁或攻打福州。职是之故，元廷下决心铲除赛甫丁，由此而出现至正二十二年福建平章燕只不花围灭赛甫丁之事。② 以往的研究对于此点，往往未予留意。

关于元末福建分省，谭其骧先生依据《新元史行省宰相年表》以及《至正近记》的记载，指出至正二十四年陈友定分省延平，以及至正十九年至至正二十五年存在兴化分省，只唯此两次分省不见于正史。陈友定分省延平之事，史料记载十分有限，其具体废罢年月不明。不过，关于兴化

---

① 参阅李士瞻《经济文集》卷1、卷2，《与泉州左丞相书》。
② 据陈高所撰《重建东禅报恩光孝寺记》载："至正壬寅［至正二十二年］，平章燕赤不花公，由江浙被命来镇闽省，岛夷据城以拒火厥寺。"此次燕只不花来闽，很大目的就是围剿赛甫丁。此外，关于此次围灭赛甫丁事，吴海撰《双谷叙赠秦景容》亦有所描述："至正二十一年，魏郡秦君景容来，为福建行省郎中。先是，平章普公募商胡，克舟寇有功，胡因益暴横。君至，持纲纪甚严，其众屡谋害君而不敢动。既乱，普公得除南台以出，而燕公实来代之。兵顿城外屡挫，议者皆欲讲解以纾难，君独以为不可。卒平之……"参阅陈高《不系舟渔集》卷12，文渊阁《四库全书》；吴海《闻过斋集》卷1，文渊阁《四库全书》。

分省之事，谭氏节录《至正近记》文云："至正十九年正月，右丞苫思丁继任。二十一年四月，参政忽都沙、元帅忽先继任。二十二年六月，左丞余阿里继任。二十四年四月，左丞观孙继任；旋德安以郎中摄行分省事。二十五年，左丞帖木儿不花继任；未几，复以德安摄任；十一月，哈散、黄希善兵陷兴化，分省罢。"

事实上，兴化、泉州分省之事当合而观之，方可得其详。今据吴源《至正近记》记载，对涉及此两分省的历史事实再稍作辨析。

兴化分省始于至正十九年，"正月，三旦八称平章，安童称参政，开分省于路治。辖郡军民官令各以兵会。二月，三旦八驱兴化及亦思巴奚兵，合数千人往援福州，安童独留，专兴、泉分省之任。其意轻亦思巴奚兵以为易制，屡挑之，于是亦思巴奚之酋阿迷里丁，自领其兵来，名为援福州，实欲袭兴化也。安童亦知之"①。由此则材料可知，兴化、泉州分省与亦思巴奚之乱有关。首任兴化分省的官员为安童，至正十八年曾为兴化总管，同年受福建平章普化帖木儿之命，始分省兴化。② 至正二十年正月"时广东元帅苫思丁以福建省平章便宜檄升右丞，分省兴化"③。谭氏谓右丞苫思丁于至正十九年继任兴化分省，疑误。

自至正十九年安童以兴化为治所而"专兴、泉分省之任"后，《至正近记》屡次记载"分省兴化""分省兴、泉"之事。④ 其实这正是因为自至正十七年发生赛甫丁、阿迷里丁叛据泉州以来，泉州、兴化地区的亦思巴奚之势力与当地武装势力之间的关系，以及他们与元廷之间的交错争斗和相互利用，使这个地区局势变得复杂。至正二十二年赛甫丁败后，泉州复为阿巫那所据，阿巫那也并不在元廷的有效控制之下，直至至正二十六

---

① 《八闽通志》卷87《拾遗·兴化府·至正近记》，第1035页。
② 详见《至正近记》所载至正十八年事。此外，卢琦撰《挽安童参政先任兴化太守后任参政分省兴化》诗，亦记有其事。参阅卢琦《圭峰集》卷上，文渊阁《四库全书》。
③ 《至正近记》，载《八闽通志》第1035—1036页。
④ 《至正近记》载：二十一年，"苫思丁回福州行省，复遣参政忽都沙、元帅忽先分省兴化"；二十二年，"燕只不花克复省治，余阿里以江西行省左丞在兴化，遏赛甫丁、扶信奔败之兵，开分省，立官府，余民稍有生意。未几，而参政郑畋代余阿里分省"；二十四年四月，"福建行省左丞观孙自京师至，奉旨分省兴、泉，提调市舶军马"；二十五年三月，"福建行省左丞帖木儿不花分省兴化，前摄分省郎中德安仍参替之……至帖木儿不花罢归行省，德安仍以郎中摄分省事，乃召其军去。其年十一月，前左丞观孙又以皇太子命，分省兴、泉，行省平章燕只不花密令德安自为计拒之，德安遂大集民兵"。参阅《八闽通志》，第1036—1038页。

年陈有定擒获阿巫那，兴化、泉州的亦思八奚之祸始告结束。因此史料中经常出现的所谓"分省兴、泉"，其所指应是治所设在兴化的分省，因为兴化分省一直处于元廷的有效控制之下；而泉州则因数年为赛甫丁等势力所控制，所谓的"泉州分省"也一度由赛甫丁等占据，这样也就导致泉州的事务便划归由设治于兴化的"兴化分省"来进行管领。不过，又因为泉州有其他势力控制，这一管领实际上无效。关于此段史事，过去一直隐而不彰，未曾揭示。

需指出的是，谭其骧先生认为至正二十五年十一月哈散、黄希善兵陷兴化后，分省即罢。不过，据《至正近记》载至正二十六年事，当年三月，"亦思巴奚兵方暴海滨，而分省全左丞急回福州，伯顺乘城内虚，遂入据之"。这显示当时"分省"尚在，其最后消失时间应该在陈有定完全平定亦思八奚之祸后。元末分省之制，其最直接的诱因是战争，它致使行省组织扩充，分省普遍设立。①

五 元代福建行省置废分合之缘由析考

前文对元代福建行省置废变迁状况的探讨，较之前人所揭示出来的问题要显得复杂得多。对于福建行省置废分合的变迁过程，我们或可做如下概括性描述：自至元十五年始设行省，直至至元二十三年，期间福建地方行省建置几乎年年生变，甚至一年内改易数次；至元二十三年至至元二十八年，福建的行省建置则相对趋于稳定；至元二十八年行省建置复又改为宣慰司，不过次年随即又得以恢复，直至大德三年；自大德三年至至正十六年，福建地区只设宣慰司，并隶于江浙行省；至正十六年始，因叛乱频发，福建地区再度置省，直至元亡。

前文引《八闽通志》述及元代福建行省屡置屡罢之事，谓其"或置于福州，或置于泉州，或并入江西，或并入江浙，废置不一"。元代福建行省置废分合为何如此频繁，不少学者曾做过探讨并给出解释。大岛立子认为，大德初年以前福建行省的置废分合过程，与元王朝对福建地区的征

---

① 关于元末分省问题，丁昆健有所论及，不过其瞩意的是元末中书分省的状况，与福建地区分省现象无涉，需请留意。参阅氏著《元代行省制度之形成及其职权》第244—249页。

服、叛乱的镇压以及海外的招抚与经营等背景密切相关,它体现出的是福建行省作为军事性质机构的特征。① 大岛立子的这个观点,代表学界业已形成的对福建行省置废变迁缘由的一种共识。② 另外,有学者认为,福建地区行省治所在泉州与福州两地数次迁徙,则应与海外贸易有关。③

为更全面理解福建行省置废分合的缘由,接下来本文将紧紧围绕以下两个问题展开讨论:一是透过元代福建行省置废分合的变迁过程,我们该如何认识有元一代行省成立的特定政治过程及其生成的内在机理?二是福建行省的置废及其与江西、江浙行省的数度分合,究竟有何具体缘由?

(一)

前人曾从军事机构的性质特征来解读福建行省的成立,我们认为,或可从其作为地方行政机构的这一特征来进行理解。事实上,福建行省的置废分合与元王朝政局的变动以及元对江南地区统治的转变、行省制作为地方行政制度的确立以及元王朝对行省区划的全面调整,都存有密切的关联。

行省作为元代地方最高官府体制的确立时间问题,历来有多种说法,李治安整合诸说,从行省官制、职权、辖区以及行省官的迁调等一系列规定的确立进行多方位考察,认为行省由中央派出机构的基本性质演化成为地方最高官府,发生于至元后期到成宗初年。④ 设若我们把福建行省置废分合的过程与此进行比对的话,我们或可发现它们具有一定的对应性。依据前文考证,福建行省置废分合的主要变化发生于大德三年以前,其中非常值得留意的三个年份是至元二十三年、至元二十八年以及大德三年。

至元二十三年行省官制正式确立,史载,当年"[七月]铨定省、院、台、部官,诏谕中外:'……行中书省,平章政事二员,左、右丞并一员,

---

① [日]大岛立子:《元朝福建地方の行省》。
② 如王颋认为:"福建行省的数度恢复,一是为了镇压地方,一是为了经营海外。而至正之后福建分省的建立,则是为了尽可能地收复失地、加强方面备御的结果以及社会治安。"丁昆健则指出:"江西、福建等行省之所以罢废无常,实与宋遗民之时常举事,与元对海外之发展有关。"参阅王颋《元代行政地理研究》,复旦大学博士学位论文,1989年,第180页;丁昆健《元代行省制度之形成及其职权》,第107页。
③ 向正樹:《元朝初期の南海貿易と行省——マングタイの市舶行政関与とその背景》。
④ 参阅李治安《元代政治制度研究》,人民出版社2003年版,第10—17页。

参知政事、佥行省事并二员'"①。若以至元二十三年为基本观照节点，我们可以看到，此年前后涉及好几个行省建置的设立以及相应的区划调整：至元二十二年，原江淮行省割江北诸郡隶河南而改立江浙行省，同年福建行省并入江西；至元二十三年，置四川行省，复立福建行省，同年徙置中兴省于甘州立甘肃行省；至元二十四年立辽阳等处行中书省。②与此同时，至元二十四年进入桑哥专权后，元王朝才开始实现了对原南宋旧领地真正意义上的支配。③至元二十三年，福建行省复置后，行省建置基本趋于稳定，直至大德三年被罢废，这与四川行省建置的沿革是一致的。④因此，至元二十三年在确立行省制以及行省辖区调整方面，均具有一定的年代意义。

逮至至元二十八年初，因桑哥倒台，元王朝对江南地区再度理算经济钱粮，并重新规划设置各省转运司以理财；同时，又进行大规模的行省区划调整。河南江北行省与江浙行省的设立，以及福建行省改为宣慰并隶于江西行省，⑤应与此次元王朝政局变动密切相关。对于此次元廷行省区划的调整，则更是引发以程钜夫为代表的士人对于行省制度与行省区划调整问题的讨论，他指出："今江南平定已十五余年，尚自因循不改，名称太过，威权太重……然则有省何益，无省何损？又其地长短不均，江淮一省管两淮、两浙、江东，延袤万里，都是繁剧要会去处，而他省有所不及其五分之一，如此偏枯，难为永制。今欲正名分，省冗官，宜罢诸处行省，立宣抚司，一浙东西，二江东西，三淮东西，四福建，五广东西，六湖南北，自江淮以南，止并为六个宣抚司。"⑥所谓"今江南平定已十五余

---

① 《元史》卷14《世祖十一》，第291页。青木富太郎在《元初行省考》认为，至元二十三年官制的确立，是行省向地方最高官府转变的标志。丁昆健《元代行省制度之形成及其职权》亦认为，元代行省制度在至元二十三年就业已确定。

② 《元史》卷91《百官七》，第2305—2307页。

③ 参阅［日］近藤一成主编《宋元史学的基本问题》，中华书局2010年版，第172页。更细致的研究可参阅植松正《元代江南政治社会史》第1、第2章。

④ 李治安认为："独立和稳定的四川行省建置，则限于至元二十三年以后80余年间。"参阅氏著《元代四川行省沿革与特征》，载《历史教学》（高校版）2010年第2期。

⑤ 据刘孟琛《南台备要·福建省并入江西省及行台不呈行省》载，至元二十八年二月、三月间福建行省合并入江西行省。参阅赵承禧等编，王晓欣点校《宪台通纪》，浙江古籍出版社2002年版。

⑥ 程钜夫：《程雪楼文集》卷10《论行省》。

年",即指至元二十八年。此外,至元二十八年之前,忙兀台、阿里海牙分别专权于江浙、湖广两行省多年;二十八年后,忙兀台移江西行省,而阿里海牙则因受钩考自杀身亡,江南两大行省受到很大影响。

大德三年,元廷又对行省、宣慰司辖区进行系列调整。据《元史·成宗三》载,大德三年二月,"罢四川、福建等处行中书省……置四川、福建宣慰司都元帅府及陕西汉中道肃政廉访司"。五月,"复征东行中书省,以福建平海省平章政事阔里吉思为平章政事"。自此之后,福建未再复置行省,直至至正十六年。大德三年福建行省的罢废,与成宗更张前代海外政策的背景密切相关:一方面海外征伐趋于停顿,不再"四征不庭"之地;另一方面,元王朝由世祖朝的"朝贡"政策逐渐转向成宗朝以后的"自由贸易"政策,① 福建地区设置行省的需要已不再突出。

由上述可知,至元后期到成宗初期福建行省置废变迁的三个具有指标意义的年份,与元王朝行省制度的确立以及行省区划的调整是同步的。倘从这一层面去进行理解的话,我们或可认为,福建行省的置废分合不止出于镇压地方以及经营海外的需要;同时,它也是元王朝政局的转变以及对全国范围展开行省区划调整的重要一环。福建行省的置废分合在元王朝的具体政治过程中得以展现,所谓"政治过程在行政区划变迁史中起着主导作用,甚或是决定性作用"②,此之谓也。

(二)

关于元代福建地区单独置省或与江西行省、江浙行省并合的问题,学者们亦曾从不同的角度提出过一些意见。王颋认为:"据各方面综合考虑,如果不是单独建立行省,福建之隶于江浙行省,倒不如隶于西邻的江西行省为佳。不过,蒙古皇帝在进行地方最高一级单位划分时,是以一定的幅员规模为基准的。正是这个原委,决定了雁荡山以南的最终归属,同时也决定了户籍总数要占全国三分之一强的本单位的存在。"③ 史卫民则从军事征伐的角度指出:"这种隶属关系的确立,也就是行省统治区域的确定,

---

① 杨育镁:《沙不丁与元代南海贸易发展的关系》,载《淡江史学》第18期,2007年6月,第48—49页。
② 周振鹤:《中国行政区划通史》(总论·先秦卷),复旦大学出版社2009年版,第158页。
③ 王颋:《元代行政地理研究》,第179页。

在对宋战争结束后就基本形成了，其原则大体上是谁攻占的区域谁进行管理……江西、福建两省的经常置罢，有一个很重要的因素就是攻占这两个地区的不是一支军队，而是先后派出的两支军队，而这两支军队又曾协同作战，占领了广东；那么在大局砥定之后，是由江西管福建，还是由福建管江西，总不能很好地解决，所以才不断出现分立、合并的现象；而不管如何分并，广东不能划归给湖广或江淮行省，总是作为江西或福建的属地。"①

由此看来，元代福建地区作为一个行省是否该单列，还是应合于江西或江浙行省的问题，应从多个角度思考。为此，不妨从三个方面的情形来作一番考索。

首先，关于福建单独置省的问题。福建作为一个独立行政区划单元的存在，始自宋代方趋成型，"盖自秦郡县天下之后，汉属瓯闽于会稽郡，唐以隶江南道，至宋以来，别为一路，专达于天子，方岳由是而始列"②。元福建行省的地域范围，基本承自宋代而无多少变化。福建甫一归附，即作为一个独立的行政单元而存在，或置宣慰，或置行省，所谓"国朝始建行尚书省、提刑按察司，后更省为宣慰司，按察为廉访司。近又罢宣慰司，立行中书省，大官临莅其上"③。

大德三年之前，福建屡次置省，主要是因军事征服、叛乱的镇压以及海外的招抚与经营，此点大岛立子早已指出并做过讨论。④那么，大德三年以后长达数十年间，福建又为何长期不单列置省呢？元人吴海曾指出：

---

① 史卫民：《元朝前期的宣抚司与宣慰司》，载《元史论丛》第5辑，中国社会科学出版社1993年版，第64页。
② 彭韶：《八闽通志序》，载《八闽通志》，第1页。
③ 贡师泰：《玩斋集》卷7《重修福州路记》。
④ 详可参阅大岛立子前揭文。此外，我们从福建行省主要官员的构成上亦可窥知，其或为平定福建地区的原军事将领，如忙兀台、高兴、唆都、史弼等；或为海外贸易之故的蒲寿庚、亦黑迷失等人。具体官员构成，可参阅植松正《元代政治社会史研究》之"江南行省宰相表"，第190—209页。关于福建地区官员的任命，偏好具有胡商背景之人，这或可从不阿里的任命中可窥知端倪：据《敕赐资德大夫中书右丞商议福建等处行中书省事赠荣禄大夫司空景义公不阿里神道碑铭》载："公［不阿里］本名撒亦的，西域人。西域有城曰哈剌合底，其先世所居也。远祖徙西洋，西洋地负海饶货，因世为贾贩以居……世祖热其诚款，至元二十八年，赐玺书，命某部尚书阿里伯、侍郎别帖木儿列石往喻，且召之……圣上嗣位，特授资德大夫、中书右丞、商议福建等处行中书省事"云云。参阅刘敏中《中庵先生刘文简公文集》卷4。

"国初时，福建置行省，寻以地狭不足容大府而罢。再置复罢。"① 所谓"地狭不足以容大府而罢"，显未触及痒处。元代置省与否其实受到各种因素左右，其设置缘由难以遽然归结到此点上。户口的多寡、防叛镇抚的需要，都可成为置省与否的理由。② 福建地区之所以不单列置省，除前所述居于元政局的转变以及全国性区划调整的需要外，应还有其他缘由。例如，福建地区在元人眼中只是个偏远去处，即便是行省级官位亦乏人问津，至元二十六年任福建闽海道提刑按察使的王恽曾言："福建所辖郡县五十余，连山距海，实为边徼重地。……而行省官僚如平章、左丞尚缺。"③ 可见，福建单列置省并不为时人所瞩意。再如，随着军事征伐的结束而统治又趋于稳定后，元王朝又会从经济以及自然环境的角度来进行调整。④ 因此，元代福建行省基本袭自宋代原有的区划范围，它体现出对前朝的承袭；另外，福建地理环境独特而相对封闭，又具有单独置省的地理条件。虽然元代行省区划的一大特点就是打破各完整地理单元，⑤ 福建合于江浙行省就打破了雁荡山脉的地理阻隔；不过，闽浙合并，从更大范围的自然地理区划层面而言，又大体相符。

其次，关于赣闽合一的问题。诚如前文所揭，至元十四年江西行省初立，福建地区就与之关系密切，屡有分合。江西行省与福建行省的数度合并，主要源于对地方的征服和对叛乱的弹压。此类史料在在可见：至元十五年，福建行省并入江西行省，省治移至赣州；至元二十六年，广东钟明亮叛，"诏月的迷失复与福建、江西省合兵讨之"；至元二十八年，二月立江淮、湖广、江西、四川等处行枢密院，江西枢密院治汀州，七月徙江西

---

① 吴海：《闻过斋集》卷1《赠顺昌县综理官叙》，文渊阁《四库全书》。
② 所谓"有旨：'南京户寡盗息，不必置省。其宣慰司可所请。'""'豪、懿、东京等处，人心未安，宜立省以抚绥之。'诏立辽阳等处行尚书省。"参阅《元史》卷14《世祖十一》至元二十三、二十四年条内容。
③ 《元史》卷167《王恽传》；王恽《秋涧先生大全文集》卷92《特进行省官事状》。
④ 诚如周振鹤所言，"元初的行中书省其实不是行政区划，而只是临时性的军事型政治区，亦即在原有被征服政权的行政区划上再叠加的一种军事政治区，因此与自然区域及经济区域毫无关系……但等待军事行动结束，元代稳定下来以后，发现管理农业社会仍需要延续千年的政区体系，于是原有的行政区划作了调整而与经济区及自然环境又有了一定关系"。参阅周振鹤《中国行政区划通史》（总论·先秦卷），复旦大学出版社2009年版，第206页。
⑤ 所谓"合河南、河北为一，而黄河之险失，合江南、江北为一，而长江之险失，合湖南、湖北为一，而洞庭之险失，合浙东、浙西为一，而钱塘之险失"。参阅魏源《圣武记》卷12，中华书局1984年版，第501页。

行枢密院治赣州。① 至正庚子（1360），江西已陷三年，面对军事压力，元人提出将江西、福建合并："夫江西、七闽，实为唇齿，其民逃避者，散在诸郡。苟江西不可复，则七闽亦不能守。若并两省而一之，董之以重臣，资其有以给思归之士，庶其可济乎"；由是，"置福建江西等处行中书省……置福建江西等处行枢密院"②。

关于闽赣间关系的问题，或可稍稍留意元代的"江西福建奉使宣抚"。元代派设奉使宣抚的主要目的是"布宣德意，询民疾苦，疏涤冤滞，蠲除烦苛，体察官吏贤否，明加黜陟"③。元分别于大德七年置"七道"、泰定二年置"十一道"、至正五年置"十二道"奉使宣抚，其中都设有"江西福建道"。兹将《元史》中数次见于记载的分道状况列于表1：

表1

年份/分道数	分道状况	资料来源
大德七年"七道"	江南江北道、燕南山东道、河东陕西道、两浙江东道、江南湖广道、江西福建道、山北辽东道	《元史》卷二一《成宗四》
泰定二年"十一道"	两浙江东道、江西福建道、江南湖广道、河南江北道、燕南山东道、河东陕西道、山北辽东道、云南省、甘肃省、四川省、京畿道	《元史》卷二九《泰定一》
至正五年"十二道"	两浙江东道、江西福建道、江南湖广道、河南江北道、燕南山东道、河东陕西道、山北辽东道、云南省、甘肃永昌道、四川省、京畿道、海北海南广东道	《元史》卷四一《顺帝四》

诸奉使宣抚的分道状况，跟肃政廉访司的分道状况并不相重合，同时它又是跨越行省区间的。江西、福建为何会划为一道？那是因为在元王朝的意识中，"江西福建一道，地处蛮方，去京师万里外"，既有"江闽"

---

① 《元史》卷10《世祖七》、卷15《世祖十二》、卷16《世祖十三》，第201、326、345、348页。

② 贡师泰：《玩斋集》卷6《送忽都不花右丞赴京师序》；《元史》卷92《百官八》，第2333—2334页。

③ 《元史》卷92《百官八》，第2342页。

"江右闽粤"之说,又有所谓"闽广"或"闽广之地"等称谓。①而闽广地区又时常作为特殊区域来加以对待,它集中体现在监察司法、课程赋税、官员任免诸层面。②因此,元代江西与福建地区具有某种政治地理上的统一性。

最后,关于闽浙并合的问题。闽、浙地区自唐宋以来已渊源有自,唐福建地区分隶江南道(其中江南东道就包括浙江西道、浙江东道以及福建道)与岭南道。宋"太平兴国三年,洪进及钱氏俱纳土,复为威武军,领福、泉、建、汀、漳、剑六州,省镛州。析建州邵武县,置邵武军,属两浙西南路。四年,析泉州游洋镇,置兴化军。雍熙二年,始为福建路"③。入元以后,福建与江浙行省之间,有几个时间节点值得留意:至元十三年元军占领临安后,原属江淮行省系的军队南下进入福建地区;至元二十一年九月,忙兀台为江淮等处行中书省平章政事,福建地区首次并于江淮行省;大德三年,罢福建行省并改置宣慰司,隶于江浙行省。

一方面,至元二十一年二月,"徙江淮行省于杭州";九月,"中书省言:'福建行省军饷绝少,必于扬州转输,事多迟误。若并两省为一,分命省臣治泉州为便。'诏以中书右丞、行省事忙兀台为江淮等处行中书省平章政事,其行省左丞忽剌出、蒲寿庚,参政管如德分省泉州"④。从该记载来看,至元二十一年两行省合并,主要是为解决福建"军饷绝少"的问题,其更大的背景实则因江南反抗加剧,元廷有意将江淮行省治所由扬州南迁到杭州,以更好地支援福建地区。江淮行省治所曾在扬州与杭州间数度迁移,于至元二十六年始稳定在杭州,有学者分析认为,因海运的发展以及运粮系统的完善,已不必再受漕粮转输的牵制而偏僻于地处靠近北边

---

① 参阅陶宗仪《南村辍耕录》卷19《阑驾上书》,中华书局1997年版,第229页;虞集《雍虞先生道园类稿》卷21《左丞平阳公宣抚江闽序》;《元典章》卷56《刑部一八·阑遗·孛兰奚·人口不得寄养》;卷57《刑部一九·诸禁·应卖人口官为给据》。

② 《八闽通志》卷1引《三山续志》载:"至元十四年,置福建广东道提刑按察司";《元史》卷86《百官二》载,至元十五年增置江南湖北、岭南广西、福建广东三道;至元二十年,又增海北广东道,而改福建广东道曰福建闽海道;佚名《大元圣政典章新集至治条例·户部·赋役·差发·官粮一斗添二升》载:"除福建、两广外,其余两浙、江东……这般商量来";《元史》卷82至卷85还记载有大量关于闽广地区官员的除授、升迁以及任职年限的特别规定。

③ 《八闽通志》卷1《地理·建置沿革》,第3页。

④ 《元史》卷13《世祖十》,第269页。

的扬州。① 不过，倘若我们考虑到元廷为更有效地控制整个江南，进而将福建地区置于江浙行省的管领之下，其治所由扬州南迁到杭州也是一种必然选择。也就是说，江浙行省的成立、治所的南迁以及福建行省的并入，显然都是元廷为了更有力地控制江南，所谓"惟两浙东南上游，襟江带湖，控扼海外诸番，贸迁有市舶之饶，岁入有苏湖之熟，榷货有酒盐之利，节制凡百余城，出纳以亿万计，实江南根本之地。盖两浙安则江南安，江南安则朝廷无南顾之忧"②。江浙行省成为元王朝最主要的经济供馈基地，"地盖益广，山区海聚，民伍兵屯，奉赋租受要约者，众以数百万计"③。就江浙行省内部而言，"闽特大以远"④，作为边远之地，福建可接受江浙行省的供馈。

另一方面，若我们留意差不多同时期元王朝政局的话，可以发现这与海外贸易亦有所关联。至元二十一年，设市舶都转运司于杭、泉二州；⑤同时，为便利两地使臣往来、夷货进贡，元政府抛弃原来的陆路通道，改由水路，据《永乐大典》载："［至元二十六年二月十六日］尚书省奏：'泉州至杭州，陆路远弯，外国使客进献奇异货物，劳民负荷，铺马多死。今有知海道者，沿海镇守官（原文为"言"，误）蔡泽，言旧有二千水军，合于海道，起立水站递运，免劳百姓，又可戢盗，可否取裁。'上从之，事下江淮行省，钦依施行。""至元二十六年三月丙寅，尚书省臣言：'行泉府所统海船万五千艘，以新附人驾之，缓急殊不可用，宜招集乃颜及胜纳合儿流散户为军，自泉州至杭州立海站十五……专运番夷贡物及商贩奇货，且防御海道为便。'从之。"⑥ 海路的畅通，既可使贡赋转输快捷，也可"免劳百姓，又可戢盗"。⑦ 也正由于海路逐渐通畅，原先福建各衙门人员北上，多走西北驿路，经由江西而北。路程虽近，但翻山越岭，颇为不

---

① 参阅刘如臻《元代浙江行省研究》，载《元史论丛》第6辑，中国社会科学出版社1996年版，第98—99页。
② 阎复：《江浙行省新署记》，载周南瑞《天下同文集》卷7。
③ 柳贯：《待制集文集》卷14《重修省府记》，四部丛刊初编本。
④ 陈基：《夷白斋稿》卷19《送韦道宁诗序》，文渊阁《四库全书》。
⑤ 《元史》卷94《食货二·市舶》，第2402页。
⑥ 《永乐大典》卷19418、卷19416，第7209页下、第7190—7191页上。
⑦ 苏天爵：《元文类》卷41《驿传》。

便。逮至海路通畅，"今出使人员，多由江浙，不行江西"①，江西之于福建，其重要性则已趋式微。

基于以上三方面的讨论，我们认为，福建行省置废分合过程的缘由，概括言之：在蒙元统治初期，单独置省，应与军事征服、镇压叛乱相关；闽赣合一，则多居于军事与监察方面的考虑。随着蒙元统治的深入和稳定，福建归于江浙，它更多的是出于财赋供馈以及海外贸易的需要。

最后但绝非不重要的是，元代还有其特殊性值得关注。元人常将"江南""腹里"并举，腹里与江南被视为蒙元统治者的直接控制区，它们有别于其他各行省。②李治安认为，腹里的政区框架有意无意地模仿漠北蒙古本土的中央兀鲁思与东、西道宗王兀鲁思的分布格局，设计了腹里地区中部由中书省直辖，东、西两翼另增设宣慰司的方式。③倘若我们将此模式放置到江南地区来加以体察的话，也许会发现某种程度上存在着同样的设置思路。

江南地区所谓的"投下领地的分赐"虽远不如蒙古漠北草原领地分封和腹里地区的"五户丝"食邑分封具有那么显著的"两翼"三分的区划格局意义，不过从蒙元王朝对"江南户钞"的分赐上来看，我们还是可以大体窥知蒙古分封体制的影子。江南地区除两浙较少被分赐掉外，江西、湖广行省与福建地区在户钞分赐上均有一定程度的体现：江西行省居中，除少数分赐给太祖弟及公主、部分功臣外，其受赐主体是裕宗、裕宗之后以及世祖四大斡耳朵；而作为两翼的湖广行省和江浙行省（如福建地区）的户钞则多被分赐给忽必烈其他诸子、诸功臣。④需特别指出的是，龙兴路被分封给忽必烈长子真金（裕宗），因其地处中央位置的江西行省而被视

---

① 《永乐大典》卷19423，第7263页。
② 参阅王晓欣《论元代与江南有关的出镇宗王及江淮镇戍格局问题》，载《西北师大学报》（社会科学版）2009年第3期。
③ 参阅李治安《元中书直辖"腹里"政区考略》，载《元史论丛》第10辑，中国广播电视出版社2005年版。
④ 参阅《元史》卷95《食货三·岁赐》。另亦可参阅[日]植松正《元代江南政治社会史研究》，第98—122页。

作"龙兴"之地得名。① 真金对江西行省的事务,具有强大的干预处置权。② 由此,我们看到"江南户钞"的分赐格局,又从另一侧面体现出中央与"两翼"的北族架构模式。某种程度上或可认为,江南三行省的政区设计框架与腹里地区一样,烙有被整合进蒙古分封体制之内的痕迹。

元代江南三行省的区划格局呈现狭长纵列型,针对这种格局,有所谓"以北制南"国策之说。③ 江浙、江西、湖广三行省均"襟江带湖",或"讫于海隅",或"据岭海之会",或"南包岭海"。④ 因此,从蒙元的这个区划格局走向而言,福建归入江浙,亦属必然。⑤

(作者为复旦大学历史学系副教授)

---

① 虞集《雍虞先生道园类稿》卷39《江西行省平章政事伯撒里公惠政碑》云:"江西之为省,东接闽浙,西连荆蜀,北逾淮汴,以达于京师。据岭海之会,斥交广之境,蛮服内向,岛夷毕朝,提封数千里,固东南一都会之奥区,而龙兴则其治所也。"柳贯《待制集文集》卷9《豫章楼铭》亦云:"时哉裕宗,正位皇储。锡是分地,襟江带湖。世祖有诏,雷行电舒。曰惟龙兴,由夫泽茝。"

② 苏天爵《元文类》卷68《平章政事致仕尚公神道碑》载:"明年〔至元二十年〕秋……江西省宪交讼,裕皇令中书省奉教讯诘,罢省臣、宣慰臣各一。"另可参阅《元史》卷115《裕宗传》《雍虞先生道园类稿》卷26《龙兴路重建滕王阁记》等,都有裕宗对江西行省事务特别予以干预的记载。

③ 参阅李治安、薛磊《中国行政区划通史》(元代卷),复旦大学出版社2009年版,第213页。

④ 《黄金华先生文集》卷8《江浙行中书省题名记》;《雍虞先生道园类稿》卷39《江西行省平章政事伯 撒里公惠政碑》;许有壬《至正集》卷34《送苏伯修赴湖广参政序》。

⑤ 《宋史》卷418《文天祥传》载:"今宜分天下为四镇,建都督统御于其中。以广西益湖南而建阃于长沙;以广东益江西而建阃于隆兴;以福建益江东而建阃于番阳;以淮西益淮东而建阃于扬州。"有学者据此认为,元江南三行省的区划与此有异曲之妙,几乎是对此思想"相反而相成"的践行。参阅周振鹤《中国行政区划通史》,第95页;王晓欣《也谈元江南三行省的划疆》,载《中国史研究》2009年第3期。此外,或可稍微提及的是,日本学者植松正还从水路交通运输的角度提出另一思路,他认为江南三行省之所以成立有其必然的理由:江浙行省因其具有天然的海岸线而易于南北畅通;江西行省的最北端由长江下所形成的鄱阳湖,通过赣江而南向,经吉安路、赣州路来达成,赣江的支流章水翻越大庚岭而南行入浈水,经由南雄路、韶州路而达致南海贸易的大都会广州;湖广行省,则由洞庭湖沿湘江而经潭州路、衡州路、全州路、静江路往南,并通过灵渠而达于广西地方入海,其经西江东行亦可达广州。而以上种种地理条件,又与蒙元军队的南宋攻略相符合。参阅植松正《元代江南政治社会史研究》,第69—70页。

元浙东道"沿海万户府"考
——兼及"宿州万户府"与"蕲县万户府"

刘 晓

沿海万户府是元朝灭亡南宋后,于至元二十二年(1285)在整编江淮、江西镇戍军基础上新组建的万户府,属上万户府序列。它起先驻扎在浙东地区的庆元与台州两路,负责海上防务,后内迁婺州与处州路。有关沿海万户府,目前学界研究较少。① 本文拟从梳理沿海万户府长官——达鲁花赤、万户、副万户的世系及其活动着手,对该万户府在元代的发展演变作一初步考察,同时也顺便讨论一下同驻该地区的蕲县万户府与宿州万户府。

一 从沿海招讨司、经略司、左副都元帅府到沿海万户府

沿海万户府的前身为沿海招讨司及稍后成立的沿海经略司、沿海左副都元帅府,三者均是与元朝海防密切相关的军事机构。

至元十年(1273)襄樊战役结束后,元世祖忽必烈决定大举南下灭宋,伯颜被任命为南征大军的最高统帅。当时元朝已建立起较强大的水军,不过,南征大军的水军只有适合内河航行的战舰,直到至元十二年(1275)焦山之战,在俘获一批南宋海船后,元朝才初步建立起适合远洋作战的海军,沿海招讨司即在此背景下出现。据《元史·哈剌䚟传》:

---

① 据笔者所见,似只有毛阳光《元代宁波的历史文化》第二节"元代宁波的军事管理"有较简明扼要的叙述,中国文联出版社2008年版,第9—15页。

十二年秋，从丞相阿术与宋兵战焦山，败之，获海舟二。阿术与王世强招讨造白鹞海船百艘，就四十一万户翼摘遣汉军三千五百、新附军一千五百，俾哈剌䚟、王世强并统之。攻宋江阴、许浦、金山、上海、崇明、金浦皆下之，获海船三百余艘，遂戍澉浦海口。①

白鹞又作白鹞子，为南宋王朝适合远洋航行的战船。至元十二年（1275）七月，宋将张世杰、孙虎臣等以白鹞、黄鹄海船溯江而上，屯焦山南北，企图与元军决一死战。以体积庞大笨重的海船驶入内河作战，且抛锚固定江中，战争的结果不难想见。焦山之役失败后，宋朝不少海船被元军俘获，元军即以此为契机，仿制白鹞海船百艘，并从全军四十一翼万户中抽调汉军、新附军共5000人，组建了一支新型水军，由哈剌䚟与王世强担任统帅。哈剌䚟即以后沿海万户府的首任达鲁花赤。王世强则为南宋降将，时任招讨使，地位似在哈剌䚟之上。焦山战役结束后，当年十一月，元军兵分三路进逼临安，其中王世强、哈剌䚟所部水军隶属参政董文炳统率的东路军，取道江阴，进攻沿海各地。② 在此前后，受董文炳之命，王世强还与董文炳子董士选一同招降了活跃于当地的海盗张瑄，获海船五百艘，进一步充实了水军力量。③

至元十三年（1276）初，南宋临安朝廷投降，下诏遍谕各地放弃抵抗。不久，元军进逼庆元，宋沿海制置使赵孟传出降，出任"沿海宣抚使兼知庆元府"，王世强任"沿海招讨使，抚治庆元府"④，哈剌䚟则由"行省檄充沿海招讨副使"。这大概是沿海招讨司首次见于记载，其得名显然来自南宋长期设于此地的沿海制置司。《至正四明续志》卷三在介绍当地

---

① 《元史》卷132《哈剌䚟传》，第3215—3216页。
② 刘敏中《平宋录》（丛书集成新编本）提到王世强隶董文炳东路军，该军"出江入海，取道江阴，进趋许浦、澉浦、上海、华亭等处"。另据《元史》卷132《哈剌䚟传》（第3215页）："攻宋江阴、许浦、金山、上海、崇明、金浦皆下之。"由此看来，王世强与哈剌䚟应共同指挥董文炳东路军下的水军。
③ 《元史》卷156《董文炳传》，第3672页。吴澄：《吴文正公集》卷32《元荣禄大夫平章政事赵国董忠宣公神道碑》，台湾新文丰出版公司，《元人文集珍本丛刊》第3册，第541—542页。
④ 袁桷等撰：《延祐四明志》卷2《职官考上》，中华书局影印《宋元方志丛刊》本，第6162页。

万户府沿革时,也提到"至元十三年,置立沿海招讨司"①。不过,此时哈剌𩬹的任命只是行省承制而为,直到第二年,"十四年,赐金符,宣武将军、沿海招讨副使",哈剌𩬹才算是有了朝廷的正式任命。同年,哈剌𩬹又由"行省檄充沿海经略副使,俾与刘万户行元帅府事于庆元,镇守沿海上下,南至福建,北趾许浦"②。《至正四明续志》卷三在提及至元十三年设沿海招讨司后,接下来又说"后为沿海左副都元帅府",当指此事。按,所谓"刘万户"即刘深,此人以成宗大德年间倡言远征八百媳妇国而闻名,后因行军沿途骚扰,激起西南各地少数民族反抗,结果落得个身首异处、身败名裂的下场。其实,刘深是元初资历较深的战将之一,地位远在哈剌𩬹之上。早在襄樊之战时,刘深已是管军千户,且因战功受赏,③伯颜大军南下时,升为相当于副万户级别的管军总管,④而哈剌𩬹当时还仅是百户。至少到十五年(1278)八月,刘深已任沿海经略使、行左副都元帅。⑤虽然哈剌𩬹在当年三月也由沿海经略副使升任经略使兼左副都元帅⑥,但地位有可能在刘深之下。此外,与哈剌𩬹一样,刘深似乎也兼任沿海招讨使。⑦至于王世强是否也兼沿海经略司与元帅府职务,文献无征。

沿海招讨司与经略司、左副都元帅府开府于庆元后不久,哈剌𩬹、刘深与王世强等即受命南下,参加了追剿南宋流亡朝廷的军事行动。先来看哈剌𩬹,据《元史·哈剌𩬹传》:

(至元十四年)八月,有旨:江西省右丞塔出等进兵攻广南,哈

---

① 王元恭《至正四明续志》卷3《城邑·在城·公宇·万户府》,中华书局影印《宋元方志丛刊》本,第6470页。

② 《元史》卷132《哈剌𩬹传》,第3216页。

③ 《元史》卷7《世祖纪四》(第143页):至元九年十一月,"以前拔樊城外郭功,赏千户刘深等金银符"。

④ 《宋季三朝政要》卷4《度宗》,王瑞来笺证本,中华书局2010年版,第366页。《平宋录》卷上。

⑤ 《元史》卷10《世祖纪七》(第202—203页):至元十五年八月,"沿海经略司、行左副都元帅刘深言:'福州安抚使王积翁既已降附,复通谋于张世杰。'积翁上言:'兵力单弱,若不暂从,恐为阖郡生灵之患。'诏原其罪"。

⑥ 《元史》卷10《世祖纪七》(第198—199页):至元十五年三月,"以沿海经略副使合剌带领舟师南征,升经略使兼左副都元帅,佩虎符"。《哈剌𩬹传》(第3216页)的记载则稍早:"(至元十四年)六月,行省檄充沿海经略使,兼左副都元帅。"

⑦ 《宋史》卷451《张世杰传》(中华书局点校本,第13273页):"招讨刘深攻浅湾,世杰兵败,移王居井澳,深复来攻井澳,世杰战却之,因徙硇州。"

剌觪以兵从。十月，进昭勇大将军、沿海招讨使。时宋处州兵复温州，哈剌歹率兵复取之。进至潮阳县，宋都统陈懿等兄弟五人以畲兵七千人降。塔出兵攻广州，逾月未下，哈剌觪引兵继至，谕宋安抚张镇孙、侍郎谭应斗以城降。从攻张世杰于大洋，获其军资器械不可胜计。谕南恩州，宋阁门宣赞舍人梁国杰以畲军万人降。①

危素《云南诸路行中书省右丞赠荣禄大夫平章政事追封巩国公谥武惠合鲁公家传》：

> 至元十三年，伯颜虑海道生变，选公招讨沿海诸郡。未几，与宣尉梁雄飞、招讨王天禄追袭宋臣陈宜中、张世杰、苏刘义等。遇世杰于香山，夺战舰印符，俘其将吏。又追宋二王，至广州七州洋及之，战海中，夺船二百艘，获俞如珪而还。②

《经世大典序录》：

> （至元十四年十二月）十八日，塔出会哈剌觪，言唆都遣人持书谕世杰、昰等，惊溃不知所之。塔出复遣哈剌觪与宣抚梁雄飞、招讨王天禄将兵追袭之，与世杰军遇于香山，夺战舰、符印，俘其将吏李茂等，诘问之，茂对："世杰攻泉州，宜中众尚数千人，船八百艘。比至虎头山，中流为风坏船，众溺死，宜中以身免。"二十三日，沿海经略使、行征南左副都元帅府兵追昰、昺、世杰等，至广州七洲洋及之，战海洋中，夺船二百艘，获昰母舅俞如珪等。③

按，上述三处记载，危素《家传》与《经世大典》的文字较为接近，但时间相差一年，当以后者为是。综合以上记载，哈剌觪部应在至元十四年（1277）十月前后由庆元扬帆出发，沿海路南下，他的任务主要是从海上配合江西右丞塔出围攻广州。在沿途，哈剌觪先是收复刚刚得而复失的

---

① 《元史》卷132《哈剌觪传》，第3216页。
② 危素：《危太朴文续集》卷8，台湾新文丰出版公司，《元人文集珍本丛刊》第7册，第575页。
③ 苏天爵编：《国朝文类》卷41《经世大典序录·政典·征伐·平宋》，四部丛刊初编本。

温州，①接着又招降潮州畲军，到十一月与塔出会师广州，最终迫使广州投降。随后，哈剌䚟又受命追击宋军于海上，先后在香山、七洲洋之役打败宋军。

至于刘深，据《宋史》，至元十四年（1277）十一月，"元帅刘深以舟师攻昰于浅湾，昰走秀山"。十二月，"刘深追昰至七州洋，执俞如珪以归"。②由此看来，前引《经世大典序录》所谓"沿海经略使、行征南左副都元帅府兵"，实际上应指刘深与哈剌䚟共同指挥的军队，刘深很有可能与哈剌䚟一同从庆元出发，并共同指挥水军南下作战。此后，至少到至元十六年（1279），刘深已调离沿海经略司，升湖北道宣慰使，负责"教练鄂州汉阳新附水军"③。

同刘深相比，沿海招讨使王世强的材料就更少了。驻守庆元期间，王世强曾奉命捕治亡宋参议陈允平等人，后因袁洪出面营救，未果。④至元十三年（1276）十月，王世强率舟师从元帅阿剌罕入闽，十一月下福州，⑤以后则很少见其记载。前述危素《家传》与《经世大典》所载"招讨王天禄"，不知与王世强有何关系。

除哈剌䚟、刘深、王世强外，至元十七年（1280），沿海招讨司与经略司、元帅府又有不少新的成员加入。当年春正月，"以总管张瑄、千户罗璧收宋二王有功，升瑄沿海招讨使，虎符；璧管军总管，金符"⑥。前面提到，张瑄系至元十三年（1276）由招讨使王世强与董士选招降而来，至此，张瑄也升任沿海招讨使，直至至元二十三年（1286）底才改任海道运粮万户。⑦同年，石抹良辅由黄州招讨使升沿海副都元帅，他的家族后来

---

① 参见李琬修，齐召南、汪沆纂《（乾隆）温州府志》卷30《杂记·遗事·刘万奴》，《中国地方志集成·浙江府县志辑》第58册，第646页。

② 《宋史》卷47《二王附纪》，第943—944页。

③ 《元史》卷10《世祖纪七》，第217页。

④ 《袁桷集》卷32《先大夫行述》，吉林文史出版社2010年版，第479页。《程钜夫集》卷20《故同知处州路总管府事袁府君神道碑铭》，吉林文史出版社2009年版，第250页。

⑤ 《宋季三朝政要》卷6《广王本末》，第463、467页。《宋史》卷451《张世杰传》，第13273页，《陈文龙传》，第13279页。

⑥ 《元史》卷11《世祖纪八》，第221页。

⑦ 《元史》卷14《世祖纪十一》（第293页）：至元二十三年十一月，"中书省臣言：'朱清等海道运粮，以四岁计之，总百一万石，斗斛耗折愿如数以偿，风浪覆舟请免其征。'从之。遂以昭勇大将军、沿海招讨使张瑄，明威将军、管军万户兼管海道运粮船朱清，并为海道运粮万户，仍佩虎符"。

世袭沿海万户府副万户，详见本文后面的讨论。此外，王侃亦由淮西宣慰副使迁沿海左副都元帅，① 但具体年代不详。另据《元史·世祖纪》：至元十九年（1282）五月，"沿海左副都元帅石国英，请以税户赡军，军逃死者令其补足，站户苗税贫富不均者，宜均其役，又请行盐法，汰官吏，罢捕户。诏中书集议行之"②。按，据《平宋录》，石国英原为南宋将领，隶沿江制置副使陈奕麾下，任总管。至元十二年（1275）正月，随陈奕于黄州降元。十三年（1276），南宋临安朝廷投降，石国英曾奉命南下招降婺州，以后担任过温州路军民达鲁花赤、台州安抚使等职。③

沿海招讨司及沿海经略司、左副都元帅府改建为沿海万户府，应始于至元二十二年（1285），据《元史·兵志》：

> 二十二年二月，诏改江淮、江西元帅、招讨司为上、中、下三万户府，蒙古、汉人、新附诸军，相参作三十七翼。上万户：宿州、蕲县、真定、沂郯、益都、高邮、沿海七翼。中万户：枣阳、十字路、邳州、邓州、杭州、怀州、孟州、真州八翼。下万户：常州、镇江、颍州、庐州、亳州、安庆、江阴水军、益都新军、湖州、淮安、寿春、扬州、泰州、弩手、保甲、处州、上都新军、黄州、安丰、松江、镇江水军、建康二十二翼。每翼设达鲁花赤、万户、副万户各一人，以隶所在行院。④

其中，沿海万户府属上万户序列，按元朝军制，上万户府统军七千以上，达鲁花赤、万户正三品，副万户从三品，佩三珠虎符。沿海万户府下

---

① 魏初《青崖集》卷5《故总管王公神道碑铭》，文渊阁《四库全书》。
② 《元史》卷12《世祖纪九》，第243页。
③ 石国英事迹散见《平宋录》卷上与卷中。另，《宋史》卷451《张世杰传》（第13273页）："世杰乃提兵入定海，石国英遣都统卞彪说之使降。"此石国英亦当为其人。《（乾隆）温州府志》卷17《职官》有"军民达鲁花赤石国英"，王逢《梧溪集》卷四《奉题招讨使台州石安抚雁荡能仁寺遗诗后》（北京图书馆古籍珍本丛刊本，第95册，第506页）："公讳国英，号月涧，宿州灵璧县人。金季时，居材官下僚，元初用文武才，仕至福建宣慰。"不过，此石国英虽时代相符，却注明为金人，与《平宋录》所记似不符。情况很有可能是，石国英初为金人，金亡后投南宋，以后又降元，相继担任台州、温州地方长官。
④ 《元史》卷99《兵志二·镇戍》，第2543页。上述记载也可见《元史》卷13《世祖十》，第273页。

辖十九翼千户,① 是当时万户府中兵力非常雄厚的一支。

二 达鲁花赤哈剌䚟及其世系

沿海万户府首任达鲁花赤哈剌䚟（1237—1307）。传记资料除《元史》本传外，尚有邓文原《故荣禄大夫平章政事巩国武惠公神道碑铭》（以下简称《神道碑》）、危素《云南诸路行中书省右丞赠荣禄大夫平章政事追封巩国公谥武惠合鲁公家传》（以下简称《家传》），以及《达鲁花赤哈剌䚟德政记》（以下简称《德政记》）、赵孟頫《荣禄大夫平章政事巩国武惠公祭田记》（以下简称《祭田记》）等。

哈剌䚟系出合鲁氏，为哈剌鲁人。《神道碑》称"大父以上逸其谱，父奥兰，才不逮仕"。《家传》对其父记载稍详：

> 父始名八合。我师伐金，大战三峰山，射中金恒山公武仙。睿宗时督战，见而奇之，改赐名奥栾拔都。时大雪，军士饥冻频死，即杀所乘马取血饮之，均食其肉，多所全活。岁壬辰（1232），道殣相望，独猎取禽兽以给军士。其后因家汝州。赠怀远大将军、沿海翼管军万户、轻车都尉、汝南郡侯。

按，汝州属南阳府，南阳府在元代为内迁哈剌鲁人的重要聚集地，元大德二年（1298）曾移哈剌鲁万户府于此屯田驻守。② 哈剌䚟家族墓地则在汝州郏县，当地至今还保存着邓文原所撰《神道碑》等若干遗存。③

哈剌䚟早年从军参加襄樊会战，"初从军攻襄樊，蒙古四万户府辟为水军镇抚。至元十二年（1275），从丞相伯颜渡江，改管军百户，赏甲胄、

---

① 王懋德、陆凤仪纂修《（万历）金华府志》卷21《军政》，四库全书存目丛书，史部第177册，第35页。
② 《元史》卷86《百官志二》："至元二十四年，招集哈剌鲁军人，立万户府。寻移屯襄阳，后征交趾。大德二年置司南阳。"第2177页。有关元代哈剌鲁人在南阳地区的情况，可参见陈高华《元代的哈剌鲁人》，原载《西北民族研究》1988年第1期，后收入作者《元史研究新论》，上海社会科学院出版社2005年版。
③ 参见杨镰《郏县哈剌䚟碑——葛逻禄入居中原的地标》，见《文史知识》2010年第11期。

银鞘刀"①。所谓"蒙古四万户府",即河南淮北蒙古军都万户府的前身。②镇抚为元附设于万户府下的军职。据此,当时由奥鲁赤统领的蒙古军四万户府应已建有专门的水军万户,由哈剌䚟担任水军万户府镇抚。渡江后,哈剌䚟参与了焦山之战,前面我们已提到。此外,据《家传》,哈剌䚟在扬州还参加了与宋军将领的一次决斗。

> 我大将伯颜帅师次扬州,宋将孙虎臣等遣使诣军门请曰:"古者斗将不斗兵。今遣骑将刘都统待命,将军择武勇善格斗者一人决战,无以众士卒污刀斧也。"伯颜急召诸将语其故,皆相顾莫敢对。时公以百夫长隶麾下,毅然请行。伯颜奇之,拊其背曰:"壮士也!"适两将所乘马皆黑,战于扬子桥,奋斗数十合,未决。刘都统奋稍刺公,公堕地,刘马犇不能制。公上马追之,刘却还,举稍箸公左腋下,公挟其稍,拔剑斩之,以其首归。观者数万人,欢噪动地。刘号黑马刘,宋骁将也。是日,以帐前仪卫送公还营,仍绘图以进。

此次决斗所绘之图,即所谓的《战扬子桥图》,一直由哈剌䚟后人珍藏。

前面提到,至元十二年(1275)伯颜集团兵分三路进军临安时,哈剌䚟隶董文炳东路军,攻略沿海城,"遂戍澉浦海口"。至元十三年(1276)正月,临安南宋朝廷投降,哈剌䚟部随即参加了对浙东沿海地区的经略,兵锋直达福州海面。

> 宋将张世杰舟师至庆元朐山东门海界,哈剌䚟追之,获船四艘,上其功,行省增拨军七百并旧所领士卒,守定海港口。秋七月,宋昌国州、朐山、秀山戍兵舟师千余艘,攻夺定海港口,哈剌䚟迎击,虏其神将并海船三艘。八月,宋兵复攻定海港口,哈剌䚟击退之……十月,哈剌䚟引兵至温州青嶴门,遇宋兵,夺船五艘,遣使谕温州守臣家之柄以城降。十一月,至福州,夺宋海船二十艘,擒毛监丞等。③

---

① 《元史》卷132《哈剌䚟传》,第3215页。
② 有关蒙古四万户及河南淮北蒙古军都万户府,可参见〔日〕松田孝一《河南淮北蒙古军都万户府考》,《东洋学报》68—3、4,译文见《蒙古学情报与资料》1988年第1期。
③ 《元史》卷132《哈剌䚟传》,第3216页。

至元十四年（1277），已升任沿海招讨使与沿海经略副使、左副都元帅的哈剌䚟，与刘深率军南下福建、广东，参与追剿亡南宋流亡朝廷。第二年回到庆元后，哈剌䚟于当年八月首次入京朝觐世祖忽必烈。有关此次朝觐，据《元史》本传："帝问曰：'汝何氏族？'对曰：'臣哈鲁人。'赐金织文衣、鞍勒，擢昭武大将军、沿海左副都元帅、庆元路总管府达鲁花赤，将所部军戍海口。"① 在此期间，他招降了海盗贺文达、顾润等部。②

南宋灭亡后，忽必烈加紧第二次东征日本的准备，从各地征调大量民力，修造船只兵器，地处远征前沿的庆元，自然不免波及。哈剌䚟作为地方长官，做了一些力所能及的地方保护工作。《德政记》与《家传》均有这方面的记载，像"征东造舟，民不告病"，"时造海艘，议征日本，豪民奸吏舞手其间，破家者相望。庆元民以公故，独不告病"等。至元十八年（1281）二月，元朝正式大举伐日，由范文虎等率领的南路大军自庆元港扬帆出发，哈剌䚟升辅国上将军（《家传》作镇国上将军）、都元帅，率所部随大军东征。结果，在到达日本后，因飓风大作，元军损失惨重，哈剌䚟率残部由高丽登陆，渡辽水返回③。

第二次征日失败后，哈剌䚟仍镇守庆元。至元二十二年（1285）元朝江淮、江西镇戍军整编，撤销了元帅府与招讨司建置，哈剌䚟所在的都元帅府大概在此时也被取消，所部同其他一些部队被整编为沿海万户府，由哈剌䚟担任沿海万户府首任达鲁花赤。因沿海万户府首任万户寗玉时镇守浙西吴江长桥，且很快病退在家，哈剌䚟实际上担负了沿海万户府的主要职责。④

---

① 《元史》卷132《哈剌䚟传》，第3216—3217页。
② 《元史》卷132《哈剌䚟传》（第3217页）："海贼贺文达、顾润等寇掠海岛，哈剌歹谕降之，得舟六十余艘。"另据《元史》卷10《世祖纪七》与卷11《世祖纪八》（第215、221页）：至元十六年八月，"海贼贺文达率众来归文虎，文虎以所得银三千两来献。有旨释其前罪，官其徒四十八人，就以银赐文虎"。十七年正月，"以海贼贺文达所掠良妇百三十余人还其家"。则贺文达所归降者实为范文虎。
③ 据《家传》："十八年，建征东行省，出师日本，授公镇国上将军、都元帅。道高句丽，度辽水，劲风积雪，草行露宿，与士卒均劳苦。兵薄境上，飓风作，乃还。"行文给人的印象，哈剌䚟似乎是经由高丽伐日本的，实误。据《德政记》："辛巳（1281）岁，公以都元帅随逐征东行省至日本境，飓风□，舟楫不利。涉险道高丽，渡辽水，劲风积雪中，草行露宿，与士卒均劳苦，归于京师。"由此可见，《家传》是把哈剌䚟败军返程路线错当成征东路线了。
④ 《至正四明续志》卷3《达鲁花赤哈剌䚟德政记》为沿海万户府万户寗居仁托人为哈剌䚟所作，其中提到"此府实公（哈剌䚟）之始也"，点出了哈剌䚟创建沿海万户府的重要性。

至元二十四年（1287），哈剌䚟第二次入觐世祖忽必烈。据《元史》本传："帝问日本事宜，哈剌歹应对甚悉。令还戍海道，授浙东宣慰使，赐金织文段、玉束带、鞍勒、弓矢有差。"①《神道碑》："丁亥岁（至元二十四年），见于便殿，奏对周给，且陈治盗及禁戢私盐等事，多所便宜，大蒙嘉纳，赐西锦衣、玉带、金鞍、弓矢、佩刀诸物，以示殊赏。迁辅国上将军、浙东道宣慰使。"至此，哈剌䚟升授浙东道宣慰使，暂时脱离与沿海万户府的关系。不过，这种状态仅仅持续了一年，据《元史》本传："二十五年（1288），枢密以水军乏帅，奏兼前职。"②《神道碑》："既仍命佩所赐金虎符，为上万户长。"至此，哈剌䚟在任浙东宣慰使一年后，又开始兼任沿海万户府达鲁花赤。

哈剌䚟任浙东道宣慰使后不久，浙东处州、婺州二路连续发生民变，哈剌䚟率军积极参与镇压，《神道碑》与《家传》均有这方面的记载。"会盗发处、婺，连城驿骚，上堑溪，啸呼曹偶，椎埋剽掠，莫敢谁何。公获其渠首歼之，民以安堵。"（《神道碑》）"会盗发处、婺，势张甚，公获其渠首歼之，民赖以安。"（《家传》）不过，当时实际负责指挥镇压的并非哈剌䚟一人。像《元史·世祖纪》：至元二十五年六月，"处州贼柳世英寇青田、丽水等县，浙东道宣慰副使史耀讨平之"。二十六年闰十月，"婺州贼叶万五以众万人寇武义县，杀千户一人，江淮行省平章不邻吉带将兵讨之……浙西宣慰使史弼请讨浙东贼，以为浙东道宣慰使，位合剌带上"③。等等。

至元二十五年（1288）冬，哈剌䚟第三次入朝。据《元史》本传，"明年，拜金吾卫上将军、中书左丞，行浙东道宣慰使，领军职如故"。此次入朝，哈剌䚟大概还见到皇太子真金，受到真金的褒奖。"东朝亦稔公宿望，畀尚方金绮段以旌之。"（《神道碑》）"裕宗在东宫，闻公宿望，出

---

① 《元史》卷132《哈剌䚟传》，第3217页。
② 同上。
③ 《元史》卷15《世祖纪十二》，第313、327页。另可参见黄溍《金华黄先生文集》卷35《中奉大夫延平路总管韩公墓志铭》："二十四年，迁忠翊校尉、处之丽水县尹。邻邑青田有啸聚构乱者，郡将署公为都镇抚，总丽水、青田、缙云、龙泉、松阳五县民义捕治之。公立部伍，据要害，遣别骑前进追奔五十里，而以所部兵继之，手射二十一人，其九人皆毙，生擒十三人，斩首伍伯级。余众聚于沙溪，公手缚其二人以献，遂直往梼之，获其首乱者六人。谕其民参阡伍伯户，使皆复业。"

金识文币以旌之。"(《家传》)

沿海万户府作为镇守沿海地区的军事组织，其中一项重要职能就是确保沿海航线的安全。至元二十六年（1289），尚书省曾根据沿海镇守官蔡泽的建议，奏请自泉州至杭州设立水站（也即海站），专门为外国贡品提供海上运输与护航。据《经世大典·站赤》：

> （至元二十六年）二月十六日，尚书省奏："泉州至杭州，陆路远弯。外国使客进献奇异物货，劳民负荷，铺马多死。今有知海道者沿海镇守（言）〔官〕蔡泽言：'旧有二千水军，合于海道起立水站递运，免劳百姓，又可戢盗。'可否取裁。"上从之。事下江淮行省，钦依施行讫。①

其实，早在至元十五年（1278）哈剌𩾌首次朝觐世祖忽必烈时，就曾"条上防海便宜，自南恩至上海设水站三十有一，置兵警逻"（《家传》）。南恩至上海水站，应当涵盖了泉州至杭州的全部驿程。只不过哈剌𩾌当初的设想，是设水站置兵巡逻，以防海盗与私盐。蔡泽的建言，则是利用旧有水军，为自泉州北上杭州的外国贡物提供运输与护航，沿途水站的范围比哈剌𩾌的设想缩短了一半。两年后也即至元二十八年（1291）三月，蔡泽的建言被否决。据《经世大典·站赤》：

> 是月，江淮行省备行泉府司言："蔡泽始陈海道立站，摘拨水军，招募稍碇，差设头目，准备每岁下番使臣进贡希奇物货，及巡捕盗贼，且省陆路递送之劳。以此奏准设置。今本省再令知海道人庆元路总管府海船万户张文虎讲究得：下番使臣，进贡物货，盖不常有。一岁之间，唯六七月可以顺行，余月风信不便。莫若将福建海站船只拨隶本处管军万户府，其在浙东者隶于<u>沿海管军上万户</u>提调，听令从长区处，以远就近，屯住兵船。遇有使客进贡物货，自泉州发舶，上下接递，以至杭州。常加整治头目、军器兵仗、船舶，于沿海等处巡逻

---

① 《永乐大典》卷19418，中华书局影印本。另据《国朝文类》卷41《经世大典序录·政典·驿传》："二十六年二月十六日，沿海镇守官蔡泽言：'泉州至杭州，陆路甚远。外国进贡方物，劳民负荷，驿马多死。泽知海道旧有二千水军，合于海道立水站递运，免劳百姓，又可戢盗。'尚书省奏，从之，名曰海站。后罢。"

寇盗，防护商民，暇日守镇陆地，俱无防碍，公私顺便。所据海站不须设置。"都省准拟。奏奉圣旨，令罢去之。①

文中提到的庆元路总管府海船万户张文虎为张瑄之子，他认为，使臣进贡物品，一年之中仅六月、七月夏季风盛行时才可顺风北上。显然，如仅为此事而专设水站，有些得不偿失。为此，他建议福建的海站船只拨归本处万户府，浙东地区则归沿海万户府提调。遇到贡物北上时，由各地方负责接运护航，平时沿海万户府则主要镇守陆地。水站之议就此作罢。

成宗即位后，大德五年（1301）发动了远征八百媳妇国的战争，哈剌䚟于当年第四次被征入朝，授资德大夫、云南行省右丞，参加了此次远征。据《元史·成宗纪》，大德五年二月，"以刘深、合剌带并为中书右丞，郑祐为参知政事，皆佩虎符，分云南诸路行中书省事"②。《神道碑》与《家传》也提及此事，内容大同小异。据《神道碑》："成宗将有事于西南夷，合四道之军进讨，云南要地，右辖重臣，推毂燕劳，倚毗实深。万里兴师，属时温暑，林箐险昧，不果深入而还。玉音洊颁，爵秩仍旧，而公老且病，乞归汝州以便医药。"实际上，此次远征，元军尚未进入八百媳妇国，就因沿途骚扰过甚，激起八番顺元等地土官的反抗，于崇山峻岭中陷入重围。远征失败后，包括哈剌䚟在内的元军各级将领受到朝廷严惩，《元史》本传对此记载较为客观，指出："大德五年（1301），征入见。擢资德大夫、云南行省右丞，偕刘深征八百媳妇国。至顺元，宋龙济等叛，丧师而还，深诛，哈剌歹亦以罪废。"哈剌䚟最后于大德十一年（1307）在家乡汝州病逝。

哈剌䚟子嗣情况，以署名赵孟頫的《荣禄大夫平章政事巩国武惠公祭田记》记载最为详尽：

> 公有子七人。长曰完者都，早卒，无嗣。次曰忽都不花，明威武将军、沿海上万户府达鲁花赤。次曰哈讨不花，怀远大将军、同知浙东道宣慰使司、副都元帅，子二人，曰蒙古不花，曰按摊，任明威将军、沿海上万户府达鲁花赤。次曰脱脱，男买来的。次曰孛兰溪，朝

---

① 《永乐大典》卷19419。
② 《元史》卷20《成宗纪三》，第433页。

请大夫、达昌路同知，子二人，曰达海普花，乡贡进士，曰翰达。次曰加蓝保，无嗣。次曰泰普花，明威将军、沿海上万户府达鲁花赤，子二人，曰拜帖穆兰，曰忽都。①

另据邓文原《故荣禄大夫平章政事巩国武惠公神道碑铭》：

> 男六人。长，不禄。次忽初不华，明远将军、沿海上万户府达鲁花赤，卒于官。次合讨不华，怀远大将军、同知浙东道宣慰司事、副元帅、沿海上万户达鲁花赤，佩元降金虎符。才猷敏达，趾美前人。次脱脱，亦蚤世。次孛兰奚、丑丑，俱幼。

邓文原比赵孟頫所记少子一人，前五子均可对应（长子名，邓文原失载），唯第六子丑丑，赵孟頫所记为加蓝保，另有七子泰普花。

至于《元史》本传，则仅提及："子哈剌不花，袭沿海万户府达鲁花赤。"此哈剌不花，似为哈讨不花之误。②据此，哈剌䚟之后相继承袭沿海万户府达鲁花赤者，应先为次子忽都不花（忽初不华），再为三子哈讨不花（合讨不华）。另据程端礼《畏斋集》卷四《送自怡公序》：

> 公自其父巩国武惠公，于至元十三年江南初归版图，庆元为沿海重镇，为招讨元帅、宣慰，以人之安公也，增秩留镇庆元几三十年，仁孚列郡，威詟九夷，功在国史。而公早年以明威将军佩虎符，继为沿海万户有年。既以才略自见，家声益振。一旦以官让其兄子而归，读书月湖之上，扁其室曰自怡。

这位号"自怡"的人很有可能为哈剌䚟幼子泰普花，在其任沿海万户府达鲁花赤（即文中的"沿海万户"）数年后，"让其兄子"，即让给哈讨不花次子按摊。元末危素所撰哈剌䚟《家传》提到："予过鄞，巩公孙沿海万户安坦出《战扬子桥图》相示。"此安坦即按摊，"万户"则为时人

---

① 《赵孟頫集》，钱伟强点校，浙江古籍出版社2012年版，第440—441页。此文赵孟頫《松雪斋文集》（四部丛刊初编本）不载，《赵孟頫集》系从《古今图书集成》补入。按，赵孟頫卒于至治二年（1322），文中所载哈剌䚟子嗣情况多有晚于是年者，疑作者有误。全祖望《鲒埼亭集》卷38（四部丛刊初编本）另有《元哈讨不花祭祀庄田碑跋》，碑文作者为汪灏。

② 哈讨不花名亦见《延祐四明志》卷2《职官考上·元·浙东道宣慰司都元帅府·同知副帅》："哈讨不花，怀远大将军，依前沿海上万户府达鲁花赤。"

对万户府达鲁花赤的一种习惯性称谓。

哈剌䚟家族以沿海万户府达鲁花赤镇守庆元期间，带来了不少哈剌鲁人，使庆元路成为元代哈剌鲁人的又一重要聚居地。这些哈剌鲁人有可能为军户，后来即定居于此，仁宗延祐开科后，延祐五年（1318）、至治元年（1321）、泰定元年（1324），庆元均有一位哈剌鲁人考中进士，其中即包括著名诗人乃贤的哥哥塔海①，至于中乡试的哈剌鲁人，应当更多，哈剌䚟的孙子达海普花即名列其中。

附

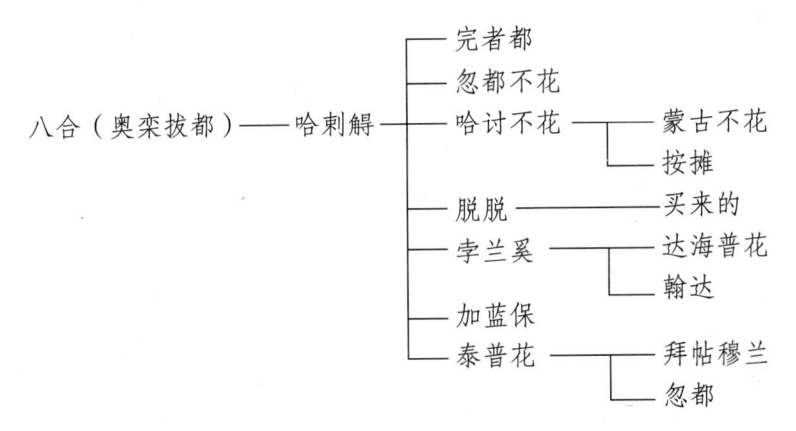

1. 哈剌䚟家族世系

```
                        ┌─ 完者都
                        ├─ 忽都不花
                        │            ┌─ 蒙古不花
                        ├─ 哈讨不花 ──┤
                        │            └─ 按摊
                        │
八合（奥栾拔都）── 哈剌䚟 ┼─ 脱脱 ───── 买来的
                        │            ┌─ 达海普花
                        ├─ 孛兰奚 ───┤
                        │            └─ 翰达
                        ├─ 加蓝保
                        │            ┌─ 拜帖穆兰
                        └─ 泰普花 ───┤
                                     └─ 忽都
```

2. 元沿海万户府历任达鲁花赤

①哈剌䚟——②忽都不花（忽初不华）——③哈讨不花（合计不华、哈剌不花）——④泰普花——⑤按摊（按坦）

三 万户䚟玉及其世系

沿海万户府首任万户䚟玉（1236—1302），传记文献主要有高凝撰《有元故镇国上将军吴江长桥行都元帅沿海上万户䚟公墓志铭》（以下简称《墓志铭》），及阎复撰《大元故镇国上将军浙西道吴江长桥都元帅沿海上

---

① 参见陈高华前揭文《元代的哈剌鲁人》，樱井智美《元代カルルクの仕官と科挙—慶元路を中心に—》，载《明大アジア史論集》（13），2009年。

万户甯公神道碑铭》（以下简称《神道碑》）①。二者内容互有详略，但后者因晚出，对甯玉家族世系的记载更为完备。

甯玉为孟州河阳人，曾祖甯渊，金孟津渡巡检。祖甯源，金河阳屯田副使。父甯泉，任蒙古政权怀孟劝农副使，迁提领课税所官。甯玉，据《墓志铭》："初隶水军，张万户奇其壮伟，辟署孟津河渡司。"《神道碑》："年十七，以鼓枻之勇，为水军万户张侯所知，署盟（孟）津渡长。"所谓"张万户"或"水军万户张侯"，似指水军万户张荣实。不过，张荣实中统元年（1260）始任万户②，甯玉十七岁为1252年，时张荣实尚为千户。此处所谓万户，乃以其后来官位称之耳。孟津为黄河重要渡口，与甯玉的家乡孟州河阳接界。元初曾沿黄河一线设置八处河渡提举司，孟津亦为其中之一③。此处所言"署孟津河渡司"与"孟津渡长"则为一低微职务，与元初的河渡提举官性质不同。在孟津河渡司的经历，对甯玉日后的发展影响很大，此后他的仕途生涯实际上大都与桥梁及水利运输有关。

1258年，蒙古大汗蒙哥决意大举南下灭宋，甯玉隶东路军忽必烈麾下，主要负责后勤保障，督运粮饷。据《墓志铭》，"岁戊午（1258），宪宗皇帝大举南征，命世祖皇帝总东道兵，出襄、邓、鄂、岳，公亦分督粮饷，应援邓、宿等处。己未（1259），从本军扈跸南还，以功授百夫长"。《神道碑》，"鄂渚之役，大军驻南阳，遣公督漕宿、亳，军食以济。明年，从世祖皇帝渡江，以劳补百夫长"。此次会战因蒙哥汗在四川战场的突然去世而结束。甯玉因扈从忽必烈渡江，授管军百户。

忽必烈即位后，中统二年（1261）下令修建中都，甯玉率部参与了疏浚玉泉河渠等工程。事毕，"移屯胶州，摄千夫长"。（《墓志铭》）至元五年（1268），襄樊会战爆发，甯玉部主要承担了工程部队的职责。据《墓志铭》："五年，我军始围襄樊，开邓州七里等河，立坝堰三十余所，下战

---

① 《墓志铭》见中国文物研究所、河南省文物考古研究所编《新中国出土墓志·河南壹》，中州古籍出版社1994年版，拓片见上册，第218页，录文见下册，第206—207页。《神道碑》见张之纪修、乔腾凤纂《（康熙）孟县志》卷6《人物》，清刻本。可参见尚振明、尚彩凤《河南孟县甯玉墓的调查》、王景荃、尚振明《甯玉墓志考》，均载《华夏考古》1995年第3期。

② 《元史》卷166《张荣实传》，第3905页。

③ 八处河渡提举司为潼关、大洋、中滦、孟津、八柳、太皇寺、三汊、蕲县。参见刘晓《元代军事史三题——〈元典章〉中出现的私走小路军、保甲丁壮军与通事军》，《中国史研究》2013年第3期。

舰二百余艘，直抵新野，我军饷道无梗。七年，丞相史公俾公权本军万户，进屯万山，修系浮桥，累著劳绩，大丞相伯颜公倚重公如左右手。"《神道碑》："至元三（五？）年，有事襄樊，被帅府檄，导邓之七里河，由新野而南，以通转漕，围守襄阳，立万山屯堡，摄□□府事，兼主浮梁津渡，教习水战。"

襄樊会战结束后，至元十一年（1274），元廷征集大军二十余万，以伯颜为最高统帅，由襄樊沿汉水南下，元朝最后灭亡南宋的战争由此揭开序幕。寗玉率所部千人奉命先行，主要担任的仍是逢山开道、遇水架桥的工程兵任务。据《神道碑》：

> 淮安忠武王（伯颜——引者注）统大军而南，公以千人导前，至白河，结浮桥济师，遂拔沙阳。十一年冬，师次临江，分道以进，与宋人合战中江，公将勇士千人，以轻舸五十艘，径夺南岸，力战却敌，指挥战舰，分渡诸军，凡三昼夜而毕。自寿□□黄池□，所过浮梁立就，兵无留。行至彭蠡湖，风涛汹涌，梁成辄坏者数四。公言梁之不成，力不至也，躬督士卒取濒江场围巨石为碇，忠武立马以需其成。

至元十二年（1275）三月，伯颜大军进占建康，寗玉以功授金符、管军千户，仍负责修造桥梁战舰等事。"建业内外桥梁战舰悉主之。又督造巨舰可胜百万者，舰成，分二十艘付公守龙湾，藩蔽东寇。"（《神道碑》）当年七月，寗玉挫败来自宋淮东制司真州守军的偷袭。十一月，伯颜自建康兵分三路，直指临安，寗玉部隶伯颜亲自率领的中路军，从下常州、平江等地。至元十四年（1277），始奉命进驻平江之南的吴江长桥。据《平宋录》卷中，"（伯颜）又遣使觇前路窄隘，军马不容逗遛，令千户寗玉等前部军兵复修长桥等处通道，不旬而成"。《墓志铭》："吴松长桥，东连巨海，西际太湖震泽，南人缔构壮丽，至是一切彻去，以扼我师，舟楫楼橹，荡然一空。公乃悉取傍近屋村，规为两桥，延袤数里，再夕而办。我军风行电赴，奄至行在，宋人大骇神速，为之胆落，迄今为东南壮观。"《神道碑》："平江之南曰太湖，跨越数州，自吴江属嘉兴，旧有长桥，实南北要冲。忠武命公完葺腐败，镇守须其人，特以□公。时江南甫下，反侧者众，且具区濒海，群盗渊薮，公密断诸港汊，置轻舸数十，上下巡逻，以察非常。每有窃发，随折其萌，华亭、淀山诸贼闻皆解散，歼其渠魁陶机察、曹横天等八人，余党不可胜纪。又降盐寇□百，并获妻孥。起屋百楹，以居戎兵。置安乐堂三区，以养病卒。招集流民四万五千有畸，俾安生业。阖境为之宴然。"

至元十三年（1276），奭玉随伯颜中路军南下期间，已由千户升总管，镇守吴江长桥后，又升万户、浙西道吴江长桥都元帅。《墓志铭》对奭玉此间军职的升迁情况记载甚详：

> 十三年，命公前行，径捣吴会（平江）、松江、太湖诸处，制升授宣武将军、管军总管。（十）四年，制改明威将军，镇守吴江长桥。十五年，制授金虎符，仍前镇守。是年，松江蟠龙寺僧等作乱，公又平之，制改昭勇大将军，为本军万户。初，国朝官制简约，任军职者自百夫长、千夫长，而至万户者为极贵，国朝至今因之，至是，公以军功，爵为万户，升散阶至镇国上将军，行浙西道吴江长桥都元帅府事。二十二年九月，又制授沿海上万户。

《神道碑》也提到：

> 公前后七拜玺书之命，由金符、管军千户，迁宣武将军、管军总管，明威将军、镇守长桥等处总管，寻降虎符，职任仍旧。升昭勇大将军、管军万户。未几，就带已降虎符，镇国上将军、浙西道吴江长桥都元帅、沿海上万户，佩金虎符。

这样，作为元军将领后起之秀的奭玉（元初仅为百户），仅用三年时间，即连升千户（至元十二年）、总管（至元十三年）、万户（至元十五年），迅速迈入元朝高级军官的行列。至元二十二年沿海万户府组建后，奭玉又凭此资历，出任沿海万户府首任万户。浙西吴江长桥，则由附近的松江万户府达鲁花赤沙全接管。①

奭玉任沿海万户不久，即"以久事戎行，起居蒸湿，积劳成病，谢事家居"（《神道碑》），很有可能未到沿海万户府驻节地——庆元实际赴任。

---

① 据《元史》卷205《奸臣传·卢世荣》（第4570页），至元二十二年三月卢世荣遭弹劾时，其中一罪状即是"以沙全代万户奭玉戍浙西吴江"。沙全为哈剌鲁人，原名抄儿赤，《元史》卷132有传，为当时新组建的松江万户府首任达鲁花赤。

至元二十四年（1287），他又奉命随皇子镇南王脱欢进军安南，"师至安南，公当前队，辟山治道，树立营栅，率身先之"（《神道碑》）。此次远征安南，最终以失败告终。大概也正是在这一年，窨玉得以辞去沿海万户之职，由镇南王脱欢表请其长子窨居仁袭职。

窨玉有子五人，分别为居仁、居正、居赟、元贞、万奴。长子居仁袭职后，"初受明威将军、沿海上万户，佩金虎符。出征爪哇，升昭勇大将军，改佩三珠虎符，左军上万户。凯旋策勋，世祖皇帝赐赍优渥。成宗皇帝登极，加昭毅大将军、沿海上万户，镇守浙东道庆元等路。今上即位，至大元年（1308）七月，钦受宣命，就带已降虎符，升镇国上将军、广东道宣慰使都元帅"①（《神道碑》）。大概正是在至大元年窨居仁升广东道宣慰使都元帅时，沿海万户又传给窨居仁子窨显祖。《神道碑》所云"显祖，见膺宣命，袭父职也"，即指此而言。窨显祖之后，该家族中承袭沿海万户府万户者不详其人。不过，元代中后期，沿海万户府已由庆元移驻婺州、处州二路。据《明太祖实录》，至正十八年（1358）十二月，明军进围婺州时，"枢密院同佥窨安庆与都事李相开门纳大兵"。城陷后，朱元璋于婺州设江南等处行中书省分省，"命窨安庆仍同佥枢密分院事，随军征进"②。这个窨安庆很有可能即是以沿海万户府万户出任枢密院同佥，与此相应，沿海副万户石抹厚孙时任枢密判官，在婺州城破时被俘，这在后面还要提到。

除居仁一支承袭沿海万户府万户外，窨玉次子居正亦居官显要，"从公（窨玉——引者注）征交趾，累功擢忠翊校尉、杭州路管领海船千户，还备宿卫，服劳一纪，加奉议大夫、枢密院断事官。大德十一年（1307），受朝列大夫、签行宣政院事"（《神道碑》）。三子居赟，《神道碑》与《墓志铭》均不载其仕宦，但据陈旅《窨节妇传》，居赟亦曾官枢密院断事官，

---

① 窨居仁随军出征爪哇的记载，亦见《元史》卷210《外夷传三·爪哇》（第4665—4666页）："至元二十九年二月，诏福建行省除史弼、亦黑迷失、高兴平章政事，征爪哇；会福建、江西、湖广三行省兵凡二万，设左右军都元帅府二、征行上万户四。"其中窨居仁为左军上万户。次年二月，"弼与孙参政帅都元帅那海、万户窨居仁等水军，自杜并足由戎牙路港口至八节涧。兴与亦黑迷失帅都元帅郑镇国、万户脱欢等马步军，自杜并足陆行"。三月，"令都元帅那海、万户窨居仁、郑珪、高德诚、张受等镇八节涧海口"。

② 《明太祖实录》卷6，《钞本明实录》第一册，线装书局2005年版，第26、27页。

延祐初卒。①

附

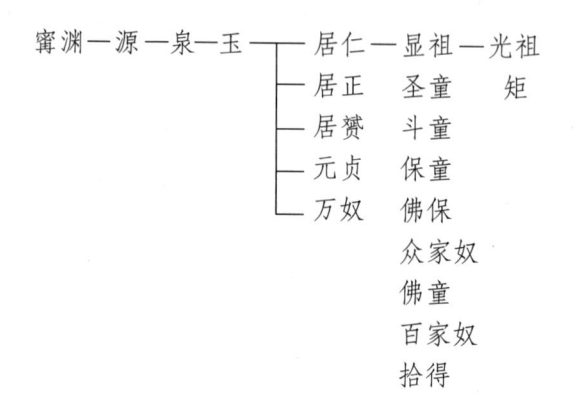

1. 甯玉家族世系

```
甯渊—源—泉—玉 ┬ 居仁—显祖—光祖
              ├ 居正  圣童   矩
              ├ 居赟  斗童
              ├ 元贞  保童
              └ 万奴  佛保
                     众家奴
                     佛童
                     百家奴
                     拾得
```

按，据《甯节妇传》，居赟有子九思、九龄，世系表中甯玉诸孙除显祖外，均为小名，其中或有为九思、九龄者。

2. 元沿海万户府历任万户

①甯玉—②居仁—③显祖—④安庆？

四　副万户石抹良辅及其世系

沿海万户府首任副万户石抹良辅，为契丹迪烈乣人，先世居大宁，出身蒙元政权世勋家族，曾祖父即大蒙古国初期著名将领石抹也先（1177—1217）。

石抹也先家族的文献记载传世较多，除《元史》本传外，尚有胡祗遹为石抹也先所撰神道碑，②许谦为石抹也先之孙（石抹良辅父）库禄满所撰行状，③黄溍为石抹良辅子石抹继祖（明里帖木儿）所撰神道碑，④以

---

① 陈旅：《安雅堂集》卷13，文渊阁《四库全书》。
② 《胡祗遹集》卷16《舒穆噜氏神道碑》，魏崇武、周思成点校，吉林文史出版社2008年版。
③ 《白云集》卷2《总管黑军舒穆噜公行状》，文渊阁《四库全书》。
④ 《金华黄先生文集》卷7《沿海上副万户石抹公神道碑》。

及刘基为石抹良辅之孙石抹宜孙所撰德政碑①等。上述各类文献对石抹也先家族降蒙以后的世系、仕宦记载大同小异，唯胡祗遹所撰神道碑对石抹也先早年经历及降蒙过程与其他记载有所不同。以下为神道碑的相关内容：

> 公姓舒穆噜（石抹——引者注，下同）氏，小字额森（也先）。其先特尔格（迪烈糺）人，仕辽世为大官。兵乱，谱牒废，世次莫能考。公幼颖悟，未冠，雄勇过人。以将家子，弓槊鞍马，不习而能。及长，精通吏事，契丹、女直两朝语言、风俗、政治、典故，耳目习熟。仕金为译事。未几，以明辨廉干，迁西北路招讨使幕官。继以军功，拜万夫长。公请让职于族兄章达纳（瞻德纳），愿以副贰自处，金帝嘉其逊悌友爱而从之。金自道陵（金章宗）崩，逆臣擅命，乾纲解弛，宗室贵戚素无威柄，重以宴安佚乐，升平日久，平居无事，口脂面药，软媚如妇人女子。一旦内乱遽起，惶骇忧惧，莫知所为。我太祖提兵南下，所过城邑从风而靡。公叹曰："天时人事，上下相应，金德衰矣，事可知矣。中扰而外溃，吾以穷身孤军，其将畴依？天命其在此乎？逆天者不祥。"遂同族兄率所部之众而归太祖皇帝。

据此，石抹也先在金朝先后担任过译事、西北路招讨使幕官，后以军功授万户，因让于族兄赡德纳，受到金章宗嘉奖。成吉思汗兴起后，率军大举南下，金朝举国陷入一片混乱，石抹也先在万般无奈之下决定降蒙，遂与族兄赡德纳一起归顺了成吉思汗。

与胡祗遹所撰神道碑不同的是，其他文献不仅记载了石抹也先父祖的情况，而且还将石抹也先家族描绘为很早就因亡国之恨而敌视金朝的家族，石抹也先早年的仕金履历也被略过不谈，并把他说成是在听说成吉思汗兴起后，主动前往投靠的。这方面的记载可以《元史·石抹也先传》为代表。

> 其祖库烈儿，誓不食金禄，率部落远徙。年九十，夜得疾，命家人候日出则以报，及旦，沐浴拜日而卒。父脱罗华察儿，亦不仕。有

---

① 《刘基集》卷13《处州分元帅府同知副都元帅石抹公德政碑颂》，林家骊点校，浙江古籍出版社1999年版。

子五人，也先其仲子也。年十岁，从其父问宗国之所以亡，即大愤曰："儿能复之。"及长，勇力过人，善骑射，多智略，豪服诸部。金人闻其名，征为奚部长，即让其兄赡德纳曰："兄姑受之，为保宗族计。"遂深自藏匿，居北野山，射狐鼠而食。闻太祖起朔方，匹马来归。①

上述诸种文献，以胡祗遹的记载最早。"公薨五十有五年，公之嫡曾孙良辅状公之平生，以神道之石来征言。"② 也就是说，它是在石抹也先去世55年后（即1272年），由曾孙石抹良辅邀请胡祗遹写成的，碑传内容主要由石抹良辅提供。我倾向于认为胡祗遹的记载最接近实情，其他晚出的不同文献则可能更多地含有石抹也先后人刻意抬高先祖的溢美之词。

石抹也先降蒙后的经历，各类文献记载略同。他先被隶属国王木华黎帐下，以计攻取金东京辽阳府。乙亥年（1215），随蒙古大军攻克北京大定府，授御史大夫，领北京达鲁花赤。张致之乱平定后，"也先籍其私养敢死之士万二千人号黑军者，上于朝。赐虎符，进上将军，以御史大夫提控诸路元帅府事，举辽水之西、滦水之东，悉以付之"③。自此，黑军成为石抹家族世袭领有的一支武装。丁丑年（1217），石抹也先在围攻蠡州时战死。

也先长子查剌（1200—1243），袭御史大夫，领黑军。戊寅年（1218），随木华黎攻河东、陕西诸地。同年，移师攻益都李全，降之。蒙古大举伐金，查剌所统黑军为前锋，于黄河北岸击溃金将完颜白撒、蒲察官奴大军。癸巳年（1233），又从国王塔思东征蒲鲜万奴。辛丑年（1241），任真定、北京两路达鲁花赤。查剌子库禄满（1222—1262），袭黑军总管。戊午年（1258），曾统军参与攻打襄阳、樊城。中统三年（1262）益都军阀李璮发动叛乱，库禄满率军从征，中流矢死。

石抹良辅，为库禄满子。关于其生平，《元史·石抹也先传》、黄溍《沿海上副万户石抹公神道碑》、刘基《处州分元帅府同知副都元帅石抹公德政碑颂》均有简略记载：

---

① 《元史》卷150《石抹也先传》，第3541页。
② 《胡祗遹集》卷16《舒穆噜氏神道碑》，第317页。
③ 《元史》卷150《石抹也先传》，第3542页。

> 子良辅，袭黑军总管，至元十七年，以功累升昭毅大将军、沿海副都元帅。二十一年，改沿海上副万户。大德十一年，告老。
>
> 考讳良辅，以黑军攻五河及湖南诸部。宋平，论功行赏，赐金虎符，历蔡州弩军万户、黄州招讨使，寻以沿海副都元帅开闸于四明，会改元帅为万户，遂以为沿海上万户府副万户，累阶昭毅大将军。
>
> 四世祖昭毅大将军，事世祖皇帝，受命南伐，克襄樊有功。定爵三品，为沿海（副）万户，佩虎符，镇处、婺。

据此，石抹良辅起家亦为黑军总管，曾参加过攻打五河、襄樊与湖南诸部的战斗。按，五河即五河口，位于淮河北岸，是元初南北长期争夺的战略要地。"湖南诸部"语焉不详，似不应指现在的湖南。宋朝灭亡后，石抹良辅先后任蔡州弩军万户、黄州招讨使。① 至元十七年（1280），任沿海副都元帅，驻庆元（即文中所谓"四明"）。至元二十二年（1285）沿海上万户府组建后，改任沿海万户府副万户。大德十一年（1307）告老致仕，后于皇庆元年（1312）去世。

石抹良辅之后继任副万户者为其子石抹继祖（1281—1347）。石抹继祖，即明里帖木儿。"大德七年（1303），以门功入备宿卫，事成宗为舍利别赤。"石抹继祖袭职后不久，发生了一次与黑军有关的事件。

> 方是时，承平日久，黑军散落之余，多已他属。武宗即皇帝位，仁宗为皇太子，上命悉括黑军以卫东宫，宗戚贵臣弗便，事遂寝。

按，据程钜夫《秦国昭宣公神道碑》，塔海时为同知宣徽院事，"今上在东宫，或建言立黑军卫帅府，力谏止之。由是寄以心膂，知无不为"②。所谓"卫帅府"，或应作"卫率府"，为传统意义上的太子东宫武装。武宗即位后，"至大元年，拨江南行省万户府精锐汉军为东宫卫军，立卫率

---

① 按，蔡州弩军万户府，为较早设立的汉军万户。据《元史》卷4《世祖纪一》（第70页），中统二年（1261）四月，"诏太康弩军二千八百人戍蔡州"。南宋灭亡后，蔡州万户府先是驻守八番，见《元史》卷16《世祖十三》至元二十七年七月条，第339页，后移驻江陵，称为"镇守江陵等处蔡州万户府"。见《元典章》卷34《兵部一·军役·病故·病死军人棺木》，陈高华等点校，中华书局、天津古籍出版社2011年版，第1200页。

② 《程钜夫集》卷8，张文澍点校，吉林文史出版社2009年版，第86页。

府"①。此即左卫率府。以后武宗又有取河南蒙古军万人立右卫率府之命，但为太子詹事王约所阻，理由为"不可累储宫"②，实则是担心仁宗日后受猜忌。塔海力谏不设黑军卫率府，大概也是出于这方面的考虑。

石抹继祖任沿海副万户后，"初以沿海军分镇台州，皇庆元年（1312），又移镇婺、处两州"。沿海万户府起先设于庆元，石抹继祖作为副万户分镇其南的台州。仁宗即位后，沿海万户府与蕲县万户府对调防地，内迁婺、处两州。其中，万户府设于婺州，副万户则有可能分镇处州（详情见后）。在任期间，石抹继祖从事过的重要活动有以下几项：

> 江西大盗起宁都，寇赣州，列郡皆警，朝廷命行省宰臣亲率诸道兵往讨之，公预在行。闻公所设方略，深服其决机之精，即檄公为行军都镇抚。部郢复诸军，生缚其凶渠二人，而乘胜捣其巢穴，逆党溃去，元恶寻亦就擒，乃班师凯旋。处之遂昌，愚民啸聚窃发，郡县约官军合捕。公按兵不出，单骑直抵其处，责长吏失于抚字，谕富家输粟赈济，而团结保伍以自卫。不旬日，诛其首乱，而归其同党三十五人于有司，余皆令复业如故。

所谓"江西大盗起宁都，寇赣州"，指延祐二年（1315）四月江西赣州路宁都州发生的蔡五九之乱，此次动乱系由仁宗"延祐经理"不当所造成。为镇压蔡五九之乱，元朝政府自江西、江浙、河南等省征调了大批军队。"（江西）行省平章政事李公（李世安）出董师，台宪官咸集，有指挥使，有副元帅，有江浙省平章（张闾），皆受朝命来督视，赣州路长官及万户六人总六郡兵，捣寇巢穴。"③ 直到九月，蔡五九之乱才被镇压下去。此次军事行动，至少动用了六个万户，石抹继祖因表现突出，被任命为行军都镇抚，并统领"郢复诸军"④。

---

① 《元史》卷86《百官志二》，第2165页，并参见同书卷99《兵志二》，第2528页。
② 《元史》卷178《王约传》，第4140页。
③ 吴澄：《吴文正公集》卷19《宁都州判官彭从仕平寇记》，台湾新文丰出版公司，《元人文集珍本丛刊》本。
④ "郢复"为元镇戍军万户府番号，由唆都家族统领的郢复招讨司改编而成，驻福建建宁路，为元福建镇戍军两万户府之一。请参见刘晓《镇戍八闽——元福建地区军府研究》，《历史研究》2017年第2期。

两浙之盐法积弊日滋，行省俾公与转运司官共整治之。公访求其致弊之源，随事厘革。亭户之凋耗者，亟为佥替，使无缺役。官课既登，而民间私煮盗贩之害有未尽除，事闻于上，命行省择所部万户岁一巡历，以申明其禁令。公首膺兹选，所至人莫敢犯。或弗悛而丽于法，立蔽其罪，未尝留狱，由是平民免于诬构株连之患。公复深究其利病，酌古今之宜，为上中下三策。行省以上于中书，事格不行。有识之士以公言不可废，相与刻置郡庠，人至今传之。

江浙地区为元代产盐大区，设有两浙盐运司。江浙行省每年会派出一个万户到此巡历，像镇守平江的十字路万户郝天麟就曾"奉檄察盐禁至浙东"①。石抹继祖则是首次奉命巡历两浙运司辖地的万户级官员。

石抹继祖任沿海副万户期间，还牵涉到一项与庆元路儒学有关的产业纠纷，现存宁波天一阁《庆元儒学洋山砂岸复业公据》对案件始末记载甚详。按，南宋末年，沿海制置司曾将昌国县洋山砂岸一处被没收的地产拨付庆元儒学，由当地人承包，每年上缴钱贯若干，以兴学养士。南宋灭亡前后，因地产无人管理，陈大猷兄弟等趁机将地产霸占，并冒充祖业，投献赵宋沂王府。王府管干韩忠唯恐儒学日后追讨，于至元十九年，采取虚钱实契的办法，将地产转手投献石抹良辅（时任沿海副都元帅）。石抹继祖继任沿海万户府副万户后，又将其中一半地产卖与当地富户胡珙。由此，皇庆二年（1313），先是有王伯秀告石抹继祖与胡珙"违例成交"，又有庆元路儒学出面主张该项地产的所有权。庆元路总管府受理此案后，曾移文沿海万户府查询此事。据碑文：

移准沿海万户府关："会问得萧万户即石抹武德（即石抹继祖，武德即武德将军，为其武散官阶——引者注，下同）指称：'父昭毅（即石抹良辅，昭毅即昭毅大将军，为其武散官阶），于至元十九年四月内，凭周瑞为保，用钞肆伯贯，买到绍兴路余姚州韩忠买到昌国州洋山陈大猷等祖业洋山砂岸管业。至皇庆元年十月十五日，父亲身故，阙少盘缠，将上项砂岸契书、税由、砧基共三纸，于胡珙处抵当

---

① 程端礼：《畏斋集》卷3《送巡盐万户郝公序》，文渊阁《四库全书》，可参见刘晓《元镇守平江"十字路万户府"考》，《隋唐辽宋金元史论丛》第3期，上海古籍出版社2013年版。

钞两用度，就令权管，未曾取赎，不曾卖与本人为业。'"

不过，当事人胡琪的供述与石抹继祖证词出入很大，先是说："萧万户将洋山砂岸一半委令经理，不曾承买。"后来又改口说："萧万户将上项砂岸作价钱中统钞壹伯定，卖与为业。"庆元路同知总管府事张伯延、推官贺贞受命审理此案，认为：

> 诸处学校皆有赡学地土，庆元僻在海隅，则有砂岸租利。本学见存亡宋官司印押学籍，数内明载昌国州洋山砂岸系本岙住人丁德诚每年抱纳陆伯贯，以充养士。缘为隔涉大海，归附之初，学舍失于经理，遂为彼处陈大猷等乘时占据。始则恐为他人所据，求买韩忠梯媒假借赵府声势，从此引惹枝节，以致韩忠又行投献萧元帅。本官倚恃镇守军势占据，身故之援，其子萧万户朦胧作己业，违例卖与胡琪管绍。既是问得韩忠元立卖契画字人周瑞明指韩忠元将儒学砂岸投献萧元帅，虚立卖契。追出韩忠在日元书投献状草及虚立文契，比照相同。胡琪既招违例交易，取讫前项捏合词因，本人情愿吐退与儒学管业。拟令儒学依旧管业，收租养士，从本路印押公据，给付儒学执照，将追到契凭毁抹附卷相应。所据胡琪、陈复兴罪犯，既已自愿退还本学管业，权拟免罪。①

上述审理意见在经庆元路总管府报请浙东海右道肃政廉访分司后，得到确认。

石抹继祖在副万户任上至少有十三年以上，"年逾强仕，即请纳禄，举仲弟振祖以自代"。按，"强仕"为四十岁，石抹继祖生于1281年，四十岁为1320年前后，相当于延祐末、至治初。石抹继祖自幼即从四明大儒史蒙卿学，致仕后，退居台州，扁所居为抱膝轩，著《抱膝轩吟》若干卷。先号北野兀者，又号太平幸民。"致和、天历之交（1328），行省强起公防遏松江海道。事定，表为闽帅。公微闻之，以亲老力辞。"

继石抹继祖为沿海副万户的石抹振祖事迹不详。泰定年间，知温州路

---

① 章国庆编著：《天一阁明州碑林集录》，上海古籍出版社2008年版，第36—38页。并参见氏著《元〈庆元儒学洋山砂岸复业公据〉碑考辨》，《东方博物》第28辑（2008年第3期）。

平阳州事贾达因公经过婺州，曾劝阻过"石抹万户"不要骚扰百姓，此"石抹万户"或与石抹振祖有关。

> 一日，以公事赴浙省，道经金华，适沿海翼石抹万户纵兵暴横，民甚苦之。达偶坐驿内，金华民曰："公平阳贾知州耶？郡有沿海军横，公能治否？"达谓曰："吾能使汝安。"即乘马径造石抹门，宣言曰："万户在否？"石抹出迎。达曰："常慕万户先御史大夫尝从太祖起龙荒，为开创元勋，光照史册。足下不思振先御史之烈，而纵兵肆暴若是。万户能长保富贵乎？"语未既，石抹即下拜谢罪，留饮尽欢而去。军自是肃然知惧，民赖以安。①

石抹振祖之后担任沿海副万户的是石抹继祖长子石抹宜孙。不过，石抹宜孙非石抹继祖嫡出，嫡子为其弟石抹厚孙（石抹继祖第四子），故《元史》本传云："尝借嫡弟厚孙荫，袭父职，为沿海上副万户，守处州。及弟长，即让其职还之，退居台州。"② 石抹宜孙同父亲一样，"好读书，工文章。元统中（1333—1335），袭爵镇守处州，大得军民心"③。石抹厚孙接任沿海副万户的时间大概为顺帝至正初年。

附

1. 石抹良辅家族世系表

库烈儿—脱罗华察儿┬赡德纳——○——亦剌马丹—仓赤
　　　　　　　　├也先—┬查剌—库禄满—良辅┬继祖┬宜孙
　　　　　　　　│　　　│　　　彦文　　　　└振祖├文孙
　　　　　　　　│　　　├咸锡—度剌　　　　　　　├德孙
　　　　　　　　│　　　├博罗　　　　　　　　　　├厚孙
　　　　　　　　│　　　└倪　　　　　　　　　　　└哈剌

2. 元沿海万户府副万户世袭表

①石抹良辅—②继祖（明里帖木儿）—③振祖—④宜孙—⑤厚孙

---

① 《（弘治）温州府志》卷8《名宦》，上海社会科学院出版社2006年版。
② 《元史》卷188《石抹宜孙传》，第4310页。
③ 《刘基集》卷13《处州分元帅府同知副都元帅石抹公德政碑颂》。

五　沿海万户府驻地的变迁——兼及宿州万户府与蕲县万户府

南宋灭亡后，元朝先在浙东地区设浙东道宣慰使司，后又升格为浙东道宣慰使司都元帅府，统辖当地军队。据《延祐四明志》：

> 皇元混一，改府为路，罢制置使，立浙东宣慰使司于绍兴，后徙处，复徙婺。至元十六年，以正使赵孟传、副使刘良分治于庆元，寻并于婺。大德七年，岛夷庞杂，宜用重臣镇服海口，遂立浙东都元帅府，即旧府治为之。①

浙东道宣慰使司及其后的宣慰使司都元帅府下辖镇戍军万户府主要有沿海、蕲县、宿州、保甲万户府（驻衢州）等。其中前三者，据《元史·兵志》：

> （至元二十七年）十一月，江淮行省言："先是丞相伯颜及元帅阿术、阿塔海等守行省时，各路置军镇戍，视地之轻重，而为之多寡，厥后忙古觪代之，悉更其法，易置将吏士卒，殊失其宜。今福建盗贼已平，惟浙东一道，地极边恶，贼所巢穴，请复还三万户以镇守之。合剌带一军戍沿海明、台，亦怯烈一军戍温、处，札忽带一军戍绍兴、婺州。……"枢密院以闻，悉从之。②

《元史·世祖纪》也有类似记载：

> （至元二十七年十一月戊申），江淮行省平章不怜吉带言："福建盗贼已平，惟浙东一道，地极边恶，贼所巢穴。复还三万户，以合剌带一军戍沿海明、台，亦怯烈一军戍温、处，札忽带一军戍绍兴、婺。……"从之。③

---

① 《延祐四明志》卷1《沿革考》。
② 《元史》卷99《兵志二》，第2544页。
③ 《元史》卷16《世祖纪十三》，第341页。

按，文中提到的"福建盗贼"，当指至元二十年、二十五年福建地区相继发生的黄华、钟明亮之乱。黄华之乱发生过两次，第一次为至元十五年，后以黄华接受招安结束。至元二十年，黄华揭竿再起，浙东守军纷纷被征调南下，参与平乱。钟明亮之乱对元朝江南地区的统治冲击更大，时任福建按察使的王恽在所上事状中提到："福建一道收附之后，户几百万。黄华一变，十去其四。今剧贼钟明亮悍黠，尤非华比，未可视为寻常草窃，诚有当虑者。今虽两省一院并力收捕，地皆溪岭，囊橐其间，出没叵测，东击则西走，西击则东轶，凶焰所及，煽惑杀掠，为害不浅。"① 曾任福建延平教授的刘埙也指出，钟明亮之乱，"蹂江、闽数郡之地，动江、闽、浙三省之兵"②。至元二十七年，钟明亮之乱平定，江淮行省平章不怜吉带请求将三万户归还建置，其中"合刺带一军"，显然指达鲁花赤合刺带（哈刺𤣱）统领的沿海万户府军。那么，"亦怯烈一军"与"札忽带一军"又是指哪些军队呢？

据《元史·兵志》：

> 武宗至大二年七月，枢密院臣言："去年日本商船焚掠庆元，官军不能敌。江浙省言，请以庆元、台州沿海万户府新附军往陆路镇守，以蕲县、宿州两万户府陆路汉军移就沿海屯镇。臣等议，自世祖时，伯颜、阿术等相地之势，制事之宜，然后安置军马，岂可轻动。前行省忙古𤣱等亦言，以水陆军互换迁调，世祖有训曰：'忙古𤣱得非狂醉而发此言！以水路之兵习陆路之伎，驱步骑之士而从风水之役，难成易败，于事何补。'今欲御备奸宄，莫若从宜于水路沿海万户府新附军三分取一，与陆路蕲县万户府汉军相参镇守。"从之。

由此可见，"亦怯烈一军"与"札忽带一军"应与蕲县、宿州两万户府相对应。同沿海万户府不同，蕲县、宿州两万户府均是元朝对南宋作战过程中出现的老牌汉军万户府，其中蕲县为宿州属县，宿州治所则在符离，二者地理位置邻接，均位于宋元交战前沿的淮河北侧，蕲县、宿州两万户府即由元朝在当地的驻屯军演变而来。

---

① 《秋涧集》卷92《论草寇钟明亮事状》。
② 《水云村稿》卷13《汀寇钟明亮事略》。

宿州、蕲县万户府均与东平世侯严氏集团有密切关系，系由其基干部队发展而来。据《元史·严实附严忠济传》："忠济初统千户十有七，乙卯（1255），朝命括新军山东，益兵二万有奇。忠济弟忠嗣、忠范为万户，以次诸弟暨勋将之子为千户，戍戍宿州、蕲县，而忠济皆统之。"① 中统二年（1261），严忠济被其弟严忠范取代，继续统辖宿州、蕲县两地驻军。不久，李璮之乱爆发，中统三年二月，忽必烈命"东平万户严忠范留兵戍宿州及蕲县，以余兵自随"②。宿州、蕲县部分驻军被抽调北上后，防务顿显空虚，南宋统帅夏贵乘机北犯，当年五月，"蕲县陷，权万户李义、千户张好古死之"③。其中李义应为吕义之讹，他的头衔"权万户"或"东平权万户"④，或为暂摄严忠范的职务。与吕义职务相似者，还有驻宿州的"摄行军万户事"李顺。⑤ 九月，"亳州万户张弘略破宋兵于蕲县，复宿、蕲二城"。十月，"敕万户严忠范修复宿州、蕲县"⑥。至此，严氏集团又恢复了对宿州、蕲县的控制。不过，好景不长，有鉴于李璮之乱的教训，忽必烈很快罢世侯兵权，严忠范被调离东平，任陕西四川金省，很快又因兵败罢职，严氏集团对宿州、蕲县驻军的控制至此亦遭剥夺。⑦

至元二十二年元朝江淮、江西镇戍军整编，宿州、蕲县万户府同沿海万户府一样，均被定为上万户府序列，兵力较为雄厚。

---

① 《元史》卷148《严实附严忠济传》，第3507页。另据《故宣差千户保靖军节度使李侯神道碑》："朝命籍兵，以东平民夥，益军三万有奇。"见《重辑杜善夫集》，济南出版社1994年版，第136页。两处记载有所不同。

② 《元史》卷5《世祖纪二》，第83页。

③ 同上书，第84页。

④ 《元史》卷5《世祖纪二》（第93页）：中统四年七月，"以故东平权万户吕义死王事，赐谥贞节"。姚燧《有元故中奉大夫、河南江北等处行中书省参知政事张公神道碑铭》："自二月至六月，故宋分道迭寇新蔡、符离、蕲、利津四县，亳、滕、徐、宿、沧、郑、滨七州。蕲已陷矣，守将吕义、张好古死之。"见孟繁峰、孙待林《张柔墓调查记》所附张弘略神道碑录文，载《文物春秋》1996年第3期。

⑤ 据前引《故宣差千户保靖军节度使李侯神道碑》，蒙哥汗时代，李顺"移镇甬上，兼领保靖军节度使。在戍五年，摄行军万户事"，后于中统初告老，以子李世英代之。保靖军为宿州军号，则李顺驻地为宿州，"摄行军万户事"即为"权万户"。

⑥ 《元史》卷5《世祖纪二》，第88页。

⑦ 《元史》卷47《兵志二》（第2532页）："（至元）十五年五月，总管胡翔请还侍卫军。先是，宿州、蕲县等万户府士卒百人，有旨俾充侍卫军，后从金省严忠范征西川，既而嘉定、重庆、夔府皆下，忠范回军，留西道。翔上言，从之。"据此，严忠范任金省时，曾带走拨归侍卫军系统的原宿州、蕲县万户府一百名士兵，但即使这士兵，最后也被世祖忽必烈收回。

那么，前面提到的驻守温州、处州的"亦怯烈一军"与驻守绍兴、婺州的"札忽带一军"，究竟孰为蕲县万户府，孰为宿州万户府呢？程端礼《故中奉大夫浙东道宣慰都元帅兼蕲县翼上万户府谔勒哲图公（完者都，1299—1344）行状》为此提供了可靠线索，其中提到："父扎哈岱，昭武大将军、蕲县翼上万户府达噜噶齐。"又称："父扎哈岱，讨黄花（即黄华）、杨震龙等叛乱，功业益著。"① 这个扎哈岱应当就是"札忽带一军"的札忽带，由此我们可以进一步确认，"亦怯烈一军"与"札忽带一军"应分别为达鲁花赤亦怯烈统领的宿州万户府军与达鲁花赤札忽带统领的蕲县万户府军。

现存文献中，蕲县万户府保留下来的文献较多。据《（万历）金华府志》："（至元）二十七年，江淮行省请兵分戍（时以札忽带一军戍绍兴、婺州）。二十九年，分绍兴路开县翼万户来镇，以为之属。"② 文中所谓"开"实为"蕲"字的俗写，"开县翼万户"即蕲县翼万户府。③ 札忽带所在的蕲县翼万户府原来镇守绍兴、婺州，以绍兴为万户府总部所在地，自至元二十九年始将总部南迁婺州。前面笔者提到的程端礼《行状》详细记载了蕲县翼万户达鲁花赤札忽带家族尤其是札忽带之子完者都的情况。④ 需要提到的是，札忽带嫡子早死无后，年幼的完者都因坚持不虚报年龄，蕲县万户府达鲁花赤在其家族的传承一度中断。据《行状》，"时宗子卒，无后，宗族佥曰：'宗子死，无后，若当承泽，盍益年图之？'"公（完者

---

① 《畏斋集》卷6，文渊阁《四库全书》。
② 《（万历）金华府志》卷21《军政》，第35—36页。
③ 可参见中华书局点校本《元史》卷131校勘记四。
④ 完者都生平，亦可见《至正四明续志》卷2《职官·蕲县翼上万户府镇守庆元·达鲁花赤》，《（成化）宁波郡志》卷7《人物考·完者都》，北京图书馆古籍珍本丛刊，第114—115页，《新元史》卷214《完者都传》。《至正四明续志》卷9《祠祀·神庙·丰惠庙》载后至元三年（1337）重建碑记，文后题记首列"定远大将军、蕲县翼上万户府达鲁花赤完者都"（第6565页）。此碑拓片及录文，可见章国庆编《宁波历代碑碣墓志汇编》，第360—363页，上海古籍出版社2012年版。《金华黄先生文集》卷42《昆山荐严寺竺元禅师塔铭》提到，"浙东大帅某居蕲县翼万户府"，也当指完者都，因为他后来于至正十四年（1354）升任浙东道宣慰使都元帅。此外，还需提到的是，《至正四明续志》卷2《职官·蕲县翼上万户府镇守庆元·万户》有如下按语："本志释道门泰定初有万户完哲图，或上或副，不可知矣。"查同卷10《释道·寺院庵舍·溥济庵》："泰定初，乾符寺僧可遗首建，蕲县翼万户完哲图赞其成。"（第6571页）实际上，此完哲图为完者都之异译，所谓蕲县翼万户，在这里指蕲县翼万户府达鲁花赤。元代文献中以万户指代万户府达鲁花赤的例子不少，需仔细辨别。

都）正色曰：'欺，可乎？'"而据《元史·囊加歹传》，武宗即位后，出身乃蛮部的囊加歹因参与定策之功，拜同知枢密事，"寻授蕲县万户府达鲁花赤，仍同知枢密院事"①。完者都直到成年后，才在"延祐庚申（即延祐七年，1320），钦受符命，授怀远大将军、蕲县翼上万户府达噜噶齐"。完者都任蕲县万户府达鲁花赤长达二十余年，"至正甲申（1344），拜浙东道宣慰使、都元帅，加中大夫，兼前职"。三月后去世。完者都有子名衮噶喇锡，很有可能以后也承袭了蕲县万户府达鲁花赤之职。

蕲县万户府万户与副万户，据《至正四明续志》的记载，分别姓王与严，但名字均不详。其中王万户留下的记载较多。据《元史·兵志》：

（大德）八年二月，以江南海口军少，调蕲县王万户翼汉军一百人，窝万户翼汉军一百人、新附军二百人守庆元。②

文中提到的"窝万户"即沿海万户府万户窝居仁。实际上双方也是姻亲，窝居仁子辈中，"斗童，娶蕲县翼王万户之女"③。此外，张仲深《子渊诗集》（文渊阁《四库全书》本）卷二有《为蕲县翼王万户题》。王旭《兰轩集》（文渊阁《四库全书》本）卷五《为王万户寿》，有"万里威留海南北，十年名镇浙西东"之句，看来也是写给蕲县翼王万户的。按，东平严氏集团成员中，高级将领王姓者似仅有五翼军都总领王得禄，但此人三十二岁即战死，且仅有一女。④ 如以同东平行台的渊源与资历而言，能够出任蕲县万户的，有可能为大名世侯王珍后人。王珍较早即归降蒙古，后隶属东平严实，直到太宗窝阔台推行画境之制后，才从东平行台划出，单独成路，后担任行军万户。其子王文干袭职，李璮之乱后，被解除兵权，转为文职，其弟王文礼则留任千户。⑤ 当然，限于文献记载缺略，这只能是一种猜测。

---

① 《元史》卷131《囊加歹传》，第3186页。
② 《元史》卷98《兵志二》，第2548页。
③ 《大元故镇国上将军浙西道吴江长桥都元帅沿海上万户窝公神道碑铭》。
④ 《元好问全集》卷30《兖州同知五翼总领王公墓铭》，山西人民出版社1990年版，第698—699页。
⑤ 《元史》卷152《王珍传》，第3591—3593页。有关王珍与东平行台的关系，可参见陈高华师《大蒙古国时期的东平严氏》，《元史研究新论》，上海社会科学院出版社2005年版，第304—336页，尤其是第308—310页。

至于蕲县万户府严姓副万户，极很有可能为东平世侯严实后人。严实有子严忠杰，据《至顺镇江志》卷一五《刺守·元刺守·镇江路总管府达鲁花赤》（595页）：

> 严忠杰，东平人，虎符、昭勇大将军，兼管军万户。至元十四年三月至，十五年五月十七日改授浙东道宣慰使。

襄樊战役爆发后，不少被剥夺兵权的世侯像真定史氏、保定张氏等又重获起用，出掌兵权，严忠杰担任管军万户大概也属这种情况。至元十五年，严忠杰离开镇江到浙东宣慰司赴任，很有可能也带走了自己的军队。其后，严氏后人似未能顺利承袭万户。据虞集所撰程思温碑铭：

> 严武惠公始以东平内附，承制一方，隐然藩府之重，士民多其故吏部曲子孙，畏爱之不忘，而其诸孙仕者寖少。侯为上言，其孙得官，领其军为万户。①

按，碑主程思温为高唐人，祖程著，供职于严实幕府，治狱平允，父程遂通，"以军功为百夫长，宿、蕲两军副镇抚、福建提举工匠官"。所谓"宿、蕲两军"，即指宿州与蕲县万户而言。前面提到，这两个万户均由严氏旧部组成，因孟义任宿州万户，严忠杰有可能担任的是蕲县万户，程遂通则为其麾下将领。严忠杰去世后，严实后人未能顺利承袭万户，程思温为故主上书，故"其孙（严实孙，或即严忠杰子）得官，领其军为万户"。不过，从现有记载来看，严实之孙实际上担任的只是蕲县万户府副万户。而且，因至元二十二年前，蕲县万户府副万户一职曾由董士表担任，② 严氏出任副万户的时间应在至元二十二年江淮、江西镇戍军整编以后。东平严氏入元后

---

① 《元高唐大中大夫临江路总管程公墓碑铭》，《虞集全集》，王颋点校，天津古籍出版社2007年版，第882—883页。

② 按，李璮之乱后，藁城董氏全面接管史氏在唐邓地区的军事指挥权，由董文炳出任邓州光化行军万户（又作邓州新、旧军万户，见《元史》卷6《世祖纪三》，"至元二年正月，'以邓州监战讷怀、新旧军万户董文炳并为河南副统军。'"）。据揭傒斯《陇西武献侯董士表神道碑》，宋亡后，董士表先为邓州新军万户府副万户，"（至元）廿二年，以升县上万户府副万户收海艘闽中，因以为行省都镇抚"。其中所谓"升"，实际上为前面谈到的"蕲"的俗字"开"之讹，"升县上万户府"应即"蕲县上万户府"。见《常山贞石志》卷23，《石刻史料新编》（一八），新文丰出版公司1982年版，第13573页。

的落寞境遇，前辈学者多有精辟阐述。① 当年称雄一时、兵力多达三万户的山东强藩，以后竟不能出掌一万户，其发展颓势，于此亦可见一斑。

蕲县万户府所辖千户所，据《延祐四明志》卷三《职官考下》（第6177页），千户所"计一十六翼"。《至正四明续志》卷三《城邑·在城·公宇·万户府》则列举了十八个千户所的番号："蒙古千户所分镇定海县。上千户所六翼：馆陶、东平、莘县、齐河、德州、东平。下千户所一十一翼：茌平、彰德、东昌、冠州、夏津、长清、单州、武城、高唐、濮州、泰安。"② 其中，镇守定海的蒙古千户所，组建于成宗大德八年（1304），主要是为了防备由海道进入浙东沿海的倭商，③ 士兵来源，主要是流放于此的叛王乃颜余部。④ 从《至正四明续志》的记载来看，这个千户所似应受蕲县万户府的节制。其他十七翼千户所则为蕲县万户府的基本部队，千户所番号所显示的地点多属原东平世侯辖地，⑤ 这也可视为蕲县万户府士兵主要来自东平严氏旧部的一个有力佐证。其中，六翼上千户所中，标明

---

① 萧启庆：《元代几个汉军世家的仕宦与婚姻》，《内北国而外中国：蒙元史研究》，中华书局2007年版，第276—345页，特别是第303—304页。
② 《至正四明续志》卷3，《续修四库全书》，第705册，第516页。
③ 《元史》卷21《成宗纪四》（第459页）：大德八年四月，"置千户所，戍定海，以防岁至倭船"。同书卷99《兵志二》（第2548页）："（大德）八年二月，以江南海口军少，……自乃颜来者蒙古军三百人守定海。"
④ 乃颜之乱平定后不久，元朝即有将乃颜余党流放江南的打算。像至元二十六年二月，尚书省臣上言："行泉府所统海船万五千艘，以新附人驾之，缓急殊不可用。宜招集乃颜及胜纳合儿流散户为军，自泉州至杭州立海站十五，站置船五艘、水军二百，专运番夷贡物及商贩奇货，且防御海道为便。"四月，尚书省臣又上言："乃颜以反诛，其人户月给米万七千五百二十三石，父母妻子俱在北方，恐生它志，请徙置江南，充沙不丁所请海船水军。"上述建议均得到世祖批准（《元史》卷15《世祖纪一二》，第320、322页）。成宗即位后，至元三十一年九月，"以合鲁剌及乃颜之党七百余人隶同知枢密院事不怜吉带，习水战"。（《元史》卷18《成宗纪一》，第387页）所谓"合鲁剌"即哈剌鲁人，当为沿海万户府达鲁花赤哈剌𧶠麾下军人。陶宗仪《南村辍耕录》卷2《叛党告迁地》（中华书局标点本，第30—31页）："至元二十四年，宗王乃颜叛，后伏诛，徙其余党于庆元之定海县。延祐间，倚纳脱脱公来为浙相，其党屡以水土不便为诉，乞迁善地。公曰：'汝辈自寻一个不死人的田地，当为汝迁之。'众遂不敢再言。"则定海为元朝安置乃颜余党的一个重要场所。
⑤ 温海清对严忠嗣位初期"初统千户十有七"的情况作了一些分析，提到恩州刺史张晋亨、博州防御使齐荣显、冠州长官赵天锡、德州总管刘通、濮州毕叔贤、曹州信字祚、济州长官石天禄、泰安州刺史张郁应该是严氏麾下实际领有州县的诸千户，不过，他对十七千户是否对应十七州之地未做肯定结论，见氏著《画境中州——金元之际华北行政建置考》，上海古籍出版社2012年版，第158—159页。从蕲县万户府所辖十七千户所来看，二者有不少直接对应关系，如冠州、德州、濮州、泰安州等。我很怀疑蕲县万户府十七千户所的设置，与严忠济嗣位初期领十七千户有一定继承关系。

"东平"的番号出现了两次，这在元代同一万户府下辖千户所中较为罕见，其中一处或为东阿之误，或为东平新军之简称。蕲县万户府虽属上万户府序列，下辖千户所即使不包括定海蒙古千户所，也达十七翼之多，兵力较为雄厚。蕲县万户府各千户所长官中，可考者有东平等处上千户所达鲁花赤脱帖穆耳及其子大都。据黄溍为脱帖穆耳所撰墓志，脱帖穆耳出自蒙古逊都台氏，即为逊都思部人。有关其履历，墓志提到：

> 大德十年，用台臣荐，佩金符，为武德将军、蕲县万户府东平等处管军上千户所达鲁花赤。延祐二年，迁宣武将军。泰定三年，转明威将军，分城坐镇，自明（庆元——引者注）而越（绍兴），前后三十余年，以老致其事。……子男五人。长大都，以武德将军袭职东平等处上千户所达鲁花赤。①

据此，东平千户所先是镇守庆元，后又移镇绍兴。二者均是蕲县万户府与沿海万户府换防后的新驻地。无独有偶，《越中金石记》卷九有《至元三年代祀之记》，为后至元三年（1337）顺帝派人代祀南镇后所作，由"武略将军、管军上千户、权分镇开（蕲）县翼上万户府事臣刘颐题额"。这位刘颐，以蕲县万户府管军上千户分镇绍兴，他很有可能就是脱帖穆耳父子的搭档——东平等处上千户所千户。此外，需要提到的是，墓志还提到脱帖穆耳长女"适宣武将军、莘县翼上千户齐伯颜察儿"。前面所列蕲县万户府千户所中，上千户所有莘县翼，由此看来，齐伯颜察儿应该也是蕲县万户府千户之一，有可能为严实部下齐荣显或齐珪后人，尤以前者的可能性较大②。

庆元为元朝与日本贸易的最重要港口，甚至在元日关系紧张期间，双方也不时有贸易往来。像至元十六年（1279），哈剌䚟镇守庆元时，"日本商船四艘，篙师二千余人至庆元港口，哈剌歹谍知其无他，言于行省，与

---

① 《金华黄先生文集》卷35《明威将军管军上千户所达鲁花赤逊都台公墓志铭》。按，脱帖穆耳三子月鲁不花，元统元年（1333）进士，《元史》卷一四五有传。
② 《元史》卷152《齐荣显传》、卷165《齐秉节传》。按，齐珪子齐秉节至元二十五年官枣阳万户府副万户，二十八年卒，由子齐英袭职。由此看来，齐伯颜察儿为齐荣显后人的可能性更大一些。

交易而遣之"①。武宗至大二年（1309）正月，日本商人到庆元贸易，与当地官员产生纠纷，双方发生冲突，日本商人竟然攻入城中，将浙东道宣慰使司都元帅府等官衙烧毁。② 此次突发事件，充分暴露了元军尤其是镇守庆元的沿海万户府军的虚弱，引起元朝当局的高度重视。前面提到，江浙行省虽请求将沿海万户府内迁，由蕲县万户府与宿州万户府移往沿海镇守，但中书省臣以世祖祖训为辞，没有同意。两年后，武宗去世，仁宗即位。至大四年（1311）十月，江浙行省在行文中再次指出这一弊端："两浙沿海濒江隘口，地接诸蕃，海寇出没，兼收附江南之后，三十余年，承平日久，将骄卒惰，帅领不得其人，军马安置不当，乞斟酌冲要去处，迁调镇遏。"所谓"将骄卒惰，帅领不得其人"，矛头直指沿海万户府及其统兵将领。枢密院官员讨论后的结果是："庆元与日本相接，且为倭商焚毁，宜如所请，其余迁调军马，事关机务，别议行之。"③ 而据《元史·仁宗纪》：

    至大四年冬十月，"以蕲县万户府镇庆元、绍兴，沿海万户府镇处州，宿州万户府兼镇台州"④。

《延祐四明志》卷三与黄溍《沿海上副万户石抹公神道碑》则将此事系于第二年即皇庆元年（1312）。《（万历）金华府志》也提到："皇庆元年，复调开县（即蕲县——引者注，下同）翼亦往驻（庆元）焉，乃以庆元路沿海翼上万户府来镇（婺州）。"⑤ 情况很有可能是，至大四年十月朝廷下诏各万户府换防，第二年换防任务才最后完成。至此，江浙行省从世

---

  ① 《元史》卷132《哈剌䚟传》，第3217页。
  ② 《伊滨集》卷23《经历张君墓志铭》："初辟浙东帅府史。日本贼变生仓卒，鸣譟白昼，操利兵，火官寺，阖府劻勷。君突出，白戎帅部卫兵以距敌，格杀其渠，贼以故不敢迫而围竟解。"文渊阁《四库全书》。
  ③ 《元史》卷99《兵志二》，第2548页。
  ④ 《元史》卷24《仁宗纪一》，第547页。按，中华书局此处标点原作"以蕲县万户府镇庆元，绍兴沿海万户府镇处州"，王晓欣教授据此认为"绍兴万户府实即沿海万户府"（氏著《关于元江南镇戍体系中杭州和杭州驻军的若干考述》，见《马可波罗游历过的城市——元代杭州研究文集》，杭州出版社2012年版。）按，绍兴一直为蕲县万户府驻地，即使至元二十九年蕲县万户府迁婺州后，绍兴应为其分镇地。至大四年蕲县与沿海万户府换防，仅涉及庆元与婺州对调，并不涉及绍兴。所以中华书局标点乃至王晓欣教授论点疑均有误。
  ⑤ 《（万历）金华府志》卷21《军政》。

祖末年起，在经过至少三次申请后，终于得以将沿海万户府内迁，沿海万户府原来的镇戍地庆元、台州，则分别由蕲县万户府与宿州万户府接防。换言之，沿海万户府由驻守庆元、台州改为驻守婺州、处州。宿州万户府由驻守温州、处州改为驻守温州、台州。蕲县万户府则由驻守婺州、绍兴改为驻守庆元、绍兴。

完者都接任蕲县万户府达鲁花赤时，因蕲县万户府早已完成换防，他在任期间的主要任务就是"奉檄镇海口"。以下为程端礼所撰行状的相关记载。

初，倭寇来鄞，防御之官控御无度，且启肆慝，焚屋庐，剽玉帛，民甚患之。公镇遏，严师控制，贸易持平，表之以廉介，怀之以恩威，乃俛首詟服，恭效贡输之礼。尝中夜，倭奴四十余人擐甲操兵，乘汐入港。公亟讯之，得变状，征所赂上官金还之。倭旋及昌国北界，掳商货十有四，掠民财百三十家，渡其子女，拘能舟者役之，余氓犇窜，公亟驾巨舰追之，进其酋长谕之曰："曩不轨在律无赦，圣上仁慈不忍殄歼，汝敢怙终，复肆蚕毒，汝亟用吾命，幸宽贷之。稍予迟违，则汝无遗类矣。"皆股栗战恐，愿尽还所掠以赎罪。公从之，遂招徕其民，给衣食，使之保聚。皆两举手环公，拜且泣曰："吾父母也。"……至元戊寅（1338），诏旨许官属侍亲，公投章归养，海寇窃发，商贾不能懋迁。明年还，躬率精锐，水陆并进，浙江闽海之间，擒获甚众。漳州李志甫叛乱，公统军深入，耀兵夹攻，元恶授首，俾胁从之民纳戈甲、复业者众。行军所过，秋毫无犯，虽暴风疾雨，卒徒莫敢避。至元庚辰（1340），丁内艰。是年冬十一月，奉柩合葬于兴和之宣平野狐岭之原。时海寇复乘隙猖獗，粮艘多被杀，间有脱归者，言贼闻小万户（指完者都——引者注）来归，莫不相顾失色，祷诸神，愿无与遇。常觇公出处，为之聚散也。主漕万户和斯嘉议闻之，惊叹不已，遂状申于省部。公还，具舟楫，利兵戈，整部伍，戒严海上。遇渠魁周麻千等于韭山之南，大纵追逐，亲饲舻卒饭，使破浪疾进，几至舟覆身溺者屡，直抵流求国界，及之，遂全获。初浮筏，下令曰："凡胁从者归吾筏。"归者若干，皆释其罪。凡所有金珠楮币之物，戒之曰："此不利之货，勿取之，悉沉于海。"………定海连诸蕃，夷商越贾，帆樯凑集，为要害之地。分镇行营，无次止之所。公为度地僦工，创置大府，谯楼营舍，凡二千余楹。于是镇治有所，保障有蔽，粟有高积，兵有深藏，士卒吏属，各有宁宇，其规模可谓宏远矣。

从程端礼的记载我们不难发现，除1338年参加平定福建漳州李志甫之乱外，完者都在任时的政绩大多与加强海防、平定海寇有关。

相比之下，宿州万户府的记载较少。我们只知道，南宋灭亡前的至元八年、九年，贾文备与孟义曾先后担任过宿州万户。① 至元十年正月，又有"宿州万户爱先不花请筑堡牛头山"的记载，② 因当时孟义仍任宿州万户，此人或为宿州监战万户。此外，亦怯烈之后担任宿州万户府达鲁花赤者尚有那海。那海为"合剌吉台人"，早年曾随伯颜南下灭宋，后参加平定乃颜之乱，"授新野万户府匠军千户所达鲁花赤，佩金牌。至大元年（1308），子回会光显于朝，仁宗时为皇太子，奏武宗皇帝，超授公朝请大夫、潭州万户府达鲁花赤，佩三珠虎符。达鲁花赤者，一军之监也。仁宗登极之初，召入朝，特受宿州蒙古汉军上万户府达鲁花赤，镇温、台二路。居八岁，告老，至治元年（1321）七月八日卒"③。因孟义直到至元十四年才改任瑞州路达鲁花赤。我们从孟义任宿州万户以后的情况，大致可以找到元前期宿州万户军活动的蛛丝马迹。"十一年，宋制置夏贵攻正阳，义夺战舰数艘，遂败之。十二年，掠地至安庆等处，攻扬子桥获功。十三年三月，改守杭州。九月，从下福建、温、台等处。"④

此外，《元典章》也保存了宿州万户府的一则重要史料：

大德三年十二月，中书省据刑部侍郎呈该："镇守温、处等路宿州蒙古汉军达鲁花赤万户府申：'据千户李处厚呈：钦奉圣旨节该：江南平定之后，军马别无调度，所司不知抚养，以致军前歇役数多。

---

① 《元史》卷165《贾文备传》，第3869页；卷166《孟德传》，第3903页。
② 《元史》卷8《世祖纪五》，第147页。按，两年后，爱先不花被撤职。据《元史》卷8《世祖纪五》（第167页），至元十二年五月，"万户爱先不花违伯颜节制，擅撤戍兵，诏追夺符印，使从军自效"。
③ 元明善：《元上万户达鲁花赤那海公神道碑》，王树枏：《（民国）冀县志》卷8，《中国地方志集成·河北府县志辑》第53册，第251—252页。
④ 《元史》卷166《孟德传》，第3903页。

起补之间，官吏作弊。戒饬内外军官、奥鲁官吏，各修乃职，严行整治。如有违犯，轻者从枢密院定罪黜降，重者闻奏。'钦此。除钦依外，照得李处厚等陈言，略举病军粥米之例，除月粮外，别支新米一斗，煎熬粥饭，将养病军，早得复元，以备差遣。卑职参详：如蒙照依旧例，通行放支相应。具呈照详"事。得此。送户部照拟得："诸奕屯戍军人果有病疾，拟合于本名合请月粮内，不出元数，减半支付新米，煎粥养患。至病痊日，依旧支付相应。"都省咨请依上施行。①

上述引文提到的"镇守温、处等路"，表明大德三年宿州万户府的镇戍地依然为温州、处州二路，"宿州蒙古汉军达鲁花赤万户府"与前面提到的那海的头衔"宿州蒙古汉军上万户府达鲁花赤"相合，表明宿州万户府军应为蒙古、汉军混成部队。②千户李处厚，则属宿州万户府下辖千户之一。

前面谈到，宿州万户府原驻温州、处州，并以温州为万户府总部。皇庆元年（1312）后改兼镇台州，处州则转由沿海万户府镇守。据陈彩云《元代温州研究》，元代温州地区的万户府，在至元二十八年分为十七翼千户，③这与蕲县万户府所辖千户数完全相同。这当然不是一种巧合，因为宿州万户府的十七翼千户与蕲县万户府一样，都是由以前东平万户的十七翼千户发展而来，虽然宿州万户府所辖千户番号文献缺载，但应该与蕲县万户府的千户番号大致相符。陈彩云在其论著中还提到了驻温州地区的一些军事长官。她所引用的资料主要为史伯璇《青华集》。其中卷一有《送张权府序》。非常有意思的是，此人恰为山东东平人，至正七年（1347）任平阳州钱仓地区的管军百户，次年调防永嘉松山。此外，同书卷一另有《送平阳镇守千夫长东平忽都达尔公序》，此人显然也是东平人。由此看来，上述二人均应隶属宿州万户府。此外，据《（乾隆）温州府志》，又有

---

① 《元典章》卷34《兵部一·军役·军粮·病军减支新粮》，第1211—1212页。
② 元代镇戍军万户府番号有此称呼的，还有庐州蒙古汉军万户府等，见《元史》卷123《也蒲甘卜传》、卷151《邸顺附邸琮传》，第3027—3028、3572页。
③ 陈彩云：《元代温州研究》，浙江人民出版社2011年版，第138页。在书中，他引用了《林霁山集》卷3《鹿城晚眺》章祖程注："《温州路志》：'归附后，军民管不相统摄。至元二十八年，分为十七翼，各有千户所镇守，皆周岁更戍焉。'"非常有意思的是，温州在被元军占领后，首任温州路总管为东平世侯严实幼子严忠祐，而以后驻扎温州的宿州万户府恰好又是他家族的军队。

名帖木者,"蒙古人,为东翼千户所达鲁花赤,镇本路。至正癸巳(即至正十三年,1353)十月,闽寇焚劫平阳松山分水岭,帖木与永嘉县尉王楚山从万户晁恭廉守御。贼至,恭廉先遁,帖木与王楚山血战,死之"①。这个帖木,我怀疑也是隶属宿州万户府,"东翼"疑有脱字,或应为东平翼。至于晁恭廉是否为宿州万户府万户,待考。

沿海万户府迁到婺州、处州后,由达鲁花赤、万户驻婺州,副万户分镇处州,其布防情况,据《(万历)金华府志》:

> 领千户翼一十九(内七翼分镇处州,其在婺者十有二)……各统百户有差。各县镇守千户所凡七(一在兰溪州治西六十步,一在义乌县东四十步,一在永康县北三十五步,一在武义县西百余步,一在浦江县东南六十步,一在东阳县城东南隅,一在东阳县东七十里玉山)。百户所凡二(一在永康县东四十里黄碧村,一在永康县东北百四十里灵山)。②

据此,沿海万户府19翼千户所中,驻处州者9翼,驻婺州者12翼。驻婺州12翼千户所中,应有7翼分镇各县,剩下5翼似应驻扎婺州路治所所在地。《(光绪)金华县志》在转引上述记载后,又提到戚雄《(嘉靖)金华县志》所载驻婺州12翼千户的情况,为醒目起见,列表如下。

千户名	下辖百户数	千户名	下辖百户数
怯烈木、李、陈上千户翼	16	缪、岳上千户翼	14
忽鲁台、张、侯上千户翼	13	徐、仆散千户翼	5
张、朱千户翼	6	刘、沈千户翼	8
李、王千户翼	6	徐、林千户翼	5
林、史千户翼	5	抄儿赤、马、郑千户翼	8
蔡、田千户翼	6	伯家奴、王、李千户翼	6

上述12翼千户所,有8翼千户所冠以两汉姓,4翼千户所又在两汉姓前冠以一蒙古名。笔者认为,两汉姓应分指千户所千户与副千户,蒙古名则指千户所达鲁花赤。也即12翼千户所中,仅有4翼有达鲁花赤。当然,

---

① 《(乾隆)温州府志》卷18《名宦·武宦》,第294页。
② 《(万历)金华府志》卷21《军政》。

这也许只是临时情况。

《（万历）金华府志》与《（嘉靖）金华县志》所载各千户所关系如何对应，也是一个难题。《（光绪）金华县志》即指出："《戚志》不言某千户镇守何县，犹之《府志》仅载所在县分而不言镇守者为谁，未免均失之疏耳。"① 按，《（道光）东阳县志》提到文宗在位期间，"时沿海上千户缪公分镇斯邑（婺州东阳县——引者注）"②。则我们可以断定，"缪、岳上千户翼"应驻东阳，只不过，具体在"东阳县城东南隅"，还是"东阳县东七十里玉山"，尚难确定。宋濂《重建宝婺观碑》："至正十六年（1356），沿海翼兵自兰溪夜叛还。"③ 则印证了沿海翼千户中确有驻"兰溪州治西六十步"者。

沿海万户府所辖19翼千户所，目前均未发现以地名为番号者，这似乎表明各翼千户所均由来自不同地域的士兵混编组成，也可认为沿海万户府是蒙古、汉军、新附军相参程度较高者。至于所辖各翼千户，《至正条格》还提到千户丁元昌：

> 至正二年（1342）正月，刑部议得："沿海万户府千户丁元昌，擅离镇守信地，还家营干己事。拟笞叁拾柒下，解任标附。"都省准拟。④

虞集《虞氏史夫人墓志铭》则提到庆元路史璘卿之女婉伯，"适沿海上千户别里吉"⑤。其下百户可考者则有宗泽、毛伟等。⑥ 另有孙政，黄溍《管军下百户赠敦武校尉孙君墓志铭》虽未明确提及他隶属沿海万户府，

---

① 《（光绪）金华县志》卷14《武备志》。
② 党金衡原本、王恩注重定《道光东阳县志》卷25《重修东阳县志总序》（杜荣祖撰），《中国地方志集成·浙江府县志辑》第53册，第367页。同书卷12《政治志八·兵防》（第125页）又提到："本县镇守千户一员、百户二员，军营在城东南隅。玉山乡口守千户一员、百户二员，军营在县东七十里。至元二十五年，台寇杨镇龙由此路侵境，收捕只立。"与《（万历）金华府志》的记载可参照。
③ 《宋学士文集》卷60《重建宝婺观碑》，四部丛刊初编本。
④ 《至正条格》断例卷2《职制·擅自离职》，人民出版社2007年版，第187页。
⑤ 《虞集全集》，第956页。
⑥ 有关宗泽，《（嘉靖）宁波府志》卷20《杂事》：至正十一年，"六月，（方）国珍攻黄岩，元沿海翼百户宗泽战死"。王逢《梧溪集》卷1《杭城陈德全架阁录示至正十一年大小死节臣属其秃公以下凡十三人王侯以下凡九人征诗二首》：至正十一年（1351）"六月，沿海奕百户尹宗泽战死黄岩"。《北京图书馆古籍珍本丛刊》第95册，第437页。毛伟，余阙《青阳先生文集》卷3《大节堂记》（四部丛刊初编本）提到至正十三年参与守卫安庆的将领有"沿海翼百户毛伟"。

但从其所部驻地，我们可以推测他也应为沿海万户府下属百户。①

六 元末沿海万户府的活动与瓦解

至正十一年（1351），元末农民战争爆发，徐寿辉南系红巾军沿江东下，势如破竹，很快攻入江西、江浙各地。为抵御红巾军进攻，元朝政府从各地抽调军队，沿江把截，进行抵御，驻婺州、处州路的沿海万户府军也在征调之列。据刘基记载，当时"沿海军悉发往江东，城（处州——引者注）中留者不满数百人，又太半老弱"②。由此可见，当时沿海万户府十九翼千户主力应大部抽调北上。另据余阙记载，至正十二年（1352），红巾军大举围攻安庆，安庆路总管韩建因防御得当，成功击退红巾军的围攻。余阙详细记录了当时防守安庆的军队组成及各级军官名单，计有千户14人，百户20余人，其中百户中有"沿海翼百户毛伟"③。据此，我们似可认为沿海万户府军主力抽调北上后，已被打散建制，分派各处防守。

至正十二年，为南系红巾军发展极为迅猛的一年，当年七月，甚至连江浙省会杭州也一度失守。也正是在这一年，红巾军由福建建宁攻入处州龙泉县，沿海万户府的"老奕"所在地婺州、处州因兵力空虚，陷入岌岌可危的境地。在这紧急关头，赋闲在家的前沿海万户府万户石抹宜孙出面组织乡丁，成功阻止住红巾军的进犯，并反攻进入建宁，收复松溪、政和二县。据刘基记载：

至正十二年，福建妖贼入处之龙泉，处、婺大震，宪司趣起公领

---

① 《金华黄先生文集》卷35，四部丛刊初编本。按，墓志提到孙政父孙显，"始占军籍，署管军正百户，从其万户军蕲县"。则当时孙显应为蕲县万户府所属百户。南宋灭亡后，孙显迁戍杭州，致仕。孙政袭职后，"从其万户府达鲁花赤讨叛贼于建宁之政和"，此当指至元二十年至二十一年黄华之乱。此后不久，"移镇庆元，有司验其所管军，定为下百户。至元二十六年，奉敕为真，阶进义副尉。复从讨叛贼于台之宁海，至奉化，与贼遇，俘其七人，得铠仗十有四。贼众夜来劫营，君急击之，得铠仗十，乘胜逐北，至宁海，生擒其伪国师等四人"。按，平定黄华之乱后不久，至元二十二年，元朝开始整编江淮、江西戍军，大概此时，孙政部移镇庆元，经整编后，拨隶沿海万户府，为其所管下百户。此后，孙政直到大德五年去官，均在庆元及其附近活动，其间参与讨平至元二十六年台州杨镇龙之乱。除子孙毅袭下百户外，另有二女嫁百户高某、张某，疑均为沿海万户府百户。
② 《刘基集》卷13《处州分元帅府同知副都元帅石末公德政碑颂》。
③ 《青阳先生文集》卷3《大节堂记》。

征讨事。公至龙泉，募乡兵击贼，走之。未几，贼复入庆元，公进屯查田，使人购其徒为应，贼遂挠败，公乘胜掩击，俘斩千计，遂复庆元。进攻建宁之松溪、政和，皆克之。处州平，公乃还归天台。①

至正十四年（1354），盘踞东南沿海的方国珍再次起兵反元。此前，石抹宜孙曾受命守温州，防御方国珍自海上的袭扰，至此，又受命分司台州，担任浙东宣慰副使、副都元帅。② 据刘基记载：

> 十四年，海贼复叛，行省、宪司又以副元帅起公分府台州，公辞不得已，乃命乡民作保伍团结，扼要害，使贼不敢辄登岸，乃聚粮训兵，以图进讨。其夏六月，朝廷用旧议，立巡海道官，所以防贼，贼乃复请降，帅其属往卫漕运至京师，而妖人黄草堂复扇动黄岩民以报仇为名，聚众构乱，公以计收其渠酋六人斩之，余党皆散为民。③

台州战事刚刚平息，因处州各地义军风起云涌，石抹宜孙奉省檄，再次回到处州，时间当在至正十五年（1355）冬。④ 据刘基记载：

> 台州平，行省又檄公分府处州，时处之属县皆有贼，松阳、遂昌在上游，去郡最近。冬十月，公帅师进讨，至宝定。而黄坛贼大出，焚民居，火照山谷。公分兵守宝定，自将麾下还城，而贼已薄河津欲渡。先是，沿海军悉发往江东，城中留者不满数百人，又太半老弱。公夜部分居民丁壮出拒战，斩不用命者三人，众乃齐奋，贼止不能渡。时沿海军有自江东逃归者六十余人，公召谓曰："女辈能破贼，吾当原女罪。"皆拜曰："诺。"即遣渡水击贼。贼败走，明日退去。⑤

大约与此同时，沿海副万户石抹厚孙则在婺州一带活动，收复了被乱军占领的永康等县。⑥

---

① 《刘基集》卷13《处州分元帅府同知副都元帅石末公德政碑颂》。
② 《元史》卷188《石抹宜孙传》，第4310页。
③ 《刘基集》卷13《处州分元帅府同知副都元帅石末公德政碑颂》。
④ 王袆：《王忠文公集》卷7《少微倡和集序》："至正乙未冬，沿海万户柳城石末公持阃帅之节，来镇是州。"至正乙未为至正十五年，即1355年。
⑤ 《刘基集》卷13《处州分元帅府同知副都元帅石末公德政碑颂》。
⑥ 《（康熙）永康县志》卷10《人物·明·吕文燧》。

至正十六年（1356）三月，刚刚到任半年的江浙行省左丞相达识帖睦迩受命组建江浙行枢密院，统一指挥部署江浙地区的军事防御。"立行枢密院于杭州。命江浙行省左丞相达识帖睦迩兼知行枢密院事，节制诸军，省、院等官并听调遣，凡赏功、罚罪、招降、讨逆，许以便宜行事。"① 沿海万户府也被纳入这一系统。其中，沿海万户府万户鄌安庆被任命为行枢密院同佥，副万户石抹厚孙为行枢密院判官，共同驻守婺州，一直坚持到两年后婺州陷落。② 石抹宜孙则被任命为行枢密院判官，分院处州，开府治事，不久又升行枢密院同佥。"先是，诏建枢密行院于江浙，行中书丞相兼领院事。至是，丞相乃承制以石末公为判官，刘公（刘基）为经历，即是州分院莅治焉。"③《元史·石抹宜孙传》也提到：

> 又以江浙儒学副提举刘基为其院经历，萧山县尹苏友龙为照磨，而宜孙又辟郡人胡深、叶琛、章溢参谋其军事。处为郡，山谷联络，盗贼凭据险阻，辄窃发，不易平治。宜孙用基等谋，或捣以兵，或诱以计，未几，皆歼殄无遗类。寻升同佥行枢密院事。当是之时，天下已多故，所在守将各自为计相保守。于是浙东则宜孙在处州，迈里古思在绍兴为称首。④

上述引文提到的胡深，起初为行枢密院都事，后由石抹宜孙保荐，授浙东道佥都元帅，为石抹宜孙得力干将。据《胡公威德碑铭》：

> 至正十六年，石抹公再临都开枢府，擢公都事。首帅精锐，平泉溪寇。明年春，出师缙云，战北有功。石抹公荐于上，假节浙东道佥都元帅。夏，以兵入青田，与贼遇，斩首过当。东下顿兵瓯江口，来归者相属。秋，大发民兵与沿海翼军，合趣遂昌。贼鸱张气悍，官军击之，散而复合。奇兵深入，扼其腹背，咋其凶渠，贼众乞哀，而石

---

① 《元史》卷44《顺帝纪七》，第931页。同书卷92《百官志八》："十六年三月，置江浙行枢密院于杭州，知院二员，同知二员，副枢二员，佥院二员，同佥二员，院判二员。首领官：经历、知事各一员，断事官二员，经历一员。"第2334页。
② 《明太祖实录》卷6，戊戌年十二月壬午条。
③ 《王忠文公集》卷7《少微倡和集序》。
④ 《元史》卷188《石抹宜孙传》，第4310页。

抹公方趣师外援，乃许之。七邑悉平。①

据此，石抹宜孙麾下的部队，除招募而来的乡兵外，沿海万户府军应该还有不少。

至正十八年（1358）三月，朱元璋大军占领建德，六月、十月，相继攻取婺州路浦江、兰溪二地，又取义乌，开始从西、北两方面向婺州城进逼。因屡攻婺州不下，十二月，朱元璋亲统大军十万进抵婺州城下，与自北南下的胡大海军会师。当时，驻守婺州的元军守将主要有行枢密院同佥寗安庆，行枢密院判官石抹厚孙、南台侍御史帖木烈思、婺州路达鲁花赤僧住等。寗安庆、石抹厚孙笔者前面业已提到，应分别为沿海万户府的万户与副万户，这与他们分任佥院、院判的上下级别也较为一致。这些人即使在明军兵临城下时，也不能团结一致，"台宪、将臣画界分守，意不复相能"②。为解婺州之围，驻守处州的石抹宜孙派元帅胡深率领的狮子战车及民兵数万赴援，并亲率精锐出缙云为之声援。但胡深援军在婺州城下很快溃败，寗安庆等出降，石抹厚孙被俘。第二年，即至正十九年（1359），陈友谅部红巾军进攻信州，元军守将伯颜不花的斤部署抵抗，"乃命大都间将阿速诸军及民义为左翼，出南门；高义、范则忠将信阳一军为右翼，出北门；自与忽都不花将沿海诸军为中军，出西门"③。其中"沿海诸军"极有可能指沿海万户府等军，尤其是分拨当地驻守的一些零散千百户。随着婺州、处州乃至信州等地的陷落，沿海万户府军应该说已基本被消灭殆尽。

攻占婺州城后，朱元璋改婺州为宁越府，设中书分省，"命寗安庆仍同佥枢密分院事，随军征进"④。石抹厚孙则在第二年正月押赴建康。⑤ 败回处州的石抹宜孙由经略使李国凤承制拜江浙行省参知政事，继续组织抵抗，"遣元帅叶琛屯桃花岭，参谋林彬祖屯葛渡，镇抚陈仲真、照磨陈安

---

① 练鲁：《胡公威德碑铭》，顾国诏修、张世堉纂：《光绪龙泉县志》卷12，《中国地方志集成·浙江府县志辑》第67册，第861页。
② 《明太祖实录》卷6，戊戌年十二月壬午条，《抄本明实录》，线装书局2005年版，第1册，第26页。
③ 《元史》卷195《忠义传三·伯颜不花的斤》，第4410页。
④ 《明太祖实录》卷6，戊戌年十二月丙戌条。
⑤ 《明太祖实录》卷7，己亥年正月庚申条，"命理问所知事夏文达送所获元臣帖木烈思、石抹厚孙、安庆等赴建康"。第28页。

屯樊岭，元帅胡深守龙泉……久之，将士怠弛，皆无斗志"①。到至正十九年（1359）十一月，胡深率先投降，明军趁机南下，连克石抹宜孙于处州外围所设据点，进逼处州城。石抹宜孙被迫率叶琛、章溢等走建宁，处州陷落。到福建后，石抹宜孙本欲重整旗鼓，但"所至人心已散，事不可复为"，穷途末路之下，石抹宜孙又返回处州，"至处之庆元县，为乱兵所害"②。

（本文曾在《清华元史》第三辑发表，此次收入论文集，做了少许文字修改，并补充了若干资料）。

（作者为南开大学历史学院教授）

---

① 《明太祖实录》卷7，己亥年十一月壬寅条，第31页。
② 《元史》卷188《石抹宜孙传》，第4311页。

元代川陕甘军队的征行与奥鲁探微*

李治安

奥鲁（auruq），《蒙古秘史》作"阿兀鲁黑"，原本是蒙古乃至突厥游牧民特有的营制，即在战场后方设置的出征军士的"老小营"家族集团，含亲属、附属人口及牲畜、什物等，后来演变为管理军人家属、补充兵员、筹办军需等的"兵站营地"组织。《经世大典序录·政典军制》说："军出征戍，家在乡里曰奥鲁……"①军队出征与奥鲁老营，乃是蒙古游牧民和蒙古军探马赤军等军制中难以回避的课题。关于蒙元奥鲁，村上正二、贾敬颜等已作过很好的研究。②近年，笔者在考察元代陕西四川蒙古军都万户府和陕西、甘肃、四川三行省时，也开始触及川陕甘军队的征行与奥鲁问题。③然因主题和篇幅所限，未及详加申论。本文拟较多运用碑刻资料，以按竺迩探马赤军、汪总帅军团和元末《牛山土主忠惠王庙碑》所见诸军为重点，试做新的探研。

一 按竺迩探马赤军的征行与奥鲁

元制，蒙古军、探马赤军和汉军，一概实行前线征行和后方奥鲁留

---

* 本文为"南开大学人文社会科学研究项目·中国史学科和学术团队建设（项目号：91822161）"研究成果。

① 苏天爵编：《元文类》卷41《经世大典叙录·军制》，四部丛刊初编本，第61页A。

② [日]村上正二：《元朝奥鲁原义考》，《史学杂志》54卷7号，1943年；（日）村上正二：《元朝兵制史上に於ける奥鲁の制度》，《東洋学报》第30卷3期，1943年。贾敬颜：《奥鲁制度与游牧民族》，《中央民族学院学报》1988年6期。

③ 李治安：《元陕西四川蒙古军都万户府考》，《历史研究》2010年第1期；《元代甘肃行省新探》，《元史论丛》第11辑，天津古籍出版社2009年版；《元代陕西行省研究》，《中国历史地理论丛》2010年第4期；《元代四川行省初探》，《元史论丛》第13辑，天津古籍出版社2010年版。

守。这三种军队奥鲁管理方式不尽相同。大漠南北的蒙古草原大千户依旧军民合一,"上马则备战斗,下马则屯聚牧养"①,草原千户母体亦相当于奥鲁。探马赤军"即营为家",另设奥鲁官署独立管理。自世祖朝,中原汉地军民分离,汉军奥鲁改由后方管民长官兼管。按竺迩为首的礼店文州军团属于探马赤军,故而采取独立奥鲁官署的方式,随之出现了前线征行和后方奥鲁留守的军队组织分野及军将任职差别。李治安《元陕西四川蒙古军都万户府考》曾指出,也速带儿、按住奴、帖木儿所统探马赤军,实为"川蜀前线征行和礼店文州奥鲁老营两部分的有机整体"。此说可得到不同时期该部探马赤军有关史实的有力印证。

早在太宗朝,按竺迩就因招降汪世显,"皇兄(引者注:察合台)嘉其材勇","拜征行大元帅"。1236年(丙申),蒙古军进攻川蜀,"按竺迩领炮手兵为先锋",沿路攻略宕昌、阶州、文州及龙州,"进克成都"。翌年,根据按竺迩建议,宗王"遂分蒙古千户五人,隶麾下以往","驻军汉阳礼店,戍守西和、阶、文南界,及西蕃边境"②。松田孝一认为,此宗王乃察合台后王穆直(又作没赤),蒙古千户五人中可考者有侯和尚和术鲁,颇像"蒙古汉军"的"混成军"。③《大元崖石镇东岳庙之记》亦载:按竺迩"镇抚三方,开帅阃于西汉阳天嘉川冲要"④。按竺迩的上述事迹,既有窝阔台汗时期率军攻略川蜀,又有自宗王穆直处分到蒙古军五千户且长期屯戍礼店一带。二者前后相连,恰为按竺迩所部川蜀前线征行和陕西后方奥鲁的滥觞。而后,按竺迩于1238—1243年"从元帅塔海率诸翼兵伐蜀""攻重庆""图万州""伐西川""破资州"又于1250年(庚戌)"安辑泾、邠二州"和奉宪宗之召"还旧镇"。⑤ 松田孝一认为,泾、邠二州和删丹

---

① 苏天爵编:《元文类》卷41《经世大典叙录·军制》,第59页B。

② 宋濂:《元史》卷121《按竺迩传》,中华书局1976年版,第2984页;卷132《步鲁合答传》,第3207页。元明善:《雍古公神道碑铭》说:"遂分国人千户五人,使帅其众,隶麾下。"载《全元文》卷762,第24册,江苏古籍出版社2002年版,第392页。

③ 松田孝一:《チャガタィ家千户の陕西南部驻屯军团》(上),《國際研究論叢》,1992年,5卷2期。史卫民:《蒙古汗国时期的探马赤军》,《中国民族史研究》2辑,中央民族学院出版社1989年版。

④ 周夔:《大元崖石镇东岳庙之记》,礼县老年书画协会、礼县博物馆:《礼县金石集锦》,2000年,第125页

⑤ 《元史》卷121《按竺迩传》,第2985页。元明善:《雍古公神道碑铭》说:"庚戌,命公置泾、邠二州。"载《全元文》卷762,第24册,第393页。

州，都是察合台位下领地，所谓"还旧镇"，则是返回删丹州。① 揆以"戊子，皇兄命公镇删丹"②，松田氏所言诚是。中统元年（1260），按竺迩虽因年迈，"委军于其子"，依然"引兵"随从宗王阿曷马参与征讨阿蓝答儿、浑都海的耀碑谷（删丹州附近）决战，获"玺书褒美"。笔者拙见，《元史·兵志一》"西川也速带儿、按住奴、帖木儿等所统探马赤军，自壬子年属籍礼店"句，颇为重要。如果说壬子年（1252）以前，按竺迩麾下蒙古军五千户尚属于察合台位下兀鲁思，壬子年以后该军团就变为正式登录于朝廷兵籍的探马赤军团了。这也与蒙哥汗时期汗廷集中军权和抑制打击窝阔台、察合台后王势力的政策相吻合。由此，我们对确定探马赤军等户名属性的壬子年抄籍，应予以高度重视。因壬子年后按竺迩所部正式著籍且驻屯礼店，礼店一带以及泾、邠二州和删丹州，相对于平宋战争中的川蜀前线，都算是蒙古国时期按竺迩探马赤军的后方奥鲁。换言之，按竺迩本人率先交替充任过该探马赤军团前线征行和后方奥鲁两种职务或角色。

按竺迩长子车里，又作彻理，宪宗末"从都元帅纽璘攻成都"，"攻重庆"，③ 迄1258年（戊午），车里当在川蜀前线征行无疑。《按竺迩传》或曰"彻里袭职为元帅"，或曰："初，按竺迩之告老，制命彻理袭征行元帅。"《步鲁合答传》载：车里"世祖即位，赐金符，为奥鲁元帅，又改征行元帅"。比较而言，《步鲁合答传》描述具体详细，或接近真实。估计车里是先袭奥鲁元帅，"又改征行元帅"，担任征行元帅的下限是至元八年前后。④ 就是说，宪宗末世祖初，车里居然有交替充任前线征行——后方奥鲁——前线征行的三次职务委任或变动。

按竺迩次子国宝，又名黑梓、黑子。世祖初"父为元帅（引者注：奥

---

① ［日］松田孝一：《チャガタイ家千户の陕西南部驻屯军团》（上），《国际研究论丛》1992年第5卷2期。
② 元明善：《雍古公神道碑铭》，载《全元文》卷762，第24册，第390、391页。
③ 《元史》卷132《步鲁合答传》，第3207页；卷129《纽璘传》，第3144页。
④ 《元史》卷180《赵世延传》云："祖按竺迩……从太祖征伐。有功，为蒙古汉军征行大元帅，镇蜀，因家成都"（第4162页）。然元明善《雍古公神道碑铭》明言：按竺迩"中统癸亥春三月二十有三日，以疾薨于西汉阳私第"（载《全元文》卷762，第24册，第393页）。鉴于此，按竺迩本人并未曾"镇蜀，因家成都"，前揭文句或有遗漏而失真。揆以《步鲁合答传》等按竺迩子孙事迹，世祖以降袭职蒙古汉军征行元帅长期征戍于川蜀且可能"因家成都"的，大抵是长子车里及其子步鲁合答。

鲁），军务悉以委之"。曾随父参与前述中统元年讨伐阿蓝答儿之战，且"摄帅事"。估计国宝是在按竺迩中统四年（1263）去世前后"以门功袭父元帅职"，又因说降吐蕃酋长和奏筑文州城屯戍，正式获得"三品印，为蒙古汉军元帅，兼文州吐蕃万户府达鲁花赤"。从中统四年到至元四年（1267）逝世，国宝一直担任该职务，《步鲁合答传》特称其"别赐金符，为奥鲁元帅"，而且首次兼任了文州吐蕃万户府达鲁花赤。① 因有别于同时担任征行元帅的兄长车里，故曰"别赐"。

按竺迩另一子国安，又名帖木儿。至元四年国宝逝世，"命弟国安袭其职"，官衔仍为"蒙古汉军元帅，兼文州吐蕃万户府达鲁花赤"。至元十五年（1278）国宝子世荣成人，"解职授之"，为"怀远大将军、蒙古汉军元帅，兼文州吐蕃万户府达鲁花赤"。国安则"改授""随路拔都万户，移镇重庆"。②

按竺迩孙、车里子步鲁合答，至元二年（1265）始，奉命代"老疾"父亲"领其军"。越六年，任管军千户。至元十六年（1279），"以功迁武略将军、征行元帅"③。步鲁合答的任职，似乎一直在川蜀前线。

元顺帝朝，这支探马赤军奥鲁官仍能见于碑传。后至元五年（1339）《大元崖石镇东岳庙之记》碑阴"世居官僚开座于后"："广威将军、前西番达鲁花赤、礼店文州蒙古汉军军民元帅亦辇真，宣武将军、礼店文州蒙古汉军西番军民元帅翔鸮石麟，忠显校尉、礼店文州蒙古汉军奥鲁军民千户真卜花。"④ 陈启生引用光绪《礼县新志》，判定亦辇真即吉连，翔鸮石麟即石麟，二人俱系赵世荣子孙。⑤ 而"忠显校尉、礼店文州蒙古汉军奥鲁军民千户真卜花"，实即元明善《雍古公神道碑铭》中按竺迩孙男之一"佩金符，忠显校尉、管军千户"的真不花。⑥ 如果上述论断属实，迄顺帝朝，按竺迩裔孙依然世袭礼店文州蒙古汉军军民元帅等职。至正五年（1345）《同知哈石公遗爱记（碑阴）》又载："礼店文州蒙古汉军奥鲁军民千户所忠翊校尉、达鲁花赤蒙古卜花……礼店文州元帅府蒙古军奥鲁所

---

① 《元史》卷121《按竺迩传》，第2986页；卷180《赵世延传》，第4163页。
② 《元史》卷121《按竺迩传》，第2987页；卷132《步鲁合答传》，第3208页。
③ 《元史》卷132《步鲁合答传》，第3207页。
④ 周夔：《大元崖石镇东岳庙之记》，《礼县金石集锦》，第133页。
⑤ 陈启生：《礼店文州元帅府考述》，《西北师大学报》1994年第3期。
⑥ 载《全元文》卷762，第24册，第393页。

敦武校尉、蒙古奥鲁官普颜帖木，蒙古奥鲁相副官杨世安……礼店文州蒙古汉军一十三翼 蒙古军总把车立卜合……"① 更是表明直至1345年按竺迩所部探马赤军的奥鲁官设置，依然如故。

村上正二指出："作为兵站地或兵员征募场所的奥鲁，就兵制而言是极其重要的，故而军队统帅者特意将自己信任的人物委任为奥鲁监督官。"② 我们注意到，按竺迩所部探马赤军的征行元帅与奥鲁元帅在元前期均是由按竺迩亲属成员分别充当，这也符合前述"将自己信任的人物委任为奥鲁监督官"的惯例。窝阔台汗至蒙哥汗之际，按竺迩多半在川蜀征行，1237年和1250年间或北归关中"戍守"或"安辑"。世祖朝更有按竺迩子孙南北并任征行元帅与奥鲁元帅。如1260—1271年，车里与其弟国宝、国安南北并任；1279年以后步鲁合答与世荣（那怀）南北并任。松田孝一曾敏锐指出："车里征行元帅和其弟国宝奥鲁元帅兼文州吐蕃万户府达鲁花赤的任命，带有其后两系统分离的倾向。"③ 这大抵符合元探马赤军征行与奥鲁的前、后方配置以及相应的军官世袭制度，亦可折射按竺迩家族成员在该探马赤军团中的重要地位。

有元一代，珊竹带氏纽璘家族担任都元帅或都万户者，始终是按竺迩及子孙所部探马赤军的顶头上司。按竺迩及子孙以外，纽璘、也速带儿父子同样有若干年在川蜀前线作战，若干年还镇礼店文州等"唐兀之地"的类似经历。说起纽璘部在川陕的征行与奥鲁，可追溯到蒙哥汗和世祖初。《元史·宪宗纪》载：蒙哥汗元年六月，"以带答儿（引者注：纽璘父）统四川等处蒙古、汉军……皆仍前征进"。《廉希宪传》载：忽必烈即位伊始，经廉希宪巧妙争取，"西川将纽璘奥鲁官"改而归附忽必烈阵营。不久，忽必烈"诏速哥分西川兵及陕西诸军属纽璘，镇秦、巩、唐兀之地"。另，纽璘子也速带儿历任四川西道宣慰使都元帅、西川行省右丞和四川行枢密院等官，世祖末迁陕西蒙古军都万户"镇唐兀之地"。④ 此二处的"镇秦、巩、唐兀之地"和"镇唐兀之地"，实为掌管该军团的秦陇奥鲁。

---

① 蒲君美：《同知哈石公遗爱记（碑阴）》，《礼县金石集锦》第144、145页。
② 村上正二：《元朝兵制史上に於ける奥鲁の制度》，《东洋学报》第30卷3期，1943年。
③ ［日］松田孝一：《チャガタィ家千户の陕西南部驻屯军团》（下），《国际研究论丛》1993年5卷3、4合并期。
④ 《元史》卷129《纽璘传》，第3145、3146页。

估计按竺迩子孙世袭的礼店蒙古汉军元帅府或是"西川将纽璘"秦陇奥鲁的骨干部分，其余奥鲁部分待考。

按竺迩所部探马赤军与拔都万户的关系，也让人瞩目。如前述，至元十五年（1278）国安（帖木儿）解职让其侄世荣（那怀），改授"随路拔都万户，后移镇重庆"。① 此"随路拔都万户"，亦即《元史·兵志三·屯田》"四川行省所辖军民屯田二十九处"中的"随路八都万户"。山东河北蒙古军都万户府所属设有拔都万户府，② 故此"随路拔都万户"当直属于陕西四川蒙古军都万户府。元制，精选勇武敢死之士而组成的军队，称为拔都鲁军或拔都军。揆之以下史料，按竺迩本人及所部探马赤军在川蜀、陕西等征战活动，多与"拔都""勇士""死士""先登""先锋"等有关：

（1）1227年（丁亥），按竺迩"从征积石州，先登"；

（2）1231年（辛卯），"从围凤翔"，"选死士先登"，"分兵攻西和州"，"按竺迩率死士骂城下"，"因以奇兵夺其城"；

（3）"睿宗分兵由山南入金境，按竺迩为先锋"；

（4）招降汪世显有功，"赐名拔都，拜征行大元帅"；

（5）1236年（丙申），蒙古军伐宋，"按竺迩领炮手兵为先锋"，"攻文州"，"率勇士梯城先登"；

（6）1238年（己亥）蒙古军"攻重庆，车里将兵千人为先锋"；

（7）1258年（戊午）围攻云顶山，"彻理率部兵由水门先登，破其壁"；

（8）1277年，"步鲁合答以所部兵攻宝子寨"（泸州西北角），"乃造云梯先登"。③

鉴于此，笔者认为按竺迩子国安改授"随路拔都万户"，似乎不是偶然。很有可能按竺迩和国安（帖木儿）所部探马赤军在川蜀的征行军士较多担当先锋敢死等角色，因而世祖中期至少部分地被编入了"随路拔都万户"。如果这种判断成立，世祖中期以后，礼店文州蒙古汉军元帅和该"随路拔都万户"也存在奥鲁与征行的对应关系。

---

① 《元史》卷121《按竺迩传》，第2987页；卷132《步鲁合答传》，第3208页。
② 《元史》卷86《百官志二》，第2172页。
③ 《元史》卷121《按竺迩传》第2982—2986页；卷132《步鲁合答传》第3207、3208页

乍一看来，按竺迩和帖木儿所部在川蜀等前线多充"先锋""死士"的史实，似反映探马赤军的身份地位并不算高，与拔都军有类似处。具体到该部探马赤军，又不能忽视按竺迩及蒙古五千户，原本隶属察合台位下等背景因素。正如松田孝一所云，按竺迩奉蒙哥之召"还旧镇"，就蕴含着刚夺得汗位的蒙哥汗对察合台后王的排斥和压制。① 考虑到这些因素，按竺迩所部探马赤军在川陕充当先锋或敢死偏多，也比较合理。

按竺迩探马赤军团的征行与奥鲁年表

年份	征行	奥鲁
1235—1236 年	按竺迩"拜征行大元帅"	
1237 年		按竺迩"分蒙古千户五人"，"驻军汉阳礼店，戍守西和、阶、文南界，及西蕃边境"
1238—1243 年	按竺迩"从元帅塔海率诸翼兵伐蜀"	
1250 年（庚戌）		按竺迩"安辑泾、邠二州"
1260 年		车里"赐金符，为奥鲁元帅"
1260—1271 年	车里"改征行元帅"（以上据《按竺迩传》《步鲁合答传》）	世祖初"诏速哥分西川兵及陕西诸军属纽璘，镇秦、巩、唐兀之地"（《纽璘传》）
1263—1267 年		国宝"别赐金符，为奥鲁元帅"
1267—1278 年		国安袭"蒙古汉军元帅"，兼文州吐蕃万户府达鲁花赤
1278 年	"改授帖木儿（国安）随路拔都万户，移镇重庆"	世荣"怀远大将军、蒙古汉军元帅，兼文州吐蕃万户府达鲁花赤"
1279 年	步鲁合答"迁武略将军、征行元帅"（以上据《按竺迩传》《步鲁合答传》）	

---

① ［日］松田孝一：《チャガタイ家千户の陕西南部驻屯军团》（上），《国际研究论丛》1992 年 5 卷 2 期。

续表

年份	征行	奥鲁
世祖末		也速答儿迁陕西蒙古军都万户"镇唐兀之地"(《纽璘传》)
1339 年		"广威将军、前西番达鲁花赤、礼店文州蒙古汉军军民元帅亦辇真,宣武将军、礼店文州西番蒙古汉军军民元帅翔鸮石麟,忠显校尉、礼店文州蒙古汉军奥鲁军民千户真卜花"(《大元崖石镇东岳庙之记》)
1345 年		"礼店文州蒙古汉军奥鲁军民千户所忠翊校尉、达鲁花赤蒙古卜花……礼店文州元帅府蒙古军奥鲁所敦武校尉、蒙古奥鲁官普颜帖木,蒙古奥鲁相副官杨世安"(《同知哈石公遗爱记》)

二 汪总帅军团的征行与奥鲁

因种族和婚姻等特殊性,巩昌汪总帅府是元代唯一允许世袭罔替的漠南地方军政高级官府,其麾下的汪总帅军团也是长期活跃于川陕甘地区的军事劲旅。迄平宋前的近 40 年间,汪世显、汪德臣、汪惟正、汪良臣等祖孙四总帅相继率本部兵驰骋于川蜀疆场,积极参与了蒙古军在四川的大部分军事行动,出生入死,十分卖力。至元十三年之后,汪总帅军团的主力被调往甘肃行省前线,抵御西北叛王海都、笃哇等,其奥鲁则始终由总帅府兼管。这样,该部南征和西征的军队就分别和"大本营"的巩昌汪总帅府,构成了征行与奥鲁。

(一)征南都元帅与巩昌总帅府的征行与奥鲁

汪总帅军团参与攻略川蜀,始于窝阔台汗八年(1236)七月皇子"阔端率汪世显等入蜀,取宋关外数州,斩蜀将曹友闻"。汪世显曾先后"定资州，略嘉定、峨眉"，攻万州，逼重庆，"薄成都"，克汉州。① 1243 年（癸卯）汪世显病逝，第二子汪德臣袭便宜总帅，继续率兵攻运山、嘉定，城沔州、益昌，又从蒙哥亲征，充先锋，1259 年（己未）死于钓鱼城下。1253 年（癸丑）到 1258 年（戊午），长子汪忠臣"摄总府事"，"督漕嘉陵，继利州饩"②。是时，总帅汪德臣与其兄汪忠臣或率先呈现征行与奥鲁的配置。

中统元年（1260），德臣子汪惟正袭便宜总帅，迄中统三年（1262），奉诏"守青居山"，"东川军事悉听处分"。其四叔汪良臣"还巩昌"，"供亿所须"，又因耀碑谷之战及讨平火里叛乱有功，升权便宜总帅府事和同佥便宜总帅。中统三年，汪良臣"授阆篷广安顺庆等路征南都元帅"及"东川副统军"，率兵攻重庆。汪惟正则"诏还巩昌"。至元八年（1271），汪惟正"请于朝，谓良臣久劳戎行，乞身代之"，获准"帅兵掠忠、涪"，"益兵"助攻重庆。汪良臣则改授"巩昌等二十四处便宜总帅，兼本路诸军奥鲁总管"。至元十年（1273），汪良臣改任西川行院副使，攻嘉定、重庆，克泸州，最终平定四川，升四川行省左丞。汪惟正则被召还，授开成路宣慰使，辅佐安西王忙哥剌。③ 中统初以降的二十一年间，汪惟正与汪良臣叔侄似乎构成第二对征行与奥鲁。而且往往是征南都元帅前线征行，便宜总帅留守奥鲁；汪良臣川蜀征行多达十六年，汪惟正征行约六年。另，汪世显第五子汪翰臣曾任奥鲁兵马都元帅，估计当在平宋激战之际汪惟正与汪良臣一并征行于川蜀的至元十三年前后。

至元十四年（1277）三月，元廷"命汪惟正自东川移镇巩昌"，同年，汪直臣子汪惟孝"授军前便宜都总帅"，二十三年（1286），"迁辅国将军、四川南道宣慰使、巩昌平凉等处万户"④。就是说，汪惟正、汪惟孝兄弟又

---

① 《元史》卷 2《太宗纪》，第 35 页；卷 155《汪世显传》，第 3649、3650 页。杨奂：《总帅汪世显神道碑》，汪楷主编：《陇西金石录》（上卷），甘肃人民出版社 2011 年版，第 32、33 页。

② 《元史·汪世显传附德臣》，第 3651—3653 页。王鹗：《总帅汪德臣神道碑》，汪楷主编：《陇西金石录》（上卷），第 34—36 页。（元）姚燧：《便宜副总帅汪公神道碑》，《元文类》卷 62，第 10 页 B。

③ 《元史》卷 155《汪世显传附良臣传、惟正传》，第 3653—3656 页。商挺：《中书左丞汪惟正神道碑》，汪楷主编：《陇西金石录》（上卷），第 41、42 页；

④ 《元史》卷 9《世祖纪六》至元十四年三月癸丑，第 189 页。樊玒：《中书右丞汪惟孝墓志》，汪楷主编：《陇西金石录》（上卷），第 53 页。

构成了第三对征行与奥鲁。而汪惟孝后任巩昌平凉等处万户，当是平宋后该军团留戍川蜀的军帅新官衔之一。

需要说明的是，至元二十五年（1288）元廷命令"巩昌兵五千人屯田六盘山"①。在此前后，还奉命组建征西元帅府征戍甘肃行省以西。② 这意味着南宋灭亡后巩昌汪总帅军团主力奉命北调，四川境内的巩昌汪总帅兵随而显著减少。尽管如此，在汪惟和、汪惟孝、汪寿昌、汪延昌相继嗣巩昌都总帅的元中后期，汪惟正之子汪嗣昌仍担任成都管军副万户，汪良臣子汪惟简则任保宁万户。③ 此二万户或部分或全部当系巩昌汪总帅兵戍守四川。在这些场合下，汪总帅军团的川蜀征行、陕西奥鲁的配置，依然得到一定程度的延续。

（二）征西元帅府与巩昌总帅府的征行与奥鲁

《元史》卷一二八《相威传》说：至元十三年夏"驿召相威。秋，入觐，大飨，赉功授金虎符、征西都元帅，……时亲王海都叛，命领汪总帅兵以镇西土。十四年，召拜江南诸道行台御史大夫"。

此段记载表明，汪总帅兵较大规模地调入甘肃行省以西地区征戍和征西都元帅府的建立，大抵始于至元十三年（1276）夏。为抵御叛王海都和笃哇，元世祖任命平宋将领之一、木华黎后裔相威首任"征西都元帅"，"命领汪总帅兵"。汉军元帅监军韩政亦随相威西征。④ 这是关于甘肃境内汪总帅兵与征西元帅府组建来源的权威记载。就是说，"征西都元帅"或征西元帅府，起初即主要由汪总帅兵组成，其职能是负责"西土"镇戍，抵御叛王海都和笃哇。翌年，都元帅相威调离，后任征西都元帅者，较多是巩昌汪氏子弟。如至元二十六年（1289）和天历二年（1329）汪德臣子汪惟能任征西都元帅，至大元年（1308）到泰定二年（1325），汪良臣子汪惟永也担任征西都元帅。至正十三年（1353）的征西都元帅汪只南，或

---

① 《元史》卷9《世祖纪六》至元十四年三月癸丑，第189页；卷15《世祖纪十二》至元二十五年四月辛巳，第312页。

② 《元史》卷15《世祖纪十二》至元二十六年十二月甲午，第328页；卷128《相威传》，第3129页。

③ 《元史》卷155《汪世显传》，第3655、3657页。

④ 袁桷著，李军等校点：《袁桷集》（下卷）卷34《韩威敏公家传》，元代别集丛刊，吉林文史出版社2010年版，第491页。

亦出自巩昌汪氏。① 汪总帅军团在西北征戍的典型事例有：元贞元年（1295）三月征西元帅负责接受朝廷赐钞而为参与甘肃行省以西征戍的汪总帅麾下"二十四城贫乏军校"购置一万匹军马；元贞二年（1296）九月，河西总兵宗王出伯奏言"汪总帅等部军贫乏"，成宗批准"以其久戍，命留五千驻冬，余悉遣还，至明年四月赴军"；大德元年（1297）十一月"总帅汪惟和以所部军屯田沙州、瓜州，给中统钞二万三千二百余锭置种、牛、田具"②。其他类似记载也为数不少。③ 足见，平宋战争结束后，大部分巩昌总帅府军马被调往甘肃以西以北征戍，川蜀汪氏军队与巩昌总帅府间的征行、奥鲁的关系，随而也被移植过来。巩昌总帅府是征西元帅府所辖军的后方总部和老营，征西元帅府相当于巩昌总帅军团在甘肃以西的前线指挥部。

汪总帅军团的征行与奥鲁一览表

年份	征行	奥鲁	备注
1253—1259年	总帅汪德臣"专事益昌"，从蒙哥，拔长宁，夺大获山，攻钓鱼城	汪忠臣"摄总府事"，"督漕嘉陵，继利州馈"（迄1258）	《元史·汪世显传附德臣》，第3651页；《陇西金石录》《总帅汪德臣神道碑》，第35页；姚燧《便宜副总帅汪公神道碑》，《元文类》卷62，第10页B
中统元年至中统三年	汪惟正袭父爵"守青居山"，"东川军事悉听处分"	蒙哥亲征，汪良臣"权便宜总帅府事"，"还巩昌"，"供亿所须"	《元史·汪世显传附良臣传、惟正传》，第3653、3655页；《陇西金石录》《中书左丞汪惟正神道碑》第41、42页

---

① 《元史》卷155《汪世显传》，第3653页，第3655页；卷43《顺帝纪六》至正十三年六月己亥，第910页。

② 《元史》卷18《成宗纪一》元贞元年三月丙午，第391页；卷19《成宗纪二》元贞二年九月辛卯，第406页；卷19《成宗纪二》大德元年十一月丁丑，第414页。

③ 《元史》卷15《世祖纪十二》至元二十六年二月甲戌，第320页；卷18《成宗纪一》至元三十一年五月庚午，第383页，戊寅，第384页。

续表

年份	征行	奥鲁	备注
中统三年至至元七年	汪良臣"授阆篷广安顺庆等路征南都元帅"及"东川副统军",攻重庆	总帅汪惟正"还巩昌"	《元史·汪世显传附良臣传、惟正传》,第3654、3655页;《陇西金石录》《中书左丞汪惟正神道碑》,第42页
至元九年至十年	汪惟正"乞身代之","帅兵掠忠、涪","益兵"助攻重庆	授汪良臣"巩昌等二十四处便宜总帅,兼本路诸军奥鲁总管"	《元史·汪世显传附良臣传、惟正传》,第3654、3656页;《陇西金石录》《中书左丞汪惟正神道碑》,第42页
至元十一年至十七年	汪良臣授西川行院副使,攻嘉定,克重庆,升四川行省左丞	汪惟正召还。授开成路宣慰使;至元十四年"命汪惟正自东川移镇巩昌";另,汪翰臣任奥鲁兵马都元帅	《元史·汪世显传附良臣传、惟正传》,第3654、3656页;卷九《世祖纪六》至元十四年三月癸丑,第189页;《陇西金石录》《中书左丞汪惟正神道碑》,第42页
至元十七年至二十二年	汪惟正授秦蜀行省左丞,分省于蜀		《元史·汪世显传附惟正传》,第3657页;《陇西金石录》《中书左丞汪惟正神道碑》,第43页
至元十四年至二十九年	汪惟孝授军前便宜总帅,改四川东道宣慰使,余如故,升四川行省右丞兼巩昌平凉等处万户		《陇西金石录》《中书右丞汪惟孝墓志》,第53页
至元二十四年十月到三十年	至元二十六年十二月"以官军万户汪惟能为征西都元帅,将所部军入漠"	至元二十四年十月到三十年汪惟和任便宜都总帅	《元史》卷14《世祖纪十三》至元二十四年十月戊寅,卷15《世祖纪十二》至元二十六年三月甲戌,十二月甲午,卷17《世祖纪十四》至元二十九年二月丁亥,三十年二月辛亥,第301、320、328、360、371页

续表

年份	征行	奥鲁	备注
至元三十年至大德元年		汪惟孝授便宜都总帅兼府尹	《陇西金石录》《中书右丞汪惟孝墓志》,第53页
大德三年至天历二年	汪惟简保宁等处万户	元贞元年汪安昌袭便宜都总帅 元贞年间汪惟和任巩昌宣慰使便宜都总帅	《陇西金石录》《保宁等处万户汪惟简墓志》,第67页。胡小鹏:《元代西北历史与民族研究》,甘肃文化出版社1999年版,第175页
大德八年	汪嗣昌成都路万户	汪寿昌便宜都总帅兼府尹	《陇西金石录》《中书左丞汪惟正夫人耶律氏墓志》,第56页
至大元年至泰定二年	汪惟永授征西都元帅	至大二年汪演只哥任便宜都总帅	《陇西金石录》《征西都元帅汪惟永墓志》,第62页。《元史·汪世显传附良臣传》,第3655页。胡小鹏:《元代西北历史与民族研究》,甘肃文化出版社1999年版,第175页
天历二年	征西都元帅汪惟能	巩昌等处都总帅兼府尹汪延昌(至治元年至天历年间)	《陇西金石录》《重修城隍庙碑记》,第65页。《元史》《文宗纪二》天历二年二月癸巳,第730页。胡小鹏:《元代西北历史与民族研究》,甘肃文化出版社1999年版,第177页
至正十三年	征西都元帅汪只南"发本处精锐勇敢军一千人从征讨"		《元史》卷43《顺帝纪六》至正十三年六月己亥,第910页

三 《重修牛山土主忠惠王庙碑》所见诸军的征行与奥鲁

1993年，日本学者松田孝一《红巾の乱初期陕西元朝军の全容》首次运用陕西碑林所藏《牛山土主忠惠王庙碑》，对元末参与镇压金州一带红巾军的总兵官、诸王及其动员的陕西、四川、吐蕃、河西、云南的诸色军队，做了细致的探研，并揭示元朝陕西战略和军团构成全貌，① 堪称元末军事制度研究佳作。

依据《牛山土主忠惠王庙碑》和松田氏研究，笔者进而认为，元末陕西一带的诸色军队，大致能划分为陕西等处万户府、汪总帅府、陕西四川蒙古军都万户府、礼店文州军民元帅府、畏兀儿万户、察罕脑儿宣慰司、东川蒙古万户、四川万户、土番宣慰司、云南诸路都元帅等若干个军团或序列。其中，礼店文州军民元帅府、畏兀儿万户、察罕脑儿宣慰司、东川蒙古万户等，又受陕西四川蒙古军都万户府统辖。因《牛山土主忠惠王庙碑》碑阳和碑阴中的军队及将领的排列顺序并不十分规范，为便于观察，特列表格如下：

元末陕西等处诸色军团一览

军府	所属军队及军将
陕西等处万户府	敦武校尉陕西等处万户（下阙），忠显校尉陕西等处万户□□□□□□□间，忠显校尉陕西等处万户府千户所达鲁花赤权万户（下阕），怀远大将军陕西等处万户府达鲁花赤监藏巴，忠显校尉陕西等处万户府归附军千户所达鲁托赤权万户□孩，建义副尉新附军中千户所千户吕世荣，敦武校尉新附军上千户所上百户省委权征进千户□□，进义校尉南山把历千户所百户贺瑄，进义校尉百户张玉，进义校尉百户刘进威

---

① ［日］松田孝一：《红巾の乱初期陕西元朝军の全容》，《東洋学报》第75卷第1·2号，1993年10月。

续表

军府	所属军队及军将
汪总帅府	宣武将军总帅翼万户府万户李彻力帖木，武略将军徽州□行权镇抚陈卜花帖木儿，泾州征行千户张德□，乾州征行千户段文贵，宁远县征行百户仲金刚奴，武略将军万户汪友山，武烈将军成州征行权镇抚武尧臣，武烈将军秦州征行千户温□罕思祐，西和州征行千户任杰，乾州征行百户彭克让，秦州征行□户何广，武略将军庆阳府管军千户樊恭让，忠显校尉巩昌中路翼征行千户李汝祥，秦州征行千户张成，伏羌县征行千户李伯达，秦州征行百户何君秀，通渭县百户刘杰，武德将军平凉府征行千户张哲，成州征行镇抚武国用，□庆阳府征行镇抚樊仲成，临洮府征行千户党□福、□完者帖木，清水县征行百户王子□，秦州征进权千户苏石□、李衡
陕西四川蒙古军都万户府	武德将军陕西四川蒙古都万户府镇抚神保，宣武将军□千户哈咨，进义校尉百户海僧，□武校尉□□□□，敦武校尉百户玄保，四川百户卜花帖木，陕西都万户府出征官权万户答失帖木儿，探马赤权千户马儿，府尉兀纳罕□当，□□除儿，刘思过，兴都□卜颜，□□顺，凤翔府兀鲁思镇抚保安百户忽都歹，□福□，聿牛儿、□□、麻蛮子、扎木、帖□、马奴、张察□、智宿、李南山、柳庆孙、□荣祖、□文□、孙□祥、王文□、黄敬甫、何（下阙），凤翔府宝鸡县蒙古兀鲁思千户答木、千户□保、百户老董巴都鲁，阿力舌，赵驴驴，卜□赤，斗斗，张蛮儿，王宏保，□必章，答木、打虎儿、□别力□卜□
礼店文州军民元帅府	礼店元帅府千户权金州□，怀远大将军礼店文州蒙古汉军西番军民元帅府元帅卜答失力，昭信校尉千户寿元奴，进义校尉总把阿□□□□□把哈利巴都，礼店官军长官赵君政，司吏黎伯□，奉政大夫礼店元帅府同知八都麻失里，昭信校尉达鲁花赤卜兰奚，进义校尉百户卜纳帖木，进义校尉□□□□失卜花，礼店百户刘察罕，礼店□□府提抚郭吉祥
察罕脑儿宣慰司	察罕脑儿宣慰司征进千户□□□□□张居仁，千户末里花、狗儿、拜延□□□□□伯，张讷，奉政大夫察罕脑儿宣慰司副使长吉，蒙古军千户党都，□城州出征千户赵七达
畏兀儿万户	畏兀儿万户府千户拜帖木儿

续表

军府	所属军队及军将
东川蒙古万户	东川蒙古权万户台力卜花，进义副尉百户亦失帖木，东川权千户拜杨帖木，陕西探马赤百户拜□□□□□赤、百户虎儿巴都鲁，敦武校尉东川蒙古千户保僧巴都鲁，东川千户赛因卜花、权千户保儿、杨坚坚，裴满，□户秦□□□□□百户羽张徇、闫脱因卜花、李官官、雷外哥、□□□儿，蒙古权万户亦的失伯、李驴儿、田劳、权千户、王哈剌、周阿□□□□、韩童冀、千户黑儿、百户□□□□□刘黑儿。
四川万户	宣武将军四川万户夹谷卜颜
土番宣慰司	武德将军洮州元帅□己，宣武将军十八族军民元帅府元帅成上元，武略将军洮州路军民元帅府元帅脱家奴，令史陈俊，武略将军土番招讨使三宝奴、令史苏才贵、张□，武略将军怗城元帅漆朵□只巴、巴都鲁、答术，奉训大夫土番宣慰司同知汪归吉巴，奉训大夫土番招讨司招讨使三保奴，十八族千户扎神□，十八族军民天元帅府千户□宜，铁城千户绪□□□、□□，怀远将军蒙古军万户卜延帖木儿，土番宣慰司千户何永昌，千户哈剌帖日，镇抚失剌罕、百户□卜，武德将军铁城汉番军民元帅府元帅朵力只□卜，土番蒙古千户□里忽歹、宝答、里里哥、高黑蛮、□黑蛮、忠显校尉十八族军民元帅府元帅包镇南卜，武德将军□州路军民元帅府元帅秃巴，临洮府千户赵虎郎，阿□□□万户刚万户孟哥都力，十八族元帅府同知贵石□卜，千户□真藏卜，府城千户优毕儿，闫井千户孟哈剌，□□总兵官行宣政院□史赵□木罕，行宣政院首领杨德才、□祥儿、亲□保
云南诸路都元帅	宣武将军云南诸路都元帅耶律卜都罕
唐兀卫侍卫亲军	武略将军侍御唐兀亲军□□□□□□花赤□□，敦武校尉唐兀亲军百户□保、百户□罗、答失帖木儿、贾明甫、郭□□□

需要注意的是，陕西境内管辖奥鲁的万户以上军府麾下大多有征行或征进设置。例如，陕西等处万户府麾下有"敦武校尉新附军上千户所上百户省委权征进千户□□"；汪总帅府所属有泾州征行千户张德□，乾州征

行千户段文贵，宁远县征行百户仲金刚奴，武烈将军成州征行权镇抚武尧臣，武烈将军秦州征行千户温□罕思祐，西和州征行千户任杰，乾州征行百户彭克让，秦州征行□户何广，忠显校尉巩昌中路翼征行千户李汝祥，秦州征行千户张成，伏羌县征行千户李伯达，秦州征行百户何君秀，武德将军平凉府征行千户张哲，成州征行镇抚武国用，□庆阳府征行镇抚樊仲成，临洮府征行千户党□福　□完者帖木　清水县征行百户王子□，秦州征进权千户苏石□、李衡；察罕脑儿宣慰司所属有征进千户□□□□□□张居仁；陕西四川蒙古军都万户府所属有陕西都万户府出征官权万户答失帖木儿。其他军府则未见征行与奥鲁的分野，只是笼统地称为礼店元帅府、畏兀儿万户、东川蒙古万户、四川万户、土番宣慰司、云南诸路都元帅及所属军事官署等。

为什么部分军府所属称征行或征进，部分军府则未见此种称谓呢？为何会出现这种显著差异呢？

至正十二年（1352）春，元廷任命四川行省平章月鲁帖木儿为总兵官，率兵讨伐陕西行省兴元路金州等处红巾军。由于红巾军攻略的金州，是汉中（兴元路）的东部门户，同时对关中和川蜀造成军事威胁，与川陕蒙古军的大本营陕西四川蒙古军都万户府所在地凤翔的直线距离也只有200多千米，故而此次征讨调集军队众多，陕西、四川、甘肃、吐蕃等处军队都在征调之列。这就是前述陕西等处万户府、汪总帅府、陕西四川蒙古军都万户府、礼店文州军民元帅府、畏兀儿万户、察罕脑儿宣慰司、东川蒙古万户、四川万户、吐蕃宣慰司、云南诸路都元帅等，均被刻入《牛山土主忠惠王庙碑》碑阳或碑阴的缘由。然而，或因军团性质、驻屯等差别，此次兴师动众真正动员和调集到的，并非镌刻在碑阳和碑阴的所有军团。笔者认为，至正十二年春所动员和调集到军队，似乎仅限于两部分：一是前述陕西境内带有征行或征进设置的陕西等处万户府、汪总帅府、察罕脑儿宣慰司和陕西都万户府等；二是前述陕西境外的东川蒙古万户、四川万户及云南诸路都元帅等。前一部分都是陕西境内军队数量最多和主要管理留戍陕西奥鲁的军团，因此至正十二年春奉旨动员和调集之际就需要基于各自奥鲁老营而另组征行或征进部队。后一部分主要是为陕西境外的东川蒙古万户、四川万户等，它们当是被总兵官月鲁帖木儿等从四川带入陕西金州前线的。因东川蒙古万户、四川万户等原本就是平宋前后的征行部队,虽多数在川蜀就地屯田,但元末北上参与金州之战,只能算临时奉命出征,故而不能重复冠名"征行"或"征进"。至于它们被带入陕西金州作战的特定背景不外是至正十二年正月元廷明确命令:"四川行省平章政事月鲁帖木儿为总兵官,与四川行省右丞长吉讨兴元金州等处贼。"是时总兵官月鲁帖木儿的官职为四川行省平章政事,两月后才改任陕西行省平章。①《牛山土主忠惠王庙碑》碑阳另有"镇国上将军四川等处行中书省参知政事哈临"和"资善大夫四川等处行中书省右丞长吉",然未带总兵官衔。表明月鲁帖木儿因其总兵官及原职四川行省平章,有权节制东川蒙古万户、四川万户等军队。

还有一点需要提及:如《牛山土主忠惠王庙碑》所载,至正十二年春"讨兴元金州等处贼"之役,元廷任命了包括月鲁帖木儿在内的四位总兵官:"资善大夫同知行宣政院事克复房州守御金州总兵官萧家奴,荣禄大夫陕西等处行中书省□□兵官平章政事孛罗,荣禄大夫陕西等处行中书省总兵官平章政事卜答失里,荣禄大夫陕西等处行中书省总兵官平章政事月鲁帖木儿。"其中,陕西行省占三员,排在右面的月鲁帖木儿居首。也正因为这样,那些陕西行省和吐蕃等处宣慰司都元帅府所属非冠名"征行"或"征进"的部队,虽然未曾实际参与此次"讨兴元金州等处贼",也因系四总兵官下属而一概被镌刻于《牛山土主忠惠王庙碑》碑阳和碑阴。

于此,上述疑问就得以基本化解了。

就是说,《牛山土主忠惠王庙碑》不仅展现元末陕西军事力量阵容,还能从征行、奥鲁等层面披露有元一代川陕甘特别是陕西行省境内都万户府等多种军队的驻屯状况、属性、特色及相互联系。

四 都万户府掌管奥鲁、"蒙古兀鲁思千户"及其他

正如村上正二所云:"奥鲁作为游牧军士家族群组织,是随着战线兵士移动而移动的后方兵站营地。此种特殊的家族群营地制,来自游牧民族日常的移动生活。在突厥乃至蒙古游牧民族的场合,当他们向中国和西亚的遥远地带出征之际,就发挥日常游牧的移动性,率领自己的家族全体成

---

① 《元史》卷42《顺帝纪五》至正十二年闰三月,第898页。

员，携带若干露天车辆以及家畜群，或称社会整体移动。他们这种场合的进军，其背后常常是军士家族全体以及随从车辆、家畜等存在。后者还构成进击的游牧军团兵力的基础。"① 较多碑刻资料与传世文献相互印证表明，礼店军民元帅府、巩昌汪总帅府和《重修牛山土主忠惠王庙碑》所见诸军，在元朝川陕甘军队的征行与奥鲁并存设置方面具有代表性，且在蒙古军、探马赤军范围也有相当的普遍意义。因平宋、抵御西北叛王和元末镇压红巾军等特殊形势，这些军队的征行与奥鲁体制各尽其用，保证了元朝在川陕甘地区征戍活动及军事战略。尤其是礼店军民元帅府和巩昌汪总帅府掌管奥鲁的职能及属性长期稳定，几乎与元王朝共始终，汪总帅府一身兼征南、征西二元帅之奥鲁。四川地区的诸相关万户又有征行军团就地屯田和二次出征等特殊表现。元朝川陕甘军队征行与奥鲁的长期并存，可凸显印证有元一代西部大战区"一盘棋"，亦因诸军团奥鲁大多在陕而凸显印证陕西行省的西部"大本营"地位。尽管陕西境内军队万户数量记载不及四川，但其西部"大本营"的地位，与山东河北、河南淮北二都万户府所在的腹里和河南行省相类似。

顺便说说，顺帝至正五年（1345）九月"革罢奥鲁"。② 村上正二说："此时废止的肯定是汉军奥鲁。"③ 所言诚是。从前揭礼店军民元帅府、巩昌汪总帅府和《重修牛山土主忠惠王庙碑》所见诸军等史料看，迄元末川陕甘地区的蒙古军、探马赤军和汪总帅军团等奥鲁组织依然存在。

作为蒙元世袭兵役制主干和诸军核心的蒙古军、探马赤军，包括特许军民合一和世袭罔替的巩昌总帅府军队，其奥鲁及所在的重要性，理当受到足够的重视。蒙古军、探马赤军的奥鲁与征行，分别相当于该军团的母体和子体，其分合轻重消长，应区分战时和非战时。战时，大量精壮签发上阵，老幼留守后方，且征行军队可驰骋疆场，建树功勋，所以相对重要。战争结束，奥鲁及其所在就得以显示母体优势。尤其是征戍川蜀和江南的蒙古军、探马赤军，平宋战争结束后因北方兵卒不喜欢南方的炎热潮湿气候，相继北撤中原及关中。这样一来，包括礼店军民元帅府、巩昌总帅府乃至陕西四川蒙古军都万户府，既是军府又掌管奥鲁者，同时也多是

---

① ［日］村上正二：《元朝兵制史上に於ける奥鲁の制度》，《東洋学報》第30卷3号，1943年。
② 《元史》卷41《顺帝纪四》至正五年九月，第872页。
③ ［日］村上正二：《元朝兵制史上に於ける奥鲁の制度》，《東洋学報》第30卷3号，1943年。

军官世袭职务所在，显得愈为重要。

　　学者们历来非常重视《经世大典序录》的如下记载："及天下平，命宗王将兵镇边徼襟喉之地（如和林、云南、回回、畏吾、河西、辽东、扬州之类），而以蒙古军屯河洛、山东，据天下腹心，汉军、探马赤军戍淮江之南以尽南海，而新附军亦间厕焉。蒙古军即营为家，余军岁时践更，皆有成法。"① 通常是把汉地蒙古军和探马赤军，当作性质不同的两类军队。然而，近年随着探马赤军问题研究的深入，人们识别和认定的探马赤军团日渐增多，松田孝一和史卫民等学者把河南淮北蒙古军都万户府所属军队，甚至把其他两三个蒙古军都万户府所属军队都视作探马赤军。② 这反映了学术界有关探马赤军研究的最新重要进展，基本正确，但还有继续补充修订的余地。欲对上述《经世大典序录》史料予以中肯的解释，彻底廓清究明蒙古军、探马赤军的区别和联系，似乎离不开征行与奥鲁层面的观察，也离不开元廷政治中心南迁等背景剖析。

　　应该承认，虽然有《元史·兵志一》"蒙古军皆国人，探马赤军则诸部族也"等简要概述，但是，蒙古军和探马赤军的内涵外延并不是绝对的和一成不变的。只有与蒙元历史相伴随且着眼征行与奥鲁的视角，才能揭示把握蒙古军、探马赤军间一而二、二而一的区别和联系。

　　成吉思汗创设探马赤军之际，这些自草原诸千户成员抽调混编而组成的探马赤军，相对于草原诸千户而言，就是征行军团，而被抽调的草原诸千户就相当于它们的奥鲁母体。这是一而二。最初的探马赤军不仅一概自蒙古诸千户抽调混编而成，战争告一段落，通常"罢其军"，探马赤军士要"散居牧地"，解散回归到原千户组织，"各于本投下应役"③。这又是二而一。概言之，创设初期蒙古诸千户和探马赤军就是这种一而二、二而一的关系。另，在抽调混编的探马赤军之外，仍有以千户百户及其分支出征的纯粹的蒙古军（详后），二者相伴驰骋于征服疆场。此二者又呈现组成人员上的"诸部族"抽调混编与单一部族"国人"的分野区别。

----

① 苏天爵编：《元文类》卷41《经世大典序录·军制·屯戍》，第64页A。
② ［日］松田孝一：《河南淮北蒙古军都万户府考》，《東洋学報》，第68卷3号，1987年。史卫民：《元代蒙古军都万户府的建置及其作用》，《甘肃民族研究》1988年第3、第4期。陈高华、史卫民：《中国政治制度通史》第八卷元代，人民出版社1996年版，第206、207页。
③ 《元史》卷166《石高山传》，第3897页；卷99《兵志二·宿卫》，第2526页。

再来看因元廷政治中心南迁等背景，元世祖朝以降蒙古军和探马赤军表现出的新的区别和联系。

窝阔台汗出于加强对新征服区域的军事控制和削弱拖雷家族对中央兀鲁思草原大千户的掌控力，改而实施探马赤军较长时间镇守各地的政策，于是造成履行镇守职责的探马赤军逐渐游离于被抽调的草原诸千户组织之外等变化。忽必烈建立元王朝和国都自和林南迁至上都、大都以后，特别是海都、昔里吉、乃颜等诸王接连反叛和中央兀鲁思草原大千户部众程度不同地散乱逃离，尽管有北安王那木罕、晋王甘麻剌等代表大汗长期镇护抚宇，但元朝廷对中央兀鲁思草原诸大千户的直接控制已是今非昔比。镇守各地的探马赤军的独立性也相应不断发展和加深。

平宋战争结束，元廷对参与作战的蒙古军和探马赤军没有放归草地，而是命令其撤回中原，也就是前揭《屯戍》所云："屯河洛、山东，据天下腹心"，"即营为家"，在此基础上组建了三个蒙古军都万户府。此处的"山东"即太行山以东，也就是河北山东蒙古军都万户府驻屯地；"河洛"，指黄河中游与洛水一带，大体囊括陕西四川蒙古军都万户府在关中的驻屯地和河南淮北蒙古军都万户府在洛阳附近的驻屯地。由此上述三蒙古军都万户府统辖的蒙古军和探马赤军基本脱离了草原大千户组织，而自行成为元朝廷直辖的蒙古军和探马赤军体系。在这一新体系之下，中原及关中的三蒙古军都万户府，相当于蒙古军奥鲁母体大本营，所辖中原及关中屯驻军队也开始称为蒙古军，而出戍江南、四川、云南者，相对于都万户府及蒙古军母体大本营则可称为探马赤军征行。这是世祖朝末以降蒙古军和探马赤军表现出的第二种一而二的区别。同时，应格外关注设置蒙古军都万户府和"即营为家"二关键性举措。至元十五年（1278）十一月元廷命令："诸蒙古军士，散处南北及还各奥鲁者，亦皆收聚"，奥鲁赤四万户所领之众和阿术二万户奉命自江南北撤至黄河南北，前者于至元二十四年（1287）组建蒙古军都万户府，大德七年后正式定名为河南淮北蒙古军都万户府。① 世祖末也速带儿迁陕西蒙古军都万户，"镇唐兀之地"，陕西四

---

① 《元史》卷99《兵志二》，第2540页；卷86《百官志二》，第2166页。参阅［日］松田孝一《河南淮北蒙古軍都万戶府考》，《東洋学報》，第68卷3号，1987年。

川蒙古军都万户府元贞元年（1295）置于西川，大德二年（1298）移置凤翔。① 又兼，河南淮北蒙古军都万户府组建之初曾"以四万户奥鲁赤改为蒙古军都万户府，设府官四员、奥鲁官四员"②。可以判定：至少在河南淮北蒙古军都万户府和陕西四川蒙古军都万户府的场合，世祖末成宗初冠名组建和稳定驻屯的上述二蒙古军都万户府，实乃原有奥鲁与北归的征行部队会合而成，而"奥鲁官四员""西川将纽璘奥鲁官"等奥鲁组织，曾经是上述二蒙古军都万户府的基础或母体。由此实现了真正意义上的"即营为家"。所谓"即营为家"，就是以中原等驻屯地为基本营地，实现奥鲁老营与中原等驻屯地的会合划一。当时征行部队北归且与奥鲁母体会合而成的陕西四川蒙古军都万户府和河南淮北蒙古军都万户府，乃是川陕甘和河南及"淮江之南"划一总辖蒙古军、探马赤军的最高军府。这又是世祖朝末以降蒙古军和探马赤军二而一联系的第二种表现。就是说，蒙古军都万户府所辖蒙古军和探马赤军依然是一而二、二而一的关系。正如陈高华、史卫民所云："屯驻中原的蒙古军，与出戍江南的探马赤军实际上是一回事，都是蒙古军都万户府掌管的军队。"③

这两种一而二、二而一的区别与联系背后，就是蒙元相沿不变的军队征行、奥鲁制度，还有成吉思汗肇基漠北和忽必烈定都幽燕等政治嬗变，以及漠北奥鲁本位和中原奥鲁本位前后两种蒙古军、探马赤军体系的衔接交替。明乎此，上述三蒙古军都万户府组建后，往往依照屯驻地中原、征戍地江南而出现蒙古军、探马赤军的不同称呼，也合乎情理。至于"蒙古军户"和"探马赤军户"等不同称谓在文献中的较多存在，④ 应是乙未、丁巳和至元八年等历次抄籍所遗留，可固态化地反映当时蒙古军、探马赤军军士的户籍状况，但不能够圆满诠释有元一代蒙古军和探马赤军上述变迁的整体面貌。而非官方的蒙古军、探马赤军称谓使用有时不十分严格或规范，又主要是上述变故和文人使用旧名称嗜好等所致，不足为训。

---

① 《元史》卷129《纽璘传》，卷15《世祖纪十二》至元二十六年十二月乙酉，卷18《成宗纪一》元贞元年六月癸亥，卷19《成宗纪二》大德二年十月壬戌，第3146、328、394、420页。
② 《元史》卷86《百官志二》，第2166页。
③ 陈高华、史卫民：《中国政治制度通史》第八卷元代，人民出版社1996年版，第206页。
④ 萧启庆：《元统进士录校注》，《元代进士辑考》，"中央"研究院历史语言研究所专刊之108，2012年，第58、60、64、68页。方龄贵：《通制条格校注》卷3《户令·良贱为婚》，中华书局2001年版，第158页。

必须说明的是，即使是河北山东、河南淮北、陕西四川三蒙古军都万户府建立之后，草原"蒙古大千户"仍基本延续（详后）。相对于三个蒙古军都万户府为核心的蒙古军、探马赤军新体系，它们仍然是纯粹的蒙古军。言其纯粹，又在于上述三蒙古军都万户府建立和"即营为家"，基本割断了它们与汉地探马赤军间的奥鲁与征行的旧有联系，迄元末，诸"蒙古大千户"尽管丧失了原有探马赤军奥鲁母体的角色，但依然保持和延续着草原蒙古军的独立体系。至正十四年九月"诏脱脱以太师、中书右丞相，总制诸王各爱马、诸省各翼军马，董督总兵、领兵大小官将，出征高邮"①。其中，列于"诸王"之后和"诸省各翼军马"之前的"各爱马"，当指谓这类"大千户"蒙古军。

最后来讨论前揭碑刻"蒙古兀鲁思千户"及"蒙古也可明安"等，以管窥陕西四川蒙古军都万户府麾下可能管辖一部分较纯粹的蒙古军。

(1)《牛山土主忠惠王庙碑》载：

> 凤翔府兀鲁思镇抚保安百户忽都歹，□福□，聿牛儿、□□、麻蛮子、扎木、帖□、马奴、张察□、智宿、李南山、柳庆孙、□荣祖、□文□、孙□祥、王文□、黄敬甫、何（下阙），凤翔府宝鸡县蒙古兀鲁思千户答木、千户□保、百户老董巴都鲁，阿力舌、赵驴驴，卜□赤，斗斗，张蛮儿，王宏保，□必章，答木、打虎儿、□别力□卜□。

(2)《元史》卷132《帖木儿不花传》载：

> 帖赤"岁乙未，同都元帅塔海绀卜将兵入蜀，并将蒙古也可明安、和少马赖及炮手军……"

此二处所披露的信息比较重要，直接关乎蒙元西部军团中草原大千户的踪迹，也关乎陕西四川蒙古军都万户府麾下蒙古军、探马赤军的辨别判断。

"蒙古兀鲁思千户"，蒙古语作 Monggol ulus minqan，义为"蒙古国千

---

① 《元史》卷43《顺帝纪六》至正十四年九月辛酉，第916页。

户"或"蒙古国家千户"。"兀鲁思镇抚",或为"兀鲁思千户镇抚"的省略。1206 年成吉思汗建国之际,曾创立和封授 95 千户,后又随军事征服扩充为拉施德《史集》中的 129 千户。95 千户中,除 30 多个分封诸子诸弟外,60 多个千户都直属于大汗的中央兀鲁思。这或许是"蒙古兀鲁思千户"的来历。松田孝一说,凤翔府宝鸡县蒙古兀鲁思当属于成吉思汗 129 个千户系统。① 诚是。有元一代,虽因昔里吉等叛乱而发生过一定的逃散,但直属于大汗的中央兀鲁思 60 多个千户基本得以存在和延续。学者们通常把此类草原千户特称作"蒙古大千户"或"大千户",而与后来军事征服中衍生的其他蒙古军、探马赤军、汉军、新附军等诸多千户相区别。《元史·帖木儿不花传》中的"蒙古也可明安"六字,亦即蒙古语 Monggol Yeke minqan,恰恰是汉语"蒙古大千户"的意思。笔者拙见,"蒙古兀鲁思千户"与"蒙古也可明安",是相通的,都是指谓直属于大汗的中央兀鲁思草原千户。

据笔者所涉猎,"蒙古兀鲁思千户"及"兀鲁思镇抚",仅见于前揭"陕西四川蒙古都万户府"麾下,汉地其他场合(包括河北山东蒙古都万户府和河南淮北蒙古都万户府)尚未看到。自成吉思汗始,直属于大汗的中央兀鲁思 60 多个千户,始终归也可那颜拖雷及其子孙掌管。而在陕西四川一带有可能统率或领有此类"蒙古大千户"者,仅两人。一是皇子阔端,他曾是最早统兵攻略川陕甘等的蒙古宗王。其父窝阔台汗即位后曾将拖雷掌管的逊都思、雪你惕三千户强行拨赐阔端,由此形成驻牧西凉州的阔端兀鲁思。② 二是 1258 年统领大军亲征四川的蒙哥汗。《史集》说,蒙哥汗亲率征川蜀的右路军共计 60 万,包括窝阔台后王、察合台后王、拖雷后王多人,"异密为属蒙哥合罕一房之拜住,又有豁儿赤那颜"③。《元史·

---

① [日]松田孝一:《红巾の乱初期陕西元朝军の全容》,《東洋学报》第 75 卷第 1·2 号,1993 年 10 月。松田文指出:"凤翔府宝鸡县蒙古兀鲁思(成吉思汗 129 个千户系统),恐怕和碑阳频繁出现的、以凤翔为据点的陕西等处万户府有关系。"事实上,陕西等处万户府与陕西蒙古军都万户府或陕西四川蒙古军都万户府,并非一体。以凤翔为据点的,当是陕西蒙古军都万户府或陕西四川蒙古军都万户府。参见李治安《元陕西四川蒙古军都万户府考》,《历史研究》2010 年第 1 期。

② [波斯]拉施德:《史集》,第 1 卷 2 分册,余大钧、周建奇译,第 381 页,商务印书馆 1983 年版。

③ [波斯]拉施德:《成吉思汗及其继承者》,周良霄译,天津古籍出版社 1992 年版,第 258、259 页。

宪宗纪》又载"八年戊午""秋八月，留辎重于六盘山"。此"辎重"，即大汗奥鲁老营，类似于《蒙古秘史》中的"也客阿兀鲁黑"。蒙哥汗死后，廉希宪劝忽必烈早登汗位，"又念先帝征蜀，尝留大将浑都海以骑兵四万屯守六盘"①。四万之数，似有夸张，但多半系蒙哥汗亲征所率蒙古草原大千户奥鲁，是没有疑义的。考虑到窝阔台汗以降逊都思、雪你惕三千户已被阔端后王所世袭领有，成为阔端位下兀鲁思领地的支柱，到元末对其使用"蒙古兀鲁思千户"等称谓，显然已不妥当。鉴于此，前述"蒙古兀鲁思千户"，很可能来自蒙哥汗亲征川蜀所遗留的若干"蒙古大千户"。

关于《元史·兵志一》"蒙古军皆国人，探马赤军则诸部族也"句，周清澍先生诠释道："拥立成吉思汗的九十五千户各部可称为'国人'，……在当时蒙古社会的观念中，'国人'虽有义务随千百户首领出征，但掳获战利品后，享有仍回故土的权利。"② 周氏对"蒙古军皆国人"的解释说，颇有见地，大抵适合于蒙古国时期。如上所述，忽必烈建元朝后，随着都城南迁和创建陕西四川等三蒙古军都万户府，情况似有所变化。前揭"凤翔府宝鸡县蒙古兀鲁思千户"及"凤翔府兀鲁思镇抚"等来自蒙古草原大千户的军队，就符合"蒙古军皆国人"及"以蒙古军屯河洛、山东，据天下腹心"等条件，当属蒙古军无疑。揆以蒙哥汗亲征川蜀猝死和忽必烈派遣廉希宪、商挺经营陕甘川且决胜"耀碑谷"，继为第五任大汗和元朝皇帝的忽必烈，顺势将蒙哥汗遗留在六盘山的部分蒙古兀鲁思大千户直接控制起来，或一度交付安西王忙哥剌掌管，不仅完全可能，也是十分必要的。既然窝阔台汗有权将逊都思、雪你惕三千户蒙古军强行拨给皇子阔端且永久南迁至西凉州一带，忽必烈如此处理六盘山遗留的部分蒙古千户，也合情合理。笔者还认为，这类常年驻戍漠南汉地的"蒙古兀鲁思千户"，与抽调混编而后又"即营为家"的探马赤军存在较多差异，它们起初就连同老小营"奥鲁"，以千户等完整建制自草原兀鲁思故地南迁至关中了。这或许是直到元末它们依然使用"蒙古兀鲁思千户"的来由。换句话说，

---

① 苏天爵辑撰，姚景安点校：《元朝名臣事略》卷7《平章廉文正王》，中华书局1996年版，第127页。
② 周清澍：《追思杨志玖先生》，《杨志玖教授百年诞辰纪念论文集》，天津古籍出版社2017年版，第5页。

迄元末仍有少量较纯粹的蒙古军千户驻屯关中且由陕西四川蒙古军都万户府直接管辖，尽管属特例，也不应忽视。

(作者为南开大学历史学院教授)

梁遗元进士且仕元之新证据

王科社

梁遗字东平，或言汝州（治所在今河南临汝县）人，或言祖籍河南汝州。就其生活与仕宦时代，在广西有宋末元初、元代两种不同说法。笔者作为元代金石碑刻文献抢救、整理与研究项目甘宁片区课题组成员，于2015年奔赴宁夏固原博物馆，考察了该馆收藏的《重修显灵义勇武安英济王庙三门记》碑，整理发现记文为梁遗作品，据此确定梁遗于元统二年（1334）时已任山南河北道肃政廉访使，后至元四年（1338）调任广西道肃政廉访使。根据这个新证据，基本确定梁遗生活于元代，仕于元代中晚期，否定其为"宋进士""仕宋非仕元"等错误认识。

一

梁遗仕宦一生，在广西为官后便终老于广西之北流，因而广西北流县东平梁氏把他作为鼻祖，现北流县北流镇有明万历间始建的梁东平祠。"东平"是梁遗的号，故其族与祠以此为名。但是其生年与卒年不详。清《北流县志》中有如下记载：

> 梁遗，字东平，河南汝州人。宋进士，历官正议大夫，出为广西提刑按察使。解组后，侨寓北流，慕勾漏名胜，遂家焉。其治绩行谊，本末兼赅，化于家而型于乡。嗣值大元鼎革，孙、曾俱不仕元。递有明后乡贤迭出，科甲络绎，为邑望族，其贻谋者远也。①

---

① 徐作梅修、李士琨撰：《北流县志》卷14，《中国方志丛书》，台湾成文出版社1975年版，第589页。

从这条记载看，梁遗本非广西北流人，而是在广西为官解任后才"侨寓北流"，并定居于北流。从其孙、曾孙俱不仕元来看，他似乎是南宋人并且不仕于元。然而，这条记载后有编纂者按语，其中说："省志载，梁遗元至元四年以正议大夫任广西肃政廉访使。今考《梁氏家谱》载明进士李宏序文，始知其仕宋非仕元也。考遗官粤时，元未混一，广西犹奉宋朝命。其元之至元四年丁卯，即宋之咸淳三年。宋以祥兴二年亡于东粤之崖山，其时为元至元十六年己卯，越明年粤始以元纪年，而遗已致仕久矣！则遗生于宋仕于宋，且其子嘉兴又承前于宋，当为宋臣无疑。丁卯之间，宋虽偏安两粤，尚奉五君，广西岂得遽附元官？特编秩者不审其详而概改其官耳，今据《梁氏家谱》更正。"① 这个作按语之人，据其称"《梁氏家谱》载明进士李宏序文"的口吻，可知必为清人。梁遗的后裔梁孔珍参与了嘉庆《北流县志》的纂修，因而《梁氏家谱》当为梁孔珍之家谱，按者可能也是参与嘉庆《北流县志》纂修之人。可以说，嘉庆《北流县志》作为官方志书提出了梁遗生于南宋，是宋进士且"仕宋非仕元"的观点。

徐作梅等纂修光绪《北流县志》对于嘉庆志的相关内容因循未改，自然是赞同嘉庆志按者所谓梁遗"仕宋非仕元"的观点。前面按语所谓的"省志"，是指《广西通志》。明清所修《广西通志》有多部，除明人所修外，清代的主要有郝浴等纂修康熙《广西通志》，金鉷等修雍正《广西通志》，谢启昆、胡虔等纂修嘉庆《广西通志》，等等。今检通行的金鉷纂修《广西通志》，见"广西道肃政廉访使"列自元世祖至元二十年元末历任者42人，分别为：乌玛喇、赵谦、温都尔、严度、冯泾、王忱、王琦、张玠、奇珠、阿拉、扎拉尔台、重福、张本、张呼尔罕、薛元直于思、何德严、额森布哈、睦防古台、姚居敬、鄂屯呼塔拉、衮布巴勒、冯祥、达哈、刘宗悦、图噜默色哈雅、辛钧、常珏、马合谟、郭宗孟、金巴延布哈、吴实济尔台、托音、梁遗、多尔济巴勒、宋绍明、额森布哈、托克托、李仪、和啰噶齐、伊呼台、实勒们、额尔吉纳。其中明标梁遗"汝州人。至元四年以正议大夫任"。关于至元年号，元代有两帝使用，一是世祖忽必烈，计31年（1264—1294）；二是惠宗妥懽帖木睦尔，计6年（1335—1340）。出于区别，一般将后者的这一年号称为"后至元"。综观

---

① 徐作梅修、李士琨撰：《北流县志》卷14，第589页。

《广西通志》所列诸人,梁遗任广西道肃政廉访使当为后至元四年。

参考元代于世祖至元二十八年(1291)诏令改提刑接察司为肃政廉访司的史实①,至元四年(1267)不存在广西道肃政廉访使之职,并且自至元二十八年至三十一年有乌玛喇、赵谦、温都尔三人前后相继任职,可知梁遗确是于后至元四年(1338)任职的。显然,《北流县志》与《广西通志》的记载不一致,而且县志的记载很不可靠。为解决县志与《广西通志》间的矛盾,编纂者不得不作出前述的按语,说明是据《梁氏家谱》中所载的明进士李宏所撰家谱序文考定出梁遗"仕宋非仕元""生于宋仕于宋"的结论。按者又说《广西通志》的纂者"不审其详而概改其官",所谓改写梁遗的官职,即将"广西提刑按察使"改为"广西道肃政廉访使";同时,申明"据《梁氏家谱》更正"。其实,《梁氏家谱》及清《北流县志》按者,不知元世祖至元与惠宗后至元年号的差别,将二者混淆便产生了错误结论。更为重要的是,《北流县志》是要将梁遗这个人物树立为具有民族气节、仕宋不仕元的模范,以激励后人。清人《粤西诗载》收录的梁遗诗作,简介称梁遗为"元代汝州人,至元四年官广西道肃政廉访使",而桂苑书林编辑委员会校注、1988年出版的《粤西诗载校注》将"至元六年"视为"公元一二六七年"② 也是这种表现。新编《北流县志》"大事记"中不顾史实,因袭前志,于"大事记"中仍记:"至元十六年(1279)……是年,梁遗(进士,河南人),官至正议大夫,出任广西提点刑狱以民族气节不仕元,退隐落籍北流。"

二

关于梁遗仕宋与仕元问题的核心,不在于编志者将"广西提刑按察使"改为"广西道肃政廉访使"还是将"广西道肃政廉访使"改为"广西提刑按察使",而在于他到广西任职的时间究竟是世祖至元四年还是惠宗后至元四年。笔者于2015年考察宁夏固原博物馆收藏的《重修显灵义勇武安英济王庙三门记》碑,整理发现记文为梁遗作品。此碑证实梁遗确是

---

① 宋濂:《元史》卷16《世祖十三》,第345页。
② 桂苑书林编辑委员会:《粤西诗载校注》,广西人民出版社1988年版。

于元惠宗后至元四年调任广西道肃政廉访使。

《重修显灵义勇武安英济王庙三门记》碑，1963年出土于宁夏固原县（今固原市原州区）开城岭古城址中，后流落原州城内；1982年固原地区博物馆征集，现藏宁夏固原博物馆。在发现之前即已残断。此碑元统三年（1335）五月十五日立。碑座已佚，碑身断为两截。现残高187厘米，宽62厘米，厚17.5—20厘米。青石质，首身相连，圆首。碑阳，首部阴线刻双龙纹，额中刻篆体阴文"重修三门之记"6字（图1）。碑身刻楷书阴文22行，满行60字，原共有1233字，现存1081字。首行标题"重修显灵义勇武安英济王庙三门记"，正文内容为：至治二年（1322）六盘山提领所副提领张庸因考较缺凭，提举司库使阎文彬隐匿证据而使之蒙冤入狱的案件。后祷于州之关庙，武安英济王显灵，二鸟啄伤阎某，张氏冤案始明。泰定元年（1324），张庸见关庙破败，出资重修该庙三门。碑阴亦楷体阴文，共22行约800字，列刻参与修葺武安王庙功德人员姓名。

值得注意的是，碑阳次行有"嘉议大夫、山南河北道肃政廉访使梁遗撰。应理州儒学正蒙古□□□□。六盘山等处怯连口诸色民匠等户敕授都提举司知事吕琐篆额"等字，明标记文的作者是梁遗，其身份为山南河北道肃政廉访使，其散官为三品的嘉议大夫。经核对，记文与《嘉靖固原州志》收录署名"廉访使梁遗撰"的《重修显灵义勇武安王庙记》，①《宣统固原州志》收录署名"元梁遗撰"的《重修英济王庙碑记》② 基本相同，二志记文源于碑石记文，但均都有节删。至于节删之不同，曾在固原博物馆工作过的马建民先生对整个碑阴阳两面文字整理研究已作论述③，不复赘言。

《重修显灵义勇武安英济王庙三门记》正文中，首先说道"元统甲戌夏四月，六盘山都提举司案牍张庸，一旦款门告予曰：庸贯古□□□"。据《嘉靖固原州志》，"古"后3字为"并民籍"。所谓"古并民籍"，大约是讲张庸是山西太原人。元统甲戌即惠宗元统二年（1334）。可见梁遗于是年四月在家中接见过六盘山都提举司案牍张庸。

---

① 杨经纂辑，牛达生等校勘：《嘉靖·万历固原州志》，宁夏人民出版社1985年版，第89页。
② 王学伊总纂，陈明猷标点：《宣统固原州志》，陕西人民出版社1992年版，第381页。
③ 马建民：《元代固原〈重修显灵义勇武安英济王庙三门记〉疏证》，《图书馆理论与实践》2014年第7期。

关于张庸自述案件原尾经过，《重修显灵义勇武安英济王庙三门记》有如下三个时间。一是"□□庚申季冬，蒙中政院委，充提领所副提领"，据《嘉靖固原州志》"庚申"前2字为"延祐"。延祐庚申即仁宗延祐七年（1320）。二是"岁辛酉莅任"。这个辛酉岁即英宗至治元年（1321）。三是"□暨壬戌，朝廷差官陈署丞弛驿纂计"，据《嘉靖固原州志》"暨"前1字为"岁"。这个壬戌岁即至治二年。

此外，关于张庸等重修开城关庙，《重修显灵义勇武安英济王庙三门记》载："泰定改元，庸见王祠稍完，艰出入往来，门夷垣拔，不足以妥灵揭虔，非所以致崇敬之义□。□□□□，□□匠，度巨材，于祠前所通行增筑其址，缔构屋三楹，中为通路，以谨出入。经营之心，勤且至矣。是年是月景辰，工告功成。"据《嘉靖固原州志》，"义"字至"匠"字间为"也遂捐己财命工"7字。泰定改元，即泰定元年（1324）。

在碑阴首行，还刻有"元统乙亥蕤宾望日"，这是立碑时间。元统乙亥即元统三年，为梁遗撰记文之次年。蕤宾望日，指五月十五日。

从固原发现的这通石碑，可知梁遗于惠宗元统二年在家中接见过六盘山都提举司案牍张庸，并应其请求而撰写《重修显灵义勇武安英济王庙三门记》之文，当时其官职为山南河北道肃政廉访使。这通石碑可证梁遗确是惠宗后至元四年调任广西道肃政廉访使。

三

就《重修显灵义勇武安英济王庙三门记》碑碑阳次行"嘉议大夫、山南河北道肃政廉访使梁遗撰。应理州儒学正蒙古□□□□。六盘山等处怯连口诸色民匠等户敕授都提举司知事吕顼篆额"中的缺字，笔者据碑整理认为缺四字。然而，《嘉靖固原州志》仅录记文作者为"廉访使梁遗"，未录书丹人、篆额人，陈明猷先生整理出的《宣统固原州志》中作"李诚丹书"。① 马建民先生据《嘉靖固原州志》所收录、明标"学政李诚撰"《重修朝那湫龙神庙记》，认为此碑书丹者可能是宁夏府路下辖应理州的学正

---

① 王学伊总纂，陈明猷标点：《宣统固原州志》，陕西人民出版社1992年版，第381页。

李诚。①

　　刻有李诚所撰记文的《重修朝那湫龙神庙碑》至今没有找到。固原的部分同志将《重修显灵义勇武安英济王庙三门记碑》的上半段误定为《重修朝那湫龙神庙碑》。《重修显灵义勇武安英济王庙三门记碑》的上半段残高105厘米、宽60厘米、厚17.5厘米，碑阴仅存382字。但当时并不知道碑名及内容。1991年，张鸿智、韩孔乐先生对碑阴的残文进行了整理，并就涉及元代开城职官设置、官职机构等情况作了研究，撰写《元代开城政区建置及官制》一文，文后附有382字录文。该文发表时《固原师专学报》的编者作了按语，称其上首行有"元统乙亥蕤宾望日"，落款立碑人中有"开城州知州朵儿只"等字，参考《嘉靖固原州志·艺文志》收录的《重修朝那湫龙神庙记》中有"元统乙亥，月届蕤宾，连旬不雨，禾且告病，知州朵儿只先一日斋戒，躬率僚吏奉币祝事祠下"的记载，推断是为镌记重修朝那湫龙神开城州僚吏捐赠钱物事或"奉币祝恭"事而立。②后来，《固原历代碑刻选编》《原州区文物志》既称"原碑早年已毁"，又依《重修朝那湫龙神庙记》而误将上段残石以"重修朝那湫龙神庙碑"的名目记录③。马建民先生撰文辨明碑名，疏证内容，特别指出，张、韩二位先生"使用、整理的只是上半段断碑的碑阴部分，而忽略了下半段断碑碑阴及碑阳的全部内容。不仅如此，这部分内容也使他们误认为出土石碑是《嘉靖固原州志》所收的另一篇元代记文《重修朝那湫龙神庙记》的原碑"④。

　　2015年课题组调查时，确见碑阴首行有"元统乙亥蕤宾望日"8字，倒数第三行也有"承德郎开成州知州兼管本州诸军奥鲁劝农事朵儿只"22字。实际上这与《嘉靖固原州志》收录的另一篇记文《重修朝那湫龙神碑记》只是时间与人物的巧合，而二者内容差别极大，以相关神灵而言，《重修显灵义勇武安英济王庙三门记》中的"义勇武安英济王"即武圣关羽，而《重修朝那湫龙神庙碑记》中"朝那湫龙神"即盖国大王；以撰文

---

①　马建民：《元代固原〈重修显灵义勇武安英济王庙三门记〉疏证》，《图书馆理论与实践》2014年第7期。
②　张鸿智、韩孔乐：《元代开城政区建置及官制》，《固原师专学报》1991年第2期。
③　宁夏固原博物馆编：《固原历代碑刻选编》，宁夏人民出版社2010年版，第135页；马东海等编：《原州区文物志》，宁夏人民出版社2013年版，第207—208页。
④　马建民：《元代固原〈重修显灵义勇武安英济王庙三门记〉疏证》，《图书馆理论与实践》2014年第7期。

时间而论,《重修显灵义勇武安英济王庙三门记》作于元统甲戌即元统二年,而《重修朝那湫龙神庙碑记》作于后至元二年(1336)。虽然两文作者不同,但梁遗与李诚是同时代的人应无问题。分析李诚撰写的《重修朝那湫龙神庙碑记》有助于梁遗生存年代问题的研究。

《重修朝那湫龙神庙碑记》中有如下三个时间。一是"大德丙午,陵谷变迁,殿宇湮灭"。大德丙午即成宗大德十年(1306)。① 是年朝那湫所在地的确发生地震,八月初四(壬寅),"开城路地震,王宫及官民庐舍皆坏,压死故秦王妃也里完等五千余人,以钞万三千六百余锭,粮四万四千一百余石赈之";② 又武宗至大元年二月壬寅"中书省臣言:'陕西行省言,开成路前者地震,民力重困,已免赋二年,请再免今年。'从之"③。有人推猜,这遭遇地震面导致的大灾难。二是"延祐甲寅,神降焉,摄土人佛玉保,通传复构堂屋,绘神塑像俱尽其美"。延祐甲寅即仁宗延祐元年(1314)。是年为佛玉保等重修朝那湫龙神庙开始时间。佛玉保刘氏再次修建历史22—23年,先夫妇共修十余年,后刘氏修十年,时间上大体相合。三是"元统乙亥,月届蕤宾,连旬不雨,禾且告病。知州朵儿只先一日斋戒,躬率僚吏奉币祝祭,事祠下"。元统乙亥即惠宗元统三年(1335)。四是"岁丙子,妇人刘氏捧白锡匣告予……石且砻矣,请纪其事,以信其愿,虽瞑目无憾"。这个丙子岁,为惠宗后至元二年(1336)。是年梁遗应刘氏之请而撰此碑记文,时当知州朵儿只祈雨之次年。

四

从宁夏固原发现的《重修显灵义勇武安英济王庙三门记碑》来看,梁遗在元惠宗元统甲戌即二年已任山南河北道肃政廉访使,其官阶为三品的嘉议大夫。到后至元四年才调至任广西道肃政廉访使。若说他是南宋进士,且于咸淳三年(1267)为广西提刑按察使,其时年龄当在30岁左右,以此下推至元统二年已是97岁,至后至元四年已是101岁,以90岁以上

---

① 任雪梅等:《宁夏固原1306年和1622年地震考证》,《中国地震》2011年第3期;史志刚等:《1306年宁夏固原地震与发震构造探讨》,《西北地震学报》2011年第4期。
② 宋濂:《元史》卷21《成宗四》,第471页。
③ 宋濂:《元史》卷22《武宗一》,第496页。

的高龄先后任山南河北道肃政廉访使、广西道肃政廉访使，这是绝无可能之事。而广西北流籍的李宏，生于元至正二十一年（1361），明永乐三年（1405）年考中举人，十三年中进士，卒于宣德五年（1430）。他生前应该是没见过梁遗，梁遗可能在至正二十一年前已亡殁了，因而他对梁遗生存年代的认识恐怕不及《重修显灵义勇武安英济王庙三门记碑》的相关信息准确真实。所以，所谓梁遗"生于宋仕于宋""仕宋非仕元"的观点属不合历史事实的假说。若梁遗于后至元四年为55岁的年龄调任广西道肃政廉访使，那么他当出生于元世祖至元十六年前后。元仁宗皇庆二年（1313）诏令恢复科举，延祐二年（1315）年第一次开科，以后三年一次直到元亡，由此可知梁遗中进士可能就在延祐二年、延祐五年（1318）。由此来看，梁遗确是生于元并且仕于元了。

附1：《重修显灵义勇武安英济王庙三门记》碑录文
【碑阳录文】

重修显灵义勇武安英济王庙三门记」

嘉议大夫、山南河北道肃政廉访使梁遗撰。应理州儒学正蒙古□□□书。六盘山等处怯连口诸色民匠等户敕授都提举司知事吕项篆额。」

元统甲戌夏四月，六盘山都提举司案牍张庸，一旦款门告予曰：庸贯古□□□。□□庚申季冬，蒙中政院委，充提领所副提领。岁辛酉莅任，职掌催纳粮租，」岁办贡税千余石，例投提举司库使闫文彬收掌，验数给付，岁终考较，官□□□，□暨壬戌，朝廷差官陈署丞驰驿纂计本司上、下年分楮币租税。问庸："汝」纳税数，有税挈否？"庸赍元给收付为照。丞曰："殊无印符，难为凭。"遂问库□□□从而隐匿。丞曰："国朝有何负尔，敢如是邪？"令卒隶图圄，责监丞限逋纳。庸」曰："此冤何地可伸？"越明日，庸祷于显灵义勇武安英济王庙内。跪拜未□，□□释。监卒见怖，遽告署丞。丞大怒，命执厅下，曰："汝罪当何刑？"督责益急，申谕监」卒重锁固卫。言未讫，俄闻空中发矢之声，锁陨于地。丞曰："予造天役，敢不□□□事？若信兹而缓，于法恐未宜？"复行监锁。次日推问，官吏咸列左右，有声自空，」锁轰于地，碎犹沙砾，闻者莫不震悚，毛发尽竖。官吏更谏，丞曰："此幽暗之□，□□测度。莫若及库使亦同监锁，自行规兑。"丞从之。明日，文彬共庸拜誓于武安」王。至祠未矢，忽二雀翔下高空，集文彬首，二爪爬发，两翼击面，鸣声啾啾，□□□□："□□□实？"文彬神思昏瞆，如痴醉人耳，良久方甦。叫曰："我等不合欺心，自」召此报。"言毕，雀即飞去。既而从其家求据，得日收历一卷，照与庸付同。官□□□□，□□释庸，叹曰："诚透金石，格天地，感鬼神，观此可知。"泰定改元，庸见」王祠稍完，艰出入往来，门夷垣拔，不足以妥灵揭虔，非所以致崇敬之义□。□□□□，□□匠，度巨材，于祠前所逋行增筑其址，缔构屋三楹，中为通路，以谨」出入。经营之心，勤且至矣。是年是月景辰，工告功成，宜有文以识其事。庸□□□□□□今石砻矣，愿有请也。"遗尝观史传，虎视鹰扬之士，摧陷廓消之能，」乘时而起，各仕其主，功烈昭著，庙食百世，使民不能忘者为不少焉。然□□□□□□□智，独王之烈，九州中无论贵贱无不知其名焉，岁时荐享，无不」崇其敬焉。盖王之神，如水由地中，无所往而不在，必有以感服人心□□□□□□□之史称，王与先主相友善，寝则同床，恩若兄弟。而稠人广坐，侍」立终日，随先主周旋，不避艰险。又曰，王守下邳，为曹操所得，拜王□□□□□□察公无久留意，使张辽以其情问之，王曰："吾极知曹公待我」厚，然吾受刘将军恩，誓以共死，不可背也。要当立效以报曹公乃去耳！"□□□□□□□□刘延于白马，操使王击之。王望见良，摩盖策马，刺杀良于」万众之中，绍诸将及军莫能当者，遂解白马围。操爱封王为汉寿亭□，□□□□，□□□所赐，拜书告辞，而归先主。又，王率众攻曹仁于樊，仁使于」禁、庞德屯樊北，王降禁杀德，威震华夏，操议徙许都，以避其锐。呜呼！□□□□□□□□，□贰厥心。攻敌无坚，守城必完，临危蹈难，乘机应会，捷出风响。竭」心力敬供臣子之职，扶汉基于煨烬之末，以能迎天之休，显有丕功，忠□□□。□□□□□□为神，或隐或现，来不可测，去不可度。察物曲直，明澄肝胆。又能」惊动祸福于天下也，实谓灵也已。王之大节有如此。由今望之，其英□□□□□□□□□惧，洋洋然如诚见焉。是固有以感服人心，向慕不已，而庙食于」天下也。愿后之为臣者效王之事君忠，泽民福，与人义，则为臣之职□□□□□□□□□身官心家无补□□者，又何人也？拜」王之祠，观王之像，读王之传，宁不愧于心乎？仆固辞弗获，窃嘉张□□□□□□□，□昭后之来者。□□□□史□。

【碑阴录文】

　　元统乙亥蕤宾望日，管领六盘山怯连口诸色民匠等户都提举司提控□□□□、□□□□□、弟前奏差张琇、室刘氏、男张友谅、张鼎臣、□□。」宣授管领六盘山怯连口诸色民匠等户都提举司思阇郎管领六盘□□□□□□□□都提举司达鲁花赤完者不花。本庙主持道人任道和。」忠翊校尉管领六盘山怯连口诸色民匠等户都□□□□□花赤倒剌沙，丹青高善明、桥延真。」敕授管领六盘山怯连口诸色民匠□□□□□□副提举赵也先、孔玉。」敕授管领六盘山怯连口诸色民□□□□□提举司知事吕琐，前案牍袁庭彦，」孙世才、尹天禄、范文秀、邵宗敬、王忠、吕□□、□□□、□□□，首领王福。」奏差拜延帖木、师文兴、李荣祖、张林、徐卜廷、□□□□、□□政、斡鲁脱、莽奏差、宋文信、赵译史。」司属□□□□，皂隶杨忽都答儿、□□□□□、□□成、何德用。」开成长官司副长官灭帖儿，案牍李从义，都目丰祐，□□□□□□□长官贾拉兀列，副长官张答剌孩，都目鲜子才，泾州社长史德□。」敕授管领开成等处怯连口诸色民匠提领所提领冯珍，管领□□□□□诸色民匠副提领白闰、□遵义，司吏杨祐，粘匠提领□德安。」敕授管领长成（城）等原田赋怯连口引者思提领所提领贾鹏翼，□□□□□信，典史韩文应，司吏王中平，木匠提领徐文义、徐思诚、□□。」诸物库官黄德成、杨智明、李斡罗思、来德昌、孙德□、□□□□差役、李提领，副提领陈德用、赵世英、杨移住、左天□。」资功社长李思忠、来文贵、任文禄，总把刘海、孙荣、王得□、□□□、□□灰力、张世隆、梁兴童、梁秤住、陈三、权福、张才卿、王义、王林。」耆老薛提领、张长官、贾副使、李大使、罗副使、买驴百户、□□□、赵永祥、赵文义、伯家奴、李提领、杨世安、孙亭秀、李思义、李思忠。」修葺庙宇彩绘及神像、柳华卿、程福、李思忠、赵彦达、□□□、□□行、王德才、李君卿、师文兴、文仲礼、小王大、小傅大、吴信、伸道安、张□□、」石敬臣、张用、田思忠、杨遇春、小温大、史五、张思敬、□□□ □□用、小彭三、韩文信、于德礼、小何大、韩文先、陈仲礼、曹福政、樊福政。」忠显校尉开成州达鲁花赤兼管本州诸军奥鲁劝农事押不花，□□□司吏曹寿、于英、孙振、王子忠、何汝明、朱□玉、贺闰甫。」承德郎开成州知州兼管本州诸军奥鲁劝农事朵儿只，□□□柏松，王信，马德明，东山冯社长，蔡社长，毯匠提领许仲祥。」承务郎同知开成州事王璧，□□□□察罕不花，大使答失帖木儿，副使也先，监正□买也先帖木儿。」敕授开成州判官脱欢察儿，大使□□□，□克明，副使师文宝、□□□。

附2：《重修显灵义勇武安英济王庙三门记》碑照片

图1 《重修显灵义勇武安英济王庙三门记》碑碑阳

图2 《重修显灵义勇武安英济王庙三门记》碑碑阴上段

（作者为甘肃省博物馆研究部副主任）

元初京兆汉官在川渝之役中的作用举隅
——以碑刻资料为中心

安 敏

在长达四十年的宋蒙（元）战争中，西路的四川战区持续时间之久，战况之激烈，历来为战争史学界所关注。但以往学界对于这一问题的研究，多侧重于四川前线双方统帅或将领的相关问题研究，以及个别战役的研究。① 但对于蒙元在这场战争中的后方基地——关中地区并未基于足够的关注。事实上，元初陕西地区与四川地区关系密切。陕西作为元朝进攻四川的重要后方基地，许多官员在元军进攻四川的过程中有力保障了兵源与粮草的供应。特别是至元九年（一说十四年）安西王府成立之后，陕西作为进攻四川的战略基地的地位更加强化，安西王府的官员也直接参与了对宋作战。

按照《元史》的记载"陕西等处行中书省。中统元年，以商挺领秦蜀五路四川行省事。三年，改立陕西四川行中书省，治京兆。至元三年，移治利州。十七年，复还京兆。十八年，分省四川，寻改立四川宣慰司。二十一年，仍合为陕西四川行省。二十三年，四川立行枢密院。本省所辖之地，唯

---

① 王积厚：《南充青居山在宋蒙战争中的地位和作用》，《四川文物》1990年第1期；胡昭曦、邹重华：《宋蒙（元）关系史》，四川大学出版社1992年版；王茂华：《南宋降将与宋蒙（元）战争进程》，《赤峰学院学报》（汉文哲学社会科学版）2007年第1期；裴一璞：《南宋余玠出师兴元府之役述论》，《宜宾学院学报》2009年第5期；裴一璞：《宋蒙开州战事述论》，《乐山师范学院学报》2009年第9期；樊波：《陕西出土蒙元墓志中宋蒙泸州之战》，《四川文物》2015年第6期；马强：《关于宋蒙钓鱼城之战几个问题的探讨》，《长江师范学院学报》2015年第6期；胡宁、高新雨：《宋蒙战争中的大良城与虎啸城》，《西华师范大学学报》（哲学社会科学版）2016年第1期；蔡东洲：《南宋与蒙元战争中的洋州》，《陕西理工学院学报》（社会科学版）2016年第3期。

陕西四路、五府。四川等处行中书省。国初。其地总于陕西"①。由此可见，蒙元初年，陕西与四川具有先天的特殊关系。可以认为，在蒙元统治者的战略中，以陕西为基地进攻四川，可能是其灭宋战争的重要一环。有鉴于此，本文将立足于传世文献与石刻资料的结合，通过对宋蒙（元）战争期间的三个历史事件的考辨，分析这一时期陕西政治势力对战局的作用。

一 张谦墓志所见"中统平蜀之役"

陕西地区在金蒙战争期间曾遭受过严重破坏，蒙古军队在1230年攻占京兆府。当时在京兆地区出任地方官的田雄对于恢复关中地区的社会秩序发挥了重要作用："时关中苦于兵革，郡县萧然。雄披荆棘，立官府，开陈祸福，招徕四山堡寨之未降者，获其人，皆慰遣之，由是来附者日众。雄乃教民力田，京兆大治。"②

陕西地区以京兆为核心，即俗称的关中地区。这里自周至唐长期是中华帝国的都城所在。唐末，随着政治中心的东迁，长安及其所在的关中地区也失去了长达千年的繁华。但关中地区在宋元时期依然保持着良好的发展。宪宗三年（1253），蒙哥汗将忽必烈册封于京兆，开启了陕西地区在蒙元时代的新一页。忽必烈重视起用汉臣，并积极推行"汉法"。他"奏以廉希宪、商挺宣抚陕西，以良弼参议司事"③。尽管后来遭遇了政敌的破坏，但京兆地区还是取得了较好的发展。由于陕西地区独特的地理位置，也使其在日后成为蒙古南征宋朝的重要基地。

1259年，蒙哥汗去世。明年，忽必烈在开平即位，建元中统。随着忽必烈的登基，蒙古汗国内部也随即展开了一场争夺汗位的内战，争位者即忽必烈与其弟阿里不哥。这场内乱直到中统四年（1263）忽必烈击败阿里不哥方告结束。由于蒙古内部的战乱，使宋蒙之间的战争暂时得到缓和。但是，表面平和的背后依然暗藏着军事上的交锋。根据陕西出土的《张谦墓志铭》记载："中统改元，蜀土未平，大军攻四川，供馈颇艰。"④ 该墓

---

① 《元史》卷91《百官七》，中华书局1976年版，第2306—2307页。
② 《元史》卷151《田雄传》，第3580页。
③ 《元史》卷159《赵良弼传》，第3743页。
④ 西安市长安博物馆编：《长安新出墓志》，文物出版社2011年版，第343页。

志虽只有寥寥数语，但透露出中统年间宋蒙关系的某些重要内容。

在中统年间，蒙古与南宋在四川地区是否曾爆发过大规模的战争呢？从现存的史料来看，并未见到双方史书中对于这一阶段大战的记录。此时正值南宋理宗景定年间，南宋在四川战场尽管多次发生官员调整，但同样没有双方大战的记录。对于中统年间双方无大战事的原因，其实主要是由于蒙古汗国爆发了内战。自1259年蒙哥汗去世后，忽必烈与阿里不哥便开始了长达数年的汗位争夺战争。这场内战恰恰延缓了蒙军对南宋各个战场的进攻。故而，双方的关系暂时得到缓和。

从《元史》的记载中，尽管中统年间双方没有爆发大规模战争，但由于忽必烈深谙中原战略形势，因而并没有放松对陕西地区军事的部署。早在中统元年五月，忽必烈就"以汪惟正为巩昌等处便宜都总帅，虎阑箕为巩昌路元帅。诏谕成都路侍郎张威安抚元、忠、绵、资、邛、彭等州。西川、潼川、隆庆、顺庆等府及各处山寨归附官吏，皆给宣命、金符有差"①。同年"陕西、四川立宣抚司，诏亨议陕西宣抚司事。寻赐金符，迁陕西四川规措军储转运使。时阿蓝答儿等叛，亨与宣抚使廉希宪、商挺合谋，诛刘太平等，悉定关辅"②。中统三年，忽必烈加强了凤翔地区的屯田。这是为下一步大规模的进攻四川进行粮草上的准备。同时，他还对戍守青居山的蒙古军队进行了增兵，"阆、蓬、广安、顺庆，请益兵；诏陕西行省及巩昌总帅汪惟正以兵益之"③。可见，中统年间的蒙古朝廷对于川陕地区的军事对峙形势从未放松警惕。

事实上，中统年间蒙宋之间在四川战场发生的最为重大的事件，莫过于泸州战役。中统二年，泸州知府兼潼川路安抚使刘整投降蒙古。有研究者指出"1261年刘整的降蒙，不仅是宋蒙泸州争夺战的转折点，对于整个宋蒙战争的导向也起了决定性的作用"④。从刘整的墓志铭中可以看出，当时宋蒙双方确实发生过激烈的战争。从张谦的墓志铭来看，在称赞其"平蜀之役，兵食常足，公有力焉"。之后，接下来出现的年份是中统四年。换言之，墓志铭中提到的"大军攻两川"一事，可能是指中统四年以前的

---

① 《元史》卷4《世祖一》，第66页。
② 《元史》卷163《马亨传》，第3827页。
③ 《元史》卷5《世祖二》，第88页。
④ 樊波：《陕西出土蒙元墓志中宋蒙泸州之战》，《四川文物》2015年第6期。

一系列大小战役，其中应该也包括了著名的泸州之战。因此，整理者认为"中统平蜀之役，史籍不详"可能是对墓志铭在此处的叙事有所误读。

二 李德辉与重庆战事的终结

随着大蒙古国政治形势的变化，忽必烈于1271年正式称帝，建国号为大元。陕西的历史也即将随着元朝的建立而进入新的发展阶段。特别是忽必烈册封其子忙哥剌为安西王后，陕西遂成为安西王府之封地，并进而直接参与了对重庆地区的征伐。

有关忙哥剌被册封为安西王的时间，史书记载多有不同。根据《元史》卷7《世祖四》的记载，至元九年"冬十月丙戌朔，封皇子忙哥剌为安西王，赐京兆为分地，驻兵六盘山"①。而同书卷108《诸王表》在"安西王"一栏同样记为"忙哥剌，至元九年封，出镇长安"②。但《元故承事郎晋宁路同知解州事徐公（宽）墓志铭》中记载："至元十四年，皇子安西王分封西土，开相府"③，从现有记载来看，似乎传世文献较之出土文献更为可信。

忽必烈给予了安西王府较大的军政实权。史称"至元十年，皇子安西王分治秦、蜀"④。可见安西王所控制的范围中包括了元朝即将征服的四川地区。忙哥剌本人对平定四川地区亦早有考虑。根据史书记载，安西王曾向刘恩询问过平定四川的方略：

> 安西王遣使召恩至六盘山，问曰："江南已平，四川未下奈何？"恩曰："若以重臣之不徇私者奉诏督责之，则半年可下矣。"王即遣恩与府僚术儿赤乘传以闻，帝以为然，命丞相不花等行枢密院于西川，授恩同金院事。⑤

---

① 《元史》卷7《世祖四》，第143页。
② 《元史》卷108《诸王表》，第2735页。
③ 《元故承事郎晋宁路同知解州事徐公（宽）墓志铭》，王友怀：《咸阳碑刻》，三秦出版社2003年版，第500页。
④ 《元史》卷60《地理三》，第1428页。
⑤ 《元史》卷166《刘恩传》，第3896页。

从现有史料来看，忽必烈似乎也有意让忙哥剌参与川渝方面的军事行动。这一点可以从朝廷任用李德辉管理西线行枢密院一事中看出。

李德辉，字仲实，通州潞县人。忽必烈"金莲川幕府"成员之一。早在忽必烈初封京兆时，四川前线"数万之师仰哺德辉。（李德辉）乃募民入粟绵竹，散钱币，给盐券为直，陆挽兴元，水漕嘉陵，未期年而军储充羡，取蜀之本基于此矣"①。史书记载不仅明确反映了李德辉在转运供应方面的才干，也指出了关中地区对于四川前线战事粮草保障的重要地位。中统元年，忽必烈即位后，李德辉被调往大都任职。至元九年，安西王府设立，李德辉被任命为安西王相。

由于李德辉是忽必烈潜邸旧臣。此时又在安西王府获得了开府的特权，对于忽必烈而言，李德辉的存在，使其对四川、重庆的战争更有保障。故而，1276年，忽必烈派遣大军进攻重庆，"诏建东西行枢密院，督兵进伐。合丹、阔里吉思领东院，攻钓鱼山；不花、李德辉领西院，攻重庆"②。最终，钓鱼城守将王立投降。

有关李德辉在重庆前线的行事，《元史》本传对其记载颇详。在重庆之战中，元军一度包围重庆，战场局势对元朝十分有利。但此时东西两院的矛盾已经有所显现。李德辉对于下一步的作战方案提出了警告：

> 德辉戒之曰："宋已亡矣，重庆以弹丸之地，不降何归。政以公辈利其剽杀，民不得有子女，惧而不来耳。响日兵未尝战，中使奉玺书来敕，公辈既不能正言明告，严备止攻，以须其至，反购得军吏杖之，伪为得罪，使惧而叛去，水陆之师雷鼓继进，是坚其不下也。中使不谕诈计，竟以不奉明诏复命。如是者，非玩寇而何！况复军政不一，相訾纷纷，朝夕败矣，岂能成功哉！"③

事后证明，李德辉的警告确有价值。很快，泸州叛元，重庆之围旋解。

至元十四年（1277），朝廷以李德辉为西川行枢密院副使。李德辉再

---

① 《元史》卷163《李德辉传》，第3816页。
② 《元史》卷169《贺仁杰传》，第3968页。
③ 《元史》卷163《李德辉传》，第3817页。

次发挥了他在关中时期的才能，供应各路大军粮草。到至元十五年，重庆最终被元军攻克。

这里需要注意的是，《元史·李德辉传》认为李德辉此时地位凌驾于二府之上，显系误解。吕棨作为西川行枢密院的官员，其记载当最为可信。《李德辉传》之材料来源不详，但文中溢美之词颇多，个别细节难经推敲。

李德辉在川渝战场最重要的功绩，是其成功招降了钓鱼城守将王立。根据《元史·李德辉传》的记载：

> 既而合州遣李兴、张却十二人诇事成都，皆获之，释不杀，复为书纵归，使谕其将王立如谕珏者，而辞益剀切。立亦计夙与东府有深怨，惧诛，即使兴等导帅干杨獬怀蜡书，间至成都降。①

李德辉对待被俘获的12人较为宽容，在释放的同时也以书信的方式对王立进行了劝降。从《李德辉传》的记载来看，李德辉本人作为西院副使，如此频繁地向东枢密院负责攻打的城池中进行劝降，的确有越界之嫌。但王立也同样接受了李德辉的劝降，于是将本应由东院获得的功劳拱手让给了西院。故而引起了东院的不满。按照《李德辉传》及《本纪》的记载，东院将领对王立确有不满，其主要原因是"立久抗王师，尝指斥宪宗"。② 但"久抗王师"显然是各家反元武装都会拥有的罪名。"指斥宪宗"才是东院最为关键的理由，蒙哥汗在钓鱼城下的去世使东院正副二使均衔恨于王立。《李德辉传》也指出"立亦计夙与东府有深怨，惧诛"③。但这里存在一个疑问，为什么王立会与东府积怨如此之深呢？对于东府的两位主将，姚燧在《神道碑》中曾提及"行东川院者则宪宗带御器械哈丹、库哩济苏二人"④。这样看来，二位将领以宪宗为诛杀王立的理由便在情理之中了。结合《元史·李德辉传》的记载"东川枢府，犹故将也"⑤，可知此处"故将"当指自蒙哥以来长期围攻合州及钓鱼城的蒙古军队。这

---

① 《元史》卷163《李德辉传》，第3818页。
② 《元史》卷10《世祖十》，第208页。
③ 《元史》卷163《李德辉传》，第3818页。
④ 姚燧：《光禄大夫平章政事商议陕西等处行中书省赠恭勤竭力功臣仪同三司太保封雍国公谥忠贞贺公神道碑》，查洪德点校：《姚燧集》，人民文学出版社2011年版，第270页。
⑤ 《元史》卷163《李德辉传》，第3818页。

也可以理解为何在各种史料中,对东府将领的形象描写均呈贬低的原因了。

从《世祖本纪》的内容来看,此前李德辉曾就招降合州张珏一事向朝廷发出过请求,"辛酉,安西王相府请颁诏招合州张珏,不从"①。可见,李德辉关于招降合州宋军一事的想法已非止一日。故而其能够在短时间内与王立达成一致也在情理之中。但此事招致了东川行枢密院将领的不满,并最终导致了元朝内部围绕王立生死问题的一场争论。而王立最终得以获释,则有赖于安西王府官员的保护,特别是一位关中籍的汉人官员——贺仁杰。

三 贺仁杰在王立事件中的作用

贺仁杰,字宽甫。史称"其先河东隰州人,祖种德徙关中,遂为京兆鄠人"②。故而,贺氏家族可以被视为京兆地区的汉人官僚家族。但从后来其家族的若干事迹来看,京兆贺氏虽为汉人家族,但其蒙古化程度已经很高。③ 贺仁杰曾追随忽必烈远征大理,后长期供职于朝廷。史称其"与董文忠居中事上,同志协力,知无不言,言无不听,多所裨益,而言不外泄,帝深爱重之"④。

一位长期任职于大都朝廷的官员,是如何在王立事件中发挥作用的呢?这还要从重庆前线双方官员矛盾激化说起。史载"东院耻其无功,诬德辉越境邀功,械立于长安狱,将诛之"⑤。而此时担任西院从事的吕垕因事前往京师,并将此事转告了许衡。许衡则将此事告知了贺仁杰,并由贺仁杰呈报忽必烈裁决。最终,忽必烈同意了西院的意见,据《元史》记载:

---

① 《元史》卷9《世祖九》,第182页。
② 《元史》卷169《贺仁杰传》,第3967页。
③ 根据《贺仁杰墓志铭》记载:"公先有嫠嫂年盛,族党欲依国俗。"此处的"国俗"即北方游牧民族弟可娶寡嫂的风俗。"族党"皆认为应依蒙古风俗,可见贺氏家族此时蒙古化的程度已经很深。
④ 《元史》卷169《贺仁杰传》,第3968页。
⑤ 《元史》卷167《吕垕传》,第3930页。

帝召枢密臣责之曰："汝等以人命为戏耶！今召王立，立生则已，死则汝等亦从之。"立至，赐金虎符，仍以为合州安抚使。①

至此，两院之争彻底结束。但是，《贺仁杰墓志铭》对这一事件的记载更为详细，但在情节上也为我们透露了更多不见于其他史书的内容：

十四年冬，潼川招讨使刘伟以所获立军士张合等上，李公放还，使持檄喻皇子安西王教许以不杀，招立来降。立遣合等赍蜡书乞李公自来则降。十五年春，李公来与东院官同受立降，同辂赐署立招讨使矣，而东院官复诬奏李公越境邀其功。上怒，遣使就钓鱼诛立者三，王皆止之："立若诛，则钓鱼人皆当为俘虏。"王欲陈于上，未行而薨，留立京兆狱，而行院、王相府、枢密院皆莫与之辨。时塈以西院从事例至都，谋诸先师许公，以为宜言于公。言之公，果奏。上惊悟，召枢密僚属怒之曰："汝等以人命为戏耶？速召立来，立生则已，如死，吾必刑汝辈。"立至，授金虎符，位三品。许公闻之曰："贺公有回天之力，其有后乎！"至今李公庙食合州，出于公者，人不知也。②

作为该事件的经历者，吕塈对当时的实际情况最为熟悉，因此，他的记载无疑要较之其他史籍更为细致。从《墓志铭》的记载来看，安西王忙哥剌在这一事件中发挥过一定的作用，从而使这一事件进一步复杂化。而各家在记述这一事件的过程中，对贺仁杰的描述均十分简略，但从许衡的评价来看，贺仁杰显然在事件的关键时刻发挥了作用。

贺仁杰之所以能够具有如此的"回天之力"，并非其具有过人的游说才能，而是在于其特殊的政治身份。贺氏家族自六盘山归顺忽必烈之后，与蒙古皇室长期保持密切的关系。正是由于其"大根脚"的特殊身份，在使他能够在关键时刻向忽必烈进言，且能够为忽必烈所接受。这也在一定程度上可以看出，由于京兆贺氏家族具有较深的蒙古化背景，使其在元朝官僚群体中的政治地位明显高于一般的汉人官僚。

---

① 《元史》卷169《贺仁杰传》，第3968页。
② 《贺仁杰墓志铭》，吴敏霞主编：《户县碑刻》，三秦出版社2005年版，第334—338页。

四 结论

综上可知，京兆士人的碑刻材料，一方面可以补充13世纪中后期宋元战争史的若干史料缺环；另一方面也能为后人提供许多有关当时四川战场底层官吏活动的原始资料。鉴于《元史》史料上的诸多缺憾，碑刻材料的价值正在受到学术界的重视。

李德辉作为"金莲川幕府"旧臣，本身见证了忽必烈崛起于关中的全过程。此后，他主政四川战场，在钓鱼城投降一事上发挥了举足轻重的作用。他由忽必烈潜邸旧臣到安西王相的身份转变，足见忽必烈对于安西王府设置的重视程度。

若单纯立足于政治才能加以考量，则贺仁杰恐远在李德辉之下。但在王立事件中，最终使忽必烈不杀王立的人，正是贺仁杰。许衡的一句"贺公有回天之力"，充分体现了当时汉人官僚对贺仁杰政治影响力的认识。由于贺氏家族不仅早在忽必烈为王子时便与之建立了联系，而且在后来的历史发展中，其家族的蒙古化程度同样令人惊叹。在这样的背下，贺仁杰及其子孙在元朝始终担任要职，甚至其孙被赐予蒙古名。京兆贺氏家族也由此成为元代具有重要影响的政治势力。

在关中现存元代碑刻中，除贺仁杰家族外，还有天成刘氏家族、三原郝氏家族等大型家族碑刻群。这样的碑刻群书写着关中汉人家族在忽必烈崛起过程中扮演的重要角色。

（作者为南开大学历史学院博士研究生）

致君泽民可用律
——元代的儒吏论与吏学观*

洪丽珠

一 前言

本文主要探讨官制的变迁衍生的论述，以及对"学术"内涵的认知因现实需求产生的转变。蒙元时期对士人在政治与学术上的最大挑战，主要来自科举制度从独尊的擢才管道，成为非主流的入仕途径，连带的习儒也与入仕关系薄弱化，宋代以来因科举大盛所带来的效应暂时逆转。

元朝混一南北，由吏出身任官为主要管道，是不争的事实。这种发展对于南、北儒士在现实与心理上的打击程度，有所差异。余阙（1303—1358）指出：

> 我国初有金、宋，天下之人，惟才是用之，无所专主，然用儒者为居多也。自至元以下，始浸用吏，虽执政大臣，亦以吏为之。由是，中州小民粗字，能治文书者，得入台阁共笔札，累日积月，皆可以致通显，而中州之士见用者遂浸寡。况南方之地远，士多不能自至于京师，其抱材蕴者，又往往不屑为吏，故其见用者尤寡也。及其久也，则南北之士亦自町畦以相訾，甚若晋之与秦不可与同中国，故夫南方之士微矣。①

余阙是寓居南方、科举出身的儒化色目人，提到元代大量用吏，透过

---

* 本文为四川大学一流学科"区域历史与边疆学"学科群成果，同时受四川大学中央高校基本科研业务费专项资金资助（项目编号：YJ201716）。

① 余阙：《杨君显民诗集序》，李修生主编：《全元文》（第49册），凤凰出版社2004年版，第132—133页。

循资迁转任官的发展，先打击了前金治下士人，使许多传统定义上非儒士的北方人群（小民），得以因所谓的吏术而仕途大展。南宋亡国后，南士更因远离大都，以及心理上对吏职的不屑，同样的制度变化，造就了对南、北之士程度不同的冲击，官场上地域的区别也更见明显。

不过，在务实的需求下，儒士的传统训练对于元朝统治汉地江南，毕竟具备优势，尤其在平衡官员素质方面。如何促使更多儒士克服心理障碍，改就吏职，成为儒吏考选之制的背景。儒吏考选虽无科举之名，却有科举的精神，是开放给儒士由吏入仕的专门管道，此一制度以往皆被置于吏员出职的研究脉络之下，颇为低估其意义。美籍学者刘元珠的《蒙元儒吏关系：延祐之开科与抑吏》，① 首先关注此问题，她提到《元史·选举志》的内容实际上偏离元代制度的核心，明代修史的南儒，将科举排于卷首，过度强化开科取士在元朝的重要性，扭曲了后人对于蒙元选官制度特色的理解。②

元代儒与吏界限的淡化，确实使传统儒士产生危机感，那些少数还能保有政治地位的士人，对于吏员在仕宦上的发展，感到有些难以容忍，所以呼吁限制吏品与重开科举，这些针对用吏的"反动"，实际上却常矛盾地打击到圈内人（由儒转吏者）。儒吏成为制度，开启的不仅是一种入仕的模式，也会为儒学内涵带来了考验，刘元珠始终认为，元代的选官制度，只是暂时打破了中国历史发展的原有秩序，最终还是回到正轨，亦即她注意到了元代用人制度的特色，但是不认为这个制度真正带来什么影响，另外，她也把延祐开科与抑吏政策当作对儒吏制度的反应，不过儒士脑海中的吏，是否与儒吏没有分别？儒吏入仕成为传统经典训练下的士人专利，考选儒吏的程序对于儒学在致用层面的内涵，带来的挑战或影响是什么？这是本文希望可以回答的问题。

二　儒、吏的分合与考选制度

胥吏是中国政治结构中特殊的一环，具有内在复杂的层次。有学者指

---

① 刘元珠：《蒙元儒吏关系：延祐之开科与抑吏》，收入《庆祝王锺翰先生八十寿辰学术论文集》，辽宁大学出版社1993年版，第432—440页。

② 同上书，第432页。

出，制度上官（儒）、吏的分途，在汉代就已经开始。① 元朝可以入官的吏，是所谓的"刀笔吏"或"文法吏"，具有文书案牍、簿书期会、刑名赋税等技术，选拔的儒吏，也是因应这一类吏职需求。元人徐元瑞谓："夫吏，古之胥也、史也，上应天文，曰土公之星；下书史牒，曰刀笔之吏，得时行道，自古重焉"②，《吏学指南》中的"吏道"，也反映了对于刀笔吏的期许。元世祖（1215—1294）至元后期，朝廷中儒士批评："天下习儒者少，而由刀笔吏得官者多"③，显示刀笔吏的特质与"儒"颇为对立，或者说其学养是被区隔于正统儒学训练之外，着重在"术"的训练，而非道德文章。故此，儒士不知吏术、吏人不习儒学，是既定的印象与常态，但儒吏制度下，造就了两者合流兼容的契机。

刀笔吏、文法吏作为"胥吏"的一员，词汇上常有模糊地带，但要分辨史籍中提到的吏属何类，并不太困难，通常与"儒"对等讨论的，都是文吏、刀笔吏一类。不过，官、吏用字有时不免混淆，例如汉代的循吏、法吏，指的都是官，唐代的"胥吏性恶说"，以及胥吏管理政策的制定，则显示吏已构成特定团体。④ 吏所长与官所长，也随这样的发展成为不同的学识范畴。汉薛宣曾谓："吏道以法令为师"⑤；唐代的罗威被描述"达于吏道伏膺儒术"⑥。显然"吏道"与"儒学（术）"是不同且对比的概念，而吏的学术内涵，是以法令为核心。唐代有所谓"公卿大臣，当用经术明于古义者，此则固非刀笔俗吏所可比拟"⑦，据称房玄龄就是因为刀笔吏的出身，受封为邢国公时，招致非议，唐太宗还因此援引萧何之例为解。⑧ 凡此，都可证明至晚在唐代，吏的出身就已不受认可，且有学养上的疑虑，不宜授高官显爵。

宋代科举大盛，进士身份的独尊强化了官、吏的分野，吏基本上不能

---

① 叶炜：《南北朝隋唐官吏分途研究》，北京大学出版社2009年版。
② 徐元瑞著，杨讷点校：《吏学指南（外三种）》，浙江古籍出版社1988年版，第3页。
③ 《元史》卷81《选举一》，中华书局1976年版，第2018页。
④ 叶炜：《南北朝隋唐官吏分途研究》，第173—218页。
⑤ 《汉书》卷83《薛宣朱博传》，中华书局1962年版，第3397页。
⑥ 《旧唐书》卷181《罗弘信附子威传》，中华书局1975年版，第4693页。
⑦ 《贞观政要》卷7，中华书局2003年版，第189页。
⑧ 《贞观政要》卷4，第84页。

参加科考,向上流动的机会更少。① 因前途受限,吏必须凭借自身的行政专才与特有的知识,成为官员不可或缺的左右手,并深化在地势力,故出现吏有封建之说。在地方治理的扎根上,吏扮演着比流官更为关键的角色,是目前学界的普遍看法。官与吏不仅是身份区别,形象气质也有所不同。"用吏"与"用(进)士",常被视为相对的政治风气,在金代"用吏"的对立面就是"抑士",故有"用胥吏,定行货赂混淆;用进士,清源也"之说;又有"进士受赇,如良家女子犯奸也;胥吏公廉,如娼女守节也"之论,② 进士(未来的官员)为良家女子;胥吏为娼女,后者显然已污名化。进士出身的官员们以非常清楚的群体意识,刻意与吏划清界限,士人以吏职出身为耻、以从事吏职为卑,这是两宋以来的普遍心态。③

　　元代的儒士无法不面对应吏之选的现实,"学"的内容被迫有所调整,即使耻为刀笔吏之说依然普遍存在,但"居官必先任吏"也慢慢在士人圈中蔓延。关于元代胥吏的地位与职务变化的研究,日本学者胜藤猛的《元朝初期の胥吏について》指出蒙元的胥吏突破了前代的通性,与官员系统合流,成为上级与下属的关系,动摇了士大夫的传统观念。④ 牧野修二的《元代勾当官の体系研究》则论证元代台、省、部、院的吏员前途颇佳,地方吏员出职通常由七品以下地方官叙起,而中央吏员出职品级最高可从六品,⑤ 比起许多地方官员迁转快得多,也提及胥吏入流的开敞,使吏职趋于专业化与系统化。⑥ 许凡的《元代吏制研究》则讨论了吏员的各种名目与职责、出职、选用以及元代吏制与社会的关系,结论上则比较强调对

---

① 林煌达:《唐宋州县衙吏员之探讨》,收入黄宽重主编《基调与变奏:七至二十世纪的中国》,台北政治大学历史学系,2008年,第143—148页;祖慧:《宋代胥吏的选任与迁转》,《杭州大学学报》1997年第2期。
② 刘祁:《归潜志》,中华书局1986年版,第73—76页。
③ 林煌达:《宋代堂后官初探》,《汉学研究》2003年第1期。文中指出宋代为提升堂后官素质,订立了鼓励士人任职的种种优厚条件,却无法有效推行,主因即在于士人以吏职为耻的心态。
④ [日]胜藤猛:《元朝初期の胥吏について》,收入《东洋史研究》1958年第17卷第2号,第1—18页。
⑤ 《元史》卷83《选举三》,第2069页。
⑥ [日]牧野修二:《元代勾当官の体系研究》,东京大明堂1979年版。

官员素质的负面影响。①

所谓的官吏合流，指的是吏员可以透过升迁任官，在金、元时期称为"出职"。进士出身、历仕七位大汗的许有壬（1287—1364）曾对废除科举的提议论道："今通事等（出职），② 天下凡三千三百二十五名，岁余四百五十六人。玉典赤、太医、控鹤，皆入流品，又路吏及任子（荫）其途非一。今岁自四月至九月，白身补官受宣者七十二人，而科举一岁仅三十余人。"③ 玉典赤、控鹤皆属宿卫，为特殊出路，由吏出职的官员数量最为显著，某些吏职的前景也特别好，故有"当时进士入官者仅百之一，由吏致位显要者常十之九"的说法。④

"省掾""台掾""部掾"等中央机构文吏，或统称令史，儒吏选拔就是为补充这一类高级吏员而开启的"专属公职管道"。忽必烈初期，六部亟须处理刑名、赋税、铨选等事务的令史，考虑到事务性质需要相当的学识程度，在至元六年（1269）下诏岁贡儒吏：

> 各部所掌铨选、户差、刑名等事尤为繁剧，各得实材，以办其事。今拟上都等处周岁额保令史两名：秀才一名、司吏一名。北京等处周岁额保一名：或儒或吏科一名。其所保秀才，务要洞达经史，通晓吏事。⑤

"秀才"是官方对于读书人的通称；司吏是路、府、州、县的吏员，背景较杂，属于吏职的内部升迁。从"秀才"中挑令史，即儒吏考选，史

---

① 许凡将元代职责相对较为重要的吏分为11种：蒙古必阇赤、回回必阇赤、令史、通事、译史、知印、典吏、宣使、奏差、书吏、司吏。其中司吏设置于路、府、州、县，其余九种吏职则普遍设置于中央、地方高级军政单位与监察机构。事实上蒙古必阇赤、回回必阇赤，或可包含在"译史"一类，《吏学指南》中关于"吏员"的分类，没有将回回、蒙古必阇赤独立出来。参见许凡《元代吏制研究》，劳动人民出版社1987年版，第2—3页；徐元瑞著，杨讷点校《吏学指南（外三种）》，第25页。

② 吏职中的译史与通事，前者从事文字翻译，通事则为口译人员，人才来源主要由学校培育以及长官选保。蒙古译语"必阇赤"（bichechi）一词，也指译史或令史一类；通事则为"怯里马赤"（kelemechi）。萧启庆：《元代的通事和译史》，《元朝史新论》，允晨出版有限公司1999年版，第334—383页。

③ 《元史》卷142《彻里帖木儿传》，第3405页。

④ 《元史》卷185《韩镛传》，第4255页。

⑤ 《大元圣政国朝典章》吏部卷6《儒吏·随路岁贡儒吏》，故宫博物院景印元本，第433页。

料中可以看到，有儒与吏科的区别，秀才的基本条件是洞达经史与通晓吏事，由司吏或吏科出身者，并未注明要洞达经史。看来"通晓吏事"是政府对儒吏的真正要求，从儒中选吏，是提供给士人的保障名额。

元中期，儒吏选拔已制度化，并有固定的征选"程序"：

> 元贞二年（1296），诸路有儒知吏事、吏通儒术、性行修谨者，各路荐举廉访司试选。每道岁贡二人，省台立法考试，必中程序，方许录用。如所贡不公，罪及选举官司，钦此。①

此即为岁贡儒吏。由各路总管府推荐，各道监察机构筛汰，再举至行省、御史台依照既定"程序"加以考试，既是儒吏，就必须兼通吏事与儒学。这样的选拔过程，结合了荐举与科举的元素，兼顾了用儒与用吏的长处。但各路岁贡儒吏，究竟要从何处找人，根据《元史·选举志》说："自京学及州县学以及书院，凡生徒之肄业于是者，守令举荐之、台宪考核之，或用为教官，或取为吏属，往往人材辈出矣。"② 前述许凡的研究将岁贡儒吏与诸生充吏视为儒吏来源的两种管道，这可能是一种误解，事实上诸生充吏应是指廉访司试选的阶段，而岁贡儒吏则是廉访司岁贡二人至省台考试的第二阶段。在廉访司选试时，大部分的充吏诸生，已经过官学的考核，由守令荐举的人才中，未能幸运成为那极少数的岁贡儒吏，就用为地方官员的教官或取为吏属（司吏），往后再透过循资迁转进入宦途。《元典章》在岁贡儒吏条之下也提到州县学诸生是从儒户中"有余闲年少子弟之家"，选入地方官学读书，再由教授加以考试，将"行义修明、文笔优赡、深通经史、晓达时务"者解贡，如此一来，关于儒吏的来源、考选阶段就较为清楚了。亦即从儒户子弟入官学、书院读书，通过学官考试，再由守令荐举廉访司选试，最佳者成为岁贡儒吏。可见儒吏之选，更是精英选拔，不逊于进士。其余诸生，能到廉访司选试者，也可以成为教官（山长、学正、学谕等）或地方司吏，系统地联结了儒户、官学与儒吏三项制度。

这样的选官制度，放在近世的教育史上看，可谓非比寻常。宋代科举

---

① 《大元圣政国朝典章》吏部卷6《儒吏·儒吏考试程式》，第436页。
② 《元史》卷81《选举一》，第2033页。

以诗文经术选才，儒学是仕宦的敲门砖，至于任官之后需要接触的吏事，可以等到中举后于州县担任幕职官和曹官再学习。元代考选儒吏，任职之前就必须先学吏术，官学中也为考选开设了吏事科目，这不仅使元代的官学教育具有特色，也改变了经术与治事脱离的状况。元朝统治者没有科举至上、儒学独尊的观念束缚，凡事由需求而设制，但是不管是教官、司吏或省台院令史，都成为汉族士人重要的任官管道，学校教育与未来官员训练紧密结合，这不免让人联想到王安石曾经想以学校教育取代科举，分设经术与治事二大学科的理念，似乎透过儒吏制度得到部分实现。

除了州县官学，以及元代被收编的书院之外，民间的发展也对制度做出反应，出现类似职业补习学校，"为吏以事进取"的状况日增。①《习吏幼学指南》这样的书籍应运而生，也就不令人意外。前代吏本是业儒无成的选择之一，但元代居官先任吏成为趋势，儒吏起家也能。以往对于元代教育研究，通常着重于书院官学化以及政治变动下的儒学理想如何延续的焦虑，于吏员考选对教育内涵与学术的影响，几乎不太关注，可能忽略了当时人对于由吏出身的心理变化，这可以从元人如何讨论儒吏、任吏来观察。

三 儒吏论与"致君泽民可用律"

元代士人中关注儒吏问题者，首推陆文圭（1252—1336）与程端礼（1271—1345）。陆文圭生于南宋末，江阴人，人称"墙东先生"，曾中宋代乡举，入元又两中乡举，应延祐首科会试失利，之后不再竞逐科场，晚年应聘在容山县学教授生徒。②他曾有《儒学吏治》之论，即针对儒吏制度而发，提出"学"（读书）与"仕"（工作）本是一体，三代所习"无非有用之学"，儒、吏之分不应存在。陆氏将儒、吏两字与"学""用"等同，而学、用分离表现在对汉代"以儒术饰吏治"的评论，他认为这本是为汉、唐名臣中如萧、曹、丙、魏等出身刀笔之吏却能位极人臣者开解，却也导致儒、吏在观念上更加分离。陆文圭提出儒、吏都是"学"的

---

① 申万里：《元代教育研究》，武汉大学出版社2007年版，第261页。
② 王逢：《梧溪集》卷2《避乱绮山谒子方先生陆公墓》，《适园丛书》本，第4页上—5页下；《元史》卷190《儒学二》，第4345页。

一种，今之吏非前代之吏；今之"秀才"（读书人）也不同于前儒，儒、吏分离，只会造成"吏俗儒拘"的结果，直指这种发展是唐宋以来的弊端。①

陆文圭之说，显然是为儒吏制度提供理论基础，这篇《儒学吏治》核心之处在于将吏之"学"认同为儒学内部的不同路线，"吏术"应得到与其他儒学对等的地位。一生从事教育的程端礼则有《儒吏说》：

> 儒为学者之称，吏则仕之名也，名二而道一也。儒其体，吏其用也，古入官，古之制也。……周官九两始曰儒、曰吏，亦因其得民以道与治而言之耳。自李斯严是古非今之禁，一以吏为师，儒吏虽分而道法裂。……呜呼！章句儒与文法吏，其弊等耳……虽以（张）汤之深文舞法，已能乡上意，取博士弟子补廷尉吏，传大义、决大狱矣，奚俟于（儿）宽哉。……士生今日者，可不自知其幸欤，诚能读其书而真修实践焉，以儒术而行吏事，于从政乎何有？若于此犹或以语言文字求之，而无自得之实，一旦见案牍之严密，其能不疑为政之道在彼而不在此者，几希！子夏曰："仕而优则学、学而优则仕"，然则儒、吏果二道而有所轻重于其间哉！②

这是程端礼借勉励将任吏的友人，抒发对儒吏的看法。他与陆文圭一样强调儒、吏本一的历史渊源，说明元代儒吏合一制度的合理性。程氏较为突出之处在于指出儒以道、吏以法，是治民手段（外在形式）的差异，两者（道、法）皆可致治，与陆文圭相较，后者倾向吏术是成就儒学的方法，尚有位阶之别，程端礼则把吏之法抬到与儒之道等同的地位。程氏更说这个时代的士人应当庆幸有机会读书实践，以儒学为体、吏术为用，他上溯"三代传统"为儒吏制度辩解，"法亦是道"是核心。其他元人对于儒吏的评价，基本上没有跳脱程端礼的说法，程氏的儒吏论，与他终生任职官学，为国家培育儒吏人才有关，他所制定的《读书分年日程》，在明代被奉为圭臬。③

---

① 陆文圭：《儒学吏治》，李修生主编：《全元文》第17册，第453—455页。
② 程端礼：《儒吏说》，李修生主编：《全元文》第25册，第525—526页。
③ 黄溍：《金华黄先生文集》卷33《将仕佐郎台州路儒学教授致仕程先生墓志铭》，《四部丛刊》本，第9页下—12页上。

元代民间政论家郑介夫，则以传统"儒术饰吏治"的观点来支持儒吏制：

> 古者任官之法，由儒而吏，自外而内，循次而进，无有僭逾。……夫吏之与儒，可相有而不可相无。儒不通吏，则为腐儒；吏不通儒，则为俗吏，必儒吏兼通，而后可以莅政临民。《汉书》称儒术饰吏治，正谓此也。①

诚然，并不能因为这些儒吏论，而乐观地认为儒学内涵已经产生质变。这多少是儒士们面对非科举时代的生存策略与心态排解，既然现实中吏途大盛，强调吏由儒任的优点，在舆论上对儒士入仕多提供一些心理支持。郑介夫阐释儒、吏可相有而不可相无，与陆文圭的看法类似，在根本上这些儒吏支持论折射的依然是宋代以来对从吏的成见。元代文集中送某某人任吏的序，数量庞大，其中画家朱德润（1294—1365）直指儒、吏相悖是宋代的影响。朱氏在元代曾任县教谕，受赵孟頫之荐出任国史院编修官、征东儒学提举，后因推动儒治改革的英宗硕德八剌（1320—1323 在位）被暗杀而弃官南归。元末乱起曾任江浙行省吏职、暂摄长兴州事，元亡之前去世。② 他在送友人充儒吏的序中说：

> 读书所以知天下之有道，读律所以识朝廷之有法。士之出处穷达，夫古今事势，非道无以统体，非法无以辅治，于斯咸依焉。故君子必读书为吏，然后烛理明，见事果。近世士风不古，以谓学儒则悖吏，学吏则悖儒，遂使本末相乖，彼此失用。……吾友明之李君，自儒为吏，以素守而入变通，以学业而知法律，盖亦士之所难能也。……然法物有度而民情无穷，故临事也不得不详，用法也不得不慎。……君能导之，使易治之，俗变中州之厚，则君之惠也，又奚止簿书期会而已。③

---

① 郑介夫：《太平策·任官》，李修生主编：《全元文》第 39 册，第 26 页。
② 周伯琦：《有元儒学提举朱府君墓志铭》，朱德润：《存复斋文集》，《四部丛刊》本，第 2 页下—5 页。
③ 朱德润：《送李明之充吴江州儒吏序》，李修生主编：《全元文》第 40 册，第 513 页。

朱德润的道、法；儒、吏论点与程端礼没有本质上的差异，他直指儒、吏分途；道（儒学）、法（律学）分裂，是因为"近世士风不古"，近世或许不专指宋，但绝对包含宋在内。再者，吏与律学也被等同于士与儒学的关系，君子读书为吏自然对于律学在元代有提升的作用，故此，"致君泽民可用律"之说也随之而出。云梦县尹石抹允敬在为《吏学指南》所写的序中曰：

> 吏人以法律为师，非法律则吏无所守。然律之名义，不学则不知也，不知则冥行而索途，奚可哉！我本府同知公（按：河南江北行省德安府同知，名穆虎彬）虑吏辈之不知也，乃刻徐氏所编《吏学指南》以示之，俾熟此可以知厥名义，而进于法律，以为政焉。此吾儒大学，所以欲明明德于天下，必先之以致知格物，以为修齐治平之本，顾不美欤！虽然《汉史》为循吏作传，不为能吏作传，《禹范》云好德为福，不云好才为福，此又为吏者之所当讲，亦我同知公之刻书美意。□能乎此，则庶乎非鞅、斯屠之□（能？）名，则骎骎然入于当陶、稷、契之德化矣。致君泽民，孰有加于此者？①

由此观之，《吏学指南》刊行的宗旨之一，是要宣扬法律亦可致君泽民，德治与法治并不对立，法律不是德治的阻碍，而是臻于"德化"的帮手，更澄清"律法"与"酷吏"之间的关联，提高法治的正面意义。《吏学指南》正式名称为《习吏幼学指南》，是吏的教养书，② 作者徐元瑞指出：

> 尝闻善为政者必先于治，欲治必明乎法，明法然后审刑，刑明而清，民自福矣。所以<u>居官必先任吏，否则政乖</u>，吏之于官，实非小补。……<u>夫读律则法理通，知书则字义见，致君泽民之学，莫大乎此</u>。③

---

① 徐元瑞著，杨讷点校：《吏学指南（外三种）》，第4页。
② ［日］冈本敬二：《吏学指南的研究》，叶潜昭译，《大陆杂志》1964年第39卷第5期，第148页。
③ 徐元瑞著，杨讷点校：《吏学指南（外三种）》，第3页。

徐元瑞事迹不显,极有可能是儒吏出身。① 他与陆、程、郑等人一样,认为儒吏制度并非元代首创,具有历史渊源,处处从官、吏合流的好处着眼,例如居官为何"必先任吏"?因"明法审刑"是善政的先决条件,而律法是吏学的核心,任吏能明法,吏的"得时行道",恰好推动重视律法的风气,故致君泽民亦可用律。徐元瑞的论述当然过于简化,吏也有三六九等,不必然皆习律而"明法审刑",儒吏论者急于发掘优点,却因此过度强调任吏与成为好官的因果关系。

综言之,东汉以后趋于边缘的律学,由于元代选官用人制度的改变,引发了儒吏论述的需要,使律学与吏的关系再度受关注,律学能和经学,从对立到相辅或对等,是蒙元统治下的意外收获。致君泽民可用律,显示律学从边缘暂时又被拉入了主流之中,另外一种效应则是儒士大量任吏,关注吏的历史发展与发掘吏的专业性,成为士人的责任。

四 儒吏地方官的形象

儒吏在出职之后,他们如何致君泽民呢?这是一般较少观察之处。既然兼具儒学与吏术,他们的"治民要术"如何有别于非儒吏官员?本节透过三位儒吏出身的官员的生平与治迹,观察书写者怎么描述他们的"想象"与"期待"。

《秋涧先生大全文集》作者王恽(1227—1304)就是儒吏出身,《元史》中有传。元初他幸运地荐选为前景颇佳的省掾,其家父祖三代皆以律学传家,具备杰出的明法审刑条件。王恽的"祖父讳宇,亡金卫州刑曹孔目官(衙前吏),精于文法","考讳天泽,资刚明决",以律科进士入仕,终于户部主事。② 王恽的著作中,有大量关于吏治、制度的评论,与姚枢、史天泽等要臣、将领关系匪浅,王恽能选为儒吏,与这些名人的推荐应脱不了干系。③

---

① [日]宫崎市定:《宋元时代的法制和审判机构》,刘俊文主编:《日本学者研究中国史论著选译》(第8卷),中华书局1992年版,第252—312页。
② 王恽:《翰林学士王公神道碑铭并序》,《秋涧先生大全文集》,《元人文集珍本丛刊》本,第1—3页。
③ 《元史》卷167《王恽传》,第3935页。

王恽出职后，主要迁转于监察机构，地方民政官经历则为处理上报刑狱案件的路判官。由于撰写碑铭者为王恽后人，首先提到他的家居性格："先公所得俸给，均之家人，惟恐失所若，稍越规矩，即治之如法，故皆悦服而不敢犯"①，王公孺一方面强调父亲的学术造诣、清廉持重；另一方面也大量描写王恽在明法、决狱方面的能力，"遇不平事，及恶之可疾者，愤然必穷治"。初任官职为监察御史，曾弹劾奸邪几一百五十余章，有一位名为刘晟的都水监三品官员，怙势作奸，陷公储四十万石，权贵为之侧目，王恽也上章弹劾。在外任山西平阳路判官两任期间，因（临汾）民嚣于讼，他作劝谕文二：一饬州县、革弊勤政；一谆百姓，务本畏法。绛县有一件陈姓军人杀同产兄案，社狱因鸾缓逮，系狱者三百余人，延滞多年不决，远近为之愤惋，这个案件在王恽手上，一问即服，据说当时绛地久旱，案件一决，是夕大雨沾足，都说是申理冤抑所致。

王恽升任河北与山东等道提刑按察司副使任内，按治州郡，"褰帷具瞻，有风动百城之目"；按察区域内有府尹为权贵亲近，恣为不法，公纳贿赂，王恽按劾罪状以闻，使该不法官员受杖而黜，"近为肃然"。更著名的事件为惩治讼棍，说是在南宫县有讼棍号尹库，善于告讦，沮吓官府，肆凶牟利，王恽竟痛校之而死，万口称快。

至元晚期又任福建闽海道提刑按察使，"黜官吏贪污不法者，凡数十人"；"察系囚之滞者，决而遣之"。提刑按察副使负责巡行管辖区域，有弹劾奸邪非违之权，却没有擅杀之柄，王恽对南宫珥笔之流"痛校之而死"，虽得众口称快，但雷霆手段并不一般，或许顺情、顺势，却有不顺法之嫌，甚至曲法以求治。其子用大量文字描述王恽种种以法致治的风格，凸显了律法为中心的儒吏典型。

儒吏出身的余杭人徐泰亨，仕至青阳县尹，"性笃厚而遇事警敏，少嗜学，能为词赋，既又从师受经，用举者试吏平江"。徐泰亨终身辗转州县，仕宦算不上显要，但与大儒黄溍有渊源，身后得其所写墓志铭。黄溍所描述的徐泰亨，显现的是一种理想中以法辅德、儒法兼用的官员，这也可以说是黄溍自己的儒吏观。徐泰亨在平江路司吏任上：

---

① 王公孺：《赠学士承旨王公神道碑铭》，王恽：《秋涧先生大全文集》附录，第5页。以下除大段引文之外，行文中出于神道碑者，不另赘注。

军校有不法,事在郡府,君视其牍,议不少贷。漕运官属,恃其品级已高,尤恣横,凡奸私杀虐,执事者率畏惮,不敢竟其狱。君一一具上,论如律。民间以匿朱、张财物,多无辜坐逮者,君力为辨析,免男女为奴婢者若干人。宪府以时所引用断例不一,求文学吏整比之,君定自中统讫大德,为之纲目,条分理贯,简而易求,约而可守,览者便之。①

徐泰亨形象不畏权贵,以律为先,却不穷法弊民,是一位顺情用法之儒吏官员。在律学造诣上也卓有表现,他曾经替廉访司整理世祖一朝三十年的断例,成为官府正式的参考文书,其汇编的断例"条分理贯,简而易求,约而可守",显示不同于一般文吏之能。

路吏考满之后,徐氏调任归安县典史(首领官),循法辨冤之事多不胜数,治民事迹活灵活现,政绩集中于对案件的用法不贷与访实察冤的执着精神。主要经手的案件有四,其一为不畏白云宗僧沈某的威势,访查杀人案件真凶,他吏持不可曰:"此沈公意,孰敢拒也?"君尽立群吏于前,语之曰:"吾能死,不能滥杀以求媚于人",会使者行部,徐泰亨为冤者申,使之重获自由。其二同样与这位沈姓僧人有关,其徒某僧,通民家妇,为其夫所殴而衔之,适有遭劫杀者,僧诬其夫及有他怨隙者七人,徐泰亨察其冤,七人苦卒虐,不敢陈述证词,徐泰亨命去其枷械,始垂泣自言。为取物证,徐氏甚至乔装卖卜者查访,使七人得直,且获真贼于武康,人皆叹服。其三县狱中有一旧命案,已判决死刑,徐泰亨访求得实,原来两位死者是喝酒醉死与自杀,平反了一桩人命冤案。其四是邻县冤案,本不属归安县所管,但听闻徐泰亨踪迹其事,真凶竟畏惧自首。这些描述,除了有些超出徐泰亨所任职位的权力之外,颇有塑造一位"神探"之嫌。

除了善于求证,勤于侦查的技术与精神之外,黄溍也强调徐泰亨的德治之风,在天灾发生时,他违反规定,厚给灾民,自陈:"无以法害吾仁也",话锋一转,回到用律的终极目的在于泽民,而非陷民于法。

徐泰亨再度转任平阳州与漕运万户府提控案牍(首领官),负责编修

---

① 黄溍:《青阳县尹徐君墓志铭》,李修生主编:《全元文》第30册,第290页。以下除大段引文外,行文内容出于墓志铭者,不另赘注。

经理法（税法），并得中书省采用，颁行天下，至此才得以出职，显然儒士从地方司吏迁转，相对辛苦许多，与中央的文吏，有云泥之别。他因功擢为七品县尹，任职青阳（江浙池州路），有次遇到饥荒，捐俸赈民，"民有告四十人同发其廪粟者，吏欲準强盗论"，徐泰亨说："吾方忧其死而食之，彼乃以求生而抵重禁，当用法外意可也"，轻判了笞刑后释放。任内又解决了一桩争执了三十年的鱼池案。任职满代，他就留居吴之阊门，无复仕进。

黄溍笔下的儒吏官员徐泰亨，是一位明法识律，不畏权势，为民申冤者，但同时面对治民，他也能适时"用法外意""无以法害仁"，呈现德法相辅的一种模式，与其说这是徐泰亨的真实人生，不如说是黄溍透过墓志铭表述自己理想中的儒吏形象。

还有学职出身、转吏入官的汪汝懋。汝懋之父汪斗健是宋代太学生，淳安人，入元后曾从蛟峰先生（方逢辰）讲学于石峡书院。汪汝懋自幼从儒士"学治经"，以《春秋》试江浙乡闱落榜，考官以为遗珠之憾，推荐为丹阳县学教谕，又迁青阳。后受蒙古贵人的推举，以儒士举为浙东帅府令史，又调都事（首领官），没多久就出职为庆元路定海县尹，任县尹五年之后致仕。他的任吏从路级令史开始，加上有权贵推举，升迁上比徐泰亨相对顺遂。其墓志铭为元明之际名士戴良（1317—1383）所撰，据称汪汝懋治理定海县时，与戴良"朝夕过从，甚相好"①。

戴良形塑的汪汝懋，可以概括为九大政绩：御吏有道、不以赋役疾民、兴利除弊、兴学教化、辨冤活民、以礼化讼、明察秋毫、察冤获盗、误杀减死。他具有与徐泰亨类似的敏锐侦查能力，例如：

> 一妪有布在机，夜失去，妪愬外人盗。君往视之，独鞠其婿，使首服，后果得布。人问之，君曰："吾视其窦，不可以容人，而室中他器无所取，故知非他盗。"闻者皆叹服。②

此外，比起徐泰亨，戴良笔下的人物多了几分天人感应般的"神奇"：

---

① 戴良：《故翰林待制汪君墓志铭》，李修生主编：《全元文》第53册，第527—529页。以下除大段引文之外，行文内容出于墓志铭者，不另赘注。

② 戴良：《故翰林待制汪君墓志铭》，李修生主编：《全元文》第53册，第528页。

县多虎，或入市郭为民害，君斋戒祷之神，明日众见虎浮江往他境。尝宿南乡广严寺，闻虎咆哮，君衣冠夜起，祷之如前时，诘朝有樵入山，见虎伏地卧，集众逐之，乃死虎也。事传京师，翰林丞旨张公鬻为作赞。岁比旱，君行赤日，祷雁潭，见双雁飞舞导前，有云勃勃起潭所，雨乃旋作。后复祷十龟潭，有龟浮水出，其雨亦大至。①

这类灵验事迹，并不罕见于对地方官员的描写中，意义在于这些神奇，透过一位由儒从吏再任官者而呈现。儒家虽敬鬼神而远之，但是也讲气所感召，理之固然，元代号称"北方三俊"之一的张养浩（1270—1329）也是由儒从吏，②透过推荐任吏再出职。他担任县尹时，"人言官舍不利，居无免者，竟居之"；又"首毁淫祠三十余所"③。赴任西台御史中丞途中，"关中大旱，饥民相食……道经华山，祷雨于岳祠，泣拜不能起，天忽阴翳，一雨二日"。这与汪汝懋类似的儒吏形象，不仅通经、知吏事、懂世俗之法，更具备感物泽民之"术"。

元代的儒吏，无论是透过考选还是荐举，在地方阶层数量颇为庞大，其中南士即使荐举，大多必须先任吏，才得以出职为官，但南方士人在碑铭中，较少宣称自己曾经任吏，有时会用隐晦的笔法描述入仕过程，这或许与南士对于吏有更强的心理障碍有关。程鉅夫（1249—1318）曾经感叹："吏不儒，吾无责于吏也。儒而吏，吏幸也。苟俸禄、累日月、随群而入，逐队而趋。儒乎、儒乎，如斯而已乎！"④ 这是对吏职的固有印象，更忧虑由儒而吏对于"儒风"的削弱与"士气"的斩丧。

上举几例，或有见树不见林之虑，但透过不同的撰写者对于儒吏出身官员的描述，恰恰印证了儒吏论与致君泽民可用律观念的蔓延。对于儒吏兼具道、法的可能优点，在元代主流士人的价值观中，受到刻意强化与肯定，法治与德治相容相辅的作用不断被强调，反映元代居官先任吏的制度，并不完全与科举取士的精神对立，而律法也因此回归学术的概念。

浙东学派的代表人物、与修宋辽金史的袁桷（1266—1327），记载过

---

① 戴良：《故翰林待制汪君墓志铭》，李修生主编：《全元文》第53册，第528—529页。
② 刘元珠：《蒙元儒吏关系：延祐之开科与抑吏》，第434页。
③ 《元史》卷175《张养浩传》，第4090页。
④ 程鉅夫：《送朱萃序》，李修生主编：《全元文》第16册，第123—124页。

一位儒吏，是出身于金代彰德邢氏家族，名叫邢德玉。邢氏"风度皎峻，展君所行，整畅为儒吏"，"铨选格行"，出职为博州路录事，再迁潞州判官、阳翟县尹、藁城县尹。可能是根脚家族的庇荫，邢德玉似乎仅一任吏职，就出职相当于县尹的录事司正官。在潞州任官时，以破疑狱的能力著称。阳翟县尹任上，有民王氏，说是婢女窃其簪珥酒壶逃跑，但是一直无法抓到犯人，以致波及无辜，邢德玉从婢女平常的往来人际着手，发现真正的主谋是王氏之侄。又在藁城，无极县军队长匿戍卒锱二万五千缗，谎称遇盗，三年不能破案，以致县尉都因此受到惩处，牵连坐狱者三十余人，枢密院特别指派邢德玉问案，他视验军队长居处，发现完全没有盗迹，将干系人分开问话，比对证词出入，察觉疑点，后来在床下发现赃物而破案。① 德玉之子邢仁甫，也是儒吏出身，先任省掾，是比较好的起点，后为抚州尹，任内"兴学礼士，盗不敢入境"，治理广平亦以善理冤狱而有能名，郡民立去思碑以祝之。

兴学教化与善理冤狱，前者以德、后者以能，皆可泽民，邢德玉仕宦治迹卓著，"决疑狱"是他的代表作。但决疑狱其实本来就是一位地方官被期待的治民要术，甚至考核项目，并非元代的特色。只是以往在宋代，科举出身的官员认为"术"是治民的较低层次，以道德感化以致无讼的境界，才是最高理想，不过无讼毕竟是一种脱离现实的幻想，在元代居官先任吏的时空下，这些原本较低层次的治民术，在士人的论述中不只是一种臻于德化的装饰品，而是成为主角，可以独立存在的致治之道。书写者认同儒吏合一、德法兼用的优势，也依然肯定道德的最高性，但吏术在治理上的显著效果，不断被强调，显示制度的变迁迫使士人必须重新定位吏术的价值，而吏术中最重要的律法能力，也与德治平起平坐，这或许是治风中最明显的内在变化。②

由吏出身，曾任县级官员的王与（1261—1346），著有《无冤录》，与宋代《洗冤录》《平冤录》并称法医三录。据称是东瓯（今温州）人，生平资料很少，《全元文》只收录其一篇序文，生于宋末、卒于元后期，"少

---

① 袁桷：《邢氏先茔碑铭》，李修生主编：《全元文》第23册，第599页。以下除大段引文外，行文如出于碑铭，不再赘注。

② 刘子健：《宋人对胥吏管理的看法》，刘静贞译，《食货月刊复刊》1984年第14卷第2期，第135页。

有成人志度,劬学不辍,尤注意于律",历任浙江数县司吏、佐贰官,后曾任录事、县尹。① 王与将自己的书斋称为"儒志山舍",显然以学儒为志,但由吏入官。他是一位致君泽民可用律,以及将治民之术具体化到以"专业技术"呈现的人物,曾写道:

> 汉张释之为廷尉,天下无冤民;于定国为廷尉,民自以不冤。盖狱重事也,治狱固难,断狱尤难。然狱之关于人命者,唯检尸为至难。毫厘之差,生死攸系,苟定验不明,虽治狱断狱者,亦未如之何也已。②

这是王与为《无冤录》所写之序,书名显示的是官员期待的天下"无冤"境界,但他把达到这种境界的方法,具体归结为断狱的能力,而断狱能力又奠基于检尸学,这种纯技术导向的论述,可谓开创。

元代的人命官司并不能由县级官府决断,县官吏的职责在于上报证据与相关案由,但第一线人员提供的资料,对于最终如何断狱具有关键影响。王与认为儒家的"无刑之期"必须从重视尸检学这样的基础出发,但这种"专业"在传统儒学内部来说,并非高等学问,甚至只是一种低层的"术"。研究司法检验的学者认为王与的《无冤录》虽以《洗冤录》为蓝本,但其辑录了元代前、中期的官吏章程、条格,并对《洗冤录》《平冤录》进行驳正与补充,完善了法医学的体系与理论。③ 事实上,此书不仅是法医书,也是法律书。除了检尸技术,王与也特别提到尸检工具专业性的重要,他批评有时检尸者随便用了营造尺,验毒银器的含银量也不精确。④ 王与具备的特殊技术知识,同时又抱持儒家"无冤"理想的期待,体现的是世人所赞扬的儒吏范本。

像王与这样的人,如何习得这些知识?有可能是家学,就像王恽家族宣称以律学传家,但《无冤录》这样的文本,在元代也具有市场性。岁贡儒吏的考试"程序"中,除了撰写问案的"府司勘责到逐人文状"规则;侦查贼盗案的"收竖事件"之外,"抄白追会事件"所考内容,就是命案

---

① 阎晓君:《出土文献与古代司法检验史研究》,文物出版社2005年版,第187页。
② 王与:《无冤录序》,李修生主编:《全元文》第35册,第226页。
③ 阎晓君:《出土文献与古代司法检验史研究》,第189页。
④ 同上书,第191—192页。

的相关搜证与审理流程，包含验尸、验伤、验病、验物、验踪等。① 每一门程序，都牵涉到一门专业的吏术，读书人如要从儒吏入仕，就必须接触甚至熟习这些吏学，在过程中必然能感受到"吏术"亦为"学"的道理，这也是儒吏论发酵、流传的社会基础，儒吏合一的潜在影响也在于此。

五 余论

本文分析儒吏考选制度的历史意义，从儒吏论到儒吏官员在致君泽民可用律的实践，呈现元代对于吏学与儒学内涵的认知波动。识律、善决狱并非只出现在元代儒吏身上，历代地方官都被期许具备处理狱讼的能力，但是像包青天那样流传于民间的形象，出现于明、清之后，包青天的特质不仅是断案神准，甚至具有某种超越常人的能力，有时还日审阳、夜断阴，同时他又具有仁道关怀，与上述的元代儒吏地方官有种似曾相识之感。

宋代州县官亦有狱空之理想，元人提到狱空，也说"化行俗美，无讼而狱空者，上也"，但也说"有司廉明，随事裁决而狱空者，次也"，"苟不得其上，得其次，斯亦可矣"，② 更具有入世与务实弹性。谈到兴讼，也说"虽五帝三王之世，不能无讼，人有不平，形之于讼，情也然"，言下之意，无讼是一种不可能达到的境界，所以得其次才是可求的，相较之下，元代读书人打破理想，追求实际的风气更为明显。

认同儒吏正面性者，不断强调官、吏本一，儒、法兼具是一种历史传统，法与德皆可致治，这种论述变化对元代之后有无影响呢？宋濂（1310—1381）曾在明初京畿乡试的策问中，以"儒、吏"为题：

> 问儒、吏之分，古无有也。盖儒守道艺，吏习法律，法律固不出乎道艺之外也，奈何后世歧而二之？……然而儒之与吏，各以才显者亦众矣。以儒言之，有以明经为郎，出守河南，而民以殷富者；有以明经入仕，刺举无所避，而加光禄大夫者。以吏言之，有以治狱才高，而举为侍御史者；有以治律令，而升封为博阳侯者，其果何修而

---

① 《元典章》吏部卷6《儒吏·儒吏考试程式》，第436—461页。
② 苏天爵：《国朝文类》卷42《杂著·诉讼篇》，第8页下。

致此欤？岂皆以儒术缘饰吏事者欤？……诚使儒而不迂，吏而不奸，皆良材也，不知何以择而用之欤？方今圣天子提三尺剑，平定天下，如汉高帝发政施仁，孜孜图治过唐太宗……其所以然者，欲使儒术革吏弊，而臻夫太平之治也。……诸君子读往圣之书，负真儒之学，生平立志，耻与俗吏为伍，其必讲之有素矣。①

透过提问，宋濂以明代的考官身份，发表了自己的儒吏评论，此时元已退出中国历史舞台，但他的看法与元代的儒吏论者，并无二致，他以朱元璋比拟刘邦，上溯汉代的体制，不采唐、宋。儒、吏、道、法、明经、律令的对比，和陆、程有类似的逻辑。宋濂的师承来自元代吴莱、柳贯、黄溍等人，他的儒吏论是对于元代儒士吏观的传承。袁桷有诗云：

三章结汉网，清净歌元元，后世益以密，奸慆日云繁。治法如理丝，众梦政多端，一丝不得直，万绪何由完，虚心纳众口，至理藏片言，永念死者哀，更推生者宽，汴州古循吏，三狱成平反，天道讵幽远，于公有高门。②

此诗对于周子明用律以致君泽民高度赞扬，至理藏于片言，正指出法亦为道。法治与善政无论在何朝何代，都不对立，而法治也并非在元代的治民要术中凌驾德治，更明确地说，元代以前，对于如何趋于善政，是将德治作为一种必经要道，许多其他技术能力都是为德治而备用，或者是达到德治的辅助。元代士人面对居官先任吏的制度变迁，习儒兼学吏，吏术与儒学成为并行不悖的教育内容，吏事的相关技术被赋予更高的层次与学术价值，致君泽民的路不再单一，吏事亦为道也取得较多肯定。

（作者为四川大学历史文化学院副研究员）

---

① 宋濂著，罗月霞主编：《宋濂全集》第1册，浙江古籍出版社1999年版，第544页。
② 袁桷：《清容居士集》卷3《题汴梁推官周子明三狱诗卷》，第18页下。

元代庆元的士人社会与科举

[日] 樱井智美

前　言

元代"由于很少举行科举考试，因而那些精通儒学经典的士大夫们在政界活跃的机会也变少了"，这是日本高等中学"世界史教科书"中具有代表性的表述。① 事实的确如此，元代科举考试总共举行了16次、进士及第者也只有1167人。② 并且，在决定实施科举的1313年（皇庆二年）及在初次举行科举廷试的1315年（延祐二年）以前，即在蒙古统治下的华北地区自金灭亡后的八十年以来，在江南自南宋政权崩溃后四十年以来，蒙古政府均未举行过科举考试。

这期间，政治、行政上必需的人才，是通过登用前朝官吏、由地方名望推举等多种途径来确保的。对此学界已有一些研究。③ 但是，应该怎样看待如此多样的官僚任用办法，并未进行充分的研究。在废除科举之后一百周年的2005年前后，关于历代科举及科举所产生的社会效果的研究明显增加。中国在成立了"科举文化专业委员会"以后，自2005年开始每年

---

① 《详说世界史》，东京山川出版社2013年版，第167页。
② 《元史》卷81《选举志一·科目》，中华书局1976年版；卷92《百官志八·选举附录·科目》所载的登第者数目。
③ 张帆：《元代翰林国史院与汉族儒士》，《北京大学学报》（哲学社会科学版）1988年第5期。此文详细分析了翰林院作为推举机关所具有的功能和作用。[日] 植松正：《元代江南の地方官任用について》，《法制史研究》39，1989年3月（同《元代江南政治社会史の研究》，汲古书院，1997年6月，第222—270页所收）。此文说明了南宋的官僚除一部分外，也被蒙古政权任用。[日] 宫纪子：《程复心〈四书章图〉出版始末考：江南文人の保举》，《内陆アジア言语の研究》16，2001年9月（同《モンゴル时代の出版文化》，名古屋大学出版会，2006年1月，第326—379页所收）。文中考察了江南文人必须经过的具体的保举程序。

召开一次"科举制与科举学"研讨会,科举研究得到了支持。元代科举部分,对于科举合格者的分析比较多,不仅有植松氏的研究,而且桂栖鹏《元代进士研究》一书对合格者之后的情况也进行了研究。近年,萧启庆《元代进士辑考》和沈仁国《元朝进士集证》的相继出版,集齐了科举合格者的资料。① 然而对于在科举影响之下的元代士人们的生存方式、思想倾向等,仍有研究的余地。②

笔者从 2005 年到 2009 年进行的共同研究是有关宁波(元代的庆元路)的科举问题。③ 即考察元代庆元的士人们如何应对科举?如何处理任用和科举的关系?为解决上述问题,笔者从庆元士人中列举数位,对他们的经历、他们对科举的记述和态度进行考察,以揭示此地区的特征。④ 通过研究我们发现元代庆元地区所承担的经济、地理方面的作用影响着庆元士人对科举的态度。本文以元朝初期到中期的庆元士人和科举合格者为中心进行探讨。⑤

---

① 桂栖鹏:《元代进士研究》,兰州大学出版社 2001 年版,总 229 页;萧启庆:《元代进士辑考》,台湾"中央"研究院 2012 年版,总 614 页;沈仁国:《元朝进士集证》(上下册),中华书局 2016 年版,总 769 页。

② 其他有关宋、金、元科举研究的专著有 Hilde De Weerdt, *Competition over Content : Negotiating Standards for the Civil Service Examinations in Imperial China* (1127—1279), Cambridge, MA: Harvard University Asia Center, 2007.11,总 508 页;萧启庆:《元代的族群文化与科举》,联经出版有限公司 2008 年版,总 444 页;[日]饭山知保:《金元时代的华北社会与科举制度:もう一つの〈士人层〉》,早稻田大学出版部,2011 年 3 月;余来明:《元代科举与文学》,武汉大学出版社 2013 年版等;武玉环、高福顺、都兴智、吴志坚著:《中国科举制度通史·辽金元卷》,上海人民出版社 2015 年版。并且,从科举答案来探讨参加试验士人的知识和思考方式的论著有[日]宫纪子:《〈对策〉の对策:科举と出版》,[日]木田章义编:《古典学の现在 V》,特定领域研究《古典学の再构筑》总括班,2003 年 1 月 (《モンゴル时代の出版文化》第 380—484 页所收);申万里:《元代士人的政治关怀与时务对策:以〈三场文选对策·壬集〉为中心的考察》,《隋唐辽宋金元史论丛》第 7 辑,2017 年 5 月,第 231—271 页;等等。

③ 此为文部科学省科学研究费补助金特定领域研究"东亚海域交流与日本传统文化的形成——以宁波为焦点的学际的创生"的成果之一。

④ 对于元代庆元地区的研究已相当丰富,但是主要是从各个侧面的研究,未见到如上所述的全面考察的研究。李家豪:《没落或再生:论元代四明地区的士人与家族》,台湾大学历史学研究所硕士学位论文,1998 年,总 156 页。此文虽然是硕士学位论文,但对元代庆元士人的生活、思想方式进行了多角度的考察,论述得较好。但这篇论文并未关注元代各时期的变化。其他的相关研究成果,笔者将在后文中相关的地方列举。

⑤ 本文为 2008 年 7 月在兰州召开"庆贺蔡美彪教授八十诞辰'元代民族与文化'国际学术研讨会"及 2009 年 8 月在北海道召开"第五届'科举制与科举学'研究会"上报告的"元代庆元的士人社会与科举"的内容,并根据 2017 年学界状况做了若干增正。

一 庆元路的科举合格者

笔者在前稿对元代科举的研究中,对庆元地区的五名登第者和十四名乡试合格者即举人(总人数,包含登第者)制作了一览表①。后来根据萧启庆的著作,加入了三名举人②,下面是重新制作的一览表。

表1 进士·举人一览

乡试年	举人名	会试·殿试年	进士名	籍贯
延祐四年·1317·丁巳	塔海	延祐五年·1318	塔海	哈剌鲁
延祐七年·1320·庚申	捏古伯			哈剌鲁
同上	翁传心			慈溪
同上	铁间	至治元年·1321	铁间	哈剌鲁
至治三年·1323·癸亥	薛观			鄞县
同上	捏古伯	泰定元年·1324	捏古伯	—
同上	史駉孙	同上	史駉孙	鄞县
同上	程端学	同上	程端学	鄞县
泰定三年·1326·丙寅	翁传心			—
至顺三年·1332·壬申	莫伦赤			哈剌鲁
同上	刘希贤			鄞县
元统三年·1335·乙亥	莫伦赤	未实施		—
(至元元年) 同上	陈敬文	同上		慈溪
至正四年·1344·甲申	刘希贤			—
至正七年·1347·丁亥	蒋景武			象山
至正二十二年·1262·壬寅	朱舜民			庆元
年次不详(元末)	桂德称			慈溪

表1中,南人应试者中左榜进士只有史駉孙和程端学二人,举人有七

---

① [日]樱井智美:《元代カルルクの仕官と科举》,《明大アジア史论集》13,2009年3月,第173—176页。
② 萧启庆:《元代进士辑考》,第412页。

人。此外，所有的右榜合格者均为哈剌鲁人。本章首先对哈剌鲁之外的九人做一详细说明，对举人，则将结合其参加科举考试的背景一并进行探讨。

首先，最早的是史駧孙（？—1326），字东父。① 泰定元年（1324）第四次科举考试中，张益榜登第。与大多数江南进士所授的初仕官一样，他也被授予承事郎（正七品下）、国子助教（正八品）。但是，史駧孙在任期间就去世了。② 据《新刊类编历举三场文选》③ 戊集卷四和庚集卷四，他在应试"经义"科目时选择了《礼记》，取得了浙江乡试第九名、会试第十一名的好成绩。他还是南宋时代三代辈出宰相的著名的四明史氏的后裔。其曾祖为史弥远之宗弟、嘉定十年（1217）的进士史弥巩，祖父是南宋出自太学上舍生的宝祐元年（1253）进士史有之，父亲为史莘卿。④

另外一位登第者程端学（1278—1334），字时叔，与史駧孙同为鄞县人，且同是泰定元年张益榜合格者。他还取得了会试第二名的好成绩，这在《三场文选》甲集卷四中有记载。其成绩本来最高，之所以被排在第二名，只因南人没有获得第一名的先例。⑤ 初仕官原为台州路仙居县丞（正八品），尚未赴任便被转为将仕郎、国子助教，成为史駧孙的同僚。将仕郎为正八品下，低于史駧孙的正七品下。由此可知，会试的成绩对于配属地并不那么重要。程端学墓志的作者欧阳玄自升迁国子博士以来，与之交流甚密。之后，作为国子监人员之间争执的结果，未待考便被转为翰林国史院编修官。他在翰林院时，得到翰林学士虞集的知遇。之后，大概在文宗后期的动荡中，以担任经历为由前往江西行省瑞州路赴任，在任期间去

---

① 王元恭修，王厚孙、徐亮纂：《至正四明续志》卷2《人物》（《宋元地方志丛书》第9册，中国地志研究会，1978年）；程端礼：《四明鹿鸣宴序》，《畏斋集》卷4，景印文渊阁四库全书本。
② 袁桷：《祭史（车）[东]父助教》，《清容居士集》卷43（四部丛刊初编本）："维昔外家过于侈盛，乾坤转旋，咸谓其将不竞矣。文治聿兴，阖郡不豫者几三举。桷以谫薄考校辄与。而私以计则曰我外家谱谍若是，计偕之来，抑疑且自惧也。"
③ 刘仁初编：《新刊类编历举三场文选》，静嘉堂文库所藏本。（以下称作《三场文选》）。
④ 史晋等：《萧山史氏宗谱》卷5，东京大学东洋文化研究所所藏1918年续修本。
⑤ 欧阳玄：《积斋程君（端学）墓志铭》，程敏政《新安文献志》卷71《行实（儒硕）》（景印文渊阁四库全书本）："会试经义、策冠场，试官为惊叹，白于宰相曰：'此卷非三十年学问不能成，使举子得挟书入场屋寸晷之下，未必能作，请置通榜第一。'后格于旧制，以冠南士置第二名。"以下，程端学的经历主要根据欧阳玄所撰的墓志铭以及《至正四明续志》卷2《人物》，程端礼《四明鹿鸣宴序》。

世。著述有《春秋本义》三十卷、《春秋或问》十卷、《三传辨疑》二十卷，以研究《春秋》而闻名。其兄程端礼著有《程氏家塾读书分年日程》，两人同在《元史·儒学传》有传。①

与史驷孙、程端学大致同时通过乡试者有翁传心和薛观二人。翁传心（？—1340后）拥有两度参加乡试才得以合格的经历。初次合格是延祐七年（1320）的第三次乡试，虽未就官，但与泰定二年（1325）当地慈溪县的事业有很大关系。② 第二次乡试合格是在泰定三年，据《三场文选》戊集卷五，他选择了"礼记义"，取得了第九名的成绩，但未通过会试。之后的后至元六年（1340），在为慈溪县医学铸造祭器建成讲堂之际，为其撰写碑记。③ 从"邑人翁传心"来看，他当时大概并无官职。我们对其连续参加科举考试的背景全然不明，不过，从其一度落第却仍继续应考来看，他还是抱有强烈的通过科举考试的愿望的。

另一位是薛观（1265—1340），字处敬或景询，与史驷孙、程端学同在至治三年（1323）通过乡试。虽未进士登第，以恩荫被授予平江路常熟州学教授，之后历任杭州路学教授、湖南常德路沅江县主簿，最后以镇江路丹阳县县尹致仕。④ 据墓志记载，其家以五世同居而被称为义门，而实际上自他起三代之前并无实任官职者。他自身也并不以当官为目标，生活常受人接济，至治三年考试之际，据说是迫于有司的压力才前去应试。⑤ 翌泰定元年（1324）落第后，他即时地作出就任州学官的决定。他与坚决以进士登第为目标的翁传心不同，除了受有司关照及与袁桷有交往⑥之外，估计他对科举考试的看法也与之不同。

---

① 《元史》卷190《儒学传二·韩性传附程端礼、程端学传》，第4343页。
② 袁桷：《慈溪县兴造记》，马泽修，袁桷纂：《延祐四明志》卷8（《宋元地方志丛书》第9册）："于是，命进士翁传心为图，俾桷为之记。"这里所称进士，很明显只是虚辞而已。这大概是李卫等修，傅王露等纂《浙江通志》卷129《选举七》（乾隆元年刊本）中也记作进士的原因。
③ 《至正四明溪续志》卷8《学校·慈溪县医学》。
④ 黄溍：《丹阳县尹致仕薛君墓志铭》，《金华黄先生文集》卷37，四部丛刊初编本；《至正四明续志》卷2《人物》。
⑤ 《丹阳县尹致仕薛君墓志铭》："雅无意于仕进。自国家着取士令且十年，足不践场屋。至治癸亥，有司迫使就试，遂名贤书。同里上春官者三人，其两人并以进士教国子，而君以特科分教平江之常熟，闾巷之人莫不以为荣。"
⑥ 袁桷：《送薛景询教授常熟序》，《清容居士集》卷23。

乡试合格者还有五个人。刘希贤，字仲愚。他与翁传心一样，参加过两次乡试才得以合格。大约在第二次落第后，到天门书院就任山长，① 后转会稽县学教谕，最高至江浙儒学副提举。我们还知道他曾与程端礼交友，② 但是遗憾的是，关于他参加科举考试的详细情况无从了解。陈敬文在元统三年（后至元元年，1335）通过乡试，第二年因权臣伯颜的建议而未实施会试和殿试，因此他的科举之路便中断了。至正元年（1341）恢复科举时，元统三年乡试合格者并没有得到免考乡试的优待。可见他的命运十分不幸。关于他的详细情况也不得而知。

萧启庆列出的三个人，即蒋景武、朱舜民、桂德称，《澹游集》中记载他们"由进士出身"，③ 但是在其他的史料中只记录他们为举人。蒋景武在丁亥（1347）乡试中考试合格，但是并没有通过会试。④ 朱舜民也只能在举人中看到他的名字。⑤ 对于桂德称，虽然关于他有比较详细的传记存在，但基本上记录的是洪武以后的事情，他在元代的详细情况尚不明确。⑥

本章所讨论的乡试合格者中，七个人有七种不同的经历。由于相关资料不多，很难找出他们对于科举的共同态度。下一章结合元初庆元路的政治、社会情况，将探讨保留资料相对较多的进士及第的史駰孙和程端学的登第背景。

---

① 陶安：《送天门刘山长序》，《陶学士先生文集》卷13（《北京图书馆古籍珍本丛刊》第99册，书目文献出版社1988年版）："至顺壬申秋，与贡江浙行省，后十有二年，为至正甲申，再与贡，然皆弗合于春官。当其得儁千万人间，而文艺恒有余，岂于三四拔一之顷，反有所不足耶。故朝议知下第之士坐以额沮，虑其遗才，悉授学官。"

② 程端礼：《送郭芥庵归永嘉序》，《畏斋集》卷4："余友刘仲愚买山葬其亲，甲可乙否，久不得葬。君与之定穴，众咸服。"

③ 见心来复辑《澹游集》（内阁文库藏五山版）卷上："蒋景武，字伯威，象山人，由进士出身，今除江浙提学"；"桂德称，字彦良、四明之慈溪人，由进士出身，除吴江州儒学教授"；"朱舜民，字时中，四明人，由进士出身"。参看井手诚之辅《见心来复编编〈澹游集〉编目一览（附，见心来复略年谱）》，《美术研究》373号，2000年3月，第49—71页。

④ 郑真：《遂初老人传》，《荥阳外史集》（文渊阁《四库全书》本）卷46："蒋景武中乡选，送宴津遣"；陶安：《与蒋伯威书》，《陶学士先生文集》卷20："余姚判官傅仲常在兄为丁亥同牓、在仆为戊子同贡"；乃贤：《送蒋伯威下第归象山》，《金台集》（元人十种诗本）卷1。

⑤ 陶宗仪：《非程文》，《南村辍耕录》卷28，中华书局1959年版。

⑥ 萧启庆虽将他记为至正二十三年乡贡进士，但根据不太充分。

二 元初的庆元与宋代科举的记忆

从南宋最后的科举考试开始，至史駉孙和程端学获得进士及第的泰定元年（1324）为止，已经过了五十年的岁月。按世代来讲，可以说已经是第三代了。关于他们应试科举并取得合格的背景，我想参照落第举人的经历，以元初以来庆元士人社会的存在方式为中心进行探讨。值得注意的是，如下一章将要讲到的那样，元代从至元年间开始，推举已经制度化。因此，不参加科举考试，并不代表仕途无望。这一点应值得注意。

史駉孙是南宋时代进士、举人辈出的史氏家族中的一员。① 其父莘卿本人是处于从南宋向元代过渡这一代人中的一员，有关他的历史记录几乎没有。不过，好在他这一代的宗族还保有一定势力。从与政治的关联角度也可看出这一点，同辈的史俊卿、史蒙卿（详见后）都是宋代的进士及第，其他还能散见在宋代任官的史家人物。但是，到了史駉孙这一代，不但见不到有关他个人的著作，宗族势力以及连带关系都已经衰弱了。② 此外，史氏能在南宋维持其政治上的重要地位，是其对恩荫制度有效利用的结果，连接宗族的纽带，也仅仅只能靠宗族内的养子制度或者约定成俗的同辈命名法则。史氏一族并没有共同财产或义田，祭祀制度也似乎不多么严格。与科举直接相关的教育方面也不存在共同运营的学校等。③

宋元交替间，由维持宗族势力重要途径的恩荫制度进入仕途的方法也被断绝了。以史氏为例，从年龄角度推测，史莘卿这一代在元代进入仕途并不足为奇，但是，限于管见，只有两个类似的例子（史玠卿、史理卿兄

---

① 关于宋代的史氏，参照：Davis L. Richard， "Political Success and the Growth of Descent Groups: The Shih of Ming-chou during the Sung"，in P. B. Ebrey and J. L. Watson (ed.) *Kinship Organization in Late Imperial China 1000 – 1940*，University of California Press，1986，pp. 62 – 94；黄宽重：《南宋两浙路社会流动的考察》，《兴大历史学报》创刊号，1991 年 2 月，第 59—74 页（同《宋史丛论》，新文丰出版公司 1993 年版所收）。

② 李家豪：《没落或再生：论元代四明地区的士人与家族》，第 33—38 页。

③ Davis L. Richard， "Political Success and the Growth of Descent Groups: The Shih of Ming-chou during the Sung"，pp. 80 – 93.

弟)。① 在尚未实行科举的时期内，特别是至元年间，除了由宋代地方官直接平稳过渡，江南士人出仕的例子并不多，这用于庆元地区，也完全合适。这一时期，正如从史氏的例子所看到的那样，可以说是宋代的宗族结合的崩溃时期，不过，至元年间士人出仕少的原因，除此以外，还有其他方面的原因。四明的学问、思想方面的风气大概应该考虑到。② 但是，这里应该留意的是，至元年间庆元处于怎样的政治、社会状态。

至元十三年（1276）南宋临安陷落后的庆元地区，成为包括亡命政权在内的南宋残存势力的居留地，同时也成为反乱军的攻击地。③ 至元十四年（1277），正式的庆元路总管府成立以后，仍有各种各样的元军驻屯，长期处于官制尚未整备的状态。④ 在这种状态下的庆元地区，除了宋代地方官得以平稳过渡外，探索其他具体的出仕途径是相当困难的。"入元不仕"的背景，最重要的首先还是社会的混乱不安及统治体制的尚未完备。

这种状况得以改变，是到了至元二十年代江南的统治进入正常轨道以后。这段时期，人们得以在庆元和杭州之间安全地来往，⑤ 最早出仕的江南士人的例子，便是赵孟頫（1254—1322）等人到中央任官。另外，这一

---

① 《萧山史氏宗谱》卷5。
② 黄宗羲原本，全祖望修订，王梓材等校并撰附录《宋元学案》卷85《深宁学案》（世界书局排印本，1966年）。
③ 《元史》卷122《虎都铁木禄传》（第3003页）："既取宋，遣视宋故宫室，护帑藏。谕下明、越等州。"同卷132《哈剌䚟传》（第3216页）："（至元十三年）七月，宋昌国州、朐山、秀山戍兵舟师千余艘，攻夺定海港口，哈剌䚟迎击，虏其裨将并海船三艘。八月，宋兵复攻定海港口……"同卷131《怀都传》（第3196页）："十四年，授镇国上将军、浙东宣慰使，讨台、庆叛者。"
④ 《延祐四明志》卷1《沿革考》："皇元混一，改府为路，罢制置使，立浙东宣慰使司于绍兴，后徙处，复徙婺。至元十六年，以正使赵孟传、副使刘良分治于庆元，寻并于婺。"同卷2《职官考上》元·庆元路总管府；《元史》卷99《兵志二·镇戍》；同卷132《哈剌䚟传》；毛阳光：《元代宁波的历史文化》，中国文联出版社2008年版，第1—15页。
⑤ 戴表元：《松雪斋集序》，赵孟頫：《松雪斋文集》附录（四部丛刊初编本）："吴兴赵子昂与余交十五年，凡五见，每见必以诗文相振激。（中略）大德戊（二年，1298）仲春既望剡源戴表元叙。"他们的相会地点在杭州；戴表元：《杨氏池堂燕集诗序》，《剡源戴先生文集》卷10，四部丛刊初编本。

时期政府对于江南地方儒学的态度也渐渐明朗起来。① 至元十七年（1280）在庆元路的路学以下的地方学校，还设置了儒学提举（提举儒学官），十九年（1282），从浙东儒学提举田希亮在庆元路学、鄞县学和昌国州学中分别增设两座讲堂开始，正式的设备和人员也开始配备，② 此前大概在学校内并未进行什么教学活动。此后，从二十八年（1291）到二十九年，浙东道肃政廉访使陈祥下令整备庆元路学和鄞县学，另外，由于奉化县县尹丁济的努力，县学也得以整备。③ 这一系列的动作，作为学术活动进行的后续，对宁波士人社会产生了一定的影响。至此，从某种意义上来说，除著述或教授徒弟外无法施展才华的在野士人们，以鄞县出身的王应麟（1223—1296）、陈著（1214—1297）为首，通过为学校等公共建筑设施题写碑记的方式，从一个侧面开始与元朝政治发生关系。

据森田对庆元地域社会及士人们的著述活动的分析，④ 至元到大德年间，为庆元路的公共建筑撰写碑记的人物，除了王应麟和陈著外，还有奉化县出身的戴表元（1244—1310）和任士林（1253—1309）。四人中除任士林之外都是南宋的进士，根据他们的官历和著述，可知他们都曾在明州地区有很高的名望。在地域社会中所存在的名声和地位，当然可以持续存在而与王朝交替无关。无论他们的爱好或希望为何，就参与元朝政治的背景来看，他们都在庆元地区存在着很高的名望。其中，与王应麟、陈著未在元朝任职不同，戴表元在大德六年被任命为信州路学教授，⑤ 任士林也

---

① 至元二十四年（1287）闰二月，与国子监整备同步进行的，还有江南十一道儒学提举司的整备工作。同年，从集贤院和翰林院中独立出来。第二年十月、十一月间，颁布了免除儒学者的差役及保护儒学的诏令。参见［日］森田宪司《至元三十一年崇奉儒学圣旨碑：石刻、〈庙学典礼〉、〈元典章〉》，［日］梅原郁编《中国中世の法制と社会》，京都大学人文科学研究所，1993年3月（森田《元代知识人と地域社会》，东京汲古书院2004年版，第100—135页所收），第108—133页；［日］樱井智美《元代集贤院の设立》，《史林》83—3，2000年5月，第115—143页；《元代の儒学提举司：江浙儒学提举を中心に》，《东洋史研究》61—3，2002年12月，第55—84页。

② 《延祐四明志》卷13《学校考》；冯福京等撰：《大德昌国州图志》卷2《叙州·学校》（《宋元地方志丛书》第9册）："至元十七年各道设提学司，实正五品官，遂借拟教授董学事。"

③ 《延祐四明志》卷13《学校考》；申万里：《元代教育研究》，武汉大学出版社2007年版，第562—568页。

④ ［日］森田宪司：《碑记の撰述から见た宋元交替期の庆元における士大夫》，《奈良史学》17，1999年12月（同《元代知识人と地域社会》，第213—232页所收）。

⑤ 袁桷：《戴先生墓志铭》，《清容居士集》卷28；孙善福：《戴剡源先生表元年谱》，台湾商务印书馆1968年版，总150页。

在大德年间成为绍兴路上虞县学的教谕。① 下一章将谈到袁桷（1267—1327）的出仕，也在大德初年。可见，大德年间是华北出身者活跃于中央政界的时期，也是江南士人的起步时期。

再回到史駉孙。史駉孙于泰定元年（1324）通过考试，这一年距离决定开始科举考试的皇庆二年（1313）已经过了十年多的时间。延祐二年（1315）实际开始科举后，是否出同样的考试问题即所谓元朝科举的倾向性，也渐已明确。但是，从常识角度，不能认为他和翁传心等人在科举实施后才开始学习，他们应该早已习得相当多的学问。此外，史駉孙坚持参加科举考试并一定要取得合格的背景，可以说是其家族势力衰弱的表现。从中不难看出，南宋以来的史氏宗族内部所酝酿的想要进入官界的志向，以及因此而表现出的对科举考试的积极态度。从有关史駉孙的为数不多的直接性资料中，便能看出这一点。他死之后，已经活跃于中央政界的袁桷为他写了祭文，② 由此也可想象其生前的交友圈，说不定他正是通过袁桷而得到中央官界的情报。

程端学通过科举的背景与史駉孙有同有异。他的曾祖父、祖父都是宋代平江路的地方官，至其父程立，初次成为乡贡进士，不过，在宋元都未曾任官。与史駉孙不同，他并非出自高级官僚之家，而是出生于极普通的士人家庭。但是，到了程端学这一代，他与其兄程端礼（1271—1345）同时一跃而起，闻名全国。这当然与他本人进士及第有关，不过，其兄程端礼和他的著作《程氏家塾读书分年日程》③ 起到了很大的作用。这本书的现行本是元统三年（1335）的版本，不过，其自序中明确写道，初版在延祐二年就已完成，因而可以上溯至科举开始之时。④ 此后，这部书成为政

---

① 赵孟𫖯：《任叔实墓志铭》，《松雪斋文集》卷8。
② 袁桷：《祭史（车）[东]父助教》。
③ 程端礼：《程氏家塾读书分年日程》，四部丛刊续编本。（以下简称《分年日程》）
④ 程端礼：《送冯彦思序》，《畏斋集》卷4："皇庆间，教池之建德学，诸生洪允文、汪务能辈从学者四十余人（中略）。越二年，改元延祐，而设科取士之制行，喜与余之所教明经作义之法大略相同。盖科举取贡举私议、汉左雄明经守家法之说。某经主某说，兼用古注疏，作义不拘律格，条举所主所用之说，发明其于经旨之得失而论继之也。将代余首遵科制，参朱子读书法，以其先后本末节目，分之以年，程之以日，悉著于编，以为学校教法，藏于六经阁"。[日]牧野修二：《元代の儒学教育》，《东洋史研究》37-4，1979年3月，第65—73页；[日]铃木弘一郎：《〈程氏家塾读书分年日程〉をめぐって》，《中国哲学研究》15，2000年9月，第106—114页；[日]宫纪子：《〈对策〉の对策：科举と出版》，《モンゴル时代の出版文化》，第381—382页。

府大力推奖的教程，而在国子监乃至全国的学校得到普及，① 估计很多应试者都是赖此以获得科举考试的对策。程端礼在戴表元之前，于大德四年（1300）前后开始担任广德路建平县学的教谕，之后历任江浙省治之下的地方学或书院。《分年日程》体现了他作为教师的实力，这一点被朝廷和江南士人所认可。国子监将《分年日程》向全国学校的推广，距离程端学科举登第的泰定元年并不遥远，从这一点来说，他本人在准备科举考试的并不长的学习过程中，肯定也参考了本书。②《分年日程》本来并不是以科举合格为目标而编纂的学习辅导书，但是，朝廷为了培养有益于国家的人才，将这本书定位为优秀著作，这样一来，其作为科举对策书的地位也越来越强。而且，士人们重视此书的背景中，与来自朝廷的推奖同样存在的是，实际上，这一教程与科举考试直接相关，亦即它是通过科举考试实质性的"保证"。程端学得以进士及第，这很可能就是背后的一个保证。③

再次回过头来看看史駉孙和程端学的共同性之所在。程端学和其兄程端礼幼年时期，共同师从于史氏家族的一个人，他就是南宋的进士史蒙卿。史蒙卿处于陆学兴盛的明州、庆元，以与黄震（1213—1280）共同信奉朱子学而闻名。④ 可以说程端礼所提倡的教学及学习方法深受史蒙卿的影响，程端学的学问根源也来自于此。另外，史蒙卿之父史宲之，是史駉孙的祖父史有之之兄，从史駉孙的角度来看，其曾祖父一代当为近亲。由此推之可以想见，史駉孙的学问与程端礼、程端学兄弟的学问不会相差太

---

① 黄溍：《将仕佐郎台州路儒学教授致仕程先生墓志铭》，《金华黄先生文集》卷33："先生所著有进学规程若干卷，国子监以颁于郡县学，使以为学法。"黄溍：《畏斋程先生（端礼）墓志铭》，《新安文献志》卷71，《行实（儒硕）》："读书日程"，"中书复以闻而申敕之，使遵行焉"。欧阳玄：《积斋程君墓志铭》；《元史·程端礼传》（第4343页）中也有同样内容的记事。参照［日］铃木弘一郎《〈程氏家塾读书分年日程〉をめぐって》，第114—118页。

② 欧阳玄《积斋程君墓志铭》："君早岁不屑为举子业，朋友力劝之就试，及再战再捷，素习者不能过之。"由此可看出，准备科举考试的时间很短。

③ 他在《春秋本纪》中主张了标点和发音必须根据《经典释文》与《分年日程》。参见［日］宫纪子《〈对策〉的对策：科举と出版》，《モンゴル时代の出版文化》，第382页。

④ 欧阳玄：《积斋程君墓志铭》；《将仕佐郎台州路儒学教授致仕程先生墓志铭》；《元史·程端礼传》。关于黄震，请参看［日］近藤一成《南宋地域社会の科举と儒学：明州庆元府の场合》，［日］土田健次郎编《近世儒学研究の方法と课题》，东京汲古书院，2006年2月（近藤：《宋代中国科举社会の研究》，东京汲古书院，2009年3月，第171—190页所收）第179—189页，关于庆元的陆学和朱子学，参照［日］市来津由彦《南宋朱陆论再考：浙东陆门袁燮を中心として》，宋代史研究会《宋代の知识人：思想、制度、地域社会》，东京汲古书院，1993年1月（同《朱熹门人集团形成の研究》，创文社，2002年2月，第326—353页所收）。

远。这是两人同时通过科举考试的更有说服力的证据。

史嗣孙和程端礼、程端学三人中，其子孙也非常活跃的人只有程端学一人。据说，他最初娶宋代的参知政事余珍的曾孙女，后又娶宋代进士周应龙之孙为妻，但是，余珍和周应龙的详细情况并不了解，在这一点上，科举登第以前的程氏家族的势力并非如此。据《积斋程君墓志铭》，程端学共有子四人：

> 子男四人，复，以荫数调为江浙行省理问所知事。次徐，由翰林从事发身太史院校书郎，迁奉礼郎，选为中书东曹掾，从太师丞相军，徐擢礼部主事，改刑部、户部主事，升中书检校官，拜监察御史，升本台都事，以才谞称于时。次赟，国子生，能文章，胄馆有声，蚤世。次卫林州书院山长。女一，适同里乐旭孙。男四人，孚，国学生，式，鄞县教谕，谦，诚。曾孙二人，祖、伊，俱幼。

从上文可看出，四子包含了元朝的各种典型的出仕方式，有以恩荫出仕、有入国子学、有在翰林国史院实习（从事）自吏员出仕者。① 程端学的次子程徐与三子程赟同样在其父任中央官时，在国子监学习，② 然后到翰林国史院任职，这一经历与其起家官有直接的关系。徐程在至正年间和父亲同治《春秋》之学，二十一年（1361）成为秘书少监，后升迁江西湖东道肃政廉访使，最终以兵部尚书致仕。进入明代洪武二年（1369），与危素等人一起从北平来到南京，被授予刑部侍郎，升尚书后去世。③ 从他的出仕和升迁可以看出，实行科举之后，其师徒即使不经过包含恩荫制度

---

① ［日］饭山知保：《稷山段氏の金元代：十一—十四世纪の山西汾水下流域における"士人层"の存续と变质について》，宋代史研究会编：《"宋代中国"の相对化》（宋代史研究会研究报告第九集），东京汲古书院，2009 年 7 月，第 435—464 页，（同《金元时代の华北社会と科举制度：もう一つの〈士人层〉》，第 345—369 页所收）。此文以山西稷山段氏为例，对金到元代的华北士人的出仕途径进行了具体分类。

② 陈旅：《程氏连理木诗后序》，《安雅堂集》卷 5，元代珍本文集汇刊本，"中央"图书馆，1970 年。

③ 王士点、商企翁编：《秘书监志》卷 9《题名》（高荣盛点校，元代史料丛刊本，浙江古籍出版社 1992 年版）；朱右：《河清颂》，《白云稿》，景印文渊阁四库全书本；《明史》卷 139《程徐传》，中华书局 1974 年版，第 3982 页；同卷 299《方伎传·袁珙传》，第 7642 页；阮元编：《两浙金石志》卷 18，《石刻史料新编》第 14 册，新文丰出版公司 1977 年版；《元鄞县重修儒学碑》；等等。

在内的科举也可以进入官界。成为国子生本身可以说是受到了科举的恩惠,而同时,与科举毫无关系的途径仍普遍存在。这反而说明,将科举作为出仕道具的风潮,与前代相比已变得柔和起来。下一章将通过袁桷来考察科举及其以外的出仕途径。

三 庆元士人的科举意识:科举、推举和游学

自至元年间以来,多次被讨论却都无果而终的科举,终于在皇庆二年(1313)达成决议,决定从第二年开始实施。但是,推举制度早在至元十九年前后就在江南地区开始实行了。这是在统治江南之后不久就开始实施的不同于探访遗逸,而是由各个地方定员推荐的制度。① 正如森田所指出的那样,至元年间在庆元地区进行著述活动的南宋进士舒岳祥(1215—1298),以儒户身份得以免除差役,又通过在学校的学习,由岁贡即推举制度而得到官职,这件事因与"乡举里选"的理念相似,而受到"天下之士幸"的积极评价。② 关于学校,有一种现象值得关注,即宋代进士中也有人赞成实行推荐制度。

在庆元地区能见到的有关科举与推荐关系的最好事例,大概是自身以"举茂才"出仕,之后又能与推荐和科举都有关系的袁桷(1266—1327)了。我们首先对其履历进行简单追述。

袁桷出自南宋以来四明的名族袁氏,又在丰裕的经济和学问的环境中长大。③ 他一面埋头于自家丰富的藏书中每天过着读书三昧的日子,一面邀请王应麟、戴表元等人到其家中讲学。因音注《资治通鉴》而为人熟知的胡三省(1230—1302),曾在至元二十一年(1284)住进袁桷家授学。④

---

① 《庙学典礼》卷1《岁贡儒吏》(王颋点校,元代史料丛刊本,浙江古籍出版社1992年版)。
② 舒岳祥《宁海县学记》,《阆风集》卷11,景印文渊阁四库全书本。[日]森田宪司:《碑记の撰述から见た宋元交替期の庆元における士大夫》,第219—220页。
③ 苏天爵:《元故翰林侍讲学士知制诰同修国史赠江浙行中书省参知政事袁文清公墓志铭》(以下《袁桷墓志铭》),《滋溪文稿》卷9,陈高华、孟繁清点校,中华书局1997年版。参照[日]稻叶一郎《袁桷と〈延祐四明志〉》,《人文论究》52—2,2002年9月(同《中国史学史の研究》,京都大学学术出版会,2006年2月,第589—610页所收);杨亮《宋末元初四明文士及其诗文研究》,中华书局2009年版等。
④ 全祖望:《胡梅磵藏书窖记》,《鲒埼亭集外编》卷18,四部丛刊初编本。

袁桷就是在这样的环境中成长起来，并将庆元地方的儒学、史学的思想和基础集于一身。

至元三十年（1293），他以茂才异等被宣慰司推举至行省，①被授予婺州灵泽书院的山长，于元贞元年赴任。②大德初，受阎复、程钜夫、王构等人的推荐，成为翰林国史院检阅官。此后，他几乎一直是作为文章之官历任翰林国史院、集贤院，从事起草文书、整备朝廷祭祀和礼制的工作。其著述活动有，编纂了《五朝实录》《圣朝二帝实录》《仁宗皇帝实录》等诸多实录，此外，还参与了《辽史》《金史》和《宋史》的编纂活动。要说与庆元的关系，他在一度返回故乡庆元时，对《延祐四明志》的编纂起到很大作用。

如前所述，大德年间是庆元士人积极向中央政界或地方学界靠拢的时期。大德七年（1303），由于浙东宣慰使都元帅府的官署自婺州路迁至庆元，使庆元地区出现了多层官僚机构。其结果，使从其他地区来到庆元赴任的士人增加了。至大年间是朝廷最推崇儒学的时期，这一问题在近年来的研究中备受瞩目。③但是，至大二年（1309）庆元地区爆发了第一次倭寇事件（倭商暴动），庆元城内的大部分建筑在火灾中被烧毁。④因此，延祐初年开始实施科举时，庆元路则主要开展的是复兴、重建事业。此时的袁桷，一面得以参与为重建公署所立纪念碑题写碑记；一面巩固其在中央的位置，这使他成为联结江南和中央的纽带性人物。

应该说袁桷对科举一贯是持肯定态度的。据说在南宋政权崩溃的至元十三年（1276），十余岁的他便将学习的目标从科举转移到编修《宋史》

---

① 戴表元：《醉歌赠袁茂才》，《剡源戴先生文集》卷28。
② 《袁桷墓志铭》言袁桷未就灵泽书院的山长，但《清容居士集》卷29有《龙兴路司狱潘君墓志铭》中记载："元贞元年，桷掌吕成公丽泽祠"；《至正四明续志》卷2《人物·袁桷传》也记载他："初主丽泽祠堂。"参看袁桷著、杨亮校注《袁桷集校注》，中华书局2012年版，第6册《附录5·年谱之属》，第2410—2415页。
③ ［日］宫纪子：《大德十一年〈加封孔子制诰〉をめぐる诸问题》，《中国：社会と文化》14，1999年6月（同《モンゴル时代の出版文化》，第271—301页所收）等。
④ 《至正四明续志》卷10《释道·道观道院·在城》："玄妙观，至大二年火，道士吕震亨重建。奎章阁侍书学士翰林侍讲学士虞集为碑铭。"参见［日］榎本涉《东アジア海域と日中交流：9—14世纪》，吉川弘文馆，2007年6月，第120—124页。

上来。① 我们从中可以窥探出真实的袁桷及其周围环境的样子。他本人在元代出仕的时期，不用说，还未开始科举。因此，他通过负责推举事务的宣慰司的推举以及争取其他中央官员推荐的办法，很快成为中央的八品文官。推荐他的阎复、程钜夫、王构三人，当时大概分别担任翰林学士、闽海道肃政廉访使、翰林学士。袁桷就是在承担元朝推举工作的翰林院、宣慰司、肃政廉访司等机构的推荐下，得到了出仕机会。但是，得到官职后，他马上开始积极从事与科举相关的工作。科举复兴时，他对其实施方法提出过意见，科举实施后，他又作为主考官几度到考场监督。②

对待科举采取什么态度？是积极、消极、肯定还是否定？这不仅是应考与否的问题，更是像袁桷那样，在科举实施后应如何做的问题，我们有必要从这个侧面也进行考察。也就是说，在国家寻求人才之际，无论是沿着科举的旨趣教授学问，还是成为出题打分的主考官，这些实际上都明确表明了对待科举的积极性。以首次科举登第者的南人为例，平江人干文传（1276—1353）和婺州人黄溍（1277—1357），在科举登第之后多次担任过主考官。③ 庆元路的程端学也在天历二年（1329）担任过乡试的主考官。由此可知，许多科举登第者以这种办式，为科举的存续做出了很大的贡献。而南宋以来出自名家的袁桷，即使自己是由推举出仕，他对科举也是肯定的。④ 因此，实行科举是理所当然的，这种意识即使到了元中期，也依然在出生于宋末元初的人们中也依然存在着。

袁桷出仕的大德年间没有施行科举，这是其不得不采用推举办法的原

---

① 袁桷：《修辽金宋史搜访遗书条列事状》，《清容居士集》卷41："自惟志学之岁，宋科举已废，遂得专意宋史。"

② 《袁桷墓志铭》："仁宗皇帝自居潜宫，深厌吏弊。（作）〔及〕其即位，乃出独断，设进士科以取士。贡举旧法时人无能知者。有司率谘于公而后行。及廷试，公为读卷官二、会试考官一、乡试考官二，取文务求实学，士论咸服。"

③ 黄溍：《嘉议大夫礼部尚书致仕干公神道碑》，《金华黄先生文集》卷27："江浙、江西乡闱，聘公同考试者三，主其文衡者四，所取士后多知名。"宋濂：《故翰林侍讲学士中奉大夫知制诰同修国史同知经筵事金华黄先生行状》，《宋文宪公全集》卷41（四部备要本）："（至正）九年夏四月，浐上纹缎赐之。始先生尝预考江浙、江西、上都乡试，江浙则三往而一主其文衡。至是被上旨考试礼部，寻又为廷试读卷官。前后所甄拔者，尽知名之士。"作为考试官，他们名字也被列入《三场文选》中。

④ 年龄比袁桷稍小的虞集（1272—1348，抚州出身）也在大德六年（1302）由推举而出任大都路学，到天历年间为止活跃于中央官场，也多次担任科举主考官。欧阳玄：《元故奎章阁侍书学士翰林侍讲学士通奉大夫虞雍公神道碑》，《圭斋文集》卷9，四部丛刊初编本。

因，换句话说，如果当时实行了科举，他一定会去投考。宋代以来持续存在的颂扬科举制度的气氛，到延祐、至治年间，在像袁桷那样生于士人之家又在学问之中长大的人物中间，仍然存在。可以说，泰定初庆元地区之所以出现众多登第者，正是宋代形成的紧密的庆元士人社会与元代科举开始后的社会状况迅速取得对应的结果。

这里应该注意的是，袁桷对推举并不持否定态度。① 他自身因推举而出仕，又长期担任作为推举制度主体的翰林院官职，当然会持这种态度。不过，从他利用与皇室的特殊关系而得以任官、升进，以及在只有科举是无法确保一定获得有用官员的情况下，推举所具有的积极意义，便被人们认识到了。科举开始后，此前所实施的推举制度原则上被废弃，② 而实际上，科举实施以后，在官员的出仕和升进中，推举和拔擢都是必不可少的。因此，科举和推举，对袁桷来说，可以用车的两轮来解释。

孕育袁桷自身学问的浙东学风，从其地方志的编纂态度便可明了，是一种根基于儒学的古典教养的注重实用的学风。他博学多识的背后，其先祖以来所传的丰富藏书确为事实，不过，除此以外，庆元的学风也是切实存在的动力。③ 据说，重博识的浙东士人的风姿，曾是蒙古时代的一种风潮。④ 可以想见，临海的浙东地域的风气在当时是有很大影响的。另外，程端礼的《分年日程》说到底也是与博学有关的学习课程。若没有多方面的知识结构，在科举中是无法作文的。袁桷、程端礼等庆元士人都是以博学为宗旨，勤勉学问，并在此基础上取得了成功。当然，单是博学，并不等于一定就能科举合格，但是，以科举合格为目标的庆元士人们，正是在不同程度上，深受这种风气的影响。

正如已经指出的那样，庆元的科举登第者与宋代相比，在全国所占比

---

① 《袁桷墓志铭》："公喜荐士，士有所长，极口称道。"
② 《元史》卷81《选举志一·科目》（第2022页）及《大元圣政国朝典章》卷31《学校·儒学》科举程式条目（第1102页）："科举既行之后，若有各路岁贡及保举儒人等文字到官，并令还赴本乡应试。"这是试图使科举一元化。
③ 《袁桷墓志铭》："嗟乎，昔宋南迁，浙东之学以多识为主，贯穿经史，考核百家，自天官、律历、井田、王制、兵法、民政，该通委曲，必欲措诸实用，不为空言。然百年以来，典刑风流日远。"
④ ［日］宫纪子：《〈对策〉的对策：科举と出版》，《モンゴル时代の出版文化》，第394—404页。但是《袁桷墓志铭》中说："然百年以来，典刑风流日远。"由此可看出，北宋胡瑗所提倡的博学多识、重视实用的学问，从南宋便开始实践了。

例有所下降。这与其周边的绍兴、温州等地的倾向不同。而在科举中地位一度下降的庆元地区,到了明代,才恢复了宋代曾有的优势地位。① 这一动向的背景,从南宋到元代在于重视博学多识的浙东地域,尤其是庆元地区,因与日本等海外联系的加强,使当地士人在生活态度、思考方式上都出现了多样化,由此推而广之在社会结构、生活方式等方面也出现了多样化。相对来说,随着这些变化,做官至上的意识本身也在一定程度上变得薄弱了。② 这种情况,时代越往后就越发明显。与史駉孙、程端学的交替出仕一样,袁桷在泰定初年辞去了中央官返回故乡庆元,并在那里表现得十分活跃,直至泰定四年(1327)去世为止。乍一看,这一时期好像是从推举时代向科举时代的过渡,其实不然。有关天历(1328—1330)至至正年间(1341—1368)的庆元士人,本文将以哈剌鲁人迺贤为中心来考察。

迺贤(1309—1368),字易之,比袁桷晚生 40 年左右。他成年后的动向实际是继袁桷之后直至元末。对于迺贤,陈高华氏有详细的研究,③ 本文将在参考其论述的基础上做进一步研究。

迺贤出身于色目人之一的哈剌鲁人,④ 他自称南阳人,因其祖父一代自河南南阳迁居庆元,有可能是南宋灭亡前后驻屯于庆元的军户的后代,其兄为泰定元年科举合格的塔海。⑤ 迺贤的著作有《金台集》和《河朔访

---

① 详细情况请参看萧启庆《元朝南人进士分佈与近世区域人材升沉》,同主编:《蒙元的历史与文化:蒙元史学术研讨会论文集(下)》,台湾学生书局,2001 年 2 月,第 577—613 页(同《元代的族群文化与科举》,第 177—209 页所收)。

② 黄宽重:《政治、地域与家族:宋元时代四明士族的衰替》,《新史学》20—2,2009 年 6 月。作者指出南宋中后期,尤其嘉定年间(1208—1224)在庆元士族之间已开始出现类似现象。但宋末与元代社会状况的异同,以及产生这种现象的原因的差异性等问题,是值得进一步探讨的课题。

③ 陈高华:《元代诗人迺贤生平事迹考》,《文史》第 32 辑,1990 年 3 月。(同《陈高华文集》,中国社会科学院学术委员文库,上海辞书出版社 2005 年版;同《元史研究新论》,上海社会科学院出版社 2005 年版,第 262—287 页所收)。

④ 由于出自哈剌鲁人,科举时不同于南人的左榜,而称作右榜,任官状况也有所不同。关于左右榜登第者的差别,参见桂栖鹏《元代进士研究》,第 4—48 页。

⑤ 请参照陈高华《元代诗人迺贤生平事迹考》,第 264—265 页;[日]樱井智美《元代カルルクの仕官と科挙》,第 174—175 页。从迺贤的生年推测,塔海的登第大约在 30 岁之前。盖苗:《新乡媪跋》,迺贤:《金台集》卷 2:"右新乡媪一首,余同年塔海仲良宣慰君之仲氏乃贤易之之所作也。"盖苗死于至正十年(1350)前后,时年 58 岁。由此推断,在泰定元年(1324),他是三十多岁。程端学的登第是在 47 岁,可推测右榜比左榜更容易些。

古记》流传至今。对其幼年时期几乎没有资料可循，不过可知的是，其青年时期曾在国子监学习，后至元六年（1240）自大都返回后，直到至正五年（1345）都在庆元度过。据说当时的庆元路趁元统二年（1334）颁布儒者免役诏之机，试图重建业已疲敝废弛的儒学，① 程端礼也积极关注这一活动。至正二年（1342）乡饮酒礼得以恢复，② 围绕儒学的恢复重建工作也日渐开展起来。酒贤就是在这样的环境中度过了数年。

之后，至正五年酒贤前往华北，《河朔访古记》所记就是当时的见闻。酒贤首先返回故乡南阳小住，并在那里见到了昔日亲友，还见到了庆元路的举人莫伦赤。③ 莫伦赤同样出自哈剌鲁人，虽至顺三年（1332）及元统三年（1335）两度通过庆元乡试，但皆以下第之末返回南阳。酒贤在从河南前往大都的途中，看到了黄河泛滥后华北的惨状，留下多篇诗文。第二年到达大都，此后直至至正十二年（1352）都在大都度过，此间也曾去过上都。元末江南士人到大都游学的人很多，④ 他也是其中之一，但是由于至正十一年爆发红巾之乱，仕途无望只好返回庆元。他离开庆元后的至正八年，在台州暴乱的方国珍于十五年控制庆元，并于十八年之后开庆元幕府以控制台州和温州。至正二十二年，已成为翰林国史院编纂官的酒贤，由于方国珍对色目人的排斥而过着十分艰辛的生活，据说因有刘仁本等庆元士人的援助才得以苟且偷生。⑤ 至正二十三年重新出仕后，到元朝灭亡的五年间，他曾前赴南镇、南岳、南海等代祀履行其在元朝的职责。

酒贤多被认为是元末的色目诗人。但是，从其经历及所著《河朔访古记》以及《新堤谣》、《卖盐妇》、《新乡媪》等诗文内容来看，基本上是对民间疾苦或社会的黑暗部分的描述，从中可看出他多方面的教养、兴趣

---

① ［日］宫纪子：《〈对策〉の対策：科挙と出版》，《モンゴル时代の出版文化》，第388页。
② 程端礼：《庆元乡饮小录序》，《畏斋集》卷3。
③ 酒贤：《汝州园亭宴集奉答太守胡敬先、进士莫伦赤德明》，《金台集》卷1。
④ 陈高华：《元代诗人酒贤生平事迹考》，第272—275页；丁昆健：《从仕官途径看元代的游士之风》，《蒙元的历史与文化》，第635—653页；申万里：《元代游学初探》，《中国史研究》2006年第2期，2006年4月，第119—130页；同《元代江南儒士游京师考述》，《史学月刊》2008年第10期（后收入同《理想、尊严与生存挣扎：元代江南士人与社会综合研究》，中华书局2012年版，第77—117页）。
⑤ 有关刘仁本，请参看［日］檀上宽《元末の海运と刘仁本：元朝灭亡前夜の江浙沿海事情》，《史窗》58，2001年2月，第119—130页。

及广博的学识。可见当时即使是士人也进行诗歌创作，以求尽早得到做官的机会。他的诗集《金台集》，由活跃于明初文坛的危素（1303—1372）编纂，并由欧阳玄、李好文、贡师泰等著名人物写序。《金台集》中，还有程文、杨彝及危素的跋、泰哈布哈的题字、黄溍的题词以及张起严和虞集的题诗。这些序跋文之多及其内容缺乏完整性，表明《金台集》的编纂经过了数个阶段，① 同时也表明当时很多著名的士人都和来到大都的迺贤结交，更相应地显示出迺贤具有很高的名望和地位。②

那么，他如何看待做官呢？有记载说他来大都是为了勤勉学问，而不是为了做官。③ 但是，他自幼与其兄就学于相同的老师，因而，他学习的内容应该类似于以科举合格为目的的学问。他们的老师可知者有郑觉民和高岳两位。其中，郑觉民是受南宋明州的代表性士人袁燮、杨简的弟子们所推荐的陆学者，虽以科举合格为目标却终未登第，因而放弃了科举。④ 有关高岳的详细情况了解不多，据说迺贤在向别人介绍这位老师时，曾提到科举和做官的关联。⑤ 另外，在他的《新乡媪》《颍州老翁歌》等诗中，描写的是黄河泛滥后的惨状，地方官的搜刮掠夺，以及相应地对中央政府的批判等，这些内容很明显都是要向政府上奏的。⑥ 此外，从其诗文内容，还可明了他的确是抱着做官的念头来到大都，并在六年间一面创作诗文、结交权贵，一面从事猎官活动的。至少可以确定的是，他的教育和行动都是以任官为目的的。正因如此，后来他被任命为翰林院官员时，他欣然赴任并为元朝奉献其职业生涯。

那么，科举或推举在其任官过程中的情形如何呢？迺贤年轻时曾在国

---

① 根据陈高华《元代诗人迺贤生平事迹考》，第280—283页，至少写过三次。
② 朱右：《送葛罗禄易之赴国子编修序》，《白云稿》卷5：" 壮则游京师，历燕蓟上云代，所至择天下善士为之交际，求天下硕儒为之师友。日以诗歌自娱，遇可喜可愕，必昌于辞，则有金台集。涉历南北，览古今灵文秘迹，必志于编，则有河朔访古记。"
③ 李好文：《金台集序》，《金台集》附录："吾闻易之不喜禄仕，惟以诗文自娱。其来京师，特以广其闻见以助其诗也。今将归隐于江淮之南，凡所与游者，皆恋恋不忍其去，则其志趣益尚矣哉。"
④ 贝琼：《求我集序》，《清江贝先生文集》卷28："公生元大德、延祐间，时方以科举取士，尝一试有司，不中，即弃去举子业。" 戴良：《求我斋文集序》，《九灵山房集》卷21。
⑤ 刘仁本：《樵吟稿序》，《羽庭集》卷5，景印文渊阁四库全书本；陈高华：《元代诗人迺贤生平事迹考》，第266—267页。
⑥ 迺贤：《新乡媪跋》《颍州老翁歌》，《金台集》卷1。

子监学习，也由此进入仕宦之道。但是他与其兄塔海不同，选择了与科举相反的道路。① 之后，他在大都展开了积极的活动。至正二十二年由于中书省臣的上奏，作为处士的他终于得到了官位。他的色目人的身份当然也起到有利的作用，但是，这与他在大都结交高官权贵并得到他们的推荐也很有关系。大概他通过身边的哥哥也能了解到通过科举出仕的难度，并因此前往大都。从其兄的缓慢升迁来看，假如他即使科举合格却离显贵尚远的话，对科举应会产生不信任之感。

关于至正十一年（1351），乡试合格后连参加会试都很难的状况，有这样的记载：

> 我国家设科以来，声教洽海宇。江浙一省应诏而起者，岁不下三四千人，得贡于礼部者，四十三人而已。出于三四千人之中而立乎四十三人之列，虽其知能得失有不偶，然盖亦难矣。②

这体现了元朝实行科举以来，浙江行省参加科举者人数的膨胀状况，由此可看出，江南士人对科举的期待程度与前代相比几无变化。《分年日程》到至正五年（1345）仍被继续出版，从其购买阶层可相应地看出至正初年的士人们对科举的期待程度依然相当高。但是，同时，以廼贤为代表的江南士人开始陆续前往大都从事猎官活动。以大都为目的地，即使不是为了做官，对元末的江南士人来说都是普遍存在的现象，危素（1303—1372）、王冕（？—1359）、陈基（1314—1370）、王祎（1322—1373）等都有游学大都的经历。③ 士人的这种状态，与将对策书置于手边进行学习的宋代以前的典型的士人完全不同。另外，之前提到的莫伦赤在两度落第之后回到故乡，暂时放弃了参加科举考试的念头的可能性很高。因而，他直到老年也再未参加过科举。这段时期内他一定经历了探求其他出仕门路或生活方式的阶段，并且终于找到了明确的出路。

---

① 朱右：《送葛禄易之赴国子编修序》："易之少小楸学强记忆、与其伯氏从乡儒先游。伯氏既登进士第，为时名贤。易之泊然于进取，退邀句章山水间。"

② 程端礼：《江浙进士乡会小录序》，《畏斋集》卷3。这篇文章作于至正十一年（1351），而根据墓志铭，程端礼死于至正四年，另外，其他人在大都的记述与他的经形成对照，这些记述大概被假托成是与科举有很深渊源的他的作品。

③ 在至正二十一年（1361）的"黄河清"之际，曾担任过慈溪县学教谕的朱右（1314—1376）上京，并献上颂文。当时在朝廷主持"黄河清"祭祀的人物就是程端学的儿子程徐。

至正十五年占领庆元的方国珍，后来向元朝投降。此后，在被朱元璋军攻陷前的至正二十七年之前，庆元地区共举行了四次科举考试。元末的科举甚至对流动人口也有所规定，说明它不得不考虑到社会的混乱状况。① 当时，对于那些仍未放弃在元朝任官的人来说，也已感受到了参加科举及取得合格之不易了。而且，由于政权本身已经摇摇欲坠，即使科举合格，在元朝也不可能拥有安定的官宦生活。从资料不足的角度来说，元末科举合格者的姓名难以明确记载下来，也是必然之事。以庆元地区的状况（表1）为例，在至正年间，尤其是1350年前后看不到一位进士或举人。庆元路的科举合格者比宋代少的背景中，可以说主要是受元末混乱的影响。

　　另外，庆元自南宋以来的出版业十分兴盛，在元代与杭州路共同承担着国家出版的大部分任务。庆元的学术网络不限于庆元一个地方，而是与周边的地域、士人等都有着紧密的联系。方国珍统治庆元后，在以科举登第者刘仁本为中心的文人官僚的共同努力下，官府、学校等公共机构仍然十分兴旺，出版等文化活动也盛况空前。② 因此我们看到的并不是"因元末混乱而疲敝"的庆元。科举对策书出版业的兴盛，说明以科举为目标的购买阶层依然在一定程度上存在着。即使如此，从至元后半期没有科举登第者来看，不得不再次对元末的科举制度在多大程度上起过作用这一问题进行重新思考。关于元末庆元士人文化的消长与科举的关系，以及士人们对待元朝的态度等问题，今后将继续进行探讨。

---

① 《元史》卷45《顺帝本纪八》至正十九年三月壬戌条（第946页）："诏定科举流寓人名额，蒙古、色目、南人各十五名，汉人二十名。"卷92《选举附录·科目》至正十九年条，第2346页。

② 请参照［日］宫纪子《〈混一疆理历代国都之图〉への道：14世纪四明地方の〈知〉の行方》，［日］藤井穰治、［日］杉山正明、［日］金田章裕编《绘图、地图からみた世界象》，京都大学大学院文学研究科21世纪COEプログラム《グローバル化时代の多元的人文学の据点形成》，《15、16、17世纪成立の绘图、地图と世界观》2004年3月（《モンゴル时代の出版文化》，第487—651页所收），第576—580页。

图1 四明史氏系

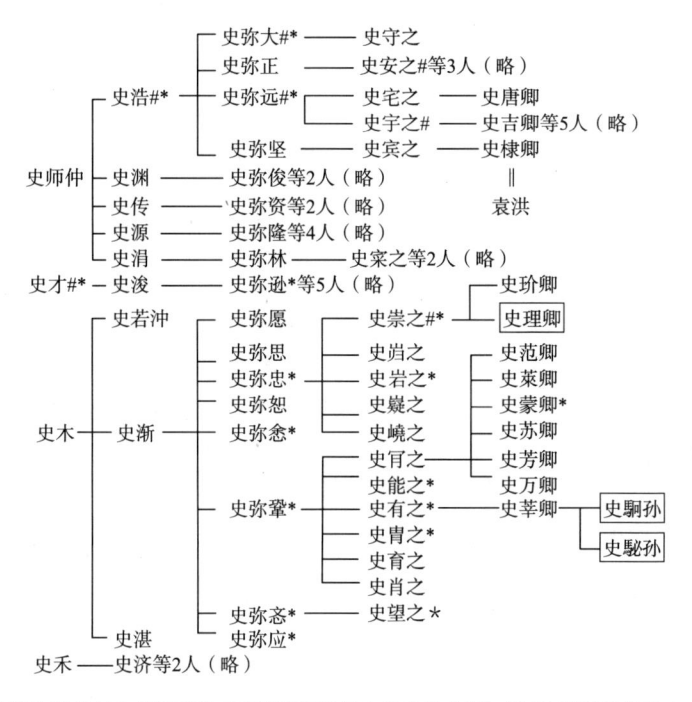

```
                  ┌─ 史弥大#* ── 史守之
                  ├─ 史弥正 ──── 史安之#等3人（略）
          ┌ 史浩#*┤                 ┌─ 史宅之    史唐卿
          │      ├─ 史弥远#* ──────┤─ 史宇之#    史吉卿等5人（略）
          │      │                 └─
          │      └─ 史弥坚 ─────── 史宾之    史棣卿
史师仲 ──┤                                       ‖
          ├ 史渊 ─────── 史弥俊等2人（略）       袁洪
          ├ 史传 ─────── 史弥资等2人（略）
          └ 史源 ─────── 史弥隆等4人（略）
                  ┌─ 史涓 ──── 史弥林 ── 史宷之等2人（略）
史才#* ── 史浚 ──┤
                  └─ 史弥逊*等5人（略）
                                                          ┌─ 史玠卿
                  ┌─ 史弥愿 ─── 史崇之#* ────────────────┤─ 史理卿
          ┌ 史若冲┤                                       └─
          │      │                 ┌─ 史肖之     史范卿
          │      ├─ 史弥思         ├─ 史岩之*    史莱卿
          │      ├─ 史弥忠*        ├─ 史巍之     史蒙卿*
          │      ├─ 史弥恕         ├─ 史嵥之     史苏卿
          │      ├─ 史弥忞*        ├─ 史胄之     史芳卿
          │      │                 ├─ 史能之     史万卿
史木 ── 史渐 ──┤                                       ┌─ 史驲孙
          │      │                 ├─ 史有之* ── 史莘卿┤
          │      │                 ├─ 史胄之*                └─ 史驳孙
          │      ├─ 史弥鞏*        ├─ 史育之
          │      │                 └─ 史肖之
          │      ├─ 史弥忞* ────── 史望之*
          │      └─ 史弥应*
          └ 史湛
史禾 ── 史济等2人（略）
```

※ 此图是笔者在参考黄宽重《南宋两浙路社会流动的考察》第70页所载的表八《四明史氏家族关系表》的基础上，增加一些内容而做出来的。表中史师仲、史才、史木、史禾、史光等5人都是史诏之子。#（表示宋代三品以上官），＊（表示宋代进士）。

图2 本文涉及士人生卒年一览表

黄震（1213—1280）

陈著（1214—1297）

舒岳祥（1215—1298）

王应麟（1223—1296）

胡三省（1230—1302）

戴表元（1244—1310）   参考：庆元路以外的江南士人

史蒙卿（1247—1306）

任士林（1253—1309）   赵孟頫（1254—1322：湖州）

史驲孙（？—1326顷）

薛观（1265—1340）

袁桷（1266—1327）

程端礼（1271—1345）	虞集（1272—1348：抚州）
	干文传（1276—1353：平江）
	黄溍（1277—1357：婺州）
程端学（1278—1334）	欧阳玄（1383—1357：潭州）
	程文（1289—1359：徽州）
翁传心（？—1340以降）	贡师泰（1298—1362：宁国）
郑觉民（1300—1364）	危素（1303—1372：抚州）
廼贤（1309—1368）	王冕（？—1359：绍兴）
	陈基（1314—1370：台州）
	朱右（1314—1376：台州）
	王祎（1322—1373：婺州）

【附记】本文系日本学术振兴会科学研究费补助金（课题号码17083037、15K02912）资助的部分研究成果。

（作者为日本明治大学文学部准教授）

儒学传家，诗文立身
——从唐氏三先生看元明士人对社会变革的应对

申万里

士人，也称知识人、文化人，是唐宋变革以来形成的政治、文化精英群体，在近世中国非常活跃。宋元明时代是中国历史上最重要的时代之一，在数百年的时间里，社会变革非常剧烈。作为社会精英的士人，从两宋与皇帝"共治天下"的政治、文化精英，到元朝受到政府优待的"儒户"，再到明朝专制统治下的士人与官僚，这种身份和社会地位的变化同样非常剧烈。在这种剧烈的社会变革之中，作为政治和社会精英的士人，对这一时期社会变革的反应比较敏锐，他们对不同时期的社会变革，做出不同的反应，同时，他们也会采取行动，应对社会变革带来的生存环境的变化，力求在社会变革中保持自己的精英地位和家族的顺利发展。这一点学界已经有了一些优秀的研究成果，如萧启庆先生通过对于宋元明江南科第仕宦之家的考察，探讨了这些家族通过元朝实行的科举，完成其家族在元朝的过渡，到明朝重新崛起的过程。[①] 此外，研究元代士人应对社会变革的研究成果还有很多，一些学者通过元代江南儒士改习他业的考察，探讨士人在社会环境变化的情况下的改变与应对。[②] 一些学者通过对一些特定士人家族的考察，探讨这些家族利用固有的资源，加强对地方社会的控制，重塑权威的过程。[③] 也有学

[①] 萧启庆：《元朝科举与江南士大夫之延续》，《元史论丛》（第7辑），江西教育出版社1999年版，第1—19页。

[②] 见申万里《理想、尊严和生存挣扎：元代江南士人与社会综合研究》，中华书局2012年版，第139—149页；周鑫《乡国之士与天下之士：宋末元初江西抚州儒士研究》，天津古籍出版社2014年版，第100—117页。

[③] 见申万里《元代江南孔子后裔考述》，（韩国）《亚洲研究》2008年第3期；《元代的浦江郑氏——中国古代同居共财家族的一个个案考察》，《人文论丛2005年卷》，武汉大学出版社2007年版，第371—400页；John W. Dardess, The Cheng Communal Family: Social Organization and Neo-Confucianism in Yuan and Ming China, *Harvard Journal of Asiatic Studies*, 34, 1974, pp. 7–52。

者通过对元代游士的考察,探讨其在不利的生存环境中,通过"游"的方式改善生存环境的努力。① 这些研究属于对士人应对社会变革具体措施的探讨,每个措施只是适合一些特定的士人,很难具有普遍性。实际上,士人身份最重要的表现是儒学修养,② 士人在社会上安身立命、永葆其社会精英地位的最基本的手段,则是基于儒学修养之上的诗文写作,具备这种素质,士人们就能够以不变应万变,即使在士人处境和社会地位都处于不利环境的元朝,其仍然能够游刃有余地推动个人和家族的发展,迎来明朝以后的家族复兴。本文以这一时期徽州路歙县唐氏三先生(唐元、唐桂芳、唐文凤)为中心,考察其祖孙三代对于社会变革的反应和通过儒学传家、诗文立身应对社会变革的策略。这一点目前学术界还没有专门的研究,③ 希望这篇文章能引起学界对士人与社会变革问题的进一步研究与关注。

一 儒学传家:唐氏三先生对社会变迁的反应和对儒学的坚守

唐氏三先生生活在宋末、元朝和明初,这一时期是中国近世以来社会变革比较剧烈的时期,南宋灭亡,中国进入蒙古统治时代,士人的处境和社会地位都发生了非常明显的变化。④ 元末明初的动荡时期持续近三十年,

---

① 丁昆健:《从仕宦看元代游士之风》,《蒙元的历史与文化》,台湾学生书局2002年版;申万里:《元代游学初探》,《中国史研究》2006年第2期;申万里:《元代江南儒士游京师考述》,《史学月刊》2008年第10期。

② 本文的儒学泛指一般士人所具有的儒学修养,由于士人的研究旨趣和生活环境不同,他们一生中与儒学的关系也不一样。有人从事专业研究,如研究《易》《诗经》等,有人以文学创作为主,也有人以儒学的教育与传播为主。

③ 关于唐氏三先生研究成果不多,就笔者所见,仅有唐宸《元代新安理学家唐元考论》,《黄山学院学报》2012年第4期。

④ 关于这一问题的研究成果很多,主要有周祖谟《宋亡后仕元之儒学教授》,《辅仁学志》(1、2合刊)1947年14卷;萧启庆《元代的儒户:儒士地位演进史上的一章》,原载《东方文化》第11卷第1期,收入《台湾学者中国史研究论丛·社会变迁》,中国大百科全书出版社2005年版,第253—291页;萧启庆《宋元之际的遗民与贰臣》,收入萧启庆《外北国而内中国:蒙元史研究》,中华书局2007年版;陈得芝《论宋元之际江南士人的思想及政治动向》,《南京大学学报》1997年第2期;申万里《元代江南儒士的处境以及社会角色的转变》,《史学月刊》2003年第9期;Jennifer W. Jay:*A Change in Dynasties*:*Loyalism in the Thirteenth-century China*. Center for East Asian Study Westen Washington University,1991;等等。

明朝建立以后，重新恢复汉族王朝统治，其间社会变革同样非常明显，对于士人的处境和社会地位产生了较大的影响。① 在这种社会变革时代，唐氏三先生对社会变革的反应是敏锐的，他们的生存策略也有一些调整，不过，从唐氏三先生的材料来看，他们对儒学和儒士身份坚守依然没有丝毫的动摇。

（一）唐元对社会变迁的反应及对儒学的坚守

根据朱文选《元故新安郡博士筠轩唐先生行状》：唐元字长孺，号敬堂，逝世于至正九年（1349），享年81岁，据此推算，他应该出生于南宋度宗咸淳四年（1268），唐元八岁时，南宋灭亡。唐元经历了宋元战争的战乱时期和元朝统一之初混乱时代，至元二十八年（1291）元朝在江南完成儒户户籍的编订时，② 唐元23岁，已经成为一个普通的江南士人。唐元的父亲唐虞南宋通过解试，但没有考中进士，③ 从他死后留下的《论孟子》的讲义以及他的诗词和"理学诸文"可以看出，他也是当地的儒士，入元以后教书谋生。④ 唐元出身儒学世家，江南士人对宋元社会变革的反应，对他造成很大影响。他对南宋时代的生活充满向往之情，"语及废兴存亡之感，为之流涕"⑤。对于元朝士人处境困难、社会地位下降以及士人的管理机构——儒学的衰败，唐元表现出不满甚至怨恨，他在一篇文章中写道：

> 自西方之教兴，而塔庙盈天下，金碧晃耀，虽极侈摩，人无有议之者，由以祸福之说怖于人也。视吾夫子之宫墙，则荒凉卑陋，穿漏夷拔，其悍然而不顾者，亦独何心哉？窃怪学校进人法屡变而弊愈深，近岁以来，于寒畯之士绝不与焉，由多资之子弟进，则不知谦

---

① 这方面成果主要有郑克晟《元末的江南士人与社会》，《东南文化》1990年第4期，第1—6页；萧启庆《元朝科举与江南士大夫之延续》，《元史论丛》（第7辑），第1—19页；萧启庆《元明之际的蒙古色目遗民》，收入萧启庆《内北国而外中国：蒙元史研究》，第158—184页；等等。

② 具体情况见申万里《元代教育研究》，武汉大学出版社2007年版，第41页。

③ 朱文选：《唐氏三先生集》附录《元故新安郡博士筠轩唐先生行状》，《北京图书馆古籍珍本丛刊》第115册，书目文献出版社1998年版，第804页。

④ 唐元：《唐氏三先生文集》卷11《跋先君子梅耀先生讲篇后》，《北京图书馆古籍珍本丛刊》第115册，第586页。

⑤ 唐元：《唐氏三先生文集》卷12《道录云厓蒋公哀辞并序》，《北京图书馆古籍珍本丛刊》第115册，第569页。

逊，由素习吏文之徒进，则多怀险谲，由非儒而儒进，则遂昧廉隅一署，楮尾而私意鸱张，危据讲席，而肆无忌惮，何吾道之不古也？吾儒大声疾呼，訾謷二氏彼则攻苦食淡以劾其劳，朝谋夕虑，以成其志，此则以飘风堕瓦，视岁月幸其满去，而少升于梯级，其势则反出于下而漫不自知，吁，世岂无特立之士，力振其久屈之势？而一旦深思有以奋于其上者，谓世无人，则公道泯矣！①

元代儒学是士人们活动的主要舞台，也是儒户户籍的管理机构。在这篇文章中，唐元通过对比佛教的极盛和和儒学的荒废，对元朝儒学的衰落表示感慨，对于学校用人不当，学术风气不正进行了批评，反映了他对士人处境的不满。

令他不满的还有元朝时期的士风，他有一首诗写道："后生益寡学，嗜利争触蛮。读书被笑姗，短褐惭雕鞍。"② 诗中批评了元朝士人的嗜利、寡学，以及讽刺读书人穿短褐、习雕鞍的风气。

对于自己和其他士人生活困难，趋于贫穷，唐元更是表现了不满和同情。他在《病后杂书》中写道：

> 忍饥陈正字，不识治生理。妻子依妇翁，岂顾流俗鄙。平生槟榔伴，不满一餐齿。可怜儿啼饥，中夜成坐起。贫病若胶漆，吾事乃如此。丈夫不能食，出口已可耻。世无鲁公贤，乞米徒劳耳。③

他的另一首《贫士吟》写道：

> 无方炼黄金，为士多贱贫。诗书拥四座，出门无故人。贵人自天上，高座凭华茵。叱咤即雷电，趋走生黄尘。势去忽沦谢，祇隔昏与晨。第宅鞠茂草，庭树摧为薪。似不若贫士，履穿衣结鹑。我滕肯自

---

① 唐元：《唐氏三先生文集》卷9《送余志贤序》，《北京图书馆古籍珍本丛刊》第115册，第540页。
② 唐元：《唐氏三先生集》卷1《入祈山简程南山》，《北京图书馆古籍珍本丛刊》第115册，第455页。
③ 唐元：《唐氏三先生集》卷1《病后杂书》，《北京图书馆古籍珍本丛刊》第115册，第450页。

屈，我眉聊得伸？①

这两首诗描述了士人生活的贫穷与无奈，反映了元代士人对自身处境的不满。在处境不利的情况下，唐元比较关注现实问题，对于元朝地方官不执行儒户免役政策，强迫身为儒户的学者陈栎外甥唐仲文服役的情况，唐元写道：

> 门单力役重，郁郁怀不伸。赁佣以月计，寸取如鱼鳞。剥床已切肤，范甑空生尘。谁与告巨公，援出清波津。天高日月速，天也胡不仁！②

诗中通过对学者唐仲文苦于徭役的描写，③ 表现了他的愤怒。另外，对于地方官下乡捕蝗扰民，他感到忧虑，他写道：

> 东村柝喧天，西村叫倾市。捕蝗官虽来，无救我禾黍。圩田已破今无秋，旧泪未干新泪流。富家有米量玉子，菰蒲昨夜风飕飕。民穷乃至此，万一宽征求。君不见，往年北孚来南州，累累老稚令人愁。④

对于官员为百姓除害的行为，唐元则写诗赞美，有一位宣使（宣差）因为为民除害，得到了他的赞美。⑤

从上面论述可以看出，唐元对于宋元更替以来的社会变革反应比较敏锐，他对士人社会地位下降和生存环境恶劣的不满，对儒学发展和士风的批评以及对元朝地方政治的态度，都反映出他对社会变革的反应，总的来看，他对元朝统治下儒学的发展状况和元朝的一些统治政策不满，对于儒学和士人的处境感到忧虑，用他的话来说就是："时值革命多艰，吾道不

---

① 唐元：《唐氏三先生集》卷2《贫士吟》，《北京图书馆古籍珍本丛刊》第115册，第462页。

② 唐元：《唐氏三先生集》卷1《寄吴仲文兼柬定宇陈先生》，《北京图书馆古籍珍本丛刊》第115册，第455页。

③ 唐元与陈栎和吴仲文关系密切，至于吴仲文与陈栎的关系，见《定宇集》卷10《答吴仲文甥》。

④ 唐元：《唐氏三先生文集》1《八月八日过嘉兴捕蝗行》，《北京图书馆古籍珍本丛刊》第115册，第457页。

⑤ 唐元：《唐氏三先生集》卷3《郡庠上宣差诗，时卒伍有豪横者，公为除害，士民悦之》，《北京图书馆古籍珍本丛刊》第115册，第471页。

绝如带。"① 对于宋元以来的社会变革带来的社会环境变化，唐元的认识是消极的，但是，对于这种消极社会环境的应对，唐元表现出积极的态度和灵活多变的处事方式，反映了士人在不利的社会环境中顽强的生存能力。

对于儒学的坚守，是唐元面对社会变革的最重要的应对措施。他自诩"结交半老苍，不揖无诗人"②。他一生大部分时间以教书为业，传播儒学，对于自己的子弟的学业，唐元更加重视，唐桂芳后来回忆说："初先君上承两家望族，日夜磨砻灌养，思所以亢厥宗，教诸子舍诗书无以为业。"③对于儿子学业的进步，他表示由衷的高兴，他有诗写道：

> 吾儿年十八，编简苦研钻。两门有书种，稍称儒家冠。吾曹老何恨，但劝长加餐。④

这首诗反映了他对儿子桂芳苦学的支持和家中有"读书种子"的欣慰。唐元有子六人："长徐卿，苦学，诗益工；次琪卿，集庆路总管府司吏；次坚，次存真学老子法，为道士；次即桂芳，御史举入广选，以正、长待除；次芹芳，出继汪氏。"⑤ 唐元的这六个儿子，除了一人出继外，两人习儒，一人为吏员，两人做了道士，既保留了读书的种子，也为家族生存选择了其他的途径。

元朝皇庆二年（1313），元仁宗颁布了科举的诏令，延祐元年（1314），江南开始实行乡试。科举的恢复，让唐元看到了自己和家族振兴的希望，朱文选记载：

> （唐元）四十有六，会科场大开，士类汇进，专心于四书六经之

---

① 唐元：《唐氏三先生集》卷9《送张廷玉教谕太平序》，《北京图书馆古籍珍本丛刊》第115册，第544页。
② 唐元：《唐氏三先生文集》卷2《前韵奉谢汪璜隐兼呈腾远公》，《北京图书馆古籍珍本丛刊》第115册，第458页。
③ 唐桂芳：《唐氏三先生集》卷20《先兄敏仲训导墓表》，《北京图书馆古籍珍本丛刊》第115册，第680—681页。
④ 唐元：《唐氏三先生集》卷1《入祈山简程南山》，《北京图书馆古籍珍本丛刊》第115册，第455页。
⑤ 朱文选：《唐氏三先生集》附录《元故新安郡博士筠轩唐先生行状》，《北京图书馆古籍珍本丛刊》第115册，第804页。

旨，萤窗雪案，缀成文者将数百篇。凡四贡有司，不报。①

四次参加科举失败，意味着唐元从四十六岁到五十八岁的十二年间，一直在准备科举考试，可以想象科举失败对唐元的打击，这促使他改变了对科举改变命运的看法，他在一篇文章中认为："科名一途，安足以尽天下士哉？"②

尽管科举失败，唐元还是努力入仕，他在送同乡洪存心任常宁州监税官时写道：

> 至元五年夏五月，受行省丞相之命，监句容常宁税，将择日治行，同志之士相与葺诗以赠。或疑君枉家学之长而勉为钱谷之任者，余曰不然，国家之治，财犹日用之水火也，民非水火不生活，犹五谷之养生也。人无五谷则饥馁至，凡岁时之上供，百司之经费，皆由此出，是谓一日而不可缺焉者也。③

从上面唐元对出仕的论述可以看出，唐元对于士人入仕持鼓励的态度，反映了他追求仕宦的愿望。入仕学官，成为他晚年仕宦的主要内容，唐元五十八岁被江浙行省任命为平江路儒学学录，被认为是入元以来平江路最优秀的三位学官之一（其他二人是李性学、洪潜夫）。他六十五岁担任建德路分水县儒学教谕。三年以后担任集庆路南轩书院山长，集庆路当时是元代江南行御史台所在地，唐元在这里结识了元朝蒙古进士、监察御史笃列图、治书侍御史王继学、侍御史张梦臣等人，元朝官员致仕年龄是七十岁，次年，唐元以徽州路儒学教授致仕。④

唐元对儒学和儒士身份的坚守表现在以下几个方面。首先，本人坚守儒学，给子弟提供较好的儒学教育，使他们成为家族的读书种子。其次，

---

① 朱文选：《唐氏三先生集》附录《元故新安郡博士筠轩唐先生行状》，《北京图书馆古籍珍本丛刊》第115册，第806页。
② 唐元：《唐氏三先生集》卷9《送郑彦昭侍亲归西江序》，《北京图书馆古籍珍本丛刊》第115册，第533页。
③ 唐元：《唐氏三先生集》卷9《洪存心常宁监税序》，《北京图书馆古籍珍本丛刊》第115册，第537页。
④ 朱文选：《唐氏三先生集》附录1《元故新安郡博士筠轩唐先生行状》，《北京图书馆古籍珍本丛刊》第115册，第805页。

从事科举,通过科举改变本人和家族的处境,当然,唐元的科举失败了。最后,追求仕宦。他的一个儿子做了吏员,就是他追求仕宦的表现。他本人五十八岁才担任低级学官,七十岁以徽州路儒学教授致仕(正九品),可以说达到了仕宦的目的。

(二)唐桂芳对社会变革的反应和对儒学的坚守

唐桂芳,字仲实,出生于元朝至大元年(1308),明朝洪武十三年(1380)去世,他生活的时代是元朝中期到明朝初期的社会变革时代,经历了元朝由盛转衰和明朝统治建立的过程。作为唐元非常喜爱的小儿子(唐元第六子过继汪氏),唐桂芳回忆说:

> 仲幼羸多疾,先君爱之甚,不忍舍去,奇辞奥旨,必倾心为之尽。以故仲之学,先君之教也。尝侍先君、先兄坐筠轩中,先君作《筠轩记》,有曰:"霜筠万枝,影落上下,何其壮也。"因自叹父子兄弟,商确文字间,今日未知其难遇,异日即其境、思其人,低面有不可及之恨,然后知其为难遇也。①

唐桂芳受到很好的教育,"甫十岁,受业于乡先达杏庭洪公潜夫之门,由是日记经史,颖悟绝人。每篝灯夜读,吾伊之声达旦,虽隆寒盛暑疾疢不为之辍……年十五,侍教授公(唐元)游吴庠,受毛诗于钱公水村,龚公子敬,卒业而归"②。

作为一个在元朝出生和成长的士人,唐桂芳对于前朝(南宋)已经没有怀念与伤感,对于元朝士人的处境与地位,唐桂芳没有抱怨,只是努力改善自身的处境。元代南人士人仕宦困难,唐桂芳有通过仕宦成就功业的愿望,但他对于实现这种愿望并没有信心,他在一篇文章中写道:

> 士君子勤书赜理,莫不有志于天下国家。奈有其才而无其位,有其位而无其时,不得展其光明正大之学,怀奇俊伟之言,以用时酬

---

① 唐桂芳:《唐氏三先生集》卷19《三峰精舍记》,《北京图书馆古籍珍本丛刊》第115册,第652页。

② 钟亮:《唐氏三先生集》附录2《明故南雄路儒学正白云先生唐公行状》,《北京图书馆古籍珍本丛刊》第115册,第814页。

位，使上结明主之知，下布生灵之泽，载于简牍，藏诸国史，其事之成否，非人之所能为也，天也。①

将士人事业的成功归于天命，说明了元代江南士人对于成就功业的迷茫。

元朝恢复科举，唐桂芳"留分阳与教授公（唐元）讲学，肄科举业，贡于有司，不利"②。科举的失败，对于"素有志科举之习"③的唐桂芳打击很大，他在洪武二年写的一篇文章中，对宋元科举持否定态度，认为宋朝科举"侮圣言尤甚"，而元朝科举"于四书五经，疑义之外，杂以古赋，未免词章旧习"④。科举失败后，唐桂芳先后于建康路明道书院和建康路学担任司训（训导），结识江南行御史台监察御史，至正元年（1341）被荐举为福建建宁路崇安县儒学教谕。任满入广选（广海选），升南雄路儒学学正，未赴，归家隐居。在福建期间，唐桂芳被认为是"内附以来，崇安教官当以唐公清才懿德为第一人"⑤。元朝至正以后，自然灾害频仍，社会矛盾尖锐，唐桂芳对于当时的社会危机反应敏锐，他两次上书元朝监察御史，他在《上御史书》中写道：

> 自夏亢旱，禾不入土，秋将成熟，灾疫大行，病者不能扶舁而起，死者狼藉，草野生意不绝如带，闽南数十年以来所无也。仰惟相公宠被圣眷，巡历行省，盖欲问民之疾苦，故敢以民之疾苦告之，倘沐采择，申奏朝廷，减租宽徭，以续民命。⑥

这次上书是向监察机构介绍福建的灾情，希望元朝采取措施，救济当

---

① 唐桂芳：《唐氏三先生集》卷18《吕左史谏草序》，《北京图书馆古籍珍本丛刊》第115册，第646页。
② 钟亮：《唐氏三先生集》附录2《明故南雄路儒学正白云先生唐公行状》，《北京图书馆古籍珍本丛刊》第115册，第814页。
③ 唐桂芳：《唐氏三先生集》卷18《赠陈生自新序》，《北京图书馆古籍珍本丛刊》第115册，第636页。
④ 唐桂芳：《唐氏三先生集》卷18《送俞子常举教官序》，《北京图书馆古籍珍本丛刊》第115册，第634页。
⑤ 钟亮：《唐氏三先生集》附录《明故南雄路儒学正白云先生唐公行状》，《北京图书馆古籍珍本丛刊》第115册，第815页。
⑥ 唐桂芳：《唐氏三先生集》卷20《上御史书》，《北京图书馆古籍珍本丛刊》第115册，第686页。

地百姓。他的第二次上书是写给御史赵某的，要求其重视福建地区的教化和风俗。① 这两次上书，说明唐桂芳对地方政治的关注。元朝至正十年（1350）以后，农民战争爆发，元朝统治陷入混乱，唐桂芳表现出对元朝统治的忧虑，他在《赠陈养吾》一诗中写道：

> 世祖树鸿业，冠盖何诜诜! 鲁斋明正学，识见真儒醇。静修起岩穴，名誉服荐绅。呜呼大江南，虞老一角麟。而今未百年，中原生棘榛。不有大手笔，何由救沉沦？②

这首诗是站在元朝的角度，对当时元朝的统治表示忧虑。不过，唐桂芳在朝代更替面前表现出较强的灵活性，在江南割据势力混战的时候，唐桂芳认为"干戈扰攘而时运亦旋以变矣"③。反映了元末唐桂芳对元朝政权已经不抱希望，至正十七年（丁酉，1357），朱元璋占领了歙县，唐文凤在当地仍然十分活跃，他参加了向朱元璋政权新任地方官黄德芳"献酒肉"的仪式，然后和当地士人一起与黄某诗歌唱酬。④ 至正二十一年（1361）唐桂芳参加了地方官员在紫阳书院祭祀朱熹的活动，"诸生拜揖，讲说四书。又命题赋诗"，唐桂芳写的这篇序文中，使用红巾军首领韩林儿的"龙凤"年号，元朝的纪年则代以干支。⑤ 反映了唐桂芳对于政权变更灵活的态度。

至正十八年（1358）朱元璋驻军歙县，访问耆儒，征集当地儒士对新政权的意见，部下邓愈推荐了朱升和唐桂芳，⑥ 于是，唐桂芳受到朱元璋

---

① 唐桂芳：《唐氏三先生集》卷20《上赵御史书》，《北京图书馆古籍珍本丛刊》第115册，第686—687页。
② 唐桂芳：《唐氏三先生集》卷14《赠陈养吾》，《北京图书馆古籍珍本丛刊》第115册，第586页。
③ 唐桂芳：《唐氏三先生集》卷20《黄季伦诗跋》，《北京图书馆古籍珍本丛刊》第115册，第669页。
④ 唐桂芳：《唐氏三先生集》卷18《黄宪金槐塘倡酬诗序》《北京图书馆古籍珍本丛刊》第115册，第632页。
⑤ 唐桂芳：《唐氏三先生集》卷18《紫阳书院开讲序》，《北京图书馆古籍珍本丛刊》第115册，第637页。
⑥ 钟亮：《唐氏三先生集》附录2《明故南雄路儒学正白云先生唐公行状》，《北京图书馆古籍珍本丛刊》第115册，第815页。按：上面正文与独立引文内容不同。引文是《唐氏三先生集》卷首的《龙兴召对》的说法，这种说法是唐桂芳主动去拜见朱元璋，与《行状》记载略有不同。

儒学传家，诗文立身 ·293·

召见，具体情况如下：

> 戊戌十二月，太祖自宣至徽，召故老耆儒，访以民事。有儒士唐仲实、姚琏者来见，太祖问之曰："丧乱以来，民多失业，望治甚于饥渴，吾深知之。"仲实对曰："自大军克复，民获所归矣。"又问曰："邓愈筑城，百姓怨否？"对曰："颇怨。"太祖曰："筑城以卫民，何怨之有？必愈所为促迫，以失人心。"即命罢之。又问："尔能博通今古，必谙成败之迹，若汉高祖、光武、唐太宗、宋太祖、元世祖，此数君者，平一天下，其道何如？"仲实对曰："此数君者，皆以不嗜杀人，故能定天下与一主。公英明神武，兼数君之长，驱除祸乱，未尝妄杀，出民膏火，措之以衽席之上，开创之功，超于前代，然以今日观之，民虽得所归，而未遂生息。"太祖曰："此言是也，我积少而费多，取给于民，甚非得已。然皆为军需所用，未尝以一毫奉己，民之劳苦，恒思所以休息之，曷若忘也？"仲实等曰："诚如是，民之生息可待矣。"太祖曰："有不便者，盍尽言之。"仲实等皆拜谢，乃赐诸父老布帛，抚慰之而去。①

这次召见中，唐桂芳以一位地方士人的身份，表达了他对朱元璋的政治期待和对于长期战乱以后百姓安定生活的向往。

唐桂芳在政治方面表现比较灵活，但是，他对于儒学和儒士身份的坚守，仍然非常坚定。作为一个出生于元朝的士人，唐桂芳已经没有唐元那种对南宋生活的怀念以及"众鸟不敢鸣，况乃相颉颃"②的怯懦心理，他对自己儒士的身份非常自信。吕旭记载了唐桂芳在担任建康路学司训时的一件趣事：

> 秋丁，宴明伦堂上，中丞（南台御史中丞）挹以卮酒，公（桂芳）不拜，立饮既，管勾王公德常厉声曰："大人举酒不拜，儒者将戾于礼耶？"公曰："彼以爵尊，此以道重，我无官守，我无言责，使

---

① 《唐氏三先生集》卷首《龙兴召对》，《北京图书馆古籍珍本丛刊》第115册，第403页。
② 唐元：《唐氏三先生集》卷1《上宪使疏斋卢公》，《北京图书馆古籍珍本丛刊》第115册，第448页。

有揖客，得不贵于拜耶？"丞叹而置之。①

上述记载反映了唐桂芳维护自己士人身份尊严的坚定态度，唐桂芳在任崇安县学教谕时，与江浙行省右丞乌古孙干卿的交往也能反映这一点，吕旭记载："初右丞乌古孙公干卿以江东宪节驻崇安，公（桂芳）久负偃蹇，意望弥高，乌古孙公接之不能满，公曰：'天下皆知公者，以能谦抑下士也，今以常人进退与桂芳者，是不知己也。'长揖去。"②

朱元璋占领歙县，邓愈"以礼罗之，俾掌儒学"，当时尚处于战乱时期，骄兵悍卒横行无忌，接下来发生的一件事情，更能体现唐桂芳作为士人的勇气：

> 秋丁祀事，牲醴蠲洁，礼仪严整。值三献未终，知府魏公均祥饮福受胙，而悍卒遽攫其肉以出。先生恶其渎法螯礼，立殿阶上朗读纠劾之文，邓公为敛威霁怒而慰谕之，左右莫不震慑，为先生危之，邓公尤加敬焉。尝语人曰："当乱兵中，谁敢忤意？而唐先生直言无隐，可谓儒而有胆气，仁者之勇也。"③

元明更替之际，唐桂芳隐居槐堂，他在一篇文章中写道："乙丑春，予归自南闽，三卜室于大氏槐塘之濒，最后得地心园，幽阻旷夷，谈者以为有隐君子之趣焉。"隐居的原因，他认为："圣贤娱于己以及于民；不遇其时，岂不能自娱于己欤？"④ 前面已经说明，他接受了邓愈"掌儒学（徽州府学）"的任务。至正二十八年（1368），徽州知府胡某"命耆老仇荣辅赞府檄，就隐所委职祠吏。明日躬诣黄堂辞谢，不报"⑤。看样子他接受了紫阳书院祠吏的职务。洪武三年（1370）明朝正式任命唐桂芳为歙县儒学

---

① 吕旭：《唐氏三先生集》附录《酒狂先生传》，《北京图书馆古籍珍本丛刊》第115册，第818页。

② 吕旭：《唐氏三先生集》附录3《酒狂先生传》，《北京图书馆古籍珍本丛刊》第115册，第818页。

③ 钟亮：《唐氏三先生集》附录2《明故南雄路儒学正白云先生唐公行状》，《北京图书馆古籍珍本丛刊》第115册，第815页。

④ 唐桂芳：《唐氏三先生集》卷19《延熏轩记》，《北京图书馆古籍珍本丛刊》第115册，第651页。

⑤ 唐桂芳：《唐氏三先生集》卷19《重修紫阳书院记》，《北京图书馆古籍珍本丛刊》第115册，第656页。

教谕，相对前面的两个职务，这一职务属于明朝吏部任命的，接受就等于正式出仕明朝，这一次唐桂芳果断拒绝，唐文凤记载了这一次任命的情况：

> 洪武三年，吏部符下，令天下府县开设学校。是岁正月，同知何公翔卿、知县程公德芳举荐家君充歙县儒学教谕。时抱患未瘥，逼迫就道，文凤虑奔走千里，旧患愈加，将有不测之忧，是以哀号县庭，通书于程公，又匍匐府厅，再陈情于何公。二公感而怜之，遂已于行。①

从这次辞官的情况来看，唐桂芳在政治上并没有完全接受明朝，他与新政权在心理上还有距离。对于元朝，唐桂芳有一些依恋，他在回忆其在元朝的交游时写道：

> 仲（桂芳）惟至正初，天下极治，人才项背相望，大名昭焯，如达兼善、赵子温、秦裕之兄弟、乌古孙干卿、道童公仅六人，石岩则道童公号也。干卿与予善，所以于诸公相知最深。呜呼！其忍言诸？②

这则材料赞美了元朝的"天下极治"和人才之盛，反映了唐桂芳对元朝的美好印象。

总之，尽管唐桂芳在元明更替过程中表现出灵活性，但他并没有完全接受明朝政权，刻意与明朝政权保持一定的距离。对于元朝，唐桂芳充满着美好的回忆，表现出对元朝生活的留恋，反映了他作为士人，对所处生存环境的独立思考。

（三）唐文凤对社会变迁的反应和对儒学的坚守

唐文凤，唐桂芳第二子，字子仪，学者称梧冈先生。唐文凤出生于元朝至正六年（1346），至正二十八年（1368）元朝灭亡时，他已经22岁。

---

① 唐文凤：《唐氏三先生集》卷27《书上歙尹程公德芳书后》，《北京图书馆古籍珍本丛刊》第115册，第770页。

② 唐桂芳：《唐氏三先生集》卷19《为善堂记》，《北京图书馆古籍珍本丛刊》第115册，第660页。

他一生经历了元朝末年的动荡时期和明朝太祖、建文帝、成祖、仁宗、宣宗时期,这一时期是中国历史由蒙古统治转变为明朝专制统治,也是社会变革剧烈的时期。

唐文凤自幼受到良好的家庭教育,"淹贯经史,工字学,兼众体,妙得古人用笔意"。其"家庭内父子兄弟自相师友,择精而语详,非濂洛关闽诸大儒之学不讲,非韩李欧曾诸大家之文不习"①。

作为成年时期主要生活在明朝的士人,唐文凤的政治态度已经完全倾向于明朝,他在一篇文章中谈到他对明初隐士的看法:

> 予以为,人才之生也,以有用之才置之不用之地,不可。方今文明至治之世,有起渭滨,有召岩滩,而为国家之用,岂徒若志和鲁望之老于烟波者而后为可尚哉?②

唐文凤的这种关于隐士的观点与明太祖朱元璋的观点基本相同,反映了他的政治取向。文凤初任歙县县学训导,③ 建文元年(1399)受荐至京,其《墓表》中记载了他接受荐举的过程:

> 戊寅,莆田黄公希范来守新安,首以先生荐于朝。明年春,杨君复显奉命来征,黄公敦劝就道,而自为文送之,拳拳以真儒善治为期,其待之至矣!……先生至京,以直言忤当道意,私相谓曰:"此山林狂士也,留之恐不静,遂出之赣之兴国。"④

唐文凤出仕以后,表现出对元朝政治腐败的批评和尽忠明朝朝廷的愿望,他在一首诗中写道:

> 剧谈昔日政,贪肆同封豨。怀奸比设阱,婴祸类发机。幸遇圣明

---

① 唐泽:《唐氏三先生集》附录3《高祖梧冈先生墓表》,《北京图书馆古籍珍本丛刊》第115册,第832页。
② 唐文凤:《唐氏三先生集》卷26《西溪渔隐记》,《北京图书馆古籍珍本丛刊》第115册,第759页。
③ 唐文凤:《唐氏三先生集》卷27《书上歙尹程公德芳书后》,《北京图书馆古籍珍本丛刊》第115册,第770页。
④ 唐泽:《唐氏三先生集》附录3《高祖梧冈先生墓表》,《北京图书馆古籍珍本丛刊》第115册,第832页。

朝，民安家已肥。嗟我叨邑宰，才疎名更微。愿言竭愚衷，清慎志不违。治平二三策，何当达京畿。①

明朝江南士人的仕宦之途比较通畅，唐文凤主张通过仕宦，将平生所学用于国家治理，他在给弟弟的信中写道："望吾弟充其问学，大其心胸，涉于事，周于理，则可以成其才而推于用，岂可仅仅守兔园册也。此劣兄之至望，吾弟勉旃，勉旃。"② 他还向其弟谈到他的为官之道："劣兄在任，不过如斯，始终一念，精白一心，不为利欲所诱，不为祸患所怵，守法而行，据理而为，处繁剧而不惮烦，遇艰险而不避畏，其于祸福死生漠然无所动，于其中幸不幸，一委之于天而已。"③

对于明朝给他的仕宦机会，唐文凤非常感激，表示效忠朝廷，他在给弟弟的另一封信中写道：

叨承国恩，授以牧民之寄，应命以来，夙夜祗惧，思图报效，在职不过尽公竭忠，以身徇国，以理恤民，其于私欲，无一毫萌于念虑间，澹如泊如，而不知宦海之风波也。④

对于自己的职务，唐文凤感到自豪，不惜向家人夸耀，他在与家人的信中说：

近奉旨侍讲清宫，开经筵，以论道为圣朝之盛事，而老兄抠趋殿庭之下，亦预僚属之末，屡蒙赐馔，恩数宠加，复回王府进讲，日以为例，自秋初以来，准拟扈从北行，心旌摇摇，靡有定止，非冬深启行，必来春也。⑤

---

① 唐文凤：《唐氏三先生集》卷21《八月一日寓衣锦乡祖印院》，《北京图书馆古籍珍本丛刊》第115册，第692页。
② 唐文凤：《唐氏三先生集》卷30《又与弟子才书》，《北京图书馆古籍珍本丛刊》第115册，第797页。
③ 唐文凤：《唐氏三先生集》卷30《与弟子才书》，《北京图书馆古籍珍本丛刊》第115册，第797页。
④ 唐文凤：《唐氏三先生集》卷30《与弟子彰书》，《北京图书馆古籍珍本丛刊》第115册，第798页。
⑤ 唐文凤：《唐氏三先生集》卷30《又与弟子彰书》，《北京图书馆古籍珍本丛刊》第115册，第798页。

唐文凤作为明朝的官员，他很满意自己的仕宦经历，但作为士人，唐文凤对于儒学和儒士身份的坚守依然非常坚定。

唐文凤非常关注子弟的儒学教育，鼓励他们传续家学。在给弟弟的信中，鼓励他"读书训子，以传家学"①。他在给其弟的信中写道：

> 吾弟青年方春，当悉心于学，以迓续祖父之遗风，吾儒事业大有所当着力处，付之悠悠，则不能成其所有，以致流光坐弃，诚为可惜。以吾弟为学知所向方，宜加鞭辟。②

除了坚守儒学，唐文凤特别看重士人的身份，他在建文二年（1400）的一首诗中有："一官聊自慰，未必误儒冠。"③ 说明他对自己"儒冠"的尊重，他在任官期间吊念文天祥和余阙，反映了他对前朝忠臣的敬佩。更有意思的是，他将元朝赐给死节之臣郑玉的名币做成官服，进京入觐，他写道：

> 前元至正十四年间，庚申帝（元顺帝）遣使谢嘉卿航海，赍名币、法酒至徽州歙县，征师山隐士郑玉子美，授以翰林待制。时端本堂正字郑彦昭启东宫，侑以尚尊，后辞，不赴召。值兵变，所赐币流落民间，乃购得之余，以举保授兴国县令，考满入觐，遂裁制为衣，以朝天阙。感前代之恩币，成圣朝之品服，漫成七言律一章以寄意云。④

明朝官员穿前朝皇帝赐币做成的官服朝觐明朝皇帝，这种事情非常有意思，唐文凤通过这一行动，彰显了他对儒学道统的坚守。另外，唐文凤毕竟经历过元朝至正十一年（壬辰，1351）以前的安定时代，他对元朝的

---

① 唐文凤：《唐氏三先生集》卷30《又与弟子彰书》，《北京图书馆古籍珍本丛刊》第115册，第798页。
② 唐文凤：《唐氏三先生集》卷30《又与弟子才书》，《北京图书馆古籍珍本丛刊》第115册，第797页。
③ 唐文凤：《唐氏三先生集》卷23《洪武庚辰八月一日，为抚安人民至衣锦乡，访安湖书院，拜先圣殿，谒先贤祠，栋宇倾挠，廊庑荒芜，顾瞻感叹，念欲兴修兹焉。经始以俟毕工，历初十日。夜坐挈矩堂，新月满庭，漫尔兴怀，成五言近体十首，时儒生钟民敬亦次余韵，以纪一时之清兴云》，《北京图书馆古籍珍本丛刊》第115册，第724页。
④ 见《唐氏三先生集》卷23，《北京图书馆古籍珍本丛刊》第115册，第732页。唐文凤的诗写道："剪就天机云锦章，银丝万缕日争光。应酬晚节冰霜志，犹带前朝雨露香。袖拂苔痕封印匣，袂联棠影上琴堂。三年制锦朝京阙，衣绣终当归故乡。"

社会风气、文风赞美有加，他在一篇文章中写道：

> 前元全盛之时，海内升平几八十余祀，人才猥兴，比隆唐宋，休明之运，淳庞之气，见于文章，散于篇什，率皆光华俊伟，一扫衰世萎靡之习。当时所尚乐府新声，至于文士才子，讲治正学之余，往往嗜好，矢口而成，挥笔而就，于琼筵绮席间，度以歌喉，协以声律，亦可谓快意矣。昔之所称者，北有关汉卿、马九皋辈，语意雄浑，殊乏纤巧态。南有张小山，自《吴盐集》一出，流传京师，宠书于奎章，脍炙人口，珠玑璀灿，锦褫青红，新奇而工致，艳丽以清脄，论浑厚之气，则有间矣。①

唐文凤以明朝忠臣自诩，又对元朝人物、元朝社会风气、元朝文风极力称道，说明他没有受到明朝士人中间刻意贬低元朝统治的思潮影响，仍然在坚守士人对于王朝政治的独立思考。

从唐氏三先生对于社会变革的反应可以看出，宋元明之际社会发生了剧烈的变化，士人的政治地位和生存环境当然也随之发生变化。作为社会政治、文化精英的士人，其对社会变革的反应比较敏锐，他们根据儒学的价值观进行价值判断，对于不同的事件、不同的社会变化做出相应的反应，这种反应显示了士人灵活的社会生存能力。尽管士人对社会变革的反应各有特点，然而其共同点就是对儒学和儒士身份的坚守。唐氏三先生不管社会发生什么变化，都会坚持儒学的传续，通过儒学的传续塑造子弟的士人身份。通过对士人身份的坚守，塑造自己和家族的形象，扩大个人和家族在地方政治和地方社会的影响，真可谓是以不变应万变。

二 诗文立身：唐氏三先生的诗文写作与社会变迁应对策略

人的基本问题是生存和发展的问题，处于元明社会变革中的士人当然

---

① 唐文凤：《唐氏三先生集》卷27《跋张小山所书乐府》，《北京图书馆古籍珍本丛刊》第115册，第771—772页。

也是这样。那么，士人在社会变革中的生存和发展策略是什么？考察唐氏三先生的材料可以看出，尽管士人生存手段多种多样，但是，其在社会变革的过程中最基本的生存手段则是他们最擅长的诗文写作。中国传统社会的士人在儿童时期就进行对句、写诗的训练，其年轻时，则进行各种文章的训练，作为科举考试的准备。士人成年以后，诗文写作的技能可以帮助士人进入上流社会的交际圈子，为士人入仕和从事文化、教育等职业创造了条件。诗文的写作水平在很大程度上决定了士人在地方社会中的影响与社会地位，成为士人在社会上安身立命的重要资源。

（一）唐氏三先生的诗文写作

唐氏三先生非常重视诗文的写作，对诗文的写作也很有心得，唐元认为：

> 夫诗有别材，本于性情，触物而发，故曰言之精者为文，文之精者为诗。然观少陵言，读书破万卷，下笔如有神。益知学诗人腑肺，非得古今灌溉，理义融会，则如貌枯语涩，于善养生人不类。①

上述议论当然是有感而发，唐元好诗，年轻时代就被称为"新安三俊"之一，他36岁那年"裹诗虚谷方使君（方回）于钱塘，公曰：'长孺之诗以陶、杜、黄、陈为师，其所可人意者，格高也。'"②

唐元的文章也下了很大功夫，科举失败后，"遂大奋力于韩、柳、欧、曾之文，尤酷好魏鹤山文集，以为临□衣钵。五更孤枕，潜思密运，不竢笔札，以腹为稿，文从字顺，滔滔汩汩，何来之易也"③。唐元晚年隐居歙县，对文章写作仍然非常用心，他写道：

> 元顷自金陵南轩代还，寓隐问政山中，性资顽钝，凡以游戏笔墨取重士林者，一无能焉，惟日（燔）[翻]阅旧书，早岁所未悟者，

---

① 唐元：《唐氏三先生集》卷11《艾幼清汝东樵唱诗跋》，《北京图书馆古籍珍本丛刊》第115册，第567页。
② 朱文选：《唐氏三先生集》附录1《元故新安郡博士筠轩唐先生行状》，《北京图书馆古籍珍本丛刊》第115册，第804页。
③ 同上。

如户牖塞开，递登堂室。急如破竹，迎刃而解。及为应俗文字，每因平旦清明，才一触所思，浩浩乎觉其来之易，无向来嗫嚅艰涩之状。心私窃喜。①

从上面论述可以看出，唐元对写作非常重视，下了很大功夫，其诗文得到后来学者的称赞，自然也在情理之中。

唐桂芳对于诗文有自己的观点，他在一篇文章中写道：

予于诗文，非所能也，非所好也。每徇世俗强为之，虽未敢庋长挈大诸公间，今日劬心焦思，或为适意，明日读之，辄悒悒不自喜。窃疑于是，间以语人，人不我告也。②

这则材料反映了唐桂芳对诗文严肃认真的态度，不是说他不擅长诗文，而是说他对诗文写作态度非常认真，他在日常生活中，"凡欢欣悲戚，郁郁不平，必于诗文焉发之"③。说明他的生活中诗文写作的重要性。他在明道书院和建康路学任训导期间，就与当地名士李青山、杨志行、丁仲容、李晋仲、陶主敬等"商榷诗文，咸加推让"④。唐桂芳晚年失明，"当时士大夫学者翕然宗之，求文则孝子顺孙追念其先亲，琳宫梵刹纪之成功，山镌石刻，照耀远近，暇日或与门生弟子论文赋诗，欢笑自若"⑤。

这样看来，虽然唐桂芳自认为诗文非其所长、非其所好，他的一生却时时进行诗文的写作，明人陈养浩认为：其文章"研精务极，其旨趣、理融、事核，洗涤锻炼，卓然自成一家之文，山□石刻，学士大夫抄写不停手"⑥。

唐文凤擅长书法，诗文的写作也是他日常生活中的重要内容。他的文章中数次谈到他与家庭内部、乡村邻里和官场朋友之间的文会，他在《文

---

① 唐元：《唐氏三先生集》卷首《筠轩文稿自序》，《北京图书馆古籍珍本丛刊》第115册，第393页。
② 唐桂芳：《唐氏三先生集》卷18《题江湖寓藁序》，《北京图书馆古籍珍本丛刊》第115册，第630页。
③ 同上。
④ 钟亮：《唐氏三先生集》附录2《明故南雄路儒学正白云先生唐公行状》，《北京图书馆古籍珍本丛刊》第115册，第815页。
⑤ 同上。
⑥ 陈养浩：《唐氏三先生集》卷首《白云集略序》，《北京图书馆古籍珍本丛刊》第115册，第396页。

会堂记》中写道：

> 予叨荐剡授县令之职，考满钦选改除王府官讲，得与在朝诸名公硕儒缔交，若翰林学士王达善、杨荣、王景彰，国子祭酒徐旭、侍讲杨士奇、状元曾棨辈诗文往复，赓酬倡和，殆无虚日，此今时之文会也。①

唐文凤这里谈到的文会是他任职明朝赵王府纪善时，与朝中名士的文会，他平时也进行诗文创作，在任兴国县尹期间，"暇则巡行阡陌，游览山川，抚景触情，则形诸题咏，民德而祠之，至今不替"②。唐泽对他的诗文称赞道：

> 先生天性最高，天下书无不读，读无不记，发而为文，烨然如云汉，歌而为诗，铿然若金石……无锡王侍讲达善则曰："先生诗文，词顺理明，铿锵浏亮，声戛金玉。"③

唐氏三先生皆擅长诗文写作，其诗文达到了较高的艺术水平，除了家庭的影响以外，诗文写作带来的社会地位的提高和生存环境的改善，成为推动他们致力于诗文写作的主要动力。

（二）唐氏三先生诗文的写作对象与写作背景

每一个诗或文都有写作对象，如地方官员、一般儒士、家庭成员、自咏、地方大族、僧道术士等，这些写作对象与作者之间，通过诗文建立了或亲近或疏远的人际关系，构成作者的人际关系网络，对于诗文作者来说，这种通过诗文构建的人际关系网络是他的重要社会资源。

相对于诗文的写作对象来说，诗或文的写作背景则反映了由诗文构建的人际网络运作的整个过程。就诗来说，和诗、朋友聚会吟诗、自咏、家庭成员唱和、送别诗、题诗等写作背景，描绘了作者在诗文构建的人际关系网络中的互动场景。就文来说，师友会文、受人委托、官方任命、家族

---

① 唐文凤：《唐氏三先生集》卷26《文会堂记》，《北京图书馆古籍珍本丛刊》第115册，第757—758页。

② 唐泽：《唐氏三先生集》附录3《高祖梧冈先生墓表》，《北京图书馆古籍珍本丛刊》第115册，第833页。

③ 同上书，第834页。

纪事、地方事务纪事等,则反映了诗文作者通过诗文所进行的社会活动的整个过程。这种社会活动反映了作者在地方政治、地方社会事务的地位与影响,也记录了诗文写作给作者带来的实惠(受人委托写文章的润笔费),实际上反映了诗文作者通过诗文写作在社会上安身立命的实际情况。下面通过对《唐氏三先生集》中,三先生的诗和文的写作对象与写作背景的统计,探讨三先生通过诗文构建的人际交游网络及其运行过程。

1. 唐氏三先生诗的写作对象与写作背景

作为在士人群体中最普及的文学形式,诗也是士人群体沟通与交流的重要方式。诗可以在公共空间里完成作者与其他人的情感交流,也可以在私人空间中,实现作者的自我认知和自娱自乐。因此,诗的写作是士人应对社会变革的重要对策之一。下面对唐氏三先生诗的写作对象(表1)与写作背景(表2)进行统计,通过统计资料和其他史料分析三先生通过诗的写作构建的人际关系网络及其运行情况。

表1 唐氏三先生诗的写作对象

姓名	地方官员	一般儒士	自咏	家庭成员	地方大族	僧道、术士	备注
唐元	71 16.7%	115 27.1%	214 50.4%	15 3.5%	3 0.7%	7 1.6%	
唐桂芳	15 7.8%	111 57.5%	59 30.1%	6 3.1%	1 0.5%	1 0.5%	
唐文凤	42 21.6%	34 17.5%	102 52.6%	4 2.1%	1 0.5%	11 5.7%	其中与皇帝有关的诗6首

从上面的统计数据可以看出,唐氏三先生的诗的写作对象,除了自己(自咏)以外,还有一般儒士、地方官员、家庭成员、地方大族和僧道、术士等。这些对象构成了唐氏三先生通过诗的媒介构建的人际关系网络,网络成员主要来自社会(主要是地方社会)的政治、文化精英阶层。从网络的构成来看,除了作者本人,人数较多的是一般儒士和地方官员。一般儒士大多有诗词写作的能力,大多具备这种形式的社会网络,这些网络相互涵盖,形成了地方社会联系比较密切的士人群体。地方官员大部分是士人出身,具有诗词写作的能力,乐于通过诗的媒介融入地方社会,了解地

方社会的信息并作为为政之暇的消遣；而地方士人也乐于通过诗词与地方官员接近，提高身价或社会影响，这是唐氏三先生的此类人际关系网络中一般儒士和地方官员居多的原因。不过，由于士人身份和社会地位的差别，地方官员和一般儒士在此类网络中分布也有差别。唐元、唐桂芳均是一般儒士，社会影响有限，因此网络中士人居多，唐元的网络中一般儒士占27.1%，唐桂芳网络中占57.5%，地方官员的比例二人各占16.7%和7.8%。唐文凤属于明朝的官员，其网络中士人的数量占17.5%，官员的数量占21.6%，可以说，一般儒士的人际关系网络以士人为主，具有官员身份的士人的人际网络中，官员的成分更多。

家庭成员之间的诗文唱和在《唐氏三先生集》中记载较多，说明诗的写作是家庭成员之间感情交流的重要途径。地方大族主要是以儒学传家的科第仕宦之家，这些家庭有家学传承，有经济实力，经常承担士人之间的诗会、文会的组织工作，因此成为其人际交游网络的成员。另外，僧道、术士、医者中间不乏能诗之人，这些人有一些进入了唐氏三先生通过诗的写作构建的人际关系网络。

那么，唐氏三先生的这种以诗的写作构建的人际关系网络是如何运行的？本文将唐氏三先生诗的写作背景（表二）统计如下，以此说明这种人际网络的运行情况：

表 2　唐氏三先生诗的写作背景

姓名	和诗	朋友聚会吟诗	自咏	家庭成员唱和	送别诗	题诗	官方场合吟诗
唐元	117 27.5%	25 5.9%	214 50.4%	14 3.3%	35 8.2%	11 2.6%	9 2.1%
唐桂芳	70 35.9%	4 2.1%	60 30.7%	9 4.6%	44 22.6%	8 4.1%	0 0
唐文凤	24 10.1%	10 4.2%	98 41.4%	3 1.3%	19 8%	64 27%	19 8%

上表反映了唐氏三先生以诗的写作构建的人际关系网络的运行情况。和诗是该人际关系网络运行的重要方式之一，和诗一般是在共同参加了某项活动之后，某位诗人将写好的诗，寄给唐氏三先生中的某人，唐氏三先

生根据诗的内容写诗响应，寄给这位诗人。① 由于写作时间充足，诗人有足够的时间对诗句进行构思和推敲，所以这种诗的文学水平一般较高。从统计表格的数据来看，唐氏三先生的和诗比较多，特别是唐桂芳，和诗的数量占了其文集收录诗总数量的35.9%，说明和诗在士人人际交游过程中是非常活跃的。

送别诗是士人在分别之时有感而发，写给离开的人的诗，一般是得到消息提前写好，离别之前交给他。送别诗以抒发离别之情见长，反映了诗人之间的密切关系。在唐氏三先生留下来的诗文中，送别诗数量较多，特别是唐桂芳，占了文集中诗总量的22.6%，反映了这位自称"酒狂"的士人，②感情非常充沛。

题诗是士人诗写作的重要形式，题诗的场合比较灵活，士人在欣赏绘画、书法作品的时候，征得书画主人的同意，可以在其上题诗，有时候书画主人会主动找到知名士人题诗，来提高书画的文学和艺术价值。士人参观朋友的书房、僧道的寺院、道观，可以壁上题诗，游历名胜古迹也可以在石壁等能写字的地方题诗。唐氏三先生的题诗留在文集中的也有不少，特别是唐文凤，题诗占了文集中诗的总数的27%。题诗特别是在艺术品和收藏文物之上题诗，需要诗的作者有一定的知名度，才能为这些艺术品增值，这样看来，唐文凤在明朝地方和中央机构的仕宦经历，使他的影响比唐元和唐桂芳要大。

朋友聚会吟诗在唐氏三先生的文集中也有一定的数量。近世士人聚会较多，这种聚会称为"燕集"，一般由富室或官员召集，士人饮酒赋诗，这些诗有可能在燕集之后结集出版。③ 唐氏三先生所在的徽州，就是燕集之风比较盛行的地方，唐文凤记载了休宁吴氏家长吴斋组织燕集的情况："每值春秋嘉会，必汛扫凉台燠馆，风亭月榭，以候翁（吴斋）至，至则肩舆轧轧，仆从导引，子姓扶掖，延歆谒问起居毕，则三肃坐上座，少长凝立凛，弗敢哗。酒数行，微醺兴发，豪谈娓娓，每倾座客。或遇倡酬，

---

① 关于和诗的过程，郭畀《云山日记》中记载较多，可以参考。
② 吕旭：《唐氏三先生集》附录3《酒狂先生传》，《北京图书馆古籍珍本丛刊》第115册，第818页。
③ 关于这个问题的专门研究见萧启庆《元朝多族士人的雅集》，香港中文大学《中国文化研究所学报》1998年新6期，第197—203页。

才思泉涌，吟咏未出口吻，则振笔着纸，挥洒迅疾，飒飒类风雨声，俄顷尽数十幅，咸争传看，讽诵以相乐。"这样的燕集中，唐元、唐桂芳均"相资颉颃，辈行诗筒，往复不辍"①。唐桂芳记载了江村士人的诗会，属于师生之间的吟诗娱乐活动：

> 晓清吴先生客授江村，滋久康强，年逾八十，诸公念之不忍休也，舆致私塾，至正辛卯夏建诗会。凡会之日，先生居上座，诸公俯伏帖帖，尽师生礼。诗成，果一笾，酒三行，命苍头击缶歌之，且相忘次第甲乙间，庶以美周睦之义，息争竞之风。其诗不成，罚酒以佐欢。②

与这种燕集类似的是家庭成员唱和吟诗，唐氏坚守儒学，家中文人较多，家庭成员之间的聚会吟诗成为一个特殊的风景。唐文凤记载："洪武九年十二月廿又三日，喜文虎长兄受丞江安之命，自京便道归省。是夕，张灯酌酒，父母在堂，五兄弟次坐，家严首倡二句，相与联诗，以纪家庭一时聚乐之情耳。"③

官方场合吟诗，也是士人诗文写作的一个重要方式，地方官学的文庙祭祀、地方政府的科举、乡饮酒礼以及地方新建、扩建、改建官署等建筑举行的庆祝活动，参加的士人可能会被要求当场吟诗以助兴，或是士人在这种场合情绪激动主动吟诗，这样的例子很多，后至元元年（1335）浙西道肃政廉访司宪佥聂某来到分水县，担任县学教谕的唐元完成修缮学校讲堂，聂某请他"赋《冬日田家十解》，（唐元）对客豪吟，了不经意，公面叹曰：'过人甚远'"。④ 如果士人身为官员，官方场合吟诗的情况就更多了。唐文凤为赵王府赞善，有机会向皇帝进诗，文集收录的就有六首。

---

① 唐文凤：《唐氏三先生集》卷27《跋白云吴公诗》，《北京图书馆古籍珍本丛刊》第115册，第773页。
② 唐桂芳：《唐氏三先生集》卷20《江村诗会跋》，《北京图书馆古籍珍本丛刊》第115册，第669页。
③ 唐文凤：《唐氏三先生集》卷24《联句》，《北京图书馆古籍珍本丛刊》第115册，第746页。
④ 朱文选：《唐氏三先生集》附录1《元故新安郡博士筠轩唐先生行状》，《北京图书馆古籍珍本丛刊》第115册，第804页。

自咏是唐氏三先生诗文写作中数量最多的部分，从这些自咏的诗作来看，内容涉及面较广，有人生的感悟、有对现实的感慨、有对自己生存状况和心态的描写，还有路途中对沿途风景和社会的观察。这些自咏的诗篇涵盖了作者认识和理解社会、认识自身处境、缓解心理压力的自我调适情况，当然也可以提高作者的写作水平，自我欣赏，自娱自乐。

从三先生以诗构建的人际关系网络的运行方式可以看出，诗文写作所维系的是一个以感情为纽带的人际关系网络，和诗、题诗、送别诗和朋友聚会吟诗，促进了士人之间的感情交流，增进了士人之间的友情，也为士人提供了一起游览山水、欣赏文物和艺术作品的机会，对于士人缓解压力，提高生活水平有良好的效果。家庭成员之间的唱和则可以密切家庭成员的关系，提高家庭生活品位，引导家庭子弟习学儒学和提高诗文写作能力。官方场合的吟诗，则可以密切民间士人和地方官员之间的关系，提高士人在地方社会的地位，扩大其影响。自咏则可以促进士人自我完善。因此，可以说，诗的写作是士人应对社会变革重要策略之一。

2. 唐氏三先生文的写作对象与写作背景

相对于诗注重情感因素来说，文承载着更多的社会意义。文以载道，士人承担着通过文传播儒学思想的重要使命，文具有实用性，种类很多，如序、记、跋、说、墓志铭、神道碑、行状、墓碑、传、书等，这些种类几乎涵盖近世社会生活的所有方面。文章的写作对象比较复杂，有的是士人熟悉的朋友、家人，有一些则是士人不一定熟悉的人。文的写作背景也是多样的，其中一大部分是有偿写作。因此，文的写作是作者应对社会需要的直接反应，文章的写作水平，反映了士人应对社会需要的能力。可以说，文的写作是近世士人应对社会变革的又一个重要策略之一。

唐氏三先生的文的写作对象和写作背景都比较复杂，现将三先生文集中收录的文章写作对象（表三）和写作背景（表四）进行统计，通过统计资料并结合其他史料，分析三先生文的写作对象和写作背景的情况。

表3 唐氏三先生文的写作对象

姓名	地方官员	一般儒士	地方大族	家族成员	僧道、术士	自撰
唐元	29 31.2%	41 44.1%	5 5.4%	8 8.6%	4 4.3%	6 6.5%
唐桂芳	34 30.1%	46 40.7%	14 12.4%	9 7.9%	4 3.5%	6 5.3%
唐文凤	31 33.7%	37 40.2%	9 9.8%	9 9.8%	2 2.2%	4 4.3%

注：唐文凤写作对象中的"地方官员"一栏，还包括中央机构的官员以及与皇帝有关的3篇文章。

上表反映了唐氏三先生写作对象的情况，内容包括：地方官员、一般儒士、地方大族、家族成员、僧道、术士等。可以说，通过文的写作，士人同样构建了一种人际关系网络，这种网络就像文的属性一样，具有较强的实用性。该网络中数量最多的是一般儒士，儒士是需要文章最大的群体，人数众多，唐氏三先生以文的写作构建的人际关系网络中一般儒士数量最大，当然在情理之中。

地方官员在该人际关系网络中数量较多，地方官员是士人主动交游的对象，唐元和唐桂芳作为科举失败的士人，为了给自己和家人寻找人生出路，特别需要得到地方官的支持，唐元的《与曹德昭御史书》写道："小稚桂芳，依栖宇下久矣，近得家问，极荷提挈，尚冀援之。"① 这是要求御史曹某照顾其子唐桂芳。唐元还曾向江南行台侍御史张梦臣"进天地风雨之说，以求达于左右"②。这次献文是向元朝地方监察官员推荐自己，反映了士人的文的实用性。唐文凤入仕县尹和赵王府纪善，官场需要更加多样，与各种官员交游也更加频繁，因此，他与各级官员为写作对象的文章就更多，占了文集中总数的33.7%，高于唐元和唐桂芳。

作为徽州地方的儒学世家，唐氏三先生比较重视与当地以儒学或仕宦见长的地方大族建立密切关系。同时，一些地方大族经常举行燕集、文会

---

① 唐元：《唐氏三先生集》卷13《与曹德昭御史书》，《北京图书馆古籍珍本丛刊》第115册，第581页。

② 唐元：《唐氏三先生集》卷13《执见梦臣张侍御书》，《北京图书馆古籍珍本丛刊》第115册，第582页。

等活动，为三先生和其他士人提供了诗文写作的机会，一些大族还可能邀请士人到家中任教，给士人提供了就业的机会。唐氏三先生与这些大族就有交游、通婚或到其家做家庭教师的经历，① 因此，唐氏三先生写给地方大族的文章也占一定数量。最后，对于本家族的一些活动，唐氏三先生自己撰写。僧道、术士的文章也有一些，这些应该是应邀写作的。

前面已经说明，文的写作网络具有明显的实用性，这种网络如何运作？下面通过对唐氏三先生文集中的统计资料（表4），结合其他史料说明之。

表4 唐氏三先生文的写作背景

姓名	朋友会文	受人委托	官方活动	自撰	地方事务	备注
唐元	9 9.8%	57 61.9%	15 16.3%	6 6.5%	5 5.4%	
唐桂芳	8 7.6%	79 75.2%	3 2.8%	6 5.7%	9 8.6%	
唐文凤	0 0	46 47.4%	6 6.2%	31 31.9%	8 8.2%	地方大族 6.2%

从上面统计结果来看，唐氏三先生文的写作背景中，受人委托数量最大。从这些委托人来看，比较复杂，一般儒士、地方官员、地方大族、僧人、道士、术士都可能囊括其中。受人委托文的形式则有：记、说、序、墓志铭等。可以说，受人委托写文章，是近世士人生活中的重要内容之一，尽管唐氏三先生的材料中没有收取费用的记载，但一些材料从侧面反映了这一问题。唐桂芳在一篇文章中写道：

> 仁者赠言之义，或揄扬以叙其出处，或眷恋以慰其契阔，非若后之人例于滨行，盛其文词，侈其诗句，以夸大之甚而解其囊，不务美恶，兼收并蓄，初何益于人哉？②

---

① 如唐文凤与同乡汪氏（汪存诚）"弱冠识公，始终相与五十余年"。（唐文凤：《唐氏三先生集》卷2《明故处士存诚汪公墓志铭》，《北京图书馆古籍珍本丛刊》第115册，第784页）；唐氏与歙县吕氏交往颇深，唐文凤四弟文奎，"幼赘于吕氏"。（唐文凤：《唐氏三先生集》卷26《岩溪书舍记》，《北京图书馆古籍珍本丛刊》第115册，第757页）。

② 唐桂芳：《唐氏三先生集》卷20《跋邱克明诗卷》，《北京图书馆古籍珍本丛刊》第115册，第673页。

这篇文章批评了当时一些士人给人写文章时,通过华丽文辞取悦委托人的办法,得到钱财(解其囊)的现象。这从另一方面说明了元明之际士人通过文章获取润笔费的事实。另外,元朝关于士人润笔费的记载确实有,如延祐年间,罗司徒某"奉钞百定",请士人胡长孺为其父写墓志铭。① 元朝书画家赵孟頫晚年"写字必得钱,然后乐为之书"②。就唐氏三先生来说,通过文章收取费用的情况应该不能排除。

朋友会文是唐氏三先生文章写作的另一种方式,这种方式应该是士人之间切磋技艺和情感交流的手段,期间不会有物质利益方面的因素。朋友会文在元明之际比较盛行,松江吕良佐(字辅之)的"应奎文会"在江南影响很大。③

为官方活动和地方事务而写的文章,是唐氏三先生文章的比较重要的部分。官方活动如祭祀、基础建设、地方大事、圣旨发布等,地方官员一般刻碑纪念,另外,地方官离任的德政碑、官学学田增补的学田碑、科举乡试的乡贡进士题名碑、地方进士题名碑等,在元明地方也经常出现。这些碑文的写作就由士人完成,一般情况下是官员指命士人写作,也有父老和地方贤达延请士人写作。有机会写作这样文章的士人一般是当地学术地位高、影响大的学者。关于地方事务的文章,如地方祭祀、地方水利工程、地方兴建等,与官方活动的文章类似,只有有影响的地方学者才有机会被任命或邀请,因此,一般士人乐意为之。唐氏三先生关于这方面的文章比较多,反映了三先生在徽州当地的影响与学术地位。这类文章写作同样有功利的因素,元人朱德润的《德政碑》诗记载:

德政碑,路傍立,石高巍巍。传是郡中贤太守,三年秩满人颂之。刻石道傍纪德政,旁人见者或歔欷。借问歔欷者谁子,云是西家镌石儿。去年官差镌此石,官司督工限十日。上户敛钱支半工,每年

---

① 陶宗仪:《南村辍耕录》卷4《不苟取》,《历代史料笔记丛刊》本,中华书局1997年版,第49页。
② 孔齐:《至正直记》卷1《松雪遗事》,《宋元笔记丛书》本,上海古籍出版社1987年版,第17页。
③ 吕良佐:《应奎文会自序》,《崇祯松江府志》卷24《学政二·应奎文会》,日本藏中国罕见地方志丛刊影印明崇祯三年刻本,书目文献出版社1991年版,第637页。另外,《嘉庆松江府志》亦收录此文,文字有些差异。

准备遭驱责。城中书生无学俸，但得钱多作好颂。岂知太守贤不贤，但喜豪民来馈送。德政碑磨不去，劝君改作桥梁柱。乞与行人济不通，免使后来观者疑其故。①

朱德润在这首诗中谈到了任满官员《德政碑》碑文的写作情况，由官方出面，地方豪民出资，士人写作，支付写作的费用。唐氏三先生的这类文章是否有经济收入，虽然没有记载，本人认为其中一些文章应该有。除了费用以外，撰写官方活动的文章和地方事务的文章，还存在关于地方政治和地方事务的价值判断问题，也就是对于这些事务的话语权问题，这对于士人来说更加重要。

综上所述，从唐氏三先生文的写作对象与写作背景来看，由于文的实用性，文的写作也赋予了实用性的特点。士人通过文的写作，构建了一个由一般儒士、地方官员、地方大族和文坛师友等组成的人际关系网络。这种人际关系网络主要是靠相互利用和利益关系结合起来，士人在运行这种人际关系网络的过程中，扩大了交游、得到了物质方面的实惠，也奠定了在地方社会中的文学、学术地位和对于地方政治和地方事务的某些话语权。

三 结论

近世以来，士人已经成为中国的政治、文化精英，不论是汉族建立的宋、明王朝还是蒙古统治的元朝，士人的处境和社会地位虽然有明显的不同，但不论是国家政治活动和地方社会文化活动，都不可能将士人排除在外。从唐氏三先生的考察来看，他们对社会变革的反应比较敏锐，对元朝的统治方式导致的士人社会地位下降、仕途萎缩表示不满，对元朝统治导致的士风进行批评。但对于元朝的统治表现出灵活的态度，一方面他们服从元朝的统治秩序，积极与元朝官员包括蒙古、色目官员交流；另一方面对于元朝政权的崩溃，他们也能坦然接受，这从唐桂芳在元末就使用"龙凤"年号并欣然接受明太祖召见就可以看出。对于明朝官方的荐举，唐桂芳表现出刻意疏远的态度，拒绝出仕，唐文凤则很快接受明朝荐举，并在

---

① 朱德润：《存复斋文集》卷10《德政碑》，《四部丛刊续编》本，第13页。

此后的诗文中表现出对明朝政权的忠诚,这反映了士人在王朝更替过程中"软着陆"的生存智慧。

在灵活应对王朝更替的同时,士人对儒学的习学和儒士身份的坚持,则表现出非常坚定的态度,唐氏三先生不仅坚持儒学的习学和传承,在诗文中对自己所掌握的儒学进行夸耀,同时也在生活中要求子弟习学儒学。对于儒士的身份,唐氏三先生同样坚守,唐元的生活中,体现出对南宋时代的眷恋,但他"不揖无诗人",反映了他对儒士身份的自豪感。唐桂芳在科举失败,仕宦之路坎坷的情况下,建康路儒学秋丁祭祀,面对江南行御史台御史中丞的敬酒"不拜,立饮",明初徽州府学祭祀,悍卒攫其牲肉以出,桂芳"立殿阶朗读纠劾之文",反映了士人的一身正气。唐文凤被荐举,入京师,"以直言忤当道"同样反映了士人的坚守。正是这种坚持,使唐氏三先生在科举失败、仕宦困难的情况下,生存环境逐步改善,迎来明朝中期的家族复兴。

诗文写作是士人在社会变革过程中安身立命的主要应对策略。从唐氏三先生的诗文写作来看,唐氏三先生的诗和文分别在应对社会变革过程中,承担不同的职能。诗文写作所维系的是一个以感情为纽带的人际关系网络,和诗、题诗、送别诗、朋友聚会吟诗、家族成员之间吟诗唱酬,这些诗的创作过程促进了士人之间的感情交流,增进了士人之间的友情,也为士人提供了一起游览山水、欣赏文物和艺术作品的机会,对于士人缓解压力,提高生活质量有良好的效果。利用诗的写作改善生活环境,是近世士人应对社会变革的重要策略之一。

唐氏三先生最初只是一般的士人,家庭状况一般,缺乏在科举、仕宦和地方社会支配的资源。唐元和唐桂芳由于坚持了儒学和诗文写作,逐步得到元朝江南地方官员的认可,以学官的身份入仕元朝。唐桂芳虽然认为自己对诗文"非所能也,非所好也"。但他对诗文写作还是倾注了毕生的精力,"其为文一以气为主,辞严而理正,及其成也,神惊鬼愕,意态横出,勃勃如春涛起涌,令人叹赏。其为诗,清新流丽,出语惊人,而声调格律铿锵浏亮,读之琅然惬听"[①]。他得到明太祖召见,主持徽州歙县的紫

[①] 钟亮:《唐氏三先生集》附录2《明故南雄路儒学正白云先生唐公行状》,《北京图书馆古籍珍本丛刊》第115册,第816页。

阳书院，这与他在诗文方面的成就有直接关系。明初，督学陈某撤去歙县官学的土地祠，"进先儒绅以崇祀事，名曰企德祠，二公（唐元、唐桂芳）与焉"①。唐元、唐桂芳进入歙县学的先贤祠（企德祠），反映了唐氏在社会变革应对方面的成功。

作为江南社会中比较平凡的士人，唐氏三先生在应对社会变革方面利用的是士人最基本的技能——儒学和诗文写作，他们对社会变革的反应以及对儒学和儒士身份的坚持，他们通过诗文写作改善生存环境，与这一时期的一般儒士的做法差别不大，因此，唐氏三先生对于社会变革的反应与应对具有典型性，能够反映一般士人在社会变革过程中的正常表现。当然，诗文写作并不能解决士人生存和发展的所有问题，仕宦和某些适合士人从事的职业，对于士人的生存还是必不可少的，不过，诗文写作仍然是士人们得到仕宦和从事一些职业的重要条件。因此，本文强调儒学和诗文写作对儒士在社会变革的过程中生存与发展的重要作用，将其作为士人应对社会变革的策略。它使士人可以以不变应万变而始终处于不败之地，这一点是由中国传统社会的内在特征决定的，应该得到学术界的认可。

（作者为武汉大学教授）

---

① 唐邦植：《唐氏三先生集》附录2《跋歙学企德祠碑》，《北京图书馆古籍珍本丛刊》第115册，第826页。

关于孔元措的生卒年及其卒后的爵位之争

赵文坦

一 关于孔元措的生卒年

孔元措是孔子五十一世孙，字梦得，金朝末代衍圣公，也是蒙元时期第一任衍圣公。金章宗明昌元年（1190），元措之父、袭封衍圣公孔摠卒，元措袭封爵位。《金史》卷一〇五有孔元措的小传，附于其祖孔璠、伯孔拯、父摠之后，甚简，寥寥91字，略谓明昌三年元措超迁中议大夫；四年，随章宗行释典礼；承安二年（1197）正月，章宗诏令元措兼曲阜县令，仍世袭，以及"元措历事宣宗、哀宗，后归大元终焉"[①]而已。孔元措在金天兴元年（1232）北渡，归附大蒙古国后，太宗窝阔台合罕宣命袭封爵位，主奉孔子林庙祀事。元措生活于大蒙古国太宗、定宗和宪宗时期凡二十余年，于中原传统文化的传承、大蒙古国的礼乐文化建设多所贡献[②]。惜《元史》无孔元措的传记，其事迹散见于《元史》的《太宗本纪》《礼乐志》及《耶律楚材传》《姚枢传》等，连其卒年亦未记载，以致后人著述涉及孔元措的生卒年者，众说纷纭，莫衷一是。就其生年来说，有1179年、1181年、1182年等说；其卒年，则有1245年、1246年、1250年、1251年、约1252年、1252年左右等说。兹按年代先后列举如下：

[①] 《金史》卷105《孔元措传》，中华书局1983年版，第2312页。按，元措之父摠，或作揔、總。

[②] 姚从吾：《金元之际孔元措与"衍圣公职位"在蒙古新朝的继续》，收入《中央研究院历史语言研究所集刊论文类编·历史·宋辽金元》卷2，中华书局2009年版，第1654—1658页；陈高华：《金元二代衍圣公》，收入其《元史研究论稿》，中华书局1991年版，第334页；李保珍：《元初衍圣公孔元措对礼乐的保护及贡献》，《山东艺术学院学报》2017年第1期。

1. "生年1179年,卒年1252年左右"说①。
2. 未详生年,"卒年1251年"说②。
3. "生年1179年,卒年1251年"说③。
4. "生年1181,卒年1245年"说④。
5. "生年1181年,卒年1246年"说⑤。
6. "生年1181年,卒年1250年"说⑥。
7. "生年1181年,卒年1251年"说⑦。
8. "生年1181,卒年约1252"说⑧。
9. "生年1182年,卒年约1252年"说⑨。

关于孔元措的生年,其实《孔氏祖庭广记》有间接的记载。兹书卷一《世次》载:

> 五十一代元措,字梦得,摠之长子。年十一,章宗明昌二年(1191)四月,补文林郎,袭封衍圣公,管勾祀事。特旨令视四品。

---

① 姚从吾先生推测孔元措"大概是生于金世宗大定十九年(1179),死于元宪宗二年(1252)左右,得寿七十二岁以上"。姚先生又说:"这里恐尚有待发之覆,暂决定如上文,余俟详考。"显然对孔元措的生卒年未作确定。见前揭《金元之际孔元措与"衍圣公职位"在蒙古新朝的继续》一文。
② 前揭陈高华先生一文谓孔元措大蒙古国时期"袭封衍圣公十余年,在蒙哥汗元年(1251)因病去世"。笔者多年前撰《蒙元时期衍圣公袭封考》一文,于孔元措卒年,亦从陈先生之说。拙文载《孔子研究》2012年第2期。
③ 李保珍《元初衍圣公孔元措对礼乐的保护及贡献》一文于孔元措生年采姚从吾先生之说,于孔元措卒年采陈高华先生之说。
④ 曲阜市政协委员会文史资料委员会编:《曲阜文史》(第12辑)于"孔元措"条加注(1181—1245),1992年刊,第173页,未注出版社。
⑤ 孔祥林:《曲阜历代诗文选注》第23页"孔元措"条注释,山东人民出版社1985年版。
⑥ 曲阜东方圣城编辑委员会编:《曲阜东方圣城》第387页"孔元措"条加注(1181—1250),中华书局2001年版。
⑦ 罗海燕《〈全辽金文〉辑佚11篇》于孔元措生卒年加括号注曰(1181—1251),《西南交通大学学报》2011年第5期;李修生主编:《全元文》卷6有孔元措小传,所注其生卒年亦同,江苏古籍出版社1997年版,第116页。
⑧ 赵琦《金元之际的儒士与汉文化》第54页于孔元措的生卒年加括号注曰(1181—约1252),人民出版社2004年版。
⑨ 《中国历史大辞典》第601页"孔元措"条加括号注其生卒年曰(1182—约1252),上海辞书出版社2002年版;刘晓《元代郊祀初探》述及孔元措事迹时所注孔元措生卒年亦同,载《隋唐辽宋金元史论丛》第5辑,上海古籍出版社2015年版,第200页;又车吉心等编《齐鲁文化大辞典》"孔元措"条所记亦同,山东教育出版社1989年版,第612页。

其诰云……明昌二年十一月二十三日，章宗亲行郊礼，召赴阙侍祠位，在终献之次。承安二年（1197）二月，敕袭封衍圣公。年及十七，兼曲阜县令，仍世袭，不得别行差占。于是世袭曲阜令。①

按，是书为孔元措所编，又引章宗制诰，于其本人袭封爵和兼曲阜令时的年龄恐不可能误记。又，《阙里志》卷七《宗子世纪》记孔元措袭爵和兼曲阜令事与《孔氏祖庭广记》所记略同②，《阙里文献考》卷十八《世爵职官考第四·庙庭执事官》记孔元措兼曲阜令事略同，只是文字有出入③，可知陈镐和孔继汾都认同《孔氏祖庭广记》的记载。

又按，古人年龄按虚岁计，孔元措既然在明昌二年（1191）袭爵，时年十一岁；在承安二年时（1197）兼曲阜令，时年十七岁，逆推之，则其生于1181年（金世宗大定二十一年）之说，诚是。

然则，孔元措的卒年既不是1245年，也不是1246年、1250年、1251年、1252年等，因为1254年即元宪宗蒙哥四年，孔元措仍然在世。邹城孟庙现存有一通立于甲寅年（1254）的《先师亚圣邹国公续世系图记》碑，其碑阴的上方有一连串的题名：

县尉王用」次官徐伟」邹县令彭立」主奉宣圣祀事袭封衍圣公孔元措」宣圣祖庭族长孔琪」监修宣圣庙提领孔之文」监修宣圣庙提领孔㧕」滕县令巩旺」世袭曲阜县令孔治」滕州军判兵马兼兼支纳刘守仁」行省左右司都事权州事李湜」……④

李湜之后尚有许多人名，兹从略。据此，我们不仅可知宪宗四年孔元措仍在主奉孔子林庙祀事，孔治已经世袭曲阜县令，还可知道《元史·祭祀志一·郊祭上》的一条记载"宪宗即位之二年秋八月八日，始以冕服拜天于日月山。其十二日，又用孔氏子孙元措言，合祭昊天后土，始大合乐

---

① 孔元措：《孔氏祖庭广记》卷1《世次》，山东文化出版公司1989年版，第81—83页。
② 陈镐：《阙里志》卷7《宗子世纪》，山东友谊书社1989年版，第311、312页。
③ 孔继汾：《阙里文献考》卷18《世爵职官考第四》，山东友谊书社1989年版，第410页。
④ 刘培桂编著：《孟子林庙历代石刻集》，齐鲁书社2005年版，第45—48页。兹书介绍："本碑文录自孟庙原石。原石现存孟庙启圣殿院甬道东侧，西向。高2.26米，宽0.87米，厚0.28米。其中碑额高0.58米，宽0.88米。楷书，共27行，每行53字。……碑阴刻有题名与世系图两部分内容。"引文中"」"为引者所加。

作牌位,以太祖、睿宗配享"①,是真实可信的。

前述孔元措卒于1245年、1246年、1250年、1251年、约1252年、1252年前后等说,未见直接史料记载。其中孔元措卒于宪宗元年的说法,大概源于《阙里志》对孔浈袭爵年份的误记。兹书卷二《世家志》:"浈,之固子。元宪宗元年,继伯祖元措袭封。八年,族人以不事儒雅攻之,褫其爵,罢为维州尹。"这段话容易给人以元措在宪宗元年就已卒的误判。宪宗八年,当是元措卒之年,孔浈袭封爵之年。孔元措卒于其他年份的说法,则未详所据史料。孔浈被夺爵,实际上在宪宗九年,从是年孔氏的爵位之争可以得到证实。

二 孔元措卒后的爵位之争

大约孔元措晚年多病,或供事于汗廷,不能主奉孔子林庙祀事,以致宪宗五年至八年曲阜一带碑刻不见其踪迹。但孔元措既在世,便不会让爵于其侄孙孔浈。孔浈当是在孔元措死后,奉元措遗命袭封爵位。关于孔元措卒后曲阜孔氏的爵位之争,孔继汾撰《阙里文献考》有一段较为详细的记载:

> 浈,字昭度。祖元紘……父之固。浈于元宪宗元年袭封衍圣公,喜较猎,日事鹰犬,不修祖祀。明年,曲阜管民长官治率族人等以不事儒雅攻之,且言浈非孔氏子。遂夺爵。浈本之固庶子,嫡母任甚妒,遣其生母。浈时甫生,随母配驱口李氏,长遂姓李,世大父元措育为嗣,因得袭爵。然已有名在驱口籍,故族人群讼其为驱口李氏子。既夺爵,其母任氏悔之,为上疏辨雪,不报。后知潍州。无子,世爵在北者中绝。绝四十三年,至成宗即位,以治绍封。②

按,上引文中的"宪宗元年"应系"宪宗八年"之误。说世爵在北宗中绝长达四十三年亦不确,实三十六年。孔继汾对孔浈的记述几乎都是负面的,是不学无术,不修祀事,声色犬马的愚顽。孔氏的爵位之争,大约

---

① 《元史》卷72《祭祀志一》,中华书局1983年版,第1781页。
② 孔继汾:《阙里文献考》卷8《世系考第一之八》,第166、167页。

在宪宗八年孔元措卒后即已发生，剧烈争斗则在宪宗九年，延续到世祖初年。元成宗大德五年（1301）孔颜孟三氏子孙教授马骧据孔子五十三代孙孔淑所具孔𧶽行状撰写的《孔𧶽墓记》记载：

> 公讳𧶽，字器之。……公幼失怙恃，避兵汴京，处身流离间，励志读书，不坠先业。左丞张公祺奇其才，荐于上，授开封县令。逮亡金归附之初，北还，为济、兖、单三州等处宣课提领。时方草创，祖庭殿庑俱为煨烬，神无所依，公慨然以为己任，请兴建于东平行台严公。时题其谊，擢为提控监修祖庙，权主祀事。公莅事勤恪，公尔忘家。未几构寝□于瓦砾之中，金壁粲然，绘圣像于其间。见者罔不加敬焉。又以宗系失传，公不胜感叹，遂跋涉艰辛，辨论于上前，屡蒙顾问，竟获革正之。①

按，所谓"宗系失传"，即指孔浈袭爵事。孔𧶽是当时夺孔浈爵位的主要参与者、领头人，初始并不是"辨论于上（按，'上'指忽必烈）前"，而是诉诸东平路总管府，遭到东平路万户严忠济的打击。元湖广等处儒学提举黄清老于至正二年（1342）撰《孔元敬墓碣铭》有较为详细准确的记载，略曰：

> 公讳元敬，字忠卿，号逵泉，宣圣五十一代孙。……权祀公初以宗系失传，率再从兄弟之子之文辨正于有司。而袭封元措，东平严侯外舅也，甚甚之，欲致于死地，囚系重狱。世祖皇帝时方居潜，抚军伐宋，次于濮。公年甫弱冠，一日夜驰数百里，憩于辕门。上一见奇之，谓左右曰："有福人也。"即日遣宣尉（慰）谢二把都乘传传旨释免，且命毕事从行。既问安，即以犇命告。侯滋不欲，谓权祀公曰："必令若子侍征行，得欲无相见乎？"用是不果。②

孔元敬是孔𧶽之子。"权祀公"即孔𧶽。曲阜既有衍圣公主奉祀事，同时又有年高辈长者权主祀事，因为时常有衍圣公被召参与朝廷祭祀或其他情况离开曲阜。曲阜碑刻中就有衍圣公和权袭封衍圣公共同刻石的记

---

① 马骧：《故权袭封主祀事孔府君墓记》，《孔颜孟三氏志》卷3，四库存目影印成化刻本。
② 黄清老：《撰故承事郎兴化路经历孔公墓碣铭》，《阙里志》卷13，明嘉靖刻本。

载。兹墓碣又记元敬卒于大德丙午（大德十年，1306），年七十二岁。由此逆推其生年当在1235年。假设夺爵事件发生在1252年，孔元敬尚未到弱冠之年。由此反证夺爵事件当在1254年之后。"之文"即前述参与邹城孟庙"先师亚圣邹国公续世系图记"立石的孔之文，向马骧提供孔𪉢行状的孔淑之父。"东平严侯"即东平路世侯严忠济，孔元措之婿，在孔氏爵位之争中当然支持孔浈。《孔元敬墓碣铭》比《孔𪉢墓表》所记事较为详细，如前者说孔𪉢和孔之文被严忠济囚系于东平，是孔元敬驰奔数百里至忽必烈辕门申诉，后者仅说孔𪉢"跋涉艰辛，辩论于上前"；前者显示其出具体时间来，即"世祖皇帝时方居潜，抚军伐宋，次于濮"之时；后者未记载孔𪉢等上诉忽必烈的时间。按，忽必烈总领蒙汉诸军征伐南宋，《元史》于其行迹有详细的记载。兹书卷四《世祖本纪一》载："岁己未……夏五月，驻小濮州。征东平宋子贞、李昶，访问得失"。① "岁己未"即宪宗九年（1259）。"驻小濮州"即《孔元敬墓碣铭》所记"次于濮"。大约是孔𪉢被谢二把都释放后又跋涉至忽必烈处，辩论孔氏宗法，告发孔浈"劣迹"及"非孔氏子"身份等情事，孔浈因此被夺爵。从《孔𪉢墓表》和《孔元敬墓碣铭》亦可知，夺孔浈爵位的"主力"是孔𪉢和孔之文，非曲阜令孔治。当然，孔治是其同盟，也可能是幕后主使。

翌年，忽必烈继承汗位，是为元世祖。孔之固之妻任氏又上表元世祖，为孔浈争取复爵。《阙里志》卷十二《奏表》收有任氏的《辩正孔浈表》，略曰：

> 臣妾任氏……伏念臣妾之子孔浈，乃五十一代袭封衍圣公孔元措之耳孙，五十二代袭封衍圣公孔之固之冢嗣。生长从于稚齿，提挈至于成人。有美维髦，遗印在耳。虽云庶出，实系长房。为经版荡以来，遂失过庭之训，以致宗族哄议，词讼无休，吾道于是乎不光，祀事以之而大缺。……兹者伏遇上天眷命，皇帝陛下龙飞九五，运应一千，始为儒教大宗师，今作中原圣天子。……伏惟陛下俯垂昭鉴，大廓圣源，因之以礼义之方，加之以师傅之职。有教固无类也，见贤然后用之。上可以立皇朝继绝之良规，下可以导圣祀无穷之正派。②

---

① 《元史》卷4《世祖本纪一》，第61页。
② 任氏：《辩正孔浈表》，《阙里志》卷12，明嘉靖刻本。

按，史称宪宗"性喜畋猎，自谓遵祖宗之法，不蹈袭他国所为"①，在位时以蒙古草原为本位，唯事征伐，以中原汉地作殖民地，不愿以汉法治理汉地。忽必烈则在潜邸时期就征聘儒士，问以治道。宪宗二年（1252），张德辉和元好问北觐忽必烈，请其为"儒教大宗师"②。忽必烈即位后，任用儒士，采行汉法，并将统治重心由漠北转移到中原汉地。任氏表云"皇帝陛下龙飞九五"，说明忽必烈已即位，是以任氏尊称元世祖为"中原圣天子"。"祀事以之而大缺"说明孔浈已被夺爵。又，《孔治神道碑》谓"中统四年，公（孔治）始权祀事"③，说明任氏上表当在忽必烈即位之后，孔治权主祀事之前。

孔氏内争给忽必烈留下了很坏的印象，认为他们没有"成德达才"④。设若孔浈夺爵在宪宗元年或二年，孔氏家族自孔浈被夺爵后，没完没了地连续闹腾八九年，直到忽必烈即位之后，忽必烈不可能容忍。所以，据孔浈在宪宗九年被夺爵，推测孔元措卒于宪宗八年，当是比较合理的。孔元措享年当是七十八岁。

孔浈被夺爵的原因，除了孔元措、孔浈祖孙跟孔之全、孔治父子的矛盾外，还跟孔浈"不光彩"的身份有关。因孔元措无嗣，按照孔子世家谱系，在宋代衍圣公孔宗愿的后裔即所谓"袭封位"内以次相推，孔浈即为大宗子，袭封爵位理所当然。孔治仍是旁枝小宗。孔矗在蒙古侵金时，同孔元措一样南渡避难，同在金朝为官，与孔元措的关系当比同孔之全、孔治父子的关系亲近，因为孔元用曾经投降过反抗金朝统治的红袄军领袖李全，又接受过金朝"世仇"宋国的官封。前引孔矗权主祀事时，修复孔庙殿庑，对孔元措多所襄助。然孔矗等不遵孔元措遗命，不使孔浈袭封爵，原因恐在于孔氏宗法规定族人不得为奴，为奴即不可入家谱。随母改嫁之子，即为外孔，亦不得入家谱。孔浈曾为"李姓子"，是驱奴，属贱民。由孔浈袭封爵位，主奉孔子林庙祀事，必为整个孔氏族人所不能容忍。孔浈被罢爵后又被任维州尹，当在中统四年元世祖罢世侯、置牧守之后，因为中统三年前维州是李璮的地盘，而曲阜是东平严氏的属县。另，孔浈失

---

① 《元史》卷3《宪宗本纪》，第54页。
② 《元史》卷163《张德辉传》，第3824、3825页。
③ 蔡文渊：《元赠中议大夫袭封衍圣公孔公（治）神道碑记》，《阙里志》卷13，明嘉靖刻本。
④ 姚燧：《姚文献公（枢）神道碑》，《牧庵集》卷15。

爵后，孔治在元世祖朝亦未能袭爵，其原因不在于元世祖有意让南宗孔洙回曲阜袭爵，而是与元世祖赏识重用崇尚霸术有经济之才的汉族士大夫而轻视空谈道德性命、圣贤之道的儒士有关，参见前揭陈高华先生《金元二代衍圣公》一文。

（作者为山东大学教授）

元至治年间虞集若干事迹考

瞿 禹

虞集（1272—1348），字伯生，号邵庵，又号道园，祖籍陵州仁寿县（今四川仁寿县），生于衡州（今湖南衡阳市），定居于抚州崇仁（今江西崇仁县）。虞集是南宋世家子弟，五世祖虞允文是南宋名臣，曾为丞相。虞集少时随从外祖父杨文仲宦游，后居家苦读，定居于江西崇仁县，拜访并跟从诸多名家学习，三十岁以后，入仕元朝政府，历任翰林待制兼国史院编修官、秘书少监、国子祭酒、奎章阁侍书学士、翰林侍讲学士等，六十二岁以后隐居。

虞集是元代著名文人，其与杨载、范梈、揭傒斯号称"元诗四大家"，又与揭傒斯、黄溍、柳贯号称"儒林四杰"。虞集一生经历丰富，游历名山大川，交游广泛，与其往来的名士文人有儒、释、道和元朝各级官吏、显贵等。虞集著述颇丰，《元史·虞集传》称其"平生为文万篇"，现存著作主要有《道园学古录》五十卷、《道园类稿》五十卷、《道园遗稿》六卷、《伯生诗续编》三卷、《翰林珠玉》六卷等五种。

学界主要是从文学史视角研究其诗文的艺术价值，还有研究其哲学思想、史学、教育、政治思想等，对于虞集生平事迹的考订，也有一些成果。① 本文主要是对虞集在至治年间的若干事迹进行考订。延祐六年，虞

---

① 清代翁方纲先生曾作过《虞文靖公年谱》一卷（载于嘉庆十一年刻本《虞文靖公诗集》卷首），惜此年谱取材不广，主要根据虞集《行状》《神道碑》和《元史·虞集传》等基本材料整理而成。当代学者罗鹭《虞集年谱》（凤凰出版社2010年版）一书是目前最为全面系统的虞集年谱著作，对其事迹多有考订，并有诗文作品编年，对部分作品撰写时间进行了考订。李舜臣、欧阳江琳的《"汉廷老吏"虞集》（江西高校出版社2006年版）一书依据文献史料和前人研究，为虞集一生作了一个评传，然总体较为简略；姬沈育先生对虞集亦有多种论著成果，其《20世纪以来虞集研究综述》（载《郑州大学学报》2004年第2期）一文评介了20世纪以来有关虞集诗文方面的研究成果，并指出有待于进一步研究的地方，其《一代文宗虞集》（中国社会出版社2008年版）是在其博士学位论文基础上整理成书，主要内容包括论述了虞集生活时代的历史文化背景，并在此基础上讨论虞集的思想、心态，以及其与南方道教、元代中期文坛的关系，并重点讨论了虞集的文学艺术成就，而对于虞集的事迹考订方便则涉及不多。总体来说，有关虞集事迹的研究目前学界关注不够，殊少有专门对虞集事迹进行考订的文章。目前能够查到的有魏静《泰定初年扈从上都经筵官虞集之官职考释》（载《西北民族研究》2010年第3期）一文探讨了元泰定元年随行上都的经筵官虞集在泰定年间以何种身份兼职经筵，以及其在经筵中所从事的具体事务等问题。刘东明《虞集之生平与交游》（华东师范大学2012年硕士学位论文）重点研究了虞集与多族士人的交游活动，并以此探讨了当时存在于元朝大都的南方士人圈的有关情况。

集的父亲虞汲去世，刚刚被任命为翰林待制、国史院编修官的虞集于当年秋南下返回老家崇仁丁忧，直至至治三年（1323）蒙朝廷复召返回京师继续担任翰林待制等官职。至治年间，虞集主要处在丁忧期，《元史·虞集传》《虞集行状》《虞集神道碑》①等主要资料对虞集在这段时期的事迹记载均较为模糊，甚至一笔带过。本文主要利用《元史》等正史文献、虞集和其他相关文人的诗文作品以及虞集所游历地方的地方志书等资料，对其至治年间的若干事迹进行考订，以期客观认识虞集其人及交游经历，并有助于对其所处时代有关社会问题的认识。

一 虞集丁忧起止时间及至治元年事迹

延祐六年，由于虞集本身丰富的学养及其在当时文人群体中较高的声望，得到了元仁宗的赏识，故于延祐六年任命虞集为"翰林待制，兼国史院编修官"②，虞集《道园类稿》中有一首名为《送王中夫赴安庆教授》的诗，其序云："予延祐己未秋南归，安庆城东有张教授，与予同舟。"③延祐己未为六年，以此证明虞集应于延祐六年秋南归丁忧。按照规制，古代官员丁忧期间必须要辞去现任官职，故说明自延祐六年秋开始，虞集已不再任翰林院职官，可知虞集担任"翰林待制、国史院编修官"最多仅半年时间。延祐七年（1320）正月，元仁宗爱育黎拔力八达驾崩，④故《元史》称"会晏驾，不及用"，⑤可知虞集被任命新官职以后不久，还未来得及为仁宗所重用，仁宗就已病逝，而虞集也已于此前辞官返乡丁忧。

虞集撰《熊同知墓志铭》云："（熊昶）改尉崇仁者六年……时家居者三年，及其闲暇，昶之未尝不从。"⑥ 崇仁（今江西抚州市崇仁县）

---

① "行状"为赵汸撰《邵庵先生虞公行状》，见《东山存稿》卷6，四库全书本；"神道碑"为欧阳玄撰《元故奎章阁侍书学士翰林侍讲学士通奉大夫虞雍公神道碑》，见欧阳玄撰，汤锐点校：《圭斋文集》卷9，《欧阳玄全集》，四川大学出版社2010年版。
② 《元史》卷181《虞集传》，中华书局1976年版，第4176页。
③ 虞集：《道园类稿》卷6《送王中夫赴安庆教授》，影印台北图书馆藏明初覆刊元抚州路学刊本，新文丰出版公司1985年版。
④ 《元史》卷26《仁宗本纪三》，第593页。
⑤ 《元史》卷181《虞集传》，第4176页。
⑥ 虞集：《道园类稿》卷47《熊同知墓志铭》。

为虞集家乡,是其丁忧居家之地,其南归必返回家乡崇仁县。《虞集传》载:"父汲,黄冈尉。宋亡,侨居临川崇仁。"① 这里临川指的是元代抚州路,唐代时曾为临川郡。至元十四年(1277),升抚州路总管府,下辖五县,其中有临川、崇仁二县②,故虞集丁忧期间均在抚州路崇仁县老家。熊昶担任崇仁尉以后,经常去居家闲暇的虞集住处与其研讨礼律之学。按照规制,古人丁忧时间一般自得知父母去世消息那一天开始,时间一般为三年,实际为二十七个月。③ 虞集自称"家居者三年",恰为丁忧之期。虞集于延祐六年秋从大都南归丁忧,如以"家居者三年"为期,那么至治元年恰好是第三年。秋季一般为七、八、九三个月,延祐六年有一个闰八月,故从七月到九月共计四个月均可称为"延祐六年秋"。如果以实际丁忧期限二十七个月计,从延祐六年秋七月至九月的任何一个月开始算起,那么丁忧结束时间当在至治元年秋八月至十二月之间的某个时间点。

虞集《思学斋记》云:"延祐庚申,予居忧在临川……明年予免丧,省墓吴中。"④ 延祐庚申,即延祐七年,明年即至治元年,虞集自称至治元年免丧符合上述推定,即延祐七年全年均在丁忧期间,至治元年的某一个时间点免丧,故"家居者三年"指的是延祐六年、七年和至治元年,但"三年"为约数,并非整整三年均在丁忧。

至治元年十月,抚州路总管府照磨孔亨来遣使拜访虞集,求为其作《创建奉圣冈先师庙记》,⑤ 虞集丁忧所在之处崇仁恰为抚州路(临川)治下,由此可知虞集在至治元年十月仍停留在崇仁老家。还有一例,虞集撰《本德斋送别进士周东扬赴零陵县丞诗序》写道:"至治辛酉,富州周君东扬登进士第,授零陵丞。十月,将之官,其州人熊君昶之尉崇仁,实予寓邑也,为之言曰:'君之行,送之者歌诗凡数百篇,天慵熊先生序之。又

---

① 《元史》卷181《虞集传》,第4174页。
② 《元史》卷62《地理志二》,第1511页。
③ 陈高华等点校:《元典章·吏部》卷5《职制二·丁忧·官吏丁忧终制叙仕》,中华书局、天津古籍出版社2011年版,第392页。
④ 虞集:《道园类稿》卷28《思学斋记》。
⑤ 《(乾隆)顺德府志》卷15《艺文》,《中国地方志集成·河北府县志辑》,上海书店出版社2006年版,第289页。

百余篇曰《本德斋诗》者，州人之尝从君者所赋也。'属某序之。"① 周东扬于至治辛酉即至治元年十月将要赴零陵为官，其州人熊昶恰在崇仁县为尉官，虞集称崇仁为"予寓邑也"，因有此地利之便，故熊昶去请虞集为周东扬诗集作序。此外，虞集也为周东扬赴零陵上任作了一首送别诗《送周东扬赴零陵分韵得鸟字》。② 可知虞集至少在至治元年十月之前均在临川。

综上所述，本文推定虞集丁忧起止时间如下：从延祐六年秋七月至九月的某日开始丁忧，结束于至治元年秋八月至十二月。

此外，《道园类稿》有一篇《南康路白鹿洞书院新田记》，罗鹭先生《虞集年谱》将此文系于至治元年［编年文］栏目下，并称："此文记南康郡守崔侯之政绩，白鹿洞书院新田一事当在此年之前，且本年集居忧在临川，姑系于此。"③ 虞集在此文中写道："至治初元之诏，命司臬事者举天下守令之最。"④ 由于此文虽未记载撰写时间，但文中的"至治初元"当是指至治元年，故此文有可能撰于至治元年，《年谱》称"姑系于此"是正确的，但"本年集居忧在临川"是否绝对准确，则需进一步辨明。根据《创建奉圣冈先师庙记》，虞集在至治元年十月尚在临川，那么如果《南康路白鹿洞书院新田记》撰于至治元年，则虞集仍有可能是在临川完成撰写，但仍存在十月以后撰写的可能性，据上文已推定丁忧结束期在至治元年八月至十二月之间。因此，如果撰写《南康路白鹿洞书院新田记》的时间在十月至十二月之间，则虞集就有丁忧结束且已离开临川的可能性。

二 至治二年虞集事迹考

至治二年初，结束丁忧的虞集开始出游，通过其诗文内容能够勾勒出

---

① 虞集：《道园学古录》卷6《本德斋送别进士周东扬赴零陵县丞诗序》，《四部丛刊初编》影明景泰七年翻刊本。
② 虞集：《道园遗稿》卷1，《北京图书馆古籍珍本丛刊》（第94册）影印至正十四年金氏刊本，书目文献出版社1998年版，第9页；罗鹭：《虞集年谱》第65页引用这首诗之时，将"鸟"错讹成"乌"。
③ 罗鹭：《虞集年谱》，凤凰出版社2010年版，第65页。
④ 虞集：《道园类稿》卷25《南康路白鹿洞书院新田记》。

本年大致行迹,本节对其中几个重要事件进行考述。

(一)游览道观佛寺

1. 游庐山白鹤观

在目前能够找到的至治二年史料中,虞集自述其行迹的时间最早是本年三月。《南康府志》收录有一篇虞集所撰《白鹤观记》写道:"庐山五老峰前白鹤观者……至治壬戌之三月,予游山至焉。"① 明人桑乔撰《庐山纪事》在"太平寺白鹤观"条下收录了一首虞集所撰《白鹤观》诗,其序曰:"三月一日,青城山道士虞集伯生同临川江朝宗、鄱阳柴景实、颍川陈升可、彭城张允道游白鹤。"② 可知,虞集到达庐山并游览白鹤观的时间是至治二年三月一日,且与其同行之人中有一位"临川江朝宗",此人是否与虞集一同从抚州出发抑或在庐山相见,待考。

虞集在《熊与可墓志铭》中写道:"集再以待制召复入史馆,道过豫章,前先生之卒数月耳。"③ 熊朋来,字与可,豫章(元代龙兴路,今江西南昌)人,卒于至治三年(1323)五月④,虞集称道过豫章之时,熊朋来已卒数月。那么,虞集当是至治三年五月之前的"数月""道过豫章"的。上文已述,虞集于至治二年三月一日游览庐山五老峰前的白鹤观。虞集出游当是从抚州路崇仁县出发,如要至庐山游览,必从抚州路向北经过豫章,即从抚州路临川—龙兴路(豫章)—南康路的庐山,这是一条最为便

---

① 《(正德)南康府志》卷8《文类·白鹤观记》,天一阁藏明代方志选刊影印原刊本。
② 桑乔《庐山纪事》卷6,文渊阁《四库全书》本。诗序中虞集自称"青城山道士",虞集祖辈仕于四川,其为文作诗常有"青城樵者"或"青城道士"之意象,如"昔我樵牧青城山"(虞集:《道园学古录》卷2《题筒生画涧松》);"青城山樵者虞集述赞之"(见虞集《道园类稿》卷15《玄帝画像赞》);"青城山樵者虞集题"(见《清河书画舫》卷8《李龙眠画君臣故实》,文渊阁《四库全书》本);"我本青城樵,偶然婴世网。"(见虞集《道园遗稿》卷4《渔、樵、耕、牧四咏》其二);等等。虞集为何自称"道士"?这或许与其传记中记载的一则有关他出生的异事有关:"咸淳间,文仲守衡,以汲从,未有子,为祷于南岳。集之将生,文仲晨起,衣冠坐而假寐,梦一道士至前,牙兵启曰:'南岳真人来见。'既觉,闻甥馆得男,心颇异之。"(《元史》卷181《虞集传》,第4174页)文仲为虞集的外祖父,其女杨氏嫁于虞汲,"甥馆得男"则指杨氏生虞集。
③ 虞集:《道园类稿》卷48《熊与可墓志铭》。
④ 虞集:《道园类稿》卷46《熊与可墓志铭》,亦见《元史》卷190《熊朋来传》,第4336页。以墓志铭与《熊朋来传》对照可知,后者内容略于前者且多有沿袭,故知《熊朋来传》基本内容当取材于墓志铭。

利的交通路线。因此，虞集"道过豫章"的时间应该在至治二年三月以前，根据现代距离测量，南昌至庐山之间的距离按照一百公里算，如无特殊情况一个月之内定会到达，据此推算虞集大约在至治二年二月"道过豫章"。此外，《熊与可墓志铭》中所谓"前先生之卒数月耳"当是泛指，并非接近至治三年五月，罗鹭《虞集年谱》已指出①，但考证不详，故本文予以辨明。

2. 游杭州报国寺和苏州开元寺

至治二年夏，虞集"过浙江"②，他在那里遇到晦机禅师的大弟子"某于报国寺，同礼师山中，从诸门人，知师遗事，如因请为之铭"③，即《晦机禅师塔铭》。至治二年夏的大概时间是四月、五月、闰五月和六月，报国寺位于杭州，可知虞集在本年夏季先至杭州，后赴苏州。

《姑苏志》收录有一篇《绿阴堂记》，为虞集应苏州开元寺恩公所请，于元统三年（1335）四月所撰。记文开篇第一句云："至治壬戌，集始游吴。断江恩公住开元，光公雪窗客予所，同往见焉。"④ 虞集在苏州交游广泛，其出游的开元寺现位于苏州市盘门内东大街。关于开元寺，《姑苏志》云："开元禅寺，在盘门内。吴孙权母吴夫人舍宅建。或云，权为乳母陈氏建……元至治间，寺毁，僧光雪窗、恩断江重建，又取韦诗'绿阴生昼寂'之语作绿阴堂，并虞集为文。"⑤ 此为虞集撰写《绿阴堂记》的缘起。恩断江、雪窗光等人，均与虞集早有交游往来，虞集曾有诗《寄恩断江》⑥《平江开元雪窗光禅师，访予临川山中。其归也，予与宾客用一雨六月凉，中宵大江满分韵送之，不足，予为继之，而予分得一字》⑦ 等作品，所记便是与这两人交往的故事。雪窗光禅师陪同虞集来到开元寺，恩断江请虞集为其寺内的绿阴堂作记，但虞集"未几，还禁林"⑧，故当时未完成，未承想此事一拖便是三十年，后终于元统三年完成。那么，导致当时未完成

---

① 罗鹭：《虞集年谱》，第66页。
② 虞集：《道园学古录》卷49《晦机禅师塔铭》。
③ 同上。
④ 王鏊：《姑苏志》卷48《绿阴堂记》，文渊阁《四库全书》本。
⑤ 王鏊：《姑苏志》卷29《寺观·开元禅寺》。
⑥ 虞集：《道园遗稿》卷5。
⑦ 虞集：《道园学古录》卷27。
⑧ 王鏊：《姑苏志》卷48《绿阴堂记》。

记文的原因是"还禁林",禁林是翰林院的别称,因此很可能是虞集当时接到了朝廷复召的诏命,甚至见到了拜住派去的使臣,由于即刻需要北上大都复命,故未来得及完成这一《绿阴堂记》。故初步推断,虞集应是在至治二年夏接到朝廷复召命令,返回大都。

(二) 苏州省墓并拜访族亲

虞集在苏州游历这一点从其他文献中可以得到证实:欧阳玄所撰《虞集神道碑》记载:"时居忧,方省墓姑苏,遣使求之江西不得,求之蜀又不得,比返命而事变作。"① 实际上,至治二年虞集出游的主要目的就是赴苏州省墓。

《道园学古录》中有两组诗与其叔父南山翁有关,第一组诗名为《留别叔父南山翁三首》,其二、三写道:"玉遮墓下有诸孙,东望沧波每断魂。泣血三年余喘在,更将衰泪洒荒园";"族人散处江南郡,不识音容但记名。世泽须令孙子忆,故家今几尚簪缨?"② 这组诗是与其叔父南山翁离别时所作,诗中所谓"玉遮墓下有诸孙",指的就是玉遮山下的祖墓,"泣血三年"意即虞集三年丁忧,"衰泪洒荒园"指的是虞集来苏州省墓。这组诗序曰:"先君太史弃诸孤之四年,集来吴门省连州府君之墓,始见叔父南山翁。翁与集同出太师雍国公,盖四从矣。翁曰:后会未可期,幸留数语识岁月。翁方客授外乡,又以推人生祸福以助道,故不能久留城中。敢用赋此,以承命云尔。"③ "先君太史"即指虞集的父亲虞汲,去世于延祐六年,至至治二年恰好为"弃诸孤之四年",虞集祖父虞珏曾为"宋奉直大夫、知连州、仁寿县开国男,食邑三百户,国朝累赠嘉议大夫、礼部尚书。追封雍郡侯"④,即此诗序中所称之"连州府君"。可知,虞集来苏州是为省祖父虞珏之墓。

《姑苏志》对虞氏家族诸墓有记载:"知荣州虞夷简并妻恭人邓氏二墓,在蒸山。子知岳州虞梲及妻令人魏氏祔。自后数世从葬,教谕堪皆在

---

① 欧阳玄撰,汤锐点校:《圭斋文集》卷9《元故奎章阁侍书学士翰林侍讲学士通奉大夫虞雍公神道碑》,《欧阳玄全集》,四川大学出版社2010年版,第224页。
② 虞集:《道园类稿》卷10《留别叔父南山翁三首》。
③ 虞集:《道园类稿》卷10《留别叔父南山翁三首》。
④ 赵汸:《东山存稿》卷6《邵庵先生虞公行状》,文渊阁《四库全书》本。

焉。知连州虞珏墓在遮山。珏，字成夫，夷简长子，孙集显于元。追封珏雍郡侯。"此外还将《留别叔父南山翁》诗序抄录于此。① 可知，虞珏字成夫，志载其父名"夷简"，即虞集的曾祖父，而《虞集神道碑》《虞集行状》均载为"刚简"。魏了翁《虞刚简墓志铭》载：虞刚简"男子二人：嘉，迪功郎、监雅州卢山县酒税；奭，未仕"。可见，刚简其子中并未有"珏"之名者，魏了翁与虞刚简过从甚密，早年曾共同在蜀东门外讲学，其文集《鹤山集》中现存有大量与刚简往来的诗文，以两人的熟悉程度，魏了翁对虞刚简后代必然十分清楚，故为其撰写的墓志铭内容可信度极高。铭文又载虞刚简的两位兄弟"知茂州烁、知荣州夷简蚤世，公（刚简）拊育诸孤，丧纪昏嫁，一以身任"②。虞集《道园遗稿》有一首诗题曰："从兄德观父与集同出荣州府君，宋亡，隐居不仕而殁。集来吴门省墓，从外亲临邛韩氏得兄遗迹，有云：'我因国破家何在？君为唇亡齿亦寒'，不知为谁作也。抚诵不觉流涕，因足成一章，并发其幽潜之意云。"③ 据魏了翁所载可知"荣州府君"指的就是虞夷简，故此推测虞集祖父虞珏应该是虞夷简之子，因夷简过早去世，其诸子由夷简之兄刚简抚养成人。④ 因历年久远，以致为虞集撰文的欧阳玄和赵汸等人均已不明原委，而与虞刚简为莫逆之交的魏了翁和虞集本人的记述当更为可信。亦由此可见，成书于明清时期的地方志文献《姑苏志》所述反较元代即已撰成的《神道碑》《行状》等更为准确，故《姑苏志》的资料来源当另有他途。当然仍不可忽视的问题是，元代文人在撰写碑铭之时，多有曲笔和谀墓现象。⑤ 虞夷简诸子由其兄刚简抚养成人，在一定程度上已相当于过继给刚简，成为虞集的"法定"曾祖父，那么后人在为虞集撰写碑铭和行状之时，便以其为标准世系，故在《神道碑》和《行状》中只提刚简而略去夷简，此虽不一定是如"曲笔""谀墓"等刻意为之之举，但在分析和解读文献时仍

---

① 王鏊：《姑苏志》卷34《冢墓》。
② 魏了翁：《鹤山先生大全文集》卷76《利州路提点刑狱主管冲佑观虞公墓志铭》，《四部丛刊集部初编》本。
③ 虞集：《道园遗稿》卷3，第31—32页。
④ 暨南大学王颋先生也曾对此问题予以推测，见王颋《遗绪自雍——南宋宰相虞允文四世子、孙考》，收入氏著《古代文化史论集》，上海古籍出版社2007年版，第167页。
⑤ 陈波：《〈元史〉订补二题——兼谈元人碑传的谀墓与曲笔》，南京大学元史研究室、民族与边疆研究中心：《元史及民族与边疆研究集刊》（第27辑），上海古籍出版社2014年版。

应引起注意。

虞夷简墓所在地蒸山，《姑苏志》载："（玉遮山）东南有贞山，初名蒸山，以其云气如炊也。"① 蒸山，位于今苏州吴中区、虎丘区交界处。虞集省墓诗中所称"玉遮墓下"，意指其祖父虞珏之墓在玉遮山，即《姑苏志》所载之"遮山"："玉遮山，在阳山之南，横列如屏，今但呼为遮山，旧志为查山。"② 玉遮山现名玉屏山，位于苏州市姑苏区。在玉遮山的周围还有诸多景色秀美的山峰，其东有雅宜山，"本名雅儿，唐青州刺史张济女雅儿葬此，吴语'儿'为'倪'，因讹为'宜'。或云：虞集改今名。傍有小山，曰箪茹，初名筶如，近时居民掘地得唐元和十九年金氏墓志云：葬于箪茹山阳，始知其讹。或云：即雅宜山"③。

倪瓒撰有两首描述雅宜山的七言绝句，其序曰："雅宜山旧名娜如山，盖虞道园所更，然未若娜如之名近古也。施君宜之先陇在其处，索余赋诗，因为竹枝歌二首遗之，以复其旧焉。"④《姑苏志》亦予以收录，但将"施君……以复其旧焉"一句略为"因为竹枝歌二首"。雅宜山位在玉遮山之东，虞珏墓又在玉遮山，可见这块作为虞氏家族的墓葬区，虞集对此倾注了较多的精力。从倪瓒诗序与志书所载来看，雅宜山之得名很可能是因位处埋葬有虞氏家族成员的玉遮山附近，而与虞集有莫大关系。那么，虞集为雅宜山改名之说是否与其祖父之墓有关？雅宜山与娜如山（箪茹）是否为一山两名还是相傍的两座山？如为同一座山，则可能是虞集将娜如山改为雅宜山；如为相傍的两座山，则可能是虞集将其中一座命名为雅宜山，但这不过是推测，均有待于进一步查找相关资料。

三 结 语

本文通过利用正史、虞集与其他有关文人的文集以及虞集所游历地的地方志等材料，在前人基础上对虞集在延祐末年和至治年间有关辞官丁

---

① 王鏊：《姑苏志》卷8《山》。
② 同上。
③ 同上。
④ 倪瓒撰，江兴祐点校：《清閟阁集》卷7《七言绝句》，西泠印社出版社2012年版，第219页。

忧、省墓吴中、与文士交游等事迹进行了考订，对其中语焉不详、记载简略之处进行了考证辨析。虞集是元代中后期显赫一时的南方士人代表，在元代政治、文化领域占有重要地位，对其事迹的研究有助于更深入地认识虞集其人及其所生活时代的特征。

（作者为内蒙古社会科学院历史研究所副研究员，南京大学元史研究室、民族与边疆研究中心博士研究生）

金元交替华北地方家族及其在元代的发展[*]
——以河南巩县张氏家族为例

于 磊

近年来,有关元代家族的研究引起了越来越多的关注。[①] 其研究多将元代视作宋、明之间的过渡期,以此考察宋、明家族发展的连续性以及某些相异的特征,[②] 或将"宋元明过渡期"[③] 视为一个总进程,将元代视作其中的一个环节。但总体看来,其研究成果所呈现出的面貌特征则较为含糊。由此可见,以元代为本位、对某一家族演变的全过程进行动态考察乃

---

[*] 本文系2015年度国家社科基金青年项目"元代江南知识人群体的社会史研究"(项目批准号:15CZS024)阶段性成果。近年,在家族史研究中,关于"家庭""家族""宗族"等概念的使用,国内外学界一直存在诸多分歧。本文考虑到所处理的金元时期具体史实同时兼顾累世同居共财、祠堂、族谱的编纂以及士人与地方社会的关系等因素,仍使用"家族"来指代当时通过累世共居而形成的大的"家庭"单位。关于这三者之间概念上的区分等相关学术史的整理参见〔日〕远藤隆俊《家族宗族史研究》,〔日〕远藤隆俊、平田茂树、浅见洋二编《日本宋史研究の现状と课题—1980年代以降を中心に—》,汲古书院2010年版。同时关于宋代以后宗族形成相关的族谱编修,祠堂、墓地祭祀等问题并参见常建华《宋以后宗族形态的形成及地域比较》,人民出版社2013年版。

① 关于元代江南士人以及家族相关问题的研究动向,参见于磊《元代江南社会研究の现状と展望—元代江南知识人を中心に—》(《九州大学东洋史论集》40,2012年)及《元代徽州家族与地方社会秩序的构建》(《中国史研究》2016年第4期)。

② 参见在"中国宋明时代的宗族"学术研讨会(2003年8月9—10日,于日本高知县)基础上结集而成的《宋—明宗族の研究》,〔日〕井上彻、远藤隆俊编,汲古书院2005年版。特别是其中分别由远藤隆俊和井上彻所执笔的概说部分《总论—宋元の部》和《总论—元明の部》。

③ "宋元明过渡期"的提法源自1997年6月于美国加州大学洛杉矶分校召开的The Song-Yuan-Ming Transition: A Turning Point of Chinese History国际会议,而后由〔美〕Paul Jakov Smith (史乐民) 和〔美〕Richard von Glahn (万志英) 编辑成 *The Song-Yuan-Ming Transition in Chinese History*, Cambridge: Harvard University Asia Center, 2003。另参见〔日〕中岛乐章《宋元明移行期论をめぐって》,《中国—社会と文化》20,2005年。

是研究的薄弱环节所在,① 特别是元朝（大蒙古国，Yeke Mongol Ulus）同地方家族间的联动关系更没有引起应有的关注。本文即着眼于金元交替之际地方家族及其在元代的动向问题，以河南巩县张氏家族为个案，对上述研究的薄弱环节进行初步响应，进而勾画出元朝统治稳定后，地方家族的发展轨迹。

同本文问题意识相近，饭山知保亦曾以山西定襄县稷山段氏为例，考察了汾河下游地区金元之际知识人阶层的动向问题②。但本文对于金元之际地方家族动向的分析更为侧重于元代中后期的变化及其家族的转型，与之相异。

本文所利用资料主要是张氏家族现存碑刻，即所谓"张氏三碑"（"张恩神道碑""张思忠神道碑""张思忠墓碑"）以及地方志资料。"张氏三碑"的录文见于《民国巩县志》（民国二十六年泾川图书馆刻本），本文则根据"中央"研究院历史语言研究所傅斯年图书馆藏拓片③做进一步细致研究。

一　"张氏三碑"及巩县张氏家族

"张氏三碑"是研究元代巩县张氏的基本资料，至今仍存，各类文献皆有著录。现分类整理如表1"元代'张氏三碑'"。

表1　元代"张氏三碑"

碑文名	大元故巩县尹赠嘉议大夫礼部尚书轻车都尉追封清河郡侯张公神道碑（略称"张恩神道碑"）	元故赠中奉大夫河南江北等处行中书省参知政事护军追封清河郡公张公神道碑铭（略称"张思忠神道碑"）	元赠清河郡公张思忠碑④（略称"张思忠墓碑"）

---

① ［日］中岛乐章：《元朝统治と宗族形成—东南山间部の坟墓问题をめぐって—》，［日］井上彻、远藤隆俊编：《宋—明宗族の研究》，汲古书院2005年版，第315—320页。其中对元代家族史研究视角以及相关方法论问题进行了较为全面的讨论。

② 饭山知保：《稷山段氏の金元—11—14世纪の山西汾水下流域における"士人层"の存续と变质について—》，《宋代史研究会研究报告集 第9集 宋代中国の相对化》，汲古书院2009年版，后收入氏著《金元时代の华北社会と科举制度—もう一つの"士人层"》，早稻田大学出版部2011年版。

③ 感谢台湾赵琦博士提供拓片影印件，谨致谢意。

④ 该墓碑碑题不明，"中央"研究院历史语言研究所傅斯年图书馆藏拓片中亦未见。此处姑以《民国巩县志》所定为据。

续表

撰文者	曹元用	欧阳玄	宋本
书写者	张珪	巎巎	吴炳
篆额者	郭贯	张起岩	泰不华
立石者	张毅		张毅
立石年代	致和元年	至元六年	至元三年
原碑形制（据《民国巩县志》，民国二十六年泾川图书馆刻本）	碑高五尺二寸 宽三尺三寸八分 厚八寸额高二尺八寸	碑高九尺 宽三尺五寸 厚一尺零一分	碑高六尺六寸八分 宽三尺七寸五分 厚一尺一寸
原碑	原在巩义市站街镇大黄冶村西岭，后移至巩义市文物管理所	现藏河南省博物院石刻馆	原在巩义市站街镇大黄冶村西岭，后移至巩义市文物管理所
拓片	"中央"研究院历史语言研究所傅斯年图书馆藏碑拓	"中央"研究院历史语言研究所傅斯年图书馆藏碑拓	"中央"研究院历史语言研究所傅斯年图书馆藏碑拓
著录	《民国巩县志》卷十八《金石三》，民国二十六年泾川图书馆刻本	《民国巩县志》卷十八《金石三》，民国二十六年泾川图书馆刻本	《民国巩县志》卷十八《金石三》，民国二十六年泾川图书馆刻本
影印/介绍		《洛阳名碑集释》，朝华出版社2003年版 《邙洛碑志三百种》，中华书局2004年版 吴茂林、冷涛《元康里巎巎书〈张思忠神道碑〉》，《文物》1990年第8期	

由表 1 可知，现存巩县张氏家族三碑，实际上主要反映的是该家族迁居河南巩县后张恩、张思忠二人的情况。三碑之所以最终得以立石，原由则在于其后人张毅官至江浙行省参知政事，追赠其祖先所致。故不论是撰文者、书写者还是书丹者，皆为当时一时之选。这也是三碑为各类地方志书、金石著作等文献所重视并留存至今的重要原因，特别是"张思忠神道碑"，其书写者为元代著名书家康里人巙巙，作为重要的书法作品，历来受到特别的重视。下文即据此"三碑"追踪巩县张氏在元代发展的历史脉络。

巩县张氏祖居山西解州，至张恩之父时，为解州盐官。"张思忠神道碑"载"清河公（张思忠）姓张氏，其先解人也，今家河南巩县"。并未明言其人。而"张恩神道碑"和"张思忠墓碑"则分别提供了稍具体的信息："考（张恩之父）于金季尝司解鹾，今逸其名。""（张思忠）大父，金时为解之盐官。"但仍难以追索得更为详尽。张恩之父所任之解州盐官，笔者查阅（嘉靖）《解州志》（嘉靖四年吕楠纂，康熙四年乔庭桂续纂，上海图书馆藏）、（康熙）《解州志》（陈士性修、马淑援纂，康熙十二年刻本，中国国家图书馆藏）及其后各时期的方志，《河东盐政汇纂》（苏昌臣撰，康熙二十七年刊本）、《敕修河东盐法志》（朱一风等纂辑，雍正五年刊本）等各类解州盐政专志资料①，皆未见关于张恩之父的具体记载。而金代河东盐业的管理机构设置又有解盐使司、管勾、巡捕使等②，再结合立石于元代中后期的"张氏三碑"对其祖先的分别叙述来看，张恩之父当为解州盐池的低层官职，否则亦不至于"逸其名"。关于该族在元代的发展世系，请参见文后附录"元代河南巩县张氏家族世系图"。

此外，关于张恩之父同蒙古政权间的关联，目前仍难觅踪迹。解州地区自成吉思汗（Činggis Qan）时代即已受到蒙古军队征讨。③ 特别是金朝贞祐南迁之前，山西地区更成为蒙古政权同金朝的屡屡争夺之地。作为河东盐利重地的解州，在其后已基本为蒙古政权所有，对金朝的军政也产生

---

① 相关研究、介绍参见柴继光《关于运城盐池的著述考略》，氏著《运城盐池研究》，山西人民出版社 2004 年版，第 220—229 页。
② 参见李三谋、王贵洪《金代的解盐经济》，《盐业史研究》2010 年第 1 期，第 5—6 页。并见瞿大风《有元一代的解州盐业》，《暨南史学》第 4 辑，2005 年。
③ 《元史·杜丰传》载："从国王按察儿攻平阳，先登。克绛州、解州诸堡，招集流民三万余家。"（《元史》卷151《杜丰传》，第3575页）

了较大威胁。① 尽管此后仍战事不绝，但整体已趋平稳。故"太宗庚寅年，始立平阳府征收课税所，从实办课，每盐四十斤，得银一两。癸巳年，拨新降户一千，命盐使姚行简等修理盐池损坏处所"②。同时，山西地区多为成吉思汗诸子封地，解州一般认为封于末子拖雷（Tolui），但窝阔台汗（Ögödei Qan）即位后，其赋税多归于大汗。③ 故金元交替之际解州地区形势较为复杂，既有蒙金的争夺，同时还交织蒙古诸王的势力。综合后文关于张恩的记述来看，张恩之父当在蒙古政权稳定接管解州地区前即已解任或去世，同蒙古政权当无直接关联，否则元代中后期在追溯其祖先事迹，不可如此省略。

二　金元交替与巩县张氏

张氏家族同蒙元政权的结合始自张恩。"张恩神道碑"载：

> （张恩）生于承安二年（1197），仕至嵩州安抚使，豪猾悍服，州境为清，以直言忤时贵退处乡里。<u>天兵定河南，主帅闻其名，俾仍故职，辞不获，乃起视事。嵩人稍稍来归，改尹巩县</u>。剪榛棘以立县治，抚摩雕瘵，政简役均，遂益以富庶。使者旁午，驿舍或不能供亿，则鬻家赀为具以进。民有讼者，辄谕之曰，尔不孝弟力田，乃哗竞若是耶，其人多惭沮而退。传相告戒，弗敢易以速讼。或不得已而刑，人则对之泣下，人目为张佛。以　年　四月十九日殁，享年七十有八。以至大元年二月望祔葬巩县南青龙山北，先茔之次。后以孙毅贵，赠嘉议大夫，礼部尚书，轻车都尉，追封清河郡侯。

"张思忠神道碑"和"张思忠墓碑"对此亦有相似记载，但较简略。该神道碑叙其官历首自嵩州安抚使，其前所任皆不明。但亦如"张思忠神道碑"中所言自此"张氏宦业在嵩州矣"。亦即张氏家族于河南之兴则始

---

① 刘泽民等主编：《山西通史 卷4 宋辽金元卷》第七章《蒙元山西统治的建立》，山西人民出版社2001年版，第237—238页。
② 《元史》卷94《食货二·盐法》，第2388—2389页。
③ 邱轶皓：《元宪宗朝前后四兀鲁思分封及其动向》，《"中央"研究院历史语言研究所集刊》第82本第1分，2011年，第92页。

自张恩仕任嵩州安抚使。

蒙古政权确立在河南的统治后，则就地起用旧政权官员来安抚地方。这一做法，在蒙元政权的历次战争中屡屡使用，特别是征服南宋之际，更为常见。① 张恩作为主政嵩州地方军民事务的安抚使，在蒙古军队于窝阔台汗时期灭亡金朝、平定河南之际为蒙古政权所起用，也是具体例证之一。尽管从记载来看，张恩同蒙古政权的合作略显牵强，"辞不获"，不得已而为之，其后改任巩县尹。但作为王朝交替之际知识人阶层的正常反应予以理解的同时，也从侧面反映了他同蒙古政权积极合作的态度。② 毫无疑问，张恩的这种选择也对其家族在元代的发展奠定了重要基础。具体表现即在于其诸子在金元之际几乎趋于一致的选择。这一地方家族成长的模式，在元代极为常见，也颇为典型。下文即对其诸子的情况分别论述。

首先来看张思敬。"张恩神道碑"载：

> 思敬初袭尹巩，改莅鄢陵、沁水、洛阳、大名、邹平，凡六县，升江陵总管府判官，知均州、知醴陵州、同知扬州路总管府事，皆以善治显大名。岁饥辄发廪以赈，谓同列曰："救饥如解倒悬，若需郡报，则道其殣矣。苟以专擅获戾，吾其独坐。"先是江陵水涨则漂没，濒江卢舍乃急筑防，防完而水大至，民免于昏垫。均州壤瘠民窭，谆切劝之耕耨，遂为乐土。醴陵俗健讼诬讦人罪，率以贫富为胜负。乃先屏豪横而后理其余，其为政大率多类此。享年八十一。

很明显，张思敬承袭了其父张恩的巩县尹，后又历任鄢陵、沁水、洛阳、大名、邹平等县，升江陵总管府判官，知均州，知醴陵州，而后任扬州路总管府同知，从四品。作为归附蒙元政权，一生于地方官任上迁转的

---

① 从蒙元政权地方官任命角度的整体研究参见［日］植松正《元代江南の地方官任用について》，《法制史研究》第38号，2009年，后收入氏著《元代江南政治社会史研究》，汲古书院1997年版。

② 据饭山知保对金元之际山西定襄县地方知识人动向的研究，亦大致如此。参见［日］饭山知保《蒙元支配与晋北地区地方精英层的变动——以山西忻州定襄县的事例为中心》，《元史论丛》第10辑，2005年，后收入氏著《金元时代的华北社会与科举制度—もう一つの士人层》，早稻田大学出版部2011年版。笔者亦曾对蒙元政权灭宋过程中徽州地方知识人阶层的动向做过考察，其中元代徽州著名理学家郑玉之祖父郑安，也与此相似。参见笔者前揭《元代徽州家族与地方社会秩序的构建》一文。此外，关于江西地方的南宋旧官员同蒙元政权合作的情况，可参见周鑫《出处进退必有道：宋元之际的江西抚州儒士》，《元史论丛》第10辑，2005年。

汉族官僚,"张思忠神道碑"中称其"所至称良吏"颇具声名。但其仕宦生涯几或即止于同知扬州路总管府事之职。

其次来看张思信。"张恩神道碑"载:

> 思信始<u>以百夫长从攻蜀</u>,攻钓鱼山,冒矢石陷阵,授忠翊校尉,管军总把。<u>攻襄阳</u>,擐甲先登,坠而复上者三。矢贯甲中股,竟执俘以还。<u>迁昭信校尉,佩金符,管军上千户</u>。行师不妄杀,得赏赐以分族。江南平,屯田洪泽二十泽,以寿终。娶杨氏,生诩,嗣职。

由此,张思信一生从身行伍,其事迹记载始于以百夫长身份从攻四川合州①,参与钓鱼山之战授正七品忠翊校尉。如所周知,作为蒙哥汗(Möngke Qan)时期攻伐南宋的重要战争,钓鱼山之战极具象征意义。而张思信于宪宗蒙哥时期既已在军中崭露头角,故其最初从军时期当远早于此,应该在蒙哥汗之前。脱列哥纳(Toregene)当政期及贵由汗时期皆无大战事,而窝阔台汗时代曾以其子阔端南征南宋。同时结合张恩归附蒙古政权也大致在窝阔台汗时代,并参照下文张思信洪泽屯田的论述推算,他有可能在其祖父归附蒙古政权不久即已从军。

其后,他又参加忽必烈时代征伐南宋的襄阳之战,以军功升至正六品昭信校尉。而忽必烈(Qubilai)在平定南宋之后,作为处置军队的重要措置,于各地驻军屯田即是其中之一。忽必烈时代的屯田自攻宋之初作为筹措军粮的手段,即已在南阳设屯田总管府。② 南宋降伏后,又分别于河南江北行省设置德安等处军民屯田总管府、芍陂屯田万户府及洪泽屯田万户府等各地屯田所,以江淮新附军为之。在回复当地生产的同时,也担负平定叛乱、盗贼的任务。③ 这也是张思信作为蒙古新附军行伍生涯的最终归宿。

再来看张思忠。"张氏三碑"中张思忠"神道碑"和"墓碑"都比较完整,资料相对丰富得多。当然这同其子张毅后任江浙行省参知

---

① "张思忠神道碑"载:"(张思信)以百夫长从征合州、襄阳,以功拜管军总把,迁上千户,佩金符,屯洪泽田以老。"

② 《元史》卷100《兵志三·屯田》,第2566页。

③ 参见[日]矢沢知行《大元ウルスの河南江北行省军民屯田》,《「社会科」学研究》第36号,1999年,第23—34页。

政事相关，父以子贵。两碑内容相差不大，但"神道碑"更为全面，引之如下：

> 公讳思忠，字诚之。幼静重简默，群儿靳之不为动。侍立长者，进退如成人。稍长，从诸晜入学舍，先生见其蚤慧，授以孝经，使仿书。公受教即能无苟且意，先生谓其父曰，孺子他日必以儒起家。浸长，果日嗜学不倦。弱冠，王师围襄阳，调庾吏，给营中粮备不匮，改司嵩州竹课。甫壮年，独不乐为苛征，弃去不复仕。性孝友，亲病，昼夜不解带。兄从军襄樊，三月书不达，亲忧之，公徒步至兵闲，不避锋镝，卒获安耗，归宁其亲。然或道遇蝼蚁，必迂步以辟之，惟恐其践及。一日，谓其兄弟曰，古人有十世共举火者，今何为不然，得非俗之不古欤。兄弟感其言，不敢谋析处。乡邻族姓贫不能婚葬，视疏戚为施，无不有所周恤。人有归其贷赀者，付之量衡，使自均其轻重，隆杀为报其不能者，辄致之剂。远近以急争见质，随以理譬析之，往往弭怨。家居隆师教子，尤好眉山苏公文，尝手钞百余篇，授诸郎，使矜式。暇日，从宾朋觞咏自乐，耽视世态，泊如也。至元廿七年四月廿七日终于正寝，年四十有九，以至大元年二月望葬洛南青龙山之阴之先陇。

相较前述张思敬和张思信，张思忠的行迹则大有不同。他最初也在蒙宋襄阳之战时被任以管理粮仓的吏员，负责供应军中粮饷，而后又承担任嵩州竹课之职，亦即其"墓碑"所言"调嵩州司竹监"。据载："竹之所产虽不一，而腹里之河间、怀孟，陕西之京兆、凤翔，皆有在官竹园。国初，皆立司竹监掌之，每岁令税课所官以时采斫，定其价为三等，易于民间。"① 同时，元代嵩州亦是重要官竹园地之一，张思忠所任之嵩州司竹监主要职责即是负责官竹交易，同时抽取课税。② 其中自不免存在官苛民利的情况，故张思忠自此"弃去不复仕"。

简单提及张思忠早年的任职外，其"神道碑"和"墓碑"中则重点突

---

① 《元史》卷94《食货二·岁课》，第2382页。
② 关于元代竹园地及竹课等问题，参见［日］井ノ崎隆兴《元代の竹の专卖とその施行意义》，《东洋史研究》16—2，1957年。

出笃重儒学、维持家族的同居共财以及周急乡里之困等方面，俨然宋元以来成长于知识人阶层的地方士绅形象。尽管其中不无夸大阿谀之词，但将其定位于金元交替之际维持金代以来儒学传统于不堕的地方知识人则无大过。他们作为地方精英，具备一定的影响力，起到维持地方社会秩序的作用。饭山知保曾聚焦山西定襄县，根据散见于金石资料中带有"进士""乡贡进士"等头衔的知识人阶层来推测其在地方社会所产生的影响力。①而本文中张思忠的事迹则更为具体、明确。既往研究中论述金元交替华北儒学传统的延续多提及蒙金战争的破坏、耶律楚材的努力、蒙元政权的招揽以及理学的北传等问题，② 而忽略地方社会中知识人阶层在维持儒学传统、家族及地方秩序等整体方面的积极努力。尽管现存资料多有缺失，呈现断片性特征，但着眼整体，这类地方知识人的存在当不在少数。这也是本文具体考察巩县张氏的意义之所在。

最后关于张思孝的情况，现存资料包括"张氏三碑"皆无甚着墨，仅于"张恩神道碑"和"张思忠神道碑"分别提及"乡邦以善人称"，"（张）思孝不仕，以善人称于乡"。尽管他生有"七男"，但当多不显，故以致此。根据"乡善人"此类称谓，或可推测，尽管未如张思忠般于地方社会发挥全面的影响，但或近于元代文献中频繁出现的"乡先生""处士"等，即具备一定的儒家教养，亦热衷于地方社会事务者。③

至此，金元交替之际巩县张氏家族的情况既已大具。蒙古政权在灭金并征服河南后，该家族入元第一代皆积极同蒙古政权合作。在伐宋战争中，从军攻四川、襄阳，获军功，并协助围攻襄阳，为蒙古军提供粮草。尽管在地方社会中，该家族的儒学传统不绝，并以此维护地方秩序。但整体看来，在当时特定时代环境下，或可以将该家族初期的发展视作同蒙古

---

① 参见前揭［日］饭山知保《蒙元支配与晋北地区地方精英层的变动——以山西忻州定襄县的事例为中心》一文。
② 对该问题的集中研究参见赵琦《金元之际的儒士与汉文化》，人民出版社 2004 年版。
③ 相关研究参见［日］片山共夫《元代の乡先生について》，《モンゴル研究》15，1984年。并参见［日］森田宪司《モンゴル支配下の汉民族知识人》，氏著《元代の社会と文化》，私家版，2005 年。

政权积极合作而得以成长的"军功家族"① 阶段。

三 元代中后期巩县张氏家族的演变

元代初期通过同蒙古政权合作而发展起来的巩县张氏"军功家族",至元代中后期则发生了较大转变。概而言之即是,由"军功家族"发展为"仕宦家族"。这一特征,在张思敬承袭其父张恩巩县尹,并历任地方职官之时即已具备。至元代中后期,从张思忠之子张毅及其家族同代诸人的仕宦经历中则显露无遗。

首先考察张毅的仕宦情况。前文业已有所提及,之所以张恩、张思忠分别追封为清河郡侯和清河郡公以及"张氏三碑"最终得以奉敕撰文、篆额、立石,皆由张毅仕至江浙行省参政所致。即如"张思忠墓碑"中所言,"前二代得封,皆以毅贵也"。关于张毅的资料,除却"张氏三碑"中直接提及,其他记载皆较分散。《民国巩县志》卷十八《金石三》在收录"张氏三碑"录文的同时,亦记载如下内容:

元张忠肃公墓碣
高三尺五寸五分,宽二尺一寸二分,厚七寸。
圆首,正书二寸许,四行,行八字,在龙尾岭
故考推诚翊政赞理
功臣正奉大夫河南
行省参政追奉河南
郡公张忠肃公之墓

元张忠肃公先莹碣
圆首,在龙尾岭,距其碑碣半里。

---

① 需要说明的是,此处所谓"军功家族"并非如藁城董氏、真定史氏般早期即归顺成吉思汗,逐渐成长为控制一方的汉人世侯军功家族,本文所强调的巩县张氏家族之"军功"更多是指,于王朝交替的战乱之际,同蒙古政权积极合作,参与一定军事活动的下层汉人家族。他们是特定历史环境下由于原初具备一定地方政治影响而为蒙古政权所选中。整体看来,"仕宦"的特征或许更为明显,而在特定时期由于战争等因素的存在便呈现出一定"军功家族"因素。这个特征只有同其后完全转为"仕宦家族"的对比才有意义。

>　　高七尺，宽三尺四寸，厚八寸五分。
>
> | | 赠推成翊正赞理功臣正 |
> | --- | --- |
> | 大 | 奉大夫河南江北等处行 |
> | | 中书省参知政事追封河 |
> | 元 | 南郡公谥忠肃张公先茔 |
>
>　　至正二十七年岁次丁未九月吉日集贤学士中奉大夫次男□□建立
>　　李良才镌
>　　右碣正书四行，行十字，字二寸许，年月一行，行三十四，字大寸余

其中"张忠肃公"即张毅。上碑为张毅墓碣，下碑为张氏先茔碑。惜仅有碑额及碑刻本身形制信息，未有正文内容。抑或留存下来的碑刻情况本身即如此，未可知。如所周知，至正二十七年乃元朝结束在中原汉地、江南统治之时，南方局面已基本为朱元璋政权所定。在此形势之下，生前官至江浙行省参知政事的张毅仍能获元廷封赠，树碑竖石，亦可想见其生前之荣。

此外，关于张毅的情况，曾廉《元书》曾为之立传①，但其行迹、仕宦的叙述或有遗漏及讹误，可以确定曾廉当时未见相关碑刻所载。下文即在此基础上重新加以梳理。现存史料对其仕宦的记载皆始自绩溪县尹：

> 徽之绩溪人程燧走京师致其邑之老之言曰：今江浙等处行中书省参知政事张公当大德十年尹吾邑，有善政，去二十二年未尝忘。……夫尹是邑尝有善政治，阅二十二年来为参知政事。以耳听目视相接，固可劝官东南者。而朝廷拔循良至位宰执，使天下后世知黜陟以道，不既美乎。予初第时已闻公廉直，精吏事，为闻人。入翰林，则又知公以左司郎中鲠亮，言天下事，积忤权奸为忮恨，至得祸不避，遭中废。士大夫翕然高之。及起，而参议都省事。予为兵部员外郎，则又见其临事刚特，不少惩以替。……泰定四年二月奉政大夫中书省左司都事宋本记。②

---

① 曾廉：《元书》卷90《张毅传》，宣统三年层漪堂刻本。
② 宋本：《绩溪县尹张公旧政记》，《国朝文类》卷31，四部丛刊影元至正本。

宋本所撰该文，为张毅已任江浙行省参政后追记其早年尹绩溪县时的"善政"，某种程度上属于地方的阿颂之文。但由于宋本同张毅仕宦颇有重合之处，并多亲见，故其所记较为可信。曾廉《元书》本传内容也多本此。据该记可大致还原张毅仕宦经历：大德十年任徽州路绩溪县尹，而后升任中书省左司郎中，其主要执掌相当吏、户、礼诸部的内容。① 其后因开罪权臣，② 一度罢免。后又起为参议中书省事，终至江浙行省参知政事。"张思忠神道碑"中称其"伟器雅望，历践华贯，为时名卿。引年闲居，福寿鼎盛"。据植松正对元代江南行省宰相研究③，由于元代后期出于南北官员相互监督的需要，而较多起用汉人（旧金朝统治下）官员来担任江南行省宰相。想必张毅出任江浙行省参政也是该情形之下的具体例证。而另据"张恩神道碑"载，"河南廉访使张毅将赴江浙行省参知政事，为其祖清河郡侯征铭于（曹）元用"，神道碑后署"致和元年 月 日中奉大夫江浙等处行中书省参知政事嗣孙张毅等立石"。由此可知，在致和元年（1328）升至江浙行省参知政事前，他还曾任河南廉访使。如此，张毅生前的仕宦经历基本清晰。

尽管宥于资料所限，未知其绩溪县尹前之仕宦，但结合下文其家族其他成员任官情况看，亦当出身于吏员。元代官、吏之别同前代区别较大，由吏而官者（即吏员出职）④ 亦极为普遍。如果该推论成立的话，参照前述张思敬的经历及其家族于金元交替之际同蒙元政权所构建起的密切关系，那么张毅仕宦成功的背后所反映出的即是其家族至元代中后期成功转型并获得进一步发展的事实。对此，如果再考察其子张惟敏的仕宦情况则更为明显。

致和元年立石的"张恩神道碑"曾提到"（张）惟敏，中书省掾"。其后再次提及张惟敏任官情况的则是"张思忠墓碑"所载"（张）惟敏，至元三年，亚中大夫、河北河南道肃政廉访副使"。至元六年立石的"张思忠神道碑"则载"惟敏即吏部侍郎，博学擅辞藻，居官练达，国务有父

---

① 《元史》卷85《百官一》，第2123页。
② 曾廉径言为"铁木迭儿"，不知何据。
③ 参见［日］植松正《元代江南行省宰相考》，《香川大学教育学部研究报告》第1部第83号，1991年，后收入氏著《元代江南政治社会史研究》，汲古书院1997年版，第211—213页。
④ 参见许凡《元代吏制研究》第2章《吏员出职制度》，劳动人事出版社1987年版。

风。……碑未立，惟敏由吏部迁中书左司郎中"。而《至正金陵新志》"治书侍御史"条①下则载"张惟敏，至正二年上"。亦即，至正二年张惟敏开始担任江南行御史台的治书侍御史。其中肃政廉访副使及左司郎中之任，从宋褧分别所作的两首送行诗《送张孟功江淮觐省就赴河南幕》《呈张孟功左司》②中亦可得到证明。将张惟敏之任官经历同其父张毅加以比较可以发现，两者大致相似，甚至完全重合。

此外，张惟敏之弟张惟贤亦起自吏员，颇具声名。"张思忠神道碑"中称"（张）惟贤有文声，尤工诗，辟掾礼部，蚤卒。御史宋褧为作张才子传"。而较早的"张恩神道碑"则又提及张惟贤曾任"家令司令史"。此处之"家令司"即执掌太子饮膳、供帐、医药、宝货等的詹事院。③ 实为不易得之职。宋褧《张才子传》④更明确记载：

（张惟贤）应乡贡进士，举不中，游吴中。亲且老，而急其仕。属河南宪府辟为掾，勉从之。使以下咸礼敬，不以吏待。泰定元年，入补家令司令史。未几，转礼部令史。

下划线部分之"河南宪府"当为河南廉访司，从上文分析可知，张惟贤之父及兄皆曾任职于此。同时结合张毅和其子张惟敏相似的任官经历加以考虑，亦可概知巩县张氏积极利用其家族资源促其子弟从仕入宦的态度。但通过宋褧《张才子传》的记述，张惟贤似乎更为钟情于文学诗歌和名士山水，典型的文学之士，"稍知学，即苦吟。博览强记百氏之言，悉以为诗。知所宗，尚泝流晋、宋、齐、梁间"。但不得不继承其家族仕宦的传统，终因"才子（张惟贤）素以清简自处，而寺署、曹局猥冗，丛脞酬接，挠败人兴趣。每忽忽不乐，且少读书，致心疾，居常羸瘦"。而"竟以是病卒，年二十九，实泰定丙寅也"。

最后张惟敏同嵩洛书院的创设问题也是元代中后期张氏家族演变中颇

---

① 《至正金陵新志》卷6《题名》，中华再造善本据中国国家图书馆藏元至正四年集庆路儒学溧阳州学溧水州学刻本影印。
② 皆载宋褧《燕石集》卷6，文渊阁《四库全书》本。
③ 《元史》卷89《百官五》，第2244页。
④ 宋褧：《燕石集》卷15《张才子传》，文渊阁《四库全书》本。

为值得注意的。先来看《元创设嵩洛书院文牒》①，笔者对其抄录文格式整理如下：

> 元大定四年四月，皇帝圣旨里，中书礼部。
>
> 据奎章阁学士院参书厅呈，承奉学士院札付，蒙古文字译说该：
>
> 至正五年七月别儿怯不花大学士奏：左司郎中张惟敏是河南人，自备己财，储书欲为义学，延师教授，将书舍名作嵩洛书院。奉圣旨，那般者。钦此。钦遵外，使院就呈该部分款依施行。
>
> 承此。具呈照详，得此。本部议得，左司郎中张惟敏自备己财，储师延师，作养后进。建文昌祠，春秋从祭。奎章阁大学士奏准名嵩洛书院，宣都省，移咨河南行省。钦依施行。除已具呈中书省，照详本部合行，宜关请照验施行。右关左司郎中张惟敏。

从该文书往来格式可知，该件文书乃是奎章阁大学士别儿怯不花对张惟敏自备己财创建嵩洛书院事以蒙古文上奏奎章阁，经译史翻译后由学士院札付本院参书，而后上呈中书省礼部。对此，礼部准呈，并同意张惟敏创建嵩洛书院后下发公文。

由于该件文书是地方志所抄录，抬头"元大定四年"则存在明显讹误。忽略该件的文书的年代错误，仅就其内容看，张惟敏在其任职中书省左司郎中时提议自备己财，创建嵩洛书院之事当无问题。综观巩县张氏在元代中后期的任官情况，可以说该家族成功转型为典型的"仕宦家族"。这其中，嵩洛书院的创设便是值得特书的事件。尽管在书院史研究中，河南嵩洛书院皆有所提及，② 但将该书院的创设置于金元交替以来张氏家族的发展中加以考察则别具意义。也可以说，如果仕官情况作为评判家族成功与否的标准的话，那么自金末元初以来即有意识地坚守儒学传统的张思忠及其后代在元代中后期的发展中要远较其他各支子孙突出。当然，由于对张氏家族的考察所利用的"张氏三碑"主要是以张思忠—张毅为核心，故撰写者自然不可避免地对该系子孙的情况多所着墨。但相较而言，"张

---

① 《民国巩县志》卷20《丛载》，民国二十六年泾川图书馆刻本。
② 参见王颋《元代书院考略》（《中国史研究》1984年第1期）；徐梓《元代书院研究》（社会科学文献出版社2000年版）。

恩神道碑"所涉及的传主张恩的内容较少,而对其家族自张恩以下三代的记载基本较为平均。仅以此碑的情况来看,仍然可以发现张思忠—张毅这一支积极培养其后代跻身仕宦,逐渐在元代中后期的政坛崭露头角。如果深入追溯其背后的深层原因,应当还是与张思忠有意识地在地方社会中坚持金代以来儒学传统有关,毫无疑问这也影响到张惟敏创建嵩洛书院的动机。

四 结 语

本文对河南巩县张氏家族自金末元初至元代中后期的发展脉络进行了初步探讨,基本厘清了该家族由早期的"军功家族"至其后积极向"仕宦家族"转型的线索。

如果将该家族的发展放到当时整个历史时期来看,上不足以同汉地世侯这类家族相比,而下又不同于大量完全仅活动于地方社会的家族,基本上可以定位于中间的类型,也具有一定的代表性。一方面同王朝交替之际积极同蒙元政权合作的各地家族的选择相似,以此为其家族发展奠定初步基础;但另一方面,与宋、金以来科举在家族发展中发挥较大作用的情况不同,元代科举长期未行(1276—1313),而即便仁宗重新开科,实际对当时社会产生多大影响,仍难遽下定论。① 故在此局面下,蒙元政权长期以来所形成的"仕进有多歧,铨衡无定制"的选官制度便值得重视。一方面重视"跟脚"出身;另一方面又增加了出仕的机会,特别是"吏道杂而多端者"②。对此,华北知识人阶层较之南方有着较大的优势。本文所论之巩县张氏即完全把握这一途径,在元代中后期"仕宦家族"的转型中取得较大成功。这也是近年来不少学者对于像藁城董氏这种此前普遍视作世侯

---

① 相关研究参见姚大力《元朝科举制度的行废及其社会背景》(《元史及北方民族史研究集刊》1982 年第 6 期,第 55—58 页)及萧启庆《元代进士辑考》导论《元代的科举制度及文献》("中央"研究院历史语言研究所,2011 年,第 28—30 页)。

② 《元史》卷 81《选举一》,第 2016 页。

的家族在忽必烈时代以后逐步"官僚化"现象较为重视的原因。①

最后对本文做简单结论。

1. 本文通过元代"张氏三碑"的分析，明确了金末元初巩县张氏家族积极同蒙古政权合作，一方面安定了当时的地方社会秩序；另一方面也为其家族的发展奠定了基础。

2. 与既往研究多关注蒙金战争对河南地方造成的破坏及对知识人阶层产生的震动不同，本文认为巩县张氏在维持地方秩序安定的同时，笃重儒学，使得金代以来的儒学传统在地方家族得以接续和发展，并对其家族在元代中后期的发展产生较大影响。

3. 同宋、金时代的科举社会不同，巩县张氏家族积极利用其自身的人脉等资源优势，在仕进多歧化的条件下，有意识地实现其家族由"军功家族"向"仕宦家族"的成功转型。

（本文原刊于《中国社会历史评论》第18卷，天津古籍出版社2017年版）

（作者为南京大学历史学院讲师）

附录：

元代河南巩县张氏家族氏世系图

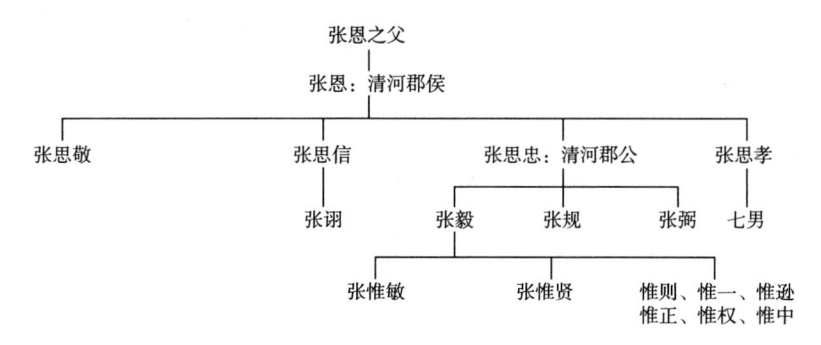

```
                        张恩之父
                           |
                     张恩：清河郡侯
    ┌──────────┬──────────┼──────────┬──────────┐
  张思敬      张思信    张思忠：清河郡公           张思孝
              |      ┌──────┬──────┬──────┐      |
             张诩   张毅   张规   张弼     七男
                    |      |
                  张惟敏  张惟贤   惟则、惟一、惟逊
                                  惟正、惟权、惟中
```

---

① 参见萧启庆《元代几个汉军世家的仕宦与婚姻：元代统治菁英研究之二》(《中国近世社会文化论集》，"中央"研究院历史语言研究所，1992年，后收入氏著《蒙元史新研》，允晨文化实业股份有限公司1994年版)；罗玮《世侯还是官僚：元代藁城董氏家族性质的初步思考》(未刊稿)。

赵孟頫与浙西航海家族的交游*
——以昆山顾氏、朱氏及长兴费氏为例

陈 波

元代两浙地区有着发达的经济腹地及便利的水文条件，市镇经济沿袭宋代以来的趋势，继续保持繁荣发达的态势。海运体制的建立，更加强化了江南两浙地区作为交通、物流中心的地位，并催生了一大批以承运海漕为业并兼营海上贸易的新兴富民阶层——海运船户（或言漕户）。船户中的富有阶层在两浙地区极有威势，就全国范围而言，似乎仅有富裕的灶户差可与之相颉颃。

众所周知，赵孟頫作为元代文士的极致典范，有着"元人冠冕"的崇高美誉。其高自标持的文士形象深入人心，以至于将其与财雄势大的海运船户联系到一起，多少有违和之感。但实际上，赵孟頫的确与此辈交游甚密，其艺术生涯也与之休戚相关。通过分析赵孟頫与此种特有富民阶层的交游关系，无疑对于理解蒙元时代的士商关系，乃至当时的整体文化氛围有着积极的学术意义。

一 《平江路昆山州淮云院记》札记
——赵孟頫与昆山顾氏、朱氏的交游

赵孟頫所书《平江路昆山州淮云院记》是其楷书代表作之一，现藏故宫博物院。兹录其全文如下：

---

* 本文系 2014 年度国家社会科学重大项目"21 世纪海上丝绸之路与南海战略研究（批准号：14ZDA078）"及南京大学双一流建设科研项目"中国与世界：海上丝绸之路的历史演进"的阶段性成果。图版参见《中国法书全集》第 9 册，文物出版社 2011 年版，第 323—340 页。

余囊屡游姑苏，居多名刹，如大慈、北禅，乃东晋处士戴顒故居，皮日休、陆龟蒙尝避暑赋诗其间；如虎丘，乃吴王阖闾墓，金宝之气化为虎，据墓上，俄化为石，道旁有试剑石，又有剑池，引水以澹大众。他如灵岩穹窿之类，尚多有之。今昆山淮云院，盖顾君信所创也。顾为淮海崇明之钜族，其上世曰德者，至元辛卯来居吴子太仓，庚子，命诸子营菟裘以老，久乃得之古塘之后泾。泾之北清旷平远，绵亘百里，东临沧江，西揖嵩阜，真一方胜处，龟乃（"卜"字点去）墨遂营宅，兆建庵庐，僧可通丁未长至日，因扫松胥会庵次，共图兴创。师祖正庭，为求檀施浮江而南者，辄受业焉。正庭始欲迁永宁，信以淮浙异处，难之曰："与佛有缘，不若开山创始之为愈。"正庭可之，且曰："佛道如云之在天，无住亦无不住。"遂额以"淮云"，闻于教所，如其请，顾德捐己产为倡，兄发建大殿，自造山门。而朱长者邦富，创华严尊经阁香积厨，则正庭为之不三四年，一切皆备。昔也榛莽荒芜，今也丹碧辉耀，见者色然，莫不起敬，真无负护持之令旨矣。虽然，传业嗣事又在，其子若孙，尚勉之哉。夫云触石而出，肤寸而合，不崇朝而雨天下。三千大千一切恒河沙佛世界，皆在被冒沾中，尚何淮浙之异乎。至大庚戌（至大三年，1310）陵阳牟巘记。中顺大夫扬州路泰州尹兼劝农事吴兴赵孟頫书并篆额。

与这篇碑记相关的碑帖还有《乐善堂帖》所收赵孟頫《淮云通上人化缘序》，系南宋遗民白珽口述，由赵孟頫书写，与白珽《淮云寺化缘序》文字大致相同，其内容也涉及淮云寺主持通上人与其师正庭筹资修建淮云寺的经纬。① 昆山淮云院又称淮云寺或淮云教寺，系元代昆山豪民顾信在至大庚戌（1310，至大三年）捐资修建，同时有所谓"朱长者邦富，创华严尊经阁香积厨"。顾信字善夫，"祖居扬州之崇明……迁于昆山州之大场家焉"②。曾官金玉局使，杭州路军器使提举等职，《至正昆山郡志》对其

---

① 赵孟頫：《淮云通上人化缘序》，收入《乐善堂帖》，《中国法帖全集》第12册，湖北美术出版社2002年版，第174—186页。关于《乐善堂帖》的研究，可参见王连起《元〈乐善堂帖〉考略》，《故宫博物院院刊》2001年第5期。
② 《吴中塚墓遗文·元故乐善处士顾公圹志》，《历代碑志丛书》，江苏古籍出版社1998年版，第18册，第759页；白珽：《淮云寺化缘序》，收入氏著《湛渊遗稿》卷下，《丛书集成初编》本，第21—22页。

家族及本人事迹都有记载，顾信之父名顾德，兄名顾新，父子三人均有墓志存世。① 顾氏家族由崇明迁太仓，与同由崇明迁居太仓的元代海运开创者朱清家族关系十分密切。② 而朱邦富此人，据太仓出土的《故百二总管朱公》墓志铭残文，其人官至"宣武将军海道都漕运万户"③，应与朱清同族无疑，其父朱百二不知何许人，生于端平甲午（1234）四月二十三日，死于丙戌（1286）九月初一，享年五十有三，按年龄推断应系朱清的父辈，另外，元末著名文人秦约娶朱邦富孙女为妻，④ 果如是，朱邦富是朱清同辈的可能性较大。至大庚戌即至大三年，这一年元廷对被冤杀的朱清、张瑄给予了平反，返还其部分财产，并官其子孙，朱邦富可能就是在这种背景下充任海道万户。⑤

顾氏家族与朱氏家族的密切关系，还有若干材料可为佐证。据《至正昆山郡志》卷五《人物》所记，朱清子朱完者都"构二亭于府城别墅曰寒碧、香晚，赵文敏公子昂书扁，翰林滕玉霄⑥、提举白湛渊⑦当代名贤，俱有记述题咏"，朱清另一子朱旭"早岁从赵文敏公游，已有能书称，晚年深造晋唐笔法之妙"。于此可知朱清有二子与顾信一样，皆为赵孟頫书法之坚定拥趸。而顾信之父顾德之墓志，则由朱清养子朱日新填讳，并由

---

① 顾信墓志即上引《元故乐善处士顾公圹志》，其父兄墓志依次为《已故可轩处士顾公墓志》《故承事郎龙兴录事顾公圹志》，参见 http: //www.360doc.com/content/16/0305/18/2062149_539660925.shtml，有墓志全文录文，此二方墓志太仓文管部门尚未正式公布。另可参见《太仓日报》2016 年 11 月 11 日。

② 据朱珪《名迹录》卷 3《元故希古道人朱公圹志》（文渊阁《四库全书》本，第 8a—10b 页），朱清之孙朱明德娶顾氏，不知是否出自顾信一族。

③ 此墓志残碑尚未公布，在太仓博物馆有图片展出，承博物馆工作人员介绍获知，谨此致谢。

④ 都穆：《吴下冢墓遗文》卷 3《溧阳县学教谕秦约自志》："其生延祐三年五月初六日，没于某年月日，娶朱氏海道都漕运万户邦富之孙。"知不足斋丛书本，第 8a 页。

⑤ 屠寄：《蒙兀儿史记》卷 113《朱清张瑄列传》："至大三年中书省奏雪其冤，两家子孙得赦还太仓，各以所籍宅一区，田百顷给之，授清子显祖海运千户。"收入《元史二种》下册，上海古籍出版社 2012 年版，第 697 页。

⑥ 元代文学家，名宾，字玉霄。参见彭万隆、张永红《元代文学家滕宾生平稽考》，《浙江工业大学学报》（社会科学版）2015 年第 4 期。

⑦ 白湛渊即白珽，湛渊乃其自号。

赵孟頫亲书。①

除朱清家族之外，顾信家族与其他海运家族关系密切，其次女妙观嫁给殷实，此人曾运粮高丽，出征交趾时由朱清、张瑄奏，被授以海船副万户之职。② 因此顾信家族似也兼营海外贸易，赵孟頫《乐善堂帖》中收有写给顾信的四封书札，第一札中有"湖州杂造局沈升解纳附余钱物前去，如达，望照觑是幸"等语，第三札中有"外蒙海布之寄，尤忉厚意，领次，感愧感愧"之句，似乎都说明赵孟頫看到海外贸易利润丰厚，遂出资委托顾信代为进行附舶经营。③

二 赵孟頫姻亲长兴费氏家族杂识
—— 《舟从枉顾帖》及其周边

赵孟頫姻戚之中，作为海运家族的费氏家族财力雄厚，对于赵孟頫家的生计及艺术生涯颇多助益，非常值得注意。原居湖州长兴的费氏一族与赵孟頫家族居地相邻，似并非显达之家，直到宋末费寀出赘嘉兴刘氏，"以策干两淮制阃"，累官"任浙西兵马钤辖，权提举上海市舶司事"，从此占籍松江，作为一个航海家族开始兴旺发达。元军南下，费寀可能由于及时迎降，继续保有其地位，卒官浙东道宣慰使。其子费拱辰，在宋为殿前司主管机宜文字。④ 至元二十四年（1287）桑哥当政时，立行泉府司专领海运，增置万户府二，费拱辰与张文虎同为平江等处运粮万户，同年以海道运粮分道以进，从征交趾。⑤ 费拱辰之子费雄袭父职为万

---

① 《至正昆山郡志》卷5《顾德传》："延祐丁巳终于家，文敏公赵子昂为铭。"（《宋元方志丛刊》本，中华书局1990年版，第1136页）而《已故可轩处士顾公墓志》则称"宣武将军前江州路总管兼管内劝农事朱日新填讳"。据《至正昆山郡志》卷5《朱日新传》（《宋元方志丛刊》本，第1135页），朱日新系朱清养子。

② 《高丽史》卷80《食货志三·赈恤》，首尔大学藏奎章阁本，第43页；《元史》卷17《世祖纪十四》至元二十九年十月壬寅条，中华书局1976年版，第367页。

③ 收入《乐善堂帖》，《中国法帖全集》第12册，第208—219页。

④ 黄溍：《黄溍集》卷33《费氏先茔石表》，浙江古籍出版社2013年版，第1214—1215页；牟巘：《护军镇国上将军福建宣慰使都元帅江夏郡公谥荣敏费公墓志略并铭》，董斯张：《吴兴艺文补》卷26，明崇祯六年刻本，第44—46页。

⑤ 《元史》卷209《外夷二·安南》，第4647页。

户，并娶赵孟𫖯之女为妻。① 各种版本赵孟𫖯文集中收有他写给费拱辰的书札三封：

> 孟𫖯顿首再拜万户相公尊亲家坐前：孟𫖯近陆县管便，曾附尺书，此当必达，所寄钞，想蒙不阻。今有余钞廿锭，附李千户便纳上，内见钞六锭九两，内纻丝二十斤，计价钞一十三锭四十一两，望亲家特为变钞，通前所寄共五十锭，附带发船为幸。但是所得皆惠及也。孟𫖯明后日便还德清，适王吉甫自越上来相会，因户门事到海上，望亲家以门墙旧客，凡百照管，为大幸也。寒燠不常，唯厚加珍爱，不宣。十一月十日孟𫖯顿首再拜。（《大观录》卷十《书翰十帖》）

> 孟𫖯再拜万户相公尊亲家坐前：孟𫖯顷承舟从枉顾丘园，自惟贫家无以将接，至今以为愧。别来伏计尊履胜常。孟𫖯三月间还城，中赖芘苟安而已。卫竹所入道，为中山建道院，持疏门墙，得蒙慨然，至幸！至幸！前者欲从蓼塘回，旧花竹、戴胜已得许诺。又张万户处有《洛神赋》后节。二者并望用情求至，不胜拜赐，不宣。四月廿五日，孟𫖯顿首再拜。（台北故宫博物院藏，《中国法书全集》第9册，图版三三）

> 孟𫖯顿首再拜尊亲家万户相公阁下：孟𫖯自顷奉状后，甚欲一到海上拜谒一番，良以人事扰扰，未可动身，唯有瞻企。人至，承惠书，审茂迎阳刚，体候清胜，以慰下情。且蒙眷记，荐有（香布之惠，如数祇领，深佩厚意，感激！感激！人还，草草具覆，未有一物可以寓诚，临纸不胜皇恐。正寒，唯）善护兴息，不宣。十二月朔，孟𫖯顿首再拜。（《三希堂法帖》，中国书店1998年版，释文十一）

值得注意的是，其中书札一所谓"今有余钞廿锭，附李千户便纳上，内见钞六锭九两，内纻丝二十斤，计价钞一十三锭四十一两，望亲家特为变钞，通前所寄共五十锭，附带发船为幸"等语，显是赵孟𫖯出资变兑为钞，委托费拱辰代为附舶贸易。书札三是赵孟𫖯获得费拱辰馈赠物品后写

---

① 欧阳玄：《圭斋文集》卷9《元翰林学士承旨荣禄大夫知制诰兼修国史赠江浙等处行中书省平章政事魏国赵文敏公神道碑》，吉林文史出版社2009年版，第100页。

给后者的感谢信，其本人甚至"欲一到海上拜谒一番"，似乎是想去参访费氏的海船，大概也与海外贸易有关。书札二提及费拱辰曾至赵孟頫家，又要求费拱辰代从"张万户处"求取所谓"《洛神赋》后节"，此张万户，疑是与费拱辰同为平江等处运粮万户并一起出征交趾的张瑄之子张文虎。三封书札中，书札一仅有文字留存，书札二则有墨迹本存世，习称"舟从柱顾帖"，素为习书者所珍视，现藏台北故宫博物院，书札三被收入《三希堂法帖》之中，其中"香布之惠，如数祇领，深佩厚意，感激！感激！人还，草草具覆，未有一物可以寓诚，临纸不胜皇恐。正寒，唯"等三十九字残损不见。

另外，《盛湖志补》卷三还收有赵孟頫写给费拱辰的书札一封：

> 孟頫顿首拜万（石）[户]相公尊亲家阁下：孟頫上书翟总管，至得所惠书，审二哥承荫文书，得早发来为好。动静安胜，亲闱悉佳，慰喜无量。且蒙记会，远赐玉粒，如数拜领，每食必感。不肖留此粗安，但书经犹未愿乎，日夜思归而未有期，极无聊也。所二哥见许黑小厮，望遣过湖州家下抬票，庶望少长可以相安耳。来侍冀道及小儿，想无事。瞿琴轩想礼上多时，曾讬其于受云溪处求《兰亭》，应是陈直斋①物。不知如何？或会有千万扣，及示报为感。今因便草草具字，不能道谢万一。不宣。九月十九日，孟頫顿首再拜。②

此书札内容涉及赵孟頫想通过费拱辰拜托瞿霆发（1251—1312）求取《兰亭序》，应是指所谓当时士人宝爱传玩的定武兰亭。唯赵孟頫行书"户"字极似"石"字，故《盛湖志补》编者误录，此封书札或因此也未被学界注意。

另外，上海博物馆也藏有赵孟頫书致费拱辰书札一封：

> 书再拜万户相公尊亲家阁下，忝眷赵孟頫谨封。孟頫再拜万户相公尊亲家阁下：孟頫人至，得所画书，审即日体候安胜，慰不可言。

---

① 即南宋藏书家、目录学家陈振孙。
② 仲虎腾：《盛湖志补》卷3《赵文敏公与万（石）[户]相公札》，1923年刊本，转见于钱伟强点校《赵孟頫集》，浙江古籍出版社2012年版，第377页。

承问及不肖北行之期，此传之过耳。近为篆写御前图书，只到行省耳。闻二哥感冒，幸好看之。人还草草，不宣。孟頫再拜。①

这封书札不署年款，据任道斌所编《赵孟頫系年》，大德二年（1298）正月二日，吏胥请赵孟頫赴省，三日赵即返杭州，元廷欲召其赴京写经，②应即上引书札中所谓"御前图书"。据杨载所撰《赵公行状》，赵孟頫是年赴召写《藏经》，"书毕，所举廿余人，皆受赐得官，执政将留公入翰苑，公力请归"③。但据《系年》所列其他史料，赵所写很可能是《金刚经》④。又书札中所谓"二哥"，可能是赵孟頫次子赵雍，也可能是赵孟頫二女婿费雄，是前者的可能性较大。盖因赵孟頫家族在书信中习称亲族中子侄辈为"哥"，如上博藏《行书家书二札卷》有赵书致三子赵奕家书一封，起首曰"父书致三哥吾儿"。又明人陈继儒著录管道昇家书一封起首云"平安家书，付三哥长寿收拆，娘押封"⑤。这是艺术史学者的共识。

费拱辰的事迹史不详载，有两则关于他的逸事可见其性情。"壬辰九月十六日，因谒费万户（名拱辰号北山）、庄蓼塘（名肃）。庄出张萱弹琴士女一卷，明昌御题，并前后即元乔仲山物。"⑥ 又"大德戊戌二月二十日，张汉臣尚书、赵松雪学士、费北山漕侯同在杭州泛舟"⑦。则费拱辰虽为武人，亦间有风雅之举。这也从侧面能够证明赵孟頫之所以与费拱辰友善并缔姻，相似的志趣爱好也是重要原因之一。

三　余论

如上所述，在赵孟頫的艺术生涯中，昆山顾氏、长兴费氏等财力雄厚

---

① 王连起：《赵孟頫书画全集》，故宫出版社2017年版，第7册，第153页。
② 任道斌：《赵孟頫系年》，河南人民出版社1984年版，第80页。
③ 赵孟頫：《赵孟頫集》，钱伟强点校，浙江古籍出版社2012年版，第523页。
④ 《秘殿珠林石渠宝笈续篇》卷3《乾清宫藏三·赵孟頫书金刚经一册》，款云："大德二年八月廿一日，吴兴善男子赵孟頫书。"《赵孟頫系年》，第86页。
⑤ 《赵孟頫书画全集》，第34页；陈继儒：《妮古录》卷4，上海书画出版社2009年版，第5册，第184页。
⑥ 周密：《志雅堂杂钞》卷上，清粤雅堂丛书本，第4b页。
⑦ 陶宗仪：《南村辍耕录》卷22《戎显再生》，中华书局1959年版，第272页。

的航海家族给予其莫大支持，某种程度上扮演了赞助人的角色，使赵孟頫得以在宋元鼎革的大变局中得以保持一定的生活水准，安心艺术创作。①而赵孟頫作为"被遇五朝，官登一品"的士林领袖，实际上对于后者的登仕之途也不无裨益。

另外，昆山顾氏、长兴费氏等家族成员在南宋时期，似皆有在水军任职经历，而赵氏家族似乎在南宋时期，就与水军中的武官多有交游，如赵孟頫有外孙名林静（字子山），"曾祖弃以武举入官，为宋马步水军都统制。祖友信，仕元官至宣武将军、湖州路湖炮翼上千户所管军总管"②。

实际上，如果进一步爬梳史料，大略可知赵孟頫早年颇有经济抱负，并且也的确具有理财能力。据赵孟頫《先侍郎阡表》中对其父的生平记载，赵与訔从"司户""盐茶""提刑""粮院""发运""军马钱粮"，各路知州、知府，到晚期"总领淮西军马钱粮""提领江淮盐茶所""提举常平义仓茶盐""两浙转运使""户部侍郎"等，除少数情况外，绝大多数是经济工作，可以说赵孟頫的理财能力出自家学渊源。③ 从早期经历看，未能像五兄赵孟頖一样获得"恩荫"和"免铨"的赵孟頫，登仕的第一个职位是"真州司户参军"，宋各州置司户参军，掌户籍、赋税、仓库交纳等事，虽未能赴任，但该职与其父的仕宦选择方向一致；入元后，策对和推行至元钞法；陈说震灾之后免除赋税；又出任"兵部郎中，总置天下驿置使客饮食之费"；同知济南路总管府，被罢，再起，兼"本路诸军奥鲁"，"权管钱粮"，几乎都与财经有关。无怪乎其学生

---

① 孔克齐《至正直记》卷1《松雪遗事》："钱唐老儒叶森景修，尝登松雪翁之门。家住西湖，其家颇不洁，杭人习言也。所藏右军笼鹅帖，诚为妙品。"张外史戏之曰："家藏逸少笼鹅帖，门系龟蒙放鸭船。"世以鸭比喻五奴也。景修每举松雪遗事助笑谈云："松雪颇爱钱，写字必得钱然后乐为书。一日，有二白莲道者造门求字，门子报曰：'两居士求见相公！'松雪怒曰：'甚么居士！香山居士、东坡居士耶？个样吃素食的风头巾，甚么也称居士。'管夫人闻之，自内出曰：'相公不要恁地焦躁，有钱买得物事吃。'松雪犹不乐。少顷二道入，袖出钞十锭曰：'送相公作润笔，有庵记求书。'松雪大呼曰：'将茶来！与居士吃。'即欢笑逾时而去。"松雪入本朝，田产颇废，家事甚贫，所以往往有人馈送钱米，必作字答之。然亦未尝以他事求钱耳！"上海古籍出版社1987年版，第17—18页。
② 宋濂：《宋学士文集》卷6《愚斋集序》，《丛书集成初编》本，第200页。
③ 赵孟頫：《松雪斋集》卷8《先侍郎阡表》，浙江古籍出版社2012年版，第216—219页。

杨载在《赵公行状》中由衷叹息："公之才名颇为书画所掩，人知其书画而不知其文章，知其文章而不知其经济之学也。"① 如果对于赵孟頫的"经济之学"有所了解，就不会对赵孟頫与以船户为代表的富民阶层交游密切有违和之感了。

（作者为南京大学历史学院副教授）

说明：本文原刊于《元史及民族与边疆研究集刊》第 36 辑，上海古籍出版社，2018 年 12 月。

---

① 杨载：《大元故翰林学士承旨荣禄大夫知制诰兼修国史赵公行状》，载《赵孟頫集》，第 524 页。

元大都宋桢家族仕宦考论

高 宇

宋桢①原为大都人，元平南宋后被派往杭州做官，一家便迁至南方。宋桢一家中以宋本、宋褧两兄弟最为著名，是元朝中后期重要的学者、文官。关于宋氏两兄弟，近年学界的讨论中杨育镁《元儒宋本生平考述》和《元儒宋褧略考》两篇文章详细介绍了宋氏两兄弟的生平仕宦经历和文学成就。② 此外还有周雪根《宋褧生卒年辨》、韦玮《宋褧及其〈燕石集〉研究》、张建伟《元代南北文化交融与大都宋氏之文学》。③ 宋氏兄弟为元代名儒，同苏天爵、许有壬、欧阳玄、谢端等元代著名学者、文官常有来往。刘永海《元代学者苏天爵交游考》中对二宋以博学鸿儒之名称之，④ 也有学者专门撰文论述苏天爵与二宋的交游状况。⑤

元朝时，蒙古法与汉法之间的矛盾贯穿始终，延祐科举再兴对于儒士境遇的改善有重要的作用，儒学价值体系在蒙古统治阶级治理社会的过程中也发挥了重要的调节作用。元代社会状况的变化对儒士的生活产生了重

---

① 宋褧：《燕石集》卷15《故集贤直学士、大中大夫、经筵官兼国子祭酒宋公（本）行状》（北京图书馆古籍珍本丛刊影印清抄本）作桢。苏天爵：《滋溪文稿》卷13《元故翰林直学士赠国子监祭酒范阳郡侯谥文清宋公墓志铭并序》（陈高华；孟繁清点校，中华书局2012年版，第204—207页）作桢。《元史》卷182《宋本传》（中华书局1976年版，第4203—4206页）作桢。本文中统一用桢。

② 杨育镁：《元儒宋本生平考述》，《淡江史学》2009年第21期；《元儒宋褧略考》，《淡江史学》2010年第22期。

③ 周雪根：《宋褧生卒年辨》，《江汉大学学报》（人文科学版）2009年第1期；韦玮：《宋褧及其〈燕石集〉研究》，硕士学位论文，华东师范大学，2012年；张建伟：《元代南北文化交融与大都宋氏之文学》，《陕西理工学院学报》（社会科学版）2015年第1期。

④ 刘永海：《元代学者苏天爵交游考》，《枣庄学院学报》2017年第3期。

⑤ 武香兰：《元末名臣苏天爵与宋氏兄弟交游研究》，《兰台世界》2011年第5期。

要影响。史料中关于宋桢家族的记载主要是宋本、宋褧的内容,前人的研究也都关注于他们的情况。但相关记载中也涉及宋桢家族中其他成员的事迹,本文旨在通过宋桢家族成员入仕情况和宋本、宋褧的仕宦经历,探讨元代社会变化中,尤其是延祐科举之后,儒士的社会生活状况。

一 家世情况

据《故集贤直学士、大中大夫、经筵官兼国子祭酒宋公(本)行状》①(以下称《宋公行状》):"曾祖逸其讳。祖珪,赠中顺大夫、秘书太监、轻车都尉,追封范阳郡侯。父桢,忠翊校尉、衡州路安仁县尹兼劝农事,赠嘉议大夫、户部尚书、上轻车都尉,追封范阳郡侯。"②知宋本祖父宋珪、父宋桢。此外其祖母为张氏,母亲为李氏,均封范阳郡夫人。据宋褧《诚夫兄大祥毕祭文》知宋氏兄弟有同胞五人,宋褧为幼子,③有兄敬夫、弘夫、诚夫(宋本字)、达(远)夫④。宋本,《元史》有传,至元十八年(1281)生于大都,元统二年(1334)十月二十五日薨,⑤葬于宛平县香山乡橛山原(今属北京市),谥正献,谢端作《宋本墓志铭》,现不存,弟宋褧作《宋公行状》述其生平,《元史·宋本传》和《宋公行状》所记内容不完全相同,所以《宋本传》史源或许应有《宋本墓志铭》,⑥

---

① 宋褧:《燕石集》卷15《故集贤直学士、大中大夫、经筵官兼国子祭酒宋公(本)行状》。
② 同上。
③ 宋褧:《燕石集》卷13《诚夫兄大祥毕祭文》。
④ 宋褧:《燕石集》卷15《故集贤直学士、大中大夫、经筵官兼国子祭酒宋公(本)行状》中记载:"公聚徒养亲,如武昌时,兼教其弟息州都监克敏及褧",宋本初讳克信,可知有一弟,名克敏,应指达(远)夫。
⑤ 《元史》卷182《宋本传》(第4205页)记为元统二年(1334)冬十一月二十五日卒。但据《宋公行状》"元统三年正月日,弟翰林修撰褧谨状"为元统三年,即后至元元年(1335)。宋褧撰写《宋公行状》在元统三年(1335)正月。后宋褧作祭文"维元统二年岁次甲戌十一月二十九日癸丑,弟翰林修撰褧,谨以少牢之奠,致祭于亡兄集贤直学士、国子祭酒诚夫公之灵",所以《宋公行状》中所记"(元统)三年夏,改集贤直学士、大中大夫、经筵官兼国子祭酒",元统三年卒应为误。月份也有所差,《宋公行状》记为十月,《宋本传》为十一月。
⑥ 例如,宋本任监察御史弹劾阿散,《宋公行状》记载:"逆贼帖失等虽伏诛,其党枢密副使阿散身先弑逆,后乃告变,朝廷以功掩过,恬不加罪。公上疏言其罪绝灭伦理,[后]虽有莫大之功,举不足赎,乞早正天讨。"《元史·宋本传》记为:"逆贼铁失等虽伏诛,其党枢密副使阿散,身亲弑逆,以告变得不死,窜岭南,乞早正天讨",《宋公行状》中没有提到"窜岭南"一事。

《宋公行状》所记内容详细，可补《宋本传》，其父宋桢事迹也多记于其中。宋本著有《至治集》，现不存。宋褧，《元史》有传，附于《宋本传》后，周雪根曾著文对其生卒年进行考辨，生于至元三十一年（1294），卒于至正六年（1346），谥文清，苏天爵为其作《元故翰林直学士赠国子监祭酒范阳郡侯谥文清宋公墓志铭并序》（以下称《宋褧墓志铭》），① 现存文集《燕石集》十五卷。

史料记载中宋桢家族还有宋彏，张建伟《元代南北文化交融与大都宋氏之文学》认为子彏为宋本之兄，此结论有误。首先名字即有误，子彏并非为名，子是儿子之意，彏乃为名。许有壬为《燕石集》作序中所提"孤吁奉燕石集拜且泣曰：此先子所遗，兄彏编次者也"，此处兄彏指的是宋褧子宋旴之从兄。再者，根据《燕石集》是由"侄太常奉礼郎彏编次 应奉翰林文字危素校正"可知宋彏乃宋褧侄。② 学者杨育镁认为宋彏为宋本之子，③ 但《宋公行状》记宋本仅有一子，其名为诱，又据宋褧诗"一念遗孤一怆然，心旌无日不悬悬。潞阳二月河冰解，定买吴侬燕尾船。弘夫兄殁于武陵，侄彏在彼，时予欲往视之"④，知宋彏可能是其兄弘夫之子，曾任奉礼郎、丞相东曹掾。宋本有一子二女，一子名诱，二女分别适杜佥、尚轨，两婿都是国子生。宋褧有二子六女，二子名分别是籲、颛，都是国子生。六女，其中一女适王宗仁，⑤ 其他尚未找到相关记载。其他子弟情况不详。

二　家族成员入仕情况

元代选用官员途径有吏员出职、宿卫出职、国学贡举、荫叙和承袭、

---

① 苏天爵：《滋溪文稿》卷13《元故翰林直学士赠国子监祭酒范阳郡侯谥文清宋公墓志铭并序》，第204—207页。
② 宋褧：《燕石集·目录》。
③ 杨育镁：《元儒宋褧略考》。
④ 宋褧：《燕石集》卷8《得周子善书，问京师事及贱迹，以绝句十首奉答·其七》。另据《燕石集》卷10《人月圆，诚夫兄生子，名京华儿》，宋本子或小名为京华儿。
⑤ 《元史》卷201《烈女传》，第4514页。"王宗仁妻宋氏，进士宋褧之女也。宗仁家永平。永平受兵，宋氏从夫避于铧子山。夫妇为军所虏，行至玉田县，有窥宋氏色美，欲害宗仁者，宋氏谓夫曰：'我不幸至此，必不以身累君。'言讫，遂携一女投井死，时年二十九。"

入粟补官等,延祐科举复兴之后,科举登第成为儒士入仕重要途径之一。

忽必烈平江南后于杭州立两浙都督府,后改安抚司,至元十四年(1277)下设四隅录事司。至元二十年(1283),原为大都人的宋桢出任东南隅录事判官,掌捕盗事。至元二十六年(1289)改任归州①兴山县主簿,到大德三年(1299)秩满,宋桢于江南任官达十几年,录事司录事官阶为正八品,录事判官当低于正八,或与县尉(从九品)品级差不多,主簿属正九品,均为较低级的官职。宋桢秩满却"贫不能谒选"②,一方面说明元下级地方官员俸禄极低;另一方面表现出宋桢为官清廉。大德五年(1301),宋桢改任江陵路平准行用库提领(从七品),因官多阙少,上任官员未秩满,守阙一年,次年赴官。大德十一年(1307),宋桢薨,在此之前,还曾任湖广行省衡州路安仁县尹兼劝农事(从七品)。宋桢死后葬于江陵,后宋褧曾试将其灵柩迁回大都,却因贫穷未能办成。由于材料有限,不知后世是否继续迁茔。

宋桢共有子五人,长子敬夫详细经历未见记载,宋褧《燕石集》仅记殁于至治元年(1321)。③次子弘夫为道州学正,元道州(今道县,湖南省永州市)属湖广行省。弘夫于皇庆初年曾"假江陵城东资福禅院隙宇,聚徒授章句"④,湖南宣慰使存初也曾受业于弘夫,⑤可见其应是通儒学,后从教职。四子达(远)夫为息州税务都监,元息州(今息县,河南省信阳辖县)属河南江北等处行中书省,为低级税务官。大德四年(1300)中书省议得"……正七品子,酌中钱谷官。从七品子,近下钱谷官"⑥,宋桢曾任江陵路平准行用库提领和衡州路安仁县尹兼劝农事,达(远)夫据此荫得税务都监一职。宋本、宋褧二人成就显赫、现存相关史料记载详细,下面作单独介绍。

宋本文集《至治集》现已不存,其事迹主要记载于《宋公行状》中。

---

① 《元史》卷63《地理六》,第1527页:"归州……德祐初归附。元至元十二年,立安抚司。十四年,改归州路总管府。十六年,降为州。户七千四百九十二,口一万九百六十四。领县三:秭归,下。倚郭。巴东,下。兴山。"
② 宋褧:《燕石集》卷15《故集贤直学士、大中大夫、经筵官兼国子祭酒宋公(本)行状》。
③ 宋褧:《燕石集》卷15《书挥涕集》。
④ 宋褧:《燕石集》卷9《赠僧别传三首,并序,其一》。
⑤ 宋褧:《燕石集》卷8《送存初宣慰湖南十首,并序,其一》。
⑥ 《元史》卷83《选举三》,第2060页。

宋本虽出身于大都，但受学在江陵，理学对其影响较大。宋本两岁即随父到南方杭州，受教于杭士石厓何天麟，八岁闭户自学。父亲宋桢官小俸禄少，宋本凭聚徒讲学养亲，同时教育弟弟克敏及宋褧，尤其宋褧，文学造诣颇深，同宋本一起被称为"二宋"①"大小宋"，② 二宋文章受到元明善、张养浩、蔡文渊、王士熙赏识。随父留居南方期间，宋本又受教于慎独先生王奎文，③ 学习性命理义之学，宋本由此得受南宋理学影响。在南方江浙地区生活的这段时间，培养了宋本的文学、儒学素养，为之后的入仕之途奠定了基础。宋本以俊秀子弟得入江陵路儒学子员，因才学通敏，被宪使郝采麟④提为宪掾，宪掾为吏员，若能出任此职，或许宋本可通过吏员出职入仕，但未上任即遇郝采麟殁，此事作罢。父宋桢死后，宋氏一家家境贫寒，宋本仍以教学童子为生，并且更苦力学习，废寝忘食。

元初虽未行科举事，但是自元世祖以来就有遣使往江南求贤之举。集贤直学士程钜夫曾受命求贤于江南，推荐赵孟𫖯等二十余人于朝，得授宪台、文学之职。⑤ 宋本后遇何玮经历屯田至江陵，宋本上书请见，何玮赞其才能、怜其家世，命郡守资助宋本服丧。何玮曾是右丞相和礼霍孙儒士集团中一员。阿合马集团倒台后，和礼霍孙升为右丞相，曾在太子真金的支持下重用儒士、行汉法。刘因是当时北方理学领袖之一。《宋公行状》中特提何玮是"故太子赞善静修刘先生之友"⑥，故太子即指真金。何玮、刘因、真金，所涉及之人均是亲儒士、重汉法之人。此次宋本上书请见何玮，是想结交重汉法的高官，经荐举之途出职。但不幸又遇阻，至大三年（1310）宋本一人北上，却遇何玮殁，迫于生存计返回江陵，继续教学，之后学识德誉日增。皇庆元年（1312），宋本因李彧推荐，成为当时治所在汴梁的河北河南道肃政廉访司掌书，但他不乐于从事此吏职，遂放弃回

---

① 《元史》卷182《宋本传》，第4206页。
② 许有壬：《至正集》卷35《宋显夫文集序》，北京图书馆古籍珍本丛刊影印清抄本。
③ 王奎文，字昌甫，号慎独先生，江陵人，曾作《中庸发明》。《千顷堂书目》记"宋王奎文中庸发明一卷"，《内阁藏书目录》中记为"中庸发明一册全，元王奎文著"，由此可知慎独先生王奎文应为南宋理学大家，元灭南宋后留江陵传播理学文化。
④ 郝采麟：郝经之子。《元史》卷157《郝经传》（第3709页）："子采麟，亦贤，起家知林州，仕至山南江北道肃政廉访使。"
⑤ 《元史》卷172《程钜夫传》，第4016页。
⑥ 宋褧：《燕石集》卷15《故集贤直学士、大中大夫、经筵官兼国子祭酒宋公（本）行状》。

家省母。这段时间是宋本人生的第一阶段，这段经历也使宋本明白吏员之职并不适合他。

延祐科举恢复开启了他人生的另一阶段。皇庆二年（1313）十月，中书省议行科举，十一月下诏"以皇庆三年八月，天下郡县兴其贤者、能者，充贡有司，次年二月，会试京师，中选者亲试于廷，赐及第出身有差"①。科举取士恢复后，宋本立志参加科举，公曰："朝廷待士如此，吾志决矣。"② 期间，河南司宪四次招纳，宋本均予以拒绝。或许与"省母"有关，③ 宋本未参加延祐二年（1315）科举。延祐三年（1316）母亲离世，④ 又未参加延祐五年（1318）科举。延祐六年（1319）宋本携家北还，此时即名动京师，尤其张养浩见其著述"大奇之，日与议论如故□□旧，命子惟健从之游，录公著述，移文吏部，乃腾章上中书，荐试馆阁之职"⑤，但吏部以"科举方兴，不肯官儒士之由他道进者为辞"拒绝纳宋本为官。⑥ 张养浩又三次移文，又移翰林院，均遭拒绝。张养浩人本公正，延祐初任礼部侍郎知贡举，一些进士来拜访，皆不见，并遣人戒之曰："诸君子但思报效，奚劳谢为！"⑦ 他极力推荐宋本入仕为官，可见宋本才学之深。张养浩荐举虽未成，但延祐七年（1320），宋本参加大都乡试，考试官为蔡文渊、王士熙，获第一，至治元年（1321）又获廷试第一，赐进士及第，授翰林修撰、承务郎、同知制诰兼国史院编修官，受命预修仁宗实录，由此展开了他的仕宦之途。

宋褧，大都人，生于归州兴山县，年少时主要随兄宋本学习，朝廷恢复科举后跟随兄宋本，学习经义策问，准备科举考试。至治元年，宋本、宋褧均参加大都乡试，宋本中举，宋褧未中，泰定元年（1324）中举，授秘书监校书郎。宋褧入仕前主要是跟随其兄宋本，思想多受宋本影响。

---

① 《元史》卷24《仁宗一》，第558页。
② 宋褧：《燕石集》卷15《故集贤直学士、大中大夫、经筵官兼国子祭酒宋公（本）行状》。
③ 宋褧：《燕石集》卷15《故集贤直学士、大中大夫、经筵官兼国子祭酒宋公（本）行状》：皇庆元年，宋本被推荐为河北河南道肃政廉访司掌书，后"客汴久，不乐，去省母"。
④ 宋褧：《燕石集》卷15《书挥涕集》：延祐丙辰（延祐三年，1316），先妣范阳郡夫人去世。
⑤ 宋褧：《燕石集》卷15《故集贤直学士、大中大夫、经筵官兼国子祭酒宋公（本）行状》。
⑥ 同上。
⑦ 《元史》卷175《张养浩传》，第4091页。

宋本一开始就想入仕做官，元代未兴科举前，儒士多从教职，从教职也可逐渐入仕做官，但机会甚少，耗时长。宋本最初由吏入仕遇阻时有人劝他从教职，"公亦不答"①。后来欲结交亲儒士、重汉法的何玮籍以入仕，但因何玮离世而遇阻。后虽受到张养浩的多次举荐，但均未能成功，可见荐举做官有一定的偶然性。宋本曾做过一段时间的吏员，有实践经验，宋褧则是长期跟随宋本，许有壬曾评价宋本"当大廷论议，不顾忌，绝去儒生拘迂懦讷气习，若老于吏牍者"②，苏天爵评价宋褧"世以儒者迂阔于事情，濡滞于时务，常鄙薄之。彼则舞文法以肆苛刻，专逢迎以为变通，孰有恻怛爱民如公者乎！"可见二人既通儒学之道，亦善为官之事，亦儒亦吏铺就了他们的入仕之途。

宋氏五兄弟，长兄除外，三名都北还做官。宋桢家族本就是北方大都人，一方面回归故里；另一方面北方乃统治中心所在，入仕机会较多。宋氏一族属仕宦之家，二宋曾祖、祖父不可考，但根据弘夫（次子）、诚夫（宋本）、显夫（宋褧）经历，可看出宋氏家族亦属书香门第。二宋父亲宋桢居南方做官近三十年，最后也仅做到衡州路安仁县尹兼劝农事（从七品），兄弟弘夫、达（远）夫分别为学正、税务都监，此外不见其他记载，而宋本官至朝中集贤直学士、大中大夫、经筵官兼国子祭酒（从三品），宋褧亦是翰林直学士兼经筵（从三品）。可见自延祐科举再兴后，参加科举是儒士入仕的一个重要途径。

三 宋本、宋褧仕宦情况

宋桢做官经历上面已做介绍，其他兄弟几人因材料较少，官宦经历单薄，遂不做介绍。此处主要论述宋本、宋褧二人。

二宋在南方苦心力学，北还声名大振，文章受到元明善、张养浩、蔡文渊、王士熙赏识，足证他们才学之精，之后均通过科举入仕。

---

① 宋褧：《燕石集》卷15《故集贤直学士、大中大夫、经筵官兼国子祭酒宋公（本）行状》。

② 许有壬：《至正集》卷30《宋诚夫文集序》。

表1　宋本仕宦经历①

时间	官职	时长
至治元年（1321）	廷对第一，赐进士及第。授承务郎、翰林修撰、同知制诰兼国史院编修官	3年左右
至治二年（1322）	馆伴使（安南）	
泰定元年（1324）	承德郎、监察御史	1月
阅月（一月）后	国子监丞	半年
泰定元年冬	奉议大夫、兵部员外郎 朝廷铨注至福建	数月
泰定二年（1325）	奉政大夫、中书左司都事	2年左右
泰定四年（1327）	考试官，逾月改朝列大夫、礼部郎中	1年左右
天历元年（1328）十二月	中宪大夫、吏部侍郎	1年左右
天历二年（1329）	中议大夫、礼部侍郎，艺文监太监兼检校书籍事	1年左右
至顺元年（1330）	亚中大夫、奎章阁学士院供奉学士	1年左右
至顺二年（1331）	中大夫、河东山西道肃政廉访司副使，改礼部尚书	2年左右
元统元年（1333）	陕西诸道行御史台治书御史。疾未赴，留为奎章阁学士院承制学士，兼经筵	2年左右
元统二年②（1334）	集贤直学士、大中大夫、经筵官兼国子祭酒	数月

由此表可以看到，宋本做官期间主要负责修史、行政、教育、礼制、文学等，泰定二年任中书左司都事两年。此外，宋本担任过监察官。泰定元年任监察御史，但仅在位一月就改任国子监丞；至顺二年任河东山西道肃政廉访司副使，正要上任，改为礼部尚书；最后一次，元统元年，任陕西诸道行御史台治书御史，又因疾未赴任，可以看初宋本任监察官的实际时间仅一月。

---

① 资料来源：宋褧《燕石集》卷15《故集贤直学士、大中大夫、经筵官兼国子祭酒宋公（本）行状》。《元史》卷182《宋本传》，第204—207页。

② 据上述分析，应为元统二年。

表2　宋褧仕宦经历①

时间	官职	时长
泰定元年（1324）	科举擢第，除秘书监校书郎	
	安南馆伴使	
	国史院编修官，詹事院照磨	
	御史台掾，辞，转太禧宗院照磨	
元统初	翰林修撰，修天历实录	
后至元三年（1337）	监察御史	3年左右
	金山南廉访司事	
至正初	陕西行台都事	1月多
月余	翰林侍制，迁国子司业	
	翰林直学士，兼经筵	5月左右②

表2内容显示宋褧做官期间也主要负责校书、修史、教育、文学等。相比较宋本，宋褧仕宦经历少，但集中、稳定。宋褧任监察官主要在后至元三年，先后担任监察御史和山南廉访司佥事；至正初，改任陕西行台都事，但仅做一个多月即改翰林侍制，这或许与权相伯颜倒台，脱脱更化有关。③

从上述内容看出，科举入仕多任职于翰林院、集贤院、国史院等主掌文学、教育的机构。宋本经历丰富，在吏部、礼部、兵部均有任职，担任过中书省左司都司，还曾铨注到福建任官。二宋均担任过安南馆伴使，也都曾奉命祭祀海神天妃，这些与他们的儒士背景有关。宋本、宋褧二人入仕得益于科举，任官后也多次为科举之事出力，二人都担任过考官、读卷

---

① 资料来源：苏天爵《滋溪文稿》卷13《元故翰林直学士赠国子监祭酒范阳郡侯谥文清宋公墓志铭并序》。因材料记载模糊，所以未能对宋褧历任做官时长作详细统计。

② 《宋史》等成书时间在至正五年（1339）十月，宋褧在成书后即拜翰林直学士，后于至正六年三月甲午卒，由此遂可推断宋褧任翰林直学士兼经筵官时长为5月左右。

③ 《元史》卷138《脱脱传》（第3343—3344页）："脱脱乃悉更伯颜旧政，复科举取士法，复行太庙四时祭，雪郯王彻彻秃之冤，召还宣让、威顺二王，使居旧藩，以阿鲁图亲王之位，开马禁，减盐额，蠲负逋，又开经筵，遴选儒臣以劝讲，而脱脱实领经筵事……三年，诏修辽、金、宋三史，命脱脱为都总裁官。又请凡至正条格颁天下。"脱脱更化措施：恢复科举；大兴国子监；开马禁，减盐额，蠲负逋；修三史和《至正条格》。期间宋褧任国子司业，并参与修辽、金、宋史，主要负责宋高宗纪及选举志。

官，参与乡贡，举荐名士。宋本曾举荐汴州处士吴炳彦为翰林编修；宋褧举荐潮州孝子段懋。元代科举选士是三百人参加会试，从中选择一百人入选，但实际执行过程中参加会试的人不到三百，中选的人也不到一百人，但宋本"持论坚请，取中选者百人"①。科举制自唐以来，会试两榜第一甲都只有一人，宋本陈情"□放三人"②，这些措施给参加科举的文人提供了更多的入选机会。

宋本、宋褧做官期间与不少文臣儒士有来往。宋本中第后即"都人士及同年争欲公文章"③。二人常与当时名士集会交游，饮酒赋诗，如苏天爵、许有壬、欧阳玄、谢端等，《燕石集》中收有不少他们来往交游的诗文。

此外，二宋虽都曾为监察官，但不尽相同。宋本初任监察御史，即表示"念布衣叨恩，骤进六品秩，恒以报效自期"，此后"尽忠论列，不事苛细，按劾所言，皆王纲国体"④，荐以下三事。一是弹劾参与南坡之变的逆党枢密院副使阿散。阿散虽有"告变"功，但确实参与谋逆弑君一事，其行与伦理不符。宋本上言阿散功不足以赎罪，应予处罚。二是弹劾在京捕盗官员和太常寺礼仪院官。太庙丢失仁宗神主，捕盗官员未能如期抓捕罪犯，宋本上言，应对其重罚。三是弹劾中书宰执官员。官员聚散无度，疏于政事，纲纪紊驰。宋本建议官员即便不是入直宿卫时间，也要亲理政务。但是结果却"俱未报"，⑤ 任官仅一月就改国子监丞。还有一事，宋本任监察御史期间曾与李嘉宾、傅岩起言："太尉、司徒、司空，三公之职，滥假僧人，及会福、殊祥二院，⑥ 并辱名爵，请罢之"，但结果都"不报"⑦。

宋褧任监察御史期间：一是元顺帝年间自然灾害频繁发生，民不聊生，宋褧上言中书省需集大臣一起议政，讨论以求"弭灾之道"，提出此

---

① 苏天爵：《滋溪文稿》卷13《元故翰林直学士赠国子监祭酒范阳郡侯谥文清宋公墓志铭并序》。
② 同上。
③ 宋褧：《燕石集》卷15《故集贤直学士、大中大夫、经筵官兼国子祭酒宋公（本）行状》。
④ 同上。
⑤ 同上。
⑥ 会福院：掌大护国仁王寺财产。殊祥院：掌神御殿祭祀典礼，天历元年罢，改太禧院总制。
⑦ 《元史》卷29《泰定纪一》，第645页。

"道"需"务施实惠,勿尚虚文,庶可上达天听,下遂民生"①;二为京畿灾民上言,朝廷出钞若干万贯做赈灾款。任山南廉访司佥事期间:出访峡州房陵属邑,因地处山中,宋褧不畏崎岖暑热,只以"洗冤泽物为心"②;为官英明决断,安陆寡妇因有罪自杀,宋褧疑有冤情,开棺验尸,冤情得以昭雪;为官公正,宜城百姓为争刈麦殴打田主致死,但有人贿赂县吏,使得罪责仅一人承担,宋褧得知此事之后,"坐吏及共殴者罪"③;四按国制,获盗五人即可得官,巡徼官为此冤捕五位良民,宋褧为他们昭雪,罢免了巡徼官。宋褧任监察官所做上述几事,最后均"得报"。

如上可看出,宋本言辞激烈,谏言针对的对象是太常及应捕官、中枢宰执、司空、太尉等朝中高级官员。泰定帝又是一个蒙古化背景较深的皇帝,泰定帝表面上对汉臣礼待,但实际上很少采纳儒臣谏士的意见。况且宋本所弹劾的对象是蒙古贵族和朝中重臣,损害了他们的利益,自然会遭到不满,所以多次进言均未采纳。宋本在任中书省左司都事期间,与平章政事乌伯都刺就是否起用自英庙以来被宪台夺官的官员一事起争执,宋本拒绝起用,争执一番最后仍降诏赦,宋本为此"称疾不出"④,可见其中矛盾之深。而宋褧同为监察官,谏言内容多与下层百姓生活相关,言辞柔和,并未涉及朝中重臣利益,所以能够得到允准。

四 结 语

宋桢本是大都人,元世祖朝迁至南方,其后几代人文化素养深受理学影响,尤其宋本、宋褧二人,文学素养极高,他们的政治生活和日常社会生活均以儒学为中心。宋氏家族世代为官,属仕宦之家,但入仕途径不同,以宋桢和宋氏五兄弟的入仕情况看,科举为元代儒士提供了一个重要的入仕途径,宋本、宋褧二人就是元代科举再兴的得利者。就宋本个人来说,在经历了保举、吏员出职的失败后,最后在科举中大放光彩,可见恢

---

① 苏天爵:《滋溪文稿》卷13《元故翰林直学士赠国子监祭酒范阳郡侯谥文清宋公墓志铭并序》。
② 同上。
③ 同上。
④ 宋褧:《燕石集》卷15《故集贤直学士、大中大夫、经筵官兼国子祭酒宋公(本)行状》。

复科举对于元代儒士入仕意义。

早年宋本得遇何玮、李彧推荐做官，结果不尽如人意，之后便选择参加科举。在参加科举之前，二宋文章得到张养浩、元明善、蔡文渊、王士熙等的赏识。二宋对名士苏天爵的文采十分欣赏，北归之初便亲自造访苏宅，并结下深厚的情谊，时常小聚，论文史、评古今。这些人都是元初著名的文学家，北方名士，也是朝廷中重要的亲汉法官员。科举中第后，二宋又常与许有壬、欧阳玄、谢端等进士来往。此外，宋本两个女儿嫁与国子生，宋褧两个儿子都是国子生，宋本还曾推荐侄宋禶为国子生，可见二宋北还大都后，便融入了北方科举进士圈。二宋均葬于大都，其父宋桢虽葬于江陵，但宋褧曾欲"迁户部柩北归"，事虽未成，却足以表现宋氏家族始终视大都为故乡。大都籍的二宋接受的是南方理学教育，但无论是身体还是精神，其最终归属地仍是北方大都。

二宋的境遇也与元朝朝政的变化密切相关。元朝很多儒士做官都想通过儒家价值体系来约束统治阶级的过度行为，但是受到当时社会状况的影响。仁宗、英宗时期，这样的努力或许能够得到一些反馈，但在泰定帝和顺帝前期，主汉法官员的行为、言论会受到来自蒙古、色目贵族的反对，元代儒士入仕后的政治行为与蒙古法和汉法之间的博弈密切相关。另外，儒士的谏言若不与蒙古法直接对抗，对于国家社会的管理和民间百姓的生活是有重要的积极作用的。

（作者为南开大学历史学院研究生）

从"大喜乐"和"演揲儿"中拯救历史

沈卫荣

一

蒙古人于13世纪初在蒙古高原的崛起改变了整个世界的面貌,他们东征西战,所向披靡,彻底打破了东西方之间的壁垒和分隔,建立起了一个史无前例的跨越欧亚的大帝国,为世界建立起了一个全新的秩序。与此同时,蒙古人在征服世界和与世界交往的过程中也在很多方面改变了他们自己。而蒙古征服世界给他们自己带来的一个最持久的影响或许就是蒙古人从此整个地变成了藏传佛教徒,且历七百余年而不变。元朝实际统治西藏不过百余年,但因为藏传佛教这个纽带,蒙古和西藏之间紧密的政教关系绵延不绝。于今日中国广大的西北地区,近乎清一色为伊斯兰教所覆盖,可唯有蒙古人却依然保持藏传佛教徒的身份认同。现今世界闻名的"达赖喇嘛"这个称号,原本是蒙古土默特部首领俺答汗(Altan Khan,1507—1582)于1578年赐给第三世"一切智上师"索南加措(bSod nams rgya mtsho,1543—1588)的一个封号,而俺答汗自己的孙子云登加措(Yon tan rgya mtsho,1589—1617)即被认定为第四世达赖喇嘛。即使是伟大的五世达赖喇嘛阿旺洛桑加措(Ngag dbang blo bzang rgya mtsho,1617—1682),他之所以能够成为西藏政教合一的领袖,也正是因为得到了蒙古和硕特部汗王固始汗(Gushri Khan,1582—1655)的军事支持。由此可见,蒙古与西藏之间的政教关系曾经是多么的紧密。及至清朝,蒙古人对藏传佛教的信仰依然如此的坚定,所以,满清的统治者必须借助西藏喇嘛的宗教影响力来制约否则难以被统治的蒙古各部落。雄才大略的乾隆皇帝(1735—

1795年在位）曾在他御撰的《喇嘛说》中直言："各部蒙古一心归之（达赖和班禅喇嘛），兴黄教，即所以安众蒙古。"① 换言之，满清皇帝即使为了安抚桀骜不驯的蒙古人也不得不推崇藏传佛教，所以正是藏传佛教将满清、蒙古与西藏紧紧地连接在了一起。事实上，一直到20世纪，蒙古人通常将其经济收入的大部分用于"进藏熬茶"，这成为维持黄教（格鲁派）在整个卫藏地区于政治上和经济上之优势的有力保障。②

然而，令人难以置信的是，迄今为止我们对于蒙古人最初是如何接受藏传佛教的，或者说藏传佛教最初是如何在蒙古人中间传播的，哪些藏传佛教的义理和修法曾经在蒙元时代（1206—1368）的蒙古佛教徒中流行过等等，由于在元代留下的汉文历史文献中几乎见不到任何具体、可靠的记载，所以对此我们几乎是一无所知。我们以往所能见到的有关这段历史的最详细的汉文记载出于元末明初的一部题为《庚申外史》的野史之中，它是这样说的：

> 癸巳，至正十三年（1353），脱脱奏用哈麻为宣政院使。哈麻既得幸于上，阴荐西天僧行运气之术者，号"演揲儿"法，能使人身之气或消或胀，或伸或缩，以蛊惑上心。哈麻自是日亲近左右，号"倚纳"。是时，资政院使陇卜亦进西番僧善此术者，号"秘密佛法"。谓上曰："陛下虽贵为天子，富有四海，亦不过保有见世而已，人生能几何？当受我'秘密大喜乐禅定'，又名'多修法'，其乐无穷。"上喜，命哈麻传旨，封为司徒，以四女为供养，西番僧为大元国师，以三女为供养。国师又荐老的沙、巴郎太子、答剌马的、秃鲁帖木儿、脱欢、孛的、哇麻、纳哈出、速哥帖木儿、薛答里麻十人，皆号"倚纳"。老的沙，帝母舅也；巴郎太子，帝弟也。在帝前男女裸居，或君臣共被，且为约相让以室，名曰"些郎兀该"，华言"事事无碍"。倚纳辈用高丽姬为耳目，刺探公卿贵人之命妇、市井臣庶之丽配，择其善悦男事者，媒入宫中，数日乃出。庶人之家，喜得金帛，贵人之

---

① Ferdinand Gustav Lessing, *Yung-ho-kung: an iconography of the Lamaist Cathedral in Peking with Notes on Lamaist Mythology and Cult*, Stockholm, 1942. p. 59.

② 达力扎布：《略论16—20世纪蒙古进藏熬茶》，《西域历史语言研究集刊》第7辑，科学出版社2014年版，第349—372页。

家，私窃喜曰："夫君隶选，可以无室滞矣！"上都穆清为閟成，连延数百间，千门万户，取妇女实之，为"大喜乐"故也。①

从上引《庚申外史》的这段记载中，我们大致可以看出曾于元朝蒙古宫廷中流传的藏传佛教修法有两种，一种是"能使人身之气或消或胀，或伸或缩"的"运气之术"，或曰："演揲儿法"；另外一种是所谓"秘密大喜乐禅定"，或者又名"多修法"，像是藏传密教中有的男女双修之法，在这里听起来却更象是一场君臣共演的群交丑剧。除此之外，《庚申外史》还在别处中提到了一种名为"十六天魔舞"的藏传佛教仪轨，对此它是这样记载的：

> [正当红巾军兵临大都城下]，而帝方与倚纳十人行大喜乐，帽带金佛字，手执数珠，又有美女百人，衣璎珞，品乐器，列队唱歌金字经，舞雁儿舞，其选者名十六天魔。

据说蒙古皇帝"日从事于其法，广取女妇，惟淫戏是乐，又选采女为十六天魔舞"。还因为"酷嗜天魔舞女"，不惜在宫中挖地道，每天"从地道数往就天魔女，以昼作夜"云云。②

大家知道，《庚申外史》是一部著名的野史，其中记载的这些道听途说来的故事属于小说家言，本来是不可信以为真的。令人难以理解的是，这些故事竟然很快就被明初官方史官全盘接受，统统被编入了官修正史——《元史》之中。于是，这段本来莫须有的野史，一下子变成了元末蒙古宫廷修习藏传佛教史的一个官方版本。而且，修《元史》的史官们在抄录以上所引《庚申外史》中的这段记载时，还有意无意地犯了不少可笑的错误，将本来有所区别的不同的藏传密教修习法，统统简单化为双修法一种。于是，不管是"秘密大喜乐禅定"，还是"演揲儿法"等其他各种不明不白的秘密修法，至此九九归一，曰："其法亦名双修法，曰演揲儿，曰秘密，皆房中术也。"③从此于汉文化传统中，藏传佛教就变成了"房中

---

① 任崇岳：《庚申外史笺證》，中州古籍出版社1991年版，第70—71页。
② 同上书，第103—104页。
③ 《元史》卷205《哈麻传》，中华书局1976年版，第4583页。

术"和"淫戏"的代名词，甚至还是直接导致堂堂大元不足百年而骤亡的罪魁祸首。① 这一切让人看起来像是就因为蒙古人信仰了藏传佛教，曾经天下无敌、不可一世的世界征服者，却在一夜之间变成了傻瓜，不但丢掉了铁打的江山，而且还留下了千古恶名。元朝末年曾有人这样总结说：蒙古人征服南宋，一统天下，遂使"中国一变而为夷狄"，而西藏喇嘛于蒙古宫廷传播的秘密法又使"夷狄一变而为禽兽"，遂使"堂堂人主，为禽兽行，人纪灭亡，天下失矣。"②

事实上，《庚申外史》中的这段记载根本不足凭信是很容易被看出来的，譬如其中提到资政院使陇卜"谓上曰：'陛下虽贵为天子，富有四海，亦不过保有见世而已，人生能几何？'"云云，这样的话根本就不可能是胡人胡语，而更像是汉地奸佞之臣常常会说的用以蛊惑上心的胡话。若说这段记载中或还有一些可信的成分的话，它们反倒应该是我们至今还根本看不懂的那些非汉语词汇和佛教名相，它们指称的是那些我们根本不了解和不理解的非汉族文化和宗教传统中的东西，如"秘密大喜乐禅定"、"演揲儿法"和"十六天魔舞"等等，野史的作者对道听途说来的这些词汇（名相）及其相关的故事，自然不明所由，大概只好先把这些令人费解的术语照样记录下来，然后再在上面添油加醋、胡说一番，却给后人留下了难以解开的千古之谜。

二

非常不幸的是，以上所说的这些故事虽然以讹传讹，真假难辨，但它们对后世产生的影响却极其深远。这些被当作野史所记载下来的传奇故事实际上正好可以为两种我们常见的历史叙事传统提供十分难得和宝贵的资料。第一，它们为中国古代历史书写中常见的末世宫廷叙事增添了富有异族情调的新佐料。纵览中国古代各王朝的历史，末代皇帝无不昏庸腐朽、荒淫无度，而元顺帝妥懽帖木儿于宫廷内秘修"大喜乐"、"演揲儿法"的故事既与传统的末代宫廷叙事珠联璧合，又提供了前所未有的陌生、刺激

---

① 详见沈卫荣《历史中的小说和小说中的历史——说宗教和文学两种不同语境中的"秘密大喜乐禅定"》，《中华文史论丛》2013年第1期。
② 《庚申外史笺證》，第70—72、89—90、103—104、156页。

的新内容,故更常为后世汉族士人所津津乐道。第二,它们也与佛教历史的传统叙事结构相一致,佛教历史通常把佛的诞生作为佛教的开始,把小乘佛教作为佛教的成长期,把大乘佛教作为佛教的鼎盛期,而到了密乘佛教就自然已经走上了佛教的衰亡期。在这样的佛教史叙事结构中,密教从时间上说必须是晚出的,而其特点又必须是腐朽和堕落的。所以,发生在元末宫廷内的这些藏传密教故事正好为密教的腐朽和堕落做了最好的演绎和证明。[①]

于自元朝以来的汉文文献中,这些故事经常以不同的形式出现,我们也屡屡见到它们的不同的版本,时间越往后,故事也就越来越离奇。它们甚至流为明清以来诸多色情小说的主题,其中最早,也是最典型的一个例子见于传为出自明代著名江南才子唐寅(1470—1524)之手的色情小说《僧尼孽海》之中。《僧尼孽海》是一部专门讲述僧尼淫乱故事的小说,其中有一回名"西天僧、西番僧",显然就是根据《庚申外史》中有关元朝末代皇帝元顺帝(1333—1368年在位)宫中修习"秘密大喜乐法"的故事添油加醋演绎而成的。其中,最令人惊讶,也值得令人回味的是,唐伯虎竟然直接将这种西番僧所传的"秘密法"指称为龙飞、虎行、猿搏、蝉附、龟腾、凤翔、兔吮、鱼游、龙交等号为"采补抽添"之九势,而后者正是出自汉族房中经典《素女经》中的"房中术",它们与藏传密教之修法自然风马牛不相及。这样的挪用,一方面表明明代(1368—1644)汉族士人对来自西番的"秘密教"实际上一无所知,另一方面也证明了 Umberto Eco 先生曾经提出过的"背景书"理论,汉族士人必须借助汉族自己文化中的"背景书"才能对他们所遇见的这种属于异文化的东西做出他们能够理解的解释。所以,即使是要色情化番僧,他们也必须借助他们自己所熟悉的"房中术"。[②]

大概正是因为汉族士人一方面对藏传密教完全缺乏基本的了解,另一

[①] 关于佛教历史叙事的建构和批判,参见 Christian K. Wedemeyer, "Tropes, Typologies, and Turnarounds: A Brief Genealogy of the Historiography of Tantric Buddhism," *History of Religions*, vol. 40, no. 3, 2001, pp. 223 – 259;此文的汉译文见沈卫荣主编《何谓密教?关于密教的定义、修习、符号和历史的诠释与争论》,中国藏学出版社2013年版,第302—345页。

[②] 关于跨文化的误解和"背景书"的说法,参见 Umberto Eco, "From Marco Polo to Leibniz: Stories of Intercultural Misunderstanding," A Lecture presented on December 10, 1996, The Italian Academy for Advanced Studies in America.

方面却十分热衷于将它不断地情色/色情化，以至于最终完全忘却藏传佛教是如何于蒙古宫廷传播的历史，而把藏传佛教简单地集体记忆为一种类似于房中术的"妖术"和"鬼教"。于是，藏传佛教根本就不被认为是一种正宗的佛教传统，而是喇嘛教，与萨蛮教一类的原始的巫觋宗教没有多少区别。"喇嘛教"这个名称最早出现于明代，一直被沿用到了今天，其中多少带有一点对藏传佛教蔑视的意味。而这种将藏传佛教，乃至整个藏族社会，严重色情化的倾向也一直延续到当代。1987年，有位来自北京的被认为是前卫作家的马建于《人民文学》上发表了一部题为《亮出你的舌苔或空空荡荡》的短篇小说，它以游记的形式讲述作者于西藏的所见所闻，引出了一场巨大的政治风波。这部小说中讲述了五个故事，都涉及怪异、不伦的性行为，特别是其中对三代乱伦和宗教仪式性的性行为，即上师以灌顶为名与女弟子（女活佛）发生的性行为的细致的描述等，被当时的在京藏族同胞们视为对他们的民族及其宗教的侮辱，所以演变成了一场严重的政治事件。实际上，马建在这部小说中所讲述的大部分故事根本就不可能见于或者发生于1980年代的西藏，它们不过是一些现代版的《僧尼孽海》式的西藏故事。说到底，这部小说延续的只是汉族文化传统中对藏传佛教的一贯看法，其根底甚至可以直接追溯到《庚申外史》。①

　　元代汉族士人对藏传佛教的误解，或者说"巫化"和"色情化"，甚至还通过马可·波罗（Marco Polo，1254—1324）的传播影响到了西方世界。Netflix最近发播了一部多集连续剧《马可·波罗》（*Marco Polo*，2014），看过这部片子的一位西方藏学家朋友Elliot Sperling先生告诉我说，其中马可·波罗初次觐见忽必烈汗的场景就像是马可·波罗无意间闯进了正在蒙古宫廷中上演的一场狂欢（orgy）之中，令人瞠目结舌。可见得西方人对藏传佛教同样充满了很多情色化的想象，而且这种想象还在持续不断地演绎下去。自上个世纪七十年代开始，藏传佛教于西方世界日益受到欢迎，而密教性爱对西方的西藏热显然起到了推波助澜的作用，它至少也是令西方人对藏传密教着迷的重要原因之一。②而西方将西藏人和藏传佛

---

① 参见沈卫荣《背景书和书之背景：说汉文文献中西藏和藏传佛教形象》，《九州学林》，香港城市大学，2009年。

② 参见沈卫荣《大喜乐崇拜和精神的物质享乐主义》、《〈欲经〉：从世间的男女喜乐到出世的精神解放》，《寻找香格里拉》，中国人民出版社2010年版。

教色情化的传统或确实开始于马可·波罗时代，尽管马可·波罗一定没有亲自涉足西藏的土地，但他于中国旅行时一定听到了很多有关西藏喇嘛们的种种神奇和情色故事，所以他口中所描述的西藏和西藏喇嘛形象，与元代汉文文献中透露出来的情形基本一致。一方面马可·波罗称西藏喇嘛是世界上最伟大的魔术师，另一方面则批评西藏人是最肮脏、最没有性道德的人，藏族母亲可以随时把自己的女儿献给外来的商人、僧人等等，以换取一件可以是完全不值钱的小礼物。年轻女子获得的这样的礼物越多则越受人羡慕，马可·波罗甚至挑逗性地鼓励西方青年去西藏，随便享用白送给他们的"室女"。[①]于此，我们可以先不论马可波罗是否真的到过中国，但这部《马可·波罗游记》则无论如何只能是这个改变了世界的蒙古时代的产物，也只有在这个时代有关的东方的知识才能传得那么遥远，且在西方产生那么大的影响。西方人很早就开始将藏族和藏传佛教色情化，这是一个不争的事实，它应该与《马可波罗游记》的广泛传播有直接的影响。在上个世纪80年代开始将西藏神话化、香格里拉化之前，西方的西藏和藏传佛教形象同样常常被密教性爱所笼罩，从这个意义上说，英文中的Lamaism与汉文中的喇嘛教绝对是异曲同工，其涵义从根本上说是一致的。[②]

三

综上所述，汉文文献中记载的这段元代蒙古宫廷修习藏传密教秘史对后世中、西方色情化藏传密教均产生了巨大的影响。与此同时，藏传佛教于元代中国传播的历史却长期湮没无闻。要弄清和还原这一段已经长期被人严重误解的密教历史的真实面貌，在我们对藏传密教本身缺乏基本的了解，还没有更多相关的文献资料可被利用以前，这实在不是一件十分容易做到的事情。我们至少首先要读懂《庚申外史》中的这段记载，要还原和解码其中出现的那些外来词汇和佛教名相，然后对它提到的那些常为后人诟病和渲染的故事做出符合其历史和宗教之实相的解释。

---

① Marco Polo (1254—1323?), *The Travels of Marco Polo*, *The Complete Yule-Cordier Edtion*, New York: Dover Publications, 1992, p. 301.

② Donald S. Lopez, Jr., *Prisoners of Shangri-la: Tibetan Buddhism and the West*, Chicago and London: The University of Chicago Press, 1998, pp. 15–45.

例如,"演揲儿法"于汉文化传统中之所以臭名昭著,是因为它一直被人当作是"房中术"或者"双修"的代名词。但是,迄今为止却还没有人能够弄清这个非汉语词汇的来历,并对其本来的涵义做出令人信服的解释。一般说来,解读古汉语文献中的那些胡语(非汉语)词汇是西方汉学家,或者如傅斯年(1896—1950)先生所称的"虏学家"们的拿手好戏,那些令仅懂汉语文的博学鸿儒们一筹莫展的东西,到了通晓诸多胡语、并懂得音韵变化、发展规律的西方汉学家(语文学家)那里通常就迎刃而解了。这也就是为什么像伯希和这样的西方汉学家百余年来能够在世界汉学舞台受人膜拜、享有如此崇高地位的最重要的原因。但是,要正确解读《庚申外史》中出现的这段有关藏传秘法的记载,它所涉及的显然并不仅仅只是解决几个非汉语语词的来历和解释问题,或远比解读这几个胡语词汇来得更加复杂和难解的是,我们应当如何来理解和解释这些陌生、怪异的语词所表述的藏传密教仪轨的特殊内容和意义,否则我们就无法还其以宗教层面的本来面目。

非常不幸的是,在我们所遇到的这一关节点上,以往的西方汉学家、语文学家们看起来也并不比我们高明很多。最早将《元史》中有关"秘密大喜乐禅定"和"演揲儿法"的这个段落翻译、介绍给西方读者的是著名的荷兰业余汉学家高罗佩(Robert van Gulik,1910—1967)先生。他把这些番僧于元朝宫廷内传习的藏传密法,当作元代中国人之性生活史的重要内容,写进了他的名著《中国古代房内考》中。可是,高罗佩先生不但对像"演揲儿"这样来历不明的外来词汇与我们一样一筹莫展,无能为力,而且为了硬要给"十六天魔舞"以一个至少表面上说得过去的解释,他还别出心裁地将本来只是一位蒙古王子的名字的"八郎"按其字面意思解读为"八个男人",以符合他一个男人和两个女人配对跳天魔舞的假想。①

随后,当时欧洲最负盛名的汉学家、蒙古学家、藏学家都曾尝试用历史语言学的方法来揭开"演揲儿"这个谜团,如法国杰出汉、藏学家石泰安(Rolf Stein,1911—1999)先生曾将"演揲儿"解释为一个汉语、胡语混杂的动宾结构词汇,"演"是汉语动词,意为 exécuter,或者 pratiquer,

---

① Robert van Gulik, *Sexual Life in Ancient China*, *A Preliminary Survey of Chinese Sex and Society from ca. 1500 B. C. till 1644 A. D*, Leiden: E. J. Brill, 1974. p. 260, n. 2. 参见沈卫荣《大师的谬误与局限——略议《中国古代房内考》的问题》,《东方早报——上海书评》,2011年6月5日版。

即"表演"、"修习"的意思,而"揲儿"则是蒙古语词 jiral 的音译,意为"喜乐",所以"演揲儿"的意义实际上就是"表演"或者"演习"喜乐。① 而德国战后汉学的领军人物傅海博(Herbert Franke,1914—2011)先生则倾向于把"演揲儿"直接还原为一个蒙古语词汇,说它是 äldär 或者 ändär 的音译,其意义皆为"喜乐"。② 不幸的是,他们的这两种解读不但没有语文学/文献学上的任何依据,而且明显受了元明时代汉文文献之错误记载的误导。将"演揲儿"指称为"大喜乐"不过是明代史臣抄录《庚申外史》相关记载时犯下的一个可笑的错误,它原本与"大喜乐"毫不相干,而是指一种"能使人身之气或消或胀,或伸或缩"的"运气之术"。③

从以上这个西方学者尝试解读"演揲儿"法而失败的例子中,我们得出的一个深切体会是:语文学并不是对业已形诸文字的历史资料中的语言的研究,而是将文本置于其本来的语言、历史、文化和宗教语境中的深刻的分析、研究和理解。④ 事实上,直到最近一、二十年之前,我们对产生这些词汇及其隐藏于其背后的藏传佛教仪轨的"本来的语言、历史、文化和宗教语境"知之甚少,特别是对藏传密教的修法及其象征意义缺乏基本的了解,所以我们无法期待石泰安、傅海博等前辈语文学、历史学大家当年就能够正确地解读和理解这些怪异的胡语词汇。藏传密教研究的相对繁荣不过是近年来才发生的事情,要最终揭开藏传佛教于元代中国传播历史之真相,我们必须要借助国际印藏佛教学界对藏传密教进行深入研究的最新成果。

要正确解读这些曾经被汉族士人将它们从原来的语言和宗教语境中搬

---

① Rolf Stein, Review on R. H. van Gulik, *Pi His T' u K' ao*, *Erotic Colour Prints of the MingPeriod, with an Essay on Chinese Sex Life from the Han to the Ch' ing Dynasrty*, B. C. 206 - A. D. 1644 (Privately published in Fifty Copies, Tokyo 1951), *Journal Asiatique*, 1952, pp. 532 – 536.

② Herbert Franke, Review on R. H. van Gulik, 1952, *Zeitschrift der Deutschen Morgenlandischen Gesellschaft*, 105/2, pp. 380 – 387.

③ 沈卫荣:《想象西藏:跨文化视野中的和尚、活佛、喇嘛和密教》第三章《历史中的小说和小说中的历史——说宗教和文学两种不同语境中的"秘密大喜乐禅定"》,北京师范大学出版社 2015 年版,第 84—88 页。

④ 关于语文学与历史研究的关系参见 Alexis Sanderson, "History through Textual Criticism in the study of Śaivism, the Pañcarātra and the Buddhist Yoginītantras," *Les Sources et le temps. Sources and Time*, ed. F. Grimal. Publications du département dIndologie 91. Pondicherry: IFP/EFEO (2001), p. 2.

离出来，并断章取义，或者以讹传讹而流传下来的密教语汇，我们应当想办法把它们放回到其原本的语言和宗教语境中去，设法在相应的汉、藏文佛教文本中找到这些语汇。只有这样，我们才能在正确的语境中确定它们本来的语言和宗教意义。遗憾的是，长期以来我们似乎并没有找到这样的文本，更确切地说，是因为这样的文本多半是纯粹宗教性质的，其中包含太少的普通的、传统的历史信息，故每每被历史学家们所忽视。或者因为对藏传佛教之义理和修习缺乏基本的了解，所以不管是历史学家，还是语文学家，他们都根本读不懂这样的文本，更不用说对它们进行深入的研究了。总之，只有至少掌握了汉、藏文两种语文工具，对藏传佛教有深切的领会，并对蒙元时代的汉藏交流史有深入的研究，方才有可能于此领域有所作为，有所成就。

四

近十余年来，我们有幸陆续发现了大量源出于西夏、元、明时代的汉译藏传密教文献，这为我们研究元代藏传佛教于蒙古宫廷传播的历史提供了弥足珍贵的文献资料，也为我们最终解读前引《庚申外史》中的那段文字提供了极大的可能性。首先，我们于上个世纪末才为中国学者所能开放利用的俄藏黑水城文献中，发现了一系列汉文、西夏文译藏传密教文献，然后重新认识了《大乘要道密集》这部此前唯一为人所知的汉译藏传密教仪轨集成对于研究藏传佛教于西夏、蒙元和明代传播历史的重要意义。[①]紧接着我们又在北京国家图书馆、北京故宫博物院、台北故宫博物院和辽宁省图书馆，以及中国西北省区陆续新出土的文献中，找到了大量与藏传密教相关的文献资料。再次，结合对以上这些文献的整理和研究，我们对上个世纪初在吐鲁番发现的古畏吾尔文译藏传佛教文献也有了新的认识，因为其中大部分文献的内容与黑水城出土文献和其他元代汉译藏传佛教文献有很多类似和重合的成分，所以它们同样是我们研究元代藏传佛教史的宝贵资料。这些文献的发现和对它们的整理与研究为我们最终揭开藏传佛

[①] 沈卫荣：《藏传佛教于西域和中原的传播——〈大乘要道密集〉研究初编》，北京师范大学出版社2017年版。

教于元代中国传播历史的真实面貌提供了现实的可能性。①

尽管如此,要将上述这些汉文、西夏文、畏兀儿文和蒙古文翻译的藏传密教文献真正转变为研究元代藏传佛教史的历史资料,我们还必须采取从多语种文本的对勘和比较研究中来建构历史的学术方法(history through textual criticism),要舍得花大力气从浩如烟海的藏文佛教文献中一一寻找出这些汉、西夏、畏兀儿、蒙古文译文的原文本,确定其最初的来历,然后通过对各种文字译本的对勘和比较研究,及其对传译者身份的钩考,大致确定这些文本传承的年代和先后顺序,从而勾画出藏传佛教于西域和中原传播的历史脉络。与此同时,通过同定这些译〔传〕本的藏文原本,利用原文本对勘、厘定和解读这些译〔传〕本的内容,找出与如《庚申外史》一类的汉文文献中出现的那些藏传密教修习、仪轨之名相对应的藏文词汇,然后把它们放在藏传密教修习的原来的宗教语境中来考察,最终对它们的源头做出准确的认定和合理的解释,进而能帮助我们正确地理解这些文本中所涉及的藏传密教修法及其义理。②

这些年来,我们正是依靠上述这一套佛教语文学的学术方法,对我们迄今搜寻到的大量汉译藏传密教文献,以及与其相应的西夏文、畏兀儿文文献进行了仔细的文本对勘和研究,寻找出其藏文原本,探讨其流传经过,终于使我们今天能够大致揭开于蒙古宫廷所传藏传密教仪轨的真实面貌。首先,对《庚申外史》中提到的这三种被人误解了七百余年的藏传密教修法,我们终于可以还其以本来面目,希望以此能够去除人们对其长期的、根深蒂固的色情化的误解。

首先,所谓"演揲儿法",即"能使人身之气或消或胀,或伸或缩"的"运气之术",原来指的是藏传密教中的幻轮修法('khrul'khor,'phrul'khor,或曰"机轮"、"旋轮"和"乱轮"等),这是通过密教行者一系列的肢体动作(瑜伽),来修习人身中的风(rlung、气)、脉(rtsa)和明点(thig le)等。修习幻轮的目的主要在于调节风脉,强健身体,以

---

① 沈卫荣:"Dasheng yaodao miji and Studies in Tibetan Buddhist History of the Tangut Xia, Mongol Yuan and Ming Dynasties",《西域历史语言研究集刊》第6辑,科学出版社2013年版,第331—359页。

② 沈卫荣:《文本对勘与历史建构:藏传佛教于西域和中原传播历史研究导论》,《文史》2013年第4辑。

帮助密教行者消除身体内的各种疾病，打开体内各处脉结，维持脉管中气息的畅通，并能使人的身体具有八德五相等威仪。它是一种类似于今日流行之气功的瑜伽修习法，西方人称之为 Magic Movement，多为藏传佛教各派所传无上瑜伽部究竟修习法，或曰圆满次第（rdzogs rim）修习之前行。例如，萨思迦派所传的拙火定、欲乐定修法等，都以"幻轮"修法为其之辅助（准备）修法，它亦常被称为"调身仪"、"整身仪"和"治风脉定"等等。这种幻轮修法多见于《大乘要道密集》中所收录的多种与萨思迦派所传之道果法相关的修习仪轨中，在辽宁省图书馆中找到的一部罗振玉先生当年于清内库大档中抢救、结集的《演揲儿法残卷三种》的抄本中，我们还见到了一部直接题名为《道果机轮》的残卷，说的正是"幻轮"（机轮），或者"整身仪"修法。这或说明这种修法甚至在蒙古统治中国以前的西夏时代就已经开始在西夏汉人信众中流行，它是萨思迦派所传道果法修习的一个组成部分。

尤其值得指出的是，在北京故宫博物院图书馆中藏有一部传自清代宫室的《修喜［金刚］佛图》，图文并茂，其主要内容就是图示萨思迦派所传修习喜金刚本尊瑜伽的所谓"喜［金刚］佛三十二妙用定"，内分顺行、逆行和混行，共九十六种图式。而这种"三十二妙用定"实际上就是萨思迦派所传的一套完整的"幻轮"修法。按照我们的研究，这部《修喜佛图》应该成书于明初，很可能也是明初著名大译师莎南屹囉的作品，然后于清代乾隆朝被重新写绘，曾为皇帝御用之宝。由此可见，这种"幻轮"修法曾流传于自西夏，历元、明而入清的所有朝代，它不是一种"性瑜伽"，也与宫廷的淫乐无关。至于"演揲儿"这个词的词源或确有可能如卓鸿泽先生曾经推断的那样，它是与梵文词 Yantra 对应的畏兀儿语词 Yantür 的汉语音译。① 藏传佛教中所传的"幻轮"修法当与源自印度的 Yantra Yoga 相应，于今在西方世界广传"幻轮"修法的藏传佛教宁玛派著名上师南喀诺布先生就直接将这种于西藏流行的肢体运动瑜伽称为 Yantra

---

① 卓鸿泽：《"演揲儿"为回鹘语考辨——兼论番教、回教与元、明大内秘术》，《西域历史语言研究集刊》第 1 辑，科学出版社 2007 年版，第 258—270 页。

Yoga，或曰"演揲儿法"。①

其次，所谓"秘密大喜乐禅定"，或曰"双修法"、"多修法"，即是藏传密教无上瑜伽修习中的"欲乐定"修法（'dod chags chen po'i sbyor），或曰"大喜乐禅定"（bDe ba chen po'i snyoms par zhugs pa），这确实是一种依持"行手印"（karmamudrā），或曰"明妃"（rig ma）修习欲乐，渐次得"四喜"，体认乐空无二之理，现证究竟菩提，即身成佛的一种修法。这种修法或是密教性爱的最经典的一种形式，是密乘佛教无上瑜伽部之瑜伽尼本续（Yogini Tantra）的修法。它当早在西夏时代就已经由萨思迦派上师传入，《大乘要道密集》中所见的一部传承自西夏时代的修习道果法的长篇仪轨《依吉祥上乐轮方便智慧双运道玄义卷》中就有修习"欲乐定"的完整仪轨。② 由于萨思迦派所传之道果法以《吉祥喜金刚本续》为其根本所依，而后者常常被称为《大喜乐本续》，故《元史》"释老传"中说"歇白咱刺，华言大喜乐也"，"歇白咱刺"即 Hevajra，或者更确切地说是其藏文形式 He badzra 的汉语音译，所以"秘密大喜乐禅定"也可能就是指与"喜金刚瑜伽"（Kyee rdo rje'i rnal 'byor）相关的一些瑜伽修习法。毋庸讳言，"欲乐定"修习确实可以是一种"双修"法，但其实际的修法并非只是依持"行手印"（明妃、空行母）实修欲乐定一种，它同样可以依持"法手印"、"记句手印"和"大手印"，于观想中入欲乐定，体认空乐无二之理，即身成佛。而且，前述这部道果法仪轨还明确规定"今依密教在家人则依行手印入欲乐定，若出家者依余三印入欲乐定，契于空乐无二之理也。"③ 元朝宫廷或确实曾经传播过这种"欲乐定"修法，但从我们目前所见到的西夏时代所传汉译藏传密教仪轨中可以看出，欲乐定的修法当早在元朝建立以前就已经在中央欧亚和汉地流传了，传说

---

① 详见沈卫荣、安海燕：《清〈宫廷瑜伽〉、西夏"道果机轮"及元代"演揲儿法"考证》，《文史》2017 年第 1 辑。Chogyal Namkhai Norbu, Fabio Andrico, *Tibetan Yoga of Movement, The Art and Practice of Yantra Yoga*, North Atlantic Books, 2013.

② 沈卫荣：《西夏汉文藏传密教仪轨〈依吉祥上乐轮方便智慧双运道玄义卷〉读解——以依"四手印"修"欲乐定"为中心》，《国学的继承与创新——冯其庸先生从事教学与科研六十周年庆贺学术文集（下册）》，上海古籍出版社 2012 年版，第 1160—1193 页。

③ 《依吉祥上乐轮方便智慧双运道玄义卷》，《大乘要道密集》卷一，北京大学出版社 2012 年版，第 29 页；关于"四手印"参见 Klaus-Dieter Mathes, "The 'Succession of the Four Seals' (Caturmudrānvaya) Together with Selected Passages from Karopa's Commentary," *Tantric Studies*, Volume 1, Center for Tantric Studies, University of Hamburg, Hamburg, 2008, pp. 89–130.

元朝首任帝师八思巴上师曾三次给蒙古大汗、元世祖忽必烈皇帝及其皇后、帝室以喜金刚灌顶，可见元朝蒙古人修习"大喜乐禅定"当也不是于元末宫廷中才开始的。值得强调的是，元代西番上师所传的"欲乐定"修法作为一种严格、秘密的宗教仪轨，它与被汉族士人当作于元末宫廷中上演的淫戏来描述和渲染的"秘密大喜乐禅定"当不可同日而语。

再次，长期以来，"十六天魔舞"被人误解为是元末宫廷中才出现的、以藏传密教仪轨为名而上演的一种供蒙古皇帝及其大臣们享用的色情舞蹈，天魔舞女或被描述为元末皇帝淫乐无度的对象，这或当又是汉族士人对藏传密教修法的一种无知的想象。于藏传佛教的语境中，"十六天魔舞"原本是对无上瑜伽部本尊胜乐金刚之中围（坛城）的一种供养，由十六位"明母"（rig ma），或者"天女"（lha mo），手持各种乐器，随着特定的念诵和音乐翩翩起舞的一种宗教舞蹈，它的本来面目不但与情色、淫戏无关，而且常常只是一种通过观想而敬奉的"意生供养"（yid las 'byung ba'i mchod pa），即由密教行者自心间化出十六天魔舞女，于其观想中以想象的"十六天魔舞"的形式作为献给胜乐佛之坛城的一种供养。是故，它甚至不需要由十六位天魔舞女真实地演练。

作为藏传佛教无上瑜伽部母续的主要本尊，胜乐的修法自西夏时代开始就已经于中国西北地区广为传播，于今所见的几部以汉文、畏兀儿文传世的《吉祥上乐轮中围现观修习仪》中，我们多次见到了有关"十六天魔舞"供养的内容。于俄藏黑水城文献中一部源出自西夏时代的题为《大集轮□□□声颂一本》的修习胜乐轮本尊仪轨中，我们首次见到了"十六天魔"舞女的完整名录。元代政书《元典章》中也提到至元十八年（1281）朝廷就下令"今后不拣甚么人，十六天魔休唱者，杂剧里休做者，休吹弹者"，这大概是因为"十六天魔舞"本来是一种崇高的宗教舞蹈，不宜于世俗社会随便乱弹乱唱的缘故，故受到元朝廷明令禁止。这条出自元初的禁令也明确证明"十六天魔舞"绝非是元末宫廷才出现的一种宗教乐舞。事实上，它于蒙古人中间的流行也应该归功于八思巴帝师本人，于他的全集中我们不但见到了许多部修习吉祥胜乐轮仪轨，而且还找到了一部独立的"十六天女供养仪轨"，题为《十六明母供养二品文》（Rig ma bcu drug gi mchod pa'I tshig tshan gnyis bzhugs），于1250年代写成于元上都开平府。这说明在忽必烈建立元朝以前很久，八思巴就已经把这种专门供养胜乐中围的仪轨传授给了他的蒙古弟子们，显然其中毫无与"欲乐定"相关的内容，它一定与淫戏无关。"十六天魔舞"最后蜕变为一种淫戏，并成为元朝骤亡的罪魁祸首之一，如果这不完全是汉族士人的想象，那它一定是一种堕落了的密教修法，与其本来的宗教意义完全相违背，汉文文献中对它的描述无疑有很多牵强附会、以讹传讹的成分，与当时的历史事实严重不符。①

五

当我们在藏传密教之义理和修习的语境中成功地还原了"演揲儿法"、"秘密大喜乐禅定"和"十六天魔舞"的本来的宗教面貌之后，藏传佛教于元代中国传播的历史便一下变得清晰起来了，原来笼罩在元代蒙古宫廷佛教史上的迷雾终于被揭开了。显而易见，将西天僧、西番僧于蒙古宫廷所传的藏传密教修法定义为"房中术"、"淫戏"，并将蒙古大汗热衷于修习藏传密法当作其骤然失国的原因，这根本就不是历史的真实。上述这些于元朝宫廷中所传的藏传密教修法大部分与"密教性爱（tantric sex，双修）"无关，这些修法甚至早已经在蒙元王朝之前的西夏王国内传播过，它们显然并不是在元朝末年才开始于蒙古人中间传播的，至少元世祖忽必烈（1215—1294）已经在八思巴帝师（1235—1280）的指导之下，修习过上述所有这些仪轨。对于蒙古人何以如此迅速和彻底地信仰藏传佛教，以及元朝何以如此迅速地走向败亡，我们都应该对其历史、社会和文化背景做更深入的探讨，并另找原因。

"演揲儿"这个词汇曾经长期被诬为西番僧所传的房中术和淫戏，对它的还原和解释难倒了好几代汉学家、藏学家和语文学家。我们的研究表明它就是藏传密教中的"幻轮"修法，是一种整身、调息、治风的瑜伽修习，这使我们终于能够拨乱反正，为"演揲儿法"摘除了淫戏的帽子，还其本来面目。而"演揲儿"或为与梵文 Yantra 一词对应的畏兀儿文词汇 Yantïr 的汉文音译这一推测，令我们记忆起今天全民信仰伊斯兰教的维吾

---

① 沈卫荣、李婵娜：《"十六天魔舞"源流及其相关藏、汉文文献资料考述》，《西域历史语言研究集刊》第5辑，科学出版社2012年版，第325—387页。

尔族之先人于历史上或曾有好几百年信仰佛教，特别是藏传佛教的历史。元代畏兀尔人的祖先回鹘人自 840 年从蒙古草原向南、向西迁徙开始，至元朝末年基本改信伊斯兰教为止，他们长期与信仰佛教的吐蕃、党项等民族杂居、互动，不但擅于他们的语言，而且也信仰他们的宗教。在蒙古人征服了中央欧亚和西藏等地区之后，畏兀儿人不但常常于蒙古君臣与西藏喇嘛之间充任"译史"，而且也是他们之间进行文化交流的中间人。在吐鲁番出土回鹘文（畏兀尔文）文献中，我们见到了大量回鹘文译藏传密教文献，它们与同时代的西夏文、汉文译藏传密教文献的性质和内容完全一致。元朝八思巴帝师的很多著作都是在其畏兀儿弟子的帮助和催促下写成，并翻译成汉文、畏兀儿文等其他文字而在中央欧亚和汉地广泛传播的。藏传佛教或是紧密连结蒙古、西番、西夏和畏兀尔人的精神纽带。

我们早就发现蒙古人如此迅速地接受和信仰藏传佛教或有其深刻的西夏背景，[①] 而我们晚近的研究则进一步表明，几乎所有可知的曾经于元代中国流传的藏传密教修法，我们基本上都可以在俄藏黑水城文献和其他可以确定为西夏时代的多语种的佛教文献中找到与其相应的文本。前文已经证明，不管是"秘密大喜乐禅定"、"演揲儿法"，还是"十六天魔舞"，它们都不是在蒙元时期才传入的新鲜东西，它们都曾经于西夏王国出现过。西夏王朝对藏传佛教吸收之甚深和广大，远远超越我们以往的想象。藏传佛教于西夏王国内的普遍流行，为与其紧邻的蒙古人很快接受和信仰藏传佛教提供了极大的便利，蒙古人信仰藏传佛教并不是元朝立国后才开始的，它应该早在蒙古征服西夏和畏兀儿地区的过程中就已经开始了。

还有，元代蒙古人的藏传佛教信仰对其后世留下了极为深刻的影响，这或是短命的蒙古征服王朝给后世中国留下的一笔十分持久的遗产。以推翻蒙古统治而建立起来的明王朝，并没有因为藏传密教曾被认为是导致元朝迅速败亡的罪魁祸首而禁止它在明代中国的传播，相反，明代的大部分皇帝对藏传佛教的信仰较之其蒙古前任可谓有过之而无不及。今天所见明代翻译成汉文的藏传密教文献远远多于元朝，像"演揲儿"这样的修法不但继续流行于明朝宫廷，而且显然也传到了满清宫廷之中，今天我们所见

[①] 沈卫荣：《初探蒙古接受藏传佛教的西夏背景》，《西域历史语言研究集刊》第 1 辑，第 273—286 页。

到的大量源自西夏、蒙元和明朝的汉译藏传密教仪轨,大部份出自满清宫廷的收藏。如前所述,由于蒙古人对藏传佛教的坚定信仰,满清皇帝即使出于政治的考量,也不得不尊崇藏传佛教,以借助藏传佛教上师的宗教影响力来控制和安定否则很难被统治的蒙古诸部落。如果说满清帝国统治真有其"内亚性质"的话,那么,他们对藏传佛教的信仰和因为藏传佛教而将满、蒙、藏三个民族紧密地结合在一起或许就是这种"内亚性质"的最明显的内容和表征了。当然,尽管我们很难设想满清帝国曾经将藏传佛教以"政教合一"(lugs gnyis)为主体思想的治国理念作为其"帝国的意识形态"(imperial ideology),但我们不可否认清朝诸多皇帝和王子,其中最著名的就是乾隆皇帝和王子允礼等,都曾经是十分虔诚的藏传密教的信徒。

自元朝以来,汉族士人对"演揲儿法"、"秘密大喜乐禅定"和"十六天魔舞"等藏传密教修法的长期误解和歪曲,无疑曾经严重阻碍了汉、藏两种不同的佛教文化传统之间的正常交流,也给汉、藏两个民族之间的文化和精神交流带来了严重的损害。尽管如此,上述研究所揭示的事实也充分表明,事实上藏传密教自11世纪开始就已经连续不断地渗透到汉传佛教传统之中,藏传密教于西域和中原传播的历史是元、明两代佛教历史的重要内容,于蒙元时代不只是大量蒙古人皈依了藏传佛教,同样还有很多汉人、畏兀尔人等也信仰和修习藏传密教。近年来我们对那些源自西夏、蒙元和明代的以不同语文翻译的藏传密教文献的研究,势将为西域和中原佛教史增添一个长期被人遗忘的篇章。迄今为止,学界对密乘佛教史的研究还完全没有将汉传密教(或曰唐密)和藏传密教(简称藏密)整合起来,对藏传密教所代表的无上瑜伽部密教曾于西域和中原传播的历史一无所知,而这正是在蒙元大一统的前提下蒙、藏、汉、畏兀儿、西夏等民族之宗教文化交流史上最重要、最出彩的一章,也当是"大元史"的一个不可分割的组成部分。

(作者为清华大学历史学系教授)

金代旧道教人物初考
——从入居中都天长观的三位终南道士开始

赵建勇

引 论

我陕右富平张鹏一先生云："金源有国百年，始尚武功，终务文治，大定明昌间，风雅辈出，凌南宋而上焉；惜经元明两朝之妒视，并其文字而轻蔑之。"① 此正论深获我心！复证之以金时元遗山先生所言："明昌、承安间，文治已极，天子思所以敦本抑末，厚天下之俗。既以经明行修举王硐逸宾、张建吉甫、文商伯起辈三数公，官使之矣，至于道家者流，洁己求志，有可以赞清净之化昔，亦特征焉。"② 其思隔千载而卓识默契！可知大金时大定、明昌之文治彬彬，确为有金一代之极盛，实属中华民族不可分割的历史辉光的必然部分，而此时之人物风流，道家者流亦与焉。

"中州万古英雄气，也到阴山敕勒川"，金代奄有中原，历一百二十余年，以夷用夏，四国来朝，自为正统，此乃元代大一统后修撰辽金宋三正史时已树定论，惜虽经学者力正明光，③ 然今日即专门治史者于金代史实亦往往茫然无知一二，甚至以小说偏见为历史，仍潜袭隐沿明人因"土木之变"而妄谮华夷之辨至于"欲以明继宋，非惟辽、金两朝皆列于外国，

---

① 张鹏一：《兰泉老人集序》，张鹏一辑：《兰泉老人集·杨晦叟集》，民国十二年（1923）癸亥五月陕西文献征辑处刊行图书社代印，《关陇丛书》本。
② 元好问：《通玄大师李君墓碑》，陈垣编纂，陈智超、曾庆瑛增补：《道家金石略》，文物出版社1988年版，第848页。"张建吉甫"即前张鹏一先生所辑文之金"兰泉老人"蒲城张建。
③ 谭其骧：《历史上的中国和中国历代疆域》，《谭其骧全集》，人民出版社2015年版，第3页。

即元一代年号亦尽削之"①的鄙陋保守之绝大荒谬的"左倾幼稚病见"而不自知，诚为可叹！而今日普通民众所熟知在口的金代人物，金兀术之外，则王重阳、丘处机欤？此徵乎道教史对于金代文化史之特具重要之所在也。

现代意义的中国宗教史研究，自以陈垣先生为最早最著，即陈寅恪先生所谓："中国乙部之中，几无完善之宗教史，然其有之，实自近岁新会陈援庵先生始。"② 陈垣先生1941年12月列于《辅仁大学丛书》第8种发表的《南宋初河北新道教考》对于金元道教史研究的开创意义极其重大。先生所谓之"新道教"，为金元全真、大道、太一三教。近半个多世纪以来，关于宋金之际兴起的上述"新道教"教派，学者们继踵陈垣先生开创之路，取得了诸多方面的新成果，近年尤以全真道研究进展迅速。③

然金代"新道教"之外，固自有"旧道教"之"巨流河"滚滚长在。《南宋初河北新道教考》纯以"新道教"为重心，但其所云"李大方非太一、亦非大道、全真，盖旧派道士，而与太一诸人接近者，元遗山《通玄大师李君墓碑》，即李大方也"④，早经明揭洞示有"旧派道士"存于"新道教"之外的是前辈睿眼。有金一百年间，"旧道教"接续辽代、北宋道教，在金朝地域内广泛分布，与金皇朝相始终，实为金代道教的"主流"与"正流"；而"新道教"至于元代方因三教各有龙象大功而蔚然巨浸，在金代本朝只潺潺始源，各局方隅，当时自属"洼泽"与"潜流"。"旧道教"作为金代道教的"正统"，此不可不先高标明辨！极为遗憾的是，目前诸多道教史著作在论述金代道教历史时，几乎均以"新道教"替代道教全部，视"旧道教"几若乌有，以"洼泽"为"正流"，近乎本末倒置。

而即使本应该无前置"新旧之分"的金元史学者们在探讨金代士大夫与道家道教关系时也全部以"新道教"为讨论对象（但邱轶皓所指出的金朝文化因袭北宋，其道家道教思想因袭了北宋徽宗时期文化的观点具有一

---

① 永瑢、纪昀编：《四库全书总目提要》，《论王洙〈宋史质〉》，海南出版社1999年版。
② 陈寅恪：《明季滇黔佛教考序》，陈垣：《明季滇黔佛教考》，中华书局1962年版，第3页。
③ 张广保：《全真教研究的回顾与前沿问题》，盖建民主编：《回顾与展望：青城山道教学术研究前沿问题国际论坛文集》，巴蜀书社2016年版，第81页。
④ 陈垣：《南宋初河北新道教考》，中华书局1962年版，第227页。

定参考价值)。① 此原因一在前述明人愚见流毒浸润,病在心魔而不知者众。二困于金代"旧道教"材料琐碎,非系统研究难得整体真知。学者有意识注目于金代"旧道教"者,以笔者所见,仅近年日本学者、熊本县立大学文学部山田俊教授的《唐淳〈黄帝阴符经注〉の思想と道教思想史上の位置》②、《金朝初中期道家道教思想史再考——以时雍〈道德真经全解〉为例》③、《李畋〈道德经疏〉初探》④诸篇,集中从思想史角度对于作为全真道兴起之前的思想背景之金代前中期道家道教思想、北宋及以前道家道教思想在金代如何被传承等问题进行了分析研究,提醒了有"新道教"之前、之外的道家道教的存在。外此,可参引者只有文物工作者从出土的金代道教符印探讨过北宋神霄派在金代流传的情况。⑤ 已有学者以元代易州龙兴观金代正一派传承为例敏锐指出:"元代道教的分布格局,在北方主要为全真、太一、大道等道教新派,在南方则主要是以龙虎山天师教为首的传统符箓道派。不过,这种格局只是大略言之。拿北方来说,全真教等新道派出现后,虽然有不少旧道派改宗新派,但仍有不少旧道派保留下来,并继续得到发展。"⑥ 企贤述往,溯慕思从,今试考金代"旧道教"历史与人物者,渊示其来,所明有自,故由前述援庵先生《南宋初河北新道教考》所表出之《通玄大师李君墓碑》李大方始,以吾关陕终南二高道继之。并著为例,前列碑文,后作考释。

---

① 王德朋:《金代汉族士人研究》,中国社会科学出版社 2006 年版;邱轶皓:《吾道——三教背景下的金代儒学》,《新史学》2009 年第 4 期。
② 山田俊:《唐淳〈黄帝阴符经注〉の思想と道教思想史上の位置》,《熊本县立大学文学研究科论集》7 号,2014 年。
③ 山田俊:《金朝初中期道家道教思想史再考——以时雍〈道德真经全解〉为例》,盖建民主编:《回顾与展望:青城山道教学术研究前沿问题国际论坛文集》,巴蜀书社 2016 年版,第 276 页。
④ 山田俊:《李畋〈道德经疏〉初探》,"首届老子与道教文化国际学术研讨会论坛召开",腾讯道学,张馨月 2017—03—28 15:17; http://rufodao.qq.com/a/20170328/028825.htm。
⑤ 辛蔚:《金代高州城出土的"都天大雷火印"与道教神霄派的北传及其在松漠流布》,《北方文物》2012 年第 4 期。
⑥ 刘晓:《元代大道教玉虚观系的再探讨——从两通石刻拓片说起》,《中国史研究》2005 年第 1 期。

一

通玄大师李君墓碑

明昌、承安间,文治已极,天子思所以敦本抑末,厚天下之俗。既以经明行修,举王磵逸宾、张建吉甫、文商伯起辈三数公,官使之矣。至于道家者流,洁已求志,有可以赞清净之化者,亦特征焉,最后得通玄李君,天下翕然以得人归之。盖君天质冲远,蝉蜕俗外,出入世典,而无专门独擅之蔽;从容雅道,而无山林高寒之陋。一时名士,如竹溪党公世杰、黄山赵公文孺、黄华王公子端,皆以道义缔交于君。大丞相莘国胥公于人物慎许可,及为君作赞,至有"百世清规"之语,则君之流品为可见矣。

君讳大方,字广道,世为汾西人。父以医为业。母管氏,妊十二月,梦神人捧日照其室,已而君生。弱不好弄,言语动作率非婴儿所当有者,家人异焉。七岁入道,师冲佑观道士郭师礼,学有夙昔,能日记千言。年十二,以诵经通得度,即辞师往赵城,读书天宁道院。积力既久,遂穷藏史之秘,至于六经百氏之学,亦称淹通。大定初,游关中,道风蔼然,有骞飞不群之目。讲师郝君道本,名重一时,一见君,即以大器许之。及郝被召,君佩上清三洞秘箓,主盟秦雍者余二十年。泰和七年春,诏以君提点中都太极宫事,赐号"体玄大师"。俄被旨以祈嗣设大醮。君严恭科禁,方士诞幻之语未尝一出诸口,徒以精诚感通,遂有万鹤下临之应,百官表贺,文士亦多赞咏。召对称旨,又召入禁中访道。君仪观秀伟,占对详雅,玄谈,听者忘倦,章宗特敬异之。卫绍王大安初,召君驰驿诣岳渎,投金龙玉册为民求福,赐云锦羽衣,仍佩金符,加号"通玄大师"。所至灵应昭著,此不具载。

贞祐南渡,君还居乡邑,因自号"北山退翁"。莘公镇平阳,以岁旱,请君致祷,车辙未旋而澍雨沾足,时人以神人许之。壬午秋,避兵清凉山。一日布卦,得《剥》之《上九》,叹曰:"吾行矣。"明日游骑至,拥老幼万人下山,君为门弟子元庆言:"吾将安归乎?朝家以我为有道者,猥以征书见及,宁当负之耶?而辈第往,毋念我为也。"乃策杖入深谷，卧大龛下，怡然而逝，春秋六十有四，实元光元年九月二十二也。兵退，元庆等奉公衣冠葬于某所。

癸卯冬，予自燕都还太原，道出范阳，君之族孙闵持萧炼师公弼所录事迹，以墓表见属，曰："吾祖墓木已拱，而旌纪寂寥，诚得吾子撰述，以著金石，传永久，死不恨矣。敢百拜以请。"某谢曰："自予为举子时，熟君名，欲造其门，然以愚幼未敢也。幸当以不腆之文托君以传，其何敢辞？"乃为论次之。其铭曰：

处士素隐，方士诞荒。天厚通玄，畀之玄纲。相彼少微，出此冀方。姑射之山，草木有光。可阳可阴，以柔以刚。千仞壁立，屹乎堂堂。虽有拱璧驷马，不失其燕处之常。巨浸稽天，一篑莫障。所谓伊人，柴立中央。自古皆有死，独有道者为不亡。望君蓬莱，海日苍凉。千年一归，裴回故乡。勒铭墓石，维以志衣冠之藏。①

遗山以太一教四祖萧辅道公弼"所录事迹"为李大方作此碑，陈垣先生已有所考。据碑文，李大方终时云"'吾将安归乎？朝家以我为有道者，狠以征书见及，宁当负之耶？而辈第往，毋念我为也'。乃策杖入深谷，卧大龛下，怡然而逝，春秋六十有四，实元光元年九月二十二也。兵退，元庆等奉公衣冠葬于某所"。则李大方金元易代之际实乃自投于深谷殉金绝食而逝，遗山以金遗民丧国之沉痛，知此社稷忠贞之义烈，即使无太一四祖之接引，也必志烈士此文，此遗山集中累累可见，道流尤多。"望君蓬莱，海日苍凉"之句，实自写怀抱也。大方殉金，直接说明了金末以金朝为正朔已经是当时中原士民的普遍观念，夷夏早无间矣。"勒铭墓石，维以志衣冠之藏"可知此墓碑实竖立于其衣冠冢之前。据方志："李大方，汾西人，父均以医为业，母管氏妊十二月梦神人捧日照室而生，长学道，日记千言，积力既久，遂穷宗旨，六经百氏莫不淹贯，道风蔼然，召赐号体玄大师，奉敕主醮，精诚感通，有白鹤下临之祥，寻加通玄大师，平阳岁旱，请祷雨即大澍，复加号龙冈真人；墓在城西一里。"② 则知大方确实

---

① 元好问：《通玄大师李君墓碑》，陈垣编纂，陈智超、曾庆瑛增补：《道家金石略》，文物出版社1988年版，第848页。
② 章廷珪修，范安治纂：（雍正）《平阳府志》卷26《仙释》。李景元等修，李维桢、范弘嗣等纂：（万历）《山西通志》卷26《杂志·仙释》所录同，但无墓所在。

为今山西临汾汾西县人，父名均。其衣冠冢在汾西县城西一里，"龙冈真人"号为前墓碑所未载。另志有"龙冈真人"条目，所录全同。①

据碑文，大方"七岁入道，师冲佑观道士郭师礼，学有夙昔，能日记千言。年十二，以诵经通得度，即辞师往赵城，读书天宁道院"。其在山西入道从师的为金代旧派道教无疑。后在"大定初（1161年前后），游关中，道风蔼然，有骞飞不群之目。讲师郝君道本，名重一时，一见君，即以大器许之。及郝被召，君佩上清三洞秘箓，主盟秦雍者余二十年"。大方在大安三年冬投龙西岳时曾言"适以假道临潼，往回驻足华清宫，即愚旧隐之地"，则知其常居陕右时在临潼骊山下二十年，其建立道誉主盟秦雍在斯，称其为终南道士自可。其当时所学"上清三洞秘箓"仍是旧派道法无疑。今存华清池的金大定十年（1170）刻石的《骊山灵泉观凝真大师成道记》载北宋时该观创修事："赐秦帝傍并诸庄地……尽充灵泉观。常驻道蔡师既莅事……谓上座李藏用曰，此观实唐之华清宫也，今颓废如此，幸有积贮可以缮修，于是创殿阁、立斋堂…壮丽可观。……大定丙申四月初五日……监管道士马景阳、观主道士陈守静等重立石"②；则李大方所住"旧隐之地"即金代灵泉观。

金章宗时李大方被召入天长观（即后之太极宫）③，据《至元辩伪录》记有"钦奉圣旨禁断道藏伪经下项（见者便宜烧毁）：……三教根源图（大金天长观道士李大方述）"，④ 则知李大方入中都之初当在泰和三年（1203）天长观重建改名太极宫之前。碑载"泰和七年（1207）春，诏以君提点中都太极宫事，赐号体玄大师，俄被旨以祈嗣设大醮……遂有万鹤下临之应"。章宗重为祈嗣，从泰和初年（1201）起，屡次在中都天长观、亳州太清宫兴设普天大醮，《金史》屡有所记，此事陈垣先生已有所论，学者也有续考。⑤ 但现在需要特别指出的是：当时的参与者除了太一教三

---

① 曹宪修，周凤翙纂：（光绪）《汾西县志》卷7《仙释》。
② 王缟：《骊山灵泉观凝真大师成道记》，《临潼碑石》，三秦出版社2006年版，第162页。
③ 天长观创建于唐开元二十七年，金正隆五年毁于火，世宗大定十四年（1174）重建后改名十方大天长观。明昌中又屡毁屡建，泰和二年（1202）复毁于火，泰和三年（1203）重建改名太极宫。
④ 释祥迈：《至元辩伪录》卷2，《续修四库全书》子部第1289册，上海古籍出版社1995年版。
⑤ 郭武：《金章宗元妃与早期全真道》，《宗教学研究》2009年第1期。

祖萧志冲为"新道教"道士之外，① 但是整体来说，绝大多数参与皇家斋醮、住持天长观的道士按照时间顺序排列的话：大定时期的中都天长观提点阎德源（见后考）、明昌元年（1190）主持普天大醮、编印《大金玄都宝藏》的天长观提点孙明道②、泰和七年（1207）前主持太极宫的提点郭元长③、此后的李大方以及亳州太清宫籍少等全部为"旧道教"道士。另据笔者所见，金代尚有多位入居天长观的旧派道士者，当考之异日。无疑，直至金末，"旧道教"是在有金一朝"始终把持"金代皇家宫观天长观的"真实存在的主流"。

李大方受到其时诸多著名文士的称誉，以至于当时尚少的元好问也熟悉其名："一时名士，如竹溪党公世杰、黄山赵公文孺、黄华王公子端，皆以道义缔交于君"；"竹溪党公世杰"，即号称"中朝书法第一"的金代著名书法家、文学家，大定时期的文坛盟主党怀英，时任翰林学士承旨，世称"党承旨"。"黄山赵公文孺"则是东平赵沨，大定二十二年进士，仕

---

① 承安二年（1197）七月，章宗也召见"新道教"全真教王处一于便殿，问以养生之道和性命之理，以及治国和边境之事，对其表示钦礼。次年，王处一乞还侍养其母，章宗赐观额及"体玄大师"之号。承安二年（1197）冬，又召刘处玄赴阙，敕寓天长观，问以玄旨。

② 孙明道主醮、修藏等事见于朱润《十方大天长观普天大醮瑞应记》、党怀英《中都十方大天长观普天大醮感应碑》、魏抟霄《十方大天长观玄都宝藏碑铭》三碑，收入《道藏·宫观碑志》，《道家金石略》据之录文。另：王寂《鸭江行部志》："明昌辛亥岁二月已丑，余以职事有鸭绿江之行，僚属出饯行于望海门（金上京），会食于白鹤观之鹤鸣轩，白鹤者，盖取丁令威故事也。东南王华表山，云烟出没，顾揖不暇，鹤鸣轩题榜，醉墨淋漓，龙蛇飞动，殆非世俗书。询其主者，云此道人孙公书。又问孙公谓谁？曰，孙本市民，业染为生，年三十余，自厌俗缘，舍俗为道士。初不识字，后因梦羽师见教，由尔篆隶行草无所不通，落笔尽得其秒，此额盖'天书云篆'也。自前岁北诏赴京师，特赐紫衣师兄，另主天长观事。"此记即孙明道之来历出处，其为辽阳上京人。又另缪荃孙辑《顺天府志》引《元一统志》："天长观在燕京旧城昊天寺之东会仙坊内，有金明昌三年冲和大师提点大天长观事孙明道重建碑。"缪荃孙辑：《顺天府志》卷8，北京大学出版社1983年影印版。

③ 据笔者所探：郭元长为山西赵城石明村人，金泰和间曾在故乡兴修水利，建善利渠至清代仍沿用。方志载"郭元长，石明村人，七岁礼道士郭贞常为师，金泰和中，奉敕祈雨，多应，命提点太极宫事，授元静大师，赐紫服圭璋。尝告人曰，某岁之暮，吾当逝矣，至期果卒，寿七十二，邑人今祀祭之"。顺治《赵城县志》卷19《人物·仙释》与此略同："……年十八，试居三官首选，尝为里祈雨，奉敕主醮无不获应，太和七年充提点太极……里人为立祠，有碑记存焉"——另据成化《山西通志》卷17·碑目"仙释"条："《元静真人碑》，郭元长，赵城，元立"，无疑该碑即为应在石明村"真人祠"的"碑记"。该碑今不存。然另据王若虚《太一三代度师萧公墓表》记载："（泰和）七年大蝗，上（金章宗）遣中官同提点（中都太极宫）郭元长镶治法，元长敕其徒阅道藏求之；师从旁曰'道藏如海，岂易讨寻？'……郭元长告免提点职，诏师继之。"详细考证请参阅赵建勇《全真姜善信教行初考》，熊铁基等主编：《第二届全真道与老庄学国际学术研讨会论文集》，华中师范大学出版社2013年版。

至礼部郎中。性冲淡，学道有所得，亦工书法，时人与党怀英并号曰"党赵"。"黄华王公子端"为金代著名文学家、书画家王庭筠，金大定十六年（1176）进士，章宗时任翰林修撰，至今仍有书画流传海内外各大博物馆。缘此道誉，卫绍王完颜永济嗣位以后，受过章宗宠遇的李大方，在其执政期间仍然活跃于朝廷。并为太一教三祖萧志冲所举荐，大安三年遍诣岳渎投龙送简："（志冲）乃因胥公举汾西李大方以自代而归，时大安二年（1210）春也。"① "胥公" 即为碑文所载称誉他的 "大丞相莘国胥公，于人物慎许可，及为君作赞，至有'百世清规'之语" 的时任户部侍郎的胥鼎。

碑文所云李大方 "驰驿诣岳渎，投金龙玉册为民求福，赐云锦羽衣，仍佩金符，加号'通玄大师'。所至灵应昭著" 者，史有详细记载：

> 大金大安三年（1211）冬十二月廿九日，宣差体玄□师中都太极宫提点赐紫李大方，并炼师刘道玄被旨于崇庆改元春上七日，诣太极宫罗天大醮三昼夜，千二百分。择初四日御署青词。五日入斋。七日子时散坛。遣官行礼载敕，高功捧玉简金龙环璧之恩，遍诣名山大川、岳府投送，为国祈恩，与民请福，冀凶寇不生，甘霖时作。始东封泰安岳祠，投龙伸表，即日有瑞鹤之祥，膏雨之润。次及天坛、济渎、嵩山中岳，皆获雨雪之孚。再至西岳投□，一夕雨足，来和气，屏凶灾。已而之终南太一元君庙池，炷御香，焚密旨，导灵湫，昼夜小雨霏霖，次夕沛然而足。仕民欢泰，万口一声，皆曰赖圣天子在上，精诚所感，旋获膏液。岁登之望，立可待也。况大方叨预皇华之遣，敬伸丹素之诚，自开元以来，七百年矣。司马天师之后，今第二番，非世道交兴，曷以得此。且朝受命，夕饮冰，敢不兢兢其职。适以假道临潼，往回驻足华清宫，即愚旧隐之地。荷阖宫净众、在县道民，具威仪，陈清奠，庆美霖，告霈足。八处降香，七获灵应，而独恒岳未然，以待他日。因书之壁，敬纪圣朝神应之速，将告诸来者以激其精诚之至云。②

---

① 王若虚：《太一三代度师萧公墓表》，陈垣编纂，陈智超、曾庆瑛增补：《道家金石略》，第 840 页。

② 失名：《投龙碑》，陈垣编纂，陈智超、曾庆瑛增补：《道家金石略》，第 1060 页。

李大方此次遍诣名山大川、岳府投送金龙玉简，"八处降香，七获灵应"，其中两处在史料中也有记录："宣差体玄□师中都太极宫提点李大方广道，同炼师刘道玄道奉圣旨，钦诣嵩山灵岳投送金龙，假道于此宿仙鹤观。赖主公乡友宗人见劳，以清茶谈心，中夜不能已也，因诵石刻端明侍郎诗后韵，偶得拙恶，漫此其韵，呈仙鹤主人。以为后时故事。时大金崇庆改元二月春五十四日也。"① 仙鹤观在偃师，当时的观主为李守政②。李大方所写的三首诗今尚存，略而不录。另一处记录在长安南部长生道院："金代体玄大师李大方广道奉敕投太一湫金龙玉简，回过长生道院题诗云：长阳凤岭可跻攀，道院临高面好山。竹外烟霞清老眼，松轩药圃岂人间。"③ 翠华山位于今西安市城南 30 公里、因峪口曾有西汉太乙宫而得名的太乙峪中，又称"太乙山"，山顶有天池，名"太乙池"或"龙移湫"，此即"太一湫"。"天坛"则在王屋山。其余岳渎众所周知，不叙。李大方加号"通玄大师"应当在此次遍拜谒山川投龙有功之后。

据碑文，贞祐二年（1214）五月，金宣宗南迁南京。李大方还居乡邑，自号"北山退翁"，时金廷仍招致之，元光元年（1222）九月二十二殉金而逝。享年六十四。可知其生于金海陵王完颜亮正隆三年（1158）。

二

耀州吕公先生之记

先生姓吕，讳中道，不知何许人也。或云汴京人，亦不知其寿数之多少。人有曾于终南山见先生化埋于石窟中，复见与人执爨，或与人□□□□泉县界九嵕山下，苟村北六七里，峰回路转，有茂林修竹，异草奇花，阳岗之下，有一龛洞，先生于此栖息焉。昔有水源出此山下，□□一村民□其利。先生常谓村人曰：此水是西山之水，其源将竭。今即东山有水，尔等肯从吾开东山之泉乎？众人莫之信焉。后一年，其水果竭。村人或信先生之言行而请焉。先生遂指一构树下，示其众曰：泉在此也。众乃掘之，深未及尺，先生以杖导之，有

---

① 失名：《投龙碑》，陈垣编纂、陈智超、曾庆瑛增补：《道家金石略》，第 1060 页。
② 武扬：《重修仙鹤观记》，陈垣编纂、陈智超、曾庆瑛增补：《道家金石略》，第 1060 页。
③ 骆天骧：《类编长安志》卷 5《寺观》，中华书局 1990 年版，第 316 页。

泉随而涌出。众人惊讶，咸知先生非常之人也。其水浇灌一千余亩，不减旧泉。又戒人曰：尔等可月致一斋，则享利久远。村老迄今奉其教焉。先生虽不曾饮酒，貌常若醺醺然。后□酷吏所□，遂□□□□耀州来游华原。周回顾览，山水清秀，乃曰：昔孙真人栖隐之地，吾岂可他适。遂于郡之东山曰五台，其南曰升仙台，即其下，凿崖为洞而□□，乃负土种□，不辞劳苦。厥功告成，洞内遂设三清像，为栖真之所。先生遇酒则饮，酣歌自若。耀人敬慕云集，守倅前席。人有自□逮□道见之□□如一。或问其寿数，则笑而不答。一日，告华原县，欲云游，自称唐时人。县令马儒林疑其不实，诘问有何验，先生怀出后唐清泰元年汴京所给公□□□金□河湾住人，故吕太师男。因此知先生汴人也。后密语人曰：非晚，朝廷召我。闻者以为诞言。大定五年九月间，圣上遣使果召赴阙，州县礼饯，远迩嘉叹。既至都，馆于天长观。朝见称旨，赐赉优渥，虽王公大人，莫不师问之。将先生于金水河西别营道院以居之，号曰延寿真人。一日，遽欲云游，遂出都，至昌平县门□□□□喜先生之来，留于道院。暨十余日，先生曰：劫火炎炎，幻化形骸，岂胜薰炙。吾久居尘世，今我去矣。言讫，奄然而坐亡。不久，复开眼谓纯机曰：有所赐道袍在都，令人取之。既至，先生服毕，曰：张监使、李率府及夫人，临行不欷一辞。先生遂索纸笔，辞张监使颂云："此箇古形骸，休烧勿去埋。且存尘世内，恁凭智人猜。"辞李率府及夫人颂曰："这箇皮袋，到了不碍。那箇元来，超出三界。"辞长春子颂曰："金壶盛玉浆，其味人少尝。与公同□饮，生死得清凉。"辞天长观主阎大师颂云："稽首阎老，周公已下。今日当别，相逢月下。"辞上元大师颂云："稽首大师，老叟当归。他日再会，蓬岛相随。"付李法师颂曰："尔道可坚，蓬岛须仙。今日相别，再会瑶天。"付昌平县令颂云："寓居西秦，超于上国。因访名山，患居窦某。感荷国恩，应无再睹。午时吾归，须烦土主。异境相逢，同游紫府。"辞世颂云："身患非吾患，名仙体不仙。寄世四百载，曾经五帝宣。富贵何足尽，当时合自然。欲知吾所止，明月白云间。"遂掷笔于地，复端坐而长逝矣。异香馥郁，终日不散。实大定癸巳七月十六日午时。县令遂备礼焚葬。次日，官吏道友收烬骨，中有骨结成山子，上有真人形象，傍有二鹤状。县令遂送至都下。都人将先生烬骨，塑像于所居道院，□加敬仰。是岁冬，耀州使劾牛安，因贡瓷器至滹沱河南路，逢先生与一僧，牛生拜问曰：先生何往？曰：吾久厌尘世，拉竹林寺长老南游天坛，汝至都下，传语张监使。既至都，方知先生已羽化，遂见张监使，具言所以。闻者莫不惊异，乃知先生果得道之人矣。世说得彭祖之道，未知其然。仆恐先生灵迹久而湮灭，遂撼其行事，人所共见闻者而集之。大定十五年三月十五日，弘农杨杲记。

吕公先生隐于华原之东山。其始来也，人洒然异之，至于日计不足，岁计有余。斯亦得方术之妙，有道者矣。谁能传修炼之诀，得养生之道，□为高第者，惟吾乡李公其人焉。公名道济，生而沉静，夙有道心。而又亲承先生提耳，遂得开悟。先生既委蜕而去，公惜其灵迹美誉，未能续于高士隐者之传，大为阙典。顷得杨杲所集先生行事，其出处之迹，灵异之应，与夫朝廷徵召褒锡之美，叙而纪之者，亦已详矣，甚慰所怀。然虑文字岁月之久，殆将漫灭，乃募良工，刊诸它山之石，并刻先生之像于碑首，使人瞻像读文，起敬慕之心，是亦传之不朽也。余且喜李公不忘其本，用心之勤，故书之。华原马昌国跋并书。大定二十三年六月十一日，李道济立石。张道全、洞主董道新。①

升仙台及今之南庵，是纪念孙思邈最早的祠庙所在。北宋时道教大兴，于宝云寺故址创建崇福观：据北宋元丰四年（1081）《耀州华原县五台山真人祠记》："沮（漆）水之东二、三里，有山曰五台……其间翘楚卓立、最出诸峰至绝顶者，有庙曰崇福观。尝闻耆老传之曰：'今之观，在昔为孙真人旧隐之地'……后人崇之，流而为老氏。"② 仁宗嘉祐四年（1059），邑人万俟景"每游真人故宅，观其遗迹旧基，慨然有感。乃备私

---

① 杨杲：《耀州吕公先生之记》，曹永斌编著：《药王山石刻》，三秦出版社2013年版，说明第63页、图版第180页、录文第292页。此碑《陕西金石志·续编》存目，《陕西金石志·补遗》《续修陕西通志稿》录文。笔者考察原碑后，补录《药王山石刻》未录入的部分文字。《金元全真教石刻新编》曾据《续修陕西通志稿》收录，实误。因该碑不属全真教碑刻。该碑现存耀县药王山南庵碑廊，碑阳上部阴刻曹永斌所名之"吕公应诏图"，为吕中道坐受诏书的图像。碑额楷书"耀州吕公先生之记"。该碑为大定十五年（1175）杨杲所撰，大定二十三年（1183）刻石。
② 金大定九年（1169）重刻北宋元丰四年（1081）《耀州华原县五台山孙真人祠记》，曹永斌编著：《药王山石刻》，第290页。

钱，基构堂宇，塑绘像貌，经之营之"①，于此创建"孙真人祠"②。徽宗崇宁二年（1103）春三月，知州王允中以孙真人祠乞雨屡应，上请于朝，"爰请褒崇"③，敕赐孙真人祠额为"静应庙"④，翌年二月，敕封孙思邈为"妙应真人"⑤。同时，知州王允中命华原县令张鲂重修庙宇。⑥ 此后，金改静明观⑦，延续至元初，改静明宫⑧。

今南庵前有清初创建的文昌阁（一称魁星楼、百子楼），宏丽轩敞，阁内有"魁星点斗"及"百子菩萨"塑像。阁下为静明宫山门，门外为石道。山门内旧有明紫云老人楣书"唐敕赐静明观"，清顺治时邑人左佩玹改题"唐敕修静明宫"，今存。

据明乔世宁《耀州志》所载⑨：静明宫最前为玄元殿（今改称七间殿）。玄元殿后为妙应真人殿，西为座宫，东为寝宫。今存，据研究为元创明修建筑。寝宫内有元代初绘明代补绘的道教"神仙朝元图"大型壁画。⑩ 妙应真人殿后及东西两庑，明代旧有三清宫、真人父母殿和五祖殿、杨四将军庙、伏鲁子庙、三义殿、长眉殿、伏虎祠等。其东院又有崇真祠、吕真人殿。前者所祀为李素舟、韩愚勉、焦德润。吕真人殿所祀即为吕中道。

据《耀州吕公先生之记》碑文，吕中道早年来历、年岁均不清晰，但主要活动于关中平原，初期先修道终南后在今礼泉县东北九嵕山下山洞留居，度其位置与泉水，应为著名的烟霞洞或此附近。后因酷吏迫害，遂来

---

① 金大定九年（1169）重刻北宋元丰四年（1081）《耀州华原县五台山孙真人祠记》，曹永斌编著：《药王山石刻》，第290页。
② 同上。
③ 北宋崇宁三年（1104）《耀州五台山静应庙记》，曹永斌编著：《药王山石刻》，第289页。
④ 北宋崇宁三年（1104）《感德军五台山静应庙额敕并加号妙应真人告词》，曹永斌编著：《药王山石刻》，第288页。
⑤ 同上。
⑥ 北宋崇宁三年（1104）《耀州五台山静应庙记》，曹永斌编著：《药王山石刻》，第289页。
⑦ 金兴定二年（1218）《何仲钧题字》，曹永斌编著：《药王山石刻》，第294页。
⑧ 元中统三年（1262）《特赐耀州五台山静明宫并加真人号记碑》，曹永斌编著：《药王山石刻》，第298页。
⑨ 乔世宁：嘉靖三十六年（1557）《耀州志》卷末《五台山志》。
⑩ 高明：《陕西耀县药王山南庵道教壁画初探》，《世界宗教研究》2007年第3期，第85—91页。傅慧敏：《南京艺术学院学报（美术与设计）》2007年第2期，第64—68页。张燕：《药王山南庵元殿壁画研究》，《西北美术—西安美术学院学报》2009年第1期，第30—34页。

耀州居于又名五台山的药王山，并在其西部的升仙台，凿洞而居，洞内设三清像。

碑载："大定五年九月间，圣上遣使果召赴阙，州县礼饯，远迩嘉叹。既至都，馆于天长观。朝见称旨，赐赉优渥，虽王公大人，莫不师问之。将先生于金水河西别营道院以居之，号曰延寿真人。"史载金"世宗颇好道术"，学者已有所辨析，然虽则已判明丘处机妄言世宗晚年体弱之伪，①但辨析结论则全同一般全真道研究者辄频举的、世宗在大定二十七年、二十八年接见全真道王处一、丘处机之事，作为论证世宗晚年在大定二十五年六月太子去世后为求长寿，才倾心道教且放宽了大定早期对于民间佛道教宫观创设和私自批剃的严格管理，则恐非正论。简驳之，则一为天子已事私恩，一为天下公事公法，不可混而论之。另举一例以难之：中都天长观作为皇家宫观，"大定七年秋七月二十三日，乃诏复兴，以令户部尚书张仲愈、劝农使张仅言董其役，且命勿亟。自经始迄于落成，凡八年"②，并预选天下高道主持之："先是，召西京路传戒坛主清虚大师阎德源住持，敕授提点观事。"③落成后"天子暨皇太子，率百执事，欷谒修虔，遂命为道场三日夜以庆成"④。这是当时最为重大的一次道教事件。然此事之成则早在太子允恭逝世之前十年且太子亲与其事，何以释之？即此次吕中道之入居天长观，也早在大定初期之五年（1165），更是一反例。世宗"万机之暇，游心玄妙"，即金世宗早期即留意于道教尤其是道法显著的高道才得其实。

碑又载"一日，遽欲云游，遂出都，至昌平县门□□□□喜先生之来，留于道院。暨十余日，先生曰：劫火炎炎，幻化形骸，岂胜薰炙。吾久居尘世，今我去矣。……实大定癸巳七月十六日午时"。则可知吕中道出都不久居昌平十余日即去世，大定癸巳为大定十三年（1173），则其居于中都的时间颇长，前后有七年之久。宜乎其离世时别人之众。其"辞天长观主阎大师颂云：'稽首阎老，周公已下。今日当别，相逢月下。'"此阎大师即前述大定十四年大天长观落成后提点大天长观的原西京路传戒坛

---

① 周思成：《"金世宗好道术"问题考实》，《北方文物》2012年第1期。
② 郑子聃：《中都十方大天长观重修碑》，收入《道藏·宫观碑志》，《道家金石略》据之录文。
③ 同上。
④ 同上。

主清虚大师阎德源，也是一位旧派道士。据大同市博物馆发表的《大同金代阎德源墓发掘简报》①及其后出版物所陆续披露的资料②，1973年发掘的该墓室中出土有"天长方丈老人"等印五方，及道教法衣、法物、瓷器、家具等物品。"天长"即中都天长观。阎德源有"天长方丈老人"印，可确证《中都十方大天长观重修碑》所述朝廷召阎德源住持中都天长观之事实。据该《简报》所载《西京玉虚观宗主大师阎公墓志》，阎德源（1094—1189），字深甫，汴梁（今河南开封）人。北宋宣和（1119—1124）中，为职箓道士，授金坛郎（道官名）。金灭北宋后，北来寓于西京路大同府玉虚观。金廷"屡赐师号，为羽流（指道士）之宗"，大定己酉年（1189）羽化，世寿96岁。阎德源是北宋时期入道的，无疑不属任何"新道教"。

其辞长春子颂曰："金壶盛玉浆，其味人少尝。与公同□饮，生死得清凉。"此长春子当为郭志空。"郭志空，章丘人，别号超然，尝遇异人传授秘法，遂长坐不卧，吐纳运气，或化为灵风，或涎为玉，（金）世宗时召见，赐金冠锦服，道号长春真人。"③应属旧派道士无疑。其他吕中道所辞"上元大师""李法师"仍待考，但应属旧道教高道也当无疑问。

大定二十三年（1183）为吕中道立石的是其弟子李道济："公名道济，生而沉静，夙有道心。而又亲承先生提耳，遂得开悟。"碑末的"张道全、洞主董道新"当也为吕中道弟子。在前，大定十九年（1179）碑刻也记载有"故得屋宇稍加完茸，而免上雨旁风之侵，道众赖之"④则亦可知其流传有自。

《耀州吕公先生之记》的碑阴有《碑阴序》⑤，记载了大蒙古国庚申年（1260）对于吕中道祠堂的创建：

耀州之东，有山曰五台，而西者曰升仙台。其台之北有洞，乃吕

---

① 大同市博物馆：《大同金代阎德源墓发掘简报》，《文物》1978年第4期。
② 大同市博物馆编、王利民主编：《平城文物精粹：大同市博物馆馆藏精品录》，江苏美术出版社2016年版；北京辽金城垣博物馆：《西京印迹：大同辽金文物》，北京联合出版公司2016年版。
③ 岳濬监修，杜诏编纂：（乾隆）《山东通志》卷30《仙释志·金》。
④ 《五台山孙真人修道记》，陈垣编纂，陈智超、曾庆瑛增补：《道家金石略》，第1025页。
⑤ 吴天祥：（1260）《碑阴序》，曹永斌编著：《药王山石刻》，第297页。

公真人栖真之所也。粤自前金以来，屡经兵火，堂宇圣容，煨烬俱无矣。迨至戊午之秋九月既望，有随从皇太弟穆哥大王府下灵应寿安真人李元亨，行降御香，至于静明观，游于五台真人栖真之所也。其洞随坠，其中碑志有焉。公喟然叹曰：时有否泰，物有废兴，日往月来，碑潜于下，真人遗迹，泯然无闻。于是众议迁碑于其于其观上，庶有补于将来。一日，华山质真子李公诣于县廨，煮茗焚香而言曰：五台者，实耀州之福地也，畴昔大唐孙、吕二真人养道修真之所也，继后，韩真人仙茎亦兴于斯。由是就于观内新创吕真人祠堂，塑绘仪像，重立元碑于其前，一一具备，庶使四方观之，真人事迹，灿然一新矣。今日仰于化笔，欲序迁碑立堂之由，镌之碑阴，不亦可乎？予应之曰：将欲废之，必固兴之，听子之言，察子之志，不为小矣。于是乎书。时大朝岁在上章君滩夹钟清明日。耀州州学正怀城老人吴天祥吉夫序。

移碑道众：（董志正等十二人略）

助缘道众：明真子畅志通、叶志英、逍遥子李素美、寂虚子曹素圭、华山质真子李素舟。知观罗志远上石。

据此《碑阴序》所言，则知此碑原立在吕中道修炼的洞中，"戊午之秋九月既望，有随从皇太弟穆哥大王府下灵应寿安真人李元亨，行降御香，至于静明观，游于五台真人栖真之所也。其洞随坠，其中碑志有焉"。戊午为大蒙古国蒙哥大汗之八年（1258），是时未有年号。"皇太弟穆哥大王"也称末哥，是拖雷的第八子，为庶子。据《元史》记载大汗蒙哥在钓鱼城去世时他曾告变忽必烈："岁己未（1259），壬寅朔，穆哥自合州遣史以宪宗凶问来告，且请以北归系天下之忘"①，忽必烈也曾遣赵良弼"如京兆察访秦、蜀人情事宜，不逾月，具得实还报，曰：'宗王穆哥无他心，宜以西南六盘悉委属之'"②。据赵良弼所言及此《碑阴序》推断，则当时宗王穆哥必有封地在秦或即在耀州一带——很有可能蒙哥汗在勾查忽必烈后将其京兆原封地转赐给了穆哥。灵应寿安真人李元亨其人不详，他同当时的静明观主李素舟将碑移入观中，随后李素舟并"于观内新创吕真人祠

---

① 宋濂等撰：《元史》卷4《世祖本纪一》，中华书局1983年版，第61页。
② 宋濂等撰：《元史》卷159《赵良弼传》，中华书局1983年版，第3744页。

堂，塑绘仪像，重立元碑于其前"，并因相信碑阳吕中道"自称唐时人""寄世四百载，曾经五帝宣"等语，遂误认其为唐时人。这也是后世当地人将此吕真人祠堂嫁接误传成吕洞宾修炼处的起源。

碑中"韩真人仙茔"属金末元初全真道士伏鲁子韩愚勉，为马钰在陕的最早弟子之一，元初中统三年（1262）年即被封为妙绝纯素开教韩真人。① 李素舟为其弟子。该宗在元代传承严格有序，五台山静明宫在元末成为全真教内非常著名的宫观，屡次蒙降御香，并出了一位"本宗嗣教"、后荣任全真教"诸路道教都提点"，并差点接任掌教的著名高道：洞阳显道忠贞真人井德用。② 非常值得注意的是，井德用师事"韩真人之孙冉尊师为弟子"进入全真之门后，年轻时曾经在药王山遇异人："厥后退居五台，值异人授以三洞秘诀、九清隐文。属曰：子能退藏于密，心诵力行，他日席鲛鲸而游汗漫，骑凤鹤而登太清，不为难矣。如谓祷祈呖雨、福国济民，亦其余事矣。勉之勉之！"③ 此异人显然绝非全真道派中人，其"三洞秘诀、九清隐文"等法脉明显不是全真之法而为金代旧派无疑，则五台山至元末仍有"旧道教"传承，笔者推断元代旧道派与全真道一系始终并存。

三

冲和大德雷公寿堂记
登仕郎坊州中部县令武骑尉借绯王昌期撰

余释褐调彭城簿，政隙登彭祖楼，观览河山之形胜，退而询诸父老，乃曰：昔籛铿分封大彭国，餐云母之饵，习诎信之术，因而得道，享年八百。此即坟井存焉。后人思之，坟上增土为城堞，堞上构木为楼榭，郡守葺为燕息斋馆。余以谓彭□之得道，岂止服食药饵，炼形诎信而已。盖当殷剧之际，列为诸侯，尝有大功德于民，其英风美化，久而不泯，故徐方多黄□，名流渐染其教，寿考满百者，间或

---

① 元中统三年（1262）《特赐耀州五台山静明宫并加真人号记碑》，曹永斌编著：《药王山石刻》，第298页。

② 张广保：《金元全真教史新研究》，香港青松出版社2008年版，第164页。刘晓：《元代全真道被遗漏的掌教关德昌——〈井公道行碑〉读后记》，《宗教学研究》2017年第2期，第41—44页。

③ 至正八年《皇元井真人道行碑》，曹永斌编著：《药王山石刻》，第304页。

有之。既而秩满，复调中部令。公余陟桥陵，眺望山溪之雄概，归而诘诸左右，乃曰：昔黄帝受法于玄女，铸鼎于荆山，跨髯龙白日升天，群臣取衣冠瘗于是项。汉武慕之，就筑祈仙台。余以谓黄帝之外，仙非特授妙法，铸宝鼎而已。盖自隆古以来，列为三皇，尝有大功德于民，其余休遗烈，远而愈光，故坊郡多羽衣□沾丐其泽，寿考满百者，亦岂无之。今则雷公大德，乃其人欤！公讳致虚，字守静，中部东川谢里人。自童稚出家，师张道崇，□统二年试经为道士。宫观遭宋齐兵火之余，垣颓舍倾，刍牧蹂躏，大师经营修治，甚有力焉。而又屡设无上之醮筵，敬持正一之法箓。行事之际，或阴霾廓开，或神光下烛。疗疾之时，疲瘵者顿愈，颠仆者复苏。职道正服劳，则朝省旌以紫衣；助国用纳赂，则阙廷加之德号。所得十方净施，不贮私蠹，散为常住之资，大众罔不欣怿。暨逖远飘泊，道侣视其匮乏者，悉皆赒给。大定年间，京师闻其名声，召置天长观住持。久而厌都邑纷华，求归山林，洒扫黄帝陵庙足矣。有司许之。士庶伺其来，迎迓途路者骈肩累迹，候谒斋寝者接绶联裾。呜呼！可谓澹寂有道之士矣。度高弟六人，曰苏善信、曹善胜、王善行、安善隐、郑善基、李善治。大师行年八十，精力爽健，气宇冲融，涉危履险，足如羽翰。一日，李士惠就过余，求为寿堂记。且辞且喜曰：余前所谓雷公大德，沾丐黄帝之渥泽，仍有功德于龙坊之人，故得膺此眉寿，渠不信乎！晋葛洪求为勾漏令，寻访丹砂以驻流年。余登第后，扬历二任，俱篦仙迹最佳处，意其天之所畀欤，有入道之渐，故乐为之书。若夫堂隍丈尺之阔，工匠之费用，姑略而不录。时明昌乙卯岁季秋中澣日谨记

学正程之奇撰额

门人前管内威仪李善治书丹

里人彭彦通刊　道友党琮、董椿、李秉、闫彦、董静、王仲基等助缘

道友保义校尉刘济、保义校尉栢重、进义副尉雷仲、忠翊尉杨伦等施石

门人苏善信、郑善基、法孙种惟静、韦惟仁、李居静等立石①

黄老之学为道教根本，黄帝陵据传为黄帝升天后葬衣冠处，号桥陵。现存黄帝陵的宋代碑刻记载："伏睹《先天记》具载：圣祖天尊大帝再降为轩辕黄帝……圣祖庙道士任维素、常切提举照管□具状"，②即认为宋代赵氏皇族的先祖、庙号圣祖的"上灵高道九天司命保生天尊大帝"赵玄朗曾再降为轩辕黄帝，故宋代黄帝陵成为皇室家庙并由道士管理。

《冲和大德雷公寿堂记》碑现立于金代中部县、今黄陵县黄帝陵轩辕庙碑亭，撰于金章宗明昌乙卯岁即明昌六年（1195）；据碑文："公讳致虚，字守静，中部东川谢里人。自童稚出家，师张道崇，□统二年试经为道士。宫观遭宋齐兵火之余，垣颓舍倾，刍牧蹂躏，大师经营修治，甚有力焉。"则雷致虚为金中部县人，幼年即入道师事黄帝陵庙的道士张道崇，金熙宗皇统二年（1142）经官方试经为正式道士，其年为37岁。壮年用力经营宫观。"屡设无上之醮筵，敬持正一之法篆"，说明其所沿用道法为北宋旧法，自属旧派道士无疑。"职道正服劳，则朝省旌以紫衣；助国用纳贿，则阙廷加之德号"，可知其曾任州道正。大定二年（1162），金世宗曾以边用匮乏，诏许僧道买卖宫观名额并赐紫衣加号："凡释道之居无名额者，许进输赐之。"雷致虚很可能即于此时纳输得号。"大定年间，京师闻其名声，召置天长观住持"则曾以道誉住持过中都天长观无疑，但住持时间不详，估计当在大定前期。"久而厌都邑纷华，求归山林，洒扫黄帝陵庙足矣"，归来后至明昌六年年已八十而尤在世，弟子为庆寿而构寿堂并刻石。其门人有前管内威仪李善治、苏善信、曹善胜、王善行、安善隐、郑善基；法孙有种惟静、韦惟仁、李居静等。以年岁推之，其法派入元后应仍有所存。

元代直至晚期该庙仍有道士留居，现存元泰定二年（1325）记载在当

---

① "通体圆首，金刚座。碑阳额篆'雷公寿堂之记'。通高2.24米，宽0.82米。碑阳行草兼之，录金明昌乙卯岁六年（1195）'冲和大德雷公寿堂记'。王昌期撰文，程之奇篆额，李善治书丹，彭彦通刊石。记载中部人雷致虚皇统二年试经为道士，大定年间京师闻名，回中部守护黄帝陵庙。王昌期为其八十岁撰写的寿堂记。碑阴大元至正七年（1347）'罗公道号之记'记载中部儒士王士弘撰写的赞颂罗怀玉诗词。"上述碑刻简介见陕西省公祭黄帝陵工作委员会编《黄帝陵碑刻》，陕西人民出版社2014年版，第6页；碑刻录文，第7页。

② 《栽种松柏圣旨碑》，陕西省公祭黄帝陵工作委员会编：《黄帝陵碑刻》，陕西人民出版社2014年版，第6页。

年颁发关于保护轩辕庙建筑、禁伐桥陵树木的圣旨。刻于"栽种松柏圣旨碑"的碑阴。碑云:"皇帝圣旨:□陕西等处行中书省,据道人罗德信状告□二十(下阙)安路中部县住持道人伏为状告,本县东古迹保生宫(下阙)、轩辕黄帝殿宇一处,并北山桥陵一所,迄今异代,每年春秋,官降钱数(下阙)等不畏公法之人,执把弹弓、吹筒,辄入本宫,采打飞禽,掏取雀鸟,将飞(下阙)兽损坏。又有愚徒之辈,泼皮歹人,赍夯斧具,将桥陵内所长柏树林木(下阙)等事。乞禁治得。此检会到,钦奉圣旨,节该和尚、先生、也里可温、达失蛮人等祝延圣寿。但属宫观寺院里底田地、水土、竹苇、碾磨、坰林、解典库、浴堂(下阙)拣甚么差发休要者,铺马祇应休著者,地税商税休与者,更(下阙)咱每明降下圣旨,无得推称。着诸色投下气力,要可休与者,别了的人每不怕那甚(下阙)除钦遵外,今据见告省府,令给榜文常川,张挂禁约,无得似前搔扰(下阙)犯之人,许诸人捉拿到官,痛行断罪施打,须议出给者。右榜省谕,各令通知。榜示泰定二年 月 日 押 西蜀莹明子成善璋书 白水县樊裕刊。"①碑中的道人罗德信、西蜀莹明子成善璋均为道士,但是否雷致虚一派已难明矣。《冲和大德雷公寿堂记》碑阴为元至正七年(1347)《罗公道号之记》碑,内容为对前述道人罗德信的赞词,碑末署"郡西崇教讲主铉吉祥篆额,西蜀道士礼善大师成善璋书丹,本宫门徒知宫惠思仁等立石"②。因碑文内容与所考无关,不叙。

  大略论之,金代从熙宗朝至金末宣宗南迁——即使南迁后住持南京皇室道宫如十方上清宫的道士除全真于善庆等个别人外仍是以旧道教为主流,入居住持中都天长观的旧派道士在有金一代始终占绝对优势,绝对主流。天长观作为最重要的皇家宫观,其教史所显示出的新旧道教的整体构成情况是整个金代道教的一个真实的等比例缩影。对金代旧道教进行系统研究,将对正确认识长期以来迷雾一团模糊不清甚至扭曲的金代道教整体真实面貌具有重要意义。

(作者来自宝鸡文理学院)

---

  ① 《禁伐黄陵树木圣旨碑》,陕西省公祭黄帝陵工作委员会编:《黄帝陵碑刻》,陕西人民出版社2014年版,第11页。

  ② 《罗公道号之记》碑,《黄帝陵碑刻》,第15页。

元代护持文书所见宗教排序初探

陈 希

众所周知，元代统治者总体上对各种宗教都比较宽容。有元一代，本土宗教和外来宗教并行发展，诸种宗教徒人数众多。对于地位重要的宫观寺院，皇帝（或太后、诸王等）还常常赐旨免除教士差发，保护寺院田产。这些旨书大多是白话直译体文书，有固定的行文格式和类似的内容，祖生利、船田善之二先生于此已有较全面的讨论。① 在这些护持文书里，我们常常可以见到针对"和尚、也里可温、先生、达失蛮"等宗教教士不承担差发的规定，而这种称谓顺序在绝大多数文书中完全一致，似乎已经形成了"固定格式"。那么，护持文书中为何会形成这样的排序？排序形成后是否还有变动？这是本文接下来要着力解决的问题。

一 窝阔台时期：佛教居首的出现

现存元代白话旨书，以蔡美彪先生《元代白话碑集录》一书收录较为全面。以笔者搜集材料所见，此书所收《一二三八年凤翔长春观公据碑》，应为现知最早提及诸种宗教教士的护持文书。其中有言：

> ……先来钦奉皇帝圣旨节文该："汉儿国土里，不拣那个州城里达鲁花赤并长官、管匠人底达鲁花赤每，这圣旨文字里：和尚根底寺，也立乔大师根底胡木剌，先生根底观院，达失蛮根底蜜昔吉，那的每引头儿拜天底人，不得俗人骚扰，不拣什么差发休交出者。……②

---

① 祖生利、船田善之：《元代白话碑文的体例初探》，《中国史研究》2006 年第 3 期。
② 蔡美彪：《元代白话碑集录》，中国社会科学出版社 2017 年版，第 14 页。

在这段碑文中提到了四种宗教徒：和尚即佛教长老；也立乔大师即后来之也里可温，大蒙古国时期主要指景教教士；先生即道教长老；达失蛮即回教教士。① 这种佛教居首，次而景教，再而道教，最后回教的顺序被后来者继承，逐渐形成规范的表述形式，即在护持文书中常见的"和尚、也里可温、先生、达失蛮"②。

这种格式化的继承是容易理解的，但令人困惑的是，为何在窝阔台汗时期出现了以佛教居首的排序？众所周知，丘处机面见成吉思汗之后，以全真教为代表的道教势力一时独大，至佛道辩论受挫已是蒙哥汗在位之事；此间数年，道教一派鼎盛，发展迅速。而佛教受到蒙元统治者明显的青睐，应在道教失势之后，到元世祖时才最终确定了藏传佛教的国教地位。那么在道教尚于全盛的情势下，何以使佛教在圣旨中位列其先？

而如果结合《长春观公据碑》的时间、地点来看，这个问题似乎更难解释。先看时间。原碑中的时间是"戊戌年闰四月"，蔡美彪先生据闰四月定为公元1238年，即元太宗十年。虽然距丘处机西行已有十余年，全真教在蒙元政权上层的影响力仍不可小觑。此时的皇储合失③，对全真教表现出明显的好感。1235年宋德方开始编修《道藏》，得到合失的大力支持，1239年又获得披云真人的封号，④ 1238年李志常接任掌教后，有太子令旨重申汗廷对全真教的保护。⑤ 据刘晓先生的推断，合失卒年不晚于1240年三月，⑥ 那么我们可以粗略推断，1235年到1240年的五年间，全真教应当正为皇储所重。而合失死后，窝阔台汗禁用河西一称，可见其在太宗心中地位。得到政权核心人物的庇护，全真教的境遇理应不会太差。何况窝阔

---

① 关于四种宗教徒的名称解释，详见蔡书第15—16页。
② 护持文书中偶尔也会出现不同的排序个例，如蔡书所收1330年《周至太清宗圣宫圣旨碑》，排序为"和尚、也里可温、达失［蛮］、先生"；在文字上亦偶有差异，如1260年《彰德上清正一宫圣旨碑》中，以"脱因、也里克温、先生、达失蛮"指代诸种教士。
③ 据王晓欣先生《合失身份及相关问题再考》（《元史论丛》第10辑，2005年，第61—70页）、刘晓先生《也谈合失》（《中国史研究》2006年第2期，第146页）二文，合失确在生前具有皇储身份。
④ 刘晓：《也谈合失》，第146页。
⑤ 周郢：《蒙古汗廷与全真道关系新证——新发现的蒙古国圣旨（懿旨、令旨）摩崖考述》，《中国史研究》2013年第1期。
⑥ 刘晓：《合失卒年小考》，《中国史研究》2007年第2期。

台汗先前亦"令皇后代祀香于长春宫"①；其正后孛剌合真、乃马真后，来自金朝的公主皇后，乃至唆鲁禾帖尼，后来又都曾颁行护持懿旨维护全真教权益。② 足见此时全真教在蒙古宫廷中的影响之大。此外，因蒙古初灭金朝，北方各地世侯有意借全真教稳定局势，故亦对其颇为推崇。1235年至1236年，尹志平为重建祖庭入晋、陕二地，得到当地万户梁瑛③、田雄等人的大力支持，兴修道观、发展信众，声势浩大。全真教如此鼎盛的现状，与其在圣旨中次于佛、也里可温二教的排序确有矛盾。再看地点。魏初撰《重修磻溪长春成道宫记》详细说明了长春观建立的经过："又十有一年，弟子洞真于公，住持终南重阳万寿宫，感念磻溪祖师练化之迹，兵乱芜没，召卢志清辈经度之。时关中甫定，土荒人稀，艰于得食，磻溪当东西军旅往来之冲，志清辈披荆棘，薙草莱，修垣墉，力耕稼，数年之间，栋者宇者，楹而础者，始有可瞻仰而定居矣，乃额以长春而观焉。"④ 由此可知，磻溪谷是长春真人曾经修道之处，故"关中甫定"，全真弟子卢志清等人就到此兴建，可见对此地的重视。且碑文称"前去磻溪谷复建掌教丘真人古迹长春观院宇，田地在手，别无凭验"，⑤ 可知后引圣旨即为长春观占地凭证；则立于祖庭要地的圣旨，为何令道教反居于佛教、也里可温之下？

不妨再看此时佛教的情况。经历蒙古灭亡西夏和金的战乱，藏传佛教和汉地佛教都进入了发展的低谷期。到了窝阔台汗时期，佛教势力对新政权的影响开始逐渐恢复。铁哥之父斡脱赤、叔父那摩"俱学浮屠氏"，"太

---

① 弋毂：《玄门掌教清和妙道广化真人尹宗师碑铭并序》，陈垣编：《道家金石略》，文物出版社1988年版，第568页。
② 详参周郢《蒙古汗廷与全真道关系新证——新发现的蒙古国圣旨（懿旨、令旨）摩崖考述》，第136—140页；刘晓《成吉思汗公主皇后杂考》，《民族史研究》第5辑，2004年，第19—20页。
③ 李志全《清和演道玄德真人仙迹之碑》记载："有万户梁公，久钦道价，即奉施本县清虚观"（《道家金石略》，第540页）；而《玄门掌教清和妙道广化真人尹宗师碑铭并序》则记此事为："沁帅杜德康、平遥帅梁瑜各施宫观。"二者似有出入。但同书收录《太平崇圣宫公据》（第513页），言上述清虚观即宋元祐年间改原太平观而来，"今自大朝兴国以来……有本县长官梁瑜并万户梁瑛等，经诣本府，乞改名额为太平兴国观"。可见《尹宗师碑铭》或将梁瑛、梁瑜混作一人。另，此公据引自《山右石刻丛编》，《道家金石略》附原文考证，梁瑜应为梁瑛长兄。
④ 魏初：《重修磻溪长春成道宫记》，《道家金石略》，第629页。
⑤ 蔡美彪：《元代白话碑集录》，第14页。蔡先生亦对磻溪作出说明，参见第15页。

宗礼遇之"。① 1235 年和林建城，在城内修建佛寺。作为汉地佛教代表的海云和尚，与蒙古显贵的交往也日益频繁。窝阔台即位之初，便遣使赐其"称心自在行"封号。同年，"皇太弟国王遣使以师为燕赵国大禅师……癸巳（1233），平州行省塔本奉皇太弟令旨，革州中之开元律寺为禅，请师住持"②。此处平州即平滦州，是皇弟斡赤斤的投下地，则皇太弟即指斡赤斤。可见此时皇室对于佛教的保护态度。同时，由于海云和尚在燕京一带活动频繁，有不少官员与其交游。"大官人阿里同□丞相厦里奉合罕皇帝诏来燕勘问公事，厦里知师名之久，遂约廉访公秃鲁花至诠诣寺，请训法名受戒……"③ 这里的大官人阿里、丞相厦里及廉访公，在《海云大禅师碑》之后几年的记述中也屡次出现，应当是与海云和尚往来比较密切的官员。据张帆先生考证，"丞相厦里"实际"是失吉忽秃忽的下属，地位当与耶律买奴等人相近"④。此人"请训法名受戒"，可见侍佛虔诚。"大官人阿里"，结合厦里的身份，及其"奉旨来燕勘问公事"来看，似乎应是窝阔台汗身边的近臣或者怯薛。后来海云力主袭封孔圣一事，也是通过此人上奏大汗，应知其地位不低。同厦里一起拜访海云的廉访公，应正担任廉访使一职；"秃鲁花"为"质子"之意，则此人或以质子身份进入汗廷；"至诠"为其法名，或者此人亦崇奉佛教。综合来看，至少此时在蒙古政权内，已有部分达官贵戚对汉地佛教产生了好感。藏地史料对这一情况也有所记述。近年来新发现的《贡塘寺志》中详述了窝阔台汗时期蔡巴噶举上师在王室成员中传法，并同忽必烈关系密切的事迹。⑤ 于此可见，诚如

---

① 《元史》卷 128《铁哥传》，中华书局 1976 年版，第 3074—3075 页。
② 觉真：《〈法源寺贞石录〉元碑补录》，《北京文物与考古》第 6 辑，2004 年，第 254—255 页。
③ 同上，255 页。
④ 张帆：《元代宰相制度研究》，北京大学出版社 1997 年版，第 10 页。
⑤ 米玛次仁：《蔡巴万户历史考——以藏文文献〈贡塘寺志〉为中心》，《藏学学刊》2014 年第 1 期，第 161 页。此文中亦提及，《贡塘寺志》记述西夏灭亡后喇嘛藏巴劝说成吉思汗善待僧人一事："成吉思汗在其称汗之后的第九年即火猪年灭西夏，并毁坏了很多寺院，佛法衰微。此时，喇嘛藏巴前往大汗处，宣说因果报应，众生安乐应依佛法，因而劝说大汗需极大地恭敬佛法，而对于佛教僧人则应当免除差税和兵役，离散的应当聚集，并重新修葺（应指僧人和寺院），还要求大汗赠予自己照会佛法之诏书。大汗满足了大师的所有请求，并重新修葺了巴达、西夏的所有寺院。此似为霍尔王赠予佛教僧人话书之始。"（第 159 页）由于这一记述时间有误，作者认为此事或发生于成吉思汗攻打西夏的过程中，或藏僧劝说的对象为成吉思汗继承者。若结合本文讨论来看，后一种猜想符合实际的可能性似乎更大。

陈得芝先生言，"佛教的地位在窝阔台在位时开始提高"①。

但此时的佛教影响力，仍不能与道教比肩。一方面，皇子阔端方经略藏地，藏传佛教还未在蒙古宫廷中大范围流行；另一方面，如果我们将上述尹志平与海云和尚的行迹仔细比较，很容易发现，汉地佛教同窝阔台汗的接触是相对间接的；而道教能活跃于统治核心。那么如何解释圣旨里出现的排序抵牾呢？

笔者以为还是应当结合圣旨内容来看。在宣布诸种宗教教士免除差发之前，前引圣旨指明了宣谕的对象，即"汉儿国土里，不拣那个州城里达鲁花赤并长官、管匠人底达鲁花赤每……"② 所谓"汉儿国土里"，指的是淮河以北的金朝旧地③，而非蒙古草原。1238年金朝初亡，蒙古对宋用兵，经略汉地已是势在必行；对教士们的优待亦可视作新生政权的怀柔之策。故而考虑此时的实际情况，将辽、金颇受推重的佛教置于诸种宗教之首，便容易理解了。换言之，在圣旨中佛教居首的排序，并不是源于当时佛教在蒙古统治者心中已占据优势地位，而是出于在新占地区收归民心的现实需要。

谈及此处，我们不能忽视此时帮助蒙古经营汉地的关键人物：耶律楚材。其人"幼而习儒，老而奉释"④，信仰佛教之态度十分明确："佛祖之道根深蒂固，确乎其不可拔也。"⑤ 成吉思汗时期，以丘处机为代表的全真教一家独大，甚至出现毁佛像、争信众之事，自然会引发耶律楚材的不满。适逢窝阔台汗即位，耶律楚材得到重用，可以借宣扬文教之机，重振佛教地位。况且他主管文书，汉地事务多经其手："（字书）行于汉人契丹女真诸亡国者只用汉字，移剌楚才主之。"⑥ 所谓诏敕"只用汉字"，实际包含直接以汉文起草和由回鹘体蒙文翻译为汉文的两种情况。⑦ 从文体来

---

① 陈得芝：《元外剌部〈释迦院碑〉札记》，《蒙元史研究丛稿》，人民出版社2005年版，第96页。
② 蔡美彪：《元代白话碑集录》，第14页。
③ 祖生利：《元代白话碑文研究》，博士学位论文，中国社会科学院研究生院，2000年，第10页。
④ 耶律楚材：《西游录》，向达校注，中华书局1981年版，第14页。
⑤ 同上书，第18页。
⑥ 彭大雅撰，徐霆疏证：《黑鞑事略》，中华书局1986年版，第6页。
⑦ 张帆：《元朝诏敕制度研究》，《国学研究》第10卷，2002年，第122页。

看，显然前引圣旨属于后者。那么佛教居首的排序，是否存在耶律楚材参与拟定的可能性，似乎可以再加考虑。首先，按徐霆所言，"只是见之文书者，则楚材、镇海得以行其私意，盖鞑主不识字也。若行军用师等大事，只鞑主自断，又却与其亲骨肉谋之，汉儿及他人不与也"①。免除教士差发一事，并不属于军国要务，自然也就不必窝阔台汗"自断"；则耶律楚材在拟定文书时应当有比较大的自主权，在正确表达保护教士权益的主旨之外，可以适当"行其私意"，通过这种排序反映自己对宗教的好恶态度。将也里可温教也列于道教之前，可能与此时同掌权柄的镇海信奉此教有些联系；当然此教本同蒙古各部关系深厚，地位较高也在情理之中。其次，考虑到从1230年开始，耶律楚材设十路课税使主理汉地征税，"汉儿国土里"教士免除差发自然在其管理范围之内。而窝阔台汗对征税成果又比较满意，很可能在涉及此类事务时询问其意见，或是指定其负责圣旨的拟定。当然，耶律楚材推行汉法征税并非一帆风顺，后来力阻行扑买之事、建议由官府代偿羊羔息，都可窥见其与西域商人的斗争之艰辛——这可能也是将"达失蛮"置于诸种教士最末位的原因。

除圣旨涉及汉地事务外，笔者认为，出现佛教居首的情况，还与此时道教和汗廷的关系有关。全真掌教李志常的道行碑中记载："庚寅冬（1230），有诬告处顺堂绘事有不应者。清和即日被执，众皆骇散，公独请代之，曰：'清和宗师也，职在传道。教门一切，我悉主之，罪则在我，他人无及焉。'使者高其节，特免枷械，锁之入狱。夜半锁忽自开，公以语狱吏，吏复锁之，而复自开。平旦吏以白有司，适以来使会食，所食肉骨上隐然见师像，其讼遂息。"②"绘事不应"看似小事，却直接导致时任全真掌教的尹志平被执入狱，而教人"皆骇散"，可知事态严重。结合处顺堂是为安葬丘处机而兴建，③或全真教意欲宣扬其地位，便在堂中绘制丘处机向成吉思汗讲道的图物，诬告者借此发挥，引发了统治者对全真教势力的不悦。而后尹志平劝诫道众，言及"吾门之人，同得同失。一人进

---

① 彭大雅撰，徐霆疏证：《黑鞑事略》，第7页。
② 王鹗：《玄门掌教大宗师真常真人道行碑铭》，《道家金石略》，第579页。
③ 郭旃：《金元之际的全真道》（《元史论丛》第3辑，1986年，第208页）一文中指明，处顺堂是长春宫为葬丘处机而建的殿堂。笔者翻检陈垣编《道家金石略》，偶见陈时可撰《燕京白云观处顺堂会葬记》（第458—459页），知尹志平先在长春宫东立白云观，又于其内建处顺堂。

道，为教门之荣；一人作过，为教门之累，此尤不可不慎"①，可见他已经体会到汗廷警告之意。几年之后，尹志平去往陕西重建祖庭，1237年却被突然召回燕京，次年即告卸任掌教一职。关于此事，《清河尹宗师碑》亦所言寥寥："戊戌春（1238），（尹志平）忽曰：'吾老矣。久猒劳事，以正月上日，传衣钵于真常李公，俾主教事。'"②如若确是有合理缘由，何来"忽曰"？刘晓先生分析，尹志平的突然卸任，与其重修祖庭期间"过分招摇"有直接关系。③这再一次体现出统治者对日益壮大的全真教势力的打压。到了1240年，祖庭复立，尹志平主持祖师王重阳的会葬，"经理及会葬者，四方道俗云集，常数万人"④。而此时"陕右虽甫定，犹为边鄙重地"⑤，如此大规模的活动怎能不引起汗廷重视？那么"物议恂恂不安"⑥亦可理解。由此可见，在窝阔台汗当政之时，道教虽然总体上还处于鼎盛期，但与统治者的关系已经有了微妙的变化。全真教"一家势大"的局面显然已不能满足蒙元政权维持各方平衡的要求，反而逐渐成为新政权潜在的威胁，统治者亦生警惕不满之意。《长春观公据碑》的时间为1238年四月，距尹志平卸任掌教不过三个月，宗教排序或许恰是此时道教受挫的反映。

蒙古统治者扶持宗教，以实用性为首要原则。成吉思汗需要借道教安抚汉地，便教丘处机"天下应有底出家善人都管着者"⑦；至窝阔台汗开始经略藏地、用兵江南，道教的优势地位开始逐步被佛教取代。经凉州会见、佛道辩论等一系列活动，最终在元世祖时期确立了藏传佛教的至尊地位。这一变化的过程，有可能在当时的记述、文书中有所反映，但这些史料并非都能准确契合某个时间点的现实情况。何况宗教排序的问题，在蒙古人看来只是文辞之别，只是因佛道二教素有矛盾，细枝末节也要一争高

---

① 段志坚：《清和真人北游语录》卷1，《正统道藏》第55册，台北艺文印书馆1977年版，第44449页。
② 弋毂：《玄门掌教清和妙道广化真人尹宗师碑铭并序》，《道家金石略》，第568页。
③ 刘晓：《全真教尹志平接任掌教之谜》，《道家文化研究》第23辑，2008年，第260页。
④ 弋毂：《玄门掌教清和妙道广化真人尹宗师碑铭并序》，《道家金石略》，第568—569页。
⑤ 同上书，第568页。
⑥ 同上书，第569页。
⑦ 蔡美彪：《元代白话碑集录》，第8页。

下，才会出现"由是太后遵祖皇圣旨，僧居上首，仙人不得在僧之前"①的"自我标榜"。

二 成宗武宗时期：达失蛮的"消失"

世祖朝颁行国字后，赐给寺观的护持文书也常以八思巴字书写，格式、用语更为规范，其中出现的宗教排序一般都遵从"和尚、也里可温、先生、达失蛮"的位置和译写。然而已经固定化的宗教排序，在元中期似乎又出现了一种新的变动——位于排序末位的"达失蛮"，在元贞年间到延祐初年的护持文书中，几乎完全"消失"。②如此集中地出现这种情况，显然不能归咎于必阇赤或刻碑者的失责；其中原因，实在引人深思。日本学者四日市康博曾关注到这一现象，认为"成宗对穆斯林和斡脱可能不无反感"③；而现在看来，此种"不无反感"恐怕不仅体现在成宗一朝，而是一直延续到仁宗初期。那么，为何前述诸帝会对达失蛮"不无反感"呢？

不妨先来看看成宗时期的情况。成宗持政守成，致力于维持世祖后期建立的平衡局面；其沿用的中枢班底也"以安静为治"④，社会状况比较稳定。但在这种平静的表象之下，财用不足的危机正在急速发展。世祖朝的理财积弊此时仍未解决，"中卖宝物"盛行于世，财政亏空日益增加；为获得各方势力的持续支持，成宗数次对王室贵戚大行封赏，国库"向之所储，散之殆尽"⑤；加上其笃信帝师胆巴，佛事活动又是一笔不小开销。到了大德三年，中书省竟要动用钞本来维持日常开支了。时值赛梁秉政，则在这种背景下，成宗倚重回回人主政理财，几乎是顺理成章的事。故而元

---

① 念常：《佛祖历代通载》卷21，王云五主持《四库全书珍本三集》第862册，台湾商务印书馆1969年版，第15页b。
② 参见文末附表。前后时期的护持文书中，偶见排序无"达失蛮"的情况，但从未出现如此长时间、统一性的"消失"。故考虑篇幅所限及本文主要讨论问题，附表截取元贞元年至延祐五年所见护持文书内容，以资证明。
③ 四日市康博的这一观点，参见高荣盛先生《元沙不丁事迹索考》一文注释，郝时远、罗贤佑主编：《蒙元史暨民族史论集——纪念翁独健先生诞辰一百周年》，社会科学文献出版社2006年版，第305页。
④ 《元史》卷170《梁德珪传》，第4005页。
⑤ 《元史》卷19《成宗纪二》，第402页。

贞大德年间，中书省先后出现了九位回回宰执；①成宗在御史台弹劾这些官员时，也屡有回护之意。那么，既然成宗和回回人关系密切，何来"不无反感"之说？

我们并无明证，但在史料的细枝末节处，或许可以发现一些端倪。《元史》中记载了成宗在即位之初对中书省的一次训诫。至元三十一年（1294）十月，"辛丑，帝谕右丞阿里、参政梁德珪曰：'中书职务，卿等皆怀怠心。朕在上都，令还也的迷沙已没财产，任明里不花，皆至今未行。又不约束吏曹，使选人留滞。桑哥虽奸邪，然僚属惮其威，政事无不立决。卿等其约束曹属，有不事事者笞之。仍以朕意谕右丞相完泽。'"②能以桑哥当政来对比此时的中书省，可见成宗对其怠惰政务的不满之深。而我们知道，当时的右丞相完泽虽为蒙古亲贵，但其人行事谨慎，作为不大；参政梁德珪虽为汉人，却曾学习回回理财之法③——这就为伯颜和阿里等回回人提供了很好的施政环境，换言之，当时的中书省的实际掌权者应该就是回回人。成宗对中书省怠政的不满，一定程度上也反映出他对主政的回回人态度。耐人寻味的是，气愤至极的成宗训诫中书省臣时，只字未提当时仅次于完泽之下、实际掌握中书事务的伯颜；此举不知是无心忽略，还是感念其促成自己即位而有心维护。④

大德初年，成宗"追收诸位下为商者制书、驿券。命回回人在内郡输商税"⑤；又废行泉用司，改立制用院，一定程度上表明了其希望改善中卖积弊的愿望。高荣盛先生认为，虽然此时制用院的主管仍是回回人沙不丁，但一方面，较在行泉府司任职时，其人地位和权势已经"不可同日而

---

① 参见杨志玖《元代回族史稿》，南开大学出版社2003年版，第208页。
② 《元史》卷18《成宗纪一》，第388页。
③ 关于梁德珪的具体情况，参见杨志玖《元代回族史稿》，第203—204页。
④ 指伯颜受成宗母阔阔真委托，向世祖进言立储一事。此事见于《史集》第2卷（余大钧、周建奇译，商务印书馆1985年版，第355页），《多桑蒙古史》亦有记载。二书均仅言伯颜受托向世祖进言立储，而没有涉及储君的人选。至于选定成宗，《元史·玉昔帖木儿传》明言是传主上书建言。不过伯颜提醒世祖立储，相当于为选定成宗提供了前提，亦有功劳，成宗或心有感激。另外，《史集》后文还记述此人扶立成宗即位，显然是编者将其与征宋将领伯颜混淆了。后者相关事迹可见《国朝名臣事略》。
⑤ 《元史》卷19《成宗纪二》，第411页。

语";①另一方面，史料中出现了制用院"以招商形式任用精于经营的汉人"的"新动向"。②这或许侧面反映出，成宗有心抑制回回势力在国家财用事务中发挥的作用。当然，此时距阿合马、桑哥等人当政不过数年，彼时的朝野怨声恐怕也会对成宗产生一定影响。

大德七年（1303），朱清、张瑄一案发生，成宗盛怒之下，将中书省八位官员同时罢免。虽然一年之后，伯颜、梁德珪、八都马辛官复原职；但由于梁德珪同年病亡，"赛梁秉政"的朝局实际上还是被打破了。在罢免前述官员之后，成宗起用倾向汉法的哈剌哈孙主事；后来又令中书省政事、用人都要"听右丞相哈剌哈孙答剌罕总裁"，③其实已经表明了他的态度。而更有趣的是，《元史·宰相年表》中，大德七年的首位平章政事"赛典赤"，到了大德八年，竟变成位居第二的"伯颜"了。④我们知道，"赛典赤"是伯颜祖父的尊称，由世祖再冠于伯颜，显然代表了皇帝的宠信。故而《宰相年表》自至元三十年伯颜进入中书省后，一直以"赛典赤"称之。即使元贞二年出现伯颜一名，次年又复用"赛典赤"，且其人官职序位没有发生任何变化；⑤而上述大德七年之后，"赛典赤"一称不再使用，且序位也出现下降趋势（大德九年居首位，十年居第三位，十一年不复见）。这似乎暗示我们，至少在形式上，成宗对这位回回权臣的倚重，已经大不如前了。至于此后皇后主政，伯颜实际仍然手握重权，确是病重的成宗无法控制的情形了。何况国家财政状况每况愈下，统治者客观上也难以舍弃获利迅猛的回回理财之法，自然也就无法完全动摇回回朝臣的实际地位了。

除了皇帝对朝中回回势力有心抑制的主观意愿，我们也应注意到，从世祖时期开始，反对回回法理财的汉儒臣僚就通过御史台建言上奏，一定程度上令当朝权臣有所忌惮。成宗时期，御史大夫对赛、梁等人的弹劾屡见不鲜。御史台臣以赛、梁等人与阿合马、桑哥之辈并称，言其"煽惑中

---

① 高荣盛：《元沙不丁事迹索考》，《蒙元史暨民族史论集——纪念翁独健先生诞辰一百周年》，第306页。
② 同上书，第306—307页。
③ 《元史》卷21《成宗纪四》，第466页。
④ 《元史》卷102《宰相年表上》，第2812页。
⑤ 同上书，第2805—2806页。

禁，几摇神器"①。大德八年，监察御史杜肯构又将复位中书的八都马辛与前述二人合称"三凶"，谓"三凶不诛，无以谢天下"。② 言辞激烈，可知汉臣对回回权相的不满之深。这种不满或许恰与成宗的"不无反感"相互影响，形成了牵制回回势力过度膨胀的总趋势；故而，这一时期的政局也再未出现如阿合马、桑哥当政时的明显动荡。这种微妙的制衡关系，恐怕就是护持文书中达失蛮"消失"的线索。

到了武宗时期，达失蛮的继续"消失"是比较容易理解的。信仰回教的安西王阿难答联合伯颜等人意图谋夺皇位，既得罪了武宗、仁宗一系蒙古亲贵，又在汉儒臣僚中落得谋反的罪名。朝中回回势力的削弱不难料想，统治者因此等重罪迁怒回教教士也不足为奇。安西王阿难答早在成宗即位时就有所异图，但因忌惮成宗有手握重兵的大将伯颜和掌握朝政的哈剌哈孙支持，最后只能表示臣服。成宗即位后，总体上对阿难答比较忍让并常有封赏；但也出现了元贞二年正月、五月连续两次训斥安西王府臣僚的明显冲突。成宗直言"（阿难答）岂欲以四川、京兆悉为彼有耶？"③ 可见其早知阿难答的野心。彼时阿难答欲借复立王相府染指赋税、军站之事，无疑彻底触怒成宗。值得注意的是，上文已述，恰恰也是在元贞二年，《宰相年表》第一次弃用"赛典赤"的尊号，改称"伯颜"，这二者之间是否有所关联？这还有待相关史料的进一步发现。

阿难答政变平定之后，答己太后和一些臣僚曾有令仁宗直接即位的意图。武宗得知后，带兵南下，依靠军事力量最终登上皇位。这就使得武宗并不完全信任此时任职的朝中臣僚，而属意于自己从北地军中带来的，以蒙古、色目人为主的亲信。这在客观上对尚在朝中的回回官员进入权力核心形成了障碍。固然武宗时再设尚书省，用回回法理财，但回回人真正能独掌机要的时代去而不返了。再到素与尚书省不睦的仁宗上台，倾心汉法，回回势力更是跌入低谷。或许因此时局势渐明，无可隐讳，从延祐五年开始，"消失"许久的达失蛮重新出现在护持文书中。

姚从吾先生在论及成吉思汗对全真教态度时，认为蒙古统治者因具有

---

① 《元史》卷176《王寿传》，第4104页。
② 柯劭忞：《新元史》卷207《梁德珪传》，余大钧标点本，吉林人民出版社1995年版，第3120页。
③ 《元史》卷19《成宗纪二》，第401页。

多神信仰，对各种宗教都以礼相待，所谓免差发、免赋役，并不能作为全真教地位至高的证据。① 陈垣先生在《元也里可温教考》中也有类似看法。他引《元典章·禁也里可温搀先祝赞》为例，说"至于礼部所定朝贺班次，也里可温在和尚、先生之后，是不过以也里可温为新教门耳，不足为荣辱也"②。的确，如文书中的先后位置、朝贺班次等细微之处的排序，确实并不能直接证明当时各种宗教实际地位的高低；但是，在一定程度上，这些排序及其变化能够从侧面反映出某一阶段统治者对不同宗教的态度。《禁也里可温搀先祝赞》一例中，也里可温居后的朝贺班次宣布于大德八年，而至大四年（1311），统治者就令将金山十字寺改为佛寺，也里可温教在江南地区一蹶不振。二者相距不过数年，恐怕彼时统治者已对也里可温教在江南的过分膨胀渐生不满，才借朝贺班次表达警告之意。护持文书中达失蛮的"消失"，亦同此理。

综上所述，护持文书中的宗教排序虽然只是文辞细节，其形成、变化还是能够在一定程度上反映当时统治者与宗教间的微妙关系。元中期达失蛮的"消失"，似乎正是统治者对朝中回回势力不满的隐晦表达。当然，如有新的相关史料发现，本文的探讨还可以进一步完善。

护持文书所见宗教排序简表（元贞元年—延祐五年）③

时　间	文书名称	内容	备注
元贞元年（1295）	荥阳洞林大觉寺碑	成吉思皇帝、月谷歹皇帝先皇帝圣旨里："和尚每、也里可温、先生每……"	蔡34
元贞二年（1296）	赵州柏林寺圣旨碑	成吉思皇帝、月阔歹皇帝底，薛禅皇帝圣旨里："和尚每、也里可温、先生每……"	蔡35
元贞二年（1296）	周至太清宗圣宫圣旨碑	成吉思皇帝、月古台皇帝、薛禅皇帝圣旨里："和尚、也里可温、先生每……"	蔡38

---

① 参见姚从吾《成吉思汗信任丘处机这件事对于保全中原传统文化的贡献》，《姚从吾先生全集》第6集，台北正中书局1982年版，第8—12页。
② 陈垣：《元也里可温教考》，《陈垣史学论著选》，上海人民出版社1981年版，第31页。
③ 此表根据蔡美彪先生《元代白话碑集录》，呼格吉勒图、萨如拉二先生《八思巴字蒙古语文献汇编》（内蒙古教育出版社2004年版）整理。"蔡×"即此条于蔡书中编号，"呼×"同理，便于读者查对。二书均收条目，不再重复出现。

续表

时间	文书名称	内容	备注
大德二年（1298）	灵寿祁林院碑	成吉思皇帝、月古歹皇帝、薛禅皇帝圣旨里："和尚每、也里可温、先生每……"①	蔡41
大德二年（1298）	灵寿祁林院碑（皇太后懿旨）	皇帝圣旨里："和尚、也里可温、先生……"	蔡42
大德二年（1298）	林州宝严寺碑	成吉思皇帝、月古鱘皇帝、薛禅皇帝圣旨里："和尚、也里可温、先生……"	蔡43
大德四年（1300）	平山永明寺碑	成吉思皇帝、月古歹皇帝、薛禅皇帝圣旨里："和尚每、也里可温每、先生每……"	蔡44
大德五年（1301）	灵寿祁林院碑	圣旨里：和尚每、也里可温、先生每……	蔡45
大德五年（1301）	赐公结地区（Gon-rgel）僧众圣旨	jiŋgis qan-u ba ök 'ödeė qān-u ba seč'en qān-u ba ǰarliq-dur doyid ėrk'e · üd senšiŋud aliba alba qubč'iri ülü üǰen②	呼7
大德七年（1303）	小薛大王令旨碑	jiŋgis qān-u qān-u seč'en qān-u ėdü · e qān-u ǰarliq dur doyid ėrk'e · üd senšiŋud [ts'aŋ t'amqad-ač'a] buši aliba alba qubč'iri ülü üǰen…	呼35
大德八年（1304）	济源紫微宫圣旨碑	成吉思皇帝、月古歹皇帝、世祖皇帝圣旨里："和尚每，也里可温每、先生每……"	蔡49

---

① 笔者2017年8月至山西五台山寿宁寺，偶见寺中立《天恩法雨之碑》，碑上刻四栏白话圣旨，与蔡书中《灵寿祁林院圣旨碑》（编号41、42、45、47）内容完全一致，但落款有所区别。蔡书附河北省文物局提供的拓片（参见第117—118页），由拓片可辨认出41号落款"狗儿大德壹年春二月二十七日"、42号"狗儿大德壹年春二月二十九日"等字样。蔡先生已指出年代错误。但按笔者所见石碑，并无"大德壹年"等字迹，如对应41号的碑文落款为"狗儿年春二月二十七日"。根据《灵寿祁林院圣旨碑》内容，祁林院为大寿宁寺下院，或四道圣旨二寺皆有，分别刻石后出现了碑文差异？此处尚有疑问。

② 除表格中皇庆元年《少林寺圣旨碑》（呼9）外，剩余呼书中引用文书均无白话汉译，仅有八思巴字与蒙古字录写，汉译为作者根据文意翻译。故表格直接引用蒙文转写。对比其他蒙汉双语文书，这些圣旨在宗教徒称呼及排序上并无不同。

续表

时间	文书名称	内容	备注
大德九年（1305）	怀宁王海山令旨	jiŋgis qan-u ba ögedeė qan-u ba seč'en qān-u ba jarliq-dur doyid ėrk'e · üd senšiŋud aliba alba qubč'iri ülü üjen…	呼 36
至大二年（1309）	荥阳洞林大觉寺碑（晋王甘麻刺令旨）	大圣旨里：和尚、也里可温、先生每……	蔡 53
至大二年（1309）	济源紫微宫圣旨碑	成吉思皇帝、月古歹皇帝、世祖皇帝圣旨里："和尚每，也里可温每，先生每……"	蔡 54
至大二年（1309）	荥阳洞林大觉寺碑（皇太后懿旨）	成吉思皇帝、月古歹皇帝、薛禅皇帝、完者都皇帝、皇帝圣旨里："和尚、也里可温每、先生每……"	蔡 55
至大二年（1309）	荥阳洞林大觉寺碑（"皇太子"令旨）	成吉思皇帝、月古歹皇帝、薛禅皇帝、完者秃皇帝、皇帝圣旨："和尚、也里可温、先生每……"	蔡 56
至大二年（1309）	平遥太平崇圣宫圣旨碑	成吉思皇帝、月哥台皇帝、薛禅皇帝、完泽笃皇帝圣旨里："和尚、也里可温、先生每……"	蔡 57
至大四年（1311）	平山永明寺碑	成吉思皇帝、月古台皇帝、薛禅皇帝、完者都皇帝、曲律皇帝圣旨里："和尚每根底、也里可温每根底、先生每根底……"	蔡 58
至大四年（1311）	大理崇圣寺圣旨碑	成吉思皇帝、月古歹皇帝、薛禅皇帝、完泽笃皇帝、曲律皇帝圣旨里："和尚、也里可温、先生……"	蔡 59
皇庆元年（1312）	荥阳洞林大觉寺碑	成吉思皇帝、月可台皇帝、薛禅皇帝、完者都皇帝、曲律皇帝圣旨："和尚、也里可温、先生每……"	蔡 60
皇庆元年（1312）	赵州柏林寺碑	成吉思皇帝、月古台皇帝、薛禅皇帝、完者笃皇帝、曲律皇帝圣旨里："和尚、也里可温、先生每……"	蔡 61

元代护持文书所见宗教排序初探 ·419·

续表

时间	文书名称	内容	备注
皇庆元年（1312）	河南省登封县少林寺圣旨碑	成吉思皇帝、月阔台皇帝、薛禅皇帝、完者笃皇帝、曲律皇帝圣旨里："和尚、也里可温、先生不拣什么差发休着……"	呼9
年代不详	广东省曲江县南华寺存八思巴圣旨	(ǰ) iŋgis qan-u ök'ödeė qan-u (seč'en) qan-u öljeėt'ü qan-u (k') ülüg qa·n-u ba ǰarliq-dur doyid ėrk'e·ü(d) senšiŋud aliba alba qubč'iri ülü üǰen…	呼15
年代不详	赐圆觉寺圣旨	ǰiŋgis qan-u ök'ödeė qān-u seč'en qān-u öljeėt'ü qān-u k'ülüg qān-u baǰarliq-dur doyid ėrk'e·üd sen (ši) ŋud aliba alba qubč'iri ülü üǰen…	呼16
延祐元年（1314）	周至重阳万寿宫圣旨碑	成吉思皇帝、月阔歹皇帝、薛禅皇帝、完泽笃皇帝、曲律皇帝圣旨里："和尚、也里可温、先生每……"	蔡64
延祐元年（1314）	彰德善应储祥宫圣旨碑	成吉思皇帝、月古台皇帝、薛禅皇帝、完者都皇帝、曲律皇帝圣旨里："和尚、也里可温、先生每……"	蔡65
延祐元年（1314）	周至重阳万寿宫碑	成吉思皇帝、月阔台皇帝、薛禅皇帝、完泽笃皇帝、曲律皇帝圣旨："和尚、也里可温、先生每……"	蔡66
延祐元年（1314）	荥阳洞林大觉寺碑	大圣旨里："和尚每根底，也里可温每根底，先生每根底……"	蔡67
延祐二年（1315）	周至太清宗圣宫圣旨碑	成吉思皇帝、月古台皇帝、薛禅皇帝、完□都皇帝、曲律皇帝圣旨里："和尚、也里可温、先生每……"	蔡69
延祐三年（1316）	昆明筇竹寺圣旨碑	成吉思皇帝、月阔台皇帝、完泽笃皇帝、曲律皇帝圣旨里："和尚、也里……"	蔡70

续表

时 间	文书名称	内容	备注
延祐五年（1318）	郃阳光国寺圣旨碑	成吉思皇帝、月阔台皇帝、薛禅皇帝、完泽笃皇帝、曲律皇帝圣旨里："和尚、也里可温、先生每……"	蔡72
延祐五年（1318）	周至重阳万寿宫碑	……在先成吉思皇帝、月阔台皇帝、薛禅皇帝、完者都皇帝、曲律皇帝圣旨里："和尚、先生、也里可温、达失蛮……"	蔡73

（作者为北京大学博士研究生）

元代常熟李王信仰拾遗

翁沈君

20世纪90年代日本学者滨岛敦俊先生发表《近世江南海神李王考》①一文，从常熟历代方志中挖掘出关于当地李王信仰的三种碑刻资料，分别是弘治《常熟县志》中的"甬东顾盟记曰"和"昆阳郑东记曰"以及光绪《常昭合志稿》中的"李王狱级田碑"，其中昆阳郑东所撰写的碑文，又名《李王纪绩碑》，完整地收录于《江苏金石志》中。《江苏金石志》的录文与弘治《常熟县志》稍有差异，详见下文讨论。以上三种关于李王的材料，连同明代常熟当地士人张洪所撰写《重修李王庙记》②一起被收录民国时期常熟当地文献汇集《海虞文征》一书中，是当代研究常熟李王信仰的最核心材料。

滨岛敦俊先生对常熟李王信仰，特别是明清时代的发展，已经进行了系统研究，但对以上三种元代材料的探讨问题难免有所疏漏，如李王由湖州传入常熟的情况，大元敕封灵惠英烈福济忠正王的称号、海运与地方信仰等。本文试对这一系列问题略加讨论，不揣浅陋，期前贤指正。

一 《李王纪绩碑》与常熟李王信仰

《江苏金石志》卷二十四收录有《李王纪绩碑》全文，③兹录全文如下：

---

① 收录于张炎宪主编《中国海洋发展史论文集》第六辑，（台湾）"中研院"社科所，2007年。
② 该文在《海虞文征》中的题目是"李王纪绩碑"。参见邵松年辑《海虞文征》卷6。
③ 《石刻史料新编》第3辑第13册，台湾新文丰出版公司1977年版，第10025页。

李王纪绩碑

昆阳郑东为文　三山张本书　里人后舆篆额

民情不可以力疆也。说之以辨士，则智者不可惑；诱之以千金，则廉者不可回；劫之以三军之众。则勇/者不可屈，夫既不可说而诱且劫也。感之必有其道，亦惟示吾信而已。通国之人，凡灾害疾痛必求哀/于神，若子之赴恝于父母者，盖繇神之善福人，而其信之可赖也。海虞致道观有海神李王祠，神吴兴/之长兴人，死而能灵，吴兴人祀之为神。宋理宗时，吴兴潘氏兄弟谋叛，劫民从之，事闻理宗，将发兵屠/城。神梦于理宗及丞相史弥远，扣头且言曰："潘壬当诛，民实无辜，杀无辜不祥。"理宗寤而意解。神/有功于吴兴之民有如此者。海虞去吴兴为近，神之利泽通畅流播，故其民祀神之盛于吴兴向者。时疾/流毒濡染州，邑民皇皇忧惧，共诣神，取庭下柏叶斸井水，归爚饮之，而疾即愈。至井竭，柏为之尽。神有功/海虞之民有如此者。国朝财用之钜，岁漕吴楚诸郡之粟凡三百万石，道辽海而达京畿，冒涉险远，涛风蛟鱼，变骇仓卒，惟神济危以安，导险以平，万艘连卒以无事，神有功于朝廷有如此者。神在□王，祭法实所当祀者也。至正四年夏六月，侯间儿来陪是州，闻神能福人，即/走谒祠下，且曰："人所不能为者，神能为之。神所不能为而人能为之者，吾敢不任其责乎？"故侯为政/不事表襮，惟去民所恶而遂其所欲，以求无愧于神而后已。繇是，旱干水溢为民祷之，其应之捷甚于桴/鼓。时邻邑蝗且将入境，民甚患之，侯入祷於神，出语人曰："蝗万不为害。神不我欺。"一夕暴风雨，驱蝗入/大江，不遗踪迹。夫神与侯以信，若交口相语，果不持赖若此。非人神之间有合契券，其能致相感之盛/也哉。是宜作歌遗海虞之人，使歌以祀神且思侯于无穷也。歌曰：神出游兮何乡，海之水兮渺以长。穹龟后先兮，长鱼我傍，舶如山兮林为樯。尽白日兮，以翱以翔。扬大/旗兮击鼓，神归来兮山之下，青乌在槃兮，以侯白马。断琼宫兮编贝户，幽其深兮神之所。日月兮云良，/我侯来兮，陈祀孔明，桂为肴兮椒为浆，神则畀兮，民寿以康，我思侯兮不忘。

至正七年岁在丁亥仲夏吉日，儒学宾序徐天麟、沈仁寿、郑严、黄进德等立石

《李王纪绩碑》立石于至正七年（1347）。作者郑东，字季明，号果斋，温州平阳人，晚寓常熟，尤以古文词闻名，曾于两年前为当地龙旋泾撰写《真武祠记》。① 其弟郑采，字季亮，号曲全，亦有文名。② 《江苏金石志》的录文与弘治《常熟县志》所收"记曰"最大的差异是常熟知州闾儿的到任时间，前者记作"至正四年"（1344），而后者记作"至正六年"（1346），这一差异并不影响讨论，姑且以前者为准。

碑文的创作目的是纪念李王降雨驱赶邻邑蝗虫进入常熟的神迹，更是为了凸显常熟知州闾儿"人所不能为者，神能为之。神所不能为而人能为之者，吾敢不任其责乎"的敬神爱民态度和"民寿以康"的治迹。③

元末常熟当地还流传着另一个由顾盟撰写的关于李王神迹的文本。这篇文章历代常熟方志都没有具体的标题，《全元文》据中国科学院图书馆藏抄本《琴川续志草》称为《李王庙记》，兹录全文如下④：

> 海虞之民有祠于李王者，为之言曰：当王之显于吴兴也，故宋嘉定十七年。始生于吴兴之长兴。长兴为吴兴之属邑，山水之胜，钟秀于民。王生时有灵，民以雨旸、祸福之事扣之，必应。年十八，告于乡人曰：吾勤王事，将适山东之胶西，无还期也。即匡坐而逝。民以为神化无方，其去也，固不可测，当其归也，将何以栖其灵乎？于是设嘉祠，树荣木，以俟神之归。及其祷也，如响斯答。有司上其事，是以锡赉屡至，民皆仰焉。宝庆初，理宗既践阼，以其兄为济王，赐第吴兴。含山人潘壬、潘丙潜通李全，将挟济王以北渡。全兵误期不至，潘惧谋泄，亟立济王于吴兴。丞相史弥远闻知，请其师以屠其城。师出，理宗梦有白衣者抵榻而告曰："臣李姓，吴兴土神也。臣知之，夫使济王以借窃者，二潘也。潘有罪，宜加其身。屠其城，则一城之人草薙而禽狝！无辜之杀，岂忍为之？"理宗怪其事，召丞相史告之。史曰："臣梦亦如之。"遂命班师，止戮二潘。吴兴之民得完，皆戒子孙以奉王。盖感于中者厚，而发于外者至也。今惠天下之

---

① 郑钟祥修，庞鸿文纂：《（光绪）常昭合志稿》卷45《金石志》。
② 方鹏：《昆山人物志》卷9《游寓》。
③ 《（光绪）常昭合志稿》卷19《职官志》。
④ 《李王庙记》，李修生主编：《全元文》第56册，凤凰出版社2004年版，第103—104页。

民，佐水衡，卫海漕，时雨旸，息灾厉，宜乎著之礼部加封爵于无穷也。且虞山海尤近，故知王之显于海漕，无如兹民，乃即致道观西庑像事之。祷者肩摩踵接，病热者乞香与水饮之，瘰疬疮疖者以炉炀烛膏涂之，滞痢者捣庭栢叶吞之，无不愈者。民得全其生，其可忘乎哉？敢以记请。《礼》曰：能御大菑，则祀之。能捍大患，则祀之，以劳定国，则祀之。王免吴兴之屠，捍大患也。疗虞山之疾，御大菑也。卫海漕以给公上，以劳定国也。是宜书，故为记。

以上两文构成了关于常熟李王神迹最早的记录。从李王的种种神迹，大致可以勾勒出李王信仰从其发源地湖州长兴进入平江常熟的过程：李王信仰起源于宋代湖州，是当地的"吴兴土神"，"死而能灵""民以雨旸祸福之事扣之，必应"。其中被认为最有功于长兴的神迹，是托梦阻止宋理宗因潘氏兄弟谋叛，而对长兴之民的迁怒。宋理宗登基之初，潘壬、潘丙拥立济王赵竑政变失败被诛一事见于相关史料，而宋理宗对吴兴屠城的计划和决策不见于史籍，可见这一神迹是时人利用有所依据的历史事实掺杂想象对李王形象的重新塑造，这也是传统地方神神迹塑造的一贯手法。常熟和吴兴两地相距不远，"神之利泽通畅流播，故其民祀神之盛，拟于吴兴向者"。在常熟的李王祭祀应当较早为海运船户所接受，因此李王的神迹被赋予了保护海运的色彩，"神济危以安，导险以平，万艘连卒以无事"。泰定年间，道士邓道枢在致道观塑像祭祀。① 对于常熟百姓最大的神迹是治愈发生在当地的传染病，明代士人郑文康记载此事发生在"至正壬午"，② 即至正二年（1342）。李王的这一神迹必定在常熟地区产生了巨大号召和影响，因此也可以理解一个默默无闻的地方神，何以在至正年间突然在当地留下了这么多历史记录。

此外，关于顾盟之文撰写的时间，滨岛敦俊先生认为是至正七年，③但不知所据。顾盟文较郑东文少记常熟知州间儿到任后的事迹，当早于至正四年（1344），并结合郑文康的记载，可以发现顾盟文成文当在至正二

---

① 杨子器：《（弘治）常熟县志》卷2《林儒》。
② 郑文康：《平桥稿》卷6《李神灵应碑记》。
③ ［日］滨岛敦俊：《明清江南农村社会与民间信仰》，朱海滨译，厦门大学出版社2008年版，第28页。

年到至正四年之间。

二 《李王狱级田碑》及其社会背景

《常昭合志稿》卷四十五《金石志》收录有《李王狱级田碑》全文①，兹录全文如下：

> 李王狱级田碑
> 大元敕封灵惠英烈福济忠正王之行香也，岁有狱级。从之为其徒者，实以所须不给为忧，至能购田以御之。田出曹氏子，曹巨室也，其事神尤谨。故舒泽等凡十人者得以出私财立券以请其有羸之田，而曹亦乐减田资之半施之，狱级之费从有弗匮矣。夫狱级之事，有司具之以待黎庶之有最者，而此则非有司具之。盖相神之人善假阴府之令，使嚣讼之人见之凛然，如冯涛履冰，思屏恶而弗吝也。故有司亦不忍，以法制止之。当其设心之善诚何敢讬是遂非耶。舒泽曰：我等尝行于有司，执敲朴，较其罪而轻重之。盖以奉号令耳，今子孙能有衣食之奉，厉疫谴逆之灾，不加于身，是神之亮此矣。请得以身事之，不以为裕，况斯田之举，费不龥何，而复有施之者哉。又曰：曹氏之施，出于其弟兄者五人，长曰积中，今为监修国史长吏，次曰善诚，为太师府掾史，曰之逊，例授镇江路钞库副使，曰必达，授平江路长洲县尉，曰有永，授分湖巡检。凡今之人，能守富贵若此者，非有祖考则繇其积善所致。而狱级之田方，且乐施若此，是不可孤其贤弟兄之意，而泽等之出私财以力请者，亦欲以附见焉。乃来丐文为记。恭惟圣朝，屡有明诏，凡封内山川祇灵之昭格者，皆得以祀典祭之。况李王之灵所拯人于水火者，故海漕之官，尝于风鱼不测之顷，亲见其运饷于泽涛之中，此于国家为有力者，而狱级之设又出于民之情，而不可已也。遂采其言为记，复声诗系之，其田之若干俾，书于碑阴云，诗曰（略）

该碑撰于至正六年（1346），撰文与书丹者，分别是孟昉与段天祐。

---

① 《（光绪）常昭合志稿》卷45《金石志》。

孟昉字天伟，唐兀人。官至南台御史。① 段天祐，字吉甫，河南人。泰定甲子进士，选为常熟州判官。② 该碑文有两处值得推敲。

其一，封号"大元敕封灵惠英烈福济忠正王"。滨岛敦俊先生指出"在元代平江路常熟州，无论其（李王——引者）信仰多么广泛，但他不属于被列入国家祀典、地方官有义务进行正式祭祀'神'"③。笔者赞同这一观点，但滨岛先生没有注意和讨论这个"显而易见"的"大元敕封灵惠英烈福济忠正王"封号，似有必要从元代封赐制度等角度进一步推敲与佐证。

元代朝廷对祠庙赐额赐号制度，大致有如下过程：至元十三年（1276）二月，占领临安后不久下令原南宋境内"名山大川，寺观庙宇，并前代名人遗迹，不许毁拆"④。从至元二十八年（1291）起，开始加封五岳、四渎和四海，⑤ 历成宗朝，进一步加封了崔府君、妈祖等神灵。允许地方请封的诏令，出现在武宗至大四年（1311）正月初五，"岳镇海渎，已议加封，遣使致祭。其路府州县名山大川、圣帝明王忠臣烈士，凡在祀典者，各具事迹申闻，次第加封。除常祀外，主者施行，严加致祭。庙宇损坏，官为修葺"⑥。这一相对宽松的封赐政策持续到至顺三年（1332）五月，"太常博士王瓒言：'各处请加封神庙，滥及淫祠。按《礼经》，以劳定国，以死勤事，能御大灾，能捍大患，则祀之。其非祀典之神，今后不许加封。'制可"⑦。

这一过程最显著的特征，正如日本学者水越知总结的"由于元代如此重视祠庙在宋代的历史，可以说新兴起的祠庙均难以获赐封号。实际上自《元史》与庙碑等史料上的赐额、赐号的实例观之，大部分是于宋代就已经获赐封号的祠庙，而在元代首次获封的祠庙数量非常之少"⑧。因此，李

---

① （元）陶宗仪：《书史会要》卷7。
② 《（弘治）常熟县志》卷3《县丞》。
③ 《明清江南农村社会与民间信仰》，第30页。
④ 《元典章》卷3《圣政二·崇祭祀》，"至元十三年二月"条。陈高华等点校：《元典章》，中华书局、天津古籍出版社2011年版，第108页。
⑤ 《元典章》卷3《圣政二·崇祭祀》，"至元二十八年二月"条，第108页。
⑥ 《元典章》卷3《圣政二·崇祭祀》，"至大四年正月初五日"条，第111页。
⑦ 《元史》卷36《文宗纪五》，中华书局1976年版，第804页。
⑧ ［日］水越知：《元代的祠庙祭祀与江南地域社会——三皇庙与赐额赐号》，姜锡东主编：《宋史研究论丛》第8辑，河北大学出版社2007年版，第542—543页。

王祭祀是否进入宋代祀典就成为一个重要考虑因素。

但笔者未能在宋元材料中找到对李王的封赐,现存最早记载李王在宋代得到封赐的材料保留在《永乐大典》的洪武《吴兴续志》中:

> 李王庙,旧志无。宋名显应庙,在城西五峰山下。神姓李,讳禄,字福公,居邑之安化乡童庄里。大观二年正月十八日,神诞,赤光照空,里人惊异。幼颖悟,性刚直。宣和七年,殁于海陵之赤岸,时年十八。其发灵始于两淮,以及江浙,凡雨旸灾疫,祷之辄应。开禧间,邑令赵准上其功德于朝,赐庙额,封太尉。宝庆二年,复封济威侯,累加灵惠广佑福济忠正王。元至顺间,加封英烈,事迹有碑。①

但上述《吴兴续志》明确说"旧志无",却将李王的生平记载得如此详细,不禁让人怀疑开禧和宝庆年间的封赐的真实性,明代常熟人张洪在《重修李王庙记》一文中则记载"神(李王——引者)自宋景定,而已载祀典,崇徽号,赐庙额"②,与洪武《吴兴续志》所记开禧、宝庆年间的封赐时间有所抵牾。此外,从上文揭示的至正二年(1342)因治愈传染病而在常熟扩大影响力的情况,似也与上述至顺年间封赐不相符。

因此更有理由认为"大元敕封灵惠英烈福济忠正王"是不实的。至正年间出现的关于李王的功绩碑,应当是常熟地区百姓向朝廷请封活动的产物,上述功绩碑等资料中"今惠天下之民,佐水衡,卫海漕,时雨旸,息灾厉,宜乎著之礼部加封爵于无穷也","恭惟圣朝,屡有明诏,凡封内山川祇灵之昭格者,皆得以祀典祭之。况李王之灵所拯人于水火者,故海漕之官,尝于风鱼不测之顷,亲见其运饷于浡涛之中,此于国家为有力者"之类的语言,已经比较清楚地表现了这一特点。

其二,常熟曹氏出资与狱吏共同购买祭田一事。常熟福山曹氏因日本学者植松正的梳理而为学界所熟悉,③ 常熟福山港是元代东南重要的海运及海外贸易港口,福山曹氏在有元一代一直担任海运万户、千户等要职,海运及海外贸易使曹氏一族积累了巨大财富,"福山陆庄桥曹氏世以赀雄

---

① 马蓉等点校:《永乐大典方志辑佚》第1册,中华书局2004年版,第823页。
② 姚崇仪辑:《(万历)常熟县私志》卷25《叙文·神庙》。
③ 植松正:《元代の海運万戸府と海運世家》,《京都女子大学大学院文学研究科研究纪要》史学编第三号,2004年3月。

吴中,岁入租三十六万"①,"吾邑元季如芝溪虞氏、福山曹氏、半州徐氏并以赀雄州里"②,这里的半州徐氏也是因海运而兴起的家族,其先祖徐珵亦担任海运万户。③

陈高华先生指出,这些海运家族在发家致富后,喜好求田问舍,与士人交往,成为地方社会重要的参与力量。④ 如上述福山曹氏中的曹善诚"出私钱买地,作祠宇"修建文学书院,并"赡以田一千六百亩有奇,恐旱干水溢之不虞,益以田二千六百亩有奇,其田有苗税而无力役,春秋之事得不匮乏"。黄溍为此作《文学书院田记》。⑤ 参加地方祭祀也是重要的地方事务,应该说曹氏不但参与地方祭祀活动,而且比较笃信其保佑,"曹巨室也,其事神尤谨"。正如上文所述,元代常熟李王祭祀已经从吴兴土神附加上了保护海运的能力,"李王之灵所拯人于水火者,故海漕之官,尝于风鱼不测之顷,亲见其运饷于泽涛之中","惟神济危以安,导险以平,万艘连卒以无事",这与作为海运世家的福山曹氏有密切相关。

元代朝廷出于保护海运与海外贸易的需要,特别重视海洋神的祭祀,其中最突出地就是天妃祭祀。有元一代持续对天妃进行加封,并且每年对天妃举行祭典,主要有两种类型:一是祈祷海运平安的,在海道漕运开始前由地方官举行的祭祀;二是答谢保佑的,在海道漕运结束后由皇帝派遣官员到各地的天妃庙致祭。⑥《元史·祭祀志》记载:"凡名山大川、忠臣义士在祀典者,所在有司主之。惟南海女神灵惠夫人,至元中,以护海运有奇应,加封天妃神号,积至十字,庙曰灵慈。直沽、平江、周泾、泉、福、兴化等处,皆有庙。皇庆以来,岁遣使赍香遍祭,金幡一合,银一铤,付平江官漕司及本府官,用柔毛酒醴,便服行事。"⑦ 足见天妃庙祭祀特别受到朝廷重视。

---

① 《(万历)常熟县私志》卷4《叙宅》。
② 《(光绪)常昭合志稿》卷48《轶闻志》。
③ 《(光绪)常昭合志稿》卷20《选举志》。
④ 陈高华:《元代的航海世家澉浦杨氏——兼说元代其他航海家族》,《海交史研究》1995年第1期。
⑤ 黄溍:《金华黄先生文集》卷10。
⑥ 陈高华:《元代的天妃崇拜》,《元史论丛》第7辑,江西教育出版社1999年版,第137—143页。
⑦ 《元史》卷76《祭祀五》,第1904页。

除了天妃这类全国性的保佑航运安全的神灵祭祀，在东南沿海地区也陆续出现了地方性的庇佑航行的神灵，其特征往往与上述常熟李王祭祀相似，即在原来已有的神灵身上附加保佑航运的能力。周密《癸辛杂识》中就有一例：

> 杭之霍山张真君祠宇雄壮，香火极盛。自兵火后，渐致颓圮，此役甚大，人无复问之者。辛卯，朱宣慰运米入京，自登、莱抛大洋三神山转料以往，忽大风怒作，急下钉铁猫，折其三四，柁干铁棱，轧轧有声欲折，一舟之人皆分已死。主者露香望空而拜乞命，忽于黑云中震霆有声，出大黄旗上书霍山二字。于是舟人亟拜，许以再新殿宇，以答神贶。须臾，风涛贴然，遂获安济。是冬入杭，遂捐钞千锭，崇建鼎新云。①

朱宣慰，即是朱清，与张瑄一起负责世祖、成宗两朝每年海道运粮，直到大德七年（1303）在京伏诛，是当时东南沿海地区显赫一时的人物，其"子侄甥婿皆大官，田园宅馆遍天下，库藏仓庾相望。巨艘大舶，帆交番夷中。舆骑塞隘门巷，左右仆从皆佩于菟金符，为万户、千户"②。辛卯年，则当为至元二十八年（1291）。该年朱清运粮入京，在登莱地区遭到了大风，面临船毁人亡的局面，此时杭州霍山张真君显灵解救舟人于危难。杭州霍山张真君，当指宋代起源于广德军，被宋代朝廷加封的张王祭祀。主要盛行于江南地区，杭州霍山张王祠更是南宋朝廷祈祷雨旱的重要场所。据皮庆生研究，尽管张王神迹在政治和社会诸多的变动中不断地被添加新的元素，但南宋时期其神迹大都仍然与水旱相关。③ 从张真君拯救朱清运粮船队一事的记载，则可发现宋元交替后张王出现的保佑海运的神迹，这可谓浓重地镌刻上了元代以来独特的时代特征。这些"有功于朝廷"的神迹，无不是为了重新得到新朝廷的认可，最终张真君在泰定元年（1324）二月被加封为"广德路祠山神张真君曰普济"，④ 其再一次得到了

---

① 周密：《癸辛杂识》续集上《霍山显灵》，中华书局1988年版，第161—162页。
② 陶宗仪：《南村辍耕录》，中华书局2004年版，第64页。
③ 皮庆生：《宋代民众祠神信仰研究》第二章《张王个案研究》，上海古籍出版社2008年版，第34—96页。
④ 《元史》卷29《泰定帝一》，第664页。

朝廷的封赐。

三 小结

短暂的元朝对中国历史的影响往往被研究者忽视，或者呈现出消极的一面。就元代海运对地方社会的影响而言，现有的研究大致认为元代海运导致大量船户的贫困，① 而这群生性彪悍、不受到中央政府有效控制的船户最终成为元末东南方国珍割据的重要社会力量，其余波一直持续到明初。② 另有从经济史角度对元代海运的评价，认为元朝的海运政策造成的江南米粮供求关系紧张。③ 本文则揭示出元代海运，这一元代江南地区的特殊政策，除了上述影响外，还给当地民间信仰带来新变化，以及民间信仰的适应。至今在常熟湖甸一带每年农历三月二十日、八月初三，大湖甸村和甸桥村村民都会举行"龙舟会"活动，把李王庙里的神像请到船上，在村内河道中巡游、接受村民香火，保佑地方风调雨顺，④ 而李王的"海神"属性正是源自元朝。

（作者为南京大学元史室博士研究生）

---

① 高荣盛：《元代海运浅析》，原刊于《元史及北方民族史研究集刊》第 7 辑，1983 年，后收录于氏著《元史浅识》，凤凰出版社 2010 年版，第 285—324 页。
② 陈波：《海运船户与元末海寇的生成》，《史林》2010 年第 2 期。
③ 李春园：《元代的物价和财税制度》，博士学位论文，复旦大学，2014 年，第 239 页。
④ 具体可详见蔡梦寥、蔡利民《四季风雅：苏州节令民俗》，江西人民出版社 2013 年版，第 126—128 页。

该向全真道智慧学什么

程 越

2016年4月，习近平总书记在全国宗教工作会议上发表重要讲话，强调支持我国宗教坚持中国化方向，用社会主义核心价值观来引领和教育宗教界人士和信教群众，弘扬中华民族优良传统，用团结进步、和平宽容等观念引导广大信教群众，支持各宗教在保持基本信仰、核心教义、礼仪制度的同时，深入挖掘教义教规中有利于社会和谐、时代进步、健康文明的内容，对教规教义作出符合当代中国发展进步要求、符合中华优秀传统文化的阐释。

笔者的博士学位论文是《金元时期全真道宫观研究》，参加工作后依然葆有对全真道的兴趣。在认真学习习近平总书记以上重要论述的过程中，联想起《人民论坛》杂志主编陈阳波之前给我出的题目——该向道家智慧学什么，试就"该向全真道智慧学什么"申述如下。

一 勇于革新的智慧

道教是中国的本土宗教，在佛教的影响下，于东汉末年形成。自南北朝寇谦之、陆修静改革、整顿后，历隋唐五代宋的漫长岁月，尤其到北宋末年，传统道教已呈衰颓之势。崇尚外丹服食、祈求长生的教义已被事实证明无益有害，大兴科仪斋醮的办法劳民伤财而徒劳无功，部分上层道徒结交权贵、奢侈腐化遭到常人所不齿，大力扶持道教、企图借以神化自己的宋徽宗更是做了可耻的亡国之君。

正是在这样的时代背景之下，陕西咸阳人王重阳（1112—1170）于金朝中期创立了全真道这样一个新兴的道教派别。

王重阳，名王喆，自号重阳子，后人多以号称之，他生于咸阳当地比较有地位的家族，但是生逢乱世，在青年时代家道就中落了。王重阳先入府学读书，修习儒业，26岁时应试武举，得中甲科，但只在小镇上做过收酒税的小吏。他觉得自己怀才不遇，辞职回家，心情郁闷，佯装癫狂。47岁时，王重阳自称在甘河镇（在今户县）酒馆里遇到两位仙人，传授了金丹真诀给他，于是弃妻子、将幼女送给姻家抚养，自己到南时村修炼。他在村中挖了一个洞居住，自称此洞是"活死人墓"，后来又到附近的刘蒋村搭茅草屋居住，修行传道。但是王重阳在陕西的创派传道活动并不成功，其一直没有收到得意的弟子，当地人将其视为行为怪诞的"害风"。

大定七年（1167），55岁的王重阳放火焚烧所住茅庵，东出潼关，沿途乞化，前往山东。他先后在胶东半岛的宁海等地建立了五个教会，徒众数以千计，其中最著名的就是所谓的"全真七子"：马钰，号丹阳子；谭处端，号长真子；刘处玄，号长生子；丘处机，号长春子；王处一，号玉阳子；郝大通，号广宁子；孙不二（马钰妻），号清静散人。

大定十年（1170）正月初四，王重阳率弟子马钰、刘处玄、谭处端、丘处机返回陕西途中，在汴梁王氏旅馆逝世。王重阳死后，以全真七子为代表的全真高道，艰苦弘教，因时乘势，全真道在教义教规、组织和传播方式等方面进行了全面革新，终于在入元以后逐步形成全真、正一双峰对峙的道教宗派新格局，打破了宋朝以前灵宝、上清、正一这三个道教流派鼎立的旧格局。全真道的建立标志着道教作为一支本土宗教的成熟和稳定，在道教史上有着特别重要的地位。

从教理上看，全真道整合了儒、释、道三家的思想，成为禅宗、理学之后第三家完成"三教合一"努力的思想流派。全真道极力标榜"三教圆融"，自称"太上为祖，释迦为宗，夫子为科牌"，劝导徒众诵读道教的《道德经》《清静经》、佛教的《心经》以及儒家的《孝经》。全真道认为"天下无二道，圣人不两心"，三教之学皆不离"大道"，归根结底都是"道德性命之学"。因此王重阳主张建立一种融通三教的"性命之道"，即全真道。全真的意思是"全其本真"，保全作为人性命之根本的精气神三要素，使其不受污损。①

---

① 参见王卡《道教史话》，社会科学文献出版社2013年版。

从教义上看，南北朝以来长期流行的外丹服食，遭到了全真道的彻底冷落，其师法晚唐北宋以来流行的内丹方术，主张性命双修，特别强调以"识心见性"为修仙正途。全真道对道教早期的修道成仙信仰作了较大的改变，从追求肉体长生不死飞升上清，转变为精神超越长存而形体不离凡间。

从教制上看，与传统道教相比，全真道建立了较为完整的宫观制度，不再是较为松散的宗教结社，或者一般的民间信仰，而成为相当独立、凝聚力较强的教团。由金入元，全真道逐渐成为一支势力遍布北方、影响及于全国的强大教派。

王重阳开创了全真道的宫观制度，规定道士须出家修行，他反复劝诱马钰与妻子孙不二分居，"两次分梨，剖割与夫妻分食之，意欲俱化也"。在收谭处端为徒的过程中，"其（谭）妻严氏诣庵呼归，公怒而黜之"①。王重阳明确提出，"捐妻却母"、出家修行是脱离凡俗、皈依全真的条件。②

《晋真人语录》是一部讲述全真道早期宗教思想的著作，王重阳曾加以引用，其中有一首《出家修行》诗："一自离尘是出家，无为无作我生涯，若人问我修行诀，云散青天月自华。"署名王重阳著的《重阳立教十五论》论述了全真道士的修行准则，直接说道人"立身之本在丛林"，"凡出家者先须投庵，庵者，舍也，一身依倚。身有依倚，心渐得安，气顺和畅，入真道矣"。

马钰在王重阳之后执掌全真道，他的《丹阳真人十劝》事实上是早期的全真教规，其中规劝道众"居庵屋不过三间，道伴不过三人"③。《丹阳真人语录》中则要求道士舍弃尘缘："凡作道人，须是刚肠男子，切莫狐疑不决，但念性命事大，力行不退，期于必成，若儿女情多，烟霞志少，非所谓学道者也。"

全真道各代传人一直坚持出家住丛林制度。王志谨是丘处机去世后影响力最大的一位高道，尤其在河南等地很有势力，他彻底否定了在家修行

---

① 李道谦：《甘水仙源录》，《道藏》（上海书店、天津古籍出版社、文物出版社1988年版）本，卷1，《长春子谭真人仙迹碑铭》。
② 《重阳全真集》，《道藏》本。
③ 玄全子：《真仙直指语录》，《道藏》本。又参见《丹阳真人十劝碑》，陈垣编纂：《道家金石略》，文物出版社1988年版，第432页。

的可能性。《盘山栖云王真人语录》云："出家人久居丛林，朝夕训诲，尚且乖殊，因循不进，道心渐减，尘事日增，放荡猖狂，不能虚静。况在俗中，孤行独立，尘情荏苒，爱境牵缠，障道因缘，头头皆是，不自知觉，虽遇圣贤，不能劝化。百端扭捏，诳惑闾阎，迤逦沉沦，福销业长，渐渍深重。若肯回头，犹能救得，合尘背道，无可奈何，地狱不远矣。"按照他的说法，不出家不仅难以悟道，而且很容易堕入地狱。

祁志诚在元世祖忽必烈焚经前后担任全真道掌教，可谓受命于危难之际，所著《西云集》收入《道藏》，其中有《赠在家学道》二首，一云："幼稚修仙出俗笼，犹然不悟本元容。在家言了希夷理，笑杀庞公与许公。"一云："在欲难通出世机，居尘不许慕希夷。若凭口说成因果，画饼充斋怎耐饥。"不以在家成道为然的态度也很鲜明。

元代戏曲家马致远写的杂剧《马丹阳三度任风子》，就写了甘河镇任屠"为神仙休了脚头妻，菜园中摔死亲生儿"的故事，反映出全真道出家修行的教义深入民间。

道士出家是全真宫观制度的核心。在此基础上，随着宫观的建立和发展，其建筑规制、宫观经济、宫观管理制度也渐趋完善。

二 苦己利人的智慧

世界三大宗教普遍要求神职人员的专业化，也都要求神职人员对其信仰的无限奉献。苦己利人、甘于奉献，是全真道的重要立教宗旨，也是其受到崇信、得到发展的重要根基。

全真道初创时就崇尚苦行、节制欲望。王重阳到山东后，受马钰与宁海富户高巨才之邀住在范明叔怡老亭，题名"全真庵"，是为全真道第一座宫观。他在这里劝化了马钰，当时庵中四壁萧然，简陋到冬日亦无取暖之火。马钰居环堵时，"但设几榻笔砚羊皮而已，旷然无余物，早晨则一碗粥，午间则一钵面"①，都是仅能维持生存的最低标准。据尹志平在《北游语录》中说，马钰"初立教法，以去奢从俭、与世相反为大常，凡世所欲者，举皆不为，只缘人多生爱欲不休以至迷却真性，而不能复"。

---

① 《丹阳真人语录》，台湾艺文书局1962年影印涵芬楼道藏本。

针对常人都有的欲望，丘处机的重要弟子、全真掌教尹志平声称须节制食、睡、色三欲。① 祁志诚也说"除情减饭去阴魔，睡少神清气自和"。② 全真家将不睡谓之"炼阴魔"，丘处机在磻溪修道，昼夜不眠六年。于道显是刘处玄的徒弟，有《离峰集》收入《道藏》，其弟子卫致夷叙其道行云："吾全真家禁睡眠，谓之炼阴魔，向上诸人，有胁不沾席数十年者。吾离峰子行丐至许昌，寄止岳祠，通夕疾走，环城数周，日以为常，其坚忍类如此。"③

马可·波罗在他的游记中说，上都城中"尚有别种教师名称先生，守其教戒，节食苦修，终身仅食糠，浇以热水。此外不食他物，仅饮水，日日守斋，是盖过一种过度苦行生活也。此辈亦有偶像，为数不少"。是时上都已建长春宫，所记浇热水，可能是指道士斋戒沐浴之仪，食糠之行虽不见其他记载，但也不无可能。游记中所描述的，应当就是全真道徒的禁欲苦行生活。

全真道所推崇的苦行，最难的还是精神上的磨炼，以此促进形成强大的内心世界。王重阳对自己的七个弟子就是非常严苛的。马钰回忆："祖师尝使弟子：'去宁海乞化些小钱米，我要使用。'弟子道：'教别个弟兄去后如何？弟子有愿不还乡里。'祖师怒打到平旦而止，打之无数，吾有退心，谢他丘师兄劝住，迨今不敢相忘。"④ 马钰是宁海的名人，王重阳非要他去家乡行乞，就是让他放下平常人的所谓羞耻心。王重阳临死之前在开封时，言行更是诡异，正月里天寒地冻，他命令弟子用募化来的钱买了许多木材，堆在室中点燃，屋子窄小，便让马钰、谭处端立于室内，而丘处机、刘处玄立于室外，屋里的人不堪其热，屋外的人不堪其寒，刘处玄于是逃走。

全真七子一定程度上继承了王重阳的这一风格。张志素与其他愿入道的人到东莱谒见丘处机，"长春嚼齿大骂，漫不加省，二三子大惧，皆逡巡遁去，师留请益恭。长春噱然笑曰：孺子可教，遂以备庖爨之列"⑤。丘

---

① 《清和真人北游语录》，《道藏》本，卷1，叶1下。
② 祁志诚：《西云集》，《道藏》本，卷中，叶3下。
③ 元好问：《遗山集》卷31《紫虚大师于公墓碑》，《四库全书》本。
④ 《丹阳真人语录》叶12下。
⑤ 《甘水仙源录》卷4《应缘扶教崇道张尊师道行碑》。

处机曾经告诫尹志平："勿化小末人出家，盖道非薄质可受。"①

全真道一方面主张禁欲苦行；一方面在教门中多服劳役，谓之打尘劳。这样做既是为了修行，王重阳曾云："汝等又不端的做修行，更不打些尘劳，如何消得十方饮膳"，② 也是为了炼性，"以折其强梗骄吝之气"③。全真道从日常的生产劳作中发掘出心灵净化的价值，揭示出任何琐碎平凡的工作，都可以检验与提高心灵的定力。④ 丘处机以掌教之尊，一样对打尘劳丝毫不避，与普通道士无异，以至左右呼之为丘老头。尹志平回忆"当时大有尘劳，师父一一亲临，至于剥麻之事亦为之，堂下人亦曰'丘大翁'"⑤。李志明师事丘处机，"始自薪水庖厩及一切筋力役心智之事，皆令亲历而备尝之，然后诱之以至道之妙，示之以用力之方，勤恳谆复不惮进朝夕，师亦力强而志苦，至胁不沾席者逾十年"，终于受到丘的赞许。⑥ 于显道师从刘处玄，刘卒后，求法于丘处机，"服炊爨之役十余年，期报厚德，时亦以严洁见称"⑦。从初创期到全盛期，打尘劳成为风气，有不为者，则不容于教团。宋德方先后师从于刘处玄、丘处机，是丘处机之后最有作为的大师之一，曾主持编刻《玄都宝藏》，开凿了多处道教石窟并流传至今，他的门徒众多，形成了自己的法系。宋德方随从丘处机西行，回住长春宫，"是时从师（丘处机）之众皆躬尘劳，真人（宋德方）独泰然以琴书自娱。有诉之师者，辄拒之曰：'汝等勿言，斯人以后尘劳不小去也。'"⑧ 德方后来果然致力于兴修《道藏》，七年方毕其功。

全真道以为，这样的苦修，目的既在于早登仙境，也在于能够利乐众生。比如，他们很重视接待，认为既受十方供养，也应接待十方过客，将其称作大功行。尹志平在《北游语录》中说："必有志于功行，莫如接待，凡所过者，饥得食，劳得息，时寒时暑皆得其安，慰德施于人者有如此，而功可不谓之至大乎？久而不易其诚，则当有神明报应，纵或未至，则必

---

① 于钦：《齐乘》，《四库全书》本，卷4，叶39下。
② 玄全子：《真仙直指语录》，《道藏》本，卷上，叶13上。
③ 王恽：《秋涧先生大全集》卷61《寂然子霍君道行碣铭》，《元人珍本文集丛刊》本。
④ 强昱：《刘处玄学案》，齐鲁书社2012年版。
⑤ 《清和真人北游语录》卷4，叶2。
⑥ 《甘水仙源录》卷6《栖真子李尊师墓碑》。
⑦ 《甘水仙源录》卷5《冲虚大师于公墓碣铭》。
⑧ 《道家金石略》，《宋天师祠堂碑铭》，第547页。

有外助，其暗中显应有不可具言者。"他自己在潍州三十年间，一直馆谷过客不倦。终南山上清太平宫"当陕右道路之冲，其接待之礼，虽军马往来，亦必供给，商人羽客，为可见已"①。寿光县灵显观在戊午（1258）建成后，"日接待三五十人以至有百人"，有道侣及佛子着儒服者。② 元好问因而称赞"全真家乐与过客饵，道院所住，至者如归"③。

三　善辨形势的智慧

金兴定三年（1219）丘处机西行晋见成吉思汗，是一件对全真道发展产生了决定性意义的大事。元光二年（1223）他回到中原，1224 年进驻燕京。姬志真所撰《终南山栖云观碑》说："至于国朝隆兴，长春真人起而应召之后，玄风大振，化洽诸方，学徒所在，随立宫观，往古来今，未有如是之盛也。"④ 此前十年见于史料记载的新创全真道宫观为 15 座，而此后十年创建的全真道宫观达 56 座，增加了两倍多。以此为标志，全真道的发展进入全盛期。对于全真道在全盛期的道士人数，在我 1996 年完成博士学位论文时，尚没有研究者作出统计。我综合《道家金石略》、《道藏》和地方志等史料，建立了一个金元时期全真道宫观的数据库，收录宫观 1200余座，在此基础上我推测全盛期的全真道士在 10 万人以上，宫观近万座。

其实，在西行会见成吉思汗之前，丘处机已经是各方争取的对象了。金贞祐四年（1216），金宣宗下诏派东平军王庭玉召丘处机赴汴梁，但丘处机推辞未前往。南宋宁宗嘉定十二年、金兴定三年（1219），丘处机住在莱州的昊天观，那时山东的大部分地方被南宋收复，宁宗久闻他的名声，便遣使召请南行，命大将彭义兵派兵保卫，他辞谢不去。当年五月，成吉思汗在西征途中，从乃蛮国遣近臣札八儿、刘仲禄到山东来请他西行，丘处机毫不犹豫，慨然接受了成吉思汗的邀请。他选了十八名弟子从行，历时三年多，行程万余里，终于到达印度大雪山之阳（今阿富汗境内）。成吉思汗在行宫接见丘处机，设庐赐食，礼遇至隆，请问治国之方、

---

① 《道家金石略》，《上清太平宫记》，第 520 页。
② 《寿光县志》卷 13《金石志》，台湾《中国方志丛书》本。
③ 《遗山集》卷 31《圆明李先生墓表》。
④ 姬志真：《云山集》卷 7《终南山栖云观碑》，《道藏》本。

长生久视之道。丘处机以"敬天爱民为本","清心寡欲为要"作为回答。成吉思汗大悦,称他为"仙翁",命左右录其所言。1223年二月,诏许东归,诏令免除全真道赋税差役,发给丘处机金虎牌、玺书,命其掌管天下道教,又派士兵千人护送。

1223年丘处机从西域晋见成吉思汗返回内地时,以立观度人、积功累行为主要任务,大力扩张教门的思想更加明确。他行至盖里泊,在深夜召集弟子训话:"今大兵之后,人民涂炭,居无室,行无食者,皆是也。立观度人,时不可失。此修行之先务,人人当铭诸心。"① 在宣德朝元观致信河朔州府官僚将帅:"王室未宁,道门先畅,开度有缘,恢洪无量。群方帅首,志心归向,恨不化身,分酬众望。"②

当时各地道徒纷纷前来朝拜,丘处机反复宣讲外修功行、建宫立观的重要。比如,丘处机在宣德朝元观对迎接他的李志柔"教以立观度人,将迎往来,阐化为务"③。尹志平后来专门论述了在丘处机掌教期间,全真道的指导思想由早期的"无为"主导变成"有为"主导的演变,他在《北游语录》中说:"《易》有云:随时之义大矣哉!谓人之动静必当随时之宜,如或不然,则未有不失其正者。丹阳师父以无为主教,长生真人无为有为相半,至长春师父有为十之九,无为虽有其一,犹存而勿用焉。道同时异也。如丹阳师父《十劝》有云'茅屋不过三间',在今日则恐不可,若执而行之,未见其有得。……今日之教虽大行有为,岂尽绝其无为,惟不当其时,则存而勿用耳。"明确提出"今日教门大开,积累功行,正其时也,便当有为,为入道基本"。

王志谨也说:"教门既开,外功亦应合天应人,功不厌多,行不厌广。但在此心坚固,乃可成就耳。"他把全真丛林比作大山,无论草木成材与否,在所不拒,"凡住丛林,云集方来,岂得人人一等,个个同条,喻如大山,草木毕备,有不材者,有成材者,有特立者,有依附者也。有灵苗瑞草也,有荒榛荆棘,种种不同,随性任运,自有次第,山体巍然,元无拣择,一一舍摄,流水积石茂林丰草,兽走禽鸣,尽是神通妙用,彼各相资,如蓬在麻,不扶自直,天长地久,各得其成就,若欲截长续短,变青

---

① 《甘水仙源录》卷10《大都清逸观碑》。
② 《道家金石略》,《长春演道主教真人内传》,第636页。
③ 《甘水仙源录》卷7《终南山圆明真人李练师道行碑》。

作黄,岂谓各不得安,抑亦失其本性也"。①

  金元之际,也是蒙古灭西夏、南宋之时,由于绵延百年的残酷战争,加上长期的饥荒与瘟疫,中国人口严重损失,黄河流域的浩劫尤为惨重,1234 年蒙古灭金,1235 年(乙未年)窝阔台汗下令对中原户籍进行全面清理,次年完成,统计的户数为 110 余万户,约为金代鼎盛时期的 13%。在这样的时代大背景之下,丘处机抱着"欲罢干戈致太平"的宏愿,② 向蒙古最高统治者建言一言止杀,全真道得到上层统治者的支持,全真宫观享有免除差发赋税的特权,于是教门大宽、信者云集,"至有囚俘亡命,辄缁其冠而羽其衣,一无所问。凡前后所活,无虑亿万计"③。全真道依靠善辨形势、能揽人心,因时趁势、大举扩张,既奠定了自己的发展基础,也救济了黎民百姓,帮助实现了社会重建,这样的智慧,直到今天也是值得探究与借鉴的。

(作者为西藏政府驻西安办事处党委书记)

---

① 王志谨:《盘山栖云王真人语录》,《道藏》本,叶 28 下。
② 《长春真人西游记》中记录的丘处机西行途中所咏诗,参见赵卫东《金元全真道教史论》第 6 章《丘处机"一言止杀"辨正》,齐鲁书社 2010 年版。
③ 《道家金石略》,《栾城县太极观记》,第 599 页。

元朝前期地方经营政策的转变
——以河海联运的兴废为中心

张 良

一 前 言

在元代南粮北运工程中，胶莱运路格外引人注目。工程设计者将海运与河运巧妙地结合在一起：运粮船从淮北平原放洋入海，途中穿过一条凿通山东半岛的运河，再经渤海抵达今天的天津一带。由此不仅可以缩短东部沿海航运的里程，还可以规避山东半岛东部的风浪。在任何时代都堪称富有想象力的工程。

金代以黄河以北的河北、山东地区作为其经济腹地，有赖其供亿，财政勉强自足；与宋代不同的是，黄河以南在宣宗播迁之前均属金朝边陲之地，历来不受统治者重视，其人口、经济总量无法与河北、山东相提并论；贞祐南迁之后，金朝加强了对河南地的经营，然而效果不彰。蒙古灭金之后继承了金代的地域格局，① 设立屯田，实行休养生息的政策。然而自金章宗末年以来，连年战乱摧残了黄河以北地区，屯田营收有限；河南地区又不堪仰赖。② 然而平宋、东征巨大的消耗，加之地方军阀割据等因素，北方财政收入远无法满足国家的消耗。因此至元十二年（1275）宋元前线鏖战正酣之时，元廷就派出郭守敬仔细勘察了两淮、山东一带的河

---

① 如元初河北、山东均属中书省直辖，而河南地区则派遣行中书省管辖。
② 王颋：《元代屯田考》，《中华文史论丛》1983 年第 4 辑。

道。① 其后还没有等到江南平定，伯颜就迫不及待地造船将浙西粮草经由江淮，沿黄河逆水至中滦转陆运，而后经由御河发运入都。②

历经宋金分隔及多年战乱，两淮、山东一带的水路运道已经大半荒废，其余勉强可用的，每年拼尽全力也只能运粮三十万石左右。③ 寻找理想的运粮方案可以说迫在眉睫，胶莱运路就是在此背景下被提出来的。

元初南北运粮的通路除胶莱运河以外，还有"中滦运路"和"济州运路"两条内河通道。至元十二年伯颜命令转运的浙西粮草，就是经由"中滦运路"。在至元十三年（1276）之前，其中一段需沿黄河溯流而上，这是因为北宋的传统运路汴河早已丧失了漕运功能，而后来作为元朝沿淮漕运枢纽濠州此时尚未归附。至元十九年（1282），元廷分别在中滦、荆山设立上下行司，④ 可见此时的"中滦运路"已改由淮河、濠州一线。至于"济州运路"，据《经世大典》记载："创开济州、泗河，自淮至新开河，由大清河至利津河入海接运；因海口沙壅，又从东阿旱站运至临清，入御河。"⑤ 上述河道开凿的背后，是元朝立足于今天的山东、两淮地区的一个庞大的理财计划，运河开凿与屯田等地方经营措施密切相关。

与此同时，立足于江浙一带的海运也初见眉目。在至元二十年（1283）至二十五年（1288）之间，胶莱河、内河航运与海运共同发展却又相互掣肘博弈。而最终的结果是海运取得了胜利，成为元朝南粮北运的主要手段。⑥ 三者势力的此消彼长，体现了这一时期中央与地方以及不同地方之间的错综复杂的利益纠葛。

关于胶莱运河的研究成果汗牛充栋。李秀洁《胶莱运河》⑦ 一书围绕

---

① 齐履谦：《知太史院事郭公行状》，参见苏天爵辑《国朝文类》卷50，四部丛刊初编影印元至正二年杭州路西湖书院刊大字本，下同此本。伯颜令郭守敬勘察水道本为军事用途，但也考虑到了将来灭宋之后转运江南漕粮的需要。
② 《永乐大典》卷15949，第7册，第6966a页。
③ 《永乐大典》卷15949"运"字韵，《经世大典》海运篇，第7册，第6966b页。
④ 《永乐大典》卷15949，第7册，第6966a页。
⑤ 《永乐大典》卷15949，第7册，第6966a页。并见《元史》卷65《河渠志二》"济州河"条，第6册，第1626页。济州运路的运道、修造时间，不同材料互有歧互，还应作进一步的讨论。
⑥ 武元亨：《都漕运使司同知赵公去思碑颂》记载："暨国朝有东南之利，江浙之赋，岁输米三百五十万石。初由淮转汶、泗、东阿、胶莱达京，以其迁延（中缺）港口，涉沧溟之汹涌，冒洪涛之屹立，至直沽之广通，始交卸以入京。"碑文创作时间迟至至正八年。
⑦ 李秀洁：《胶莱运河——中国沿海航运之枢纽》，商务印书馆1938年版。

胶莱运河作了不少开创性的探索，为后世的研究奠定了规模；本书注意到胶莱河的兴废与元初政治之间的关系，是颇有见地的。高荣盛先生《元代海运试析》①和《元初山东运河琐议》②是元代交通史研究的两篇力作，提出了不少有分量的观点。其他研究，或平铺直叙、人云亦云，或围绕片面"议题"做碎片化的研究。自李秀洁以来，问题的拓展十分有限，原有研究至20世纪90年代之后几无推进。

胶莱运河的兴衰足以牵动元朝初年深刻的社会变迁。研究胶莱河，离不开对元代漕运、海运的全盘贯通，离不开对元初中央政府与地方社会，以及不同地域之间交流与摩擦并存的历史背景的把握，而且需要从更长的时间段理解这些错综复杂关系的历史根源，而这正是目前的研究所欠缺的。笔者拟在前人研究的基础上对这一问题作出梳理，并期待借此加深对这个时代的认识，不当之处，盼同行师友斧正。

二 胶莱运河的开凿与海运的开端

胶莱运河的开凿开始于元世祖至元十七年（1280）。这年七月，莱州人姚演提请元廷"修建胶东河"，并在涟海地区募民屯田。③其建议得到了阿合马等权臣的首肯；经由耿仁、阿里出面上奏，获得世祖批准。为此朝廷还拨付了中统钞万锭用以雇募人力。④

阿合马把持下的中书省持续关注着胶莱河工程；至元十八年（1281）六月，中书省考察了涟海屯田的收支状况，⑤结果看起来颇为乐观，因此运河开凿工程顺利地执行了下去。当年十月，元廷继续在淮西募民屯田；十二月，则批准了姚演的请求，免除了益都、淄莱、宁海当年的租赋，以

---

① 高荣盛：《元代海运试析》，《元史及北方民族史研究集刊》第7期，1983年5月；后又补充若干内容，以"元代海运与江南社会经济"为题收入作者主编的《江南社会经济研究》宋元卷，农业出版社2006年版。
② 高荣盛：《元初山东运河琐议》，《元史及北方民族史研究集刊》第8期，1984年。
③ 《元史》卷11《世祖纪八》，第225页。并同书卷65《河渠志二》，第1625页。
④ 《元史》卷65《河渠志二》，第1626页。
⑤ 《元史》卷11《世祖纪八》，第231页。

折算为开河雇工的酬值。①

主持胶莱运河开凿工作的是阿八赤。②《元史》本传记载,阿八赤为宁夏人,至元十八年受"益都等路宣慰使、都元帅",发兵万人开凿运河。他督凿运河尽职尽责,"往来督视,寒暑不辍"③。此后几年中,他的命运和胶莱运路联系在了一起。

这条运路与元代海运运路并不重合。《经世大典·海运》记载海运运路极为详备,而胶莱河的线路元、明两代也都有详细的勘察记录。④ 运河南起"胶西县东陈村海口,自东南趋西北,凿陆地数百里"⑤。运路的北端于史有证,即今天天津的大沽口一带。那么运路的南端在哪里呢?据《明史·河渠志》"海运"条记载,嘉靖二十年,"总河王以旂以河道梗塞,言'海运虽难行,然中间平度州东南有南北新河一道,元时建闸直达安东,南北悉由内洋而行,所当讲求'"⑥。安东,即元代的涟水,所以运路南端就在涟海地区。⑦

至元十九年八月之前,胶莱运河已经开凿完毕;当月,元朝廷就命阿八赤沿着这条运路督运漕粮。⑧ 船队从淮安出发,经淮河口出海,之后沿海岸北上,到达今天青岛胶州湾一带。此处海岸"多隐石,潮涨不见",号称"最为险要"。⑨ 船队就在胶州湾北部的河口进入运河航路。胶莱新河在元代主要流经益都、莱州地区,它贯通了两条天然水道,并通过逐级修建水闸以解决河道流域中间高、两端低的问题。虽然采取了措施,但是水

---

① 《元史》卷65《河渠志二》,载火鲁火孙转达姚演请求是在当年九月,第1626页。同书卷11《世祖纪八》将此事系在当年十二月,应是批准执行的时间,第236页。
② 《元史》本传作"来阿八赤"。
③ 《元史》卷129《来阿八赤传》,第3142页。
④ 参见陆釴、陈沂《(嘉靖)山东通志》卷13《胶莱新河》;另见陈全之《蓬窗日录》卷3《海运胶莱新河》。
⑤ 于钦:《齐乘》卷2"胶水"条。
⑥ 《明史》卷86《河渠志四》,中华书局点校本,第2115页(下同此本)。
⑦ 高荣盛先生利用旁证得出了同样的结论,参见其所著《元初山东运河琐议》,《元史及北方民族史研究集刊》第8期,1984年5月。本文的主要论据是《元史》卷15《世祖纪十二》的一则记载:"(至元二十六年春正月)壬寅,海船万户府言:'山东宣慰使乐实所运江南米,陆负至淮安,易闸者七,然后入海。'",第319页。另外姚演屯田涟海、满浦仓的重新设立,都能从侧面论证这一观点。
⑧ 《元史》卷12《世祖纪九》,第245页。
⑨ 梁梦龙:《海运新考》卷上《海道湾泊》。

源依然是胶莱运河的一大软肋。运河的流域面积非常狭小，汇聚不了太多的水量，而气候条件又导致本已非常有限的水量在一年当中的分配并不平均。而运河的另一端亦非理想锚地，距新河河口半里远的海仓口仅可驻船十余艘，① 给转运带来不少困难。这些不利因素为胶莱运路的最终失败埋下了伏笔。②

至元十二年，在元军攻下临安不久，伯颜即命令新近归附的朱清、张瑄③等人在崇明一带雇募船只，将亡宋府库所藏图籍等战利品经由海道运往京师，从而开辟了南北海运通路。此后七年当中，元朝并没有利用海道转运江南粮秣，而是把更多的精力放在内河的疏通和两淮地区的经营上。一方面，朱、张二人为新近归附的宋人，得不到元朝的信任也算正常；另一方面，受制于客观的运输条件，此时江南漕粮所占比重并不高，④ 无须通过海路大规模转运。

胶莱运河完工当年，即至元十九年，内河漕运已是"前后劳费不赀"，却始终未见成效。⑤ 此时伯颜想起了七年前那次成功的海运——以此运送江南漕粮不失为好的选择。借由其崇高威望，提议很快得到了批准。元廷命令江淮行省在六十天内赶造出六十艘平底新船，此事交由上海总管罗璧、朱清、张瑄负责。当年八月，满载四万六千石粮食（一说五万石）的一百四十六艘海船（一说一百五十五艘）⑥ 从刘家港起锚，启程北上。⑦

同年起航的两支运粮队伍，同样面临着不确定的前程。等待他们的，是来年元朝上层的评断与裁决。

---

① 梁梦龙：《海运新考》卷上《海道湾泊》。
② 导致胶莱运河逐渐衰落的自然原因，可参考薛磊《元代的胶莱运河》，《历史教学》2006年第1期；高荣盛《元初山东运河琐议》，《元史及北方民族史研究集刊》第8期，1984年5月；邹逸麟《山东运河历史地理问题初探》，《历史地理》创刊号，上海人民出版社1982年版；李秀洁《胶莱运河——中国沿海航运之枢纽》，商务印书馆1938年版。
③ 《广舆图》记载："朱清、张瑄者，海上亡命也，久为盗寇，出没险阻，若风与鬼，劫掠商贩，人甚苦之"，上海古籍出版社《续修四库全书》影印国家图书馆藏明嘉靖刊本。
④ 中滦运路"尽力一年不过三十万石"；其他河运通道所占比重是微乎其微（至少得到朝廷关注的只有中滦一路）。
⑤ 《永乐大典》卷15949，第7册，第6966a页。
⑥ 《永乐大典》卷15949。这两种说法均引自元代《经世大典》，两处数目不一，或材料来源有别。待考。
⑦ 《元史》卷93《食货志一》，第2364页。引自危素《元海运志》。

三 不同运路的命运沉浮

至元十九年三月,当胶莱运路还在按照预定的计划开凿的时候,阿合马遇刺身亡了。有证据表明,胶莱运路自始至终都是由阿合马把持的中书省筹划。《经世大典·海运》记载,至元二十年十一月的某天世祖询问大臣:"伯颜运粮之道与阿八赤所开河是否相通?"① 可见最高统治者忽必烈本人对此事了解不多。因此,阿合马派的倒台对胶莱河前景的影响无疑是巨大的。

阿合马的理财政策在地方上激起极大的反弹,他的死亡与朝廷内部的政治斗争纠缠在了一起。莱州人姚演的胶莱运粮计划,正是阿合马地方经营的一环。阿合马遇刺当年四月,元廷就开始处理阿合马"党人",其中阿里、郝祯等均是当年创开胶莱河的倡议者。九月,汉官游显上书,请求停止涟水、海州一带的屯田,并"以其事隶管民官",② 这一请求得到了批准。元廷显然有意检视这条运路的成效,可是阿八赤的第一次转运充满混乱,体量庞大的海船居然无法直接进入内河,只有等到涨潮才能勉强驶入。第一次航行结束后,阿八赤即提请打造五百艘体量较小的船只用以运粮便是证据。③

胶莱运路的运量远不理想。据至元二十年八月统计,运粮总数二十八万多石,其中阿八赤的运道仅二万石,还有余粮,或许不久就会抵达。④ 而期间的损耗触目惊心,当年十一月丞相火鲁火孙等上奏:"阿八赤新挑河道迤南用船一百九十四艘,运粮四万八千九百六十一石。其船一百四只内损坏、讫粮[二万]五千五十一石。外船九十只,该粮二万三千九百九

---

① 《永乐大典》卷15949,第7册,第6968b页。
② 《元史》卷12《世祖纪九》,第245页。
③ 《永乐大典》卷15949载,"省臣言,阿八赤新开河口,候潮以入,所损甚多,民亦苦之。今欲造小船五百只,建仓三处"。第7册,第6968b页。
④ 《永乐大典》卷15949,第7册,第6966b页。

石。凡粮之到者与已损者，具数以闻。"①

此时胶莱运路已经开始受到了支持海运一派的攻击。浙西道宣慰使史弼甚至建议将阿八赤的船只修理后交付阿塔海使用，作为将来出征日本的战船。② 已经到了十一月，阿八赤的"余粮"尚无抵达的迹象。此时在忙兀䚟的带领下，海运第二批二百七十余艘船已经北行的路上了。

而与此同时的第一次海道运粮也并非一帆风顺。由于"风汛失时"，所以当年船队不能顺利抵达目的地，只能在山东刘家岛过冬，直到次年的三月方由登州放莱州洋，抵达直沽。③ 但与损失惨重的阿八赤船队相比，海运无疑要成功得多。据《经世大典·海运篇》记载：

> （二十年）八月，以去岁初试海运，暨诸河运，总计所至者粮二十八万石。丞相火鲁火孙、参议秃鲁花等奏："去年伯颜曾言海道运粮，火鲁火孙、省官令试验。今日扬州以船一百四十六，运粮五万石，四万六千石已到；其余六船尚未到，必是遭风。"④

其船只损耗情况也远好于胶莱运路。至元二十年十一月省臣奏："今春试行海道，其船一百四十八，皆已至矣，其不至者七舟而已。"⑤

不过朱清、张瑄的船队三月到达直沽，四月即奉命跟随阿塔海出征日本，虽然这次出征最终没能成行，但海运、胶莱运路显然还没有引起元朝廷足够的重视。

事情的转机出现在这一年（1283）六月，⑥ 此时大都粮价升腾的状况非常严重，麦尤丁向朝廷禀报了福建人王积翁的建言，其中提到如果单靠

---

① 《永乐大典》卷15949，第7册，第6968b页。原文脱讹情况严重：损坏、讫粮五千五十一石，该粮二万三千九百九石，与运量总数四万八千九百六十一石不符。按《永乐大典》同卷记载，秃鲁花奏胶莱河运粮二万余石，若损坏、讫粮为二万五千五十一石，与该粮相加，与四万八千九百六十一石较为吻合（仅差一石，很可能为抄写讹误）。原文在抄入《永乐大典》之时，"五千"之前很可能脱漏了"二万"二字。

② 《元史》卷12《世祖纪九》，第256页。据《永乐大典》所录《经世大典》海运篇记载，阿八赤共有船两千搜，水手、军人各一万人；而第一次航运才用船一百九十四艘，第7册，第6968b页。这里"取阿八赤所有船"，并非尽数取走，不过对胶莱运路依然是一次不小的打击。

③ 《永乐大典》卷15949，第7册，第6966a页。

④ 同上书，第6966b页。

⑤ 同上书，第6968b页。

⑥ 此处据《永乐大典》卷15949所载元《经世大典》海运条目（第7册，第6966b页）。《元史》卷12《世祖纪九》作五月（第255页）。

"中滦运路"运粮,"尽力一年,惟可运三十万石",① 远不能满足京师所需,唯有"广输运之途"②,才能解决目前的困境。就这样,两条新开辟的运路受到朝廷的瞩目。于是王积翁的建议得到采纳,"诏江南运粮,于阿八赤新开神山河及海道两道运之。立斡脱总管府"③。神山河,就是阿八赤所开胶莱运河。④ 而这样一来,阿八赤第一次转运过程中的种种混乱就这样暴露在了朝廷面前;还因为开河"侵用官钞二千四百锭,折阅粮米七十三万石",和姚演一同受到了弹劾。⑤

七月,阿塔海征讨日本之事暂时被搁置了起来,为此征用的商船则悉数给还。不久第二次海运开始了,主持这次海运的是忙兀䚟。十月,大臣向朝廷汇报首年海运情况时称,"今春试行海道,其船一百四十八,皆已至矣,其不至者七舟而已。前有旨,以其事嘱忙兀䚟,今忙兀䚟使来,言今用此道运粮,为船二百七十,所失者十有九舟。今皆得之矣"⑥。

根据《经世大典·海运》所记载的"岁运之数",⑦ 可以对本年海运的运量有一更直观的了解:

表1 至元二十年、二十一年海运运量　　　　单位:石

时间	起运漕粮	实至漕粮	事故粮
至元二十年	46050	42172	877
至元二十一年	290500	275610	14890

从表1可以看出,在运行海运的头一年,海运运粮总数占当年转运粮食总数的比重并不高。但是海运的潜力不容忽视。至元二十一年(1284),对朱清、张瑄等人来说无疑是幸运的一年,这一年他们奋力转运,年底统

---

① 《永乐大典》卷15949,第6966b页。
② 同上。
③ 《元史》卷12《世祖纪九》,第255页。
④ 胶莱运河亦有"神山桥渠"之名,参见高荣盛《元初山东运河琐议》,《元史及北方民族史研究集刊》第8期,1984年5月。
⑤ 《元史》卷12《世祖纪九》,第256页。
⑥ 《永乐大典》卷15949,第7册,第6968a—6968b页。
⑦ 《永乐大典》卷15950,第7册,第6974b—6983b页。并见《元史》卷93《食货志》"海运"条。

计，居然有二十七万五千六百一十石粮食经由海运运抵直沽。① 元朝对海运的依赖逐渐深化，自此之后成为不可逆转的趋势。

阿合马遇刺后元朝政局的变动，使得胶莱运路前途难测。也是在其遇刺当年（1283）的八月，另一条内河运道，由奥鲁赤主持开凿的济州河也修造完成，并完成了它的首次通漕。② 据《（嘉靖）山东通志》记载，济州河"导洸、汶、泗水，北流至须城、安山，入清、济故渎，经东阿至利津入海。后因海口沙壅，又从东阿陆转二百里抵临清"③。《经世大典》称："（至元二十年）八月，朝臣奏：'东平府南奥鲁赤新修河道，三万二千石，粮过济州，内五千余石暨御河常川僦运。"④ 则奥鲁赤新开河的首次运粮三万二千石，其中二万七千石由济州河—大清河—利津一线输往直沽，另外有五千石在东阿上岸，然后陆运至临清，再经由运河运抵大都。

与海运相比，胶莱运路本年运量处于劣势。转运过程中暴露出种种问题，成为其不断遭受攻击的把柄。而海运展现出巨大的潜力，不少曾任职南方的官员深深清楚这点，而潜藏在海运背后的地方利益也让他们对胶莱河采取了苛刻的态度。至元二十年十一月，朝臣"以海运可行，议罢阿八赤新开河道"。⑤ 斡奴鲁、忙兀鯯甚至三次上书，请求将阿八赤的全部船只、军人拨付给自己使用。

相互攻讦的结果，海运在与胶莱运路的竞争中占据了上风。至元二十年十二月，元朝授予朱清中万户的身份，"易金符为虎符"，张瑄为千户，"仍佩金符"，忙兀鯯、伯颜、麦朮丁等人也各自受赏。⑥ 以济州河、中滦运路为代表的内河运路得到保留。而次年二月，胶莱运路等到的是朝廷罢废的旨令，其船只、军队及水手被分配给了海运和漕运的人马。⑦

---

① 《永乐大典》卷15950，第7册，第6974b页。
② 《元史》卷12《世祖纪九》，第256页。
③ 陆钱等：《（嘉靖）山东通志》，齐鲁书社《四库存目丛书》影印明嘉靖刻本。
④ 《永乐大典》卷15949，第7册，第6966b页。
⑤ 同上书，第6968a—6968b页。
⑥ 同上书，第6968b页。
⑦ 《永乐大典》卷15949，《经世大典》海运篇，第7册，第6968b页；《元史》卷65《河渠志》济州河条三十一年之下，第1627页。这里的"三十一年"应为"二十一年"之讹，高荣盛先生已指出这个问题。

四　胶莱运路的最终结局

至元二十一年年底的一次政治更迭，给胶莱河和海运的命运带来了诸多不确定因素。十一月辛丑，忽必烈不满掌权的火鲁火孙、麦术丁等人理财无方，免去了他们的职务，重新起用被看作阿合马私党的卢世荣，不鲁迷失海牙、撒地迷失等人也踵继高位。① 胶莱运河的命运得以柳暗花明，当年十二月，元廷即命"以丁壮万人开神山河，立万户府以总之"②。

而在重启胶莱运路的同时，海运反而受到了压制。《忙兀台传》记载：

> （至元）二十二年，脱忽思、乐实传旨中书省，令悉代江浙省臣。中书复奏。帝曰："朕安得此言，传者妄也。如忙兀台③之通晓政事，亦可代耶？"俄以言者诏赴阙，封其家赀，遣使按验无状。④

值得注意的是乐实和忙兀䚟二人。乐实⑤与胶莱运粮关系密切，在阿八赤之后主持胶莱海道运粮万户府的工作。而忙兀䚟曾于至元二十年负责督运海运，此后还担任江浙地方长官。海运与江浙官员利益攸关，乐实等人"假传圣旨"打击江浙官员，联系海运受到压制的情况，或许并非偶然。

从海运粮的来源，可以更加明显地看出江浙地方与海运的密切关系与利益纠葛：⑥

> （至元）十九年，省（淮东道）宣慰司以本路总管府直隶行省。二十一年，行省移杭州，复立淮东道宣慰司，止统本路并淮安二郡，而本路领高邮府及真、滁、通、泰、崇明五州。二十三年，行省

---

① 《元史》卷205《卢世荣传》，第4565页；并同书卷13《世祖纪十》，第270页。
② 《元史》卷13《世祖纪十》，第271页。
③ 忙兀台即是忙兀䚟。此外，《元史》中还有忙兀带等译名。
④ 《元史》卷131《忙兀台传》，第3189页。
⑤ 有关乐实的事迹，可参考额尔敦巴特尔《乐实小考》，《蒙古史研究》第11辑，2013年。
⑥ 参见孟繁清《平江路税粮考述——元代海运基地系列研究之二》，《元史论丛》第14辑，天津古籍出版社2014年版，第266—277页。

复迁。①

关于"行省复迁"的原因，在《世祖纪》明确记载：至元二十三年七月，江淮行省忙兀带言："今置省杭州，两淮、江东诸路财赋军实，皆南输又复北上，不便。扬州地控江海，宜置省，宿重兵镇之，且转输无往返之劳，行省徙扬州便。"从之。② 此处记载了由杭州出发北上运粮，很显然主要由海运来承担。

由此可见，至元二十一年到二十三年间海运粮的来源，除江南诸州府以外，还包括江北的扬州路，此时扬州路下辖真、滁、通、泰、崇明五州及高邮府。二十三年之后由于政区变更，江北真、滁、通、泰等州的漕粮或别有规划，但江浙一带是海运粮的稳定供应地区，则是毋庸置疑的。

元代海运立足于江浙一带，因此和当地的利益密切相关。也正因如此，朝中鼓吹海运的官员多和江浙有千丝万缕的联系。伯颜曾是平定宋朝的主帅；忙兀䚟曾多年担任江淮、江浙行省的地方长官，在他的任上更是多次主持海运。而在海运主事者朱清、张瑄、罗璧等人则是在地土著。作为政坛上的对立面，卢世荣等人掌权后处处限制海运也就不奇怪了。

关于胶莱河运量的一个数据，更能从侧面反映出卢世荣掌权期间海运受到压制的情况：

（至元二十二年二月）增济州漕舟三千艘，役夫二千人。初，江淮岁漕米百万石于京师，<u>海运十万石，胶莱六十万石，而济之所运三十万石</u>，水浅舟大，恒不能达，更以百石之舟，舟用四人，故夫数增多。③

前人多据此认为，胶莱运河的运量曾达到过六十万石。而邹逸麟对此提出了质疑。他指出，济州河运量三十万石，尚需增加船只，扩大役夫，

---

① 《元史》卷59《地理志二》，第1414页。
② 《元史》卷14《世祖纪十一》，第290页。此事亦详于同书卷131《忙兀台传》，第11册，第3189页。
③ 《元史》卷13《世祖纪十》，第273页。标点有改动。

胶莱运河运量为六十万反被罢废，于理不通。① 这是颇有见地的。不过他据此判断，这条记载中的"胶莱六十万石"是衍文，未免太过武断了。

同样的记载还可见于《经世大典·海运》：

> （至元）二十二年二月，以济州运粮船数阙，命三省续造三千艘。参政不鲁迷失海牙等奏："自江南每岁运粮一百万石，从海道来者十万石，阿八赤、乐实二人新挑河道，运者六十万石；济州奥鲁赤所挑河道，运者三十万石。今阔阔你敦等言，济州河道缺少船只。臣等议，令三省造船三千艘。"准奏。②

两条记载当有共同的来源。通过对比可以发现，"胶莱六十万石"，是时为参知政事的不鲁迷失海牙上奏之语，而上奏时间，可明确系于至元二十二年（1285）年初。这些信息为考察"胶莱六十万石"的本质提供了线索。

《经世大典·海运》所载"岁运之数"，③则是认识"胶莱六十万石"本质的突破口：

表2　至元二十年至二十三年海运岁运之数　　单位：石

时间	额定漕粮	实至漕粮	事故粮
至元二十年	46050	42172	877
至元二十一年	290500	275610	14890
至元二十二年	100000	90771	9228
至元二十三年	578530	433905	144614

不鲁迷失海牙上奏时间正好在二十二年年初，若海运十万石为实到数目，则属于上一年的运量。但如表2所示，至元二十一年，无论是"该运（额定）粮""实到粮"，均与"十万石"的记载不符；而二十二年额定数目恰巧为十万石。是否是《大元海运记》材料误置呢？实际并非如此。不鲁迷失海牙上奏是在二十二年的二月，如果是事后统计，全年海运尚未完成，他怎么可能知道至元二十二年海运粮的总数为十万石呢？因此十万石

---

① 邹逸麟：《胶莱运河的历史研究》，陈桥驿主编：《中国运河开发史》，中华书局2008年版，第211页。
② 《永乐大典》卷15949，第7册，第6968b—6969a页。
③ 《永乐大典》卷15950，第7册，第6974b—6983b页。

是元廷下达的二十二年海运定额；阿八赤、乐实的六十万石、奥鲁赤济州河的三十石，亦属当年定额，而并非实到数目。

可见至元二十二年海运定额要远远低于上一年实到数目，海运的强大运力无疑被人为压制了。而联系到胶莱运路第一次并不成功的转运，六十万石的额度实在有些匪夷所思。这无疑是当时政治变动的产物了。卢世荣等人虽有理财的本领，不会不明白海运的巨大优势，但他们还是选择无视这一点，希望用十万石的定额捆住海运的手脚，同时把筹码全部押在了胶莱河上：至元二十一年大修胶莱河，并建立万户府以管理胶莱运路；二十二年年初给胶莱河定下六十万石的定额，正是他们希望通过这条运路彻底取代海运，增加自己政治筹码的明证。

但胶莱运路的客观缺陷让他们的如意算盘很快落空。至元二十二年二月，元廷"诏罢胶莱所凿新河"①，始于上年十二月的疏通工程自此中途夭折，六十万石的定额连完成的机会都没有，卢世荣也很快因为朝臣的弹劾被赶下了台。然而胶莱运河与运路的命运尚未彻底终结，这之后胶莱海道运粮万户府依然得到保留。

也是从这一年起，阿八赤和这条运河的因缘际会走到了尽头。至元二十二年十一月，他被派去监督江淮行省的军需，为征讨日本做准备；次年罢征日本，他得以回到京师，募集的民船也被遣散了；当年年底阿八赤随军出征安南并死在了那里。② 阿八赤之后，乐实作为山东宣慰使主持了胶莱万户府的转运工作，直到至元二十六年（1289）万户府被正式废弃为止。

至元二十二年的政治事变使得胶莱运河的命运一再翻转，不过胶莱运粮万户府还是保留了下来。为什么胶莱万户府又继续存在了若干年呢？在这些年中，这一机构是否还发挥了南粮北运的作用？

胶莱运路得以继续存续的关键人物正是乐实。据虞集所撰《碑志》记载，乐实为高丽人，"尚宗女者四，曰唆台公主，曰著思蛮公主，曰完者台公主，皆垄先帖木儿王之女；曰术赤罕公主，忽都帖木儿王之女"。按

---

① 《元史》卷13《世祖纪十》，第274页。
② 《元史》卷129《来阿八赤传》，第3142—3143页。

碑文所记，埊先帖木儿为移相哥王之子，① 也就是成吉思汗长弟哈撒儿之孙。至元二十二年乐实"传旨中书省"打击江浙官员，可见他出身于忽必烈的怯薛；二十六年，他又以山东宣慰使的身份主持胶莱万户府，而哈撒儿家族的分地恰好就在乐实的辖境。② 胶莱河实际上得到了哈撒儿家族的庇护，当时便"有制，禁戢诸人沮挠"③。就是在这种背景下，这条运路得以继续保留。据《元史·世祖纪》记载，至元二十六年春正月"壬寅，海船万户府言：'山东宣慰使乐实所运江南米，陆负至淮安，易闸者七，然后入海，岁止二十万石。'"④ 即胶莱运路依然在发挥作用的明证。

上文说明，至元十九年到二十年初次运粮，胶莱运路大致转运了五万石左右。至元二十二年"六十万石"的记载并非确有之数。转运初期的五万石，及后期的二十万石，大致勾勒出了胶莱运路的合理运力范围。

而同一时段海运的运粮效果又如何呢？下面再看一下至元二十年至至元二十九年的海运总量：

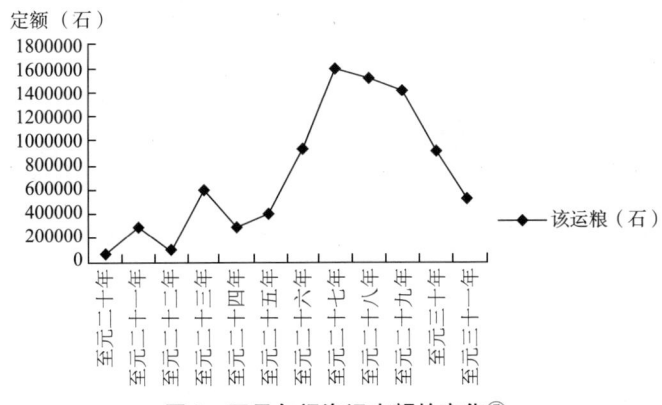

图1　至元年间海运定额的变化⑤

在至元二十六年之前，海运的巨大优势尚未得到充分发挥。在创行海运的头几年，海运岁运之数起伏不大，一直在五十万石以内波动，并没有

---

① 此碑现已不存，唯据钱大昕《潜研堂金石文字跋尾》卷19《齐国武敏公乐实碑》转引可略知其梗概。参考周清澍所撰《中国大百科全书（辽金西夏元史）》"乐实"条，上海辞书出版社1986年版，第119页。
② 额尔敦巴特尔：《乐实小考》，《蒙古史研究》第11辑，2013年，第87页。
③ 《元史》卷168《何荣祖传》，第3955页。
④ 《元史》卷15《世祖纪十二》，第319页。
⑤ 《永乐大典》卷15950，第7册，第6974b页。

完全取代胶莱运路。二十五年是海运地位变化至关重要的一年,这一年灾荒四起,大量的海运粮被元朝直接用于赈灾;十月,海都叛乱,元朝的财政状况更加吃紧,因此在十月,桑哥等请求"明年海道漕运江南米须及百万石"①。现实的需求,使海运的巨大潜力在第二年得到了淋漓尽致的体现,这一年,海运总量为九十多万石,占岁运额度的九成以上;次年更是跃升至一百五十万石。②从此,海运在元代南粮北运中成为绝对主导,朱清、张瑄等人的地位也在今后几年中越发举足轻重。

同样在至元二十六年,连接安民山与临清的会通河开凿完成,又为元朝提供了一条勉强可以维持运转的内河航路。③此时胶莱运路的地位越发尴尬。与海运不同的是,胶莱运路需从涟水发运起航;至元二十年之后,扬州运河逐渐淤塞,至元二十一年二月辛巳即有"浚扬州漕河"④的记载;《河渠志》称,扬州运河在"世祖取宋之后,河渐壅塞。至元末年,江淮行省尝以为言,虽有旨浚治,有司奉行,未见实效"⑤。可见至元二十年之后,扬州运河已逐渐丧失了转输的作用,乃至至元二十六年,胶莱万户府居然还需要将江南米"陆负至淮安",⑥运输成本有增无减。

与此同时,胶莱运路一系列天然劣势并未得到真正解决。期间运粮船只遇风多有沉没,"乐实弗信,督诸漕卒偿之,搒掠惨毒,自杀者相继",由是时人侧目;而在"禁戢诸人沮挠"的条令下,按察官均不敢直言。唯山东东西道按察使何荣祖不顾权势,"草辞以奏",旋即"诏免其徵"⑦。何荣祖的直谏仿佛打开了一个缺口,至元二十六年正月,海船万户府上奏,直陈胶莱运路支绌情状,请求"罢胶莱海道运粮万户府",旋即得到

---

① 《元史》卷15《世祖纪十二》,第316页。并见《永乐大典》卷15950,第7册,第6969a页。
② 《永乐大典》卷15950,第7册,第6974b页。二十七年之后,由于粮食储备相对充足,海运定额有所下降,至成宗元贞元年仅为三十万石;直到大德元年定额又有所回升,至大德六年,又回升至一百万石以上。参见同卷"岁运之数"及卷15949"元贞元年"条相关记载。
③ 《元史》卷15《世祖纪十二》,第324页。
④ 《元史》卷13《世祖纪十》,第264页。
⑤ 《元史》卷65《河渠志二》,第1632页。
⑥ 《元史》卷15《世祖纪十二》,第319页。
⑦ 《元史》卷168《何荣祖传》,第3955页。本传将此事系于何荣祖任山东东西道提刑按察使任上。按同书卷15《世祖纪十二》,至元二十五年十一月,"以山东东西道提刑按察使何荣祖为中书省参知政事"。(第316页)则上奏之事应在该月之前。

了批准①。胶莱运路受到沉重的打击。

而在撤销胶莱万户府的次年四月，元廷"罢海道运粮万户府"，"改利津海道运粮万户府为临清御河运粮上万户府。"② 至元二十八年（1291）正月，又"罢江淮漕运司，并于海船万户府，由海道漕运"③。至此，海运已经逐步排挤掉河海联运，成为接运南粮的主要手段。

那么，在胶莱海道运粮万户府被罢废之后，其下属机构的命运又如何呢？立于惠宗至正八年（1348）的同知都漕运司事赵公去思碑记载了当年都漕运使司全部官吏职衔姓名，④ 在辖下纲官当中，赫然列有"胶水纲"（参见图2）、"胶西纲"（参见图3）之名，两地均在胶莱河沿线，而与元代内河运路相距甚远，显然是原胶莱河的转运机构。可见在万户府被罢废之后，原有纲官吏员便划归都漕运使司管辖。此事或与至元二十七年（1290）"改利津海道运粮万户府为临清御河运粮上万户府"同出一辙。至于胶莱河，据于钦记载："新河者，至元初，莱人姚演建言（中略）欲通漕直固海口，数年而罢。余尝乘传过之，询土人，云'此河为海沙所壅，又水潦积淤，终不能通，徒残人耳。'演真郑国之罪人也。"⑤ 于钦《元史》无传。按柳贯《于思容墓志铭》记载，于钦殁于至顺四年（1333）七月，而《齐乘》记录的当是他在山东廉访司任上的见闻。⑥ 则惠宗即位之前，胶莱河已经处于废弃的状态了。

---

① 《元史》卷15《世祖纪十二》，第319页。
② 《元史》卷16《世祖纪十三》，第336页。
③ 此碑刊于元至正八年，1987年出土于通州明城墙西城垣北段墙基处。出土时碑身下段为工人损毁，殆不可复原。残碑高280厘米，宽90厘米，厚27厘米，艾叶青石质，螭首尖额。额题篆文"同知都漕运司事赵公去思碑"，首题正书"都漕运使司同知赵公去思碑颂"，武元亨撰文，王钧撰额，张允恭书丹。碑文褒扬了同知赵温在通州都漕运使司任上的斐然政绩。原碑现保存在通州文委院内。周良《通州今存石刻》首次披露此碑概况。《北京元代史迹图志》收录全碑拓片及录文。
④ 《齐乘》卷2"胶水"条，《宋元方志丛刊》影印清乾隆四十六年刻本。
⑤ 《齐乘》卷2"胶水"条。
⑥ 柳贯：《待制集》卷11《于思容墓志铭》，四部丛刊影印元刻本。

图 2　胶水纲官①

图 3　胶西纲（下阙）

胶莱运河工程立足于元廷对两淮地区的综合擘画。直到至元二十五年，元廷尚未放松对这一地区的经营；② 二十六年胶莱万户府正式罢废，

---

① 同知都漕运司事赵公去思碑碑阴，据北京大学图书馆藏高清拓片，典藏号 D304：146，仅存碑阴。下同。
② 参见王颋《元代屯田考》，《中华文史论丛》1983 年第 4 辑；梁方仲《元代屯田制度简论》，《梁方仲经济史论文集集遗》，广东人民出版社 1990 年版，第 119—128 页；原为《元代土地制度》的一部分（《历史论丛》第 3 辑，齐鲁书社 1983 年版），收入《遗集》时有所补充；周继中《元代河南江北行省的屯田》，《安徽史学》1984 年第 5 期；周继中《元代北方地区的屯田》，《北方文物》1988 年第 3 期；马建春《元代东迁西域人屯田论述》，《西域研究》2001 年第 4 期，第 18—28 页；吴文武《元代两淮地区屯田考》，《史学月刊》2005 年第 8 期。

这一年同样也是两淮屯田兴衰的分水岭。①

元初北方屯田本为配合军事行动而设立，还和当时对北方残破地区的开发，以及朝廷的财政营收密切相关。然而在海运取得主导地位的同时，两淮地区的屯田，或减缩规模，或听民自耕，逐渐走向了凋零。至元二十七年三月，"放寿、颍屯田军千九百五十九户为民，撤江南戍兵代之"②。三十年春正月"甲戌，河南江北行省平章伯颜言：'扬州忙兀台所立屯田，为田四万余顷，官种外，宜听民耕垦。三月己巳，洪泽、芍陂屯田旧委四处万户，诏存其二，立民屯二十。'"③ 这一时期新设立的屯田主要集中在甘肃、辽阳、云南等边陲地区，而两淮地区则鲜有记载。④ 而到了成宗大德年间，元王朝然偶有派员整顿，然而屯田府所、屯户、田地的数字仍在不断下降，⑤ 两淮屯田也显示出彻底衰落的迹象。

在这背后则是元廷在经济上愈加仰赖江浙两湖的趋势。不可否认海运自元初创行之际，就带上了鲜明的地域色彩。金元废兴之际，金朝传统的经济腹地河北和山东遭受了严重的摧残，河南、两淮长期处于宋金边陲之地，有金一代即处于不断的衰落之中。而江浙地区受到的战乱冲击较轻，加之宋代经济中心南迁的完成，本身即具有强大的物质基础，入元后很快就成为元朝的主要粮食产区。因此元代海运选择从江浙一带起锚绝非偶然。相对于其他运输路线，海运一途更加单纯地依靠南方田赋的支持。航海技术发达、人才众多，固然是江南海运的优势所在；但是，江浙地区强大的物质生产能力，才是海运能够表现出如此强大潜力的决定性因素。因此元代中后期对海运愈加依赖，以至于"百司庶府之繁，卫士编民之众，无不仰给江南"⑥。而明代海运自淮安起运，其效用远不如从江南发运的内河漕粮，虽然内河运道时常淤塞，但终明一代，海运始终也没有取代内河漕运的地位；这和元代海运的主导地位形成了鲜明对比。从这一点来看，

---

① 王颋、梁方仲、周继中、吴文武等均认为两淮的屯田事业在大德年间开始衰落，实际上衰落开始的时间可能更早，如本文所揭示，至少在至元二十六年废罢胶莱运粮万户府之后，两淮地区屯田的衰落已经初现端倪。
② 《元史》卷16《世祖纪十三》，第335页。
③ 《元史》卷17《世祖纪十四》，第372页。
④ 参见王颋《元代屯田考》，《中华文史论丛》1983年第4辑。
⑤ 参见王颋《元代屯田考》，《中华文史论丛》1983年第4辑。
⑥ 危素：《元海运记》，据《元史》卷93《食货志一》转录，第2364—2365页。

无论采取哪种转运方式,粮产地的物质生产能力才是决定一种转运方式成败的关键因素。

五 结论

胶莱运河不仅是一个庞大的河海联运工程,还是元初国家对山东、两淮地区通盘经营的一个重要组成部分。其最终走向衰败,虽然与其客观不利条件有直接关系,更重要的是元代两淮一带的经济基础相对于江浙地区始终处于劣势。海运主要依赖江南的粮食供应,海运的日益兴盛,体现了元朝对江浙税负日甚一日的依赖;而胶莱运路以及它背后对山东、两淮地区的经营,因短期效果不彰逐渐被统治者抛弃。在这一过程中,元朝的财赋来源也由多元并举转向以江浙为重,这"促使统治者进一步强化了仰食江南的思想,而轻视了对北方地区的开发"①,其结果正如叶子奇所说:"元京军国之资久倚海运。及失苏州,江浙运不通;失湖广,江西运不通。"② 某种程度上为元季国势的蹙迫埋下了伏笔。

此外,胶莱运河自兴建伊始即深深卷进了元朝政治斗争的旋涡之中,并和"阿合马派"与其敌手之间的相互攻讦有了千丝万缕的联系。胶莱运粮计划在阿合马当权的时代付诸实施,现在看来绝非偶然;而这条运路历经起伏以致最终走向衰落,很大程度受到了当时上层权斗的影响。

(作者为北京大学博士研究生)

---

① 高荣盛:《元代海运试析》,《元史及北方民族史研究集刊》第7期,1983年5月。
② 叶子奇:《草木子》卷3《克谨篇》,中华书局1959年版,第47页。

元代疫灾述论

张国旺

疫灾是元代重要的自然灾害之一，其危害最为巨大。学界对元代疫灾的探讨取得了丰硕的成果。邓云特指出元代发生疫灾20次，符友丰探讨了金元的鼠疫。李文波列举了元朝89年间的38次疫灾，曹树基考察了元代传染病的流行与影响，张剑光分析了元代疫情，张志斌以表格方式列举了元代疫病流行的状况。郭珂、张功员、和付强考察了元代疫灾的状况和时空规律。龚胜生、王晓伟、龚冲亚则考察了元朝的疫灾地理。①

就上述学者有关疫灾统计的资料来源看，邓云特所统计的20次疫灾当来自《元史》记载。李文波关于疫灾的统计多利用二手资料。曹树基列举的元代31次传染病资料来源于《元史》。张志斌根据《元史》《续文献通考》《新元史》和明清地方志的记载列有元代疫灾近50余次，其间相关记载多有重复。郭珂的统计来源不是很明确。和付强疫情的统计主要源于《元史》和部分文集、笔记等元代文献。龚胜生的统计来源则更为广泛，其中除《元史》外，尚有许多元人文集和明清方志。本节在前人研究的基础上，充分利用元人文集、元代基本史料和部分医学著作，

---

① 邓云特：《中国救荒史》，商务印书馆1937年版；符友丰：《金元鼠疫史与李杲所论病症》，《中医杂志》1996年第4期；李文波：《中国传染病史料》，化学工业出版社2004年版；曹树基：《地理环境与宋元时代的传染病》，《历史地理》第12辑；张剑光：《三千年疫情》，江西高校出版社1998年版，第247—307页；张志斌《中国古代疫病流行年表》，福建科学技术出版社2007年版；郭珂、张功员：《元代疫灾述论》，《医学与哲学》2008年第1期；和付强：《中国灾害通史·元代卷》，郑州大学出版社2009年版，第169—199页；龚胜生、王晓伟、龚冲亚：《元朝疫灾地理研究》，《中国历史地理论丛》2015年第2辑。相关研究还有王秀莲《古今瘟疫与中医防治——千余年华北疫情与中医防治研究》，中国中医药出版社2010年版；宋正海、高建国、孙关龙、张秉伦：《中国古代自然灾异群发期》，安徽教育出版社2002年版。

对元代的疫情及其时空分布作一概述。

一 元代疫情述略

以往学界很少将大蒙古国时期的疫情统计在内。① 实际上，大蒙古国辖区内，疫灾并不少见。据不完全统计，大蒙古国时期见于记载的灾疫有10次，发生于7个年份，主要分布在北方的汴梁、怀孟、邓州、曹州、临洮，以及宋蒙战争的前沿扬州、合州、鄂州等地，多为战争发生地。太祖二十一年（丙戌，1226），蒙军攻占灵武时，耶律楚材就收取大黄等药材，以备不时之需。不久"军士病疫，唯得大黄可愈，所活几万人"②。太宗六年（壬辰，金天兴元年，1232），"汴京大疫，凡五十日，诸门出死者九十余万，贫不能葬者不在是数"③。这次疫灾波及大蒙古国所控制的汴梁附近的河南地区，"饥民北徙，殍殣相望"。宋子贞"议作广厦，糜粥以食之，复以群聚多疫，人给米一斛，俾散居近境，所全活无虑万计"④。太宗九年（丁酉，1237），纯只海被任命为京兆行省达鲁花赤，赴任途中，行至怀孟时，"值大疫，士卒疲惫"，遂"有旨以本部兵就镇怀孟"⑤。宪宗三年（癸丑，1253），忽必烈征伐云南，董文炳率壮士四十、马二百由临洮出通会关，最终"人马疫死，所存者不数人"⑥。其时兀良合台负责经营西南边陲。宪宗七年（丁巳，1257）八月，蒙军过邓州，"时值霖雨，民多痢疾"。罗天益遂得白术安胃散、圣饼子，"于高仲宽处传之，用之多效"⑦。宪宗八年（戊午，1258）夏，蒙古百户昔良海在曹州"因食酒肉，饮湩

---

① 和付强：《中国灾害通史·元代卷》，第170—171页。
② 苏天爵：《元朝名臣事略》卷5《中书耶律文正王》，中华书局1996年版，第75页；《元史》卷146《耶律楚材传》，中华书局1976年版，第3456页；陶宗仪：《南村辍耕录》卷2《大黄愈疾》，中华书局1959年版，第24页。和付强将丙戌年指为太祖二十七年，误。
③ 《金史》卷17《哀宗纪》，中华书局1975年版，第387页。关于这次疫情，可参见李中琳、符奎《1232年金末汴京大疫探析》，《医学与哲学》2008年第6期。
④ 苏天爵：《元朝名臣事略》卷10《平章宋公》，第200页。
⑤ 《元史》卷123《纯只海传》，第3030页；刘敏中：《中庵先生刘文简公文集》卷6《珊竹公神道碑铭》。龚胜生：《元朝疫灾地理研究》将此事系于大德元年，误。
⑥ 王磐：《藁城令董文炳遗爱碑》，李修生主编《全元文》第2册，江苏古籍出版社1999年版，第293页。
⑦ 罗天益：《卫生宝鉴》卷16《泄痢门》，许敬生《罗天益医学全书》，中国中医出版社2006年版，第194页。

乳，得霍乱吐泻，从朝至午，精神昏聩"①。秋，元军南下征宋，总帅也柳干在扬州俘虏一万余人，"内选美色室女近笄年者四，置于左右"。罗天益指出"总帅领十万余众，深入敌境，非细务也。况年高气弱，凡事宜慎。且新房之人，惊忧气蓄于内，加以饮食不节，多致疾病。近之则邪气相传，其害为大"。果不其然，腊月中班师时，"值大雪三日，新掠人不禁冻馁，皆病头疼咳嗽，腹痛自利，多致死亡者"。次年正月，总帅回至汴梁路，因酒色过度，感染时气而得病，"其证头疼咳嗽，自利腹痛，与新房人病无异。其脉短涩，其气已衰，病已剧矣，三日而卒"②。征南副帅大忒木儿奉敕立息州，"其地卑湿，军多病疟痢"，罗天益"合辰砂丹、白术安胃散，多痊效"③。宪宗亲征攻宋，驻合州钓鱼山。宪宗九年（己未，1259）夏秋之交，"军中大疫"，汪德臣"卒于军"，蒙哥也在这次大疫中去世。④ 这次疫灾当为瘴疠所致。疫情发生后，月举连赤海牙"奉命修曲药以疗师疫"，但无济于事。最终"军中有许多人病亡，他们总共剩下不到五千人"⑤，蒙军很快从钓鱼山班师。而忽必烈所率进攻鄂州的蒙军也发生疫情，郝经所进《班师议》指出当时"诸军疾疫已十四五，又延引月日，冬春之交，疫必大作，恐欲还不能"⑥。

世祖时期的疫情也比较严重。据不完全统计，共发生疫情20次，约15个年份，涉及腹里地区的济南、平阳、顺德等路，宋元前线的襄阳、嘉兴、涟水等地，以及江浙行省的建德路、庆元路、台州路临海县，江西行省吉州路、湖广行省贺州等地，四川行省的重庆路，湖广行省的武昌路、岳州路等地，甚至包括交阯的交州等地。世祖前期的疫情多发生于江南地区，且多与战争有关。腹里地区以及河南行省所辖汴梁路的疫情仅有5次。

---

① 罗天益：《卫生宝鉴》卷16《内伤霍乱治验》，第202—203页。
② 罗天益：《卫生宝鉴》卷3《时气传染》，第21页。
③ 罗天益：《卫生宝鉴》卷16《瘴疟治验》，第207页。
④ 《元史》卷155《史天泽传》，第3660页；王恽：《秋涧先生大全文集》卷48《开府仪同三司中书左丞相忠武史公家传》，四部丛刊初编本，第15页b；王磐：《中书右丞相史公神道碑》，《全元文》第2册，第275页；姚燧：《牧庵集》卷16《便宜副总帅汪公神道碑》，四部丛刊初编本，第17页b。
⑤ [波斯]拉施特：《史集》第2卷《成吉思汗之子拖雷汗之子忽必烈合罕纪》，商务印书馆第298页。
⑥ 《元史》卷135《月举连赤海牙传》，第3279页；《元史》卷157《郝经传》，第3706页。郝经：《郝文忠公陵川文集》卷32《班师议》，山西人民出版社2006年版，第442—443页。

中统二年（1261）夏，董文炳奉命平定李璮之乱，率军攻济南，"时暑隆盛，军人饮冷，多成痢疾。又时气流行"①。至元三年（1266）六月初四，提学侍其轴"中暑毒，霍乱吐利，昏冒终日，不省人事"，后被罗天益治愈。② 至元五年（1268），元军围困襄阳，"襄阳之役，以数十万众顿于坚城下，经有四年。暑天炎瘴，攻守暴露，不战而疫死者无岁无之。即目下已是炎瘴，江水向发，设若如去岁之夏宋人复以舟师来扰，内以疫死，寇必出，而相应其利害所关非轻"③。至元八年（1271），汴梁路兰阳令董某受命运粮襄阳，"所部多疾疫，亲访良医以治之，咸得平复"④。至元十年（1273），平阳路发生疫灾，"今者云暮未睹其祥，寒律徒切，风埃鏽洞，宿麦虽萎，犹含余冻，载忧载忡，春疫为重"⑤。至元十一年（1274）三月间，南省参议官常德甫在前往大都的路途中感染伤寒，"自内丘县感冒头痛，身体拘急，发热恶寒"，"勉强至真定，馆于常参谋家"，后被罗天益治愈⑥。至元十二年（1275），江东大疫，"岁饥，民大疫"，"居民乏食"，伯颜"乃开仓赈饥，发医起病"，"民赖以安"⑦。其中武昌至正十二年被兵，"民死于兵疫者十六七"⑧。廉台王千户领兵镇守涟水，"此地卑湿，因劳役过度，饮食失节，至秋深，疟疾并作，月余不愈，饮食全减，形容羸瘦"，最终被罗天益治愈⑨。至元十三年（1276），嘉兴路大疫，身居崇德县的俞镇的祖父和父亲都"不幸俱至大故"⑩。同年，伯颜渡江取宋，杜某授吉州路总管府达鲁花赤，"大军之后，疫气甚炽，公莅政未久，

---

① 罗天益：《卫生宝鉴》卷4，第42页。
② 罗天益：《卫生宝鉴》卷16《中暑霍乱吐利治验》，第202页。
③ 刘敏中：《平宋录》卷下《抚劳战士》，景印文渊阁四库全书本，第1058页；王恽：《秋涧先生大全文集》卷89《论抚劳襄阳军士事奏状》，四部丛刊初编本，第13页a—14页a；王恽：《秋涧先生大全文集》卷88《为优恤襄阳军人事状》，第11页b—12页a。
④ 董谅：《董公碑铭》，《全元文》第13册，第510页。
⑤ 王恽：《秋涧先生大全文集》卷63《康泽王庙祈雪文》，第5页b。
⑥ 罗天益：《卫生宝鉴》卷6《阳证治验》，第56页。
⑦ 《元史》卷127《伯颜传》，第3105—3106页；苏天爵：《元朝名臣事略》卷2《丞相淮安忠武王（伯颜）》，第18页。
⑧ 《元史》卷186《成遵传》，第4281页。
⑨ 罗天益：《卫生宝鉴》卷16《阴阳皆虚灸之所宜》，第198页。
⑩ 刘岳申：《申斋刘先生文集》卷9《嘉兴路儒学教授俞君墓志铭》，元人珍本文集汇刊本，第429页。

亦然斯疾"①。

元统一全国后，疫情也较为严重。至元十四年（1277）春，建德路大疫，"饥民旁午"。徐师颜"出粟，募民舁胔坎瘗，可医食者，亲抚视以活"②。庆元路也发生"大疫"。③ 至元十五年（1278）春，重庆"春气方方燠，人多疫疾"，二月辛未，以川蜀地"多岚瘴，弛禁酒"④。中书省宣使义坚亚礼出使河南。"适汴、郑大疫，义坚亚礼命所在村郭构室庐，备医药，以畜病者，由是军民全活者众。"⑤ 至元十八年（1281），岳州路总管李克忠事先"命民藏冰"，百姓因而最终"得病既愈"。⑥ 至元二十二年（1285）五月，元军攻安南，"适暑雨疫作，兵欲北还思明州"⑦。至元二十四年（1287），来阿八赤从皇子镇南王征交阯。元军进兵交州，阿八赤指出"将士多北人，春夏之交瘴疠作，贼弗就擒，吾不能持久矣。"陈日烜据竹洞、安邦海口，阿八赤率兵攻之，"会将士多疫不能进"，阿八赤建议决定班师。在回师途中，阿八赤被毒矢射中而亡。⑧ 交阯海船万户张文虎"转粟从。至松柏湾，遇贼，逆战击败之。既暑疫，王议罢兵"⑨。至元二十五年（1288），唐州军府万户唐琮屯驻春陵，"屯靖海境。溪岭湍险，艰于驰逐，北兵不习地里"，"加以瘴疠流毒，海飚腾炎，吏士触冒疾疫者过半"⑩。广东也常有疫灾发生，"季阳、益都、淄莱三万户军久戍广东，疫死者众"。遂有至元二十六年（1289）五月丙申，诏令戍广东兵士二年一更。⑪ 同年七月，刘国杰率军到湖广行省贺州，"士卒冒炎瘴，疾疫大

---

① 杜思敬：《故明威将军吉州路达鲁花赤杜公表铭碑并序》，《全元文》第 9 册，第 199 页。
② 袁桷：《袁桷集校注》卷 34《徐师颜传》，杨亮点校，中华书局 2012 年版，第 1551 页。
③ 袁桷：《袁桷集校注》卷 33《先大夫行述》，第 1524 页。
④ 李谦：《都元帅刘恩先茔碑铭》，《全元文》第 9 册，第 112 页；《元史》卷 10《世祖纪七》，第 198 页。
⑤ 《元史》卷 135《铁哥术传附义坚亚礼传》，第 3272 页。张志斌以铁哥术为中书省宣使，误。
⑥ 许有壬：《至正集》卷 61《元故中顺大夫同知吉州路总管府事李公神道碑铭》，元人文集珍本丛刊本，第 280 页。龚胜生等《元朝疫灾地理研究》误将此事系于至元十七年。按李克忠任同知岳州路总管府事当在庚辰年（至元十七年），而"明年大疫"，因此发生这次疫情的时间当在至元十八年。
⑦ 《元史》卷 13《世祖纪十》，第 277 页。
⑧ 《元史》卷 129《来阿八赤传》，第 3143 页。
⑨ 王逢：《梧溪集》卷 4《题元故参政张公画像有序》，文渊阁《四库全书》本，第 736 页。
⑩ 王恽：《秋涧先生大全文集》卷 55《大元故怀远大将军万户唐公死事碑铭并序》，第 4 页。龚胜生《元朝疫灾地理研究》误指唐琮为唐琮世。
⑪ 《元史》卷 15《世祖纪十二》，第 322 页。

作",遂"国杰亲抚视之,疗以医药,多得不死"①。至元二十七年(1290),"秋暑炽甚",身居南安路的刘埙因患痢疾而作《养生赋》。② 此外,没有具体时间的疫灾也有很多。如至元间,台州路临海县盗贼并起,"兵后大疫,君(项鼎)饮食医药,其病敛藏,其死者无一失所"③。

成宗、武宗时期,共发生疫情14次,约9个年份,涉及腹里地区的真定、顺德、河间、卫辉、般阳、济宁等路,陕西行省的邠州,西南地区的八百媳妇、乌撒、乌蒙、罗益州、忙部、东川、播州军民安抚司黄平府,湖广行省以及江浙行省的浙东和福建地区,其中尤以大德十一年(1307)至至大元年(1308)夏秋之交的吴越齐鲁疫情最为严重。

大德元年(1297)八月,真定、顺德、河间旱疫,其中河间之乐寿、交河两县疫情严重,造成六千五百余人死亡。④ 九月丙寅,"诏恤诸郡水旱疾疫之家"⑤。卫辉路发生旱疫灾害。中书省奏闻:"随处水旱等灾,损害田禾,疫气渐染,人多死亡。"⑥ 闰十二月,般阳路发生饥疫,"给粮两月"⑦。大德四年(1300),陕西邠州新平县"大疫起,居无宁室"。奉恩寺住持普觉玄悟大师"为梵语咒水,遍诣门,饮之皆苏,得不死者众"⑧。大德五年(1301),哈剌哈孙奏发湖广兵二万人征西南夷八百媳妇国,"丁壮役馈挽数十万,将失纪律,果无功而还","诸蛮要击,饥疫相仍,比至,将士存者才十一二"⑨。大德八年(1304)六月,乌撒、乌蒙、罗益州、忙部、东川等路饥,有疫发生,并赈恤之。⑩ 大德九年(1305),湖广行省指出各处"仲夏盛暑,恐牢狱不为修治,秽气蒸薰,致生疾疫,有司

---

① 黄溍:《金华黄先生文集》卷25《刘公神道碑》,四部丛刊初编本,第14页a;《元史》卷162《刘国杰传》,第3809页。
② 刘埙:《水云村稿》卷1《养生赋》,文渊阁《四库全书》本,第341页。
③ 虞集:《道园学古录》卷18《项鼎墓志铭》,四部丛刊初编本,第19页a。龚胜生等《元朝疫灾地理研究》将临海灾系于至元十七年,不知何据。
④ 《元史》卷19《成宗纪二》,第413页。
⑤ 同上。
⑥ 《元典章》卷2《圣政二·复租赋》,陈高华、张帆、刘晓、党宝海点校,中华书局、天津古籍出版社2011年版,第78页。
⑦ 《元史》卷19《成宗纪二》,第416页。
⑧ 刘仁本:《羽庭集》卷6《陕西邠州新平县奉恩寺开山伟公行业记》,文渊阁《四库全书》本,第102页。
⑨ 苏天爵:《元朝名臣事略》卷四《丞相顺德忠献王》,第58页。
⑩ 《元史》卷21《成宗纪四》、卷50《五行志一》,第460、1077页。

不加医疗，因而死伤人命"①。大德十年至十一年（1306—1307），镇江路"仍岁灾疫，农民死亡过半，田积荒八百七十顷，赋入无所"，而"织染工匠多流亡"②。

大德十一年（1307），"天下旱蝗，饥疫洊臻，发粟之使相望于道，而吴越齐鲁之郊骨肉相食，饿莩满野，行数十里不闻人声"③。这次主要限于滨海之州，"独不及鄞"④。其中"越大饥，且疫疠，民死者殆半"，"闽越饥疫，露骸横藉，星尚影绝"，"天灾作于浙东，饥饿疠疫，死者相枕"，由此造成杭州路的商税大量减少⑤。"越"是今浙江省东部的别称。其中"环温诸郡饥疫相仍，流民数千人来归"⑥。此外，这次饥疫还涉及福建，并持续到至大元年（1308）。"初丁未、戊申岁，大祲饥，死疫者骸骴狼藉"，身居杭州富阳的董行修"用浮屠法敛而焚之，且率其徒诵经环绕，喻以迷悟因缘"⑦。至大元年春，何敬德"请破衣，集诸好善人，收聚遗骸枯骴数十万"。然何敬德去世后，其所建杭州天泽院"不复纳云水僧饥疫，弃尸如山，久莫为掩"⑧。至大元年夏秋之交，江浙地区发生饥荒，"饥荒之余，疾疫大作，死者相枕藉。父卖其子，夫鬻其妻，哭声震野，有不忍闻"，其中绍兴、庆元、台州发生疫情，"死者二万六千余人"⑨。绍兴路"戊申岁土荐饥，疾疠仍臻，民多流殍"。李拱辰迁任绍兴路新昌县尹，"岁饥，道馑相望"，"疾疫者，救疗之，所活者甚众"⑩。庆元路奉化"大

---

① 《元典章》卷40《刑部二·刑狱·提牢》，第1382页。
② 俞希鲁：《至顺镇江志》卷15《段廷珪去思碑记》，杨积庆等点校，江苏古籍出版社1990年版，第605页。
③ 程钜夫：《程雪楼文集》卷25《书柯自牧自序救荒事迹后》，元代珍本文集汇刊本，第952页。
④ 贝琼：《清江贝先生集》卷18《宋县令谢公庙记》，四部丛刊初编本，第2页b。
⑤ 《元史》卷177《张昇传》，第4127页；刘埙《水云村稿》卷8《奉议大夫南丰州知州王公墓志铭》，第429页；戴表元《剡源戴先生文集》卷20《知奉化州于伯颜去思碑》，四部丛刊初编本，第10页b。
⑥ 程钜夫：《程雪楼文集》卷15《温州路达鲁花赤伯帖木儿德政序》，第593页。
⑦ 王沂：《伊滨集》卷18《慈修护圣禅院记》，文渊阁《四库全书》本，第549页。
⑧ 胡长孺：《何长者传》，苏天爵编：《国朝文类》卷69，商务印书馆1958年版，第998—999页。
⑨ 《元史》卷22《武宗纪一》、卷50《五行志一》，第502、1080页。
⑩ 邓文原：《帝禹庙碑》，苏天爵：《国朝文类》卷20，第250页；黄溍：《金华黄先生文集》卷31《奉议大夫御史台都事李公墓志铭》，第15页a。

疫，死者相枕。民祷公。公降于人，指庙东井，命民饮病者饮水立愈"①。此外，杭州路至大二年（1309）九月的诏书中指出"各处人民，饥荒转徙，疾疫死亡，虽令有司赈恤，而实惠未遍"。命"遗骸暴露，官为收拾，于系官地内埋瘗"②。同年十月的诏书指出"前岁江浙饥疫，今年蝗旱相仍，疠气延及山东。大河南北民或尽室死，无以藏幸，生者流离道路，就饥无所"③。至大三年（1310），张养浩上《时政书》指出"比见累年山东、河南诸郡，蝗旱荐臻，疹疫暴作。郊关之外，十室九空。民之扶老携幼，累累焉鹄形菜色，就食他所者，络绎道路。其他父子、兄弟、夫妇至相与鬻为食者，在在皆是"④。即是至大间山东、河南疫灾的情况。此外，大德间，顺元蛮作乱，湖北诸郡民受命飨师隶属于播州军民安抚司的黄平府，"去大军三千余里"，其间"大暑疫疠方作，死者什八九，枕藉于道"⑤。至大时，詹士龙任广西道廉访使司佥事，但"苦于瘴疠，竟移东归"⑥。而济宁路宁阳县大疫，王治母亲"亦染之"⑦。

仁宗时期共发生疫情4次，约2个年份，多集中于腹里地区，系由"连年旱涝"导致饥荒，从而产生的疫情。皇庆二年（1313）九月，"京畿大旱"，大都"以久旱，民多疾疫"⑧。延祐间，赣州路石城县"大疫"，身为达鲁花赤的普颜"躬督医药，疠气为息"⑨。延祐七年（1320），大都再次发生疫情，遂有六月"修佛事于万寿山"⑩。河间张策之父死于延祐七年。在此之前，河间地区"连年旱涝，千里饥馑，随所有赈施，全活者甚

---

① 宋濂：《宋学士文集》卷71《景祐庙碑》，四部丛刊初编本，第4页a。
② 《元典章》卷3《圣政二·恤流民》，第106—107页。
③ 《元典章》卷3《圣政二·需恩宥》，第120页。
④ 张养浩：《归田类稿》卷2《上书·时政书庚戌年上》，文渊阁《四库全书》本，第486页。龚胜生：《元朝疫灾地理研究》将此条为至大三年，然"累年"为"连年"之意。
⑤ 宋褧：《燕石集》卷14《吉水州监税谢君墓碣铭有序》，北京图书馆古籍珍本丛刊本，第224页。
⑥ 朱善：《朱一斋先生文集》卷6《詹士龙传》，四库全书存目丛书本，第216页。
⑦ 王思诚：（康熙）《宁阳县志》卷八上《宁阳县孝门铭并序》，复旦大学图书馆藏稀见方志丛刊本，国家图书馆出版社2010年版，第31册，第504页。
⑧ 《元史》卷24《仁宗纪一》，第559页。
⑨ 许有壬：《至正集》卷61《故奉政大夫淮西江北道肃政廉访使普颜公神道碑铭并序》，第283页。
⑩ 《元史》卷27《英宗纪一》，第603页。

众。疫疠死者相枕藉，日办粥药给宗党，死则瘗之"①。

英宗、泰定帝时期的疫情并不是很多。英宗时期发生疫情7次，约5个年份。疫情的发生较为分散，主要分布于腹里地区的真定、恩州以及河南行省的归德府。至治元年（1321）七月，赵璧守归德府宁陵县。莅任之初，"岁方大歉"，而"先是，荐罹水旱，加以牛疫，四野莽然，荡无禾黍"②。真定路发生疫情，十二月"赈之"。③ 至治二年（1322）二月，恩州因水灾发生疫情，遂赈之。同年土蕃岷州因旱而疫，遂有十一月下令赈之，这次疫情一直延续到至治三年（1323）春。④ 泰定帝时期仅见2次疫情，发生于真定路以及江西行省。泰定元年春，南安路大疫，"属邑三，南康尤甚，逾冬不少衰"，次年四月，"省宪命官大赈饥疫，绝崖幽谷、穷庐败垣之氓莫不假息，觊医一投，以齐起死，俄顷生者凡数千人"⑤。泰定二年（1325），真定路中山府"境内大旱，民多疫疠"⑥。同年，江西行省也有疫情发生，江西和卓平章"救饥人疾疠之厄，又不知其几万人"⑦。

文宗时期约发生疫情15次，4个年份，涉及腹里地区保定路、东平路，河南行省河南府路、扬州路，湖广行省横州、庆元南丹等处溪洞等处，江西行省建昌路、吉安路庐陵县、抚州路崇仁县，江浙行省饶州路、松江府华亭县、江阴州以及关中地区，其中以天历间关中疫情最为严重。"关中之灾，近古罕见。"⑧ 天历二年（1329）三月，西台御史中丞张养浩以"岁旱民亡，比屋病疫"而祈雨于金天帝君之前。⑨ "三辅之民，自春徂夏，由病疫而死者殆数万计。巷哭里哀，月无虚日，使彼有罪已盈其罚"⑩，可见这次疫情因旱灾而生，且疫情相当严重，一直持续到秋天，

---

① 吴澄：《吴文正公集》卷34《故赠承事郎乐陵县尹张君墓表》，元人文集珍本丛刊本，第574页。
② 王谅：《宁陵县尹赵侯去思碑并序》，《（光绪）重刻宁陵县志》卷11，《全元文》第47册，第360页。
③ 《元史》卷27《英宗纪一》，第615页。
④ 《元史》卷28《英宗纪二》卷29《泰定帝纪一》，第620、625页。
⑤ 汪泽民：《南康县新建三皇庙记》，《运使复斋郭公敏行录》，北京图书馆古籍珍本丛刊本，第65页。
⑥ 兀纳罕：《中山周氏义行铭》，（民国）《定县志》卷20，《全元文》第52册，第403页。
⑦ 刘岳申：《申斋集》卷7《江西换住平章遗爱碑》，元代珍本文集汇刊本，第320页。
⑧ 蒲道源：《闲居丛稿》卷17《与蔡逢原参政书》，元代珍本文集汇刊本，第686页。
⑨ 张养浩：《归田类稿》卷8《西华岳庙催雨文》，第542页。
⑩ 张养浩：《归田类稿》卷8《为民病疫告斗》，第542页。

"时适丁气数之变，饥馑疾疫，民之流离死伤者十已七八"①。其中奉元路因"亢旱五载失稔，人皆相食，流移疫死者十七八"②。同年，河南府路因旱而发生疫情，又遭兵，遂有八月"赈以本府屯田租及安丰务递运粮三月"③。此外，天历间抚州路崇仁县也有疫灾发生，"当天历旱荒之余，民被饥疫之苦"④。至顺元年（1330）春，"吴楚荐饥，天灾流行，连数郡道殣相望，沴气熏袭，为瘥为札，锡之民咸被渐染，大小惴惴，无所请命"⑤。二月，新安、保定"诸驿孳畜疫死"，遂命"中书给钞济其乏"⑥。同年夏，哈八失主仆行至东平，因"时方大疫"而"皆病，归抵淮安，卒于舟中"⑦。八月庚戌，河南府路新安、渑池等十五驿发生"饥疫"，"人给米、马给刍粟各一月"⑧。横州属县"比岁旱蝗，仍大水，民食草木殆尽，又疫疠，死者十九"。湖南道宣慰司遂请赈粮米万石，并于至顺二年四月得到文宗恩准⑨。至顺二年（1331）春，许有壬的妹妹许安贞因扬州"时又大疫，遂成疾，十日而卒"⑩。同年，吉安路庐陵县"郡大疫，死亡相属"⑪。饶州路"至顺辛未大疫"⑫。松江府华亭县"辛未饥疫"⑬，"岁多歉涝"，海隅唐氏"为膳粥以食疾疫"⑭。这一年，天子遣使观四方民风，使者回还，上疏报告陕西"兵荒之余，储蓄一空，饥疫相仍，死亡流散"⑮。至顺三年（1332）正月，庆元南丹等处溪洞安抚司言"所属宜山县饥疫，死者众，乞以给军积谷二百八十石赈粜"，获得恩准。⑯ 江阴州自

---

① 同恕：《榘庵集》卷3《西亭记》，第683—684页。
② 《元史》卷65《河渠志二》，第1631页。
③ 《元史》卷33《文宗纪二》，第740页。
④ 苏天爵：《滋溪文稿》卷23《崔孝廉传》，中华书局1997年版，第392页。
⑤ 倪瓒：《清闷阁全集》卷10《忠靖王庙迎享送神辞》，文渊阁《四库全书》本，第308—309页。
⑥ 《元史》卷34《文宗纪三》，第752页。
⑦ 许有壬：《至正集》卷68《哈八石哀辞并序》，第310页。
⑧ 《元史》卷34《文宗纪三》，第764页。
⑨ 《元史》卷35《文宗纪四》，第784页。
⑩ 许有壬：《至正集》卷64《拟毁璧己酉》，第294页。
⑪ 刘诜：《桂隐先生集》卷1《玄妙观经坛买田》，元人文集珍本丛刊本，第25页。
⑫ 周霆震：《石初集》卷10《番阳潘母胡氏赞并序》，《豫章丛书》本。
⑬ 释惟则：《天如惟则禅师语录》卷7《答弟行远二》。
⑭ 邵亨贞：《野处集》卷3《海隅唐氏先世事实状》，文渊阁《四库全书》本，第215页。
⑮ 张起岩：《张公神道碑铭》，张养浩《归田类稿》卷首。
⑯ 《元史》卷36《文宗纪五》，第799—800页。

天历、至顺以来，"兵徭繁兴，旱潦交作，饥殍满野，疠疫阖家，黎民廪廪，靡有孑遗，赤子失乳，而呼父母"①。建昌路许晋孙于至顺三年六月"以病疫而卒"②，可见至顺三年江西行省建昌路也有疫情发生。

顺帝时期疫情较为严重，共发生疫情34次，21个年份，疫情涉及江浙行省集庆路、杭州、镇江、嘉兴、常州、松江府、江阴、建德、婺州、福州、邵武、延平、汀州、饶州、庆元、绍兴、温州等路州，腹里地区的保定路、济南路、冀宁路、大同路、大都路、益都路，河南行省安丰路濠州、扬州路、黄州路，陕西行省"三辅之地"，江西行省龙兴路、建昌路、赣州路、南雄路，湖广行省武昌路等处。顺帝时期多重大疫情发生，其中尤以元统二年（1334）江浙疫情，至正四年（1344）夏秋之交的闽地疫情，至正十四年（1354）的江西、湖广、京师疫情，至正十六年（1356）河南大疫，至正十八年（1358）的京师大疫最为严重。

元统元年（1333），集庆路"岁俭大疫，且四起，道殣相望"，"府君（高鬵）时买椟槥葬之"③。元统二年（1334），江浙行省的杭州、镇江、嘉兴、常州、松江、江阴等地"水旱疾疫"，这次疫情当源于浙西地区的水旱灾害，遂有三月庚子"敕有司发义仓粮，赈饥民五十七万二千户"之举④。后至元三年（1337），保定路鼓城县修建崔府君庙，但未获成功，且岁值大疫，发起这次事务的"赵、李二君亦以疾故。疫气方炽，加以年饥，目睹善缘中道而废"⑤。至正四年（1344），濠州钟离县因旱蝗发生"大饥疫"，朱元璋"父母兄相继殁，贫而不克葬"⑥。后至元六年（1340），陕西发生灾疫。⑦ 至正二年（1342），因"春夏久不雨"，建德路分水县"邻境大疫"⑧。至正四年（1344）春，婺州路义乌痘疮传染严重，

---

① 陆文圭：《墙东类稿》卷6《送朝请大夫江阴州尹序》，元人文集珍本丛刊本，第553页。
② 黄溍：《金华黄先生文集》卷33《茶陵州判官许君墓志铭》，第9页a。
③ 宋濂：《宋学士集》卷30《棣州高氏先茔石表辞》卷4《故高府君圹铭》，第6页b、第11页b。
④ 《元史》卷38《顺帝纪一》，第820页。
⑤ 王仲安：《重修崔府君庙记》，《山右石刻丛编》卷35，李修生主编《全元文》第55册，第5页。
⑥ 《明史》卷1《太祖纪一》，中华书局1974年版，第1页；朱元璋：《明太祖集》卷3《追赠义惠侯夫人娄氏诰》，黄山书社1991年版，第48页。
⑦ 杨瑀：《山居新语》卷1，中华书局2006年版，第208页。
⑧ 王祎：《王忠文公集》卷16《灵佑庙碑并序》，文渊阁《四库全书》本，第326页。

"阳气早动,正月间,邑间痘疮不越一家,卒投陈氏方,童幼死者百余人"①。夏秋之交,福州、邵武、延平、汀州四路"大疫",发生重大疫情。抚州路金溪县"水旱疾疫并作"②。至正五年(1345)春夏之交,河南北疫,"民之死者半"。这次疫情可能与至正四年河南北大饥有关。然"民罹此大困,田莱尽荒,蒿藜没人,孤兔之迹满道"③。其中济南路"大疫"。至正八年(1348),"时维扬大疫,染者多暴亡"④。

至正十二年(1352),元末农民战争爆发,"自兵兴以来,生民之难极矣。以江南言之,饥馑疠疫,无岁无之"⑤。正月,冀宁路保德州"大疫"。⑥同年夏,龙兴路"大疫",南昌县"乡里病疫",身居灌城沙溪里的胡主一"取伯父旧编秘方阅之,先疗家人,并愈,乃依方救疗,施及乡邻,自近及远,无不痊"⑦。至正十三年(1353),黄州路、饶州路"大疫","饶州军士乏食,且重以疫疠"⑧。十二月,"大同路疫,死者太半"⑨。至正十四年(1354)四月,江西、湖广两省"大饥,民疫疠者甚众",京师也因"大饥,加以疾疠","民有父子相食者"⑩。其中,武昌路自至正十二年"为汹寇所残毁,民死于兵疫者十六七"⑪。建昌路"甲午大疫",赣州路兴国县"夏大疫",王敬翁"家人死三四"⑫。至正十六年(1356)春,河南大疫,⑬江浙行省余姚县"厉疫流行",赵仲容一家"受其灾而至危者","无旬月之蓄,而亲戚、僮仆无一在焉。吾既病,甚吾妇、吾二子又相继病,病甚于吾。四人者同卧一室,相顾待尽"。在孙仲

---

① 朱震亨:《格致余论·痘疮陈氏方论》,毛俊同点校,江苏科学技术出版社1985年版,第18页。
② 危素:《说学斋稿》卷1《兰溪桥记己丑》,文渊阁《四库全书》本,第667页。
③ 余阙:《青阳先生文集》卷8《书合鲁易之作颍川老翁歌后续集》,四部丛刊续编本。
④ 郑元祐:《侨吴集》卷9《赵州守平反冤狱记》,元人文集珍本丛刊本,第6页a。
⑤ 宋禧:《庸庵集》卷14《听雪斋记》,文渊阁《四库全书》本,第492页。
⑥ 《元史》卷51《五行志二》,1111页。
⑦ 朱善:《朱一斋先生文集》卷8《故顺圣知县胡君墓碣》,《四库全书》存目丛书本,第224页。
⑧ 《元史》卷51《五行志二》;宋濂:《宋学士文集》卷12《承事郎漳州府漳浦县知县张府君新墓碣铭有序》,第1111页、第10页a。
⑨ 《元史》卷43《顺帝纪六》、卷51《五行志二》,第912、1111页。
⑩ 《元史》卷43《顺帝纪六》,第914页。
⑪ 《元史》卷186《成遵传》,第4281页。
⑫ 李祁:《云阳集》卷8《刘快轩先生墓志铭》,文渊阁《四库全书》本,第731页;陈谟:《海桑集》卷8《王祖母谢孺人墓志铭》,文渊阁《四库全书》本,第673页。
⑬ 《元史》卷51《五行志二》,第1111页。

麟的帮助下才渡过难关。① 至正十七年（1357）六月，莒州蒙阴县大疫。至正十八年（1358）六月，汾州大疫。同年，京师发生重大疫情。② 这次疫情与连年饥饿，遭受兵难而百姓流徙有关。"时河南北、山东郡县皆被兵，民之老幼男女，避居聚京师，以故死者相枕藉。不花欲要誉一时，请于帝，市地收瘗之，帝赐钞七千锭，中宫及兴圣、隆福两宫，皇太子、皇太子妃，赐金银及他物有差，省院施者无算；不花出玉带一、金带一、银二锭、米三十四斛、麦六斛、青貂、银鼠裘各一袭以为费。择地自南北两城抵卢沟桥，掘深及泉，男女异圹，人以一尸至者，随给以钞，异负相踵。既覆土，就万安寿庆寺建无遮大会。"③ 雄县房氏一族"走河间"，最终"妻张泊三男皆物故"④。同年，杭州路富春人李麟病疫，"已而阖室病，兄弟亲戚皆走避"⑤。此外，陕西行省所在的三辅之地"瘟疫大作"，刘钦之弟"敬暨妻魏氏偕以病亡"⑥。至至正二十年（1360）四月，前后瘗者二十万，用钞二万七千九十余锭，米五百六十余石、又于大悲寺修水陆大会三昼夜，凡居民病者予之药，不能丧者给之棺"⑦。至正十九年（1359）春夏，鄜州并原县、莒州沂水、日照二县及广东南雄路大疫。同年，杭州"一城之人，饿死者十六七"，之后"又太半病疫死"⑧。至正二十年（1360）夏，绍兴路山阴、会稽二县大疫，杭州大疫⑨。至正二十二年（1362）四月，绍兴路大疫，其中"山阴、会稽二县又大疫"⑩。至正二十六年（1366）秋，昆山"有腹痢之疫，民之死亡者多其幼稚，里干之间，盖十户而八九也"。当时殷奎之子"亦婴斯疾，状甚暴，势甚张，阽于危殆数矣，赖吾许君仲方以善药治之而后愈"⑪。至正二十七年

---

① 宋禧：《庸庵集》卷13《为赵仲容赠孙仲麟序》，第485页。
② 参见张建松《元末大都的生存危机——以"万人坑"事件为中心》，《元史论丛》第11辑。
③ 《元史》卷204《宦者传·朴不花》，第4552页。
④ 李继本：《房氏家传》，《一山文集》卷6，文渊阁《四库全书》本，第755页。
⑤ 杨维桢：《李裕录》，《铁崖漫稿》卷5。
⑥ 赵位岩：《刘钦孝义记》，（乾隆）《醴泉县志》卷8，《全元文》第59册，第201页。
⑦ 《元史》卷204《宦者传·不花》，第4552页。
⑧ 陶宗仪：《南村辍耕录》卷11《杭人遭难》，第141页。
⑨ 田汝成：《西湖游览志》卷17，文渊阁《四库全书》本，第235页。
⑩ 《元史》卷46《顺帝纪九》；卷51《五行志二》第959、1111页。
⑪ 殷奎：《赠医师许君仲方序》，《强斋集》卷2，文渊阁《四库全书》本，第400页。

(1367)，婺州路金华县"西溪民大疫，死者十七八"①。至元二十八年(1368)，流民经过温州路入闽，"疠气传染，死者相枕藉"，瑞安乡人"忧惧，祷于神，独吾邑获免疾疫"②。

当然还有很多记载不明时间者。如王恽有诗云："今春疫气是天灾，白日为期力尽能。三尺席庵连夜雨，杵声才歇哭声来。"③ 谢应芳有诗云："昨岁夏秋旱，四国人颠连。饿死非不悲，病疫尤可怜。甚者相枕藉，遗骸饱乌鸢。安知期月余，厉气犹欝然。余家百余指，连屋鱼贯眠。顾我如一木，支此败屋颠。上堂问汤药，下厨供粥飦。乡邻不我过，恐为疫鬼缠。俚俗无足怪，妖诬肆讹传。"④

综上所述，蒙元时期辖区内共有63个疫灾年，100余次疫情发生。其中大蒙古国时期见于记载的约有十余次疫灾，发生于7个年份。元世祖时期有20余次疫情，发生于15个年份。元成宗、武宗时期，目前有确切时间记载的疫情约有14次，发生于9个年份。仁宗、英宗、泰定帝时期疫情并不十分严重。这一时期有11次疫灾发生，发生于7个年份。文宗时期，疫情逐渐严重，共有15次疫灾发生，发生于4个年份。而元顺帝时疫情最为严重，共有34次疫灾发生，发生于21个年份。大蒙古国时期的疫情主要发生在蒙宋战争的南方地区，元世祖前期的疫情的发生地也多处于元宋战争的南方前沿地带。成宗至文宗时期，腹里地区、河南行省的疫情较为严重，关中地区也有较大的疫情发生，其他地区的疫情则较为分散。顺帝时期，随着灾荒和兵火的影响，江浙行省、江西行省、腹里地区、关中地区都有较大的疫情发生。元代疫灾中，重大的疫情主要有宪宗九年的合州蒙古军中大疫和鄂州军中大疫，至元十二年的江东大疫，大德十一年至至大元年的吴越齐鲁大疫，天历年间的关中大疫，元统二年的江浙大疫，至正四年夏秋之交的福建大疫，至正十四年的江西、湖广、京师大疫，至正十六年的河南大疫，至正十八年的京师大疫，等等。

---

① 宋濂：《风门洞碑》，《宋学士文集》卷66，第3页b。
② 曹睿：《广济庙记》，(民国)《瑞安县志稿》卷7，《全元文》第59册，第204页。
③ 王恽：《录役者语》，《秋涧先生大全文集》卷24，第14页a。
④ 谢应芳：《龟巢稿》卷2《自冬而春举家病疫予幸独无恙既而疾止诗以自贺并记里俗之陋云》，四部丛刊三编本，第2页b。

二 疫灾的时空分布

学界对元代疫灾时空分布的探讨成果很多。郭珂、张功员、和付强认为元代"疫灾的时间分布越来越密集，时间间隔越来越短"，且"春夏发病的次数远高于秋冬"，而空间分布上"元代疫灾南北基本持平"，若以行省划分，"最集中的地区是河南行省和中书行省，其次是江浙行省和湖广行省"①。近来龚胜生等从朝代分布、季节分布、周期规律三个方面考察了元代疫灾的时间分布。他指出元朝初期疫灾多与战争有关，中期多因旱灾及其所致的饥荒引起，后期则是自然灾害群发以及战争所导致，而疫情发生的季节，呈现出"夏季疫灾高发，春秋季疫灾多发，冬季疫灾较少"的特点，以十年疫灾指数计，"1350年代十年疫灾指数最高"。他还强调元代"南方疫灾重于北方疫灾"，"疫灾主要分布于东南诸省"，且"江浙行省是疫灾最重的省份"②。可见学界得出的关于元代疫灾时空分布的结论存在争议。我们有必要对元代疫灾的时空分布作进一步的考察。

根据统计资料的来源不同，元代的疫情发生的具体数据也不尽相同。邓云特认为元代有20次疫灾。③曹树基根据《元史》统计，元代共发生疫灾31次，发生在21个年份中。④张志斌统计认为元代有疫灾近50次。⑤郭珂、张功员认为元代疫灾"南北持平，北方22次，南方22次"⑥，即共计44次。和付强指出元代疫灾最少有66次，"还有许多无考的疫灾不计算在内"，而"在1279年到1368年的89年间，共42年有疫，严重的疫灾有30次之多，约占其间总的疫灾的60%"⑦。龚胜生等人则指出元朝（1279—1368）90年中，"有52年发生疫灾，平均每1.73年发生一次疫

---

① 郭珂、张功员：《元代疫灾述论》，《医学与哲学》2008年第1期；和付强：《中国灾害通史·元代卷》。
② 龚胜生、王晓伟、龚冲亚：《元朝疫灾地理研究》，《中国历史地理论丛》2015年第2期。
③ 邓云特：《中国救荒史》，第26页。
④ 曹树基：《地理环境与宋元时代的传染病》，《历史地理》第12辑，第190页。
⑤ 张志斌：《中国古代疫病流行年表》，第40—49页。
⑥ 郭珂、张功员：《元代疫灾述论》，《医学与哲学》2008年第1期。
⑦ 和付强：《中国灾害通史·元代卷》，第178页。

灾，疫灾频度 57.78%"①。可以看出，邓云特、张志斌、郭珂、和付强多统计疫灾发生次数，龚胜生则统计疫灾发生年份。曹树基既统计了疫灾次数，又统计了疫灾发生年份。就笔者不完全统计，元代疫灾发生年份为 63 年，100 余次。疫灾主要发生在腹里地区和长江以南地区。需要说明的是，疫灾次数和疫灾发生年份都是疫情统计的重要因子。然由于疫灾的传播性较强，尚无法确定不同地域的疫情是否存在关联，因此我们更倾向于用"疫年"，而非"疫次"来说明元代疫灾的时空分布。

（一）时间分布

蒙元时期 63 个疫年。以十年为单位，可以大略得出元代疫情的时间分布趋势。见图 1：元代疫灾发生时间分布。

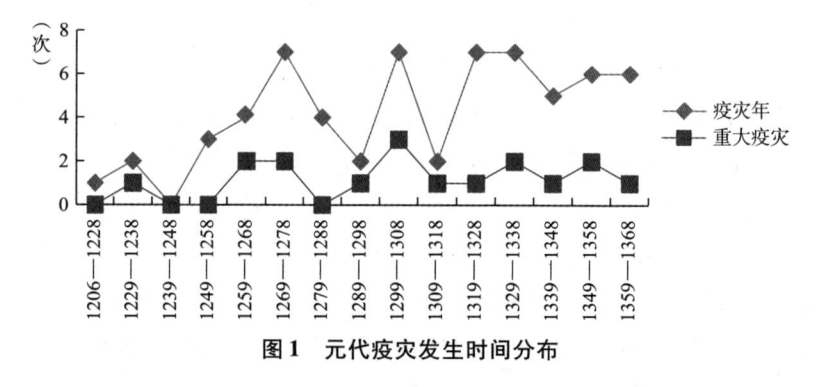

图1 元代疫灾发生时间分布

由图 1 可以看出，蒙古国时期的大部分时间（1206—1259）内，辖区内的疫灾并不严重，1249—1258 年的十年间的 3 年疫情都发生在宪宗时期，而元朝时疫情较为严重。1259 年之后的数十年间，疫情的发生年份分别为 4 年、7 年、4 年、2 年、7 年、2 年、7 年、7 年、5 年、6 年、6 年，发生频度较大，疫情越发频繁，疫灾发生的间隔相对缩短。其中以 1259—1268 年、1299—1308 年、1319—1328 年和 1329—1338 年四个十年间疫情发生较为频繁，而 1289—1298 年、1309—1318 年两个十年间发生频率较小，分别仅有两个年份有疫灾发生。

大蒙古国时期，除 1229—1238 年的十年间以及宪宗九年（1259）各有一个重大疫灾年外，基本没有遇到重大疫情。元代的重大疫灾则比较均

---

① 龚胜生、王晓伟、龚冲亚：《元朝疫灾地理研究》，《中国历史地理论丛》2015 年第 2 辑。

衡地分布于各个时段。除1279—1288年的十年间没有重大疫情外，其他各时段都有重大疫情发生。其中1299—1308年的十年间重大疫灾发生年达到3个，1269—1278年、1329—1338年、1349—1358年的三个十年都有2个重大疫灾年，1289—1298年、1309—1318年、1319—1328年、1339—1348年、1359—1368年这五个十年则均有1个重大疫年。

疫灾的发生呈现明显的月季变化。据笔者不完全统计，在明确月份记载的21次疫灾中，仅有十月、十一月没有疫灾发生。三月、五月各发生疫灾1次，一月、二月、四月、七月、九月、十二月各有两次疫灾发生，而六月有4次疫灾发生，八月有3次疫灾发生。可见六月和八月是疫灾的多发月份。详见图2：元代疫灾月份分布。

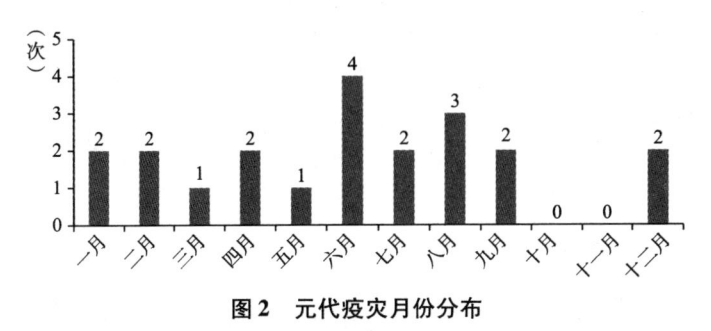

图2　元代疫灾月份分布

需要说明的是，能够统计疫灾发生月份的样本毕竟有限。大多疫灾的记载仅仅交代疫灾发生的季节。因此我们有必要探讨一下元代疫灾发生的季节变化。据笔者不完全统计，在有明确季节记载的59次疫灾中，发生在春季的有19次，夏季达到23次，秋季有12次，冬季仅为5次。见图3：元代疫灾季节分布图。可以看出夏季是疫灾的高发季节，其次是春季，再次是秋季，冬季则更少。六月属于夏季。由此可以看出，夏季中的六月又是疫灾高发的月份。其之所以多发生在六月，与六月天气炎热，"暑天炎瘴"有关。①

---

① 《平宋录》卷下《抚劳战士》，第1058页。

```
 25
 20        23
    19
 15
 10        
              12
  5
              
                 5
  0
   春季  夏季  秋季  冬季
```

图3　元代疫灾季节分布

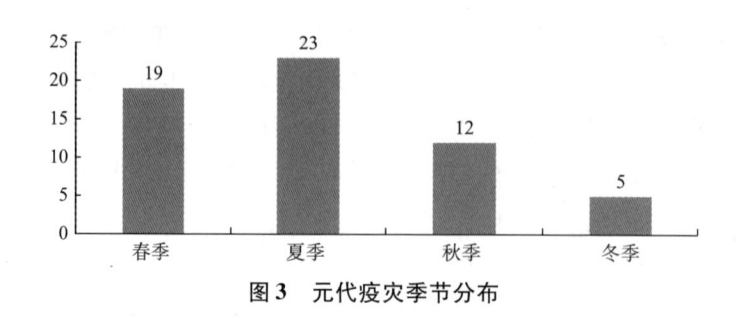

需要说明的是，元代的疫灾具有时间上的连续性，并不能单独以月份、季节论之。从文献记载来看，元代的疫灾很多发生于春夏、夏秋之交。如宪宗九年的钓鱼山军中大疫就发生在夏秋之交。至大元年江浙地区的疫灾发生在夏秋之交。天历二年关中百姓"自春徂夏，由病疫而死者殆数万计"①。至正四年福州、邵武、延平、汀州四路大疫发生在夏秋之交。至正五年春夏之交，河南北疫。至正十九年鄜州并原县、莒州沂水、日照二县以及广东南雄路大疫即发生在春夏之交。

（二）空间分布

关于元代疫灾的空间分布，学界有着不同的看法。郭珂、张功员、和付强均认为"元代疫灾南北基本持平"，龚胜生等则认为"疫灾主要分布于东南诸省"，其中"江浙行省是疫灾最重的省份"②。事实究竟如何呢？

笔者对元代疫灾的空间分布进行统计。首先我们对腹里地区以及各行省辖区内的疫灾进行统计，制成图4。

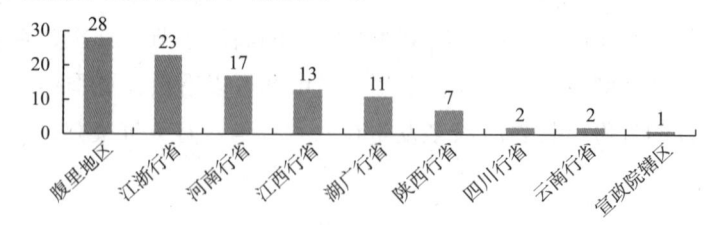

```
 30  28
 20     23
         17
 10         13
             11
                7
                  2  2  1
  0
   腹里地区 江浙行省 河南行省 江西行省 湖广行省 陕西行省 四川行省 云南行省 宣政院辖区
```

图4　元代腹里地区及各行省疫灾分布

---

① 张养浩：《归田类稿》卷8《为民病疫告斗》，第542页。
② 郭珂、张功员：《元代疫灾述论》，《医学与哲学》2008年第1期；和付强：《中国灾害通史·元代卷》；龚胜生、王晓伟、龚冲亚：《元朝疫灾地理研究》，《中国历史地理论丛》2015年第2辑。

由图 4 可知，腹里地区所发生的疫灾次数最多，约为 28 次。其中又以大都路最为严重，达到了 5 次，且疫情多较为重大。元代各行省中，则以江浙行省疫灾发生次数最多，约为 23 次。河南行省疫灾发生次数约为 17 次，江西行省疫灾发生次数约为 13 次，湖广行省疫灾发生次数约为 11 次，陕西行省也有 7 次疫灾发生，四川行省、云南行省均有 2 次疫灾发生，宣政院辖区也有 1 次疫灾发生。

腹里地区及各行省内部疫灾发生的地区，见表 1。

表 1 元代疫灾发生地域统计

省份	具体路分	发生次数
腹里地区	大都路	5
	真定路、保定路、平阳路、大同路、济南路、顺德路、河间路、卫辉路、般阳路、济宁路、恩州、保定路、东平路、冀宁路、大同路、益都路、怀孟路、曹州	23
河南行省	襄阳路、汴梁路、归德府、河南府路、扬州路、安丰路、黄州路、南阳府、汝宁府	17
陕西行省	邠州、奉元路、临洮府、延安路	7
江浙行省	嘉兴路、建德路、庆元路、台州路、饶州路、松江府、江阴州、集庆路、杭州路、镇江路、常州路、婺州路、福州路、邵武路、延平路、汀州路、绍兴路、温州路	23
江西行省	赣州路、抚州路、吉安路、龙兴路、南雄路、南安路、建昌路	13
湖广行省	武昌路、岳州路、横州、庆元南丹等处、播州宣慰司	11
四川行省	重庆路	2
云南行省	乌撒路、乌蒙路、忙部路、霑益州、东川路、八百媳妇	2
宣政院辖区	岷州	1

由表 1 可知，腹里地区的大都有 5 次疫灾，在该地区次数最多，其造成的人员伤亡也最为严重。在腹里地区的山西、山东和河北三地中，山西地区包括平阳、太原、大同的疫灾较少。而河北地区和山东地区多次发生疫灾。河北地区疫灾主要分布在保定路、河间路、顺德路、东昌路、卫辉路、怀庆路，山东地区则主要分布在济南路、益都路、恩州、东昌路、曹

州、济宁路等地，其中又以真定路次数达到3次，较之大都之外的期限较多。河南行省的疫灾主要发生在行省北部的汴梁路、河南府路、归德府、汝宁府、东部的安丰路、扬州路和西部的襄阳路、南阳府。与长江相邻的黄州也有1次疫灾发生。陕西行省疫情虽然较之腹里地区、河南行省疫情次数少，但受灾也颇为严重。陕西行省的疫情主要分布与中书省交界的奉元路、延安路和邠州新平县。

江浙行省的疫情与除大都之外的腹里地区所发生的疫灾发生次数基本相同，主要分布在长江沿线集庆路、镇江路、常州路、江阴州、平江路、松江府、东南沿海的嘉兴路、杭州路、绍兴路、庆元路、台州路、温州路，以及婺州路、建德路和饶州路，此外闽地的福州路、邵武路、延平路、汀州路等路分。其中尤以杭州路疫灾发生频次最多，受灾也最为严重，其次为绍兴路。两浙地区其余各路约有2次疫情发生。

江西行省的疫灾主要分布于龙兴路、抚州路、建昌路、赣州路、吉安路以及广东道宣慰司辖地等地，除龙兴路外，分别各有2次疫灾发生。湖广行省的疫灾主要分布于北部沿江的武昌路、岳州路，南部的广西两江道宣慰司辖境（包括庆元南丹安抚司、横州、贺州等地），以及西部的播州宣抚司等地。四川行省所见2次疫灾均发生在重庆路。云南行省所见疫灾则发生于乌蒙、乌撒、忙部、东川等路和霑益州等地。宣政院辖区仅见至治二年岷州旱疫一例。

由此可以看出，有元一代，腹里地区和河南行省北部以及江浙行省的东部地区成为主要的灾疫区。然不同地域疫灾发生的情况不尽相同。为此我们有必要对腹里地区及各行省疫灾发生的时间进行统计，见表2。

表2 元代腹里地区及各行省疫灾发生时间

时间段	腹里地区	江浙行省	河南行省	江西行省	湖广行省	陕西行省	四川行省	云南行省	宣政院辖地
1206—1228	0	0	0	0	0	0	0	0	0
1229—1238	1	0	1	0	0	0	0	0	0
1239—1248	0	0	0	0	0	0	0	0	0

续表

时间段	腹里地区	江浙行省	河南行省	江西行省	湖广行省	陕西行省	四川行省	云南行省	宣政院辖地
1249—1258	1	0	3	0	0	1	0	0	0
1259—1268	2	0	2	0	1	0	1	0	0
1269—1278	2	2	3	1	1	0	1	0	0
1279—1288	0	0	0	1	2	0	0	0	0
1289—1298	3	0	0	1	0	0	0	0	0
1299—1308	1	3	0	0	2	1	0	2	0
1309—1318	2	0	1	0	0	0	0	0	0
1319—1328	5	0	1	0	0	0	0	0	1
1329—1338	3	5	4	3	3	2	0	0	0
1339—1348	1	3	2	0	0	1	0	0	0
1349—1358	6	2	3	2	1	0	0	0	0
1359—1368	1	6	0	1	0	1	0	0	0

腹里地区的疫灾主要发生在1289—1298年、1319—1328年、1329—1338年、1349—1358年四个十年间，江浙行省疫灾主要发生在1299—1308年、1329—1338年、1339—1348年、1359—1368年四个十年间，河南行省主要分布在1249—1258年、1269—1278年、1329—1338年、1349—1358年四个十年间，江西行省疫灾主要发生在1329—1338年、1349—1358年两个十年间，湖广行省疫灾主要发生在1279—1288年、1299—1308年、1329—1338年三个十年间，陕西行省疫灾主要发生在1329—1338年间，四川行省疫灾主要发生在1259—1278年、1269—1278年两个十年间，云南行省疫灾主要发生在1299—1308年间，宣政院所辖岷州疫灾发生在1319—1328年间。

自1269年到1368年的100年间，腹里地区发生疫灾24次，江浙行省发生疫灾21次，河南行省有疫灾14次发生，江西行省有疫灾9次发生，从疫灾发生次数上看，腹里地区还是疫灾发生频率最为严重的地区。

腹里地区的重大疫灾5次，分别为大德八年真定、河间、顺德旱疫，至大元年山东疫灾，至正五年夏秋之交的河北、山东疫灾，至正十三年大同路疫灾"死者太半",至正十七年的大都疫灾。河南行省的重大疫灾 6 次,分别为太宗六年的汴京大疫,宪宗八年的扬州疫情,至元十五年的汴郑大疫,至大元年的河南诸郡疫灾,至正五年的河南北疫灾,至正十六年的河南大疫,其中又以与中书省接壤的汴梁路疫情最为严重。陕西行省所发生的 7 次疫灾中,以天历二年至至顺二年的疫灾最为严重,这次疫灾集中发生在关中地区,而以奉元路受灾最为严重。江浙行省疫情发生的 23 次疫情中,重大疫灾有大德十一年的闽越饥疫,至大元年夏秋之交的绍兴、庆元、台州疫灾,至顺元年的吴楚饥疫,元统二年浙西水旱疾疫,至正四年的福州、邵武、延平、汀州四路大疫,至正二十年夏的绍兴路、杭州路大疫等。在江西行省的 13 次疫灾中,重大疫情仅有泰定二年的疫情比较严重。湖广行省的 11 次疫灾中,重大疫情仅见大德年间湖北诸郡民众受命向黄平府运送军事物资,以征伐顺元蛮时发生的疫情。就重大疫灾而言,腹里地区和河南行省所在的河南北是元代疫灾发生最为严重的地区,江浙行省、江西行省以及湖广行省所在的长江流域与东南沿海地区也较为严重。

要之,蒙元时期辖区内共有 63 个疫灾年,100 余次疫情发生。大蒙古国时期见于记载的疫灾十余次,分布在 7 个年份,主要发生在蒙宋交界的南方地区。元世祖时期的 20 余次疫情发生在 15 个年份,成宗、武宗时期的疫情的 14 次疫情,发生在 9 个年份。仁宗、英宗、泰定帝时期疫情并不严重,文宗时期,疫情逐渐严重,见于文献明确记载的 15 次疫灾发生在 4 个年份,而元顺帝时期的疫情最为严重。就时间分布而言,除 1279—1288 的十年外,其他各时段都有重大灾情发生。就疫灾发生的季节性而言,元代疫灾大多发生在春夏或夏秋之交。夏季是疫灾的高发季节,而六月又是疫灾的高发月份。元代疫灾的分布区域以腹里地区、河南行省北部和江浙行省东部为主要疫区,其中腹里是疫灾发生频率最为严重的地区。江浙行省、江西行省以及湖广行省所在的长江流域与东南沿海地区也较为严重。

(作者为中国社会科学院副研究员)

元代的沙尘天气及其社会影响*

武 波

近年以来，我国许多地区空气质量的恶化，使得学术界对历史上的沙尘天气有了较多关注①。沙尘天气是指由于地面尘沙被风吹起而造成的天空浑浊、能见度下降的天气现象。根据程度的不同，沙尘天气可以分为浮尘、扬沙、沙尘暴、强沙尘暴等不同类型。② 中国历史上对沙尘天气的记载常见于史书，如"风霾""雨土""雨沙""黄雾"等，都是指各种不同程度的沙尘天气。元代北方一些地方沙尘天气曾经非常严重，但由于资料记载的稀少，还没有人进行过系统的研究。一些环境史、灾害史的相关通论，基本上是以《元史·五行志》为依据，叙述比较简略。③ 实际上，沙尘天气在元人的诗作中有大量的描写，这些诗不仅是当时人真实感觉的直接抒发，更可以弥补文献记载的不足。2013年中华书局出版的《全元诗》为我们利用元代的诗歌进行研究提供了便利。因此，本文主要利用元诗作为史料的补充，分析元代沙尘天气发生的情况，特别是对当时社会生活产

---

* 本文系河南省教育厅人文社会科学研究项目"元代河南气象编年史"（项目编号2014—QN—321）研究成果。

① 张德二：《我国历史时期以来降尘的天气气候学初步分析》，《中国科学》B辑1984年第3期；张德二、孙霞：《我国历史时期降尘记录南界的变动及其对北方干旱气候的推断》，《第四纪研究》2001年第1期；王社教：《历史时期我国沙尘天气时空分布特点及成因研究》，《陕西师范大学学报》2001年第3期；张保安等：《中国灰霾历史渊源和现状分析》，《环境与可持续发展》2007年第1期；赵喜惠、杨希义：《明代北京的沙尘天气及其成因》，《北京教育学院学报》2003年第3期；高寿仙：《唐代沙尘灾害研究》，《西北大学学报》2003年第6期；杨帆：《十六国时期沙尘暴研究》，《保定学院学报》2009年第5期；夏炎：《"霾"考：古代天气现象认知体系建构中的矛盾与曲折》，《学术研究》2014年第3期。

② 寿绍文：《中国天气概论》，气象出版社2013年版，第427页。

③ 孙东虎：《北京近千年生态环境变迁研究》，北京燕山出版社2007年版，第57页；和付强：《中国灾害通史·元代卷》，郑州大学出版社2009年版，第210—211页。

生的影响。

一 元代沙尘天气的分布与成因

从地理分布来看，蒙元时期的沙尘天气主要发生在北方。塞北草原因为大片沙漠的存在，经常发生大规模沙尘暴。长江以北冬春季节天气干旱时，也经常出现沙尘天气。京师所在的大都（今北京）地区，风沙的记载最多。在江南的个别地方亦有发生沙尘天气的记载。

（一）塞北草原

"山中少年贵公子，年年塞北惯风沙"①，元代疆域辽阔，尤其是北方涵盖了整个蒙古高原的辽阔土地。塞北草原由于大面积戈壁沙漠的存在，风沙的程度往往极为猛烈。早在成吉思汗西征时，全真教掌教丘处机奉诏西行，行至今蒙古国境内阿尔泰山东麓的镇海城时，便遭遇一场沙尘暴，"大风傍北山西来，黄沙蔽天，不相物色"。镇海城位于大漠戈壁之中，沙尘天气十分剧烈。丘处机不禁以诗自叹曰："某也东西南北人，从来失道走风尘。不堪白发垂垂老，又蹈黄沙远远巡。"②

元太宗五年（1233）十二月，太宗窝阔台在"阿鲁兀忽可吾行宫"过冬，"大风霾七昼夜"③。阿鲁兀忽可吾行宫是成吉思汗的冬季驻跸地，在今蒙古国温都尔汗市西北。④ 显然这一次沙尘天气的强度也很大，持续时间长达七天。来自西方的旅行家同样目睹了蒙古地区的沙尘天气。13世纪受罗马教廷派遣出使蒙古的传教士柏朗嘉宾记载草原的气候"令人感到震惊的变化无常"，"这里也会有强大的凛冽风暴，以至于难以骑马行进"。1246年7月当他到达当时大蒙古国的都城哈剌和林城蒙古大汗的斡耳朵前面不远时，"由于大风暴的原因，我们被迫躺在地上，灰尘涨天，以至于伸手不见五指"⑤。

---

① 马祖常：《戏答王继学》，杨镰：《全元诗》第29册，中华书局2003年版，第328页。
② 李志常：《长春真人西行记》，党宝海译注，河北人民出版社2001年版，第39页。
③ 宋濂等：《元史》卷2《太宗纪》，中华书局1976年版，第33页。
④ 王颋："大蒙古国"时期的斡耳朵》，《中华文史论丛》第64辑，上海古籍出版社2000年版，第224—247页。
⑤ 耿昇、何高济译：《柏朗嘉宾蒙古行纪》，中华书局2002年版，第26页。

哈剌和林的气候环境，元人曾记载曰："和林为朔漠穷处，地沍寒，不敏艺植，禽鸟无树栖，而畜牧逐水草转徙。举目莽苍，无居民。盛夏亦雪，风则沙砾胥扬，咫尺无所辨。"① 除了寒冷，风沙也是这里的气候特征。元宪宗蒙哥六年（1256）春天，和林附近曾发生一次较大的沙尘暴，"大风起北方，砂砾飞扬，白日晦冥。帝会诸王、百官于欲儿陌哥都之地"②。欲儿陌哥都之地，《元史》亦作月儿灭怯土，是窝阔台的夏季驻跸地。据柏朗嘉宾记载，元定宗贵由汗的即位典礼就是在这里举行的，其地据哈剌和林不远，仅半日路程。③

元上都是蒙元时期塞北草原的另一个重要城市。"卷地朔风沙似雪，家家行帐下毡帘"④，这是元代著名诗人萨都剌在《上京即事》中所描绘的元上都风景。元上都位于今内蒙古锡林郭勒盟正蓝旗，这里的沙尘亦很常见，元诗中"一春风浪淹行客，六月尘埃满上京""黄沙浩浩万云飞，云际草深黄鼠肥""界墙窣尾砂如雪，滦河觜头风卷空"等反映的都是上都的风沙天气。⑤

元初名臣王恽随元世祖忽必烈巡行上都时所作的日记《中堂事记》中记载，中统二年（1261）三月二十九日庚寅，"风霾四塞，日三丈许，方解"，四月二十二日，"转午，雨雹蔽地，大者如弹丸，俄而风作，土下如雨，黄雾四塞，逮酉刻闻开霁"⑥。这一年春天，上都连续出现了风霾、黄雾的沙尘天气。至元二十九年（1292）夏五月，世祖将幸城外的龙冈山，结果此日一大早"暴风大作，扬沙走石，清跸虑无"，世祖不得不延请道士专门做法事以压之。⑦ 1368年，元顺帝被明军逐出大都，北逃至上都，第二年的正月二十日，"上都大风昼晦"，二月初一日，又是"大风昼晦"

---

① 张养浩撰，李鸣、马振奎校点：《张养浩集》卷12《送田信卿上和林宣慰司都事序》，吉林文史出版社2008年版，第111页。
② 宋濂：《元史》卷3《宪宗纪》，中华书局1976年版，第49页。
③ 耿昇、何高济译：《柏朗嘉宾蒙古行纪》，第26页。
④ 萨都剌：《雁门集》卷6《上京即事五首》，上海古籍出版社1982年版，第164页。
⑤ 傅若金：《咏怀》，《全元诗》第45册，第80页；陈孚：《明安驿道中》，《全元诗》第18册，第410页；柳贯：《后滦水秋风词四首》，《全元诗》第25册，第207页。
⑥ 王恽：《秋涧集》卷80、81《中堂事记》，《元人文集珍本丛刊》（二），新文丰出版公司1985年版，第369、371页。
⑦ 任士林：《松乡集》卷3《庆元路道录陈君墓志铭》，文渊阁《四库全书》本，台北商务印书馆1983年版，第1196册，第535页。

的天气。① 这些都是关于上都发生沙尘天气的明确记载。

（二）大都

"幽燕沙漠之地，风起，则沙尘涨天。"② 作为元朝的京师，大都的沙尘天气极为引人注目，元人诗词中有很多描写，如"京华日日多尘土""京师沙土眯人目""帝里春风二月天，黄尘十丈暗鞍鞴""北州尘沙邈万里，天邑气象雄微垣""我来燕山游侠场，九衢飞沙白日黄""燕南赵北吹黄尘，九天宫阙生紫云""黄风白日吹沙尘，鼓动哀音乱人听""野春平碧生暖烟，虹桥南畔沙漫天""二月五日风扬沙，潞阳河津杨柳芽""金丝柳弱窗临道，羊角风高尘过城"等。③

王恽在《玉堂嘉话》中记载至元十五年（1278）正月甲寅、乙酉朔（按：此年正月无甲寅日，乙酉朔为正月初一），王恽与同僚一同入宫行礼，"礼毕，由左掖门出，风埃大作"，并引用了北宋词人秦观的词"出门尘涨如黄雾，始觉身从天上归"来形容当时的天气。④

《元史》中大都的沙尘记载最多。致和元年（1328）三月、天历二年（1329）三月、至治三年（1323）二月、至顺二年（1331）三月，都有"雨土、霾"的记载。⑤ 此外，皇庆二年（1313）三月，"陨霜雨沙，天文示变"⑥；延祐四年（1317）春夏间，"畿辅久旱，春夏多霾风"⑦；延祐七

---

① 刘佶：《北巡私记》，薄音湖、王雄点校：《明代蒙古汉籍史料汇编》第1辑，内蒙古大学出版社1993年版，第5页。
② 熊梦祥：《析津志辑佚》，北京古籍出版社1983年版，第202页。
③ 傅若金：《题栖碧山为淦龚舜咨赋》，《全元诗》第45册，第126页；王冕：《山水图》，《全元诗》第49册，第424页；吴澄：《题董元山水图》，《全元诗》第14册，第233页；吴莱：《送郑彦贞、仲舒叔任北游京师》《从丞相花园入庆寿寺》《二月六日雨书都城旧事》，《全元诗》第40册，第9、84、77页；赵孟頫：《兵部听事前枯柏》，《全元诗》第17册，第218页；宋褧：《竹枝歌自遵化县还京途中作二首至治三年春》《通州桥下见诀别者》《闰月五日即事》，《全元诗》第37册，第221、252、286页。
④ 王恽撰，杨晓春点校：《玉堂嘉话》卷3，中华书局2006年版，第86页。按：原书此处标点有误。
⑤ 宋濂等：《元史》卷30《泰定帝二》，第685页；卷33《文宗纪二》，第732页；卷28《英宗纪二》，第629页；卷35《文宗纪四》，第779页。
⑥ 宋濂等：《元史》卷24《仁宗纪一》，第555页。
⑦ 柳贯撰，魏崇武、钟彦飞点校：《柳贯集》卷10《故奉议大夫监察御史席公墓志铭并序》，浙江古籍出版社2014年版，第266页。

年（1320）二月，"风沙晦暝，都人恂惧"①；后至元四年（1338）四月，"京师天雨红沙，昼晦"②；后至元五年（1339），"是春，连日大风昼晦"③；至正二十七年（1367）三月庚子，"京师有大风，起自西北，飞砂扬砾，昏尘蔽天，逾时，风势八面俱至，终夜不止，如是者连日。自后，每日寅时风起，万窍争鸣，戌时方息，至五月癸未乃止"④，大风扬尘天气从三月持续至五月。至正二十八年（1368）七月乙亥，"京师黑雾，昏暝不辨人物，自旦近午始消，如是者旬有五日"⑤，或许是因为战乱的原因，弥留之际的元帝国，可以说笼罩在一片黑色雾霾之中走向灭亡。

"远客江南至，尘土满素衣"⑥，大都的风沙使很多寓居于此的江南人难以适应。元代著名的理学家江西人吴澄，曾对向往游历大都的青年才俊建议说："如欲去燕京者，观其行程节次，即日雇船、买马、起程，两月之间可到燕京。则见其宫阙是如何，街道是如何，风沙如何，习俗如何，并皆了然，不待问人。"⑦ 大都的风沙，俨然已经成为其风貌特征之一。

（三）北方各地

元代西北地区已出现了沙漠化现象，也是沙尘天气的重灾区。揭傒斯《送马雍古御史抚喻河西》诗中说："烟尘起西北，原野无定株。行者中顾怀，居者念其庐。"⑧ 描写的就是当时河西地区（今甘肃酒泉、张掖一带）的情景。1258年耶律铸扈从元宪宗南征途中作《渡陷河》诗，"谁期也值南风起，吹得黄沙不见人"，描写的陷河位于今陕西省北部，"在无定河东，沙地极虚，有南风则随步颠洞"⑨，陷河横穿沙漠而过，风起而黄沙弥

---

① 宋濂等：《元史》卷179《杨朵儿只传》，第4154页。
② 宋濂等：《元史》卷39《顺帝纪二》，第844页。
③ 苏天爵撰，陈高华、孟繁清点校：《滋溪文稿》卷13《朝列大夫监察御史孟君墓志铭》，中华书局1993年版，第212页。
④ 宋濂等：《元史》卷51《五行志二》，第1111页。
⑤ 同上书，第1100页。
⑥ 揭傒斯：《初至京师和答友人病中见示》，《全元诗》第27册，第242页。
⑦ 吴澄：《吴文正公集》卷2《答人问性理》，《元人文集珍本丛刊》（三），新文丰出版公司1985年版，第95页。
⑧ 揭傒斯：《送马雍古御史抚喻河西》，《全元诗》第27册，第197页。
⑨ 耶律铸：《渡陷河》，《全元诗》第4册，第94页。

漫。《元史·按竺迩传》载中统元年（1260），元世祖忽必烈与阿里不哥争夺汗位，双方在位于今甘肃张掖市山丹县一带的"耀碑谷"展开会战，"会大风，昼晦，战至晡，大败之，斩馘无算"①。虞集也记载，"时阿里不哥之役，献马助军，从北狩道，值风霾昼晦，贼乘间为乱，击定之"②。《元史》载：至元二十六年（1289）四月，奉元路（今陕西西安）"黄雾四塞"③。

山西大同一带的风沙严重，弘州"山风为灾"，"飘翔尘沙，偃偃禾稼，以疾民载"④；大德十年（1306）二月，"大同路暴风大雪，坏民庐舍，明日雨沙阴霾，马牛多毙，人亦有死者"⑤；至治元年（1321）三月，"大同路大风，走沙土，壅没麦田一百多顷"⑥；至正三年（1343）三月至四月，"忻州风霾昼晦"⑦；张翥《阳曲义士薛氏旌表诗卷》云："上天久无雨，南风日吹沙。旱气弥虫虫，六月稻不花。晋土素硗瘠，如此岁食赊。"这首诗描写的是"至正二年事"，是发生在山西阳曲的沙尘天气。⑧陆文圭诗《临沂沂水道中，尘沙眯目不可行，闻东北有温泉即浴沂处不及往》"临沂以北沂水东，行人扬袂尘沙中"⑨，描写的是临沂沂水一带的沙尘天气。

河北磁县一带沙尘天气严重。胡祗遹记载当时磁州的沙河县，"县南门临沙河，沙积城平，每南风尘沙飞激，居民不能饭"⑩。陈刚中诗《磁州》曰："帽檐不奈黄尘满，赖有磁州数点山。"⑪此外，许有壬《念奴娇

---

① 宋濂等：《元史》卷121《按竺尔传》，第2985页。
② 虞集：《道园类稿》卷40《贾忠隐公神道碑》，《元人文集珍本丛刊》（六），新文丰出版公司1985年版，第235页。
③ 宋濂等：《元史》卷51《五行志二》，第1112页。
④ 姚燧撰，查宏德点校：《姚燧集》卷22《浙西廉访副使潘公神道碑》，人民出版社2011年版，第348页。
⑤ 宋濂等：《元史》卷21《成宗纪四》，第468页。
⑥ 宋濂等：《元史》卷50《五行志一》，第1080页。
⑦ 宋濂等：《元史》卷51《五行志二》，第1112页。
⑧ 张翥：《阳曲义士薛氏旌表诗卷》，《全元诗》第34册，第3页。
⑨ 陆文圭：《临沂沂水道中尘沙眯目不可行闻东北有温泉即浴沂处不及往》，《全元诗》第16册，第103页。
⑩ 胡祗遹撰，魏崇武、周思成点校：《胡祗遹集》卷17《大元故奉训大夫知宿州事张公神道碑铭》，吉林文史出版社2008年版，第371页。
⑪ 陈孚：《磁州》，《全元诗》第18册，第369页。

中都送韩岩夫归大都》描写元中都（今河北张北）的沙尘，"朔吹翻空沙石走，一夜坤维冻裂"①。安熙的诗《是春久阙膏泽而连日大风不见天日晚发西皋归而有作》中的"风霾连昼夕，登临望还迷"②，写的是河北藁城一带的情况。陈泰《邯郸道上书所见》，"东风日暮邯郸尘，去去共踏长安春"③，说的是邯郸地区。

河南地区也有关于沙尘天气的记载。至正元年（1341）夏四月，"戊寅，彰德有赤风自西北起，昼晦如夜"④。彰德即今河南安阳。许有壬后至元四年（1338）九月与友人游历位于安阳的林虑山，"历流寺、固县，大风扬尘，俄幸止"，受阻于沙尘天气而于孝亲寺中借宿。⑤王恽《汴梁清明》诗曰："连日风沙此日晴，东君有意作清明"⑥，写清明节前后汴梁（今河南开封）的风沙天气。延祐七年（1320）八月，"延津县大风，昼晦，桑陨者十八九"⑦。至正十五年（1355），元将领察罕帖木儿与红巾军战于汴梁一带，"会大风扬沙，（察罕帖木儿）自率猛士鼓噪从中起，奋击贼中坚"⑧。黄溍《答禄乃蛮氏先茔碑》载，天历三年（1330）四月，乃蛮氏贵族孛兰奚母亲梁氏去世，葬于扶沟县祖茔，"下棺之际，有大风卷沙自北来"⑨。又王恽诗《征士谣》："己丑（至元二十六年，1289）正月晦，东风连日沙尘昏，兵威掩尽春气温"⑩，当时作者赋闲于河南卫辉的家中。

在山东，《元史·五行志二》载："至正二十七年（1367）三月丁丑

---

① 许有壬：《至正集》卷80《念奴娇中都送韩岩夫归大都》，《元人文集珍本丛刊》（七），新文丰出版公司1985年版，第357页。
② 安熙：《是春久阙膏泽而连日大风不见天日晚发西皋归而有作》，《全元诗》第23册，第335页。
③ 陈泰：《所安遗集》《邯郸道上书所见》，《全元诗》第28册，第18页。
④ 宋濂等：《元史》卷40《顺帝纪三》，第861页。
⑤ 许有壬：《圭塘小稿》别集卷下，文渊阁《四库全书》本，台北商务印书馆1983年版，第1211册，第710页。此文亦见于《至正集》卷41，元人文集珍本丛刊本，文字有删节，作"俄水冶士大夫巡徽监当官、孝亲寺僧皆来迎，晚宿寺"。
⑥ 王恽：《汴梁清明》，《全元诗》第5册，第453页。
⑦ 宋濂等：《元史》卷27《英宗一》，第609页。
⑧ 宋濂等：《元史》卷141《察罕帖木儿传》，第3384页。
⑨ 黄溍：《金华黄先生文集》卷28《答禄乃蛮氏先茔碑》，四部丛刊初编本，上海书店影印本，1985年，第16页。
⑩ 王恽：《征士谣》，《全元诗》第5册，第138页。

朔，莱州招远县大社里黑风大起，有大鸟自南飞至，其色苍白，展翅如席，状类鹤，俄顷飞去，遗下粟、黍、稻、麦、黄黑豆、荞麦于张家屋上，约数升许，是岁大稔。"① 飞来大鸟之事虽显异常，而"黑风大起"则很可能是沙尘天气。陆文圭的诗《北入穆陵关皆山石崩沙北风尘起行人良苦因作》曰："大风北来沙触面，行人咫尺不相见"②，描写的是位于临朐县的穆陵关的沙尘天气。此外还有陈高的《甲午岁滨州道中》"驱车北行值新岁，滨州城西官道长。远山残雪映日白，旷野飞沙如雾黄"、③ 马臻的《东平道中》"征途扰扰风沙黄，征人下马坐路傍"。④

（四）江南

沙尘雾霾天气不仅出现在北方，有时也会光临江南。《元史》记载后至元五年（1339）二月，"信州雨土"⑤，信州，今属江西。又，陆文圭《辛卯二月记异》诗曰："客子游吴中，步上姑苏台。是日天雨土，四面集坌埃"⑥，根据陆文圭的生卒年（1252—1336）来判断，辛卯二月，应为至元二十八年（1291）的二月，姑苏台是苏州城外的名胜。题目中的"记异"表明，雨土的情况在江南实属罕见。另一首诗《奉饯子华教授北上时癸酉三月》中记载："清明上巳三月中，一春天气少冲融。瞳瞳初日翳复吐，黄尘涨起西北风。"⑦ 癸酉三月，应为元统元年（1333），陆文圭是江阴人，其主要活动范围大体在江苏一带，因此这首诗描写的应当是江南。杭州也出现过沙尘天气，仇远的《秋雨》诗曾记载："钱唐近报融风起，瓦砾尘埃半城市。"⑧ 陶宗仪《南村诗集》还记载了一次发生在松江府（今上海）比较严重的雾霾天气："二月六日，日出二竿许，松江府城为黑气蒙蔽，若重雾然，人对面莫辨谁。某一饭顷乃散，附城五七里间亦如

---

① 宋濂等：《元史》卷51《五行志二》，第1102页。
② 陆文圭：《北入穆陵关皆山石崩沙北风尘起行人良苦因作》，《全元诗》第16册，第41页。
③ 陈高：《甲午岁滨州道中》，《全元诗》第56册，第290页。
④ 马臻：《东平道中》，《全元诗》第17册，第44页。
⑤ 宋濂等：《元史》卷51《五行志二》，第1112页。
⑥ 陆文圭：《辛卯二月记异》，《全元诗》第16册，第18页。
⑦ 陆文圭：《奉饯子华教授北上时癸酉三月》，《全元诗》第16册，第49页。
⑧ 仇远：《秋雨》，《全元诗》第13册，第162页。

是，较之城中则稍轻耳，此时处处乡邨风日妍丽。"① 这次异常天气应当发生在元末明初，持续时间虽然不长，但已经到了"人对面莫辨"的程度，范围包括松江府城周边数里之内

（五）元代沙尘天气成因

沙尘天气产生的前提条件是沙源地的存在。现代气象学统计显示，我国沙尘天气源地三分之二来自蒙古国南部地区，在途经我国北方地区时得到沙尘物质的补充而加强。②"书卷囊衣共一车，出关千里漫黄沙"③，蒙元时期北方蒙古高原中部、南部广布的沙漠和砂质戈壁成为沙尘天气的主要来源地。

元代北方冬、春季节经常干旱而多风的气候条件，也是形成沙尘天气的主要原因。王恽《祈雨青词》"爰自去秋迄于今岁，风霾蓬勃，生意焦枯"④；程端礼《喜雨诗卷序》曰"至正元年四月，不雨，沟浍扬尘"⑤。这都是发生在干旱时的扬尘记载。元人诗句中的描写更多，如"河南季来数亢旱，赤地千里黄尘飞"⑥ "秋冬不雨到中春，垄麦黄芽起旱尘"⑦ "连山出火槁叶黄，大野扬尘烈风赤" "禾垄扬尘未足惊，千顷沧江亦龟坼"⑧等，描写的都是因干旱而扬起沙尘的景象。

大风是沙尘天气形成的另一必要条件。"怒风卷地涨黄尘，白日茫迷雾云起"⑨ "刺刺北风吹倒人，乾坤无处不沙尘"⑩ "大风才定扫尘埃，糴米长须久未回"⑪ "北风胡为来？掣箭飞沙石"；⑫ 刘秉忠《四月望日途中

---

① 陶宗仪：《南村诗集》卷 4，文渊阁《四库全书》本，台北商务印书馆 1983 年版，第 1231 册，第 633 页。
② 寿绍文：《中国天气概论》，第 428 页。
③ 吴师道：《送夏学正赴奉圣州》，《全元诗》第 32 册，第 120 页。
④ 王恽：《秋涧集》卷 68《祈雨青词》，《元人文集珍本丛刊》（二），第 267 页。
⑤ 程端礼：《畏斋集》卷 3《喜雨诗卷序》，文渊阁《四库全书》本。
⑥ 乃贤：《颍州老翁歌》，《全元诗》第 48 册，第 30 页。
⑦ 胡祗遹：《雨不必多及时者为甘霖五月十五日夜半急雨破梦喜而不寐得七言律诗二章》，《全元诗》第 7 册，第 135 页。
⑧ 吴师道：《苦旱行》《后苦旱行》，《全元诗》第 32 册，第 31、33 页。
⑨ 贡奎：《牵舟行》，《全元诗》第 23 册，第 137 页。
⑩ 王冕：《应教题梅》，《全元诗》第 49 册，第 447 页。
⑪ 胡助：《漫兴》，《全元诗》第 29 册，第 117 页。
⑫ 郝经：《北风》，《全元诗》第 4 册，第 170 页。

大风》"惨淡乾坤震鼓鼙，飞沙转石卷云霓。山川道路俱难辨，南北东西一向迷"；① 王恽《大风》诗"六合尘沙一混同，群龙无力障惊风"；② 王沂《大风》诗"黄尘潇潇暗白日，天为花愁救不得"；③ 刘敏中"顾山道中春已归，东风作恶黄尘飞"；④ 张翥"闭户复闭户，黄尘千丈生。不雨草无色，冲风人倒行""彻昼风何急，避行陵树旁。惊沙扑面黑，野日映人黄"。⑤ 以上诗句所描述的都是诗人们亲身经历大风沙尘景象时的真实感受。

　　除了地理和气候原因外，沙尘天气的形成还与某些人为因素有一定的关系。例如，元大都周边的森林植被因大都城市建设、帝王经常性的田猎活动、冬季取暖及日常生活所需的木柴火炭等原因而遭到大量砍伐。森林植被的消耗甚至破坏，势必助长了沙尘天气的发生。⑥ 另外，城市中的土木建设工程，也会直接导致沙尘的荡起，如王逢《俞丞获印辞》诗中记载："己亥七月城钱塘，四十万夫翻汗浆。九旬尘沙霾日黄，几夜草上生辉光。"⑦ 描写的就是己亥年（至正十九年，1359）杭州修城时的扬沙。繁华都市或交通要道的车水马龙，也常因频繁来往的车马而激扬起漫天的沙尘，"城中车马尘及腹，城外山林春翳木"⑧"城中尘土迷人目，郑子书堂满意清"⑨"张家桥西车马尘，北风刮地眯行人"⑩"车声轧轧风蓬蓬，道上黄尘半空起"，这些元人的诗句反映了城市和道路中因车马往来而形成的尘土飞扬的景象。

---

① 刘秉忠：《四月望日途中大风》，《全元诗》第3册，第177页。
② 王恽：《大风》，《全元诗》第5册，第221页。
③ 王沂：《大风》，《全元诗》第33册，第32页。
④ 刘敏中：《春晚山行见桃花》，《全元诗》第11册，第361页。
⑤ 张翥：《大风时送友南城》《暴风》，《全元诗》第34册，第37、38页。
⑥ 参见孙冬虎《北京近千年生态环境变迁研究》，第四章第二节《元时期的森林植被变迁》，第131—138页。
⑦ 王逢：《俞丞获印辞》，《全元诗》第59册，第145页。
⑧ 胡助：《清凉寺》，《全元诗》第29册，第26页。
⑨ 程文：《寄鲍仲安》，《全元诗》第35册，第280页。
⑩ 陆文圭：《桃源县》，《全元诗》第16册，第103页。

二 蒙元沙尘天气的社会影响

(一) 政治经济影响

古代社会限于人们当时的认知能力和儒家思想"天人感应"理论的影响，经常会把包括沙尘在内的异常天气或灾害视为"天变"，而要求为政者采取改革措施。例如，元世祖忽必烈即位之初，已经着手在燕京修建新都，中统二年（1261）成立的修内司和祗应司，就是为营建新都做准备。但王恽《中堂事记》载，本年春，上都连续出现雨土天气，"司天台官中顺大夫张，为雨土事，以民劳上闻。明年，新都之建遂经始焉"①。大都城修建虽始于至元四年（1267）②，但城内宫殿的建造要更早，陈高华先生指出，大都琼华岛修缮的时间有中统四年、中统三年的不同记载，这个时间有待进一步考证。③ 而此据王恽的记载，忽必烈很可能在中统二年已有修新都的计划，因上都连续发生沙尘天气，司天台官提出是因"民劳"所致的建议下，营建新都的工程被暂缓至"明年"，也就是中统三年（1262）。

元世祖以后列朝，大臣因沙尘天气向皇帝进谏的情况屡见不鲜，元仁宗皇庆二年（1313）三月，中书省宰相以"去秋至春亢旱，民间乏食"，"又陨霜雨沙"连续的"天文示变"而乞求黜罪，元仁宗回复说，"事岂关汝辈耶？其勿复言"④。延祐四年（1317），有监察御史以"畿辅久旱，春夏多霾风"而上言："应天惟以至诚，爱民莫如实惠，阴阳偏胜，理有致然。宜合近臣经事多而识虑审者杂议之，凡政令得失，民情休戚，咸得上闻，庶有以启悟宸衷图回天意。"⑤ 元顺帝后至元五年（1339）"是春，连日大风昼晦"，监察御史又上言："当修省更化，以弥天变"，但"章上

---

① 王恽：《秋涧集》卷81《中堂事记》，《元人文集珍本丛刊》（二），第371页。
② 虞集：《道园类稿》卷37《大都路城隍庙碑》，《元人文集珍本丛刊》（六），第183页，"岁在丁卯，以正月丁未之吉，始城大都"。丁卯为至元四年。
③ 陈高华、史卫民：《元大都上都研究》，中国人民大学出版社2011年版，第29页，注释6。
④ 宋濂等：《元史》卷24《仁宗纪一》，第555页。
⑤ 柳贯撰，魏崇武、钟彦飞点校：《柳贯集》卷10《故奉议大夫监察御史席公墓志铭有序》，第266页。

不报"①。实际上，元代灾害发生时常有议灾进谏之举，要求皇帝改革弊政，以"消弭灾变"，但其效果甚微，元朝的皇帝基本上很少有所回应，有时还将其作为政治斗争的工具。②

强度较大的沙尘暴天气，还会产生巨大破坏，造成人畜死亡和经济损失。元世祖至元二十四年（1287）十二月，"诸王薛彻都等所驻之地，雨土七昼夜，羊畜死不可胜计，以钞暨币帛绵布杂给之，其直计钞万四百六十七锭"③。成宗大德十年（1306）二月，"大同平地县雨沙黑霾，毙牛马二千"④。仁宗延祐七年（1320）八月，"延津县大风，昼晦，桑陨者十八九"⑤。英宗至治元年（1321）三月，"大同路大风，走沙土，壅没麦田一百多顷"⑥。对于这些因强沙尘暴天气造成的人畜死亡和经济损失，和其他灾荒一样，元朝廷也会采取相应的赈济措施。⑦

（二）社会生活影响

相比于政治、经济影响，风霾沙尘天气对于人们的日常生活的影响更为直接。尤其是北方风沙频发地区，人们的生活起居、衣食住行各个方面都会受到沙尘天气的很大影响。

沙尘天气会给人们的日常生活起居带来诸多不便。"远客江南至，尘土满素衣""尘埃满面人不识，骯脏偃蹇虹蜺结"，⑧ 漫漫风沙不仅会使人蓬头垢面，而且"大风才定扫尘埃"，⑨ 风沙过后的落尘成为家居清扫的难题。"日日扫居室，既扫尘复生，性癖颇爱净，去尘心乃清。"⑩ 日日扫不尽的尘埃污染居住环境的同时，更使读书人心情烦躁。严重的沙尘甚至使

---

① 苏天爵：《滋溪文稿》卷13《朝列大夫监察御史孟君墓志铭》，第212页。
② 参见陈高华《灾害与政治：元朝应灾议（谏）政初探》，《北京联合大学学报》2010年第4期。
③ 宋濂等：《元史》卷14《世祖纪十一》，第303页。
④ 宋濂等：《元史》卷50《五行志一》，第1080页
⑤ 同上。
⑥ 同上。
⑦ 元代的赈恤制度，可参见陈高华《元代赈恤制度研究》，《中国史研究》2009年第4期。
⑧ 揭傒斯：《初至京师和答友人病中见示》，《全元诗》第27册，第197页；郝经：《入燕行》，《全元诗》第4册，第247页。
⑨ 胡助：《漫兴》，《全元诗》第29册，第117页。
⑩ 陈高：《扫室》，《全元诗》第56册，第225页。

人们连吃饭都变得困难,如元初磁州的沙河县,"县南门临沙河,沙积城平,每南风尘沙飞激,居民不能饭"①。

"凄凄挟沙砾,点点尘吹面"②,在外出旅行的途中,风沙天气更是人们所不愿遇到的。元人袁桷《行路难》诗中就特别提道:"回头平田树如髪,北去沙石何弥漫""飞沙击面燕颔失,晚望落日思生还"③,沙尘天气成为阻止人们出行的重要原因。"长风沙,风沙不断行人嗟,行人嗟,奈君何"④"黄尘迷目客衣化"。⑤ 旅途中的风沙,使行人无法睁眼,影响视野,"黄尘日暮起,对面不相看"⑥"回首关河道,风尘道路迷"。⑦ 遇到风沙天气,意欲出行的人们也只能选择暂避,"怕风沙,只好扶藜杖,循篱看落花""初日照我车,我车不濡轮,泥潦即不出,旱复避尘埃";⑧ 或者干脆选择其他方式出行,"土雾散游丝,沙尘起飞面,咫尺方欲离,顷刻已莫辨,素衣缁渐化,玄发白新变,人言道途苦,我意舟楫便"⑨。乘船出行比骑马、乘车更能躲避风沙的侵扰。

风沙还影响了人们的穿戴。《析津志》记载元代大都地区,人们为了抵御风沙,专门发明了一种叫作"鬼眼睛"的防沙用品,"幽燕沙漠之地,风起,则沙尘涨天。显宦有'鬼眼睛'者,以鈨为之,嵌于眼上,仍以青皂帛系于头"。⑩ 张翥的诗中"大风尘土涨天飞,遮眼乌纱拍马归"⑪,描写的就是这种"鬼眼睛"。北方人还常戴帽子遮挡风沙。习惯了北方风沙的色目诗人马祖常,在诗句中流露出江南不用戴"遮尘帽"的羡慕,"羞

---

① 胡祗遹撰,魏崇武、周思成点校:《胡祗遹集》卷17《大元故奉训大夫知宿州事张公神道碑铭》,第371页。
② 刘鹗:《度狼山》,《全元诗》第36册,第86页。
③ 袁桷:《行路难》,《全元诗》第21册,第336页。
④ 揭傒斯:《长风沙夜泊》,《全元诗》第27册,第186页。
⑤ 程端礼:《壬寅孟春有之刘君来自金坛示我佳章因次韵叙客怀以谢三首》,《全元诗》第25册,第344页。
⑥ 杨载:《次韵袁伯长》,《全元诗》第25册,第228页。
⑦ 王冕:《春寒》,《全元诗》第49册,第396页。
⑧ 虞集:《上马》,《全元诗》第26册,第159页;马祖常:《初日诗八首》,《全元诗》第29册,第294页。
⑨ 袁桷:《车行二十八韵》,《全元诗》第21册,第79页。
⑩ 熊梦祥:《析津志辑佚》,第202页。
⑪ 张翥:《读瀛海喜其绝句清远因口号数诗示九成皆实意也》,《全元诗》第34册,第118页。

见京尘遮帽顶,羊裘亦欲换渔蓑""行人不带遮尘帽,游客尝携注酒卮"①。遮尘防沙是元代帽子的主要功能之一,起到关键作用的是元代帽子开始有了帽檐。《草木子》载,元代"官民皆戴帽,其檐或圆、或方,或前圆后方"②。据《元史》,帽檐是由忽必烈皇后改进而成,"胡帽旧无前檐,帝因射日色炫目,以语后,后即益前檐,帝大喜,遂命为式"③。实际上,帽檐不仅可以防炫目,更能起到防风沙的作用,"日暮介休城下过,帽檐斜侧避风沙"④"帽檐不奈黄尘满,赖有磁州数点山"⑤。元代帽子的种类很多,"冬帽而夏笠",⑥ 冬季有羔帽、貂帽,"旋卷木皮斟醍醐,半笼羔帽敌风沙"⑦;"黄沙浩浩万云飞,云际草深黄鼠肥。貂帽老翁骑铁马,胸前抱得黄羊归"⑧。夏季还有"席帽","席帽征尘拂转难,寄来章甫压儒酸"⑨。

沙尘往往伴随干旱,还会导致疾疫的发生与传播。元人对此现象也有记载,"爰自去秋迄于今岁,风霾蓬勃,生意焦枯,时疫大兴"⑩。"风霾蓬勃"成为时疫发生的重要原因。到大都做官的南方人,更容易因为水土不服和沙尘天气而生病,如张伯淳在《子入京》诗中描述了自己的经历,"我昔到京师,几度望清光","土深气候齐,不同瘴疠乡",南北方之间的水土气候有很大不同,"然于饮食间,过多亦为殃。扬沙风力劲,外邪袭空肠"⑪。因为个人饮食以及经常的风沙天气,导致身体不适。

大都的风沙还影响了人们的墓葬风俗。元代南方比较盛行墓祠,北方

---

① 马祖常:《和继学郎中送友归越中》《高彦敬黄州云山图》,《全元诗》第29册,第331、337页。
② 叶子奇:《草木子》卷3下,中华书局1959年版,第61页。
③ 宋濂等:《元史》卷114《后妃传一》,第2872页。
④ 王沂:《河东道中二首》,《全元诗》第33册,第113页。
⑤ 陈孚:《磁州》,《全元诗》第18册,第369页。
⑥ 彭大雅撰,徐霆疏:《〈黑鞑事略〉笺证》,《王国维遗书》第8册,上海书店出版社1983年版,第208页。
⑦ 柳贯:《后滦水秋风词》,《全元诗》第25册,第207页。
⑧ 陈孚:《明安驿道中四首》,《全元诗》第18册,第410页。
⑨ 李延兴:《谢叶奉祠公羽赠冠》,《全元诗》第64册,第192页。
⑩ 王恽:《秋涧集》卷68《祈雨青词》,《元人文集珍本丛刊》(二),第267页。
⑪ 张伯淳:《子入京》,《全元诗》第11册,第199页。

则很少。① 在少数的北方墓祠中，竟有因沙尘天气原因而修建的。元人田仲珪，母韩氏，生前留下遗言："吾观燕俗尚墓祭，而野常多风，埃尘满席，鬼且弗享。我百岁后，汝处我必于园中，而加屋焉，使如平居，以适吾志也。"于是，其子在大都城南，为其母韩氏修建墓祠"孝敬堂"。记述者刘敏中追述古制，称赞其孝行曰："上古葬而不祔，墓而不坟。秦废家庙之制，而汉世公卿乃为祠堂于墓所。田侯之葬，岂犹古耶？呜呼！去古益远矣，固有之性，能不为风俗所移者寡矣。"② 而实际上，从韩氏的遗愿来看，改变墓祭传统修建墓祠的原因，其实与大都"野常多风，埃尘满席"的天气有很大关系。

三　余论

本文主要以元诗为补充，结合其他资料，初步探讨了元代沙尘天气的发生情况和社会影响。从整体来看，元代沙尘天气在北方干旱季节经常发生，不仅有大强度的沙尘暴，也有持续数月的长雾霾天，有不少记载都是前代较少出现的异常天气。尤其是元大都的沙尘天气，给当时的人们留下了十分深刻的影响，很多文人都用诗歌来表达自己的真实感受。一方面，这些诗句可以弥补元代正史、地方史志资料缺少的遗憾；另一方面，也说明元以后的明清时期，甚至到今时今日，北方风沙天气的频繁，并非突然出现的新现象。

蒙元王朝的统治重心在北方，对于经常发生的沙尘天气，并非不重视。只是与中原汉族王朝不同，蒙元统治者对于儒家"天人合一"的思想，并没有表现出太多的领悟与关心。信奉"长生天"的蒙古人更多地表现出对自然的敬畏。这种敬畏驱使蒙元统治者一般采取"祈祷"的方式，去应对各种水、旱等自然灾害的发生。对于风沙天气，政府有时也会采取同样的方式。例如，至元二十九年（1292）夏五月，道士陈可复扈从元世祖忽必烈巡幸上都，"西至滦阳，滦阳旱逾月不雨"，忽必烈命陈可复祷

---

① 常建华：《元代墓祠祭祖问题初探》，《社会问题的历史考察》，成都出版社1992年版，第67—74页。

② 刘敏中撰，邓瑞全、谢辉点校：《刘敏中集》卷2《田氏孝敬堂记》，吉林文史出版社2008年版，第21页。

雨,"明日,西土以雨闻"。又命再祷雨上都,结果又应。第三天,上都龙冈"旦暴风大作,扬沙走石,清跸虑无",忽必烈又命陈可复祈祷,"师(陈可复)噀剑一挥,风恬以息",忽必烈"大悦",赏赐陈可复,且"给大官牲具以祭",让大臣祭祀以谢天。①

　　祈祷"长生天"当然不可能真的预防和减少风沙。但元代有地方官找到了科学有效的方法。"至元二年(1265),(张裕)改授沙河令。县南门临沙河,沙积城平,每南风,尘沙飞激,居民不能饭。公身教士人树高柳三匝,近(南)[百]万株。柳茂密,沙尘不能入。炎夏,行人困渴,休息于绿阴,芳草解鞍,停轮移时不忍去。所剥繁枝,充公私薪爨。不数年,巨材足以充梁栋。一举而四美具。"② 沙河县令张裕,环绕县城,植高柳树三圈。这种植树造林的方法,既能有效地抵抗当地严重的风沙,还能为行人提供便利,为百姓提供薪柴,为建筑提供木材,一举四得。县令张裕不仅得到当时人的赞誉,其治理风沙的经验,今日仍有借鉴意义。

（作者为河南大学中国古代史中心副教授）

---

　　① 任士林:《松乡集》卷3《庆元路道录陈君墓志铭》,文渊阁《四库全书》本,第1196册,第535页。
　　② 胡祗遹:《胡祗遹集》卷17《大元故奉训大夫知宿州事张公神道碑铭》,第371页。文中"近南万株","南"字疑应为"百"字之讹,引文中为笔者根据文意所改。

安南陈太宗对南宋和蒙元的双重外交政策探析*

叶少飞

宋理宗嘉定十七年（1224），安南李惠宗无嗣，传位于六岁的女儿昭

---

* 本文是2015年度国家社会科学基金青年项目15CSS004和2018年度国家社会科学基金重大项目18ZDA208的阶段性成果。日本东南亚史和越南史专家山本达郎教授在《安南史研究1—元明两朝对安南的征伐》（山川出版社1950年版）序编中专设《陈朝国王名号的研究》探讨安南国王在中国和越南史书中的不同姓名问题，并指出陈太宗此举开创了陈朝君主内外两个名字的传统，山本教授虽然已经提出陈朝在蒙元和南宋之间的双重政策，但研究重点在于陈朝与蒙元的外交，于南宋方面则有未尽之处。后山本达郎主编的《越南中国关系史》（山川出版社1975年版）第三章《陈朝与元的关系》由其在《安南史研究》的基础上撰写完成，内容较为简略。陈智超《一二五八年前后宋、蒙、陈三国间的关系》（载《宋史研究论文集》，上海古籍出版社1982年版，第410—452页）运用李曾伯《可斋杂稿》相关文献考证三方关系，指出陈朝欲援宋抗蒙，宋理宗则笼络安南，蒙古攻陈只是策应忽必烈的行动，故而很快退走，陈朝与蒙古建立关系，又保住了与宋关系，认为三方之中，陈朝最弱但策略最为成功。邓昌友《宋朝与越南关系研究》（暨南大学2004年博士学位论文，第83—87页）有"南宋、蒙元和交阯的三边关系"一部分，对1257年蒙古军队攻入安南之时，南宋的应对做了研究，并对之后的安南与南宋的关系做了探讨，但作者重点未在安南与蒙古之间的关系，因此没有讨论陈太宗改名之事。黄宽重《晚宋军情蒐集与传递——以〈可斋杂藁〉所见宋、蒙广西战役为例》（《汉学研究》第27卷第2期，2009年6月，第133—166页）第三部分为"安南蒙情回报系统的建立、蒐集与处理"，根据李曾伯与宋理宗往来文书对1258年前后宋朝对安南的情报收集与军政应对做了深入研究，但并没有对安南方面的信息源进行分析。李曾伯所获安南情报有收集刺探和陈朝主动通报两种，前者不全，后者则有隐瞒，南宋的谍报人员难以获得安南的最高层情报；孙来臣 "Imperial Ideal Compromised: Northern and Southern Courts Across the New Frontier in the Early Yuan Era" (*China's Encounters on the South and Southwest: Reforging the Fiery Frontier Over Two Millennia*, edited by James A. Anderson and John K. Whitmore, 2014, Brill, Leiden and Boston, pp. 193 – 231) 也论及陈太宗对蒙元一方的交涉问题；成思佳《越南古代的上皇现象研究(968—1759)》（郑州大学2015年硕士学位论文，第36页）亦在山本教授的研究基础上发挥，对陈太宗时期的"上皇"提出了新见解。本文即在山本教授及诸位学者研究的基础上做进一步阐发。

另自丁部领、黎桓以来，交州历代君主对内称帝，李朝始以"大越"为国号；对中国称臣，用"安南"国号，确立了"内帝外臣"的体制，本文述及的陈朝"太上皇""上皇""今上"等皆为"大越"之帝，宋元所封则为"安南国王"，请参看叶少飞《越南古代"内帝外臣"政策与双重国号的演变》（《形象史学研究》2016年上半年，人民出版社2016年版，第134—166页）。

圣公主,号昭皇。宋宝庆元年(1225),李昭皇禅位于其夫八岁的陈日煚,由其叔父陈守度和父亲陈承执政,李朝历九帝、二百六十年而亡。随后陈守度逼令李惠宗自尽,并设计消灭了李氏宗室。宋理宗绍定二年(1229),陈朝遣使聘于宋,宋封陈日煚为安南国王。宋朝与陈朝维持了多年的和平关系,直到1257年蒙古大军到来。陈太宗先名"陈日煚",或称"陈煚",1258年改名"陈光昺",同年禅位于子陈威晃,或称陈晃。陈太宗自为太上皇,仍掌国政。此时南宋尚在,陈日煚、陈威晃父子仍报聘于南宋,1262年宋封陈威晃为安南国王,称陈日煚为太上国王。大体而言,即是陈太宗以陈光昺之名交结蒙元,以陈日煚之名交结南宋,在迫不得已之下形成了父子双名双重外交政策,以应对前所未有的压力。随着南宋的灭亡,陈朝对宋元的父子双重外交政策演变为对元的上皇外交,并成为定例。

一 陈太宗改名与安南的蒙元外交

《安南志略》记载:

> 大元丁巳岁(宪宗十七年,1267)十二月,太师(大帅)兀良合䚟帅师自云南经安南边邑。国人拒之。官军击破。惧降。戊午岁(元宪宗八年,宋理宗宝祐六年,1258年)改名光昺,遣陪臣上表,纳款,奉贡职。是岁,逊位于子(陈)。①

《安南志略》的撰者是陈朝贵族黎崱,降元居中国,此书虽依照中国史书体裁和史学思想撰述,但史事大体是真实可信的,因其书精湛,被选入《经世大典》。面对宋蒙并强的局面,陈太宗在1258年正月同时向宋、蒙派出使臣之后,对国内的政局做了重大调整:

> 二月二十四日,帝逊位于皇太子晃,退居北宫。太子即皇帝位,改元绍隆元年。大赦。称仁皇,尊上皇曰显尧圣寿太上皇帝。②

---

① 黎崱:《安南志略》卷13《陈氏世家》,武尚清点校,中华书局2000年版,第310页。
② 陈荆和校合本:《大越史记全书》本纪卷5《陈纪》,东京大学东洋文化研究所,1984年,第340页。下同。

三月以后即为陈圣宗绍隆元年，"群臣上尊号曰宪天体道大明光孝皇帝"①。越南史书没有记载陈太宗改名之事。黎崱长期在陈朝，《安南志略》记载陈圣宗：

> 太王仲子也。魁奇雅量。戊午岁（宋理宗宝祐六年，1258 年），<u>父老代立</u>，遣贡于宋，宝祐间（1253—1258 年），理宗封为安南国王。
>
> 初，父子臣附天朝，父薨，世子不请命而自立。……。（至元）二十七年（1290 年）遣贡，上命提刑按察司刘廷直等，赍诏谕意。明年，世子薨。（居位三〔二〕十一年，寿五十一，谥圣王。）②

黎崱对太宗、圣宗父子的继位情况记载清楚，陈圣宗"父老代立，遣贡于宋"，宋理宗封其为安南国王。但《元史》并未采用这一观点，元宪宗蒙哥八年（1258）记载：

> 二月，陈日煚传国于长子光昺。光昺遣婿与其国人以方物来见，兀良合台送诣行在所。③

陈日煚就是陈光昺，承继其位的是其子陈威晃。《元史》所记，显然是之后安南以陈光昺的名义开展对蒙外交，山本达郎教授认为陈太宗改名"陈光昺"专为应对蒙元而设，此后对元外交皆以"陈光昺"之名进行。④陈太宗传位于子，自为太上皇，同时改名应对蒙元，成为陈朝定例，陈朝后世君王即以太上皇进行对元外交。后黎朝史家吴士连评论陈朝这一制度：

> 自夏禹传子之后，父崩子继，兄殁弟承，永为常法。陈氏家法，乃异于是。子既长，即使承正位，而父退居圣慈宫，以上皇称，同听政，其实但传大器，以定后事，备仓卒尔。事皆取决于上皇，嗣主无异于皇太子也。⑤

---

① 陈荆和校合本：《大越史记全书》本纪卷 5《陈纪》，第 340 页。
② 黎崱：《安南志略》卷 13《陈氏世家》，第 311—312 页。
③ 《元史》卷 3《宪宗》，中华书局 1976 年版，第 50—51 页。
④ ［日］山本达郎：《安南史研究》序编，山川出版社 1950 年版，第 38 页。
⑤ 陈荆和校合本：《大越史记全书》本纪卷 5《陈纪》，第 340 页。

被明军擒至北京的胡元澄（即黎澄）在《南翁梦录》中言：

> 陈家旧例，有子既长即使承正位。而父退居北宫，以王父尊称，而同听政，其实但传名器，以定后事。备仓卒尔，事皆取决于父，嗣王无异于世子也。①

《南翁梦录》黎澄自序作于正统三年（1438），早于吴士连《大越史记全书》的撰成时间（1479），二书关于陈朝上皇制度的叙述相同，应该有共同的史料来源。

陈朝的对元外交是名副其实的"上皇外交"。陈朝的这一政策实施相当成功，元朝长期不知陈朝内部的上皇情况，直到至元二十二年（1285）元军攻入安南国都方知：

> 日烜僭称大越国主宪天体道大明光孝皇帝陈威晃，禅位于皇太子，立太子妃为皇后，上显慈顺天皇太后表章，于上行使"昊天成命之宝"。日烜即居太上皇之位，见立安南国王系日烜之子，行绍宝年号。②

陈太宗死后，元朝并未册封陈圣宗为安南国王，而是封其叔父陈遗爱为安南国王，之后陈元因此交恶大战。元朝封北归的陈氏宗室陈益稷为安南国王，设"侨安南国"。在交州本土自行传承的安南国王没有得到元朝册封，因此在对元朝交聘过程中称"世子"，越南史书亦记载"世子"的称谓。③故而元朝在知晓安南的上皇外交之后，也并不在意由谁来主导对元朝贡，一律称为"世子"。因此《元史》只记载执行对蒙元外交的太上皇之事，已经继位的皇帝之事则阙如，直至皇帝传位再为太上皇进行对元外交，方进行记载。

二 陈太宗改名之后安南与南宋的外交

宋理宗绍定二年（1229）即封陈日煚为安南国王，1258年陈太宗面临

---

① 黎澄：《南翁梦录·艺王始末》，台北学生书局1986年版，第13页。
② 《元史》卷209《外夷二》，第4644页。
③ 王珽、汤开建：《元"侨安南国"与陈益稷》，《海交史研究》2002年第2期。

蒙古的巨大压力，仍然以自己的名义与南宋维持关系，同时派使臣至蒙古，《大越史记全书》记载陈太宗元丰八年（宋宝祐六年，1258）春正月：

> 遣使通好于宋。
> 遣黎辅陈、周博览如元。时元使来索岁币，增其职贡，纷纭不定。帝命辅陈往，以博览副之。卒定三年一贡为常例。①

同年三月陈太宗在国内传位陈圣宗，随即上表南宋，请求传位于子，并请求"赐太上国王之号，冀十行诏旨之颁"，② 但南宋可能没有同意。陈太宗仍然为南宋的"安南国王"。《大越史记全书》记载陈圣宗绍隆四年（宋景定二年，元中统二年，1261）：

> 元遣礼部郎中孟甲、员外郎李文俊赍书来谕。宴孟甲等于圣慈宫，遣通侍大夫陈奉公、诸卫寄班阮琛、员外郎阮演赍书如元通好。元封帝为安南国王，赐以西锦三、金熟锦六。③

陈太宗为太上皇，居圣慈宫，能在这里宴请元使的只能是陈太宗而非已经继位的陈圣宗。《元史·安南传》记载中统二年（1261）：

> 孟甲等还，光昺遣其族人通侍大夫陈奉公、员外郎诸卫寄班阮琛、员外郎阮演诣阙献书，乞三年一贡。帝从其请，遂封光昺为安南国王。④

显然元朝所封安南国王为陈太宗光昺，即陈日煚，并非陈圣宗。此时陈太宗就分别拥有了元朝和南宋册封的"安南国王"。1261年陈太宗已经受封为蒙古的"安南国王"，但仍然入贡南宋，《宋史》记载同年十一月"安南国贡象二"。⑤

陈朝受封宋蒙双方的"安南国王"，两面迎合，陈太宗在深思熟虑之后，于次年再次报聘南宋，请求传位于子，宋理宗景定三年（1262）

---

① 陈荆和校合本：《大越史记全书》本纪卷5《陈纪》，第340页。
② 黎崱：《安南志略》卷6《前代书表》，武尚清校，中华书局2000年版，第155—156页。
③ 陈荆和校合本：《大越史记全书》本纪卷5《陈纪》，第342页。
④ 《元史》卷209《外夷二》，第4635页。
⑤ 《宋史》卷45《理宗五》，第879页。

六月：

> 安南国王日煚上表乞世袭，诏授检校太师、安南国王，加食邑，男威晃授静海军节度观察处置使、检校太尉兼御史大夫、上柱国、安南国王、效忠顺化功臣，仍赐金带、器币、鞍马。①

南宋虽不插手"安南国王"的传承，但新君继位需报聘南宋。之前均是父死子继，此内部禅让尚是首次，1258年陈朝即已报告，未获同意，四年后再次上表。父子二人同时为"安南国王"。1255年蒙古攻占大理国，与安南国和广西相接。随后南宋开始在广西构建防线以防备蒙古。② 宝祐五年（1257）十一月，"丙辰，李曾伯兼节制广南，任责边防。乙丑，奖谕安南国，赐金器币、香茗"③，同年当月兀良合台攻入安南，十二月陈蒙大战。《大越史记全书》记载：

> 十二月十二日，元将兀良合觯犯平厉源。帝自将督战，前冒矢石。官军少却，帝顾左右，惟黎辅陈（注：即黎秦）单骑出入贼阵，颜色自若。时有劝帝驻跸视战者。辅陈力谏曰："今陛下特一孤注耳，宜避之，岂可轻信人言哉。"帝于是退次泸江，辅陈为殿，贼兵乱射。辅陈以舟板翼之，得免。虏势甚盛，又退保天幕江，从帝议及机密，人鲜有知之者。帝御小舟，就太尉日皎船问计。日皎方靠船，坐不能起，惟以手指点水，写"入宋"二字于船舷。帝问星罡军何在（注：星罡，日皎所领军），对曰："征不至矣。"帝即移舟问太师守度。对曰："臣首未至地，陛下无烦他虑。"④

但蒙古军队很快撤出安南。陈智超利用李曾伯的文书指明宋朝得到陈蒙之战的消息已在来年正月，⑤ 而安南在蒙古进攻之前曾以假道之事向宋

---

① 《宋史》卷45《理宗五》，第881页。
② 邓昌友：《宋朝与越南关系》，暨南大学2004年博士学位论文，第84—85页。
③ 《宋史》卷45《理宗四》，第860页。
④ 陈荆和校合本：《大越史记全书》本纪卷5《陈纪》，第339页。
⑤ 陈智超：《一二五八年前后宋、蒙、陈三朝间的关系》，载《宋史研究论文集》，上海古籍出版社1982年版，第422页。

朝告急。① 陈日煚提出"入宋"有其道理，但为太师陈守度坚拒。陈守度为陈太宗亲叔，册立太宗即位，逼死李惠宗，坑杀李朝宗室，皆陈守度所为。又因太宗妻昭圣公主无子，陈守度夺太宗兄陈柳妊妻予太宗，陈柳谋反，太宗出奔，后兄弟相见，抱头痛哭。② 1264年陈守度卒，史书云：

> 守度虽无学问，然才略过人，仕李朝，为众所推，太宗之得天下者，皆其谋力也。故为国倚重，权移人主。③

作为陈朝开国时期极具才干和谋略的政治强人，陈守度拒绝入宋即决定了陈太宗的动向。而陈蒙战争结束太快，李曾伯宝祐六年三月十八日上理宗奏指明，陈朝在兀良合台退兵之后，向宋朝"乞师"，理宗君臣予以郑重考虑，措置其事。④

然而吊诡的事情在于陈朝战前向宋朝告急，战时不以宋朝为退路，蒙古退兵之后陈朝却向宋朝求援。陈朝在国内称帝建制，李曾伯因奏文上报宋理宗，故而文中称陈朝"伪太师""伪尚书""伪臣"等，"伪太师"即陈守度。李曾伯身为镇边大臣，对安南之事有自己的判断。《备广西经司安南事奏》记述安南向南宋通报蒙古进攻时的情况，但李曾伯"望圣慈宣谕外廷，命儒臣校检国史"，举仁宗时狄青平侬智高和神宗时郭逵征交阯相比，不愿插手安南之事；《至永州奏安南及东安事》又记安南之战或为逃入异域的前朝李氏遗族引兵攻打篡位的陈氏；《至静江回宣谕》提出应在邕州、钦州防备交阯。⑤ 而李曾伯对宋理宗"安南被兵，只得助之以结其心"的谕旨，认为安南虽被兵，但蒙古已经退走，且"以力助之，必待其请，乃可不然，适召疑尔"，对帮助安南并不积极。⑥

李曾伯是南宋大臣，未曾忘记北宋仁宗时的侬智高之乱和神宗时的交阯战争，在前尚有太宗时侯仁宝征黎桓失败的教训。因而身为边疆大吏，

---

① 陈智超：《一二五八年前后宋、蒙、陈三朝间的关系》，载《宋史研究论文集》，上海古籍出版社1982年版，第417页。
② 陈荆和校合本：《大越史记全书》本纪卷5《陈纪》，第328页。
③ 同上书，第343页。
④ 陈智超：《一二五八年前后宋、蒙、陈三朝间的关系》，载《宋史研究论文集》，上海古籍出版社1982年版，第430—431页。
⑤ 李曾伯：《可斋续稿》后卷5，文渊阁《四库全书》，第1179册，第647—650页。
⑥ 李曾伯：《可斋续稿》后卷5，第655页。

李曾伯不愿再蹈前车之覆,轻易插手安南之事。但宋朝绝不希望陈朝倒向蒙古,再树一敌。宋理宗曾下旨给李曾伯:"安南向背俱所不问,自备而已","安南顺则援之,背则诛之,却要精察其情状",① 神宗时被安南李常杰率军攻破钦州和邕州,亦是宋朝需要防范之事。此时蒙古虎视眈眈,宋朝君臣既无力介入安南之事,但恐亦无心相助。

此时南宋与元朝鏖战正酣,生死未知,南宋在广西与安南相接,元朝占领云南之后与安南接壤,双方强大的兵力,对陈朝而言皆是巨大的压力。而陈朝恐怕也没有放下对宋朝的戒心。宋太宗时侯仁宝征黎桓、神宗时郭逵征交阯,皆从广西进军。若陈蒙交战之时,求援于宋,宋军亦必从广西来援。宋、蒙联手灭金,此时难保宋军不会化友为敌,再与蒙古联合灭陈。故而陈朝以一己之力支撑,只向宋朝通报告急,却不求援,更不入宋。谋略甚佳的陈守度恐怕意识到无论是向宋求援还是入宋避难,都有社稷倾覆的危险。待蒙古退兵,陈朝君臣作长远之计,谋求宋朝援助,恐亦是对宋朝的试探。就宋理宗对安南施以援手的反应来看,安南达到了自己的目的,即宋朝希望自己继续抗蒙,因而陈朝继续维持与南宋的关系,南宋亦乐见其事。

陈太宗向宋蒙派出使臣之后,又积极谋划,自为太上皇以应对蒙古,传子应对南宋。向南宋"上表乞世袭",传"安南国王"于子,虽有波折,但终于成功。南宋不仅承认了陈威晃的"安南国王"名号,尽管没有获得预期的"太上国王",但对陈太宗"诏授检校太师、安南国王",并让陈太宗继续保有"安南国王"之号。

此后安南继续遣使入贡。1262年陈日烜上表请求世袭之时,南宋很可能已经知晓安南与元朝交往之事,但为了安南不彻底倒入元朝一方,即从其请,并继续承认陈日烜的"安南国王"之号,以笼络安南,解除后顾之忧。来自元朝的压力也使得南宋根本无力南顾,陈朝担心南宋攻打已不存在。南宋与安南不断增进关系:

> 咸淳元年(1265)二月,加安南大国王陈日烜功臣,增"安善"二字;安南国王陈威晃功臣,增"守义"二字,各赐金带、鞍马、衣

---

① 李曾伯:《可斋续稿》后卷6,第688页。

服。二年（1266），复上表进贡礼物，赐金五百两，赐帛一百匹，降诏嘉奖。①

咸淳五年（1269），十二月，戊子，诏安南国王父陈日煚、国王陈威晃并加食邑一千户。②

咸淳八年（1272），十一月，己巳，诏明堂礼成，安南国王陈日煚、陈威晃各加食邑一千户，赐鞭、鞍、马等物。③

瀛国公（咸淳十年，1274），十一月，丁酉，加安南国王陈日煚宁远功臣，其子威晃奉正功臣。④

南宋虽然没有立即承认陈日煚为"太上国王"，但次年的咸淳元年南宋"加安南大国王陈日煚功臣"，显然默认了陈日煚的"太国王"身份，因此之后同时赐封陈日煚和陈威晃父子，并继续笼络陈氏父子。陈太宗在1258年改名，1262年陈朝以"太国王陈日煚"和"安南国王陈威晃"之名的双国王形式与南宋交往，南宋均予以承认、支持。安南与南宋在蒙元的压力下，虽未能捐弃前嫌，联手抗元，但亦相安无事。陈太宗、陈圣宗父子却也始终没有帮助蒙古攻打南宋，也没有在南宋逐渐衰亡之时落井下石，可见南宋对陈朝的政策是非常成功的。

三 《大越史记全书》关于陈太宗改名之后与蒙元和南宋交往的记载

吴士连在《大越史记外纪全书序》中说："至陈太宗，始命学士黎文休重修，自赵武帝以下，至李昭皇初年。本朝仁宗又命修史，潘孚先续编，自陈太宗以下，至明人还国，皆以《大越史记》名"⑤，现存本《大越史记全书》关于陈朝的历史即由吴士连采编潘孚先《大越史记》而来。1258年正月遣使宋朝和元朝，二月陈太宗改名、传位之后，与蒙元和南宋

---

① 《宋史》卷119《礼二十二》，第2814页。
② 《宋史》卷46《度宗》，第904页。
③ 同上书，第911页。
④ 《宋史》卷47《瀛国公本纪》，第923—924页。
⑤ 陈荆和校合本：《大越史记全书》卷首，第55页。

均保持外交关系,但《大越史记全书》对本国与宋、元双边关系的记载并未齐备,而是有选择进行记载,陈太宗逊位、陈圣宗继位之后,即只记载遣使元朝,而不记载遣使南宋。

(陈圣宗绍隆)辛酉四年(宋景定二年,元中统二年,1261),遣通侍大夫陈奉公、诸卫寄班阮琛、员外郎阮演赍书如元通好。元封帝为安南国王,赐以西锦三、金熟锦六。①

壬戌五年(宋景定三年,元中统三年,1262)冬十一月,元使马合部等十人来问庆贺礼。②

癸亥六年(宋景定四年,元中统四年,1263)春正月,遣殿前指挥使范巨地、陈乔如元。元帝优诏,许三年一贡。冬十二月,暴风大雨。宋思明府土官黄炳进方物,仍将部属千二人来附。③

甲子七年(宋景定五年,元至元元年,1264)秋七月六日,上皇宴群臣于延贤殿。宴未终,忽有彗星见东北,长竟天。上皇出视之曰:"予观其光芒甚大,其尾甚长,非我国之灾。"复命终宴。是年冬十月,宋帝崩。④

丙寅九年(宋咸淳二年,元至元三年,1266)二月,元遣𬘬剌丁来告曰:"吾昔遣使通好,执事迷而不反。我是以有往年之师。"帝遣杨赡养、武桓如元报聘。⑤

丁卯十年(宋咸淳三年,元至元四年,1267)杨赡养等自元还,顺赍元帝回答礼物。⑥

己巳十二年(宋咸淳五年,元至元六年,1269)十二月,元使笼海牙来谕边事。帝遣黎陀、丁拱垣如元。⑦

辛未十四年(宋咸淳七年,元至元八年,1271)是岁,蒙古建国号曰大元,遣使来谕帝入朝。帝辞以疾,不行。⑧

---

① 陈荆和校合本:《大越史记全书》本纪卷5,第342页。
② 同上书,第343页。
③ 同上。
④ 同上书,第344页。
⑤ 同上书,第345页。
⑥ 同上书,第346页。
⑦ 陈荆和校合本:《大越史记全书》本纪卷5,第347页。
⑧ 同上书,第348页。

壬申十五年（宋咸淳八年，元至元九年，1272）夏四月，元使兀良来谕问铜柱旧界。帝命员外郎黎敬夫会勘，言马援所立铜柱，岁久埋没，泯无踪迹。①

遣童子杜野木如元。

甲戌宝符二年（宋咸淳十年，元至元十一年，1274）冬十月，宋人来附。注：先是，宋国偏居江南，元人往往侵伐，至是以海船三十艘装载财物及妻子浮海来萝葛原。至十二月，引赴京，安置于街蠋坊，自号回鸡，盖我国呼宋国为鸡国，以宋有段子药材等物置卖为市，故也。②

乙亥三年（宋恭帝德祐元年，元至元十二年，1275）冬十一月，北边将臣驿奏元人巡边，相视地势。遣黎克复、黎粹金如元。③

丙子四年（宋德祐二年，五月以后宋端宗景炎元年，元至元十三年，1276）春二月，遣陶世光往龙州，以买药探元人情状。

有星斗于中天，一星陨。④

夏四月，元世祖平江南，遣合散儿海牙来谕以调民、助兵等六事。帝皆不听。⑤

在《大越史记全书》的记载中，1258 年正月陈太宗曾同时派使臣到南宋和蒙元，但该年之后直到 1279 年陆秀夫负帝昺蹈海殉社稷而死，只记载了陈朝与元朝的往来，均未记载陈朝与南宋的交聘之事，与南宋相关之事亦与交聘无关。

1277 年，陈太宗驾崩，"夏四月，朔，上皇崩于万寿宫"⑥，《大越史记全书》记载戊寅六年（宋景炎三年，五月以后帝昺祥兴元年，元至元十五年，1278）：

冬十月二十二日，帝禅位于皇太子昑。昑即皇帝位，称孝皇。尊

---

① 陈荆和校合本：《大越史记全书》本纪卷 5，第 348 页。
② 同上书，第 349 页。
③ 同上。
④ 同上。
⑤ 同上书。"咱"即"听"的越南俗字。
⑥ 陈荆和校合本：《大越史记全书》本纪卷 5，第 350 页。

上皇号曰光尧慈孝太上皇帝，尊天感皇后为元圣天感皇太后。群臣上尊号曰法天御极英烈武圣明仁皇帝。元帝闻太宗崩，意欲图我，遣礼部尚书柴椿（注：即柴荘乡）来。时我国使黎克复回，遇元兵平宋，道由湖广还国。椿与之偕来，托以帝不请命而自立为辞，谕使入朝。帝不听，遣郑廷瓒、杜国计如元。元留廷瓒不遣还。①

在陈太宗驾崩一年之后，陈圣宗传位于太子，自为太上皇。《安南志略》记载："四世，至元十五年（宋祥兴元年，戊寅）以父老（位没）〈立，后〉表乞绍袭"②，黎崱对这段历史的记载以安南对元外交的开展为主轴，而非陈朝本身的帝系传承。《元史·安南传》记载：

> 十四年，光昺卒，国人立其世子日烜，遣中侍大夫周仲彦、中亮大夫吴德邵来朝。③

《大越史记全书》记载陈仁宗绍宝元年（宋祥兴二年，元至元十六年，1279），即陈圣宗禅位的第二年：

> 元人袭宋军于厓山，败之。宋左丞相陆秀夫负宋帝入海死，后宫诸臣从死者甚。越七日，尸浮海上者十余万人。宋帝尸在焉。星陨于海之应也。是岁宋亡。④

1276年元世祖平定江南，但《大越史记全书》记载的宋亡时间是1279年陆秀夫负幼帝蹈海殉国。《元史》记载陈光昺卒后，陈圣宗改名陈日烜报聘元朝，成思佳认为：

> 陈圣宗没有立即禅位，而是以"越南皇帝"的身份派"中侍大夫周仲彦、中亮大夫吴德邵"出使元朝，向元告哀求封。圣宗的这一行为表明，太宗所创立的"上皇外交"是在宋元并存的特殊情况下所做出的一种权宜之计，随着南宋的灭亡和陈太宗的去世，圣宗尝试恢复越南皇

---

① 陈荆和校合本：《大越史记全书》本纪卷5，第352页。
② 黎崱：《安南志略》卷13《陈氏世家》，第315页。
③ 《元史》卷209《外夷二》，第4638页。
④ 陈荆和校合本：《大越史记全书》本纪卷5，第352页。

帝来处理中越交涉的传统方式。但是，这种尝试进行的并不十分顺利。①

笔者认可这一点，但陈圣宗当仍希望受封安南国王，不至以皇帝之名行事。陈圣宗改名陈日烜派使臣之后，元朝随即遣使南来，"十五年八月，遣礼部尚书柴椿、会同馆使哈剌脱因、工部郎中李克忠、工部员外郎董端，同黎克复等持诏往谕日烜入朝受命"②。元朝使臣即将到来，此时宋朝仍然残存一线，陈圣宗效法乃父陈太宗，禅位于子，为太上皇，自己继续以陈日烜之名应对元朝，可能希望以子陈仁宗延续与宋朝的关系。《大越史记全书》和《宋史》没有记载陈圣宗禅位之后与南宋的交往，而南宋次年即彻底灭亡。陈圣宗欲延续的双重外交政策仅剩对元外交，陈朝即以太上皇应对元朝，成为后世定例。

《大越史记全书》记载彗星见东北而宋理宗崩，又记载宋亡是"星陨于海之应"。以天地异变对应宋之大事，可见对南宋国运持同情的态度。后黎朝仁宗延宁二年（1455），"命潘孚先撰《大越史记》，自陈太宗至明人还国"③，潘孚先以黎朝人为前朝修史，1258年之后陈朝对于南宋的交往之事没有记载，很可能是陈朝本来就对此没有记录，即与宋交往是秘密进行的活动，记载于笔墨，若为元朝所知，恐将引起大的纷争。《元史》记载至元六年（1269）张庭珍使安南，言于陈光昺曰：

> 皇帝不欲以汝土地为郡县，而听汝称藩，遣使谕旨，德至厚也。王尤与宋为唇齿，妄自尊大。今百万之师围襄阳，拔在旦夕，席卷渡江，则宋亡矣，王将何恃？且云南之兵不两月可至汝境，覆汝宗祀有不难者，其审谋之。④

很可能是元朝对安南与南宋交往有所察觉，但并无确凿证据，且此时宋元鏖战，因此不断要求陈朝入贡觐见，并未以武力胁迫，以免陈朝倒入宋朝一方联手抗蒙。

---

① 成思佳：《越南古代的上皇现象研究（968—1759）》，郑州大学2015年硕士学位论文，第53—54页。
② 《元史》卷209《外夷二》，第4638页。
③ 陈荆和校合本：《大越史记全书》本纪卷11，第630页。
④ 《元史》卷167《张庭珍》，第3920页。

四 结论

朝贡国的行为与愿望是中华天子为中心的朝贡体系不能忽视的组成部分，亦是朝贡国自我发展的重要措施，并在朝贡体系中产生了巨大的影响。在宋元易代的历史风暴中，陈朝同时受封双方的"安南国王"，以朝贡国的身份在二者之间折冲往来，既两不相帮，亦未刺激宋元引兵攻己，成功实现了国家利益的最大化。

陈太宗改名、禅位以应对南宋和蒙元的外交方式是特殊时期出现的特殊政策，即上皇对元朝，今上对南宋。陈太宗驾崩之后陈圣宗面临着南宋与元并存的情况，因此延续陈太宗改名、禅位的外交政策，南宋次年即亡，双重外交政策仅剩上皇对元朝一项。成思佳指出："越南创造性的同时维持了与宋元两大国的朝贡关系，这是'上皇外交'在越南历史上第一次成功的运用。"① 陈朝在实施双重外交的情况下，实现了上皇与今上共治的政治格局，在随后到来的抗元战争中发挥了重要作用。尽管陈元战争之后，陈朝仍以上皇对元交往，但因元朝并未封陈圣宗之后的君主为安南国王，而仅称世子，因此无论是上皇还是今上，于元朝而言并无太大影响。但陈朝方面则在战争之后，演变出上皇秉政的特殊政治体制，围绕上皇展开制度设计，成为有陈一代定例。② 越南史专家武尚清教授在《安南志略》校本中，有一段注释，虽然简短，却道出了陈朝上皇制的精髓：

> 其父未死而子先继，"太上皇"与"皇帝"二主共治，盖内以防篡夺，外以策国防，为有陈一代之制也。至其利弊得失，史臣多有歧见云。③

（作者为云南省红河学院越南研究中心副教授）

---

① 成思佳：《越南古代的上皇现象研究（968—1759）》，第 53 页。
② 同上书，第 43—46 页。
③ 黎崱：《安南志略》卷 13《陈氏世家》，第 315 页。

党争、谣言及倭寇

——元明易代与高丽政局变化背后的几点原因[*]

舒 健

1368年明军入大都，元顺帝北逃，揭开北元[①]序幕。高丽借中国内乱之机，游离于明朝与北元两个政权之间，展开了谋求本国利益的"两端"外交政策，东北亚国际关系呈现了复杂多变的特征。由于此阶段高丽与明、北元的三方关系复杂多变，素为学界关注。

研究者从不同角度对此阶段的历史进行了论述，主要有包括如下几个方面。一是对此段历史的现象描述与背景介绍，日本学者林泰辅探讨了洪武年间高丽与明朝关系的变化过程，尤其对恭愍王王颛（1351—1374年在

---

[*] 本研究系国家社科基金一般项目"高丽涉元史料的编目、整理与研究"（项目编号：17BZS047）阶段性成果之一。

[①] "北元"一名最早见于朝鲜人郑麟趾《高丽史》："丙戌，北元中书省及太尉丞相奇平章遣使来聘。"但是长期以来，对于"北元"这一史学概念的使用范畴却众说不一。争论的焦点就是"北元"是指1368—1388年这20年的蒙古，还是指1368—1635年这260多年的蒙古。通常认为1388年农历十月，元益宗被也速迭尔（阿里不哥后裔）杀害，从公元1388年开始，蒙古不再使用年号、帝号，大元国号被废弃。关于这个问题，蔡美彪先生和曹永年先生曾作过深入探讨，认为"北元"应适用于脱古斯帖木儿败亡而止，即1388年，此后大元国号已取消，仍称蒙古。蔡美彪先生认为"明代文献从来不称北元，朝鲜史籍也不再称为北元，研究者如沿用《高丽史》的北元称谓，也只能应用到至天元而已。倘若不加时限地继续泛称为'北元'，就显得缺少历史根据了。……泛称'北元'不仅在历史文献上缺少根据，并且掩盖了蒙古历史上两系势力的消长与建号制度的变革，是并不适宜的"。薄音湖先生认为用"北元"来概称1368年至1635年的蒙古是不恰当的，还是仍然称"明代蒙古"为宜。但陈得芝先生则认为北元一直存在，直到皇太极西征，林丹汗逃至青海病死，与明朝对峙两百六十多年的北元至此终结。所以不管争论如何，本文高丽与北元的关系的时间节点放在公元1392年，因为李氏朝鲜的建立，开启了朝鲜半岛与中原王朝的新局面。

位）被杀后高丽背明事元政策的国内背景进行了论述。① 特木勒论及元末高丽与元的政治关系，即元朝末年，高丽展开反元斗争，元丽宗藩关系名存实亡，明军攻陷大都后，元廷退保开平，元朝出现南北对峙新格局，高丽与北元和明的关系也颇具复杂多变这一史实。② 张献忠则侧重于高丽辛禑朝对明与北元的骑墙外交论述。③ 赵现海则从洪武元年至高丽恭愍王王颛被杀的洪武七年这一时间段集中探讨，鉴于这是明朝、北元、高丽地缘政治最初形成的一个相对独立的时期，较为完整地显示了明朝、北元对高丽的积极经营，及高丽在地缘政治压力与追求国家利益的内在驱动下，如何采取两端外交政策的立场，是一个可以独立展开分析的个案。④

二是高丽内部的原因。于晓光研究了洪武年间高丽亲元派与亲明派的政治斗争，指出王颛与北元断交的原因是为了打击国内与北元有姻亲关系的亲元派利益集团，树立王权的政治目的。⑤ 刁书仁指出，高丽持两端外交政策的原因是既不希望北元立即灭亡，又担心明政权对其形成威胁。⑥ 张帆指出洪武初年高丽政权之所以与纳哈出暗中往来，既出于对旧主的感情，也与其恐惧明朝这个统一的中原政权对其产生威胁的心理有关，二者后来也确实因边界问题发生了纠纷。⑦

三是外在的因素：张士尊指出，北元所拥有的强大实力，尤其纳哈出（？—1388）盘踞辽东，促使高丽亲元派与亲明派不断斗争，影响了高丽对明政权的交流与认同。⑧

学界对高丽两端外交政策出台的背景已有详细的考察，但并未充分注意高丽之所以要持这一政策的背后原因，与明朝、北元对其施加的压力有关，也忽视了元末明初的独特历史内涵。从元朝开始，由于政治中心东移的缘故，中原王朝对高丽的控制便大为加强了，比如设置征东行省，征发

---

① ［日］林泰辅：《朝鲜通史》，陈清泉译，历史丛书，商务印书馆1934年版，第49—53页。
② 特木勒：《北元与高丽的外交：1368年—1369年》，《中国边疆史地研究》2000年第2期。
③ 张献忠：《试论高丽辛禑王朝对明朝和北元的"骑墙"外交》，《南开学报》2012年第3期。
④ 赵现海：《洪武初年明、北元、高丽的地缘政治格局》，《古代文明》2010年第1期。
⑤ 于晓光：《元末明初高丽"两端"外交原因初探》，《东岳论丛》2006年第1期。
⑥ 刁书仁：《洪武时期高丽、李朝与明朝关系探析》，《扬州大学学报》2004年第1期。
⑦ 张帆：《明朝与朝鲜的关系》，载蒋非非、王小甫等著《中韩关系史》（古代史），社会科学文献出版社1998年版，第268—274页。
⑧ 张士尊：《高丽与北元关系对明与高丽关系的影响》，《绥化师专学报》1997年第1期。

军饷，征调军队，并通过与高丽王世代婚姻的关系，控制高丽国政。在面对明朝的攻势，北元如何保持与高丽的关系，这一努力遭遇了什么阻碍；高丽两端外交政策除了受到元、明两个政权的压力外，有无自身国家利益的追求，而且在这些实力之外，高丽是否受到其他方面的影响，这些共同构成了明初东北亚地缘政治的内容，为十分重要而以往研究较少涉及的问题，因此本文从高丽内部的党争、外在的谣言以及倭寇的袭扰三个角度入手，探寻高丽与明、北元关系发展的内部因素和外在刺激脉络。

如有疏漏，祈望方家指正。

一 党争的后果

高丽前期的贵族统治依据的原则是文尊武卑，武臣在政治上品级低于文臣，在经济上待遇也较低，甚至在原则上应当由武臣担任的武职也让给了文臣，著名的姜邯赞（948—1031）作为抗击契丹的军事指挥官而扬名，但他不是武官出身，著名的金富轼亦如此。武将的地位不仅显得低下，而且时常受到文官的侮辱。在如此境遇下，使得高丽武臣在毅宗二十四年（1170）发动政变，高丽国王成为傀儡。尤其是其后的崔氏家族，四代把持朝政，在蒙古势力兴起之后，持续与蒙古抗衡，不愿屈服，最后高丽元宗不得不与元朝联姻，借助蒙元势力翦除崔氏家族及其后同样专权的金俊，重掌大权。但联姻的后果，一方面使得高丽王室获得了新生，摆脱了之前的傀儡地位，使得高丽王室出现了蒙古化的倾向；另一方面也使得高丽朝局中出现了亲元派和本土派的党派斗争，亲元派以元廷为宗主，以元为行动导向；本土派则以高丽实际利益为出发点，希望元朝尽可能少插手高丽事宜，维持之前高丽与中原王朝的一贯关系。在高丽忠宣王时期，由于忠宣王一度偏离元朝的期望，亲元派则上书元朝要求废掉忠宣王，立沈王为高丽国王，而本土派则是四处力争，希望能够维持忠宣王的地位。①

在蒙古势力退出中原之后，高丽朝局依旧延续党派之争，一方面继续希望维持与元的关系；另一派则是亲明派，希望与明朝结盟。在恭愍王时

---

① 李齐贤：《益斋乱藁·忠宪王世家》，《高丽名贤集》（三），成钧馆大学大东文化研究院发行，1986年影印本，第173页。

期，一度高丽与元朝关系恶化，恭愍王甚至铲除了奇氏家族。所以在明兴起之后，高丽的最初动作显然倾向了明朝。时北元吴王欲与高丽联姻，被高丽婉拒，①同时恭愍王"又遣元帅将击东宁府，以绝北元"②。恭愍王十八年（1369）五月，高丽"停至正年号"，值得注意的是这件事发生在明使偰斯到达高丽一个月以后。同年八月，高丽开始称北迁的元政权为"北元"。"北元"一词的使用，某种意义上可以表明高丽已认为上都政权已经失去正统的资格。明朝对高丽的姿态也做出了相应的回应，"大明虑迁居民以辽阳，本我地，若我国请命可免迁徙，遣使来告"③。双方朝着一个较为良好的关系发展。

显然高丽与明朝关系虽然较为融洽，但其与北元的关系实际上也不能一时完全断绝。元顺帝北遁后，北元在北方集结了三路军队：一是中路军，由顺帝在上都控制，此为政权所在，亦是精神领导中心；一是西路军，由廓帖木儿率领散布在甘、陕的元军，此路军为元军的作战主力；一是东路军，由分据辽东的诸将所构成，并无共同统帅，其中以纳哈出实力最强。元廷败退塞外，若大军东向，仍有足够的实力威胁到高丽，因此高丽国内的亲元势力仍然有着相当的基础。洪武五年（1372），明朝军队在漠北与廓帖木儿军队交战战败，在辽东又败于纳哈出。稍得喘息的北元朝廷趁势遣使至高丽，以"中兴"相号召，要求恭愍王弃明归元，"顷因兵乱播迁于北，今以廓扩帖木儿为相，几于中兴。王亦世祖之孙也宜助力复正天下"④。高丽国内的亲元势力也在这段时间大为活跃，频频向恭愍王施压。洪武五年（1372）五月，奉命护送陈理、明升等至高丽的明朝使节孙内侍在高丽王京佛恩寺的松树上吊而死，高丽向明朝汇报是自缢。但是据当时的传言，他是被高丽亲元集团的官员下毒害死的。此事引起了明太祖的质问。事实真相今天已经很难查明，但联系两年后另一起明使被杀事件来看，它的发生不是偶然的。明廷派林密、蔡斌赴高丽选购2000匹马匹，恭愍王派遣密直副使金义为护送官，送明使及马匹回国。适值恭愍王被杀，林密等恰在高丽。李仁任等恐明朝"问恭愍之故"，所以"密谕金义

---

① 《高丽史》卷41《恭愍王世家》。
② 同上。
③ 同上。
④ 《高丽史》卷44《恭愍王世家》。

中路杀（蔡）斌等以灭口"。一行人行至开州站（今辽宁凤凰城），金义杀蔡斌父子，执林密，投奔北元。值得对比的是在北元使臣入境后，恭愍王为了彰显亲明姿态，欲遣人杀之，被群臣制止，在讨论是否要送到明朝，被群臣要求放归北元。这里看出高丽内部对外政策上的不一致性。

1374年，恭愍王欲征耽罗，彻底要表明与北元及国内亲元派势力决裂的立场，直接激化了双方的矛盾。奉行亲明的恭愍王被亲元派大臣洪伦、崔万生等所杀。恭愍王被弑后，明德太后率恭愍王的养子辛禑入宫，秘不发丧。及发丧后，在国王嗣位问题上出现严重的分歧。以明德太后洪氏为首的亲明派主张"欲立宗亲"；以侍中李仁任为代表的亲元派，主张立辛禑。李仁任力主立辛禑为王，是因为接受了亲元集团的游说，有人对李仁任说"自古国君见弑，为宰相者先受其罪。帝（明太祖）若闻先王之故，兴师问罪，公必不免。莫若与元和亲"①。可见李仁任力主立辛禑是一箭双雕之策，既避免杀身之祸，又可邀拥戴新王之功。挟持小主"与元和亲"，恢复与元朝的传统关系。于是李仁任率领百官拥立辛禑为王，亲元集团取得优势，此时辛禑年仅十岁。亲明大臣诸如反对亲元的金九荣、②不署呈北元书的林朴、郑道传等人皆遭流放③。1375年农历二月高丽始行北元"宣光年号。……令中外决狱一遵至正条格"④。明朝政府有鉴于此，也一改从前积极友好态度，采取强硬态度。1377年，高丽派使臣"来请故王颛谥号"，朱元璋谕云："颛被杀已久，今始请谥，将假吾朝命，镇抚其民，且掩其就逆之迹。"⑤ 不予批准。高丽与明朝互不信任，双方的关系跌入谷底。⑥ 亲元与亲明两派的持续斗争，使得高丽在处理对外关系上显得摇摆起伏，这也加剧了明朝对高丽的不信任感。

二 威胁统治的谣言

正如上述提及元朝为了牵制和控制高丽王，数次密谋以沈王取代高丽

---

① 《高丽史》卷126《李仁任传》。
② 《高丽史》卷104《金方庆传》。
③ 《高丽史》卷110《李齐贤传》。
④ 《高丽史》卷133《辛禑传》。
⑤ 《明史》卷320《朝鲜列传》。
⑥ 参见薛篁《明洪武年间明朝与高丽王朝关系略论》，《社会科学战线》1997年第4期。

王。在元廷北遁之后,沈王依旧是他们手中一颗重要的棋子,可以随时拿来威胁着高丽王的统治。

明朝与高丽的一度亲密互动使得北元及其不满,沈王取代高丽王的谣言旋即而起。1374年,有一胡僧从北元来高丽,告知康舜龙,北元欲立沈王孙为高丽国王。此事传到恭愍王耳中,恭愍王大为震怒,将胡僧及康舜龙抓来拷问,胡僧只能招供,"闻诸某甲"。恭愍王顺藤摸瓜,将散布谣言的一干人等全部抓获,"此前赞成事禹碑家奴,行贩北元时所闻也"。欲讯其奴,奴逃。恭愍王虽然最后释放的胡僧与康舜龙,却囚禹碑于巡卫府。① 虽然这件事最后没有牵扯太多人员,但也反映出恭愍王对沈王取代高丽王事件的敏感,并严防人臣外交。值得注意的是,也就是在这一年,亲明的恭愍王与一些亲元的大臣矛盾激发,最终被弑,被弑事件背后是否有北元的鼓动和暗示,值得考证。

"僧人小英事件"亦是国内附元势力活跃于元丽两国的一真实写照。辛禑王二年(1376)七月,判密直司事金湑自纳哈出营逃还。

> 直司事金湑自纳哈出营逃还,先是僧小英托缘化遣其徒数人,于北方潜寄书沈王曰:"今国家臣弑其君主,谀臣谄国柄专在权臣,若引兵来大事可成。"湑见其书来告,下小英狱,鞫之果服,乃沉于碧澜渡。②

该事件虽最终以僧人小英颠覆丽政图谋之失败告终,却充分暴露了这样一个问题:即辛禑王时期丽廷内的亲元化倾向乃是颇为严重的,其业已普及于丽之中下层民众。其中以李仁任为首的亲元势力对丽外交决策的主导作用势必会对该走向产生巨大的影响。

在辛禑即位后的元年正月,纳哈出就遣使来问曰:"前王无子,今谁嗣位耶?"《高丽史》的评价是:"时北元以恭愍无嗣,乃封沈王暠孙脱脱不花为王,故有是问。"③ 不难看出对于让沈王即位,北元方面一直有所企图。尽管最终沈王并未成行,但是可以看出这些系列事件背后的北元

---

① 《高丽史》卷44《恭愍王世家》。
② 《高丽史》卷133《辛禑传一》。
③ 同上。

因素。

由于辛禑非恭愍王之子，即位之后，合法性得到怀疑。在高丽民间则有人冒充忠肃王母弟德兴君之子，意图不轨。对此事辛禑一党严加防范，立即抓捕，"并其党五人斩之"①，以正视听。

尽管在辛禑即位之后，高丽奉行了亲元的外交策略，但是元朝的残余势力和强大的明王朝不能同日而语。事实上，亲北元的政策并未给高丽君臣带来任何好处。亲明派显然看到了明强元弱："以势而言，则南强北弱，人之所共知者也。夫弃信而从逆，天下之不义也，背强而向弱，今日之非计也。为臣子而反先王事大之意，至使杀天子之使，而夺其马罪恶孰甚焉。"② 如何与强大的明朝相处，是高丽始终无法绕过的问题，尽管两国关系疏离，但是明朝的一举一动始终难以让高丽放心。同样，高丽倒向北元对明朝辽东的巩固也是不利的，1376 年，有高丽人从定辽卫逃回，传言明朝将于秋季征高丽，辛禑慌忙遣使于诸道点兵，结果却是一场虚惊。十一年后，同样的事件再次上演，高丽人李元吉自定辽卫逃来曰："定辽卫点兵，将向我国。" 禑闻之，载兵甲如壶串。③ 甚至大明辽东的漕船泊至高丽西海诸岛，高丽民间则是群情汹汹，认为大明将袭高丽京城，已至门矣。高丽赴明的使臣一度甚至秘密到太仓，前去窥视明朝是否在督造战舰准备进攻高丽。同样在明朝辽东境内，也存在了高丽欲与北元携手进攻大明的传言，"辽东人传言高丽遣兵助北元，故托以遣诚来觇虚实"④，高丽与明朝的信任降至冰点。

在高丽国内，带有白莲教信仰的弥勒崇拜更是搞得高丽国内民心不稳，"京都有一尼自称弥勒，人皆信之，争施米布，宪司杖流之"⑤，"有私奴无敌，自称弥勒化身，伏诛"⑥。显然对于高丽元末白莲教起义是心有余悸，在行动上一点都不含糊。

这反映出在明朝强大军事实力威慑下，高丽君臣以及民间一直处于不安和恐惧之中。从上述内容不难看出，在元明鼎替之际，这些一波又一波

---

① 《高丽史》卷 133《辛禑传一》。
② 《高丽史》卷 112《朴尚衷传》。
③ 《高丽史》卷 136《辛禑传四》。
④ 《高丽史》卷 133《辛禑传一》。
⑤ 《高丽史》卷 134《辛禑传二》。
⑥ 同上。

谣言的背后一方面反映了高丽方面信息的不对称性；另一方面反映了高丽王朝在面对北元与明朝的弱势地位。

三　倭寇的侵袭

倭扰在很长时间之内一直是高丽王朝困扰的问题。倭寇最早一词出现在《高丽史》卷二十二，在高宗十年（1233）条目里，有"倭寇金州"的记载，但是真正成为倭患是在1350年，1350年，高丽忠定王二年二月，"倭寇固城、竹林、巨济、合浦"。此后倭寇开始不断侵扰高丽。从恭愍王三年（1354）至二十一年（1372），《高丽史》中关于倭寇的掳掠袭扰共计7次。所以在高丽与明朝最初交往时，朱元璋便明确表达出了希望高丽协助防御北元与"倭寇"的意愿。

> 今胡运既终，沙塞之民无所总统，朕兵未至辽沈，其间或有强暴者出，不为中国患，必为高丽扰。况倭人出入海岛十有余年，必知王之虚实，此亦不可不虑也。王欲御之，非雄武之将、勇猛之兵不可远战于封疆之外，王欲守之，非深沟高垒，内有储蓄，外有援兵，不能以挫锐而擒敌。由是言之，王之负荷亦重矣。智者图患于未然，转危以为安，前之数事，朕言甚悉，不过与王同其忧耳。王其审图之。①

如能借助明朝的力量防倭，对于高丽而言意义非同凡响，对于此点，高丽也是十分清楚。但是随着与明朝关系的交恶，借助明朝势力无疑等于痴人说梦，而北元的力量又是远水解不了近渴。根据谭红梅的统计，1350—1366年这17年间，倭寇进攻高丽达40多次；就侵略的地点而言，倭寇进犯过高丽5道中的4道。② 事实上这些倭寇不仅仅只是日本人，大量的高丽贱民与倭寇联合行动，倭寇的活动范围扩大并深入内陆地区③。高丽王朝京城以南的地域一直处于倭寇侵扰的巨大压力之下。在辛禑即位后，倭寇的侵扰远甚从前。

---

① 《明太祖实录》卷44，洪武二年八月丙子。
② 谭红梅：《倭寇与丽日关系》，《北方文物》2014年第1期。
③ ［日］田中健夫：《倭寇——海上历史》，杨翰球译，社会科学文献出版社2015年版，第26页。

辛禑即位之初，倭寇焚掠密城，"恣杀掠焚官廨、城门"，庆尚道都巡问使曹敏修"与战，败又战，于大丘亦败……死士卒死者甚众"①。可见倭寇战斗力之强悍。不久之后倭寇进攻江华岛，焚烧战舰。一年之内，高丽的韩州、新平、庆阳等地皆受倭寇侵袭。辛禑要求各道要卫皆置防护，以遏流民，并修筑沿海、州郡山城以此防倭。没过多久，倭寇继续侵袭江华岛，声势更为浩大，直接危及到高丽的统治中心，为了抗倭，高丽甚至起用了僧兵，"募征诸道僧徒作战……下令僧徒如有苟避者，以军法论"②。从各道征集兵源。并派遣使臣判典客寺事安吉祥于日本请禁倭寇，但日本的回文称："此寇因我西海一路九州岛乱臣割据，西岛顽然作寇，实非我所为，未敢即许禁约。"③ 倭寇的踪迹席卷朝鲜半岛，高丽诸多战将战死。高丽被倭寇步步紧逼，甚至一度想到迁都。

1377年9月倭寇侵扰高丽灵光、长沙、牟平、咸丰、海平二州等地。无奈之下，高丽遣前大司成郑梦周报聘于日本再次请禁贼，曰："窃念本国北连大元，西接大明，常炼军官以充守御……入侵烧毁民庐，夺掠人口……为害不小。"④ 希望能够凭借北元和明朝的威望能够对倭寇起到一定的震慑作用，但是并没有起到相应的作用。1379年，高丽谏官上言："近因倭寇、水旱之灾，百姓饥馑，宜加存恤劝课农桑，而今者后苏、左苏土木之役方兴不已，民困力政，将转于壑，非惟失农，又不能拾橡栗以自资，请即停罢至秋始役。"⑤ 倭寇已经使得高丽境内正常的经济生活都无法维持。高丽末期理学家李崇仁在《陶隐集》中记载了1380年倭寇入侵高丽京山，城破之后，裴氏与乳儿至岸，赴江死。⑥ 这些都反映出在倭寇的侵袭下，高丽民众民不聊生的惨状，出现了"水原至阳城、安城萧然，无复人烟"⑦。

值得注意的是，在对倭寇的斗争中，高丽新一批武人成熟了起来，尤其以李成桂为代表。最初李成功的武功主要表现在高丽北境。1361年，时

---

① 《高丽史》卷126《曹敏修传》。
② 《高丽史》卷133《辛禑传一》。
③ 同上。
④ 同上。
⑤ 《高丽史》卷134《辛禑传二》。
⑥ 李崇仁：《陶隐集·裴烈妇传》，《高丽名贤集》（四），第335页。
⑦ 《高丽史》卷126《王安德传》。

为高丽万户的李成桂参与了围剿红巾军的战斗。1362年二月、七月李成桂升任高丽东北面兵马使击败元朝纳哈出；1364年又击败依附元朝的崔儒；1370年以骑兵五千、步兵一万自东北面渡鸭绿江攻打东宁府，凭借战功显赫，李成桂得宠于高丽恭愍王，官至密直副使，进阶奉翊大夫，赐端诚亮节翊戴功臣之号，逐渐替代了权臣李仁任，与崔莹、曹敏修掌握实权。其后李成桂的主要军事行动是对付倭寇，1377年，李成桂在智异山大破倭寇。1378年，李成桂与杨伯渊合击大破倭寇。1380年，李成桂被任命总指挥官击败倭寇首领阿只拔都，俘获倭寇600多人，杀敌无数，使倭寇元气大伤，"威名益著，倭贼虏、国人必问李万户今在何处乎，不敢近"①。1385年，李成桂与倭寇战于咸州，又大败之。李成桂因为讨伐倭寇有功得到很大的声望和势力，为后来进行政变取代高丽王朝建立朝鲜王朝奠定了基础。可以说如果没有倭寇的持续侵扰，李成桂的地位就不太可能持续提升。

四　结论

元末明初高丽的国内政治，即是亲明集团和亲元集团两大利益集团政治交织在一起的图画，高丽对明与北元的外交政策受到了国内利益集团政治的影响。对高丽国内两大利益集团政治的分析和考察，是值得加以重视的。高丽朝廷内部的党派之争的后果使得重新由亲元派权贵掌握政权的高丽也彻底倒向了北元。周旋于新旧二宗主国之间的高丽，面对种种谣言和外来威胁，惴惴不安，失去了元与明的保护伞后，在倭寇的步步紧逼之下，被迫加强军备，导致武人势力高涨，使高丽的政局也受到了影响。在与倭寇的抗衡中，李成桂最终脱颖而出，改高丽为朝鲜，复行明"洪武"年号，并禁胡服，结束了高丽末期对明与北元的"两端"外交。明与朝鲜以鸭绿江为两国界河，揭开了中国与朝鲜半岛关系的新序幕。

（作者为上海大学历史系副教授）

---

① 《高丽史》卷126《边安烈传》。

《元朝秘史》版本新信息简介

乌 兰

关于《元朝秘史》的版本流传，笔者曾撰文做过比较系统的梳理和介绍。[①] 在过去的几年中，又陆续了解到一些情况，新查寻到一些抄本，在此作个简单介绍。

一 十二卷本系统

关于十二卷本系统诸本，此前笔者曾制作出流传图。根据近年了解到的新情况，可以补充两种抄本。

十二卷本流传图

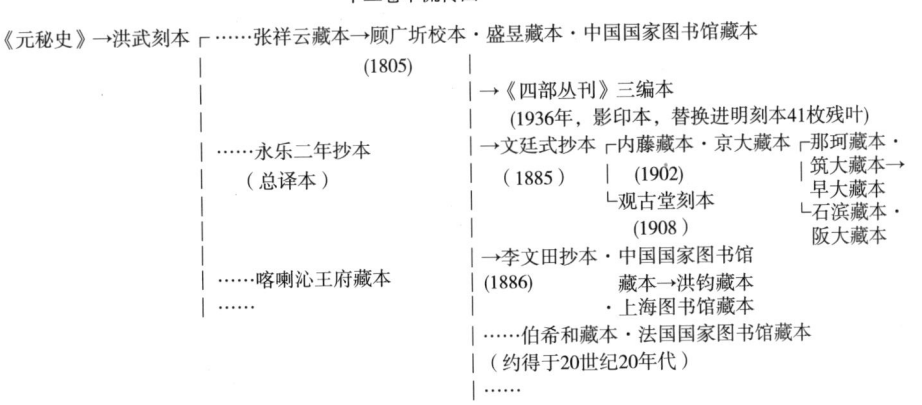

```
《元秘史》→洪武刻本 ┌……张祥云藏本→顾广圻校本·盛昱藏本·中国国家图书馆藏本
                │   (1805)
                │              ┌→《四部丛刊》三编本
                │              │ (1936年，影印本，替换进明刻本41枚残叶)
                │……永乐二年抄本  →文廷式抄本·内藤藏本·京大藏本 ┌那珂藏本·
                │   （总译本）   (1885)  │(1902)            │筑大藏本→
                │              │       └观古堂刻本          │早大藏本
                │              │         (1908)           └石滨藏本·
                │              │                           阪大藏本
                │              →李文田抄本·中国国家图书馆
                │……喀喇沁王府藏本  (1886)  藏本→洪钧藏本
                │……                      ·上海图书馆藏本
                │              ……伯希和藏本·法国国家图书馆藏本
                │                （约得于20世纪20年代）
                │              ……
```

[①]《〈元朝秘史〉版本流传考》，《民族研究》2012年第1期。《〈元朝秘史〉校勘本》（中华书局2012年版）"前言"中的相关部分略有修订和补充。

（一）石滨旧藏本

2014年春季，笔者赴日本大阪大学图书馆查阅资料，承蒙该校堤一昭教授的热情接待，收获不小。当时他出示了一部《元朝秘史》手抄本，说是在整理石滨文库资料的过程中发现的。经过分析版本特征，可以确认是属于十二卷本系统的本子。结合相关情况，可推知抄自内藤湖南藏本。石滨纯太郎与内藤湖南学术交往较密，曾随其出访欧洲，寻访西域出土文献。估计是石滨纯太郎请人将内藤湖南处的本子抄写后留存了下来。

（二）洪钧旧藏本

近日再赴上海图书馆查阅图书资料，发现目录检索项中"元朝秘史"一名下比十年前多出了几种。[1] 经具体调阅，确定有三种抄本属独立抄本（非副本）。[2] 其中一种抄本为十二卷本（索取号：线善T34511—22），当属李文田抄本之再抄本。抄本格式基本同李文田抄本，包括卷前顾广圻的跋文（完整，不似文廷式抄本缺落款和顾广圻钤印）、正文卷首用红笔所描几枚钤印等。抄本中还有不少眉批和夹页。卷前有简短识语："合众图书馆保存，潘景郑赠，一九五〇年十月。"根据潘景郑在另一抄本中所写识语分析，[3] 该十二卷本也应当曾为洪钧所有，而眉批和夹页的内容当为洪钧所写。

二 十五卷本系统

关于十五卷本，根据新近了解到的情况，可以补充五种本子。

---

[1] 2007年6月、2017年4月两赴上海图书馆查阅《元朝秘史》版本资料，均受到该馆历史文献部胡坚先生的热情周到的接待，在此表示衷心的感谢。

[2] 此三种抄本原为合众图书馆藏书。合众图书馆创建于1939年，1955年改名上海市历史文献图书馆，1958年以后成为上海图书馆长乐路书库。估计后来将那里的《元朝秘史》抄本亦制成扫描件，书名补入检索目录。

[3] 上海图书馆所藏一部《元朝秘史》十五卷本抄本中有潘景郑的识语，推测该本曾为洪钧所用。而另一处未署名的识语提到"俄京韩氏本"，并就二者有所对比和讨论。此识语当为洪钧所写，其中"俄京韩氏本""不知"等字与此十二卷本的字体一致。

十五卷本流传图

```
《元秘史》→洪武刻本→《永乐大典》抄本  ┌张穆抄本→《连筠簃丛书》本
 (十二卷本)        (十五卷本)          │(1841,总译本)（19世纪上半叶）
                                      │……钱大昕旧藏本……鲍廷博藏本·韩泰华藏本·
                                      │巴拉第藏本(1872年购入)
                                      ├·圣彼得堡大学图书馆藏本  ┌潘克福影印本
                                      │                         │(1962)
                                      │                         └法国支那学院照片本→
                                      │                          中国国家图书馆藏本
                                      ├……蒋维培旧藏本·私人藏本
                                      ├……孙星衍旧藏本·中国国家图书馆藏本
                                      ├……刘承幹旧藏本·黑龙江省图书馆藏本
                                      ├……劳季言旧藏本·陆心源旧藏本·静嘉堂文库藏本
                                      ├……王宗炎旧藏本·丁丙旧藏本·南京图书馆藏本
                                      ├……潘承弼旧藏本·上海图书馆藏本
                                      ├……翁同书旧藏本·中国国家图书馆藏本
                                      ├……瞿镛旧藏本·中国国家图书馆藏本
                                      ├……张蓉镜旧藏本·湖北省博物馆藏本
                                      ├……陶绍莱旧藏本·上海图书馆藏本
                                      ├……马玉堂旧藏本·内蒙古师范大学藏本
                                      └……
```

（一）蒋维培旧藏本

最近获得一则《元朝秘史》十五卷抄本的拍卖信息（2007），[①]根据所提供的三幅图片和介绍文字，可知该抄本曾为蒋维培"求是斋"旧藏，之前还经徐渭仁收藏。三幅图片中可看到四枚印章：蒋氏求是斋藏书印、徐渭仁、随轩、蒋维培季卿图书记。其中，"徐渭仁""随轩"两枚是徐渭仁的藏书印，"蒋氏求是斋藏书印""蒋维培季卿图书记"两枚是蒋维培的藏书印（蒋维培，字季卿）。

在正文的两幅图片上，可以看到旁线使用了红（人名和一般词语处）、蓝（水名处）、绿（地名处）不同颜色。拍卖信息的文字部分介绍说该本"于人名、地名、水名等右侧画竖线，朱兰绿黄四色并用"。因提供的图片较少，无法看到更全面的情况，但联系陆心源藏本的情况来看，估计应该是人名和一般词语处用红色，水名处用蓝色，地名处用绿色，部落或氏族名处用土黄色。

第一幅照片所拍为原书正文卷首之页。第一行书名"元朝秘史"下有"忙中豁仑纽察脱察安"八字，与十五卷本中的孙星衍旧藏本、韩泰华旧藏本同（陆心源旧藏本缺首叶，估计原本也有这八个字）。

[①] 从网上拍卖信息获知并下载。朝格都那仁先生亦提供了较为清晰的拍品图片，在此致谢。

第二幅照片所拍为原书正文卷尾之页。栏上有"太宗十二年庚子"七个红字批注，与韩泰华旧藏本、陆心源旧藏本、丁丙旧藏本同。

关于该抄本的情况，第三幅照片提供了非常重要的信息。整页的文字为："元刻本小字十行廿一格。上空三格。大字两行作一行。随字多寡不划一。/译文旁注于右。中舌等字旁注于左。勒惕等字旁注于字脚不占格。/每卷第一行元秘史三字大书占二行。/自第四卷第六页起至第十卷止。合计百二十页据刻本钞。/嘉庆九年岁在甲子七月初四日写完。"（句读为笔者所加）

这些文字当为鲍廷博所写。首先对参考利用的"元刻本"（即原刻本，指明洪武年间刻本）的特征作了十分详细的介绍，特别提到刻本中该书的题名为"元秘史"。还具体说明该抄本从第四卷第六页起至第十卷的总共一百二十页，是据刻本所抄。最后交代了该抄本加工完成的日期，其中的"嘉庆九年"是公元 1804 年。

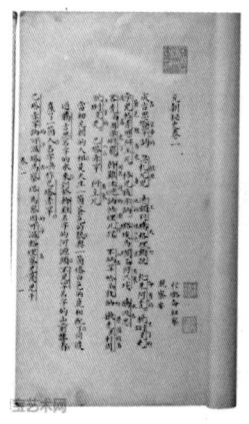

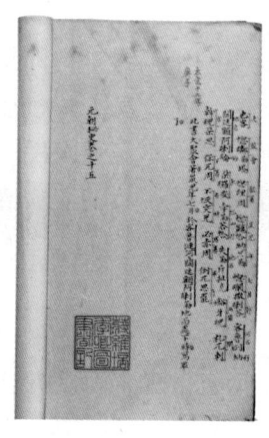

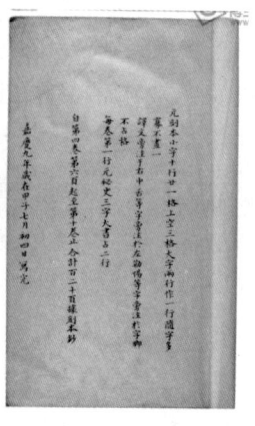

蒋维培旧藏本首叶等

（二）刘承幹旧藏本

近日赴黑龙江省图书馆查找到了《元朝秘史》刘承幹旧藏本。[①] 根据钤印可确定该本即刘承幹嘉业堂所藏之本。此本《嘉业堂藏书志》已有著

---

① 据《东北地区古籍线装书联合目录（一）》（辽海出版社 2003 年版，第 478 页）信息赴实地查寻。感谢陈晓伟先生给予的热情协助。

录：" 《元秘史》，十五卷，旧钞本，不著撰人名氏。……此钞本尚旧。收藏有'泰峰所藏善本'朱文方印。"① 周子美《嘉业堂钞校本目录·天一阁藏书经见录》另记："《元朝秘史》，十五卷，忙豁仑纽察脱察安著，旧钞本，六册。郁泰峰旧藏，钱竹汀有跋。"②

该本一函六册，十五卷，线装，保存完好。书前录有钱大昕"跋元秘史"，题名行下钤有白文"刘承幹字贞一号翰怡"、朱文"吴兴刘氏嘉业堂藏书印"之印，"泰峰所藏善本"朱文方印钤在正文第一卷卷首题名行下。可知此本之前曾为郁泰峰所收藏，后入藏嘉业堂。

无栏格，版心处标有卷数、叶码。第一卷题名行下有"忙^中豁仑纽察脱察安"八个字。有旁线，分三种颜色。一般词语处，用红色连括线；人名处，一般用红色直线；地名处，一般用黑色直线；部落或氏族名处，一般用蓝色直线。

卷五叶尾写有"嘉庆甲子十二月十一日从刻本补写"；卷六叶尾写有"嘉庆乙丑正月初三日从刻本补写迄七十八叟记"；卷七叶尾写有"嘉庆乙丑元宵从刻本补写迄通介叟记"。卷七第1叶第3行叶眉处写有"刻本六卷起"五个字。

（三）潘承弼旧藏本·上海图书馆藏本

近日在上海图书馆又查到两种《元朝秘史》之十五卷本抄本。根据分析，其中一种抄本（索取号：线善T34509—10）为潘承弼（号景郑）所赠，原为洪钧所有。书中有两处识语，卷前识语分两部分，第一部分提到"此本与影元钞本均得自吴市贾人，云收诸悬桥巷故家。疑自洪文卿先生故物，盖其编纂《元史译文证补》时所收资料"，"洪故居即在悬桥巷，离吾家不过数十步耳，因收此以存做前辈遗泽"，"丙子六月中旬挥汗记"，落款为"潘承弼"。第二部分为"谨赠合众图书馆 景郑记"。

丙子当合公元1936年，可知该本是潘承弼1936年从苏州商人处购得，后来赠予合众图书馆的。所说"影元钞本"，即指李文田本之再抄本（详

---

① 缪荃孙、吴昌绶、董康：《嘉业堂藏书志》，吴格整理点校，复旦大学出版社1997年版，第258页。

② 周子美：《嘉业堂钞校本目录·天一阁藏书经见录》，华东师范大学出版社2000年版，第16页。

见前文)。卷尾识语未写落款,提到"俄京韩氏本"(即韩泰华旧藏本)的一些版本特征,考证其题记中的"通介七十八叟"即指鲍廷博。参照潘承弼的推测,此识语或为洪钧所写。该本还见有一些眉批,也应为洪钧所注。

该本卷一书名行下无"忙^中豁仑纽察脱察安"八个字,无栏格,但有旁线(卷一 1r—18v 为红色,之后均为黑色)。每半叶 10 行,每行 30 字不等。卷七结尾处有一行题记"嘉庆乙丑元宵从刻本补写讫通介叟记",与韩泰华旧藏本、陆心源旧藏本同。

(四) 张蓉镜旧藏本

经湖北省博物馆研究人员罗恰先生的热情邀请,最近赴该馆查阅了一部《元朝秘史》十五卷抄本,确认即张蓉镜旧藏本。① 此本已经陈树杓《带经堂书目》、周星诒《传忠堂书目》分别著录。②

抄本中钤有多枚印章,多为张蓉镜之藏书印,如卷首钱大昕跋文首叶钤有"琴川张氏小琅嬛清閟精钞秘帙""虞山张蓉镜芙川信印"两印,卷中另散见"蓉镜收藏""张伯元别字芙川"等十几种印。钱大昕跋文首叶还有"柯逢时印"一处钤章,证实该本后来一度为柯逢时所收藏。另据罗恰先生介绍,该馆保管部所藏古籍,大多为 20 世纪 50 年代从武汉市文管会移交而来。

该本一函四册,线装,保存完好,无栏格,版心处题有卷数、叶码。第一卷题名下无"忙^中豁仑纽察脱察安"八个字。音译正文及总译专名处,均无旁线。卷首录有钱大昕"跋元秘史",抄本中未见韩泰华旧藏本、陆心源旧藏本所书各种题记、附文以及黄丕烈致鲍廷博短简等。该本有一些红笔纠错、点句读(仅见于总译部分)之处,主要集中在第一卷至第二卷第 7 叶正面止,后面诸卷零星有红笔纠错处。特征与瞿镛旧藏本、翁同书旧藏本相近。

---

① 在此向罗恰先生表示衷心的感谢。参罗恰《张蓉镜抄本〈元朝秘史〉考述》,《民族研究》2017 年第 5 期。

② 陈树杓《带经堂书目》卷 2 记:"《元秘史》,十五卷,张蓉镜钞本。"周星诒《传忠堂书目》记:"《元秘史》,十五卷,四册,不著撰人,张蓉镜钞本,蒙古语未删。"陈树杓的祖父陈征芝的"带经堂"藏书,后来有些为周星诒所收,而周星诒的藏书后来有不少为蒋凤藻等人所收。

（五）陶绍莱旧藏本·上海图书馆藏本

上海图书馆另一种十五卷本抄本（索取号：线善 T24770—77），无任何识语，卷前录有钱大昕的"跋元秘史"。正文卷首钤盖两枚印章，一枚刻"永康研斋珍藏"，另一枚刻"陶氏蓬僊"。卷一书名行下有"忙中豁仑纽察脱察安"八个字（同蒋维培旧藏本、孙星衍旧藏本、韩泰华旧藏本），但无栏格、旁线（同瞿镛旧藏本、张蓉镜旧藏本，翁同书旧藏本有栏无格）。该本每半叶11行，每行31字不等，这一点与已知其他十五卷本均不同，每半叶多出一行，每行多出1字。

据介绍，陶绍莱为现代藏书家（生卒年不详），字蓬仙，号庚庵，江苏镇江人，藏书达20余万卷，藏书楼名"游经楼"（据说建于1923年），在抗日战争期间被日寇炮火焚毁，藏书十不存一。①

该本卷四、八、十三首叶第一行下方钤有"抱经楼"之印。② 抱经楼为清代鄞县藏书家卢址的藏书楼。卢址《抱经楼藏书目录》记："《元朝秘史》，十五卷，四本，抄本，不著撰人名氏。"③ 上海图书馆现藏该抄本当即卢沚抱经楼原藏本。④ 抱经楼1861年曾遭遇劫掠，因商人相助藏书基本上失而复得，但1916年大部分藏书再次散失。估计辗转进入陶绍莱之手。"永康研斋珍藏"，或为陶绍莱藏书印之一？

在已知十五卷本诸本中，通过版本比对、特征分析，可知蒋维培旧藏本、孙星衍旧藏本、刘承幹旧藏本、陆心源旧藏本、韩泰华旧藏本、潘承弼旧藏本几个本子的特征共同点较其他本子更多一些。

因为它们在版式、字体上相近，又都出现次数不同的"嘉庆……从刻本补写迄"的题记；蒋维培旧藏本、孙星衍旧藏本、刘承幹旧藏本、韩泰华旧藏本在首叶题名下方有"忙中豁仑纽察脱察安"八个字（韩本"纽"

---

① 李玉安、黄正雨编著：《中国藏书家通典》，（香港）中国国际文化出版社2005年版，第806页。

② 在诸本题记和钤印的识读上，先后得到周清澍师、党宝海先生、马晓林先生、求芝蓉博士等人的热情帮助，解决了不少难题，在此一并表示衷心的感谢。

③ 卢沚：《抱经楼藏书目录》，中国国家图书馆藏抄本，第4卷。

④ 卢沚：《四明卢氏藏书目录》又著录："《元朝秘史》，十五卷，钞本，缺首数页，不著撰人名氏。"（中国著名藏书家书目汇刊）明清卷23，商务印书馆2005年版，第12页）上海图书馆现藏《元朝秘史》该抄本卷首不缺页。《四明卢氏藏书目录》所著录的应该是另一种抄本。

讹为"组",陆本因首叶缺损而无法确认,但估计也有此八字)。旁线颜色的方面,蒋维培旧藏本、刘承幹旧藏本、陆心源旧藏本、韩泰华旧藏本的旁线为多色并用,以类分色(人名和一般词语处多用红色;地名处多用蓝色或绿色;部落或氏族名处多用土黄色)。而其他抄本或无旁线或一色(黑)、两色(红、黑)。因此这些本子的渊源关系当更近。

单从题记的落款时间来看,蒋维培旧藏本的"嘉庆九年岁在甲子七月初四日写完"(卷末)最早(1804年夏),孙星衍旧藏本的"嘉庆甲子十一月二十四日从刻本补写迄"(卷四末叶)次之,之后依次为刘承幹旧藏本的"嘉庆甲子十二月十一日从刻本补写迄"(卷五末叶)、陆心源旧藏本的"嘉庆甲子十二月十一日从刻本补写"(卷五末叶)、韩泰华旧藏本的"嘉庆乙丑二月十一日从刻本补写七十八叟识"(卷九末叶)(1805年春)、潘承弼旧藏本的"嘉庆乙丑二月十一日从刻本补写七十八叟识"(卷七末叶)。而陆心源旧藏本、韩泰华旧藏本、潘承弼旧藏本卷七末叶又都写有"嘉庆乙丑元宵从刻本补写迄通介叟记"。"通介叟""七十八叟",均为鲍廷博的别号。说明这几个本子都与鲍廷博有关,他经手的时间顺序应当是蒋维培旧藏本、孙星衍旧藏本、刘承幹旧藏本、陆心源旧藏本、韩泰华旧藏本、潘承弼旧藏本。蒋维培旧藏本在诸本中最早由鲍廷博加工完成,且工作做得更细。

另外,丁丙旧藏本虽无"嘉庆……从刻本补写迄"的题记和首叶题名下方的"忙ᵗ豁仑纽察脱察安"八个字,不过有与孙星衍旧藏本、陆心源旧藏本、韩泰华旧藏本相同的正文中的六处题记(卷十三至卷尾叶眉),说明与前者也有一定的关系。

张蓉镜旧藏本与翁同书旧藏本、瞿镛旧藏本特征相近,均无旁线、无栏格(翁同书旧藏本有栏无格),亦不见鲍廷博等人的题记。

陶绍莱旧藏本的特征基本上与张蓉镜旧藏本、翁同书旧藏本、瞿镛旧藏本相近,也是无旁线、无栏格,不见鲍廷博等人的题记。但亦有不同,除卷一书名行下有"忙ᵗ豁仑纽察脱察安"八个字外,版式也稍有不同(每半叶多一行,每行多一字)。

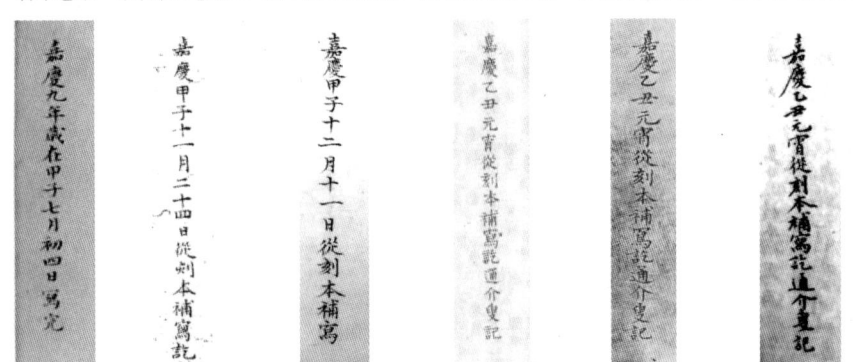

| 蒋本卷末 | 孙本第四卷卷末 | 刘本第五卷卷末 | 陆本第七卷卷末 | 韩本第七卷卷末 | 潘本第七卷卷末 |

三 《元朝秘史》之蒙古文原文系统

《元朝秘史》之蒙古文原文即蒙元时期之国史脱卜赤颜中的一部分。脱卜赤颜在元末明初形成了两个流传方向。落入明廷的，在被作为底本改制出"特殊形式汉籍"《元朝秘史》后不久散佚。随元廷回到蒙古草原的，继续以畏吾体蒙古文的形式流传，但留存了一段时期后也遭遇散失，幸而在流传过程中逐渐产生了一些异本。

目前可知属于脱卜赤颜异本一类的实物，仅有内蒙古达茂旗鄂伦苏木古城遗址出土蒙古文残叶（存损毁严重的两幅）、西藏阿里出土蒙古文残叶（目前公布有24幅影印件），以及罗桑丹津《黄金史》所收相关部分的内容。

（一）内蒙古达茂旗鄂伦苏木古城遗址出土蒙古文残叶

目前仅见蒙古夫的研究。蒙古夫于2006年发表《鄂伦苏木蒙古文献遗存中的两份残叶之解读——〈蒙古秘史〉与罗桑丹津〈黄金史〉的关系》[1]一文，对收入海西希《内蒙古鄂伦苏木出土蒙古文残叶（16—17世纪）》中的两份残叶进行了考证，认为出自《元朝秘史》（当指脱卜赤颜）15世纪末至1628年之间某异本，并通过准确解读证实罗桑丹津《黄金史》与《元朝秘史》某些文字上的差异出现在前者成书之前，即在脱卜赤颜传

---

[1] 《蒙古学问题与争论》第2辑，2006年。

抄过程中产生的异本中已经存在。

这一研究首次以实物证实了脱卜赤颜和罗桑丹津《黄金史》之间确实存在异本。

(二) 西藏阿里托林寺出土蒙古文残叶

1. 乌兰的研究

2009年秋季，乌兰《关于新获两幅蒙古文残叶》在蒙古国立大学学报发表。① 文中所探讨的两幅残叶，是同年5月笔者从照那斯图先生获赠照片中看到的，据说拍摄者不知为何人，于1999年拍摄自阿里托林寺考古现场。那张照片中拍有贝叶装手抄本的两个半叶，很完整。笔者立即围绕这两份残叶展开考证，最大的收获就是关于脱卜赤颜与罗桑丹津《黄金史》之间可能存在某种异本的推测再次得到了更多实物的证实。不久，又对前文进行修订补充，在国内发表《从新现蒙古文残叶看罗桑丹津〈黄金史〉与〈元朝秘史〉之关系》② 一文。总的来说，残叶内容与罗桑丹津《黄金史》更为相近，但是与《元朝秘史》相对照，残叶又较罗桑丹津《黄金史》更多地保留了一些古词语③。这些特征显示残叶的原本应该早于罗桑丹津《黄金史》。就是说，在罗桑丹津《黄金史》成书之前，蒙古地区曾存在脱卜赤颜或其直系抄本的某种后期的修改本，类似鄂伦苏木残叶、西藏残叶的原本。罗桑丹津《黄金史》与《元朝秘史》相应部分的内容，就是源自脱卜赤颜的某一后期的修改本，而不是直接选取自脱卜赤颜或其直系抄本。

2. 萨仁高娃的研究

照那斯图先生赠送的照片中，两份残叶是放在一摞贝叶装书叶上面

---

① *Önöken Oldaysan Qoyar Mongyol Bičig-ün Tamtuy-un Tuqai*, Acta Mongolica (Dedicated to the 80th Birthday of Professor Igor de Rachewiltz) 2009, Vol. 9 (320).

② 《西域历史语言研究集刊》第四辑，科学出版社2010年版。

③ 例如，mungtaniju 同《秘史》之"蒙塔你周"（旁译"艰难着"），罗桑丹津《黄金史》却作 mengdejü（慌张）；mung 同《秘史》之"蒙"（旁译"艰难"），罗桑丹津《黄金史》却作 eril（追求、期待）；quburi 同《秘史》之"中忽不舌里"（旁译"冈"），罗桑丹津《黄金史》却作 *qubar（词义不明，行旁有其他字体注记 dalda "暗处"）。üdür 同《秘史》"兀都舌儿"（旁译"日"），罗桑丹津《黄金史》作 edür，已是该词后来的写法。

的，可推测残叶原件不止这两份。在笔者就残叶的总体情况多方联系有关方面的过程中，2012年5月有学者从拉萨带回消息，说当时在西藏图书馆短期工作的中国国家图书馆研究人员萨仁高娃处有一些残叶的照片，其中包括笔者撰文讨论过的那两份。经其从中联系，笔者为萨仁高娃提供了自己相关论文的电子版，不久又接受了她的电话咨询，知这些残叶的照片在2011年西藏文物普查活动中获得，原件仍保存在阿里托林寺。2013年秋，萨仁高娃的《西藏阿里地区发现蒙古文散叶研究》① 一书正式出版，书中公布了24幅残叶的影印件，说亲眼所见实物为11叶（22面），有两面（彭措朗杰提供照片）现况不明。这24面的内容约相当于《元朝秘史》的第90节至第120节。笔者曾讨论过的残叶为第23叶正面和第39叶正面，是已知全部原件中的最前面一叶和最后面一叶的正面。②

鄂伦苏木古城遗址出土蒙古文残叶、西藏阿里出土蒙古文残叶、罗桑丹津《黄金史》所收与《元朝秘史》相关的内容，其直接源头是蒙元时期的国史脱卜赤颜，而它们只能说是脱卜赤颜的部分内容在后期流传的过程当中产生的异本，与汉籍《元朝秘史》在版本方面没有直接关系。

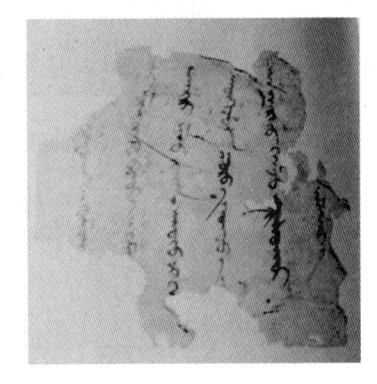

鄂伦苏木出土残叶

---

① 国家图书馆出版社出版。
② 照那斯图先生生前十分惦念阿里托林寺残叶查寻情况的进展。最初所见那幅照片上显示的一撂残叶原件，其下落已经落实并得到公布和研究，现在终于可以告慰先生的在天之灵了。

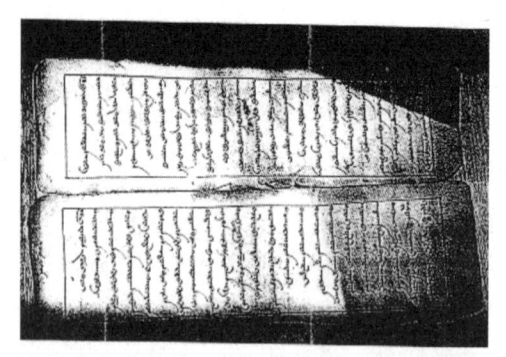

托林寺出土残叶之一（照那斯图先生提供的照片）

托林寺出土残叶之一（萨仁高娃女士提供的照片）

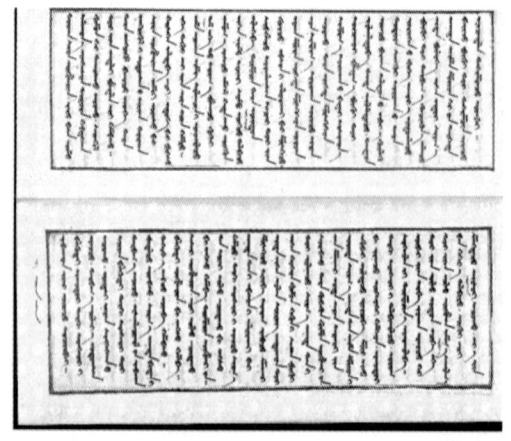

罗《黄金史》影印件（相当于《秘史》§90处）

（作者为中国社会科学院民族学与人类学研究所研究员）

从《黄金史纲》的传说看忽必烈与阿里不哥的汗位之争

宝音德力根　傲日格勒

1259年七月，蒙古大汗蒙哥在征讨南宋四川的战争中病逝于合州钓鱼山前线。随即，蒙哥的两位胞弟——忽必烈与阿里不哥开始争夺蒙古大汗之位，经过四年较量，阿里不哥战败，投降忽必烈。忽必烈以胜利者的姿态质问阿里不哥："在这场纷争中谁对了呢？是我们还是你们呢？"阿里不哥的回答是："当时是我们，现在是你们。"① 失败者阿里不哥如此作答，其底气从何而来？他的即位是否符合蒙古汗位继承传统？本文将从《黄金史纲》的一则传说入手解答这些问题。

一　罗桑丹津《黄金史纲》有关记载及其与乌马里记载的比较

成书于17世纪中叶的罗桑丹津《黄金史纲》有如下一段传说：

basaSotu boγda činggis qaγan nom buyan-i genedte medeged.. möngke γaǰara ǰoo šigemoni-dur buyan-iyan ögčü ilegeǰü.. Sasgiya-yin Manǰuširi blama-dur.. minu uruγ-dur nigen Bodi sadw-a-yin qubilγan.. minu ači üre-dür törügül kemen üčiǰü ilegebe.. tedüi Manǰuširi bandida altan qaγurčaγ-un aman inu böü neke geǰü ǰarliγ bolǰu.. egüni Sotu boγda činggis qahan-du abču ečiǰü ög.. nigen beri-inü Bodi sadw-a-yin qubilγan aγsan aǰuγu.. tende

---

① ［波斯］拉施特：《史集》，余大钧、周建奇汉译本，第2卷，中华书局1985年版，第306页。

qaγurčaγ-i yeke qorim irügel kiǰü Sümendari neretü beri-dür-iyen nekelgeǰü üǰügül kemen ǰarliγ bolZ – 0.7mmu ögbe…tede qaγurčaγ-i takiya ǰil-ün qubi sarain arban tabuna yeke qorim irügel kiǰü tolui eǰen-ü eši čulatu beri-dür-iyen nekelgeǰü üǰügülbesü.. dotura-in u γurban altan šimuγul aγsan aǰuγu. tere šimuγul eši qatun-u qabar-un nöke-ber oruγsan aǰuγu.. eši qatun-u altan umai-dur oruǰu arban sara boluγad qurim-dur balγasun-dur čaγraward-un qubilγan sečen qaγan ari baqa eǰen qoyar tegüs törübe:①

汉译如下：

    一日福荫圣主成吉思汗顿悟佛法，往长生之地佛祖释迦牟尼处② 送达供奉，求萨迦之满珠习礼喇嘛道："让佛陀化身于我家族中，降生于我子孙中。"于是满珠习礼班智达降下法旨："勿打开此金匣之盖，将其送给福荫圣主成吉思汗。[其] 一儿媳乃佛陀之化身。设大宴祝福，令名为苏曼达礼之儿媳打开此匣观看。"于是在鸡年正月十五日，设大宴、行祝福礼，令拖雷主上之号为"始母皇后"③ 之妻打苏曼达礼开金匣观看。结果匣中有三只金蚊子，那金蚊子由始母皇后之鼻孔进入始母皇后黄金子宫，十月后于和林城生下转轮法王世忽必烈薛禅皇帝、阿里不哥主上双胞胎。

这一传说将蒙古大汗窝阔台子阔端于1244—1247年召请西藏萨迦派大喇嘛萨迦班智达（文中的"萨迦之满珠习礼喇嘛""满珠习礼班智达"）并在凉州会谈之事安在了成吉思汗头上，当然不足凭信。不过，传说本身反映了蒙古人关于忽必烈、阿里不哥汗位之争以及阿里不哥地位的历史记忆。文中所谓与忽必烈一起降生的胞弟 Ari baqa，无疑指忽必烈弟阿里不哥（Ariγ böge）。④

刘迎胜先生在其《西北民族史与察合台汗国史研究》一书中引用马木

---

① 罗桑丹津：《黄金史纲》，乌兰巴托影印本，1990年，第114页。
② 指拉萨大昭寺，因供奉佛祖释迦牟尼十二岁等身像而得名。
③ "始母皇后"（eši qatun）是蒙古文史书通常对拖雷妃子唆鲁禾帖尼的称呼，因此，其名"苏曼达礼"（Sümendari）系"唆鲁禾帖尼"之音讹无疑。
④ 这个名字是突厥语，Ariγ 意为纯洁，böge 指男性巫师，合在一起表示"圣洁之巫"之意。

路克史家乌马里的有关记载，以"有关阿里不哥几点再探讨"为题再次探讨了忽必烈与阿里不哥汗位之争的正统问题。① 刘迎胜引用的乌马里的有关记载如下：

> 大异密塔亦儿不花……告诉我（按，指乌马里），这个王朝的第一位享有无限权力【的皇帝】是他们的祖先成吉思汗——其名称的正确发音是 cingkis han；然后窝阔台继立；然后是贵由汗；然后是蒙哥汗；然后是阿里不哥；然后是忽必烈，然后是铁穆耳汗；然后是海山汗；然后是爱育黎拔力八达；然后是硕德八剌；然后是也孙帖木儿——他上溯至成吉思汗的世系如下：成吉思汗——拖雷——忽必烈——真金——甘麻剌——也孙帖木儿

据此，刘迎胜指出：

> 细心的读者从这位马木路克史家所列出的元代帝系表中可以发现：在元宪宗蒙哥和元世祖忽必烈之间多出一个皇帝阿里不哥！此外他的帝位顺序表，还给我们以这样的印象：即忽必烈与阿里不哥之间并非孰为正统的问题，而是皇位交替：一个皇帝被另一个皇帝取代，其情况有似于元顺帝与元文宗之间争位之战。天顺帝虽败，但仍列入元帝系表。联系到《史集》中阿里不哥即位在前，忽必烈登基在后的记载，可以认为这个课题还有深究的余地。

如果将罗桑丹津《黄金史纲》的上述传说与刘迎胜先生所引乌马里的记载相比较，我们会发现两者的共同点。乌马里记载的核心是强调阿里不哥是忽必烈的前任大汗，是成吉思汗合法继承人。罗氏所记传说则旨在说明忽必烈与阿里不哥都是佛陀化身，都是成吉思汗的正统继承者。只是将世俗政治的"正统性"用佛教法理加以阐述罢了。看来，失败者阿里不哥的名字虽然被忽必烈及其后裔从蒙古汗系中剔除，但阿里不哥一度为蒙古大汗之事并没有从蒙古人的记忆中完全消失，直到16世纪藏传佛教在蒙古重新盛行时以佛教传说出现。

---

① 刘迎胜：《西北民族史与察合台汗国史研究》，南京大学出版社1994年版，第107—112页。

乌马里记载与《黄金史纲》的传说给了我们重要启示。进而重读相关史料，就会发现一些新的史实。

二 蒙哥临终以"遗诏"立阿里不哥

宪宗八年（1258）二月，蒙哥决定亲征宋朝。出征前，按蒙古旧制，命同胞幼弟阿里不哥"监国"，留守大蒙古国都城哈喇和林，令嫡幼子玉龙答（塔）失（Urongdaši）辅助阿里不哥。①玉龙答失与胞兄班秃（Baltu，又译"八里土""辨都"）系蒙哥大皇后忽都台所生，是蒙哥的嫡幼子和嫡长子。就在蒙哥亲征前一两个月，班秃去世。②

蒙哥所率的蒙古军，在四川天险和湿热中陷入困境。霍乱在军中流行，六月蒙哥染疾，于七月癸亥（二十一日）去世。③蒙哥毕竟不是暴卒，因而有充分的时间安排自己的后事，其中最关键的是指定继承人。按蒙古传统，有可能被指定为继承人的只有两个人，一个是阿里不哥，另一个是玉龙答失。身为嫡幼子，在汗位继承时他们有优先权，蒙哥让他们留守蒙古本土的原因也在于此。而在蒙哥同胞四兄弟中排行老二的忽必烈，其身份先天不足，根本没有资格继承汗位，更何况蒙哥对这个野心勃勃的二弟早有戒备。

蒙哥的死讯很快在宋朝境内传开，奉命率领东路大军出征南宋鄂州的忽必烈在淮河岸边得到这一消息，时间是八月丙戌（十五日）。④九月壬寅朔，随蒙哥出征的庶弟穆哥（mökeg，又译"末哥""莫哥""摩歌"）从

---

① 《史集》（第二卷，汉译本，第266页）载：他（蒙哥——作者）让[他的]幼弟阿里不哥统帅留下的蒙古军队和斡儿朵，把兀鲁思交给他，并且把自己的一个儿子玉龙答失留在他那里。

② 《元史·宪宗本纪》八年年末载：是岁，皇子辨都薨于吉河之南。辨（当为"辩"字之误）都即班秃。同纪七年年末载：冬，帝度漠南，至于玉龙栈。忽必烈及诸王阿里不哥、八里土、出木哈儿、玉龙塔失、昔烈吉、公主脱天干等来迎，大宴。"八里土"即辨都—班秃。从蒙哥留玉龙答失辅助阿里不哥一事推断，班秃之薨当在宪宗八年一、二月。

③ 宋濂：《元史·宪宗本纪》，中华书局点校本，1976年，第54页。据《史集》，蒙哥染霍乱而死（第二卷，汉译本，第179页）。

④ 《史集》（第二卷，汉译本，第271—272页）记载，忽必烈在淮河岸边听到关于蒙哥去世的传言，下令"我们不要理睬这些谣言"。据《元史·世祖本纪一》（第61页），忽必烈大军渡淮河在八月丙戌。

钓鱼山派出的使臣来到长江边忽必烈军前，告知蒙哥去世的消息，① 被忽必烈怀疑是谣言的事情最终得以证实。

忽必烈不顾蒙哥让阿里不哥"监国"的部署，决心夺取汗位。为获取更大的政治资本，作出攻打鄂州的姿态。十一月初二其幕僚郝经上《班师议》，劝其与宋议和，率大军北上争夺汗位。其中针对阿里不哥，有如下议论：

> 且阿里不哥已行赦令，令脱里赤为断事官、行尚书省，据燕都，按图籍，号令诸道，行皇帝事矣。虽大王素有人望，且握重兵，独不见金世宗、海陵之事乎！若比果决，称受遗诏，便正位号，下诏中原，行赦江上，欲归得乎？②

可知，阿里不哥当时已经以皇位继承人身份"行皇帝事"了。郝经担心阿里不哥进而果断行事，不待成吉思汗家族各大首领到齐便召开忽里台，以蒙哥遗诏正式登基。郝经所谓"称受遗诏"，实乃"此地无银"。阿里不哥握有蒙哥立其为可汗的遗诏，并且已昭告天下，忽必烈及其幕僚也是心知肚明。③ 此事在域外马木鲁克史料中亦可得到证明：当时，术赤兀鲁思汗别儿哥给阿里不哥带话说："现在你有权继承蒙哥留下的汗位，蒙哥在他活着的时候安排了你。"④ 别儿哥当年奉拔都之命护送蒙哥继承蒙古大汗之位，在其兄拔都去世后，是大汗蒙哥让他继承了术赤兀鲁思的汗位，因而与蒙哥关系密切。别儿哥提及蒙哥传位阿里不哥一事说明，蒙哥将传位诏书下达到了术赤兀鲁思。

此外，郝经还提到蒙哥的"皇帝玺"并建议忽必烈：

> 遣一军逆蒙哥罕灵舆，收皇帝玺。遣使召旭烈、阿里不哥、摩哥

---

① 《元史·世祖本纪一》九月壬寅朔载："亲王穆哥自合州钓鱼山遣使以宪宗凶问来告，且请北归以系天下之望。"《史集》（第 2 卷，汉译本，第 272、290 页）记载略有不同，说是忽必烈皇后察必的使臣来到鄂州，报告了蒙哥死讯。据《元史·世祖本纪一》（第 62—63 页），察必皇后报告忽必烈的事是阿里不哥派脱里赤和阿蓝答儿在漠南、漠北调兵一事，拉施特将其误为报告蒙哥死讯。
② 郝经：《郝文忠公陵川集》卷 32，秦雪清点校，山西人民出版社 2006 年版，第 443 页。
③ 忽必烈应是从穆哥使臣那里获悉蒙哥遗诏内容的。
④ 参见邱轶皓《十四世纪初斡儿答兀鲁思的汗位继承危机——相关波斯语、阿拉伯语史料的对比与研究》，《西域研究》2013 年第 4 期。

及诸王驸马，会丧和林。①

皇帝玉玺毕竟代表皇帝——大汗的权威，郝经要忽必烈扣留"皇帝玺"的目的就是用它与"遗诏"抗衡，在汗位争夺中增加政治砝码。殊不知，夺来的宝物不会显灵，何况忽必烈方面当时并未得到这一宝物。据《史集》记载：

> 忽必烈派遣急使前往随蒙哥可汗出征南家思地区的那支军队中，让阿速带快回来。②

忽必烈遣使阿速带，显然是按郝经建议行事，试图将阿速带拉回自己一方，以便得到玉玺，甚至有蒙哥遗诏。阿速带（Asudai，又译"阿速歹"）是蒙哥庶子，是在蒙哥诸子中唯一随父出征的人。但是，阿速带将军队交给了大将浑答海（Qunduqai，浑都海），自己则带着父亲的灵柩，回到其大斡耳朵，坚决地站在了阿里不哥一方。③ 其结果，玉玺与遗诏一同交到了其合法主人阿里不哥手中，使忽必烈扣留皇帝玉玺的计划落空。关于这枚玉玺的最终下落，《史集》也有记载：

> 当阿里不哥被忽必烈打败，势力远不如忽必烈时，玉龙答失派出一个急使去见阿里不哥，向他索取自己父亲的一颗大玉玺，阿里不哥交还给了他，接着他就同千夫长们一起带着军队到（忽必烈）合罕处去了。④

玉龙答失向阿里不哥索取其父"大玉玺"，无疑就是郝经所言蒙哥"皇帝玺"。玉龙答失得到玉玺之后，带着它投降了忽必烈，使这件宝物最终落到了忽必烈手里。⑤ 这时，忽必烈已在与阿里不哥的较量中胜券在握，玉玺也失去了原有价值。

---

① 郝经：《班师议》，载《郝文忠公陵川集》卷32，第443页。
② 《史集》第2卷，汉译本，第293页。
③ 同上书，第234、270—271页。
④ 同上书，第305页。
⑤ 参见傲日格勒《对阿里不哥与忽必烈汗位正统问题的小考》一文，载《西部蒙古论坛》2013年第2期。

三 玉龙答失应是阿里不哥的继承人

阿里不哥即位，因有蒙哥遗诏，所以得到了拖雷家族广泛支持。兄弟辈中，拖雷嫡三子已经征服西亚的旭烈兀（ülekü）支持阿里不哥。① 其他健在的拖雷庶子及其儿子们也都站在阿里不哥一边。前文提到的拖雷庶子摩哥可能是唯一例外，他或许亲忽必烈，但死在四川军中。② 蒙哥家族以大皇后忽都台、嫡幼子玉龙答失母子为首全部支持阿里不哥。此外，在成吉思汗嫡子家族中钦察汗别儿哥，察合台汗实际统治者兀鲁忽乃妃子（察合台汗国第二任汗哈喇旭烈兀正妻）和她的儿子木八剌沙以及察合台之次子拜答儿之子阿鲁浑都支持阿里不哥。窝阔台家族经蒙哥镇压已经衰落，但正在崛起的海都更是坚决支持阿里不哥，与忽必烈为敌。总之，忽必烈在拖雷家族中是孤家寡人，成吉思汗嫡系四子家族的汗王亦无一人相助。但是，忽必烈得到了以塔察儿（成吉思汗幼弟斡赤斤孙）为首的成吉思汗四个弟弟家族东道诸王的拥戴。忽必烈征宋大军原本就是塔察儿所率东道诸王各部和札剌亦儿等探马赤五部军，忽必烈正是凭借这支劲旅战胜了阿里不哥。因此，日本学者杉山正明认为：忽必烈政权是蒙古"左翼军团叛乱"的产物。③

蒙哥家族对阿里不哥的全力支持以及前文提到的阿里不哥战败，在自

---

① 《史集》没有直接记载旭烈兀最初对阿里不哥的态度。但是，有两点记载值得注意。其一，1260年夏，"传出消息说，旭烈兀、别儿哥和其他宗王来到了［阿里不哥处］，阿里不哥是凭借他们的决定和势力而成为合罕的"。其二，旭烈兀次子术木忽儿（与阿里不哥长子同名）在旭烈兀西征时留在了蒙古本土蒙哥处。他支持阿里不哥，并在同年秋天率兵与忽必烈军作战。可见，旭烈兀最初是支持阿里不哥的，其态度变化是在1262年夏，阿里不哥打败阿鲁忽之后。参见《史集》第2卷，汉译本，第296页；第3卷，汉译本，第21—22页。此外，郝经在《复与宋国丞相论本朝兵乱书》（《郝文忠公陵川集》卷38，第527页）中称："倏烈（"倏"系"脩"字之误，"脩烈"即旭烈、旭烈兀——笔者）大王，总统西域，奄征西海，镇压西域三十余国，主上母弟也。去中国三万余里，亦遣使劝进，言'兄亡弟及，祖宗法也，长兄既殁，次兄当立。兄若不立，吾谁与归？'这些仍是谎言。因为郝经1260年四月丁未即出使宋朝，当时旭烈兀还未通使忽必烈。

② 《史集》（第2卷，汉译本，第293页）在记载忽必烈派急使让阿速带快回来之后说："末哥则已在那次出征中去世。"因此，忽必烈幕僚郝经在给丞相贾似道的《复与宋国丞相论本朝兵乱书》（《郝文忠公陵川集》卷38，第527页）所谓："摩歌大王，主上庶弟也，在诸王中英贤亚于主上，尝处大事，不动声色。先帝临终，昇以后事，先归推戴。"云云，是蒙骗宋朝的谎言。

③ 参见［日］杉山正明《忽必烈政权与东方三王家——鄂州战役前后再论》，《东方学报》第54册，1982年3月。

知汗位不保的情况下将蒙哥汗的大玉玺交给玉龙答失一事，令人寻味。由此，我们不得不认为蒙哥立阿里不哥为可汗的遗诏，还应该有其他内容，即玉龙答失继承阿里不哥的汗位。

蒙哥的确没有将大汗之位直接传给玉龙答失。因此，忽必烈幕僚郝经对贾似道声称"太母有与贤之意，先帝无立子之诏"①。"太母"即唆鲁禾帖尼，早在宪宗二年就已去世。郝经意为太母在世时欲让忽必烈承蒙哥的汗位。显然，郝经又在撒谎。因此，其所谓"先帝无立子之诏"一说也不可遽信。以往，有学者已经注意到蒙哥为何没有将自己的汗位传给嫡子玉龙答失的问题。但是，由于没有注意到蒙哥遗诏，加之轻信郝经之言，因而认为蒙哥有意传子，因玉龙答失年幼，汗位被两位叔父夺取，蒙哥立子之遗命，或被汗位争夺双方掩盖。② 玉龙答失是蒙哥大皇后弘吉剌氏忽都台所生。据《元史·后妃表》忽都台生下班秃、玉龙答失后"蚤卒"，其妹也速儿继为妃。③ 因此，蒙哥去世时玉龙答失早已成人。玉龙答失子撒里蛮至元十三年（1276）参加其叔父昔里吉反忽必烈叛乱，尽管当时年轻，④ 至少也在其祖父晚年出生。因此，玉龙答失因年幼失去汗位说不成立。他失去汗位的真正原因是忽必烈的叛乱和阿里不哥的失败。

四 阿里不哥即位再传玉龙答失的传统依据

蒙哥传位于同胞幼弟阿里不哥，再让阿里不哥传其侄即自己的幼子玉龙答失，这一安排符合蒙古汗位继承的传统。

成吉思汗选定三子窝阔台为接班人并以"札撒"的形式规定蒙古大汗之位永远在窝阔台家族传承。⑤ 因此，成吉思汗幼子拖雷家族就在法理上

---

① 郝经：《复与宋国丞相论本朝兵乱书》，载《郝文忠公陵川文集》卷38，第527页。
② 陈得芝：《元岭北行省建置考》（中），载《元史及北方民族史研究集刊》第11辑，1987年。
③ 《元史·后妃表》，第2870页。
④ 《史集》（第2卷，汉译本，第232页）说撒里蛮年轻时去世，没有后代。
⑤ 成吉思汗这一札撒的原文见于《史集》（汉译本，第一卷第一分册，第154页）："只要是从窝阔台合罕诸子出来的，哪怕是一块［臭］肉，如果将它包上草，牛也不去吃那草，如果将它涂上油脂，狗不会瞧一眼那油脂，我们［仍然］要接受他为汗，任何其他人都不得登上宝位。"《元朝秘史》第255节有叙事方式相近而意思相反的记载，系蒙哥、忽必烈夺取窝阔台家族汗位之后对成吉思汗札撒原文的歪曲。

失去了继承蒙古大汗之位的资格。成吉思汗选择有"宽宏之量,忠恕之心"的窝阔台为蒙古大汗固然英明,但在析分家产时像一位老牧人完全按游牧传统进行分配,使长子术赤(虽不是亲生,但成吉思汗认可)和幼子拖雷得到很大的份额,给自己的蒙古大汗之位永远在窝阔台家族传承这一规定埋下了隐患。当窝阔台子、蒙古大汗贵由去世后,术赤、拖雷系首领拔都与蒙哥联手,破坏祖制,恃强凌弱,夺取了蒙古大汗之位。

自成吉思汗曾祖父合不勒汗时代开始,蒙古汗位就在乞颜、泰赤兀两个亲族间交替传承,历经俺巴孩、忽都剌时代。成吉思汗立窝阔台并规定大汗之位永远在窝阔台家族传承,但并未确立嫡长子继承制。在窝阔台时代,由于所立汗位继承人阔出(大皇后孛剌合真所生独子)、合失(二皇后昂灰所生)相继去世,窝阔台决定先让阔出子失烈门继承自己的位子,然后由合失子海都继承失烈门之位。① 蒙哥临终的安排,既遵循了蒙古汗位继承的古老传统,又直接受其养父②窝阔台的影响。窝阔台与蒙哥的做法,与后来大元大蒙古国武宗、仁宗和明宗、文宗即位时的所谓"兄终弟及,叔侄相传"十分相似,可以视作其滥觞。

附:"不材"的月良是谁?

《元史·宗室表》太宗皇帝诸子条下记载:

> 按《宪宗纪》有云:太宗以子月良不材,故不立为嗣。今考《经世大典·帝系篇》及《岁赐录》,并不见月良名字次序,故不敢列之《世表》,谨著于此,以俟知者。③

查今本《元史·宪宗本纪》,并无"太宗以子月良不材,故不立为嗣"一句,且皇子月良之名只此两见。因此《宗室表》这段记载使人迷茫,不知所云。蠡测《元史》成书仓促,定稿时将《纪》文此句删除,却在

---

① 据《苏拉赫词典补编》记载,"后来,当海都出生后被带到其祖父合罕处时,他把海都抱在怀里亲吻,说:'让这个小宝贝继承我之后的那个人(的王位)吧!'于是他命令他们精心抚育他,使他像真主所期望的那样成长。参见华涛汉译《贾马尔·喀儿施和他的〈苏拉赫字典补遗〉》(下),载《元史及北方民族史研究集刊》第11辑,第92页。窝阔台所说"我之后的那个人"指太子失烈门。

② 《元史·宪宗本纪》载:"太宗在潜邸,养以为子,属昂灰皇后抚育之,即长,为娶火鲁剌部女火里差为妃,分之部民。"

③ 《元史》卷107《宗室世系表》,第2717页。

《表》中留下上引文字，遂使《纪》《表》未能贯通。《元史》不入月良于《宗室表》是对的，因为太宗的确没有名为月良的皇子。那么月良是谁呢？窃以为，"月良"即"玉龙"，系"玉龙答失"的省称。"玉龙答失"（Urong daši 或 ürong daši）是突厥语人名，"玉龙"（urong 或 ürong）谓"白"；"答失"（daši）谓"石"。"月良"显系"玉龙"的异译。

  此说若能成立，还需对相关史实再作勉强解释："太宗以子月良不材，故不立为嗣"一句原文应是"宪宗以子月良不材，故不立为嗣"，而且此句原本不在《宪宗纪》，而在《世祖纪》（后来被删除）。此句原意或许在强调郝经所谓"先帝无立子之诏"一事：即蒙哥"无立之诏"是因为唯一合法继承人——嫡幼子玉龙答失不材。蒙哥是按传统将大汗位传给了幼弟阿里不哥，而未违背传统立"不材"的嫡幼子玉龙答失。

（作者宝音德力根为内蒙古大学教授；傲日格勒为内蒙古民族大学讲师）

《蒙古袭来绘词》史料价值及其运用*

乌云高娃

忽必烈继位之后，想与日本建立外交关系，1266年至1273年间六派使臣诏谕日本，但是，始终未得到日本方面的回应。1274年和1281年元朝两次征日本，但因遇到台风，元朝征日本的行动最终均以失败而告终。对这两次战役日本称为文永之役和弘安之役，称这一时期为"蒙古袭来"或"元寇袭来"。

《蒙古袭来绘词》是日本人竹崎季长亲身经历过对抗元朝的战争之后，于1293年2月9日绘制完成的长卷画册。以绘画的形式生动地再现了蒙古与日本官兵的对决。绘图之外还有解释战况的词。可以说，《蒙古袭来绘词》对研究元日关系史，尤其是对忽必烈征日本的研究提供了新的图像资料。具有很高的史料价值，并被日本学界研究日本史的专家学者所运用。相比之下，国内外研究蒙元史的学者极少关注这一资料。尤其，国内学者对《蒙古袭来绘词》了解甚少，而且，有些学者可能通过二手资料加以运用，因此，运用过程中出现了一些错误。笔者2005年至2006年在日本访学期间关注到这一资料，回国后也曾在文章中运用过这一资料，但未撰写专题论文对其进行介绍。近期阅读李伯重《火枪与账簿——早期经济全球化时代的中国与东亚世界》①和韩志远《元代衣食住行》②等书时发现，这些学者运用《蒙古袭来绘词》这一资料时，均出现了不同程度的错误。

---

* 本文为国家社科基金项目"日本'元寇'民族记忆的形成与异化研究"（项目编号17BSS024）的阶段性成果。

① 李伯重：《火枪与账簿——早期经济全球化时代的中国与东亚世界》，生活·读书·新知三联书店2017年版。

② 韩志远：《元代衣食住行》，中华书局2016年版。

因此，笔者想写一篇文章简单介绍这一资料的情况及其史料价值。

一 《蒙古袭来绘词》史料价值

《蒙古袭来绘词》的作者竹崎季长亲身经历了文永之役和弘安之役。后来战争结束后还受到了日本朝廷的赏赐。这一绘画卷不仅生动地再现了文永之役和弘安之役元朝军队与日本官兵会战的情景，同时，也是展示镰仓幕府的赏罚制度、御家人竹崎季长个性的好资料。但是，由于《蒙古袭来绘词》缺损部分较多，绘画和词之间的配置也有问题，有时出现难以正确理解配图与词之间关系的情况。[①]《蒙古袭来绘词》不仅对中世纪日本史的研究提供了重要线索，而且对蒙古史、元朝史，以及13—14世纪中日关系史研究也提供了形象的新资料。

《蒙古袭来绘词》的史料价值较早地被日本学者发现，并运用这一资料对元朝两次征日本的战况、镰仓幕府的情况、竹崎季长个人等进行了研究。池内宏认为在日本关于元寇研究资料颇为缺乏的情况下，《蒙古袭来绘词》是元寇研究最珍贵的史料之一。[②] 池内宏在《元寇の新研究》一书中，较早利用《蒙古袭来绘词》这一资料，对元朝两次征日本时在博多登陆；志贺岛、一岐岛、鹰岛海战的战况进行了详细的研究。樱井清香则认为《蒙古袭来绘词》是元寇研究最大的珍贵的资料。但是，遗憾的是这一资料只是突出了竹崎季长个人参加这一战争的情况，并未表现元寇研究的全貌。[③]

《蒙古袭来绘词》现在作为皇室的御物收藏于京都东山御文库。由前后二卷组成。各卷有纸的题签，分别写着《蒙古袭来绘词前》《蒙古袭来绘词后》。前卷宽39.3厘米，长为23.69米。后卷宽39.5厘米，长为20.335米。前卷有词15张，绘画21张，白纸8张。后卷有词7张，绘画20张，添书2张，白纸15张，前后卷各有44张。此外，还有十几种明治时期的临摹本收藏于东京国立博物馆、九州大学图书馆等地方。[④]

---

① [日] 佐伯弘次：《モンゴル襲来の衝撃》，中央公论新社2003年版，第17页。
② [日] 池内宏：《元寇の新研究》，东洋文库，1931年版，第237页。
③ [日] 樱井清香：《元寇和季长绘词》，德川美术馆1957年版，第7页。
④ [日] 川添昭二：《蒙古袭来研究史论》，（东京）雄山阁1977年版，第46—48页。

《蒙古袭来绘词》应该是竹崎季长两次参加抗击元朝征日本战役时所绘制的战地绘图和战时日记。后来保存下来绘制成册。《蒙古袭来绘词》对蒙古军战船、登陆后的军容军貌、元朝军队的服饰、兵器、旗帜、战鼓等均有所描绘,为研究当时蒙古人的服饰、发髻、兵器、战法等问题提供了形象的资料。从元朝军队的服饰可以区分出蒙古人、高丽人或江南汉人的区别。《蒙古袭来绘词》对日本将领少贰景资、菊池武房、竹崎季长的描绘也非常生动,而且,日本的将领身穿盔甲,手持扇子这些与元朝军队截然不同。从服饰、手持扇子、旗帜可以区分元朝军队与日本官兵的阵营和战船。从《蒙古袭来绘词》描绘的服饰中所透露的信息,可以判断绘画中的蒙古人是元朝第一次征日本时的情况还是元朝第二次征日本的情况。还可以判断绘画中出现的人物和战船是元朝军队的还是日本官兵的战船。竹崎季长在《蒙古袭来绘词》对服饰的描绘,反映了当时元朝军队和日本官兵服饰、发髻等方面的差别,有着很高的学术价值。李伯重《火枪与账簿——早期经济全球化时代的中国与东亚世界》和韩志远《元代衣食住行》等书中,并未关注《蒙古袭来绘词》服饰所透出的信息,因此,出现了引用中的错误。

二 《蒙古袭来绘词》描绘的元军阵容

《蒙古袭来绘词》对少贰景资等日本将领对抗蒙古的场景描绘得活灵活现,而且,对蒙古阵营、船只也绘制得栩栩如生。在竹崎季长笔下描绘的元朝军队从发髻、服饰、手持兵器最大限度地反映了当时元朝军队的阵容。而且,从服装上也可以区分所描绘的是文永之役还是弘安之役的情况。而且,还从服饰上能够区分所描绘的是元朝军队阵容还是日方官兵的阵貌。《蒙古袭来绘词》对元朝两次征日本时登陆后在陆地作战和海上作战的情况均有所描绘。

图1 "敌船"描绘的是元朝东征军战船内部的情况,反映了蒙古军在海上作战所持兵器、旗帜、蒙古人的发髻等情况。蒙古军手持的兵器有弓箭和长矛。图1中右下角和中上部位出现两种不同的旗帜。中上部位的中间有个日轮图案的旗帜,右下角的旗帜似乎有着动物图案。在其他描绘蒙古人阵营的绘图中也出现过这样的旗帜。坐在船中间位置头戴帽子的明显

身着汉人服饰，有可能是江南军或是江南的艄公。蒙古人发髻以蒙古习俗剃了头顶部分，两边为辫发，均手持长矛或弓箭。这对了解当时蒙古人的发髻，服饰研究提供了生动的图像资料。

图1　敌船（《蒙古袭来绘词》后卷）

图2也是描绘元朝东征军战船的情况。从图2来看，中上部分有两种旗帜。一幅是中间有日轮图案的旗帜，一幅似乎描绘的是有动物图案的旗帜。东征军手持的兵器有弓箭，显然这部分人应该是弓箭手。还有手持长枪的，坐在船头的官兵手持盾牌。在船尾的几人有敲锣打鼓的，这明显是为征战鸣鼓助阵的人员。中间部位有艄公在划船。旗手、弓箭手、手持长枪者，身穿蒙古袍、脚蹬靴子、头戴皮毛一体的帽子，很明显所描绘的是冬天的装扮。可见，图2所反映的应该是元朝第一次征日本时的情景。元朝第一次征日本是从十月的初冬开始。

图2　敌船（《蒙古袭来绘词》）

从《蒙古袭来绘词》中官兵的服饰、兵器、旗帜等能区分出是元朝军船还是日本人的战船。但是,韩志远在《元代衣食住行》一书中运用了《蒙古袭来绘词》的两幅图对元朝的战船进行了介绍①。韩志远运用的是图2和图3所示绘图,均标记为元代战船。很明显韩志远在运用图3时出现了错误,误将日本官兵的战船认为是元朝战船。图2是元朝征日本时元朝

图3 大矢野、秋月、合田等的兵船出击(《蒙古袭来绘词》前卷)

军队的战船。但是,图3是元朝征日本时日本官兵所乘的战船。日本战船上日本官兵的服饰、帽子、旗帜与元朝军队的有着明显的不同。坐在战船中央位置或船头的应该是日本的官军,头戴头盔、身穿铠甲,手持弓箭。日本的旗帜是白色或黑白相间的长条的。从图3日本战船中艄公的穿戴和露着肩膀的服饰来看,图3所描绘的是元朝二次征日本的情况。元朝第二次征日本的时间是在夏季的五月至七月。

  图3中的大矢野、秋月、合田等人均为参加日本对抗元朝东征时的将领。表现了日本官军在海上抵抗元朝征日本战争的情况。

  蒙古军与日本军卒相比较,双方在武器和战术方面都有很大的差距,日本军没有对外作战的经验,日本武士以个人作战为主。再加上日本军卒身着繁重的铠甲,战术战略上没有优势。而蒙古军轻装上阵,再加上采用集团军的作战法。同时,除弓箭、长矛之外,还有铁炮。蒙古军主要使用弓箭,在海上作战,蒙古军射箭在能够保障远程距离进攻外,其杀伤力也

---

① 韩志远:《元代衣食住行》,中华书局2016年版,第327—328页。

很大。另外，还有鼓手敲锣打鼓来助阵，锣鼓声音使日本武士、官兵震耳欲聋，影响其作战的劲头。

《蒙古袭来绘词》中"敌阵图"描绘的是蒙古阵营的情况，从图中可以看出蒙古、高丽联军则轻装上阵，在武器方面蒙古军使用弓箭、长矛。前面阵容是骑马作战的官兵，在其后有几排的步兵阵容。步兵阵容第一排的官兵手持长枪和盾牌。中间位置旗手手持的旗帜与图1、图2中出现的中间为日轮图案的旗帜相同。在其后的是骑兵阵容，手持弓箭、穿着铠甲的也许是军官，其余轻装的有手持长枪的官兵和敲鼓的几名鼓手。可见，元朝军队作战，敲锣打鼓也是其阵容中不可或缺的作战辅助手段之一。从元朝军队的服饰来看，穿着冬天的服装，长袍、靴子，明显是反映元朝第一次征日本时候的阵容。

图4　敌阵图（《蒙古袭来绘词》前卷）

三　《蒙古袭来绘词》中火器的出现

《蒙古袭来绘词》中有一幅绘图表现竹崎季长在鸟饲奋战的情况。从图中所描绘的铁炮爆炸的情况，可以了解到当时蒙古军在征日本战争中使用铁炮的情况。

图5中骑马奋战的是竹崎季长，在他对面有三个蒙古人装束者正在向他射箭，从空中和地上的箭头来看，双方互相射箭。图中中上部位有铁炮爆炸的场景，铁炮爆炸之后，火焰朝向竹崎季长的方向。

图 5　在鸟饲奋战的竹崎季长（《蒙古袭来绘词》前卷）

元朝第一次征日本时，蒙古军于1274年十月十四日侵入壹岐岛，日本军防护失守。元军占领对马、壹岐岛之后，经过松浦向东行进，目标指向博多。十九日东征军进而逼近博多湾，二十日先后从今津、百道原等地登陆，主力军以九州岛大宰府为进攻目标。日本方面以少式景资为大将军来抵御蒙古的进犯，但日本兵抵不住蒙古和高丽联合军，死伤者无数。蒙古、高丽联军轻装上阵，采用集团军的作战法。在武器方面蒙古军使用弓箭、长矛的同时，还有铁炮。在这种新的战法和兵器的情况下，镰仓幕府的武士逐渐失去作战的信心，相继出现脱离战场的局面。从博多湾西部上陆的东征军在赤坂、鸟饲、麁原等地与日本军进行激烈的征战，从《蒙古袭来绘词》中的"在鸟饲奋战的竹崎季长"来看，应该是蒙古军侵入鸟饲之后，双方激战的阵前情况，图中在日本军官战马的前方有铁炮爆炸的情景，战马似乎受伤流血，而且，受到惊吓跳起来的样子。①

图5"在鸟饲奋战的竹崎季长"中在拉弓箭的蒙古人旁边爆炸的就是铁炮。铁炮就是所谓的震天雷。铁炮有铁制或陶制两种。如图5所示是陶制的铁炮。目前未发现铁制的铁炮。2001年（平成十三年）十月在日本长崎县鹰岛发现四个陶制的铁炮。铁炮直径为14厘米，厚度为1.5厘米，容器中间是空的，装上火药，点火后投向敌方阵营，威力很大。

李伯重在《火枪与账簿——早期经济全球化时代的中国与东亚世界》一书中指出："中国的火器是由蒙古人传到日本的。元朝两次征日本的战

---

① ［日］佐伯弘次：《モンゴル襲来の衝撃》，中央公论新社2003年版，第109页。

争中,元军威力强猛的火药火器使日本人受到很大震动。日本的《蒙古袭来绘卷(词)》(1292年,1293年之误)中描绘了弘安之役的情景,说元军发射出的盛有火药的铁罐,向日本武士飞来,爆炸后冒出黑烟和闪光,伴随震耳欲聋的巨响,日本武士慌乱,人马死伤甚众。"① 这里提到的《蒙古袭来绘卷》应该是指《蒙古袭来绘词》(1293)。李伯重所认为的

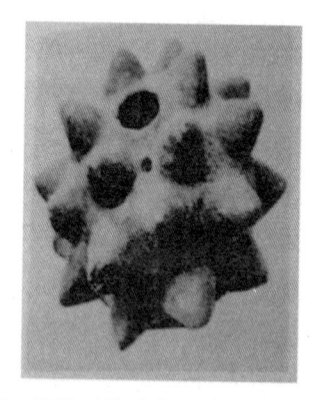

图6 铁炮(韩国崇实大学博物馆藏)

《蒙古袭来绘卷(词)》(1292,1293之误)中描绘了弘安之役的情景,这是不正确的。《蒙古袭来绘词》(1293)"在鸟饲奋战的竹崎季长"这一图中,描绘出蒙古军使用铁炮的情况,当时,所描绘的并非是弘安之役(1281)的情景,而是,文永之役(1274)的情景。首先,元朝第一次征日本时元朝军队在博多湾登陆,日本官兵和元朝、高丽联军在鸟饲激战过。其次,元朝第二次征日本时由于日本在博多湾沿线20公里修筑"元寇防垒",把东征军困在海上,防范了蒙古军在博多湾登陆。所以,李伯重所认为的《蒙古袭来绘卷(词)》(1292,1293之误)中描绘的弘安之役的情景是错误的结论。而且,书中认为弘安之役是在1284年的论述也是错误的,是1281年之误写。《蒙古袭来绘卷》(1292)是《蒙古袭来绘词》(1293)的误写。很明显李伯重有可能参考的是二手资料,他也许并未看到《蒙古袭来绘词》,因此,连书名和年代都是错误的。

四 《蒙古袭来绘词》中出现的"元寇防垒"

由于,日本受到元朝第一次征日的危害,1274年元朝第一次征日本战争结束之后,日本国内形成了严密的军事防御。1275年二月日本制定了九国轮番防御蒙古的军役,形成了四季轮番分担军役的制度。自1276年三月

---

① 李伯重:《火枪与账簿——早期经济全球化时代的中国与东亚世界》,生活·读书·新知三联书店2017年版,第127页。

十日开始,约半年时间,日本西自今津东到香椎,沿博多湾约20公里的海岸线,修筑高2—3米,底部宽幅为3米的防范蒙古来袭的石头堡垒。① 在日本九州博多湾还留存着不少当时修筑的"元寇防垒"。图7是笔者于2006年在日本访学期间,到九州考察"元寇防垒"遗迹时所拍摄的照片。因为,博多湾海岸线的变化,一部分"元寇防垒"被埋入海底,一部分被埋入地下,现存的"元寇防垒"只是挖掘了一部分。

图7 九州博多湾西新"元寇防垒"
（2006年4月17日摄）

日本在博多湾修筑"元寇防垒"有效地抑制了蒙古军在第二次征日本时候在博多湾登陆,将蒙古军困在海上,有效地防止了元朝军队在海上登陆作战。

《蒙古袭来绘词》中也生动地表现出日本官兵坐阵"元寇防垒",防范元朝军队登陆的情景。

如图8所示"菊池武房阵前行进的竹崎季长"所绘的是菊池武房在博

图8 菊池武房阵前行进的竹崎季长（《蒙古袭来绘词》）

---

① ［日］佐伯弘次:《モンゴル襲来の衝撃》,第128—133页。

多湾松原附近"元寇防垒"防御"蒙古袭来"的情景。手拿红色扇子坐在"元寇防垒"上的是菊池武房,中间骑马行进的是竹崎季长。

1281年(弘安四年)元朝第二次征日本时,蒙古有十万官兵到了博多,但是,日本官兵坐阵石头防垒上,使蒙古军未能登陆,在海上转了70多天。图9就是当时日本官兵防御元朝军队的"元寇防垒"。

图9 九州博多"元寇防垒"(2006年4月17日摄)

总之,《蒙古袭来绘词》虽然是竹崎季长绘制个人参战、授奖等情况,但是,其描绘的元朝军队的战船、阵容、服饰、兵器、发髻、旗帜等,对研究元朝时期造船、战术、旗鼓、蒙古的服饰、习俗、文化等方面的研究也提供了珍贵的资料。

(作者为中国社会科学院历史研究所研究员)

《世界征服者史》附录《报达事件始末》译注

王一丹

阿老丁·阿塔·灭里·志费尼（'Alā al-Dīn 'Aṭā Malik-i Juvaynī, 1226—1283）完成于1252—1260年的波斯语著作《世界征服者史》（Tārīkh-i Jahān-gushā），详尽记录了蒙古西征的过程，其内容迄于旭烈兀平定亦思马因派（Ismā'īliyān）诸堡。对于随后发生的攻取报达（Baghdād，今巴格达）这一震撼穆斯林世界的重大历史事件，志费尼虽曾亲历其事，却没有留下任何记载，令人遗憾。也许正是为了弥补这一缺憾，《世界征服者史》的一些传世抄本，将志费尼同时代的大学者纳昔鲁丁·徒昔（Naṣīr al-Dīn Ṭūsī, 1201—1274）所撰有关蒙古人征服报达的记述作为附录收于卷末。法国学者布洛歇（E. Blochet）在巴黎国立图书馆藏波斯文抄本目录中介绍过《世界征服者史》的7个抄本，其中一个抄写于伊斯兰历7世纪末或8世纪初（公元13世纪末或14世纪初），是个接近作者生活年代的古老抄本，该抄本第三卷即附有纳昔鲁丁·徒昔对报达事件的记述。① 旭烈兀进军报达时，纳昔鲁丁·徒昔与志费尼均跟随军中，纳昔鲁丁更曾代表旭烈兀进入报达城与哈里发会面，后又受命负责赦免报达民众之事。② 作为报达事件的全程目击者和参与者，纳昔鲁丁的相关记述无疑是极具史料价值的第一手材料。

---

① E. Blochet, *Catalogue des Manuscrits Persans de la Bibliothèque Nationale*, Paris, 1905, Vol. 1, p. 279（No. 442）. 该抄本的介绍亦见于 C. A. Storey, *Persian Literature*, *a Bio-Bibliographical Survey*, London, 1970, Vol. 1, part 1, pp. 261–262.

② Rashīd al-Dīn Faẓl Allāh, *Jāmi' al-Tavārīkh*（《史集》）, ed. 'Abd al-Karīm, 'Alī Ūghlī, and Alīzāda, Baku 1957, Vol. 3, pp. 52, 57–58. 汉译本见［波斯］拉施特主编《史集》，余大钧译，第3卷，商务印书馆1986年版，第59、64—65页。

伊朗学者穆罕默德·加兹温尼（Muḥammad b. ʿAbd al-Vahhāb Qazvīnī）于1912—1937年整理出版的《世界征服者史》波斯文校注本，在第三卷卷末将纳昔鲁丁的记述作为全书附录（zayl-i kitāb）刊出，题名《报达事件始末》（Kayfiyyat-i Vāqiʿa-yi Baghdād），使这一珍贵材料得以与志费尼著作一起面世。据加兹温尼介绍，收录《报达事件始末》的《世界征服者史》抄本，除了上述巴黎本（Supplément Persan 1556）外，还有伦敦本（India Office, no. 1914）及德黑兰本。① 加兹温尼指出，不仅《世界征服者史》，其他一些历史著作，如《尼克佩编年史》（Tārīkh-i Nīkpay，成书于14世纪初）和伊本·希伯来（Ibn al-ʿIbrī，以 Bar Hebraeus 闻名，卒于1286）的阿拉伯语著作《诸国简史》（Taʾrīkh Mukhtaṣar al-Duwal）中，也收录了纳昔鲁丁记述报达事件的波斯语全文或阿拉伯语译文。②

除了加兹温尼介绍的上述著作外，我们发现，在一部撰于13世纪、记述伊朗起儿漫（Kirmān）地方史的波斯语著作《哈剌契丹王国史》（Tārīkh-i Shāhī-yi Qarākhatāyīyān）中，也收录了纳昔鲁丁这一记述，篇名略有不同，称作《报达事件纪闻》（Qiṣṣa-yi Vāqiʿa-yi Baghdād），此书作者称："《报达事件纪闻》，抄录自世界最渊博的学者、人类的导师、已故纳昔鲁·哈克·丁·摩诃末·本·摩诃末·徒昔（Naṣīr al-Ḥaqq va al-Dīn Muḥammad b. Muḥammad al-Ṭūsī）的手稿。"③ 录文之后加有一段按语："虽

---

① 参见 ʿAlā al-Dīn ʿAṭā Malik-i Juvaynī, Tārīkh-i Jahān-gushā（《世界征服者史》）, ed. M. Qazvīnī, Tehran: Dunyā-yi Kitāb（据1937年 Brill 版重印），1382 H. Sh/2003, Vol. 3, "muqaddama-yi muṣaḥḥiḥ（校注者序）", pp. 18 – 19（以下简称 Juvaynī/ Qazvīnī 1937）。关于伦敦本，还可参见 Hermann Ethé, Catalogue of Persian Manuscripts in the Library of the India Office, Oxford, 1903, No. 170。德黑兰本似不见著录于任何波斯文抄本目录，是伊朗著名学者 M. 米诺维（Mujtabā Mīnuvī）据一个早期抄本抄录后赠予加兹温尼的。

② 关于《报达事件始末》在各抄本中的收录情况，可参见穆罕默德·加兹温尼分别为《世界征服者史》波斯文校注本第1卷及第3卷所作的序言：ʿAlā al-Dīn ʿAṭā Malik-i Juvaynī, Tārīkh-i Jahān-gushā（《世界征服者史》）, ed. Muḥammad b. ʿAbd al-Vahhāb Qazvīnī, Tehran: Dunyā-yi Kitāb（据 Brill 吉伯丛书版重印），1382 H. Sh/2003, "muqaddama-yi muṣaḥḥiḥ（校注者序）", Vol. 1, pp. 98 – 99, 113, 117 – 118; Vol. 3, pp. 17 – 19, 21 – 23。此外，加兹温尼还在第3卷第279页专门撰写了《为火者纳昔鲁丁·徒昔之〈世界征服者史·附录〉而作的校注者序言》（"muqaddama-yi muṣaḥḥiḥ bar zayl-i Jahān-gushā az Khwāja Naṣīr-i Ṭūsī"），其中列出了校勘时使用和参照过的波斯语、阿拉伯语抄本及刊本。

③ Anon., Tārīkh-i Shāhī-yi Qarākhatāyīyān（《哈剌契丹王国史》）, ed. M. I. Bāstānī Pārīzī, Tehran: Intishārāt-i Buniyād-i Farhang-i Īrān, 1974, p. 100。

然这篇《纪闻》内容超出了起儿漫地方史的范畴，但这一事件（指报达陷落一事——引者）对于整个伊斯兰世界都是场巨大灾难，不应让它被遗忘，因此收录于此。"① 这段文字准确说明了《报达事件始末》被穆斯林史家不断传抄的原因。

作为波斯文版《世界征服者史》的附录，《报达事件始末》在波伊勒（J. A. Boyle）译《世界征服者史》英译本中没有随原书一起翻译刊布。② 1961 年，波伊勒将此附录单独译出发表，题名为《阿拔斯王朝末代哈里发之死：一份同时代穆斯林的记述》。③ 我国出版的《世界征服者史》汉译本据波伊勒英译本译出，也未收入这一附录。④ 考虑到纳昔鲁丁这一记述的珍贵史料价值，笔者依据《世界征服者史》波斯文校注本中的附录，将《报达事件始末》全文译出，并作简要注释，以期为相关领域研究者提供一份可资参考的原始文献。

翻译过程中，主要参阅和比对了拉施特（Rashīd al-Dīn Faẓl Allāh Hamadānī，1247—1318）主编的《史集》（Jāmiʿ al-Tavārīkh，撰于 1300—1310）第三卷，此卷的《旭烈兀汗传》详细记述了蒙古军攻克报达的经过。⑤《史集》撰写时，报达事件已过去近半个世纪，但作为一部伊利汗国官修史书，《史集》综合利用了大量原始文献和伊利汗宫廷档案，而不仅限于某种单一史料，因此其记述以材料宏赡丰富见长。就报达事件的记述而言，纳昔鲁丁以个人经历为线索进行记述，胜在亲见亲闻；《史集》则汇集多条线索，叙事更为全面，内容多有溢出纳昔鲁丁记述之处，显示出多种史料来源的特点。例如，《史集》所记旭烈兀进军报达时的随行人员

---

① Anon., *Tārīkh-i Shāhī-yi Qarākhatāyīyān*（《哈剌契丹王国史》），p. 105。
② ʿAla-ad-Din ʿAta-Malik Juvaini, *The History of the World-Conqueror*, trans. from Persian into English by John Andrew Boyle, Manchester: Manchester University Press, 1958（2 vols.）。
③ J. A. Boyle, "The Death of Last ʿAbbasid Caliph: A Contemporary Muslim Account", *Journal of Semitic Studies*, Vol. 6, Issue 2, 1961, pp. 145 – 161（以下简称 Boyle 1961）。此文后收入 J. A. Boyle, *The Mongol World Empire* 1206 – 1370, London: Variorum Reprints, 1977。
④ ［伊朗］志费尼：《世界征服者史》，何高济译，内蒙古人民出版社 1981 年版；商务印书馆 2004 年版（全两册）。
⑤ Rashīd al-Dīn Faẓl Allāh, *Jāmiʿ al-Tavārīkh*（《史集》），ed. ʿAbd al-Karīm, ʿAlī Ūghlī, and Alīzāda, Baku 1957, Vol. 3, pp. 51 – 64（以下简称 Rashīd al-Dīn/Baku 1957）；汉译本见［波斯］拉施特主编《史集》第 3 卷，余大钧译，商务印书馆 1986 年版，第 58—71 页（以下简称汉译本第 3 卷）。

及左、中、右翼军将领的名字，比纳昔鲁丁的记述详细，尤其是对于纳昔鲁丁在报达事件前后所起的作用，如出征前的占卜和解释、攻城前以旭烈兀使臣身份进城会见哈里发、攻城后往竞技场门赦免居民、接受监护被完者哈敦打发到箧剌合的哈里发幼子木八剌沙之责等，《史集》均加以著录，纳昔鲁丁·徒昔《报达事件始末》对其本人的活动则未提及。

除《史集》以外，翻译时还参考了另外两部波斯语著作《纳赛里史话》和《瓦萨夫史》。成书时间与《世界征服者史》相近的《纳赛里史话》（Ṭabaqāt-i Nāṣirī，成书于1260年）在第23章"蒙古史"中，记述了"成吉思汗之子拖雷之子旭烈兀（Hulā'ū b. Tūlī b. Chingīz Khān）"攻打报达的情形，题为《讲述哈里发都城事变》（Ḥadīs-i Ḥādisa-yi Dār al-Khilāfat）。① 作者术兹札尼（Abū 'Umar Minhāj al-Dīn 'Usmān b. Sirāj al-Dīn Jūzjānī，1193—1261）是志费尼和纳昔鲁丁的同时代人，在蒙古西征时为避战祸而辗转流落于哥疾宁（Ghaznīn，今加兹尼）、木尔坦（Mūltān）、底里（Dihlī，今德里）等地。关于报达事件，术兹札尼对蒙古方面的记述相对较少，更多的是从正面描写哈里发一方的抵抗斗争，如蒙古大军围城时报达内部的反应、主战派诸将帅的表现等，为后人提供了一个完全不同于伊利汗国官方史书的叙述视角。

完者都时期被誉为"御前赞颂者（Vaṣṣāf al-Ḥaẓrat）"的沙不丁·暗都剌·舍剌甫·设剌子依（Shihāb al-Dīn 'Abd Allāh Sharaf Shīrāzī，1264—1334）所撰《地域之分割与岁月之推移》（Tajziyat al-Amṣār va Tazjiyat al-A'ṣār，1312—1328）一书，以《瓦萨夫史》（Tārīkh-i Vaṣṣāf）闻名，此书内容为《世界征服者史》的续写，其第一卷《旭烈兀汗传》完成时间与《史集》相距不远，也详细记述了报达事件，但侧重点与《史集》等上述几部著作不同，对报达内部斗争情况保留了较多信息，同时不乏文学色彩

---

① Abū 'Umar Minhāj al-Dīn 'Usmān b. Sirāj al-Dīn Jūzjānī, Ṭabaqāt-i Nāṣirī（《纳赛里史话》）, ed. 'A. Habībī Qandahārī, Lahore 1954, Vol. II, pp. 704 – 709. 以下简称 Jūzjānī/Habībī 1954.

浓厚的铺陈与渲染,并时常引用波斯诗人的名句,对场景的描摹尤为逼真。①

值得一提的是,13—14世纪意大利旅行家马可·波罗(Marco Polo,1254—1324)的行纪中也留下了关于报达事件的记述,其中提到,旭烈兀缴获哈里发的巨大宝藏后,憎其吝惜宝物而不知犒赏军队,因此令他以金银为食,以示惩戒。哈里发得不到食物,最终在藏宝塔中饿死。② 这一记述与纳昔鲁丁·徒昔所记旭烈兀赐哈里发一盘金子令其食用的情节颇为相似。后来的一些波斯语史书,如《瓦萨夫史》,以及米儿宏(Mīr Khwānd,卒于1497)的《洁净园》(Rawẓat al—Ṣafā)、③ 宏达米儿(Ghiyās al-Dīn Khwāndamīr,卒于1534)的《传记之友》(Ḥabīb al-Siyar),④ 都记录了与此大同小异的情节,其来源恐均为纳昔鲁丁·徒昔的记述。

1937年吉伯丛书版《世界征服者史》波斯文校注本第三卷今已不易觅获,本译文使用的版本是伊朗德黑兰据吉伯丛书版重印本,具体出版信息如下:'Alā al-Dīn 'Aṭā Malik-i Juvaynī, Tārīkh-i Jahān-gushā(《世界征服者史》), ed. Muḥammad b. 'Abd al-Vahhāb Qazvīnī, Tehran: Dunyā-yi Kitāb, 1382 H. Sh/2003, Vol. 3, pp. 280—292。译文中黑体方括号(【 】)内的数字为原文页码,如"【281】"表示从此处起为原文第281页。译文中方括号([ ])内的文字则为译者所加。

---

① Shihāb al-Dīn 'Abd Allāh Sharaf Shīrāzī (Vaṣṣāf al-Ḥaẓrat), Tārīkh-i Vaṣṣāf al-Ḥaẓrat (《瓦萨夫史》), Tehran: Intishārāt-i Ibn Sīnā, 1959 (photo-offset copy of Bombay edition, 1853), pp. 29-41. 以下简称Vaṣṣāf/Ibn Sīnā 1959。关于报达事件的波斯、阿拉伯文史料很多,近年伊朗出版了与纳昔鲁丁·徒昔著述时代相近的另外两部著作:Ḥusayn b. 'Alī Baṭīṭī, Aḥwal Mulūk al-Tatar al-Mughūl, risala dar ahvāl Mughūl va suqūt-i Baghdād(《蒙鞑君王纪事:有关蒙古人情形及报达陷落的记述》,成书于1260年,阿拉伯语), ed. Rasūl Ja'fariyān, Qum: Nashr-i Muvarikh, 1394 H. Sh. /2015; A-non., Akhbār-i Mughūlān (《蒙古要闻》), ed. Īraj Afshār, Qum: Kitābkhāna-yi Buzurg-i Ḥaẓrat-i Āyat Allāh al-'Aẓamī Mar'ashī Najafī, Ganjīna-yi Jahānī Makhṭūṭāt-i Islāmī, 1389 H. Sh. /2010. 此两书篇幅较小,所记报达事件也很简略,翻译时未作为基本参考文献使用。

② Marco Polo, The Description of the World, trans. A. C. Moule and Paul Pelliot, London 1938, Vol. 1, p. 102. 汉译本见《马可波罗行纪》, A. J. H. Charignon 注,冯承钧译,党宝海新注,河北人民出版社1999年版,第24章,第84页。

③ Muḥammad b. Khāvand Shāh b. Maḥmūd Mīr Khwānd, Tārīkh-i Rawẓat al-Ṣafā fī Sīrat al-Anbiyā va al-Mulūk va al-Khulafā (《记述先知、君主和哈里发品格的洁净园》), ed. Jamshīd Kayān Far, Tehran: Asāṭīr, 2001, Vol. 5, pp. 4039–4040。

④ Ghiyās al-Dīn b. Humām al-Dīn Khwāndamīr, Tārīkh-i Ḥabīb al-Siyar (《传记之友》), Tehran: Intishārāt-i Khayyām, 2001 (4th ed.), Vol. 3, pp. 95–96。

译文中专名的翻译，主要采用《元史》中已有译名，间或参考《西使记》等元代著作，未见于元明文献的，则多参照余大钧《史集》汉译本第三卷，唯哈里发的名字，采用今之通行汉译。

译文对部分专名作了适当注释，选注的原则是：广为人知的人名、地名不注或简注，生僻的专名或今已不存的地名则尽可能详注。

波斯语、阿拉伯语转写，采用《国际中东研究期刊》（*International Journal of Middle East Studies*）转写系统（*IJMES* Transliteration System）。对于无法确定读音的词，则以拉丁文大写字母表示。

【280】

附录（Ẕayl-i Kitāb）

报达事件始末（Kayfiyyat-i Vāqi'a-yi Baghdād）

抄录自世界最渊博的学者、人类的导师、已故的纳昔鲁·哈克·丁·摩诃末·本·摩诃末·徒昔（Naṣīr al-Ḥaqq va al-Dīn Muḥammad b. Muḥammad al-Ṭūsī）①（安拉赐福于他！）的手稿

当初，世界之王、安宁与平安之君主旭烈兀汗（Hulākū Khān）为铲除木剌夷（Mulāḥida）②而准备向该地区进军时，曾向哈里发

---

① 即火者纳昔鲁丁·徒昔。"纳昔鲁·哈克·丁"为其尊号全称，意为"真理与信仰之辅佐者"，"摩诃末·本·摩诃末"为本名及父名，"徒昔"意为"徒思（Ṭūs）人"。徒思是中世纪呼罗珊重要城市，《元史·太祖本纪》记"十七年（1222）壬午春，皇子拖雷克徒思"。城已废，故址在今马什哈德市北，其附近今仍有小镇 Ṭūs，今译图斯。刘郁《西使记》提到木乃奚国有"大（火）者纳失儿"，应即 Khwāja Naṣīr 之译音，有研究者认为此即指纳昔鲁丁·徒昔，参见 E. Bretschneider, *Mediaeval Researches from Eastern Asiatic Sources*, New Delhi, 2001, Vol. 1, p. 134；陈得芝《刘郁〔常德〕〈西使记〉校注》，《中华文史论丛》2015 年第 1 期，第 91 页。纳昔鲁丁·徒昔是什叶派历史上最杰出的学者，关于他的生平、著述、成就及相关研究，可参见 *The Encyclopaedia of Islam*, new edition, Leiden: Brill, 2000, Vol. 10, pp. 746–752: "al-Ṭūsī, Naṣīr al-Dīn"。

② Mulāḥida, Mulḥid（"异端分子"）的复数，伊斯兰教正统对什叶派亦思马因（今译"伊斯玛仪"）支派的一种蔑称。《元史·太祖纪》作木剌夷，《太宗纪》作木罗夷，《宪宗纪》作没里奚，《郭侃传》作木乃兮。

（Khalīfa）① 派去使者（īlchī）道："你曾说归顺于我。归顺的表现是，当我们为平乱而出征时，你派援兵过来相助。"哈里发与宰辅大臣们商议多少派几个援兵过去才是，众异密和将领都说："他［旭烈兀］是想借此把报达（Baghdād，今巴格达）和哈里发手下的军队调走，以便他什么时候想来，都可以毫不费力地夺取这片国土。"哈里发听了这话，就没有派兵。

君主［旭烈兀］完成对木剌夷国的征服、前往哈马丹（Hamadān）时，对哈里发严厉谴责道："你没派援兵来助！"哈里发很害怕，跟宰相（Vazīr）② 商议，宰相说："应当多多地准备金银珠宝、【281页】华衣美服、骏马骡驼、男仆女婢等各种厚礼，送去向他道歉。"哈里发同意了，下令开列礼单、筹备礼物，从宠臣中指定了两三个人前去送礼并道歉。小书记官（Davāt-dār-i Kūchik）③ 以及别的大臣说："宰相所献这个计策是为他自己谋划，他想让我们跟军队

---

① 指阿拔斯王朝（750—1258）最后一任哈里发穆斯台耳绥木（al-Musta'sim, 1242—1258 在位）。

② 指哈里发穆斯台耳绥木的宰相木爱亦答丁·伊宾·阿勒合迷（Mu'ayyad al-Dīn b. 'Alqamī），主和派代表。据《史集·旭烈兀汗传》，报达城攻克后，他被旭烈兀任命为报达宰相，同年6月去世，其子舍剌甫丁（Sharaf al-Dīn）袭其职。参见 Rashīd al-Dīn/Baku 1957, pp. 40、62、64；汉译本第3卷第47、69、71页。《纳赛里史话》记其名为 Aḥmad al-'Alqamī，据术兹札尼所述，哈里发有些逃走的旧部不久后联合起兵攻入报达，把宰相、蒙古监临官和投降蒙古人的基督徒全部抓住并杀死（Jūzjānī/Ḥabībī 1954, p. 704）。《瓦萨夫史》记其全名为 Mu'ayyad al-Dīn Muḥammad b. 'Abd al-Malik al-'Alqamī，简称为 Ibn 'Alqamī（Vaṣṣāf/Ibn Sīnā 1959, p. 27）。

③ 指木札希答丁·爱伯（Mujāhid al-Dīn Aybik），主战派。见 Rashīd al-Dīn/Baku 1957, pp. 40, 45-46；汉译本第3卷，第47、52—53页。《纳赛里史话》中称其官衔作 Sar Davāt-dār 或 Sar Davātī（"书记官之长"）（Jūzjānī/Ḥabībī 1954, p. 705），《瓦萨夫史》记作 Mujāhid al-Dīn al-Davātī（Vaṣṣāf/Ibn Sīnā 1959, p. 33）。据加兹温尼注释，此人原为前任哈里发穆斯坦绥尔（Mustanṣir, 1226—1242在位）近臣，在穆斯台耳绥木即位后愈受重用，成为朝中四大臣之一，其"小书记官"一称，是相对于此前哈里发札希尔（Ẓāhir, 1225—1226在位）御用书记官阿老丁·塔巴儿斯（'Alā' al-Dīn al-Ṭabars）的"大书记官"（Davāt-dār-i Buzurg/Davāt-dār al-Kabīr）之称而来。参见 Juvaynī/Qazvīnī 1937, pp. 449-454。据《史集》第2卷《蒙哥合罕纪·哈里发传》，哈里发穆斯台耳绥木有两位书记官，小书记官即木札希答丁·爱伯，大书记官则名叫阿剌丁·阿勒敦·塔失（'Alā' al-Dīn Āltūn Tāsh Davāt-dār-i Kabīr），两人一同受命率军在报达城墙上架设投石机（manjanīq），防御蒙古军。见 Rashīd al-Dīn Faẓl Allāh Hamadānī, Jāmi' al-Tavārīkh（《史集》），ed. M. Rawshan & M. Mūsavī, Tehran: Nashr-i Alburz, 1994, Vol. 2, p. 857；汉译本见［波斯］拉施特主编《史集》第2卷，余大钧、周建奇译，商务印书馆1985年版，第276页。

和突厥人（Turkān）① 一起陷于不幸，以便把我们消灭掉。我们自己要当心，等礼物运出后，我们就把使者抓起来，把财物交到自己人手里送去，为自己的大事做打算，让他们陷于不幸。"哈里发得知此情之后，就没有派使者送去那些珍宝，只送了一点薄礼。君主发怒了，说："你须亲自前来，若不能亲自来，就派以下三人中的一人来：宰相，小书记官，或速来蛮沙（Sulaymānshāh）②。"哈里发一件也没照办，只是道了歉。君主愈加愤怒，决定向报达进军。[哈里发使臣]迪思别吉（Dizbikī）③ 几次往返[劝和]，【282页】木希牙丁（Muḥyī al-Dīn）之子伊宾·札兀即（Ibn al-Jawzī）④ 也被派来过一次，但他们都徒劳而返。

伊斯兰历655年10月（1257年10—11月），君主从哈马丹地区

---

① 波伊勒推测此处"突厥人"指蒙古人（Boyle 1961, p. 153, note 3）。

② 哈里发军队将领，库尔德斯坦的哈奇木（ḥākim，地方长官），主战派中坚力量。《史集·旭烈兀汗传》原文作 Sulaymānshāh b. BRJM，汉译本译作速来蛮沙·伊宾·巴黑刺木，见 Rashīd al-Dīn/Baku 1957, p. 46；汉译本第3卷第53页。《史集》第2卷《蒙哥合罕纪·哈里发传》中提到速来蛮沙与蒙古西征军鏖战之事，见 Rashīd al-Dīn, Jāmi' al-Tavārīkh （《史集》），ed. M. Rawshan & M. Mūsavī, Vol. 2, p. 857；汉译本见《史集》第2卷，第275—276页。《纳赛里史话》称速来蛮沙为哈里发的掌旗异密（Amīr-i 'Alam-dār al-Khilāfat），全名 Sulaymān Shāh Īvāyī Turkamān，哈里发左翼军统帅，出自突厥蛮（Turkamān），早在绰儿马罕（Jūrmāghūn）入侵时起，就率兵抵抗蒙古人，前后达30年，其英勇堪比伊朗古代传说中的民族英雄鲁斯塔姆·达斯坦（Rustam Dastān）。详见 Jūzjānī/Ḥabībī 1954, p. 705。另见《瓦萨夫史》（Vaṣṣāf/Ibn Sīnā 1959, p. 27）。加兹温尼对此人生平、世系及相关史料有详尽考释，见 Juvaynī/Qazvīnī 1937, pp. 453-463.

③ 原文作 DRNKY，加兹温尼在校勘记中表示此词在各抄本中有几种异写，均不可解。此据《史集》改。据《史集·旭烈兀汗传》记载，哈里发曾派两个使臣来说和，即善辩之士舍剌甫丁·伊宾·札兀即（Sharaf al-Dīn b. al-Jawzī）和纳黑出汪的巴忒剌丁·马合麻·迪思别吉（Badr al-Dīn Muḥammad Dizbikī Nakhjavānī），据《史集》上下文可知，两人均曾数次作为哈里发使者来见旭烈兀。DRNKY 当为 DZBKY［Dizbikī］（第二、第三字母识点脱讹）。参见 Rashīd al-Dīn/Baku 1957, pp. 43-44, 47；汉译本第3卷第49、51、54页。波伊勒英译本读作 Dartangī，见 Boyle 1961, p. 153.

④ 即善辩之士舍剌甫丁·伊宾·札兀即，参见前注。札兀即家族为报达望族，舍剌甫丁本人曾任报达检察官和神学院教员，其祖暗都剌合蛮（Abd al-Raḥman）著有多部历史著作，其父木希牙丁是哈里发穆斯台耳绥木的司库，兼检察官、教员，常代表哈里发出使周边各地。详见加兹温尼的相关注释（Juvaynī/Qazvīnī 1937, pp. 463-466）。

出发,速浑察那颜(Sūqūnjāq Nūyan)① 和拜住那颜(Bāyjū Nūyan)② 担任右翼,取道亦儿必勒(Irbil,今埃尔比勒),从右侧沿着沙赫尔祖儿(Shahrazūr)③ 和答忽黑(Daqūq)④ 一带的群山前进;怯的不花那

---

① 速浑察那颜,出自蒙古速勒都思部,赤老温之孙、宿敦那颜之子,旭烈兀西征军中重要大将之一,参与了攻打报达、苫(叙利亚)等地的战斗。详见《史集》第1卷《部族志·速勒都思部》以及《史集》第3卷《旭烈兀汗传》:Rashīd al-Dīn Faẓl Allāh, Jāmi' al-Tavārīkh, ed. A. A. Romaskevich, L. A. Khetagurov, and A. A. Alizade, Moscow 1965, Vol. 1, Part 1, p. 454(以下简称 Rashīd al-Dīn/ Moscow 1965);Rashīd al-Dīn/Baku 1957, pp. 39, 52 – 56, 60, 68 – 69;汉译本参见(波斯)拉施特主编《史集》,余大钧、周建奇译,商务印书馆 1983 年版,第 1 卷第 1 分册,第 285 页;第 3 卷,第 61—67、75 页。《史集》中原文多作 Sūnjāq,汉译本作"孙札黑"。

② 拜住那颜,出自别速惕部,哲别的亲属,蒙古西征时征服外高加索和小亚细亚的重要将领,在绰儿马罕死后继任其位,报达之战的功臣之一。详见《史集·部族志·雪你惕部》《别速惕部》以及《旭烈兀汗传》:Rashīd al-Dīn/Moscow 1965, pp. 151 – 152, 561;Rashīd al-Dīn/Baku 1957, pp. 20 – 22, 38 – 39, 51, 53 – 56, 66, 68;《史集》汉译本,第 1 卷,第 1 分册,第 160、320 页;第 3 卷第 28—29、45—46、58—63 页。有关拜住西征问题的新研究,见张晓慧《拜住西征与蒙古派系斗争》,《元史及民族与边疆研究集刊》,第 28 辑(2014 年),第 26—30 页。

③ 哈马丹和亦儿必勒之间的古老城镇,库尔德人居住地,波伊勒指其为今伊拉克哈莱卜杰(Halabja)(Boyle 1961, p. 154, note 1)。今苏莱曼尼亚东南部临近伊朗边境处仍有一小城名为祖儿(Zūr)。伊利汗时期波斯地理学家哈姆杜拉·穆斯图菲在《心之喜悦》中介绍:"沙赫尔祖儿属于第四气候带,其经度从永恒岛(Khālidāt)算起为 81°20',纬度从赤道算起为 34°20'。这个城镇最初被叫作 Nīm Ardāh,意指它位于麦达因(Madā'in)与阿塞拜疆圣火寺(Ātish-khāna-yi Āzarbāyjān)之间的半路上。它是萨珊朝卑路斯之子古巴德(Qubād b. Fīrūz Sāsānī)建造的。《寰宇图志》(Ṣuvar al-Aqālīm)一书说,它之所以被称为'沙赫尔祖儿(力量之城)',是因为这里长期居统治地位的是库尔德人,谁力量大,谁就称王。"参见《心之喜悦》波斯文刊本:Ḥamd-Allāh Mustawfī Qazwīnī, The Geographical Part of the Nuzhat-al-Qulūb, ed. G. L. Strange, Leyden: E. J. Brill / London: Luzac, 1913, pp. 107 – 108(以下简称 Mustawfī/Strange 1913);英译本见 Ḥamd Allāh Mustawfī of Qazwīn, The Geographical Part of the Nuzhat-al-Qulūb, trans. G. L. Strange, Leyden: E. J. Brill/London: Luzac & Co., 1919, p. 106:"Shahrazūr"(以下简称 Mustawfī/Strange 1919)。关于地名词源还有另一种解释。成书于 982 年的波斯语地理著作《世界境域志》第 31 章记有地名 Shahra-Zhūr,米诺尔斯基英译本注释中指出此即 Shahrazūr,读作 Shah-razūr("王之森林"),源自 Siyā-razūr("黑色森林")一词。详见 Anon., Hudūd al-'Ālam min al-Mashriq ila al-Maghrib(《世界境域志》), ed. M. Sutūda, Tehran: Ṭahūrī, 1983, p. 141;英译本见 V. Minorsky, Hudūd al-'Ālam: "The Regions of the World". Oxford, 1937, pp. 132, 383;汉译本未译出米诺尔斯基的注释,参见佚名著《世界境域志》,王治来译,上海古籍出版社 2010 年版,第 141 页。

④ 报达与亦儿比勒之间的城镇。哈姆杜拉·穆斯图菲《心之喜悦》云:"答忽黑属于第四气候带,中等城镇,拥有阿拉伯伊拉克最好的气候,附近有石油井。财政收入为 78600 第纳尔。"称此地有答忽黑河(Āb-i Daqūq)流过,春季盛水期河水汇入底格里斯河。参见 Mustawfī/Strange 1913, pp. 41, 228;Mustawfī/Strange 1919, pp. 48, 220。波伊勒指出此地即基尔库克(Kirkuk)地区的 Tauq(Boyle 1961, p. 154, note 2)。

颜（Kīt Būqā Nūyan）①【283 页】和额里怯那颜（Īlkā Nūyan）② 担任左翼，从克里忒（Kirīt）③ 和巴牙忒（Bayāt）④ 前进；君主率领中军从通往乞里芒沙杭（Kirmānshāhān，今克尔曼沙阿）和忽里汪（Ḥulwān）⑤的道路前进。⑥

---

① 怯的不花，蒙哥合罕（1251—59 在位）派到伊朗征讨木剌夷的将领，旭烈兀的先锋。《元史》卷 3《宪宗纪》二年七月条载："命……怯的不花征没里奚，旭烈征西域索丹诸国。"《史集·旭烈兀汗传》记其出自乃蛮部，有宝儿赤职衔，率一万二千人任旭烈兀西征军先头部队，是平定亦思马因、攻打报达及苫（叙利亚）的功臣，后在远征密昔儿（埃及）时战死。详见 Rashīd al-Dīn/Baku 1957, pp. 22，27 - 29，32，34，49 - 55，68 - 77；汉译本第 3 卷第 30、34—35、41、56—66、75—81 页。

② 原文作 ANKYA，此据《史集》改。额里怯（Īlkā，又作 Īlkāy 额里该）那颜，旭烈兀及阿八哈时期大异密，参与攻打报达、出征迪牙别克儿（Diyār Bakr）、进击别儿哥（Birkāy），后被委任为管理伊利汗帐殿的异密，阿八哈时地位高于其他异密。详见 Rashīd al-Dīn/Baku 1957, pp. 52，55，62，64，76 - 77，79，88，100，105；汉译本第 3 卷第 59、62、69、71、82—84、92、103、106 页。

③ 克里忒，在洛雷斯坦（Luristān）北部，属小罗耳（Lur-i Kūchik，伊朗西部迪兹河流域），哈姆杜拉·穆斯图菲《选史》讲述罗耳地方史时提到克里忒为当地君王的夏营地（tābistāngāh）；此地还有一个同名城堡。见 Ḥamd Allāh Mustawfī, Tārīkh-i Guzīda（《选史》），ed. ʿAbd Ḥusayn Navāyī, Tehran: Amīr Kabīr, 1984, pp. 553，555. 参见加兹温尼的注释：Juvaynī/Qazvīnī 1937, pp. 471 - 472。这一地名在《史集》集校本中写法相同，亦作 KRYT，但校勘记指出有 4 种抄本作 TKRYT，详见：Rashīd al-Dīn/Baku 1957, p. 52；汉译本第 3 卷第 59 页译作"帖克里忒"。

④ 巴牙忒，位于伊朗洛雷斯坦与伊拉克之间，胡齐斯坦最西部村镇，在报达东南约 40 法尔萨赫（farsakh），约合 250 公里。《心之喜悦》记其为阿拉伯伊拉克地区（ʿIrāqi-i ʿArab）一中心城镇（qaṣaba），巴牙忒河水发源自库尔德斯坦山脉，参见此书波斯语原文 Mustawfī/Strange 1913, pp. 39，228；英译本 Mustawfī/Strange 1919, pp. 46，220。

⑤ 伊拉克古城。《世界境域志》提到："忽里汪（Ḥulwān）是一个十分秀丽的城镇，有一条河穿城而过。"参见 Anon., Ḥudūd al-ʿĀlam（《世界境域志》），p. 153；V. Minorsky, Ḥudūd al-ʿĀlam: "The Regions of the World", p. 139；汉译本第 154 页。《心之喜悦》记载："忽里汪，属第四气候带（iqlīm），是阿拉伯伊拉克地区 7 大城市之一，它的经度为 82°55′，纬度为 34°。建造此城的是古巴德（Qubād），萨珊帝王卑路斯（Fīrūz）之子。今已废，仅有部分土地仍可耕作。"又云报达与忽里汪的距离为 35 法尔生格（218.4 公里）。见 Mustawfī/Strange 1913, pp. 36，40；Mustawfī/Strange 1919, pp. 42，47。

⑥ 纳昔鲁丁·徒昔此处未列出跟随旭烈兀前往报达的人员。《史集》则有详细记录，明确说到纳昔鲁丁·徒昔和志费尼都在旭烈兀的随行队伍之列："［在他身边］效劳的有大异密阔阑—额里怯、兀鲁黑秃（ARQTW）、阿儿浑—阿合，必闍赤合剌海、曾任国家行政长官（MDBR）的赛甫丁—必闍赤，毛拉、火者纳昔鲁丁·徒昔和幸运的撒希卜阿剌丁·阿塔—灭里以及伊朗地区的所有算端、箧力和阿答毕们。"（Rashīd al-Dīn/Baku 1957, p. 52；译文引自汉译本第 3 卷第 59 页）

在报达方面，小书记官率军前来，在巴忽巴（Baʻqūba，今巴古拜）①和巴只思剌（Bājisrā）②之间的［迪牙剌河］③旁安营扎寨。

君主命令拜住渡过底格里斯河（Dijla），【284页】从西边进入报达。君主抵达忽里汪，在那里放下辎重，与骑兵部队轻装从那里出发。［蒙古］巡哨队与爱伯·合列必（Aybik Ḥalabī）④相遇，抓住了他，带来觐见君主。爱伯答应如实禀告情况，便获得了饶恕，跟着巡哨队和蒙古人一起前进。

［蒙古］巡哨队中有个花剌子模国（Khwārazmiyān）的王族后裔（sulṭān-zāda），他给哈里发军队写了封信，说："我和你们是同族，我投效君主，归顺了他，得到了善待。你们也爱惜性命，来归附吧，以便获得解救。"信是写给哈剌·宋忽儿（Qara Sunqūr）⑤的，他回信说："旭烈兀有什么能耐，敢打阿拔斯家族（Āl-i ʻAbbās）的主意，像他［旭烈兀］这样的人，这个政权见得多了。他若是想要和平，就不会来到这里，也不会践踏哈里发的国度了。现如今他若能回到哈马丹去，并且表示道歉，我们倒可以向小书记官求情，请他在哈里发跟前说情，让他［哈里发］不再发怒，同意讲和。"君主接到这封信，笑了起来，说："对，一切取决于神主（Khudā），看他的意愿是什么吧。"

当速浑察和拜住那颜渡过底格里斯河时，报达人听到风声，【285页】以为是旭烈兀君主到了那里。书记官与军队从巴忽巴赶回，在报

---

① 据《心之喜悦》，巴忽巴当时是报达东部地区塔里格·呼罗珊（Ṭarīq-i Khurāsān，"呼罗珊路"）的首府，位于 Āb-i Nahravān 河边，是一座历史悠久的城市，由萨珊朝库思老（Kusrā）家族一位名叫忽巴（Qūbā）的公主所建，城名初为 Bayʻat Qūbā，久而久之，就简称为 Baʻqūba。详见 Mustawfī/Strange 1913, pp. 42–43；Mustawfī/Strange 1919, p. 49。

② 属塔里格·呼罗珊（Ṭarīq-i Khurāsān）辖区内的一个城镇。参见 Mustawfī/Strange 1913, p. 43；Mustawfī/Strange 1919, p. 49（"Bājisrā"）。

③ 原文缺。加兹温尼考订此处缺字应为 DYALY/Diyālā，乃报达城东一条著名的河流，巴忽巴和巴只思剌均位于此河边。河水发源于库尔德斯坦山脉，灌溉了报达东部广阔地区，在报达南部约1法尔萨赫（6.24公里）处汇入底格里斯河，全程约50法尔生格（farsang），即312公里。此河流经不同河段有不同名称。见 Juvaynī/Qazvīnī 1937, p. 283, note 6; p. 285, note 5。参阅 Mustawfī/Strange 1913, pp. 219–220（Āb-i Nahravān）；Mustawfī/Strange 1919, p. 212（Nahrawān River）。

④ 此人为哈里发军队的先锋（ṭalāya）。见 Rashīd al-Dīn/Baku 1957, p. 53；《史集》汉译本第3卷第59页。

⑤ 据《史集》，这位哈剌·宋忽儿是钦察（Qibchāq）人，率领报达方面的先头部队。见 Rashīd al-Dīn/Baku 1957, p. 53；汉译本第3卷第60页。

达渡过了底格里斯河，在安巴儿（Anbār）① 一带与蒙古军的前锋速浑察那颜发生了战斗，把他的军队打得四处溃逃，他们溃逃到拜住那颜处，他将溃军拉回，反攻书记官，将其击败。许多人被杀，有的逃回了报达。

君主渡过迪牙剌河（Diyālā）②，【286 页】那里并未放置船只，他涉水而过，一直来到报达城门，派不花帖木儿（Būqā Tīmūr）③ 到西翼。伊斯兰历 656 年 1 月（1258 年 1 月）中④，他在报达城门驻扎下来，下令环绕报达筑起蒙古人称为察帕儿（chapar）⑤ 的木桩栅，

---

① 安巴儿在伊拉克北部，幼发拉底河左岸，现已成废墟。见［美］菲利浦·希提著《阿拉伯通史》，马坚译，新世界出版社 2015 年版，上册，第 263 页。据《心之喜悦》记载，安巴儿距报达的距离为 11 法尔生格（68.64 公里），参见 Mustawfī/Strange 1913，pp. 36 – 37，172；Mustawfī/Strange 1919，pp. 42，167。

② 原文作 YALY，加兹温尼（Juvaynī/Qazvīnī 1937，p. 285）考订作 DYALY（Diyālā）。参见前文迪牙剌河注。

③ 不花帖木儿，蒙古大异密。据《史集·旭烈兀汗传》，不花帖木儿为斡亦剌惕人，随同旭烈兀一起来到伊朗，是旭烈兀的王后完者哈敦的兄弟。当旭烈兀进攻亦思马因派诸堡寨时，不花帖木儿为右翼军统帅，从祃栯答而（Māzandarān，今马赞达兰）进发，合攻忽儿沙（Khurshāh），随后参与报达之战，与拜住等从西翼进攻，后又奉命攻打瓦夕的（Wāsiṭ，今瓦西特）及忽即思丹（Khuzistān，今胡齐斯坦，在伊朗西南，波斯湾北岸）等地。死于 1260 年。见 Rashīd al-Dīn/Baku 1957，pp. 15，32 – 34，39，54 – 57，63，71；汉译本第 3 卷，第 26、39—41、46、61—63、69—70、77 页。

④ 《史集》记其具体日期为伊斯兰历 1 月 15 日（公元 1 月 22 日）。见 Rashīd al-Dīn/Baku 1957，p. 55；汉译本第 3 卷，第 62 页。

⑤ Chapar，来自突厥语 chāpār，"圆圈，栅栏"（F. Steingass, *A Comprehensive Persian-English Dictionary*, 1998, new reprint, p. 388）。18 世纪成书的《桑拉赫：突厥语—波斯语词典》释义："用干草枯枝和木桩围起来的场地。"（Mīrzā Mahdī Khān Astarābādī, *Sanglākh: Farhang-i Turkī ba Fārsī*, ed. Rawshan Khiyāvī, Tehran: Nashr-i Markaz, 1995, p. 133: "chapar".）德福《新波斯语中的蒙古—突厥语成分》对其词义及用法有更详细讨论：G. Doerfer, *Türkische und mongolische Elemente im Neupersischen*, Wiesbaden 1967, III, No. 1064, pp. 50 – 52.《史集》多次记述了这种在战前或攻城前围筑 chapar 的战术，汉译本一般译作"木栅"，如第 2 卷《窝阔台合罕纪》"记拖雷汗到达阿勒坛［汗］用木栅围起来的潼关"，阿勒坛汗骑兵"已摆成圆形，站在平野对面和山的下坡，用木栅围护起来，列成战阵"。注云："城墙？ČPR，在作战时和盾牌联用以抵御敌人矢石的一种格栅。"见 Rashīd al-Dīn Faẓl Allāh, *Jāmi' al-Tavārīkh*（《史集》）, Vol. 2 Part 1 (Dāstān-i Ūkatāy Qā'ān "窝阔台合罕纪"), ed. 'Abd al-Karīm 'Alī Ūghlī 'Alī-zāda, Moscow, 1980, pp. 60 – 61；汉译本见《史集》第 2 卷，商务印书馆 1985 年版，第 34—35 页。波伊勒英译本注："Chapar，蒙古人在攻城时习惯于环城而筑的一种木围墙或栅栏。"周良霄汉译本译作"垒"，参见 J. A. Boyle, *The Successors of Genghis Khan*, trans. from the Persian of Rashīd al-Dīn, New York and London, Columbia University Press, 1971, p. 35, note 114；剌失德丁原著、波义耳英译、周良霄译注：《成吉思汗的继承者》，天津古籍出版社 1992 年版，第 51 页。《史集》第 3 卷记蒙古人攻打合列卜（Ḥalab，今阿勒颇）、毛夕里（Mawṣil，今摩苏尔）时也筑起了"木桩栅"。参阅 Rashīd al-Dīn/Baku 1957, pp. 69, 84；汉译本第 3 卷，第 75、89 页。波伊勒此处则认为 chapar 原为波斯语（Boyle 1961, p. 156, note 3）。

用了一天一夜，君主的队伍从这边［东边］，不花帖木儿、速浑察和拜住那颜从西边筑起了高墙，在墙内侧朝着城的方向挖了一道大濠沟，架起了座座投石机，做好了战斗准备。哈里发派遣撒希卜·底万（Ṣāḥib Dīvān）①和伊宾·答儿讷失（Ibn Darnūs）②来［送了点礼物］。他们说，如果送很多礼物，【287页】会被说成过于害怕，因此还是少送为宜。君主说："为什么书记官和速来蛮沙没来？"哈里发派人回答说："君主命令我从宰相、书记官或速来蛮沙三人中选派一人过来，我履行承诺，把地位最高的宰相派来了，君主也请遵守诺言，不要再索求另外二人。"君主说："我说这番话时在哈马丹，如今我已经到了报达城门，一切都已改变，怎么能只满足于一人。三人都必须送来。"

总之，当战斗打响时，君主亲临城东，正对着阿札木城楼（Burj-i

---

① 即财政大臣，名叫法忽鲁丁·答木合尼（Fakhr al-Dīn Dūmghānī），自1245年起担任哈里发穆斯台耳绥木的财政大臣。参见加兹温尼的注释：Juvaynī/Qazvīnī 1937, pp. 472–473；Rashīd al-Dīn/Baku 1957, pp. 41, 57；汉译本第3卷，第47、64页（译作法黑剌丁）。

② 原文作 Ibn Darbūs，此据《史集》改。哈里发穆斯台耳绥木的亲信，见 Rashīd al-Dīn/Baku 1957, pp. 41, 57；汉译本第3卷第48、64页。《多桑蒙古史》引《哈里发史略》，称此人出身担夫，在前任哈里发穆斯坦绥尔在位时，"为宫门戍楼之阍者。谟斯塔辛（穆斯台耳绥木）即位，颇宠遇之，命为门监长，旋命为侍从官，颇见信用。往见伊宾阿勒迦密，首相辄起立，在座诸人皆退，首相常与共议政事，并以厚禄饵之"。参见［瑞典］多桑《多桑蒙古史》，冯承钧译，中华书局2004年版，下册，第510页注1。

'Ajam)①，怯的不花的队伍在那里持弓作战，八剌海（Balaghāy）②

---

① 意为"波斯塔楼"，位于报达东，报达老城的东墙与南墙相交处，其南为合勒瓦兹门（东门）。详见加兹温尼的注释：Juvaynī/Qazvīnī 1937, pp. 473 – 474。斯特兰奇《阿拔斯哈里发时期的报达》一书对相关地名作了相当系统的介绍，参见 G. L. Strange, *Baghdad during the Abbasid Caliphate*, Oxford, 1900, pp. 292, 341 – 343。

② 八剌海，术赤系宗王，旭烈兀西征时由蒙哥合罕派遣随同前来。原文写作 BLGhAY，此处译名据《世界征服者史》汉译本。《世界征服者史》第 3 部记述"世界王子旭烈兀出征西方诸国"时，说到蒙哥合罕从东、西大军中抽拨人马给他，拔都方面的代表是"昔班罕之子八剌海（Balaghāy），秃鲗儿斡兀立（Tūtār Ughūl），忽里（Qūlī）"。原文见 Juvaynī/Qazvīnī 1937, p. 91；英译本见 'Ala-ad-Din 'Ata-Malik Juvaini, *The History of the World-conqueror*, trans. J. A. Boyle, Vol. 2, 1958, p. 601, note 1；汉译本见 [伊朗] 志费尼著《世界征服者史》，何高济译，商务印书馆 2004 年版，第 2 册，第 678 页。《史集·旭烈兀汗传》也记录了这三位术赤系宗王跟随旭烈兀参加报达之战的情形，对三人身份所记甚为详细："术赤（Jūjī）的儿子昔班（Shībān）的儿子不勒合（BWLGhA）、术赤的儿子孙忽儿（Sunqūr）的儿子秃塔儿（Tūtār）、术赤之子斡儿答的儿子忽里（Qūlī）"，所谓"不勒合"（Būlghā）应即上述八剌海。这三位宗王进革报达时在不花帖木儿、孙扎黑（速浑察）的右翼军中，攻城时仍与不花帖木儿同在右侧，曾因攻城不力遭旭烈兀指责。《史集》还记报达之役后，旭烈兀同"别儿哥（Birkāy）的亲属秃塔儿、不勒海、忽里发生纠纷"，此后不久三人即接连死去。见 Rashīd al-Dīn/Baku 1957, pp. 39, 52, 55 – 56, 77, 87；汉译本第 3 卷，第 46、58、62—63、83、91 页。《旭烈兀汗传》记此人名有 BLGhA, BLGhH, BWLGhA 等几种写法，汉译本作不勒合/不勒海，Thackston 英译本则读作 Balagha，当是（见 Rashiduddin Fazlullah, *Jami 'u' t-Tawarikh, Compendium of Chronicles*, trans. W. M. Thackston, Harvard University, 1999, part 2, p. 493）。在《史集》第 2 卷《术赤汗传》中，术赤子昔班第四子名为 BLQAN，波伊勒英译本读作 Balaqan，并指出这个名字更常见的形式为 Balaghai，汉译本分别译作"巴剌罕"和"巴剌海"，读音与纳昔鲁丁及志费尼记述一致；《术赤汗传》还记述了后来巴剌罕图谋背叛旭烈兀、使用巫术被处死的结局，与第 3 卷的记述相吻合。波斯语原文参见 Rashīd al-Dīn Faẓl Allāh, *Jāmi ' al-Tavārīkh*（《史集》），ed. Bahman Karīmī, Tehran: Intishārāt-i Iqbāl, 1959, Vol. 1, pp. 516, 526；或 *Jāmi ' al-Tavārīkh*（《史集》），ed. M. Rawshan and M. Mūsavī, Tehran: Nashr-i Alburz, 1994, pp. 724, 738. 汉译本参见《史集》第 2 卷，商务印书馆 1985 年版，第 132、146 页；英译本：*The Successors of Genghis Khan*, trans. J. A. Boyle, New York and London: Columbia University Press, 1971, p. 111, note 73, and pp. 122 – 123；以及周良霄译注《成吉思汗的继承者》，第 143—144、156—157 页。又参见波伊勒关于 Balaxai/Balaxe 的讨论，见 J. A. Boyle, "Some Additional Notes on the Mongolian Names in the *History of the Nation of the Archers*", *Researches in Altaic Languages*, Budapest 1975, pp. 33 – 42 (p. 36), also in *The Mongol World Empire 1206 – 1370*, London: Variorum Reprints, 1977. 值得一提的是，拉施特在一部记述各族谱系的专著《五族谱》中，记录"成吉思汗之子术赤之子昔班世系（Shu 'ba-yi Shībān pisar-i Jūjī pisar-i Jīnkkīz Khān）"时，记其第四子名为 BALAGhH，读作 Bālāgha，即"八剌海"。见 Rashīd al-Dīn, *Shu 'ab-i Panjgāna*（《五族谱》），Istanbul: Topkapı Sarayı Müzesi Kütüphanesi, MS. Ahmet III 2937, fol. 114a。

和雪泥台（Sunitāy）① 在城右侧，【288 页】不花帖木儿从西侧，即巴黑里（Baql）② 花园所在地，速浑察和拜住那颜从阿杜迪医院（Bīmāristān-i 'Aẓudī）③ 的方向，发起进攻。到伊斯兰历 656 年 1 月 22 日（1258 年 1 月 29 日），激战了六天六夜，君主下令书写诏敕："所有赛夷（Sādāt，Sayyid 的复数）、达失蛮（Dānishmandān）、也里可温（Arka'un）、司教（Mashāyikh）以及不同我们作战的人，我们赦免他们。"诏书绑在箭上，从六个方向射进城里。总而言之，激战又不分昼夜进行着，直至 1 月 28 日［2 月 4 日］【289 页】太阳升起时，军队登上了城墙，首先进入阿札木城楼，从城墙两边前进，把人们赶出来，到晌礼（namāz-i pīshīn）时，所有墙头都被蒙古人从报达人手

---

① 原文写作 SBTAY，B 当为 N 之误（字母识点上下错位），正确的形式应作 SNTAY，读作 Sunitāy。《史集·旭烈兀汗传》中对雪泥台那颜事迹记述颇多，汉译本均译作"孙台"：当旭烈兀决定出兵报达时，孙台那颜从别处来与之会合；报达之役后，旭烈兀出征叙利亚时，派其子要束木（Yushmūt）与额里该那颜、孙台那颜一起围攻篾牙法里勤堡；旭烈兀死后，孙台那颜与另外几位年长的大异密如额里该那颜、速浑察那颜等一起参与了决定阿八哈继位的会议；1270 年阿八哈与八剌之战中，孙台与要束木等人一起负责左翼军，当时他已 90 岁高龄，依然神勇。详见 Rashīd al-Dīn/Baku 1957, pp. 52, 68, 77, 101, 127—129；汉译本第 3 卷，第 58、75、83、103、126 - 128 页。应当指出的是，由于波斯文抄本中字母识点往往不写或上下错点，SBTAY（雪别台）与 SNTAY（雪泥台）极易相混，《史集》记述与旭烈兀一起被派西征的诸人之中，有一位宗王（旭烈兀幼弟，拖雷第 11 子），波斯文写作 Sunitāy（SNTAY）Ughūl（雪泥台斡忽勒），实际上正确的名字应是雪别台（Subitāy），这位宗王的名字与本文原文 SBTAY 相合，但他尚未到达伊朗就在河中地区去世了，不可能参与报达之战。参见 Rashīd al-Dīn/Baku 1957, pp. 24 - 25，汉译本第 3 卷，第 31—32 页；《哈剌契丹王国史》作 NBAYR/SBTAY（Tārīkh-i Shāhī-yi Qarākhatāyīyān, p. 103.）承乌兰老师赐告，雪泥台一名的蒙古文写型为 Sönidei，Sönid（雪泥）为部落氏族名，"台"为蒙古语男性姓氏后缀-dei 的汉语音译（-dei 为柔性形式，刚性形式为-dai）。该后缀由蒙古语名词复数词尾-d 缀接-ai/-ei 构成，又音译作"歹""带"等）。在此谨向乌兰老师致谢。

② 原文写作 BQL，据《史集》记述，此花园全名为 DWLAB BQL，读作 Dūlāb-i Baql，意为"浇菜的水车"，汉译本译作都里牙必·巴黑里。不花帖木儿从此处攻城。见 Rashīd al-Dīn/Baku 1957, p. 56；汉译本第 3 卷，第 62 页。关于此地，参阅 G. L. Strange, Baghdad during the Abbasid Caliphate, p. 342。

③ 这是由伊朗什叶派建立的政权布益王朝（Āl-i Būya，932—1056）君主阿杜德·道莱（'Aẓud al-Dawla Daylamī，949—983 在位）于 978 年前后在报达建立的一所著名的医院，位于报达西北部，底格里斯河西岸。《史集·旭烈兀汗传》原文亦称其为 Bīmāristān-i 'Aẓudī，汉译本译作"阿都忒碉堡炮门所在地"（Rashīd al-Dīn/Baku 1957, p. 56；汉译本第 3 卷，第 62 页）。报达陷落半个多世纪后，伊本·白图泰路过此地，看到这里"已一片瓦砾"（参阅马金鹏译《伊本·白图泰游记》，宁夏人民出版社 1985 年版，第 180 页）。另见：Juvaynī/Qazvīnī 1937, p. 475；G. L. Strange, Baghdad during the Abbasid Caliphate, pp. 62, 105, 319, 342, 346；［美］菲利浦·希提著《阿拉伯通史》，马坚译，新世界出版社 2015 年版，上册，第 430 页。

里夺取了。当初围城筑墙时,君主曾下令把报达城上游和下游的舟船都收起来搭设了浮桥,布置了守卫,还架起了投石机和抛火油瓶机。当战斗激烈进行时,书记官曾想坐船逃往失卜(Shīb)①,蒙古人接到消息后,便发射石炮和弓箭,他被迫逃了回去,他的三艘船被缴获,船上的人被杀死,武器被缴获,船上的阿里派信徒('Alaviyān)②首领也被杀了。当城墙都攻下来后,君主命令城里居民把城墙拆毁。使者往来传信,君主下令:"书记官和速来蛮沙都出来;哈里发本人愿意来就来,不愿意来就别来。"哈里发派遣次子跟随书记官和速来蛮沙一起出城。书记官又返回城里。[旭烈兀]对速来蛮沙说:"有很多军队【290页】投效了我们。"让他进城去把自己的军队带出来。第二天,他[速来蛮沙]的日子到头了。城里的人派舍剌甫丁·篾剌合(Sharaf al-Dīn Marāghī)③和沙不丁·赞章尼(Shihāb al-Dīn Zangānī)④出城来请求赦免。随后,哈里发看到事情已无法挽回,请求出城(投

---

① Shīb,原意为"斜坡,底部",在希剌(今希拉)附近、前往瓦夕的(瓦西特)路上,有一地名失卜,《史集·合赞汗传》数次提到合赞经过或停驻于此狩猎,参见 Rashīd al-Dīn/Baku 1957, pp. 313, 328, 352;汉译本第 3 卷,第 293、307、328 页。波伊勒译作"下游(downstream)",未作专名(Boyle 1961, p. 158)。

② 又译阿拉维派,伊斯兰教什叶派分支之一,9 世纪中叶由第 10 任伊玛目阿里·哈迪('Alī al-Ḥādī,卒于868)的支持者伊本·努赛尔(Ibn Nuṣayr)创建,又称努赛里派(Nuṣayriyya)。努赛尔主张伊玛目具有神性,而其本人则为接近伊玛目的必经之"门(bāb)"。信徒今主要分布于叙利亚西北、土耳其东、黎巴嫩等地。参见 The Encyclopaedia of Islam, new edition, Leiden: E. J. Brill, 1995, Vol. VIII, pp. 145 – 148,"Nuṣayriyya"。

③ Marāghī,意为"篾剌合人",《史集》作 Marāgha-yī。篾剌合(今马拉盖)是旭烈兀建国时选定的都城,位于伊朗西北乌鲁米耶湖(Urūmiya)东部。加兹温尼指出,除了《史集》和伊本·希伯里(Ibn al-'Ibrī)《诸国简述》(Mukhtaṣar al-Duwal)外,其他史书未见有关此人的记载。参见 Rashīd al-Dīn/Baku 1957, p. 60;汉译本第 3 卷,第 67 页;Juvaynī/Qazvīnī 1937, p. 475。

④ Zangānī,伦敦本、德黑兰本写作 Zanjānī,《史集》同,汉译本译作失哈巴丁·曾札尼。据加兹温尼考证,此人全名 Shihāb al-Dīn Abū al-Manāqib Aḥmad b. Maḥmūd al-Zanjānī,报达城著名宗教学者,先后任教于尼扎米耶学校(Madrisa-yi Niẓāmiya)和穆斯坦绥里耶学校(Madrisa-yi Mustanẓiriya),并担任过城中首席法官(Qāẓī al-Quẓāt),撰写过《古兰经注》。报达城破后不久即去世。参见 Juvaynī/Qazvīnī 1937, p. 475;Rashīd al-Dīn/Baku 1957, p. 60;汉译本第 3 卷,第 67 页。赞章(Zanjān,今赞詹,在伊朗西北部)地名见于《元史》卷63《地理志六·西北地附录》。

降)。2月4日[1258年2月10日],他带着儿子①、近臣以及教长、圣裔和宗教学者来觐见了君主。他被带到合勒瓦思门(Darvāza-yi Kalwādh)②。然后君主下达了洗劫报达的敕令。君主前去巡视哈里发的宫室,四处察看。哈里发被带了上来。哈里发命人献上礼物,君主当时就把礼物分赐给了群臣、异密、军士和在场的其他人。[旭烈兀]把一盘金子③放在哈里发面前,说:"吃吧。"[哈里发]说:"吃不了。"[旭烈兀]说:"那你为什么留着它,而不赏给将士们呢?这些铁门,你为什么不用来铸造箭镞呢?为什么你不亲征质浑河(Jayḥūn,即阿姆河),阻拦我渡河呢?"哈里发回答说:"真主的旨意(taqdīr-i Khudā)如此。"君王说:"即将降临到你身上的,也是真主的旨意。"夜里,[君主]回到殿帐去了。然后命令哈里发把与他及其诸子在一起的妇女们挑选出来,前往哈里发的宫室,共700名女子,1300名奴仆,其余的被遣散。当劫掠结束时,已过了一个星期,他们赦免了城里的人,将战利品【291页】汇集起来。2月14日[公元2月20日],君主从城门起驾,命人去接哈里发,把他也带过来,他的次子以及五六个奴仆跟随在后。那天,就在那个村庄④,他和这个儿子的日子到了头。第二天,他的长子⑤及其亲随在合勒瓦兹城门被结束了

---

① 加兹温尼原注:德黑兰抄本和尼克佩《编年史》在此处还另有两联诗句:"伊斯兰历的六百五十六年,适逢二月四日星期天,当哈里发来觐见旭烈兀,阿拔斯家族的王祚走到终点。"参阅 Juvaynī/Qazvīnī 1937, p. 290.《哈剌契丹王国史》也记录了这四行诗句,见 Anon., *Tārīkh-i Shāhī-yi Qarākhatāyīyān*, p. 105.

② 报达城东门,在底格里斯河东岸。有关此城门的详细介绍,参见 G. L. Strange, *Baghdad during the Abbasid Caliphate*, pp. 179, 281, 283, 290 – 297, 342, 355:"Bâb Kalwâdhâ"; Juvaynī/Qazvīnī 1937, pp. 475 – 476. 据《史集》,哈里发出城投降后,"有旨命哈里发及其诸子和宗亲们在合勒瓦思门附近乞式(怯的)不花那颜的营地上搭起帐幕"。Rashīd al-Dīn/Baku 1957, p. 59;汉译本第3卷,第66页。

③ 波斯文 ṭabaq-ī zar("一盘金子"),英译本作"一个金盘子"(a golden tray)(Boyle 1961, p. 159),似不确。

④ 指报达城外的瓦黑甫村(Dīh Vaqf)。据《史集》,报达城破后,因连日杀掠,空气恶浊,旭烈兀不得不"走出报达,停驻在瓦黑甫村和札里牙必牙村(Jalābiya)","656年2月14日星期三[1258年2月20日]日暮,哈里发在瓦黑甫村在其长子和五名在他身边侍奉他的侍仆陪同下结束了他的一生"。见 Rashīd al-Dīn/Baku 1957, pp. 60 – 61;汉译本第3卷,第67—68页。

⑤ 据《纳赛里史话》,哈里发长子名阿卜·伯克尔(Amīr Abū Bikr),主战派,任报达军统帅,与速来蛮沙一起率军击退蒙古军,后代表哈里发出城会见旭烈兀,受旭烈兀恭敬接待。关于他死难的情形,有4种不同说法。详见 Jūzjānī/Ḥabībī 1954, pp. 704 – 707.

性命,他的女人和仆从都被遣散了。君主次日又从那里起驾,把宰相、撒希卜底万(财政大臣)和伊宾·答儿讷斯【292 页】派回报达,宰相仍任宰相,财政大臣仍任财政大臣,① 伊宾·答儿讷斯则任工匠(ūzān)② 总长,阿速图·拔都儿(Asutū Bahādur)③ 担任监临官。[君主]下令重建报达,清除掩埋死去的人和牲畜,集市重新开张。君主乘着胜利与吉祥来到昔牙黑苦黑(Siyāh Kūh)④,把希剌(Ḥ

---

① 《史集·旭烈兀汗传》记载:"在处死哈里发的当天,他的宰相木爱亦答丁·伊宾·阿勒合迷被派到城里担任宰相,法忽鲁丁·答木合尼则被委任为撒希卜·底万(财政大臣)。" Rashīd al-Dīn/Baku 1957, p. 62;汉译本第 3 卷,第 69 页。

② Ūzān,突厥语借词 ūz 的复数,意为"工匠,手艺人,技术娴熟者"。《桑拉赫:突厥语—波斯语词典》释作"有分量的,熟练的"(Mīrzā Mahdī Khān Astarābādī, Sanglākh: Farhang-i Turkī ba Fārsī, p. 46: "ūz [üz]")。关于此词在突厥语和蒙古语中的变化(ūz→ūr)及其在《史集》和其他波斯文献中的使用,参见 G. Doerfer, Türkische und mongolische Elemente im Neupersischen, Wiesbaden, 1965, II, No. 593, pp. 144 – 145: "üz";另见 Juvaynī/Qazvīnī 1937, p. 478。

③ 阿速图,原文作 ASTW,此据波伊勒英译本(Boyle 1961, p. 160)读作 Asutū。据加兹温尼校勘记,此人之名在《世界征服者史》各抄本中皆作 ASTW Bahādur,而在《史集》《瓦萨夫史》等其他著作中均为阿里·拔都儿('Alī Bahādur)。考虑到各书所指为同一时间、同一地点发生的同一件事——旭烈兀任命报达监临官(shiḥna)一事,加兹温尼认为,两名应指同一人,阿里为其伊斯兰教名,ASTW 则可能是其突厥名(Juvaynī/Qazvīnī 1937, pp. 479 – 480)。参阅 Rashīd al-Dīn/Baku 1957, p. 62;汉译本第 3 卷,第 69 页;Vaṣṣāf/Ibn Sīnā 1959, p. 41。《瓦萨夫史》中解释了阿里·拔都儿被任命为报达监临官的原因,在于他是蒙古军中攻入报达的第一人。加兹温尼结合阿拉伯著作的记述对其生平进行梳理,揭出他与随后被任命为报达副长官的阿老丁·阿塔·灭里·志费尼之间发生的一场斗争:1260 年,阿里·拔都儿伙同亦马答丁·乌马儿·可疾云尼('Imād al-Dīn 'Umar Qazvīnī)等人到旭烈兀御前控告阿塔·灭里侵吞朝廷资产,阿塔·灭里因此获罪,遭剃须去髯之辱;第二年,阿塔·灭里的兄弟、财政大臣赡思丁·志费尼(Ṣāḥib Dīvān Shams al-Dīn Juvaynī)带着旭烈兀的谕旨来到报达为阿塔·灭里平反,宣布其清白无罪,阿塔·灭里对阿里·拔都儿道:"须髯剃除,尚可再长;头颅砍落,断难复生!"表示将向其复仇。他收集阿里·拔都儿一伙侵吞财产的证据,呈交旭烈兀,旭烈兀下令彻查,阿里·拔都儿被证实有罪,于1262 年被处死。详见 Juvaynī/Qazvīnī 1937, pp. 480 – 481. 另外,波伊勒推测此人也许即格里戈尔(Grigor of Akanc')的《弓手国族史》(History of the Nation of the Archers)中所记之 Asut 'u Nuin,见 Boyle 1961, p. 160, note 5。

④ 在库尔德斯坦。加兹温尼指出,此地位于哈马丹西北名为 Kūh-i Panja 'Alī(或 Panja-'Alī Dāgh)的山区中,因此处有 5 座并立的山峰,远看如五指,因此又名"五指山区"。旭烈兀在定都于篾剌合之前,曾长期以哈马丹及其周边地区(包括昔牙黑苦黑)为主要驻营地。详见 Juvaynī/Qazvīnī 1937, pp. 481 – 482。

illa，今希拉）和瓦夕的（Wāsiṭ，今瓦西特）① 指派给了不花·帖木儿。希剌人此前已归降，不花·帖木儿到了那里，考验了他们，然后从那里前往瓦夕的，抢劫杀戮了一星期，便从那里返回了。不花·帖木儿又上马出征疏失塔儿（Shushtar，今舒什塔尔），他把舍剌甫丁·伊宾·札兀即（Sharaf al-Dīn b. al-Jawzī）带在身边去劝降该城。[该城]守军及突厥人（Turkān）有的溃逃了，有的被杀了，有的则归顺了。苦法（Kūfa，今库法）和弼斯啰（Baṣra，今巴士拉）两地，则在大军还没来时就已经归降了。

（作者为北京大学外国语学院教授）

---

① 瓦夕的，库法与巴士拉之间的古城，《元史》卷63《地理志六·西北地附录》载此地名。《世界境域志》载："瓦西特，是一个大城，由两部分组成，底格里斯河穿过此城……此城气候平稳，为伊拉克最美之城。" *Hudūd al-'Ālam min al-Mashriq ila al-Maghrib*（《世界境域志》），ed. M. Sutūda, p. 151；英译本 Anon., *Ḥudūd al-'Ālam*: "*The Regions of the World*", trans. V. Minorsky, p. 138；译文引自《世界境域志》王治来译本，第152页。据《心之喜悦》，从报达至瓦夕的之距离为40法尔生格（约250公里），属第三气候带，其经度从永恒岛（Khālidāt）算起为81°30'，纬度从赤道算起为31°20'，是伊斯兰历83年（702年）由倭马亚王朝的总督哈札只（Ḥajjāj b. Yūsuf）所建，在伊利汗时期，此城缴纳给国库的税收达448500第纳尔。详见 Mustawfī/Strange 1913, pp. 36, 47；Mustawfī/Strange 1919, pp. 43, 53。

《大汗贵由致教皇英诺森四世书》波斯语本录文

魏曙光

　　1245 年 4 月，罗马教皇英诺森四世（Innocent Ⅳ）派遣约翰·柏朗嘉宾（Jean du Plan Carpin）出使蒙古，他携带教皇致蒙古大汗的书信，劝其悔过。次年 7 月，柏朗嘉宾一行到达蒙古，见证了贵由的即位大典。贵由汗接到教皇书信后，命人作答书，由柏朗嘉宾带回转交教皇。20 世纪初，西方学者在罗马教廷档案中发现了与蒙古有关的文件，法国东方学大师伯希和（Paul Pelliot）以这些文件为基础，撰成《蒙古与教廷》（Les Mongols et la Papauté），将《大汗贵由致教皇英诺森四世书》波斯语本的照片及录文收录在内。1941 年，冯承钧先生将伯希和《蒙古与教廷》译成汉文，该遗稿后由陆峻岭整理出版，书中未附《大汗贵由致教皇英诺森四世书》波斯语本的照片及录文[1]。1955 年，英国学者道森（Christopher Dawson）编译出版了《出使蒙古记》（Mission to Asia），其中，《大汗贵由致教皇英诺森四世书》波斯语本的译文是以梅特兰·马勒（D. A. Maitland Muller）的翻译为基础，亦未附照片及录文[2]。今笔者将伯希和《罗马与教廷》中收录的《大汗贵由致教皇英诺森四世书》波斯语本录文转写，参考《出使蒙古记》中的英译文对录文试译，以补《蒙古与教廷》汉译本之缺。

---

* 本文为国家社科基金青年项目"波斯文《史集·成吉思汗纪》整理与研究"（15CZS022）中期成果，感谢辽宁师范大学白玉冬老师提供《东方基督教杂志》（Revue de l'orient Chrétien）电子版。Paul Pelliot, "Les Mongols et la Papauté", Revue de l'orient Chrétien, Vol. 23, 1922 - 1923, pp. 15 - 16。

[1] ［法］伯希和：《蒙古与教廷》，冯承钧译，中华书局 1994 年版，第 13 页。
[2] Christopher Dawson, Mission to Asia, New York, 1966, pp. 85 - 86；［英］道森：《出使蒙古记》，吕浦译，周良霄注，中国社会科学出版社 1983 年版，第 90—93 页。

录文：

1. منک تنکر کوچندا
2. کور الغ اولوس ننک تالوی نونک
3. خان یولغمز
4. این مثالیست بنزدیک پاپا کلان فرستاده شد
5. بداند و معلوم کند ما نبشت(؟) در زفان(؟)
6. ولایتها کرل کنگاش کردست اوتک ایلی بندگی
7. فرستاده از ایلچییان شما شنوده آمد
8. و اگر(ب)سخن خویش برسد تو کی پاپا کلان با کرللان جمله بنفس جوش
9. بخدمت ما بیابید هر فرمان یاسا کی باشد آن وقت بشنوانیم
10. دیگر گفته اید کی مرا در شیلم درای نیکو باشد خویشتن را
11. دانا کردی اوتک فرستادی این اوتک ترا مغلوم نکردیم
12. دیکر سخن فرستادیت ولایتها ماجر و کرستان را جمله
13. گرفتیت مرا عجب می آید ایشان را گناه چیست ما را بگوید این
14. سخن ترا هم معلوم کردیم فرمان خدای را
15. چنگیز خان و قاآن هر دو شنوانیدن را فرستاده فرمان
16. خدای را اعتماد نکرده هم چنان کی سخون تو ایسان
17. نیز دل (؟) کلان داسته اند گردن کشی کرده اند و رسولان
18. ایلچییان ما را گرشتند آن ولایتها را مردمان را خدای
19. قدیم گرشت و نیست گردانید جز از فرمن خدای کسی از
20. قوت خویشتن چگونه کوشد چگونه گیرد مگر تو همچنان
21. می گوئی کی من ترسایم خدای را می پرستم زاری می کنم
22. می باسم تو چی دانی که خدای کی را می آمورزد در
23. حق کی مرحمت می فرماید تو چگونه دانی که همچنان سخن
24. می گوئی بقت خدای [از] افتاب بر آمدان و تا فرو رفتن جمله
25. ولایتها را ما را مسلم کرد[ه] است می داریم جز فرمان
26. خدای کسی چگونه تواند کرد اکنون شما بدل راستی بگوییت کی
27. ایل شویم کوچ دهیم بنفس خویش بر سر کرللان
28. همه جمله یک بخدمت وبندگی ما بیاید ایلی شما را آن وقت معلوم
29. کنیم و اگر فرمان خدای نگوید و فرمان ما را دیکر کند شما را یاغی
30. دانیم هم چنان شما معلوم می کردانیم و اگر دیگر کند آنرا ما چه دانیم
31. خدای داند فی اواخر جمادی الاخر سنه اربعة اربعین وستمائة

转写：

1. Mengü tängri küčüde

2. kür uluγ ulus nung taluï nung

3. khan yarlïγïmïz

4. īn misālīst be-nazdīk Pāpā kalān farstāda shid

5. be-dānid wa muʻlūm kanid mā be-našit(?) dar fān (?)

6. walāyathā-ye Kerel kanggāš kardast ūtuk-i īli bandgi

7. farstāda az īlčīniyān-i shumā šinūda āmd

8. wa agar (be-) sakhan-i khīš be-rasid tū ki Pāpā kalān bā Karlānān jumla be-nafas-i khīš

9. be-khadmat-i mā biyābīd har farmān yāsā ki bāshid ān waqt be-šinewāndīm

10. dīgar gaftaīd ki ma-rā dar šīlem darāi nikū bāshid khīštan rā

11. dānā kardi ūtuk farstādī īn ūtuk-i tu-rā muʻlūm na-kardīm

12. dīgar sakhan farstādīt walāyathā-ye Mājar wa Kiristān rā jumla

13. girftīt ma-rāʻajab mi āyid īnshān rā ganāh čīst mā rā be-gūyid īn

14. sakhan-i tu-rā ham muʻlūm kardīm farmān-i Khudā rā

15. Čīngīz Khān wa Qā ān har dū šinewāndan rā farstāda farmān-i

16. Khudā rā itiʻmad na-karda ham chinān ki sakhūn-i tū īnshān

17. nīz dil-i (?) kalān dāštaand gardan kaši kardaand wa rasūllān

18. īlčīniyān-i mā rā garštand ān walāyathā rā mardumān rā Khudā-ye

19. qadīm garshit wa nīst gardānīd juz az farmān-i kasi az

20. quwat-i khīštan čigūna gūshit čigūna gīrd magar tū hamčinān

21. mi gūyī ki man Tarsāyam Khudā rā mi parastam zārī

22. mi bāsam tū či dāni ki Khudā ki rā mi āmūrzid dar

23. huqq ki marhamat mi farmāyid tū čigūna dāni ki hamčinān sakhan

24. mi gūyī be-quwat-i Khudā [az] āftāb bar āmadān wa tā farū raftān jumla

25. walāyathā rā mā rā musalllam kard [a] ast mi dārīm juz farmān-i

26. Khudā kasi čigūna tawānid kard aknūn shumā be-dil-i rāsti be-guyīt ki

27. īl šūyīm kūč dahīm be-nafas-i khīš bar sar Karlānān

28. hama jumla yek be-khadmat wa bandgi-ye mā be-yāyīd īl-i šumā rā

ān waqt muʿlūm

29. kanīm wa agar farmān-i Khudā na-guyīd farmān-i mā rā dīgar kanid šumā rā mā yāghi

30. dānīm ham činān šumā muʿlūm mi kardanīm wa agar dīgar kanid ān-rā mā či dānīm

31. Khudā dānīd fi awākhir-i jumāda alākhar sana arbaʿe arbaʿīn wastamāyīt

翻译：

1. 长生天气力里，
2. 大民族全部之海内
3. 汗圣旨。
4. 这是带到大教皇处的诏书，
5. 使他知悉我们……
6. 怯邻诸国商量后，送来臣服的请求，
7. 已经从你们的使臣听到。
8. 如果遵守自己的话，你——大教皇同全部怯邻诸国亲自
9. 为我们效劳，届时我们使人听到每一道命令
10. 再者，你们说把我们受洗，这是好的，你亲自
11. 告知，送来请求，我们不理解你的请求。
12. 再者，你们送来话，"你们把马扎儿和怯邻诸国全部
13. 占领，让我感到惊奇，他们有什么罪？"你向我们说，
14. 我们同样不理解你的这番话，
15. 把成吉思汗和合罕二人听到的上天的命令发布，
16. 把上天的命令不相信，像你说的话一样，他们
17. 也召开大会，固执己见，
18. 把我们的使臣处死，古代的上天把那些国家、人民
19. 毁灭与屠杀，除了上天的命令外，你们谁敢以
20. 自己的力量怎样的杀和怎样的拿？难道你那样的
21. 说："我是基督教徒，把上帝崇拜，我蔑视
22. ……"你怎么知道上天把某人宽恕，在
23. 仁慈的保佑中，你怎么知道说那样的话？

24. 以上天的力量,太阳从升起到落下,把全部

25. 国家交给我们,我们统治,除

26. 上天的命令外,谁能做呢?现在,你们以真诚的心说

27. "我们臣服,我们迁移。"你亲自带着怯邻诸王

28. 全部一起来为我们效劳,那时我们知道你们的臣服。

29. 如果你不遵守上天的命令,把我们的命令也违背,我们知道你们是敌人,

30. 我们知道你们又会怎样呢?如果你违反,我们会知道那些,

31. 上天知道。六四四年第二月主马答之末数日内写来。

附:《大汗贵由致教皇英诺森四世书》波斯语本照片

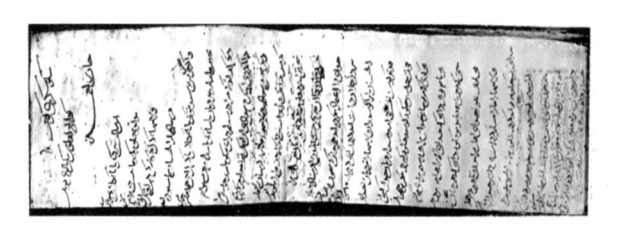

(作者为沈阳师范大学讲师)

《黑鞑事略》所载耶律楚材造历三说平议

汤陆杰

《黑鞑事略》"其正朔"条记载:"霆在燕京宣德州,见有历书,亦印成册。问之,乃是移剌楚材自算、自印造、自颁行,鞑主亦不知之也。"①关于这条记载所指的历书,各家的注解莫衷一是,主要有三种观点,即"《麻答把历》说"、"《知微历》说"和"《庚午历》说"。前人从浩如烟海的史料中披沙沥金得出的成果值得借鉴思考,但这种众说纷纭的状况对于研究蒙古早期历史产生了一定的困扰,因此本文拟在前人研究的基础之上做进一步的考证。

一 《麻答把历》说

该说的代表人物是李文田。李文田《黑鞑事略笺注》曰:

> 按耶律楚材,《湛然居士集》自称移剌楚材。集中有《进庚午元历表》,此在太祖伐西域时,未可谓其自算、自印也。《辍耕录》:"耶律文正尝言,西域历五星密于中国。乃作《麻答把历》,盖回鹘历名。"②

李氏在注解中提到了耶律楚材所制的唯有的两部历书——《庚午元历》和《麻答把历》,但认为《庚午元历》是耶律楚材在跟随成吉思汗西征的途中经过上表进奏的历法,不能算是"自算、自印",因此他倾向于

---

① 许全胜:《黑鞑事略校注》,兰州大学出版社2014年版,第57页。
② 同上书,第58页。

徐霆在燕京宣德州所见的历书是《麻答把历》。另外，邱树森主编的《中国回族史》也赞同这个观点，并且进一步认为《麻答把历》"其实并非楚材自颁行，实为太宗窝阔台批准颁行之新历。《麻答把历》很可能在当时与《大明历》同时颁行的"①。

考《麻答把历》，其名最早见于宋子贞所撰《中书令耶律公神道碑》，其文曰："尝言西域历五星密于中国，乃作《麻答把历》，盖回鹘历名也。"② 陶宗仪《南村辍耕录》卷九"麻答把历"条③全文照抄该段。关于"麻答把"这个名称，邱树森主编《中国回族史》的解释最为精确，指出"麻"系指伊斯兰教的创始人穆罕默德（时译摩诃末），"答把"系阿拉伯语历书的汉译（即明时所译"土板""土盘"）。由此可见，《麻答把历》显然是一部回回历法书。④ 因为后世无传，显然无法对该历书本身做进一步的考证分析。但是历法一门是研究日月五星运行，推算各种计时单位长度，建立其间关系，制定时间序列法则的科学⑤，因此考察与《麻答把历》在时间相近，且属于同一历法系统的其他回回历法书，依旧可以得出一些适用于《麻答把历》的结论。遍查史料，《明史》中保留完整的一部题为西域默狄纳国王马哈麻制定、明初天文学家翻译的《回回历法》⑥条件最为契合。其历算法则如下：

---

① 邱树森：《中国回族史》（修订本），宁夏人民出版社2012年版，第194页。

② 宋子贞：《中书令耶律公神道碑》，收入苏天爵编《国朝文类》卷57，《四部丛刊》影印元至正二年杭州路西湖书院大字本。

③ 陶宗仪：《南村辍耕录》，中华书局1959年版，第108页。

④ 邱树森：《中国回族史》（修订本），第194页。杨巧认为此历法是畏兀儿名称，并根据此历法的畏兀儿名称以及撒马尔干居住了大量的畏兀儿人这一事实判断，《麻答把历》应该是中国历法和畏兀儿历法相结合的产物。见杨巧《解读元朝的天空——色目天文学家与元代文化交流》，《元史论丛》（第14辑），天津古籍出版社2014年版，第389页。按：杨志玖《元代回族史稿》指出元代的回回人主要指元代中国境内信奉伊斯兰教的阿拉伯人、波斯人以及中亚的突厥各族人，但元代的畏兀儿人绝大部分还不信奉伊斯兰教，两者不可混淆，不应该是畏兀儿人的历法，参见该书第1—2页（中华书局2015年版）。

⑤ 张培瑜：《中国古代历法·前言》，张培瑜等著：《中国古代历法》，科学出版社2013年版。

⑥ 《明史》记载："回回历法，西域默狄纳国王马哈麻所作。其北极高二十四度半，经度偏西一百〇七度，约在云南之西八千余里。其历元用隋开皇己未，即其建国之年也。洪武初，得其书于元都。十五年秋，太祖谓西域推测天象最精，其五星纬度又中国所无。命翰林李翀、吴伯宗同回回大师马沙亦黑等译其书。"见《明史》卷37《历志七》，中华书局1974年版，第745页。

其法不用闰月。以三百六十五日为一岁，岁十二宫，宫有闰日，凡百二十八年而宫闰三十一日。以三百五十四日为一周，周十二月，月有闰日，凡三十年月闰十一日。历千九百四十一年，宫月日辰再会。此其立法之大概也。①

从《明史》的记载可以看出，《回回历法》采用了两种记历模式。一种以太阳运行黄道十二宫的一周天为一年的周期，全年365天，128年置闰31日，因为该周期与回归年相近，被称为阳历。另外一种以月亮圆缺为一个月的周期，全年12月，全年354天，30年共闰11日，被称为阴历，它每年比回归年少11日左右。《回回历法》最大的特点是不用闰月，使得阳历和阴历虽然并用，但是并不相互协调，同时还以阴历为主。这种阴历为主的特点显然是阿拉伯人长期游牧于沙漠绿洲之间的习俗以及伊斯兰教宗教信仰等原因形成的，而阳历则是嗣后征服伊朗、阿富汗等传统农业地区为了治理而兼及使用的。这种回回历法系统特有的历算法则，《麻答把历》也概莫能外。

中国古代则不然。早在新石器时期，中国就产生了原始农业。几千年以来，农业是最主要的经济生产方式。与此有关的是古人早就对历法进行了精确而缜密的计算和编制。根据出土的甲骨卜辞可知，至迟在殷商时期已经使用了阴阳历，即兼顾太阳运动和月亮运动而排定的历法。这时的年有平闰之分（闰年指置闰月的年份），月有大小之分，月名和季节已经有了较为固定的关系。从西周至今现存的古代历书文献来看，绝大多数属于阴阳历。② 这与回回历法系统有着天壤之别。

太宗元年（1229），耶律楚材为了解决因积年累月的征战破坏造成的内帑空虚问题，向窝阔台请求主持恢复汉地生产经济的工作，并且"奏地税、商税、酒醋、山泽之利，周岁可得银五十万两、绢八万匹、粟四十万石"③ 的好处。窝阔台接受了这个建议，设置了十路课税所，"命河北汉民以户计，出赋调，耶律楚材主之"④。到了第二年，"诸路所贡课额银币及

---

① 《明史》卷37《历志七》，第745页。
② 具体内容，参见张培瑜等著《中国古代历法》，第1—7页。
③ 宋子贞：《中书令耶律公神道碑》，收入苏天爵编《国朝文类》卷57，《四部丛刊》影印元至正二年杭州路西湖书院大字本。
④ 《元史》卷2《太宗本纪》，中华书局1976年版，第30页。

仓廪米谷簿籍具陈于前，悉符元奏之数"。窝阔台非常赞赏耶律楚材的治理能力，"即日，授中书省印，俾领其事，事无巨细，一以委之"①。由此，耶律楚材一跃成为大蒙古国在汉地的最高行政长官，这种情况一直持续到元太宗十二年"以奥都剌合蛮充提领诸路课税所官"②为止。在这长达十年的主持时间内，为了税收工作能顺利完成，耶律楚材必然将经济活动，尤其是汉地传统的农业生产活动的恢复发展列为首要任务，因而作为农业生产的必需品，即汉地历法的颁行，也必然在其考虑的范围之内。因此耶律楚材绝不可能在燕京宣德州颁行《麻答把历》。更遑论耶律楚材本人做《麻答把历》的初衷只是因为回回历推算五星"密于中国"，而非用于生产实践。

二 《知微历》说

该说的代表人物是王国维。王国维《黑鞑事略笺证》曰：

> 《元史·太宗纪》七年乙未："中书省请契勘《大明历》，从之。"徐氏至宣德在丙申春夏间，则其所见历书当系中书省契勘颁行之本。③

王氏的注解钩沉史料之功实足深厚，但是该注和史料之间在文意上有着不可调和的矛盾。首先，中书省契勘的《大明历》确有所指，应当是金大定二十一年（1181）司天监官员赵知微重新修订的《大明历》（《知微历》）④，《元史·历志》中亦明确提及"元初承用金《大明历》"⑤，与《黑鞑事略》中"移剌楚材自算、自印造、自颁行"相矛盾。其次，《元史》的记载表明窝阔台是知道并同意颁布的，与《黑鞑事略》中"鞑主亦

---

① 宋子贞：《中书令耶律公神道碑》，收入苏天爵编《国朝文类》卷57，《四部丛刊》影印元至正二年杭州路西湖书院大字本。
② 《元史》卷2《太宗本纪》，第36页。
③ 王国维：《王国维全集》第11卷《黑鞑事略笺证》，浙江教育出版社2010年版，第374页。又见许全胜《黑鞑事略校注》，兰州大学出版社2014年版，第58页。
④ 《金史》记载："由是占候渐差，乃命司天监赵知微重修《大明历》，十一年历成。……是以终金之世，惟用知微历，我朝初亦用之，后始改《授时历》焉。"见《金史》卷21《历志二》，中华书局1975年版，第442页。
⑤ 《元史》卷52《历志一》，第1119页。

不知之也"相矛盾。

王国维之所以会将《元史》的记载作为注解，恐怕与中国历朝历代对于历书的严控有关。历书作为指导国家农业生产实践的必需品，攸关政权兴亡，所以历朝历代皆是由国家垄断，个人私自印造和颁行都是大罪。而且历法常常与天象、阴阳、谶纬等学说相通，对于王朝巩固政权的神圣合法性以及稳定社会治安都会产生巨大的威胁。王氏的着眼点即在于此，所以爬梳史料之后发现太宗七年颁行的《大明历》正好早于太宗八年春夏间徐霆到达大蒙古国，卒成此说。但是考察元代历史，禁断历书之事都滥觞于元世祖忽必烈时期[1]。在元太宗窝阔台在位期间，蒙古人的时间观念虽然受到了汉地、契丹、女真的影响，但是也只限于使用"十二支辰之象"或者"六甲轮流"等简单的计时方法，而更有些蒙古人则仍然游牧民族传统的观察草青草黄的变化来记录时间[2]。至于历法背后的所代表的那些观念，在这个阶段并没有真正意识到。

那么耶律楚材有瞒着窝阔台私自发行历书的可能性吗？《黑鞑事略》的"其印"条记载提供了以下信息：

> 楚材、重山、镇海同握鞑柄。凡四方之事，或未有鞑主之命，而生杀予夺之权已移于弄印者之手。
>
> 霆尝考之，只是见之文书者，则楚材、镇海得以行其私意，盖鞑主不识字也。若行军用师等大事，只鞑主自断，又却与其亲骨肉谋之，汉儿及他人不与也。[3]

由此可见，在军国大事方面，窝阔台一般只和蒙古的亲族国勋来商议，甚至有时候会乾纲独断。但是，在地方管理方面，耶律楚材完全可以瞒着窝阔台以行其私意的，所以私自发行历书在实际操作中是有可能的。

---

[1] 《元典章》卷32《礼部五·学校二·阴阳学》下面收录了四则有关禁止私自印造、颁行历书的条例，即"禁私造授时历"条、"拘收旧历文书"条、"禁收天文图书"条和"禁断推背图等"条，足见管控之严格，惩戒之重力。参见陈高华等点校《元典章》，中华书局、天津古籍出版社2011年版，第1121—1123页。

[2] 许全胜：《黑鞑事略校注》，第57页。

[3] 同上书，第66—67页。

三 《庚午历》说

该说的代表人物是方豪，其著《中西交通史》就对王国维的注释进行过考辨：

> 按楚材进《庚午历》至请契勘《大明历》，凡十五年，此十五年中楚材自算、自印，亦极可能也。①

这个观点得到了刘晓的进一步肯定，在其著作《耶律楚材评传》认为正是因为《庚午历》没有被官方采用，耶律楚材遂自行印造发行，徐霆所见即是此历。②

考《庚午历》，亦称《庚午元历》《西征庚午元历》，《元史》卷五十六、卷五十七存录全文。这部历书是耶律楚材跟随成吉思汗西征期间所作，缘由是耶律楚材在寻斯干城（即今撒马尔罕）观测天象时发现了《知微历》所存在的缺陷③。该历的创制原则是：

> 臣又损节气之分，减周天之秒，去文终之率，治月转之余，课两耀之后先，调五行之出没。《大明》所失，于是一新，验之于天，若合符契。又以西域、中原，地里殊远，创立里差以增损之。虽东西数万里，不复差矣。故题其名曰《西征庚午元历》，以纪我圣朝受命之符，及西域、中原之异也。④

结合《庚午历》的全文以及上述奏表的内容，《庚午历》是耶律楚材依据《知微历》改编的一部阴阳历，相较于《知微历》而言更为精确，同

---

① 方豪：《中西交通史》，上海人民出版社2008年版，第491页。
② 刘晓：《耶律楚材评传》，南京大学出版社2001年版，第353页。
③ 张都《燕居丛谈》记载："庚辰岁（1220年），公在寻斯干城。当五月望，以《大明历》考之，太阴当亏二分，食甚子正，时在宵中。是夜候之，未尽初更而月已蚀矣。盖《大明》之子正，中国之子正也。西域之初更，西域之初更也。西域之初更未尽时，焉知不为中国之子正乎？隔以万里之远，递迟一时，复何疑哉？此唐一行师有里差之说，谓千里互差一时是也。"见苏天爵辑撰，姚景安点校《元朝名臣事略》卷5《中书耶律文正王》，中华书局1996年版，第74页。
④ 耶律楚材：《湛然居士文集》卷8《进西征庚午元历表》，《四部丛刊》影印无锡孙氏小绿天藏元写本。

时创设的"里差法"①，解决了因大蒙古国地域辽阔而产生的时差问题。这既符合指导农业生产实践的需要，同时也可方便在大蒙古国统治的各个地区之间的人民来往。所以直到元文宗时期纂修《经世大典》时，仍然对《庚午历》赞不绝口，称其"今西域亦有历官、国家参用之"②。但是这部历法的经历非常坎坷，耶律楚材上表进奏成吉思汗之后，"然不果颁用"③，因而耶律楚材在此之后颁行《庚午历》，的确是符合"自算、自印造、自颁行"的标准。要之，《黑鞑事略》所指的历书就是《庚午历》。

需要指出的是，《庚午历》是耶律楚材一生在天文历法方面的巨大成就之一，《湛然居士集》中亦收录《进庚午元历表》全文，但是宋子贞为其撰写的《中书令耶律公神道碑》中竟然没有直接提及其名称，而是以"又以日食躔度与中国不同，以《大明历》浸差故也，乃定文献公所著《乙未元历》行于世"④ 间接表述。屠寄《蒙兀儿史记》据此考证："寄按：《湛然居士集》有《进庚午元历表》。据《碑》，则此历殆即本于《乙未元历》。"⑤ 刘晓也根据这条史料指出耶律楚材的《庚午历》最先本于其父耶律履的《乙未历》，两者之间是直接继承的关系。⑥ 但是，这样的推论与耶律楚材自己在《进庚午元历表》的说法"《大明》所失，于是一新，验之于天，若合符契"相矛盾，究竟《庚午历》源出何历？

首先，从《知微历》和《乙未历》的诞生背景来看，《金史》记载："由是占候渐差，乃命司天监赵知微重修《大明历》，十一年历成。时翰林应奉耶律履亦造《乙未历》。二十一年十一月望，太阴亏食，遂命尚书省委礼部员外郎任忠杰与司天历官验所食时刻分秒，比校知微、履及见行历

---

① "里差"就是由于地球上位于不同的经度而发生的时差。位于同一纬度的东西两地的时间差，决定于它们之间相对于地心的夹角。由于地球大致是呈球形，决定于两地时差的夹角，也可以由其所构成的弧长，也就是两地之间的距离求得。以一昼夜的时分，也就是日法5230除以不同纬度的纬圈周长，便可以得到各个纬度处相距一元朝里的里差常量，乘以东西两地的距离，便可得到里差改正值。见陈久金《中国少数民族天文学史》，中国科学技术出版社2013年版，第546—547页。

② 苏天爵：《国朝文类》卷41《经世大典序录·礼典·历》，《四部丛刊》影印元至正二年杭州路西湖书院大字本。

③ 《元史》卷52《历志一》，第1120页。

④ 宋子贞：《中书令耶律公神道碑》，收入苏天爵编《国朝文类》卷57，《四部丛刊》影印元至正二年杭州路西湖书院大字本。

⑤ 屠寄：《蒙兀儿史记》卷48《耶律楚材客列亦镇海粘合重山列传》，民国武进屠氏刊本。

⑥ 刘晓：《耶律楚材评传》，第350页。

之亲疏，以知微历为亲，遂用之。"① 由记载可知《知微历》和《乙未历》是同时产生的，其目的是取代已经出现误差的金代早期杨级所修的《大明历》。两部历法彼此之间是竞争关系，因此也就存在着谁不精确谁就淘汰的结果。耶律履的《乙未历》推算的精密程度因不如《知微历》，金朝政府便不予采纳②，之后也就湮没无闻了。而作为胜利者的《知微历》，也必然会在此之后被其他人当做调整历法所使用的母本。

其次，从历法本身的内容来看，自然科学史学者普遍认为《庚午历》是修改《知微历》的。朱文鑫认为："《庚午历》原系修改《大明》（按，指《知微历》），故日法、气朔、五星周期等数，皆与《知微历》同，其他岁差、转终、交终等数，亦不过少减余秒而已。"③ 钱宝琮也认为《庚午历》"所有天文数据和推步方法都和《大明历》（按，指《知微历》）相同，只是改变了上元积年，因而推算出来的朔望和节气时刻能较《大明历》更为准确"④。陈久金更加详细地指出《庚午历》与《知微历》的继承关系："比较金《大明历》（按，指《知微历》）和《庚午元历》的具体数值可知，《庚午元历》确实削减了周天分、岁差、转终分（近点月）、交终分（交点月）的数值，由于《大明历》的近点月、交点月的数值确实太大，故而这些改革对于提高交食预报的精度是有利的。"⑤ 所以《庚午历》与《乙未历》之间并无直接继承的关系。

那宋子贞为何在撰写神道碑的时候将《庚午历》与《乙未历》之间联结？这应该是神道碑主人耶律楚材生前独具智慧的处理。一方面，由于父亲耶律履的《乙未历》因为精确度不够而未被采用，耶律楚材为长者讳，

---

① 《金史》卷21《历志二》，第442页。

② 元好问《尚书右丞耶律公神道碑》记载："（大定）十五年，授应奉翰林文字，兼前职。以《大明历》积微浸差，乃取金国受命之始年，撰《乙未元历》，云：'自丁巳《大明历》行，正隆戊寅三月朔日当食而不之食。历家谓必当改作，而朝廷不之恤也。及大定癸巳五月朔、甲午十一月朔，日食皆先天；丁酉九月朔，乃反后天。臣辄迹其差忒之由，冀得中数，以传永久。'书成上之，世推其精密。"参见苏天爵《国朝文类》卷57，《四部丛刊》影印元至正二年杭州路西湖书院大字本。该记载与《金史》有出入，显然元好问回避了《乙未历》与《知微历》相比不精确的事实，对耶律履多有回护。

③ 朱文鑫：《历法通志》，《民国丛书》（第4编）影印商务印书馆民国23年版，上海书店出版社1992年版，第208页。

④ 钱宝琮：《从春秋到明末的历法沿革》，原载《历史研究》1960年第3期，后收入中国科学院自然科学史研究所编《钱宝琮科学史论文选集》，科学出版社1983年版，第475页。

⑤ 陈久金：《回回天文学史研究》，广西科学技术出版社1996年版，第71—72页。

利用《庚午历》是修改《乙未历》的说法刻意剪除了《庚午历》与《知微历》的关系，以此达到回护父亲的名誉的目的，也表明自己家学深厚，承膺先父修改历法的遗志；另一方面，自算、自印造、自颁行历法毕竟是一件具有风险的事情，特别是在《庚午历》被否决，而《知微历》仍在被窝阔台准许使用的现实状况下，所以耶律楚材利用修改先父历法的说法在一定程度上规避为此带来的麻烦。

值得人玩味的是，担任过元代知太史院事的齐履谦曾经对苏天爵说过："金大定中，翰林应奉耶律履撰《庚午元历》，最为精密。国家修《授时历》时，推算前代历书，惟《庚午历》及唐《宣明历》不差。"① 齐履谦应当是元代数一数二精通历法之人，但这段记载是张冠李戴，将《庚午历》的作者变成了耶律楚材之父耶律履，显然不符合苏天爵编写《三史质疑》的标准。显然，这段文字实际上也反映了将来要在编修《金史》的过程中对耶律履名誉的回护，甚至是刻意忽略《乙未历》的存在来达到这个目的。最终，《金史》还是如实地叙述了事实，没有在《历志》上采用了上述说法，只是在《金史》关于耶律履的传记中回避了这种尴尬②。

四　结　语

《黑鞑事略》"其正朔"条中南宋使臣徐霆所见的历书应当是耶律楚材根据《知微历》所制定的《庚午历》，而不是《麻答把历》或者《知微历》。由于成吉思汗以及窝阔台都没有准许颁布《庚午历》，因此耶律楚材利用其职位特权采取了"自印造、自颁行"的方法，用以恢复和发展汉地的农业生产经济，以达到其获取税收的目的。

由于其父耶律履造《乙未历》不够精准，为了回护其名誉，承膺其修改历法的遗志，耶律楚材刻意回避本人在《进庚午元历表》基于《知微历》修改的讲法，而是将《庚午历》的母本改成《乙未历》，并借此希望

---

① 苏天爵编著、陈高华、孟繁清点校：《滋溪文稿》卷25《三史质疑》，中华书局1997年版，第423页。

② 《金史·移剌履传》记载："履秀峙通悟，精历算书绘事。先是，旧《大明历》舛误，履上《乙未历》，以金受命于乙未也，世服其善。"见该书第2101页。

影响到《金史》的修纂。虽然并没有完全达到其想要的目标，但是耶律楚材这种独具匠心的处理影响了当时部分人的认知，并因此留下了相关的记载，同时在一定程度上规避了私自颁布历法带来的风险。

(作者为南京大学民族与边疆研究中心、元史研究室硕士研究生)

元代墓志文集本与石刻本对读举例[*]

杨晓春

中国古代文字的载体，多种多样，其中主要有甲骨、青铜、简牍、布帛、玉石、砖陶、纸张等各类。随着汉晋时期纸张使用的逐渐普遍，纸张一跃成为中国文字的最主要载体；然而大约同时，石之一类仍然是中国文字的重要载体，构成中国古代独到的石刻文化。并且，石刻文字和纸本文字两者还构成了既有联系又有区别的密切关系，尤其值得关注。

纸的特点是轻巧且廉价，成为文字的最主要载体是应有之义；石的特点是坚固且比较易得，虽有其明显的缺点也有其明显的优点，其最大的优点是可以求不朽——虽然毁坏者在在有之。就石刻文字和纸本文字的联系而言，通常石刻文字的制作之前会有纸本文字的准备阶段；就两者的区别而言，则主要是石刻文字具有一定的规范和限制，往往多数时候还和石刻形态有所联系，形成过程也较纸本文字复杂，于是石刻文字相较纸本文字便会有所不同。通常是石刻文字会多出一些内容，但具体情况又是千差万别。

互有联系的石刻文字和纸本文字在流传过程中，纸本文字最普遍的表现形式是一篇篇石刻文章收入文集之后的文集本，而非最初的稿本；石刻文字则与石刻紧密结合在一起，在金石学发展之后也比较普遍地进入书籍形态的文献。相比石刻保存、发现的有限，文集本的各种碑、志数量要大得多。但是同时，文集未能收载的石刻文字也比比皆是。所以，通常的情况是同一文章的文集本和石刻本能够对应的又是少数。

历史研究者对石刻文字的关注，主要在于发掘不见于传世文献的新史

---

[*] 南京大学双一流建设"百层次"科研项目。

料，本文则是设想通过恰好保存了文集本与石刻本的四例元代墓志的对读，一般性地说明石刻本和文集本的联系与差异。所选四例，分别为《杨载墓志》、《合剌普华墓志》、《陆德原墓志》和《吕良佐墓志》。需要说明的是，所选四例墓志的石刻本的具体情况各有不同，有的是保存了墓志原物的，有的是保存了墓志拓片的，而有的则是保存了墓志的早期录文。

一 《杨载墓志》

杨载，元科举首科延祐二年乙卯科进士，元代中期知名的文学家，与虞集、范梈、揭傒斯齐名，并称"元诗四大家"。黄溍为撰墓志，收入其文集《金华黄先生文集》及《黄文献公集》。通用《四部丛刊》本《金华黄先生文集》，有前后两次不同的影印本，一次印本所据为梁溪孙氏小绿天藏影元抄本，二次印本所据为常熟瞿氏、上元宗氏、日本岩崎氏所藏元刊本，系拼合而成。《中华再造善本》影元刊本《金华黄先生文集》，底本为上海图书馆所藏，其中杨载墓志一文系清人补抄，"弘""宁"皆避讳缺笔。现据《四部丛刊》二次印本《金华黄先生文集》转录。[①] 此本有两处墨丁，据《中华再造善本》删补，补出之一处用括号括出；另有误字一处，也据《中华再造善本》正之，并用括号括出。其墓志明代已出土，[②] 或已佚，拓本流传亦鲜，北京大学图书馆最近入藏明拓本一纸，颇为可贵。《北京大学图书馆新藏金石拓本菁华（1996—2012）》公布了拓片，因原石断为两截，且拓片保存过程中带来一些破洞，故有少许文字残损。[③] 下录将两种文本的不同之处用下画线标出，后三例墓志的处理同此。

[①] 黄溍：《金华黄先生文集》卷33《杨仲弘墓志铭》，《四部丛刊》二次印本影元刊本，第四至五叶。

[②] 《天下金石志》著录"元杨仲弘墓碑"，注"康里巎书"，称在苏州府学。[于奕正：《天下金石志·南直隶·苏州府》，《续修四库全书》（第886册）影明崇祯刊本，第74页] 似乎就是指杨载墓志而言。此志为碑形，或许因此而被视作墓碑。又"巎"为"巙"之误。

[③] 胡海帆、汤燕编：《北京大学图书馆新藏金石拓本菁华（1996—2012）》，北京大学出版社2012年版，第267页。

元代墓志文集本与石刻本对读举例　·589·

文集本	石刻本
题目：杨仲弘墓志铭	额题：元故宁/国路总/管府推/官杨君/墓志铭（篆）
	元故宁国路总管府推官杨君墓志铭/ 奉政大夫、江浙等处儒学提举年生黄溍撰/ 荣禄大夫、江浙等处行中书省平章政事康里巎书/ 翰林待制、奉议大夫兼国史院编修官杜本篆盖/
仲弘既卒之明年，溍往哭焉。其友婿蒋堂代致八岁孤选之言曰："先人之葬，非先生莫宜为铭。此先人治命也，敢奉以请。惟先生哀而许之。"溍不敢不诺也。初，溍与仲弘不相识，辄以书缔文字交凡五年。始识仲弘后十有一年，乃与仲弘同举进士。又八年，而仲弘死矣。呜呼，其忍执笔而铭诸？ 　　仲弘讳载，姓杨氏，其先建州浦城人，上距宋翰林学士文公凡十一世。曾祖有雍，祖佑之，皆有隐德。父起潜，补京学诸生，因家于杭，故又为杭州人。仲弘少孤，事母季氏，尽孝而有礼。年几四十，不仕。田理问用之得其文，荐之行中书，举茂材异等，不行。周御史景远强之至京师，俄以母丧去。贾户部国英数言其材能于/朝，遂以布衣召入，擢翰林国史院编修官，与修/《武宗实录》。书成，褒赐甚厚。居亡何，调管领系官海舡万户府照磨兼提控案牍。于是/仁宗在御，方以科目取天下士，仲弘首应　诏，登延祐二年进士乙科。用有官恩例，视第一人，授承务郎、饶州路同知浮梁州事。秩满，迁儒林郎、宁国路总管府推官 　　未上，以至治三年八月十五日卒，得年五十有三。泰定某年某月某日，葬杭州钱塘县某乡某原。娶瞿氏。子男三人：长即选，次遵，次迪，俱幼	仲弘既卒之明年，溍往哭焉。其友婿蒋堂代致八岁孤选之言曰："先人之葬，非先生莫宜为铭。此先人/治命也，敢奉以请。惟先生哀而许之。"溍不得辞也。初，溍与仲弘不相识，辄以书缔文字交凡五年。始识/仲弘后十有一年，乃与仲弘同举进士。又八年，而仲弘坐矣。呜呼，其忍执笔而铭诸？ 　　仲弘讳载，姓杨氏，/其先建州浦城人。十一世祖亿，仕故宋翰林学士，谥文公。曾祖有雍，以进士起家，至国子监丞。祖佑之，/迪功郎。父起潜，补太学诸生，因家于杭，故又为杭州人。仲弘少孤，事母季氏，尽孝而有礼。年几四十，不/仕。田理问用之得其材，荐之行中书，举茂材异等，不行。周御史景远强之至/京师，俄以母丧去。贾户部国英数言其能于/朝，遂以布衣　召入，擢翰林　国史□修官，与修/《武宗实录》。书成，褒□甚厚。居亡何，调□□系官海船万户/□照磨兼提控案牍，不上。于是/仁宗在御，方以科目取天下士，仲弘□□诏，登延祐二年进士乙科。用有官恩例，视弟一人，授承务郎、饶州路同知浮梁州事。秩满，迁儒林郎、宁/国路总管府推官

续表

文集本	石刻本
题目：杨仲弘墓志铭	额题：元故宁/国路总/管府推/官杨君/墓志铭（篆）
仲弘平居性和易，然于论议臧否，未尝有（所假借。其）游从，皆当世伟人，吴兴赵公在翰林，尤爱重之，亟称其所为文。由是仲弘名益闻诸公间。盖仲弘于书无所不读，而其文一以气为主，毫端亹亹，从横巨细，无不如其意之所欲出。譬如长风怒飙，一瞬于（千）里，至于碕岸之萦折，舣欹柂侧，亦未始有所留碍也。凡所撰着，未及诠次以行，而人多传诵之。潘尝评其文："博而敏，直而不肆。"仲弘亦谓潘曰："子之文，气而有未充者也，然已密矣。"潘每叹服其言。今已矣，无与共论斯事矣。呜呼，而尚忍铭诸？姑述其概，以慰吾亡友于地下云尔。铭曰： 呜呼仲弘，而止于斯。孰昌其气，之死不衰。优优其辞，不屈不枝。有宁一宫，文冢在兹。过者必式，考予铭诗	未上，以至治三年八月十五日卒，得年五十有三。泰定二年三月二十有四日，葬杭/州钱唐县履泰乡方井之原。娶瞿氏。三男子：长即选，次遵、迪，俱幼 仲弘平居性和易，然于论议臧否，未/尝有所假借。其游从，皆当世伟人，吴兴赵公子昂在翰林，甚重厚之，亟称其所为文。由是仲弘名益闻、诸公间。盖仲弘于书无所不读，而其文一以气为主，毫端亹亹，从横巨细，无不如其意之所欲出。譬如/长风怒帆，一瞬千里，至于碕岸之萦折，舣欹柂侧，亦未始有所留碍也。凡所撰着，未及诠次以行，而人/多传诵之。潘尝评其文：博而敏，直而不肆。仲弘亦谓潘曰："子之文，已密而气而有未充也。"潘每叹服其言。/今已矣，无与共论斯事矣。呜呼，而尚忍铭诸？姑述其概，以慰吾亡友于地下云尔。铭曰： 乌乎仲弘，而止/于斯。孰昌其气，之死不衰。优优其□，不屈不枝。有宁一宫，文冢在兹。过者必式，考于铭诗

《杨载墓志》属于文集本和石刻本文字非常接近的例子。除了通常石刻本有而文集本缺的撰文、书丹、篆盖（篆额）题名外，主要的不同是文集本没有下葬的具体时间和地点，只以"泰定某年某月某日"和"某乡某原"代替，石刻本则是具体的时间"泰定二年三月二十有四日"和地点"履泰乡方井之原"。这显示文集本是并不确定葬时、葬地时撰写的，所以将相关信息空缺出来。而真正入葬时，这些信息是不可或缺的，会予以补足。补足者应为墓主的家人。这种现象，在墓志的文集本和石刻本中是比较常见的。

其次的不同是石刻本多出一些杨载父、祖等先世的信息。

再次则是一处史实的记载有所不同，文集本记墓主任海船万户府照磨,而石刻本记其"不上",即未到任。

最后,则是一些文字上的不同。文字的不同,基本上不影响文意。

二 《合剌普华墓志》

合剌普华为高昌人(畏兀儿人),其孙子、曾孙中进士者有多人,是元代著名的色目科第世家。① 许有壬为撰墓志,收入其文集《至正集》。② 合剌普华墓(为改葬墓)在江苏溧阳沙涨村偰氏家族墓地中,1991 年出土墓志一方,现保存在墓地新建的尚书亭中。墓志录文已经公布,并附拓片局部,同时也比对了文集本与石刻本的一些不同之处。③

文集本	石刻本
题目:故嘉议大夫广东道都转运盐使赠通议大夫户部尚书上轻车都尉追封高昌郡侯合剌普华公墓志铭	盖题:有元嘉议大夫广/东道都转运盐使/赠通议大夫户部/尚书上轻车都尉/守忠全节功臣高/昌忠愍公墓志铭(篆)
公讳合剌普华,高昌人。其先曰暾欲谷者,助讨安禄山,封忠武王,数传至克直普尔,公高祖也,辽锡号阿大都督。曾大父岳粥,大父亚思弼,世有奇勋,皆国相。父岳璘帖穆而,慷慨自植。兄偰理加普华,柄用既隆,杀西丹僧稍	有元故嘉议大夫广东道都转运盐使赠通议大夫户部尚书上轻车都尉守忠全节功臣忠愍公墓志铭/<u>奎章阁侍书学士、中奉大夫、中书参知政事相台许有壬撰并书</u>/<u>翰林侍讲学士、中奉大夫、知制诰同修国史济南张起岩题盖</u>/　公讳合剌普华,高昌人。其先曰暾欲谷者,助<u>唐</u>讨安禄山,封忠武王,数传至克直普尔,公高祖也,辽锡号阿/大

---

① 关于合剌普华家族的研究,可以参见萧启庆《蒙元时代高昌偰氏的仕宦与汉化》,《中国近代家族与社会学术研讨会论文集》,"中央"研究院历史语言研究所,1988 年,第 263—299 页;收入萧启庆《内北国而外中国——蒙元史研究》,中华书局 2007 年版,第 706—748 页。萧启庆:《元季色目士人的社会网络——以偰百辽逊青年时代为中心》,《"中央"研究院历史语言研究所集刊》2003 年第 74 本第 1 分;收入萧启庆《元代的族群文化与科举》第四章,联经出版事业股份有限公司 2008 年版,第 85—116 页。萧启庆《元代进士辑考》,"中央"研究院历史语言研究所,2012 年。

② 许有壬:《至正集》卷 54《故嘉议大夫广东道都转运盐使赠通议大夫户部尚书上轻车都尉追封高昌郡侯合剌普华公墓志铭》,《元人文集珍本丛刊》(第 7 册)影清宣统三年石印本,第 255—256 页。

③ 贺云翱、狄富保:《元〈合剌普华墓志铭〉考释》,《南方文物》2000 年第 1 期。

续表

文集本	石刻本
监，复有功，左右忌而谮之，不能自明，乃同归我朝。太祖皇帝待以殊礼，而留为质焉。傅皇弟斡真，以孝悌不杀，统治中原。从平河南，监军民，总听断，化行盗弭，以寿卒官。 　　公幼奉母奥敦夫人居益都，慨然趋父官所，请学。父奇其志，授伟兀书，性警敏，诵辄不忘。李璮叛，母夫人逃难相失，公昼夜号泣。从父行省撒吉思平贼，购获奉归。行省器之，荐人宿卫。使益都，立四脚山冶，以劳授金符、都提举。寻让厥弟。天兵之南，擢行都漕运使，馈输以济。宋平，上《守成策》，大要存国体，励士节，定官程，厚民生，招旧族，抚新民。时论韪之。江南漕秋米二十万石，由邗沟达河，舟覆，损十之一，斛之出纳，复有大小之耗，责偿舟人，公抗言多寡有量，水覆非人没，责偿非宜，请独当其责。报罢。时相愤嫉，黜监宁海路，迁江西宣慰使，改广东转运盐使兼领诸蕃市舶。私贩之徒连万人作乱，行省檄公暨招讨使达失蛮捕之。渠魁既歼，亲抵巢穴，悉招出复业。条盐法不便，革之。劾按察脱欢奸利，罢之。盗欧南喜破城杀吏，众号十万，公图上阨塞并攻取策，分兵掩之，功最诸将。占城之役，护饷道，遇贼欧钟，锋甚锐，公慨然曰："军饷重事，退缩误国，可乎？"率先力战，矢竭马创，格斗踣数十人，气益厉，兵寡为所执。贼欲奉为主，公大骂之，遂遇害，至元甲申二月十九日也，年三十有九。屡见神异，越民绘像祠之。某年　月，赠通议大夫、户部尚书、上轻车都尉，追封高昌郡侯。配希台持勒氏，贤操凤著，后三十五年寿七十二卒，封高昌郡夫人。二子：长曰偰文质，以其先出偰辇杰河，因偰为	都督。曾大父岳粥，大父亚思粥，世有奇勋，皆国相。父岳璘帖穆尔，慷慨自植。兄伲理加普华，柄用既隆，杀/西丹僧稍监，复有功，左右忌而谮之，不能自明，乃同归我朝。/太祖皇帝待兄殊礼，而身为质焉。傅/皇弟斡真，以孝悌不杀，统治中原。从平河南，监军民，总听断，化行盗弭，卒，赠亚中大夫、同知山东宣慰使事、/轻车都尉、宣力保德功臣，追封高昌侯，谥壮简。 　　公幼奉母奥敦夫人居益都，慨然趋父官所，请学。父奇其/志，授伟兀书、儒书，性警敏，诵辄不忘。李璮叛，母夫人逃难相失，公昼夜号泣。丛从父行省撒吉思平贼，购获/奉归。行省器之，荐人宿卫。使益都，立四脚山二冶，以劳授金符、都提举。寻让厥弟。天兵之南，擢行都漕运/使，馈输以济。宋平，上《守成策》，大要存国体，励士节，定官程，厚民生，昭旧族，抚新民。时论韪之。江南漕秋米二/十万石，由邗沟达河，舟覆，损十之一，斛之出纳，复有大小之耗，责偿舟人，公抗言多寡有量，水覆非人没，其家有几，请独当其责。报罢。时相愤嫉，黜监宁海路，迁江西宣慰使，改广东都转运盐使兼领诸蕃市舶。私贩/之徒连万人作乱，行省檄公暨招讨使达失蛮捕之。渠魁既歼，亲抵巢穴，悉招出复业。条盐法不便，革之。劾/按察脱欢奸利，罢之。盗欧南喜破城杀吏，众号十万，公图上阨塞并攻取策，分兵掩之，功最诸将。占城之役，/护饷道，遇贼欧钟，锋甚锐，公慨然曰："军饷重事，退缩误国，可乎？"率先力战，矢竭马创，格斗踣数十人，气益厉，/兵寡为所执。贼欲奉为主，公大骂之，遂遇害，至元甲申二月十九日也，年三十

续表

文集本	石刻本
氏焉。守广德，治最诸郡，累官通议大夫，今佩金虎符，同知广西两江道宣慰使司事、副都元帅。十岁刲股愈母疾，人谓忠贞孝萃一家，绘《三节图》传之。次曰越质伦，早世。女一人，镇江忽都花，适霍氏海牙。孙六人：曰偰玉立，延祐戊午进士，朝列大夫、济南路治中；曰偰直坚，泰定甲子进士，承直郎、同知新昌州事；曰偰哲笃，延祐乙卯进士，奉议大夫、南台监察御史；曰偰朝吾，至治辛酉进士，承直郎、枝江县达鲁花赤；曰偰列篪，至顺庚午进士，将仕郎、湖广行省管勾。皆文质子。曰善着，泰定丁卯进士，将仕郎、淮安录事司达鲁花赤，越质伦之子也。孙女四人。曾孙男九人，女六人 公少有志节，器可太受，用兵理财，才一节尔。而履阅所施，人视为法。至于见危授命，则大节可知已。延祐设科，今六举，公六孙，举辄中一人。唐宋盛时，儒家世科未有如偰氏一门兄弟之盛，天下传为美谈。不知其先何修，而得此于天也！观公之行，则天道可知已。然亦窃讶，天之屑屑然若有意于报公，秩秩然犹举器而列置于地者，岂以科名之贵，实出至公，不于彼而一于此，以必天下后世之信于为善耶？抑公之忠义，在天地间百世不泯，精诚之至，则与天一，其必于天者，自有在也。于虖，偰氏其益显矣！　年　月　日改葬公滕州礼教乡清沟原，使来请铭。偰哲笃于有壬，偰列篪于弟有孚皆同年，义不敢让。为之铭曰： 　惟偰蕐水，太古未漓。其钟为才，天下之奇。流祉在昔，盛乃萃今。繄尚书公，曰大是任。纯孝生知，忠贞有自。王师吊伐，允资饷馈。六合既一，守成	有九。屡见神异，越民绘像祠/之。<u>延祐五年十一月</u>，赠通议大夫、户部尚书、上轻车都尉，追封高昌郡侯。<u>元统二年十月，加号守忠全节功/臣，谥号忠愍。</u>配希台持勒氏，贤操夙著，<u>封高昌郡太夫人，后三十五年寿七十二卒</u>。二子：长曰偰文质，以/其先出偰辇杰河，因偰为氏焉。守广德，治最诸郡，累官通议大夫，今佩金虎符，同知广西两江道宣慰使/司事、副都元帅。十岁刲股愈母疾，人谓忠贞孝萃一家，绘《三节图》传之。次曰<u>越伦质</u>，早世。女一人，镇江忽都/花，适霍<u>势</u>海牙。孙男六人：曰偰玉立，延祐戊午进士，朝列大夫、<u>东昌路同知</u>；曰偰直坚，泰定甲子进士，<u>承/务郎、宿松县达鲁花赤</u>；曰偰哲笃，延祐乙卯进士，<u>中顺大夫、广东廉访金事</u>；曰偰朝吾，至治辛酉进士，<u>承事郎、/同知济州事</u>；曰偰列篪，至顺庚午进士，将仕郎、湖广行省管勾。皆文质子。曰善着，泰定丁卯进士，将仕郎、<u>章/佩监照磨</u>，<u>越伦质</u>之子也。孙女四人。曾孙男<u>十八人</u>，女<u>七</u>人 公少有志节，器可太受，用兵理财，才一节尔。而履/阅所施，人视为法。至于见危授命，则大节可知已。延祐设科<u>后</u>，<u>凡</u>六举，公六孙，举辄中一人。唐宋盛时，儒家/世科未有如偰氏一门兄弟之盛，天下传为美谈。不知其先何修，而得此于天也！观公之行，则天道可知已。/然亦窃讶，天之屑屑然若有意于报公，秩秩然犹举器而列置于地者，岂以科名之贵，实出至公，不于彼而/一于此，以必天下后世之信于为善邪？抑公之忠义，在天地间百世不泯，精诚之至，则与天一，其必于天者，/自有在也。于虖，偰氏其益显矣！<u>元统三年十二月庚午</u>

续表

文集本	石刻本
异宜。大摅厥蕴，以昌圣时。督漕榷鹾，寸莛巨钟。民死而生，民盗而农。力战无前，蜂蚁敢兵。没当厉贼，首离岂惩。嗟嗟越民，庙祀无斁。匪公之异，实公之德。天之报公，曰惟显哉！诸孙联科，邓林取材。东山卜吉，土厚俗善。带以清沟，犹昔偰辇。庆源再启，时出其渊。刻铭纳幽，何千百年！	改葬公<u>溧阳州永成乡沙溪之原</u>，使来请铭。<u>哲笃于/有壬</u>、列篪于弟有孚皆同年，义不敢让。为之铭曰： 　　惟偰辇水，太古未漓。其钟为才，天下之奇。流祉在昔，盛乃萃今。繄尚书公，曰大是任。/纯孝生知，忠贞有自。王师吊伐，允资饷馈。六合既一，守成异宜。大摅厥蕴，以昌/圣时。督漕榷鹾，寸莛巨钟。民死而生，民盗而农。力战无前，蜂蚁敢兵。没当厉贼，/首离岂惩。嗟嗟越民，庙祀无斁。匪公之异，实公之德。天之报公，曰惟显哉！诸孙联科，/邓林取<u>才</u>。仙山卜吉，土厚俗善。带以清<u>溪</u>，犹昔偰辇。庆源再启，时出其渊。刻铭纳幽，/何千百年！ <u>至正壬午十一月甲申改葬坐卯向酉辛</u>

　　合剌普华墓志石刻本在体例上较文集本多出撰文、书丹、题盖者署名三行，还多出最末一行时间"至正壬午十一月甲申改葬坐卯向酉辛"，可以看成最终刻石的时间，这种情况在历代墓志中并非属于常见的现象。于是合剌普华墓志相关的时间就有撰文、改葬、刻石（下葬）三个。改葬在元统三年十二月庚午，刻石（下葬）在至正壬午（二年）十一月甲申。

　　合剌普华墓志石刻本相较文集本主要的不同在于合剌普华六个孙子中的五个的职官名称发生了明确的变化。合剌普华墓志刻于至正二年（1342），撰文要更早，可以估计在确定改葬之年的元统三年（1335）之前。石刻本中有"元统二年十月，加号守忠全节功臣，谥号忠愍"一句记事，不见于文集本，大约是撰文时尚未有此事的缘故，则可以反推撰文在元统二年十月之前。又合剌普华神道碑文尚存，撰于至正九年（1349），[①]有关合剌普华家族历史的文献还有《高昌偰氏家传》，[②] 两种文献都有关于

---

① 黄溍：《金华黄先生文集》卷25，《四部丛刊》二次印本影元刊本，第一至五叶。
② 欧阳玄：《圭斋文集》卷11，《四部丛刊》影明成化刊本，第二至十二叶。

合剌普华诸孙的记述，其中职官名称又有所不同。大致《高昌偰氏家传》撰文在墓志和神道碑之间。综合起来，可以看出这些色目进士迁转的一般情况，有其独到的史料价值。①

其次，葬地也发生了变化，而葬时在文集本中空缺，在石刻本中写出。文集本葬时不写出，是常见的现象。改葬的地点的变化，则属于少见现象，应出于墓主家属的意见的变化。葬地文集本作"滕州礼教乡清沟原"，和合剌普华父辈以来长时间在山东做官，并在山东安家有关。石刻本作"溧阳州永成乡沙溪之原"，则和偰氏家族的一支——合剌普华子偰文质、偰文质子偰哲笃迁居溧阳有关。② 除了合剌普华墓，墓地中还有偰文质、偰笃起等人之墓。偰氏后人的一支，至今仍居住在此地。而将合剌普华的墓迁至溧阳，则是表明其家迁居溧阳的关键行为。

石刻本合剌普华曾孙和曾孙女的数量也有所增加，此类不同应该都是墓志文撰文之后，经过一段时期才刻石下葬的缘故，而文集中所录则出于最初撰写的墓志文纸本。

文集本合剌普华父授其"伟兀书"，石刻本作授"伟兀书、儒书"，这一不同，大有深意，说明合剌普华家族开始接受汉文化的情况，对于理解合剌普华家族后来成为科第世家有一定的帮助。

此外，一些细微的不同，也仍以石刻本为是。如文集本合剌普华任"广东转运盐使"，石刻本作"广东都转运盐使"，是；文集本中合剌普华次子名"越质伦"，石刻本作"越伦质"，为是，萧启庆先生释其为突厥语

---

① 萧启庆先生在《蒙元时代高昌偰氏的仕宦与汉化》一文中列表详细讨论偰氏仕进情况，包括合剌普华六位进士孙子在内，但是只讨论了始任官职和终任官职，并未完整利用《合剌普华墓志》文集本、《合剌普华墓志》石刻本、《高昌偰氏家传》和《合剌普华神道碑》四种资料。

② 有关偰文质迁居溧阳，可以参看南京图书馆藏三种偰氏家谱：其一《历阳偰氏家乘》，民国5年抄本，索书号 GJ/2005110；其二《沙溪偰氏宗谱》十二卷，民国5年刊本，索书号 GJ/2007665 或 GJ6003106；其三《历阳偰氏宗谱》，民国抄本，索书号 GJ/2005105。《沙溪偰氏宗谱》卷12《云中郡侯文质传略》载："弃官归，初家豫章东湖，因前曾守广德，爱吾溧阳土风，所以卜筑归老。改葬父忠愍公、母韩夫人于沙溪之原。"《历阳偰氏家乘》有《文质传略》，《历（溧）阳偰氏宗谱》有《沙溪偰氏续修宗谱序》，所载与此略同。有关偰哲笃居于溧阳，可见《至正直记》记载："高昌偰哲笃世南以儒业起家，在江西时，兄弟五人同登进士第，时人荣之。且教子有法，为色目本族之首。世南以金广东廉访司事被劾，寓居溧阳，买田宅，延师教子，后居下桥。"（孔齐：《至正直记》卷3"高昌偰哲"条，庄敏、顾新点校，上海古籍出版社1987年版，第116—117页）

Ögrünch（意为高兴）。① 又如文集本"使益都，立四脚山冶"，使人以为是一冶，而石刻本则作"使益都，立四脚山二冶"，明确为二冶。

三 《陆德原墓志》

陆德原为元末平江富户，也是儒士，黄溍为撰墓志，收入其文集《金华黄先生文集》。②《四部丛刊》第二次印本影元刊本和《四部丛刊》第一次印本影抄本，此志都残缺了后面大半，《中华再造善本》影上海图书馆藏元刊本《金华黄先生文集》，多有钞补之页，此文所在即为钞补者，且阙去一叶。墓志原石或早已不存，拓片亦不见流传，据志石过录之文本见载明人《珊瑚木难》和《吴下冢墓遗文》二书。③《珊瑚木难》保存了"至正四年闰二月十八日建"一行刻石的时间，《吴下冢墓遗文》则保存了撰文、书丹、题额者的完整题名。以下据《吴下冢墓遗文》转录，《珊瑚木难》不同之处，括注于后，并在最末据《珊瑚木难》补"至正四年闰二月十八日建"一行。王颋先生点校《黄溍全集》，曾以《吴下冢墓遗文》校对《金华黄先生文集》。④

文集本	石刻本
题目：徽州路儒学教授陆君墓志铭	题目：元故徽州路儒学教授陆君墓志铭
君讳德原，字静远，姓陆氏，平江长洲之甫里人。甫里实唐处士天随子故居，君盖其后也。曾大父迈，大父文明，父应祥，母周氏	君讳德原（原作源），字静远，姓陆氏，平江长洲之甫里人。甫里实唐处士天随子故居，君盖其后也。曾大父迈，大父文明，父应祥，母周氏

---

① 萧启庆：《蒙元时代高昌偰氏的仕宦与汉化》，收入萧启庆《内北国而外中国——蒙元史研究》，中华书局2007年版，第735页。
② 黄溍：《金华黄先生文集》卷37《元故徽州路儒学教授陆君墓志铭》，《四部丛刊》二次印本影元刊本，第十二叶。
③ 朱存理著，王允亮点校：《珊瑚木难》卷5，浙江人民美术出版社2012年版，第428—431页；都穆：《吴下冢墓遗文》卷2，《四库全书存目丛书》（史部第278册）影南京图书馆藏清鲍氏知不足斋抄本，第8—9页。
④ 王颋点校：《黄溍全集》，天津古籍出版社2008年版，第596—597页。

续表

文集本	石刻本
君少知学，治别室，延宿儒与居与游。左右书数千卷，常乘间批阅之。<u>家在民数种称多赀，自视欲然，<u>不敢与有力者争其豪侈</u>，恒惴惴焉以不克保前人之遗叶为惧。<u>已而同郡赀相埒者稍稍倾散，惟君独完</u>。然能尚义而好礼，<u>遇歉岁，细人之家赖以全活甚众</u>。馆四方宾客无虚日，<u>莫不满意而去</u>。讣音所及，或不远千里往赙之。永嘉林宽以文学知名，君与之年相若，以兄事之，时从问古今体诗。宽死，无以殓，厚邺其家，而为嫁其女。宽弟某死，复为买棺以葬。 每见浮屠、老子之居金碧乱人目，而于儒宫往往就摧毁，慨然念世俗诪于福报之说而不知圣人道德仁义之泽被于无穷也，故于学校之事尤致意焉。族有田千亩当得，君曰："吾衣食幸有余，又私此田，不可。"创义塾，以田归之。遣重币迎儒先生为时所信重，如陆君文圭、龚君璛、柳君贯者，以为之师。户履至无所容，笔札饮膳之物，惟所须而具。刻古灵陈公《制（下缺一叶）	君少知学，治别室，延宿儒与居与游。左右书数千卷，常乘间批阅之。自视欲然，惴惴焉以不克保前人之遗业为惧。然能尚义而好礼，馆宾客无虚日。讣音所及，或不远千里往赙之。永嘉林宽以文学知名，君与之年相若，以兄事之，时从问古今体诗。宽死，无以殓，厚邺其家，而为嫁其女。宽弟宏死，复为买棺以葬 君每见浮屠、老子之居金碧乱人目，而儒宫往往就摧毁，慨念世俗诪于福报之说而不知圣人道德仁义之泽被于无穷也，故于学校之事尤致意焉。族有田千亩当得（得作归君），君曰："吾衣食幸有余，又私此田，不可。"创义塾，以田归之。遣重币迎儒先生为时所信重，如陆君大（大作文，是）圭、龚君璛、柳君贯者，以为之师。户履至无所容，笔札饮膳之物，惟所须而具。刻（刻作列）古灵陈公《制锦管见》及四明程君端礼《进学工程》，凡交游与来学者，人予一帙，曰："观此，亦足为仕学之法矣。"郡守赵公凤仪为请于行中书省，畀甫里书院额，嗣（嗣作祠，是）天随子为先贤，而署君为山长。初，有司举君茂异，不行（行作赴）。至是，乃起就职。既有以其处湫溢近市，更营尢爽之地，徙置而增广之。学道书院殿屋将压，君摄事不阅月，为之植仆支倾，轮奂之美，悉还其旧。长洲县学废已久，君市材傡工，屋于故墟，于是县复有学。甫里秩满，上名中书，调徽州路儒学教授。徽学亦久废，孔殿缺弛（弛作纪，是）最甚，君以徽为儒薮泽，朱子阙里在焉，不宜坐视其坏。谋改作而财用不足，乃大发私橐，以资土木之资（资作费，是）。仍身任其役，沿郡檄来平江，购良材、募善工以往，俾先诹日兴事

续表

文集本	石刻本
	君方行,而遽属疾,遂卒于家,元(元作后,是)至元之六年九月三日也,享年五十有九。其年十二(二作一)月二日,葬吴县东横山先墓(墓作茔)之次。一子颐孙,始八岁。长女仲端(端作端),赘徐元震。幼女周(周作用)保,生甫三(三作至)月 君天性恭谨,平居无堕(堕作惰)容,虽盛暑,冠带自若。绝去圭角,循循下人,有以非礼相加者,忍弗辨(辨作辩,是)。久而来蹐(蹐作跻)门,待之不异常时,人以为难。君有别业在吴淞江之上,筑室曰笠泽渔隐。作《续杞菊赋》自况,(将)以暮年归老其间,复散人故事,不逮也。临终,子若婿问后(后作后)事,君曰:"人受命于天,事之方来,非人所能必,一听于天而已。"闻者称其达云 君没(没作殁)后,诸生由君之力得成其学者,咸相率为文以祭。检校官王君艮(艮作良),与君友善,诔之曰"居家庭为孝子,处州里为善人,官学校为良师",人谓其无愧(愧作愧)词。君既葬之明年,元震代为颐孙奉先友陈方之状来谒铭,乃志而铭之。铭曰: 繄君之先,遁于甫里。弗袭其迹,乃出而仕。弗佚其躬,尽瘁以死。孰阏其施,而止于此。名乎我随,犹曰善士。笠泽之腹,吴淞之尾。烟波苍苍,君则已矣。揽(揽作览)兹清(清作德)华,君尚有子 奉政大夫、江浙等处儒学提举黄溍撰 翰林学士承旨、荣禄大夫、知制诰兼修国史、知经筵事康里巎书 前奎章阁侍书学士、翰林侍讲学士、通奉大夫、知制诰同修国史虞集篆额 (至正四年闰二月十八日建)

文集本缺略后半，不能完整地与石刻本比对。从文集本现存大约一小半文字看，总体差别不大。主要的差别在于墓主豪富而尚义好礼一段描述，文集本相较石刻本更为翔实。不过单看石刻本，文意仍是完整的，只是有关墓主豪富的描述完全被删去了，可以看作经过有意的文字改动的结果。不过，尚在"然能尚义而好礼"一句中保留了"然"字，显示了未尽删削的痕迹。

此外，文集本没有写出的林宽之弟的名字，石刻本写出为宏。

墓志立于至正四年，而撰文在葬年至元六年之次年——至正元年。据此，则墓志在葬后五年重新下葬。

顺便讨论一下两种石刻本录文的异文问题。总的看来，有不少异文是两种录文均可成立的，但是也有不少地方是《珊瑚木难》是而《吴下冢墓遗文》非的，此类情况在上文所录中已经注明。特别值得一提的是陆德原的弟子检校官王君之名，《吴下冢墓遗文》作"艮"，《珊瑚木难》作"良"。此人《元史》卷一百九十二《良吏二》有传，作"艮"。此传主要出自黄溍撰《中宪大夫淮东道宣慰副使致仕王公墓志铭》，中华书局校点本《元史》已用此《志》校勘。黄溍所撰墓志，收入《金华黄先生文集》和《黄文献公集》。前书有元刊本；后书分为二十三卷本和十卷本、十二卷本三个系统，不过十卷本、十二卷本系删节二十三卷本而来，二十三卷本亦有元刊本。查《金华黄先生文集》元刊本其名作艮，① 二十三卷本之《黄文献公集》作"艮"，② 十二卷本之《黄文献公集》亦作王"艮"。③ 又查陈旅所撰《王经历惠政记》亦作"艮"。④ 看来其名的写法分歧已久。按"艮""良"当有一为字形相近而致误。而各种文献均载其字止善，古人名、字意义相连，则其名或当作王良。

---

① 黄溍：《金华黄先生文集》卷34《中宪大夫淮东道宣慰副使致仕王公墓志铭》，《四部丛刊》二次印本影元刊本。

② 黄溍：《黄文献公集》卷22《中宪大夫淮东道宣慰副使致仕王公墓志铭》，《元史研究资料汇编》第47册，影清雍正元年西圃蒋氏乌丝栏抄本，第201页。

③ 《金华丛书》本。

④ 陈旅：《安雅堂集》卷9，《元代珍本文集汇刊》影明抄本，第387页。《中华再造善本》影中国国家图书馆藏元至正刊明修本同，然卷八至十三系配清抄本。

四 《吕良佐墓志》

吕良佐为元末松江知名的富户，杨维桢为撰墓志《故义士吕公墓志铭》，收入其文集《东维子文集》。《东维子文集》现常用的版本为《四部丛刊》影江南图书馆藏清沈氏鸣野山房抄本，但其中所载此文误字非常之多，不少文句几乎不能卒读；《全元文》则据北京大学图书馆藏明刊本过录，并以《文渊阁四库全书》本校勘，故下文即据《全元文》所载转录。① 而墓志则于1962年出土于上海金山区吕巷马村，现藏金山区博物馆，墓志拓片收入《新中国出土墓志》。② 《新中国出土墓志》所载拓片比较模糊，所录录文多有缺字、误字之处，下引据所附拓片尽量作了一些核对，但其中仍有不能确定或错误之处，未能尽改。

文集本	石刻本
题目：故义士吕公墓志铭	盖题：有元璜溪处/士吕公之墓（篆）
公讳良佐，字辅之，姓吕氏，世居淞之吕港。大父德谦，父允恭字莱翁，皆隐德不仕 　　公早颖悟，读书辄强记，了大义。长，仪宇魁梧，器识才干，尤系人望，咸以辅器期之。以其出太公望，望尝钓德璜，又识其港曰璜溪，号公曰璜溪处士 　　性至孝，奉母谢氏，养与礼，不旦暮衰。母疾，身不脱带者三月。久不瘳，祷以自代。母卒，哀毁终丧。制阕，邦大夫挽之仕，弗起。然政有不决者，必咨之。郡饥，有司申明发粟，公笑曰："必俟明降而赈，民莩矣。宜先假粟富	璜溪处士吕公圹志/ 　　有元璜溪处士吕公，名良佐，字辅之，世居华亭胥浦之南、溧渎之阳。曾、高以上，皆好义，急人之患，/远近乡□姓其里曰□□。祖德谦，字伟谦，声业益振。父允恭，字莱翁，尤倜傥魁伟。公，莱翁幼子也。/人才器识，尤系人望。曰公出太公望系，太公尝钓渭得璜，又识其渎曰璜溪，号公曰璜溪处士 　　公/蚤颖悟，读书辄强记，通旨义，气质□□，仪状□□。幼稚若老成，性□。公年十二，□□□□氏，敬/养备至，母疾，祷以身代。业儒术，兼通蒙古语，□□□总意□□然有司知公□□□□□者多/咨于公，据经援史，处

---

① 李修生主编：《全元文》（第42册），凤凰出版社2004年版，第63—65页。
② 中国文化遗产研究院、上海博物馆、天津文化遗产保护中心编著：《新中国出土墓志·上海 天津》，文物出版社2009年版，上册，第39页；下册，第24页。

续表

文集本	石刻本
民，俟降以偿，则富者无废粟，饥者获全生。"郡善之。贡举法行，聘硕师教子，复出厚币为赏试，曰应奎文会。贫时好学者，建义塾收而教之，金华黄太史缙尝记其事 　　兵兴来，总兵淞者闻公才杰，至枉驾公庐，与语大悦，即板授公华亭令。公请以白衣议事，却板授。总兵盖贤之，署曰义士，俾自集白甲，保障其竟。时公已散财收死士三千余人，适斥卤群不逞，乘乱起鸟合，摇毒甚。公徒释捅，走不勤官徒一镞，弟指授白甲，用水火舸取其魁如利獭取鲴，群从尽戡，竟赖以安者数千家。总兵者问奇功，公曰："医恃针砭理疾，而小巫用精籍亦理。"覆进其魁杰于兵，曰："天下之物，莫毒于鸡毒，而医家珍而用之。"总兵是其言，转无俾为精兵不鲜。淮兵难渡，主师者辟公幕下，力拒不就。继取其子恂判海盐。时浙垣首相以承制除拜，遂敕授令佐乡郡，又力辞。私谓其子曰："时平，庸才高枕而有余；时危，豪杰运筹而不足。非萧郑侯曷治漕？韩淮阴曷调兵？而鲁连子曷出没乱世而裕如也？吾愿学连子而已耳。"又喟然曰："日月剥矣，昭然有不紊者；江河壅矣，浩然有不竭者。孺子其俟之。" 　　公好义出天性，里有饥周之，婚丧助之。四方大夫士归之者岁无虚，燕来觊往靡厌倦，得美誉湖海间，呼为淞上田文。独不贤异端之学缁黄者，接其人而不谈其实术。其高情旷识、独立物外者，人又莫能窥。罹世难虞，谦享自若。与知己饮酒，率过丙夜，振起自舞，考鼓吹笙笛，复饮不乱。平生少疾，临终无一语及后事，但曰："吾年六十有五，不夭已。又幸不死叵测，复何憾！"	使必当。教子必延名师，丰币卓礼，士子乐为之。宝□□□□□四方之士／费百金，无吝色。拟建□塾，金华黄承□□尝记其□，兵兴，未果□ 　　丙申□□□□□／浙省参政纳麟公总兵来守，闻公贤，枉□公里，与语大悦，即出／墨敕，授公华亭令。力辞，弗□。纳麟公益贤之，署之义士，俾率义民，保障其竟。时斥卤□□□□□／略，乌合日盛，公呼率里人□戮其尤□者数人，群盗遂戢。民感其义，日踵门致馈，公一毫无所受。／亲故有孤寒者赈之，死丧者赙之。好贤礼士，故贤士大夫多归之，燕来觊往，终岁无虚日，□多得美誉湖海间 　　二子恒、恂，皆贤而克孝，善继其志，干蛊应宾，举无废事。至正丙申，虽兵□□□至，帅／多辟公，□谢弗就。又辟其子恂判海盐，亦以就养辞。时／浙相泰识公奉／旨便宜行事，闻恂贤，／授华亭丞，亦力辞 　　公于典章律令、卜筮医药，靡不通其要。喜怒不形，善谋能断。身长七尺，其声／如钟，魁梧矍铄，乡□之仪□也。 　　至正己亥黍月五日，以疾终于寝。公生于元贞乙未之六月廿有／□日，□□之□，享寿六十有五。冬十月辛酉，卜葬于璜溪之北原□□□□□珍玩，遵治命也。／娶高氏，征东万户宣武高公女孙也。子男二人：恒，娶沈氏；恂，娶夏氏。女三人：慧清，适史氏；淑真，／适邵氏，前崇德州判官，先卒；慧明，适谢氏。皆高氏出也。孙五人：允闾、□□，恒子也；宗济、宗岳、宗望，／恂子也。允闾娶邵氏，余未娶。女孙三人，皆幼。公昆仲二人，兄□□东□先卒，东□子钟，亦先卒，钟／□□□□□道，志明心仁。子梁、子道、子闾，皆幼

续表

文集本	石刻本
生元贞乙未，殁至正己亥。娶高氏，征东万户宣武公孙女也。子二：长恒，次恂。女三。孙五：充闾、复亨，恒子也；宗齐、宋岳、宗望，恂子也。冬十月辛酉，葬溇之北原。先远日，恒衣衰抵予杭次舍，泣而舍杖拜曰："先子不乐仕，无治状，而义行在乡，善言在家在邦者，又不得名能文属比于志。不孝在后嗣，奚赎？先生，恒师而先子大宾也，幸哀而赐之铭。"吾为位哭，抆泪以铭。念古卫公、叔文子之谥君子，趡其贞惠。今淞人饥而夫子有赈粟，不贞乎？具二善而不禄命，宜谥曰贞惠云。铭曰： 踣车无仲尼，覆舟无伯夷，义以勇卒全以归。曰贞曰惠，匪谥予私。于乎嘻，莫尊乎野而位者覆卑。璜之浒，栗之垂，有过其墓而慕其人者，语吾铭诗	从兄良□，□□□，从弟□□□□□□嘉会、子/□、□□皆先卒。从侄四人：鉴、镒，子闰子也，镒先卒；元士、元华，嘉会子也。侄孙及甥男女□廿余人□□□□，姑叙其概，纳诸圹云

吕良佐墓志的文集本与石刻本，文字差别非常之大，甚或可以作为两篇文章来看待。不过，从基本的行文过程和部分文句的具体表达来看，还是关系密切的。大致可以分别看作杨维祯的初稿本和大量修改定稿本。

两本不同的记事比比皆是，举其中荦荦大端。第一，石刻本有关吕良佐父祖的描述要比文集本详细一些。第二，石刻本有关吕良佐早年的记事比文集本翔实得多，其中"业儒术，兼通蒙古语"一类记载还非常重要。第三，有关元末动荡之际的记事，石刻本有具体的纪年为丙申（至正十六年，1356），并且写明了总兵松江者为"浙省参政纳麟"，另一人"浙垣首相"则为"浙相泰识"。纳麟，当为《元史·顺帝本纪》所载至正十五年六月之"江浙行省参知政事纳麟哈剌"。《元史》卷一百四十二有传之纳麟，则为南台御史大夫，《元史·顺帝本纪》载其至正十三年九月辞去御史大夫一职，至正十六年九月复为南台御史大夫。泰识，当为《元史·顺帝本纪》所载至正十五年八月出任江浙行省左丞相之达识帖睦迩，《元史》卷一百四十有传，其为左丞相，故墓志称为"浙垣首相"。第四，有关元末动荡之际的记事，文集本更为翔实，故事性更强。第五，文集本关于吕良佐不喜佛道、晚年旷达的记载不见于石刻本。第六，有关吕良佐家族人物的记述，石刻本比文集本要丰富得多，文集本只记其子孙，而石刻本则兼及其兄、兄子、从兄、从弟、从侄。第七，文集本有铭词而石刻本无。第八，石刻本有关吕良佐二子的记述比文集本要翔实，并且还有重要的史实方面的差异，以下对此略作专门讨论。

文集本载："淮兵难渡，主师者辟公幕下，力拒不就。继取其子恂判海盐。"则吕恂已任海盐州判官，但是表述得并不明确。淮兵指张士诚。石刻本载："至正丙申，虽兵□□□至，帅多辟公，□谢弗就。又辟其子恂判海盐，亦以就养辞。时浙相泰识公奉旨便宜行事，闻恂贤，授华亭丞，亦力辞。"则未任。据墓志记述，此事在丙申（至正十六年，1356）。按至正十六年四月，张士诚势力占据松江。一开始，合作者颇多，其中应有富户在内。但也有富户极力反对，如时在嘉兴任宣公书院山长的陈善：

> 至正十六年夏四月，高邮张寇陷松江，凡郡人以才望称者皆受伪爵。宣公书院山长华亭陈君慨然曰："我志欲吞此贼尔，乌能忍耻偷活于此耶！"出私帑，募勇壮三千人，即所居为营以拒之。时江浙行省参知政事杨中奉公驻师嘉兴，君遣人间行请教兵，止得文千户所领十有八人。君以大义誓众，迎敌决战，寇兵败走，擒伪通判吕恂。追至朱泾市镇，焚其营，乘胜抵斜塘桥，擒获不可胜纪。居无何，里人黄璋约寇兵为内应，夜潜引兵，纵火刼寨。君尽力死斗，会官军先退，君孤立无援，仅以身免，其爱女及从者皆见杀，失资产以万计。君流寓钱塘，贫馁自守，省宪交章论荐，迨未有以宠异之者。①

江浙行省参知政事杨中奉公即领有苗兵之杨完者。② 黄璋或即天历二年及至正中三度中乡试之松江人黄璋。③ 陈善完全靠自己出资组织的义兵同张士诚相抗衡，这是由于他对张士诚政权的不认可的缘故。其中记述道"擒伪通判吕恂"，就是吕良佐的次子。据此，则吕恂确实就任了通判。吕

---

① 郑真：《荥阳外史集》卷25《嘉兴宣公书院山长华亭陈君事绩诗序》，文渊阁《四库全书》，第1234册，第117页。
② 陶宗仪：《南村辍耕录》卷30"松江之变"条，中华书局1997年版，第378—379页。
③ 正德《松江府志》卷25《科贡》，《天一阁藏明代方志选刊续编》第6册，影明正德刻本，第462—463页。

恂是杨维桢的弟子，而杨维桢是反对张士诚政权的。面对墓志撰述中的这个棘手的问题，他一开始是模糊处理，后来则改为并非实情的叙述，甚至连"淮兵"二字都删去了。也许墓志的修改，正反映了杨维桢对张士诚政权反对态度的加深。

此外，也可以据石刻本勘正文集本的一些误字。如"望尝钓德璜"，"德"当作"得"；"栗之垂"，"栗"或当作"溧"，即溧渎。

五 综合讨论

以元代石刻文字的石刻本校对文集本的工作，前人已经有所涉及。如《吴下冢墓遗文》清乾隆间鲍廷博抄本，就曾以文集本校对此书所录墓志多种。此书卷二为元代石刻，包括 1.《礼部尚书干公赠封二代碑阴记》（黄溍撰）、2.《元故徽州路儒学教授陆君墓志铭》（黄溍撰）、3.《吴逸士宋旡自志》（宋旡撰）、4.《先人圹志》（陈叔方撰）、5.《元故庐山陈处士墓志墓铭》（郑明德撰）、6.《张子昭墓志铭》（郑明德撰）、7.《陈隐君墓志铭》（陈敬初撰）、8.《卢处士墓碣》（吴伯尚撰）、9.《故处士夷孝先生卢君墓志铭》（申屠仲权撰）、10.《元故慎独处士陈君墓志铭》（郑明德撰）、11.《元故遂昌先生郑君墓志铭》（苏昌龄撰）、12.《元故迁善先生郭君墓志铭》（卢公武撰）、13.《金粟道人顾君墓志》（顾仲瑛撰）共十三种，十二种为墓志。第 3、5、6、7、9、10、11、12、13 九种均鲍廷博据他本校过，其中第 3 种据宋旡《啽呓集》，第 5、6、10、11 四种据郑元佑（字明德）《侨吴集》，第 7 种据陈基（字敬初）《夷白斋稿》校过，即是用墓志的文集本与石刻本相校勘，并将不同之处一一写明。民国学者柯昌泗在《语石异同评》中也谈及元碑见于文集者："遗山所撰碑见于本集者，为《赵州宣圣庙记》《东平府新学记》《朝元观记》《忻州天庆观重建功德记》《通真子碑》《御史程震碑》《杨奂碑》。《奂碑》，《金石萃编》著录一面，文裁至半，据集以补录全文。不见本集者，为《陈仲谦墓志铭》，在山西昭晋；《五峰山重修洞真观碑》《五峰山崔先生象赞》，在山东长清。张石舟以杨碑补入集中，张碑《山右石刻丛编》初录其文。《山左访碑录》有《齐河刘氏先茔碑》，在山东齐河。予访得拓本，碑逾千言，文未传录。遗山壬辰以后，为太行山左右豪帅家所撰碑版，当时无不伐石镌勒，倘能悉心搜访，仍当不少也。"① 可见清代金石学家王昶也已注意到原碑的石刻本和文集本的关系。当然，柯昌泗的主要注意力还是在传统的以石刻补文集方面。

不过两位学者都没有就墓志等元代石刻的石刻本与文集本的差异问题作一般性的归纳和探讨，笔者试着以本文所选四种元代墓志为例，简单讨论石刻本与文集本的差异问题。

因为石刻体例的要求，墓志石刻本和文集本在某些方面的差异是完全可以估计的。志盖题铭、撰文、书丹、篆额者题署和刻石时间往往是石刻本相较文集本会多出来的信息。

而其他方面的差异，往往会出乎我们的估计，并且表现在多个方面。

第一，墓志撰文在前，刻石在后，下葬的信息在撰文时往往并不明确，而文集本往往根据撰文者所保存的文章底本，因此带来葬时、葬地信息在文集本中的缺漏，前述《杨载墓志》《合刺普华墓志》《吕良佐墓志》即是这方面的例证。

第二，因为撰文在前，而有时下葬的时间和撰文时间之间有一个比较长的间隔，导致墓主后裔的某些信息会发生变化，前述《合刺普华墓志》即是这方面的例证。而墓志文字稿经过墓主家属之手，也可能会略有改动。

第三，有的时候，因为撰文者对墓志的修改，带来多个不同时期的文本，用于下葬的通常是最后一稿，但是收入文集的未必是最后一稿，于是带来文集本和石刻本的巨大差异，前述《吕良佐墓志》即是这方面的例证。墓志的撰文，是以墓志下葬的丧葬礼仪行为的一个环节，墓志文集本和石刻本，是在此过程的不同阶段的产物。所以墓志文集本与石刻本的不同，又可以认为是一种常规的现象。

第四，石刻制作过程也远较纸本的文字稿复杂，其制作毕竟也要郑重得多，因此通常文字讹误较少。而文集传承，有赖多次抄写和刊刻，往往免不了文字讹误。前述几种墓志，都普遍存在这样的情况。

因此就文集本和石刻本可以对应的部分而言，总的来说，墓志的石刻

---

① 叶昌炽撰，柯昌泗评，陈公柔、张明善点校：《语石·语石异同评》卷1，中华书局2005年版，第56页。

本信息要更丰富一些，但是并不能说墓志的石刻本就能完全取代文集本，有时两种文本有互补的可能。

至于墓志石刻还有着石刻形态的特征和内涵，往往还有书法方面的价值，这是在比较中更容易发现的差异，只是上文意在作文本的比较，对此也就完全没有涉及。除了墓志之外，还有其他类型的元代石刻也有石刻本可以和文集本对照的。谨举虞集撰文者数例以作说明：虞集撰《崇圣观碑》，载《道园学古录》卷四十八，据石刻所作录文则载《句容金石记》；① 虞集撰《奉元路重修先圣庙学记》，载《道园学古录》卷三十五、《道园类稿》卷二十二，据石刻所作录文则载《金石萃编未刻稿》；② 虞集撰《高昌王世勋碑》载《道园学古录》卷二十五，据石刻所作录文则载《陇右金石录》；③ 虞集撰《东泽书院记》载《道园学古录》卷八、《道园类稿》卷二十四，据石刻所作录文则载《山右石刻丛编》。④ 除了石刻本可以和文集本比较，还有墨迹本也可以和文集本比较。如杨维桢撰《张氏通波阡表》，载《杨铁崖文集全录》卷二，其墨迹本尚存。还有墨迹本和石刻本可以对应的例子，如牟巘撰文、赵孟頫书丹的《松江宝云寺记》，原碑残损只存数块但完整的拓本尚存，墨迹原件不知踪迹但影印本尚存。或许还能找到墨迹本、石刻本、文集本三者可以对应的例子，于是能给我们更加不一样的认识。

（作者为南京大学历史学院教授）

---

① 杨世沅：《句容金石记》卷6，《辽金元石刻文献全编》第1册，第802页。
② 王昶：《金石萃编未刻稿》，《辽金元石刻文献全编》第2册，第718—720页。
③ 张维纂：《陇右金石录》卷4，《辽金元石刻文献全编》第3册，第1054—1057页。
④ 胡聘之：《山右石刻丛编》卷34，《辽金元石刻文献全编》第1册，第480—481页。

《朗公开堂疏》与忽必烈蒙古文手迹*

党宝海

周清澍先生在《中国史研究》2005年第1期发表了《忽必烈早年的活动和手迹》一文,根据《畿辅通志》对易县兴国禅寺大蒙古国时期一通石碑的著录,指出此碑碑阴刻写的《皇子大王护必烈请朗公长老住持十方兴国禅寺为国开堂祝延圣寿疏》(以下简称《朗公开堂疏》)具有重要研究价值,因为上面有忽必烈亲笔题写的一行蒙古文。周先生认为:"古往今来,帝王将相无数,除书法家外,很少有几人亲笔签名和墨迹保存下来,忽必烈是以少数民族入主中原的皇帝,用本民族文字签的名,更加难能可贵。"②

周先生虽然没有看到易县兴国禅寺石刻碑阴的文字,但为我们的研究指明了方向。

北京大学图书馆古籍部藏有这通兴国禅寺碑刻阴、阳两面的拓片。碑阴《朗公开堂疏》汉文、蒙古文部分基本完整。本文拟对碑刻与拓片的著录情况进行简要介绍、对汉文疏文和忽必烈蒙古文题字的内容做初步探讨,抛砖引玉,希望引起学界的关注和进一步研究。

一 碑刻的著录与拓片现状

周清澍先生引用的(光绪)《畿辅通志》是笔者所知最早著录《朗公

---

* 周清澍、陈高华、乌兰先生审阅了本稿,谨致谢忱!本文任何可能的错误,都属于作者本人。

② 周清澍:《忽必烈早年的活动和手迹》,《中国史研究》2005年第1期,第111页。

开堂疏》碑刻的文献。为了给读者提供完整信息，全文征引如下：①

《兴国寺朗公长老开堂敕》石刻：

在城北兴国寺前废地。正书，甲辰年二月立。碑高二尺六寸二分，广一尺七寸，十行，行十五字至二十字不等。碑刻元世祖令旨颁赐兴国寺僧朗公为佛灯普照大师并免徭役之文，末署甲辰年二月，有印痕于年月上，文已不可辨，印左侧正书"宝"字。

案：蒙古太宗谔格德依皇后尼玛察氏称制之三年，是为甲辰，至世祖元年始有中统之号，至元八年十一月始建国号曰"元"，考《元史》，岁甲辰世祖尚在潜邸，辛亥六月，宪宗即位，以世祖于同母弟中最长且贤，故尽属以漠南汉地军国庶事。由辛亥逆推至甲辰尚七年，尼玛察称制，世宗［原文如此，应作"世祖"——引者］乃睿宗子，为诸王，故碑题"护必烈大王"也。护必烈，《通鉴》作忽必烈，《元史》作呼必赉，蒙古音无定准，多以意造，故不同如此。——《上谷访古记》

碑阴疏文石刻：

正书"皇子大王护必烈请朗公长老住持十方兴国禅寺为国开堂祝延圣寿疏"。疏文五行，行三十八字，尾署蒙古书一行，旁注"王者亲书蒙古字于疏后"十字，印三方，左侧皆正书一"宝"字，其印文磨灭不可识。——《上谷访古记》

（光绪）《畿辅通志》对兴国寺朗公长老石刻的碑阳、碑阴状况做了准确描述。碑阳的刻文即周清澍先生《忽必烈早年的活动和手迹》刊布、研究的《护必烈大王令旨》。

《畿辅通志》的上述内容，由编纂者抄录自《上谷访古记》。这部书是清朝后期名臣邓廷桢之孙邓嘉缉（1845—1909）撰写的。他是同治十二年（1873）优贡，但科场不利，仕途坎坷，有《扁善斋集》传世。② 易县（易州）在隋唐时期曾称上谷郡，《上谷访古记》用的是该地的古称。在

---

① （光绪）《畿辅通志》卷150，金石十三，"易州"。商务印书馆1934年影印光绪十年（1884）刻本，第4册，第5800页，下栏。

② 参见王同舟主编《中国文学编年史》晚清卷，湖南人民出版社2006年版，第58页；江庆柏编著《清代人物生卒年表》，人民文学出版社2005年版，第93页。

（光绪）《畿辅通志》刊行之前，《上谷访古记》并未出版。直到民国初年，该书有关碑刻的内容由《畿辅通志》中辑出，更名为《上谷访碑记》，仅一卷，收入《古学汇刊》第一集，1912 年刊行。① 根据《畿辅通志》的编纂时间可以推知，在光绪年间兴国禅寺碑的保存状况相当完好。

在（光绪）《畿辅通志》之后，著录兴国禅寺碑的是缪荃孙（1844—1919）的《艺风堂金石文字目》，但内容相当简略："兴国寺赐朗公长老令旨二道。两面刻，正书，在直隶易州本寺。"②

《艺风堂金石文字目》是著名学者缪荃孙所藏金石拓片的目录，兴国寺赐朗公长老令旨见于著录，说明在他的书斋艺风堂藏有这通碑刻的拓片，"二道，两面刻"意味着他收藏了碑阳、碑阴的两种刻文。据《艺风堂金石文字目》自序，光绪二年（丙子，1876），缪荃孙考中进士，入翰林院为编修，邀约潘祖荫、叶昌炽等人，请匠人大量拓印北京周边的碑刻，"纠资往拓顺天、易州、宣化、定州、真定碑刻，大半前人所未见。即辽刻得一百六十种，其他可知"。缪荃孙光绪十七年（辛卯，1891）离京，受邀主讲山东泺源书院。③ 估计兴国寺碑拓片入藏艺风堂，应在光绪二年到十七年之间。与《上谷访古记》的写作时间接近。

在缪荃孙之后著录兴国寺碑的，是毕业于燕京大学的考古学者孟桂良，他的文章发表在 1937 年 6 月出版的《考古社刊》第六期上。孟桂良参加了 1930 年由北京大学教授马衡领导的燕下都考古团，对河北易县境内的碑刻做了比较全面的调查和拓印。他在《易县碑目》中写道："民国十九年（1930）春，国立北京大学与古物保管委员会、国立北平研究院，合组燕下都考古团，赴河北易县发掘。时余服务于北大研究所国学门考古学会，作发掘之工作。"工作之余，他"赴城乡各处访古，凡残碑断碣，古迹遗墟，靡不躬履其地，摩挲探讨"。考古团请当地拓字人纪国瑞父子传拓文字，"穷乡僻壤，莫不搜求，甚至掩埋地下者，亦皆发覆，施以毡

---

① 影印本收入《石刻史料新编》第 3 辑第 23 册，新文丰出版公司 1986 年版，第 223—227 页。与兴国寺碑相关的部分见第 225 页，上栏，与（光绪）《畿辅通志》本相比，略有缺字。注意，在《石刻史料新编》本中，作者的名字误作"邓嘉绩"。

② 缪荃孙《艺风堂金石文字目》卷 17，第 27 页背面。《历代碑志丛书》第 24 册影印光绪三十二年（1906）刻本，江苏古籍出版社 1998 年版，第 478 页，上栏。

③ 上引缪荃孙《艺风堂金石文字目》"自序"，第 1 页。《历代碑志丛书》第 24 册，第 193 页，上栏。

墨"。返回北京后，孟桂良"略事整理，易之碑刻，已网罗殆尽。所收一百余种，编为五巨册，颜曰：《燕下都访碑录》"①。1937年，孟桂良将自己整理的易县碑刻目录发表，其中包括兴国寺碑，具体著录文字如下：

  《兴国寺朗公长老开堂敕》。
   右碑，拓片高三尺，广二尺二寸。碑阳：《礼部劝请开堂疏文》，首行顶格题："天的气力里"，次行低一格书："大福荫护助"，另行再低一格："护必烈大王令旨"……末行甲辰日，正中印痕一棵。十四行，行十九字，或廿字不等。碑阴题："天的气力里，大福荫护助。皇子大王，佛灯普照大禅师朗公长老，住持十方兴国禅寺，为国开堂祝诞，圣无疆者［原文如此，'圣'后脱'寿'字——引者］……仰祝皇家之寿，谨疏。"次蒙古书一行，下并印一棵，文不可辨。次"王者亲书蒙古字手［原文如此，'手'为'于'之误——引者］疏后"，及"监寺"、"副寺"题名。末："十方兴国禅寺第五代佛灯普照大禅师劝请开堂碑"二十一字。碑文十三行，行三十八字不等。在县城内兴国寺。《光绪畿辅志》、《上谷访古记》、《艺风堂金石文字目》卷十五［原文如此，"十五"为"十七"之误——引者］均著录。②

  孟桂良的著录文字略有错误。碑阳为忽必烈给兴国寺朗公长老的令旨，与礼部无关。在该文的第250—252页附有"待访碑目"，其中列元碑14种，都是孟桂良未见的碑石。由此可知，没有列入"待访碑目"而经详细著录的兴国寺碑曾由孟桂良测量和拓印。这批由孟桂良收集的易县碑拓如果保存下来的话，无疑是相当珍贵的资料。

  2013年出版的《中国文物地图集》"河北分册"收录了河北省文物工作者历次文物调查所获河北各地的重要文物信息。在易县文物的相关部分，该书没有提到兴国寺碑。③ 很可能此碑已经在20世纪30年代后损毁。

  北京大学图书馆古籍部收藏的易县兴国寺碑刻是缪荃孙《艺风堂金石

---

 ① 孟桂良：《易县碑目》，北平燕京大学考古学社编《考古社刊》第6期（1937），第203—204页。
 ② 上引孟桂良《易县碑目》，《考古社刊》第6期，第234页。
 ③ 国家文物局主编：《中国文物地图集》"河北分册"，文物出版社2013年版，下册，第564—580页，特别是第577—579页。

文字目》所著录的"兴国寺赐朗公长老令旨"。现馆藏编号为 26441 号，登录为清拓。石碑阴、阳两面的拓片装在一个大函套内，函套上写有编号："艺风堂26441"，钤蓝色长条印，印文为："艺风堂金石旧藏。"函套内除了拓片，还有纸签条一张，上有文字两行。第一行："兴国寺赐朗公长老令旨二道"；第二行："正书，两面刻，在易县兴国寺。"在文字旁钤朱文印一方，印文三行，每行二字，从右至左读作："荃孙所得金石。"

通过以上签条、印章可知，拓片为缪荃孙艺风堂旧藏，正是《艺风堂金石文字目》所著录者。

二 《朗公开堂疏》汉文部分

据拓片，疏文保存完整，尤其是周清澍先生格外重视的"王者亲书"蒙古文一行也留下大部分。

本节讨论汉文部分，录文如下（为存原貌，未加标点。因缺损而无法识读的字用□表示，若连续多字缺损而无法判断所缺字数，用……表示。文字下面加横线表示该字笔画残缺，识读出于推测。第 13 行为蒙古文，用下面加点的汉字说明，本文第三节另行讨论）：

01. 天的气力里
02. 大福荫护助
03. 　　皇子大王护必烈敬请
04. 　　　　　　佛灯普照大禅师朗公长老住持十方兴国禅寺为
05. 国开堂祝延
06. 圣寿无疆者
07. 　　窃以耳聋三日便知尽力提持面壁九年未免傍人勘破苍龙不雨枯草何苏伏惟
08. 　　佛灯普照大禅师朗公长老三轮普转一月顿圆玄杀活之机权透纵横之道路一条拄杖拈时打雨
09. 　　敲风三事衲衣得处包天括地大似龙蟠虎踞电击星驰特然不近人情盖为全行祖令到此何必高
10. 　　悬古镜远遁深□□□潜头□知进脚便好逆流渤澥到卓须

弥擦他昏瞽放光明将此深心奉尘

11.　　　　刹龙蛇□□□□□□□驴马□中自任饮泉食草快拈禅花之香仰祝

12.　皇家之寿谨疏

13.　　蒙古文一行　　　　　　　宝　　　　宝

14.　王者亲书蒙古字于疏后

15.　　　　　　　　　　监寺德水……照典座……　祖明　□殿　祖知

16.　　　　　　　　圆慧大师首座沙门……慎□同　立石

17.　　　十方兴国禅寺第五代佛灯普照大禅师劝请开堂碑

我们先讨论疏文的时间。此碑碑阳的忽必烈大王令旨有明确纪年，写于甲辰年（1244）。为了讨论的方便，我们根据周清澍先生论文所据国家图书馆拓片和北京大学图书馆艺风堂拓片，录出碑阳令旨文字（为存原貌，未加标点。因缺损而无法识读的字用□表示，文字下面加横线表示该字笔画残缺，识读出于推测）：

01.　天的气力里
02.　大福荫护助
03.　　护必烈大王令旨有易州兴国禅寺朗公长老应命赴
04.　　斡鲁朵里化导俺每祖道公事瞰有功劳特赐
05.　　佛灯普照大禅师号及宫锦法衣金镮劝请开堂文疏
06.　　与也道与□□州城不拣那个达鲁火赤管民匠大
07.　　小官人每□□的名字不得坏了这长老但住的寺
08.　　院不得□□取要差发应有寺地不得占夺徒弟人
09.　　等□□□□有的头口不得夺要铺马者言语都休
10.　　违了长老□□集众与
11.　皇家祝寿□　福者
12.　　右付佛灯普照大禅师朗公长老准此
13.　　　　甲辰□□□　　宝日

（光绪）《畿辅通志》明确记载，忽必烈令旨的时间是甲辰年二月，但是周清澍先生所据国家图书馆拓片和本文所用北京大学图书馆拓片上表示时间的文字都只剩下"甲辰"二字。令旨中已经写明，智朗为"易州兴国禅寺朗公长老"，"特赐佛灯普照大禅师号"，"劝请开堂文疏与也"。那么，碑阴的"兴国禅寺劝请开堂疏"最迟不能晚于1244年。

智朗是金元之际临济宗著名禅师海云（1202—1257）的弟子，也是忽必烈的亲信、元朝早期重臣刘秉忠（1216—1274）学佛时的师傅。赵孟頫写于至大二年（1309）的《临济正宗之碑》提到：海云有"大弟子二人，曰可庵朗、赜庵儇。朗公度苹庵满及太傅刘文贞"①。值得注意的是，早在此文之前二十余年，这一师承关系就已见诸临济宗石刻文字。由元人王博文（1223—1288）写于至元丁亥年（1287）或稍晚的《真定十方临济慧照玄公大宗师道行碑铭》明确记载了临济宗自义玄禅师之后的传承谱系，文中写道："海云传可庵朗、龙宫玉、赜庵儇。可庵传太傅刘文贞公、庆寿满。"② 无疑，刘秉忠曾是可庵智朗的弟子。

忽必烈生于乙亥年（1215）八月，到甲辰年二月，年仅30岁。当时在他的身边，汉族文士极少，目前已知的只有刘秉忠、赵璧和医生许国祯等。③

为人熟知的是，智朗的师傅海云禅师在1242年从云中（今山西大同）带刘秉忠同行，去漠北面见忽必烈。在海云返回中原时，刘秉忠被忽必烈留在身边，成为忽必烈潜邸时期最早的汉族谋臣并执掌汉文文书。④ 直到至元元年（1264），刘秉忠始终保持着僧人的身份，由于他法号"子聪"，

---

① 赵孟頫：《松雪斋文集》卷9《临济正宗之碑》，第19—20页。《四部丛刊初编》影印元沈伯玉刊本。前引周清澍先生《忽必烈早年的活动和手迹》已经提到这则史料。据元僧念常《佛祖历代通载》卷22所收赵孟頫《临济正宗之碑》，该文写于至大二年。《大正新修大藏经》本，第49册，第727页，上栏。

② 王博文撰并书，商挺题额《真定十方临济慧照玄公大宗师道行碑铭》。元碑已不存，录文据刘友恒、李秀婷《〈真定十方临济慧照玄公大宗师道行碑铭〉浅谈》，《文物春秋》2007年第5期，第48页。关于刘秉忠与临济宗的关系，我拟另文讨论，兹不赘。

③ 参阅赵琦《金元之际的儒士与汉文化》，人民出版社2004年版，第147—148页。

④ 张文谦《故光禄大夫太保赠太傅仪同三司谥文贞刘公行状》，收入刘秉忠《藏春诗集》卷6，《北京图书馆古籍珍本丛刊》第九十一册影印明弘治印天顺刻本，书目文献出版社无出版年，第227页；《元史》卷157《刘秉忠传》，中华书局1976年版，第3688页。详见葛仁考《元朝重臣刘秉忠研究》，人民出版社2014年版，第42—50页。

又负责忽必烈王府文书，被人们称为"聪书记"。①

从这份疏文的内容来看，作者不仅有很好的汉文古典修养，而且对佛学有很深的造诣，能够将各种佛教术语、典故信手拈来。若非佛学修养深厚，这样的文字必定是写不出的。据此判断，这篇疏文的作者很可能是刘秉忠。

在忽必烈早年尊礼汉地僧人的活动中，由刘秉忠撰写疏文的情况确实存在，而且写作时间与本文讨论的疏文接近。西京大华严寺禅僧慧明是海云的弟子，据至元十年（1273）所刊《西京大华严寺佛日圆照明公和尚碑铭》，"庚戌（1250）中，西京忽兰大官人，府尹、总管刘公，华严本主法师英公具疏，敬请海云老师住持本府大华严寺，海云邀师［即慧明——引者］偕行。既至云中，海云抑师住持，代摄寺任"。"壬子春，今上皇帝未及龙飞，享师名德，特旨令太保聪公述疏，命师升堂开法，永住大华严焉。即其年六月十五日也。"② 在慧明曾任住持的灵丘曲回寺，至元二十二年（1285）立有碑石，也记载了刘秉忠受忽必烈之命，撰疏请慧明开堂为华严寺住持之事："壬子春，太保□公奉旨述疏，命师开法，永住华严。"③ 壬子年为1252年，"未及龙飞"的"今上皇帝"是王子忽必烈，太保聪公就是法号子聪、入元后任太保的刘秉忠。

既然在1252年，刘秉忠尚可为海云弟子慧明撰写疏文，请其升堂开法，住持华严寺，那么可以推知，在1244年受忽必烈委托，由刘秉忠为他的师傅智朗撰写疏文是极为可能的。

此外，正是由于当时忽必烈王子身边缺乏汉族文士，这篇疏文的书写者也可能是刘秉忠。疏文用楷书刊刻上石。从碑文提供的信息，我们不知道所刻文字为何人所书。由于疏文后面有忽必烈手书一行，碑文极有可能根据手稿刊刻，所以刻文应该能够大体反映文稿书写者的字形面貌。上文推测，疏文很可能由刘秉忠撰写，那么上石的文字不排除刘秉忠所书的可

---

① 上引《元史》卷157《刘秉忠传》："秉忠虽居左右，而犹不改旧服，时人称之为聪书记。"第3693页。
② 祥迈《西京大华严寺佛日圆照明公和尚碑铭》，据拓片录文。拓片现藏日本京都大学人文科学研究所，编号GEN0015X。白勇《大同华严寺元碑及其相关问题》对这通碑文有录文和研究，但录文偶有误字，见《文物世界》2007年第5期，第17页。
③ 高凤山主编：《三晋石刻大全》"大同市灵丘县卷"，元《曲回寺碑记》录文，三晋出版社2010年版，第26页。原碑尚存，但碑阳已经磨光，该书据1958年文物普查时的抄件录文。

能性。

目前传世的刘秉忠楷书手迹有树立于1268年的《国朝重修鹊山神应王庙之碑》，原碑现存河北省内丘县神头村鹊山神应王庙旧址。① 对书法或艺术史有造诣的研究者或许可以进行比对、鉴别。我们相信，对于元代佛教史研究和刘秉忠研究，这份汉文疏文留下了珍贵的线索。

三　忽必烈蒙古文手迹

本节讨论《朗公开堂疏》的蒙古文部分，即忽必烈蒙古文手迹。由于本文提供相应部分的拓本照片，所以省略了对蒙古文的字形转写（transliteration），只做读音转写（transcription）。原文模糊无法识读的字母用/表示，多个连续的字母不可识读，用三条斜线///表示。原文写出但漫漶不清的字母，若可以推测补足，就用圆括号括注写出。原文可能漏写漏刻的字母，我也根据文意做了增补，但置于方括号内。有疑问的识读方案放到词语解释中讨论。由于需要讨论字母的具体写法，不得不使用字形转写符号，本文的转写方案采用亦邻真先生《至正二十二年蒙古文追封西宁王忻都碑》论文中所用的写形方案。②

这行畏兀体蒙古文可以转写为：

Qub[i]lai bi[č]ig (dür) /// /// /// bolan bolan ba se(d)kil sayin ne(r)e e(r)gün

文意是：依着忽必烈的令旨……成为……我们献上善意的名号。

以下逐词进行解释和说明。

Qub[i]lai：这是忽必烈的名字，但被分写成了两个部分，第一部分为Qubl，由于字母B下面紧接了字母L，所以字母I并未写出。在B的旁边向斜上方伸出的线段应是碑面的破损，并非原文的笔画。居中位置的字母L把Qub[i]lai一分为二，下面的AI没有和L相连，而是分得很开，类似于QI，但考虑到上面的字母和相关词意，合理的读法是与上连读，视为人

---

① 范玉琪：《元初名臣刘秉忠书丹国朝重修鹊山神应王庙之碑考释》，《文物春秋》1994年第4期，第51—56页。

② 亦邻真：《亦邻真蒙古学文集》，内蒙古人民出版社2001年版，第629页。原文转写符号漏掉了R。

名 Qub[i]lai。

bi[č]ig：开头是单独的 B，与下面的部分也分得很开，但从词意来看，B 一定与下面字母连读，下面的字母 I 向右上方倾斜，与 B 有呼应关系。在 13 世纪的畏兀体蒙古文中，bičig 经常采用这种分写形式，先单写一个字母 B，然后另外以 I 起笔，写出剩下的部分。I 的后面又出现了一个 I，我认为此处有一个斜向左上方的字母 Č 没有写出或刻出。当时的蒙古人写 bičig 时，可以一笔写出两个 I，然后再从第二个 I 的上方起笔，写出字母 Č 和剩下的 K。兴国寺碑中的这个蒙文词从运笔的顺序，完全符合 13 世纪畏吾体蒙文 bičig 的写法，只是漏掉了字母 Č。bičig 意为"文书、书信"等，① 若是蒙古王子的 bičig，常译为"令旨"。类似的例子还见于元代诸王令旨。② 兴国寺碑刻碑阴整篇文字的内容是忽必烈邀请智朗出任兴国寺的住持。疏文开头有这样的文字："皇子大王护必烈敬请佛灯普照大禅师朗公长老住持十方兴国禅寺为国开堂祝延圣寿无疆者。"此类邀请僧人或道士住持寺观的疏文从本质上说就是邀请函。这类文书固然可以称为 bičig，但是，我认为此处的 bičig 也可能是指碑阳所刻《护必烈大王令旨》，正是在这道令旨中，忽必烈赐予智朗"佛灯普照大禅师"的名号，与下文的 sayin ne(r)e e(r)gün "献上善意的名号" 相对应。

(dür)：第一个字母和第三个字母都留有残缺的部分字形，中间的元音 ü 模糊。该词是根据上下文意推测、补出的。dür 是蒙古语的予位格助词，通常用来标记间接宾语和地点状语，但是与表示圣旨的 jarliγ、表示令旨和懿旨的 bičig 连用时，有"倚靠""凭借"的意思，类似于工具格。按照现在的正字法，在以辅音字母 g 结尾的体词后面出现予位格助词时，应当使用 tur 或 tür，但在 13 世纪，这种区分还不是很严格。这里出现 dür 并不能视为错误。值得注意的是，字母 D 出现在词首的情况在 13 世纪的蒙古文中并不多见，多出现于词中。如果把这个词视为工具格助词 iyer，从字形上来看，似有较大差异，故不取这种读法。

---

① 内蒙古大学蒙古学研究院蒙古语文研究所编：《蒙汉词典》，内蒙古大学出版社 1999 年增订版，第 463 页。

② 如 1276 年安西王令旨、1282 年秦王令旨、1303 年小薛大王令旨、1305 年怀宁王令旨，俱见呼格吉勒图、萨如拉编著《八思巴字蒙古语文献汇编》，内蒙古教育出版社 2004 年版，第 371—378、383—409 页。

/// /// ///：漫漶不清，无法准确释读。中间偏下似乎有字母 I，可能是蒙古语的宾格助词 i，用作直接宾语的标志。在后面似乎为 tan，意为"您"，但不能肯定。

bolan：动词词根为 bol，"充当、作为、成为"，① n 为接续形副动词（converbum modale）的构词后缀，两个辅音 l 和 n 之间垫连了元音 a。因未找到合适的词意，我没有把这个词读成 bola。

bolan：在这个词中 O 下方的字牙写得较长，近似于 I。也可读成 bolin、bulin，甚至是 böle、büle，但我未能找到合理的词意，所以仍读为 bolan，是同一接续形副动词的重复。

ba：第一个字母有些漫漶，推测应是 B。ba 是第一人称复数，意为"我们"。② 在元代蒙古文书的汉文译文中，这个词常译为"俺"，若在圣旨和令旨中使用，并不具体表示复数的"我们"，而是体现颁布圣旨、令旨的皇帝、王子身份的高贵。

se(d)kil：词首的 S 写得较大，像 K。推测字母 A 后可能是 d，词中的 d 应由 OA 两个字母构成，但这里漏掉了短牙 A。③ 词中的字母 K 写完之后并没有像稍晚时期的写法那样直接顺笔势写出 I，而是保留了较传统的写法，I 单独起笔，而且书写的位置大大上提，然后向下，写出结尾的辅音字母 L。这种分开的书写方式和上文提到的 bičig 相似。sedkil 为名词，意为"想法、念头、心思"。④

sayin：尽管字的旁边刻有印章轮廓，笔画的中间有较大的转弯扭曲，但总体识读没有困难。sayin 意为"好、优、良、善"，⑤ 与上面的 sedkil 连用，构成词组，表示"心思好的""想法好的"。

ne(r)e：这个词也可以读成 ene，但前提是词首的 e 采用的是双牙 AA 的书写形式。考虑到后面的词若读作 ergün 的话，词首的 e 只能是单牙 A 的形式。在不长的一段文字中，词首 e 出现两种不同的写法，似有不宜。所以，我将这个词读作 nere，将第三个短牙视为词中形式的 R，构成 R 的

---

① 上引内蒙古大学蒙古学研究院蒙古语文研究所编《蒙汉词典》，第 475 页。
② 同上书，第 405 页。
③ 对于词中的 d，我认为它应由 OA 两个字母构成，但这里漏掉了短牙 A。乌兰教授认为文中形似 O 的字母很可能就是 d。这个在词中出现的 d 写法接近 T 的词首形式。
④ 上引《蒙汉词典》，第 891 页。
⑤ 同上书，第 853 页。

另一个字牙 A 不明显或未刻出。这个词意为"名字""名号"。① 现代蒙古文中这个词常采用分写形式的 ner-e，但在 13 世纪的蒙古文中，存在连写形式。

e(r)gün：词首的 e 是单牙 A 的形式，下面的字母我视为词中形式的 R，但是另一个字牙 A 不明显。ergün 为动词 ergü-的接续形副动词形式。动词词根 ergü-意为"呈、献、敬献、呈递"。② 后面的 n 是构成接续形副动词的后缀。严格按照语法来看，副动词不能结束句子。换言之，若这句话的最后一词是 ergün 的话，它并没有写完。在该词的后面有形似顿号的一个点，或许表示语意的结束。

由于这行蒙古文的写刻存在较多疑问，我对以上释读并无十足的把握，仅做初步的研究，聊供参考。

四 结论

现在我们还不能确定北京大学图书馆所藏的这通《朗公开堂疏》拓片是否为孤拓，不知世间是否还留存着文字更为完整的拓片。

这份拓片所存文字，不但为探究忽必烈早年宗教信仰增添了新的史料，而且为我们展示了忽必烈留存的蒙古文手迹。这在整个蒙古古代帝王中恐怕是唯一的实例。虽然这行文字有漫漶残缺之处、在正字法上还存在着若干疑问，但它无疑是古代蒙古语文学研究的重要资料。

汉文史料显示，忽必烈早年的宗教信仰多集中于汉地佛教，特别是禅宗。有海云、智朗、刘秉忠（法名子聪）三位禅僧在 1250 年之前就和忽必烈有密切的交往，这三人是依次师徒授受的关系。忽必烈对海云和智朗很崇敬，在邀请智朗做兴国禅寺住持的疏文上留下了亲笔题写的蒙古文。

《朗公开堂疏》的内容甚至书写，很可能出自朗公的弟子刘秉忠之手。对于刘秉忠的研究者而言，这是值得重视的。

---

① 上引《蒙汉词典》，第 367 页。
② 同上书，第 156 页。

附图：《朗公开堂疏》后忽必烈畏兀体蒙古文手迹一行。照片由北京大学历史学系求芝蓉博士拍摄并惠允使用，谨此致谢！

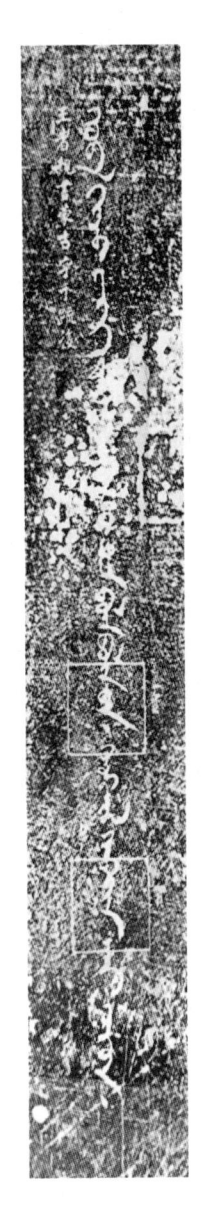

（作者为北京大学历史学系副教授）

元代"万州诸军奥鲁之印"再探*

薛 磊

1966年四川省苍溪县大获城一字库出土了两方同文同制的"万州诸军奥鲁之印"。印铜质,印面为蒙古八思巴字,印背右侧刻有与印面文字相对应的汉字,即"万州诸军奥鲁印",印背左侧刻"中书礼部造 延祐四年八月日"(图1)。对上述两方官印,袁明森、陈世松两位先生进行过较为详细的考释并充分肯定其史料价值①,照那斯图、王人聪等先生所编官印集中亦有著录②。笔者认为两方"万州诸军奥鲁之印"有可疑之处,下面试述之。

一

奥鲁(auruq),原意为"老小营"。后来奥鲁的含义有所变化,既指军人族属,又指管理军人族属的机构。元代蒙古军、探马赤军、汉军均设有管理军户的奥鲁机构,新附军则没有奥鲁机构的设置。汉军主要是指从北方汉族聚居地区签发的士兵,元朝签发汉军,到至元十一年(1274)便基本停止了。新附军主要是指元朝灭南宋后所收编的南宋军队。③

---

* 本文为"南开大学人文社会科学研究项目·中国史学科和学术团队建设(项目号:91822161)"研究成果。
① 袁明森:《四川苍溪出土两方元"万州诸军奥鲁之印"》,《文物》1975年第10期;陈世松:《释元代万州诸军奥鲁之印》,《四川文物》1986年第3期。
② 照那斯图:《元八思巴字篆书官印辑存》,《文物资料丛刊》1,文物出版社,1977年,第79页;王人聪编:《新出历代玺印集录》,香港中文大学文物馆专刊之二,1982年,第42页;王人聪编著:《新出历代玺印集释》,香港中文大学文物馆专刊之三,1987年,第105—106页;照那斯图、薛磊:《元国书官印汇释》,辽宁民族出版社,2011年,第254—256页。
③ 陈高华:《论元代的军户》,《元史论丛》第1辑,中华书局,1982年,第72—76页。

蒙古征服四川的进程持续近半个世纪。1236年十月蒙古诸王阔端率军攻占成都。① 随后蒙古军队又陆续占领了四川长江以北的很多地区。至元十一年（1274）六月元世祖忽必烈宣布大举进攻南宋，元朝军队在四川战场亦展开攻势，同年十月元廷"敕西川行枢密院也速带儿取嘉定府"。② 到至元十五年八月元军最终攻取川蜀之地。③ 万州（治今重庆市万州区），元代为夔路（治今重庆市奉节县）属州。元军攻陷万州的时间是至元十三年。至元十三年十一月癸巳"安西王所部军克万州"④。

那么，至元十一年以后元朝在新攻取川蜀之地收编的军户属于汉军军户还是新附军军户呢？如果按照陈高华先生关于收编汉军的时间界定，这些军户应该是新附军军户。袁明森、陈世松两位先生在考释"万州诸军奥鲁之印"时，都认为元代四川行省在军户管理上实行的是北方汉军军制，由地方官兼领奥鲁。笔者赞同袁明森、陈世松两位先生的观点。四川行省军户的情况与河南行省有所区别。根据元仁宗朝河南行省的一则咨文，河南行省"迤南路府州县衙门俱无兼管奥鲁职名"⑤。这里的"迤南"指的是河南行省境内至元十一年以后新攻陷的南宋疆域，其辖区军户属于新附军军户，故不设奥鲁。

笔者检到两则史料可以佐证上述观点。至大元年（1308）女真人刘玉担任少中大夫、嘉定路总管兼本路诸军奥鲁管内劝农事⑥。按《涪州石鱼文字所见录》，"皇元至大辛亥十二月奉训大夫夔路万州知州兼管本州诸军奥鲁劝农事安固，奉省檄整治各路水站赋役，事毕，偕忠翊校尉同知涪州事咬寻、进义副尉涪州判官杨辉敬谒伊川先生祠，因观石鱼。中旬三日聂文焕谨书"⑦。至大辛亥，即至大四年（1311）。两则史料说明至元十一年以后新纳入元朝版图的嘉定路和万州的主要官员兼任奥鲁，境内签发的军

---

① 《元史》卷2《太宗纪二》，中华书局1976年版，第35页。
② 《元史》卷8《世祖纪五》，第155、157页。
③ 《元史》卷10《世祖纪七》，第204页。
④ 《元史》卷9《世祖纪六》，第186页。
⑤ 《元典章》卷53《刑部十五·约会·军民词讼约会》，陈高华、张帆、刘晓、党宝海点校，中华书局、天津古籍出版社，2011年，第1785页。
⑥ （元）同恕：《榘庵集》卷6《少中大夫嘉定路总管赵公神道碑铭》，孙学功点校整理，《元代关学三家集》，西北大学出版社，2014年，第187—188页。
⑦ （清）姚觐元、钱保塘：《涪州石鱼文字所见录》卷下《安固题记》，《丛书集成续编》，史部第75册，上海书店出版社，1994年，第1055页。

户属于汉军军户。笔者对两方"万州诸军奥鲁之印"的怀疑主要是官印的铸造时间以及两方同文同制官印的出现。

二

奥鲁官印属于衙署印而非官员私印，不会随奥鲁官个人的迁调而改铸。奥鲁官印的铸造、颁发多是由于奥鲁机构的调整或新设。为了说明上述结论，笔者再简要介绍3方奥鲁官印。

故宫博物院藏有"武州诸军奥鲁官印"（图2）和"白登县诸军奥鲁官印"（图3）的拓本。"武州诸军奥鲁官印"的印背有汉字款"至元十年正月"，"白登县诸军奥鲁官印"的印背有汉字款"至元十年二月"。① 元代汉军奥鲁的隶属关系大致经历了如下三个发展阶段：由军队管辖、专设奥鲁官管辖、地方管民官兼领。② 至元九年十二月元廷"诏诸路府州司县达鲁花赤、管民长官兼管诸军奥鲁"。③ 伴随着汉军奥鲁隶属关系的改变，地方奥鲁官府亦会随之调整。元代武州（治今山西省武寨县西北）隶属腹里地区大同路，白登县（治今山西省阳高县东南大白登镇）则为大同路的直辖县。至元十年"武州诸军奥鲁官印""白登县诸军奥鲁官印"的铸造与大同路一带奥鲁机构的调整是同步的。

1905年在今天黑龙江省哈尔滨市阿城区出土了一方"镇宁州诸军奥鲁印"（图4）。印面为八思巴字蒙文，印背右侧刻有与印面蒙文相对应的汉字"镇宁州诸军奥鲁印"，左侧刻"中书礼部造 至正十五年七月日"。④ "镇宁州诸军奥鲁印"的铸造与镇宁州的设立有关。至正十一年（1351）四月元廷"罢海西辽东道巡防捕盗所，立镇宁州"⑤。"镇宁州诸军奥鲁印"印背所刻"至正十五年七月"，既是"镇宁州诸军奥鲁印"的铸造时

---

① 叶其峰：《故宫藏元八思巴字印及相关问题》，《文物》1987年第10期。
② 陈高华：《论元代的军户》，《元史论丛》第1辑，第77—78页。
③ 《元史》卷7《世祖纪四》，第144页。
④ 照那斯图：《元八思巴字篆书官印辑存》，《文物资料丛刊》1，第78页；黑龙江省文物考古工作队：《黑龙江古代官印集》，黑龙江人民出版社1981年版，第120页；许子荣：《元代"镇宁州诸军奥鲁印"三题》，《北方文物》1996年第4期；郭守信、王绵厚主编：《辽海印信图录》，辽海出版社2000年版，第129页。
⑤ 《元史》卷42《顺帝纪五》，第891页。

间又是镇宁州诸军奥鲁的设置时间。

上述3方奥鲁官印的铸造背景说明铸造"万州诸军奥鲁之印"的延祐四年（1317）八月，应该是万州诸军奥鲁设置的时间。

三

按前引《涪州石鱼文字所见录》，在至大四年十二月以前，万州主要官员已经开始兼管奥鲁。既然有奥鲁的设置，就应该有奥鲁官印。有疑问的是，为何要在时隔六年之后的元仁宗延祐四年（1317）要再次颁降奥鲁官印？

还有一个疑问，1966年出土的延祐四年"万州诸军奥鲁之印"，为两方同文同制的官印。袁明森、陈世松两位先生认为，北方诸州达鲁花赤、知州都兼任奥鲁，故有两方相同的奥鲁印。根据元成宗大德元年（1297）《济宁路录事司厅壁记》，"至元丙戌春正月本路创立录事司，达鲁花赤薛里吉思于省部关到录事司并奥鲁印二颗，与录事兀都蛮于巨野县尉司廨宇内署事"①。至元丙戌，是指至元二十三年（1286）。与诸州一样，元世祖朝中期以后，北方诸路总管府录事司达鲁花赤、录事均兼任诸军奥鲁。②《济宁路录事司厅壁记》说明两个问题：第一，济宁路录事司奥鲁印的铸造是因为录事司的创立；第二，录事司达鲁花赤和录事共掌一方录事司印和一方奥鲁印。据此，笔者认为元代北方路府州司县牧民官府，虽然两员主要正官均兼任诸军奥鲁，但各衙门奥鲁官印应该只有一方。以常理言之，一个衙署有两方同样的官印，岂不会造成官府运作的混乱？

因此"万州诸军奥鲁之印"的铸造时间以及两方同文同制官印的出现均存可疑之处。元代中后期伪造官印现象猖獗。元顺帝朝处州路青田县尹叶琛发现有吏员使用伪造的官印，"自是辗转而获，一月间得伪县印一十

---

① 武亿：《授堂金石文字续跋》卷13《济宁路录事司厅壁记》，《续修四库全书》第892册，上海古籍出版社2002年版，第758页。

② 例如，根据大德十一年真定路"加号孔子诏书碑"碑阴题名，真定路录事司达鲁花赤和录事均有"兼管诸军奥鲁"的头衔。参见《常山贞石志》卷19《加号孔子诏书碑》，《历代石刻史料汇编》第13册，北京图书馆出版社2000年版，第311页。

有八，税务印一十有二"①。特殊的历史背景亦为我们判断官印的来源增加了困难。

图1　万州诸军奥鲁之印

图2　武州诸军奥鲁官印

图3　白登县诸军奥鲁官印

图4　镇宁州诸军奥鲁印

（作者为南开大学历史学院副教授）

---

① 宋濂：《黄誉刻宋学士先生文集辑补三·叶治中历官记》，《宋濂全集》，浙江古籍出版社2014年版，第2207页。

元代全真掌教的汉文、八思巴文印章*

马晓林

元代官印,早期主要用汉文,至元八年(1271)以后改用八思巴文。在行政文书运作中,印章是权力的代表。对于宗教领袖,朝廷亦颁赐印章。元朝颁赐藏传佛教领袖的印章实物至今尚存多件,有汉文印章,亦有八思巴文印章。对此学术界已有不少研究,蔡美彪先生的考释文章是其中代表。① 而元朝颁赐道教领袖的印章,实物未见传世。2010 年,小林隆道揭出了苏州一通元代碑刻上的玄教领袖张留孙的八思巴字印章"管领江南诸路道教印(gon liŋ geŋ/ nam džeu lu/ taw gew yin)"②。江西省博物馆藏有一件"阳平治都功"汉文玉印,据称为元代正一教张天师法印,③ 但其性质不是官印。元代道教,南正一,北全真。关于全真掌教所用印章,似乎还没有学者关注过。本文拟揭出石刻中所见汉文、八思巴文印章各一方,并对印章刻石的历史背景作出考察,以冀对全真教史有所裨补。

---

* 本文是国家社科基金重大项目"元代北方金石碑刻遗存资料的抢救、发掘及整理研究"(12&ZD142)、"南开大学人文社会科学研究项目·中国史学科和学术团队建设(项目号:91822161)"及国家社科基金青年项目"元代国家祭祀研究"(15CZS023)的阶段性成果。本文是马晓林《碑刻所见蒙元时期全真掌教印章及相关史事研究》[《西北师大学报》(社会科学版)2017 年第 4 期]的修订版,新增了几条重要史料。2017 年 12 月曾在无锡冯其庸学术馆的会议上宣读交流,惠承王丁先生、张伟然先生提出意见,谨致谢忱。文中一切可能的失误与不足,都由本人负责。

① 蔡美彪:《八思巴字碑刻文物集释》,中国社会科学出版社 2011 年版,第 318—327 页。照那斯图、薛磊:《元国书官印汇释》,辽宁民族出版社 2011 年版,第 3—13 页。

② [日]小林隆道:《蘇州玄妙観元碑(天慶觀甲乙部符公據)考:宋元交替期の宋代(文書)》,《東洋学報》92—1,2010 年 6 月,第 37—39 页。

③ 熊贤礼:《白玉天成阳平印记——元代张天师白玉法印解析》,《南方文物》2014 年第 2 期。

一 汉文印章

河南嵩山崇福宫有大德十年（1306）立石的《寇天师传》碑，碑阴是图文并茂的一通诗碑，分二层，上图下文。上层为线刻绘图，一道士坐松柏下讲道，一人站立聆听，上空有海市蜃楼景象。下层为诗一首，行草体，题作《蒲察大使索海市诗》，诗曰：

> 应天以实不以文，人间世事徒纷纷。一自元丰感灵应，百年异代殊无闻。山东安抚心好道，一过蓬莱问芝草。深期恍惚通仙灵，不见嘉祥惨怀抱。是时巨海风涛息，万里涵空衬天碧。天边和气生紫烟，海上群山削青壁。层城异木当头现，甲马神兵随后变。云幢烟盖出山尖，宝阁琼楼浮水面。参差有若蓬莱宫，乍移三山出海东。鹤驾逍遥近西岸，来向清时振道风。①

诗末署"丘立"二字。"立"字上钤盖印章一方（北京大学图书馆藏拓本，见图1）。印文三行，每行三字，虽然第二行前二字残缺较多，但根据现存笔画仍可推定印文当为"玄门演/道大宗/师之印"。

但因为诗碑本身没有系年，题署也未明确出现丘处机字号，所以引起了一些疑问。有的学者认为诗题为《海市诗》，作者名为蒲察索，任大使一职，书丹者名为丘立。② 这是望文生义的臆测，不仅凭空虚造了蒲察索、丘立这两个根本不存在的人，没有考虑诗的内在逻辑，而且也脱离了碑石所在的历史时空场景。

从诗的内容来看，这实际上是因一位蒲察大使索要，故丘处机作了一

---

① 此据叶封《嵩阳石刻集记》卷下，《石刻史料新编》第2辑第14册，新文丰出版公司1979年版，第10236页，下栏。按，今之学者录文多从陈垣编纂，陈智超、曾庆瑛校补《道家金石略》，文物出版社1988年版，第449页。后者所据为罗振玉《金石萃编未刻稿》卷上（《石刻史料新编》第1辑第5册，新文丰出版公司1977年版，第3638页，上栏），录文有些字未能辨读。如赵卫东辑校：《丘处机集》，齐鲁书社2005年版，第185页；郭武：《丘处机学案》，齐鲁书社2011年版，第441页。

② 陆增祥：《八琼室金石补正》卷128，《石刻史料新编》第1辑第6册，第6091页。薛瑞兆、郭明志编：《全金诗》第4册，南开大学出版社1995年版，第598—599页。阎凤梧、康金声主编：《全辽金诗》，山西古籍出版社1999年版。陈衍辑撰，王庆生增订：《金诗纪事》，上海古籍出版社2013年版，第382页。

首海市诗。借海市幻境演说道法，在全真教史上是较为常见的。郭武认为蒲察大使为丘处机弟子蒲察道渊（1152—1204）。① 但是，蒲察道渊自幼好道，不曾入仕，无大使之号。诗中"山东安抚心好道，一过蓬莱问芝草"句，表明蒲察大使的官职为山东安抚使。"一过蓬莱"意味他是有一次到登州莱州一带时向丘处机索诗。丘处机为登州人，拜师王重阳之后，1169年随师西行，其后在陕西、河南、燕京等地修道阐教，1191年归登莱，1220年赴成吉思汗之召西行，此后再未踏足山东。因此这首海市诗应当写于1191—1220年。在此期间担任山东安抚使的，史料中只记载了一位仆散安贞，1214—1215年任职，率军至登州莱州平定杨安儿之乱，② "时登及宁海未服，公（仆散安贞）请师（丘处机）抚谕，所至皆投戈拜命，二州遂定"③。仆散与蒲察皆为女真姓氏，但判然有别。因此目前尚难确定蒲察大使其人为谁。但金末局势混乱，丘处机作为声望卓著的道教领袖，在各方势力的夹缝中，处境微妙。丘处机早年修道时的诗作结集为《磻溪集》留传至今。后来他声望日隆，其诗作结集《鸣道集》却佚失了，其中当有不少微妙的作品。金末山东大乱，地方割据，安抚使不一定由朝廷任命，很可能有的不见于记载。总之，丘处机这首诗很可能写于1191—1220年较晚的某个时间。

《海市诗》的内容、撰写地乃至蒲察大使，都与嵩山崇福宫没有瓜葛。那么必须考察的是碑石刻立于崇福宫的原因与历史背景。丘处机诗碑没有系年，但其碑阳《寇天师传》有刻立时间大德十年。北魏寇谦之（365—448）在嵩山修道而成为天师，世所闻名。《寇天师传》撰者为北宋道士贾善翔，④ 当为其著作《高道传》（原书元末明初佚）中的一篇，此前从未刻石。另外同时刻立的还有《唐嵩岳太一观蝉蜕刘真人（道合）传》碑，⑤ 当亦为《高道传》中的一篇。大德十年，嵩山崇福宫刻立《寇天师传》《刘真人传》，且在传末附刻全真高道秦志安（1188—1244）赞诗，其目的显然是追溯本宫观道教传承史。这一点张广保先生已经指出。⑥ 笔者

---

① 郭武：《丘处机学案》，第441页。
② 《金史》卷102《仆散安贞传》，中华书局1975年版，第2243—2246页。
③ 陈时可：《长春真人本行碑》，《道家金石略》，第457页。
④ 《后魏嵩山登真寇天师传》，《道家金石略》，第716页。
⑤ 《唐嵩岳太一观蝉蜕刘真人传》，《道家金石略》，第717页。
⑥ 参张广保《元代嵩山崇福宫的全真教传承》，《全真道研究》第5辑，2017年，第95—105页。

认为，丘处机诗当亦为大德十年刻。

要理解丘处机诗碑的重要性，需要认识金元时期崇福宫的历史沿革。金代崇福宫知宫为正一道士，金亡后才迎来丘处机弟子乔志高。①《大元中岳崇福宫宗主栖云虚静真人寿宫记》碑载，乔志高（1188—1264），即墨人，"岁未冠而投玄师长春圣贤，得处世之诀，跏趺无寐五十余霜，随缘度门徒约千百众，域中多立宫观，辅以神仙图师之教，恒有济时赒急之心。……其留崇福宫三十余岁。……享春秋七旬有七，登真于中统甲子孟秋二日也"②。中统甲子即中统五年（1264），享年七十七岁，可知乔志高生于金大定二十八年（1188）。"其留崇福宫三十余岁"，则乔志高1234年前便到嵩山，彼时金朝未亡，可能性不高。实际上，另据《嵩阳崇福宫修建碑》载，戊戌岁（1238），当地府县僚佐与道官请乔志高来任住持，"壬寅（1242）才允"③。1242年乔志高五十五岁，正合"五十余霜"之说。故"其留崇福宫三十余岁"当为"其留崇福宫二十余岁"之误。总之，崇福宫在1234年金亡之后开始寻求全真教的庇护，1242年乔志高到来以后，正式成为全真教宫观。至元十三年（1276），南北统一，正一教也进入元朝治下。至元十八年（1281），佛道辩论，全真教败阵，遭遇焚经之厄，也失去了在金元之际占据的一些宫观。在正一派日益受朝廷重视的前提下，崇福宫的全真道士对于宫观归属权亦当有潜在的忧虑。乔志高去世后，崇福宫住持再传至罗道全。大德十年（1306）罗道全在崇福宫的立碑活动，不仅是要追溯本宫悠久的道教史，更是要体认其全真教归属。《寇天师传》《刘真人传》、丘处机诗同时刻碑，建构起北魏、唐、蒙元初期崇福宫道教传承史，标志着元代崇福宫历史叙述的形成。

元中期以降，崇福宫立碑追溯本宫历史时，往往称丘处机、乔志高。如至大辛亥（1311）张仲寿《嵩山大崇福宫记》云："是以嵩之重阳帝君有高弟长春师丘君侈其逢，即有振起之渐。继之以栖云乔君志高承其志，用展经营之规。"④ 再如至正壬午（1342）《大元嵩山崇福宫创建三清殿

---

① 《嵩阳崇福宫修建碑》，《金元全真教石刻新编》，北京大学出版社2005年版，第195—197页。

② 《大元中岳崇福宫宗主栖云虚静真人寿宫记》，《道家金石略》，第638页。

③ 《嵩阳崇福宫修建碑》，《金元全真教石刻新编》，第195—197页。另参《敦请栖云真人住持嵩阳宫疏》，《金元全真教石刻新编》，第191—192页。

④ 《嵩山大崇福宫记》，《金元全真教石刻新编》，第194—195页。

记》载:"全真一派,教风风靡,海内仰之,犹景星祥凤,争先睹之为快。其高弟若长春全德明应丘真君、栖云虚静妙渊乔真人,际会昌尘,恢弘玄道,钦奉玺书,相续而宗主是宫。"① 但实际上,丘处机到过崇福宫之事毫无文献可稽。元代中期以后立石的崇福宫碑刻言必称丘处机,是为崇福宫归属全真教寻找依据。而这种叙事的来源很可能就是大德十年立石的丘处机诗碑。

丘处机《海市诗》不见于其他文献收录,末署"丘立"二字也是不太常见的题署。但其内容未必为伪。毕竟丘处机在山东半岛时期的诗文绝大多数未能传世。乔志高拜丘处机为师时"岁未冠",也就是在1208年之前。当时丘处机正居于山东半岛。1220年丘处机离开山东之前的某个时间,丘处机撰《海市诗》并刻石,因此诗末署"丘立"。图文并茂,利于宣教。当时乔志高留存纸本一件,大德十年罗道全将乔志高旧藏刻碑,亦并非不可能。无论如何,虽然此诗刻石时间晚,但可以认为,至少大德十年及其后的道士们认定这方印章是属于丘处机的。鉴于当时全真掌教的印章已经改为八思巴文,这方汉文印章更应有所依据。笔者倾向于认为此碑上就是丘处机的手迹和印章。

据张广保研究,蒙元时期几乎所有全真掌教都有"玄门演道大宗师"这一称号,只有丘处机是否具有这一称号尚不能确定。② 值得注意的是,元世祖至元六年(1269)加封全真历代宗师,丘处机封号为"长春演道主教真人",③ 唯丘处机有"演道"之号,且与其"主教"身份相关联。有碑刻上的印章为证,应该可以认为"玄门演道大宗师"之号始于丘处机,随后成为全真掌教的固定称号。

图1 丘处机印章

---

① 《道家金石略》,第802页。
② 张广保:《蒙元时期全真教大宗师传承研究》,陈鼓应主编:《道家文化研究》第23辑,生活·读书·新知三联书店2008年版,第192—249页。
③ 《全真第五代宗师长春演道主教真人内传》,《道家金石略》,第637页。

二 八思巴文印章

八思巴字是元朝至元八年（1271）作为"国字"推行的一种文字。虽然其最初目的是"译写一切文字"①，但实际上主要是用于官印和官方文书。八思巴字推行后，原来的汉字官印一律收回，铸造八思巴字印颁行。全真掌教的印章应该同样如此。

全真掌教的八思巴字印文，见于河南洛阳新安县烂柯山洞真观王乔洞的一通碑石上。2009 年，照那斯图、胡鸿雁合作发表《新发现三份八思巴字碑刻资料》一文，②刊布并考释了元成宗大德五年（1301）刻石的《仙人洞题字碑》、《中书省榜示碑》以及《河南江北等处行省榜示碑》。后二碑都是禁约诸人骚扰洞真观的榜示，是元代常见的保护寺观的公文。公文主体为汉文，末有一行八思巴字音写蒙古语，是公文内容的提要。仙人洞题字碑，嵌于洞真观藏真洞入口外侧。碑高 122.5 厘米，长 61 厘米。碑文正书，阴刻汉字大字二行："烂柯山／真人王乔仙洞。"右下落款："嗣教玄逸子书。"左边刻小字一行："大元大德五年岁次辛丑十一月下旬有一日，十方王乔仙洞兼下院洞真观住持纯和子孙道先等立石。"此为立石时间和立石人，"十方"二字似有磨泐，故照那斯图、胡鸿雁文中未能读出。碑上有后世杂刻题记数条，此不备录。右下落款末二字处钤盖有八思巴字印一方，故仿刻上石（图2）。照那斯图、胡鸿雁文中未能完全释出其上的八思巴字印文，也未能考索出题字之人，认为印的性质有待确定。

实际上，题字人的身份不难确定。嗣教玄逸子，当为至元二十一年（1284）接任全真掌教的张志仙，理由有三。首先，"嗣教"是元代全真掌教的自称。见于石刻者，如至正七年（1347）《重刻武宗圣旨碑记》有元末全真掌教完颜德明题名"嗣教重玄子完颜德明"③，多通碑上有张志敬（1256—1270 年任全真掌教）题名"嗣教光先体道诚明真人张"④。其次，

---

① 《元史》卷 202《释老传》，第 4518 页。
② 照那斯图、胡鸿雁：《新发现三份八思巴字碑刻资料》，《民族语文》2009 年第 6 期。此承北京大学历史学系党宝海先生提示，谨致谢忱！
③ 《重刻武宗圣旨碑记》，《道家金石略》，第 799 页。
④ 《重修真常宫碑》（中统五年），《道家金石略》，第 575 页。《重修天坛灵都万寿宫碑》（至元四年），《道家金石略》，第 585 页。

"玄逸"是张志仙的道号。①《道家金石略》收录大德九年（1305）五月初九嵩山崇福宫摹勒上石的《玄逸道人残碑》载："元贞丙申（1296）夏重五日为史公处厚先生书于集虚堂。嗣教玄逸道人敬书。"② 这同样是题字类碑刻的落款，与仙人洞题字碑的落款极为类似。最后，仙人洞题字碑立石的背景与全真教史相符。张志仙至元二十二年（1285）接任全真掌教，其卸任或去世时间不详，但下一任掌教苗道一继任于至大元年（1308）。③ 本碑立石于大德五年，正是在这期间之内。

国家图书馆收藏有洞真观已佚的两通碑的拓片。拓片《通真观榜》（馆藏编号：各地1447—2）是元贞元年（1295）安西王王傅颁布的榜示，大德五年冬至日孙道先等立石，此碑载于民国《新安县志》，④ 今原石大概已不存。第二通拓片亦名《通真观榜》（馆藏编号：各地1447—1），起首语为"皇帝圣旨里，玄门宗师掌教真人管领诸路道教所同知集贤院道教事"，是大德四年（1300）张志仙颁布的护持榜示，大德五年十二月晦日孙道先等立石。因此，我们可以知道，洞真观共有中书省、河南行省、安西王傅、全真掌教四通榜示碑，它们与仙人洞题字碑是同时刻立的。其缘起很可能是洞真观道士孙道先等人前往元大都状告，因而得到了中书省榜示公文，同时又到长春宫求得了全真掌教张志仙的榜示、题字。

洞真观除前述诸碑外，尚存元碑五通。⑤ 其中，至大二年（1309）张仲寿撰并书《重兴新安洞真观碑》较完整地记载了洞真观的历史渊源。在金代，洞真观处于废弃状态。元代道士王志真、孙道先、马道昌、张道渊等开始重建洞真观。为使洞真观获得官方承认，元成宗元贞、大德年间，孙道先等四处奔走，寻求护持。终于在元贞元年（1295）获得安西王傅护持榜示，大德四年获得全真掌教宗师榜示，大德五年获得中书省榜示、河南江北行省榜示。《重兴新安洞真观碑》载："玄逸真人、广微天师，皆大

---

① 姚燧：《长春宫碑铭》，《道家金石略》，第720页。
② 《玄逸道人残碑》，《道家金石略》，第688页。
③ 《永乐宫圣旨碑》，《道家金石略》，第727页。
④ 《安西王令旨碑》，民国《新安县志》卷14，《中国方志丛书》，成文出版社1975年版，第1076—1077页。
⑤ 河南省文物局编：《河南省文物志》上卷，文物出版社2009年版，第334页。

书匾额。"① 广微天师，即正一教第三十八代天师张与材（1295—1316 年在位），是江南道教领袖。张天师所书洞真观匾额可能已佚。而能与张天师并列的玄逸真人，非全真掌教张志仙莫属。

全真掌教玄逸子张志仙题字之后，在落款处钤盖了他的印章。印文共四行，字体是典型的八思巴字篆书。但因为叠刻汉字"子书"二字，印文中间二行被遮盖，较难识读。照那斯图、胡鸿雁文中认为，左第一行可拟"玄门"；第二行第一字读音 yin，对应汉字待考；第四行应是"教之印"。笔者认为，第二行有三个字，第一字当读为 jėn，对应的汉字是演，第三、第四字可辨认出起首字母皆为 t。第三行已经很难辨认了，但可以根据意义补出。总之，可以认为整个八思巴字印文为：hu̯en mun/ jėn t‌aw t‌ay/ dzuŋ ši džaŋ/ gew dži yin（八思巴字复原如图3），对应的汉字是："玄门/演道大/宗师掌/教之印"。

张志仙的结衔，在至元二十八年的一通碑中作"玄门演道大宗师管领诸路道教特授辅元履道玄逸真人"②，大德三年（1299）的一通碑中作"玄门演道大宗师嗣教辅元履道玄逸真人掌管诸路道教事"③，都包含了"玄门演道大宗师"这一部分。八思巴字印章在元朝最具官方性和权威性。因此，尽管我们在元代史料中还能见到元代全真掌教的结衔"玄门嗣教大宗师""玄门掌教大宗师""演道大宗师玄门掌教"等异称，但八思巴字"玄门演道大宗师掌教之印"反映的才是最标准的称号。

在八思巴字研究中，印章是很重要的一类。元代藏传佛教帝师、国师的八思巴字印章传世者便有八件。元代道教八思巴字印章，除了小林隆道所揭苏州碑刻上的玄教领袖"管领江南诸路道教印"，仅有烂柯山石刻上的全真掌教"玄门演道大宗师掌教之印"，价值很高。

---

① 黄明兰、朱亮编著：《洛阳名碑集释》，朝华出版社 2003 年版，第 331 页。按，孙星衍：《寰宇访碑录》卷 11，第 44a 页误记此《新安洞真观碑》在安徽祁门，是混淆了安徽新安与河南新安。赵绍祖：《安徽金石略》卷 2，第 29a 页误从《寰宇访碑录》。
② 《古文道德经序跋》，王宗昱编：《金元全真教石刻新编》，第 84 页。
③ 《玄门掌教大宗师存神应化真人祁公道行碑》，《道家金石略》，第 699—701 页。

图2　八思巴字印文　　图3　八思巴字还原

三　结论

通过考察汉字、八思巴字两方印章，我们可以得出以下结论。"玄门演道大宗师"是丘处机担任全真掌教之后开始使用的称号。这一称号被尹志平、李志常以及后来的掌教承袭，成为元代全真掌教的固定称号。"玄门演道大宗师"印章，起初为汉文印，至元八年以后改为八思巴文印。

汉字、八思巴字印章所在的二通碑，有一定的相似性。一方面，这二通碑刻都不是公文，而大致属于书法作品。元朝曾颁布法令禁止碑上镌刻印玺，[①] 因此今见元代圣旨公文碑上多不刻出印文。书法碑大概不在此限，因而这二通碑上仿刻的印章得以留存。另一方面，此二碑皆刻立于元成宗大德年间，这是全真教史上的重要时期。至元十八年佛道辩论之后，全真教陷入低谷。元成宗即位后，"诏道家复行金箓、科范"[②]，全真教开始复苏。正是在这一历史背景之下，烂柯山全真道士才能求得护持公文和题字，以强调其宫观财产的合法性；嵩山崇福宫道士通过立碑建构了本宫的传承史，以强调全真派管理其宫的正当性。这两通碑石上所刻全真掌教印章，也是权威性的象征。

（作者为南开大学历史学院副教授）

[①] 陈高华等点校：《元典章》卷33《礼部卷五·碑上不得镌宝》，天津古籍出版社、中华书局2011年版，第1151页。

[②] 《元史》卷18《成宗纪一》，第390页。

《元史·刘元振传》与新见《刘元振墓志》比事[*]

李举纲　樊波

刘元振,元太宗窝阔台初立汉军三万户之首刘黑马之长子,《元史》有传[①](以下简称《传》)。《刘元振墓志》(以下简称《志》),元至元十二年(1275)刻,2009年西安市长安区夏殿村出土,现藏陕西省考古研究院。志盖合一,青石质,高92厘米,宽93.5厘米,厚15厘米。一面为盖,篆书"大元怀远大将军成都经略使刘公墓铭"16字,4行,满行4字;一面为志文,首题"大元故成都路经略使怀远大将军行军副万户刘公墓志铭并序",39行,满行39字,隶书。翰林学士、嘉议大夫、知制诰兼修国史王磐撰文,荣禄大夫、平章政事廉希宪书丹。《传》《志》相校,可补者甚多。

《传》:"元振字仲举,黑马长子也。"

《志》:"公讳元振,字仲举,姓刘氏,宣德州威宁县人。曾大父伯林,当大元开国之初,有大功劳,官至西京留守兼兵马副元帅,谥忠顺;大父时,早世;考讳嶷,河北陕西等路都总管万户、成都路经略使,谥忠惠。"

按:《元史·刘伯林传》:"刘伯林,济南人。好任侠,善骑射,金末为威宁防城千户。"[②]《传》附于《刘伯林传》后,故《传》所持观点应为济南人。《志》云宣德州威宁县人,刘氏家族成员的墓志亦基本倾向于威

---

[*] 本文为2012年度国家社科基金重大项目"元代北方金石碑刻遗存资料的抢救、发掘及整理研究"(编号:12&ZD142)、2015年度陕西省社会科学基金项目"陕西考古出土蒙元时期墓志整理与研究"(编号:2015H011)阶段性成果。

① 《元史》卷149《刘元振传》,中华书局1976年版,第3518—3519页。

② 《元史》卷149《刘伯林传》,第3515页。

宁人这一说法。如与《志》同地出土的《刘黑马墓志》（中统三年，1262）称："自祖伯林居西京威宁县，以为威宁人。"①《刘天与墓志》（延祐四年，1317）亦称："世居龙兴威宁。"② 据《元史》，"兴和路，上。唐属新州。金置柔远镇，后升为县，有升抚州，属西京。元中统三年，以郡为内辅，升隆兴路总管府，建行宫……领县四、州一"，四县中即有威宁，"威宁，下。元初隶宣德府，中统三年来属"。③ 此外，《李余庆墓志》称李余庆先祖为威宁人，"祖资禄，壬申岁偕刘忠顺公归义，太祖皇帝诏为四川征行千户，佩银符，遂来关中，占籍奉元"。④志文中的"刘忠顺公"，即刘伯林。《威宁张氏新阡表》中亦有张子玮自威宁跟随忠顺公刘伯林降蒙，后又追随忠惠公刘黑马，曾与阵前救护过刘黑马的记载。⑤ 追随刘伯林降蒙的李资禄、张子玮同是威宁人，似乎证实威宁一说代表了当时世人的共同认知。当然，威宁恐是刘氏家族之新贯，而刘伯林之前该家族原籍即是济南也未可知也。

通过史传与墓志的勘证发现，《元史·刘伯林传》称刘黑马为其子，刘元振乃其孙，《志》称刘伯林为刘元振曾祖，祖为刘时，早逝。两者之间有一代的差距。据《刘黑马墓志》称："自祖伯林居西京威宁县，以为威宁人。父讳时，隐德不仕。"《刘天与墓志》："高祖讳伯林，以刘为氏。壬申，太祖圣武皇帝□兵南下，首先率众归附。圣元官至诸军兵马都元帅、西京留守，谥忠顺公。曾大父讳时，袭职元帅。祖讳嶷，字孟方，佩金虎符，河东陕西等路都总管万户、成都路经略使，谥忠惠公。父元超，年十二，世祖潜邸选当质子，先卒。"从刘氏家族几方墓志记述可以看到，刘黑马为刘伯林之孙无疑，刘黑马父名刘时，"隐德不仕"，或因"早世"而为史籍所忽略，也说明上述的家族墓志可能由于各种原因而未能被修史者纳入史源范畴。家族墓志中所载"刘时"一代，是对史籍极其

---

① 参看陕西省考古研究院《西安南郊大朝刘黑马墓发掘简报》，《考古与文物》2015年第4期；李举纲《西安南郊新出〈刘黑马墓志〉考述》，《考古与文物》2015年第4期。
② 参看李举纲《元刘天与墓志及相关问题探析》，《文博》2015年第2期。
③ 《元史》卷58《地理志一》，第1352页。
④ 同恕撰，李梦生校勘：《榘庵集》卷9《李登仕墓志铭》，山西古籍出版社2003年版，第92页。
⑤ 萧㪺：《勤斋集》卷3，文渊阁《四库全书》第1206册，台湾商务印书馆1986年版，第413—416页。

重要的一个补充信息。只是《刘天与墓志》中"曾大父讳时，袭职元帅"一说为孤例，并与其他墓志记述相抵牾，当以《刘黑马墓志》《刘元振墓志》为准。

《传》称刘元振为黑马长子，《志》未提及。然据《刘黑马墓志》所载"子男十四人：长曰元振，袭父职"，知《传》所言不虚。

《传》："随父入蜀，立成都。会商、邓间有警，命黑马往镇商、邓，以元振摄万户，时年方二十。既莅事，号令严明，赏罚不妄，麾下宿将皆敬服之。"

《志》："公幼沉默寡言，入学讲诵经史，与诸生游从，雍容欢洽，未尝以骄贵自异。癸丑岁，宋人寇乱商於，上命忠惠公分兵镇遏，命公摄行都总管万户府事，精兵宿将，悉隶麾下。公时年二十七，既莅事，号令严明，赏罚允惬，内外帖然畏服。"

按：《元史·刘黑马传》云："癸丑，从宪宗至六盘山。商州与宋接境，数为所侵，命黑马守之，宋人敛兵不敢犯。"① 与《志》同墓出土的刘元振之妻《郝柔墓志》亦载："初，忠惠公开幕府，辟国巴蜀，而内地数警。岁癸丑，移镇于商，怀远摄主军务，夫人偕行，险阻不懈。"② 可见《志》所言"癸丑岁"刘黑马分兵镇遏商於，"命公摄行都总管万户府事"一事不假。《传》《志》均称刘元振至元十二年（1275）五十一岁卒，推知其生于1225年，"癸丑岁"当为29岁，故《传》所载"时年方二十"并非实情。

《传》："宪宗伐宋，驻跸钓鱼山，以元振与纽邻为先锋。"

《志》："戊午岁，宪宗皇帝亲御六师，由川蜀伐宋，驻跸钓鱼山。公与主帅纽邻、别将、偏师自泸江南渡，入为先锋，摧坚陷阵，所向克捷。会有旨，振旅乃还。"

按：有关宪宗亲征伐宋，驻跸钓鱼山之事，《元史·宪宗本纪》有详细记述。《传》称刘元振和纽邻同为先锋，《志》称纽邻为主帅、元振为先

---

① 《元史》卷149，第3517页。
② 《郝柔墓志》，元大德六年（1302）刻。志、盖方形，均为青石质，盖高75.5厘米，宽75厘米，厚15.5厘米。盖题"大元成都经略使刘公夫人郝氏墓志铭"，隶书，萧㪺题盖。志高72.5厘米，宽74厘米，厚15.5厘米。志文32行，满行32字，楷书，萧㪺撰，贾贲书，石藏陕西省考古研究院。

锋，据《宪宗本纪》载："诏以纽邻为都元帅。"① 可知《志》所载更为确切。

《传》："中统元年，世祖即位，廉希宪、商挺奏以为成都经略使总管万户。"

《志》："中统改元，诏命忠惠公充成都经略使，公正受都总管万户，皆佩金虎符。"

按：《刘黑马墓志》亦载："中统元年，奉旨令长子元振袭授都总管万户职事，授公成都路经略使。"与《传》《志》相合。

《传》："宋泸州守将刘整密送款求降，黑马遣元振往受之。诸将皆曰：'刘整无故而降，不可信也。'元振曰：'宋权臣当国，赏罚无章，有功者往往以计除之，是以将士离心；且整本非南人，而居泸南重地，事势与李全何异，整此举无可疑者。'遂行。黑马戒之曰："刘整，宋之名将，泸乃蜀之冲要，今整遽以泸降，情伪不可知，汝无为一身虑，事成则为国家之利，不成则当效死，乃其分也。"

《志》："宋泸南安抚使刘整密遣人送款，将举泸南以降。忠惠公欲遣公往应之，诸将皆曰：刘整受宋厚恩，位安抚使，当颙面之托，非有朝夕之急，无故送款，何可轻信？万一差池，悔无及矣。公独曰：诸君之虑，过矣。宋朝权臣当国，赏罚无章，诸将有功者，畏其跋扈难制，往往以计除之。整本非江南人，为将粗有声名，今居泸南重地，事势正如李全、张惠。此其送款，无可疑者。"

《传》："元振至泸，整开门出迎，元振弃众而先下马，与整相见，示以不疑。明日，请入城，元振释戎服，从数骑，与整联辔而入，饮燕至醉，整心服焉。献金六千两、男女五百人，元振以金分赐将士，而归还其男女。"

《志》："遂奉命率甲卒二千直抵泸州，遣使与整相闻。整即开壁出迎，交拜马前，握手道诚款，笑语如旧知。明日，整请燕从者于城中，公释戎服，与整联辔而入。燕酣，以白金六千两、男女五百人为献。公即以金分

---

① 《元史》卷3《宪宗本纪》，第51页。

赐将士，一钱不入己。男女择取幼者四人，余悉各还其家。"

《传》："宋泸州主帅俞兴，率兵围泸州，昼夜急攻，自正月至五月，城几陷，左右劝元振曰：'事势如此，宜思变通，整本非吾人，与俱死，无益也。'元振曰：'人以诚归我，既受其降，岂可以急而弃之。且泸之得失，关国家利害，吾有死而已。'食将尽，杀所乘马犒将士，募善游者赍蜡书至成都求援，又权造金银牌，分赏有功。未几，援兵至，元振与整出城合击兴兵，大败之，斩其都统一人，兴退走。捷闻，且自陈擅造金银牌罪，帝嘉其通于权变，赐锦衣一袭、白金五百两。入朝，又赐黄金五十两、弓矢、鞍辔。"

《志》："宋遣制置使俞兴、都统制老水张者，将兵五万、战舰三千余艘围泸城，昼夜急攻，百道并进，自正月至五月，城几陷者屡矣。左右或劝公：事势危迫，宜有变通，且刘整本非吾人，今与俱死，何益？不若突围而去。公曰：人以诚款归我，我来应接，是已受其降矣，岂可以小有艰阻，辄为改图？食将尽，乃杀所乘马以犒将士。募善水者赍蜡书，索援兵于成都。主帅昔力歹令侍郎张威将兵三千赴援，夜举三烽与城中相应。黎明，公与整分道而出，直冲宋壁，与援军内外合势，宋军腹背受敌，斩老水张于阵前，俞兴遁还，自相蹈藉，弃甲山积，遂以刘整迁泸州归。初城围未解，公虑整手下将校艰危之际，或生反侧，乃擅造金银符二十余，择有功者与之，僚佐谏止，以为不可。公曰：春秋之义，大夫出疆，有可以利国家、安社稷者，则专之。若以为罪，吾自当之，必不以累诸君也。及此，自陈其事。朝廷嘉其知权，不以为罪，仍赐锦衣一袭、黄金五十两、白金一千两，诸将赐与，亦各有差。"

按：南宋景定二年，即蒙古中统二年（1261），时任泸州知府兼潼川路安抚使的刘整率泸州十五郡、户三十万向驻守成都的蒙古军送款求降。其时，主管蒙古成都新旧军民大小事务的是成都路军民经略使刘黑马，刘黑马力排众议，派长子刘元振前往泸州受降。得知刘整降蒙的南宋政权迅速派出以制置使俞兴为主帅的军队进攻泸州，开始了宋蒙之间的泸州之战。无论是刘整降蒙，还是这一次的泸州之役，刘元振均是亲历者，也是其一生中最为值得夸耀的事情，因此，无论《传》《志》，对此事的描述都占据了最长的篇幅。只是就整体而言，《志》较《传》提供了更多的细节信息。

《传》《志》对这一事件的记述可分为前、中、后三个阶段，前期为刘元振父子接到刘整降蒙的信息后，内部对此展开的讨论，《传》《志》内容基本相同，只是《传》记述了面对众人的反对意见，主将刘黑马表明了个人的态度：

> 刘整，宋之名将，泸乃蜀之冲要，今整遽以泸降，情伪不可知，汝无为一身虑，事成则为国家之利，不成则当效死，乃其分也。

《传》本附于《刘伯林传》后，《传》前是刘黑马本传，故对刘黑马记述较详合乎常理，而《志》是刘元振个人的传记，则更加侧重突出其本人事迹。

事件的中期是刘元振与刘整在泸州会面，这一部分《志》《传》内容基本雷同，《志》所载刘元振前往泸州神臂城时"帅甲卒二千"，这一信息《传》未交代，这一力量在后来泸州应对俞兴攻城中发挥了一定作用。

事件后期，主要是指俞兴率宋军攻打泸州。刘整降蒙之后，南宋政权迅速派出军队围攻泸州，这也是宋蒙之间的第一次泸州之战。作为蒙古方面接收大员的刘元振，和刘整并肩作战，共同指挥了这场战役。关于战役具体内容，《志》《传》相较，《志》明显详于《传》。如，《传》中仅提到南宋军队参与围攻的主帅是俞兴，《志》记载当时还有都统制老水张及其所率领的五万军兵、三千余艘战舰，"昼夜急攻，百道并进"，突出了当时形势对于被困城中的刘整和刘元振的严峻性。《传》《志》中均记载到，刘元振面对当时紧迫形势，首先拒绝了手下劝他弃刘整和泸州百姓而去的建议，其次，在城中"食将尽"的情况下，杀自己所乘战马以犒劳将士，同时为激励士气，刘元振还私自造金银牌封赏有功者。《传》称"又权造金银牌，分赏有功"，《志》则详细交代了此事的前因后果，并借刘元振之口，转引《春秋公羊传》"庄公十九年"中"大夫受命不受辞"的文义，对其擅造金银牌符的行为进行申辩维护，刻画出一位在危难之际能勇挑重任的统帅形象。再次，刘元振募善游者赍蜡书到成都，请求蒙古军队的支援，在援兵的内外夹击下，泸州之围得以解脱。就这一情况，《传》仅以"募善游者赍蜡书至成都求援"和"未几，援兵至，元振与整出城合击兴兵，大败之，斩其都统一人，兴退走"两句就交代完毕，而《志》的记述则对救援及突围破敌的过程做了细节描述,提及关联人物:成都主帅昔力歹、侍郎张威及其所领三千军兵,并明确记载在此战中,刘元振、刘整与援军内外合势大败围城的五万宋军,并阵斩宋将"老水张"。

《志》所称"都统制老水张",即"老鼠张"张桂,元人赵景良所撰《忠义集》对老水张毙命泸州城一事有详细的描述:

> 制置俞兴、都统张桂、金文德等收复兵逼城,整出兵,江上大战,败走,逐北至城门,仅得入,气息垂绝。兴弗知,不能乘胜夺门,乃以日暮收兵。明日,整乘城拒守,乞纽怜济师。兴复围城,城中势甚穷促,而大兵来援。八月,摘围城兵,命都统王达晨往迎敌。逮午,复摘东门外围城卒往助,易他卒补缺,更替未定间,整登城,见而悟,亟命勇士从暗门突东围,始惟百十卒,继乃大至,冲兴师大溃。兴得小舟奔南岸黄市,还重庆。达闻败,亦遁,附马尾渡江。士卒拥溺者十八九,流尸蔽江而下。惟桂、文德力战,不敌,死之。桂尝守老鼠隘,军中号曰"老鼠张"。桂誓取整,一日整令呼曰:吾今日放猫捕矣。桂以气吞,整不戒,果遇害。事闻,赠桂容州观察使,文德复州团练使。①

有关刘整降蒙事件的内容比较全面的石刻资料还可见至元十八年(1281)刊刻的《冯时泰墓志》,其云:

> (中统)二年夏六月,宋泸州安抚使刘整遣使持书诣西台请降,章上未报。行省商公议欲先人尝其信否,就为抚谕,而难其选,参佐赵公以公才干,乃举,应之。同列以远方重地,惜其行。公曰:国之大事,愿请一往,虽死无恨。秋七月至成都,宋俞兴围泸甚急,整遣使从间道来求援,主将谩不之省,方饮酒为娱。公适在坐,为之明陈利害,廓宣忠义,遂欲与整使俱行。于是主将惶惧,即日以兵南下。八月,公至神臂山,围已释矣。公径入泸城,示以不疑。宣言圣上宽仁,宰辅贤良,効顺投明,乃其时也。整其吏民军士,喜而罗拜,但

---

① 赵景良:《忠义集》卷3《都统张公桂金公文德》,文渊阁《四库全书》,第1366册,第925页。

恨归命之晚耳。将归,整令僚吏索良家子女赆公,公为书责之,意谓保城而降,本欲安民,今反夺人童稚以代公等馈赆之勤,是诚何心哉。翌日,签厅官四十三人,皆进士老儒,感公之义,伏拜庭下,以谢不敏,公惟留诗一巨轴而已。比还长安,须发尽白。行喜,劳之甚厚,亦赏赵公为知人。①

从《冯时泰墓志》志文了解到,刘整在向成都路经略使刘黑马所部送款后,其正式投降的降书在次年夏六月抵达位于京兆府的西台(陕西诸道行御史台),行省商挺授命冯时泰前往抚谕,于秋七月抵达成都。而此时,泸州被围日久,城中情势窘迫,刘元振和刘整派遣的求援者赍蜡书自间道至成都求援,并未得到当时成都主将的重视,是冯时泰"为之明陈利害,廓宣忠义",并准备"遂欲与整使俱行","于是主将惶惧,即日以兵南下"。《冯时泰墓志》中对成都主帅昔力歹派遣侍郎张威领兵三千赴援之事作了脚注,在"刘整降蒙"事件中起到了一个微妙的关键链作用。等到泸州解围后,冯时泰又作为蒙古征服的官方代表进入神臂城。综合以上文献,将刘整降蒙和第一次泸州之战的前因后果、过程等交代得清清楚楚。

《传》记载刘元振入泸州之后,"宋泸州主帅俞兴,率兵围泸州,昼夜急攻,自正月至五月,城几陷",根据《冯时泰墓志》记载"二年夏六月,宋泸州安抚使刘整遣使持书诣西台请降,章上未报",冯时泰受商挺之命,于"秋七月至成都,宋俞兴围泸甚急,整遣使从间道来求援",遂劝谕主将出兵救援,八月至神臂山,已解围。又《刘整传》中记载"中统二年夏,整籍泸州十五郡、户三十万入附",②及《忠义集》中记载刘整破宋军围城兵、杀"老鼠张"时间在"八月"。又,"中统"建元于1260年农历五月丙戌。综上可知,刘黑马得到刘整送款求降的时间应在中统元年(1260)的下半年。自中统二年正月至八月,刘元振与刘整被俞兴围困于泸州神臂城中。

---

① 西安碑林博物馆编:《西安碑林博物馆新藏墓志汇编》,线装书局2007年版,第997—999页。
② 《元史》卷161《刘整传》,第3786页。

《传》:"黑马卒,元振居丧,起授成都军民经略使。"

《志》:"二年冬,忠惠公薨,公居丧哀毁。寻有旨起复,袭父任,充成都经略使。公弟元礼,潼川路副都元帅,俱佩金虎符;弟元济,成都路总管,亦佩金符。昆弟三人,参错四川,共掌军民之政,荣耀冠一时。"

按:有关刘黑马卒日,最为可靠的资料莫过于《刘黑马墓志》,其称"中统二年冬十二月二十一日以疾薨,享年六十有三",《传》《志》与此合。《志》较之《传》,补充了刘元振弟刘元礼、刘元济的任职情况,《传》的传主为刘元振,未及兄弟合乎常理。据《刘黑马墓志》载:"子男十四人,长曰元振,袭父职;次曰元贞,不仕;次曰元正,管人匠达鲁花赤;次曰元礼,都总管奥鲁万户;次曰元济,成都府路总管;次曰元德,山西等路管民总管;次曰琰,山西西路奥鲁万户;次曰元亨,山西东西两路征行千户;次俱幼。"刘元振兄弟14人,《志》中之所以特别提及刘元礼和刘元济,为的是凸显兄弟三人同时任职于四川,"共掌军民之政,荣耀冠一时"。

《传》:"至元七年,时议以勋旧之家事权太重,宜稍裁抑,遂降为成都副万户。十一年,命兼潼川路副招讨使。"

《志》:"七年,会有言勋旧之家事权太重,宜稍裁抑者,遂以例减降,授公怀远大将军,复为行军副万户;元礼,延安路总管。公受命莅事益勤,招降讨叛,屡奏肤功。十一年,兼潼川路招讨副使。"

按:《元史·刘黑马传》载"(刘黑马)子十二人,元振、元礼显",又《元史·刘元礼传》载"元礼,黑马第五子也",① 而《刘黑马墓志》中明确记载其子男14人、女16人、孙男20人、孙女16人,并一一述及刘元振等8位已成年儿子名讳及官职,可补史阙,按其叙述顺序,刘元礼或为第4子。至元元年(1264)刘元礼迁任潼川路汉军都元帅,二年(1265)九月,因勇破宋制置使夏贵的五万大军而入朝受赏,还潼川后立蓬溪寨。四年,在平章赵宝臣的支持下修复眉州城防工事,"镇守眉州五年,召入朝,乞解官养母,从之。九年,起授怀远大将军、延安路总管,

---

① 《元史》卷149《刘元礼传》,第3519页。

卒"①。《田大成墓志》（至元十二年，1275）②称其长女"适延安路总管刘公男天祥"。今据《志》载，刘元礼于至元七年（1270）已改任"延安路总管"，与史传所载有所抵牾。

《传》："十二年卒，年五十一。"

《志》："十二年，以事至成都，得疾。七月二十九日薨，享年五十有一。"

按：《传》《志》所载刘元振卒年和享年一致，《志》较之《传》增加了刘元振病故的地点成都和具体的日期。

《传》："子纬，数从父行军。元振卒，纬袭职，佩虎符，为万户。守潼川，创立遂宁诸处山寨。从围钓鱼山，数战有功。攻合州，授潼川路副招讨，迁副都元帅，复授管军万户，迁同知四川西道宣慰司事。入朝，进四川西道宣慰使，拜陕西行省参知政事，卒。"

《志》："夫人郝氏，太原五路万户郝侯之妹，有贤行。子男纬，授辅国上将军、四川西道宣慰使；妇廉氏，平章公之女也。孙四人，长曰文起，受明威将军、河东陕西等路万户，佩三明珠金虎符；次曰文亮、文铎、文蕡，俱幼；女孙五人。公仪容秀伟，宽厚长者，与人交温恭相下，略不以门地自高，待诸弟友爱深至。太夫人在长安，公仕宦千里外，甘旨珍异，馈送无虚月。在军中，与士卒同甘苦，均劳逸，赏罚信必。其莅民也，政令宽简，所至有惠爱。子纬，以至元十式年十式月六日壬申，举公之柩葬于京兆万年县贵胄里凤栖原，从先茔也。"

按：《传》后附有刘元振子刘纬的传，称其承袭元振职，并简述了刘纬守潼川时创立遂宁诸处山寨，参与围攻钓鱼山战役，攻打合州时授潼川路副招讨，迁副都元帅，复授管军万户，迁同知四川西道宣慰司事，后进四川西道宣慰使，拜陕西行省参知政事等一系列任职情况。但《传》未涉及刘元振、刘纬的婚姻和子嗣情况，据《志》可补。此外，据现藏户县文庙内的《贺仁杰墓志》所载："西院副枢李公德辉分治成都。（至元）十四年冬，潼川招讨使刘纬以所获立军士张合等上，李公放还，使持檄谕皇

---

① 《元史》卷149《刘元礼传》，第3520页。
② 《田大成墓志》，近年出土，石藏大唐西市博物馆。

子安西王，教许以不杀，招立来降，立遣合等赍蜡书，乞李公自来则降。"①知刘纬在至元十四年还出任潼川招讨使。

据《志》知刘元振有妻郝氏，为"太原五路万户郝侯之妹"。郝氏即郝柔，其墓志与《志》同墓出土，对其事迹记述颇详："夫人讳柔，安肃人，金令安肃彦配傅女，皇总管万户忠惠公冢妇，怀远公元振妻，正奉大夫、陕西等处行中书省参知政事纬母也。禀训德门，嫔于大家。怀远以宽厚长者称，而忠惠公每称夫人刚正明决，有乃兄五路万户侯之风，必起吾家者。"

《志》所称"太原五路万户郝侯"和《郝柔墓志》之"五路万户侯"所指均为郝和尚拔都，为大蒙古国汉地九万户之一，《元史》有传，幼为蒙古兵所掠，在郡王迄忒麾下，长译语，善骑射，后拜宣德西京太原平阳延安五路万户，佩金虎符。②

《志》载"子男纬，授辅国上将军、四川西道宣慰使"，《郝柔墓志》亦称"夫人以一子，故逮下有恩，视四庶女如己生"，知刘元振与郝柔仅有一子刘纬，从郝柔"视四庶女如己生"一句可确定刘元振至少还有一位侧室并生有4女，但两志均未记录侧室姓名。1989年在山西临汾贾村出土的元至元十六年（1279）《苏公式墓志》③载，志主苏公式是大蒙古国时期平阳路诸色人匠达鲁花赤，志文载苏公式有女5人，其中"长适西川经略使刘元振"，由此知刘元振的侧室为苏氏，四位庶女有可能就是苏氏所生。苏公式，其墓志称"世为云中之天成人，有仕金为右丞者"。刘元振曾祖刘伯林，"金末为威宁防城千户"。两家同为天成人，且家族成员均有仕金经历，恐是刘苏两家联姻的基础之一。

另，《志》载："妇廉氏，平章公之女。"可知刘纬妻为廉氏。平章公即廉希宪（1231—1280），字善甫，号野云，是汉化的畏兀氏。19岁入侍忽必烈王府，深得忽必烈信任。1260年忽必烈即位，任命廉希宪与商挺为陕西四川等路宣抚使。同年立陕西四川行中书省，又以希宪为中书右丞，行省事。④《传》有："中统元年，世祖即位，廉希宪、商挺奏以为成都经

---

① 刘兆鹤、吴敏霞编著：《户县碑刻》，三秦出版社2005年版，第334—335页。
② 《元史》卷150《郝和尚拔都传》，第3553页。
③ 沈䰀：《苏公式墓志铭考与平阳路输送岁赐的驿站交通》，《考古与文物》2015年第4期。
④ 《元史》卷126《廉希宪传》，第3085—3096页。

略使总管万户。"

《志》载："孙四人，长曰文起，受明威将军、河东陕西等路万户，佩三明珠金虎符；次曰文亮、文铎、文蒨，俱幼；女孙五人。"从中知刘元振独子刘纬育有4子5女，长子刘文起，河东陕西等路万户，其他3子分别为刘文亮、刘文铎、刘文蒨，因《志》刻立时尚年幼而未任职。刘文起，又见于四川茂县较场乡小学院内的一块摩崖上的题记："大元开国忠顺公玄孙刘、上万户文起，引兵至此，至元癸巳七月廿七日记。"①"至元癸巳"为至元三十年（1293），距《志》刻立18年之后，"上万户文起"，说明刘黑马之万户一直为子嗣承袭。

此外，《志》补充了刘元振的葬日和葬地，即志文所载"以至元十弍年十弍月六日壬申，举公之枢葬于京兆万年县贵胄里凤栖原，从先茔也"。所谓"先茔"，指刘黑马葬地，《刘黑马墓志》称"以中统三年三月十六日葬于京兆府咸宁县洪固乡永宁村之凤栖原"，即"京兆府咸宁县洪固乡永宁村凤栖原"为刘黑马家族墓地所在。

2009年陕西省考古研究院在"曲江·观山悦"基本建设考古时发现刘黑马家族墓地，出土了《刘黑马墓志》《刘元振墓志》《郝柔墓志》《刘天杰墓志》《刘元亨墓石》，并采集到《刘天与墓志》及《刘（惟德）墓志》残石②等石刻。由于同属一个家族，无论是出土墓志还是采集品，其对于家族墓地的记述都是可信的。因此，通过比较志文中葬地的记述，为了解这一地区名称的变化提供了一定的线索。有关具体葬地，其他几方石刻分别表述为："祔怀远公咸宁洪固乡胄贵里"（大德六年1302年《郝柔墓志》），"归葬奉元咸宁县洪固乡凤栖原之先茔"③（延祐元年1314年《刘天与墓志》），"合葬于祖茔，乃咸宁县下店，古曲江之西南"（至正二十年1360年《刘天杰墓志》）。《志》与《刘黑马墓志》所记葬地均为"凤栖原"，但属县和村、里的名字是不同的，前者为"京兆万年县贵胄里"，后者为"咸宁县洪固乡永宁村"；郝柔与刘元振合葬，墓志称该地为"咸

---

① 于林春：《四川茂汶县的唐代石刻造像》，《文物》1982年第10期。
② 《刘元亨墓石》仅刻有"宣差山西两路征行千户刘公之墓"14字，共2行。据《刘黑马墓志》所载刘黑马诸子名字，其中"次曰元亨，山西东西两路征行千户"，疑此为刘元亨之墓，故定名。
③ 李举纲：《元刘天与墓志及相关问题探析》，《文博》2015年第2期。

宁洪固乡胄贵里",与《志》所载属县异而里同,与《刘黑马墓志》所载属县、乡均同而村、里名称异。到了距离刘黑马卒年42年后的延祐元年(1314)的《刘天与墓志》,称该葬地为"奉元咸宁县洪固乡凤栖原",属县和乡名均与刘黑马墓志同,路名则使用已在皇庆元年(1312)改称的"奉元路"。至正二十年(1360)的《刘天杰墓志》是目前刘黑马家族墓中有明确纪年的最晚一个墓,此地这时称"咸宁县下店,古曲江之西南"。刘黑马家族墓今地址在西安市长安区韦曲街办夏殿村,确在曲江之西南面。"夏殿""下店",音同而字异,故可确定今"夏殿村"之名早在元晚期已经存在,乃"下店"之音转。

余 论

通过以上《志》《传》的比较,认为《刘元振墓志》极有可能是《元史》"刘元振传"的史源,墓志重点撷取刘元振赴泸州接洽刘整降蒙事件,记录了泸州城内守军、南宋围城军、蒙古援军三方在泸州神臂城内外的状况。

蒙元时期的墓志多为撰志人在志主行状的基础上润色而成,多是距离事件发生时间最近的文字记录,保留了当事人对当时事的记忆与理解。诚然,史传、文集与墓志中对同一历史事件的追述,只是亲历者或旁观者不同身份的视角,只是对宏大叙事桌布下某一细小碎片的考证与还原,但或许就是这种"碎片",正呈现出历史鲜活的本来面目。

(作者李举纲为汉景帝阳陵博物院研究馆员;
樊波为西安碑林博物馆研究馆员)

元代《田大成墓志》考略*

杨 洁

近年因西安城市面积的扩张，城南凤栖原范围内发现一批蒙元时期墓葬，为研究"后都城时期"的关中区域文化提供了重要的实物。然而，在盗墓及机械化施工的双重破坏下，仍有不少墓葬或被窃取一空，或毁于野蛮挖掘，资料亡佚，一部分墓志亦因此而流散于民间。或有幸运者被征集入藏博物馆，为学术研究补充了珍贵的石刻史料。笔者曾见《大元故昭勇大将军南京路总管兼开封府尹诸军奥鲁总管田府君（大成）墓志》（以下简称《田大成墓志》）拓片，志盖盝顶拓本高宽42厘米，边长不详，其上篆书6行，满行5字；志石拓本高61.5厘米，宽60厘米，志文38行，满行38字，正书。志主田大成为蒙元初期主政关陕的田雄第三子，其姓名、官职曾见载于李庭所撰《田雄墓志》，[①] 本志中对其生卒经历记述翔实，并提及其兄弟、姻亲、子嗣等族属信息，比照相关史料，可补史阙如。近日在对元代北方金石碑刻遗存资料的调查中获悉该墓志原石已入藏大唐西市博物馆，甚为之幸，因录文并考释如下：

【志盖】：

大元故昭勇/大将军南京/路总管兼开/封府尹诸军/奥鲁总管田/府君墓志铭/

【志文】：

大元故昭勇大将军南京路总管兼开封府尹诸军奥鲁总管田公墓志

---

* 本文系2012年度国家社会科学基金重大项目"元代北方金石碑刻遗存资料的抢救、发掘及整理研究"（项目批准号：12&ZD142）阶段性成果。

① 李修生主编：《全元文》卷56"李庭·四"《故宣差京兆府路都总管田公墓志铭》，凤凰出版社1998年版，第2册，第168—170页。

并铭/

　　云中孟文昌撰，京兆路府学正骆天骧篆盖，/京兆路总管府治中贾庭臣书丹。/

　　公讳大成，姓田氏。祖资荣，父雄，世为北京人。父仪状魁伟，孔武有力，乘时而奋，属/天朝。经略四方，掌握兵柄，攻城战野，多著奇效，以勋升陕西京兆等路都总管。剖符分壤，为名诸侯，/英声茂实，在人耳目，具述神道碑铭，此不复载。公性纯厚，仁且慧，幼从师学，受经，通大义。年十五，以/先侯奉命征讨，取汉中诸郡，诏公领其事。岁丁未，先侯薨，膺/玺书虎符，正袭前职。秦民始离汤火，流散甫集，区分室处，授之业田，遗黎复知生聚，能抚摩煦育，崇/尚宽简，身帅以正，廉洁自律，纤芥无私受。由是下绝侵渔，竟内翕然称理。公妙龄英发，识见明敏，加/之倅贰得人，当代蔚有能声。至元二年，超昭勇大将军、延安路总管兼府尹。五原地隘阻民，依山谷/间，盗贼易为渊薮。时有贼酋刘寿童者，桀骜难制，道路久梗，商贾不通，居人益困。乃严防禁，厚赏予，/招纳亡命，惠以植弱，威以锄强。数月之间，刘及余党悉平。野猪岭故道远而险，人苦登涉，公行视地/宜，易之夷近，一方便之。因贷逋欠，省徭役，俾力农桑，田野日辟。顽犷之徒化而训良，民用妥安，户口/增倍，为治绩之最。山东铜台，古称剧郡，事物伙繁，朝廷以比岁早蝗，思所以安之，移公镇大/名。下车之始，躬率父老祭祷，蝗乃出境。民罹饥乏，无所于籴，公独任其责，发仓廪以赈之，脱殍亡者/甚众，事竟以闻，诏允所请。秩未满，特旨迁南京路总管兼开封府尹及诸军奥鲁事，/勋阶如故。夏大水，黄流泛溢，村墟之民，巢树以避之，塞堤之役，几被溺。时已暮，公即遣巨舰数十艘，/夜令急渡，遂得俱免。国家有事南伐，汴当会冲，军马之屯驻，粮饷之转输，供给旁午，为起浮/梁，以济洪河，人获便利，兵资器仗，馈运如流，未尝少愆，以致战无不克，卒拔襄樊，功亦有预焉。公之/父子在关中，遗恩余泽，被人也久，爱戴之心，迄今不忘。母太夫人杨氏，崇道敬善，宫观之兴，皆其权/舆。时贵往往奉黄冠师，公正家以法，独禁绝之。自童卯位通显，腰金食鼎，仅四十载，所典皆大藩，所/至辄见治，令闻赫奕，一时罕及，简在宸听，眷遇之殊，盖将大用矣，不幸于至元十二年三月十/五日，以疾终于私第，春秋五十有三。讣闻，僚采士庶，莫不悼叹。兄二人，曰大明，授平阳太原京兆军/马都总管；曰大器，任京兆路奥鲁总管。弟八人，曰大有，充京兆路人匠大使；曰大安，擢京兆路征行/千户；曰大亨，曰大丰，曰大受，曰大鼎，曰大璞，曰大宁，俱未仕。初室夫人李氏，平阳人匠提领李公之/女；夫人张氏，真定等路行军千户兼同知威州节度使张公之女；偕先公卒。继室夫人张氏，陕西路/转运使张公之女，内仪肃正，闺门有度，宗族称焉。子男四人，曰仁，娶行省仆散公之女，甫冠，入/宿卫，早荷见知；曰义，幼亡；曰信，娶征行千户纳合公之女；曰礼，未娶。女三人，长适延安路总管/刘公男天祥；次适延安路治中完颜公男弼；次适先锋使夹谷公男。孙男三人，曰坚童，曰顺童，曰/禹童。孙女二人，皆幼。以是年四月二十日辛酉祔葬于先茔之左，礼也。夫人张氏、次子信，具公之始/末，以宣使张公为介，命仆志诸墓，昭示永久。仆辞不获已，谨撮其实，勒之于铭。其辞曰：/

堂堂田公奋戎轩，有来朔方乘风云。扬厉天声张我军，义旗一叱开三秦。削平西鄙恢奇勋，山/河盟誓茅土分。嗣侯袭庆宽而文，蕃宣四徒龙光新。洗濯疮痍煦以仁，尔耕尔凿饱且温。鼠窃/啸凶横噬吞，芟除强梗夷其根。旱魃炽虐如惔焚，哀岁阻饥粒乃民。彼方畏谷祇保身，肉糜吾/餍奚恤人。商羊舞蹴天瓢翻，黄流渍潦俄溃奔。赤子其鱼谁与援，济川舟楫真逢君。王师南下/时事殷，戒械山积貔貅屯。驾津而梁排急纷，一鼓已撤荆吴藩。蔼然当世休声闻，/九重优顾注意勤。长星俄坠阴霾昏，人悲薤露怀遗恩。凤栖奕奕咸秦原，佳城永与南山存。鼎/钟勋业垂清芬，镌诸贞珉诏后昆。/长安戴仲禄刊。

一　田雄家族史料比事

(一) 《田大成墓志》："祖资荣，父雄，世为北京人。"

田雄，《元史》有传（以下简称《传》）① 云："田雄，字毅英，北京人也"，其事迹经历又详见于李庭所撰《田雄墓志》："公讳雄，北京人。

---

① 宋濂等撰：《元史》卷151《田雄传》，中华书局1976年版，第3579—3580页。

父资荣，母张氏。"

田雄少年失怙，因"骁勇善骑射"充任军都统，金大安末年，成吉思汗率军至其所在的北京（今内蒙古赤峰市地区），遂归附蒙古，隶属木华黎部，任提控，佩银符，随军南下征战，军功卓著，其主要事迹皆载于史料，今择其备要简述于下。

1. 从木华黎平锦州张鲸兄弟之乱，得授隰、吉州刺史

《传》："太祖以雄隶太师、国王木华黎麾下，从征兴中、广宁诸郡，定府州县二十有九，平锦州张鲸兄弟之乱，从攻柏乡、邢、相。"此条中所记平锦州张鲸兄弟之乱事未明载于《田雄墓志》，但于《元朝名臣事略》① 及《元史·木华黎传》② 中皆有详载，可以呼应。

《田雄墓志》："时太师以王爵统诸道，得承制拜封，授公隰、吉州刺

---

① "甲戌……是岁，兴中府民杀守将乌里卜，推石天应为帅，天应来降，以为兴中尹。锦州张鲸杀节度使，自立为临海郡王，至是来降。乙亥，诏王以鲸总北京十提领兵，从夺忽阑徹里必南征。王密察鲸有反侧意，令萧阿先监其军。至平州，鲸果称病逗留，复谋叛去，阿先执鲸，杀之。鲸弟致愤兄死，杀长吏，据锦州叛，伪称汉兴，改元兴隆，略平、滦、瑞、利、义、懿、广宁等，尽有之。王率先锋蒙古不花、权帅兀叶儿等军讨之，州郡皆复应官军，遂击红罗山，克之。丙子，致陷兴中府，权帅王珣遁。王以致兵精且依崄为阻，欲设奇饵之，乃遣兀叶儿、耶律某等别攻溜石山堡，且谕之曰：汝等急攻溜石，贼必遣兵往援，我出其不意，断其归路，可一战擒也。又令蒙古不花别屯永德县西十里以伺之。贼闻溜石被围急，果以兵救之。蒙古不花遣骑扼其归路，且驰报王。王夜半引军疾驰，比曙抵神水，与贼遇，而蒙古不花兵亦会，前后夹击，大破之。贼遂崩溃，斩其将张东平，获首房万三千。遂由开义县进围锦州。贼屡出战不利，乃闭门城守，月余，伪监军高益缚致出降，致伏诛。丁丑，以佐命功诏封王为太师、国王、都行省承制行事，赐誓券，子孙传国，世世无绝。分弘吉剌、亦乞列斯、兀鲁兀、忙兀等十军，及兀叶儿契丹、蕃、汉等军隶麾下"，见苏天爵《元朝名臣事略》卷1 "太师鲁国忠武王"，中华书局1996年版，第3—4页。

② "锦州张鲸聚众十余万，杀节度使，称临海郡王，至是来降。诏木华黎以鲸总北京十提控兵，从掇忽阑南征未剧州郡。木华黎密察鲸有反侧意，请以萧也先监其军。至平州，鲸称疾逗留，复谋遁去，监军萧也先执送行在，诛之。鲸弟致愤其兄被诛，据锦州叛，略平、滦、瑞、利、义、懿、广宁等州。木华黎率蒙古不花等军数万讨之，州郡多杀致所署长吏降。进逼红罗山，主将杜秀降，奏为锦州节度使。丙子，致陷兴中府。七月，进兵临兴中。先遣吾也而等攻溜石山，谕之曰：今若急攻，贼必遣兵来援，我断其归路，致可擒也。又遣蒙古不花宅永德县东候之。致果遣鲸子东平等骑兵八千、步卒三万，援溜石。蒙古不花引兵趋之，驰报，木华黎夜半引兵疾驰，遇于神水县东，夹击之。分麾下兵之半，下马步战。选善射者数千，令曰：贼步兵无甲，疾射之！乃麾骑兵齐进，大败之，斩东平及士卒万二千八百余级。拔开义县，进围锦州。致遣张太平、高益出战，又败之，斩首三千余级，溺死者不可胜数。围守月余，致愤将校不勤力，杀败将二十余人。高益惧，缚致出降，伏诛。广宁刘琰、懿州田和尚降，木华黎曰：此叛寇，存之无以惩后。除工匠优伶外，悉屠之。……丁丑八月，诏封太师、国王、都行省承制行事，赐誓券、黄金印曰：子孙传国，世世不绝。分弘吉剌、亦乞烈思、兀鲁兀、忙兀等十军，及吾也而契丹、蕃、汉等军，并属麾下"，见《元史》卷119《木华黎传》，第2931—2932页。

史兼镇戎军节度使,易金符。"

《传》:"辛巳,从攻鄜、坊、绥、葭诸州有功,木华黎承制授雄隰、吉州刺史,兼镇戎军节度使,行都元帅府事,平汾西霍山诸栅。壬午,以木华黎命,授河中帅,听石天应节制。"

此外,元人宋景祁在其所撰《赵侯(仲)墓志》中亦记载此事:"岁癸巳,承王命建乡宁城市,为抚治长官,犹今令尹也。……未几,镇西元帅田雄开府隰、吉二州,擢侯签判吉州事,巡禁西河。"①

按:隰州(今隰县)、吉州(今吉县)皆位于今山西临汾。田雄封授隰、吉州刺史之事《传》及墓志文皆有载,墓志文中未写明时间,《传》中所记时在"辛巳"年,即1221年。在《元朝名臣事略》及《元史·木华黎传》中皆记载庚辰年(1220)冬十月,木华黎再一次攻克隰州后"留合丑统蒙古军镇石、隰间,以田雄权元帅府事"②,壬午年(1222)冬十月,因山西蒲州地处黄河要津,木华黎命北京权帅石天应权河东南北路陕右关西行台,以"平阳李守忠、太原攸哈剌拔都、隰州田雄,并受节制"③,此外,在《元史·攸哈剌拔都列传》中记载了丁亥年(1227)田雄曾失守隰州。④ 可确定授田雄隰、吉州刺史为"辛巳"年事,而《赵侯墓志》中将此事记在"岁癸巳"(1233)之后,或为文献疏误所致。

2. 参战三峰山

《田雄墓志》与其《传》皆记载了田雄跟随窝阔台汗征金的战绩,《传》中增述有田雄救护百姓之事,⑤ 而墓志则较为详细地记载了田雄于辛

---

① 《全元文》卷355"宋景祁"《赵侯墓志》(据一九一七年刊本《乡宁县志》卷12,魏崇武校点),1999年,第10册,第539—540页。

② 《元朝名称事略》卷1"太师鲁国忠武王",第7页;《元史》卷119《木华黎传》,第2934页。

③ "壬午……冬十月,过晋至绛,拔荣州胡瓶堡,所至望风归附,河中久为金有,至是复来归。木华黎召石天应谓曰:蒲为河东要害,我择守者,非君不可。乃以天应权河东南北路陕右关西行台,平阳李守忠、太原攸哈剌拔都、隰州田雄,并受节制。命天应造浮梁,以济归师,乃渡河拔同州,下蒲城,径趋长安",见《元史》卷119《木华黎传》,第2935页。

④ "丁亥五月,奸人夜献太原东门于武仙,仙引兵入,哈剌拔都鏖战。仙兵大至,诸将自城外呼曰:攸哈剌拔都,汝可出!哈剌拔都曰:真定史天倪,平阳李守忠,隰州田雄,皆失守矣,我又弃太原,将何面目见主上及国王乎!家属任公等所俘,哈剌拔都誓与城同存亡。遂殁于阵",见《元史》卷193《攸哈剌拔都传》,第4381页。

⑤ "太宗时,从攻西和、兴元诸州;又从攻夔、万诸州。论功尤最,赐金符,授行军千户,召为御前先锋。顷之,使攻破桢州雷家堡。奉旨招纳河南降附,得户十三万七千有奇,民皆按堵。而别将校纵兵掳掠,民惶惧悔降,雄力为救护,至出己财与之,民得免于害",见《元史》卷151《田雄传》,第3580页。

卯年（1231）作为窝阔台汗的御前先锋破凤翔，及壬辰年（1232）跟从主将按只鰓取道汉川攻河南并于三峰山下大破金军之事：

> 庚寅，先帝新登基，将亲举兵南伐……更赐符印，升千户，充御前先锋使。明年从驾至陕西，既破凤翔，驾还，诏公率兵从主将按只鰓道汉川以取河南，逾渔茼、拔兴元，径捣襄邓。壬辰春，车驾会于钧州，遇金军，公以劲卒麕三峰下，大破之，河南遂平，被旨招城邑之未下者，不逾月，下十三城，获生口一十三万七千户有奇。

按：三峰山之役是蒙古灭金进程的重大战役之一，学界对其史事研究的成果颇多，并辑考了拖雷西路军将领的姓名及相关史料①，而《墓志》所载田雄奉诏率兵跟从的"主将按只?"却未详其人。检查元人文集，在危素撰《杜世昌行状》中曾载：杜世昌之父杜守中"能读书，工骑射，且通国语"，被"宗王按只鰓辟为参谋，使佩金符，职行济南、滨、棣等处治狱讼"，而杜世昌本人亦"知经史大义，通国语"，丁巳年（1257）被宗王察忽剌任命"充滨州渤海县，分治蒲台县达鲁花赤"②，此行状中提及的宗王"按只鰓"即《新元史》列传第二"烈祖诸子"中所载太祖铁木真胞弟哈准之子"按只吉带"："哈准……子按只吉带，……卒。子察忽剌嗣"③。按只吉带曾于"太宗二年，从伐金。四年正月，偕诸王口温不花等将万骑先渡河，会拖雷大军，败金人于三峰山"④，此事亦见载于《元史·塔思传》⑤ 及《元史·按竺迩传》⑥。此外，按只吉带于"宪宗之立，预定

---

① 陈高华：《说蒙古灭金的三峰山战役》，《文史哲》1981 年 03 期；石坚军：《蒙金三峰山之战新探》，《兰州学刊》2010 年 10 期；韩玲：《蒙、金三峰山之役若干问题新探》，内蒙古大学 2014 年硕士学位论文，第 22—34 页。

② 《全元文》卷 1477《故通议大夫刑部尚书赠赞治功臣资善大夫中书左丞上护军追封长安郡公谥忠肃杜公（世昌）行状》，2004 年，第 48 册，第 397—399 页。

③ 柯劭忞撰《新元史》卷 105《烈祖诸子传》，张京华，黄曙辉总校，上海古籍出版社 2018 年版，第 6 册，第 2501—2502 页。

④ 《新元史》卷 105《烈祖诸子传》，第 6 册，第 2501 页。

⑤ "壬辰春，睿宗与金兵相拒于汝、汉间，金步骑二十万，帝命塔思与亲王按赤台、口温不花合军先进渡河，以为声援。至三峰山，与睿宗兵合"，见《元史》卷 119《塔思传》，第 2938 页。

⑥ "睿宗分兵由山南入金境，按竺迩为先锋，趣散关。宋人已烧绝栈道，复由两当县出鱼关，军沔州。宋制置使桂如渊守兴元。……如渊度我军压境，势不徒还，遂遣人导我师由武休关东抵邓州，西破小关，金人大骇，谓我军自天而下。其平章完颜合达、枢密使移剌蒲阿帅十七都尉，兵数十万，相拒于邓。我师不与战，直趣钧州，与亲王按赤台等合兵，阵三峰山下"，见《元史》卷 121《按竺迩传》，第 2983—2984 页。

策功"，"宪宗与世祖皆重其为人，有大事必使议之"①。其事亦载于《元史·宪宗本纪》②，其名书写为"按只带"③。按只吉带子忽剌忽儿又于"中统初有拥戴功"，并因此而获得世祖忽必烈的重赐④。

若从参战三峰山一事来看，田雄率兵所从"主将按只䚟"似即《杜世昌行状》中提及的"宗王按只䚟"，但《墓志》中又备述其军行路径为"道汉川以取河南，踰渔茀、拔兴元，径捣襄邓"，与窝阔台中路军中派出先渡河驰援的诸王路径不同，而与由拖雷西路军的"假道灭金"路径相符。此处存疑。

又按：《元史·宪宗本纪》中另载有一位在蒙哥承继汗位时"务持两端"、"坐诱诸王为乱"而被诛杀的"按只䚟"⑤，按清人王辉祖注⑥，此人即《元史·忙哥撒儿传》⑦中的"按赤台"，而其姓名未明载于《新元史·忙哥撒儿传》⑧。

3. 镇抚陕西，维护地方安稳，恢复战后民生经济

癸巳年（1233），田雄受命镇抚陕西。同年夏四月，刘尚奉旨充任京

---

① 《新元史》卷105《烈祖诸子传》，第6册，第2502页。
② "元年辛亥（1251）夏六月，西方诸王别尔哥、脱哈帖木儿，东方诸王也古、脱忽、亦孙哥、按只带、塔察儿、别里古带，西方诸大将班里赤等，东方诸大将也速不花等，复大会于阔帖兀阿阑之地，共推帝即皇帝位于斡难河"，见《元史》卷3《宪宗本纪》，第44页。
③ 亦写作"按赤带"、"按只台"、"安赤台"，见王辉祖：《元史本证》41"证名五·宗室世系表"，中华书局1984年版，第465页。
④ "（中统元年）十二月……赐……诸王按只带、忽剌忽儿、合丹、忽剌出、胜纳合儿银各五千两、文绮帛各三百匹，金素半之"，见《元史》卷4《世祖本纪》，第68页。
⑤ "叶孙脱、按只䚟、畅吉、爪难、合答、曲怜、阿里出及刚疙疸、阿散、忽都鲁等，务持两端，坐诱诸王为乱，并伏诛"，见《元史》卷3《宪宗本纪》，第45页。
⑥ 王辉祖：《元史本证》37"证名一·宪宗纪"，中华书局1984年版，第413—414页。
⑦ "宪宗既立，察哈台之子及按赤台等谋作乱，剸车辕，藏兵其中以入，辕折兵见，克薛杰见之，上变。忙哥撒儿即发兵迎之。按赤台不虞事遽觉，仓卒不能战，遂悉就擒。宪宗亲简其有罪者，付之鞫治。忙哥撒儿悉诛之"，及癸丑年冬忙哥撒儿卒后，宪宗诏谕其子，有"自时厥后，察哈台阿哈之孙，太宗之裔定宗、阔出之子，及其民人，越有他志。赖天之灵，时则有克薛杰者，以告于朕。汝父肃将大旅，以遏乱略，按赤台等谋是用溃，悉就拘执"等语，见《元史》卷124《忙哥撒儿传》，第3054—3058页。
⑧ "定宗崩，亲王拔都大会宗亲，议立宪宗。……宪宗之位始定。已而察合台后王燕只吉歹二子与失烈门、忽察、脑忽三王欲乘大会燕饮作乱，剸车辕，藏兵器其中，以至在道辕折，兵器见，御者克薛傑上变，忙哥撒儿即发兵拒之"，见《新元史》卷133《忙哥撒儿传》，第六册，第2907页。

兆府知府一职，次年兼任京兆路管民长官。①

李庭在其所撰写的《田雄墓志》中描述了关中在经历兵燹后的凋敝景象："城郭萧条，不见人迹，残民往往窜伏山谷间，相与捋草实、啖野果以延旦夕之命，强梁啸聚，伺隙相攻掠"，对田雄治理关中的施政举措记载倍详于《传》："秋九月至京兆属……乃遣人四出移书招诱，贼盗望风皆束手归附，于是水陆运漕河东之粟以济饥羸，益市耕牛子种以给之，因此农事日修、人用饶足。北自鄜延、西凤翔、东南及商华州县，皆置长吏。五六年间，流逋悉归，市井依旧，全秦千里，遂为乐郊。"田雄于"秋九月至京兆属"，"立官府，开陈祸福，招徕四山堡寨之未降者"以稳定社会治安，"获其人，皆慰遣之，由是归附日众"，从而收揽人心、增加人口以恢复经济生产，金将段继荣即于此时"率壮士三百归投大朝"，②成为田雄父子的得力幕僚。

田雄幕府僚佐中除原籍关陕的李仪、③段继荣，也有跟随其入陕占籍的云中史广家族④及河东曹僖家族。据曹僖长子《曹世昌墓志》："至元乙亥岁三月十六日丁亥，前京兆路镇抚军民都弹压曹公卒于景风街私第之正寝。……四世祖讳景，居石州之宁乡，遂为其县人。……祖讳庆，从轩成复立河东，以功授千夫长，娶同里赵氏，生公之考，讳僖，字伯英。大元

---

① 西安碑林博物馆藏元贞二年《刘尚神道碑》，录文见刘兰芳、刘秉阳编著《富平碑刻》，三秦出版社2013年版，第26页。

② 至元三年《段继荣墓志》："君讳继荣，字子昌，耀州美原人。……值天兵下陕右，挈家避地终南石臼谷，为众所推，主守御事，终岁无虞……癸巳秋，率壮士三百投大朝，会田侯雄奉上命复立京兆，幕府以得君为重，事无巨细一委君，戎政民事，君力为之，悉整办"，前陕西四川等路行中书省左右司员外郎郭镐撰并书丹，奉先僧福锦刊。墓志石1956年出土于西安市曲江池西村段继荣夫妇墓，现藏西安碑林博物馆。陈玮、曾丽荣对此墓志分别进行了考释，见陈玮《大蒙古国京兆总管府奏差提领经历段继荣墓志铭考释》，《北方文物》2015年第3期；曾丽荣：《元〈段继荣墓志〉考释》，《学理论》2015年第27期。

③ "公讳仪，字君瑞，其先华州人。曾、高咸葬州之东西溪，经乱谱逸，失其名。父招暨伯楫始来奉先，且迁其祖枢，因而家焉，世以吏为业。公……以才干选充陕西行六部掾，寻摄主事，佩银符，驰传往来关陕漕运粮储。正大末，行部大司农保奏尚书都省掾，未及赴，值关中扰攘，有诏起迁京兆，因寓陕州。关陕总帅阿不罕留为帅府掾。……大朝革命，癸巳秋，挈家还乡里。时关中新抚定，京兆创立，朝廷以北京田侯有威名，仍得人心，命开府陕西，行总省事。以公前朝旧人，谙练典故，素有人望，士大夫共推荐，请为幕宾，礼遇甚厚"，见《全元文》卷55《故京兆路都总管府提领经历司官太傅府都事李公墓志铭》，第2册，第156—157页。

④ "故考府君广，隶师王穆呼哩（木华黎）戏下，以从残河朔、河东功，戍镇西州。金鳖国播牁，弃兵辅徙其民于河之南。乃偕田侯雄逾西河。雄取京兆，府君逐盗华州，芟荆杞，饭蓬稗，以立官舍"，见《全元文》卷325《武略将军知秦州史君神道碣》，第9册，第744—745页。

开创，佐北京田侯立陕西，充京兆镇抚，因占籍焉。娶杜氏，生公，讳世昌，字京父"，① 又，新见其次子《曹世良墓志》："君讳世良，字嘉甫，世为石州宁乡县人。圣元开创，父佐北京田侯立陕西，徙居京兆，因占籍焉。……父儁，京兆路镇抚军民都弹压，有忠略，远近敬畏。"②

目前遗存的蒙元时期碑刻墓志资料中，有不少关于壬辰之年关中兵燹的惨象以及百姓避乱迁徙的记述。③ 兵后，关中地区在田雄父子的治理下逐渐恢复生机，避乱于外的关中原住民得以回迁故土，又加入因战争离乱而落籍关中的新移民，④ 人口数量得以逐渐恢复。

4. 随军征川蜀

《田雄墓志》："甲午，宣赐金虎符，以太原平阳两路军皆隶麾下。"

田雄奉命镇抚京兆的次年（1234），金亡，塔海绀不即率郑鼎等将领攻破设置于秦蜀要道上的关隘——二里关及散关，进入兴元，与宋军争夺

---

① 曹儁长子曹世昌墓志，京兆路府学教授李庭撰文，京兆路府学正骆天骥篆盖，萧槲书丹，戴仲禄刊石。墓志石现藏于西安博物院，资料曾刊布于陕西省社会科学院、陕西省文物局编《陕西碑石精华》，三秦出版社2006年版，第237页。

② 曹儁次子曹世良墓志，安西王府文学洛阳薛延年撰并书丹篆盖。墓志石现藏于大唐西市博物馆。

③ 元贞二年《刘尚神道碑》："天兴壬辰，关中受兵，所有禾稼、鸟鼠、蛇蛙，食践殆尽。侯（刘尚）暨安抚白顺，集众于天□堡而曰：今兹年岁，□□□□，京师路梗，下民饥瘠，自相吞噬"，王利用撰文，该碑现藏于西安碑林博物馆。至元六年《韩瑞墓志》："壬辰之乱，不知所从"，秦蜀五路四川行中书省奏差孟文昌撰文，该墓志现藏于长安区博物馆。至元十二年《无忧居士吴君墓埋铭》："君讳清，字季澄，行第八，姓吴氏，家世乾州礼泉县之北间里人也。……君自壬辰被兵东徙，已而还乡，寓居京兆府咸宁县东关居"，该墓志现藏于大唐西市博物馆。至元十二年《大元故北京路转运使张公（楫）墓志铭并序》："值壬辰大变，关陕失守，军民往往逃避商山岩谷间"，王府咨议李庭撰文，该墓志石现藏于大唐西市博物馆。至元十八年《冯时泰墓志》："公讳时泰，字通，周至人。……公自幼养于叔父原，肄先业。后以兵荒，遂挈家从叔父东出关，北渡河，壬辰至太原，血属咸聚焉"，安西邸记事参军马绍庭撰文并书丹，墓志石1960年出土西安市长安韦曲，现藏于西安碑林博物馆。

④ "其先盖州路人。……元朝革命，自大梁徙家长安，以庚子年春三月二十一日薨于咸宁县白鹿乡廉王村亭子头本庄之正寝"，见《全元文》卷55《金故光禄大夫刑部尚书尼庞窟公墓志铭》，第2册，第158—159页。又，"鲁斋书院直学陈逊，手其祖事状一通……乃按其状。……癸巳之变，才九岁，父母哭二姊相失锋镝间。流离琐尾，跕于九死。即依里帅于平阳，籍织工于太原。复被徙（哈喇和卓）【合剌火者】十有五年，追有居京兆咸宁，以亡国之末裔，为起家之始祖，手拮据而口卒瘏者，为不少矣。呜呼艰哉！君讳福，世家河南郑州密县。祖仕金为密令。父千夫长。生以正大乙酉，卒以至元庚寅五月十一日，享年六十有六"，见《全元文》卷603《陈君墓志铭》，第19册，第403—404页。

入蜀通道。① 田雄于此时获赐金虎符、升管军万户，应与调动军马以伐宋征蜀之事相关。又，《田大成墓志》："年十五，以先侯奉命征讨，取汉中诸郡，诏公领其事"，大成卒于至元十二年（1275），春秋五十三，则知其生于癸未年（1223），按此推算，时年十五的田大成奉诏管领其父征蜀进程中新攻取的汉中诸郡，应在丁酉年（1237）。次年戊戌（1238），田雄及其子大明、大器、大成赴阙觐见窝阔台汗，得赐"名马、细甲、弓矢、佩刀"，之后"俾专意征蜀，拔成都，定五十余城，皆有功"，而此处所记"拔成都"，应为辛丑年（1241）事。

按，田雄从镇抚京兆府的管民官兼领两路军马，地位获得提升，成为窝阔台汗时期的汉军万户之一，田大成也开始在窝阔台汗时期的征蜀战场上崭露头角、积累战功。在此简单梳理与其事件相关的时间轴，以进一步明晰田雄父子所处的关于征蜀战争的历史背景：

乙未春（1235），皇子阔端奉命征秦、巩，该年十一月攻石门山，② 兵围巩昌城下，金将汪世显率众归降，随即展开征蜀之役。③ 同年，都元帅塔海绀不率帖赤、④ 刘黑马、⑤ 夹谷忙古歹⑥等人将兵征西川。

次年丙申（1236），郝和尚拔都⑦、刘亨安⑧加入塔海绀不征蜀军，破散关、剑门关，下兴元、剑阁而入蜀。秋七月，"阔端率汪世显等入蜀，取宋关外数州……冬十月，阔端入成都。诏招谕秦、巩等二十余州，皆降"⑨，但"师还，而成都复叛"⑩。

---

① "岁甲午，（郑鼎）从塔海绀不征蜀，攻二里散关，屡立战功，还屯秦中。未几，宋将余侍郎烧绝栈道，以兵围兴元，鼎率众修复之，破宋兵，解兴元之围"，见《元史》卷154《郑鼎传》，第3635页。又，常莹对此条中所载"二里散关"进行了考辨，认为此处点校断句或有误，应按《蒙兀儿史记》及《新元史》中所载"二里关及散关"为是，见常莹《散关、二里关、二里散关考辨》，《安康学院学报》2016年第2期。
② 《元史》卷2《太宗本纪》，第34页。
③ 《元史》卷155《汪世显传》，第3649页。另，《元史》卷121《按竺迩传》："金将汪世显守巩州，皇子阔端围之，不下。遣按竺迩等往招之，世显率众来降"，第2984页。
④ 《元史》卷132《帖木儿不花传》，第3219页。
⑤ 《元史》卷149《刘伯林·刘黑马传》，第3517页。
⑥ 《全元文》卷316《兴元行省瓜尔佳（夹谷）公神道碑》，第9册，第606—610页。
⑦ 《元史》卷150《郝和尚拔都传》，第3553页。
⑧ 《元史》卷150《刘亨安传》，第3560页。
⑨ 《元史》卷2《太宗本纪》，第35页。
⑩ 《元史》卷121《按竺迩传》，第2984页。

丁酉年（1237），按竺迩进言于宗王穆直，分蒙古千户镇守新平定的州县要隘，加强对西南诸州的控制。夹谷忙古歹也进言论述了留兵戍守兴元并恢复农业生产对征蜀伐宋的战略意义，并获准实施，遂有"制可，诏都元帅量留汉军"①的举措，其与田大成奉诏管理汉中诸郡之事相合，夹谷忙古歹亦由此获赐金虎符，并奉谕任安抚使以统辖兴元军民。同年，李毂加入塔海绀不征蜀军。②

戊戌年（1238），在完成"安反侧，制寇贼"的战略部署后，按竺迩"从元帅塔海率诸翼兵伐蜀"，连征三载，于辛丑年（1241）"伐西川，破二十余城"，迫使"成都守将田显开北门以纳师"，③再拔成都。

1241年，与田雄一同入成都的汉军万户还有刘黑马。据《刘黑马墓志》载："己丑岁（1229），宣赐虎符，授山西两路太原平阳等路万户。庚子岁（1240），入觐，授都总管万户。俾专意伐蜀，拔成都，定五十余城。"④骆天骧应刘黑马夫人贾氏之请，于中统三年（1262）初，按状撰志，其文中对伐蜀"拔成都"事件的记述与李庭所撰《田雄墓志》如出一辙，此外又有"昔人有言：活千人者，子孙必封。计公平昔之全活者，不可胜数"与《田雄墓志》中"昔人有言：活千人者，子孙必封。公平昔之所全活者，不可胜数"几无差异。若排除骆氏对李庭文句的因袭等因素，可推知刘黑马与田雄等汉军万户参与了这一时段中的同一历史事件。

另，在田雄幕僚李仪的墓志中记述了其奉檄佐助招抚亡金遗民的举措："自乾、凤以西抵山外秦、巩等处尚袭金年号，城守皆未下。公被檄招抚秦州，既至，释兵仗，握空拳径入，晓以天时，俾知祸福所在。众皆

---

① "公上言：兴元形式，西控巴蜀，东扼荆襄，山南诸城无要此者。自始取道灭金，汉中无岁无兵，其地与民，吾弃不有，敌不敢复，城郭堕而弗完，田野蕺而辍耕，民寰艰食。时吾兵来，扶戴白以负婴黄，偷儳生活，窜栖太白穷谷之间。吾归，则壮者出为盗贼，肆相夺攘，甚者仇而杀之，而生齿益耗，诚能留兵戍守，招徕未降，民见父子不分，货钱之得有也，其主恐后。为则良腴便水之田，授以耕耒，假与种牛，俟秋谷收，什税四三，储之于庚，守之以吏，征蜀之师朝至而夕廪焉。校以资粮关中，荷担千里，十石不能致一者，劳费大省，实制蜀之奇也"，见《全元文》卷316《兴元行省瓜尔佳（夹谷）公神道碑》，第9册，第607页。
② 《元史》卷150《李毂传》，第3548页。
③ 《元史》卷121《按竺迩传》，第2984页。
④ 按，庚子年（1240）入觐授都总管万户的记载见《刘黑马墓志》，此条与《元史·刘黑马传》所载辛丑年（1241）略有出入，李举纲曾在其文中提及，见氏著《西安南郊新出土〈刘黑马墓志〉考述》，《考古与文物》2015年第4期。

悦服，由是听命"，① 可为补充。

（二）《田大成墓志》："岁丁未，先侯薨，膺玺书虎符，正袭前职。……公妙龄英发，识见明敏，加之倅贰得人，当代蔚有能声。"

丙午年（1246）秋七月，贵由即位于汪吉宿灭秃里之地。② 据《田雄墓志》及史传记载，丁未（1247）春三月，田雄奉旨自京兆出发，七月丙寅日在和林觐见新汗，八月得疾不治身亡。贵由汗诏命其长子田大明袭京兆府等路兵马都总管，次子田大器入直宿卫，田大成袭陕西京兆府等路都总管，佩金虎符，并护丧归长安，于己酉年（1249）正月辛丑日葬于咸宁县洪固乡凤栖原。

田大成袭职后对其父旧僚佐段继荣任用如故，陈玮文中已有论及，③ 此不复述，但郭镐所撰《段继荣墓志》中"田侯即世，子大成嗣，以年幼，仍以师礼事君"④ 之句稍显言过，田大成袭职时已二十五岁。又据至元二十四年（1287）《王铸墓志》记载："君讳铸，字器之，故京兆总府幕僚君玉之长子也……君生而慧，幼勤于学，长优吏业，夐出伦辈。圣元中统入仕之初，辟京兆总管府掾，寻升诸房长。未几，迁孔目，盖不次之用也"⑤，知田氏幕府中还有王君玉、王铸等父子为其僚佐。田雄嗣任陕西京兆路都总管以来官声清廉，与前文所提京兆府知府兼任管民长官刘尚"相副勾当"，⑥ 打击贪腐、"下绝侵渔"。

（三）《田大成墓志》："公之父子在关中，遗恩余泽，被人也久，爱戴之心，迄今不忘。母太夫人杨氏，崇道敬善，宫观之兴，皆其权舆。时贵往往奉黄冠师，公正家以法，独禁绝之。"

田雄抚治关中，除致力于屯垦修渠、平息匪患外，还大力崇道，多次

---

① 《全元文》卷55《故京兆路都总管府提领经历司官太傅府都事李公墓志铭》，第2册，第156—157页。
② 《元史》卷2《定宗纪》，第39页。
③ 陈玮：《大蒙古国京兆总管府奏差提领经历段继荣墓志铭考释》，《北方文物》2015年第3期。
④ 西安碑林博物馆藏，墓志录文曾刊载于中国文物研究所，陕西省古籍整理办公室编：《新中国出土墓志》"陕西贰"（上册），文物出版社2003年版，第335页。
⑤ 《故将仕郎同州节判王君（铸）墓志铭》，前承奉郎陇右河西道提刑按察司经历李兟撰文，安西路府录潘劼书丹，曾益刊石。墓志石现藏于西安博物院。
⑥ 元贞二年《刘尚神道碑》："岁癸丑，□宣抚司奏奉纶旨：该府官刘尚不爱民财，不坏百姓，可令京兆路田总管相副勾当。"

参与并赞助宫观祠庙的修缮兴建等事宜，其与全真高道尹志平、儒志久、刘道宁、李志远等人皆有交往，除陈玮文中所提及派员迎接李志远入长安及派遣幕府僚属参与移葬孙不二遗蜕等事件外，① 还对重阳宫祖庭、太平宫楼观、太一宫、佑德观、华清宫、西岳云台观及华阴西岳庙等重建工程给予极大的支持。在此按时间顺序简要梳理相关史料补缀于下：

癸巳年（1233），田雄迎请儒志久住京兆迎祥观，并在城西四十里的华严川夏侯里卜筑清华观。②

乙未年（1235）冬，"时关右未宁，师（尹志平）叹曰：诸路宫观，绰有次第，独终南祖庭荒废，无人修葺。会田行省出军，半途而还，田侯默念，此不徒然，必虚玄真胜别有微意，欲重建祖庭。遂专遣僚佐赍疏礼请清和真人主画，师即促装。次年正月朔（1236），到京兆，诣灵虚宫，指示地位，委留人物，渐次营造。田侯复将太平宫楼观、太一宫、佑德观、华清宫、云台观尽归于师，且复还河东"③。

按，乙未年（1235），田雄听闻李志远即日西归长安出任陕西数路提点教门事，遂派遣僚佐官员前往河中（今山西省永济县蒲州镇）迎接，并安排其住在京兆府城掖庭街上的佑德观中。④ 佑德观为北宋创建，庚子年（1240）重修后改称"玉清宫"，⑤ 在《长安志图·奉元城图》中，其被标识于城西门内北侧祐德坊西的位置。⑥ 清和大宗师尹志平亦于此年赴沁州主帅杜德康等人之邀入山西，在平遥县玉清观作大醮，"多致感应"，获得当地军政官员们的追崇，"九月达平阳，分命披云真人宋德方率众镂道藏经板"，更使全真道道化大行，影响力日隆。在此形势下，尹志平"思报祖师之恩"，遂有"诸路宫观，绰有次第，独终南祖庭荒废，无人修葺"之叹，意欲重葬王重阳仙蜕并借此进一步光大祖庭，于是以书信委托李志远督理重葬祖师的筹备事宜。恰与此时，"京兆行省田公驰疏来请，适与

---

① 陈玮：《大蒙古国京兆总管府奏差提领经历段继荣墓志铭考释》，第101—106页。
② 姬志真：《咸宁清华观碑》，见陈垣编纂，陈智超、曾庆瑛校补《道家金石略》，文物出版社1988年版，第515页。
③ 《全元文》卷46《清和演道玄德真人仙迹之碑》，第2册，第9—14页。
④ "京兆田侯德桀闻公西归，督佐官就河中相迎，以府城佑德观归之，今玉清宫是也"，见《全元文》卷247《终南山重阳万寿宫无欲观妙真人李公（志远）本行碑》，1999年，第8册，第53—56页。
⑤ 骆天骧：《类编长安志》，黄永年点校，卷5"寺观·玉清宫"，中华书局1990年版，第151页。
⑥ 李好文：《长安志图》，张敏同校正、毕沅新校正，光绪十七年思贤讲舍覆灵岩山馆本重刊，卷上，第11、12页。

师意合",① 次年丙申正月朔（1236），尹志平应邀抵达京兆府并拜谒祖庭"灵虚宫"，"于榛莽中规度兆域，及宫观基址"，又有"终南太华等处诸观宇，废不能复"，遂与田雄共议修葺事宜，当年秋，李志远"督祖师葬事毕"，② 但尹志平因受命选天下高道为国祈福而使此事暂缓搁置。尹志平在返程途中与真常子刘道宁会面于北岳恒山之阳，并委托其主持修葺西岳云台观事，③ 刘道宁遂派遣门人辈积数年之辛苦恢复此观建筑"渐至完美"，西岳云台观道众本拟请刘道宁门人弟子史志经驻观住持，但未经允许。④ 此外，跟从尹志平入关的清泠子刘志源主持修复终南山上清太平宫，历二十年乃成，其全力护助以成其事的功德主之一即是"宣差陕西等路都总管田德灿"⑤。

戊戌年（1238）春，尹志平嗣教于李志常。夏五月，李志常诣阙请旨改"灵虚宫"为"重阳宫"。⑥

庚子年（1240）冬，已经卸任掌教的尹志平因"终南祖庭葬具已备"，应太傅耶律朱哥（移剌宝俭）及总管田雄之邀，⑦ 再次前往关中，于次年辛丑（1241）正月二十五日主持重葬全真祖师王重阳仙蜕的仪式。当时因关中地方并入蒙元辖内时间不长，从各地涌入数万道俗人等云集一处，使

---

① 《全元文》卷904《玄门掌教清和妙道广化真人尹宗师碑铭并序》，第28册，第12—17页。

② 《全元文》卷247《终南山重阳万寿宫无欲观妙真人李公（志远）本行碑》，第8册，第53—56页。

③ "丙申之春，尹清和谒祖庭还，会君于古恒岳之阳，语之曰：'吾近游陕右，奉田侯德粲之命，凡玄宫道宇，皆择人主之。惟华山之云台，地灵物秀，实仙家一洞天，非君无可托者。'君再辞不获，遂遣门人为经营，君亦往返再三，大兴筑构，所过崇奉，男女如市"，见《全元文》卷246《浑源县真常子刘君道行记》，第8册，第22—24页。

④ "清和老仙洎京兆总管田侯，议葺西岳云台观，劝请真常师，师许之，间遣门人辈斧荆榛，舆瓦砾，不数年渐至完美。云台道众拟公住持，而未许也"，见《全元文》卷246《洞玄子史公道行录》，第8册，第21—22页。

⑤ 李鼎撰《重修终南山上清太平宫记》（蒙哥汗四年·1254）："岁乙未，从师入关，总管田侯专介持疏，请复修此宫，以辅翼祖庭。公率徒千余指薙荆棘，拾瓦砾，筑垣墉，具材植，壤剔启辟，工役备举，盛行营造事。凡预是役者，莫不勠力一心，劝功趋外，有蘩蘩弗胜之意。历二十年，其为殿四，曰通明，曰紫微，曰七元，曰孚佑；为堂者三，曰灵官，曰演法，曰湛然，斋厨库庑，楼阁方丈，檐雷户牖，金碧丹臒，灿然一新。……总管田侯洎众属官，自发疏以来，护其强梗，卫其侵侮，裨其阙乏，导其壅滞，以至于今，凡有益于事者，云合响应，知无不为，岂非赞其开阐者乎？……功德主宣差京兆路军民总管仆散浩……宣差陕西等路都总管田德燦……"见陈垣编纂，陈智超、曾庆瑛校补：《道家金石略》，文物出版社1988年版，第518—521页。

⑥ 户县祖庵碑林藏碑，录文见《全元文》卷64"孟攀鳞"《十方重阳万寿宫记》，第2册，第359—362页。

⑦ 《全元文》卷64"孟攀鳞"《十方重阳万寿宫记》，第2册，第359—362页。

地方治安维稳存在着极大的隐患，①除尹志平"道德素重，镇伏邪气"之说外，田雄及其幕府僚佐、军兵的全力督护，应是此事"得完其功"的外在原因。此外，尹志平还偕同重阳宫诸多道众及田雄幕府僚属创建终南县庆真观，以金莲堂为十方女冠皈依之所，移葬孙不二遗蜕，②委任女冠斡勒守坚为终南山唐玉真公主延生观住持，提点陕西女官焚修事，③并为戊戌年（1238）始创于祖庭之西千户村的道观赐额"通仙观"。④

癸卯年中夏（1243），田雄意欲修复华阴华岳庙，与行省陕西的胡天禄丞相一起邀请真常子刘道宁入陕主持，刘遂"闻命欣然，即日就途，甫四三年，厥功告成"⑤。

正如《田大成墓志》所述，当时诸多官员贵宦们追崇全真道，"往往奉黄冠师"，田雄在任职隰州刺史时即受国师长春真人丘处机法旨，赐名"德灿（粲）"，并当众发愿"如后得任于雍，亲办祖师之事，吾愿毕矣"⑥。除田雄及其夫人杨妙真对修缮宫观的积极赞助⑦外，袭职太傅、濮国公的耶律朱哥亦对此事热衷有加，并举家奉道。前文提及的女冠斡勒守坚还在山西时，就受到朱哥及其夫人的厚待，不仅为其创建庆云观，并

---

① "时陕右虽甫定，犹为边鄙重地，经理及会葬者，四方道俗云集，常数万人，物议汹汹不安"，见《全元文》卷904《玄门掌教清和妙道广化真人尹宗师碑铭并序》，第28册，第12—17页。

② "逮大元辛丑春，京兆总管田侯将葬重阳祖师仙蜕。清和宗师偕祖庭诸师，洎总管僚属，于终南县舍人庄创庆真观，首发仙姑（孙不二）之坟，移葬于观之金莲堂，永为十方女冠归依之所。甲辰岁，奉朝命改观为宫"，见赵道一撰，卢国龙整理《历世真仙体道通鉴》，《后集》卷6"孙仙姑"，海南国际新闻出版中心1996年版，第1261—1262页。

③ 西安碑林博物馆藏碑，录文见《全元文》卷284《李晋》《龙阳观玉真清妙真人本行记》，第9册，第18—19页。

④ 杨天初：《大元奉元路终南山增修通仙万寿宫碑》（延祐六年·1319立碑），见陈垣编纂，陈智超、曾庆瑛校补《道家金石略》，文物出版社1988年版，第751—752页。

⑤ 《全元文》卷246《浑源县真常子刘君道行记》，第8册，第22—24页。

⑥ 《全元文》卷64《十方重阳万寿宫记》，第2册，第359—362页。缺字及错漏处按原碑拓本校改。

⑦ "国师急于立教，特令门人儒志久持法旨授隰帅田公，名以'德燦'，谕之密言，……公□发□为□□□□，创道院，疏瀹以佩严结，澡雪以新旧行。纵仆隶几千余人，释俘虏十万余户，以答主上见知之德，国师启迪之恩。常有愿为众言曰：'如后得任于雍，亲办祖师之事，吾愿毕矣。'朝廷用人，多取勋旧。公之威望，累朝素知，锡以虎符，尹兹西土，是天纵人欲，与之为地，以大振玄风也。公（田雄）下车之始，立纲纪，设官府，宽恩以抚摩痊瘶，峻法以诛锄强梗。期年之间，方内称理，独以祖师未葬，祖庭未完，日夜孜孜而为念，乃慨然发愤，罄家赀以备奉葬之礼、以给营建之用。夫人杨氏妙真以朝旨充监修之任，专令知观张志正、高志空尅期以督工"，见《全元文》卷64《十方重阳万寿宫记》，第2册，第359—362页。缺字及错漏处按原碑拓本校改。

"以舍人宝童相公、百家奴相公寄贺于门下",后于戊戌年(1238)秋"以安车迎迓,西入长安,择地京兆府录事司",将城北原古真武庙修缮一新,改为"龙阳观",使其住持,又送其子坚童、元童及孙男延童皆寄于席下,一时间"省衙闺门□□阔郡仕宦,靡不钦仰"①,此外,在现知刘黑马家族成员的墓志中,虽未曾提及与全真道往来相关事宜,但其子刘元礼在任潼川路副都元帅时,确有出资助役于蓝田县玄真观的创建,并"舍家僮二人以为其徒"②。

重阳宫在耶律朱哥与田雄等人的襄助下兴造功成,乙巳年(1245)获朝命增封为"重阳万寿宫",同年十月二十日,阔端太子颁布令旨,命耶律朱哥、刘黑马与田雄等京兆府路管军的大小官员人等,按照原先成吉思汗的圣旨继续落实对全真道众的特权政策及对京兆府路宫观产业的保护③。田雄父子主政关陕长达32年,田雄对全真道的敬奉及其与数名高道间的交往,促使尹志平得以在其垂暮之年完成重葬王重阳之教门大事,光大祖庭。除此,田雄还对遭受兵燹之灾的京兆府学文庙建筑有所维护。④

己酉年(1249)十一月初九,田大明、田大器、田大成共同署名赞助了《十方重阳万寿宫碑》的刊立,或有告慰亡父之意,但孟文昌以"正家以法,独禁绝之"八字赞许了田大成在奉养道士之事上不同于时贵们的态度和行为,或因全真道在关中的迅速扩张,聚拢大量财富、土地与人力,与地方官府产生了矛盾。

(四)《田大成墓志》:"至元二年,超昭勇大将军、延安路总管兼府尹。

---

① 《全元文》卷284《龙阳观玉真清妙真人本行记》,第9册,第18—19页。
② "癸卯岁,益川道士雍德坚、徐德渊因避蜀乱,同三洞讲师黄庄父游至此,州览形势,悠然忘归。会前宰张公名选与邑人委差杨兴徒辈具实施其地,延请住持,二师既许诺,遂罄其衣盂,同心经始。居久之,道价日隆,人益信嚮。今副都元帅刘公元礼资助役为功德主,仍舍家僮二人以为其徒。由是远迩禽集,檀施辐辏,崇墉峻宇,相继兴葺",见《全元文》卷54《蓝田县东创修玄真观记》(至元三年),第2册,第146—147页。又,按《刘元振墓志》:"(中统)二年冬,忠惠公(黑马)薨……寻有旨……"元礼,潼川路副都元帅,可知刘元礼助缘修建玄真观时应在中统三年(1262)至至元三年(1266)之间。
③ "而今这先生根底大小差役、铺马祗应休当者,所属宫观地土、水磨,别人休得争夺,及宫观内往来使臣、军人、诸色人等不得安下,无令坼毁搔扰",此条令旨刊刻于户县重阳万寿宫藏《大蒙古国累朝崇道恩命之碑》,该碑拓本图片及录文见陕西省古籍整理办公室编《重阳宫道教碑石》,三秦出版社1998年版,图第5页,录文第59页。
④ "京兆旧有宣圣庙,辛卯弃城,殿宇倾颓,总管田侯护持仅存",见《全元文》卷247《终南山重阳万寿宫无欲观妙真人李公本行碑》,第8册,第55页。

……山东铜台，古称剧郡，事物夥繁，朝廷以比岁旱蝗，思所以安之，移公镇大名。……秩未满，特旨迁南京路总管兼开封府尹及诸军奥鲁事，勋阶如故。"

按，随着征蜀战事的推进，至元二年（1265）闰五月癸亥日，"移秦蜀行省于兴元"①。田大成调任延安路总管兼府尹，在任期间平定当地劫扰商贾行人的盗贼刘寿童及其党羽，亲身踏查并重新规划修建了野猪岭的道路。

野猪岭位于元代延安路甘泉县之北。李辅斌曾写道"由甘泉溯洛水支流劳山沟东北而行，45里处有野猪岭，'山隘险窄，为戍守重地'，唐初梁师都寇延州时经过此岭。其地当今甘泉县与延安交界处之九沿山。过野猪岭循延河支流南川河北行30里即达唐延州治所肤施县（今延安市）"②，野猪岭所设道路是沟通自关中长安经陕北进入今内蒙古鄂尔多斯地区的重要交通驿路，金元光二年（1223）春，金将杨沃衍追击掳掠延安而南的蒙古游骑，亦曾战于野猪岭。③ 唐代的交通道路"主要利用河谷，山脊及原面"，野猪岭一段"故道远而险，人苦登涉"，北宋晁说之曾过此地并留下《趋延安过野猪岭》诗一首，诉其难行之状，田大成主持新修的道路则"易之夷近"便利于行人，使自察罕脑儿通往京兆府的驿道在此段得到了改善。

至元七年（1270），因元廷裁抑勋旧之家的事权，原任潼川路副都元帅的刘元礼依例减降为延安路总管，④ 而因山东诸路自至元四年（1267）起"比岁旱蝗"，⑤ 饥馑遍野，田大成或以此时移镇大名赈灾，因驱蝗有功，秩未满而特旨升迁为南京路总管兼开封府尹及诸军奥鲁事。

孟文昌在其所撰墓志中记录了一条关于田大成任职南京路总管期间派遣巨舰数十艘对遭受黄河水灾村民实施救助的史料。连年征战导致河南黄

---

① 《元史》卷6《世祖纪三》，第107页。
② 李辅斌：《唐代陕北和鄂尔多斯地区的交通》，《中国历史地理论丛》1990年第1期。
③ 脱脱等撰：《金史》卷123《杨沃衍传》，中华书局1975年版，第2683—2685页。
④ 《刘元振墓志》载。该墓志于2009年发掘出土，现藏于陕西省考古研究院。
⑤ 《元史》卷6《世祖纪三》："（至元四年），山东、河南北诸路蝗"，第117页；又"（至元六年四月），大名等路饥，赈米十万石"，第121页；《元史》卷7"本纪第七·世祖四"："（七年五月），大名、东平等路桑蚕皆灾，南京、河南等路蝗"，第130页。

河沿岸水利堤坝失修，黄泛成灾，漂没田舍村墟，此事却未被史官多着笔墨，仅见记有至元十年秋七月"庚寅，河南水"① 之语，或同指一事。

二 墓志相关人物

（一）田大成家族成员

综合《田雄墓志》及《田大成墓志》，可梳理其家族五代简谱于下：

				田资荣 张氏						
				田雄 杨氏						

子11人：

大明	大器	大成	大有	大安	大亨	大丰	大受	大鼎	大璞	大宁	女8人
		初室夫人李氏 / 夫人张氏 / 继室夫人张氏									

子4人：

田仁（妻仆散氏）	田义（早夭）	田信（妻纳合氏）	田礼（未娶）

女3人：

长女婿：延安路总管之子刘天祥	次女婿：延安路治中之子完颜弼	三女婿：先锋使夹谷公之子

孙女婿：毛时敏（袭职安西平阳河南等路打捕鹰房民匠长官）②

孙男3人：

田坚童	田顺童	田禹童	孙女2人

---

① 《元史》卷8《世祖纪五》，第150页。
② 毛时敏（字彦修），其母同氏为同恕从姊，其妹婿同谊亦为同恕族侄。见《全元文》卷603《鹰房民匠总管毛公墓志铭》，第19册，第392—393页；《毛长官墓志铭》，第19册，第398—399页。

田雄共有十一子、八女，其中五人皆任职于京兆路（按《田大成墓志》所载，贵由汗时期曾入直宿卫的田大器后任职京兆路奥鲁总管），另有六人未入仕。田大成共有四子、三女，四子名取儒家五常之"仁、义、信、礼"，体现了田大成"幼从师学，受经，通大义"。长子田仁之妻为"行省仆散公之女"，据蒙哥汗四年（1254）《重修终南山上清太平宫记》碑末题名①及中统元年（1260）《温迪罕氏墓志》、②中统三年（1262）《尼庞窟氏墓志》③可知，温迪罕氏之夫、尼庞窟氏第四子仆散浩曾在蒙哥汗四年（1254）任职宣差京兆路军民总管时与"宣差陕西等路都总管田德燦"共同赞助了终南山上清太平宫的重修，在中统三年时改任宣差陕西京兆府总管，其长子仆散蒲鲜早卒，次子仆散老山袭父职，任宣差同知京兆路总管，田仁之妻应是仆散老山之女。另，其长女婿刘天祥之父即至元七年改任延安路总管的刘元礼，其名可补入刘黑马家族成员谱系。今已知刘黑马家族中，与刘天祥同辈分者还有正奉大夫陕西行省参知政事刘纬（刘元振之子）、中顺大夫广安府知府兼管事府护军奥鲁劝农事刘天与（刘元超之子）④及刘天杰。第三女婿应为夹谷斜烈之子。⑤

此外，墓志中记载了田大成三位夫人的姓氏及出身，其前两位夫人皆已先卒，在田大成病逝时，仅有继室张氏见在。然而，检索史料可知，田大成生前因曾收继弟妻赵氏而被御史台臣呈文弹劾，⑥此事还被《元典章》收列为判定"兄收弟妻"违法的案例之一。⑦此两条材料所载时间有差，合而读之则知在至元十二年二月间，陕西四川道按察司察得前南京路总管田大成收继弟妻赵氏，呈文上报，至四月间方收到判复："田大成奸收弟

---

① 李鼎：《重修终南山上清太平宫记》，陈垣编纂，陈智超、曾庆瑛校补：《道教金石略》，文物出版社1988年版，第518—521页。
② 《大朝宣差京兆路总管仆散故夫人温迪罕氏墓志铭》，《全元文》卷55，第2册，第166—167页。
③ 《大元宣差陕西京兆府总管大夫人尼庞窟氏墓志铭》，《全元文》卷55，第2册，第159—160页。
④ 李举纲：《元刘天与墓志及相关问题探析》，《文博》2015年第2期。
⑤ 夹谷斜烈"宣授先锋使，佩金符，总统质子军"，为夹谷土剌次子，见《资善大夫武宁军节度使夹谷公（土剌）神道碑铭》，《全元文》卷31"元好问·一六"，第1册，第516—519页。
⑥ 《元史》卷8《世祖本纪五》，第161—162页。
⑦ 陈高华等点校：《元典章》卷18《户部》，中华书局、天津古籍出版社2011年版，第659页。

妻，废绝人伦，实伤风化，量情拟断八十七下，罢见职。阿赵拟断五十七下，与大成离异"，然而田大成在此期间已逝并将于四月二十日入葬，于是孟文昌在此期间受田大成继室张夫人及其次子田信所托撰写的墓志文中，为亡者隐晦了这一事件，也未出现"赵氏"姓名。

（二）撰者、书者及刊石人

《田大成墓志》撰文者孟文昌、书丹者京兆路总管府治中贾庭臣、篆盖者骆天骧，刊石人戴仲禄。

查孟文昌、骆天骧两人曾共事于京兆路府学，并多次共同撰、书碑文墓志。刊石人戴仲禄曾在中统三年至至元十二年间出现在墓志上，而之前曾有刊石人署名长安戴志安者，应与其为同一家族。目前辑出相关墓志5方、碑石8通，列表于下：

名称	时间	撰文	书丹	篆盖（额）	刊石	资料出处
傅元明墓志	蒙哥汗四年（1254）	骆天骧			戴志安	西安市文物保护考古研究院藏墓志
终南山重阳万寿宫无欲观妙真人李先生碑	蒙哥汗六年十二月（1256）	何道宁（宣差宗玄大师提点陕西五路兴元路教门兼领重阳万寿宫事）	李道谦（葆真大师提举重阳万寿宫事权陕西五路兴元路教门提点）	骆天骧（司天台算历官）	王志正	户县重阳宫祖庵碑林藏碑
刘黑马墓志	中统三年三月（1262）	骆天骧	骆天骧		戴仲禄	陕西省考古研究院藏墓志
韩瑞墓志	至元六年（1269）	孟文昌（秦蜀五路四川行中书省奏差）	骆天骧（前司天台判）			长安区博物馆藏墓志

续表

名称	时间	撰文	书丹	篆盖（额）	刊石	资料出处
曹世昌墓志	至元十二年三月（1275）	李庭（京兆府学教授）	萧斛	骆天骧（京兆路府学正）	戴仲禄	西安博物院藏墓志
田大成墓志	至元十二年四月（1275）	孟文昌	骆天骧（京兆路府学正）	贾庭臣（京兆路总管府治中）	戴仲禄	大唐西市博物馆藏墓志
大元京兆府重修文宣王庙记	至元十三年正月（1276）	徐劌（中书省左右司郎中）	骆天骧（府学教授）	骆天骧		西安碑林博物馆藏碑
重立文庙诸碑记	至元十四年正月望日（1277）	孟文昌（王府典书、京兆路儒学教授）	骆天骧（府学正）		王仁（府学生）	西安碑林博物馆藏碑
陕西儒生颂德之碑	至元十四年十月望日（1277）	孟文昌（王府典书、京兆路儒学教授）	仆散祖英（嘉议大夫前陇右河西道提刑按察使）	骆天骧（前司天台判、府学学正）		西安碑林博物馆藏碑
皇子安西王文庙释奠记碑	至元十六年正月（1279）	孟文昌（京兆路儒学教授）	骆天骧（儒学教授）	骆天骧		西安碑林博物馆藏碑
大元陕西创建三皇庙碑	大德四年三月（1300）	张立道	高凝	骆天骧（府学教授）		骆天骧《类编长安志》卷十存目

续表

名称	时间	撰文	书丹	篆盖（额）	刊石	资料出处
大元嘉议大夫提点司天台张公神道碑	不详	孟攀鳞（前进士）	骆天骧（司天台判）			骆天骧《类编长安志》卷十存目
大元京兆咸宁县南坊里重修太古观记碑	不详	刘秉中（前进士）	骆天骧（府学教授）			骆天骧《类编长安志》卷十存目

三 田大成墓及其家族葬地小议

据田雄、田大成父子墓志文所述，1247年田雄病逝于和林，其柩归葬长安，于咸宁县洪固乡凤栖原择地建茔，1275年田大成病逝后于依礼祔葬于田雄墓左。《田大成墓志》的面世并非通过考古发掘，目前亦尚未发现田雄墓志及其家族其他成员的墓志原石，其家族墓葬很有可能已遭盗掘破坏。从目前陕西关中地区发现的蒙元时期墓葬形制特征及其随葬器类，大体可推知田雄、田大成及其家族成员墓葬的基本情况。

目前考古发掘最早的蒙元时期纪年墓为段继荣夫妇合葬墓，段继荣卒葬于1252年，比田雄入葬时间略晚三年，其墓葬结构及形制或应较为接近，段继荣墓为砖砌叠涩顶的洞室墓，方形的主墓室内使用了砖砌仿木斗拱的样式。在关中地区发掘的砖砌仿木结构元墓较少，在凤栖原范围除段继荣墓外，目前仅知1981年发现的一座砖砌仿木结构八角形墓室的古墓，该墓早已被盗掘一空，墓室内可见两具棺木的痕迹，西安市文物局考古队在配合基建施工的清理中发现了13片黑瓷残片，发掘者据此判断该墓为元代墓葬。①

田大成卒葬于至元十二年（1275），同年入葬者还有刘元振、曹世昌、

---

① 袁长江：《长安凤栖原元墓建筑结构》，《文博》1985年第2期。

张楫（济之）①等人。刘元振墓为土洞结构的前后双室墓，墓室内地面铺砖，后室地面略高于前室，其上放置2具木棺。刘元振夫人郝柔于大德元年（1297）亡故于成都，次年五月归葬长安与刘元振合窆。笔者曾撰文对关中地区蒙元墓葬出土陶俑的组合关系进行分析，②通过对刘元振夫妇合葬墓发掘现场及出土器物的观察可知，刘元振夫妇墓中出土的陶俑呈现出两套组合，在制作工艺、陶质陶色及样式等方面具有较大的差别，即与两人下葬相距较长时间有关。据目前考古发现，在进入蒙哥汗时期之后，关中地区出现了使用陶质俑群及明器组合随葬的习俗，而陶俑作为蒙元时期关中地区在汉人群体中流行的丧葬消费品，在其背后存在着可以成批量的模制生产的工匠作坊及提供丧葬物品出售的商铺。

田、刘两家的家族背景、社会地位都较为接近，亦有姻亲关系往来，两家族墓葬地点同属于"咸宁县洪固乡凤栖原"，而田大成与刘元振的下葬时间也同在一年，据此可推知其墓葬的形制及随葬器物也应与刘元振墓的情况基本相近。

"咸宁县洪固乡凤栖原"位于长安城南偏东方位，因其地势高亢、台塬土层深厚，自汉代以来即为古长安居民的集中丧葬地之一，更以唐人墓葬居多。蒙古伐金，一批原籍今内蒙古、河北、山西等地的汉人军将入关中后落籍京兆、买田置宅，也多卜于此地营建家族墓地，目前已发现墓葬或有实物出土者，有耶律朱哥第五子耶律世昌夫妇合葬墓、刘黑马家族墓、田雄幕府僚佐段继荣夫妇合葬墓及追随田雄入陕的曹儁家族墓等。

耶律世昌夫妇墓于1950年发现于长安韦曲，出土墓志中虽未写明耶律世昌与夫人石抹氏合葬墓的位置所在，但据同恕所撰《耶律濮国威愍公墓志铭》③知其长兄耶律宝童、宝童子耶律忙古带皆葬于"咸宁县洪固乡韦曲村"，因可推知耶律朱哥一系家族墓葬皆位于此地。

刘黑马家族墓位于韦曲夏殿村西，《刘黑马墓志》中明载其葬地为"京兆府咸宁县洪固乡永宁村之凤栖原"，2009年考古发掘时地表已无封土

---

① 李庭撰：《大元故北京路转运使张公（楫）墓志铭并序》，张楫于至元十二年十一月初七日葬于京兆府万年县洪固乡少陵原。据课题调查，该志石亦藏于大唐西市博物馆，笔者蒙赵力光先生帮助得以阅读墓志拓本资料，在此致谢。
② 杨洁：《陕西关中蒙元墓葬出土陶俑的组合关系及相关问题》，《考古与文物》2015年第4期。
③ 《全元文》卷604《耶律濮国威愍公墓志铭》，第19册，第431—433页。

遗迹，12座墓葬呈扇形展开，以刘黑马墓位北而居中，其子刘元振、刘元亨墓分左、右位列于其墓葬之南。

段继荣夫妇墓位于曲江池西村，① 出土墓志中明载其葬于"咸宁县洪固乡芙蓉原"。曹僎之子曹世昌、曹世良的2方墓志非考古发掘出土，其墓葬地理位置信息不详，据墓志记载其父子三人皆葬于"咸宁县洪固乡庙坡里芙蓉原"，"庙坡里"一名今仍继用，应即今距曲江池遗址公园西侧不远的庙坡头村所在位置。

此外，西安市文物保护考古研究院还在这一区域发掘了王世英夫妇合葬墓，② 该墓葬位于雁塔南路东侧（今曲江枫林溪园住宅小区所在地点），其正南约2公里处即刘黑马家族墓地所在的夏殿村（今曲江·观山悦住宅小区）。据墓志记载王世英于大德十年（1306）葬于"咸宁县洪固乡先茔之次"。

元人文集中载有多篇墓志文，粗略检索亦可知时居住于长安城乡的士绅、官吏葬于城南凤栖原者为数不少。近年来随着城市面积的不断扩张，此片区域的地形地貌发生了较大的改变，原先的农田与村落现今大多已建成高楼林立的住宅小区，而在基本建设日新月异的推进中，蒙元时期墓葬的考古发现情况却并不乐观。

（2017年10月13日，初稿于长安；2019年3月11日再改于沪上）

（作者为复旦大学文史研究院博士研究生、西安碑林博物馆馆员）

---

① 陕西省文物管理委员会：《西安曲江池西村元墓清理简报》，《文物参考》1958年第6期。
② 西安市文物保护考古所：《西安南郊元代王世英墓清理简报》，《文物》2008年第6期。

《大元故光禄大夫大司徒领太常礼仪院事田公（忠良）墓志铭》考释*

李雨濛

2011年，内蒙古自治区鄂尔多斯市蒙古源流博物馆入藏了一批从民间征集到的元代石刻，其中百余件为碑刻及墓志。2012—2014年，中国人民大学北方民族考古研究所受馆方委托，对这批石刻进行了整理。该批石刻地域分布面广，记述内容丰富，不但可以填补元代文献的不足，还可矫正相关史料的不实。其中，《大元故光禄大夫大司徒领太常礼仪院事田公（忠良）墓志铭》（以下简称《田忠良墓志铭》）之志主田忠良于元代史料有载，本文即就其家族谱系与其仕宦经历作以考释与讨论。

一　墓志概况与录文

《田忠良墓志铭》盖、石皆存，为完整一合。志石右上角略缺，但未对志文造成影响。志盖（编号：2012EYS0017）为盝顶、方形，边长77厘米，厚14厘米。盖文2行14字，楷书"大元光禄大夫大司徒田公墓志铭"（图2）。志石（编号：2012EYS0004）长77厘米，宽71.5厘米，厚14厘米。志文为楷书，全文53行，满行26字，共计1061字，分两部分刻于盖底与志面（图3、图4），此形式与北京出土元代铁可的墓志铭相似。墓志盖、石皆为素面，无纹饰。

我们对田忠良的墓葬情况不得而知，但对比出土的元代高级官员墓

---

* 本文系中国人民大学2015年度拔尖创新人才培育资助计划成果。

志，如铁可、张弘纲和巩昌汪氏家族等①，可以看出，元代墓志规格似为早期偏大而晚期趋小，而近同品阶中，武官墓志普遍大于文官，这或许和元代社会重视武功有关。但总体而言，正一品至正四品官员墓志边长在70—80厘米的范围内，《田忠良墓志铭》显然属于这个范畴（表1）。同时，墓志为汉白玉质地，造型厚重，具备元代墓志气韵。

表1 《田忠良墓志铭》与元代同期墓志规制比较②

志主	葬年	规格（高×宽×厚，单位：厘米）	生前官品
汪惟孝	大德元年（1297）	68×70×9	龙虎卫上将军（正二品）中书右丞四川行省事（从一品）便宜都总帅（从二品）
张弘纲	大德九年（1305）	90×90×12	昭勇大将军（正三品）领河南诸翼万户（正三品）
铁可	皇庆二年（1313）	73×71.5×7.5	太傅（正一品）录军国重事、宣徽院使（从一品）领大司农司太医院事（正二品）
田忠良	延祐四年（1317）	77×71.5×14	光禄大夫（从一品）大司徒（从一品）领太常礼仪院事（正二品）
汪惟纯	至治二年（1322）	72×72×13	安远大将军（从三品）巩昌等处宣慰使司事权便宜都总帅（正四品）
汪惟贤	至治二年（1322）	68×70×8.5	荣禄大夫（从一品）大司徒（从一品）
汪惟简	天历三年（1330）	70×70×10	明威将军（正四品）保宁等处万户府万户（从四品）
汪寿昌	至正八年（1348）	78×78×11	银青荣禄大夫（正一品）大司徒（从一品）

---

① 北京市文物研究所：《元铁可父子墓和张弘纲墓》，《考古学报》1986年第1期；赵一兵：《元代巩昌汪世显家族墓葬出土墓志校释五则》，《内蒙古社会科学（汉文版）》2006年第2期；吴景山：《元代汪世显家族碑志资料辑录》，《西北民族研究》1999年第1期。

② 本表官品、资品参照陈高华等点校《元典章·吏部卷》，天津古籍出版社2011年版；《元史·百官志》，中华书局1976年版。

《田忠良墓志铭》字体圆润、刊刻清晰，文字皆可识辨（图2、图3），兹以通行简体字录文并标点如下（含平阙）：

【盖文】

大元光禄大夫大司徒田公墓志铭/

【志文】

大元故光禄大夫、大司徒、领太常礼仪院事田公墓志铭/

翰林学士、资善大夫、知制诰、同修国史张士观撰。/集贤直学士、嘉议大夫，男天泽泣血书。/

延祐四年正月乙卯，光禄大夫、大司徒、领太常礼仪院事田公薨于/位，享年七十有五。/上闻之，嗟悼良久，仍/敕有司具饯祭之仪，卜以其年闰正十四日，葬于中山府安喜县翟/城乡王吕村之先茔。比行，其孤天泽类辑行实以授属人告于士观，/曰："先公葬既有日，宜有述。不肖孤衰经在身，不得违次，徒跣以请。"士/观曰："公之行，应铭法，敢不诺而詺诸？"

按公讳忠良，字正卿，中山安喜/人。曾祖讳嗣叔，赠昭文馆大学士、中奉大夫，谥忠毅。祖讳子实，赠光/禄大夫、大司徒、柱国，谥忠宣。考讳润，赠秉德迪庆功臣、太保、开府仪/同三司、上柱国，谥文正。并封赵国公。曾祖妣曹氏、祖妣段（段）氏、妣吴氏，/并封赵国夫人。公幼警悟，精于术数，非学可能，殆若神授。年二十九，世祖皇帝闻其名，召至京师，命太保刘文正公校其艺，刘公大加赏/异。有/旨俾长司天台，公辞曰："臣年少能薄，岂敢居长者上？"故署为司天判/官。自是占候吉凶，应如节契，朝夕进见，/荣宠日隆。至元十八年，除太常寺丞。或者言 庙祀当去牺牲，用/面肖形以代。公至/上前，反复论列，以谓："萧梁故事，岂可为法？"牺牲卒得不废。二十七年，/擢奉议大夫、引进使、太常少卿。二十九年，升太中大夫、太常卿。大德/五年，拜昭文馆大学士、中奉大夫。十一年，/成宗升遐，柄臣乘隙谋危/宗庙。公以正理折之，彼怒至，以柱杖撞公。其遇事不可夺，类如此。/武宗即位，超授荣禄大夫、大司徒、知太常寺事，旌忠直也。/今主上时在东宫，特赐黑石砚。上有白雯，/玉音谕之曰："黑者犹汝面，白者犹汝心，不可渝也。"由是/三宫眷顾益隆，凡所奏请，多/赐允俞。会升太常寺为礼仪院，仍领院事。延祐改元，进光禄大夫。

公/为人宽厚笃实，历事/五朝，余四十年。初虽以术数进，及其官达，惟经国理民为心，间与朝/政，其直言正论有益于时者居多。每郊社祭享，至于荐献之仪、登降之节、陈设之序，事事物物靡不详练精究，故一时僚友咸见倚重而/折衷焉。尤喜奖拔士类，忧人之忧，乐人之乐，人亦以是称为钜人长/者。呜呼！公已矣！不识几年几时，复得老成之人如公者哉？此时论所/以重为悲惋而嗟惜之也。初封赠之制行。公念叔祖子成无后，而推/恩又不能及，乃请于/朝，赠资德大夫、尚书右丞，谥武康。叔祖妣陈氏，赵国夫人。公初娶崔/氏，继娶宋氏，又娶刘氏，今娶笃吉氏，并封赵国夫人。子一人，即天泽，/集贤直学士，崔氏出也。弟二人。忠亮，临沂巡检，早世。澍，金河北河南/道肃政廉访司事。侄三人。从矩，济南纳绵总管。从约、从信，未仕。女六/人，长适矾山巡检段（段）益。次适赵英，早寡。次适李成。次适真定提举苏/乃麻带。次适丰润主簿李彦伟。次适翟从义。

公平生可述之善尚多，/以至推步征验、锡赉蕃庶，皆略而不书，兹特摭大者为之铭。铭曰：

显允田公，际遇明时。其材杞梓，/其识蓍龟。

乃职鸿胪，乃典三礼。乃掌邦教，/从容讽议。

历事/五朝，余四十年。不矜不挟，卒齿罔愆。

人就其华，/公居以朴。人就其弛，公居以慥。

物望所归，/宸衷所知。岂弟君子，胡不期颐。

翟城之厚，考卜幽窀。/刻铭贞石，尚裕尔裔。/

延祐四年闰正月　日/

从志文体例可见，其先言人物身份，再记生卒年及撰文因由，后书田氏先辈与志主生平及家族脉络，最末为铭。志文平阙位置恰当，符合当朝墓志书写习惯。志文通篇以叙事为主，层次清晰，词语灵活，文字简洁扼要。同时，此志文在传世文献及已发表的材料中未见有相似者，不见文字篡改迹象，故应为第一手材料。

二 《田忠良墓志铭》考释

（一）墓志中田氏谱系与传世文献对比

《田忠良墓志铭》记载了上至田忠良曾祖田嗣叔，下至田忠良子女共五辈家庭成员及蒙元帝王、朝臣若干。经统计，志文中共包含人物37个，按身份特征分类如下。

第一类为田氏家族成员，包含妻室在内共计25人。他们是田嗣叔（曹氏）、田子实［叚（段）氏］、田子成（陈氏）、田润（吴氏）、田忠良（崔氏、宋氏、刘氏、笃吉氏）、田忠亮、田澍、田天泽、田从矩、田从约、田从信及未记名的田忠良之女6人。

第二类为田氏姻族，即田忠良女婿6人，为叚（段）益、赵英、李成、苏乃麻带、李彦伟、翟从义。

第三类为帝王与朝臣，共6人，蒙元帝王乃世祖忽必烈、成宗铁穆尔、武宗海山、仁宗爱育黎拔力八达；朝臣有引荐田忠良的刘秉忠及撰文人张士观。

《田忠良墓志铭》载，田忠良之曾祖田嗣叔、祖田子实、叔祖田子成、父田润及其妻室等皆有封赠。在元代程钜夫《楚国文宪公雪楼程先生文集》（以下简称《雪楼集》）中，载有田氏封赠制六则，分别为《荣禄大夫大司徒知太常礼仪院事田忠良故曾祖父嗣叔赠昭文馆大学士中奉大夫追封赵国公谥忠毅制》《故曾祖母曹氏追封赵国夫人制》《故祖父子成赠资德大夫尚书左丞追封赵国公谥武康制》《故祖母陈氏追封赵国夫人制》《父润授光禄大夫大司徒封赵国公制》《故母吴氏追封赵国夫人制》（以下简称《田氏封赠制》）①。以上封赠者与《田忠良墓志铭》中人物姓名、关系皆同。除此之外，《雪楼集》中又收录有《赵国公田府君（田润）神道碑铭》（以下简称《田润神道碑》），碑主田润乃田忠良之父。该碑记载了田氏家族先代事迹，后世文献中有关田氏记载多出于此。按《田润神道碑》

---

① 程钜夫：《楚国文宪公雪楼程先生文集》卷2《玉堂类藁》（以下简称《雪楼集》），明洪武二十八年与耕书堂刻本。

所记，田润于至大二年（1309）逝世，田忠良与撰碑者程钜夫"列周行，接燕好，三十有八年矣"，"知先世莫若子（程钜夫）"，故"又四年（皇庆元年，1312），大司徒以状来请"。碑载："公讳润，字润之"，"大父讳嗣叔，字起宗"。又"父讳子成，字成之"，"上命兄子实为总管，领之"。等等。《田润神道碑》中亦对田氏成员封赠情况有所交代，"祖（田嗣叔）赠昭文馆大学士、中奉大夫，谥忠毅。父（田子成）赠资德大夫、尚书左丞，谥武康。并追封赵国公。夫人，信阳吴安抚之女（吴氏）……与祖妣曹氏、妣陈氏并追封赵国夫人"①。

比较《田氏封赠制》、《田润神道碑》与《田忠良墓志铭》，我们发现田氏先辈的姓名、婚配关系、封赠情况大多无差。区别在田润之父处。《田忠良墓志铭》载田润之父为田子成，《田润神道碑》中记载其为田子实。按《田润神道碑》中言田子成无后嗣，"以子实之子为之后"②。而所有文献中未记田子实其他子女，说明过继给田子成者即为田润。依照旧时习惯，田润应称田子成为父，故在皇庆元年的《田润神道碑》中，田忠良尊田子成为祖。但在延祐四年由田忠良之子田天泽所立的《田忠良墓志铭》中，因墓志更具家传的性质，又因辈分所隔而年代渐远，田天泽便称直系血缘之田子实为"祖"，却言田子成为"叔祖"。这应是《田忠良墓志铭》与《田润神道碑》中对田润其父表述有别的原因。

关于田氏其他家庭成员，《田忠良墓志铭》中所记田忠良妻室崔氏、宋氏、刘氏、笃吉氏等属新见文字，未见于传世文献之中。田忠良之弟田忠亮、田澍，于《田润神道碑》有言："（田润）男三。司徒（忠良）居长。次忠亮，为临沂巡检，卒。次澍，翰林国史院司直。"志文于此相合。田忠良子侄辈人中，《田润神道碑》言："天泽，翰林侍讲学士。从规，国子生，早世。从矩、从钧、从义皆力学。女九。六为士人妻，余未行。曾孙女二。"③ 碑志对田澍的官职记载有差，或许因为墓志中所记"河北河南道肃政廉访司事"所授时间晚于《田润神道碑》书写时间。而《田润神道

---

① 程钜夫：《雪楼集》卷19《赵国公田府君神道碑铭》。《田府君神道碑铭》中田润之讳，按明洪武二十八年与耕书堂刻本、清文渊阁四库全书补配清文津阁四库全书本之《雪楼集》中均书为"闰"，同本卷2之《田氏封赠制》中则书为"润"，又按《田忠良墓志铭》中为"润"，故田润之名应为"润"，本文校其名为"田润"。

② 《雪楼集》卷19《赵国公田府君神道碑铭》。

③ 同上。

碑》文中记侄辈人中多"从规""从义"二人，未见"从信""从约"，而有名为"从钧"者。"从约""从钧"字形相似，应为同人之名。从侄辈人名讳取"规"，"矩""约"（"钧"）"信""义"的寓意看，《田润神道碑》中"从钧"之名不及其他齐整，"从约"则更为合理，此疑为文献传抄之误。再者，墓志中所记田忠良已出嫁女为6人，田忠良之婿叚（段）益、赵英、李成、苏乃麻带、李彦伟、翟从义等因文献缺乏暂不可考，但此与《田润神道碑》所言"六为士人妻"相合。至于田忠良其余3女并未在墓志中提及，则有可能因早世、尚幼或未嫁等原因。据墓志、碑及制等资料，可绘田忠良家族谱系（图1）。

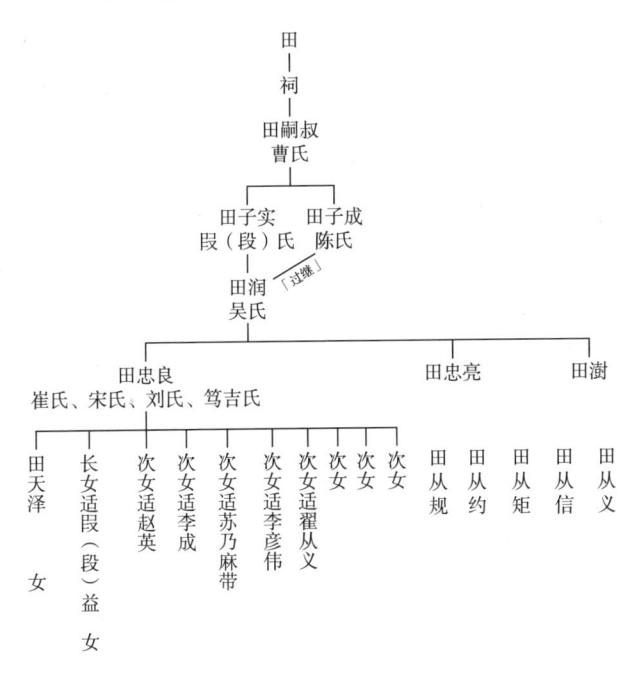

```
                    田
                    │
                    祠
                    │
                  田嗣叔
                   曹氏
            ┌───────┴───────┐
          田子实           田子成
         叚（段）氏         陈氏
            │
          田润    ⟵过继
          吴氏
    ┌───────┼───────────────────────┬──────┐
   田忠良                           田忠亮   田澍
 崔氏、宋氏、刘氏、笃吉氏
 ┌──┬──┬──┬──┬──┬──┬──┬──┬──┬──┬──┬──┐
 田  长  次  次  次  次  次  次  次  田  田  田  田
 天  女  女  女  女  女  女  女  女  从  从  从  从
 泽  适  适  适  适  适  适  女  女  规  约  信  义
 女  叚  赵  李  苏  李  翟
     （  英  成  乃  彦  从
     段）    麻  伟  义
     益     带
     女
```

图1　金元田氏家族谱系

（二）田忠良的仕宦经历考证

根据志文，田忠良因"精于术数"而得元世祖赏识，进而出仕元廷。《田润神道碑》有记："至元南征，闻中山田公（田润）善易，召，问平宋之期，对曰：'丙子'。已而果然。"世祖大悦，欲官田润，田润不受，遂"赐束帛，官其子忠良留侍中"。《元史·田忠良传》称，田忠良"尝识太保刘秉忠于微时,秉忠荐于世祖,遣使召至"①。按志文所言,推算出田忠良初觐世祖时间为至元九年(1272)前后,时值蒙古南征期间。志文与其他二则文献所记对比,时间、背景、经过及主要人物相近,无相违之处。

志文又载田忠良仕历中两个重要事件。其一为发生在至元十八年的"庙祀牺牲之争",此事于《元史·田忠良传》中亦有载。《传》载:"(至元十八年)国制十月上吉,有事于太庙,或请牲不用牛。忠良奏曰:'梁武帝用面为牺牲,后世何耶?'"后世有关祭祀内容的文献,多书此事,以为典例。其二为大德十一年成宗升遐后的"柄臣谋危宗庙",此事件即为成宗驾崩后之宫廷政变。《元史》载:"大德九年,成宗不豫,布鲁罕皇后(伯要真氏)秉政"②,"(大德)十一年春正月丙寅朔,帝大渐,免朝贺。癸酉,崩于玉德殿"③。随即,"左丞相阿忽台,平章八都马辛,前中书平章伯颜,中政院使怯列、道兴等潜谋推成宗皇后伯要真氏称制,阿难答辅之"④。后仁宗定计,诛阿忽台、怯列等,并言"怀宁王吾兄也,正位为宜","乃遣使迎武宗于北边"。五月,海山、爱育黎拔力八达会于上都,伯要真氏、阿难答、明里铁木儿等被赐死。海山即位,是为武宗。六月癸巳朔,武宗立皇弟爱育黎拔力八达为皇太子⑤。在此次政变中,因太常礼仪院掌封赠谥号等事,田忠良参与其中。《田润神道碑》载:"大德末,群凶构邪,谋危社稷。太常力争之,不屈。今上入,平内难,迎立武宗,录功拜大司徒。"《元史·田忠良传》又载:"(大德)十一年,成宗崩,阿忽台等异谋将以皇后教,祔成宗于庙。忠良争曰:'嗣皇帝祔先帝于庙礼也,皇后教非制也。'阿忽台等怒曰:'制自天降耶,汝不畏死,敢沮大事?'忠良竟不从",及"武宗即位,进荣禄大夫、大司徒,赐银印"⑥。在此事中,同仕太常寺的张昇、何玮亦有参与。《元史·张昇传》载:"成宗崩,大臣承中旨,议奉徽号,享宗庙,昇曰:'在故典,凡有事于宗庙,

---

① 《元史》卷203《田忠良传》,中华书局1976年版,第4535页。
② 《元史》卷116《后妃列传二》,第2900页。
③ 《元史》卷21《成宗本纪四》,第472页。
④ 《元史》卷22《武宗本纪一》,第478页。
⑤ 《元史》卷24《仁宗本纪一》,第536页。
⑥ 《元史》卷203《田忠良传》,第4538页。

必书嗣皇帝名,今将何书?'议遂寝。"① 《元史·何伯祥何玮传》又曰:"成宗崩,丞相阿忽台奉皇后旨,集廷臣议祔庙用摄政事,玮难之,阿忽台变色曰:'中丞谓不可行,独不畏死耶?'众皆危惧,玮从容曰:'死畏不义耳,苟死于义,夫复何畏!'"② 从几段纪事看,田、张、何三人同时与阿忽台展开激辩,可见《田忠良墓志铭》中所谓"(田忠良)以正理折之,彼怒至,以柱杖撞公"并非虚事。

除上述二事外,墓志铭中记载的田忠良进官时间与官职亦与史记相合。田忠良入元以来始终在司天监与太常寺(太常礼仪院)为官,司历象、礼乐、祭享、封赠谥号等事。田氏一门善于儒学与阴阳术数,所司之职符合田忠良所长。《元史·百官志》载:"中统元年(1260),因金人旧制,立司天台,设官署。"③《元史》中并无"司天判官"的直接记载,但按《金史·百官志》所记"司天台,判官,从八品"④,田忠良入仕之初低级别官吏,合乎情理。从进官时间来看,《元史·百官志》载:"中统元年,中都立太常寺","至元二年(1265),翰林兼摄太常寺。九年,立太常寺"。至大元年(1308),因迎立武宗有功,进官"荣禄大夫、大司徒,赐银印",太常寺改升院,"四年(1311),复为太常寺","延祐元年(1314),复改升院,正二品,以大司徒领之"⑤。因此,《田忠良墓志铭》中志主的重要进官时间与史记载相合,官称无误,品级符合进官规律,故判断墓志并无乱述现象,内容可信(表2)。

表2 《田忠良墓志铭》所载志主官品⑥

志主	进官时间	资品、职品
田忠良	约至元九年(1272)	司天判官(疑从八品)
	至元十八年(1281)	太常寺丞(从七品)
	至元二十七(1290)	奉议大夫(正五品)、引进使(正五品)、太常少卿(正四品)

---

① 《元史》卷177《张昇传》,第4126页。
② 《元史》卷150《何伯祥何玮传》,第3546页。
③ 《元史》卷90《百官志六》,第2296页。
④ 宋濂:《金史》卷56《百官志二》,中华书局1975年版,第1270页。
⑤ 《元史》卷88《百官志四》,第2217页。
⑥ 本表参照《元典章·吏部卷》与《元史·百官志》所作。

续表

志主	进官时间	资品、职品
田忠良	至元二十九（1292）	太中大夫（从三品）、太常卿（正三品）
	大德五年（1301）	昭文馆大学士（从二品）、中奉大夫（从二品）
	至大元年（1308）	荣禄大夫（从一品）、大司徒（从一品）、知太常寺事（正二品）
	延祐元年（1314）	光禄大夫（从一品）、大司徒（从一品）、领太常礼仪院事（正二品）
	延祐四年（1317）	赠推忠守正佐运功臣、太师（正一品）、开府仪同三司（正一品）、上柱国（正一品），追封赵国公（正二品），谥忠献

（三）关于田氏家族墓地

《田忠良墓志铭》中记载田氏葬地在"中山府安喜县翟城乡王吕村"，《田润神道碑》中亦记田氏先茔位于"中山翟城乡王吕村"①。民国《定县志》也记："田天泽墓在城北王吕村。"② 按《元史·地理志》："中山府，唐定州。宋为中山郡。金为中山府。元初因之"，中山府领有三县，"安喜，新乐，无极"③。《明史·地理志》载："定州，元中山府。洪武二年正月改曰定州。"④ 元中山府即今河北中部保定之定州市。经初步考察，今定州市区东北方向约 8.6 公里处有王吕村，市区以东方向约 15 公里外为翟城村，现翟城村与王吕村距离约 9.4 公里。从此情况看，现区划名称沿袭古名，墓志中葬地可考。田氏家族墓地应在此区域内，可通过田野考察进一步确认。

然而，在清代《平阳府志》及《赵城县志》中，又记"金忠献公田

---

① 《雪楼集》耕书堂刻本中写作"王吕杉"，"杉"应为"村"，现根据《田忠良墓志铭》校为"村"。
② 何其章修，贾恩绂纂：《（民国）定县志》卷2《舆地志·古迹篇》，1934年刊本。
③ 《元史》卷58《地理志十》，第1357页。
④ 《明史》卷40《地理志一》，第894页。

忠良墓，县东十五里有碑记"①，"旧志……金光禄大夫田忠良墓在县东十五里今皆无存"等②。我们认为，其可溯至《田润神道碑》中所云"公讳润，字起宗，其先平阳赵城人"一语。田氏原籍平阳赵城，先辈数代于金朝为官，可能是此地立原纪念冢或祠堂，亦可能在文献传抄过程中有误，故有此记。

另，撰文人张士观史书有载，其活跃于成宗、武宗、仁宗、英宗数朝，"国史院编修官"之职与史载相符。传世文献可见张士观所作诏、制若干，如大德十一年的《成宗皇帝谥册文》③，延祐七年的《仁宗皇帝谥册文》《英宗即位诏》④，及《平章李庭赠谥制》《高丽国王昛加恩制》⑤ 等。亦有所作碑铭若干，如大德元年《元故明威将军亲军都指挥使司事刘桢墓碑铭》《元故明威将军金后卫亲军都指挥使司事刘公神道碑铭》⑥ 等。张士观生卒年代不见史载，但柳贯《待制集》中有《张士观谥文悫》一文，按柳贯生平判断，张士观卒年不晚于至正二年⑦。

三 金元田氏家族的发展脉络

从《田润神道碑》《田忠良墓志铭》与《元史·田忠良传》中可以看出，田氏家族兴于金末期而盛于元初，其家族的发展脉络可分为以下几个阶段。

第一阶段为金代末期，即田氏天祖、高祖转徙时期。《田润神道碑》载，田润"其先平阳赵县人。曾大父官裕州，因家焉。再世，以乱离，居中山，遂为中山人"。平阳赵县，即今山西省南部地区，裕州为今河南省方城。田氏先辈为何名讳，暂不可考。而从此载看，田氏为官者至少应有

---

① 刘榮修，孔尚任纂：《（康熙）平阳府志》卷32《陵墓·赵城县》，清康熙四十七年刻本；章廷珪修，范安治纂：《（雍正）平阳府志》卷32《陵墓·赵城县》，清乾隆元年刻本。康熙本中为"县东十五里在碑记"，"在"应为"有"，乾隆本应据此校正为"有"，故本文校为"有"。
② 杨延亮纂修：《（道光）赵城县志三七卷》卷29《陵墓》，清道光七年刻本；前揭《（雍正）平阳府志》卷10《祠祀》，清乾隆元年刻本。
③ 苏天爵：《元文类》卷10《册文》，四部丛刊景元至正本。
④ 前揭《元文类》卷10《册文》。
⑤ 前揭《元文类》卷11《制》。
⑥ 左宜似修，卢崟纂：《（光绪）东平州志》卷22，清光绪七年刻本。
⑦ 柳贯：《待制集》卷8《谥议·张士观谥文悫》，四部丛刊景元至正本。

两代。田氏一门的士绅阶层出身，为后代数辈人的为官、为学奠定了文化与财力基础。

第二阶段，金末至蒙古南征期间，即田嗣叔携田子实、田子成父子三人随蒙军征战时期。从《田润神道碑》可知，田氏在此时期活动范围与先祖相当，以河北中南部及河南裕州之地为多。除保有儒生的为学传统外，所记更多的是田氏父子作为武装地主的经乱与从戎历程。《碑》载："岁出金币易粟，贷贫民，负不能偿者，焚其券。河北乱，人争来依。计口给食，人安如归。盗贼四起，郡县不能制，乃聚众自保。"蒙军将至时，知投降者可得免，"遂与二子率众二百余人，间道诣睿宗行在所。赐金符弓矢，拜千夫长，汉人降者隶焉，为军前锋"。田氏父子随蒙军征战后，于"申裕、独树、原良、凤冈数战，皆有功，号敢死军焉"，田嗣叔战死于蒙金黄陂之役，"仓卒为流矢所中，二子驰杀射者。创甚，犹戒子以忠孝，语绝而卒，年若干"。

金末元初，北方战起，作为蒙金、金宋、蒙宋几个政权交界处的河北、山东一带，是当时最为动荡的地区，"有金南渡，河北群雄如牛毛"①，北方汉族地主武装便是在此时期形成的。《元史·张柔传》载："金贞祐间，河北盗起，柔聚族党保西山东流寨，选壮士，结队伍以自卫，盗不敢犯。"②《元史·史天倪传》曰："金末，中原涂炭，乃建家塾，招徕学者，所藏活豪士甚众……甲子，岁大侵，发粟八万石赈饥者，士皆争附之。"③《元史》卷一四九《刘伯林传》又言："壬申岁，太祖围威宁，伯林知不能敌，乃缒城诣军门请降。"④ 如上所述世侯财力丰厚，在乱世中集结武装或保乡族或扩权势，并往往救助流民，为其提供衣食活路。在蒙古南征大势所趋下，世侯多选择依附蒙古统治者随军出征。田氏家族在此时期的经历与此类似。从《田润神道碑》的文字看，田氏家族的规模和影响虽不能与张柔、史天倪等大族相比，但经过几代人的积累，已经在地方上取得了一定的政治威望且财力可观，有小范围内赈济乡民并组织武装的能力。田氏父子在蒙军临城时选择率众投降于睿宗并随之征战。在当时的南征军队

---

① 魏初：《青崖集》卷3《重修北岳露台记》，文渊阁《四库全书》本。
② 《元史》卷147《张柔传》，第3471页。
③ 《元史》卷147《史天倪传》，第3478页。
④ 《元史》卷149《刘伯林传》，第3515页。

中，"尽是新降的武装地主军队"①。而蒙古军队之所以能迅速胜利，"就是在争取日益众多的汉人地主武装依附的情况下，逐步肃清附金武装势力的结果"②。从这个意义上讲，这一时期的田嗣叔父子对于蒙古人而言有开国之功，这也是田氏后人受用于元廷的根本原因。

第三阶段为忽必烈建立元朝之后，田忠良、田天泽父子入朝为官时期。在田嗣叔父子之后，田氏家族逐渐远离了军戎生活，转而钻研儒学与阴阳学，这应该与北方战乱渐息及田忠良之父田润的个人性格、喜好有关。《田润神道碑》载，田润"力农务学，不乐仕进"，"研精于《易》及六壬之说，逮被征而还，技益进复，潜心释典。常教二子勤学"。忽必烈南征时召田润卜宋平之期，田氏父子得而觐见。自此，田忠良便从司天判官起，在元朝开始四十余年的为官生涯了。

文献所见田忠良为仕的两个重要事务，一是以方技之术占卜诸事，二是以太常官身份司职宗庙。诸多记载表明，蒙古人对天文、术数与占卜有深刻的依赖，甚至影响着社会的政治与军事行动，在当时的蒙古社会中，"占卜家说的任何话，都必须马上去做"，"他们预报做任何一件事的吉凶，因此如无他们的允许，蒙古人就不调集军队或进行战争"③。耶律楚材便因阴阳方技之术得到了成吉思汗的赏识。元朝建立之初，忽必烈不但保留了蒙古人的这种习俗，而且由于他对汉族官僚的倚重，"凡天下鸿才硕学往往延聘，以备顾问"④，因此出现了郭守敬、刘秉忠等一批汉族重臣。在这种信仰背景与政治需求下，通晓儒学与阴阳学的田忠良便得到了任用。《元史·田忠良传》中频繁记录着田忠良早期各种卜算之能，小至卜梦、寻物等生活琐事，大至出征、选将等军政要务。小事如至元十一年八月，忽必烈出猎途中召问忠良："朕有所遗，汝知何物？还可复得否？"对曰："其数珠乎？明日二十里外人当有得而来献者。"大事如同年阿里海牙奏请

---

① 韩儒林：《论成吉思汗》，收入南京大学元史研究室《韩儒林文集》，江苏古籍出版社1985年版，第152页。原载《历史研究》1962年3月。
② 到何之：《关于金末元初的汉人地主武装问题》，《内蒙古大学学报》（哲学社会科学版）1978年第1期。
③ 何高济译：《鲁布鲁克东行纪》，中华书局2013年版，第287页。
④ 苏天爵辑撰，姚景安点校：《元朝名臣事略》卷12《太常徐公》，中华书局1996年版，第250页。

率军南渡征战之事："朝议难之，帝密问曰：'汝试筮之济否？'忠良对曰：'济'。"① 如同成吉思汗时期的耶律楚材受到重用的不是儒学而是方技杂学，此时围绕在忽必烈身边的田忠良所做最多也是卜筮。而随着汉族儒学对元代统治影响的加深，从世祖忽必烈中后期开始，有关"太庙"的文字就屡见于有关田忠良的记载中了，成宗朝以后的相关记载更集中于宗庙祭祀，如至大二年田忠良进言太庙祭祀用银代替瓦②，至大三年又与曾巽初议立圆丘方泽之事等③。这既是田忠良本人职务变化的表现，也是汉儒文化在元代政治生活中分量逐渐加重的一个反映。

综观田氏一门在金末元初的发展轨迹，反映出的是北方汉族儒士兼地主武装阶层在蒙元社会中的生存状态。田氏数代在蒙金战争中获有战功，这在蒙古统治者眼中不单是其对战争本身的功劳，从《田润神道碑》中着重描写了田嗣叔于黄陂之战英勇战亡，田子实、田子成"驰杀射者"的壮烈场面看，这种有血性的家风也令蒙古人极为赏识。与不善武功的江南士大夫相比，田氏所代表的这种勇敢善战的北方汉族地主武装群体更受蒙古统治者青睐。田氏家族的兴起正处于蒙古渐入中原的时期，而田氏既善儒学又善阴阳杂学，这也迎合了蒙古统治者的政治需要。田忠良初觐世祖时，"帝视其状貌步趋，顾谓侍臣曰：'是虽以阴阳家进，必将为国用'"④。实际上，就政治地位而言，元代社会的纽带"是以'社会阶层'而不是以民族为基础"⑤。田氏虽为汉人，但其先辈在蒙古南征中的建树早已奠定了家族"根脚"，因此在田忠良出仕之时，世祖忽必烈也就能对其另眼相待了。田忠良在为政后期能够"三宫眷顾益隆，凡所奏请，多赐允俞"，虽与其个人才华及在朝廷政变中的功劳有关，但也不可谓不是其家世荫泽。

同时，《田忠良墓志铭》的志文也显示出了田氏一门的经世意愿。田氏后人仅记载了"庙祀牺牲"之争与"伯要真氏称制"之事为其生平主要功绩，在铭中突出"乃职鸿胪，乃典三礼，乃掌邦教"的太常礼仪院司

---

① 《元史》卷203《田忠良传》，第4536页。
② 王圻：《续文献通考》卷113《宗庙考·时享荐新下·元》，明万历三十年松江府刻本。
③ 虞集：《道园学古录》卷19《曾巽初墓志铭》，四部丛刊景明景泰翻元小字本。
④ 前揭《元史》卷203《田忠良传》，第4535页。
⑤ 萧启庆：《论元代蒙古人之汉化》，《台湾大学历史学系学报》1992年第17期，第243—271页。

职，阴阳算学之事却言"推步征验……皆略而不书"。或许在田氏族人看来，阴阳方技仅为杂学，太庙祭享与直接建功于社稷方是为臣正道。这应该是田氏家族根深蒂固的儒家文化政治观的体现，它在某种程度上表达的元代社会汉族儒士阶层的政治志向，是这一时期社会思想的一个反映。

附图2—4

图2

图3

图 4

［本文原载于《故宫博物院院刊》2016 年第 5 期。本次收录时有如下调整：1. 墓志名称中加入了志主名讳，即"田公（忠良）墓志铭"；2. 去掉了原载中的摘要及关键词部分；3. 按最新整理成果在正文中以墓志拓片替换了原石照片，即图 2、图 3、图 4；4. 表 3 族谱版式略有调整；5. 注释部分按《元史论丛》体例要求作了必要的调整］

（作者为中国人民大学博士研究生）

宋刊元印本《增修互注礼部韵略》纸背户籍文书全书整理小结及所见宋元乡村基层组织和江南户类户计问题探析[*]

王晓欣

公文纸印本纸背所存公文档案对史学研究的价值，近年来日益引起学界的重视。孙继民先生一直着力进行纸背公文纸的发掘研究，2014年、2015年他以宋元公牍纸背和明代古籍纸背公文纸资料整理研究为题相继获得了国家社科基金重点和重大项目的支持。这几年他和他的项目组做了很多工作，对国图所藏《魏书》纸背所存元代资料从馆藏胶片的反面进行了抄录并进行了一些研究[①]。另抄录扫描了上海图书馆十几种明代纸背资料，还收集了南京、沈阳、河南等地的一些纸背文献，成果令人期待。

宋元明纸背公文的数量不小，还有许多方面有待发掘，也需要学界同人共同努力。2013年，笔者以"元公文纸印本《增修互注礼部韵略》纸背所存元代户籍文书的整理与研究"为题申请并获得国家社科基金的资助，在上海图书馆支持下，将《增修互注礼部韵略》线装全部拆开，完整扫描复制纸背。是为国内图书馆中首次拆开线装善本对纸背的全面扫描。2015年，作为项目阶段性成果，我们在《文史》当年第1期上发表《元湖州路户籍册初探——宋刊元印本〈增修互注礼部韵略〉第一册纸背公文纸资料整理与研究》一文，揭示了第一册的录文和相关初探。相关工作进展

---

[*] 本文为"南开大学人文社会科学研究项目·中国史学科和学术团队建设（项目号：91822161）"研究成果。

[①] 参见杜立晖《〈魏书〉纸背元代文献具有双重史料价值》，《中国社会科学报》2015年6月10日。山东师范大学历史与社会发展学院《古籍公文纸本文献与宋元明史研究新境界学术研讨会会议论文集》，2017年6月。

我们也在2012年、2015年两次元史研究会会议上向学界同仁做了汇报。今年全部录文工作和一些研究已经完成，即将结项。这批资料的面貌也首次完整地呈现在我们面前。在此将主要内容和其中一些方面的探析再做一简要报告。

一

《增修互注礼部韵略》，南宋毛晃增注，毛居正重增。上海图书馆藏元公文纸印本，先为清代怡亲王府旧藏，后为潘氏滂喜斋藏。

此书卷首为毛晃序，为清安乐堂补钞（补钞纸为新纸，从第一至十叶）。除卷首外无修版痕迹，内叶间有断板，然不多。书中从十一叶开始正文几乎每页背面都有元代文书。观察全部复制图版后，可以看到其是有完整固定的顶格、抬头、空行等格式的，基本分条记录。纸背原公文面均为小楷书，与正面刷印文字同一方向。其户口登记行距很宽，加上楷书字小，使得后来另一面刷印时不易受到太大影响。元代在另面刷印韵书时，将这批公文在地脚处裁边，有少量条目有字被裁下，但所裁下的字并不多，在二至三个。个别册中少数页张反面有较大块漫漶页面。册三叶47，纸张的上半部分空白，户籍登记从中间开始，残缺后半部分内容。但这仅是个别现象，总体上文书的完整度较好。

本书录文整理凡例。

壹，本书正面为宋刻元印本《增修互注礼部韵略》，凡五卷六册。册一（卷一）为上平声第一，册二（卷二）为下平声第二，册三（卷三）为上声第三，册四、册五（卷四）为去声第四，册六（卷五）为入声第五。本录文所录仅为原书背面公文内容，自卷一（册一）叶十一始，按正面册、卷、叶顺序排列。由于纸背上、下叶之顺序当与正面上、下叶相反，纸背叶上为正面叶下，且两半叶内容前后接续，为便于阅读及排序，本录文依正面版心标注之叶码录入，并以正面书口折线为界，一律依纸背顺序标示录之叶上、叶下，即以图版中一对叶上、叶下作为一个整理页（如叶十一），同时标示本整理页的叶上、叶下（如叶十一上、叶十一下）。如遇纸背文字恰在折线骑缝处，一律视作该整理页叶上之内容。

贰，录文依原貌仍为竖排。为便于对照图版阅读及研究，所有整理页中，凡有文字处均按原貌分行，按顺序标注阿拉伯数字行号，数字与文字方向一致。行号按户分别排序，每户第一行标注行号 1，以此类推。原行如有字数过多，录文时版面无法排下时，一律自动提行且不标行号。

叁，原件每叶中各户无顺序号。根据本文书户籍册的特点，依原文格式，以户为一个文件单位，每户据文书学体例按①"收藏处"、②"本整理公文纸文献名"、③"本文献正面的卷号（本书卷 4 分册 4、册 5，则以 4/c4、4/c5 代替）"、④"该卷页号及上下（以 a、b 代替）"、⑤"按全书顺序排列的阿拉伯字序数的户数"依次确定每一户文献的编号。例如："［ST-Z：1·11a·5］"表示上图藏公文纸印本（ST）《增修互注礼部韵略》（Z）卷 1、叶 11 上、总第 5 户；"［ST-Z：4/c5·30b·408］"表示上海图书馆所藏公文纸印本（ST）《增修互注礼部韵略》（Z）卷 4、册 5、叶 30 下、总第 408 户。各户编号在每户前独占一行。

肆，本录文中每户抬头、退格、换行等登录格式的录文完全遵照原文格式排列。原件凡残阙，确认缺字的，每条（户）前位置用"［前阙］"，条（户）中位置用"［中阙］"，条（户）后位置用"［后阙］"标示；不确定是否缺字的，分别用"［上残］""［下残］"标示。

伍，本录文以尽量少加标点为整理原则。每户中文字漫漶无法辨认处，可确认所残字数者以"□"代替；不可确认者，以条形长框▭▭▭▭（上阙）、▭▭▭▭（中阙）、▭▭▭▭（下阙）代替。由于所残字数可依据公文体例大致判断，故条框长度视所阙字数而定。录文中如遇文字残缺部分构件但可辨认者，补全后加框录出，不可辨认者视为残字，以"□"代替。

陆，本录文使用规范繁体字。对录文中出现的非规范字，可分三种情况处理。①除数目字外，举凡人名、地名等专有名词中出现的异体字、俗字，一律照录，如"金雞乡"。②非专有名词中，异体字、俗字，一律改为规范繁体字，并于首次出现处出校说明。凡遇抄写时任意改变文字笔画、构件以及文字结构者，一律改作规范字形，不出校记。③数目字一律使用规范字形录文，区分大、小写，不出校记。如小写"一""二""三"，大写"壹""贰""叁"等。

柒，录文中凡遇文字之脱、讹、衍、乙，一律照录，并出校记乙正。文字清晰但难以准确辨识之文字，一律以'□'代替，出校记说明其原字形并略加考辨。

捌，凡文书有增补、删改、调换等改动处，为保存文书原貌，一般照录。原文增补文字，直接补入正文，出校说明；删除文字，照录，加双删除线（如"~~赁房住坐~~"）；调换符号不录，在相应位置出校说明。凡文书字行外墨书文字，在其出现大概位置录入并加粗黑框（户头旁文字一律置于户头右上角）；字行外墨书标记、划痕等不录，其中与文书内容或顺序有关者出校说明，无关或无法判断者不出校。

（图版及录文示例）

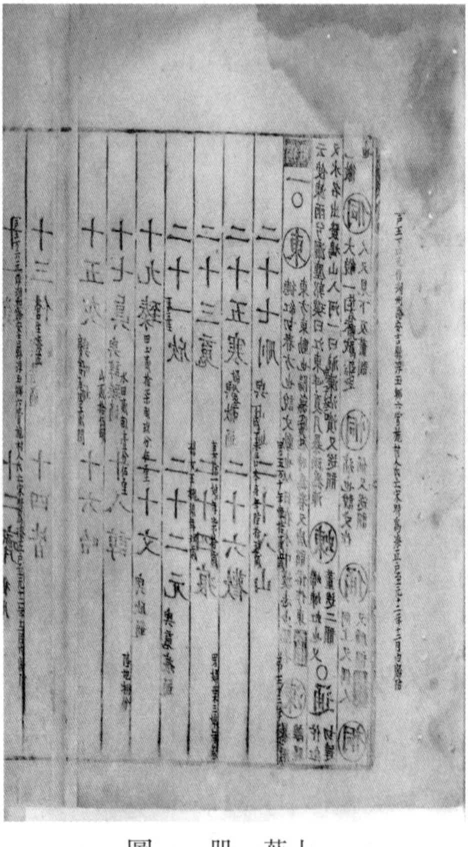

圖一　册一葉十一

（册一葉十一上）
[ST-Z: 1·11a·1]

1. 一户王万四，元係湖州路安吉縣浮玉鄉六管施村人氏，亡宋時爲漆匠户，至元十二年十二月内歸附
2. 　　　　計家：親属陸口
3. 　　　　　　男子叁口

4. 　　　　　　成丁貳口
5. 　　　　　　　　男王万十年肆拾貳歲　　　弟王十三年叁拾伍□
6. 　　　　　　不成丁壹口本身年陸拾玖歲
7. 　　　　　　婦人叁口
8. 　　　　　　　　妻徐一娘年柒拾歲　　　　男婦葉三娘年叁□□□
9. 　　　　　　　　孫女王娜娘年玖歲
10. 　　事產：
11. 　　　　　　田土貳拾柒畝玖分伍厘
12. 　　　　　　水田貳畝壹分伍厘　　　陸地捌分
13. 　　　　　　山貳拾伍畝
14. 　　　　　　房舍瓦屋貳間

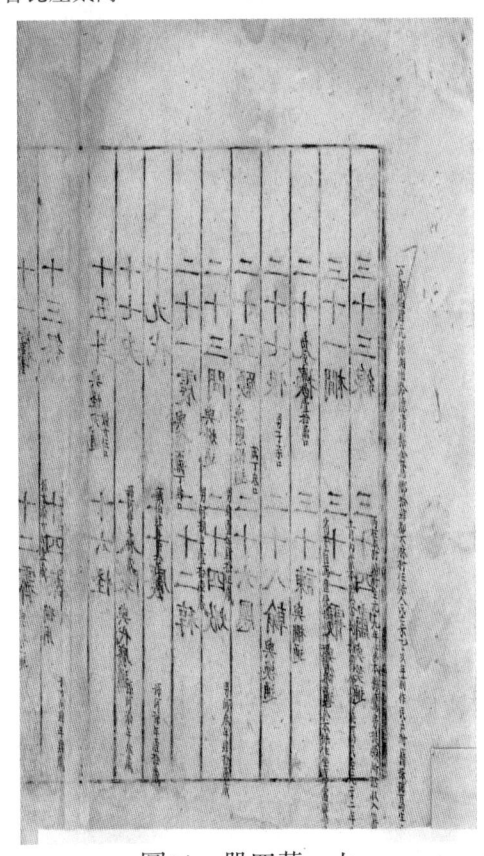

圖二　册四葉一上

（册四葉一上）

［ST-Z：4/c4・1a・522］

1. 　　一户戴伯肆，元係湖州路德清縣金鵝鄉拾肆都大麻村伍保人氏，亡宋乙亥

1. 年前作民戶附籍，採捕爲生，至⬜
2. 　　　　　　內在本村歸附，至元十九年蒙本縣鷹房提領所招收入籍⬜
3. 　　　　　　十一月內蒙本路治中到縣省會放罷爲民，至元二十二年⬜
4. 　　　　　　省委官馬宣使招收作採捕戶計，見於本保住坐應當鷹⬜
5. 　　計家：親屬壹拾貳口
6. 　　　　　男子柒口
7. 　　　　　　成丁叁口
8. 　　　　　　　男肆壹年肆拾伍歲　　　男阿叁年肆拾貳歲
9. 　　　　　　　男阿捌年壹拾陸歲
10. 　　　　　　不成丁肆口
11. 　　　　　　　戴伯肆年柒拾伍歲　　　孫阿孫年壹拾歲
12. 　　　　　　　孫阿伴年捌歲　　　　孫阿添年叁歲

圖三　册六葉一上

（册六葉一上）

[ST-Z：5·1a·743]

　　　[前闕]
1. 　　事産：
2. 　　　　田地捌畝玖分
3. 　　　　　水田伍畝柒分伍厘　　　　陸地叁畝壹分伍厘
4. 　　　　瓦屋貳間
5. 　　營生：盖匠

[ST-Z：5·1a·744]
1. 　　一户潘阡叁，係湖州路德清縣千秋鄉伍都柒保人氏，亡宋時盖匠附籍☐☐☐☐☐☐
　　　內在☐☐☐☐☐
2. 　　　　　　　　內蒙本縣撥充本路織染局改色人匠，見於本保
　　住☐☐☐☐☐
3. 　　　計家：親属壹☐☐☐☐☐
4. 　　　　　男子☐☐☐☐☐
5. 　　　　　　　成丁貳口
6. 　　　　　　潘阡叁年伍拾歲　　　　弟阡捌年叁☐歲
7. 　　　　　不成丁肆口

二

　　本书纸背资料绝大部分为典型的户口事产登记，全部 6 册共整理 322 叶，按上下叶计 644 面。其中第三册叶 57 为格式类似"延祐经理册"的土地资产归类登记，但仅剩残叶，信息不全。第六册叶 54 和叶 55 为一种性质不明的单独题名录，其他大部分基本格式相同的人户登记有 951 户。其中 51 户有重复。减去此重复户，共计登记人户 900 户。

　　如此系统完整的大体量元代户籍资料相当难得。我们首次看到了以往未见的成规模的元代户籍册页。在这批材料中我们可以第一次完整了解到一个时期里元朝江南地区户籍登记的总体面貌。从完全依照其原有版面的录文可以看出，元代户籍登记有相当严格的记录格式。登记均以户为条。一条完整记录下的人户，第一行顶格记户主姓名及籍贯居住所在、宋时职

业和应役类型、归附元朝年月、部分在元代发生的职业和应役变化；第二行退 2 格记家口总计口数；第三、四、五后各行退相应格记本户男性口数、成丁口数、姓名、年龄，不成丁男口数、姓名、年龄，本户女性口数、姓名、年龄等；此后退 2 格记事产，下行依次记本户田土数目、本户房舍间数、孳畜等；最后一行记本户营生。一户登记内容，一般是从"一户"户主信息开始，至"营生"结束。

  本批资料绝大部分的基本登录时间是元灭南宋至元世祖至元后期，最晚到仁宗皇庆年间。从录文的时间看，有以下三类。1. 几乎每条人户都要记的"归附"时间，这个时间段基本上在至元十二年十一月到至元十二年十二月间，可以说是一个基本格式。按录文的内容均在湖州路，至元十二年年底是元军占领湖州的时间，"归附"在时间上是契合的。但需要指出，这个时间并非本批籍册的完成时间，而是为统计人户为元朝服役纳税的开始点。每户都要依此格式登录，也可能表明至少有相当部分人户登记在元定江南之初就开始了，这也是为了及早征派赋役。2. 第二类是户类改色或应当其他差役的时间，如原宋民户被定为元朝的弓手、定为船站户等，资料记录的还有原宋民户被改籍为打捕户、医户、儒户、军户的。此类改色改役时间稍晚，本书资料分别记有至元二十年、二十一年、二十三年、二十六年等。3. 人户迁移记录时间，有至元十九年、至元二十六年等。至元二十六年是我们看到的完整户籍条文中明确年号记录最晚的一年。众所周知，至元二十六年，元廷下令开始全面"籍江南户口"①，我们所看到的是否就是这次籍户的户口登记册或者登记底册（草册）呢？陈高华先生指出，元平定南宋之初，便注意保存各种籍册和征收赋税，并主要以 1266 年（宋度宗咸淳二年）南宋最后一次大规模土地调查登记为依据，南宋科征文书已损失不存的，则由基层人员"只凭乡司草册数目"催纳税粮②。但所谓"乡司草册"是什么面貌？以前没有这方面的具体资料。考虑到该版本《增修互注礼部韵略》极大可能是延祐开科后成为畅销书才用过期的公

---

① 《元史》卷 15《世祖本纪十二》，中华书局 1976 年版，第 319 页。
② 参见陈高华《元朝的土地登记和土地籍册》，《历史研究》1998 年第 1 期。另见余卓《松江府助役田粮记》，《正德松江府志》卷 6，天一阁藏明地方志丛书本，上海书店出版社 1990 年影印本。

文纸增印的，则这批文卷应该是延祐年以前的。从其内容分析，本文卷每户都登记了详尽的女口，这是只登男丁的宋代户籍不可能有的（女户除外）；文卷里还登录了不少元代的户籍如站户、驱口等，这些元代特有的记录说明资料不会是抄南宋的。由所见时间记录看，由其登录有具体格式和各项具体户籍事产的全面集中性看，很可能就是至元二十六年江南籍户的登记册或至少是登记草册。从户籍登录的完整性判断，从元灭宋后到至元二十六年、至元二十七年开始大面积户口土地调查的十几年间，元廷江南一些地方的官员很可能已经在原南宋簿籍之外按元代的体制进行了新的登记了。至元二十六年、至元二十七年籍户前后的详情，以往所见只是一些政书所载原则性的规定①及一些方志和元人文集中的一般性陈述。至元二十六年、至元二十七年籍户的效果怎样？权威看法，元廷做的很不认真，基本沿用南宋土地登记，有些方志记载这次籍户时根本没有事产资料②。但本批资料显示，起码湖州路的事产登录还是较严整的。另外，至元二十六年籍户后，对已登录的户籍资料是否有补充修订，没有资料。《中国经济通史·元代经济卷》认为户籍册攒成后很快被弃置不用，根据户等重新编排户籍册而成的鼠尾簿，就是实际上的户籍册子③。从现存资料看，鼠尾簿主要以差发派役功能为主而不考虑人丁，是税役文书；而湖州路这种南方的册子重点在定人户的司法功能，是户籍文书，两种不同是明显的，结合其他资料，我们认为这两种不同类型在一定时期里是并行存在的。关于这批册卷的最晚时间，《增修互注礼部韵略》第四册纸背叶25有两条记录了"元籍"户数和之后根据"今次手状"补写的新增户内成丁人口，补写的时间和第一次登录最多相隔了38年，也就是至少到元仁宗皇庆二年（1313）还有补录。这和我们前面判断其大约是延祐开科后才被废弃用以在另面印书似乎可以契合。纸背文书后几册中还有很多添加、涂改、调换的笔迹，大多是小修小补，册六另有连续多处修改格式的指示箭

---

① 如《元典章》卷17《户部三·籍册·抄数户计事产》，陈高华等点校本，天津古籍出版社、中华书局2011年版，第594页。
② 陈高华：《元朝的土地登记和土地籍册》，《历史研究》1998年第1期。
③ 陈高华、史卫民：《中国经济通史·元代经济卷》第13章，经济日报出版社2000年版，第535页。

头（通常是将后一行引向前一行之下而合并为一行），此亦反映此户籍册或是登记草册，或确实是在修成后有修订和补充。括言之，这批资料对我们进一步认识元代江南户籍调查和土地登记的详情非常有用。对于从宋经元至明，户籍文书系统诸如手状、户帖、各类型户籍册的关系和发展脉络，本资料更是提供了尤为珍贵的研究数据。关于这方面的探讨，郑旭东博士另有专文。

关于宋元及明初百姓的取名，吴晗先生和洪金富等先生曾撰文专门做过研讨。吴先生主要依据清俞樾《春在堂随笔》卷五"元制庶人无职者不许取名，而以行第及父母年龄合计为名"及其他一些"杂书"的零星例证，指出当时平民百姓没有功名的，多用行辈或者父母年龄合算一个数目作为姓名，并考察该现象并非仅在元代；洪先生引用多种旁证做了更为详细的讨论，并进一步揭示这种习俗宋元明清民间一直存在，亦并非所有百姓均如此。① 但以往讨论一直未有一个直接的大批量宋元姓名资料能对此予以确证，现在我们可以看到元湖州路户籍册中大部分的百姓（可达数千人）人名都带数字，只有极少数人取正式名，仅十来个。主要是儒户、医户，也有民户。这是数目字人名前所未有的完整例证。魏亦乐博士以此为线索并结合其他资料对数目字人名有一个新的全面研究论文。

宋元是汉字俗字发展的重要阶段。本户籍文书的编纂，其基本信息是据手状而来。手状由百姓自行填写，为攒造户籍册提供人口、事产等信息，而官府由手状提供的信息编造户籍册。在这种"户籍册草稿"中，可能是手状书写时百姓文化水平不一（或有乡里识字者代为登录），所用字形混乱，俗字比一般传世文档更多，也有许多他处所不见的怪字，所以本批资料也是一部研究宋元俗异字的很好的文字学材料。魏亦乐博士对此亦撰有专文。

户籍册中事产（水旱田地、山林、房产、孳畜）的资料也非常丰富，初步看，绝大多数家庭拥有数亩到数十亩田产，一顷以上的较为罕见（册二叶7、25、39）。在土地登载时，大多数只是登录事产数量，但也有两处

---

① 参见吴晗《宋元以来老百姓的称呼》，原载1959年2月27日《人民日报》，后收入《灯下集》，见生活·读书·新知三联书店1979年版，第52页。洪金富：《数目字人名说》，《中研院历史语言研究所集刊论文类编·历史编·宋辽金元卷》第3册，中华书局2004年版，第2027页。

开始详细地标注了所处方位（册二叶34、35）。册页中"佃田"较为常见，登记时不属"事产"，而是附在"营生"之下。佃田份额不小，尤其第三册数量可观，多为寺观田僧人田，偶有官员私田，及"田赋田"，有些户佃种的田地相当多（册四叶16，册五叶7、17，册六叶27），反映出江南租佃关系的发达。关于土地、事产方面经济学视角的统计考察，我们拟另行撰文讨论。

三

由于本批户籍登录的地区集中性，资料还给我们提供了元代江南一处地方基层体制的较完整面貌。本书文卷基本是元湖州路下各处的登记。此地唐为吴兴郡，宋改安吉州，元至元十三年升湖州路，辖乌程、归安、安吉、德清、武康五县和长兴一州。本书录登有湖州路安吉县浮玉乡、风亭乡、移风乡、铜山乡；德清县千秋乡、金鹅乡、遵教乡、永和乡北界台鼎坊、桂枝坊、永和乡南界等共2县8个乡两个坊有本地居民登记的基层建置。另有本路武康县、乌程县、归安县、长兴州迁来上述两县和杭州路、嘉兴路、绍兴路居民迁来本路的记录。安吉县各乡以下为"管"，管下为村。浮玉乡记录有一管、二管、三管、四管、五管、六管；风亭乡有一、二、三、四、五、六管等；移风乡有一、二、三、四、五、六、七、八管；铜山乡有五管等。约有27管。管之下记录有俞村、三户村、潘村、垭田村、党口村、上市村、施村、卢村、石罾村、石马上村、石马村、横塘村、荄湖村、后泽村、平田村、金村、汪加边村、壁门村、坎头村、塘里村、新墟村等53个村名。德清县各乡以下均为都、保，有些地方都、保之间有上、下管。如"金鹅乡拾肆都下管北塔村拾保""千秋乡下管捌保""遵教乡拾壹都"等。约记有15个都，65个保。武康县亦有上、下管，如"太原乡拾柒都下管"。所录乌程县、归安县地名不多，其乡之下均记为都、保。

管、都、保均为宋朝设置，但各地情况相当复杂，学界争议也相当大。① 主流观点认为自宋太祖开宝以后，乡村实际的基层行政单位大多是管或耆，宋神宗以后又改为都保。到南宋大部已实行乡以下都保制，但有些地方还有管。② 对于元代的基层单位，元史学界一般认为是继承了宋代的乡都制，都之下则多引《至顺镇江志》："每乡所辖都分不等，其中为里、为村、为坊、为保，皆据其土俗之所呼以书"，对都以下细节及各地具体的不同并未展开讨论。③《至顺镇江志》所记为元代方志中最为详尽者，其载镇江路各县之下确为典型的乡、都、保制。从《元典章》《延祐四明志》及一些元代田土税粮簿的登记格式看，元代江南基层大部分实行都保制是没有问题的。④ 但元南方是否和南宋一样也有些地方有不同的设置，这些设置是沿袭南宋还是元代的改制？这些问题亦需要梳理清楚。修于明初的《吴兴续志》对于元代湖州路的地方基层设置及沿革有相当详细的记述，但以往学界大多引用该书对里正主首作用的描述，很少有关注其对元代湖州路乡之下基层体系及变化的记载。本批纸背户籍文书对《吴兴续志》的记录提供了实证和补充。

---

① 参见王棣《宋代乡里两级制质疑》，《历史研究》1999年第4期。夏维中《宋代乡村基层组织衍变的基本趋势》，《历史研究》2003年第3期。郑世刚《宋代的乡和管》，《中日宋史研讨会中方论文选编》，河北大学出版社1991年版。

② 参见王曾瑜《宋代社会结构》，周积明、宋德金编《中国社会史论》下册，湖北教育出版社2000年版。

③ 余希鲁：《至顺镇江志》卷2《地理·乡都·丹徒县》，江苏古籍出版社1999年版，第20页。另参见白钢主编，陈高华、史卫民著《中国政治制度史》第8卷《元代》，人民出版社1996年版，第134—135页。陈高华、史卫民：《中国经济通史·元代经济卷》，第92—97页。

④ 《元典章》卷26《户部一二·赋役·户役·编排里正主首》，第970页。袁桷等：《延祐四明志》卷8《乡都》，《宋元方志丛刊》本第6册，中华书局1990年版。宋坤：《国图藏〈魏书〉纸背所见元代税粮簿书式文书浅谈》，山东师范大学历史与社会发展学院《古籍公文纸本文献与宋元明史研究新境界学术研讨会会议论文集》，2017年6月。

表一 《吴兴续志》与纸背户籍文书登录地区基层名称之对比①

县	乡	《吴兴续志》	纸背文书
安吉县		安吉县，《旧志》（《吴兴志》）乡一十有六，辖里八十。自元至今，乡名如故，定为三十七扇，一百八管	
	浮玉乡	浮玉乡，《吴兴志》辖里五。元二扇，分为六管	一管、二管、三管、四管、五管、六管
	凤亭乡	凤亭乡，《吴兴志》辖里五。元一扇，分为六管	一管、二管、三管、四管、五管、六管、七管
	移风乡	移风乡，《吴兴志》辖里五。元二扇，分为五管	一管、二管、三管、四管、五管、六管、七管、八管
	铜山乡	移风乡，《吴兴志》辖里五。元三扇，分为九管	三管、五管、七管、八管
	梅溪乡	梅溪乡，《吴兴志》辖里五。元一扇，分为五管	一管、二管
	鱼池乡	鱼池乡，《吴兴志》辖里五。元三扇，分为九管	一管
德清县		德清县，《旧志》（《吴兴志》）六乡，辖里七十有五。元改里为十八都。继因括勘田土，又分十三都、十四都为上下管，十五都、十六都、（十七都）、十八都为东西管。（加上一至十二都）② 共为二十四管二界	
	千秋乡	千秋乡，《吴兴志》辖里五。元管都五：二、三、四、五都	二都、三都、三都下管、四都、五都
	金鹅乡	金鹅乡，《吴兴志》辖里二十。元管都八：十二都，十三都上管、十三都下管，十四都上管、十四都下管，十五都东管、十五都西管，十八都东管	十二都、十三都、十四都、十四都下管、十五都、十八都

① 表中《吴兴续志》记载皆引自《永乐大典》卷2276《湖·湖州府》，中华书局1998年影印本。

② 表中括号中内容为笔者根据前后数据及文意补，下栏中有括号处同。

续表

县	乡	《吴兴续志》	纸背文书
德清县	永和乡	永和乡，《吴兴志》辖里二十。元管都五，界二：一都，十六都东管、十六都西管，十七都，十八都西管。南界、北界	一都、十六都、十七都、十八都。北界台鼎坊、桂枝坊。南界
	遵教乡	遵教乡，《吴兴志》辖里十五。元管都二：十都、十一都	十一都
武康县		武康县，宋为乡四，里凡七十。元仍其乡，而定为十八都	
	太原乡	太原乡，《吴兴志》辖里二十。元管都（各）四：十四都下管、十五都上管、十五都下管、十六都上管、十六都下管、十七都上管、十七都下管、十八都	十七都下管

  从《吴兴续志》和纸背文书安吉、德清等县本地居民登记的基层建置看，宋元湖州路基层组织明显发生变化。《嘉泰吴兴志》记安吉县"为乡十六，管里八十"①，而《吴兴续志》则云："自元至明，定为三十七扇，一百八管。"关于德清县，尽管宋史学者提到南宋"管"还存在的情况时往往举《嘉泰吴兴志》所记德清县为例，如"永和乡……永和管：雅词里、仁智里、周漳里……长乐管：漪澜里、长寿里、长乐里"等。②但德清县在南宋乡之下的"管"记载稀少，《吴兴续志》根本未提，其主体仍应为乡里制。德清县入元后"改里为十八都，"又因"括勘田土"，在都下分上下管或东西管，"共为二十四管"。南宋安吉、德清县均为乡里制，元将安吉县改成为乡扇管制，将德清县改成了乡都管制。扇、管和都、管这些元以后的变化不仅记于《吴兴续志》，而且出现在我们所见的户籍登录文书上。纸背文书中，安吉县风亭乡和移风乡记录的管数分别比《吴兴

---

  ① 谈钥：《嘉泰吴兴志》卷3《乡里》，《宋元方志丛刊》本，第6册，中华书局1990年版，第4693—4694页。
  ② 见前引王曾瑜《宋代社会结构》。参见《嘉泰吴兴志》卷3《乡里》，《宋元方志丛刊》本，第6册，中华书局1990年版，第4693页。

续志》多出1管和3管，其余各县、乡的基层名称登录和《吴兴续志》完全一致。《吴兴续志》所云德清县因"括勘田土"而进行的第二次改制时间点值得注意。从已见材料可知，元至元二十六年江南籍户时一个主要内容就是进行包括土地在内的事产登记，也就是同时进行括勘田土。至元二十八年至至元三十年，又有"括田之命"。之后又一次大规模的括田则是延祐经理。① 结合本书湖州路户口资料，可以判断元代在湖州对乡里制的这种改革，时间不会晚于我们看到的这些户口登记的时间，最早可能在元军占领湖州后不久就开始了。而之后的改制可能在至元二十六年至延祐年间。我们可以断言，元代地方基层组织和宋一样也是复杂和各地情况不一样的。除了一般所知的乡、都、里、保，一些地方也杂有"扇""管"之类的设置，据《吴兴续志》的记载，它们存在的时间一直到明。户籍册子以征收税役为目的的内涵，特别是如此严整规范的户籍登记，有力地证实了《吴兴续志》所记元代对南宋湖州基层组织改制的正式性。这些基层名称显然亦不能以《至顺镇江志》"皆据其土俗之所呼以书"的看法而简单概括为约定俗成的习惯性老地名。总之，本户口登记资料对于更好地了解南宋末到元代江南县、乡及乡以下基层体制的变化形态是很有价值的。

四

本书文卷中对户口的登记有两种类别。一是原户类。所有人户先标明其在南宋时的户类（职业或应役类型），如"亡宋民户""亡宋时作民户附籍""亡宋时为匠户"等，看来登记者对宋乙亥年（1275）和至元十三年（1276）之间的朝代和身份转换十分在意。这也应该是元江南户籍登记的特别体例。这种体例首先如前面所析是为标明人户为元朝服役纳税的开始时间，二是在户口登记方面表明元廷对南宋原有的户类相当重视。在户口登记时人户还必须表明原户类的职业。

宋史专家王曾瑜先生总结：主体上宋朝的户口分类制度大致由四组户名所构成。1. 按人户的身份区分，有官户与民户，形势户与平户。2. 按

---

① 《元典章》卷17《户部三·籍册·抄数户计事产》、卷19《户部五·官田·影占系官田土》、卷19《户部五·民田·漏报自己田土》、卷19《户部五·民田·田多诡名避差》，第594、671、674页。参见陈高华、史卫民《中国经济通史·元代经济卷》，第224—228页。

人户居住地区分，有乡村户和坊郭户。3. 按有无田地等重要生产资料，房产等重要生活资料区分，有主户和客户之别。有乡村主户和乡村客户，也有坊郭主户和坊郭客户。4. 按财产多少，乡村主户分为五等户，坊郭主户分为十等户。王先生还指出：宋朝为了处置各种社会经济事务，创设了不少户名，如家中只有一个成丁男子，称单丁户；家中有男子未成丁者，称未成丁户；单丁而家产物力贫乏者，称孤贫户；无夫无子的人户，称女户；军人及其家属，可称军户；僧寺和道观，可称僧、道户或寺观户；从事盐业者，称畦户、亭户、灶户、井户和铛户；产茶以至种橘、养花者，都可称园户；从事酒业者，可酒户、坊户、槽户、拍户和扑户；从事炼矾者，称镬户；从事采矿和冶炼者，称坑户、冶户、矿户、炉户和炭户；烧制陶瓷者，称陶户和窑户；工匠称匠户；从事纺织、印染、刺绣等，称机户、绫户、锦户、染户和绣户；拥有船只者称船户，而从事远洋经商者称舶户；城市的商铺称市户、行户、铺户和店户；从事造纸者，称纸户；包揽代纳赋税等类称揽户；山中打石者称宕户。名称繁多。① 除单丁、未成丁、孤贫、女户，上述这些宋户名有的只是习惯称呼，大都只是职业户别，并非法律意义上的经济等级划分，更没有固定世袭的性质。

宋代的官户、形势户、平户、主户、客户及乡村户和坊郭户等法定的户类到元代大多已不再使用（本书登记资料中有两处记录南宋时"作官户附籍"者，归附元朝后一户仅剩一幼女，归入"应当民役"系列。另一户归附后出家为道。官户入元后已无意义）。但纸背资料湖州路户口登记册中有一个类别大项"营生"，似乎来自宋朝的各职业户名。宋代成规模的户口登记册子我们现在也看不到了，无法得知宋代户籍登记时是否有"营生"一项。南宋淳熙年间朱熹在南康军任上时，曾为赈灾规定管下各都下户上报缺粮登记式样：

下户合要籴米者几家

作田几家，各开户名，大人几口，小人几口 别经营甚业次

---

① 参见王曾瑜《涓埃编》六、"宋代社会结构"之（二）、"宋朝的户口分类制度和阶级结构"，第158—160页；七、"宋朝户口分类制度略论"，河北大学出版社2008年版，第186—195页。

不作田几家，各开户名，大人几口，小人几口 经营甚业次

作他人田几家，各开户名，系作某人家田，大人几口，小人几口 兼经营甚业次 ①

以上登记式样每行末小字夹注"别经营甚业次""经营甚业次""兼经营甚业次"似乎就是指各类"营生"，宋朝某些户籍登录可能存在这种类目。元代湖州路户籍登记在这方面也许受到南宋的影响。不过在登录时继承这个类项，元朝廷似另有自己的需要。

湖州路户籍登记中各种具体营生名目繁多，匠类有漆匠、裁缝匠、锯匠、泥水匠、絮匠、竹匠、木匠、纸匠、铁匠、桶匠、瓦匠户等十几种细目。还有"养种佃田""作山""卖豆腐""教养童蒙""求乞"（册六叶7，乞丐亦须入籍登记）、"求亲赡口"（册三叶50，户主是12岁孤儿）、"草鞋""卖□纸""瓶罐""捕鱼""卖徽子""卖纱""屠宰""买卖丝绵""做头巾卖官盐""扎艌匠""洒扫"（寺院中担任洒扫使，册六叶7）、"做絮""唱词"（册六叶32）、"推磨""卖药"等。这些具体名目显然都是从南宋延续而来的。

登记页中还有双营生。即记录一户同时从事两种行当。如"养种、佃田（带种）"、"扎艌、养种"（册四叶24）、"养种、卖药"（册五叶15）、"做头巾、卖官盐"（册五叶36），其余还有"守产、卖瓶罐""开罗、磨石"（册三叶17、62），等等。

湖州路户籍册页中的"营生"似乎是元代原南宋地区归附后特有的登记类目。现存如黑水城户籍文书的一些残片中看不到这一项内容。② 我们认为元朝江南户籍登记时强调"营生"是官府给人户定性，以便尽快根据南宋民众的职业生计状况来向元北方已经确定的户计制过渡。这种定性重点不在经济等级，而在职业技能。

重职业技能而不似宋朝主要依据财产等级管理户口，体现了元朝统治者特重配户当差，驱使全民服役的特点。元在北方建立的户籍体制就是这

---

① 朱熹：《晦庵先生朱文公文集·别集》：9《取会管下都分富家及阙食之家》，四部丛刊初编本。

② 参见刘晓《从黑城文书看元代的户籍制度》，《江西财经大学学报》2000年第6期。

个思路。但强调"营生"也反映北方户计制在南方地方上还在过渡中，这个过渡在湖州路户籍登记时已经展开。我们在纸背册页中可以看到有相当人户已按元制重新收系，被元朝的各类户计机构管理了。名目计有采捕鹰房户、采茶户、匠户、军户、儒户、站户、医户等。他们有的是按原有的户类被定为相应户计，如：

（册一葉四十六上）
［ST-Z：1·46a·93］
1. 一户鐵匠戚万七，元係湖州路安吉縣鳳亭鄉一管橫塘村人氏，亡宋作鐵匠，至元十二年十二月內歸附，至元十八年正月內有康提舉▢▢▢▢
2. ▢▢▢▢▢▢二十一年撥入本路雜造局工作，見有作頭戚文旺管領，不曾支請▢▢▢▢
3. ▢▢▢▢▢▢坐應當鐵匠差役
   （家口事产略）
17.　　營生：鐵匠

（册一葉四十六下）
［ST-Z：1·46b·94］
1. 一户泥水匠葉三二，元係湖州路安吉縣鳳亭鄉一管芰湖村人氏，亡宋作泥水匠，至元十二年十二月內歸附，至元十八年正月▢▢▢▢
2. ▢▢▢▢▢▢上司差來官康提舉將三二作泥水匠，至元二十三年正月內蒙本縣▢▢▢▢
3. ▢▢▢▢▢▢本路織染局俞堂長，管領入生帛堂絡絲工役，於當年七月▢▢▢▢
4. ▢▢▢▢▢▢四斗，至元二十六年六月內作支口粮，即目見在本村住坐
應當差役
（家口事产略）
17.　　營生：泥水匠

向来物产丰富，经济繁盛，且多种经营发达和手工业门类齐全的湖州，入元后设有湖州路杂造提举司。元全国其他路设置这个名称机构的不

多，基本在北方。这里显然是被定为了南方重要的工匠杂造基地。① 上引两户籍册中提到的康提举，当即为本路杂造提举司的长官，为从五品匠职。看来本地的造作工匠都是由他亲自收系确定的。尽管两户在南宋的营生就是铁匠和泥水匠，但被提举司确定为匠户并编入专门部门应当差役，还要支请钱粮，他们已经完全成为和北方户计一样的固定的匠户了。

除各类匠户，其他湖州路的元朝户计大多是宋时原为民户，被元官府根据其户等财力或特长将其转定为其他户计或应当其他差役，是为改色。如有四条民户定为弓手的记载：

（册一葉四十二上）
[ST-Z：1·42a·88]
1. 一戶陳二十五，元係湖州路安吉縣鳳亭鄉一管石馬村人氏，亡宋是父陳百十，作民戶，至元十二年十二月內歸附，至元二十年十月內▢▢▢▢▢▢▢
2. ▢▢▢▢▢▢▢▢▢上司行下爲二十五名下田地苗稅相應，定奪二十五作弓手，見於 本▢▢▢▢▢
3. ▢▢▢▢▢應當本縣獨松巡檢司弓手差役

（下略）

（册一葉四十四上）
[ST-Z：1·44a·90]
1. 一戶徐萬十二，元係湖州路安吉縣鳳亭鄉二管前澤村人氏，亡宋是父徐千三，作民戶附籍，至元十二年十二月內歸附。至元二十年▢▢▢▢▢▢
2. ▢▢▢▢▢▢▢▢上司行下，爲萬十二名下田地苗稅相應，定奪萬十二作弓手，見於本村▢▢▢▢▢
3. ▢▢▢▢▢本縣獨松巡檢司弓手差役

（家口事產略）

17. 營生：養種

---

① 據《元典章》，當時元境內設有雜造提舉司或雜造管理機構的還有大都、東平、大同、中山、真定、大名幾處。《元典章》卷7《吏部一·官制一·資品、職品》，第205、206、209、211、214、215、221頁。

(册一葉四十四下)

[ST-Z：1·44b·91]

1. 一户孟五八,元係湖州路安吉縣鳳亭鄉二管人氏,亡宋作民籍附,至元十二年十二月内歸附,至元二十年十月内蒙

2. 　　　　　上司行下爲五八名下田地苗税相應,定奪五八作弓手,見於本處▢▢▢▢

3. 　　　　　當本縣獨松巡檢司弓手差役

（家口事产略）

13. 營生：養種

(册一葉四十五上)

[ST-Z：1·45a·92]

1. 一户苗千三,元係湖州路安吉縣鳳亭鄉三管平田村人氏,亡宋是兄苗千二爲户作民户附籍,至元十▢▢▢▢

2. 　　　　　至元二十年十月内蒙

3. 　　　　　上司行下,爲千三名下田地苗税相應,定奪▢▢▢

4. 　　　　　坐,即目應當本縣獨松巡檢司弓手差役

（家口事产略）

28. 營生：

29. 　　養種

上四条中所谓"为某某名下田地苗税相应",就是根据其户的财力户等（包括丁口）情况。这四人中,陈二十五家中有成丁四口,典雇人口一,事产不详；徐万十二家中成丁二口,田土52亩,房舍瓦屋4间；孟五八家中成丁二口,田土34亩8分,瓦屋2间；苗千三家中成丁三口,田土48亩,瓦屋2间,黄牛4头。他们显然都被认为在当地属有一定财力的中等以上之家,因而被签成弓手。这是有关江南签发弓手标准很直观的材料。

下面一户是关于民户被签转为站户的：

(册一葉四十三)

[ST-Z：1·43a·89]

1. 一户朱雙秀,元係湖州路安吉縣鳳亭鄉六管溪東村人氏,亡宋時父朱細四爲户

2. 作民戶，至元十二年十二月內歸附，至元☐☐☐☐
3. 本縣備奉
   上司旨揮，照勘丁多苗稅相應之家簽撥遞運船夫，爲雙秀苗 稅 ☐
4. 解發本路總管府轉解杭州路長安鎮站赤所應當遞運船☐
5. 見於本村住坐應當差役

（家口事產略）

19. 營生：
20. 養種爲活

此條中朱双秀当时已孤身一人，但他有田土34亩，瓦屋2间，也是有一定财力基础的，这是江南签定站户的一个标准事例。值得注意的是，关于宋元户等制，一般认为是征收赋役的根本，柳田节子认为户等制是"元代中国乡村支配的基本体制"，但她同时又指出以宋为顶点的户等制到元已进入衰退期，尤其在南方，朝着"以田土、税粮为基准的"的方向转变，[①] 这里"为某某名下田地苗税相应"可提供一个明显的佐证。

改色拨充而来的民户还有采茶户、马户、采捕户、医户、军户等。

采茶戶例：

（册六葉八）
[ST-Z：5·8a·771]

1. 一戶姚肆肆，元係湖州路德清縣北界人氏，亡宋乙亥年前作民戶附籍，至元十三年☐月內☐☐☐☐
2. 衆歸附，至元十六年蒙官司取勘得本戶☐茶 地 ☐
3. 分揀作採茶戶計，見於本界住坐應當

（后略）

---

① ［日］柳田节子：《宋元乡村制の研究》，东京创文社1986年版。

馬户例：

（册五葉二十八下）

［ST-Z：4/c5·28b·716］

1. 一户沈萬伍，元係湖州路德清縣千秋鄉伍都貳保人氏，亡宋時民户附籍，至元十三年正月内在☐☐☐☐

2. 後於至元十八年十一月内蒙官司撥充在馬頭☐☐☐☐

3. 杭州路在城站馬貼户，見於本保住坐即目應當馬户差 役

（后略）

采捕鷹房例：

（册四葉一上）

［ST-Z：4/c4·1a·522］

1. 一户戴伯肆，元係湖州路德清縣金鵝鄉拾肆都大麻村伍保人氏，亡宋乙亥年前作民户附籍，採捕爲生，至☐☐☐☐

2. 内在本村歸附，至元十九年蒙本縣鷹房提領所招收入籍☐☐☐☐

3. 十一月内蒙本路治中到縣省會放罷爲民，至元二十二年☐☐☐☐

4. 省委官馬宣使招收作採捕户計，見於本保住坐應當鷹☐☐☐☐

（后略）

此类户在南宋为民户，但以捕猎为生。元即以此特长籍为鹰房提领所属下采捕户计。

醫户例：

（册四葉二下）

［ST-Z：4/c4·2b·524］

1. 一户錢陸壹，元係湖州路德清縣金鵝鄉拾肆都大麻村肆保人氏，亡宋乙亥年前作民户附籍，於至元☐☐☐☐

2. 在本村歸附，見於本保住坐，至元十七年内蒙

3. 本縣官醫提領收係入籍，即目應當醫户差役

（家口事产略）

10.　　　營生：醫藥

（册五葉十五上）
［ST-Z：4/c5・15a・677］

1.　　一户黃阡玖，元係湖州路德清縣千秋鄉肆都叄保人氏，亡宋乙亥年前醫户附籍，至元十三年正月内在本 處☐☐☐☐

2.　　　　　　於本保住坐應當醫户差役

（家口事产略）

14.　　　營生：賣藥

以上两户，黄阡玖南宋时即为医户。钱陆壹原为民户，但可能从事医药买卖，入元后遂被官医提领收悉入籍为医户。

军户尤其值得注意。元平定江南后，对江南军人的招收主要体现在对新附军的整编定籍上。元对新附军户的管理与蒙古汉军均不一样，可以肯定在营军户是由军府管理的，① 但江南地方上的军户是军府管还是地方官管不是很清楚。现在我们看到一些湖州路本地的军人的户籍记录，给了我们具体的江南军户管理的例证。该问题笔者已在 2015 年元史学会会议论文中做过讨论，② 此不再赘述。

值得注意的是还有儒户。

儒户例：

（册四葉十一下）
［ST-Z：4/c4・11b・542］

1.　　一户徐湜，元係湖州路德清縣北界人氏，亡宋乙亥年前作儒户附籍，至元十三年正月内在本縣隨衆歸附，至元十七☐☐☐☐

2.　　　　　　蒙（中闕）提☐按察司夾谷僉事到縣分揀☐☐☐☐

　儒 户 ［下殘］

（家口事产略）

---

①　参见陈高华《论元代的军户》，《元史论丛》第一辑，中华书局 1982 年版，第 76—79 页。另见拙文《元代新附军述略》，《南开学报》（哲学社会科学版）1992 年第 1 期。

②　参见王晓欣《关于元代新附军户管理制度几段新材料的探析》，《杨志玖教授百年诞辰纪念文集》，天津古籍出版社 2017 年版。

(册四葉九上)

[ST-Z：4/c4·9a·539]

　　　　　[前闕]

1.　　　　　　　事到學分揀中入籍儒户，見於本界住坐

2.　　　計家：肆口

3.　　　　親属貳口

4.　　　　男子成丁壹口吴清夫年叁拾叁歲

（其余家口事産略）

13.　　　營生：教書

(册四葉九下)

[ST-Z：4/c4·9b·540]

1.　一户李捌秀名錫老，元係湖州路德清縣北界人氏，亡宋乙亥年前作儒户附籍，
　　　至元十三年正月内在本縣□□□□

2.　　　　　　　附於至元十六年蒙提刑按察司分司巡按官夾谷[僉]事
　　　□□

3.　　　　　　分揀入籍儒户，見於本界住坐

（家口事産略）

13.　　　營生：教學

　　上載三户中兩户均為"亡宋乙亥前作儒户附籍"，至元十三年归附，一户明載"于至元十六年蒙提刑按察司分司巡按官夹谷金事""分揀入籍儒户"，一户是"按察司夹谷金事到縣分揀……儒户"，另一吴清夫户"……事到學分揀中入籍儒户"，從前後文意和其他兩户對照，估計"……事"亦為"夹谷金事"。三户都是這段時間入籍為儒户的。但一般認為儒户是元代独有的户計，宋代是没有儒户的。① 元占領江南後，南宋時曾中舉或有聲望的儒士均可由地方奏報入户。② 地方如何登記奏報？此二條中由"提刑按察司分司巡按官""到學"或"到縣""分揀入籍"，或可提供一個時間和制度方式上的參考。登錄二户時均云其在南宋時就已"作儒户附籍"。可能是刚归附元朝的江南地方基层人员将宋朝的儒士按元朝的观

---

① 前引王曾瑜《涓埃編》六、"宋代社會結構"之（二）、"宋朝的户口分類制度和階級結構"中亦未提及宋有儒户。

② 參見《中國歷史大辭典》第3237頁"儒户"條，上海辭書出版社2000年版。

念视为儒户了。另册三叶55、59，有营生是"教学"和"教养童蒙"的两户，均仍记为民户，而册四吴清夫户有两次登记，分别在叶9和叶12，第一次记营生是"教学"，第二次却记是儒户。可见当时在由民户按元制改定为儒户的过程中，并非所有的读书人都被同时入籍儒户了。

户计和营生的关系很复杂，很多时候并不同步。元代户计代表官府规定的固定义务，世袭不变；营生则描述其职业生计状况。由于南宋不分户计，湖州路又是江南多种经营发达区，到元代改定户计时，许多定为民户者，实际从事的营生却并非种地。如前述以民户身份却做教学儒士的几户。另外一些采茶户的营生也是"养种"，同民户一样。有些营生为工匠，但户计是民户，如册五叶36，营生是"札舣匠"；册六叶6，营生为"养种、扎舣匠"，两处虽有"匠"字，仍都记属民户。资料记录的这种现象正反映了元代户计和宋代户类的不同及元代户计制在江南的推行及过程。

本书录文中一些有财力之家的家口记录之后还出现了"驱口几口（或无），典雇身人几口（或无）"的字样（册一叶46、75、76、88、89、92、129，册二叶1、3、4、5、6、10、11、14、23、39、50、52，册三叶54、55，册四叶8、11等）。如前引［ST-Z：4/c4·11b·542］条儒户徐湜，计家五口：亲属四口，包括徐湜本人、他两个儿子和一个侄子；另有"驱口妇女壹口许仟壹娘，年叁拾贰岁"。一个南方地方上归附的儒户是如何拥有驱口的？很令人感兴趣。

驱口的登录明确表明蒙元北方一些特有的户籍名目此时也已推行到南方户籍登录中。而典雇人身则是江南租佃制发展的特色产物。籍册中典雇身人的信息有时记得很详细，如年龄、籍贯、谁家女、谁家妻等（册二叶52，册三叶54、55，册四叶8，册六叶23，等等）。

李治安先生曾统计了几部元朝南方方志记载，在江南存在的元代户计，有十六七种。[①] 与其比对，其中民户、儒户、医户、站户、财富佃户、匠户、海道梢水户、军户、打捕户、马户、驱口等11种户计在湖州路户籍册页都已出现。但这几部元代方志，包括《吴兴续志》也记录的一批移居南方的北人户，如蒙古、回回、怯怜口、也里可温、契丹、河西、契丹、

[①] 参见李治安《元江浙行省户籍制考论》，《首都师范大学学报》（社会科学版）2015年第5期。

女真、色目、畏兀儿、投下、贵赤、秃秃哈等以及阴阳户、僧道户、淘金户、灶户等,湖州路本批户籍资料却无。淘金户、灶户等无,有湖州路本地经济环境的因素。各种北人户未曾登录,说明北方户计制度向南方的推行或嫁接在此时此地尚未完成。

登记中还有一批以女性为户主的人户(户中无男丁的寡妇或单身妇女户)(册三叶7、册六叶18、34、35等),类似宋代的女户。日本学者柳田节子在《宋元社会经济史研究中》曾专列章节研究女户,[1] 但她在元代《至顺镇江志》等号称最详尽的元代地方资料中找不到明确的元代女户户类。如湖州路户籍册页中的女户资料应该是十分难得的。对于女户,湖州路文卷记她们都是民户附籍,也都是要"应当民役"的。

元代公文纸资料远不止此一部,我们再次呼吁元史学界同人关心和投入这方面的发掘和整理研究。

(作者为南开大学历史学院教授)

---

[1] 参见柳田节子《宋元社会经济史研究》第二篇2《宋代的女户》、3《元代女子的财产继承》,日本创文社1995年版,第243—272页。

宋代遗民地券纪年方式的元代书写
——以百石斋藏元代地券为中心的考察

陈瑞青

百石斋藏宋元石刻总计244种，其中宋代201种，元代36种，缺纪年者7种。百石斋藏石以买地券为主体，总量达160余种，种类包括地券、墓券、券记、记券、地契、墓契等多种形式。除地券外，兼及墓志铭、墓记、墓碣、圹记、圹志等种类，为研究买地券与墓志铭、圹记之间的内在联系与相互影响提供了宝贵资料。就出土地点而言，这批石刻资料均出土于江西省，尤以赣东地区临川、丰城二县最为集中。百石斋所藏元代36种石刻中，包括买地券12种，圹记墓记19种，墓志铭5种。据鲁西奇先生统计，目前学界公布的元代买地券数量为34种，其中京西地区1种，河东地区7种，陕西地区2种，河北地区1种，淮南地区6种，江浙地区10种，福建地区2种，川峡地区5种。[①] 需要指出的是，江浙地区的10种元代地券，均出自江西。如此，江西出土的元代地券则达到22种之多。百石斋藏元代地券，均为宋代遗民地券。所谓"宋代遗民"地券，是指那些为生于赵宋而亡于蒙元的墓主所书写的地券。这类地券在纪年方式上各不相同，体现了墓主及其后人对待赵宋和蒙元政权的态度。以往研究宋代遗民的论著，较多地关注人文集团，主要是因为宋代遗民中的文人集团留下较为丰富的文学作品，而对于普通民众则涉及极少，主要是因为记述普通民众的文字资料极为匮乏，而元代地券的墓主人主要是普通民众，为探讨这一群体的遗民心态提供了契机。纵观百石斋藏元代地券纪年方式，有以下

---

* 本文系国家社科基金一般项目"百石斋藏新出宋元买地券整理与研究"（15BZS053）系列研究成果之一。

[①] 鲁西奇：《中国古代买地券研究》，厦门大学出版社2014年版，第260—487页。

几种形式。第一类，对蒙元政权的认同，这类地券的纪年一般使用"大元"加年号或直接使用元代年号，而对于宋代的年号采取较为隐晦的干支纪年。这类纪年方式，以《元至元二十五年（1288）十二月徐十四宣议记券》最为典型，先将该地券迻录如下：

1. 维　　大元至元二十五年太岁戊子十二月壬子朔，越二十有二日癸酉，孤子
2. 徐永吉泣血告于
3. 长宁乡贯坑之地神曰：　先君十四宣议，讳□□□□，祖居豫章富州①元豊城县正信乡
4. 云岚里。远祖随母归于止宅李氏，因居仕林之西，今六世矣。先君禀性质直，不事謟
5. 讴，壮而创业立居，祖克浣□□□□□处分投关，平时奉□□生醉无怠，暮年此
6. 心尤笃。时之晴雨，皆先知之。于是年五月初四遘疾，自云六十五年□长。公营业辛勤
7. 一场空，时来摆手待将去，竟入荒微垣当中。当与□□无事，而□□□语，？家惊骇，至
8. 二十六日，命　道筵。本生会守礼不倦。次日忽身体欠安，饮食烦□，其日进酒数次耳。
9. 虽病月余，尚能起止，未尝竟日就床枕。至六月二十四，语人曰：我七月初一日方去，速
10. 自办事无虑。自是日晚沐浴，及至明乃转身移枕投东，安然而逝。举号悲恸，哀哉痛哉。
11. 先君生于癸未年五月二十六日巳时，终于至元丁亥七月初一日卯时，享年六十
12. 有五，娶故县　江氏。生男三人：长显昌，娶三塘雷氏，有孙二人，长方正，与父俱已早丧；次方立，
13. 幸可克绍；女小三娘，聘大屋李立深。次□□，娶下陂陈氏，生

---

① "富州"当作"抚州"。

男□寄生，女珍奴，聘三峯章君伯。次□□，幼

14. 女弟□，适于石滩市熊俊仲弟□□，以易亲娶熊氏，生男方大、望生，女六娘、□娘、九娘，俱幼。子孙□□，□

15. 祖父善厚所致也。 先君生而明悟，殁而神灵，获①兹宅兆，神其知之。此地坐壬向□，

16. 祖合阴阳，面东港水，枕铁炉冈，左右环抱，气聚风藏，爰卜刚辰，奉柩归止。惟

17. 尔有神，□严以卫，以安 亡灵，以昌后裔，昌必有时，神永兴祭。谨告。

该石刻碑额书有"记券"二字，故知此石刻的体裁为记券。所谓的记券，即圹记（墓记）与买地券相互结合的一种复合型文体。与一般意义上的买地券相比，这类文体融入了圹记或墓记的内容，加入了墓主生平事迹的详细内容，因此其体量一般比买地券要大一些。具体到该石刻，介绍墓主徐十四宣议名讳、世系、祖居、事迹、生卒、婚偶、子女等情况的内容，均属于"记"这种文体；而记载坟墓方位、祈求神灵护佑的文字，则属于"券"这种文体。

记券称，墓主祖居"丰城县正信乡云岚里"。据《宋宗伯徐清正公存稿附录·年谱》称："公讳鹿卿，字德夫。隆兴府丰城人。……至五世祖讳简，徙居正信乡之历山"，② 可知正信乡确属丰城县。百石斋藏《北宋宣和四年（1122）正月胡十五郎地券》中有"江南西道洪州丰城正信乡上宅里"；《元至元二十五年（1288）十二月徐十四宣议记券》中有"豫章富州元豊城县正信乡云岚里"。《永乐大典》引《丰水志·城池》："丰城县城子城，周回一里二百步，高二丈，阔一丈二尺。濠阔五丈，深一丈。环郭六门：东正信，西折桂，南剑池、天实，北通江、望仙。"③ 正信乡或因正信门得名，在丰城县东。该地券称"告于长宁乡贯坑之地神"。据《元丰九域志》载，宋代丰城县有"一十八乡"。④ 又据《太平寰宇记》载，

---

① "获"当作"护"。
② 徐鉴辑：《宋宗伯徐清正公存稿附录》，胡思敬辑：《豫章丛书》第138册，第91页。
③ 马蓉等点校：《永乐大典方志辑佚》第3册，中华书局2004年版，第1883页。
④ 王存等撰：《元丰九域志》，中华书局1984年版，第250页。

丰城县"元十六乡，今十八乡"①。今人著《丰城县志》称："宋元时期，丰城始设乡治。全县划设登仙（今河洲地区）、梅仙（今老圩地区）、剑池（今荣塘地区）、长乐（今荷湖地区）、长安（今铁路地区）、奉化（今孙渡地区）、折桂（今石滩地区）、会昌（今桥东地区）、长宁（今秀市地区）、富城（今淘沙地区）、大顺（今白土地区）、广丰（今张巷地区）、正信（今袁渡地区）、长丰（今尚庄地区）、宣风（今曲江地区）、兴仁（今董家地区）、归德（今圳头地区）等 17 个乡，辖 91 个都，170 个里。"② 同治《丰城县志》载，丰城县有一十七乡。③ 然笔者查熙宁六年十月《严矩妻钱氏墓志铭》中有"丰城宰洪登龙乡龚塘里"，④ 据此可知北宋时期丰城县有"登龙乡"，此乡不见于明清方志，说明此乡明清时期名称已经有所改易。百石斋藏《北宋元祐八年（1093）二月陈氏三娘地券》中有"洪州丰城县长宁乡美泉里"；《南宋宝祐元年（1253）十月陈四娘地券并记》中有"丰城长宁乡梧树冈"；《北宋靖康元年（1126）闰十一月揭九郎地券》中有"长宁乡张爌里"；《南宋嘉泰元年（1201）十二月黄小乙地券》中有"大宋江西隆兴府丰城县长宁乡三十六都上陂里"；《南宋嘉定九年（1216）十月范氏夫人地券》"长宁乡揭原廖方榆栢山"。从上述买地券中可以看出，宋代的丰城长宁乡下有美泉里、张爌里、上陂里等。从《徐十四宣议记券》可以看出，元代丰城县仍设有长宁乡。

据地券，墓主徐十四宣议生于"癸未年五月二十六日巳时"，卒于"至元丁亥七月初一日卯时"。癸未年，即宋宁宗嘉定十六年（1223）。至元丁亥，即元至元二十四年（1287）。此记券为墓主之子徐永吉为亡父徐十四宣议所写。徐永吉在书写记券时，在纪年方式上很有特点。首先在对告神时间的表述上，记券中是这样写的："维　大元至元二十五年太岁戊子十二月壬子朔，越二十有二日癸酉。""维年月日"，是墓志铭、墓记等纪年常用格式，一般用于句首。"维"字后空两格，在至元年号前使用"大元"以示尊敬。从这一表述形式看，徐永吉在书写时不仅在"元"

---

① 乐史撰：《太平寰宇记》卷 106，中华书局 2007 年版，第 2108 页。
② 江西省丰城县县志编纂委员会编：《丰城县志》，上海人民出版社 1989 年版，第 4 页。
③ 《（同治）丰城县志》卷 1《疆域》，《中国地方志集成·江西府县志辑》，凤凰出版社·上海书局·巴蜀书社 1996 年版，第 52 页。
④ 陈柏泉编：《江西出土墓志选编》，江西教育出版社 1991 年版，第 24—25 页。

字前加"大"字,而且"大元"前使用"阙字",反映出书写者奉行元朝政权为正朔并倍加尊崇的心态。在记述亡者生年时,徐永吉有意隐晦宋朝正朔,而使用较为中性化的干支纪年;在记述亡者卒年时,则直接使用元朝年号。从《徐十四宣议记券》纪年形式可以看出,书写者徐永吉对宋元年号的处理,是经过精心剪裁的,其对宋元政权的态度高下立判。

在百石斋藏元代地券中,使用这种纪年形式的地券还有《元至元二十三年(1286)十二月丁公地券》,其券文中称"维大元至元二十三年岁次丙戌十二月朔,越二十八日庚申";《元大德癸卯年(1303)十二月胡元英券记》中称:"生于宋乙未七月初三日,殁于大德庚子十月二十七夜";《元至大元年(1308)十月张氏地券》中称:"维大元至大元年岁次戊申十月丙戌朔,越二十四日己酉";《元后至元四年(1338)十月章氏一娘地券》中称:"维至元四年岁次戊寅十月辛卯朔,越十八戊申日";《元至正十二年(1352)九月黄淑灵地券》中称:"维大元至正十二年太岁辛卯九月初一丁未朔,越十四日庚申。"

第二类是对宋元纪年形式进行较为客观的表述,既尊元朝正朔,也尊宋朝正朔,对宋、元政权均采取尊重态度,较有代表性的是《元至元二十四年(1287)甘德莹地券》,现将该地券迻录如下:

1. 大元国至元二十四年丁亥岁二月壬辰朔,越二十九
2. 日庚申,孝男范方迥、方迪,女淑宣,孙闵、偃齐,昭告于
3. 黄柏坑山神而言曰:先妣甘氏孺人,讳德莹,生于有
4. 宋嘉定乙亥正月初四日酉时。丁酉岁归于我先君
5. 鲁山。至元己卯六月三十日,不幸遽终于寿。敬涓是
6. 日,卜藏兹土,去家三里。而近又方迥不幸亡室彭氏
7. 善端,生于淳祐庚戌二月二十日子时,终于丙戌正
8. 月二十六日。有子闵、偃齐,俱幼。兹举柩附先妣以葬。
9. 山坐卯乙,其向酉辛,尚莱尔神,克护亡灵,呵禁不祥,
10. 俾二魁安妥而子孙其昌,春秋祭祀,曰笃不忘。谨告。

此地券为范方迥、方迪兄弟为亡母甘德莹所作。券文中称"黄柏坑",

在今江西省抚州市南丰县波罗乡，①故知此地券当出自江西南丰县。据地券可知，甘德莹生于"宋嘉定乙亥"，即宋宁宗嘉定八年（1215）；卒于"至元己卯"，即元世祖至元十六年（1279）。该地券实际上属于祝文类地券。宋人王洙所著《地理新书》中，详细记载了宋代丧葬过程。亡者下葬前，要进行斩草、设坛等仪式，其后遂进入制作和埋葬买地券的环节。《地理新书》称："公侯已下皆需铁券……其一埋于明堂位心，其一置穴中枢前埋之。"然后进行祝告，祝曰：

> 维年月日，祭主某乙致告于五方五帝、山川百灵、后土阴官、丘丞墓伯、阡陌诸神，某亲以某年月日奄逝，伏惟永往，五内分割。礼制有期，龟筮袭吉，宜于某州、某县、某乡、某原安葬宅兆，以某年月日迁底幽室。用今吉辰斩草，谨以制币、柔毛，恭奠于后土神，既葬之后，永无咎艰。尚飨。②

祝告完成后，在地券的背面书写合同，行文无疑是模仿真正的契约。以为地神和死者无法自己写，死者的子孙只好替他们写合同，即制作买地券。参加葬礼的人，将地券埋入地心、枢前，作为亡者的证明。③ 从严格意义上说，祝文和买地券属于不同的文体，祝文只是作为祝告神明之用，并不放入墓穴。但是从目前出土的宋代墓葬石刻来看，早在南宋时期已经将祝文刻在石碑之上并放入墓中，已经等同于买地券。将祝文直接刻成石碑，省略了制作买地券的环节，这不仅仅是对宋代丧仪的简化，同时也反映出宋人已经模糊了祝文和买地券之间的界限。

《甘德莹地券》在纪年方式上，既使用元代年号，也使用宋代年号。在使用元代年号时，除在"元"字前加"大"外，还采用了"单抬"形式，从第二行开始，每行首字退两格书写。在使用宋代年号时，不仅未加隐晦，而且采用转行"平出"的形式。从这些情况来看，范方迥在制作地券时，在宋代和元代国号前，采用了"平出"和"单抬"两种不同的表现形式，反映了作者对于宋元两个政权，不分彼此，同等尊重的心态。

---

① 夏老长主编：《南丰县志》，中共中央党校出版社1994年版，第26页。
② 王洙著，金身佳整理：《地理新书校理》卷14，湘潭大学出版社2012年版，第212页。
③ [美]韩森：《宋代的买地券》，参见邓广铭、漆侠主编《国际宋史研讨会与论文选集》，河北大学出版社1992年版，第138页。

在百石斋藏元代地券中，使用类似纪年形式的地券有《元大德乙巳年（1305）十一月十二日吴氏地券》中称："吾母吴氏，生于宋宝庆丁亥三月初九日，卒于大德癸卯闰五月二十六日"；《元大德四年（1300）十月吴福四地券》中称："先考吴公福四宣义，生于嘉熙己亥十月之丙午年，才六襄，① 以不肖孤，罪逆深重，不幸于去年正月二十四日祸延于公"；《元至正乙酉年（1345）十月刘氏记券》中称："夫人生于　宋开禧丁卯九月，殁于　大元至元乙酉三月二十四日。"

以上两类地券对元代政权都表现出尊崇有加，这在百石斋藏十二种地券中，有十种采用了类似的纪年形式，反映出元朝建立之后，作为宋朝遗民的"南人"，已经普遍接受了元朝统治。除此之外，还有一类在纪年方式上刻意回避元代年号，而对于宋代的国号、年号则不加回避，我们将其作为第三类纪年形式加以研究。这类地券在百石斋藏石中有两种，分别是《元至元二十一年（1284）十二月王氏夫人地券》和《元至元二十一年（1284）十二月李氏券记》。有意思的是，这两方地券均作于至元二十一年十二月，且前后相差只有一天。现分别对这两方地券进行研究，我们先看《王夫人地券》：

1. 维岁次甲申十二月甲辰朔，越十有八日
2. 辛酉，杖暮孙曾德昭、德大，奉祖妣王氏夫
3. 人柩附葬明贤乡石盘，祖考十三居士墓
4. 左，敢昭告于后土氏之神而言曰：赵宋
5. 嘉熙岁在戌② 戌，祖考归窆穸斯室，甲申
6. 不幸祖妣复卒，忍死襄奉，不敢暇逸，速葬
7. 谓安。惟兹可必，兑山向震，巽流协吉，慎终
8. 大事，尔神是质，扐呵拥护，赖其阴隲，子孙
9. 繁昌，家用宁谧，春秋祭祀，同歆有饩。谨券。

地券第3行称王夫人的葬地为"明贤乡石盘"。前引《元一统志》，可知江西临川县有明贤乡。宋人谢逸所作《吴夫人墓志铭》中称："余出，

---

① "襄"当作"曩"。
② "戌"当作"戊"。

迎客坐，客前致辞曰：'先妣窆岁有远日乃卜城北六十里明贤乡双溪源，又卜城南二十五里临汝乡竹山。惟念葬而不铭，无以彰先妣休，丐先生铭，镵诸石。'余曰：'唯。'夫人，临川人。"① 由此可知，宋代时临川县就已经有明贤乡。元人程钜夫所作《娄道舆墓志铭》中称："君生以淳祐癸卯，卒以至大己酉七月十三日。将以某年月日，葬于临川县明贤乡厚泽原。"② 又吴澄所作《故逸士曹君名父墓表》中称："临川曹名父讳原杰，生宋淳祐乙巳九月丙申，年六十有二，元大德丙午十有二月庚申终。……孤璧走二百余里造吾门曰：'璧将改葬父丧于临川县明贤乡之京溪，改葬母丧于旧穴之前二步许。'"③ 由此我们可以断定，《王夫人地券》出土于江西临川县。

从"昭告于后土氏之神"的表现形式来看，《王夫人地券》显然属于祝文类地券。按照《地理新书》中的规定，丧葬祝文的首句应当为"维年月日"，但在《王夫人地券》句首并没有明确写出国号和年号，而是采用了干支纪年的形式，这在祝文类买地券中是十分罕见的。不仅如此，在追述其祖父卒年时，作者曾德昭使用了"赵宋嘉熙岁在戊戌"，南宋国号、年号俱全。整体来看，作者在制作《王夫人地券》时，可以回避元代国号、年号，而对于宋代的国号、年号不加回护，从一个侧面反映出作者崇宋贬元的内在心态。

下面我们再看《李氏券记》：

1. 维更代甲申十二月甲辰朔，越十七日庚申，孝男
2. 黄京泣血谨昭告于
3. 丁原山神曰：生母李氏，生于宋嘉定戊辰闰四月，
4. 其在宗室，实为姨媪，生男三人，长男赵汝鉴，娶金
5. 氏，先一年卒。孙男一人赵渊，女孙复娘，幼男赵汝
6. 钊早世。京乃生母仲子也，奉全出继。　皇考千一，
7. 郡驸黄公之后。不幸幼失所怙，赖生母勤俭理家，

---

① 谢逸：《溪堂集》卷9《吴夫人墓志铭》，中山大学出版社2011年版，第176页。
② 程钜夫著，张文澍校点：《程钜夫集》，吉林文史出版社2009年版，第222页。
③ 吴澄：《故逸士曹君名父墓表》，李修生主编：《全元文》第15册，江苏古籍出版社1999年版，第454页。

8. 不坠先业。岁在癸未，奉全赘于苏宅，娶史氏。未及
9. 归拜，而天降酷罚，呜呼痛哉！甘十一月十八目①戌
10. 时，享年七十有七。今奉柩安厝于此，惟兹山之龙
11. 来自七宝，降于丁原，石峡白虎右转，金冈青龙左
12. 旋，胡家岭坐丑艮于后，丘坑山居未坤于前，山水
13. 环绕，是宜为吾生母之阡。咨　尔有神，庇荫万
14. 年。春秋祭祀，　尔神其与享焉。谨告。

《李氏券记》亦属于祝文类地券，其昭告的对象是"丁原山神"。同时券文中还说"兹山之龙来自七宝，降于丁原，石峡白虎右转，金冈青龙左旋，胡家岭坐丑艮于后，丘坑山居未坤于前"，出现了丁原、石峡、金冈、胡家岭和丘坑山等地名。笔者查阅了相关资料，据《金溪县志》载，金溪县第一都有丁家源，第二都有胡家岭，②唯"丁家源"与券文之"丁原"略有出入。券文所载的石峡、丘坑两地并不在金溪县境内，其中抚州资溪县有石峡乡石峡村，吉水县水南乡有丘坑村。据《江西省吉水县地名志》："丘坑位于水南北 2.5 公里弯曲小坑中，呼曲坑，后误为今称。15 户，95 人。南宋祥兴戊寅（1278），简氏自河南漳州徙此；有彭、周、林、赵、雷刘、朱、李氏同村。"③ 从《吉水县地名志》可以看出，丘坑原来叫曲坑，后来因为"曲""丘"两字相近，才误为丘坑。但是从《李氏券记》可以看出，元代开始已经出现了"丘坑"这一称呼。总的来看，券文所述"丁原"是李氏葬地，其他诸如石峡、金冈、胡家岭、丘坑等，均为墓葬周围地名，从这一点判断，该地券出土于江西金溪县的可能性较大。

此券记是黄京为其生母李氏所写，券文中称李氏"其在宗室，实为姨𡣪"。"姨𡣪"即在皇宫内侍奉宗室贵族的婢女。如欧阳修在《上仁宗乞执奏干求内降并根究因缘干请之人》中称："臣自权知开封府，未及两月之间，十次承准内降，或为府司后行，或为宫院姨𡣪，或为内官及干系人吏等，本府每具执奏，至于再三，而干求者一无三字内降不已。至于婢妾贱

---

① 据文义，"目"当作"日"。
② 谭小平主修：《金溪县志》（上册），三秦出版社2007年版，第64页。
③ 江西省吉水县地名办公室：《江西省吉水县地名志》，江西省吉水县地名办公室印制，1984年，第240页。

人犯奸滥等事，亦敢上烦圣聪，以求私庇。"① 金人攻克开封时，掳走大量北宋王室，"取宗室嗣濮王仲理以下姨嬭、命妇、宗女等千八百余口，至燕山仙露寺养赡，日给米一升，半月支盐一升"。② 从券记可以看出，黄京的生母李氏曾是南宋的宫女。李氏生子三人，黄京为其第二子，出继于黄家。其继父黄千一是"郡驸黄公之后"。"郡驸"是"郡驸马"的省称，指的是郡主的配偶。如唐人李应在《请禁带兵器牧放奏》："公郡驸马将军子弟子鹰鹞，准敕但许城南按放，不得辄越诸界。"③ 元人李祁在《故江母赵氏墓志铭》中称："郡主归于江，为晋轩公，配公受宋恩，诰称郡驸马。"④ 从上述记载可以看出，黄京生母李氏在南宋为宫女，继父为郡驸黄公之后，其出身官宦人家，因此对于南宋政权有着特殊的感情，并将这种情感带入《李氏券记》的书写。《李氏券记》较之《王夫人地券》更为直接，在采用干支纪年的同时，在"甲申"之前加了"更代"二字，以取代"元"或"大元"的国号。这一表述形式是作者对祝文"维年月日"起始语的改造，有意隐去元代国号的同时，以干支纪年代替元世祖至元年号。在记述其母生年时，宋朝的国号、年号俱全，反映出作者对南宋政权的怀念和眷恋。

  通过对百石斋藏十二种元代地券纪年方式的考察，我们不难发现宋朝遗民对宋元政权存在截然不同的态度，绝大多数的宋朝遗民的后代已经开始接受并习惯了元朝政权的统治，在地券书写时奉行元朝正朔，对于南宋国号、年号，或秉笔直书，或加以隐晦。但是也有少部分遗民后代，对元朝政权采取抵制和贬低的态度，有意在书写地券时不奉元朝正朔，故意省去国号，或加以改造用"更代"来代替，同时用干支纪年代替元代年号；这部分南宋遗民对于南宋国号、年号则不加回避。地券的纪年形式，是作者对宋元政权态度的一种外化表现，但是通过考察这一表现形式，足可以窥探南宋移民对于元朝政权的态度，并以此探究元朝在南方的统治基础。

---

  ① 欧阳修：《上仁宗乞执奏干求内降并根究因缘干请之人》，赵汝愚编：《宋朝诸臣奏议》（上册），上海古籍出版社1999年版，第226页。
  ② 徐梦莘：《三朝北盟会编》卷98靖康中帙73，上海古籍出版社1987年版，第725页。
  ③ 李应：《请禁带兵器牧放奏》，周绍良主编：《全唐文新编》第3部第2册，吉林文史出版社2000年版，第6965页。
  ④ 李祁：《故江母赵氏墓志铭》，李修生主编：《全元文》第45册，江苏古籍出版社1999年版，第530页。

自公元1276年，蒙古大军攻破临安，南宋政权灭亡，至元世祖至元二十一年（1284），时间已经过去八年之久，但在江西民间仍有部分民众对南宋政权充满眷顾，对于元朝政权加以抵制，这种抵制不是明面上的，而是隐晦的、内在的。元代地券纪年形式的多样化书写，恰恰体现出元朝统治江南之后，基层民众复杂、多样的历史心态，并从一个侧面勾画出民众对元朝政权的接受程度。

（作者为河北省社会科学院历史研究所副研究员）

元代徽州地契的解读——以地价为中心*

李春圆

经济史的研究应该是定性与定量两方面分析的结合，前者给人以概念与框架，后者通过"具体化"来验证、修正乃至推翻前者的结果。价格，尤其是相对价格的变动，蕴含了丰富的经济信息，是定量研究方法的核心对象之一。① 以物价的统计为切入点研究中国古代的经济变动，也是目前中国经济史研究的新方向，两宋与明清都已经有诸多物价史（以及利用物价展开的市场整合、国民经济核算等）的专门论著。②

笔者近年来一直关注元代物价研究，本文是这一工作的一部分，系利用元代徽州的土地买卖契约探讨当时的地价变动。据估算目前国内外收藏的徽州文书不下数十万件，虽然绝大部分属于明清，元代文书只是零星出现，但对元代物价研究而言是不可多得的珍贵材料。一方面元史史料、特别是第一手的民间文献有限；③ 另一方面土地的价格受地理区位的影响极大，而徽州文书相对地集中于比较小的区域内，为考察当时地价的长期波动提供了比较好的条件。

---

* 本文是国家社科基金青年项目"元代物价资料的整理与研究"（17CZS018）课题阶段性成果。

① 吴承明：《经济史：历史观与方法论》，商务印书馆2014年版，第320—323页。

② 程民生：《宋代物价研究》，人民出版社2008年版。［日］岸本美绪：《清代中国的物价与经济波动》，刘迪瑞译，社会科学文献出版社2010年版。Cheung, S., *The Price of Rice: Market Integration in Eighteenth-century China*, Bellingham: Center for East Asian Studies, Western Washington University, 2008. 略举数例，余不赘。

③ 除下文介绍的已刊文书外，尚有一些元代徽州文书未被刊布，如山东图书馆、天津图书馆等都有收藏。冯剑辉：《山东图书馆馆藏徽州文书述评》，《黄山学院学报》2009年第2期。刘尚恒、李国庆：《天津馆藏珍本徽学文献叙录》，《首届国际徽学学术讨论会文集》，黄山书社1996年版，第305—314页。据严桂夫、王国健《徽州文书档案》（安徽人民出版社2005年版，第135页），已、未刊元代文书应有六十多件。

此前已有学者利用过徽州文书来研究土地价格，如刘和惠先生早期刊布一批徽州文书时曾简单提及地价。① 黄冕堂先生也利用了一批文书来探讨元代地价，但文书收集尚有遗漏，而且利用上有一些失误。② 此外，陈高华先生利用徽州文书讨论了元代土地交易的手续与相关文件，但未涉及土地价格。③ 总之，元代徽州文书中的土地价格尚有待系统地研究。

一 资料的基本情况

20世纪80年代，刘和惠先生最早集中刊布了安徽省博物馆藏嘉靖祁门《郑氏誊契簿》中的一批9件元代徽州土地交易契约，④ 2005年主编出版的《徽州土地关系》一书除收录上述契约外，又增加了安徽省博物馆藏有原件的9件元代徽州地契（含元末明初"龙凤"年号文书2件）。⑤ 与此同时，中国社会科学院所藏的徽州地契首先在1990年出版的《明清徽州社会经济资料丛编》第二辑中刊布了10件，⑥ 1993年《徽州千年契约文书·宋元明编》第一册又刊布了10件中国社会科学院藏文书的清晰图版。⑦ 张传玺先生多年来致力于中国契约史的研究，先后出版《中国历代契约汇编考释》《中国历代契约粹编》两书。以2014年出版的"粹编"一书为准，除收入前述诸书已刊契约外，还收集了来自国图、北大图书馆、天津图书馆等机构所藏的徽州契约，总计达到38件。⑧ 此外，周向华、汪庆元、赵华富等诸位学者也零星刊布了一些元代徽州文书（或提供已刊文

---

① 刘和惠：《元代徽州地契》，《元史及北方民族史研究集刊》第8辑，1984年，第28—34页。
② 如文书中常见类似"四分中合得一分"等语，表示卖主只拥有交易地块的部分产权，黄先生就未加留意。黄冕堂：《中国历代物价问题考述》，齐鲁书社2008年版。
③ 陈高华：《元代土地买卖的过程和文契》，载《元史研究新论》，上海社会科学院出版社2005年版，第1—25页。
④ 刘和惠：《元代徽州地契》，第28—34页。
⑤ 刘和惠：《徽州土地关系》，安徽人民出版社2005年版。
⑥ 中国社会科学院历史研究所徽州文契整理组：《明清徽州社会经济资料丛编（第二辑）》，中国社会科学出版社1990年版。
⑦ 王钰欣、周绍泉：《徽州千年契约文书·宋元明编（一）》，花山文艺出版社1993年版。所收元代文书有九件已录文于《明清徽州社会经济资料丛编（第二辑）》中，外一件新出。
⑧ 张传玺：《中国历代契约汇编考释》，北京大学出版社1995年版。张传玺：《中国历代契约粹编》，北京大学出版社2014年版。

书图版）。① 以上契约中，部分连带有契尾、税票等附件，因为不与地价直接相关，不再详细介绍。

总计见刊的元代徽州土地契约共42件，其中13件有图版刊布，其他只有录文。现将各契基本信息列表如下：

表1 元代徽州地契的基本信息

编号	时间（年）	时间	位置	卖主	买主	户属	馆藏	刊录	图版
HZ01	1289	至元二十六	祁门	汪周孙	李光远		BT	▲	
HZ02	1290	至元二十七	祁门	郑思通等	秀乙进士		AB	▲√	
HZ03	1291	至元二十八	祁门	李阿林	李景高		SL	▲◇◆	有
HZ04	1296	元贞二	祁门	吴仪甫	吴崧山		BT，ND^	▲	
HZ05	1308	至大一	祁门	洪安贵等	谢良臣	谢	SL	▲◇◆	有
HZ06	1309	至大二	—	吴永吉	□梅窗		BD	▲	
HZ07	1315	延祐二	祁门	胡显卿	胡朝卿		BT	▲	
HZ08	1315	延祐二	祁门	李梅孙	李延检		TT	▲	
HZ09	1315	延祐二	祁门	汪子先	李教谕		SL	▲◇◆	有
HZ10	1318	延祐五	祁门	李五三婆	李永昌		AB	▲√汪	有
HZ11	1319	延祐六	祁门	汪润翁	郑廷芳	郑	AB^	▲√	
HZ12	1320	延祐七	祁门	□元振合族	某元美		SL	▲◇	有
HZ13	1322	至治二	祁门	谢子英	谢兰蕙	谢	AB	▲√	
HZ14	1326	泰定三	祁门	胡日和	汪茏二		BT	▲	
HZ15	1328	致和一	祁门	郑升甫等	郑廷芳	郑	AB^	▲√	
HZ16	1332	至顺三	祁门	程宏老	郑廷芳等	郑	AB^	▲√	
HZ17	1332	至顺三	祁门	王舜民	郑廷芳	郑	AB^	▲√	
HZ18	1333	至顺四	祁门	胡苗志	黄汝舟		BT	▲	
HZ19	1335	元统三	祁门	王景期等	郑秀	郑	SL	▲◇◆	有
HZ20	1335	元统三	祁门	郑关保孙	郑子寿等	郑	AB	▲√	
HZ21	1335	元统三	祁门	郑俊卿	郑子才	郑	SL	▲◇◆	有
HZ22	1335	元统三	祁门	郑满三郎	郑子寿	郑	BD	▲	

---

① 周向华：《安徽师范大学馆藏徽州文书》，安徽人民出版社2009年版。汪庆元：《馆藏徽州文书的收藏、整理与研究》，《文物天地》2017年第4期，第26—28页。赵华富：《元代契尾翻印件的发现》，《安徽大学学报》2003年第5期，第27—29页。

元代徽州地契的解读——以地价为中心 ·727·

续表

编号	时间（年）	时间	位置	卖主	买主	户属	馆藏	刊录	图版
HZ23	1337	后至元三	祁门	郑立孙	郑子寿	郑	AB	▲√	
HZ24	1338	后至元四	祁门	郑定孙	郑廷芳	郑	SL	▲◇◆	
HZ25	1340	后至元六	婺源	朱伯亮	朱文公庙		JP^	赵	
HZ26	1341	至正一	祁门	叶明夫	郑廷芳	郑	AB^	▲√	
HZ27	1342	至正二	祁门	胡季森等	郑廷芳	郑	AB^	▲√	
HZ28	1343	至正三	祁门	胡祥卿等	郑廷芳	郑	AB^	▲√	
HZ29	1345	至正五	祁门	汪贵实	郑廷芳	郑	AB^	▲√	
HZ30	1345	至正五	—	朱右宠	巴虎郎		AS	□	有
HZ31	1346	至正六	祁门	胡德玄	郑廷芳	郑	SL	▲◇◆	有
HZ32	1346	至正六	祁门	郑辰	郑秀	郑	AS	□	有
HZ33	1351	至正十一？	—	李戊孙等	胡宗乙		TT	▲	
HZ34	1351	至正十一	祁门	谢安得等	谢子诚	谢	SL	▲◇◆	有
HZ35	1353	至正十三	祁门	郑赵保	郑清卿	郑	AB^	▲√	
HZ36		至正？	休宁	吴寿甫	某		AB	▲√	
HZ37		至正？	祁门	谢子以	谢子诚	谢	AB	▲√	
HZ38	1359	龙凤五	祁门	谢志高	康复轻		AB	▲√汪	有
HZ39	1364	龙凤十	祁门	谢公亮	谢士云	谢	AB	▲√	
HZ40	1366	龙凤十二	祁门	谢志高等	谢子善	谢	SL	▲◇◆	有
HZ41	1367	至正二十七	—	吴凤郎	郑添授郎		TB	▲	
HZ42		元代	祁门	郑立郎	郑廷芳	郑	SL	◆	

注：1. "编号"是本文工作编号，并非文书原馆藏编号；"位置"指交易的土地所在的县。

2. "户属"代码：谢 = 祁门十都谢氏；郑 = 祁门十五都郑氏。

3. "馆藏"代码：AB = 安徽省博物馆；AS = 安徽师范大学图书馆；BD = 北京大学图书馆；BT = 北京图书馆；ND = 南京大学历史系资料室；SL = 中国社科院历史所；TB = 天津历史博物馆；TT = 天津市图书馆；JP = 婺源茶院朱氏家谱（明刻本）；^ = 誊录件。

4. "刊录"文献代码：▲ = 张传玺《中国历代契约粹编》；√ = 刘和惠《徽州土地关系》；◇ = 王钰欣、周绍泉《徽州千年契约文书》；◆ = 中国社会科学院历史研究所徽州文契整理组《明清徽州社会经济资料丛编（第二辑）》；□ = 周向华《安徽师范大学馆藏徽州文书》；汪 = 汪庆元《馆藏徽州文书的收藏、整理与研究》；赵 = 赵华富《元代契尾翻印件的发现》。

作为土地交易的法律凭证，契约中都会注明田地的具体方位（一般是都保、土名、四至）和官府登记的字号。但因为买卖行为都是在局地进行，除极少数跨县交易（如 HZ30 号、HZ34 号）外，绝大部分契约都不提所属县份，由于元代徽州地契馆藏极其分散，因此确定县份对于判明相关交易田土的位置非常重要。经考察，现有 42 件地契中有 4 件尚无法判定、1 件注明在休宁、1 件契约的契尾标明婺源，此外 36 件全部属于祁门县。

这里不能也没有必要一一介绍每件契约的县份判定理由，只能概述一下确定祁门县契约的几个主要依据。（一）原馆藏的信息，例如刘和惠先生最早刊布的九件契约全部来自安徽博物馆所藏的《郑氏誊契簿》，是原居住于祁门县十五都的郑氏家族之物，① 契约中既没有提及别县，那么交易土地就应同属祁门。（二）契约中"都"的名称。《（弘治）徽州府志》《（同治）祁门县志》详细地保留了宋元明清四代祁门县的基层区划信息（参见表3），其中元代的"都"既有延续自宋代的"里"的名称，又用数字编为一至二十二都。② 表1 中多件契约内提到的"都"名均可确定属于祁门，如 HZ01 号的"日新都"、HZ02 号的"尤昌十二都"、HZ03 号等多件文书的"归仁都"以及 HZ18 号的"义成（=义城）都"等。（三）各契约之间的人物关联，如栾成显先生研究过元末明初祁门谢氏家族及其遗存文书，③ 上表1 中的 HZ05、HZ33、HZ36、HZ39、HZ40 等契约均属归仁十都的谢氏所有，交易土地也在祁门境内。另外 HZ10 号文书的"依口代书人"谢贵甫，从姓名看也应属祁门谢氏。又如 HZ07 号未见县份信息，但契约买卖双方是同属"□都六保"的胡朝卿、胡显卿，同时 HZ28 号有胡祥卿、胡仁卿等将祁门"十五都六保"的土地卖给十五都的郑廷芳，前述胡姓诸人肯定是居地相近的同族，那么 HZ07 号也应属祁门。（四）交易土地的登记信息。从表2 可见，HZ16 号等 9 件契约的交易土地都是位于"十五都（六保）"的"经理万字号"地（参见下表2），都保、字号完全

---

① 刘和惠：《元代徽州地契》，第28页。《徽州千年契约文书》刊布的元代契约也都被整理者定为祁门县属，原书没有详细说明原因，或许也有尚未披露的馆藏来源信息。王钰欣、周绍泉：《徽州千年契约文书·宋元明编（一）》，第7—19页。
② 彭泽、汪舜民：《（弘治）徽州府志》卷1《地理一》，《天一阁藏明代方志选刊》，上海书店出版社1981年版。
③ 栾成显：《元末明初祁门谢氏家族及其遗存文书》，载周绍泉、赵华富《'95国际徽学学术讨论会论文集》，安徽大学出版社1997年版，第43—73页。

相同，而 HZ16 号本身确定属于祁门县，可知其余 8 件也属祁门无疑。

总体上，上述 42 件元代徽州土地契约虽然馆藏分散，但可以判定主要是祁门县的土地文书，尤其是归属于祁门十五都郑氏家族的文书有 18 件之多。

二 契约中的交易信息

在列举契约中的土地交易信息之前，稍微说明一下：契约中出现的交易对象包括"山""地""田"三种，每种又分为不同等级，山、地都分尚（上）、忠（中）、夏（下）三等；田除上中下外，又有次下、次不及两种。① 交易地土的单位包括亩、角、步三等，兑换比例为 1 亩＝4 角＝240 步。又，契文中常有"六分中合得一分""四分中合得一分"等语，表示卖主只拥有相应地块的部分产权，本文已经作了折算。今将各契约交易信息列表如下。

表 2 元代徽州文书所见的土地交易

编号	时间（年）	县份	都保	字号	土地内容	价格
HZ01	至元二十六	祁门	2	履	上山，下地 13.25 步，不明 15 步	50
HZ02	至元二十七	祁门			下山 7 亩	21
HZ03	至元二十八	祁门	10	东	下山 4 亩 2 角，下地 2 亩 2 角	11
HZ04	元贞二	祁门	10	君	上山 17 亩 2 角 40 步，	15
HZ05	至大一	祁门	10	实	下山 31 亩，下地 1 角	77
HZ06	至大二			父	上山 2 亩 1 角	25
HZ07	延祐二	祁门			下山 2 角	50
HZ08	延祐二	祁门	11 [2]	结	上山 6 亩 3 角 12 步	950

---

① "交易土地"中的"夏""忠""尚"分别是"下""中""上"的异写，表示土地的等级，这是宋元时期徽州文书书写的习惯。周绍泉：《徽州元代前后至元文书年代考析》，《江淮论坛》1994 年第 4 期，第 80—84 页。

续表

编号	时间（年）	县份	都保	字号	土地内容	价格
HZ09	延祐二	祁门	10	唐	下山2亩，次不及田2角6步	650
HZ10	延祐五	祁门	22	行	上山2角	15
HZ11	延祐六	祁门	18 [7]	国/出	上山1亩	2600
HZ12	延祐七	祁门	12		山2亩	250
HZ13	至治二	祁门	10		下山2.5亩，山1亩	72
HZ14	泰定三	祁门	15 [2]	量		45+
HZ15	致和一	祁门	16 [3]	迩/大	上地2角16步	57+
HZ16	至顺三	祁门	15 [6]	操/万	下山2亩3角，上地3亩1角59步，下地1角10步，土瓦屋一间半	1000
HZ17	至顺三	祁门	16	逊	上地1.8角，中地3角	940
HZ18	至顺四	祁门	11 [6]	坐	上山2亩2角	15
HZ19	元统三	祁门	15 [7]	亦/方	下山10亩39步	40
HZ20	元统三	祁门	15 [6]	/万	下山2亩0.33角，次不及田4.17步	60
HZ21	元统三	祁门	15 [6]	禽/万	上山0.1角，下山3亩	32
HZ22	元统三	祁门	15	盘/万	下山4亩0.67角，次不及田8.33步	125
HZ23	后至元三	祁门	15 [6]	盘/万	下山2亩0.33角，次不及田4.17步	55
HZ24	后至元四	祁门	15 [3, 6]	与/木	10亩2.75角	200
HZ25	后至元六	婺源	1	/寒	柴条山2亩2角，茶山3角，荒草地1亩，下田1角30步	30
HZ26	至正一	祁门	16	身/五	下山14亩	500
HZ27	至正二	祁门	15 [6]	浮/万	上山2亩，下山4亩3角30步	200++
HZ28	至正三	祁门	15 [6]	浮/万	下山4亩3角	300++
HZ29	至正五	祁门	15 [4]	/赖	下山2亩2角，下地6步半	40
HZ30	至正五		11 [4]	/商		4.4

续表

编号	时间（年）	县份	都保	字号	土地内容	价格
HZ31	至正六	祁门	15 [6]	邑/万	下田1亩26步半	540
HZ32	至正六	祁门	15 [6]	观/万	下山2亩	10
HZ33	至正十一?			戚/地	下地1角	25
HZ34	至正十一	祁门	10 [8]	/吊	中山3角	30
HZ35	至正十三	祁门	15 [6]			宝钞50
HZ36	至正?	休宁	11 [5]	竟	上田13步，中田1角53步	290
HZ37	至正?	祁门	10		下山20亩	275
HZ38	龙凤五	祁门	4 [2]	/调		
HZ39	龙凤十	祁门	10	/唐		
HZ40	龙凤十二	祁门	[8]		下山1亩2角	货物75
HZ41	至正二十七		14 [10]			钞17.5
HZ42	元代	祁门	15	惊/万	上山12步，下山15步	85

注：+ 出典。
++ 原已典出，现予断卖。
1. "都保"列一般为"都"数编号，方括号［］内加注为"保"数编号。"字号"列中，"/"后为契约特别写明之"经理"字号。都保、字号都指交易土地所在位置。
2. "价格"列除注明外，默认货币为中统钞，单位为"贯"。

由于现有徽州地契绝大多数属于祁门县，因此下文讨论主要针对祁门展开，首先在明确县份的基础上根据"都"的记载进一步细化各契的方位。从表3中我们可以看到，宋元明清四代的乡里（都）编制保持了相当的稳定性。①

---

① 《（弘治）徽州府志》卷1《地理一》；周溶、汪韵珊：《（同治）祁门县志》卷2，《中国方志丛书·华中地方》第240号。

表3　宋元明清祁门的乡里（都）设置

宋		元		明清	
七乡	二十三里	六乡	二十二都	六乡	二十二都
制锦乡（县市及西南）	和光	制锦乡	和光	一都	制锦乡（县市西南）	一都
	遐岑		（遐岑省）		—
	日新		日新	二都		二都
	安福上		安福上	三都		三四都（合并）
	安福下		安福下	四都		
福广乡（县北）	万石	福广乡	万石	五都	福广乡（县北）	五都
	善和上		善和上	六都		六都
	善和下		善和下	七都		七都
	泉水		泉水	八都		八都
归化乡（县东）	沙溪	归化乡	沙溪	九都	归化乡（县东）	九都
	居仁		归仁	十都		十东都
						十西都
	义城		义城	十一都		十一都
武山乡（县南）	尤昌上	武山乡	尤昌上	十二都	武山乡（县南）	十二都
	尤昌下		尤昌下	十三都		十三都
	花城		花城	十四都		十四都
孝上乡（县西）	儒教上	孝上乡	儒教上	十五都	孝上乡（县西）	十五都
	儒教下		儒教下	十六都		十六都
	文溪		文溪	十七都		十七都
	顺定		顺定	十八都		十八都
仙桂上乡（县西）	新丰	仙桂乡（上下乡合并）	新丰	十九都	仙桂乡（县西）	十九都
	画锦		画锦	二十都		二十都
仙桂下乡（县西）	安定		安定	二十一都		二十一都
	高唐		高唐	二十二都		二十二都

与此同时，《（同治）祁门县志》卷二记录了清代各都的村庄名称及其距离县治的距离，可以据此大体上复原清代（基本上也就是元代）各都的具体位置：

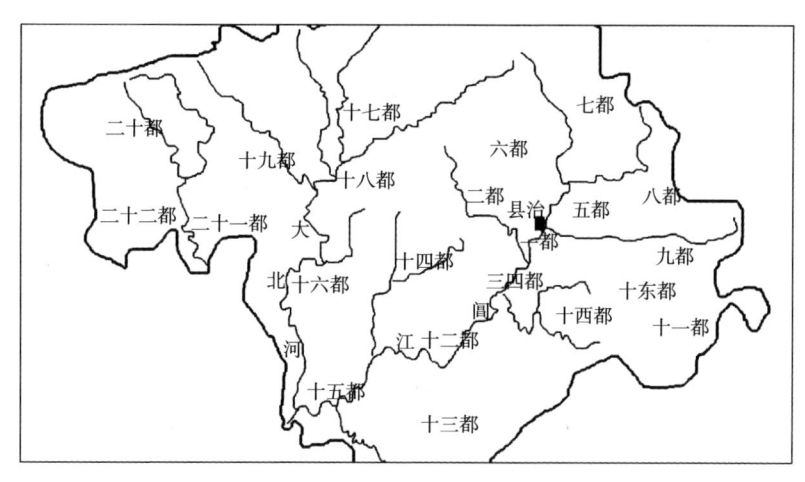

图1　祁门县各都位置示意

整个祁门县地貌呈现中低丘陵、盆地、河谷平畈相错杂的特征，全境主要包括阊江、大北河两个流域，县治在县境偏东部的阊江上游一处山间小盆地。各都的设置大致上一至十四都属阊江流域，十六至十九都属大北河流域，十五都在两河汇流处。此外，东西两端各有一小片区域，分别属于新安江上游和大北河支流东河、江家河等流域，大致上东端为十一都，西端为二十至二十二都。

表2中祁门县属契约中，出现次数最多的是十五都（15件），其次是十都（8件），此外与两都位置邻近的二都、四都、十二都也各有1件，总计相加占到了全部祁门契约的72%。可以说，这一批祁门契约所反映的，主要是元代祁门县南部阊江流域中下游这一小片地区的土地交易情况。

三　对土地价格的序列化处理

真正能够说明经济变动的不是绝对的价格值，而是相对价格，或者说横向的价格比较或纵向的价格波动。在这里，阻碍我们使用契约地价的一个因素是交易土地的多样性，既有山、地、田等类型之别，又有上、中、下的等级之分，这使得各契约间的书面价格难以进行直接的比较。徽州各县的土地等则，据《（弘治）徽州府志》总结，"元徽州路领州一，县五，税则不同，科法亦异"。

> 婺源六乡四十都，田但分上、中、下、次下、早、晚，凡六色；祁门六乡、黟县四乡，田但分上、中、下、次下、次不及，凡五色；惟歙县十六乡三十七都，田四色之外，又有所谓天荒田、荒田、沙涨田、水冲破田。其余田地山塘色目细苛，不可胜记。①

这种等级之分严格来说只是税负征收时的摊派等则，田地等级越高，单位面积摊派的税额也会越高。不过，税负等则与土地的实际价值虽然不会完全相同，但一般也是有对应关系的。例如在清代的祁门县，

> 田依山垦，地高水少……土人乃以人力为天功，潴而为塘，用桔槔取而灌之，天不能灾。故塘亦输税，民间贸易田塘同价。②

因为灌溉重要，所以民间土地市场上塘与田价值相等；与之相应地，征税时塘、田也同等对待。顺治年间祁门县清丈土地、确定税负等则，田、塘一体以245步6分3毫为1亩，每亩田、塘的税额也完全一样；相比之下，单位面积的"山""地"只分别相当于"田"的22.2%和62.7%。③ 这说明，民间对土地价值的评估与纳税时的摊派等则至少存在大致上的对应关系。

基于上述，我们可以把元代祁门县的土地征税等则近似地作为当时不同土地间的价值换算依据。本文即利用方志所载税负资料，尝试估算一组换算比率。首先，元代徽州田税征收办法是在宋代旧基准上调整而来，"以田亩起税钱，以税钱科税粮"，而祁门县税钱基准如下④

表4　元祁门县郊区土地税钱　　　　　单位：文/亩

	田	地	山
上	75	24	9
中	66.5（0.89）		
下	54（0.72）	12（0.50）	5.77（0.64）

---

① 《（弘治）徽州府志》卷3《食货二》。
② 《（同治）祁门县志》卷12《水利志》，第459页。
③ 《（同治）祁门县志》卷12《水利志》。
④ 《（同治）祁门县志》卷13《食货志一》，第487页。

	田	地	山
次下	42.96（0.57）		
次不及	24（0.32）		

注：括号内为各等相对于同类型土地上等的比例。

除表 4 之外，我们还有两组资料可供参考印证。一是宋代徽州的每亩税钱数字，据《新安志》，祁门等五县的上田园、中田园、下田园分别为 200 文/亩、150 文/亩、100 文/亩。① 二是元明之际乙巳年（1365，龙凤 10 年＝至正 25）祁门邻县黟县的纳税等则。徽属各县中黟县与祁门最接近，而且前引史料中两县田的分等方法也是一样的。《（弘治）徽州府志》卷三保存了相对比较完整的乙巳年黟县官田秋租和民地秋夏两税的数字，转录如下。

表 5　乙巳年黟县官田秋租　　　　　　　单位：石/亩

	上田	中田	下田	次下田	最不及田
秋租，正米	0.246	0.169	0.128	0.085	0.061

表 6　乙巳年黟县民地秋粮、夏税　　　　单位：斗/亩

	上色上地	上色中地	上色下地	中色上地	中色中地	中色下地	下色上地	下色中地	下色下乡村地
秋粮，正米	2.15	1.86	1.59	1.47	0.599	0.43	0.3	0.3	0.3
三色平均		1.87			0.83			0.3	
夏税，正麦	11.33	9.95	8.45	5.55	3.13	2.13	1.14	0.77	0.2
三色平均		9.91			3.60			0.70	

为了下一步计算的展开，我们必须将前述各组数字转换为一种标准比例。本文首先以上等土地为 1，折算中下各等土地与上等土地的比例；再以田为 1，折算地、山与田的比例。下表 7 是根据祁门税钱等几种资料换算的等级比例。

---

① 罗愿：《新安志》卷 2《贡赋·税则》，《中国方志丛书·华中地方》第 234 号。

表7 田地山的等级差比

田	元祁门税钱		宋徽州税钱	明初黟县官地秋租	平均
上	1.00	上	1.00	1.00	1.00
中	0.89				0.89
下	0.72	中	0.75	0.69	0.72
次下	0.57	下	0.50	0.52	0.53
次不及	0.32	次下		0.35	0.33
		最不及		0.25	
地	元祁门税钱		明初黟县民地秋苗	明初黟县民地夏租	平均
上	1.00	上	1.00	1.00	1.00
中					0.72
下	0.50	中	0.45	0.36	0.44
		下	0.16	0.07	
山	元祁门税钱				平均
上	1.00				1.00
中	0.82				0.82
下	0.64				0.64

注：表中斜体字为无确切资料，取前后数字平均而得。

表7似乎显示出，祁门县的土地分等普遍比黟县略高，尤其表现在中等土地上，无论是田、地，黟县的中等都只相当于祁门的下等，而祁门县的中等田、地与上等的比例无疑是要比黟县的比例高得多。

由于黟县资料中田、地的权属性质分别为官田、民地，无可比性，本文暂时只能根据元代祁门税钱计算田地山的兑换比例，得表8。因为从表4括号内的比例可以看出，祁门县山、地的分等中，下等山、地与上等的差距其实并不与下田对应，而是与次下田对应，因此表8中也以次下田为准计算兑换率。

表8 田地山之间的兑换比例　　　　　　　　单位：亩

	地/田		山/田		山/地
上地/上田	0.32	上山/上田	0.12	上山/上地	0.38
下地/次下田	0.28	下山/次下田	0.13	下山/下地	0.48
平均	0.30		0.13		0.43

综合前述各表，我们再以上田为基准1，求算得各类型、各等级的土地与上田之间的换算关系，得到表9：

表9 各类各等田土与上田之间的换算比例 单位：亩

	田		地	山
上	1.00	上	0.30	0.13
中	0.89			
下	0.72	中	0.22	0.10
次下	0.53	下	0.13	0.08
次不及	0.33			

结合表2和表9，我们就可以将现有元代徽州土地契约中的交易地土统一折算为"上田"，从而计算出一个以上田为基准的物价序列。经换算后的结果如下。

表10 标准化的元代徽州土地价格

编号	时间	县份	"上田"面积	总价	单价（贯/亩）
HZ01	至元二十六年	祁门	0.01	50	6921.93
HZ02	至元二十七年	祁门	0.57	21	36.80
HZ03	至元二十八年	祁门	0.69	11	15.85
HZ04	元贞二年	祁门	2.25	15	6.68
HZ05	至大一年	祁门	2.66	77	28.97
HZ06	至大二年		0.29	25	87.38
HZ07	延祐二年	祁门	0.04	50	1226.68
HZ08	延祐二年	祁门	0.86	950	1098.70
HZ09	延祐二年	祁门	0.34	650	1924.54
HZ10	延祐五年	祁门	0.06	15	235.93
HZ11	延祐六年	祁门	0.13	2600	20447.41
HZ12	延祐七年	祁门	0.21	250	1198.03
HZ13	至治二年	祁门	0.31	72	233.66
HZ14	泰定三年	祁门		45⁺	
HZ15	致和一年	祁门	0.17	57⁺	335.67
HZ16	至顺三年	祁门	1.31	1000	763.40

续表

编号	时间	县份	"上田"面积	总价	单价（贯/亩）
HZ17	至顺三年	祁门	0.30	940	3172.59
HZ18	至顺四年	祁门	0.32	15	47.19
HZ19	元统三年	祁门	0.83	40	48.28
HZ20	元统三年	祁门	0.18	60	341.66
HZ21	元统三年	祁门	0.25	32	129.17
HZ22	元统三年	祁门	0.35	125	355.90
HZ23	后至元三年	祁门	0.18	55	313.19
HZ24	后至元四年	祁门	0.87	200	229.55
HZ25	后至元六年	婺源	1.06	30	28.34
HZ26	至正一年	祁门	1.14	500	438.10
HZ27	至正二年	祁门	0.65	200++	306.88
HZ28	至正三年	祁门	0.39	300++	774.75
HZ29	至正五年	祁门	0.21	40	192.91
HZ30	至正五年			4.4	
HZ31	至正六年	祁门	0.80	540	676.36
HZ32	至正六年	祁门	0.16	10	61.33
HZ33	至正十一年?		0.03	25	764.30
HZ34	至正十一年	祁门	0.08	30	383.37
HZ35	至正十三年	祁门		宝钞50	
HZ36	至正?	休宁	0.47	290	614.88
HZ37	至正?	祁门	1.63	275	168.67
HZ38	龙凤五年	祁门			
HZ39	龙凤十年	祁门			
HZ40	龙凤十二年	祁门	0.12	货物75	
HZ41	至正二十七年			钞17.5	
HZ42	元代	祁门	0.01	85	7421.75

注：+ 出典。
　　++ 原已典出，现予断卖。
1. HZ16号交易对象有"土瓦屋一间半"无法计入考量；HZ25号的柴条山、茶山、荒草地均酌中作中山、中地处理。

四　一些初步的分析

利用表 10 我们可以对元代徽州的地价波动加以初步的分析，图 2 是将表中数据转换之后得到的结果（为了更好地显示变动幅度，纵坐标使用了对数刻度。

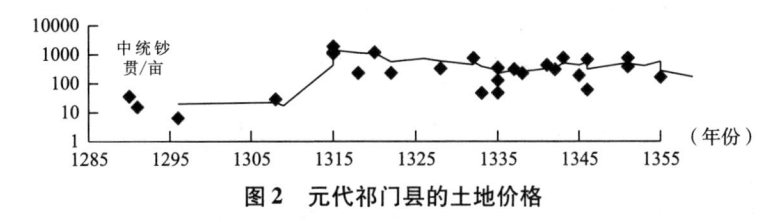

图 2　元代祁门县的土地价格

说明一下，图 2 中首先没有包括县份不明的 4 件契约和婺源、休宁的各 1 件契约，其次祁门契约中有 4 件价格畸高的契约，即 HZ01 号、HZ11 号、HZ17 号和 HZ42 号也被剔除了。HZ01 号价格畸高的主要原因是文书原件残损，导致一部分被交易的上山面积缺失，未被纳入计算。HZ11 号则是因为交易地块是买主郑廷芳看中的"迁造风水寿基"的宝地，因此出价尤其高。另外 HZ17 号、HZ42 号两号文书本身看不出特别异常，但是其价格与前后文书差距太大，似乎应当考虑背后存在某种特殊原因，而且 HZ42 号的具体年份还无法确定。因此在考察地价波动时，本文暂不纳入这四件契约。

图 2 显示，元代祁门县的土地价格以延祐二年（1315）为界，很清楚地分成了两个阶段：在此之前虽然数据不多，但价格肯定是比较低的，在此之后则整体上了一个新的台阶。有关元代钞法的大量研究已经揭示出，元灭南宋之后由于纸币发行规模迅速扩大，导致了严重的通货膨胀。[①] 总体上祁门县的地价数据和前述判断是基本符合的，而且这一趋势也与《元史》中元代纸币的年印造量的变化相一致。不过将图 2 与图 3 比较可以看到，纸币印造的下降似乎要略早于地价的下降，而且下降的幅度也更大。

[①]　[日] 前田直典：《元朝時代に於ける紙幣の価値変動》，载《元朝史の研究》，东京大学出版会，1973 年，第 107—144 页。全汉昇：《元代的纸币》，载《中国经济史论丛》，香港中文大学新亚书院·新亚研究所，1972 年，第 369—391 页。

受有限的材料限制，这一差异的意义目前尚无法真正考察，但一个可能的原因是流通中的货币存量才是影响物价的真正因素，而流通量变动比印造量更为平稳，并且两者的变化时间上并非完全同步。

图3 元代纸币的年印造量

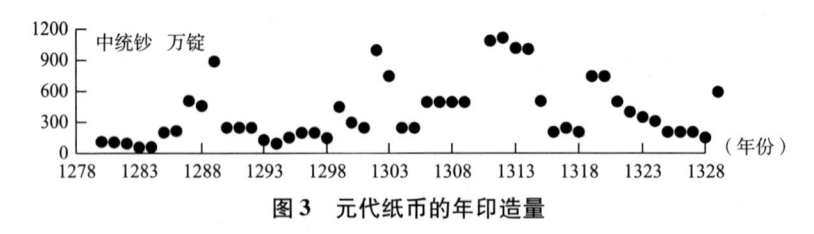

图2中更值得关注的是，1315年之后的地价虽然整体上价格明显高于前一阶段，但其走向比较平稳，甚至在1315—1340年还有缓慢下降的趋势。图3中1313—1329年的货币印造量也可以与地价相印证。虽然1330年以后的纸币印造量没有记载，但从地价变化上看，恐怕不会有太大的增加。元末武祺的《宝钞通考》里也说：

> 自世祖至元二十四年至武宗至大四年，二十五年中印者多，烧者少，流转广而钞法通。自仁宗皇庆元年至延祐七年，共九年，印虽多而烧亦多，流转渐少，钞法始坏。自英宗至治元年至三年，印虽多而烧者寡，流转愈多，钞法愈坏。自泰定元年至至顺三年，共八年，印者少而烧者多，流转绝无，钞法大坏。①

很显然，仁宗以后大部分时间是"印者少"而"烧者多"，实际流通量应该不会有明显增加。元代中后期的祁门县地价也是非常平稳的，不存在明显的通货膨胀。元末流言说"开河变钞""惹红巾千万"，今人也常常把滥发纸币、恶性通胀看成元代社会经济瓦解与王朝崩溃的重要原因，但现在看来这一观点应当予以反思。其实，文献中记载的元末期恶性通胀大都是至正十三年以后的情况，与其说它是社会动乱的原因，还不如说它是社会动乱的结果。

（作者为厦门大学历史学系助理教授）

---

① 《武祺〈宝钞通考〉提要》，载永瑢等《四库全书总目》卷84，中华书局1965年版，第721页。

张居正的蒙古观及其实践*

田 澍

元亡明兴之后,明朝与漠北蒙古问题便成为十四世纪至十六世纪中国所面临的主要矛盾之一。对双方关系的认识,学界看法不一,有人认为是第二次南北朝,有人认为是敌对关系,有人认为是兄弟关系,有人认为中央和地方的关系。① 事实上,这一时期的明蒙关系,有自身的特点,总的来说,是在合作中存在冲突,主流是朝贡体制下的合作共生。到了张居正时代,明蒙关系已经历二百年,通过对张居正的蒙古观及其实践来探讨这一时期明蒙关系,更能看清明蒙关系的走向与特点,也更能清楚地认识张居正在对待和处理漠北蒙古问题上的得失,弥补张居正研究中的薄弱点,并纠正相关认识上的偏差。

一 明蒙关系的基本格局

作为推翻元朝的核心力量,朱元璋集团在建立明朝之后,竭尽全力来试图"肃清沙漠",征服蒙古势力,使其能够臣服于明朝,直接为明朝所统辖。但与一般王朝更迭时的情形相似,失去中原的元朝残余,一时不会轻易地承认自己的失败,而是负隅顽抗,利用漠北特殊的地理环境与明朝精锐周旋,使明军远师劳军,难以实现彻底征服的目的。徐达曾问朱元璋:"元都克,而其主北走,将穷追之乎?"朱元璋答道:"元运衰矣,行

---

* 本文为国家社科基金项目"十四至十六世纪明蒙关系走向研究"(11BZS034)的阶段性成果。

① 参见马楚坚《近十年来中国研究明代蒙古史之回顾》,《明清边政与治乱》,天津人民出版社1994年版,第485—513页。

自渐灭，不烦穷兵。出塞之后，固守封疆，防其侵轶可也。"① 从中可以看出，朱元璋具有清醒的头脑，在向漠北用兵时，意识到不可能依靠武力来根除元朝残余。② 朱棣上台后，在招抚的同时，还试图用战争手段来解决漠北蒙古问题，"永清沙漠"。其远大抱负值得肯定，但结果令人遗憾，未能达到目的。永乐十九年（1421），朱棣准备亲征漠北，户部尚书夏原吉与礼部尚书吕震、兵部尚书方宾、工部尚书吴中等朝中重臣皆因军费匮乏，一致反对出兵。夏原吉对朱棣说："比年师出无功，军马储蓄十丧八九，灾眚迭作，内处俱疲。况圣躬少安，尚须调护，乞遣将往征，勿劳车驾。"朱棣大怒，将夏原吉打入牢中，吕宾自杀。一意孤行的朱棣于次年率兵北征，不久因粮尽还师。后来，"复连岁出塞，皆不见敌。还至榆木川，帝不豫，顾左右曰：'夏原吉爱我。'"③ 朱棣最终死于师出无功的北征途中。宣宗即位后，老臣范济进言："洪武初年尝赫然命将，欲清沙漠。既以馈运不继，旋即班师。遂撤东胜卫于大同，塞山西阳武谷口，选将练兵，扼险以待。内修政教，外严边备，广屯田，兴学校，罪贪吏，徙顽民。不数年间，朵儿只巴献女，伯颜帖本儿、乃儿不花等相继擒获，纳哈出亦降，此专务内治，不勤远略之明效也。"④ 洪武、永乐时期明朝对漠北的屡次用兵只能充分说明一个问题：那就是当双方力量处在相持阶段以后，战争不是万能的，穷兵黩武是应对漠北蒙古的下下之策。正如一位外国学者所言："明朝的进攻已经成为例行公事，可以说有一点成绩，但绝无任何决定性的成就。"⑤ 所以不用兵而使漠北蒙古逐渐归顺明廷是明朝统治者最高理想。永乐年间，漠北蒙古先后向明朝臣服，与明廷建立了朝贡关系，从形式上形成了"天下一家"的"大一统"局面。永乐二年（1404）朱棣对瓦剌使臣说："夫天下统一，华夷一家，何有彼此之间？尔其遣人往来相好，朕即授以官赏，令还本地射猎畜牧，安生乐业，永享太平之福。"⑥ 但当正常的朝贡贸易难以满足漠北蒙古需求且用战争的方式会得到更大利益时，某一时段强大的漠北蒙古部落便会突破明朝的防御体系

---

① 《明史》卷125《徐达传》。
② 参阅田澍、陈武强《朱元璋的蒙古观探析》，《青海民族研究》2012年第4期。
③ 《明史》卷149《夏原吉传》。
④ 《明史》卷164《范济传》。
⑤ ［德］艾伯华：《中国通史》，金城出版社2012年版，第234页。
⑥ 《明太宗实录》卷31，永乐二年四月辛未。

而随时南下。

　　翻阅大量论著，大多数学者对明朝开拓疆域能力不足予以嘲弄，认为其无法与汉、唐两朝相提并论。持此论者，完全无视明朝所面临的历史背景。众所周知，蒙古人建立了远超汉、唐的大一统帝国，与汉、唐在北部所处的匈奴、突厥等部族不可同日而语，难以比拟。明朝所面对的北部民族问题远不是汉、唐统治者所应对的同类问题，而是自唐宋以来北方民族经过五百多年交融发展所形成的全新的民族关系和势力格局，也是唐末以来中国大一统格局发展到更高阶段的一种表现，显然用汉、唐模式来要求明朝是不可取的。要明朝集中农业文明时代的财力来全面而又彻底地征服漠北蒙古是痴人梦呓。至于说明朝不像汉、唐那样在某一特定时段进取而扩张势力，且一味地内敛，则是一些研究者的想当然的要求。

　　事实上，在明蒙关系中，明朝不可能彻底征服漠北蒙古，而漠北蒙古也不可能恢复往日的大元，双方在朝贡体制下处于一种时和时战的状态。正如《明史·兵志》的作者所言："元人北归，屡谋兴复。永乐迁都北平，三面近塞。正统以后，敌患日多。故终明之世，边防甚重。"① 在这一状态中，双方统治者必须找准自己的策略，设法与对方和平相处以避免冲突。而漠北蒙古由于难以形成统一的力量，一方面为明朝分而治之提供了条件，便于从整体上削弱其势力；另一方面则使明朝无法形成整体的对蒙策略，找不到一个核心力量来钳制蒙古部众。这样，就使得明朝的蒙古政策始终处于摇摆状态，因蒙古各部势力消长而出现明蒙关系的波动。

　　就明朝统治者而言，他们的心态很复杂。一方面，他们受传统"华夷"思想的影响，有时本能地产生一种冲动，时时梦想一举征讨蒙古，使其完全臣服；另一方面，却因军力衰败、财力不支和特殊的地理环境所限，难有建树，不敢轻易言战。在这两难之中，唯一能够做到的，就是防御。在双方的拉锯战中，根据双方力量和地理险要，创造性设置"九边"和不间断地修筑长城，便成为明朝的主要任务，这不是软弱的表现，而是符合实际的正确选择。如弘治年间，蒙古侵扰大同，孝宗听信宦官苗逵所言，准备征讨，阁臣刘健反对出兵，孝宗召问兵部尚书刘大夏："卿在广，

---

① 《明史》卷91《兵志》。

知苗逵延绥捣巢功乎?"刘大夏答道:"臣闻之,所俘妇稚十数耳。赖朝廷威德,全师以归。不然,未可知也。"孝宗沉默良久,又问:"太宗频出塞,今何不可?"刘大夏又说:"陛下神武固不后太宗,而将领士马远不逮。且淇国公小违节制,举数十万众委沙漠,奈何易言之。度今上策惟守耳。"都御史戴珊从旁赞议,孝宗很快改变了看法,叹道:"微卿曹,朕几误。"① 遂罢兵。

就漠北蒙古而言,由于游牧经济的不稳定性和脆弱性,以及很大程度上对农业经济的依赖,他们不可能与明朝隔绝,相反,面对社会经济发展程度远高于自己的明朝,他们对明朝是更多的依赖。实际上,这样一种内在的不可分割的联系是明蒙关系的核心内涵。漠北蒙古渴望从明朝获取自己必需的物资,以弥补游牧经济的不足,如王崇古所言:"漠北无他产,釜缯之具,仰赖中国。"② 但因双方政治关系的波动,通过朝贡贸易来满足所需在实践中又是不可能的,故以战争的方式来获取所需便成为漠北蒙古的又一必然选择。正如宪宗时的朝臣所言:"明初我方盛强,虏正衰弱,自不敢来,即来亦无所得。今承平既久,吾士马多耗,人畜颇丰,而虏又适炽,小入则小利,大入则大利,况其出没无常,仓卒难备,至而后应,势每不及。"③ 尽管漠北蒙古也偶尔幻想恢复昔日元朝的一统天下,但他们南侵并不是征服战争,而是掠夺战争。正如《剑桥中国明代史》的作者所言:俺答"对明疆土多次较大的入侵是要确保这许多次军事行为的供应物资,或者要在40年代和50年代持续而普遍的干旱和饥荒时期,为他的臣民提供救济"④。

双方基本格局就是谁也吃不掉谁,在这一大战略格局下,在不同时期,双方所能采取的只能是技术性政策层面的调整。就明朝来说,面对部族林立、不相统一的漠北蒙古,只能分而治之,或通贡,或绝贡,或防御,或适度出击,其实践的结果是或保持相对和平的局面,或引发局部战争。比较而言,和平时期长,战争时期短,那种过于放大明蒙战争的观点

---

① 《明史》卷182《刘大夏传》。
② 《国榷》卷67,隆庆五年二月庚子。
③ 《明宪宗实录》卷256,成化二十年九月丁酉。
④ [美]牟复礼、[英]崔瑞德编:《剑桥中国明代史》,中国社会科学出版社1992年版,第512—513页。

是不符合实际的。因为在朝贡体制下的明蒙关系不可能完全排除战争，双方一时的冲突是一种正常现象。正如张居正所言："今中国之人，亲父子兄弟相约也，犹不能保其不负，况夷狄乎……若欲事事完全，人人守法，则是以中国之所不能者，而责之夷狄也，有是理哉？"① 那种将明蒙关系视为"南北朝模式"或将明代长城视为双方"边界"的做法是偏颇的。过分放大双方的冲突与对立是不可取的。

对明朝而言，与漠北蒙古能和平相处是上上之策，但能否做到，也不是由明朝一方说了算，就是由明朝说了算，也不是由一两个人说了算，而是内部博弈的过程。要正确认识张居正的蒙古观及其政策选项，只能在明蒙关系的这一基本格局中予以观察，而不能无视明蒙关系的基本格局而任意发挥。

二 张居正的蒙古观及其政策选项

就明代朝臣而言，对待漠北蒙古的态度极为复杂，在同一时期或不同时期，朝臣的和与战主张并存，难以统一。不同时期的皇帝或听信主战派，或听信主和派，对漠北蒙古的政策不确定性是客观存在的。正是这一不确定性，才使明臣在应对北部边防时有灵活的政策选项。当然，不论选择何种对策，都要经过内部的激烈辩争乃至人事更迭，不可能轻易选择或信手拈来。不论采取何种政策，对明朝而言，也都是有一定必然性的，不存在有利无弊的政策选项。聪明的统治者只能从实际出发，选择利大弊小的应对政策，这是考察明代朝臣蒙古观的基本出发点，当然这也是考察张居正应对漠北蒙古的基本出发点。

在张居正的奏书中疏中，从嘉靖二十八年（1549）的《论时政疏》和隆庆二年（1568）的《陈六事疏》中可以看出张居正对漠北蒙古的基本认识没有超越其前后诸臣，也就是说其蒙古观没有根本性改变。在《论时政疏》中，张居正向嘉靖皇帝进言：

> 夷狄之患，虽自古有之，然守备素具，外侮不能侵也。今虏骄日

---

① 《张太岳集》卷28《答山西崔巡抚计纳叛招降之策》。

久,迩来尤甚,或当宣、大,或入内地,小入则小利,大入则大利。边圉之臣,皆务一切幸而不为大害,则欣然而喜,无复有为万世之虑,建难胜之策者。顷者,陛下赫然发奋,激厉将士,云中之战,遂大克捷,此振作之效也。然法曰:"无恃其不来,恃吾有以待之。"乘战胜之气,为预防之图,在此时矣。而迄于无闻,所谓边备未修者,此也。①

从中不难看出,张居正与当时的主流观点一样,其对日益强盛的俺答势力仍然以内修武备为应对的核心策略,并没有自己独到的见解。当时,他年仅25岁,刚入翰林院,所论者皆为常理,与主流认识并无二致。在他上此疏后的第二年,就发生了俺答汗率领鞑靼兵进攻至北京城下的"庚戌之变"。在张居正上该疏时,他根本没有意识到京畿面临鞑靼兵的巨大威胁,相反,还为嘉靖二十八年(1549)大同总兵官周尚文和宣府总兵赵国忠的云中之战沾沾自喜。强调这一点,不是为了贬低张居正,而是在于说明此时的张居正与一般朝臣一样,并没有超人的法力,美化和抬高此时的张居正没有任何意义。

在张居正上《论时政疏》以后,俺答汗每每南下,连连侵扰,并一度攻破应州四十余堡,成为有明一代漠北蒙古对明朝形成压力最大和最久的历史时期。面对这一局面,张居正该如何反思并寻找对策呢?首先看看在隆庆二年(1568)进入内阁已有两年的张居正所上的《陈六事疏》,在"饬武备"一款中,他说道:

臣惟当今之事,其可虑者,莫重于边防;庙堂之上,所当日夜图画者,亦莫急于边防。迩年以来,虏患日深,边事久废。比者屡蒙圣谕,严饬边臣,人心思奋,一时督抚将领等官,颇称得人。目前守御,似亦略备矣。然臣以为虏如禽兽然,不一创之,其患不止。但战乃危事,未可易言,须从容审图,以计胜之耳。

今之上策,莫如自治。而其机要所在,惟在皇上赫然奋发,先定圣志。圣志定,而怀忠蕴谋之士,得效于前矣。今谭者皆曰:"吾兵不多,食不足,将帅不得其人。"臣以为此三者皆不足患也。夫兵不

---

① 《张太岳集》卷15《论时政疏》。

患少而患弱。今军伍虽缺，而粮籍具存，若能按籍征求，清查影占，随宜募补，著实训练，何患无兵？捐无用不急之费，并其财力，以抚养战斗之士，何患无财？悬重赏以劝有功，宽文法以伸将权，则忠勇之夫，孰不思奋，又何患于无将？臣之所患，独患中国无奋励激发之志。因循怠玩，姑务偷安，则虽有兵食良将，亦恐不能有为耳。故臣愿皇上急先自治之图，坚定必为之志；属任谋臣，修举实政；不求近功，不忘有事；熟计而审行之，不出五年，虏可图也。①

细读此论，张居正所言之策与二十年前的《论时政疏》并无多大区别，既不敢主张主动出击，又不能提出有效的羁縻之策，只能一味地强调内修武备，防守俺答，使其不敢南下，而对俺答长期提议通贡互市之策置若罔顾，不予回应，未能上升到战略层面来开创应对漠北蒙古的新局面。而在涉及明蒙关系时，张居正也未能从朝贡体制的格局下来理性地认识眼前的冲突及提出不同于其他人的战略远见。所以，从张居正的这些言论中根本看不出他对漠北蒙古问题有何全新见解，俺答汗二十多年的扰边并未能改变张居正对漠北蒙古的固有观念。内修武备、加强防御与不和不战是张居正一以贯之的基本态度，与其他朝臣相比，并无特别之处，没有突破明中叶以后逐渐形成的狭隘民族论。正如朱东润先生所言：张居正的方针，"是先行整理边防布置，随时再作出击的计划"②。

自嘉靖以来，朝臣并未找到应付俺答汗的良方，主和被视为软弱和有失尊严之举，加上担心俺答无信，基本上不被采纳。正如徐阶所言："寇深矣，不许恐激之怒，许则彼厚要我。请遣译者绐缓之，我得益为备。援兵集，寇且走。"③ 兵部车驾员外郎杨继盛振振有词，极言"以堂堂中国，与之互市，冠履倒置"，认为"俺答往岁深入，乘我无备故也。备之一岁，以互市终，彼谓国有人乎？"④ 此等看法听起来振振有词，实际上是不足取的。宋代澶渊之盟的耻辱时时刺激着明代朝臣，对俺答汗采取强硬对策往往能够赢得舆论的好评，但强硬的结果是时时面临俺答汗的铁骑蹂躏。在

---

① 《张太岳集》卷36《陈六事疏》。
② 朱东润：《张居正大传》，人民文学出版社2006年版，第84页。
③ 《明史》卷213《徐阶传》。
④ 《明史》卷209《杨继盛传》。

这一氛围里，张居正不敢明言和议之策，加之他没有多大权势且面对朝臣纷争和前途难料，更不愿在此问题上给自己带来不必要的麻烦。俺答汗长年的扰边，既是其强大的显示，又是明朝防御失败的写照，再次证明明廷所采取的军事手段是基本无效的，也是不可能真正解除俺答汗威胁的。唯一的希望就是在俺答汗的主动攻击和明朝的被动防御中等待俺答汗的老死或病死，或冀望于鞑靼的内乱。张居正也在这一无奈中痛苦地等待着。正如张居正于隆庆四年（1570）所言："声容盛而武备衰，议论多而成功少，宋之所以不竞也，不图今日复见此事。仆不度德量力，欲一起而振之，而力不从心，动见龃龉。茹荼怀冰，有难以言控者。唯当鞠躬尽瘁，以答主知而已。其济与否，诚不可逆睹也。"① 同年，又说："年来困于蓟议，心焉如捣，苦庙堂不能担当，视听疑惑，奈何，奈何！京兵已促之赴镇，本兵懦弱，甚可虑也。"②

张居正等人耐心等来的便是俺答汗内部的分离。其爱孙把汉那吉因俺答汗夺其所聘之女在气愤之余投靠明朝。在确定这一信息后，张居正与高拱等阁臣全力支持总督王崇古等人的意见，认为"奇货可居"，迅速决定利用这一难得的机遇达成与俺答汗的和议。这一突发事件的出现，使明朝找到了一个台阶，变完全被动为部分主动，以交还把汉那吉为由，可以打击俺答汗气焰和减少无度索求，使明朝得以保住一点体面。正如高拱所言："天下之事，以己求人，其机在人；以人求己，其机在己……今彼求贡于我，则其机在我，直许之而已，赏之而已。"③ 张居正的精明、务实充分体现在俺答封贡的这一特殊时刻。在第一时间获悉此事时，张居正就敏锐地感到"若果有此，于边事大有关系"④，要求王崇古迅速如实报告。在完全确认之后，认为此事"关系至重，制虏之机，实在于此"，并认为俺答汗"众叛亲离，内难将作"⑤。张居正认识到俺答汗已进入"天亡之时"，要求王崇古坚定信念，不被时论所迷惑，采取一切手段促成互市，结束冲突。他告诉王崇古："降虏事情，廷臣初意纷纷。然庙堂论定前，

---

① 《张太岳集》卷22《答蕃伯施恒斋》。
② 《张太岳集》卷22《答蓟镇总督谭二华言边事》。
③ 《高拱全集·政府书答》卷1《与宣府吴巡抚书四》。
④ 《张太岳集》卷22《与抚院王鉴川访俺答为后来入贡之始》。
⑤ 《张太岳集》卷《答鉴川策俺答之始》。

已独闻于上，然后拟旨处分。阃外之事，一切付之于公矣。"① 在张居正、高拱书信的不断授意和催促之下，王崇古正式上疏要求与俺答和好。对于这一重大决策，按照明代规定，必须经廷议讨论。在经过激烈交锋之后，最后通过封贡之策。通过诸多手段，通过两次廷议，封贡之策最后由多数反对变为多数支持，勉强通过。对于反对封贡的朝臣，张居正予以犀利的谴责，认为他们"以娼嫉之心，持庸众之义，计目前之害，忘久远之利，遂欲摇乱而阻坏之。国家以高爵厚禄，畜养此辈，真犬马之不如也"②。只有突破阁权限制，使阁臣与边臣互相沟通信息，并换取穆宗的支持，俺答封贡才能实现。对这一阁臣通过书信沟通来影响明廷重大决策的新现象学界很少有人提及并做专门研究。

在俺答封贡问题上，张居正敢于任事，善抓机遇，对世宗严禁开设马市的政令敢于变通，以一般阁臣的身份与次辅高拱运筹帷幄，最后促成了封贡，实现嘉靖时期主和派的愿望，暂时缓解了宣府、大同一线的军事压力，值得肯定。正如兵部尚书郭乾所言："九塞诸虏，俺答最雄。自上谷至甘凉，穹庐万里，东服土迷，西制吉丙。先年以谢绝致愤，遂致骎籍诸边三十余年，中原苦不支矣。今俨然听命于藩篱之外，是三十年所祷祀而求者。"③ 需要指出的是，俺答封贡只是恢复了明蒙关系中固有的朝贡制度，并不是什么新政。在长期冲突之后，通贡对双方皆有利，而且本来就是俺答汗最初所要达到的目的。换言之，封贡的胜利者真正属于俺答汗！只要明廷放下架子，主动缓和关系，明蒙关系才能改善。张居正等人只是顺应了这一时代要求。应该反对在俺答封贡中过分突现张居正个人的观点。俺答封贡之所以能够实现，根本原因在长年扰边使双方厌战，特别是击碎了主战派的幻想，证明对抗无效；主观原因在于次辅高拱和阁臣张居正与边臣王崇古、方逢时等人的通力配合，赢得了穆宗的支持，压制了朝中拒和派的主张。正如张居正所言："北虏乞贡，顷于文华面奏，奉宸断行之。"④《明史·张居正传》论道：高拱"主封俺答，居正赞之，授王崇古等以方略"。《明史·高拱传》亦言："朝议多以为不可，拱与居正力

---

① 《张太岳集》卷22《与王鉴川言制俺酋款贡事》。
② 《张太岳集》卷22《与王鉴川议坚封贡之事》。
③ 《国榷》卷67，隆庆五年三月庚午。
④ 《张太岳集》卷23《答三边总督郜文川》。

主之。"

翻检各类论著，多数研究者一味谴责嘉靖皇帝对待俺答汗的强硬态度，却不知嘉靖朝对俺达汗的态度是时臣主流的认识，不是皇帝个人的心血来潮，否则，嘉靖皇帝一死，政策立即可以改变，不可能在嘉靖皇帝离世五年后才予以调整。事实上，"从隆庆皇帝统治的1567年到1573年，有关在北方边界应该采用什么政策最好的辩论一直在继续，可是，政治僵局就从来没有打开过"①。至于有些研究者把明世宗与鞑靼的绝贡等同于推行"闭关政策"，则是以偏概全。

三 俺答封贡后张居正所面临的明蒙关系难题

在充分肯定迟来的俺答封贡的积极意义的同时，还应清醒地看到，明蒙关系只是趋于缓解，如何在通贡互市的前提下进一步有效控制漠北蒙古，仍然是一个难题。在俺答汗封赐之前，明朝对漠北蒙古曾有多次封赐，但效果只是暂时的。漠北蒙古因内部难以达到高度统一，一时崛起的某一势力难以长期有效节制诸部，所以他们的分离势所难免。在俺答汗被封赐顺义王之后，察罕土门汗对其属下说："俺答，奴也，而封王，吾顾弗如。"② 加之俺答汗步入暮年，控制内部的能力在减弱，处于衰弱之中的鞑靼对封贡正能量的发挥也越来越弱。换言之，俺答封贡没有也不可能带来整个北方边镇的长期安宁和永久和平。高拱对人们高估俺答封贡之事予以严厉批评，认为"虏人叛服无常，岂可以其一时款顺，遂为安乎！"③ 万历前期，有关鞑靼南下的虚假消息四处传播，搞得张居正神经紧张，生怕出事。万历三年（1575），他对宣太巡抚吴克说："仆内奉宸宸，外忧边境，一日之内，神游九塞，盖不啻一再至而已。奈何边臣故套难改，鲜有为国家忠虑者。而无识言官，动即建白，及与之论边事，一似说梦。近有一科臣，阅辽虚报，遂欲防守京城，浚壕堑，掘战坑以御虏者。虏在何处，而张皇如是，使人闷闷。此疏若行，岂不远骇听闻，取笑夷虏！"④ 尽

---

① [美]阿瑟·沃尔德隆：《长城：从历史到神话》，江苏教育出版社2008年版，第208页。
② 《明史》卷222《张学颜传》。
③ 《高拱全集·本语》卷6。
④ 《张太岳集》卷27《答吴环洲论边臣任事》。

管此类虚假消息没有变成现实，但民众对鞑靼再次南下的担心是客观存在的。

长期以来，学术界孤立地谈论万历前十年所谓"张居正改革"，谈到北部边防，又忘记了时间概念，把阁臣中排名第四的张居正在隆庆年间与高拱等人促成的俺答封贡纳入"万历新政"之中！如果严格按照"万历新政"来考察北部边防问题，那只能是重点考察俺答封贡之后张居正任首辅时的明蒙关系。事实上，万历初期的明蒙关系是隆庆后期政策的自然延续，大的格局在张居正担任首辅时没有根本变化，张居正可以坐享隆庆年间俺答封贡的惯性红利，所以，此方面不应作为考察张居正在万历初期北部边防的主要内容，而应将俺答封贡后新出现的问题作为考察首辅张居正是否有所作为的主要指标。

明朝灭亡的原因有诸多方面，其中北部边防的持续压力是拖垮明朝的一个主要因素，明朝直接被东北女真联合漠北蒙古所灭，就充分说明了这一点。当然，这个原因是长期困扰明朝的一个重大问题，自然不能由张居正一人负责，张居正个人不可能在明蒙关系重大格局中起什么关键作用，更不可能提出全新的策略。俺答封贡后，明朝与漠北蒙古的战争仍在持续，东北受到土蛮等部的连续攻击，明廷疲于应付，最后在满蒙联合下被摧毁。陕西三边面临漠北蒙古的更大压力，一直持续至明朝灭亡。

潘光旦先生指出："抚赏成一种羁縻制度，实例甚多，其弊亦大，俺答封贡以后，尤成一大问题。"① 在操作层面，双方互市要建立在相互信任的基础之上，否则，不可能持久。相对而言，明朝具有高度统一的中央集权制度，故有能力承担互市的责任，维持互市的承诺。但俺答汗由于对内控制有限，难以真正有效地执行互市规定，纷争与冲突势不可免。史载：俺答虽封贡，但"插汉部长土蛮与从父黑石炭，弟委正、大委正、从弟暖兔、拱兔、子卜言台周，从子黄台吉势力强。泰宁部长速把亥、炒花，朵颜部长狐狸、长昂佐之。东则王杲、王兀堂、清佳砮、杨吉砮之属，亦时窥塞下。十年之间，殷尚质、杨照、王治道三大将皆战死"②。而朵颜董狐狸及其兄子长昂"交通土蛮，时服时叛。万历元年春，二寇谋入犯。驰喜

---

① 潘光旦：《中国民族史料汇编——〈明史〉之部》，天津古籍出版社2007年版，第475页。
② 《明史》卷238《李成梁传》。

峰口，索赏不得，则肆杀掠，猎傍塞，以诱官军"①。万历五年（1577）夏天，土蛮率兵犯锦州；同年冬天，又与泰宁速把亥分犯辽、沈、开原。②由于戚继光和李成梁等将帅的严防死守，才未酿成大祸。但张居正等人又像嘉靖朝臣一样，对土蛮求贡予以严词拒绝。他认为土蛮"欣艳贡市，其情近真，但为国家长虑，未可许之"③。并激愤地说道："堂堂天朝，何畏于彼而曲徇之乎？"④辽东巡抚张学颜亦说："敌方凭陵，而与之通，是畏之也。制和者在彼，其和必不可久。且无功与有功同封，犯顺与效顺同赏，既取轻诸部，亦见笑俺答。"⑤ 当时，"土蛮数求贡，关吏不许，大恨"⑥。万历初年的土蛮，犹如嘉靖时期的俺答，"神宗即位，频年入犯"⑦。成为继俺答之后扰边的又一股强大势力。但张居正对土蛮的危害认识不清，他在万历二年（1574）说："今西房为贡市所羁，必不敢动。独土蛮一枝，力弱寡援，制之为易。"⑧ 但事实并非如此，面对土蛮等部的连连攻击，除了遣将派兵奋力防守，张居正与嘉靖朝臣一样对辽东边防亦无良策，无法消除战乱。到了万历四年（1576），张居正不得不说："宣府之马岁增，而辽左之患日甚。"⑨ 但张居正要求辽东总督、总兵、巡抚坚壁清野，被动防守，使其抢掠无果，空手而回。他说："房若纠大众至，勿轻与战，但坚壁清野，使之野无所掠，房气自挫。"⑩ 读着此类言语，感觉又回到了对付俺答汗的嘉靖时代。

为了进一步说明俺答封贡之后土蛮等部对明朝频繁的攻击和干扰，兹以《明史·李成梁传》的相关记载为主线，对张居正在阁期间的扰边行为列表说明如下。

---

① 《明史》卷212《戚继光传》。
② 《明史》卷222《张学颜传》。
③ 《张太岳集》卷29《答总督张心斋》。
④ 《张太岳集》卷29《与张心斋计不许车房款贡》。
⑤ 《明史》卷222《张学颜传》。
⑥ 《明史》卷238《李成梁传》。
⑦ 《明史》卷327《鞑靼传》。
⑧ 《张太岳集》卷26《答方金湖计服三卫属夷》。
⑨ 《张太岳集》卷28《答蓟辽总督方金湖》。
⑩ 《张太岳集》卷17《送起居馆论边情记事》。

时间	土蛮等部的扰边活动
隆庆五年	五月，敌犯盘山驿，指挥苏成勋击走之。无何，土蛮大入
隆庆六年	十月，土蛮六百骑营旧辽阳北河，去边二百余里，俟众集大举，成梁击走之
万历元年	又击走之前屯。已，又破走之铁岭镇西诸堡……朵颜兀鲁思罕以四千骑毁墙入，成梁御却之
万历三年	春，土蛮犯长勇堡，击败之。其冬，炒花大会黑石炭、黄台吉、卜言台周、以儿邓、暖兔、拱兔、堵剌儿等二万余骑，从平房堡南掠。副将曹簠驰击，遂转掠沈阳
万历四年	黑石炭、大委正营大清堡边外，谋锦、义
万历五年	五月，土蛮复入，联营河东，而遣零骑西掠
万历六年	正月，速把亥纠土蛮大入，营劈山 六月，敌犯镇静堡，复击退之 十二月，速把亥、炒花、暖兔、拱兔会土蛮黄台吉，大、小委正，卜儿孩，慌忽太等三万余骑壁辽河攻东昌堡，深入至耀州（驿）
万历七年	十月，（土蛮）复以四万骑自前屯锦川营深入……俄又与速把亥合壁红土城，声言入海州，而分兵入锦、义
万历八年	土蛮数侵边不得志，忿甚，益征诸部兵分犯锦、义及右屯、大凌河……无何，复以两万余骑从大镇堡入攻锦州……敌乃分掠小凌河、松山、杏山
万历九年	正月，土蛮复与黑石炭，大、小委正，卜言台周，脑毛大，黄台吉，以儿邓，暖兔，拱兔，炒户儿聚兵塞下，谋入广宁 四月，黑石炭、以儿邓、小歹青、卜言兔入辽阳……遂大掠人畜而去 十月，土蛮复连速把亥等十余万骑攻围广宁，不克，转掠团山堡、盘山驿及十三山驿，攻义州
万历十年	三月，速把亥率弟炒花、子卜言兔入犯义州……（阿台）数犯孤山、汛河……阿台复纠阿海连兵入，抵沈阳城南浑河，大掠去……（清佳砮、杨吉砮）借土蛮、暖兔、慌忽太兵侵边境……方成梁之出塞也，炒花等以数万骑入蒲河及大宁堡

从上表中不难看出，俺答封贡之后，漠北蒙古对辽东的攻势在张居正在阁特别是担任首辅期间愈演愈烈。虽然李成梁等人疲于应对，时有斩

获,且受朝廷不断的奖赏,但与嘉靖后期对待俺答一样,张居正等人对土蛮等势力不断扰边无法遏制,辽东战乱连绵,使女真族趁势而起,明朝对辽东逐渐失控。

如何防止俺答势力向西发展,张居正亦无有效对策。万历初年,俺答"报怨瓦剌,欲取道贺兰",遭到了宁夏总兵官张臣的拒绝,"俺答恚,语不逊"。张臣"夜决汉、唐二渠水,道不通,复陈兵赤,俺答乃从山后去"①。而俺答从子永邵卜,"部众强盛","先尝授都督同知,再进龙虎将军。自以贡市在宣府,守臣遇己厚,不可遏,乃随俺答西迎活佛,留居青海,与瓦剌他卜囊为西宁患,当诱杀副将李魁。边臣不能报,益有轻中国心"②。由于已与俺答达成和解,明朝对俺答的违约之举或打擦边球的行为亦不敢采取强硬手段。甘肃镇是明廷效法西汉设置河西四郡而建,其像一把尖刀,用来"北拒蒙古,南捍诸番,俾不得相合"③。俺答封贡后,其部众为了便于前往青海,经常从甘肃镇进入,使甘肃镇官兵不知所措,西北防线被迅速破坏。而漠北蒙古大量向青海地区的迁移,彻底改变了明代西北边防的力量对比,使明朝在西北边疆的防守完全置于漠北蒙古的重重包围之下,出现了前所未有的军事压力,且始终没有找到应对之法。在蒙古部众的连连打击下,明朝军队疲于被动应付,屡屡退缩,直至亡国。史载:"松套宾兔等屡越甘肃侵扰河、湟诸番。及俺答迎佛,又建寺于青海,奏赐名仰华,留永邵卜别部把尔户及丙兔、火落赤守之,俱牧海上。他部往来者,率取道甘肃,甘肃镇臣以通款弗禁也。丙兔死,其子真相进据莽剌川,火落赤据捏工川,益并吞番族。"④ 同时,"数犯甘、凉、洮、岷、西宁间。他部落亡虑数十种,出没塞下,顺逆不常"⑤。正如明人所论:俺答封贡后,"玩愒寖生,军实耗坠,迎佛掠番,狡谋百出,金钱内尽,藩篱外撤,故识者忧之"⑥。俺答部向青海方向的"大蚕食诸番"行为,极大地改变着西部地区的民族格局和民族关系。而蒙古势力向青海乃至西藏的积极渗透,给明朝乃至清朝经营西部边疆带来了更大的难题。特别是明

---

① 《明史》卷239《张臣传》。
② 《明史》卷239《达云传》。
③ 《明史》卷330《西域传》。
④ 《明史》卷222《郑洛传》。
⑤ 《明史》卷327《鞑靼传》。
⑥ 郑汝璧等纂修:《延绥镇志》卷6《北虏考》,上海古籍出版社2011年版。

朝对此问题无计可施,明末西北边疆战火不断,甘肃镇名存实亡,难以有效地安定地方,使西北边疆与东北边疆皆成为明朝最为严重的"边患"地区,也成为拖垮明朝的主要原因之一。

在明代,蒙古势力的忽兴忽衰,某一势力很难长久地对明朝的北部边防形成持续的压力。无论是张居正之前的瓦剌俘获英宗和吐鲁番等势力对"关西七卫"及甘肃镇的攻掠,还是张居正时代的鞑靼兵临京师和土蛮等势力对辽东的频频侵扰,都是不同时代漠北蒙古不同势力在不同时期崛兴后对明朝形成的威胁。这一威胁的形成和消除,一方面取决于漠北蒙古自身内部各势力的消长;另一方面又取决于明廷的应对策略。俺答攻势在隆庆年间的有效缓解,是多种有利因素叠加所造成的,不是某一个人或某一方面一厢情愿所能解决的问题。而俺答问题的解决并不意味着漠北蒙古问题的解决,更不意味着明朝北部边防威胁的解除。恰恰相反,俺答封贡以后,明朝北部边防面临着更加复杂的局面。如何在勉强维持封贡所带来的暂时和缓格局中进一步调整策略,应对新危机的出现,张居正等人并没有提出全新的思维,仍然坚持的是内修战备、加强防御和对敌对势力的绝贡与分化等传统套路,未能在战略高度上形成对漠北蒙古的整体应对的重大调整,当然也就不可能指望张居正真正解决北部边防问题。正如美国学者阿瑟·沃尔德隆所言:"在天下太平之后,张居正想方设法不要损害和平环境。他处理军事问题的办法多数时候因循守旧。"①

只有把张居正放在整个明蒙关系走向的大背景下来考察他的蒙古观及其实践效果,才能真正理解张居正的困境和无奈。张居正个人不可能超越历史,他个人的思想不可能全部变成朝廷的政治实践,况且他在传统惯性中也不可能提出全新的对策。明蒙关系的有效解决主要取决于明朝的经济实力,如能有效解决漠北蒙古的生计问题,与漠北蒙古进行全面、切实的通贡互市,并予以优待,双方关系将大大改善。面对单一且不可靠的游牧经济,与明朝通贡和好成为大多数漠北蒙古人的共识。当通贡互市之利远高于战争抢掠时,真正的和平才能维系。万历四年(1576)兵部上疏说:"虏今互市,视昔年所掠,利且倍蓰。"② 对漠北蒙古而言,这是符合实际

---

① [美]阿瑟·沃尔德隆:《长城 从历史到神话》,江苏教育出版社2008年版,第240—241页。

② 《明神宗实录》卷52,万历四年七月甲午。

的。正如拉铁摩尔所言：俺答汗"表面的忠顺曾使中国封他为顺义王，同时他所修建的青城（呼和浩特）也被赐名为归化。他对中国最主要的要求是设立贸易，他认为，如果得不到市集捐税的收入，就不能放弃抢掠的利益"①。但由于明代发展缓慢的小农经济难以承担对整个漠北蒙古的经济扶持，使通贡互市缺乏持久而又健康运行的坚实基础。仅对俺答汗的通贡互市使明廷处于极大的经济压力之中。万历十二年（1584），户部尚书王遴对神宗说："贡市始自隆庆五年，边臣原拟借和以休兵，修备而不图，财日费，势日弱。始自万历元年，贡市之费，逐年增加，积至于今，恐不啻十倍。繇此而递加，将何底止！"② 加之明朝吏治不清，难以有效执行互市政策，政策违规走样势不可免，使明朝反而因互市政策而更加被动。正如御史魏允贞所言："俺答自通市以来，边备懈弛。三军月饷，既剋其半以充市赏，复剋其半以奉要人，士无宿饱，何能御寇。"③ 在这一历史格局和现实政治中，张居正个人的作用是十分有限的。正是由于他没有趁俺答封贡而全面调整对蒙策略并夯实通贡基础，所以未能带来明廷对漠北蒙古战略的全面改变，故不可能真正解决明蒙关系中固有的矛盾。与明廷相反，在封贡确保自身利益之后，俺答汗将主要精力投入内部整合上，面向青海，拥抱藏传佛教，成为俺答封贡之后蒙藏关系密切的关键节点，开启了漠北蒙古发展的新阶段。包括张居正在内的明臣对此认识不清，从明朝边防安全的战略高度认识不到此举的严重性。也就是说，当漠北蒙古在俺答封贡后向更高目标迈进时，明廷仍停留在原点，仅仅满足于暂时"边患"的减少！后来的研究也仅仅以此为标准来评价俺答封贡的意义和张居正的"功绩"！

（作者为西北师范大学副校长、教授）

---

① ［美］拉铁摩尔：《中国的亚洲内陆边疆》，江苏人民出版社 2005 年版，第 54 页。
② 《明神宗实录》卷 156，万历十二年十二月辛酉。
③ 《明史》卷 262《魏允贞传》。

研讨家训文化　培固精神根基
——评《中国历代家训丛书》

李　昕

中华文化源远流长，博大精深，其中，各种形式的"家训""家诫""家规""家范"，是一笔不容忽视的历史文化遗产，也是中华传统文化中极具特色的部分。

传统中国社会以家庭和家族为单位，而不以个人为单位，家庭在社会组织中居特殊重要的地位。在儒家的修身、齐家、治国、平天下序列中，家起着枢纽性关键作用。正如《孟子·离娄上》所言："天下之本在国，国之本在家。"因此，我国古人非常重视对家的建设和维护，注重对子弟族众的教育和规范。早在西晋时期，著名学者杜预就写了《家诫》一书，用以教育子孙后代，可惜这本书早已失传了。而流传下来最早最有名的则是南北朝时期著名教育思想家和文学家颜之推的《颜氏家训》。这部被后人称为"家训之祖"的家庭教育专著问世后，被反复刊刻、广为征引，历经千余年而不佚。甚至有学者评论其为"篇篇药石，言言龟鉴。凡为人子弟者，可家置一册，奉为明训"。在《颜氏家训》影响示范下，各种形式的家训、家戒、家规、家约、治家格言之类著作层出不穷。此类著作以家族和家庭中长辈对晚辈耳提面命谆谆教诲的形式，或根据自己的亲身经历和切身体验，或引用名人典故和历史故事，以生活化、通俗化、可实践的语言，以父母子女、兄弟姊妹、宗亲乡邻之间的情感，将求学修身、为人处事、持家治业等基本道理和方法灌输传授给子孙后代，劳心谆谆、情深意切，读来往往让人潸然泪下、刻骨铭心。

家训文化作为中华传统文化的重要组成部分，与传统中国社会形态及意识形态有机融合，凝聚了自古以来我们民族心理和民族传统的诸多因素，其中包含着相当多的思想精华和道德精髓。比如，在鼓励立志方面，"夫志当存高远""若肯立志，大小自成结果"；在奖掖进学方面，"幼而学者，如日出之光，老而学者，如秉烛夜行，犹贤于瞑目而无见者也"；在劝勉勤俭方面，"一粥一饭，当思来之不易；半丝半缕，恒念物力维艰"；在提倡清廉方面，"世间惟财色二者，最迷惑人，最败坏人"；在导人行善方面，"恶不在大，心术一坏，即入祸门"。凡此等等，透过典雅精致或通俗易懂的言辞，将儒家所倡导的文化价值观念、理想人格模式和伦理道德规范，浸润到中华子孙的骨血中，凝化为中华民族独特的精神气质。此外，历代家训还在强调知行合一，学以致用，应世涉务，分阴惜时，遵守礼仪，尊敬师长，孝顺父母，慎择朋友，睦邻友好，克己让人等许多方面，都有一些精彩的议论和非凡的见识，有的至今仍能给人以真的启迪、善的奉劝和美的鉴赏，展示出永久的价值和魅力。（上述内容参考方克立先生撰《中国历代家训丛书》序言）。因此，对家训文化进行保护和传承，对其中积极优秀的内容进行发扬光大，是传承和弘扬中华优秀传统文化的一个重要着力点。

《中国历代家训丛书》的出版发行，为家训文化的保护和传承添上了浓墨重彩的一笔。该《丛书》由天津古籍出版社出版，包括《颜氏家训》《温公家范》《袁氏世范》《双节堂庸训》《帝王家训》《名臣家训》《名人家训》《历代母训》《家庭训语》《家庭要言》《蒙训辑要》《古代家规》，共计12册，虽分类汇编而又构成一完整体系。该《丛书》的主编夏家善同志长期研治中国文学，熟悉中国古代文化典籍，特别属意于古代家训的收集、整理与研究。从20世纪90年代初开始，夏家善先生就带领相关专家学者，四处奔波收集资料，大量翻阅古书，广泛查检文献，将散佚在众多古代典籍中的重要家训资料基本搜集齐备。在此基础上，对众多资料进行选择整理、去粗取精，从历代家训中精选收录完整家训近150种，进行分类汇编。为便于读者阅读理解，一方面邀请专家学者对书稿进行标点注释，对生疏字词、人名、地名、称谓、官职、历史典故、重要引文及难懂的句子，都一一注释说明；另一方面通过"前言"形式对每一分册所选家训著作的主要思想内容进行分析评介，对原著中有明显消极糟粕的地方，作出必要说明。经二十年精心研究打磨，终将《丛书》呈现给读者。该《丛书》作为历代优秀家训的集锦，至少有三方面价值。

一是教育价值。家训作为我国古代家庭教育的基本形式和重要载体，教育性是其最根本的属性，其中蕴含着很多优秀的教育理念和高超的教育智慧。比如，在教育理念上，认为"人生至乐，无如读书。至要，无如教子"。"爱之当教之，使成人"，强调关爱子女最真切的表现就是要教育好子女。在教育时机上，认为"人生小幼，精神专利；长成已后，思虑散逸；固须早教，勿失机也"。强调子女教育要从小抓起。在教育目标和教育内容上，把品德教育放在首位，同时兼顾常识教学和知识普及，倡导培养"德艺同厚"的有用人才。在教育方法上，强调言传身教，还注意运用通俗易懂、循循善诱的语言，使幼儿和文化水平不高的家庭成员易于理解和接受。这些，对于我们为人父母者教育子女，为人师表者教育青少年，都有重要借鉴意义。

二是历史价值。家训基本以作者独特的人生遭遇和复杂的社会生活经历为背景，是当时社会现实的集中映照。家训的内容涉及家庭和社会生活的方方面面，如《颜氏家训》不仅涉及修身、教子、治家等方面，还涉及书证、音辞、杂艺等文学艺术领域。家训的作者既有君王帝后、达官显宦、硕儒士绅，也有农夫商贾、普通百姓，几乎涵盖社会各个阶层。历代家训汇集在一起，就是我国古代社会各个时期经济、政治、文化、思想等历史风貌的系统展现。我们看到的家训著作中既包含大量的思想道德精华和积极内容，也掺杂了一些不合理的消极的东西，诸如愚忠愚孝、男尊女卑的思想，读书做官、光宗耀祖的思想，以及一些宿命论和庸俗哲学等等，带有明显的时代的、阶级的烙印。唯其如此，恰恰是各个时代社会现实、社会思潮的最真实客观的展现。因此，历代家训完全可以作为我国古代历史研究，特别是教育史、思想史、文化史、社会史研究的重要补充资料。

三是社会价值。历代家训除基本的教育功能外，还有一项重要功能是"齐家"，就是对家庭进行有序规范和治理，包括家庭成员道德人格的塑造、各类人际关系和事务的处理技巧等。在我国古代"家国同构"的社会构架下，家训不仅立足于家庭治理，还着眼于社会治理和国家管理。时至今日我们的社会结构发生了很大变化，除家庭外，还有众多各类企事业单位等法人组织，但家训所蕴含的管理经验和智慧，完全可以作为各类单位塑造集体人格、企业文化、培养作风、强化规则等管理的借鉴。

近几年我们对保护传承中华优秀传统文化、培育弘扬社会主义核心价值观越来越重视。2014年2月，习近平总书记在中央政治局集体学习时指出："不忘本来才能开辟未来，善于继承才能更好创新。对历史文化特别是先人传承下来的价值理念和道德规范，要坚持古为今用、推陈出新，有鉴别地加以对待，有扬弃地予以继承，努力用中华民族创造的一切精神财富来以文化人、以文育人。要讲清楚中华优秀传统文化的历史渊源、发展脉络、基本走向，讲清楚中华文化的独特创造、价值理念、鲜明特色，增强文化自信和价值观自信。""一种价值观要真正发挥作用，必须融入社会生活，让人们在实践中感知它、领悟它。要注意把我们所提倡的与人们日常生活紧密联系起来，在落细、落小、落实上下功夫。"习近平总书记还创造性提出了文化自信的概念，他在谈到坚定道路自信、理论自信、制度自信时指出："最根本的还有一个文化自信。要从弘扬优秀传统文化中寻找精气神。"家训文化植根中华社会土壤，以传统儒家思想为精神支柱，一方面从精微之处贯彻了儒家思想；另一方面又从细微之处拓展了儒家思想社会教化的视角和领域，加速了儒学社会化的进程，成为传统核心价值观下落和民间价值观提升的重要桥梁，为宣传弘扬中华民族传统美德发挥了重要作用。可以说，家训文化是地地道道的中华民族独特文化创造。对家训文化进行深入研究，既有助于我们从优秀传统文化宝库中汲取营养，也有助于我们返回源头汲取文化创造的经验，探寻现代伦理道德教育和传承弘扬传统美德的新途径，对大力弘扬社会主义核心价值观，对丰富和塑造现代民族精神、进一步培固民族精神的根基都大有裨益。

（作者为南开大学图书馆馆员）

蔡美彪先生访谈录

蔡美彪　乌　兰

乌兰：

　　蔡先生，您好。最近《中国民族研究年鉴》编辑部委托我与您联系，希望为您做一次访谈，把您介绍给广大读者。您在刚刚出院的情况下慷慨同意接受采访，真是令人感动，我本人并代表《中国民族研究年鉴》编辑部向您表示衷心的感谢。

　　您潜心历史研究几十年，贡献卓著，以广博的学识、丰硕坚实的成果和坚持求实求真的人格魅力奠定了自己在学界的地位，赢得了高度赞誉和广泛敬仰。周清澍老师曾评价您"是我国卓有成就和贡献的史学家，可称之为当今史学泰斗"。您最主要的工作和最突出的贡献，首先就是参与和主编了《中国通史》。这部十二册的巨著，在学界和社会上都产生了积极的影响，受到了普遍好评。关于这部书的总体情况，您已经做过比较详细的介绍，而在一次谈到如何保持后六册与前四册的完整性时您提到："后边问题复杂，每个时期不仅有汉族，还有少数民族，宋、元、明、清都是这样，所以在章节结构上我们和前四章并不完全一样，也是根据后边的具体情况，并不是和前边四章体系完全一样。"那么，能不能从民族史的角度请您谈谈该书处理非汉族历史内容的原则或设想？

蔡美彪：

　　范文澜同志创始的《中国通史》原来是提供给广大干部阅读的知识性读物，并不是学术专著。延安时编写的本子题为《简编》，篇幅较少。新中国成立后修订，扩展篇幅，才对各少数民族的历史有所叙述。如隋唐时期分别编写吐蕃国、回鹘国、南诏、大理国等三章，于唐朝并列，据事直书，较全面地反映了唐代中国的全貌，也体现了民族平等的原则。范老去世后，我们继续编写未完成部分，开头就碰到了宋辽金时期。元朝为编写这一时期的纪传体史书，对编写体例争论了几十年，叫做"正统辩"。最后确定宋史、辽史、金史各编一部，解决了争议。但没有编写西夏史。西夏立国西北一百九十年，对历史发展有重大影响。我们反复考虑之后，努力克服当时文献上的困难，为夏国自立一章，形成宋辽夏金四国四章并列，以便读者了解各国的兴衰。元朝统一，只列一节，题为"元朝统治下的各民族"，分别叙述各民族的简况。清代部分，也援此例，设为"清朝统治下的各民族"一节。中国几十个民族，几千年来有分有合，有和有战，有民族压迫也有民族融合。历史的内容错综复杂，发展的道路迂回曲折，如实地全面地记述历史事实，才能深刻认识各民族凝结为一体的历史过程和发展规律。在中国通史的领域里，对待汉族和非汉族的历史不能有双重标准，都要遵循历史唯物主义的原则，一切从实际出发，具体分析具体事物。这些是我们写作时的设想和努力方向。书中只对一些少数民族的历史作了极简要的介绍，难得周全，更不可能多作理论分析。疏误之处，有待读者指正。

乌兰：

1948 年您还在读大学时就发表了《元秘史中所见古代蒙古之婚俗》一文，依据史料记载，分析、归纳出古代蒙古人婚俗的几种形式和特征，并做出一些合理的解释，即使在今天读来也仍然具有参考、借鉴价值。近些年来我主要做《元朝秘史》的研究，很想了解您当时选择这一题目的初衷和写作心得。

蔡美彪：

我在上大学时读过社会学课程，后又选修杨志玖先生开设的"《元朝秘史》研究"专题课。您说的那篇文章《元秘史中所见古代蒙古之婚俗》，是我的一篇习作，只是排比一些资料，很肤浅。我原来还想继续对古代蒙古氏族制度作些研究，但没能如愿。1950 年夏季，我参加社会学家林耀华先生率领的燕京、清华、北大三校民族调查团，去内蒙古呼伦贝尔地区考察。林先生要我协同他作蒙古族亲属称谓的调查，由我记音，回京后作了整理。这年秋季，我到北大文科研究所工作，罗常培先生送给我一本他的新著《语言与文化》，其中有一节竟是"亲属称谓与婚姻制度"，我读后惊喜不已。在两位先生的启示下，我打算再作一个课题，拟为"元秘史中所见古代蒙古的亲属称谓"。元代汉文文献中记录的蒙古亲属称谓，多是汉语称谓的比附套用，掩盖了原来的内在含义。《元秘史》中保存了大量蒙古语原词，是珍贵的记录。我有志于这项研究，但已是有心无力。现在我把这个课题贡献给您。您如果有兴趣做这件事，一定比我做得好，也一定会对古代蒙古的亲属制度得到更多的理解，有所发明。

乌兰：

改革开放以来在几代学者的努力下，蒙古史研究、元史研究乃至其他一些民族史研究的状况有了很大的转变，其中一个显著现象就是民族文字及其文献资料受到了更多的重视。而史料整理等基础性的研究工作，费时费力，对专业知识的要求度也相对较高，民族文字文献的整理更是如此。这类工作对于提高研究人员的能力和水平也具有重要意义，黄时鉴老师曾说："研究中国古代史的人，应该至少做一次整理点校古籍的工作。"您读研究生兼做助教时即开始整理北大所藏大量的碑拓，您如何理解基础性研究工作的重要性以及与理论研究的关系？

蔡美彪：

您提的这个问题很重要。前辈学者对历史研究工作的要求，主要是强调两条。一是要在基础史料上下功夫，一是要善于独立思考。这是和自然科学不一样的。数学、物理学可以把别人的新成果作为研究的起点，不必再去引据阿基米德、牛顿、瓦特。历史研究不同。尽管秦汉史研究的专著、论文很多，你要研究项羽、刘邦还得依据《史记》《汉书》。不能依据别人的文章，写自己的文章。对于别人的所谓"新成果"，包括中国和外国的，都应该有所了解，但又都要加以识别，可以同意，也可以不同意，可以参考，也可以不参考。对于基础史料的理解程度和独立思考的深度，才是学术评价的依据。

如您所说："史料整理等基础性研究工作，费时费力"，难度很大。非汉族史料的整理和基础性研究，难度更大。这不仅是因为语言障碍需要克服，还因为不同时代不同民族有着不同的思维方式、不同的道德标准、文化传统以及互不相同的社会政治制度。汉文文献往往是应用汉族的思想习惯和传统观点来观察和记录非汉族状况，不免似是而非。剥去汉化的外衣，才能发现合理的内核。所以，要想深入了解各民族的具体的历史实际，就需要付出很大的功力依据原始史料做基础性的研究。这类工作的甘苦，不易为人知。工作的意义也不容易被人们了解和认同。这就需要甘于冷漠，人不知而不愠，为学术事业无私奉献。中华人民共和国成立六十多年来，各民族历史文献的整理研究取得划时代的成就。这表明无数的奉献者付出了穷年累月的辛勤劳动，应当受到人们的尊敬。各民族的文化宝库中还有大量文献有待整理研究。希望年轻一代的朋友们继承前辈的奉献精神，继续努力做出更多的成绩。

乌兰：

记得在内蒙古大学蒙古史研究所学习、工作时，导师亦邻真老师、周清澍老师在课上和课余都曾多次夸赞您的文章，说您的文章不仅学术水平高，而且文风正，不故弄玄虚、无废话、不兜圈子，逻辑清楚，语言简明流畅，让我们每篇必读，从两个方面认真学习。您2012年11月在中国藏学中心作学术讲座时谈到如何写好文章的一些问题，我觉得很受启发，认为对纠正目前学界的一些不良倾向也具有正面警示作用，因此能否请您再具体展开来谈一下呢？

蔡美彪：

如何写文章是个大题目，不知从何说起。我的文章写得并不好，并不像您说的那样。承您过奖，愧不敢当。如果问我的体会，我只能说一句话，努力为读者服务。

文章有多种类型，您说的是学术性文章。这也有两类：一类是传播知识的普及性文章；另一类是专业性文章，破解疑难，探索未知。两类文章读者对象不同，但都是写给读者看的，不是个人抒情遣兴。所以，必须考虑让读者容易看、看得明白、看得下去并愿意看。要做到这些并不容易。首先需要对要谈的问题想清楚，否则先别急着写，等想清楚了再说。写作时要处处为读者着想。比如：能写的简短就不要拖长，浪费读者时间；能用平常话说明白就不要用生僻的词句,令人费解;引用史料旨在说明问题,不能贪多;注释明意而止,不需烦琐,如此等等的问题,心中有读者才能更好地为读者服务。如果心里总想着显示自己有学问,看书多、材料多,就难免陷于烦冗,影响读者畅读。文章怎么写才算好,还包含文学修养和写作技巧等问题,前人论说很多,见仁见智,都给人以启迪。就学术文章来说,树立为读者服务的观念,或许有益。

乌兰:

非常感谢您精彩的回答。考虑到您身体的关系,我不再提出更多的问题,但是您现有的回答已经让我又学习到了很多,包括精神层面和专业方面的,更加明确了应当努力和坚持的方向。我想您所讲的内容是对民族史研究乃至整个历史研究的新贡献,必将引起广泛的重视。关于"《元秘史》中所见古代蒙古亲属称谓"的研究,承蒙您器重和鼓励,我一定会努力去做,争取不辜负您的期望,届时还少不了当面向您请教呢。最后,希望您多多保重身体,注意劳逸结合,祝您健康吉祥。

(原载《中国民族研究年鉴2010—2012》,
中国社会科学出版社 2014 年版)

蔡美彪先生著作目录（1948—2018）

蔡美彪，浙江杭州人，1928年3月26日生于天津。先后就读于天津私立第一小学、木斋中学。从1942年开始参加天津崇化学会举办的国学讲习班夜校。1945年考取北京大学历史系，1946—1949年就读于南开大学历史系，1949—1952年为北京大学史学研究部研究生，从1950年起兼任北京大学文科研究所助教，1952年到中国科学院语言研究所工作，次年，转到近代史研究所。现为中国社会科学院近代史研究所研究员、学术委员会委员、中国社会科学院荣誉学部委员。从1981年起先后兼任北京大学、南开大学、中央民族学院历史系教授。从1985年起受聘为国务院学位委员会历史学科评议组成员，还兼任中国蒙古史学会理事长、中国元史研究会会长、中国地震史研究会顾问、《中国大百科全书·中国历史》编辑委员会委员。历任中国史学会第二、第三、第四届理事、中国人民政治协商会议北京市委员会第五、第六、第七届委员。1987年当选为国际蒙古学家协会执行委员。

主要学术研究工作为以下几方面。（1）参与主编、撰著中华人民共和国成立后第一部《中国通史》。从1953年起协助范文澜编著多卷本《中国通史》远古至隋唐时期四卷。1969年范文澜逝世后，主持集体编写宋、元、明、清时期六卷，后又与人合作完成第十一、第十二卷，陆续出版，至2007年出齐。随后撰著《中国通史简本》《中华史纲》。（2）长期从事辽金元史研究并治古代蒙古语文，兼精明清史。与语言学家罗常培研治八思巴蒙古字译写的汉语资料，著有《八思巴字与元代汉语》（与罗常培合著）、《元代白话碑集录》。译释八思巴字蒙文碑刻文献以证补史事，著有《八思巴字碑刻文物集释》。历年发表的辽金元史及蒙古史论著，涉及边疆民族、制度、语文及戏曲史等方面，结集为《辽金元史考索》。主编《中国历史大辞典·辽夏金元史》卷。(3) 与地震学家共同主编《中国地震历史资料汇编》七册，为中国历史上的地震研究提供了较完备的基础数据。(4) 另著有《辽金元史十五讲》《成吉思汗小传》《学林旧事》《史林札记》等书。

  编者按：本目录以柴怡赟《蔡美彪先生简历及著述简目（1948—2008）》（《西域历史语言研究集刊》第 2 辑）为基础增补。书籍文章按刊布年代编序，合作者以/号标示。

1948 年

《辽史文学王鼎传正误》，南京《中央日报》文史周刊第 83 期，1948 年 3 月 11 日。

《元秘史中所见古代蒙古之婚俗》，天津《益世报》史地周刊第 107—108 期，1948 年 10 月。

《读〈宋辽金史〉》，天津《大公报》图书周刊第 77 期，1948 年 12 月 13 日。

1950 年

《内蒙归来》，《北大周刊》第 57 期，1950 年 10 月 28 日。

《从蒙古文字的起源说到新蒙文的推行》，《光明日报》新语文副刊第 24 期，1950 年 11 月 8 日。

1951 年

《内蒙风光》，《新观察》2 卷第 2 期，1951 年 1 月 25 日。

《汉语里的蒙古语》，《光明日报》新语文副刊第 29 期，1951 年 2 月 3 日。

《辽金石刻中之鞑（达）靼》，《学原》（香港版）3 卷第 3—4 期。

《内蒙呼伦贝尔地带各兄弟民族语文概况》，《科学通报》1951 年第 9 期；又见《国内少数民族语言文字概况》1954 年。

《西藏问题的过去与现在》，天津《进步日报》史学周刊第 5 期。

《一八六七年台湾高山族的抗美卫国战争》，天津《进步日报》史学周刊第 8 期；上海《大公报》1951 年 3 月 2 日。

《对于〈成吉思汗传〉中译本的几点意见》,天津《历史教学》1 卷第 6 期。

《评帝国主义侵略西藏简史》,《光明日报》读书与出版第 20 期。

1952 年

《达赖喇嘛与班禅额尔德尼》,《历史教学》3 卷第 1 期。

《东北各少数民族的语言和文字(与刘璐合作)》《中国语文》11 月号;又见《国内少数民族语言文字概况》,中华书局 1954 年版。

《辽金石刻中的鞑靼》,北京大学《国学季刊》7 卷 3 号。

《北京大学文科研究所所藏八思巴字碑拓序目》,北京大学《国学季刊》7 卷 3 号。

1954 年

《铜活字印刷术起源问题》,《光明日报》史学副刊 1954 年 1 月 9 日。

1955 年

《元代白话碑集录》,科学出版社。

《汉代亭的性质及其行政系统》,《光明日报》史学副刊 1955 年 12 月。

《汉民族形成的问题——记中国科学院历史研究所第三所的讨论》,《科学通报》1955 年第 2 期。

1956 年

《评介〈中国历史概要〉》,《读书月报》1956 年第 6 期。

1957 年

《关于关汉卿的生平》,《戏剧论丛》1957 年第 3 期

《关汉卿生平续记》,《戏剧论丛》1957 年第 4 期。

《元代杂剧中的若干译语》,《中国语文》1957 年第 1 期。

1958 年

《永嘉发现元代蒙文印考释》,《文物参考数据》总 89 号。

《关于元代净州路古城的一些问题》,《考古通讯》1958 年第 1 期。

1959 年

《八思巴字与元代汉语》与罗常培合著,科学出版社。

1961 年

《中国农民战争史讨论中几个问题的商榷》,《历史研究》1961 年第 4 期;《人民日报》1961 年 8 月 29 日摘载;《20 世纪中华学术经典文库》中国古代史卷 2000 年 9 月转载。

1962 年

《再谈中国农民战争史问题》,《新建设》1962 年 11 月。

1963 年

《〈西藏地方历史资料选辑〉序言》,《西藏地方历史资料选辑》,生活·读书·新知三联书店。

1964 年

《关于黄祸论的历史考察》,《内部未定稿》1964 年第 1 期。
《契丹的部落组织与国家的产生》,《历史研究》1964 年第 5—6 期。
《唐代长安与东西方文化交流》,刊于范文澜著《修订本中国通史简编》三编二册。

1978 年

《中国通史》第五册（宋代）/朱瑞熙等,人民出版社。
《概说汉族》,《中国报道》（世界语版）1978 年 10 月。

1979 年

《中国通史》第六册（辽夏金）/周清澍等,人民出版社。

1980 年

《元代圆牌两种之考释》,《历史研究》1980 年第 3 期。
《回忆范老论学四则》,《历史教学》1980 年第 1 期。

1982 年

《〈西夏史稿〉读后》,《历史研究》1982 年第 4 期;《中国社会科学》（英文版）1982 年第 3 期。

1983 年

《中国通史》第七册（元代与宋元文化）/周良霄等,人民出版社。

《白驹施氏文献与施耐庵传说辨析》，南京《江海学刊》1983 年第 3 期。

《乣与乣军的演变》，《元史论丛》1983 年第 2 辑。

《中国地震历史资料汇编》第一卷/谢毓寿、王会安等，科学出版社。

1984 年

《历史地理学的巨大成果》，《历史研究》1984 年第 6 期。

《跋王国维信札二通》，《中国元史研究通讯》1984 年第 2 期；又见《王国维学术研究论集》1990 年第 3 辑。

《女真字构制初探》，《内蒙古大学学报》（人文社会科学版）1984 年第 2 期。

《辽朝的法规》，《大百科全书》法学卷 1984 年 9 月。

《关汉卿生平考略》，《元史论集》，人民出版社。

1985 年

《中国地震历史资料汇编》第二卷/谢毓寿、章伯锋等，科学出版社。

《中国地震历史资料汇编》第四卷（上）/谢毓寿、李灼华等，科学出版社。

《怎样学习和研究元史》，《文史知识》1985 年第 3 期；《文史专家谈治学》，中华书局 1994 年版。

1986 年

《中国历史大辞典·辽夏金元史卷》/杨讷等，上海辞书出版社。

《中国通史》第九册（清代）/李燕光等，人民出版社。

《泾州水泉寺碑译释》，《元史论丛》1986 年第 3 辑。

《河东延祚寺碑译释》，《蒙古史研究》1986 年第 2 辑。

《钱谦益〈群雄事略〉沈抄张尔田藏本及章钰藏本书后》，《中华文史论丛》1986 年第 41 期。

《中国少数民族史研究的近况与前景》，《西北民族研究》1986 年第 1 期。

《元史研究的历程》，《中国元史研究通讯》1986 年第 2 期。

《蕃汉并行的辽朝官制》，《文史知识》1986 年第 9 期；后收入杨志玖主编《中国古代官制讲座》，中华书局 1992 年版。

1987 年

《大清国建号前的国号、族名与纪年》,《历史研究》1987 年第 3 期;又见《二十世纪中国文史考据文录》(昆明) 2002 年。

《曳剌之由来及其演变》,《中国民族史研究》1987 年 2 月。

《中国地震历史资料汇编》第三卷/谢毓寿、金名其等,科学出版社。

1988 年

《元氏开化寺碑译释》,《考古》1988 年第 9 期。

《辽史两萧塔列葛传辨析》,祝贺杨志玖教授八十寿辰《中国史论集》。

1989 年

《脱列哥那合敦史事考辨》,《蒙古史研究》第 3 辑。

《读张煌言上延平王书》,《郑成功研究国际学术会议论文集》(厦门)。

1990 年

《扶风法门寺供养佛骨年代诸问题》,《考古与文物》(西安) 1990 年第 6 期。

1991 年

《读陈垣编〈道家金石略〉书后》,《历史研究》1991 年第 3 期。

1992 年

《中国通史》第十册(清代)/汪敬虞等,人民出版社。

《试论马可波罗在中国》,《中国社会科学》1992 年第 2 期。

《辽代的天下兵马大元帅与皇位继承》,《中国民族史研究》(四) 1992 年 11 月。

《辽朝史概述》,《中国大百科全书·中国历史卷》第一版。

《金朝史概述》,《中国大百科全书·中国历史卷》第一版。

《明代蒙古与大元国号》,《南开学报》(哲学社会科学版) 1992 年第 2 期;又见《明清史国际学术讨论会论文集》(天津)。

《读〈元史研究论稿〉》,《书品》1992 年第 2 期。

《〈黑龙江少数民族简史〉鄂温克族章读后》,《黑龙江民族丛刊》1992 年第 2 期。

1993 年

《中国通史》第八册（明代）/李洵等，人民出版社。

《重读吕振羽〈中国民族简史〉书后》，《社会科学战线》1993 年第 1 期。

《试说辽耶律氏萧氏之由来》，《历史研究》1993 年第 5 期。

《南戏〈错立身〉之时代与北曲之南传》，《元史论丛》第 5 辑。

《试说中华民族的形成》，《内部参阅》1993 年。

《读书立志，攀登高峰——与青年朋友谈心》，《史学理论研究》1993 年第 3 期。

1994 年

《八思巴字玉册两种译释》，《考古》1994 年第 10 期。

《辽史外戚表新编》，《社会科学战线》1994 年第 2 期。

《辽代后族与辽季后妃三案》，《历史研究》1994 年第 2 期。

《范文澜与中国史学会》，《中国史研究动态》1994 年第 1 期。

1995 年

《中国通史》一至十册合装本/范文澜等，人民出版社。

《林州宝岩寺八思巴字圣旨碑译释》，《考古》1995 年第 4 期。

《元宁远务关防课税条印音释》，《文物》1995 年第 7 期。

《关于地方志工作的几点思考》，《中国地方志》1995 年第 6 期；《广西地方志》1996 年第 2 期。

《对科右中旗夜巡牌阿拉伯字母文字读释的意见》，《民族语文》1995 年第 3 期。

1996 年

《蒙古字符牌两种音释》，《内陆亚洲历史文化研究——韩儒林先生纪念文集》。

《八思巴字蒙文碑石译存》，《蒙古学信息》1996 年第 3 期。

《马可波罗归途记事析疑》，《元史论丛》1996 年第 6 辑。

《关于清史分期问题》，《清兵入关与中国社会论文集》（沈阳）。

1997 年

《元代道观八思巴字刻石集释》,《蒙古史研究》1997 年第 5 辑。

《史籍整理的巨大成就——点校本二十四史》,《光明日报》1997 年 6 月。

《二十四史校点缘起存件》,《书品》1997 年第 4 期。

1998 年

《马可波罗所记阿合马事件中的 Cenchu Vanchu》,《中国社会科学院研究生院学报》1998 年第 5 期。

《陈寅恪对蒙古学的贡献及其治学方法》,《历史研究》1998 年第 6 期。

《略谈宋元时期农民地位的演变》,《中国历史上的农民》论文集(台北)。

《〈乐府群珠〉中一斋小令是关汉卿所作吗?》《文史知识》1998 年第 9 期。

1999 年

《拉施特〈史集〉所记阿合马案释疑》,《历史研究》1999 年第 3 期。

《范文澜治学录》,中国社会科学院《学术大师治学录》;又见《范文澜全集》代序 2002 年。

《范文澜著〈中国通史简编〉的前前后后》,《河北学刊》1999 年第 2 期。

《缅怀故老》,《回眸南开》,南开大学出版社。

2000 年

《亦都护高昌王玉印考释》与《历史科学与理论建设——白寿彝先生祝寿文集》。

《馒头包子之由来与同异》,《中国社会历史评论》第一卷(天津)。

2001 年

《〈元史〉扎你别进贡条诠释》(与马文宽合著),《中国史研究》2001 年第 3 期。

《周清澍〈元蒙史札〉序言》,《元蒙史札》(呼和浩特)。

《范文澜在天津的革命与学术生涯》,《历史教学》2001 年第 1 期。

2002 年

《元代吐蕃国师帝师玉印及白兰王金印考释》,《文史》2002 年第 3 期。

《杜仁杰生平考略》，《文学遗产》2002年第1期。

2003年

《洛阳市出土元代防奸令牌诠释》，《考古》2003年第9期。

2004年

《八思巴字与元代汉语（增订本）》与罗常培合著，中国社会科学出版社。

2006年

《元易州龙兴观懿旨碑译释》，《燕京学报》新第20期。

《平谷元兴隆寺圣旨碑译释》，《考古学报》2006年第3期。

《元濬州天宁寺帝师法旨碑译释》，《中华文史论丛》2006年第1辑。

《谈成吉思汗的历史贡献》，《文史知识》2006年第10期。

2007年

《中国通史》第十一册/贾熟材等，人民出版社。

《中国通史》第十二册/汪敬虞等，人民出版社。

《成吉思及撑黎孤涂释义》，《中国史研究》2007年第2期。

《中国历代疆域的展现——〈中国历史地图集〉》，《20世纪中国史学名著提要》，北京师范大学出版社。

2008年

《中国通史》一至十二册合装本/范文澜等，人民出版社。

《资治通鉴标点工作回顾》，《书品》2008年第3辑。

《叶尼塞州蒙古长牌再释》，《中华文史论丛》2008年第2辑。

《〈戊戌变法史述论补〉的一处误解》，《牟安世先生纪念文集》，中华书局。

2009年

《拔都平阳分地初探》，《中国史研究》2009年第1期。

《说头项、头下与投下》，《文史》2009年第2辑。

《〈元朝秘史〉与〈史集〉中的赵官》，《中国史研究》2009年第4期。

2010 年

《罟罟冠一解》,《中华文史论丛》2010 年第 2 辑。

《也谈〈水浒〉中的"河漏子""大辣酥"及相关词语》,《文史知识》2010 年第 4 期。

《长安竹林寺碑译释》,《中国蒙元史学术研讨会暨方龄贵教授九十华诞庆祝会文集》,民族出版社。

《缅怀向达先生》,《向达学记》,生活·读书·新知三联书店。

2011 年

《元龙门建极宫碑译释》,《清华元史》,商务印书馆。

《林沉常在》,《西域历史语言研究集刊》2011 年第 4 辑。

《辽金元史十五讲》,中华书局。

《八思巴字碑刻文物集释》,中国社会科学出版社。

2012 年

《辽金元史考索》,中华书局。

《学林旧事》,中华书局。

2013 年

《中华史纲》,社会科学文献出版社。

《中国通史简本》,人民出版社。

2015 年

《成吉思汗小传》,中华书局。

《史林札记》,中华书局。

2017 年

《元代白话碑集录(修订版)》,中国社会科学出版社。

《元代白话碑诸问题》,《杨志玖教授百年诞辰纪念文集》,天津古籍出版社。

2018 年

《"中华民族"商释》,《中国文化》2018 年第 1 期。